专利复审和无效审查决定汇编丛书

专利复审和无效审查决定汇编
(2008)

医　药（第二卷）

国家知识产权局专利复审委员会　编

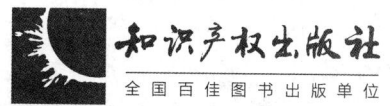

内容提要

本书汇集了专利复审委员会2008年作出的321个医药专利复审审查决定和45个医药专利无效审查决定及相关审查决定和司法判决（根据法律规定需要保密的除外），比较全面地反映了专利复审委员会的审查工作和人民法院专利行政案件审理工作取得的进展，对专利工作者具有一定的借鉴和指导作用，也有利于当事人及广大公众对专利复审委员会的审查工作进行监督。

责任编辑：牛洁颖　　　　　　　　责任校对：董志英
责任出版：卢运霞　　　　　　　　封面设计：开元图文

图书在版编目（CIP）数据

专利复审和无效审查决定汇编.2008.医药/国家知识产权局专利复审委员会编.—北京：知识产权出版社，2012.11
ISBN 978-7-5130-1618-6

Ⅰ．①专… Ⅱ．①国… Ⅲ．①专利权法—案例—中国 Ⅳ．①D923.425

中国版本图书馆CIP数据核字（2012）第246954号

专利复审和无效审查决定汇编丛书

专利复审和无效审查决定汇编（2008）
　　医　药（第二卷）
国家知识产权局专利复审委员会　编

出版发行：知识产权出版社

社　　址：北京市海淀区马甸南村1号	邮　　编：100088
网　　址：http://www.ipph.cn	邮　　箱：bjb@cnipr.com
发行电话：010-82000860 转 8101/8102	传　　真：010-82005070/82000893
责编电话：010-82000887　82000860 转 8116	责编邮箱：cuikaili@cnipr.com
印　　刷：北京科信印刷有限公司	经　　销：各大网络书店、新华书店及相关销售网点
开　　本：880mm×1230mm　1/16	总 印 张：168.25
版　　次：2013年12月第1版	印　　次：2013年12月第1次印刷
字　　数：4732千字	定　　价：839.00元（全三卷）

ISBN 978-7-5130-1618-6

出版权专有　侵权必究
如有印装质量问题，本社负责调换。

本书编委会

主 任： 廖 涛

副主任： 杨 光　胡文辉　祁德山

编 委： 金泽俭　徐晓敏　廖志峰　张予革
　　　　　白剑峰　马 昊　蒋 彤　李人久
　　　　　李 越　陈迎春　于 萍　吴赤兵
　　　　　李 隽

前 言

适逢《国家知识产权战略纲要》施行五周年之际,《专利复审和无效审查决定汇编(2008)》出版了。

随着经济全球化和我国国民经济的飞速发展,专利制度在经济活动中的作用和地位越来越突出,国民的专利意识也在不断增强。目前,我国专利申请总量超过1170万件,每年专利复审与无效宣告请求案件已超过2万件,2012年达到20261件。作为专利复审和无效宣告请求案件审查的专属机构,专利复审委员会每年都要作出数以千计的审查决定。与之相应,人民法院每年要作出数百篇司法判决。每一篇审查决定和判决书都凝聚着审查员和审判人员的心血和智慧。通过审查员和审判人员结合具体案情的创作型劳动,生硬的法律条文变得鲜活和丰满,形成一笔宝贵的精神财富和公共资源,并不断有专利代理机构、专利代理人以及审查员希望专利复审委员会能够出版专利复审和无效审查决定,作为学习和工作时的重要参考资料。

除根据法律规定需要保密的外,本汇编汇集了专利复审委员会2008年作出的审查决定,包括针对相应审查决定的司法判决,以便读者了解审查决定的法律状态并对照阅读和分析。本汇编按照技术专业领域将分为8大册,共30分卷:机械(4卷)、电学(5卷)、通信(4卷)、医药(3卷)、化学(3卷)、材料(3卷)、光电(3卷)、外观设计(5卷)。因此,本汇编比较全面地反映了专利复审委员会的审查工作和人民法院专利行政案件审理工作取得的进展。

我们相信,本汇编对专利工作者具有一定的借鉴和指导作用,也有利于当事人及广大公众对专利复审委员会的审查工作进行监督。本汇编也将为推动专利复审委员会的发展,促进专利代理业务水平的提高,为《国家知识产权战略纲要》进一步实施尽微薄之力。

本书编委会
2013年8月

目　录

131 用于制备免疫治疗性组合物的慢病毒载体
　　复审请求审查决定（第12568号） ……………………………………………………… 871

132 水溶性内服液剂
　　复审请求审查决定（第12573号） ……………………………………………………… 880

133 破坏正在分裂的细胞的方法和装置
　　复审请求审查决定（第12577号） ……………………………………………………… 885

134 含有α-2肾上腺素能激动剂的组合物
　　复审请求审查决定（第12581号） ……………………………………………………… 891

135 与人G蛋白偶联的孤儿受体
　　复审请求审查决定（第12619号） ……………………………………………………… 895
　　北京市第一中级人民法院行政判决书（2008）一中行初字第1462号 ………………… 903

136 蛋白酶变体及组合物
　　复审请求审查决定（第12620号） ……………………………………………………… 911

137 细胞生长调控因子W及制取方法
　　复审请求审查决定（第12621号） ……………………………………………………… 920

138 由一种雌激素化合物和一种保孕化合物组成的激素组合物
　　复审请求审查决定（第12626号） ……………………………………………………… 925

139 蜱传黄病毒的全长感染性cDNA克隆
　　复审请求审查决定（第12628号） ……………………………………………………… 929

140 硫酸卷曲霉素提炼新方法
　　复审请求审查决定（第12688号） ……………………………………………………… 934

141 短串联重复基因座的多重扩增
　　复审请求审查决定（第12712号） ……………………………………………………… 938

142 催泪因子生成酶的同功酶及编码该酶的基因
　　复审请求审查决定（第12715号） ……………………………………………………… 951

143	使用特殊的氨基硅氧烷对头发进行永久再成型的方法
	复审请求审查决定（第 12716 号） ……………………………………… 956

144	一种诱发水稻抗氯磺隆体细胞突变体的方法
	复审请求审查决定（第 12717 号） ……………………………………… 965

145	通过发酵生产 L-精氨酸的微生物和方法
	复审请求审查决定（第 12748 号） ……………………………………… 969

146	编码 dapC 基因的核苷酸序列及生产 L-赖氨酸的方法
	复审请求审查决定（第 12772 号） ……………………………………… 972

147	免疫刺激性核酸
	复审请求审查决定（第 12778 号） ……………………………………… 977

148	组合物及其治疗用途
	复审请求审查决定（第 12807 号） ……………………………………… 1002

149	仓鼠 EF-1α 转录调节 DNA
	复审请求审查决定（第 12811 号） ……………………………………… 1005

150	人体工程学书写工具
	复审请求审查决定（第 12857 号） ……………………………………… 1009

151	作为抗高血压药的类胡萝卜素
	复审请求审查决定（第 12858 号） ……………………………………… 1014

152	灵芝鸡的饲养方法及其饲料
	复审请求审查决定（第 12900 号） ……………………………………… 1019

153	多颗粒改进释放组合物
	复审请求审查决定（第 12911 号） ……………………………………… 1021

154	一种治疗类风湿关节炎的中药组合物
	复审请求审查决定（第 12940 号） ……………………………………… 1026

155	降低了 SSII 活性的大麦和降低了支链淀粉含量的淀粉和淀粉制品
	复审请求审查决定（第 12941 号） ……………………………………… 1030

156	剂型和施药方法
	复审请求审查决定（第 12988 号） ……………………………………… 1033

157	预防和辅助治疗癌症的药物及其制备方法
	复审请求审查决定（第 13001 号） ……………………………………… 1038

158	附着纤维素薄膜的具有气泡的薄膜状肥皂
	复审请求审查决定（第 13009 号） ……………………………………… 1042

159 制造兽药马杜霉素铵、伊维菌素或地克珠利预混剂的新工艺
复审请求审查决定（第13048号） …… 1045

160 一种在胃液中漂浮并多脉冲释放活性物质的药用片剂系统，该系统和该系统包封物的制备方法
复审请求审查决定（第13054号） …… 1049

161 标记核酸的方法
复审请求审查决定（第13075号） …… 1054

162 鱼腥草果汁饮料及其制备方法
复审请求审查决定（第13082号） …… 1056

163 紫杉烷与细胞周期蛋白依赖激酶抑制剂的组合
复审请求审查决定（第13088号） …… 1060

164 抑制β-内酰胺酶的抗菌素组合物
复审请求审查决定（第13102号） …… 1064
北京市第一中级人民法院行政判决书（2008）一中行初字第1162号 …… 1068
北京市高级人民法院行政判决书（2009）高行终字第1297号 …… 1073

165 含吗啉蒽环类化生物和抗癌剂的联合制剂
复审请求审查决定（第13108号） …… 1079

166 洗涤剂组合物
复审请求审查决定（第13114号） …… 1084

167 用于鉴定多种微生物的通用检测系统和方法
复审请求审查决定（第13116号） …… 1091

168 通过同源重组在人细胞中生产人突变蛋白
复审请求审查决定（第13167号） …… 1099

169 酸—稳定性蛋白酶在动物饲料中的用途
复审请求审查决定（第13169号） …… 1104

170 含有死的益生菌共生发酵培养物的营养组合物
复审请求审查决定（第13184号） …… 1111

171 苏云金芽孢杆菌（BACILLUSTHURINGIENSIS）的杀虫蛋白
复审请求审查决定（第13185号） …… 1115

172 GCSF缀合物
复审请求审查决定（第13186号） …… 1122

173 改善上胃肠道功能的方法
复审请求审查决定（第13235号） …… 1129

174 一种新的人溶菌酶基因、其编码的多肽及制备方法
　　复审请求审查决定（第 13236 号）················ 1147

175 结合人白介素-18 的抗体及制备和使用方法
　　复审请求审查决定（第 13239 号）················ 1151

176 一种治疗烧烫伤中药的制备方法
　　复审请求审查决定（第 13273 号）················ 1156

177 咀嚼产品
　　复审请求审查决定（第 13275 号）················ 1160

178 葫芦科油用于抑制 5α-还原酶活性的应用
　　复审请求审查决定（第 13277 号）················ 1164

179 使用 1，4-二氢吡啶钙通道阻断剂治疗疱疹神经病毒病症
　　复审请求审查决定（第 13278 号）················ 1168

180 具有点图案加密功能的安放器和与该加密对应的检测装置
　　复审请求审查决定（第 13286 号）················ 1171

181 富含具有羧基末端脯氨酸残基的肽的蛋白质水解产物
　　复审请求审查决定（第 13311 号）················ 1174

182 神经毒性寡聚体
　　复审请求审查决定（第 13312 号）················ 1179

183 合成的和嵌合的启动子、表达盒、质粒、载体、含有它们的转基因植物和种子以及其产生方法
　　复审请求审查决定（第 13313 号）················ 1184

184 动物食用调质方法
　　复审请求审查决定（第 13327 号）················ 1191

185 一种防治对虾病毒病的卵黄免疫球蛋白及其制备方法和应用
　　复审请求审查决定（第 13384 号）················ 1194

186 通过同时测量至少 2 种不同分子标记物而特异性检测子宫颈涂片中肿瘤细胞及其前体的方法
　　复审请求审查决定（第 13413 号）················ 1201

187 癌症治疗药
　　复审请求审查决定（第 13419 号）················ 1205

188 一种构建人载脂蛋白 AIm 表达基因的制备方法
　　复审请求审查决定（第 13524 号）················ 1210

189 含有鞘糖脂的功能性食品或化妆品及其制造方法
　　复审请求审查决定（第 13528 号）················ 1216

190 在母体样品中鉴定胎儿 DNA 的诊断方法
   复审请求审查决定（第 13530 号） ………………………………………………………… 1219

191 骨质疏松症的联合疗法
   复审请求审查决定（第 13557 号） ………………………………………………………… 1222

192 用每周给药一次或两次的利福拉齐治疗细菌感染的方法
   复审请求审查决定（第 13566 号） ………………………………………………………… 1227

193 含有漆酶的角质纤维氧化染色组合物及用其的染色方法
   复审请求审查决定（第 13572 号） ………………………………………………………… 1232

194 篮霉菌木聚糖酶
   复审请求审查决定（第 13574 号） ………………………………………………………… 1238

195 人或动物卵细胞提取物及用于干细胞扩增与诱导分化
   复审请求审查决定（第 13583 号） ………………………………………………………… 1243

196 特效菌剂的制备与处理化工废水或常规有机废水的方法
   复审请求审查决定（第 13593 号） ………………………………………………………… 1247

197 含有针对约四种引起痤疮的抗原的混合 IgY 的鸡蛋及其蛋黄粉和混合 IgY 的生产方法
   复审请求审查决定（第 13603 号） ………………………………………………………… 1253

198 一种戊型肝炎病毒嵌合基因疫苗
   复审请求审查决定（第 13622 号） ………………………………………………………… 1257

199 类胰蛋白酶抑制剂
   复审请求审查决定（第 13630 号） ………………………………………………………… 1263

200 一种保健酒
   复审请求审查决定（第 13637 号） ………………………………………………………… 1268

201 控制植物叶片平均寿命的基因和一种采用该基因控制植物平均寿命的方法
   复审请求审查决定（第 13734 号） ………………………………………………………… 1272

202 细胞分离方法及其应用
   复审请求审查决定（第 13740 号） ………………………………………………………… 1276

203 芽孢杆菌种（DSM14392）的新型碱性蛋白酶以及包含该新型碱性蛋白酶的洗涤产品和清洁产品
   复审请求审查决定（第 13750 号） ………………………………………………………… 1281

204 治疗皮肤色素沉着的方法
   复审请求审查决定（第 13762 号） ………………………………………………………… 1287

205 非粘性的皮肤和毛发用增湿化妆组合物
   复审请求审查决定（第 13763 号） ………………………………………………………… 1300

206 一种蜂蜜酒的酿造方法
复审请求审查决定（第13794号） ……………………………………… 1306

207 具有纤维二糖酶活性的多肽和编码其的多核苷酸
复审请求审查决定（第13805号） ……………………………………… 1311

208 抗骨桥蛋白抗体及其用途
复审请求审查决定（第13807号） ……………………………………… 1318

209 突变的无激活作用的IgG2结构域和插入该结构域的抗CD3抗体
复审请求审查决定（第13810号） ……………………………………… 1327

210 包含信号转导抑制剂和埃坡霉素衍生物的联合形式
复审请求审查决定（第13830号） ……………………………………… 1333

211 具有神经保护作用的7-羟基表雄酮
复审请求审查决定（第13837号） ……………………………………… 1339

212 抗鱼鳞病复发的外用药物及其制备方法
复审请求审查决定（第13851号） ……………………………………… 1344

213 抗-血管内皮生长因子的抗体
复审请求审查决定（第13866号） ……………………………………… 1348

214 包含环孢菌素A的无油药物组合物
复审请求审查决定（第13868号） ……………………………………… 1353

215 细胞和组织移植用金属微囊
复审请求审查决定（第13869号） ……………………………………… 1356

216 一种治疗妇科病的药物及其制备方法
复审请求审查决定（第13917号） ……………………………………… 1360

217 乙内酰脲消旋酶
复审请求审查决定（第13922号） ……………………………………… 1363

218 用于基因转移的病毒包膜载体
复审请求审查决定（第13944号） ……………………………………… 1368

219 tau蛋白
复审请求审查决定（第13945号） ……………………………………… 1374

220 基因克隆的新方法
复审请求审查决定（第13946号） ……………………………………… 1379

221 阿立哌唑口服溶液
复审请求审查决定（第13950号） ……………………………………… 1382

222 牡蛎壳中糖蛋白提取纯化方法
复审请求审查决定（第14009号） ……………………………………………………… 1387

223 标记的谷氨酰胺和赖氨酸类似物
复审请求审查决定（第14010号） ……………………………………………………… 1390

224 干扰素眼膏
复审请求审查决定（第14016号） ……………………………………………………… 1397

225 一种用于防治奶牛乳腺炎的杀菌制剂及其制备方法
复审请求审查决定（第14025号） ……………………………………………………… 1404

226 结核分枝杆菌之超氧化物歧化酶
复审请求审查决定（第14026号） ……………………………………………………… 1408

227 人绒毛膜促性腺激素在控制性超排卵中的应用
复审请求审查决定（第14030号） ……………………………………………………… 1413

228 利用芳香族硫醚配体分离的方法
复审请求审查决定（第14078号） ……………………………………………………… 1418

229 人溶菌酶在制备治疗眼病的药物中的新用途
复审请求审查决定（第14079号） ……………………………………………………… 1423

230 抗IL-12抗体、组合物、方法和用途
复审请求审查决定（第14081号） ……………………………………………………… 1426

231 恶性疟原虫抗原多肽SE36、其纯化方法，以及使用通过纯化得到的抗原的疫苗和诊断试剂
复审请求审查决定（第14082号） ……………………………………………………… 1436

232 用含有DP4+成分的液体麦芽糖醇制备的无糖硬包衣
复审请求审查决定（第14104号） ……………………………………………………… 1439

233 可育抗病植物体细胞杂种的制备方法
复审请求审查决定（第14112号） ……………………………………………………… 1444

234 氟马西尼在用于酒依赖治疗药物制备中的应用
复审请求审查决定（第14113号） ……………………………………………………… 1448

235 大规模昆虫培养的成本有效性培养基
复审请求审查决定（第14115号） ……………………………………………………… 1453

236 特征在于检测G-CSF外显子3缺失的癌症诊断方法
复审请求审查决定（第14118号） ……………………………………………………… 1457

237 复方黄酮喷雾剂配制方法
复审请求审查决定（第14122号） ……………………………………………………… 1463

238 基因重组伊卡因及其制备方法
复审请求审查决定（第 14163 号） ·· 1467

239 富硒及其他微量元素虫草
复审请求审查决定（第 14170 号） ·· 1470

240 含有因子 VIII 的稳定药物组合物
复审请求审查决定（第 14171 号） ·· 1474

241 铂衍生物药物制剂
复审请求审查决定（第 14172 号） ·· 1478

242 病毒药物敏感性测试
复审请求审查决定（第 14173 号） ·· 1484

243 具有血栓溶解、抗炎和细胞保护性能的药物组合物
复审请求审查决定（第 14223 号） ·· 1488

244 一种非蛋白氮饲料添加剂
复审请求审查决定（第 14230 号） ·· 1491
北京市第一中级人民法院行政判决书（2009）一中行初字第 215 号 ·········· 1498

245 利用 B 细胞排除抗体和免疫调制抗体联合治疗 B 细胞恶性肿瘤的相关应用
复审请求审查决定（第 14289 号） ·· 1508

246 内皮素受体三肽拮抗剂
复审请求审查决定（第 14309 号） ·· 1515

247 新型人髓系分化标志物，其编码序列及用途
复审请求审查决定（第 14313 号） ·· 1526

248 一种腺癌标志物及其应用
复审请求审查决定（第 14315 号） ·· 1531

249 生长激素释放抑制因子–多巴胺嵌合类似物
复审请求审查决定（第 14321 号） ·· 1535
北京市第一中级人民法院行政判决书（2009）一中行初字第 404 号 ·········· 1543

250 乙型肝炎病毒单克隆抗体可变区序列以及含有所述可变区的基因工程抗体及其用途
复审请求审查决定（第 14329 号） ·· 1552

251 从无源太空搭载系统中回收微载体上细胞的方法
复审请求审查决定（第 14342 号） ·· 1558

252 用于感染的酶疗法
复审请求审查决定（第 14343 号） ·· 1563

253	一种楝树杂交组织培养技术

复审请求审查决定（第 14344 号） …… 1566

254	治疗慢性疼痛的三单胺再摄取抑制剂

复审请求审查决定（第 14346 号） …… 1569

255	肌酐含量测定方法及肌酐诊断试剂盒

复审请求审查决定（第 14353 号） …… 1574

256	盐酸纳洛酮鼻粉剂

复审请求审查决定（第 14376 号） …… 1578

257	一种治疗烧伤、烫伤的中草药制剂及制备工艺

复审请求审查决定（第 14380 号） …… 1581

258	寡糖刺激 β-内啡肽产生的应用

复审请求审查决定（第 14384 号） …… 1584

259	改良安卡拉痘苗病毒变体

复审请求审查决定（第 14398 号） …… 1590

260	编码类黄酮途径酶的遗传序列及其应用

复审请求审查决定（第 14412 号） …… 1594

261	植物脂肪酸环氧化酶及其用途

复审请求审查决定（第 14417 号） …… 1600

262	抗血管生成蛋白及其应用

复审请求审查决定（第 14418 号） …… 1611

263	液体内服剂

复审请求审查决定（第 14429 号） …… 1618

264	吡咯并 [2，3d] 嘧啶组合物及其应用

复审请求审查决定（第 14430 号） …… 1622

265	超微细民族药及其制备方法

复审请求审查决定（第 14432 号） …… 1627

266	用于生产丁烯基-多杀菌素杀虫剂的生物合成基因

复审请求审查决定（第 14434 号） …… 1632

267	治疗原发性高血压的药物及制备方法

复审请求审查决定（第 14436 号） …… 1637

268	脂肪来源的干细胞和网格

复审请求审查决定（第 14444 号） …… 1641

- 269 控制鞘翅目害虫的苏云金芽孢杆菌毒素和基因
  复审请求审查决定（第 14445 号） …… 1644
- 270 神经营养因子在骨盆神经丛外周神经功能障碍的治疗中的应用
  复审请求审查决定（第 14446 号） …… 1649
- 271 一种快速检测丙型肝炎病毒及其基因型的方法
  复审请求审查决定（第 14447 号） …… 1653
- 272 分子构建和用于检测生化反应的方法
  复审请求审查决定（第 14449 号） …… 1658
- 273 二肽基肽酶 IV 的新效应物
  复审请求审查决定（第 14545 号） …… 1664
- 274 新的脂解酶
  复审请求审查决定（第 14547 号） …… 1668
- 275 一种具有脂解活性的修饰酶
  复审请求审查决定（第 14548 号） …… 1674
- 276 全长人甲状旁腺激素的新用途
  复审请求审查决定（第 14552 号） …… 1677
- 277 合成（2S，3aS，7aS）-1-［(S)-丙氨酰基］-八氢-1H-吲哚-2-甲酸衍生物的新方法及其在合成哌林多普利中的用途
  复审请求审查决定（第 14562 号） …… 1682
- 278 用于治疗血栓形成的抗凝血剂
  复审请求审查决定（第 14574 号） …… 1689
- 279 胸腺素 α1 肽的给药方法
  复审请求审查决定（第 14577 号） …… 1697
- 280 糖基化血红蛋白的选择性测定方法
  复审请求审查决定（第 14664 号） …… 1702
- 281 单胺氧化酶活性测定方法及单胺氧化酶诊断试剂盒
  复审请求审查决定（第 14668 号） …… 1708
- 282 用于心脏病的抗人线粒体腺苷酸激酶同工酶抗体，诊断制剂和诊断试剂盒
  复审请求审查决定（第 14673 号） …… 1712
- 283 只存在于病原性分枝杆菌并选择表达于吞噬体 pH 值下的分泌型酸性磷酸酶（SAPM）
  复审请求审查决定（第 14728 号） …… 1717

284 单核细胞特异性微粒运送载体
　　复审请求审查决定（第 14732 号） ……………………………………………………… 1725

285 用于治疗炎性失调及炎性相关失调的化合物、组合物和方法
　　复审请求审查决定（第 14769 号） ……………………………………………………… 1731

286 新型前体脂质体制剂及其生产方法和使用方法
　　复审请求审查决定（第 14785 号） ……………………………………………………… 1735

287 有效治疗肿瘤和其他需要除去或破坏细胞的疾病的肽
　　复审请求审查决定（第 14788 号） ……………………………………………………… 1741

288 用于基因治疗的疱疹病毒毒株
　　复审请求审查决定（第 14792 号） ……………………………………………………… 1745
　　北京市第一中级人民法院行政判决书（2009）一中行初字第 826 号 …………………… 1752

289 鉴定与涉及异常细胞增殖的疾病相关的多肽抗原的方法和用于治疗此种疾病的组合物
　　复审请求审查决定（第 14803 号） ……………………………………………………… 1762

290 含有洛索丙芬的外用制剂
　　复审请求审查决定（第 14807 号） ……………………………………………………… 1768

用于制备免疫治疗性组合物的慢病毒载体

复审请求审查决定（第 12568 号）

决 定 号	第 12568 号
决 定 日	2008 年 1 月 16 日
发明创造名称	用于制备免疫治疗性组合物的慢病毒载体
国际分类号	C12N 15/86，C12N 7/01，C12N 5/10，C07K 14/35，A61K 48/00
复审请求人	巴斯德研究所，国家科研中心
申 请 号	00814177.0
优 先 权 日	1999 年 10 月 11 日
申 请 日	2000 年 10 月 10 日
公 开 日	2002 年 11 月 13 日
合议组组长	李金光
主 审 员	葛永奇
参 审 员	尹 昕

法律依据 专利法第 38 条

决定要点

在实质审查过程中，审查员在作出驳回决定之前，应当给申请人提供至少一次针对驳回决定所依据的事实、理由和证据陈述意见和/或修改申请文件的机会，即审查员作出驳回决定时，驳回所依据的事实、理由和证据应当在之前的审查意见通知书中已经告知过申请人。

一、案由

本复审请求涉及申请日为 2000 年 10 月 10 日、公开日为 2002 年 11 月 13 日、申请号为 00814177.0、名称为"用于制备免疫治疗性组合物的慢病毒载体"的发明专利申请（下称本申请），申请人为巴斯德研究所和国家科研中心。

国家知识产权局原审查部门于 2003 年 12 月 26 日发出《第一次审查意见通知书》，指出：（1）说明书没有充分公开本发明，不符合专利法第 26 条第 3 款的规定。（2）权利要求 1 要求保护包含重组载体的免疫原性组合物；权利要求 5 要求保护重组的逆转录病毒颗粒的免疫原性组合物；权利要求 6 要求保护重组的逆转录病毒颗粒的免疫原性组合物，其中的逆转录病毒为慢病毒；权利要求 7 要求保护免疫原性组合物；权利要求 18～19 要求保护载体；权利要求 27 要求保护重组载体；权利要求 33 要求保护包含 cPPT 和 CTS 区域的核苷酸序列的用途；权利要求 35 要求保护 cPPT 和 CTS 区域诱导的三链 DNA 序列；权利要求 1、5、7 和 27，与权利要求 6，与权利要求 18～19，与权利要求 33，与权利要求 35 这 5 组权利要求之间没有相关联的特定的技术特征,不属于同一个发明构思,没有单一性,因此,权利要求 1、5~7、18~19、27、33 和 35 的技术方案不符合专利法第 31 条第 1 款的规定。(3) 权利要求 1~33 和 35 相对于对比文件 1（WO 9839463 A2,公开日为 1998 年 9 月 11 日）和对比文件 2（"HIV-1 Reverse Transcription",Pierre Charneau 等,J. Mol. Biol,1994 年,第 241 期,第 651~662 页）不具备创造性,不符合专利法第 22 条第 3 款的规定。(4) 权利要求 34 是疾病的治疗方法,属于专利法第 25 条第 1 款第 (3) 项规定的不能授予专利权的范围。《第一次审查意见通知书》所针对的权利要求（下称原权利要求）书如下:

"1. 包含重组载体的免疫原性组合物,该载体的特征在于它含有包含顺式作用中心起始区（cPPT）和顺式作用终止区（CTS）的多核苷酸,这些区域是逆转录病毒或逆转录病毒样起源的,所说的载体除此之外还包含确定的核苷酸序列（转基因或感兴趣的序列）和逆转录病毒或逆转录病毒样起源的逆转录、表达和壳体化的调节信号,其中该免疫原性组合物能够诱导或刺激针对一个或几个由载体中存在的转基因序列编码的表位的细胞介导的反应,例如 CTL（细胞毒性 T 淋巴细胞）反应或 CD4 反应。

2. 权利要求 1 的免疫原性组合物,其中所产生的 CTL 反应是记忆性 CTL 反应。

3. 权利要求 1 的免疫原性组合物,其特征在于逆转录病毒来源的序列来自慢病毒基因组。

4. 权利要求 1~3 中的任意一项的免疫原性组合物,其特征在于转基因或感兴趣的序列被包含在包括转录和表达的调节信号的表达盒中。

5. 包含重组的逆转录病毒颗粒的免疫原性组合物,所述重组逆转录病毒颗粒包含:（1）包含确定的核苷酸序列（转基因）的重组核苷酸序列,所述确定的核苷酸序列被置于转录和表达的调节信号以及逆转录、表达和壳体化的调节信号的控制下,和（2）包含顺式作用中心起始区（cPPT）和顺式作用终止区（CTS）的多核苷酸,这些区域是逆转录病毒或逆转录病毒样起源的,或来自转座子,并被以相对于逆转录病毒或逆转录病毒样起源的逆转录调节信号或转座子调节信号有功能的方向和位置插入,其中该免疫原性组合物能够诱导或刺激针对由载体中存在的转基因序列编码的一个或数个表位的细胞介导的反应,例如 CTL（细胞毒性 T 淋巴细胞）反应或 CD4 反应。

6. 包含重组逆转录病毒载体颗粒的免疫原性组合物,所述载体颗粒包含:

a. 相应于慢病毒的核蛋白或功能性衍生多肽的 gag 多肽（GAG 多肽）,

b. 由慢病毒的 RT、PRO、IN 蛋白或功能性衍生多肽构成的 pol 多肽（POL 多肽）,

c. 包膜多肽或功能性衍生多肽（ENV 多肽）,

d. 重组的核苷酸序列,其包含:确定的核苷酸序列（转基因或感兴趣的序列）,该序列编码一个或数个表位,被置于转录和表达的调节信号控制下;含有逆转录病毒或逆转录病毒样起源的逆转录、表达和壳体化的调节信号的序列;以及包含顺式作用中心起始区（cPPT）和顺式作用终止区（CTS）的多核苷酸,这些区域是逆转录病毒或逆转录病毒样起源的,并被以相对于前述的逆转录病毒或逆转录病毒样起源的调节信号有功能的方向和位置插入,其中该免疫原性组合物能够诱导或刺激针对由载体中存在的转基因序列编码的一个或数个表位的 CTL（细胞毒性 T 淋巴细胞）反应。

7. 免疫原性组合物,其中重组的逆转录病毒样颗粒包含:

a. 包含顺式作用中心起始区（cPPT）和顺式作用终止区（CTS）的多核苷酸,这些区域起源于反转录转座子并被以相对于反转录转座子调节信号有功能的方向插入,

b. 相应于反转录转座子的核蛋白或功能性衍生多肽的多肽（GAG 多肽）,

c. 相应于反转录转座子的 RT、PRO、IN 蛋白或功能性衍生多肽的 pol 多肽（POL 多肽）,

d. 病毒的包膜多肽,

e. 重组的核苷酸序列，其包含确定的核苷酸序列（转基因或感兴趣的序列），该序列被置于转录和表达的调节信号以及反转录转座子的逆转录、表达和壳体化的调节信号控制下，其中该免疫原性组合物能够诱导或刺激针对由载体中存在的转基因序列编码的一个或数个表位的细胞介导的反应，例如 CTL（细胞毒性 T 淋巴细胞）反应或 CD4 反应，其中该免疫原性组合物能够诱导或刺激针对由转基因序列编码的一个或数个表位的细胞介导的反应 CTL（细胞毒性 T 淋巴细胞）反应或 CD4 反应。

8. 权利要求 5~7 中的任意一项的免疫原性组合物，其中所产生的 CTL 反应是记忆性 CTL 反应或 CD4 反应。

9. 权利要求 1~8 中的任意一项的免疫原性组合物，其特征在于逆转录、表达和壳体化的调节信号是慢病毒起源的，并且含有 cPPT 和 CTS 区的多核苷酸也是慢病毒起源的。

10. 权利要求 1~9 中的任意一项的免疫原性组合物，其特征在于在载体中的逆转录、表达和壳体化的调节信号和含有 cPPT 和 CTS 区的多核苷酸来自 HIV 型逆转录病毒，特别是 HIV-1 或 HIV-2。

11. 权利要求 10 的免疫原性组合物，其特征在于逆转录、表达和壳体化的调节信号和含有 cPPT 和 CTS 区的多核苷酸来自从慢病毒 CAEV，EIAV，VISNA，HIV，SIV 或 FIV 中选择的病毒。

12. 权利要求 1~11 中的任意一项的免疫原性组合物，其特征在于载体的多核苷酸是含有 HIV-1 逆转录病毒基因组的顺式作用中心起始区（cPPT）和终止区域（CTS）的 DNA 序列。

13. 权利要求 5~12 中的任意一项的免疫原性组合物，其特征在于载体颗粒的 gag、pol 和 env 序列来自 HIV 逆转录病毒，特别是 HIV-1 或 HIV-2，的序列。

14. 权利要求 5~12 中的任意一项的免疫原性组合物，其特征在于 gag 和 pol 序列来自 HIV 逆转录病毒的序列，而 env 序列来自不同的 HIV 逆转录病毒或病毒。

15. 权利要求 14 的免疫原性组合物，其特征在于 env 序列编码双嗜性 ENV 多肽。

16. 权利要求 14 的免疫原性组合物，其特征在于 env 序列编码亲嗜性 ENV 多肽。

17. 权利要求 14 的免疫原性组合物，其特征在于 env 序列来自疱疹性口腔炎病毒（VSV）。

18. 载体，其特征在于它是 pTRIP. TEL/AML-IRES-EGFP 质粒，于 1999 年 10 月 11 日按编号 I-2326 保藏在 CNCM；或 Ptrip. DES-IRES-GFP，于 1999 年 10 月 11 日按编号 I-2331 保藏在 CNCM。

19. 载体，其特征在于它是 pTRIP. ILKE-IRES-GFP 质粒，该质粒于 1999 年 10 月 11 日按编号 I-2327 保藏在 CNCM。

20. 与权利要求 1~17 中的任意一项的免疫原性组合物接触过的重组细胞。

21. 权利要求 20 的重组细胞，其是抗原提呈细胞，或是从肺细胞、脑细胞、上皮细胞、星形胶质细胞、小胶质细胞（mycroglia）、少突胶质细胞、神经元、肌细胞、肝细胞、树突细胞、神经元细胞、骨髓细胞株、巨噬细胞、成纤维细胞、造血细胞中选择的细胞。

22. 权利要求 1~17 中的任意一项的免疫原性组合物或重组细胞，用于肿瘤或传染病的治疗性处理。

23. 权利要求 1~17 中的任意一项的免疫原性组合物，其中包括在载体中的转基因是表位，包含多表位的多肽，来自肿瘤细胞或感染性因子的蛋白质。

24. 权利要求 23 的免疫原性组合物，其中所述表位、包含多表位的多肽或所述蛋白质来自于黑素瘤细胞。

25. 权利要求 1~17 中的任意一项的组合物或权利要求 1~17 中的任意一项所定义的载体或载体颗粒，其中 cPPT 和 CTS 区域定位在载体序列的中心。

26. 权利要求 1~17 中的任意一项的组合物或权利要求 1~17 中的任意一项所定义的载体或载体颗粒，其中转基因被插入在逆转录调节信号的 U3 区中。

27. 重组载体，其特征在于它含有包含顺式作用中心起始区（cPPT）和顺式作用终止区（CTS）的多核苷酸，这些区域是逆转录病毒或逆转录病毒样起源的，所说的载体另外包含确定的核苷酸序列（转基因或感兴趣的序列），该核苷酸序列是致病因子的基因序列；以及逆转录病毒或逆转录病毒样起源的逆转录、表达和壳体化的调节信号，其中该免疫原性组合物能够诱导或刺激针对由载体中存在的转基因序列编码的一个或数个表位的细胞介导的反应，例如CTL（细胞毒性T淋巴细胞）反应或CD4反应。

28. 权利要求27的重组载体，其中感兴趣的核苷酸序列或转基因是编码细菌例如分枝杆菌、特别是结核分枝杆菌的抗原的基因。

29. 权利要求27的重组载体，其中感兴趣的核苷酸序列或转基因是编码病毒或逆转录病毒的抗原的基因。

30. 权利要求18或19的载体，其中TEL/AML或ILKE表位被全部或部分的致病因子基因，例如结核分枝杆菌的DES基因，所取代。

31. 权利要求1～17中的任意一项的免疫原性组合物，其能够诱导或刺激载体的基因组在靶细胞中的向核内输入。

32. 权利要求18或19或27～31之任意一项的载体在权利要求1～17之任意一项的免疫原性组合物中的用途。

33. 包含cPPT和CTS区域的核苷酸序列的用途，该cPPT和CTS区域在反转录之后在慢病毒载体或反转录转座子载体中采取三链DNA结构（DNA三链体）并且刺激载体DNA进入被转导细胞的核的比率。

34. 权利要求33的核苷酸序列在细胞或患者中诱导细胞反应的用途。

35. cPPT和CTS区域诱导的三链DNA序列，其能够诱导高的载体DNA进核比率，或增加载体DNA向核内输入的比率。"

申请人于2004年7月12日针对《第一次审查意见通知书》提交了意见陈述书，同时提交了修改后的说明书第12～15页的修改替换页和权利要求书全文替换页（共6页41项）。申请人认为：(1) 修改后的说明书充分公开了所述载体、适于测试免疫原性的步骤和手段以及验证实验，所以修改后的说明书符合专利法第26条第3款的规定。(2) 本发明提供了包含cPPT和CTS区域、并能够在逆转录后形成三链结构的DNA片段本身用于提高向核内输入效率的新用途。现有技术中cPPT和CTS区域是包含在其天然环境POL基因中使用的，并没有公开cPPT和CTS区域的具体作用，因此本领域技术人员不知道如何使用cPPT和CTS区域本身。申请人新提交的权利要求书中，相应于原权利要求1、5～7、18～19、27、33和35的权利要求1、6、8、10、22、23、31、38和41都涉及cPPT-CTS区域的上述用途，因此具有相同或相应的特定技术特征，具有单一性。(3) 修改后的权利要求1～41具备创造性，权利要求40（对应于原权利要求34）属于可授予专利权的主题。新修改的权利要求书如下：

"1. 包含重组载体的免疫原性组合物，在所述载体中插入了能够在逆转录之后采取三链DNA结构（DNA三链体）的包含顺式作用中心起始区（cPPT）和顺式作用终止区（CTS）的DNA片段，所述片段是逆转录病毒或逆转录病毒样起源的，所说的载体除此之外还包含确定的核苷酸序列（转基因或感兴趣的序列）和逆转录病毒或逆转录病毒样起源的逆转录、表达和壳体化的调节信号，其中该免疫原性组合物能够诱导或刺激针对一个或几个由载体中存在的转基因序列编码的表位的细胞介导的反应，例如CTL（细胞毒性T淋巴细胞）反应或CD4反应。

2. 权利要求 1 的免疫原性组合物，其中所述 DNA 片段长 178bp。

3. 权利要求 1 或 2 的免疫原性组合物，其中所产生的 CTL 反应是记忆性 CTL 反应。

4. 权利要求 1 或 2 的免疫原性组合物，其特征在于逆转录病毒来源的序列来自慢病毒基因组。

5. 权利要求 1~4 中的任意一项的免疫原性组合物，其特征在于转基因或感兴趣的序列被包含在包括转录和表达的调节信号的表达盒中。

6. 包含重组的逆转录病毒颗粒的免疫原性组合物，所述重组逆转录病毒颗粒包含：（1）包含确定的核苷酸序列（转基因）的重组核苷酸序列，所述确定的核苷酸序列被置于转录和表达的调节信号以及逆转录、表达和壳体化的调节信号的控制下，和（2）能够在逆转录之后采取三链 DNA 结构（DNA 三链体）的包含顺式作用中心起始区（cPPT）和顺式作用终止区（CTS）的 DNA 片段，所述片段是逆转录病毒或逆转录病毒样起源的，或来自转座子，并被以相对于逆转录病毒或逆转录病毒样起源的逆转录调节信号或转座子调节信号有功能的方向和位置插入，其中该免疫原性组合物能够诱导或刺激针对由载体中存在的转基因序列编码的一个或数个表位的细胞介导的反应，例如 CTL（细胞毒性 T 淋巴细胞）反应或 CD4 反应。

7. 权利要求 6 的免疫原性组合物，其中所述 DNA 片段长 178bp。

8. 包含重组逆转录病毒载体颗粒的免疫原性组合物，所述载体颗粒包含：

a. 相应于慢病毒的核蛋白或功能性衍生多肽的 gag 多肽（GAG 多肽），

b. 由慢病毒的 RT、PRO、IN 蛋白或功能性衍生多肽构成的 pol 多肽（POL 多肽），

c. 包膜多肽或功能性衍生多肽（ENV 多肽），

d. 重组的核苷酸序列，其包含：确定的核苷酸序列（转基因或感兴趣的序列），该序列编码一个或数个表位，被置于转录和表达的调节信号控制下；含有逆转录病毒或逆转录病毒样起源的逆转录、表达和壳体化的调节信号的序列；以及能够在逆转录之后采取三链 DNA 结构（DNA 三链体）的包含顺式作用中心起始区（cPPT）和顺式作用终止区（CTS）的 DNA 片段，所述片段是逆转录病毒或逆转录病毒样起源的，并被以相对于前述的逆转录病毒或逆转录病毒样起源的调节信号有功能的方向和位置插入，其中该免疫原性组合物能够诱导或刺激针对由载体中存在的转基因序列编码的一个或数个表位的 CTL（细胞毒性 T 淋巴细胞）反应。

9. 权利要求 8 的免疫原性组合物，其中所述 DNA 片段长 178bp。

10. 免疫原性组合物，其中重组的逆转录病毒样颗粒包含：

a. 能够在逆转录之后采取三链 DNA 结构（DNA 三链体）的包含顺式作用中心起始区（cPPT）和顺式作用终止区（CTS）的 DNA 片段，所述 DNA 片段起源于反转录转座子并被以相对于反转录转座子调节信号有功能的方向插入，

b. 相应于反转录转座子的核蛋白或功能性衍生多肽的多肽（GAG 多肽），

c. 相应于反转录转座子的 RT、PRO、IN 蛋白或功能性衍生多肽的 pol 多肽（POL 多肽），

d. 病毒的包膜多肽，

e. 重组的核苷酸序列，其包含确定的核苷酸序列（转基因或感兴趣的序列），该序列被置于转录和表达的调节信号以及反转录转座子的逆转录、表达和壳体化的调节信号控制下，其中该免疫原性组合物能够诱导或刺激针对由载体中存在的转基因序列编码的一个或数个表位的细胞介导的反应，例如 CTL（细胞毒性 T 淋巴细胞）反应或 CD4 反应，其中该免疫原性组合物能够诱导或刺激针对由转基因序列编码的一个或数个表位的细胞介导的反应 CTL（细胞毒性 T 淋巴细胞）反应或 CD4 反应。

11. 权利要求 10 的免疫原性组合物，其中所述 DNA 片段长 178bp。

12. 权利要求 6~11 中的任意一项的免疫原性组合物，其中所产生的 CTL 反应是记忆性 CTL 反应

或 CD4 反应。

13. 权利要求 1~12 中的任意一项的免疫原性组合物，其特征在于逆转录、表达和壳体化的调节信号是慢病毒起源的，并且含有 cPPT 和 CTS 区的多核苷酸也是慢病毒起源的。

14. 权利要求 1~13 中的任意一项的免疫原性组合物，其特征在于在载体中的逆转录、表达和壳体化的调节信号和含有 cPPT 和 CTS 区的多核苷酸来自 HIV 型逆转录病毒，特别是 HIV-1 或 HIV-2。

15. 权利要求 14 的免疫原性组合物，其特征在于逆转录、表达和壳体化的调节信号和含有 cPPT 和 CTS 区的多核苷酸来自从慢病毒 CAEV、EIAV、VISNA、HIV、SIV 或 FIV 中选择的病毒。

16. 权利要求 1~15 中的任意一项的免疫原性组合物，其特征在于载体的多核苷酸是含有 HIV-1 逆转录病毒基因组的顺式作用中心起始区（cPPT）和终止区域（CTS）的 DNA 序列。

17. 权利要求 6~16 中的任意一项的免疫原性组合物，其特征在于载体颗粒的 gag、pol 和 env 序列来自 HIV 逆转录病毒，特别是 HIV-1 或 HIV-2，的序列。

18. 权利要求 6~16 中的任意一项的免疫原性组合物，其特征在于 gag 和 pol 序列来自 HIV 逆转录病毒的序列，而 env 序列来自不同的 HIV 逆转录病毒或病毒。

19. 权利要求 18 的免疫原性组合物，其特征在于 env 序列编码双嗜性 ENV 多肽。

20. 权利要求 18 的免疫原性组合物，其特征在于 env 序列编码亲嗜性 ENV 多肽。

21. 权利要求 18 的免疫原性组合物，其特征在于 env 序列来自疱疹性口腔炎病毒（VSV）。

22. 载体，其特征在于它是 pTRIP. TEL/AML-IRES-EGFP 质粒，于 1999 年 10 月 11 日按编号 I-2326 保藏在 CNCM；或 Ptrip. DES-IRES-GFP，于 1999 年 10 月 11 日按编号 I-2331 保藏在 CNCM。

23. 载体，其特征在于它是 pTRIP. ILKE-IRES-GFP 质粒，该质粒于 1999 年 10 月 11 日按编号 I-2327 保藏在 CNCM。

24. 与权利要求 1~21 中的任意一项的免疫原性组合物接触过的重组细胞。

25. 权利要求 24 的重组细胞，其是抗原提呈细胞，或是从肺细胞、脑细胞、上皮细胞、星形胶质细胞、小胶质细胞（mycroglia）、少突胶质细胞、神经元、肌细胞、肝细胞、树突细胞、神经元细胞、骨髓细胞株、巨噬细胞、成纤维细胞、造血细胞中选择的细胞。

26. 权利要求 1~21 中的任意一项的免疫原性组合物或重组细胞，用于肿瘤或传染病的治疗性处理。

27. 权利要求 1~21 中的任意一项的免疫原性组合物，其中包括在载体中的转基因是表位，包含多表位的多肽，来自肿瘤细胞或感染性因子的蛋白质。

28. 权利要求 27 的免疫原性组合物，其中所述表位、包含多表位的多肽或所述蛋白质来自黑素瘤细胞。

29. 权利要求 1~21 中的任意一项的组合物或权利要求 1~21 中的任意一项所定义的载体或载体颗粒，其中 cPPT 和 CTS 区域定位在载体序列的中心。

30. 权利要求 1~21 中的任意一项的组合物或权利要求 1~21 中的任意一项所定义的载体或载体颗粒，其中转基因被插入在逆转录调节信号的 U3 区中。

31. 重组载体，其中插入了能够在逆转录之后采取三链 DNA 结构（DNA 三链体）的包含顺式作用中心起始区（cPPT）和顺式作用终止区（CTS）的 DNA 片段，所述片段是逆转录病毒或逆转录病毒样起源的，所说的载体另外包含确定的核苷酸序列（转基因或感兴趣的序列），该核苷酸序列是致病因子的基因序列；以及逆转录病毒或逆转录病毒样起源的逆转录、表达和壳体化的调节信号，其中该免疫原性组合物能够诱导或刺激针对由载体中存在的转基因序列编码的一个或数个表位的细胞介导的反应，例如 CTL（细胞毒性 T 淋巴细胞）反应或 CD4 反应。

32. 权利要求 31 的重组载体,其中所述 DNA 片段长 178bp。

33. 权利要求 32 的重组载体,其中感兴趣的核苷酸序列或转基因是编码细菌例如分枝杆菌、特别是结核分枝杆菌的抗原的基因。

34. 权利要求 32 的重组载体,其中感兴趣的核苷酸序列或转基因是编码病毒或逆转录病毒的抗原的基因。

35. 权利要求 22 或 23 的载体,其中 TEL/AML 或 ILKE 表位被全部或部分的致病因子基因,例如结核分枝杆菌的 DES 基因,所取代。

36. 权利要求 1~21 中的任意一项的免疫原性组合物,其能够诱导或刺激载体的基因组在靶细胞中的向核内输入。

37. 权利要求 22 或 23 或 31~36 之任意一项的载体在权利要求 1~17 之任意一项的免疫原性组合物中的用途。

38. 包含 cPPT 和 CTS 区域的 DNA 片段的用途,该 DNA 片段在反转录之后在慢病毒载体或反转录转座子载体中采取三链 DNA 结构(DNA 三链体)并且刺激载体 DNA 进入被转导细胞的核的比率。

39. 权利要求 38 的用途,其中所述 DNA 片段长 178bp。

40. 能够在逆转录之后采取三链 DNA 结构(DNA 三链体)的、包含顺式作用中心起始区(cPPT)和顺式作用终止区(CTS)的 DNA 片段制备用于在细胞或患者中诱导细胞反应的用途。

41. cPPT 和 CTS 区域诱导的三链 DNA 序列,其能够诱导高的载体 DNA 进核比率,或增加载体 DNA 向核内输入的比率。"

2005 年 10 月 14 日,原审查部门驳回了本申请,驳回理由是本申请权利要求 1、6、8、10、22~23、31、38 与 41 的技术方案不符合专利法第 31 条第 1 款的规定。原审查部门认为:虽然新的权利要求都涉及了逆转录之后采取三链 DNA 结构的 cPPT 和 CTS 区域,即它们的共同技术特征在于该逆转录之后采取三链结构的 cPPT 和 CTS 区域,本发明的发明点也在于发现了 cPPT 和 CTS 区域之间的三链结构负责将序列从转染细胞的细胞质有效输入到核,并能够实现有效的基因组整合,但 cPPT 和 CTS 区域在现有技术中已经存在,其结构也很明确,而且也应用于病毒载体中。对于本发明公开的 cPPT 和 CTS 区域在逆转录后可以采取三链结构,并将序列从转染细胞的细胞质有效输入到核,并能够实现有效的基因组整合,现有技术中虽然没有公开,但是这只是该 cPPT 和 CTS 区域的内在作用机理,是由该 cPPT 和 CTS 区域的结构本身所决定的,从而该逆转录之后采取三链 DNA 结构的 cPPT 和 CTS 区域不是对现有技术作出贡献的技术特征,不是它们之间的特定技术特征。

申请人巴斯德研究所和国家科研中心(下称请求人)对上述驳回决定不服,于 2006 年 1 月 27 日向专利复审委员会提出复审请求,同时提交了新修改的权利要求书全文替换页(共 38 项权利要求),其中的修改具体在于删除了驳回决定所针对的权利要求书中的权利要求 38、39 和 41,并相应调整了权利要求的编号,请求人还提交了专利复审委员会于 2005 年 6 月 13 日作出的第 6445 号复审决定的复印件共 6 页。请求人认为:(1)尽管审查员在发出驳回决定之前在第一次审查意见通知书中曾指出本发明的单一性问题,但是仅泛泛指出:"权利要求 1、5、7 和 27,与权利要求 6,与权利要求 18~19,与权利要求 33,与权利要求 35 这 5 组权利要求之间没有相关联的特定的技术特征,不属于一个发明构思,没有单一性",而未给出任何具体的理由和证据,更未提及过驳回决定中给出的具体理由。但根据专利法第 38 条以及审查指南第八章第 2.2 节之(2)的听证原则,"审查员在作出驳回决定之前,应当给申请人提供至少一次针对驳回理由和证据陈述意见和/或修改申请文件的机会"。第 6445 号复审决定也表明上述驳回决定不符合听证原则。因此,请求人请求撤销上述驳回决定,并在实质审查过程中进一步审查单一性问题。虽然请求人为了加快审查进程修改了申请文件并陈述了意见，但是这些修改和陈述应当在实质审查程序中审查。（2）对比文件 1 和 2 均未公开含有 cPPT-CTS 区或由 cPPT-CTS 区组成的、本身独立地具有功能（尤其是在表位的表达中具有功能，由此能够引起免疫反应）的片段。目前的权利要求不仅旨在涉及 cPPT-CTS 区本身，还旨在涉及 cPPT-CTS 区在载体、组合物或者细胞内在促进免疫应答的诱导中的新用途（这种用途，及相应地由于这种用途导致的免疫原性组合物在对比文件 1 和 2 中都未提及）。因此，本发明目前权利要求的相同/相应技术特征是本发明组合物（含有载体）和本发明载体及重组细胞由于利用 cPPT-CTS 片段而具备的诱导免疫应答的能力，这些权利要求所涉及的发明属于一个共同的发明构思，符合专利法第 31 条第 1 款有关单一性的规定。因此驳回的理由不成立。

形式审查合格后，专利复审委员会受理了该复审请求，并于 2006 年 3 月 9 日向请求人发出《复审请求受理通知书》，同时将本申请案卷移交原审查部门进行前置审查。

原审查部门对本复审请求进行了前置审查，坚持原驳回决定，具体理由与驳回决定中的理由相同。

至此，合议组认为本案事实已经清楚，可以作出审查决定。

二、决定的理由

1. 审查文本

本复审请求决定所针对的申请文本为请求人于 2006 年 1 月 27 日提交的权利要求 1~38，于 2004 年 7 月 12 日提交的说明书第 12~15 页，以及本申请进入中国国家阶段时提交的国际申请文件的中文文本的说明书第 1~11、16~23 页、序列表第 1~4 页、说明书附图第 1~11 页和说明书摘要。

2. 关于听证原则

专利法第 38 条规定，发明专利申请经申请人陈述意见或者进行修改后，国务院专利行政部门仍然认为不符合本法规定的，应当予以驳回。

根据该款规定，在实质审查过程中，审查员在作出驳回决定之前，应当给申请人提供至少一次针对驳回决定所依据的事实、理由和证据陈述意见和/或修改申请文件的机会，即审查员作出驳回决定时，驳回所依据的事实、理由和证据应当在之前的审查意见通知书中已经告知过申请人。

本案中，针对单一性问题，原审查部门在《第一次审查意见通知书》中指出原权利要求 1、5、7 和 27，与原权利要求 6，与原权利要求 18~19，与原权利要求 33，与原权利要求 35 这 5 组权利要求之间没有相关联的特定的技术特征，不属于一个发明构思，没有单一性。其中仅概括描述了上述权利要求所要求保护的主题，没有对其要求保护的技术方案进行具体分析，未指出这些权利要求间不具备特定技术特征的具体理由以及相应证据、事实。请求人在答复《第一次审查意见通知书》时对权利要求书进行了修改，其中将原权利要求 1、5、6、7、27 和 33 中的技术特征"包含顺式作用中心起始区（cPPT）和顺式作用终止区（CTS）的多核苷酸"的表述改为"能够在逆转录后采取三链 DNA 结构（DNA 三链体）的包含顺式作用中心起始区（cPPT）和顺式作用终止区（CTS）的 DNA 片段"。请求人认为：在新提交的权利要求书中，相应于原权利要求 1、5~7、18~19、27、33 和 35 的权利要求 1、6、8、10、22、23、31、38 和 41 都涉及包含 cPPT 和 CTS 区域、并能够在逆转录后形成三链结构的 DNA 片段本身用于提高向核内输入效率的新的用途，因此这些权利要求具有相同或相应的特定技术特征，具有单一性。原审查部门针对请求人于 2004 年 7 月 12 日提交的权利要求书驳回了本申请，理由是权利要求 1、6、10、31 与权利要求 8，与权利要求 22~23，与权利要求 38，与权利要求 41 这 5 组权利要求没有相关联的特定技术特征，不属于同一发明构思，不具备专利法第 31 条第 1 款规定的单一性；cPPT 和 CTS 区域在现有技术中已经存在，其结构也很明确，而且也应用于病毒载体中，虽然现有技术中没有公开 cPPT 和 CTS 区域在逆转录后可以采取三链结构，并将序列从转染细胞的细胞质有效输入到核,并能够实现有效的基因组整合,但是这只是该 cPPT 和 CTS 区域的内在作用机理,是由该 cPPT 和 CTS 区域的结构本身所决定的,从而该逆转录之后采取三链 DNA 结构的 cPPT 和 CTS 区域不是对现有技术作出贡献的技术特征,不是它们之间的特定技术特征。而上述对权利要求中是否具备特定技术特征的分析内容并没有在驳回前的审查意见通知书中告知过请求人。

从本案的实质审查过程来看,原审查部门在作出驳回决定之前的审查意见通知书中仅泛泛指出原权利要求 1、5、7 和 27,与原权利要求 6,与原权利要求 18~19,与原权利要求 33,与原权利要求 35 这 5 组权利要求之间没有相关联的特定的技术特征,不属于一个发明构思,没有单一性,没有给出任何具体的理由和证据,而且在请求人针对审查意见通知书中指出的问题修改了申请文件并陈述了权利要求之间具备单一性的理由之后,原审查部门没有再次发出审查意见通知书告知请求人修改后的权利要求仍然不具备单一性的具体理由而直接作出了驳回决定,在驳回决定中才针对请求人陈述的意见详细论述了修改后的权利要求 1、6、8、10、22~23、31、38 与 41 的技术方案不具备单一性的理由。此外,在请求人提出驳回决定不符合听证原则,请求在前置审查时撤销驳回决定并在实质审查过程中进一步审查单一性问题时,原审查部门的前置审查意见只是重复驳回的理由,对驳回决定是否符合听证原则的问题未予评述。由此可见,原审查部门在作出驳回决定时,驳回所依据的具体理由、事实和证据并未曾在之前的审查意见通知书中告知过请求人即申请人,该驳回决定的作出不符合专利法第 38 条的规定。

根据以上事实和理由,本案合议组作出如下审查决定。

三、决定

撤销国家知识产权局于 2005 年 10 月 14 日对第 00814177.0 号发明专利申请作出的驳回决定。由原审查部门在本复审请求审查决定所针对的文本的基础上继续进行审查。

复审请求人对本决定不服的,可以根据专利法第 41 条第 2 款的规定,自收到本决定之日起三个月内向北京市第一中级人民法院起诉。

水溶性内服液剂

复审请求审查决定（第 12573 号）

决 定 号	第 12573 号
决 定 日	2008 年 1 月 27 日
发明创造名称	水溶性内服液剂
国际分类号	A61K 31/426，A61K 9/08，A61K 47/16，C07D 277/54，A61P 1/04
复审请求人	润风美有限公司
申 请 号	01819503.2
优 先 权 日	2000 年 11 月 24 日
申 请 日	2001 年 11 月 21 日
公 开 日	2004 年 2 月 18 日
合议组组长	李金光
主 审 员	周英姿
参 审 员	尹 昕
法 律 依 据	专利法第 22 条第 2 款、第 3 款

决 定 要 点

在新颖性判断中，如果专利申请与对比文件的内容相比，其权利要求所限定的技术方案引入了区别技术特征，并且引入的区别特征使权利要求所限定的技术方案与对比文件公开的技术方案实质上不同，则两者不是同样的发明，其权利要求所限定的技术方案具有新颖性。

在创造性判断中，如果要求保护的发明与最接近的对比文件相比不但省略了现有技术为解决其技术问题所必需的技术要素，而且新引入的区别技术特征使所要保护的技术方案取得预料不到的技术效果，同时该区别技术特征的引入对于本领域技术人员而言并不是显而易见的，则该发明具备突出的实质性特点和显著的进步，即具备创造性。

一、案由

本复审请求涉及名称为"水溶性内服液剂"的第 01819503.2 号发明专利申请（下称本申请），其申请日为 2001 年 11 月 21 日，优先权日为 2000 年 11 月 24 日，公开日为 2004 年 2 月 18 日，进入中国国家阶段日为 2003 年 5 月 26 日。本案的请求人在提出复审请求时为山之内制药株式会社，2006 年 2 月 17 日变更为安斯泰来制药有限公司，2006 年 5 月 19 日变更为润风美有限公司。

2005 年 6 月 17 日，针对本申请进入中国国家阶段时提交的国际申请文件中文文本的权利要求 1~5、说明书第 1~7 页和说明书摘要，国家知识产权局以本申请权利要求 1 不符合专利法第 22 条第

2款、权利要求2~5不符合专利法第22条第3款的规定为由驳回了本申请。驳回决定所针对的权利要求书如下：

"1. 水溶性内服液剂，其特征在于，含有法莫替丁和依地酸。

2. 根据权利要求1所述的水溶性内服液剂，其特征在于，pH为5.5~7.0。

3. 根据权利要求1或2所述的水溶性内服液剂，其特征在于，法莫替丁的浓度为0.025~4mg/ml。

4. 根据权利要求3所述的水溶性内服液剂，其特征在于，法莫替丁的浓度为0.2~2mg/ml。

5. 根据权利要求1~4所述的水溶性内服液剂，其特征在于，相对于1重量份法莫替丁，依地酸或其盐的掺合量为0.02~2重量份。"

驳回决定认为：对比文件2（CN 1203527A，公开日为1998年12月30日）公开了一种药物制剂，该制剂包含至少一种非蛋白质活性成分，该活性成分可选自法莫替丁，可加入该药物制剂中的可药用赋形剂例如是乙二胺四乙酸（即依地酸），该制剂经过冷冻干燥，并且可配制为液体形式，因此，对比文件2公开了权利要求1的全部特征，权利要求1不具有新颖性，不符合专利法第22条第2款的规定。权利要求2~5的附加技术特征属于本领域技术人员根据药物制剂配制机理和药物所要达到的性能易于确定的公知技术，因此，权利要求2~5的技术方案是显而易见的，不具有突出的实质性特定和显著的进步，不符合专利法第22条第3款。

请求人对上述驳回决定不服，于2005年10月8日向专利复审委员会提出复审请求。请求人提出的复审请求理由为：（1）对比文件2没有明确公开含有法莫替丁和依地酸的水溶性内服制剂，因此，权利要求1相对于对比文件2具有新颖性。（2）对比文件2解决的技术问题是采用一定比例的甘露醇和丙氨酸使制剂中的药物活性成分在冷冻干燥时不降解，本领域技术人员根据对比文件2无法直接想到并实施本发明的技术方案。本发明采用非常简单的方法就可以制备保存1年后残余率在97%以上的法莫替丁水溶性内服液体，权利要求1相对于对比文件2具有创造性。（3）在权利要求1相对于对比文件2具有创造性的前提下，从属权利要求2~5相对于对比文件2也具有创造性。

形式审查合格后，专利复审委员会受理了该复审请求，并于2005年11月8日向请求人发出《复审请求受理通知书》。同时，将本申请案卷移交至国家知识产权局原审查部门进行前置审查。

原审查部门对本复审请求进行了前置审查。在前置审查意见书中，原审查部门坚持原驳回决定。

专利复审委员会组成合议组，对本复审请求案进行了审理。

2007年6月13日，专利复审委员会向请求人发出《复审通知书》，该通知书指出：（1）本申请权利要求1与对比文件2的区别在于本申请使用依地酸作为稳定剂，而对比文件2使用依地酸作为赋形剂。本申请实际解决的技术问题是提高溶液制剂的稳定性。依地酸和依地酸盐可以作为制备药物制剂的稳定剂、抗氧增效剂是在药物制剂领域中公知的（参见《药剂辅料大全》，四川科学技术出版社，罗明生等主编，1995年1月出版，第177~180页），对比文件2教导赋形剂可以选择乙二胺四乙酸盐，所以，相对于对比文件2，权利要求1不符合专利法第22条第3款有关创造性的规定。（2）权利要求2对权利要求1所述的水溶性内服液剂的pH范围作了限定，权利要求3和4分别限定了制剂中法莫替丁的浓度。这些附加技术特征在现有技术中已经公开，本领域技术人员基于现有技术整体上的教导，很容易对上述附加技术特征进行选择并且获得权利要求2~4的技术方案，权利要求2~4不符合专利法第22条第3款的规定。（3）权利要求5的附加技术特征限定了法莫替丁和依地酸或其盐的重量份。在药物制剂领域中，在配制含有活性成分和辅料的制剂中必然需要对活性成分和辅料的用量进行选择。因此，与现有技术相比，权利要求5也是显而易见的，不具有创造性，不符合专利法第22条第3款的规定。

请求人于 2007 年 7 月 26 日提交了意见陈述书，同时提交了权利要求书的全文替换页（共 5 项）。修改后的权利要求书如下：

"1. 水溶性内服液剂，其特征在于，它由以下组分构成：

（1）法莫替丁；

（2）水；

（3）依地酸或其盐；和

（4）任选的选自甜味料、防腐剂、酸味剂、香料、调味剂、增粘剂和 pH 调整剂的添加剂，其中所述甜味料选自糖类、合成甜味料、甘草甜素及其盐类，所述 pH 调整剂选自柠檬酸、苹果酸、乳酸、酒石酸、己二酸及其盐类。

2. 根据权利要求 1 所述的水溶性内服液剂，其特征在于，pH 为 5.5～7.0。

3. 根据权利要求 1 或 2 所述的水溶性内服液剂，其特征在于，法莫替丁的浓度为 0.025～4mg/ml。

4. 根据权利要求 3 所述的水溶性内服液剂，其特征在于，法莫替丁的浓度为 0.2～2mg/ml。

5. 根据权利要求 1～4 所述的水溶性内服液剂，其特征在于，相对于 1 重量份法莫替丁，依地酸或其盐的掺合量为 0.02～2 重量份。"

请求人认为：（1）修改后的权利要求 1 是封闭式的，其中水是本申请水溶性内服液体制剂必含的，并且说明书第 4 页第 4～15 公开了所述各种添加剂，因此，上述修改符合专利法第 33 条的规定。（2）现有技术仅仅涉及用马来酸等酸性辅料能够提供法莫替丁注射液，没有给出本申请的内服液剂；《药剂辅料大全》也未教导到依地酸在特定环境中具有抑制氧化和水解的稳定作用。另外，用依地酸或其盐配制的法莫替丁内服液的稳定性明显高于内服液剂的稳定性标准。因此权利要求 1 相对于对比文件 2 具有创造性。

至此，合议组认为本案事实清楚，可以作出审查决定。

二、决定的理由

1. 审查文本的认定

请求人于 2007 年 7 月 26 日提交了权利要求书全文替换页（共 5 项），其中修改后的权利要求 1 要求保护由组分法莫替丁（1）、水（2）、依地酸或其盐（3）和任选的添加剂（4）构成的水溶性内服制剂。根据本申请说明书的记载，实施例 2 公开了仅含有法莫替丁（1）、水（2）和依地酸钠盐（3）的水溶性内服液制剂，即由组分（1）～（3）构成的技术方案；实施例 3-10 描述了由法莫替丁（1）、水（2）、依地酸盐（3）和选自调味料（例如柠檬酸）、防腐剂（例如对羟基苯甲酸甲酯、对羟基本甲酸丙酯）、甜味剂（例如 sucralose）或 pH 调节剂（例如乳酸）的添加剂（4）构成的水溶性内服液制剂，即由组分（1）～（4）构成的技术方案。由此可见，权利要求 1 的技术方案可以由本申请原说明书的内容直接地、毫无疑义地确定，因此，修改后的权利要求 1 符合专利法第 33 条的规定。

本复审请求审查决定所依据的审查文本是请求人于 2007 年 7 月 26 日提交的权利要求 1～5、本申请进入中国国家阶段时提交的国际申请文件中文文本的说明书第 1～7 页和说明书摘要。

2. 有关新颖性

专利法第 22 条第 3 款规定：新颖性，是指在申请日以前没有同样的发明或者实用新型在国内外出版物上公开发表过、在国内公开使用过或者以其他方式为公众所知，也没有同样的发明或者实用新型由他人向国务院专利行政部门提出过申请并且记载在申请日以后公布的专利申请文件中。

在新颖性判断中，如果专利申请与对比文件的内容相比，其权利要求所限定的技术方案引入了区别技术特征，并且引入的区别特征使权利要求所限定的技术方案与对比文件公开的技术方案实质上不同，则两者不是同样的发明，其权利要求所限定的技术方案具有新颖性。

本申请修改后的权利要求1要求保护法莫替丁、水、依地酸或其盐和任选的所述添加剂构成的水溶性内服液剂，是一项封闭式权利要求。对比文件2公开了可以配制成口服给药液体形式的冻干制剂，该冻干制剂包含非蛋白类活性成分和一定比率的甘露醇、丙氨酸，还可以加入赋形剂等化合物，其中所述非蛋白类活性成分可以选自例如法莫替丁的H_2拮抗剂。

本申请新修改的权利要求1排除了含有甘露醇、丙氨酸的口服给药液体剂型的情形，故权利要求1的水溶性口服液剂实质上不同于对比文件2的口服给药液体制剂，因此，相对于对比文件2而言，权利要求1具有新颖性，符合专利法第22条第2款的规定。

3. 有关创造性

专利法第22条第3款规定：创造性，是指同申请日以前已有的技术相比，该发明有突出的实质性特点和显著的进步。

在创造性判断中，如果要求保护的发明与最接近的对比文件相比不但省略了现有技术为解决其技术问题所必需的技术要素，而且新引入的区别技术特征使所要保护的技术方案取得预料不到的技术效果，同时该区别技术特征的引入对于本领域技术人员而言并不是显而易见的，则该发明具备突出的实质性特点和显著的进步，即具备创造性。

权利要求1请求保护的是由法莫替丁、水、依地酸或其盐和任选的选自甜味剂、防腐剂、酸味料、香料、调味剂、增粘剂和pH调整剂的添加剂构成的水溶性内服液剂。

对比文件2公开了一种可以配制成口服给药液体形式的冻干制剂，该冻干制剂包含选自例如法莫替丁的非蛋白类活性成分和一定比率的甘露醇、丙氨酸，还可以加入例如依地酸盐的盐类赋形剂等化合物（参见对比文件2说明书第7页第2段和第10页第1行，权利要求书），该冻干制剂在使用时可以是将活性成分配制成完全溶解的水溶液（参见对比文件2说明第7页末行至第8页第6行）用于人或动物的非肠道或口服给药。

将对比文件2与权利要求1相比可知，权利要求1与对比文件2的区别在于本申请权利要求1不使用甘露醇和丙氨酸并且是封闭式限定其组成是（1）~（3）或（1）~（4），而对比文件2的药物制剂必需使用甘露醇和丙氨酸作为制剂的稳定组分，同时可以含有除法莫替丁、依地酸盐、水和丙氨酸等以外的组分。

根据本申请说明书的记载，所述水溶性内服药物制剂实际解决的技术问题是提高该溶液制剂的稳定性，从而提高法莫替丁的残余率。首先，本申请权利要求1的制剂只由组分（1）~（3）或组分（1）~（4）构成，其中对法莫替丁的稳定性起作用的是依地酸或其盐，而不是对比文件2所必需的一定配比的甘露醇和丙氨酸，由此可见，权利要求1的技术方案不但省略了对比文件2解决其技术问题所必须加入的一定配比的甘露醇和丙氨酸，而且引入了依地酸或其盐来稳定所述制剂。虽然对比文件2中泛泛提及此类制剂可以加入依地酸盐，但是，对比文件2中依地酸盐是作为盐类的赋形剂与活性成分一起形成制剂，而没有教导加入依地酸盐类的赋形剂而不加入一定配比的甘露醇和丙氨酸也能够达到稳定制剂的技术效果。其次，本申请的权利要求1仅由组分（1）~（3）或（1）~（4）构成，而且本申请的水溶性内服液剂在法莫替丁的残余率方面有着优异效果，即活性成分法莫替丁在长时间保存后残余率仍然能够达到药品标准的要求（参见本申请说明书实施例），因此，基于上述理由，与对比文件2相比，权利要求1的技术方案具有突出的实质性特点和显著的进步，对比文件2的内容还不足以破坏本申请权利要求1的创造性，权利要求1符合专利法第22条第3款的规定。

权利要求2~5是权利要求1的从属权利要求，由于权利要求1相对于对比文件2具有创造性，因此，与对比文件2相比，权利要求2~5也具有创造性，符合专利法第22条第3款的规定。

基于上述理由，合议组特作出如下决定。

三、决定

撤销国家知识产权局于2005年6月17日对01819503.2号专利申请作出的驳回决定。由原审查部门根据请求人于2007年7月26日提交的权利要求1~5、本申请进入中国国家阶段时提交的国际申请文件中文文本的说明书第1~7页和说明书摘要继续审查程序。

复审请求人对本决定不服的，可以根据专利法第41条第2款的规定，自收到本决定之日起三个月内向北京市第一中级人民法院起诉。

破坏正在分裂的细胞的方法和装置

复审请求审查决定（第 12577 号）

决 定 号	第 12577 号
决 定 日	2008 年 1 月 25 日
发明创造名称	破坏正在分裂的细胞的方法和装置
国际分类号	C12N1 3/00
复审请求人	约朗姆·帕尔蒂
申 请 号	01806416.7
优 先 权 日	2000 年 2 月 17 日
申 请 日	2001 年 2 月 16 日
公 开 日	2003 年 5 月 7 日
合议组组长	吴通义
主 审 员	王大鹏
参 审 员	李梦楠

法 律 依 据 专利法第 26 条第 3 款

决 定 要 点

当说明书未包括理解、实现发明所需的全部技术内容，致使所属技术领域的技术人员基于说明书的记载不能实现发明时，该说明书不符合专利法第 26 条第 3 款规定。

一、案由

本复审请求涉及 2003 年 5 月 7 日公开、名称为"破坏正在分裂的细胞的方法和装置"的第 01806416.7 号发明专利申请（下称本申请）。本申请的优先权日为 2000 年 2 月 17 日，申请日为 2001 年 2 月 16 日，申请人为约朗姆·帕尔蒂。

针对申请人于 2002 年 9 月 11 日提出的权利要求 1~23、说明书第 1~13 页、说明书附图第 1~4 页和说明书摘要，国家知识产权局于 2004 年 12 月 10 日以说明书不符合专利法第 26 条第 3 款的规定为由驳回了本申请，驳回决定认为：

（1）说明书中对于选择性破坏正在分裂的细胞的方法给出了直流电场、交流电场和脉冲交流电场三个并列的技术方案，但对于直流电场的强度、施加时间，脉冲电场的强度、持续时间和间隔时间并没有给出，这部分技术手段对于本领域技术人员来说是不清楚和无法具体实施的。此外，由说明书图 5 所给出的实验数据得不出该申请交流电场的实施方案能选择性破坏肿瘤细胞而解决所述技术问题的结论，因此说明书未能对发明作出清楚、完整的说明，致使所属技术领域技术人员不能实现该发明，不符合专利法第 26 条第 3 款的规定。

（2）由于动物细胞并不存在细胞壁结构，电场对分裂旺盛组织中细胞的影响除可导致细胞死亡外，还可造成双核或多核细胞、染色体变异等其他情况的产生，有时电场的刺激还可以促进细胞分裂的进行，图 5 所示针对单个细胞的实验数据不能证明肿瘤组织中的其他细胞也能由于电场的施加而死亡或停止分裂，致使整个肿瘤组织能够因此而死亡、停止生长或生长缓慢。此外，没有实验数据证明图 5 中的细胞已经破裂、死亡或失去分裂能力，而仅根据细胞形态推论其"没有分开或破裂后没有变平"，因此，申请人所陈述的意见并不能证明本申请所采用的技术手段能够解决所述的技术问题，并没有克服本申请存在的不符合专利法第 26 条第 3 款规定的缺陷。

驳回决定所针对的权利要求书为：

"1. 一种选择性破坏活组织中正在分裂的细胞的方法，正在分裂的细胞具有可极化的细胞内组分，该方法包括步骤：

将活组织置于第一电场中，其中第一电场在细胞分裂的晚后期或末期通过正在分裂的细胞，将电场转换为非均匀电场，该非均匀电场在卵裂沟处产生一个密度增强的电场，在正在分裂细胞中产生的非均匀电场足以使可极化的细胞内组分向卵裂沟方向移动，直到细胞内组分将卵裂沟破坏而导致正在分裂细胞破坏。

2. 权利要求 1 所述的方法，其中卵裂沟是细胞质桥膜的形式。

3. 权利要求 1 所述的方法，其中第一电场具有足够的频率使正在分裂的细胞中产生的非均匀电场确定了通常汇集在卵裂沟处的电场力线，由此确定了密度增强的电场。

4. 权利要求 1 所述的方法，其中将活组织置于第一电场中的步骤包括：

将活组织置于足够频率的交流电势中，使相关的电场力线穿透正在分裂的细胞并在正在分裂的细胞中形成非均匀电场。

5. 权利要求 1 所述的方法，其中将第一电场转换为非均匀电场的步骤包括：

在正在分裂的细胞中形成电力将细胞内可极化组分拉向密度增强的电场区域。

6. 权利要求 1 所述的方法，其中可极化的细胞内组分是细胞器。

7. 权利要求 1 所述的方法，其中将活组织置于第一个电场中的步骤包括：

将活组织置于足够频率的脉动交流电势中使正在分裂的细胞中形成非均匀的电场。

8. 权利要求 1 所述的方法，其中将活组织置于第一电场中的步骤包括：

将活组织置于一频率为大约 10kHz 至大约 1MHz 的交流电势中。

9. 权利要求 1 所述的方法，其中正在分裂的细胞包括第一亚细胞和第二亚细胞及在晚后期或末期连接二者的卵裂沟。

10. 权利要求 1 所述的方法，其中将活组织置于第一电场中的步骤包括：

提供第一电极；

提供第二电极；

在第一电极和第二电极之间施加一交流电势，其中将第一电极和第二电极置于欲治疗的活组织的附近。

11. 权利要求 1 所述的方法，进一步包括步骤：

将第一个电场源相对于活组织旋转。

12. 权利要求 1 所述的方法，其中细胞内组分向卵裂沟的运动增加了作用于卵裂沟处的压力，该增加的压力使卵裂沟区域膨胀，导致卵裂沟断开并导致正在分裂细胞的破坏。

13. 权利要求 1 所述的方法，其中将活组织置于第一电场中一段预定的时间。

14. 权利要求 1 所述的方法,其中一段预定的时间少于大约 2 小时。

15. 权利要求 1 所述的方法,进一步包括:

将第一电场移开一段预定的时间;以及该预定的时间过后重新将活组织置于第一电场中。

16. 权利要求 1 所述的方法,其中第一电场是基本均匀的电场。

17. 一种选择性破坏活组织中正在分裂的细胞的方法,正在分裂的细胞包含可极化的细胞内组分,该方法包括步骤:

将活组织在细胞分裂的晚后期或末期置于电场中,该电场足以引起可极化的细胞内组分在正在分裂细胞内产生的非均匀电场的作用下向连接正在分裂的细胞的卵裂沟方向位移,可极化的细胞内组分的位移引起卵裂沟的破裂,从而导致正在分裂细胞的破坏,而活组织中的非分裂细胞保持完整。

18. 权利要求 17 所述的方法,其中将活组织置于第一个电场中的步骤包括:

将活组织置于一频率为大约 10kHz 至大约 1MHz 的交流电势中。

19. 一种选择性破坏细胞正在分裂的生物体的方法,该生物体包含可极化的细胞内组分,并且在细胞分裂的晚后期或末期通过卵裂沟彼此黏附,该方法包括步骤:

将生物体置于电场中,该电场足以引起可极化的细胞内组分在生物体内产生的非均匀电场的作用下向卵裂沟方向位移,在正在分裂的细胞内产生的该非均匀电场引起的可极化的细胞内组分的位移引起卵裂沟的破裂,从而导致正在分裂的生物体的破坏。

20. 一种选择性破坏活组织中正在分裂的细胞的装置,正在分裂的细胞含有可极化的细胞内组分,该系统包括

第一电极;

第二电极,其中将第一电极和第二电极置于欲治疗的活组织的附近;以及

用于在第一电极和第二电极之间施加一交流电势的电场源,其中该电场通过晚后期或末期的正在分裂的细胞,将电场转换为非均匀电场,该非均匀电场在卵裂沟处产生一个密度增强的电场,在正在分裂细胞中产生的非均匀电场足以使可极化的细胞内组分向卵裂沟方向移动,直到细胞内组分将卵裂沟破坏,导致正在分裂细胞破坏。

21. 权利要求 20 所述的装置,进一步包括:用于使电场源相对活组织旋转的装置。

22. 权利要求 20 所述的装置,其中交流电势具有大约 10kHz 至大约 1MHz 的频率。

23. 权利要求 20 所述的装置,其中,电场在通过正在分裂的细胞之前是基本上均匀的电场。"

申请人约朗姆·帕尔蒂(下称请求人)对上述驳回决定不服,于 2005 年 3 月 25 日向专利复审委员会提出复审请求,并提供附件 1 和 2 作为参考资料。附件 1 为:Myint Swe 等人,Staurosporine Induces Telophase Arrest and Apoptosis Blocking Mitosis Exit in Human Chang Liver Cells. BIOCHENICAL AND BIOPHYSICAL RESEARCH COMMUNICATIONS,236,594~598(1997)。附件 2 为:Shih-Lan Hsu 等人,Involvement of Cyclin-Dependent Kinase Activities in CD437-Induced Aapoptosis. EXPERIMENTAL CELL RESEARCH,252,332~341(1999)。

请求人认为:

(1)说明书和权利要求 8、18~19、22 提供了交流电场实施方案的频率、强度和持续时间等,根据说明书中对交流电场实施方案的详细描述,以及实施本发明方法时对电场强度和频率的要求的教导(根据癌细胞不同于正常细胞的分裂速率和频率的常识),本领域技术人员完全可以利用不同的电场形式达到本发明的目的。

(2)肿瘤组织的生长情况是由肿瘤细胞直接反应的,肿瘤组织中肿瘤细胞的生长停止意味着将导致肿瘤生长的停止,这也是本领域判断肿瘤生长是否停止时的常规和最直接的检测手段,参见附件

1和2。

（3）通过形态学分析贴壁细胞的存活情况是比较常规和直接的方法，贴壁细胞分裂后没能变平再次贴壁，而是呈悬浮的圆形状态，即表明其已经死亡或开始死亡，图5提供了确实的试验证据，证明了经过本发明的方法作用后，肿瘤细胞已经死亡。

（4）没有证据证明本发明不能实现本发明的目的，而是获得了可能造成双核或多核细胞以及其他情况的效果，而且成双核或多核或染色体变异也可能导致细胞的死亡或加速被清除。更重要的是，既使本发明技术方案可能具有这样或那样的副作用，但这不能用以说明本申请未充分公开。

形式审查合格后，专利复审委员会受理了该复审请求，并于2005年5月12日向请求人发出《复审请求受理通知书》，随后将本申请案卷移交原审查部门进行前置审查。

原审查部门对本复审请求进行了前置审查，坚持原驳回决定。前置意见认为：

（1）说明书对于直流电场的强度、施加时间，脉冲电场的强度、持续时间和间隔时间并没有给出，这部分技术手段对于本领域技术人员来说是不清楚和无法具体实施的，而对于交流电场，说明书中虽给出技术方案，但所提供的实验数据不足以证明该技术方案能够解决该申请所述的技术问题，并产生预期的技术效果。此外，直流电场、交流电场和脉冲交流电场是3种不同的电场形式，作用方式不同，对生物组织和细胞的影响方式也有区别，由交流电场的技术方案得到直流电场和脉冲电场的技术方案需要付出创造性劳动。

（2）说明书中仅给出图5所示针对单个细胞的实验数据，并不能证明其他细胞也能由于电场的施加而死亡或停止分裂，并不能证明整个肿瘤组织能够因此而死亡、停止生长或生长缓慢。而且，造成单个培养细胞产生这种现象的原因也不排除是细胞本身或其他方面原因的可能。

（3）图5中所示细胞状态仅根据其形态推论其"没有分开或破裂后没有变平"，所得结论仅是一种推测，并没有提供实验数据证明该细胞已经破裂、死亡或失去分裂能力。由此可见，该发明申请的说明书仍未能对该发明申请做出清楚完整的说明，不符合专利法第26条第3款的规定。

专利复审委员会组成合议组，对本案的复审请求进行了审理。于2007年6月27日向请求人发出《复审通知书》。《复审通知书》指出：

（1）本申请请求保护一种选择性破坏活组织中正在分裂的细胞的方法及利用交流电势的电场选择性破坏活组织中正在分裂的细胞的装置。对于利用直流电场和脉冲电场破坏正在分裂的细胞的技术方案而言，说明书没有给出直流电场的强度、频率、施加时间、脉冲电场的场强、频率和持续时间。这部分技术手段对于本领域技术人员来说是含混不清的，也是无法具体实施的。对于利用交流电场来选择性破坏活组织中正在分裂的细胞的方法和装置的技术方案而言，本申请说明书所提供的图4、图5所涉及的实施例仅仅是两个独立的试验，指向的均是分裂细胞在施加电场与未施加电场下的处理结果，但却未提供任何处理包含有分裂细胞和静止期细胞的混合细胞的处理结果的实施例，这也直接导致图5的结果没有可供直接比较的证据意义，本申请说明书缺乏足以证明这种技术方案可以实现的试验证据。

根据本申请说明书第4~5页的记载，本申请的技术方案的实现需要两个条件：①正在分裂且处于分裂末期细胞的独特的几何特征：正在分裂细胞在分裂晚后期和末期都形成卵裂沟，这是本申请的方案赖以成立和实施的"结构"基础；②外加电场的电场特性：将组织引入至电场中以后，能够将电场转换为非均匀电场，并且在卵裂沟处产生密度增强的电场，即非均匀会聚电场。而这上述两个条件在组织中往往难以具备，本发明的方法和装置难以实现选择性破坏活组织中正在分裂的细胞的技术效果，不能解决本发明的技术问题。

因此，本申请说明书未对发明作出清楚完整的说明，致使本领域技术人员根本不能实现所述技术方案，不符合专利法第26条第3款的规定。

另外，请求人在答复《第一次审查意见通知书》时提交的参考文献Charles等人Trapping of DNA in NonuniformOscillating Electric Fields. BiophysicalJournal，第74卷，1998年2月，第1024～1030页以及请求人在提出复审请求时提供的附件1和附件2都不能克服本申请存在的说明书不符合专利法第26条第3款规定的缺陷。

（2）权利要求1～19的方法以治疗疾病为直接目的，本质上属于治疗方法，不符合专利法第25条第1款第3项的规定。

针对《复审通知书》指出的问题，请求人于2007年10月11日提交了意见陈述书及经修改的权利要求书（共1页4项）。新提交的权利要求书中删除了原权利要求1～19，保留了原权利要求20～23（对应于新权利要求1～4）。请求人认为本申请说明书符合专利法第26条第3款规定，具体理由如下：（1）在本申请说明书中，具体地提供了实施交流电场实施方案的频率、强度和持续时间等。例如：说明书第12页第1段中记载有：场强为78V/cm，频率为100KHz。对于持续时间，在说明书第6页第1段和说明书第10页最后一段（从第21行开始的内容）进行了说明和阐述。说明书中给出了直流电场、脉冲电场的具体实施方案。（2）在说明书第10页第1～3行列举了参考文献C. L. Asbury& G van den Engh，Biophys. J. 74，1024～1030，1998，其中详细描述了被称为双向电泳现象的力及其引起的大分子或胞内细胞器的运动。非均匀电场的特性是本领域的公知技术，在选矿、分离离子及迁移土壤中的细菌等方面有着广泛的应用。在本申请说明书第8页第23行至第10页第21行对该原理进行了详细的说明，实施例的结果也进一步证实了这一原理。（3）在本申请说明书的图5中，用具体的细胞破坏结果的照片证实了本申请的实施方案的肿瘤破坏作用，而对肿瘤组织或者细胞选择性地应用本申请的装置能够达到选择性破坏肿瘤组织或者细胞的效果。所以，本申请说明书符合专利法第26条第3款的要求。

修改后的权利要求书为：

"1. 一种选择性破坏活组织中正在分裂的细胞的装置，正在分裂的细胞含有可极化的细胞内组分，该系统包括

第一电极；

第二电极，其中将第一电极和第二电极置于欲治疗的活组织的附近；以及

用于在第一电极和第二电极之间施加一交流电势的电场源，其中该电场通过晚后期或末期的正在分裂的细胞，将电场转换为非均匀电场，该非均匀电场在卵裂沟处产生一个密度增强的电场，在正在分裂细胞中产生的非均匀电场足以使可极化的细胞内组分向卵裂沟方向移动，直到细胞内组分将卵裂沟破坏，导致正在分裂细胞破坏。

2. 权利要求1所述的装置，进一步包括：用于使电场源相对活组织旋转的装置。

3. 权利要求1所述的装置，其中交流电势具有大约10kHz至大约1MHz的频率。

4. 权利要求1所述的装置，其中，电场在通过正在分裂的细胞之前是基本上均匀的电场。"

至此，合议组认为本案事实清楚，可以作出审查决定。

二、决定的理由

1. 决定所依据的文本

本复审请求审查决定是在驳回决定所针对的说明书第1～13页、说明书附图第1～4页和说明书摘要以及2007年10月11日提交的权利要求1～4的基础上作出的。

2. 关于专利法第26条第3款

专利法第26条第3款规定，说明书应当对发明或者实用新型作出清楚、完整的说明，以所属技

术领域的技术人员能够实现为准。

根据该款规定，当申请的说明书未包括理解、实现发明所需的全部技术内容，致使所属技术领域的技术人员基于说明书的记载不能实现发明时，该说明书不符合专利法第26条第3款规定。

（1）本申请请求保护一种选择性破坏活组织中正在分裂的细胞的装置，该装置能够通过施加交流电势的电场对正在分裂的细胞进行选择性破坏（参见新修改的权利要求1~4）。但是，首先，本申请说明书并未记载使用权利要求1~4所述装置来选择性破坏活组织中正在分裂的细胞的具体实施方式及其相应的试验结果。其次，基于本申请说明书的记载的内容，本领域技术人员也难以确定要求保护的装置能够达到选择性破坏活组织中正在分裂的细胞的目的。

说明书第7~12页以及附图1~5中描述了电场对于细胞分裂的破坏作用，然而这些描述及试验结果仅局限于离体细胞水平上，其与使用权利要求1~4所要求保护的装置选择性破坏活组织中正在分裂的细胞明显不同。

基于本案的发明原理（说明书第4~5页）可知，本申请的技术方案能否实施关键即依赖于正在分裂细胞与分裂细胞的结构差异以及外加电场的特性，但是，组织中正在分裂细胞与非分裂细胞在几何结构上的差异并不象离体细胞水平上那样简单，组织是细胞的集合体，组织中的细胞是多层次非线性的复杂结构体系，组织不同于细胞之处就在于组织中的细胞内部以及细胞之间存在各种类似于正在分裂细胞的卵裂沟窄桥结构的胞内亚细胞结构如微管、微丝（当然也存在胞间的细胞骨架结构），而且细胞与细胞之间还存在有类似于卵裂沟窄桥的胞间结构如胞间连丝、桥粒等连接或交流结构。因此，交流电场在通过由包含有这些结构的组织时，其远远不是仅仅可能非均匀会聚于卵裂沟，也完全可能会聚于微管、微丝、胞间连丝形成的胞间通道、桥粒等等。其必然是使本发明的指向于密集或旺盛分裂细胞的选择性破坏变得不确定。

另外，正如说明书中第4页所述，电场的分布和构型是由组织特性决定的，包括不同组织的几何特性、电学特性以及相对的导电性、电容、绝缘常数。在不同的组织以及细胞内部形成什么样的电场、如何分布以及其构型如何都很难具体确定，这也导致适用于游离细胞的可以形成非均匀电场的电场参数无法必然地适用于组织。由此，本申请说明书第7~12页以及附图1~5不足以证明权利要求1~4的装置能够选择性破坏活组织中正在分裂的细胞。而且，本申请说明书没有公开是否可以以及如何在组织中形成可以达到上述要求的破坏正在分裂细胞所需的非均匀电场的电场参数，其也势必导致本领域技术人员在面对对活组织中施加电场的选择时无法给出具体的电场参数从而无法实施本发明。

综上所述，本申请说明书未记载足以证明请求保护的装置（权利要求1~4）可用于选择性破坏活组织中正在分裂的细胞的内容，缺乏理解和实现本发明的技术内容，致使本领域技术人员无法实现本发明。因此，本申请说明书不符合专利法第26条第3款的规定。

根据以上事实和理由，本案合议组作出如下审查决定。

三、决定

维持国家知识产权局于2004年12月10日对01806416.7号发明专利申请作出的驳回决定。

复审请求人对本决定不服的，可以根据专利法第41条第2款的规定，自收到本决定之日起三个月内向北京市第一中级人民法院起诉。

含有 α-2 肾上腺素能激动剂的组合物

复审请求审查决定（第 12581 号）

决 定 号	第 12581 号
决 定 日	2008 年 1 月 30 日
发明创造名称	含有 α-2 肾上腺素能激动剂的组合物
国际分类号	A61K 47/38，A61K 9/08，A61K 31/557
复审请求人	阿勒根公司
申 请 号	01807339.5
优 先 权 日	2000 年 7 月 14 日
申 请 日	2001 年 7 月 9 日
公 开 日	2003 年 12 月 3 日
合议组组长	李金光
主 审 员	张秀丽
参 审 员	魏春宝

法 律 依 据 专利法第 33 条

决 定 要 点

如果修改后的内容是原说明书和权利要求书文字明确记载的内容或根据原说明书和权利要求书文字记载的内容以及说明书附图能直接地、毫无疑义地确定的内容，则这种修改符合专利法第 33 条的规定，否则，修改不符合专利法第 33 条的规定。

一、案由

本复审决定涉及申请号为 01807339.5、名称为"含有 α-2 肾上腺素能激动剂的组合物"的发明专利申请，申请人为阿勒根公司（变更前为阿勒根销售公司），申请日为 2001 年 7 月 9 日，公开日为 2003 年 12 月 3 日，优先权日为 2000 年 7 月 14 日，进入中国国家阶段日为 2002 年 9 月 27 日。

针对申请人于 2005 年 7 月 8 日提交权利要求 1~19、本申请进入中国国家阶段日提交的中文说明书第 1~19 页、附图第 1 页及摘要，国家知识产权局于 2005 年 9 月 9 日以权利要求 1 不符合专利法第 33 条的规定为由驳回了本申请，驳回决定所针对申请文本中的权利要求 1 及其从属权利要求 2 如下：

"1. 一种治疗上有效的含水眼科组合物，含有：不超过 0.15w/v% 的 α-2-肾上腺素能激动剂组分，所述组分选自 5-溴-6-（2-咪唑啉-2-基氨基）喹喔啉、5-溴-6-（2-咪唑啉-2-基氨基）喹喔啉的盐、5-溴-6-（2-咪唑啉-2-基氨基）喹喔啉的酯及其混合物，所述组合物的 pH 为 7.0 或更高，以及 21℃ 时所述组分可溶于所述组合物，其中所述组合物基本上不含有环糊精。

2. 权利要求1的组合物，其中含有0.15w/v%的α-2-肾上腺素能激动剂组分。"

驳回决定认为：从本申请原说明书附图、表Ⅳ以及说明书第19页第1~6行有关附图1的说明文字中可知pH为7.5并且CMC为0.5%时，样品布莫尼定的溶解度为1600ppm，而非0.15w/v%，表Ⅳ中0.5%的CMC时最接近的pH为7.56，布莫尼定的溶解度为0.1451%，也不是0.15w/v%。因此，申请人认为原说明书附图1和表Ⅳ公开了技术特征"不超过0.15w/v%的α-2-肾上腺素能激动剂"的主张不成立，该技术特征既没有记载在原说明书和权利要求书中，也不能由原说明书及权利要求书文字记载的内容以及说明书附图直接、毫无疑义地导出，权利要求1的修改超出了原说明书和权利要求书记载的范围，不符合专利法第33条的规定。

阿勒根公司（下称请求人）对上述驳回决定不服，于2005年12月15日向专利复审委员会提出复审请求。请求人在提交复审请求的同时提交了修改的权利要求书全文替换页（共19项），其中仅对权利要求1、2作了修改，修改的权利要求1~2如下：

"1. 一种治疗上有效的含水眼科组合物，含有：不超过约1600ppm的α-2-肾上腺素能激动剂组分，所述组分选自5-溴-6-（2-咪唑啉-2-基氨基）喹喔啉、5-溴-6-（2-咪唑啉-2-基氨基）喹喔啉的盐、5-溴-6-（2-咪唑啉-2-基氨基）喹喔啉的酯及其混合物，所述组合物的pH为7.0或更高，以及21℃时所述组分可溶于所述组合物，其中所述组合物基本上不含有环糊精。

2. 权利要求1的组合物，其中含有1600ppm的α-2-肾上腺素能激动剂组分。"

请求人认为：说明书中公开了含有1600ppm的α-2-肾上腺素能激动剂组分的组合物。因此，权利要求1和2的修改没有超出原申请文件的公开范围，符合专利法第33条的规定。

形式审查合格后，专利复审委员会于2006年2月22日依法受理了该复审请求，并将该复审请求案卷转送至原审查部门进行前置审查。

2006年2月28日，原审查部门对该复审请求案进行了前置审查。

原审查部门在前置审查意见书中认为：虽然1600ppm在说明书中有记载，但"不超过1600ppm的α-2-肾上腺素能激动剂组分"的技术特征并没有记载在原说明书和权利要求书中，本领域技术人员无法根据1600ppm这一点值直接、毫无疑义地推导出新修改权利要求1所述的含量范围。因此，权利要求1的修改仍然超出了原说明书以及权利要求书公开的范围，不符合专利法第33条的规定。

2007年9月4日，专利复审委员会组成合议组，对本复审请求案进行了审理。

2007年9月27日，专利复审委员会向请求人发出了《复审通知书》。《复审通知书》指出：本申请权利要求1中"不超过约1600ppm的α-2肾上腺素能激动剂组分"这一数值范围包含了两个端点值，即下限端点值"0ppm"和上限端点值"1600ppm"，原说明书及权利要求书没有记载α-2肾上腺素能激动剂组分为"0ppm"这一下限端点值，并且原说明书及权利要求书没有记载任何有关α-2肾上腺素能激动剂含量的数值范围，因此，权利要求1中"不超过约1600ppm的α-2肾上腺素能激动剂组分"这一数值范围的修改不符合专利法第33条的规定。

针对《复审通知书》指出的问题，请求人于2007年10月25日提交了意见陈述书及经修改的权利要求书，其中仅删除了《复审通知书》所针对权利要求书中权利要求1中记载的"不超过约1600ppm的"，修改后的权利要求书如下：

"1. 一种治疗上有效的含水眼科组合物，含有：α-2-肾上腺素能激动剂组分，所述组分选自5-溴-6-（2-咪唑啉-2-基氨基）喹喔啉、5-溴-6-（2-咪唑啉-2-基氨基）喹喔啉的盐、5-溴-6-（2-咪唑啉-2-基氨基）喹喔啉的酯及其混合物，所述组合物的pH为7.0或更高，以及21℃时所述组分可溶于所述组合物，其中所述组合物基本上不含有环糊精。

2. 权利要求1的组合物，其中含有1600ppm的α-2-肾上腺素能激动剂组分。

3. 权利要求 1 的组合物，其中还含有有效量的至少有助于组合物防腐的防腐剂，所述防腐剂选自氧-氯组分和季铵化合物。

4. 权利要求 3 的组合物，其中所述防腐剂含有苯扎氯铵。

5. 权利要求 3 的组合物，其中所述防腐剂含有氧-氯组分。

6. 权利要求 5 的组合物，其中所述氧-氯组分含有亚氯酸盐。

7. 权利要求 1 的组合物，其中基本上不含有阴离子纤维素衍生物。

8. 权利要求 1 的组合物，其中基本上不含有羧甲基纤维素。

9. 权利要求 1~8 中任一项的组合物，其中所述的 α-2-肾上腺素能激动剂组分为 5-溴-6-（2-咪唑啉-2-基氨基）喹喔啉的酒石酸盐。

10. 权利要求 1~6 中任一项的组合物，其中还含有不超过 30w/v% 的阴离子纤维素衍生物或多阴离子升高溶解度组分，所述阴离子纤维素衍生物或多阴离子升高溶解度组分以能够有效提高 α-2-肾上腺素能激动剂组分的溶解度到高于存在于不含有该升高溶解度组分的相似组合物中的相同 α-2-肾上腺素能激动剂组分的溶解度的量存在。

11. 权利要求 10 的组合物，其中所述 α-2-肾上腺素能激动剂组分基本上未电离。

12. 权利要求 10 的组合物，其中所述 α-2-肾上腺素能激动剂组分在该组合物所施用的生物环境中基本上未电离。

13. 权利要求 10 的组合物，其中所述的多阴离子组分选自阴离子纤维素衍生物、由丙烯酸衍生的阴离子聚合物、由甲基丙烯酸衍生的阴离子聚合物、由藻酸衍生的阴离子聚合物、由氨基酸衍生的阴离子聚合物及其混合物。

14. 权利要求 10 的组合物，其中所述的升高溶解度组分选自阴离子纤维素衍生物及其混合物。

15. 权利要求 10 的组合物，其中所述的升高溶解度组分选自羧甲基纤维素及其衍生物。

16. 权利要求 10 的组合物，其中所述的升高溶解度组分是以 0.1w/v%~30w/v% 的量存在。

17. 权利要求 10 的组合物，其中所述的升高溶解度组分是以 0.2w/v%~10w/v% 的量存在。

18. 权利要求 10 的组合物，其中所述的升高溶解度组分是以 0.2w/v%~0.6w/v% 的量存在。

19. 权利要求 10 的组合物，其 pH 为 7~9。"

请求人认为：权利要求 1 中已经删除了"不超过约 1600ppm 的"，并且未引入任何超出原始公开范围的内容，因此，权利要求 1 的修改符合专利法第 33 条的规定。

至此，合议组认为本案事实清楚，可以作出复审决定。

二、决定的理由

1. 审查依据的文本

本复审请求审查决定所依据的审查文本是：请求人于 2007 年 10 月 25 日提交的权利要求 1~19 以及本申请进入中国国家阶段时请求人提交的申请文件中的中文说明书第 1~19 页、附图第 1 页、说明书摘要及摘要附图。

2. 关于专利法第 33 条

专利法第 33 条规定，申请人可以对其专利申请文件进行修改，但是，对发明和实用新型专利申请文件的修改不得超出原说明书和权利要求书记载的范围。

如果修改后的内容是原说明书和权利要求书文字明确记载的内容或根据原说明书和权利要求书文字记载的内容以及说明书附图能直接地、毫无疑义地确定的内容，则这种修改符合专利法第 33 条的规定，否则，修改不符合专利法第 33 条的规定。

本案中，驳回决定所针对申请文本中的权利要求 1 以及《复审通知书》中所针对申请文本中的权利要求1分别将本申请请求保护治疗上有效的含水眼科组合物中的α-2-肾上腺素能激动剂组分限定为"不超过0.15w/v%"和"不超过约1600ppm",但本申请原说明书和权利要求书中未记载上述组合物中α-2-肾上腺素能激动剂组分含量为上述范围值,且从原说明书和权利要求书中也不能直接地、毫无疑义地确定该组分的含量为上述范围值,因此,用上述范围值对α-2-肾上腺素能激动剂含量进行限定不符合专利法第33条的规定。请求人于2007年10月25日提交的权利要求1删除了对α-2-肾上腺素能激动剂组分含量的范围值限定,从而克服了驳回决定所指出的将该含量限定为"不超过0.15w/v%"的修改不符合专利法第33条规定的缺陷,同时也克服了《复审通知书》所指出的将该含量限定为"不超过约1600ppm"的修改不符合专利法第33条规定的缺陷。

根据以上事实和理由,本案合议组作出如下审查决定。

三、决定

撤销国家知识产权局于2005年9月9日对第01807339.5号发明专利申请作出的驳回决定。由原审查部门在本复审决定所针对的文本的基础上继续进行审查。

复审请求人对本决定不服的,可以根据专利法第41条第2款的规定,自收到本决定之日起三个月内向北京市第一中级人民法院起诉。

135

与人G蛋白偶联的孤儿受体

复审请求审查决定（第12619号）

决 定 号	第12619号
决 定 日	2008年1月27日
发明创造名称	与人G蛋白偶联的孤儿受体
国际分类号	C12N 15/12，C07K 14/72
复审请求人	阿瑞那制药公司
申 请 号	99812713.2
最早优先权日	1998年11月20日
申 请 日	1999年10月13日
公 开 日	2002年4月10日
合议组组长	李金光
主 审 员	尹 昕
参 审 员	卢 阳

法 律 依 据 专利法第26条第3款

决 定 要 点

说明书应当对发明或者实用新型作出清楚、完整的说明，以所属技术领域的技术人员能够实现为准，如果说明书中给出了具体的技术方案，但未提供实验证据，而该方案又必须依赖实验结果加以证实才能成立，则该发明将由于缺乏解决技术问题的技术手段而被认为无法实现。

对于涉及基因、多肽或蛋白质的发明，应在说明书中提供证据证明基因具有特定的功能，对于结构基因，应该证明所述基因编码的多肽或蛋白具有特定的功能。

一、案由

本复审请求涉及1999年10月13日申请、2002年4月10日公开、名称为"与人G蛋白偶联的孤儿受体"的第99812713.2号发明专利申请（下称本申请）。本申请的申请人为阿瑞那制药公司，最早的优先权日为1998年11月20日，进入中国国家阶段日为2001年4月27日。

国家知识产权局于2005年9月30日以本申请不符合专利法第26条第3款的规定为由驳回了本申请。具体理由为：（1）本申请请求保护一种与人G蛋白偶联的孤儿受体（简称GPCR）及其编码cDNA，说明书中仅仅给出一些序列而未作相应的生物学实验来表明其特定的生物学功能，而本申请技术方案的实现又必须依赖上述生物学功能试验结果加以证实才能成立，因此这样的技术方案是无法实现的；（2）无论作为生物产品考虑，还是作为化学产品考虑，在说明书中都应当公开本申请要求保护的与人G蛋白偶联的孤儿受体的用途和使用效果，这里说的用途和效果，不仅仅指该多肽作为一种蛋白质来说所具有的蛋白质共有的天然的性质，更为关键的是还应包括本申请的这些序列所具有的特定的用途和效果，这也是本发明所要解决的技术问题所在，采用DNA序列制作探针、引物等用途是多肽/多核苷酸普遍具有的共性，并不能构成所述多肽/多核苷酸特定用途和使用效果的公开；(3) 说明书中虽然给出了本申请要求保护的序列的组织分布，但这并不能表明这些序列的功能，说明书中也没有根据这些组织分布指出这些序列的功能或用途，例如，仅仅根据hRUP3只在胰腺中高表达仍然不能获知其功能或作用，仍然不知道其在产业上的应用价值；(4) 根据说明书中的记载，本申请要求保护的序列与公开的GPCR的同源性最高仅为53%，本领域普通技术人员不能据此推断出这些序列具有所述的功能。综上所述，本申请的说明书公开不充分，不符合专利法第26条第3款的规定。

驳回决定所针对的权利要求书为：

"1. 编码人G蛋白偶联受体的cDNA，其包含SEQ ID NO：1。

2. 由SEQ ID NO：1所示的cDNA编码的人G蛋白偶联受体，其包含SEQ ID NO：2。

3. 含有载体和SEQ ID NO：1所示cDNA的质粒。

4. 含有权利要求3所述的质粒的宿主细胞。

5. 编码人G蛋白偶联受体的cDNA，其包含SEQ ID NO：3。

6. 由的SEQ ID NO：3所示的cDNA编码的人G蛋白偶联受体，其包含SEQ ID NO：4。

7. 含有载体和SEQ ID NO：3所示的cDNA的质粒。

8. 含有权利要求7所述的质粒的宿主细胞。

9. 编码人G蛋白偶联受体的cDNA，其包含SEQ ID NO：5。

10. 由SEQ ID NO：5所示的cDNA编码的人G蛋白偶联受体，其包含SEQ ID NO：6。

11. 含有载体和SEQ ID NO：5所示cDNA的质粒。

12. 含有权利要求11所述的质粒的宿主细胞。

13. 编码人G蛋白偶联受体的cDNA，其包含SEQ ID NO：7。

14. 由SEQ ID NO：7所示的cDNA编码的人G蛋白偶联受体，其包含SEQ ID NO：8。

15. 含有载体和SEQ ID NO：7所示的cDNA的质粒。

16. 含有权利要求15所述的质粒的宿主细胞。

17. 编码人G蛋白偶联受体的cDNA，其包含SEQ ID NO：9。

18. 由SEQ ID NO：9所示的cDNA编码的人G蛋白偶联受体，其包含SEQ ID NO：10。

19. 含有载体和SEQ ID NO：9所示cDNA的质粒。

20. 含有权利要求19所述的质粒的宿主细胞。

21. 编码人G蛋白偶联受体的cDNA，其包含SEQ ID NO：11。

22. 由SEQ ID NO：11所示的cDNA编码的人G蛋白偶联受体，其包含SEQ ID NO：12。

23. 含有载体和SEQ ID NO：11所示的cDNA的质粒。

24. 含有权利要求23所述的质粒的宿主细胞。

25. 编码人G蛋白偶联受体的cDNA，其包含SEQ ID NO：13。

26. 由SEQ ID NO：13所示的cDNA编码的人G蛋白偶联受体，其包含SEQ ID NO：14。

27. 含有载体和SEQ ID NO：13所示cDNA的质粒。

28. 含有权利要求27所述的质粒的宿主细胞。

29. 编码人G蛋白偶联受体的cDNA，其包含SEQ ID NO：15。

30. 由 SEQ ID NO：15 所示的 cDNA 编码的人 G 蛋白偶联受体，其包含 SEQ ID NO：16。
31. 含有载体和 SEQ ID NO：15 所示的 cDNA 的质粒。
32. 含有权利要求 31 所述的质粒的宿主细胞。
33. 编码人 G 蛋白偶联受体的 cDNA，其包含 SEQ ID NO：17。
34. 由 SEQ ID NO：17 所示的 cDNA 编码的人 G 蛋白偶联受体，其包含 SEQ ID NO：18。
35. 含有载体和 SEQ ID NO：17 所示 cDNA 的质粒。
36. 含有权利要求 35 所述的质粒的宿主细胞。
37. 编码人 G 蛋白偶联受体的 cDNA，其包含 SEQ ID NO：19。
38. 由 SEQ ID NO：19 所示的 cDNA 编码的人 G 蛋白偶联受体，其包含 SEQ ID NO：20。
39. 含有载体和 SEQ ID NO：19 所示的 cDNA 的质粒。
40. 含有权利要求 39 所述的质粒的宿主细胞。
41. 编码人 G 蛋白偶联受体的 cDNA，其包含 SEQ ID NO：21。
42. 由 SEQ ID NO：21 所示的 cDNA 编码的人 G 蛋白偶联受体，其包含 SEQ ID NO：22。
43. 含有载体和 SEQ ID NO：21 所示 cDNA 的质粒。
44. 含有权利要求 43 所述的质粒的宿主细胞。
45. 编码人 G 蛋白偶联受体的 cDNA，其包含 SEQ ID NO：23。
46. 由 SEQ ID NO：23 所示的 cDNA 编码的人 G 蛋白偶联受体，其包含 SEQ ID NO：24。
47. 含有载体和 SEQ ID NO：23 所示的 cDNA 的质粒。
48. 含有权利要求 47 所述的质粒的宿主细胞。
49. 编码人 G 蛋白偶联受体的 cDNA，其包含 SEQ ID NO：25。
50. 由 SEQ ID NO：25 所示的 cDNA 编码的人 G 蛋白偶联受体，其包含 SEQ ID NO：26。
51. 含有载体和 SEQ ID NO：25 所示 cDNA 的质粒。
52. 含有权利要求 51 所述的质粒的宿主细胞。
53. 编码人 G 蛋白偶联受体的 cDNA，其包含 SEQ ID NO：27。
54. 由 SEQ ID NO：27 所示的 cDNA 编码的人 G 蛋白偶联受体，其包含 SEQ ID NO：28。
55. 含有载体和 SEQ ID NO：27 所示的 cDNA 的质粒。
56. 含有权利要求 55 所述的质粒的宿主细胞。
57. 编码人 G 蛋白偶联受体的 cDNA，其包含 SEQ ID NO：29。
58. 由 SEQ ID NO：29 所示的 cDNA 编码的人 G 蛋白偶联受体，其包含 SEQ ID NO：30。
59. 含有载体和 SEQ ID NO：29 所示 cDNA 的质粒。
60. 含有权利要求 59 所述的质粒的宿主细胞。
61. 编码人 G 蛋白偶联受体的 cDNA，其包含 SEQ ID NO：31。
62. 由 SEQ ID NO：31 所示的 cDNA 编码的人 G 蛋白偶联受体，其包含 SEQ ID NO：32。
63. 含有载体和 SEQ ID NO：31 所示的 cDNA 的质粒。
64. 含有权利要求 63 所述的质粒的宿主细胞。
65. 编码人 G 蛋白偶联受体的 cDNA，其包含 SEQ ID NO：33。
66. 由 SEQ ID NO：33 所示的 cDNA 编码的人 G 蛋白偶联受体，其包含 SEQ ID NO：34。
67. 含有载体和 SEQ ID NO：33 所示 cDNA 的质粒。
68. 含有权利要求 67 所述的质粒的宿主细胞。
69. 编码人 G 蛋白偶联受体的 cDNA，其包含 SEQ ID NO：35。

70. 由 SEQ ID NO：35 所示的 cDNA 编码的人 G 蛋白偶联受体，其包含 SEQ ID NO：36。

71. 含有载体和 SEQ ID NO：35 所示的 cDNA 的质粒。

72. 含有权利要求 71 所述的质粒的宿主细胞。

73. 编码人 G 蛋白偶联受体的 cDNA，其包含 SEQ ID NO：37。

74. 由 SEQ ID NO：37 所示的 cDNA 编码的人 G 蛋白偶联受体，其包含 SEQ ID NO：38。

75. 含有载体和 SEQ ID NO：37 所示的 cDNA 的质粒。

76. 含有权利要求 75 所述的质粒的宿主细胞。"

申请人阿瑞那制药公司（下称请求人）对上述驳回决定不服，于 2006 年 1 月 16 日向专利复审委员会提出复审请求，同时提交了如下的修改的权利要求书全文替换页：

"1. 编码人 G 蛋白偶联受体的 cDNA，其包含 SEQ ID NO：7。

2. 由 SEQ ID NO：7 所示的 cDNA 编码的人 G 蛋白偶联受体，其包含 SEQ ID NO：8。

3. 含有载体和 SEQ ID NO：7 所示 cDNA 的质粒。

4. 含有权利要求 3 所述的质粒的宿主细胞。"

同时，请求人还提交了如下附件：

附件 1："Sequence alignment of the G-protein coupled receptor superfamily"，William C. Probst 等人，DNA and Cell Biology，第 11 卷第 1 期，第 1~20 页，1992 年，英文，复印件共 20 页；

附件 2："A hidden Markov model for predicting transmembrane helices in protein sequences"，Sonnhammer 等人，In J. Glasgow et al, eds., Proc. Sixth Int. Conf. On Intelligent Systems for Molecular Biology，第 175~182 页，1998 年，英文，复印件共 8 页；

附件 3："Tissue-specific expression of the human receptor for glucagon-like peptide-I: brain, heart and pancreatic forms have the same deduced amino acid sequences"，Yang Wei 等人 FEBS letters，第 358 卷，第 219~224 页，1995 年，英文，复印件共 6 页；

附件 4："Gastric inhibitory polypeptide receptor, a member of the secretin-vasoactive intestinal peptide receptor family, is widely distributed in peripheral organs and the brain"，TED B. USDIN 等人，Endocrinology，第 133 卷第 6 期，第 2861~2870 页，1993 年，英文，复印件共 10 页；

附件 5："The role of the free cytosolic calcium level in β-cell signal transduction by gastric inhibitory polypeptide and glucagon-like peptide I (7~37)"，MING Lu 等人，Endocrinology，第 132 卷第 1 期，第 94~100 页，1993 年，英文，复印件共 7 页；

附件 6：欧洲专利文献 EP1133559B1，公开日为 2005 年 10 月 8 日，复印件共 90 页；

附件 7："Arena pharmaceuticals announces selection of two arena-discovered compounds for preclinical development by Ortho-Mcneil"，新闻稿，发表日期不详，英文，打印件共 2 页。

附件 8："TMHMM result"，无日期，英文，打印件 1 页。

附件 9："Conserved Tryptophan and Proline in TM-6"，无日期，英文，打印件 1 页。

请求人在复审请求书中认为本申请的说明书充分公开了要求保护的技术方案，本领域技术人员可以实施，具体理由为：(1) 根据说明书所述，本申请请求保护的人 GPCR 序列具备已知的 GPCRs 的典型结构特征，如附件 8 所示的请求人利用 TMHMM 法分析 SEQ ID NO：8（RUP3 的氨基酸序列）的结果，本领域技术人员可以判断其具备 GPCR 的功能。(2) 本申请说明书中通过实验证明了 RUP3 在胰腺中选择性地高表达，表明其在胰腺功能发挥作用，并可用于与胰腺有关的疾病如糖尿病的治疗，附件 3~5 公开了 GLP-1、GIP 等与胰腺功能以及疾病的关系，并说明了其在治疗糖尿病中潜在应用。鉴于本申请公开的 RUP3 在胰腺中的选择性表达，本领域技术人员可以获知 RUP3

在治疗糖尿病中的实用性和广泛前景，可见本申请的说明书公开了要求保护的人 GPCR 的功能。

(3) 附件6证明本发明要求保护的主题已经在欧洲获得专利权，附件7的新闻报道说明请求人以将该技术许可给 Johnson & Johnson，这都证明了本申请符合专利性的要求，该定性结果足以证明本发明技术方案的可行性，即除了具备新颖性、创造性外，还具备实用性。

形式审查合格后，专利复审委员会受理了该复审请求，并于2006年2月27日向请求人发出《复审请求受理通知书》，同时将本申请案卷移交原审查部门进行前置审查。

2006年5月30日，原审查部门对本复审请求进行了前置审查。

在前置审查意见书中，原审查部门除坚持其驳回决定中的理由外，另外指出：本申请对hRUP3的组织检测结果并不能证明其功能，在请求人提交的参考文献中均仅仅记载依据组织表达的检测结果，而仅仅根据组织表达的检测结果无法获知本申请 hRUP3 的功能，必须依赖于其他的生物学试验才能确定其用途。因此，请求人的复审理由无法克服本申请说明书公开不充分的缺陷，故坚持原驳回决定。

2006年2月13日请求人再次提交了意见陈述书，同时提交了如下附件（编号续前）：

附件10："Arena pharmaceuticals inc. announces initiation of phase1 clinical trial of arena type 2 diabetes drug candidate in collaboration with Ortho-Mcneil"，新闻稿，发表日期不详，复印件共2页。

请求人在意见陈述中指出：附件10的新闻稿宣布申请人发现的治疗2型糖尿病的新型口服候选药物APD668已进入I期临床。需要进一步指出的是，APD668是RUP3（在新闻稿中称为GDIR和19AJ）的拮抗剂。换言之，RUP3作为GPCR受体在治疗糖尿病中具有实用性。

2006年11月14日请求人又提交了意见陈述书以及如下附件：

附件11：美国专利授权文本 US 7108991 B2，公开日为2006年9月19日。

2007年7月11日，专利复审委员会组成合议组，对本复审请求案进行了审理。

2007年8月1日专利复审委员会向请求人发出《复审通知书》。《复审通知书》中指出：本案主要涉及与人G蛋白偶联的孤儿受体（GPCR）以及编码人G蛋白偶联受体的cDNA。本申请的说明书中并没有对要求保护的人GPCR进行有效的实验室功能鉴定，实际上完全是根据已知的GPCR序列在数据库中进行序列分析、同源性对比以及组织表达分析结果推测得到了要求保护的人GPCR的功能，但是本领域技术人员已知，一级序列具有一定同源性的不同蛋白并不一定具有同样的功能。如果蛋白质氨基酸序列中的一些甚至一个起关键作用的氨基酸改变，就会导致蛋白质空间结构与生物学活性或功能的巨大变化。本发明所分离的人GPCR与现有技术中已知的其他GPCR的在核苷酸水平的同源性只有23%～53%不等，存在大量的氨基酸序列的差异，一些关键部位（如结构域、酶活性部位等）氨基酸的改变会大大改变其生物学功能及活性。虽然本申请还检测了要求保护的RUP3的组织表达特异性，证明其在胰腺中选择性地高表达，但是本领域技术人员据此无法得知RUP3与胰腺疾病和功能紊乱的关系如何，因此说明书公开的RUP3组织表达检测结果并不足以证明该GPCR分子的功能。对于请求人的复审理由以及提交的附件，合议组认为：(1) 虽然请求人通过附件8、9证明了本申请的人GPCR存在与已知的GPCR共有的跨膜区（如TM-6）、胞内区、胞外区，但是这并不能排除本申请所要求保护的蛋白的其他氨基酸序列中存在对蛋白结构、功能或活性发挥重要作用的部位，也不能确定该蛋白一定具有所述的GPCR的功能；(2) 请求人提供的附件3～5公开了GLP-1、GIP在治疗糖尿病中的潜在应用，但是GLP-1、GIP均是与本申请要求保护的人GPCR不同的物质，因此这些附件均无法证明本发明的人GPCR分子的功能；(3) 本案的审理按照中国专利法及其实施细则和审查指南的有关规定、针对本申请的具体情况作出审查意见，并非参照别国的案例或新闻稿，因此附件6、7、10、11中的专利授权文本以及新闻稿均与本案的审查无关。综上所述，本申请说明书不符合专利法第26条第3款的规定。

针对《复审通知书》指出的问题，请求人于2007年11月5日提交了意见陈述书，除再次提交了于2006年1月16日曾经提交的附件1、2及8外，请求人还提交了如下试验数据、公知常识性附件（编号续前）以及部分附件要点的中文译文：

附件12："hRUP3 is a G Protein-Coupled Receptor（GPCR）"，无日期，英文，复印件共7页。

附件13："FlashPlate cAMP Assay Transiently Transfected 293T Cells"，无日期，英文复印件共1页。

附件14：MELLONI'S ILLUSTRATED MEDICAL DICTIONARY第三版，Ida G. Dox等人，Parthenon出版社，1994年，封面、扉页、出版信息页和第357页，复印件共4页。

附件15："RUP3 Agonists Stimulate Insulin Secretion in Rat Islets"，无日期，英文图表，复印件共1页。

附件16：Insulin Secretion与Tu6/Vector、Tu6/RUP3的关系，无日期，英文图表，复印件共1页。

请求人认为：（1）根据本申请原始说明书中记载的内容以及GPCRs众所周知的特性，本领域技术人员可以认可hRUP3为一种功能性GPCR。附件1中公开了GPCRs的典型结构特征以及高保守性氨基酸残基。附件2中公开了根据氨基酸序列预测跨膜结构域的方法（TMHMM法），附件8为采用该方法分析本发明SEQ ID NO：8（hRUP3的氨基酸序列）的结果，证实其完全具备上述GPCRs的典型结构特征，例如7个跨膜结构域等。同时附件12显示，hRUP3也具备上述的功能性GPCRs所具有的高保守性氨基酸残基。附件13中的实验数据表明序列SEQ ID NO：8的hRUP3具有以组成型（配体非依赖的）方式增加胞内cAMP累积的活性。因此，本领域技术人员在阅读说明书后结合一般性常识就会得出hRUP3是功能性GPCR的结论。（2）根据本申请原始说明书中记载的内容以及一般性常识，本领域技术人员可以认可hRUP3在胰腺分泌，包括分泌控制血糖水平的胰岛素中发挥作用。原始说明书中公开了hRUP3仅在胰腺中特异性地高表达以及在胰腺功能中发挥作用，可用于筛选影响胰腺功能的化合物。本领域技术人员已知胰腺的功能是分泌帮助食物消化的酶以及分泌控制血糖水平的激素，例如请求人提供的附件14所公开的胰腺的功能为"其将有助于食物消化的酶（淀粉酶、脂肪酶）分泌到小肠；其还产生激素（胰高血糖素，胰岛素）所述激素经血液吸收后，通过控制血糖水平而帮助调节碳水化合物代谢"。请求人提供的附件15和16中的实验数据表明，hRUP3的激动剂以及hRUP3本身均可以刺激胰岛素分泌，因此，本领域技术人员可以得出结论，hRUP3在胰腺分泌控制血糖水平的胰岛素中发挥作用，可以用于筛选影响胰腺分泌（包括胰岛素分泌）的化合物。

至此，合议组认为本案事实清楚，可以作出审查决定。

二、决定的理由

1. 决定针对的文本

请求人在于2006年1月16日提出复审请求时提交的修改文本中删除了驳回决定所针对申请文件中的权利要求1~12以及17~76，同时对其余权利要求的序号以及引用关系进行了适应性修改。这种修改符合专利法第33条以及专利法实施细则第60条第1款的规定。

本决定所依据的文本为：请求人于2006年1月16日提交的权利要求1~4，本申请进入中国国家阶段时提交的国际申请文件的中文文本的说明书第1~7、10、12~14、17、21、22、24、26~81页、说明书附图第1~4页和说明书摘要，以及2002年8月26日提交的说明书第8、9、11、15、16、18~20、23、25页。

2. 关于专利法第26条第3款

专利法第26条第3款规定：说明书应当对发明或者实用新型作出清楚、完整的说明，以所属技

术领域的技术人员能够实现为准。

所属技术领域技术人员能够实现,是指所属技术领域技术人员按照说明书记载的内容,能再现本发明的技术方案,解决其技术问题,并产生预期的技术效果。

对于化学产品的申请,说明书中除了应当公开化学产品的确认和化学产品的制备外,还应当充分公开该产品的用途和/或使用效果。如果说明书中只说明了化学产品的确认和制备,没有给出足以证明其用途和/或效果的实验数据,即说明书中给出了具体的技术方案,但未提供有效的实验证据,而该方案又必须依赖实验结果加以证实才能实现,那么该技术方案将被认为无法实现。

对于涉及基因及其编码的多肽或蛋白质的发明,应在说明书中提供证据证明基因具有特定的功能,即应该证明所述基因编码的多肽或蛋白具有特定的功能。

在请求人提出复审请求时所提交的权利要求书中,权利要求1要求保护编码人G蛋白偶联受体的cDNA,其包含SEQ ID NO:7;权利要求2要求保护由SEQ ID NO:7所示的cDNA编码的人G蛋白偶联受体,其包含SEQ ID NO:8;权利要求3要求保护含有载体和SEQ ID NO:7所示cDNA的质粒;权利要求4要求保护含有权利要求3所述的质粒的宿主细胞。可见本案主要涉及与人G蛋白偶联的孤儿受体GPCR,即SEQ ID NO:8所示的hRUP3及其编码cDNA序列SEQ ID NO:7。

本申请的说明书中描述了根据已知的GPCRs序列在GenBank等数据库中对人GPCRs的识别,说明了利用RT-PCR、5'RACE等分子生物学技术对GPCRs进行克隆以获得全长cDNA序列的过程,并采用斑点印迹分析以及RT-PCR技术检测了受体的表达情况,结果表明不同的人GPCRs存在组织表达特异性,其中hRUP3仅在胰腺组织中特异性地高表达。可见,本申请的说明书中并没有对要求保护的人GPCR进行功能鉴定,完全是根据已知的GPCR序列在数据库中进行序列分析、同源性对比以及组织表达分析结果推测得到了要求保护的人GPCR的功能(参见本申请说明书实施例1~3)。

但是本领域技术人员已知,一级序列具有一定同源性的不同蛋白并不一定具有同样的功能。如果蛋白质氨基酸序列中的一些甚至一个起关键作用的氨基酸改变,就会导致蛋白质空间结构与生物学活性或功能的巨大变化。本发明所分离的人GPCR与现有技术中已知的其他GPCR的在核苷酸水平的同源性只有23%~53%不等,其中hRUP3与已知的果蝇GPCR序列的同源性只有30%。可见,本发明的人GPCR与现有技术中已知的GPCR氨基酸序列本身之间就存在巨大差异,若这些差异存在关键部位(如结构域、酶活性部位等)氨基酸的改变,则会大大改变相应蛋白的生物学功能及活性。虽然本申请还检测了要求保护的hRUP3的组织表达特异性,证明其在胰腺中选择性地高表达,但是本领域技术人员据此无法得知hRUP3与胰腺疾病和功能紊乱的关系如何,因此说明书公开的hRUP3组织表达检测结果并不足以证明该GPCR分子的功能。可见,本申请说明书中缺乏有效的实验数据验证所获得的hRUP3确实具有G蛋白偶联受体的功能,本领域技术人员根据现有技术及其掌握的公知常识,不能认为本申请说明书所述蛋白质的功能得到了确认,也无法预见本申请要求保护的技术方案将产生预期的技术效果,因此本申请的说明书不符合专利法第26条第3款的规定。

对于请求人在答复《复审意见通知书》时的意见陈述中指出的理由,合议组认为:(1)本申请的原始说明书仅仅说明了现有技术中已知的GPCR共有的性质和功能,如GPCRs可以降低或增加胞内cAMP累积(参见说明书第9页第27行至第10页第18行)、增加胞内IP3累积(参见说明书第10页第20行至第11页第2行)等,但是并没有验证本申请要求保护的hRUP3的功能,即便请求人提供的附件8和附件12的研究结果显示本发明的SEQ ID NO:8(hRUP3的氨基酸序列)具备一些附件1中公开的GPCRs的典型结构特征(例如7个跨膜结构域等)和高保守性氨基酸残基,但是没有证据表明现有技术中认为具有上述结构的蛋白都必然具有GPCR的功能,上述结果并不能排除本申请所要求保护的蛋白的其他氨基酸序列中存在对蛋白结构、功能或活性发挥重要作用的部位,也不能确定该蛋白一定具有所述的已知GPCR的功能。作为本领域技术人员的常用技术手段，分子克隆、同源性对比、序列分析等对分析基因以及蛋白的功能起到重要作用，为进一步的深入研究指示了方向，但是在属于实验科学的生物技术领域，对于一项完整的发明，这些核酸、多肽等生物大分子的功能仍然需要经过具体的实验来确定和验证。科学研究中可以进行合理的推测，但只有当该推测经合理的方式（例如实验数据）验证后，推测的命题才得以成立。因此请求人所提供的上述结果只能在一定程度上增加推测的可能性，而无法直接证明本申请所要求保护的hRUP3的功能。（2）本申请说明书中虽公开了已知的GPCR可以用于识别、筛选疾病或某些病理状态（参见本申请说明书第8页第27行至第9页第4行），但并没有公开本申请要求保护的hRUP3的效果和用途，仅仅根据说明书中公开的hRUP3在胰腺中特异性地高表达的试验结果也无法说明其的功能。如请求人提供的附件14中所述，胰腺在消化、内分泌等方面发挥着重要作用，是人体内的重要器官，本申请的研究表明hRUP3在胰腺组织中选择性地高表达提示hRUP3可能在胰腺的功能中发挥作用，但究竟在哪方面、发挥何种作用均不得而知，还需要进一步的研究工作。（3）附件13、15、16中所提供的试验结果均是请求人申请日后提交的，不属于原始公开的范围，无法用于证明本申请在申请日前已经完成，因此不能证明本申请的说明书符合专利法第26条第3款的规定。虽然请求人一再强调，这些证据并非为了克服公开不充分的缺陷而补充实验数据，仅仅是为了举例说明根据本申请的说明书公开的内容以及一般性常识教导的内容可以证明hRUP3的功能。但是附件13、15、16中公开的内容实际上是对本申请要求保护的hRUP3分子的补充的功能试验，并非所谓的"一般性常识"，也并非本领域技术人员根据说明书的内容和公知常识可以毫无疑义推导得出的。综上所述，请求人的意见陈述不具有说服力。

根据以上事实和理由，本案合议组作出如下审查决定。

三、决定

维持国家知识产权局于2005年9月30日对99812713.2号发明专利申请作出的驳回决定。

复审请求人对本决定不服的，可以根据专利法第41条第2款的规定，自收到本决定之日起三个月内向北京市第一中级人民法院起诉。

北京市第一中级人民法院
行政判决书

(2008) 一中行初字第 1462 号

原告阿瑞那制药公司，住所地美利坚合众国加利福尼亚州。

法定代表人 Steven W. Spector，副总裁，法律总顾问和秘书。

委托代理人杨青，男，中原信达知识产权代理有限责任公司专利代理人。

委托代理人韩旭，女，中原信达知识产权代理有限责任公司专利代理人。

被告中华人民共和国国家知识产权局专利复审委员会，住所地中华人民共和国北京市海淀区北四环西路 9 号银谷大厦 10~12 层。

法定代表人廖涛，副主任。

委托代理人尹昕，女，中华人民共和国国家知识产权局专利复审委员会审查员。

委托代理人郝兴辉，男，中华人民共和国国家知识产权局专利复审委员会审查员。

原告阿瑞那制药公司不服被告中华人民共和国国家知识产权局专利复审委员会作出的第 12619 号复审请求审查决定（以下简称被诉决定），向本院提起行政诉讼。本院受理后，依法组成合议庭，并于 2008 年 11 月 12 日公开开庭审理了本案。原告的委托代理人杨青、韩旭，被告的委托代理人尹昕、郝兴辉到庭参加了诉讼。本案现已审理终结。

2008 年 1 月 27 日，被告作出被诉决定，维持中华人民共和国国家知识产权局（以下简称国知局）于 2005 年 9 月 30 日作出的驳回申请人为原告、申请号为第 99812713.2 号、涉及名称为"与人 G 蛋白偶联的孤儿受体"发明专利申请（以下简称本申请）的决定（以下简称驳回决定）。

为证明被诉决定合法，被告在法定举证期限内向本院提交了以下证据：1. 被诉决定中引用的附件 1；2. 被诉决定中引用的附件 2；3. 被诉决定中引用的附件 3；4. 被诉决定中引用的附件 4；5. 被诉决定中引用的附件 8；6. 被诉决定中引用的附件 13；7. 被诉决定中引用的附件 14；8. 被诉决定中引用的附件 15；9. 被诉决定中引用的附件 16；10. 被诉决定中引用的附件 5；11. 被诉决定中引用的附件 6；12. 被诉决定中引用的附件 7；13. 被诉决定中引用的附件 9；14. 被诉决定中引用的附件 10；15. 被诉决定中引用的附件 11；16. 被诉决定中引用的附件 12；17. 复审请求书；18. 复审请求受理通知书；19. 原告于 2006 年 2 月 13 日提出的意见陈述书；20. 原告于 2006 年 11 月 14 日提出的意见陈述书；21. 原告于 2007 年 11 月 5 日提出的意见陈述书；22. 复审通知书；23. 本申请公开文本；24. 复审请求时提交的修改后的权利要求书。上述证据用于证明被告作出的被诉决定认定事实清楚、适用法律法规正确、审查程序合法。

原告诉称：1. 本申请公开了 hRUP3（SEQ ID NO：7 和 8）为内源性人 G 蛋白偶联受体（以下简称 GPCR）。hRUP3 为本申请公开的 19 种人孤儿 GPCRs 之一。本申请还公开了 hRUP3 的表达对胰腺是高度选择性的。2. 本领域技术人员从说明书公开的内容和一般性常识，会得出 hRUP3 具有 GPCR 功能的结论。hRUP3 在原始提交的说明书中公开成一种功能性内源人 GPCR，其在胰腺中具有高度选择性表达。基于 GPCRs 众所周知的特性，hRUP3 已被本领域技术人员认定为一种功能性 GPCR。本领域技术人员还众所周知的是，功能性 GPCRs 的特征进一步在于某些高保守氨基酸残基，如 Probst 等所述，其利用人 β2 肾上腺素能受体作为原型 GPCR。根据氨基酸序列预测跨膜结构域在 GPCR 中的位置的方法在本申请的优先权日前就可获得。因此，从说明书公开的内容和一般性常识，本领域技术人员认为 hRUP3 比众多功能性 GPCRs 是更原型的 GPCR。即，至少因为该理由，本领域技术人员能预测出 hRUP3 具有 GPCR 功能。由此，本领域技术人员从说明书公开的内容和一般性常识，就会得出 hRUP3 具有 GPCR 功能的结论。在缺乏证据证明该结论是错误的情形下，本领域技术人员完全有理由相信 hRUP3 就是功能性 GPCR。实际上，本领域技术人员不必依赖原 A13 就可得出 hRUP3 具有 GPCR 功能。3. 本领域技术人员从说明书公开的内容和一般性常识，会得出 hRUP3 能调节血糖浓度的结论。原始提交的说明书中公开了 hRUP3 在自然界中的表达是高度特异的，仅在胰腺中发现高水平，而在其他15种被分析的组织中并未检测到表达（参见本申请说明书第22页表B）。该表达模式是非常独特的，并清楚地表明 hRUP3 在胰腺功能中起特定的作用。本领域技术人员已完全认识到，胰腺的功能是分泌帮助食物消化的酶以及分泌控制血糖水平的激素（诸如胰岛素）。在认识胰腺的功能之后，本领域技术人员从说明书公开的内容和一般性常识就会得出结论：hRUP3 在胰腺分泌中发挥作用。显然，在本申请的优先权日之前，从一般性常识本领域技术人员已了解，调节胰腺的消化酶分泌同样会调节血糖浓度。因此，本领域技术人员已了解，调节腺泡（外分泌胰腺）或胰岛（内分泌胰腺）的分泌，即调节胰腺分泌本身，可调节血糖浓度。换言之，本领域技术人员已了解，例如通过抑制或刺激在胰腺中表达的 GPCR，调节胰腺分泌就可调节血糖浓度，不管 GPCR 是在腺泡（外分泌胰腺）中表达还是在胰岛（内分泌胰腺）中表达。无论调节消化酶的分泌还是调节激素的分泌皆导致受控的血糖水平，即调节胰腺分泌本身导致受控的血糖水平。如果胰腺分泌酶和激素的调节以任何方式，例如由于胰腺炎变中断，则身体控制血糖水平的能力受损。在此情形下，糖尿病等发病概率很高。因此，本领域技术人员从说明书公开的内容和一般性常识会得出结论：基于调节胰腺分泌，hRUP3 可调节血糖浓度。在缺乏相关证据的情况下，本领域技术人员完全有理由相信 hRUP3 调节血糖浓度。实际上，本领域技术人员不必依赖原 A16 和原 A18 就可得出 hRUP3 可调节血糖浓度的结论。总之，基于一般性常识，结合被分析的特征结构和保守氨基酸，以及说明书公开的特异性表达，无需进一步实验，本领域技术人员就可合理地预测，而不是毫无根据的去猜测 hRUP3 的用途和/或功能。即便法庭认定，为使本领域技术人员能够实施本发明，理应要求相关实验数据，原告也认为，本领域技术人员能够获得相关实验数据，无需创造性劳动和不适负担，因为至少说明书提供的足够的指导。因此，说明书对 hRUP3 已充分公开。基于上述事实和理由，被诉决定认定事实错误，适用法律不当，请求法院判令撤销被诉决定，由被告承担本案诉讼费用，以维护原告的合法权益。

原告在法定期限内向本院提交了下列证据：1. 复审请求书及申请后提交的文件清单；2. 复审请求受理通知书；3. 复审、无效程序中意见陈述书；4. 复审、无效程序中意见陈述书及申请后提交的文件清单；5. 复审通知书；6. 延长期限请求书及申请后提交文件清单；7. 答复审通知及申请后提交的文件清单；8. 被诉决定附件1；9. 被诉决定附件2；10. 被诉决定附件3；11. 被诉决定附件4；12. 被诉决定附件8，Application of the TMHMM method to the sequence of hRUP3；13. 被诉决定附件12，Highly conserved amino acid residues found in prototypical human beta 2 adrenergic receptor hRUP3 and in other functional human GPCRs are also found in hRUP3；14. 被诉决定附件13，Activity of hRUP3（SEQ ID NO：8）in cAMP assay；15. 被诉决定附件14，Dox 等（1993）In Melloni's Illustrated Medical Dictionary, Third Edition, The Parthenon Publishing Group, page 357；16. 被诉决定附件15，Stimulation of insulin secretion by agonists of hRUP3；17. 被诉决定附件16，Stimulation of insulin secretion by hRUP3；18. The Merck Manual of Medical Information, 1997 Home Edition, Merck Research Laboratories, pages 481, 504~508, and 693~696；19. 行政程序中的部分附件要点的中文译文；20. （2008）京方圆内经证字第77523号公证书。

被告辩称：本申请主要涉及与人 G 蛋白偶联的孤儿受体 GPCR，即 SEQ ID NO：8 所示的 hRUP3 的氨基酸序列及其编码 cDNA 序列 SEQ ID NO：7。本申请的说明书中描述了根据已知的 GPCRs 序列在 GenBank 等数据库中对人 GPCRs 的识别，说明了利用 RT-PCR、5'RACE 等分子生物学技术对 GPCRs 进行克隆以获得全长 cDNA 序列的过程，并采用斑点印迹分析以及 RT-PCR 技术检测了受体的表达情况，结果表明不同的人 GPCRs 存在组织表达特异性，其中 hRUP3 仅在胰腺组织中特异性地高表达。可见，本申请的说明书中并没有对要求保护的人 GPCR 进行功能鉴定，完全是根据已知的 GPCR 序列在数据库中进行序列分析、同源性对比以及组织表达分析结果推测得到了要求保护的人 GPCR 的功能（参见本申请说明书实施例1-3），因此被告以本申请不符合《中华人民共和国专利法》（以下简称《专利法》）第二十六条第三款的规定为由，维持驳回决定。即便原告提供的研究结果显示本发明的 SEQ ID NO：8（hRUP3 的氨基酸序列）具备一些附件1中公开的 GPCRs 的典型结构特征（例如7个跨膜结构域等）和高保守性氨基酸残基，但是没有证据表明具有所述结构和序列的蛋白都必然具有 GPCR 的功能，上述结果并不能排除本申请所要求保护的蛋白的其他氨基酸序列中存在对蛋白结构、功能或活性发挥重要作用的部位，也不能确定该蛋白一定具有所述的已知 GPCR 的功能。本领域技术人员已知，作为蛋白质一级结构的氨基酸序列是其空间结构的基础，即蛋白质的一级结构决定其空间结构，而蛋白质的空间结构又是其生理功能的基础，一级序列存在差异的蛋白质可能会导致其功能完全改变，因此具有一定同源性的不同蛋白并不一定具有同样的功能，如果作为蛋白质一级结构的氨基酸序列中的一些甚至一个起关键作用的氨基酸改变，就会导致蛋白质空间结构与生物学活性或功能的巨大变化。根据说明书的记载，本发明所分离的序列与现有技术中已知的其他 GPCR 在核苷酸水平的同源性只有23%~53%不等，其氨基酸序列的巨大差别很可能导致其生物学功能和活性完全不同，因此本领域技术人员在阅读说明书后结合一般性常识无法得出 hRUP3 是功能性 GPCR 的结论。原告还认为，本领域技术人员从说明书公开的内容和一般性常识，会得出 hRUP3 能调节血糖浓度的结论。原始说明书中公开了 hRUP3 仅在胰腺中特异性地高表达，清楚地表明其在胰腺功能中发挥特定作用。本领域技术人员已知胰腺的功能是分泌帮助食物消化的酶以及分泌控制血糖水平的激素，无论调节消化酶的分泌还是调节激素的分泌皆可导致血糖水平的改变。因此，本领域技术人员可以得出结论，hRUP3 在胰腺分泌控制血糖水平的胰岛素中发挥作用。虽然本申请检测了要求保护的 hRUP3 的组织表达特异性，证明其在胰腺中选择性地高表达，但是这并不足以证明其功能，本领域技术人员据此无法得知 hRUP3 与胰腺功能的关系。因此说明书公开的 hRUP3 组织表达检测结果无法说明其具有调节血糖的功能。可见，原告仅仅根据本申请分离的 hRUP3 的氨基酸序列具备一些附件1中公开的 GPCRs 的典型结构特征（例如7个跨膜结构域等）、高保守性氨基酸残基以及在胰腺组织中选择性地高表达，从而推断其具有 GPCR 以及调节血糖的功能缺乏有效的实验证据支持。本领域技术人员根据现有技术及其掌握的公知常识，不能认为所述蛋白质的功能得到了确认，也无法预见本申请要求保护的技术方案将产生预期的技术效果，因此本申请的说明书不符合《专利法》第二十六条第三款的规定。综上所述，被诉决定认定事实清楚，说明理由充分，审理程序合法，适用法律法规正确，请求人民法院依法驳回原告的诉讼请求，维持被告作出的被诉决定。

经庭审质证，本院审查，被告提交的证据及原告提交的证据18、20以外的证据均与本院审查被诉决定的合法性具有关联，且符合中华人民共和国最高人民法院《关于行政诉讼证据若干问题的规定》中合法性、真实性的要求，本院均予以确认。原告证据18系外文证据，不符合提交证据的形式要求，本院不予采纳；原告证据20仅作为证明证据18真实性的证明，不能作为认定本案事实的依据。

根据以上确认的有效证据及备方当事人无争议的事实陈述，本院认定事实如下：

本申请的申请日为1999年10月13日，2002年4月10日公开，最早的优先权日为1998年11月20日，进入中国国家阶段日为2001年4月27日，本申请的申请人为原告，权利要求包括76项。

国知局于2005年9月30日以本申请不符合《专利法》第二十六条第三款的规定为由驳回了本申请。具体理由为：（1）本申请请求保护一种与人G蛋白偶联的孤儿受体 GPCR 及其编码 cDNA，说明书中仅仅给出一些序列而未作相应的生物学实验来表明其特定的生物学功能，而本申请技术方案的实现又必须依赖上述生物学功能试验结果加以证实才能成立，因此这样的技术方案是无法实现的；（2）

无论作为生物产品考虑,还是作为化学产品考虑,在说明书中都应当公开本申请要求保护的与人G蛋白偶联的孤儿受体的用途和使用效果,这里说的用途和效果,不仅仅指该多肽作为一种蛋白质来说所具有的蛋白质共有的天然的性质,更为关键的是还应包括本申请的这些序列所具有的特定的用途和效果,这也是本发明所要解决的技术问题所在,采用DNA序列制作探针、引物等用途是多肽/多核苷酸普遍具有的共性,并不能构成所述多肽/多核苷酸特定用途和使用效果的公开;(3)说明书中虽然给出了本申请要求保护的序列的组织分布,但这并不能表明这些序列的功能,说明书中也没有根据这些组织分布指出这些序列的功能或用途,例如,仅仅根据hRUP3只在胰腺中高表达仍然不能获知其功能或作用,仍然不知道其在产业上的应用价值;(4)根据说明书中的记载,本申请要求保护的序列与公开的GPCR的同源性最高仅为53%,本领域普通技术人员不能据此推断出这些序列具有所述的功能。综上所述,本申请的说明书公开不充分,不符合《专利法》第二十六条第三款的规定。

原告对上述驳回决定不服,于2006年1月16日向被告提出复审请求,同时提交了修改的权利要求书全文替换页,原告提交的修改文本中删除了驳回决定所针对申请文件中的权利要求1~12以及17~76,同时对其余权利要求的序号以及引用关系进行了适应性修改。经修改的权利要求为:

"1. 编码人G蛋白偶联受体的cDNA,其包含SEQ ID NO:7。

2. 由SEQ ID NO:7所示的cDNA编码的人G蛋白偶联受体,其包含SEQ ID NO:8。

3. 含有载体和SEQ ID NO:7所示cDNA的质粒。

4. 含有权利要求3所述的质粒的宿主细胞。"

同时,原告还提交了如下附件:

附件1:"Sequence alignment of the G-protein coupled receptor superfamily", William C. Probst等人, DNA and Cell Biology, 第11卷第1期, 第1~20页, 1992年, 英文, 复印件共20页;

附件2:"A hidden Markov model for predicting transmembrane helices in protein sequences", Sonnhammer等人, In J. Glasgow et al., eds., Proc. SixthInt. Conf. On Intelligent Systems for Molecular Biology, 第175~182页, 1998年, 英文, 复印件共8页;

附件3:"Tissue-specific expression of the humanreceptor for glucagon-like peptide-I: brain, heart andpancreatic forms have the same deduced amino acidsequences", Yang Wei等人 FEBS letters, 第358卷, 第219~224页, 1995年, 英文, 复印件共6页;

附件4:"Gastric inhibitory polypeptide receptor, amember of the secretin-vasoactive intestinal peptidereceptor family, is widely distributed in peripheral organs and the brain", TED B. USDIN等人, Endocrinology, 第133卷第6期, 第2861~2870页, 1993年, 英文, 复印件共10页;

附件5:"The role of the free cytosolic calciumlevel in β-cell signal transduction by gastricinhibitory polypeptide and glucagon-like peptide I (7-37)", MING Lu等人, Endocrinology, 第132卷第1期, 第94~100页, 1993年, 英文, 复印件共7页;

附件6:欧洲专利文献EP1133559B1,公开日为2005年10月8日,复印件共90页;

附件7:"Arena pharmaceuticals announces selectionof two arena-discovered compounds for preclinicaldevelopment by Ortho-Mcneil", 新闻稿, 发表日期不详, 英文, 打印件共2页。

附件8:"TMHMM result", 无日期, 英文, 打印件1页。

附件9:"Conserved Tryptophan and Proline in TM-6", 无日期, 英文, 打印件1页。

原告在复审请求书中认为本申请的说明书充分公开了要求保护的技术方案,本领域技术人员可以实施,具体理由为:(1)根据说明书所述,本申请请求保护的人GPCR序列具备已知的GPCRs的典型结构特征,如附件8所示的利用TMHMM法分析SEQ ID NO:8(RUP3的氨基酸序列)的结果,本领域技术人员可以判断其具备GPCR的功能;(2)本申请说明书中通过实验证明了RUP3在胰腺中选择性地高表达,表明其在胰腺功能发挥作用,并可用于与胰腺有关的疾病如糖尿病的治疗,附件3~5

公开了GLP-1、GIP等与胰腺功能以及疾病的关系，并说明了其在治疗糖尿病中潜在应用。鉴于本申请公开的RUP3在胰腺中的选择性表达，本领域技术人员可以获知RUP3在治疗糖尿病中的实用性和广泛前景，可见本申请的说明书公开了要求保护的人GPCR的功能。(3) 附件6证明本发明要求保护的主题已经在欧洲获得专利权，附件7的新闻报道说明请求人以将该技术许可给Johnson & Johnson，这都证明了本申请符合专利性的要求，该定性结果足以证明本发明技术方案的可行性，即除了具备新颖性、创造性外，还具备实用性。

形式审查合格后，被告受理了该复审请求，并于2006年2月27日向原告发出《复审请求受理通知书》，同时将本申请案卷移交原审查部门进行前置审查。2006年5月30日，原审查部门对本复审请求进行了前置审查。

在前置审查意见书中，原审查部门除坚持其驳回决定中的理由外，另外指出：本申请对hRUP3的组织检测结果并不能证明其功能，在原告提交的参考文献中均仅仅记载依据组织表达的检测结果，而仅仅根据组织表达的检测结果无法获知本申请hRUP3的功能，必须依赖于其他的生物学试验才能确定其用途。因此，原告的复审理由无法克服本申请说明书公开不充分的缺陷，故坚持原驳回决定。

2006年2月13日原告再次提交了意见陈述书，同时提交了如下附件（编号续前）：

附件10："Arena pharmaceuticals inc. announces initiation of phase1 clinical trial of arena type 2 diabetes drug candidate in collaboration with Ortho-Mcneil"，新闻稿，发表日期不详，复印件共2页。

原告在意见陈述中指出：附件10的新闻稿宣布原告发现的治疗2型糖尿病的新型口服候选药物APD668已进入I期临床。需要进一步指出的是，APD668是RUP3（在新闻稿中称为GDIR和19AJ）的拮抗剂。换言之，RUP3作为GPCR受体在治疗糖尿病中具有实用性。

2006年11月14日，原告又提交了意见陈述书以及如下附件：

附件11：美国专利授权文本US 7108991 B2，公开日为2006年9月19日。

2007年7月11日，被告组成合议组，对本复审请求案进行了审理。同年8月1日被告向原告发出《复审通知书》。《复审通知书》中指出：本案主要涉及与人G蛋白偶联的孤儿受体（GPCR）以及编码人G蛋白偶联受体的cDNA。本申请的说明书中并没有对要求保护的人GPCR进行有效的实验室功能鉴定，实际上完全是根据已知的GPCR序列在数据库中进行序列分析、同源性对比以及组织表达分析结果推测得到了要求保护的人GPCR的功能，但是本领域技术人员已知，一级序列具有一定同源性的不同蛋白并不一定具有同样的功能。如果蛋白质氨基酸序列中的一些甚至一个起关键作用的氨基酸改变，就会导致蛋白质空间结构与生物学活性或功能的巨大变化。本发明所分离的人GPCR与现有技术中已知的其他GPCR的在核苷酸水平的同源性只有23%~53%不等，存在大量的氨基酸序列的差异，一些关键部位（如结构域、酶活性部位等）氨基酸的改变会大大改变其生物学功能及活性。虽然本申请还检测了要求保护的RUP3的组织表达特异性，证明其在胰腺中选择性地高表达，但是本领域技术人员据此无法得知RUP3与胰腺疾病和功能紊乱的关系如何，因此说明书公开的RUP3组织表达检测结果并不足以证明该GPCR分子的功能。对于原告的复审理由以及提交的附件，被告认为：(1) 虽然原告通过附件8、9证明了本申请的人GPCR存在与已知的GPCR共有的跨膜区（如TM-6）、胞内区、胞外区，但是这并不能排除本申请所要求保护的蛋白的其他氨基酸序列中存在对蛋白结构、功能或活性发挥重要作用的部位，也不能确定该蛋白一定具有所述的GPCR的功能；(2) 原告提供的附件3-5公开了GLP-1、GIP在治疗糖尿病中的潜在应用，但是GLP-1、GIP均是与本申请要求保护的人GPCR不同的物质，因此这些附件均无法证明本发明的人GPCR分子的功能；(3) 本案的审理按照《专利法》及《专利法实施细则》和《审查指南》的有关规定、针对本申请的具体情况作出审查意见，并非参照别国的案例或新闻稿，因此附件6、7、10、11中的专利授权文本以及新闻稿均与本案的审查无关。综上所述，本申请说明书不符合《专利法》第二十六条第三款的规定。

针对《复审通知书》指出的问题，原告于2007年11月5日提交了意见陈述书，除再次提交了于

2006年1月16日曾经提交的附件1、2及8外,还提交了如下试验数据、公知常识性附件(编号续前)以及部分附件要点的中文译文:

附件12:"hRUP3 is a G Protein-CoupledReceptor(GPCR)",无日期,英文,复印件共7页。

附件13:"FlashPlate cAMP Assay TransientlyTransfected 293T Cells",无日期,英文复印件共1页。

附件14:MELLONI'S ILLUSTRATED MEDICAL DICTIONARY 第三版,Ida G..Dox 等人,Parthenon 出版社,1994年,封面、扉页、出版信息页和第357页,复印件共4页。

附件15:"RUP3 Agonists Stimulate Insulin Secretion in Rat Islets",无日期,英文图表,复印件共1页。

附件16:Insulin Secretion 与 Tu6/Vector、Tu6/RUP3 的关系,无日期,英文图表,复印件共1页。

原告认为:(1)根据本申请原始说明书中记载的内容以及 GPCRs 众所周知的特性,本领域技术人员可以认可 hRUP3 为一种功能性 GPCR。附件1中公开了 GPCRs 的典型结构特征以及高保守性氨基酸残基。附件2中公开了根据氨基酸序列预测跨膜结构域的方法(TMHMM 法),附件8为采用该方法分析本发明 SEQ ID NO:8(hRUP3 的氨基酸序列)的结果,证实其完全具备上述 GPCRs 的典型结构特征,例如7个跨膜结构域等。同时附件12显示,hRUP3 也具备上述的功能性 GPCRs 所具有的高保守性氨基酸残基。附件13中的实验数据表明序列 SEQID NO:8 的 hRUP3 具有以组成型(配体非依赖的)方式增加胞内 cAMP 累积的活性。因此,本领域技术人员在阅读说明书后结合一般性常识就会得出 hRUP3 是功能性 GPCR 的结论。(2)根据本申请原始说明书中记载的内容以及一般性常识,本领域技术人员可以认可 hRUP3 在胰腺分泌,包括分泌控制血糖水平的胰岛素中发挥作用。原始说明书中公开了 hRUP3 仅在胰腺中特异性地高表达以及在胰腺功能中发挥作用,可用于筛选影响胰腺功能的化合物。本领域技术人员已知胰腺的功能是分泌帮助食物消化的酶以及分泌控制血糖水平的激素,例如请求人提供的附件14所公开的胰腺的功能为"其将有助于食物消化的酶(淀粉酶、脂肪酶)分泌到小肠;其还产生激素(胰高血糖素,胰岛素)所述激素经血液吸收后,通过控制血糖水平而帮助调节碳水化合物代谢"。原告提供的附件15和16中的实验数据表明,hRUP3 的激动剂以及 hRUP3 本身均可以刺激胰岛素分泌,因此,本领域技术人员可以得出结论,hRUP3 在胰腺分泌控制血糖水平的胰岛素中发挥作用,可以用于筛选影响胰腺分泌(包括胰岛素分泌)的化合物。

经审查,被告根据原告于2006年1月16日提交的权利要求第1~4项,本申请进入中国国家阶段时提交的国际申请文件的中文文本的说明书第1~7、10、12~14、17、21、22、24、26~81页、说明书附图第1~4页和说明书摘要,以及2002年8月26日提交的说明书第8、9、11、15、16、18~20、23、25页进行了复审审查。

被告认为:

在原告提出复审请求时所提交的权利要求书中,权利要求1要求保护编码人 G 蛋白偶联受体的 cDNA,其包含 SEQ ID NO:7;权利要求2要求保护由 SEQ ID NO:7所示的 cDNA 编码的人 G 蛋白偶联受体,其包含 SEQ ID NO:8;权利要求3要求保护含有载体和 SEQ ID NO:7所示 cDNA 的质粒;权利要求4要求保护含有权利要求3所述的质粒的宿主细胞。可见本案主要涉及与人 G 蛋白偶联的孤儿受体 GPCR,即 SEQ ID NO:8所示的 hRUP3 及其编码 cDNA 序列 SEQ ID NO:7。

本申请的说明书中描述了根据已知的 GPCRs 序列在 GenBank 等数据库中对人 GPCRs 的识别,说明了利用 RT-PCR、5'RACE 等分子生物学技术对 GPCRs 进行克隆以获得全长 cDNA 序列的过程,并采用斑点印迹分析以及 RT-PCR 技术检测了受体的表达情况,结果表明不同的人 GPCRs 存在组织表达特异性,其中 hRUP3 仅在胰腺组织中特异性地高表达。可见,本申请的说明书中并没有对要求保护的人 GPCR 进行功能鉴定,完全是根据已知的 GPCR 序列在数据库中进行序列分析、同源性对比以及组织表达分析结果推测得到了要求保护的人 GPCR 的功能(参见本申请说明书实施例1-3)。

但是本领域技术人员已知,一级序列具有一定同源性的不同蛋白并不一定具有同样的功能。如果蛋白质氨基酸序列中的一些甚至一个起关键作用的氨基酸改变，就会导致蛋白质空间结构与生物学活性或功能的巨大变化。本发明所分离的人GPCR与现有技术中已知的其他GPCR的在核苷酸水平的同源性只有23％～53％不等，其中hRUP3与已知的果蝇GPCR序列的同源性只有30％。可见，本申请的人GPCR与现有技术中已知的GPCR氨基酸序列本身之间就存在巨大差异，若这些差异存在关键部位（如结构域、酶活性部位等）氨基酸的改变，则会大大改变相应蛋白的生物学功能及活性。虽然本申请还检测了要求保护的hRUP3的组织表达特异性，证明其在胰腺中选择性地高表达，但是本领域技术人员据此无法得知hRUP3与胰腺疾病和功能紊乱的关系如何，因此说明书公开的hRUP3组织表达检测结果并不足以证明该GPCR分子的功能。可见，本申请说明书中缺乏有效的实验数据验证所获得的hRUP3确实具有G蛋白偶联受体的功能，本领域技术人员根据现有技术及其掌握的公知常识，不能认为本申请说明书所述蛋白质的功能得到了确认，也无法预见本申请要求保护的技术方案将产生预期的技术效果，因此本申请的说明书不符合《专利法》第二十六条第三款的规定。

对于原告在答复《复审意见通知书》时的意见陈述中指出的理由，被告认为：（1）本申请的原始说明书仅仅说明了现有技术中已知的GPCR共有的性质和功能，如GPCRs可以降低或增加胞内cAMP累积（参见说明书第9页第27行至第10页第18行）、增加胞内#图#累积（参见说明书第10页第20行至第11页第2行）等，但是并没有验证本申请要求保护的hRUP3的功能，即便原告提供的附件8和附件12的研究结果显示本发明的SEQ ID NO：8（hRUP3的氨基酸序列）具备一些附件1中公开的GPCRs的典型结构特征（例如7个跨膜结构域等）和高保守性氨基酸残基，但是没有证据表明现有技术中认为具有上述结构的蛋白都必然具有GPCR的功能，上述结果并不能排除本申请所要求保护的蛋白的其他氨基酸序列中存在对蛋白结构、功能或活性发挥重要作用的部位，也不能确定该蛋白一定具有所述的已知GPCR的功能。作为本领域技术人员的常用技术手段，分子克隆、同源性对比、序列分析等对分析基因以及蛋白的功能起到重要作用，为进一步的深入研究指示了方向，但是在属于实验科学的生物技术领域，对于一项完整的发明，这些核酸、多肽等生物大分子的功能仍然需要经过具体的实验来确定和验证。科学研究中可以进行合理的推测，但只有当该推测经合理的方式（例如实验数据）验证后，推测的命题才得以成立。因此原告所提供的上述结果只能在一定程度上增加推测的可能性，而无法直接证明本申请所要求保护的hRUP3的功能。（2）本申请说明书中虽公开了已知的GPCR可以用于识别、筛选疾病或某些病理状态（参见本申请说明书第8页第27行至第9页第4行），但并没有公开本申请要求保护的hRUP 3的效果和用途，仅仅根据说明书中公开的hRUP3在胰腺中特异性地高表达的试验结果也无法说明其的功能。如原告提供的附件14中所述，胰腺在消化、内分泌等方面发挥着重要作用，是人体内的重要器官，本申请的研究表明hRUP3在胰腺组织中选择性地高表达提示hRUP3可能在胰腺的功能中发挥作用，但究竟在哪方面、发挥何种作用均不得而知，还需要进一步的研究工作。（3）附件13、15、16中所提供的试验结果均是请求人申请日后提交的，不属于原始公开的范围，无法用于证明本申请在申请日前已经完成，因此不能证明本申请的说明书符合《专利法》第二十六条第三款的规定。虽然原告一再强调，这些证据并非为了克服公开不充分的缺陷而补充实验数据，仅仅是为了举例说明根据本申请的说明书公开的内容以及一般性常识教导的内容可以证明hRUP3的功能。但是附件13、15、16中公开的内容实际上是对本申请要求保护的hRUP3分子的补充的功能试验，并非所谓的"一般性常识"，也并非本领域技术人员根据说明书的内容和公知常识可以毫无疑义推导得出的。

综上，被告作出被诉决定，原告不服，诉至本院。

本案开庭审理中，原告明确表示对以下内容无争议：1. 被诉决定作出的行政程序；2. 被诉决定"案由"部分记载的的内容。

本院认为，对于原告在庭审中明确表示无争议的内容，经审查，本院对其合法性予以确认。

《专利法》第二十六条第三款规定，说明书应当对发明或者实用新型作出清楚、完整的说明，以所属技术领域的技术人员能够实现为准。根据该条法律规定，如果说明书中已经清楚、完整地记载了所要解决的技术问题、解决技术问题的技术方案，以及该技术方案所能够获得的有益效果，且所属技术领域的技术人员按照说明书记载的内容，不需要创造性的劳动，就能够再现该发明或者实用新型的技术方案，解决其技术问题，并且产生预期的技术效果，则该发明或实用新型符合上述法律规定。但是，如果说明书中只给出了具体的技术方案，但未提供实验证据，或者提供的实验证据不足以证实该技术方案，该技术方案又必须依赖实验结果加以证实才能成立，本领域技术人员在阅读本申请说明书后无法确认本申请技术方案是否成立，该发明即由于缺乏解决技术问题的技术手段而无法实现。

本案中，本申请说明书中并未体现如何实现遗传信息传递的具体实验数据、结果，在现有的遗传理论基础上，不足以让本领域普通技术人员不付出创造性的劳动即能够确信本申请的技术方案能够成立。由于任何实验结果应当是通过科学严谨的数据表现的，因此，虽然本申请说明书记载了"实验效果"的内容，但该部分内容仅为本申请装置的使用示例，其结果仅为概述。因此，本领域技术人员在阅读本申请说明书后无法确认本申请技术方案是否成立。本院通过对本申请说明书的审查，认为本申请说明书缺少该发明能够实现的事实依据，故认可被告在被诉决定中具体的相关认定，本申请说明书不符合《专利法》第二十六条第三款的规定。

参照《审查指南》第四部分第二章第4.1节的有关规定，在复审程序中，除驳回决定所依据的理由和证据外，合议组发现审查文本中存在驳回决定中未指出的明显实质性缺陷的，可以对与之相关的理由及其证据进行审查，并且经审查认定后，应当依据该理由及其证据作出维持驳回决定的审查决定。由于本申请存在上述不符合《专利法》第二十六条第三款的明显实质性缺陷，因此被告对该问题进行审理并无不当，且不存在程序违法之处。

综上所述，被告作出的被诉决定认定事实清楚，适用法律正确，行政程序合法，本院应予维持。原告的诉讼理由均缺乏事实及法律依据，对其诉讼请求本院不予支持。依照《中华人民共和国行政诉讼法》第五十四条第（一）项之规定，判决如下：

维持被告中华人民共和国国家知识产权局专利复审委员会于二〇〇八年一月二十七日作出的第12619复审请求审查决定。

案件受理费人民币100元，由原告阿瑞那制药公司负担（已交纳）。

如不服本判决，原告阿瑞那制药公司可在判决书送达之日起30日内，被告中华人民共和国国家知识产权局专利复审委员会可在判决书送达之日起15日内，向本院递交上诉状，并按对方当事人的人数提出副本，预交上诉案件受理费人民币100元，上诉于中华人民共和国北京市高级人民法院。上诉人在上诉期满后7日内未预交，又不提出缓交申请的，按自动撤回上诉处理。

审　判　长　梁　菲
代理审判员　司品华
人民陪审员　吴　群
二〇〇九年二月二十五日
书　记　员　王　丽

蛋白酶变体及组合物

复审请求审查决定（第12620号）

决 定 号	第12620号
决 定 日	2008年1月10日
发明创造名称	蛋白酶变体及组合物
国际分类号	C12N 9/54，C11D 3/386
复审请求人	诺沃奇梅兹有限公司
申 请 号	98811325.2
优 先 权 日	1997年11月21日
申 请 日	1998年11月17日
公 开 日	2001年1月10日
合议组组长	吴通义
主 审 员	葛永奇
参 审 员	张晓飞

法 律 依 据　专利法第26条第4款

决 定 要 点

对于权利要求中所包含的功能性限定的技术特征，应当理解为覆盖了所有能够实现所述功能的实施方式。如果权利要求中限定的功能是以说明书实施例中记载的特定方式完成的，并且所属技术领域的技术人员不能明了此功能还可以采用说明书中未提到的其他替代方式来完成，或者所属技术领域的技术人员有理由怀疑该功能性限定所包含的一种或几种方式不能解决发明所要解决的技术问题，并达到相同的技术效果，则权利要求得不到说明书的支持。

一、案由

本复审请求涉及申请日为1998年11月17日、公开日为2001年1月10日、申请号为98811325.2、名称为"蛋白酶变体及组合物"的发明专利申请（下称本申请），本申请的优先权日为1997年11月21日。2001年6月29日，本申请的申请人由诺沃挪第克公司变更为诺沃奇梅兹有限公司。

2005年9月9日，国家知识产权局以权利要求1~9、11~30不符合专利法第26条第4款的规定为由驳回了本申请。驳回决定所针对的权利要求书为：

"1. 与BLSAVI相比在洗涤剂中的洗涤性能有所改良、并且氨基酸序列与成熟BLSAVI的氨基酸序列有至少70％相同的分离枯草杆菌酶，其特征在于所述分离枯草杆菌酶的至少一个活性位点环比

BLSAVI 内的相应活性位点环更长，从而所述分离枯草杆菌酶内的这种活性位点环区最小氨基酸长度如下组所示：

（a）氨基酸残基 95~103 之间、包括两末端氨基酸的区域至少有 10 个氨基酸长，即与 BLSAVI 相比有至少一个氨基酸插入；

（b）氨基酸残基 125~132 之间、包括两末端氨基酸的区域至少有 9 个氨基酸长，即与 BLSAVI 相比有至少一个氨基酸插入。

2. 根据权利要求 1 的分离枯草杆菌酶，其中所述枯草杆菌酶是在根据权利要求 1 的至少一个活性位点环内含有至少一个氨基酸的至少一个插入的构建变体。

3. 根据权利要求 1 或 2 的分离枯草杆菌酶，其中所述插入氨基酸残基中的至少一个选自 T、G、A 和 S。

4. 根据权利要求 1 或 2 的分离枯草杆菌酶，其中所述插入氨基酸残基中的至少一个选自带电氨基酸残基 D、E、H、K 和 R。

5. 根据权利要求 1 或 2 的分离枯草杆菌酶，其中所述插入氨基酸残基中的至少一个选自亲水性氨基酸残基 C、N、Q、S 和 T。

6. 根据权利要求 1 或 2 的分离枯草杆菌酶，其中所述插入氨基酸残基中的至少一个选自小的疏水性氨基酸残基 A、G 和 V。

7. 根据权利要求 1 或 2 的分离枯草杆菌酶，其中所述插入氨基酸残基中的至少一个选自大的亲水性氨基酸残基 F、I、L、M、P、W 和 Y。

8. 根据权利要求 1 的分离枯草杆菌酶，其中至少一个活性位点环中的所述插入与 BLSAVI 内的相应活性位点环相比包含有至少两个氨基酸。

9. 根据权利要求 1 的分离枯草杆菌酶，其中根据 BASBPN 编号法，枯草杆菌酶含有选自下组的至少一个插入：

G97GASG；

G97GAA；和

G97GAS。

10. 根据权利要求 9 的分离枯草杆菌酶，其中根据 BASBPN 编号法，枯草杆菌酶含有选自下组的至少一个插入/修饰：37.03：G97GASG+A98S+S99G+G100A+S101A；37.06：G97GAA+A98S+S99G+S101T；和 37.04：G97GAS+A98S+S99G。

11. 根据权利要求 1 或 2 的枯草杆菌酶，其中枯草杆菌酶或在所述枯草杆菌酶是变体时则其亲本枯草杆菌酶选自 I-S2 亚组。

12. 根据权利要求 11 的枯草杆菌酶，其中亲本枯草杆菌酶选自 BLS147、BLS309、BAPB92 和 BYSYAB 或其保留了 I-S2 亚组特征的功能性变体。

13. 根据权利要求 1 或 2 的枯草杆菌酶，其中所述插入组合了 27、57、76、87、97、101、104、120、123、129、131、133、167、170、194、206、218、222、224、235 和 274 位中的一个或多个位点处的一个或多个修饰。

14. 根据权利要求 13 的枯草杆菌酶，其中所述枯草杆菌酶属于 I-S2 亚组，而所述修饰选自 K27R、S57P、N76D、S87N、G97N、S101G、V104A、V104N、V104Y、H120D、N123S、P129K、P131H、A133P、A133D、Y167A、R170｛S、L、N｝、A194P、Q206E、N218S、M222S、M222A、T224S、K235L 和 T274A。

15. 根据权利要求 14 的枯草杆菌酶，其包含有 V104N+S101G、S87N+S101G+V104N、K27R+

V104Y+N123S+T274A、N76D+S103A+V104I 或 N76D+V104A 或者突变 V104N、S101G、K27R、V104Y、N123S、T274A、N76D、V104A 的其他组合中的任何一种修饰。

16. 根据权利要求 15 的枯草杆菌酶，其中还包含有选自下组的进一步修饰：Y167A+R170S+A194PY167A+R170L+A194PY167A+R170N+A194PY167A+R170S+P129KY167A+R170L+P129KY167A+R170N+P129KY167A+R170S+P131HY167A+R170L+P131HY167A+R170N+P131HY167A+R170S+A133PY167A+R170L+A133PY167A+R170N+A133PY167A+R170S+A133DY167A+R170L+A133DY167A+R170N+A133D。

17. 编码权利要求 1~16 中任何一项所述枯草杆菌酶的分离 DNA 序列。

18. 含有权利要求 17 的分离 DNA 序列的表达载体。

19. 转化了权利要求 18 的表达载体的微生物宿主细胞。

20. 根据权利要求 19 的微生物宿主细胞，它是细菌细胞。

21. 根据权利要求 20 的微生物宿主细胞，它是芽孢杆菌细胞。

22. 根据权利要求 21 的微生物宿主细胞，它是迟缓芽孢杆菌细胞。

23. 根据权利要求 19 的微生物宿主细胞，它是真菌或酵母细胞。

24. 根据权利要求 23 的微生物宿主细胞，它是丝状真菌细胞。

25. 根据权利要求 24 的微生物宿主细胞，它是曲霉细胞。

26. 生产权利要求 1~16 中任何一项所述枯草杆菌酶的方法，其中将权利要求 19~25 中任何一项所述宿主细胞在有利于表达和分泌所述枯草杆菌酶的条件下培养，并回收枯草杆菌酶。

27. 含有权利要求 1~16 中任何一项的枯草杆菌酶的组合物。

28. 根据权利要求 27 的组合物，其中还含有纤维素酶、脂肪酶、角质酶、氧化还原酶、其他蛋白酶或淀粉酶。

29. 根据权利要求 27 或 28 的组合物，其中所述组合物是洗涤剂组合物。

30. 权利要求 1~16 中任何一项的枯草杆菌酶或者权利要求 27~29 中任何一项的组合物在衣物和/或餐具洗涤剂中的用途。"

驳回的具体理由是：（1）在第 95~103 位的活性位点环区的突变可能产生大量的突变体，而实施例 3 只是给出了三个具体突变体的结果，这样进行了实验验证的突变体数量如此之少以至于其只能证明在这些具体的位点插入具体的两个或三个氨基酸能够改善枯草杆菌酶的洗涤性能，并不能证实第 95~103 位残基活性位点环区的突变普遍在提高酶的洗涤性能中都具有有益效果，甚至不能证实在该实施例 3 中所述的具体位点仅有一个氨基酸残基的插入是否具有有益效果，对于第 125~132 位残基区域，甚至根本没有实施例证实申请人确实获得了一个在此区域内发生突变的具有良好效果的突变体，则更不能证实这一区域的突变在提高酶的洗涤性能上普遍都具有有益效果。申请人在答复第二次审查意见通知书时提供的附件 1（在第 96、97、98、99、127、128、129、130 和 132 位残基处具有氨基酸插入的 BLSAVI 变体的洗涤性能测试结果）中给出了一些实验证据，但是这些实验证据并不是在申请日之前做出的，不能证明本申请在申请之时已经是一个完整的发明，因此权利要求 1 得不到说明书的支持，不符合专利法第 26 条第 4 款的规定。（2）权利要求 2~9、11~16 虽然对所述枯草杆菌酶作了进一步限定，但从实施例的描述同样不能预先确定这些枯草杆菌酶突变体都具有改良的洗涤活性，必需要通过实验证实其效果，而这种证实需要付出创造性的劳动，因此权利要求 2~9，11~16 也得不到说明书的支持，不符合专利法第 26 条第 4 款的规定。（3）权利要求 17~30 分别请求保护的 DNA 序列、载体、细胞、生产所述枯草杆菌酶的方法、组合物和用途都是以权利要求 1~9、10~16 请求保护的枯草杆菌酶为基础，当权利要求 1~9、10~16 请求保护的枯草杆菌酶得不到说明书支持时，上述权利要求也得不到说明书的支持，不符合专利法第26条第4款的规定。

申请人诺沃奇梅兹有限公司（下称请求人）对上述驳回决定不服，于2005年12月26日向专利复审委员会提出复审请求，同时提交了经修改的权利要求书全文替换页（共30项）。修改后的权利要求书如下：

"1. 与BLSAVI相比在洗涤剂中的洗涤性能有所改良、并且氨基酸序列与成熟BLSAVI的氨基酸序列有至少95％相同的分离枯草杆菌酶，其特征在于氨基酸残基95~103之间、包括两末端氨基酸的活性位点环区至少有10个氨基酸长，即与BLSAVI相比有至少一个氨基酸插入。

2. 根据权利要求1的分离枯草杆菌酶，其中所述枯草杆菌酶是在根据权利要求1的活性位点环内含有至少一个氨基酸的至少一个插入的构建变体。

3. 根据权利要求1或2的分离枯草杆菌酶，其中所述插入氨基酸残基中的至少一个选自T、G、A和S。

4. 根据权利要求1或2的分离枯草杆菌酶，其中所述插入氨基酸残基中的至少一个选自带电氨基酸残基D、E、H、K和R。

5. 根据权利要求1或2的分离枯草杆菌酶，其中所述插入氨基酸残基中的至少一个选自亲水性氨基酸残基C、N、Q、S和T。

6. 根据权利要求1或2的分离枯草杆菌酶，其中所述插入氨基酸残基中的至少一个选自小的疏水性氨基酸残基A、G和V。

7. 根据权利要求1或2的分离枯草杆菌酶，其中所述插入氨基酸残基中的至少一个选自大的亲水性氨基酸残基F、I、L、M、P、W和Y。

8. 根据权利要求1的分离枯草杆菌酶，其中至少一个活性位点环中的所述插入与BLSAVI内的相应活性位点环相比包含有至少两个氨基酸。

9. 根据权利要求1的分离枯草杆菌酶，其中根据BASBPN编号法，枯草杆菌酶含有选自下组的至少一个插入：

G97GASG；

G97GAA；和

G97GAS。

10. 根据权利要求9的分离枯草杆菌酶，其中根据BASBPN编号法，枯草杆菌酶含有选自下组的至少一个插入/修饰：37.03：G97GASG+A98S+S99G+G100A+S101A；37.06：G97GAA+A98S+S99G+S101T；和37.04：G97GAS+A98S+S99G。

11. 根据权利要求1或2的枯草杆菌酶，其中枯草杆菌酶或在所述枯草杆菌酶是变体时则其亲本枯草杆菌酶选自I-S2亚组。

12. 根据权利要求11的枯草杆菌酶，其中亲本枯草杆菌酶选自BLS147、BLS309、BAPB92和BYSYAB或其保留了I-S2亚组特征的功能性变体。

13. 根据权利要求1或2的枯草杆菌酶，其中所述插入组合了27、57、76、87、97、101、104、120、123、129、131、133、167、170、194、206、218、222、224、235和274位中的一个或多个位点处的一个或多个修饰。

14. 根据权利要求13的枯草杆菌酶，其中所述枯草杆菌酶属于I-S2亚组，而所述额外修饰选自K27R、S57P、N76D、S87N、G97N、S101G、V104A、V104N、V104Y、H120D、N123S、P129K、P131H、A133P、A133D、Y167A、R170｛S，L，N｝、A194P、Q206E、N218S、M222S、M222A、T224S、K235L和T274A。

15. 根据权利要求14的枯草杆菌酶，其包含有 V104N+S101G、S87N+S101G+V104N、K27R+V104Y+N123S+T274A、N76D+S103A+V104I 或 N76D+V104A 或者突变 V104N、S101G、K27R、V104Y、N123S、T274A、N76D、V104A 的其他组合中的任何一种修饰。

16. 根据权利要求15的枯草杆菌酶，其中还包含有选自下组的进一步修饰：Y167A+R170S+A194PY167A+R170L+A194PY167A+R170N+A194PY167A+R170S+P129KY167A+R170L+P129KY167A+R170N+P129KY167A+R170S+P131HY167A+R170L+P131HY167A+R170N+P131HY167A+R170S+A133PY167A+R170L+A133PY167A+R170N+A133PY167A+R170S+A133DY167A+R170L+A133DY167A+R170N+A133D。

17. 编码权利要求1~16中任何一项所述枯草杆菌酶的分离DNA序列。

18. 含有权利要求17的分离DNA序列的表达载体。

19. 转化了权利要求18的表达载体的微生物宿主细胞。

20. 根据权利要求19的微生物宿主细胞，它是细菌细胞。

21. 根据权利要求20的微生物宿主细胞，它是芽孢杆菌细胞。

22. 根据权利要求21的微生物宿主细胞，它是迟缓芽孢杆菌细胞。

23. 根据权利要求19的微生物宿主细胞，它是真菌或酵母细胞。

24. 根据权利要求23的微生物宿主细胞，它是丝状真菌细胞。

25. 根据权利要求24的微生物宿主细胞，它是曲霉细胞。

26. 生产权利要求1~16中任何一项所述枯草杆菌酶的方法，其中将权利要求19~25中任何一项所述宿主细胞在有利于表达和分泌所述枯草杆菌酶的条件下培养，并回收枯草杆菌酶。

27. 含有权利要求1~16中任何一项的枯草杆菌酶的组合物。

28. 根据权利要求27的组合物，其中还含有纤维素酶、脂肪酶、角质酶、氧化还原酶、其他蛋白酶或淀粉酶。

29. 根据权利要求27或28的组合物，其中所述组合物是洗涤剂组合物。

30. 权利要求1~16中任何一项的枯草杆菌酶或者权利要求27~29中任何一项的组合物在衣物和/或餐具洗涤剂中的用途。"

请求人认为：对枯草杆菌酶的三维结构进行分析发现其氨基酸序列中第95~103位残基代表了一个活性位点环区，可以推断，在该活性位点环区的突变可能会影响枯草杆菌酶的一些性能。说明书实施例3证实了三种枯草杆菌酶变体37.03、37.06和37.04相对于Salvinase（均具有改良的洗涤性能。甘氨酸（G）、丙氨酸（A）、丝氨酸（S）和苏氨酸（T）均属于小的氨基酸，它们之间的互相取代属于保守性取代，对酶特性的影响非常微小，由此可推断该三种变体洗涤性能的改善是由于氨基酸残基的插入、导致第95~103位活性位点环区的延长所致。根据如上分析，在本申请说明书的教导下，结合本领域中的一般性知识，普通技术人员完全可以合理地预见到枯草杆菌酶第95~103位活性位点环区的插入性突变可以提高其洗涤性能，请求人在提出复审请求时提交的附件2（按照实施例3的方法测试的30种纯化插入变体的测试结果）证明审查员的怀疑不仅没有依据，而且根本就是不对的，显然权利要求1的保护范围是合理的，能够得到说明书的支持，其从属权利要求2~9以及其余权利要求也能够得到说明书的支持。

形式审查合格后，专利复审委员会受理了该复审请求，并于2006年1月25日向请求人发出《复审请求受理通知书》，同时将本申请案卷移交原审查部门进行前置审查。

原审查部门对本复审请求进行了前置审查，认为：（1）虽然请求人陈述意见认为从所述突变体37.03、37.06和37.04的结果可以合理推断出是由于氨基酸残基的插入导致第95~103位活性位点环区的延长从而引起了上述三个突变体性能的变化,但这只能确定在第 95~103 位活性位点环区插入小氨基酸会改善枯草杆菌酶的洗涤活性,不等于能确定在第 95~103 位活性位点环区插入任何氨基酸都能改善枯草杆菌酶的洗涤活性,因为上述三个突变体中在 97 位插入的均为小氨基酸残基,小氨基酸残基的侧链对多肽活性的影响是最少的,在第 95~103 位活性位点环区插入小氨基酸带来的结果仅仅是延长了该活性位点环区的长度,而不会带来其他性质的变化,但在该活性位点环区插入具有特定性质的氨基酸还会带来其他性质的改变,对多肽的三维结构产生影响以致影响多肽的活性,由此不通过试验验证无法预先确定在该活性位点环区插入除小氨基酸 G、A、S、T 以外的其他的具有特定性质的氨基酸是否也会使得枯草杆菌酶洗涤活性得到改善。请求人提供的上述附件 1 和 2 的实验证据不是在申请日之前作出的,不能证明权利要求 1 能够得到说明书的支持。(2) 在此基础上,权利要求 2、4~9、11~16 也得不到说明书的支持,不符合专利法第 26 条第 4 款的规定。因此坚持驳回决定。

专利复审委员会组成合议组,对本复审请求案进行审理,于 2007 年 9 月 13 日向请求人发出《复审通知书》。《复审通知书》中指出:(1) 对于本申请中请求保护的在洗涤剂中的洗涤性能有所改良的分离枯草杆菌酶,说明书中只提供了三个有具体实验数据来证实其具有优于 BLSAVI 的洗涤性能(1<P≤2)的例子,即 37.03:G97GASG+A98S+S99G+G100A+S101A;37.06:G97GAA+A98S+S99G+S101T;和 37.04:G97GAS+A98S+S99G。不能由此推知在氨基酸残基 95~103 之间插入任意数目、任意类型的氨基酸残基且与成熟 BLSAVI 的氨基酸序列有至少 95% 相同的任何变体都必然具有改良的洗涤性能。上述附件 1 和附件 2 中提供的实验证据并不是在申请日之前作出的,不是本申请说明书充分公开的内容,无助于克服权利要求 1 得不到说明书支持的缺陷。(2) 权利要求 2~16 对所述枯草杆菌酶做了进一步限定,但与上述(1)类似的理由,权利要求 2~16 也得不到说明书的支持。(3) 权利要求 17~30 分别请求保护的 DNA 序列、载体、细胞、生产所述枯草杆菌酶的方法、组合物和用途都是以权利要求 1~9、11~16 所要求保护的枯草杆菌酶为基础的,因此,当权利要求 1~9、11~16 请求保护的枯草杆菌酶得不到说明书支持时,权利要求 17~30 也得不到说明书的支持,不符合专利法第 26 条第 4 款的规定。

针对《复审通知书》指出的问题,请求人于 2007 年 10 月 25 日提交了意见陈述书及经修改的权利要求书全文替换页(其 23 项)。修改后的权利要求书如下:

"1. 与 BLSAVI 相比在洗涤剂中的洗涤性能有所改良、并且氨基酸序列与成熟 BLSAVI 的氨基酸序列有至少 95% 相同的分离枯草杆菌酶,其特征在于氨基酸残基 95~103 之间、包括两末端氨基酸的活性位点环区有 10~12 个氨基酸长,即与 BLSAVI 相比有至少一个氨基酸插入,其中所述插入氨基酸残基选自 T、G、A 和 S、或带电氨基酸残基 D、E、H、K 和 R。

2. 根据权利要求 1 的分离枯草杆菌酶,其中根据 BASBPN 编号法,枯草杆菌酶含有选自下组的至少一个插入:

G97GASG;

G97GAA;和

G97GAS。

3. 根据权利要求 2 的分离枯草杆菌酶,其中根据 BASBPN 编号法,枯草杆菌酶含有选自下组的至少一个插入/修饰:37.03:G97GASG+A98S+S99G+G100A+S101A;37.06:G97GAA+A98S+S99G+S101T;和 37.04:G97GAS+A98S+S99G。

4. 根据权利要求 1~3 中任一项的枯草杆菌酶,其中枯草杆菌酶或在所述枯草杆菌酶是变体时则其亲本枯草杆菌酶选自 I-S2 亚组。

5. 根据权利要求 4 的枯草杆菌酶,其中亲本枯草杆菌酶选自 BLS147、BLS309、BAPB92 和

BYSYAB或其保留了I-S2亚组特征的功能性变体。

6. 根据权利要求1~3中任一项的枯草杆菌酶，其中所述插入组合了27、57、76、87、97、101、104、120、123、129、131、133、167、170、194、206、218、222、224、235和274位中的一个或多个位点处的一个或多个修饰。

7. 根据权利要求6的枯草杆菌酶，其中所述枯草杆菌酶属于I-S2亚组，而所述额外修饰选自K27R、S57P、N76D、S87N、G97N、S101G、V104A、V104N、V104Y、H120D、N123S、P129K、P131H、A133P、A133D、Y167A、R170｛S，L，N｝、A194P、Q206E、N218S、M222S、M222A、T224S、K235L和T274A。

8. 根据权利要求7的枯草杆菌酶，其包含有V104N+S101G、S87N+S101G+V104N、K27R+V104Y+N123S+T274A、N76D+S103A+V104I或N76D+V104A或者突变V104N、S101G、K27R、V104Y、N123S、T274A、N76D、V104A的其他组合中的任何一种修饰。

9. 根据权利要求7的枯草杆菌酶，其中还包含有选自下组的进一步修饰：Y167A+R170S+A194PY167A+R170L+A194PY167A+R170N+A194PY167A+R170S+P129KY167A+R170L+P129KY167A+R170N+P129KY167A+R170S+P131HY167A+R170L+P131HY167A+R170N+P131HY167A+R170S+A133PY167A+R170L+A133PY167A+R170N+A133PY167A+R170S+A133DY167A+R170L+A133DY167A+R170N+A133D。

10. 编码权利要求1~9中任何一项的枯草杆菌酶的分离DNA序列。

11. 含有权利要求10的分离DNA序列的表达载体。

12. 转化了权利要求11的表达载体的微生物宿主细胞。

13. 根据权利要求12的微生物宿主细胞，它是细菌细胞。

14. 根据权利要求13的微生物宿主细胞，它是芽孢杆菌细胞。

15. 根据权利要求14的微生物宿主细胞，它是迟缓芽孢杆菌细胞。

16. 根据权利要求12的微生物宿主细胞，它是真菌或酵母细胞。

17. 根据权利要求16的微生物宿主细胞，它是丝状真菌细胞。

18. 根据权利要求17的微生物宿主细胞，它是曲霉细胞。

19. 生产权利要求1~9中任何一项所述枯草杆菌酶的方法，其中将权利要求12~18中任何一项所述宿主细胞在有利于表达和分泌所述枯草杆菌酶的条件下培养，并回收枯草杆菌酶。

20. 含有权利要求1~9中任何一项的枯草杆菌酶的组合物。

21. 根据权利要求20的组合物，其中还含有纤维素酶、脂肪酶、角质酶、氧化还原酶、其他蛋白酶或淀粉酶。

22. 根据权利要求20或21的组合物，其中所述组合物是洗涤剂组合物。

23. 权利要求1~9中任何一项的枯草杆菌酶或者权利要求20~22中任何一项的组合物在衣物和/或餐具洗涤剂中的用途。"

请求人认为：（1）针对《复审通知书》中有关"在该活性位点环区插入大量不同类型和数目的氨基酸残基将很可能完全改变该活性位点环的功能"的审查意见，请求人对权利要求1的技术方案作了进一步的限定，即"氨基酸残基95~103之间、包括两末端氨基酸的活性位点环区有10~12个氨基酸"。（2）由于没有任何证据支持《复审通知书》中"在说明书中仅提供了经过特定实施方式才能实现发明目的的情况下……所属技术领域的技术人员有理由怀疑该功能性限定所包含的一种或几种方式不能解决发明所要解决的技术问题"的主张，因而请求人不能认同，且请求人提供的附件2证明发明中的技术方案可以解决技术问题。总之，在修改文本的基础上，请求人认为权利要求得不到说明书支持的缺陷已经被克服。

至此，合议组认为本案事实清楚，可以作出审查决定。

二、决定的理由

1. 决定所依据的文本

请求人于 2007 年 10 月 25 日提交了新修改的权利要求书（共 23 项），对权利要求书的修改符合专利法第 33 条和专利法实施细则第 60 条第 1 款的规定。因此，本复审决定所依据的申请文本为请求人于 2007 年 10 月 25 日提交的权利要求 1~23、于 2000 年 5 月 19 日提交的说明书第 1~54 页、说明书附图第 1~4 页和说明书摘要。

2. 决定的理由

专利法第 26 条第 4 款规定，权利要求书应当以说明书为依据，说明要求专利保护的范围。

对于权利要求中所包含的功能性限定的技术特征，应当理解为覆盖了所有能够实现所述功能的实施方式。如果权利要求中限定的功能是以说明书实施例中记载的特定方式完成的，并且所属技术领域的技术人员不能明了此功能还可以采用说明书中未提到的其他替代方式来完成，或者所属技术领域的技术人员有理由怀疑该功能性限定所包含的一种或几种方式不能解决发明所要解决的技术问题，并达到相同的技术效果，则权利要求得不到说明书的支持。

（1）本案中，权利要求 1 要求保护与 BLSAVI 相比在洗涤剂中的洗涤性能有所改良、并且氨基酸序列与成熟 BLSAVI 的氨基酸序列有至少 95% 相同的分离枯草杆菌酶，其特征在于氨基酸残基 95~103 之间、包括两末端氨基酸的活性位点环区有 10~12 个氨基酸长，即与 BLSAVI 相比有至少一个氨基酸插入，其中所述插入氨基酸残基选自 T、G、A 和 S，或带电氨基酸残基 D、E、H、K 和 R。根据说明书的记载，本发明的目的在于提供与亲本酶（BLSAVI）相比表现出改善的洗涤性能的枯草杆菌蛋白酶变体（说明书第 2 页）。

对于所述在洗涤剂中的洗涤性能有所改良的分离枯草杆菌酶，本申请说明书中只提供了三个有具体实验数据来证实其具有优于 BLSAVI 的洗涤性能（1<P≤2）的例子，即 37.03：G97GASG+A98S+S99G+G100A+S101A；37.06：G97GAA+A98S+S99G+S101T；和 37.04：G97GAS+A98S+S99G。这三个变体的共同特征是在 97 位插入两个或三个小氨基酸如 A、S、G，并且 98~101 位的一个或多个位点的氨基酸被小氨基酸如 A、S、G、T 所取代。也就是说，在本申请说明书中，获得具有优于 BLSAVI 的洗涤性能的枯草杆菌酶变体是以上述特定方式完成的，而不是在氨基酸残基 95~103 之间的任意位点插入选自 T、G、A、S、D、E、H、K 和 R 的 1~3 个氨基酸残基，在其他任意位点存在任意的氨基酸残基取代，且与成熟 BLSAVI 的氨基酸序列有至少 95% 相同的任何变体都必然具有改良的洗涤性能。而且，根据本领域的公知常识，作为蛋白质一级结构的氨基酸序列决定了蛋白质的空间结构，并进一步决定了蛋白质的功能活性，氨基酸残基尤其是一些关键部位（如结构域、酶活性部位等）的氨基酸残基发生变化将极大地影响蛋白质的生物学功能及活性，并且如何影响蛋白质的功能活性也是本领域技术人员难以预料的，唯有通过试验证据来证实。本申请权利要求 1 中枯草杆菌酶的氨基酸残基 95~103 是一个仅有 9 个氨基酸残基的活性位点环，在该活性位点环区插入不同于小氨基酸的带电氨基酸残基 D、E、H、K、R，和/或在其他任意位点引入任意的氨基酸残基取代，都将可能完全改变该活性位点环的功能。

总之，在说明书记载的内容和现有技术表明只有采用特定实施方式才能实现发明目的的情况下，本申请权利要求 1 以功能性限定的方式概括了其他说明书中未提到的替代方式，并且，所属技术领域的技术人员有理由怀疑该功能性限定所包含的一种或几种方式不能解决发明所要解决的技术问题，并达到相同的技术效果，因此，权利要求 1 得不到说明书的支持，不符合专利法第 26 条第 4 款的规定。

请求人认为没有证据支持"所属技术领域的技术人员有理由怀疑该功能性限定所包含的一种或几种方式不能解决发明所要解决的技术问题",然而,如前所述,本申请说明书仅提供了三个特定的洗涤性能改良的枯草杆菌酶变体,在此基础上结合本领域公知常识难以预先确定和评价权利要求1中要求保护的其他大量枯草杆菌酶变体的洗涤性能。至于请求人所提交的附件1和附件2,其中的补充实验数据并不是在申请日之前作出的,也不是本申请说明书充分公开的内容,而得到说明书支持的权利要求应当是能够从说明书充分公开的内容中直接得到或者概括得出的。因此,请求人所提供的这些补充实验证据无助于克服权利要求1得不到说明书支持的缺陷。

(2)权利要求2进一步限定所述分离的枯草杆菌酶含有选自G97GASG、G97GAA或G97GAS的至少一个插入,权利要求4和5对枯草杆菌酶的来源作了进一步限定,权利要求6~9对所述枯草杆菌酶的进一步修饰作了限定,然而,与上述(1)类似的理由,说明书公开的三种具有改良的洗涤性能的枯草杆菌酶变体具有特定的结构特征,由说明书的内容无法得知其他变体均可实现预期的发明目的,因此,权利要求2、4~9得不到说明书的支持,不符合专利法第26条第4款的规定。

(3)权利要求10~23分别请求保护的DNA序列、表达载体、微生物宿主细胞、生产所述枯草杆菌酶的方法、含有所述枯草杆菌酶的组合物和所述枯草杆菌酶的用途都是以权利要求1、2、4~9所要求保护的枯草杆菌酶为基础,因此,当权利要求1、2、4~9请求保护的枯草杆菌酶得不到说明书支持时,权利要求10~23也得不到说明书的支持,不符合专利法第26条第4款的规定。

根据以上事实和理由,本案合议组作出如下审查决定。

三、决定

维持国家知识产权局于2005年9月9日对申请号为98811325.2的发明专利申请作出的驳回决定。

复审请求人对本决定不服的,可以根据专利法第41条第2款的规定,自收到本决定之日起三个月内向北京市第一中级人民法院起诉。

细胞生长调控因子 W 及制取方法

复审请求审查决定（第 12621 号）

决 定 号	第 12621 号
决 定 日	2008 年 2 月 14 日
发明创造名称	细胞生长调控因子 W 及制取方法
国际分类号	A61K 31/7088，A61P 37/04，A61P 7/00，A61P 43/00
复审请求人	谢旭明
申 请 号	02151082.2
申 请 日	2002 年 12 月 6 日
公 开 日	2004 年 6 月 23 日
合 议 组 组 长	周英姿
主 审 员	葛永奇
参 审 员	魏春宝

法 律 依 据 专利法第 26 条第 3 款

决 定 要 点

对于化学产品发明，应当完整地公开该产品的用途和/或使用效果，如果所属技术领域的技术人员无法根据现有技术预测发明能够实现所述用途和/或使用效果，并且说明书中也没有记载对于本领域技术人员来说，足以证明发明的技术方案可以实现所述用途和/或达到预期效果的定性或者定量实验数据，则说明书的公开是不充分的。

一、案由

本复审请求涉及申请号为 02151082.2，名称为"细胞生长调控因子 W 及制取方法"的发明专利申请（下称本申请）。本申请的申请日为 2002 年 12 月 6 日，公开日为 2004 年 6 月 23 日，申请人为谢旭明。

申请人在本申请的实质审查过程中提交了附件 1~11，具体如下：

附件 1：《医用微生物学》，上海第二医学院主编，人民卫生出版社，1979 年 6 月第 1 版第 1 次印刷，封面、目录页、第 153、162~163 页、出版信息页，复印件共 8 页；

附件 2：《药品微生物学及检验技术》，郑钧镛等主编，人民卫生出版社，1989 年 2 月第 1 版第 1 次印刷，封面、出版信息页、第 220~221 页，复印件共 4 页；

附件 3：《微生物制药》，吴剑波主编，化学工业出版社，封面、序、第 173~174 页，复印件共 4 页；

附件 4：《中国生物制品规程》2000 年版暂行规程，中国生物制品标准化委员会编，化学工业出版社，封面、第 16、17、19 页和 2000 检字第 92 号《上海生物制品研究所检定报告书》，复印件共 5 页；

附件 5：1992 年美国国际第六届匹兹堡发明展览会的发明奖和银奖证书及相关资料，复印件共 5 页；

附件 6：1999 年瑞典斯德哥尔摩第 38 届国际发明博览会最优秀产品发明奖证书和相关资料，复印件共 15 页；

附件 7：中国医学科学院、中国协和医科大学纪念专刊《中国医疗企事业概览》，复印件共 9 页；

附件 8：2000 年 5 月的"中国医促会第三届东方名医学术论坛论文集"，封面、第 118~119 页，复印件共 3 页；

附件 9：首页注有"此论文（共五篇）已发表，印刷中"字样的论文 5 篇，第 1~7 页，复印件共 7 页；

附件 10：申请人有关参展以及获美国匹兹堡国际发明金奖的报告及四份相关文件（大会交流材料和获奖证书、洽谈照片、人民日报相关报导、参展须知）的复印件（共 8 页）；

附件 11：原始配料组与发明组的药物疗效和副作用比较表（共 1 页）。

国家知识产权局于 2005 年 6 月 3 日以本申请说明书不符合专利法第 26 条第 3 款的规定为由驳回了本申请，具体理由是：说明书中所给出的只是含糊的技术方案，没有具体实施菌种的试验数据，即没有必须依赖的试验结果证实本发明的技术效果，因而说明书公开不充分，不符合专利法第 26 条第 3 款的规定。驳回决定所依据的文本为 2002 年 12 月 6 日提交的权利要求第 1~5 项、说明书摘要，2005 年 2 月 18 日提交的说明书第 1~4 页。

驳回所针对的权利要求书如下：

"1. 一种天然细胞生长调控因子 W，其特征在于该天然细胞生长调控因子 W 中含有革兰氏阳性、阴性球菌或杆菌中提取的天然基因、首乌精，其中 1μg 天然基因可配置有 1μg 以上的首乌精。

2. 根据权利要求 1 所述的天然细胞生长调控因子 W，其特征在于所述的天然细胞生长调控因子 W 中，1μg 天然基因配置有 1μg~500 mg 的首乌精。

3. 根据权利要求 2 所述的天然细胞生长调控因子 W，其特征在于所述的天然细胞生长调控因子 W 中，1μg 天然基因配置有 1~200 mg 的首乌精。

4. 一种制取如权项 1 或 2 或 3 所述的天然细胞生长调控因子 W 的方法，它是先将革兰氏阳性、阴性球菌或杆菌进行筛选并冷冻保藏菌株，将菌株在 4~38℃ 温度下常规培养，并经至少一次过滤除去有害菌体后留下有益菌体碎片即提取天然基因，在天然基因中定量加入首乌精，经安全检测后，在 GMP 标准下水剂或冷冻干粉关封而成。

5. 根据权利要求 4 所述的天然细胞生长调控因子 W 的方法，其特征在于所述的菌株在 10~35℃ 温度下常规培养，并经至少二次过滤除去有害菌体后留下有益菌体碎片即提取基因。"

申请人谢旭明（下称请求人）对上述驳回决定不服，于 2005 年 8 月 31 日向专利复审委员会提出了复审请求，并提交了附件 12~17 及说明书的全文替换页。请求人所提交的附件 12~17 如下：

附件 12：浙江大学硕士学位论文《天然细胞生长调控因子对周围神经损伤后再生和修复的研究》全文装订本（共 54 页）及慧聪网制作的其部分内容的网络打印件（共 21 页），提交日期为 2002 年 5 月；

附件 13：北京慧聪网网络技术有限公司杭州分公司于 2005 年 5 月 25 日出具的证明附件 10 于 2002 年 5 月 25 日上网的证明复印件（共 1 页）；

附件 14：浙江大学医学院附属第二医院神经外科、浙江大学脑医学研究所于 2005 年 5 月 25 日出具的证明附件 10 于 2002 年 5 月 5 日公开提交、2002 年 6 月 10 日通过论文答辩后移交浙江大学研究生院论文库的证明复印件（共 1 页）；

附件 15：上海科学技术出版社出版的《中药大辞典》下册，江苏新医学院编，封面、第 1135～1138 页、出版信息页的复印件（共 6 页）；

附件 16：人民网法律法规库 www.people.com.cn 网页资料《关于滋补、营养、饮料等保健类药品不准作公费报销的通知》复印件（共 2 页）；

附件 17：浙江省科技咨询中心医学细胞学研究所、杭州旭明骨科医院于 2005 年 8 月 20 日出具的有关 02151082.2 号发明专利申请的细胞生长调控因子的《临床资料说明》原件（共 2 页）。

请求人认为：（1）从革兰氏阳性、阴性球菌或杆菌中所提取的天然基因作为天然细胞生长调控因子中起主要作用的关键组分在现有技术即附件 12 中已有介绍，天然细胞生长调控因子系列的有效原始组份革兰氏阳性、阴性球菌或杆菌是采用何种特定的菌株，一般技术人员可从附件 12 中所公开的现有技术中直接得到，本发明要点是选择解决单独使用天然细胞生长调控因子的有效原始组份使用时存在的问题，在天然细胞生长调控因子的基础上添加首乌精，并确定了天然细胞生长调控因子系列的有效原始组份与首乌精的配比量，本发明结合附件 12 已充分公开。（2）经过常规生物制品规程安全检验合格后的"有益物质"虽然各不相同，但它们对人体细胞的毛细血管再生率和细胞代谢率加快是共同的，只不过加快速度的快慢有所差异，疗效程度（快或慢）有所不同，使用本发明产品病人不会出现发烧 38℃～39℃ 及局部疼痛红肿的情况。（3）首乌精是一种用中国传统中药材何首乌所制取的保健药品（附件 15、16）。（4）本发明产品于 1989 年 5 月～2002 年 5 月作了大量的临床应用（附件 17），证明其对白血病、再生性障碍性贫血、血友病、血粘度高、血中转移性肿瘤病等有显著效果。因此，请求人认为，综合所提交的附件与本申请说明书的内容，本申请说明书对本发明作出了清楚、完整的说明，符合专利法第 26 条第 3 款的规定。根据以上意见陈述，请求人将附件 12、15、16 的内容补充到本申请说明书背景技术中。

形式审查合格后专利复审委员会受理了本复审请求，于 2006 年 1 月 6 日向复审请求人发出《复审请求受理通知书》，同时将本申请案卷移交原审查部门进行前置审查。

原审查部门对本复审请求进行了前置审查，认为虽然附件 16 中有首乌精的产品名称，但不能由其推导出修改后的说明书中对首乌精的说明，请求人的修改不符合专利法第 33 条的规定，故坚持驳回决定。

专利复审委员会成立合议组对本复审请求案进行审理，于 2007 年 9 月 4 日发出《复审通知书》，指出：（1）请求人请求复审时提交的说明书中增加的有关首乌精炮制的内容超出了原说明书和权利要求书记载的范围，不符合专利法第 33 条的规定；（2）本申请说明书中没有明确制备"天然细胞生长调控因子 W"所用的具体菌种、过滤方法和滤器，以及培养基，本领域技术人员无法预见到由所述制备方法制得的天然细胞生长调控因子 W 具有说明书所述的用途和/或使用效果，说明书中也没有提供任何实验证据加以证实。并且本申请的天然细胞生长调控因子 W 不同于附件 5～10、12 中所记载的骨折愈合刺激素、天然细胞生长调控因子、NCGCF、NCGCF-1 或 NCGCF-5，它们之间没有直接关联，因此也不能推知其治疗功效。本申请说明书没有充分公开天然细胞生长调控因子 W 的用途和/或使用效果，不符合专利法第 26 条第 3 款的规定。

针对上述《复审通知书》，请求人于 2007 年 10 月 9 日提交了意见陈述书和附件 18，同时提交了说明书第 2 页的替换页，其中将有关首乌精炮制的内容修改为"由何首乌制得的首乌精，是一种保健药品"。请求人所提交的附件 18 为：

附件18：批准文号为国药准字S10970052的金葡素注射液说明书（2ml）复印件（共1页），生产企业：浙江省耀江药业有限公司。

请求人认为：（1）附件12中所说的天然生长调控因子（NCGCF）系列的有效原始组分就是本发明中所说的天然细胞生长调控因子W中的天然基因，该天然基因的提取方法在附件12中已有提及，本领域技术人员可从何首乌的药理性能和对天然基因已知的用途和/或使用效果推断出两者相配合的协同作用，即说明书中所述的天然细胞生长调控因子W的用途和/或使用效果。（2）由四类菌体培养、过滤提取的天然基因的用途和/或效果大同小异，所述天然基因可以是一种或多种混合的天然基因。（3）天然细胞生长调控因子W成分与附件5~10、12中记载的产品的关联在于其都含有革兰氏阳性、阴性球菌或杆菌中提取的天然基因，其区别是本发明还含有首乌精，而天然基因与首乌精产生的协同效果是本领域技术人员根据本发明所述的组成成分和现有技术能够预测的，说明书中可以记载实现所述用途和/或达到预期效果的定性或者定量实验数据。基于上述理由，本申请充分公开了发明内容，并且修改符合专利法第33条和第26条第3款的规定。

在上述程序的基础上，合议组认为本案事实已经清楚，可以作出审查决定。

二、决定的理由

1. 关于审查文本

请求人于2007年10月9日提交了说明书第2页的替换页，其中将首乌精炮制的内容删除，修改后为"由何首乌制得的首乌精，是一种保健药品"，这种修改克服了《复审通知书》中指出的修改不符合专利法第33条规定的缺陷，故本复审审查决定所依据的文本是：2002年12月6日提交的权利要求1~5，2007年10月9日提交的说明书第2页，2005年8月31提交的说明书第1、3、4页以及2002年12月6提交的说明书摘要。

2. 决定的理由

专利法第26条第3款规定：说明书应当对发明或者实用新型作出清楚、完整的说明，以所属技术领域的技术人员能够实现为准。

对于化学产品发明，应当完整地公开该产品的用途和/或使用效果，如果所属技术领域的技术人员无法根据现有技术预测发明能够实现所述用途和/或使用效果，并且说明书中也没有记载对于本领域技术人员来说，足以证明发明的技术方案可以实现所述用途和/或达到预期效果的定性或者定量实验数据，则说明书的公开是不充分的。

本案中，权利要求1~3要求保护一种天然细胞生长调控因子W，权利要求4~5要求保护所述天然细胞生长调控因子W的制取方法。依据本申请说明书的描述，所述天然细胞生长调控因子W"属于一种生物医药"，对人体细胞具有生长调控作用，具有增强人体内部细胞组织再生、修复等功能，其是将1μg首乌精与1μg所述天然基因配置得到（说明书第2页末段至第3页第1行）。但是，首先，对于这种天然细胞生长调控因子W的用途和/或使用效果，说明书中没有提供任何实验证据加以证实，而只是泛泛地说明其效果和用途。其次，即便如请求人所述，附件5~10、12、18的产品都含有本申请的"天然基因"，由附件5~10、12、18的天然生长调控因子（NCGCF）等的治疗功效也无法推知本申请天然细胞生长调控因子W的治疗功效，因为本申请所述天然细胞生长调控因子W是在"天然基因"中定量加入首乌精而制得，没有证据证明"天然基因"和首乌精两者的协同功效与附件5~10、12、18中天然细胞生长调控因子（NCGCF）等其他产品的功效之间存在必然联系。第三，天然细胞生长调控因子W由"天然基因"与定量的首乌精混制而成，其中"天然基因"是多种细菌提取的菌体碎片混合物，首乌精由何首乌制得，成分也复杂多样，尽管请求人认为现有技术中记载了含有原始有效成分"天然基因"的天然生长调控因子（NCGCF）具有组织损伤修复作用，能改善肌肉和神经血液循环、增强组织代谢的作用等，而首乌精能消痈肿、去风热、壮筋骨、固精气，但如果没有实验数据加以证明，并不能得出"天然基因"和首乌精二者之间具有协同作用从而对说明书所述病症有显效的结论，这是因为，作为实验科学，生物化学领域的可预测性低，作为菌体碎片混合物的天然基因其成分并不清楚明确，因而其是否与首乌精存在协同作用必须依据具体的实验才能验证，而不是本领域技术人员根据现有技术所能预测的。第四，附件11的效果比较表和附件17的临床资料说明是申请日后补交的、申请日后形成的实验证据，不能用于证实本申请于申请日提交的说明书已充分公开。

请求人在审查过程中先后提交了18份附件来证明本申请的说明书已经充分公开了发明内容，对此合议组认为：其中的附件1~4、15只是现有技术中有关微生物、微生物制品和中药的普通技术知识，其中既没有公开本申请中菌株的选择标准，也没有给出本申请中所涉及的菌株的筛选方法已在现有技术中记载的证据；附件9没有记载明确的公开日期，不能认定为本申请的申请日前已经公开的现有技术；虽然附件13、14用来证明附件12为本申请的申请日前已经公开的现有技术，附件16能够证明存在首乌精这种保健药品，但附件12和16中并没有公开本申请请求保护的天然细胞生长调控因子W对人体细胞具有生长调控作用，具有增强人体内部细胞组织再生、修复等功能的实验数据，也没有公开"天然基因"与首乌精有协同增效作用的实验数据，因此这些附件都不能证明本申请的说明书已经充分公开了发明内容。

总之，本申请所述天然细胞生长调控因子W的用途和/或使用效果既没有实验证据证实，也不能由说明书记载的内容或现有技术中记载的内容推知，因此，本申请说明书没有充分公开本发明，不符合专利法第26条第3款的规定。

三、决定

维持国家知识产权局于2005年6月3日对02151082.2号发明专利申请作出的驳回决定。

如对本复审请求审查决定不服，根据专利法第41条第2款的规定，请求人可以自收到本决定之日起三个月内向北京市第一中级人民法院起诉。

由一种雌激素化合物和一种保孕化合物组成的激素组合物

复审请求审查决定（第 12626 号）

决 定 号	第 12626 号
决 定 日	2008 年 1 月 27 日
发明创造名称	由一种雌激素化合物和一种保孕化合物组成的激素组合物
国 际 分 类 号	A61K 31/57 //（A61K 31/57, 31：565）
复 审 请 求 人	泰拉梅斯实验室
申 请 号	97180380.3
申 请 日	1997 年 10 月 8 日
优 先 权 日	1996 年 10 月 8 日
公 开 日	1999 年 12 月 29 日
合议组组长	李金光
主 审 员	刘妍
参 审 员	李梦楠

法 律 依 据 专利法第 22 条第 3 款

决 定 要 点

如果发明是所属技术领域的技术人员在现有技术的基础上仅仅通过合乎逻辑的分析、推理或者有限的试验可以得到的，则该发明是显而易见的，也就不具备创造性。

一、案由

本复审请求涉及申请日为 1997 年 10 月 8 日、公开日为 1999 年 12 月 29 日、名称为"由一种雌激素化合物和一种保孕化合物组成的激素组合物"的第 97180380.3 号发明专利申请（下称本申请），其申请人为泰拉梅斯实验室，优先权日为 1996 年 10 月 8 日，进入中国国家阶段日为 1999 年 6 月 7 日。

国家知识产权局于 2005 年 6 月 10 日以本申请权利要求 1、2、4～6、8、9 不符合专利法第 22 条第 3 款规定的创造性为由驳回了本申请。驳回决定指出：(1) 对比文件 1（"Cardiovascular risk factors and combined estrogen-progestin replacement therapy: A placebo-controlled study with nomegestrol acetate and estradiol" Jacqueline Conard 等, FERTILITY AND STERILITY, 第 64 卷第 5 期, 第 957～962 页, 1995 年 11 月）公开了雌二醇和保孕药诺美孕酮联合口服给药可治疗绝经后女性雌激素缺乏症和预防骨质疏松，其中雌二醇的剂量为 1.5mg，诺美孕酮醋酸酯剂量为 3.75mg。对比文件 3（"Menopausal hormone replacement therapy with continuous daily oral micronized estradiol and progesterone", Hargrove 等,

Obstet-Gynecol, 1989年4月, 73 (4): 606-12, MEDLINE 摘要) 披露了孕激素与雌二醇的联合应用, 孕激素在绝经妇女中可抵抗雌激素的子宫内膜增生效应, 使得撤药性出血消失。由此可知, 现有技术已经给出了孕激素可抑制雌激素产生的子宫内膜增生所引起的出血这一启示。因此, 权利要求1~2相对于对比文件1和对比文件3不具备专利法第22条第3款规定的创造性。(2) 权利要求4~6、8、9附加技术特征分别为具体的雌激素物质和雌激素与诺美孕酮醋酸酯的含量, 其中权利要求6的附加技术特征已经被对比文件1公开, 所述各其他的雌激素也均为本领域技术人员公知和常用的雌激素, 各药物组分的含量也是常规且易于选择的。因此, 权利要求4~6、8、9不具备专利法第22条第3款规定的创造性。

驳回决定所针对的权利要求 (下称原权利要求) 1~9为:

"1. 药物组合物在生产用于治疗绝经后女性雌激素缺乏症的药物中的用途, 所述药物组合物包含 (i) 0.5~3毫克雌激素, 选自游离的雌二醇、酯化的雌二醇和孕马血清共轭雌激素, (ii) 1.5~3.75毫克的诺美孕酮醋酸酯和 (iii) 适用于口服给药的药物赋形剂。

2. 药物组合物在生产用于预防绝经后女性骨质疏松的药物中的用途, 所述药物组合物包含 (i) 0.5~3毫克雌激素, 选自游离的雌二醇、酯化的雌二醇和孕马血清共轭雌激素, (ii) 1.5~3.75毫克的诺美孕酮醋酸酯和 (iii) 适用于口服给药的药物赋形剂。

3. 药物组合物在生产用于阻止排卵的药物中的用途, 所述药物组合物包含 (i) 0.5~3毫克雌激素, 选自游离的雌二醇, 酯化的雌二醇和孕马血清共轭雌激素, (ii) 1.5~3.75毫克的诺美孕酮醋酸酯和 (iii) 适用于口服给药的药物赋形剂。

4. 权利要求1~3之一的用途, 其中雌激素是雌二醇的酯。

5. 权利要求4的用途, 其中雌二醇的酯是戊酸雌二醇酯。

6. 权利要求1~3之一的用途, 其中药物组合物包含1.5毫克游离的雌二醇。

7. 权利要求4的用途, 其中药物组合物包含2毫克雌二醇的酯。

8. 权利要求1~3之一的用途, 其中药物组合物包含0.625毫克孕马血清共轭雌激素。

9. 权利要求1~3之一的用途, 其中组合物包含2.5毫克诺美孕酮醋酸酯。"

泰拉梅斯实验室 (下称请求人) 对上述驳回决定不服, 于2005年9月26日向专利复审委员会提出复审请求。请求人认为: (1) 对比文件1公开的雌二醇与诺美孕酮醋酸酯结合的量仅仅施用连续14后, 仅仅给予雌二醇的量连续10天, 此后给予安慰剂维持最后7天, 该应用构成了三连续代替激素治疗的一部分。这种类型的治疗的缺点之一是制造人为的、跟随着出血的月经周期。该治疗方案从长远的观点看并不总是被良好地接受。本发明权利要求中的雌激素/19-去甲基黄体酮衍生的黄体酮是以连续或间歇方式使用的仅有的组合物, 目的是在卵巢活动期间, 改正妇女中天然或人为绝经期中的雌激素缺陷或阻止排卵。请求人所要求保护的用途和其优点根本没有被仅仅具有三连续治疗的对比文件1所教导。(2) 对比文件3涉及雌二醇与黄体酮的联合应用, 未教导不同于黄体酮的保孕药与雌二醇联合在低剂量时也会有效。因此, 本发明具备创造性。

形式审查合格后, 专利复审委员会受理了该复审请求, 并于2005年11月3日向请求人发出《复审请求受理通知书》, 随后将本申请案卷移交原审查部门进行前置审查。

2005年12月7日, 原审查部门对本复审请求进行了前置审查。前置审查意见认为: 请求人强调本发明在于连续用药, 也就是与现有技术相比仅在于用药方式不同, 但给药方式属于医生的治病行为, 不是用途权利要求的特征, 因此这一特点无法在用途权利要求中体现。因此, 本申请依然不具备创造性。故坚持原驳回决定。

2007年3月27日, 专利复审委员会组成合议组, 对本案的复审请求进行了审理。

2007年7月24日，专利复审委员会向请求人发出《复审通知书》，《复审通知书》指出：（1）对比文件1公开了雌二醇和诺美孕酮醋酸酯联合口服给药可治疗绝经后女性雌激素缺乏症，其中雌二醇的剂量为1.5mg，诺美孕酮醋酸酯剂量为3.75mg。权利要求1与对比文件1的区别仅在于：权利要求1将雌激素、诺美孕酮醋酸酯和赋形剂组合形成药物组合物。由于对比文件1已经给出了将两种激素药物联合应用治疗绝经后女性雌激素缺乏症的教导，而口服药物中具有一定的赋形剂是本领域的公知常识。因此，在对比文件1的基础上结合本领域公知常识，将含有一定量雌激素、诺美孕酮醋酸酯和赋形剂的药物组合物应用于绝经后女性雌激素缺乏症，对本领域技术人员来讲是显而易见的。因此，权利要求1不符合专利法第22条第3款规定的创造性。（2）对比文件1公开了雌二醇和诺美孕酮醋酸酯联合口服给药可治疗绝经后女性雌激素缺乏症和预防骨质疏松的用途。权利要求2与对比文件1的区别仅在于：权利要求1将雌激素、诺美孕酮醋酸酯和赋形剂组合形成药物组合物。由于对比文件1已经给出了将两种激素药物联合应用预防骨质疏松的教导，口服药物中具有一定的赋形剂是本领域的公知常识。因此，在对比文件1的基础上结合本领域公知常识，将含有一定量雌激素诺美孕酮醋酸酯和赋形剂的药物组合物用于预防骨质疏松，对本领域技术人员来讲是显而易见的。因此，权利要求2不符合专利法第22条第3款关于创造性的规定。（3）权利要求4、5的附加技术特征对雌激素进行了进一步限定，其中戊酸雌二醇酯是本领域技术人员公知的雌激素类物质，权利要求6~9的附加技术特征分别为各药物组分的具体含量，其中权利要求6的附加技术特征已经被对比文件1公开，其他的雌激素也均为本领域技术人员公知和常用的雌激素，各药物组分的含量也是本领域技术人员通过有限的试验就可以获得的。在对比文件1的基础上结合本领域公知常识得到权利要求4~9请求保护的技术方案，对本领域技术人员来讲是显而易见的。因此，权利要求4~9也不具备专利法第22条第3款规定的创造性。（4）给药方式属于医生的治病行为，不是制药用途权利要求的特征，不能通过制药过程来体现。因此，请求人的复审理由不成立。

针对《复审通知书》指出的问题，请求人于2007年11月8日提交了权利要求书全文替换页（包括权利要求1~8），修改后的权利要求书为：

"1. 药物组合物在生产用于阻止排卵的药物中的用途，所述药物组合物包含（i）0.5~3毫克雌激素，选自游离的雌二醇，酯化的雌二醇和孕马血清共轭雌激素，（ii）1.5~3.75毫克的诺美孕酮醋酸酯和（iii）适用于口服给药的药物赋形剂。

2. 权利要求1的用途，其中雌激素是雌二醇的酯。

3. 权利要求2的用途，其中雌二醇的酯是戊酸雌二醇酯。

4. 权利要求1的用途，其中药物组合物包含1.5毫克游离的雌二醇。

5. 权利要求2的用途，其中药物组合物包含2毫克雌二醇的酯。

6. 权利要求1的用途，其中药物组合物包含0.625毫克孕马血清共轭雌激素。

7. 权利要求1~6之一的用途，其中组合物包含2.5毫克诺美孕酮醋酸酯。

8. 权利要求1或4之一的用途，其中药物组合物包含2.5毫克诺美孕酮醋酸酯和1.5毫克游离的雌二醇。"

至此，合议组认为本案事实清楚，可以作出审查决定。

二、决定的理由

1. 审查所依据的文本

请求人于2007年11月8日提交的权利要求书中，删除了驳回决定所针对文本中的权利要求1、2，将驳回决定所针对文本中的权利要求3修改为新的权利要求1，将驳回决定所针对文本中的权利要求6和9组合成为新的权利要求8，同时对修改后权利要求的引用关系进行了适应性修改。这种修改没有超出原说明书和权利要求书记载的范围，符合专利法第33条的规定。

本复审决定是在请求人于2007年11月8日提交的权利要求1~8和本申请进入中国国家阶段时请求人提交的说明书第1~15页及其摘要的基础上作出的。

2. 关于专利法第22条第3款

专利法第22条第3款规定，创造性，是指同申请日以前已有的技术相比，该发明有突出的实质性特点和显著的进步。

如果发明是所属技术领域的技术人员在现有技术的基础上仅仅通过合乎逻辑的分析、推理或者有限的试验可以得到的，则该发明是显而易见的，也就不具备突出的实质性特点。

本案中，驳回决定和《复审通知书》分别指出：通过对比现有技术和本申请的技术方案以及通过逻辑分析和推理，本申请原权利要求1、2及引用其的原从属权利要求4~9不具备专利法第22条第3款规定的创造性。请求人在其于2007年11月8日提交的权利要求书替换页中，删除了原权利要求1、2，将原权利要求3修改为新的权利要求1，将原权利要求6和9组合成为新的权利要求8，并对修改后权利要求的引用关系进行适应性修改，即删除了驳回决定和《复审通知书》所针对的权利要求，从而使驳回决定和《复审通知书》所指出的缺陷基础不存在。

综上所述，请求人于2007年11月8日提交的权利要求书已经克服了驳回决定和《复审通知书》所指出的缺陷。

根据以上事实和理由，本案合议组作出如下审查决定。

三、决定

撤销国家知识产权局于2005年6月10日对第97180380.3号发明专利申请作出的驳回决定。由原审查部门在本决定所针对的文本的基础上继续进行审查。

复审请求人对本决定不服的，可以根据专利法第41条第2款的规定，自收到本决定之日起三个月内向北京市第一中级人民法院起诉。

139

蜱传黄病毒的全长感染性 cDNA 克隆

复审请求审查决定（第 12628 号）

决 定 号	第 12628 号
决 定 日	2007 年 12 月 7 日
发明创造名称	蜱传黄病毒的全长感染性 cDNA 克隆
国 际 分 类 号	C07K 14/18，C12N 7/04，A61K 39/12
复 审 请 求 人	美国国有健康与人类服务部
申 请 号	01807849.4
优 先 权 日	2000 年 2 月 10 日
申 请 日	2001 年 2 月 9 日
公 开 日	2003 年 7 月 9 日
合议组组长	许　磊
主 审 员	丁　海
参 审 员	卢　阳

法 律 依 据　专利法第 26 条第 4 款，第 25 条第 1 款，专利法实施则第 20 条第 1 款

决 定 要 点

权利要求书应当以说明书为依据，是指权利要求应当得到说明书的支持。如果权利要求所要求保护的技术方案是所属技术领域的技术人员能够从说明书充分公开的内容中得到或概括得出的技术方案，则该技术方案得到了说明书的支持。

一、案由

本复审请求涉及申请日为 2001 年 2 月 9 日、公开日为 2003 年 7 月 9 日、发明名称为"蜱传黄病毒的全长感染性 cDNA 克隆"的第 01807849.4 号发明专利申请（下称本申请），其优先权日为 2000 年 2 月 10 日，申请人为美国国有健康与人类服务部。

国家知识产权局于 2005 年 3 月 4 日以权利要求 1～4、17～22 不符合专利法第 26 条第 4 款的有关规定为由，驳回了本申请，具体理由为：（1）本申请在对获得 cDNA 克隆的方法进行改进之后，获得了具有感染性的 cDNA 克隆，然而，本申请请求保护的 cDNA 克隆以及其"变异体"包括的情况有很多种，并不是所有的 cDNA 克隆都具有感染性，正如说明书第 8 页 19～20 行、第 12 页 30～32 行中所叙述的那样，本申请也只是从众多克隆中筛选出了几个有感染性的 cDNA 克隆，也就是说，本申请请求保护的"cDNA 克隆变异体"的范围过大，得不到说明书的支持，不符合专利法第 26 条第 4 款的规定。（2）事实上，本申请只公开了 6 个有感染性的 cDNA 克隆，即 TP21-636、TP21-649、TP21-

656、TP21-689、E5-651、以及3'-NCR区缺失的E5-3'-320,至于其他cDNA克隆是否具有感染性,则并没有在说明书中公开。也就是说,除了上述6个克隆能够得到说明书的支持以外,其他克隆都得不到说明书的支持,不符合专利法第26条第4款的规定。(3)权利要求17~22是对权利要求1的引用,应放在权利要求1之后,以使权利要求17~22符合专利法实施细则第20条第1款规定。

驳回决定所针对的权利要求书如下:

"1. 一种Langat蜱传黄病毒的全长感染性cDNA克隆。

2. 根据权利要求1所述的克隆,其中所述的Langat是Langat株TP21。

3. 根据权利要求1所述的克隆,其中所述的Langat是Langat株E5。

4. 根据权利要求1所述的克隆,它进一步包括至少一种减毒性病毒的变异体,或者是自发形成的,或者是基因工程产生的。

5. 根据权利要求1所述的克隆整合进一个载体中。

6. 根据权利要求5所述的克隆,其中所述的载体是质粒。

7. 一种用权利要求1所述的克隆稳定转化的原核宿主细胞。

8. 从一种稳定的全长Langat蜱传黄病毒的cDNA克隆转录的全长感染性RNA。

9. 一种用权利要求8所述的RNA感染的真核宿主细胞。

10. 从权利要求9所述的宿主细胞中产生的病毒。

11. 一种单位剂量的免疫原性组合物,包括权利要求10所述的病毒。

12. 一种诱导免疫反应的方法包括给予一个单位剂量的权利要求11所述的疫苗的步骤。

13. 制造稳定的全长感染性Langat蜱传黄病毒cDNA克隆的方法,包括作为第一步骤的、在生长周期早期获取Langat蜱传黄病毒悬液的步骤,以使在感染晚期累积的缺失变异体的发生频率最小化。

14. 根据权利要求13所述的方法,其中所述的黄病毒悬液的病毒滴度大约为3.8×10^3 PFU。

15. 含有权利要求10所述的病毒的单位剂量的疫苗。

16. 一种诱导防护性免疫的方法,包括给受接种者使用权利要求15所述的单位剂量。

17. 根据权利要求1所述的克隆,它进一步包括来自TP21-636的变异体。

18. 根据权利要求1所述的克隆,它进一步包括来自TP21-649的变异体。

19. 根据权利要求1所述的克隆,它进一步包括来自TP21-656的变异体。

20. 根据权利要求1所述的克隆,它进一步包括来自TP21-689的变异体。

21. 根据权利要求1所述的克隆,它进一步包括来自E5-651的变异体。

22. 根据权利要求1所述的克隆,它进一步包括来自E5-3'-320的变异体。"

申请人美国国有健康与人类服务部(下称请求人)对上述驳回决定不服,于2005年06月09日向专利复审委员会提出复审请求,请求人在提出复审请求的同时提交了权利要求书全文替换页(共21项权利要求)。修改后的权利要求书如下:

"1. 一种用于制造Langat蜱传黄病毒的稳定的全长感染性cDNA克隆的方法,包括作为第一步骤的、在生长周期早期获取Langat蜱传黄病毒悬液的步骤,其中所述黄病毒悬液的滴度大约为3.8×10^3 PFU,以使在感染晚期累积的缺失变异体的发生频率最小化。

2. 一种Langat蜱传黄病毒的全长感染性cDNA克隆,可以由权利要求1所述的方法得到。

3. 根据权利要求2所述的克隆,其中所述的Langat是Langat株TP21。

4. 根据权利要求2所述的克隆,其中所述的Langat是Langat株E5。

5. 根据权利要求2所述的克隆,它进一步包括表2描述的、来自TP21-636克隆的变异。

6. 根据权利要求2所述的克隆,它进一步包括表2描述的、来自TP21-649克隆的变异。

7. 根据权利要求 2 所述的克隆，它进一步包括表 2 描述的、来自 TP21-656 克隆的变异。

8. 根据权利要求 2 所述的克隆，它进一步包括来自表 2 描述的、来自 TP21-689 克隆的变异。

9. 根据权利要求 2 所述的克隆，它进一步包括来自表 1 描述的、来自 E5-651 克隆的变异。

10. 根据权利要求 2 所述的克隆，它进一步包括来自 E5-3'-320 克隆的变异，所述克隆具有 Langat E5 株从 nt10379 延伸到 10700 位的缺失。

11. 根据权利要求 2 所述的克隆，它进一步包括至少一个减毒性变异，或者是自发形成的，或者是基因工程产生的。

12. 根据权利要求 2 所述的克隆，整合进一个载体中。

13. 根据权利要求 12 所述的克隆，其中所述的载体是质粒。

14. 一个原核宿主细胞，用权利要求 2 所述的克隆稳定转化。

15. 一种全长感染性 RNA，从根据权利要求 2 的稳定的全长 Langat 蜱传黄病毒的 cDNA 克隆转录而来。

16. 一种用权利要求 15 所述的 RNA 感染的真核宿主细胞。

17. 从权利要求 16 所述的宿主细胞中产生的病毒。

18. 免疫原性组合物的单位剂量，包括权利要求 17 所述的病毒。

19. 一种诱导免疫反应的方法，包括给受接种者施用权利要求 18 所述的单位剂量的步骤。

20. 疫苗的单位剂量，含有权利要求 17 所述的病毒。

21. 一种诱导防护性免疫的方法，包括给受接种者施用权利要求 20 所述的单位剂量的步骤。"

请求人认为，国家知识产权局驳回的理由不成立，具体理由为：审查员驳回的原因在于认为只有 6 个克隆具有感染性的特征，所以权利要求 1~4 的范围得不到说明书支持。请求人修改了权利要求书。本发明所针对的问题是提供 Langat 病毒的全长感染性 cDNA 克隆。本发明的方案是提供一种方法，包括在生长周期的早期收获低滴度 Langat 蜱传黄病毒，结果是，自发性变异的发生频率被最小化。在第一个实施方案中，在 28 个稳定的 cDNA 克隆中，至少有 11 个是感染性的（见本申请说明书第 12 页第 18~32 行），并且，现有技术中没有全长感染性 cDNA 克隆，这与现有技术形成对照；此外，本发明在此基础上还获得了降低的神经毒性和神经侵袭性，本发明的 6 个感染性克隆解决了这一附加问题。因此，本发明得到的是减毒的全长感染性 cDNA 克隆，其保护范围与可以实施的范围是相当的，修改后的权利要求书符合专利法第 26 条第 4 款规定。

形式审查合格后，专利复审委员会受理了该复审请求，并于 2005 年 7 月 5 日向请求人发出《复审请求受理通知书》，随后将本申请案卷移交原审查部门进行前置审查。

原审查部门对本复审请求进行了前置审查，认为本申请只公开了 6 个结构确定的全长感染性 cDNA 克隆，对于筛选出来的克隆，是本领域的技术人员不能轻易得到的，所以，一定要用明确的结构进行限定，另外，申请人将权利要求中的"变异体"修改为"变异"，这只是在形式上得到了说明书的支持，在实质上其意思却并没有改变，因而请求保护的"包含各种克隆变异体的全长感染性 cDNA 克隆"的保护范围过大，得不到说明书的支持，因此，坚持原驳回决定。

专利复审委员会组成合议组，对本案的复审请求进行了审理。于 2007 年 7 月 3 日向请求人发出《复审通知书》。该《复审通知书》指出：（1）权利要求 2、3~4、11 请求保护一种可以由权利要求 1 所述的方法得到的 Langat 蜱传黄病毒的全长感染性 cDNA 克隆，但是，在本申请说明书中仅给出了 6 个全长感染性 cDNA 克隆的实例，对于该权利要求所涵盖的其他 cDNA 克隆，说明书中没有记载，更未验证其效果，上述技术方案包含申请人推测的内容，而其效果又难于预先确定和评价，因此不符合专利法第 26 条第 4 款的规定。（2）权利要求 5 的表述分别有两种理解方式：①所述克隆包括表 2

描述的具体克隆的三处五种变异，根据其"包含"的表述，该克隆显然还具有其他变异，而本领域技术人员根据说明书的描述，难以预见上述克隆在除表2所述变异外还具有任意其他变异的情况下是否仍能实现本发明的目的，因而该权利要求得不到说明书的支持。②所述克隆包括由表2所述的具有有限变异的变异体变异获得的新克隆，在这种理解中，首先，上述具体克隆的新变异体的结构无法预测，其功能和性质存在不确定性，说明书也没有给出充分的信息加以说明，因此，得不到说明书支持；其次，根据说明书的记载，要获得一种全长感染性克隆与用低滴度病毒悬液作为基因组全长cDNA来源有关，而上述所述具体克隆本身与全长感染性没有必然联系，因此，本领域技术人员并不能够预见从从上述所述克隆出发的新变异体必然是全长感染性的或者至少这种能够实现本发明目的的衍生变异体的获得是更加容易的。因此，综上所述，不论从哪方面进行理解，权利要求5所要求保护的范围都得不到说明书支持，不符合专利法第26条第4款规定。基于类似的理由，权利要求6~10也得不到说明书支持，不符合专利法第26条第4款规定。(3) 权利要求19要求保护一种诱导免疫反应的方法，权利要求21要求保护一种诱导防护性免疫的方法，都属于专利法第25条第1款第（3）项规定的疾病治疗方法的范畴，不能被授予专利权。

针对《复审通知书》指出的问题，请求人于2007年10月15日提交了意见陈述书及经修改的权利要求书全文替换页（共1项权利要求）。请求人针对复审通知书的意见删除了权利要求2~21。修改后的权利要求书如下：

"1. 一种用于制造Langat蜱传黄病毒的稳定的全长感染性cDNA克隆的方法，包括作为第一步骤的、在生长周期早期获取Langat蜱传黄病毒悬液的步骤，其中所述黄病毒悬液的滴度大约为3.8×10^3 PFU，以使在感染晚期累积的缺失变异体的发生频率最小化。"

请求人认为修改后的权利要求1克服了驳回决定和复审通知书所指出的缺陷。

请求人又于2007年12月29日提交了说明书第34、37、41、43页。

至此，合议组认为本案事实清楚，可以作出审查决定。

二、决定的理由

1. 决定所依据的文本

请求人在于2007年10月15日提交的修改的权利要求书中，删除了复审通知书所针对的权利要求2~21，其中的权利要求1是由原始申请文本中的权利要求13和14合并而来的，请求人的这种修改没有超出申请文件记载的范围，因此，本决定是在请求人于2007年10月15日提交的权利要求第1项、进入中国国家阶段时提交的国际申请文件的说明书中文译文第1~6、8~9、11、17~33页和说明书摘要、按照依据专利合作条约第41条修改的说明书第7、10、12~16页、按照国际初步报告附件的说明书中文译文第35、36、38~40、42、44页和说明书附图第1~6页及请求人于2002年12月31日提交的摘要附图和序列表第1~2页，以及2007年12月29日提交的说明书第34、37、41、43页的基础上作出的。

2. 关于专利法第25条和专利法实施细则第20条第1款

本案中，驳回决定和《复审通知书》中曾指出驳回决定所针对文本中的权利要求17~22和《复审通知书》所针对文本中的权利要求19和21分别存在不符合专利法实施细则第20条第1款规定和是专利法第25条规定的不授权对象的缺陷，请求人在于2007年10月15日提交的权利要求书中仅保留了一项权利要求，删除了驳回决定和《复审通知书》所针对的相关权利要求，因此，驳回决定和《复审通知书》所指出的上述缺陷已经不再存在。

3. 关于专利法第26条第4款规定

专利法第26条第4款规定：权利要求书应当以说明书为依据，说明要求专利保护的范围，权利要求书应当以说明书为依据，是指权利要求应当得到说明书的支持。如果权利要求所要求保护的技术方案是所属技术领域的技术人员能够从说明书充分公开的内容中得到或概括得出的技术方案，则该技术方案得到了说明书的支持。

复审请求人在答复复审通知书时，已将原权利要求2~21删除，请求人对权利要求书进行的上述修改使得《复审通知书》中关于权利要求2~11得不到说明书支持的缺陷不复存在，修改后的权利要求1相当于原驳回决定所针对的文本中的权利要求13和14的合并，因此，修改后的权利要求书克服了驳回决定指出的有关权利要求1~4、17~22得不到说明书支持的缺陷。

综上所述，修改后的权利要求书已经克服了驳回决定和复审通知书所指出的缺陷。

根据以上事实和理由，本案合议组作出如下审查决定。

三、决定

撤销国家知识产权局于2005年3月4日对01807849.4号发明专利申请作出的驳回决定。由原审查部门在本决定所依据的文本的基础上继续进行审查。

复审请求人对本决定不服的，可以根据专利法第41条第2款的规定，自收到本决定之日起三个月内向北京市第一中级人民法院起诉。

硫酸卷曲霉素提炼新方法

复审请求审查决定（第12688号）

决 定 号	第12688号
决 定 日	2008年2月18日
发明创造名称	硫酸卷曲霉素提炼新方法
国 际 分 类 号	C07K 7/54，C07K 1/14
复 审 请 求 人	南宁中科药业有限责任公司
申 请 号	03128189.3
申 请 日	2003年6月18日
公 开 日	2004年3月17日
合 议 组 组 长	周英姿
主 审 员	卢 阳
参 审 员	魏春宝
法 律 依 据	专利法第26条第3款

决 定 要 点

说明书应当对发明或者实用新型作出清楚、完整的说明，以所属技术领域的技术人员能够实现为准。如果所属技术领域的技术人员按照说明书记载的内容，能够实现该发明或者实用新型的技术方案，解决其技术问题，并且产生预期的技术效果，则该说明书已充分公开。

一、案由

本复审请求涉及名称为"硫酸卷曲霉素提炼新方法"的第03128189.3号发明专利申请（下称本申请），申请人为南宁中科药业有限责任公司，申请日为2003年6月18日，公开日为2004年3月17日。

经实质审查，针对申请人于2003年6月18日提交的说明书第1～5页和说明书摘要，2005年6月22日提交的权利要求书1，国家知识产权局于2005年9月9日以说明书不符合专利法第26条第3款为由驳回了本申请，驳回的理由概括如下：

本申请要求保护一种硫酸卷曲霉素提炼的新方法，但说明书中（1）未给出获得原料物质-CPM发酵过滤料液所需的菌株和发酵条件，使得原料物质不能被确认，而申请人提供的3篇文献也不足以证明是本发明所用菌株及发酵条件；（2）没有明确步骤3所用1×16树脂为什么树脂；（3）没有给出步骤4所用331^{-OH}树脂柱的参数和装填方式，也没有明确自然流速是多大流速，致使本领域技术人员不清楚如何才能达到自然流速；（4）步骤6中对分别用0.5N～1.5N硫酸以4L/分的流速洗脱或先用

0.5N 硫酸，再用 1N 和 1.5N 硫酸以 4L/分的流速洗脱的描述不清楚，"流速也要控制好"的描述不清楚，而且没有说明应对洗脱液的哪一部分进行收集，申请人的答复意见并不足以说明本申请的说明书充分公开。因此，该申请的说明书未清楚、完整地公开发明，不符合专利法第 26 条第 3 款的规定。

驳回决定所针对的权利要求书如下：

"1. 一种硫酸卷曲霉素提炼的新方法，包括用树脂交换、洗脱、脱盐、脱色、中和、浓缩等精制过程，其特征在于：先将料液用 $D116^{-Na}$ 树脂吸附交换，再用 H_2SO_4 将卷曲霉素从 $D116^{-Na}$ 树脂中洗脱下来，经脱盐，用 331^{-OH} 树脂中和、脱色、梯度解析、再中和，进一步浓缩得到高浓度精制液；

所述的将料液用 $D116^{-Na}$ 树脂吸附交换的过程是将卷曲链霉菌发酵滤液用泵打入串联的 $D116^{-Na}$ 树脂柱以动态方法进行离子交换，控制流速每分钟为树脂体积的 2-8/100，料液 pH7~8，连续进料；

所述用 H_2SO_4 将卷曲霉素从 $D116^{-Na}$ 树脂中洗脱的过程是将 1~2N H_2SO_4 打入吸附柱内至淹没树脂面止，静止 30 分钟，开始排液，流速 4L/分，收集洗脱液；

所述的脱盐的过程是以先酸性后中性的顺序将洗脱液泵入 1×16 树脂脱盐柱以 4L/分的流速收集脱盐液；

所述的中和过程是将收集好的脱盐液泵入 331^{-OH} 树脂柱内进行中和，pH 控制在 6~7，以自然流速收集流出液；

所述的脱色过程是将中和后的流出液泵入 122^{-H} 树脂脱色柱，以每分钟为树脂体积 1-3/100 的流速收集流出液，控制流出液基本无色；

所述的梯度解析的过程是用 0.5N~1.5N 的硫酸由低到高的浓度，动态洗脱下脱色树脂所吸附的 CPM；

所述的再中和过程是将收集好的脱色及解析液泵入 331^{-OH} 树脂柱内进行中和，pH 控制在 6~7，以自然流速收集流出液。"

申请人南宁中科药业有限责任公司（下称请求人）对上述驳回决定不服，于 2005 年 12 月 23 日向专利复审委员会提出复审请求，同时提交以下附件：

附件 1：盖有上海华震科技有限公司印章的树脂产品目录及 D116 大孔弱酸树脂、122 大孔酚醛弱酸树脂、331 多孔型弱碱阴离子交换树脂、1×16 强酸阳树脂的树脂性能指标，复印件共 5 页；

附件 2：山东济宁抗生素厂树脂分厂的《离子交换树脂产品介绍》，封面，前言页，目录页，第 1、17 页，复印件共 5 页。

复审请求人认为本申请符合专利法第 26 条第 3 款的规定，理由概述如下：

（1）本申请不是保护菌种，而是要求保护硫酸卷曲霉素提炼新方法，其发明点主要是选用树脂和调整先脱色后脱盐的顺序问题，其中所使用的菌种在文献中已经公开，例如在国家科技成果数据库中成果名称为"抗噬菌体菌种生长卷曲霉素"和"抗噬菌体生产硫酸卷曲霉素"的记录中已有记载；（2）附件 1 中给出了 1×16 树脂供应厂家的产品说明，其表明 1×16 树脂可从化工公司购买得到，而且如教科书《抗生素生产工艺学》中所述，1×16 树脂是本领域技术人员可获得的 SDV 强酸性树脂；（3）氨水浓度属于本领域的公知常识，如果色素深、杂质多，氨水的浓度也可以加大；（4）步骤 4 中 331^{-OH} 树脂的装填方式与其他树脂相同，没有特别规定；（5）步骤 4 中的自然流速就是不加压，让液体从树脂柱上自然流下，是本领域的常识；（6）硫酸洗脱的过程对于本领域技术人员而言是清楚的；（7）步骤 6 中"流速也要控制好"是指保持 4L/分的流速，这对于本领域技术人员而言是清楚的，对于产物的收集也是本领域技术人员常规技术。

形式审查合格后，专利复审委员会受理了该复审请求，并于 2006 年 3 月 2 日向请求人发出《复审请求受理通知书》，随后将本申请案卷移交原审查部门进行前置审查。

原审查部门对本复审请求进行了前置审查，坚持原驳回决定。

专利复审委员会组成合议组，对本复审请求案进行了审理。合议组认为，本案事实已经清楚，可以作出审查决定。

二、决定的理由

1. 审查依据的文本

请求人在提出复审时未提交新的修改文本，因此，本复审审查决定依据的文本为请求人于2005年6月22日提交的权利要求书1、2003年6月18日提交的说明书第1~5页及说明书摘要。

2. 关于专利法第26条第3款

专利法第26条第3款规定，说明书应当对发明或者实用新型作出清楚、完整的说明，以所属技术领域的技术人员能够实现为准。

说明书应当对发明或者实用新型作出清楚、完整的说明，以所属技术领域的技术人员能够实现为准。如果所属技术领域的技术人员按照说明书记载的内容，能够实现该发明或者实用新型的技术方案，解决其技术问题，并且产生预期的技术效果，则该说明书已充分公开。

本申请要求保护一种提炼硫酸卷曲霉素的方法，其说明书中记载了该方法采用的原料物质为CPM发酵过滤料液，说明书第2~3页中记载了所述方法的工艺过程以及相应的工艺条件，并且说明书中还公开了两个具体的实施方式以及采用该方法所得收率与现有技术中其他工艺收率的比较结果（参见说明书第3~5页）。

驳回决定中认为本申请说明书中仅指出原料物质为CPM发酵过滤料液，并没有给出所用的菌株和发酵条件，而采用不同的菌株或发酵条件会导致所得卷曲链霉菌发酵液中的成分有所不同，因此，说明书对于原料物质并未公开至其能被确认，致使本领域技术人员无法得到该原料物质。对此，合议组认为：（1）本申请所要求保护的方法是对现有技术中从CPM发酵液中提取卷曲霉素的工艺的改进，其中对所使用的CPM发酵液并没有特别的要求，也没有证据表明本申请的提取方法必须采用特定的卷曲链霉菌发酵液为原料才能实现预期的发明目的，即获得比现有技术中已知的卷曲霉素提取工艺更高的产品得率；（2）本申请说明书中记载了发酵料液是卷曲霉菌这种菌种的发酵液，该发酵液是本领域用以提取卷曲霉素的原料物质，其制备方法和发酵条件均是本领域公知的，虽然发酵条件还常会影响提炼原料中所需物质含量的多少，但并不会导致本领域技术人员无法实施所述提取方法，因此，本领域技术人员根据说明书的记载能够得到本申请方法所采用的原料物质，驳回决定中的上述理由不成立。

驳回决定中还认为本申请说明书中没有清楚的公开本申请方法中所涉及的1×16树脂，致使所属技术领域的技术人员无法实现本发明。对此，合议组认为：1×16树脂为本领域常用的树脂类型，其性能、参数以及获取方法都是本领域所公知的（参见《抗生素生产工艺学》，邬行彦等主编，化学工业出版社，1982年5月第1版，1985年2月第1次印刷），因此，说明书中没有对1×16树脂进行详细说明并不会影响所属领域技术人员实现本发明，驳回决定中的上述理由也不成立。

驳回决定中还认为液体在树脂柱中的流出速度与树脂柱的柱参数和装填方式也是密切相关的，本申请说明书中表示在331^{-OH}树脂柱中进行"中和"步骤时，"以自然流速收集流出液"，但没有清楚的公开331^{-OH}树脂柱的柱参数和装填方式，也没有给出"自然流速"是多大的流速，致使所属技术领域的技术人员不清楚如何才能达到自然流速。对此，合议组认为："自然流速"是本领域的常用术语，其含义对于本领域技术人员而言是清楚的，是指在不施加压力的条件下，液体从树脂柱上自然流下的实际流速，因此，虽然说明书中并未明确"自然流速"的具体数值，也未描述与"自然流速"有关的331^{-OH}树脂柱的具体柱参数或装填方式，但这并不影响本领域技术人员实现收集流出液的步骤，此外，在工业化生产中，树脂柱的填充方式和柱体本身可以有所不同，这一般会影响洗脱速度的快慢和所需的时间，但在无充分证据证明需要特定柱参数和装填方式才能"以自然流速收集流出液"的情况下，它们对洗脱过程的实现并无实质影响，因此，驳回决定中的上述理由也不成立。

此外，驳回决定中还认为本申请说明书中"分别用 0.5N～1.5N 硫酸以 4L/分的流速洗脱"、"先用 0.5N 硫酸，再用 1N 和 1.5N 硫酸以 4L/分的流速洗脱"、"流速也要控制好"等表述没有清楚的说明洗脱是如何进行的，流速是多少以及对洗脱液的哪一部分进行收集，致使所属技术领域的技术人员无法实现本发明。对此，合议组认为：实施例 1 和 2 中均清楚的表明"梯度解析（二次解析）"步骤为"先用 0.5N 硫酸，再用 1N 和 1.5N 硫酸以 4L/分的流速打入脱色树脂柱内把脱色时吸附的 CPM 洗脱下来，原理同吸附树脂解析相同，但要注意硫酸浓度一定要从低到高，流速也要控制好，才能保证产品的质量不受影响"，其中虽然没有具体说明各浓度硫酸的用量和体积，但是根据洗脱的具体情况确定洗脱的时间和各洗脱液的用量是本领域的常规技术，即没有详细说明各浓度硫酸的用量并不影响本领域技术人员实现该步骤；至于"流速也要控制好"，本领域技术人员结合上下文也能够清楚的理解其是指将流速控制在 4L/分，因此，本领域技术人员根据说明书中对于步骤 6 的表述足以实现所述技术方案，驳回决定中的上述理由不成立。

综上所述，本申请驳回决定中有关本申请不符合专利法第 26 条第 3 款规定的理由均不成立。本案合议组据此作出如下审查决定。

三、决定

撤销国家知识产权局于 2005 年 9 月 9 日对 03128189.3 号发明专利申请作出的驳回决定。由原审查部门在本决定所针对的文本的基础上继续进行审查。

复审请求人对本决定不服的，可以根据专利法第 41 条第 2 款的规定，自收到本决定之日起三个月内向北京市第一中级人民法院起诉。

短串联重复基因座的多重扩增

复审请求审查决定（第 12712 号）

决 定 号	第 12712 号
决 定 日	2008 年 2 月 14 日
发明创造名称	短串联重复基因座的多重扩增
国 际 分 类 号	C12P 19/34，C12Q 1/68，C07H 21/04
复 审 请 求 人	普罗梅加公司
申 请 号	97194967.0
优 先 权 日	1996 年 4 月 15 日
申 请 日	1997 年 4 月 15 日
公 开 日	1999 年 6 月 16 日
合 议 组 组 长	李金光
主 审 员	魏春宝
参 审 员	卢 阳

法 律 依 据 专利法第 31 条第 1 款

决 定 要 点

如果权利要求之间有相同或相应的特定技术特征，属于一个总的发明构思，那么这些权利要求间具有单一性。

一、案由

本复审请求涉及名称为"短串联重复基因座的多重扩增"的 97194967.0 号发明专利申请（下称本申请），其申请人为普罗梅加公司，申请日为 1997 年 4 月 15 日，优先权日为 1996 年 4 月 15 日，公开日为 1999 年 6 月 16 日，进入中国国家阶段日期为 1998 年 11 月 25 日。

2005 年 11 月 11 日，国家知识产权局以本申请权利要求 1~4、15 和 24 不符合专利法第 31 条第 1 款为由驳回了本申请，驳回决定所针对的权利要求书为：

"1. 一种同时确定来自一或多个 DNA 样品的至少 4 个短串联重复基因座中存在的等位基因的方法，包括：

a. 选择该 DNA 样品的能一起扩增的一套至少 4 个短串联重复基因座，其中该套至少 4 个基因座选自如下一组基因座：

D3S1539，D7S820，D13S317，D5S818；

D17S1298，D7S820，D13S317，D5S818；

D20S481，D7S820，D13S317，D5S818；
D9S930，D7S820，D13S317，D5S818；
D10S1239，D7S820，D13S317，D5S818；
D14S118，D7S820，D13S317，D5S818；
D14S562，D7S820，D13S317，D5S818；
D14S548，D7S820，D13S317，D5S818；
D16S490，D7S820，D13S317，D5S818；
D17S1299，D7S820，D13S317，D5S818；
D16S539，D7S820，D13S317，D5S818；
D22S683，D7S820，D13S317，D5S818；
D16S753，D7S820，D13S317，D5S818；
D3S1539，D19S253，D13S317，D20S481；
D3S1539，D19S253，D4S2368，D20S481；
D10S1239，D9S930，D4S2368，D20S481；和
D16S539，D7S820，D13S317，HUMvWFA31；

b. 在一多重扩增反应中共扩增该套基因座，其中反应产物是从该套共扩增基因座的每个基因座扩增的等位基因的混合物；以及

c. 评价混合物中的扩增的等位基因以确定在该 DNA 样品内的该套基因座中所分析的每个基因座存在的等位基因。

2. 权利要求 1 的方法，其中共扩增的该套至少 4 个基因座是一套 6 个基因座，其中该套 6 个基因座选自下述基因座套：

D16S539，D7S820，D13S317，D5S818，HUMCSF1PO，HUMTPOX；

和 D16S539，D7S820，D13S317，D5S818，HUMF13A01，HUMFESFPS。

3. 权利要求 1 的方法，其中共扩增的该套至少 4 个基因座是一套 7 个基因座，其中该套 7 个基因座选自下述基因座套：

D16S539，D7S820，D13S317，D5S818，HUMCSF1PO，HUMTPOX，HUMTH01；和
D16S539，D7S820，D13S317，D5S818，HUMF13A01，HUMFESFPS，HUMBFXIII。

4. 权利要求 1 的方法，其中共扩增的该套至少 4 个基因座是一套 8 个基因座，其中该套 8 个基因座选自下述基因座套：

D16S539，D7S820，D13S317，D5S818，HUMCSF1PO，HUMTPOX，HUMTH01，HUMvWFA31；和
D16S539，D7S820，D13S317，D5S818，HUMF13A01，HUMFESFPS，HUMBFXIII，HUMLIPOL。

5. 权利要求 1 的方法，其中多重扩增反应是使用位于所分析的至少 4 个基因座两侧的至少 4 对引物进行的。

6. 权利要求 5 的方法，还包括筛选用于多重扩增反应的引物对的步骤，所述引物对能从每个基因座产生当用凝胶电泳分离时与共扩增的该套基因座的其他基因座的等位基因不重叠的等位基因。

7. 权利要求 5 的方法，其中多重扩增反应所用的每个引物对的至少一个引物具有选自如下一组序列中的序列：

SEQ ID NO：1 和 SEQ ID NO：2，当该套基因座中的一个基因座是 D7S820 时；
SEQ ID NO：3 和 SEQ ID NO：4，当该套基因座中的一个基因座是 D13S317 时；
SEQ ID NO：5 和 SEQ ID NO：6，当该套基因座中的一个基因座是 D5S818 时；

SEQ ID NO: 7, SEQ ID NO: 8 和 SEQ ID NO: 49, 当该套基因座中的一个基因座是 D3S1539 时;

SEQ ID NO: 9, SEQ ID NO: 10, 当该套基因座中的一个基因座是 D17S1298 时;

SEQ ID NO: 11, SEQID NO: 12, SEQ ID NO: 52, SEQ ID NO: 53, 当该套基因座中的一个基因座是 D20S481 时;

SEQ ID NO: 13, SEQ ID NO: 14, SEQ ID NO: 55, SEQ ID NO: 61, 当该套基因座中的一个基因座是 D9S930 时;

SEQ ID NO: 15, SEQ ID NO: 16, SEQ ID NO: 54, 当该套基因座中的一个基因座是 D10S1239 时;

SEQ ID NO: 17, SEQ ID NO: 18, 当该套基因座中的一个基因座是 D14S118 时;

SEQ ID NO: 19, SEQ ID NO: 20, 当该套基因座中的一个基因座是 D14S562 时;

SEQ ID NO: 21, SEQ ID NO: 22, 当该套基因座中的一个基因座是 D14S548 时;

SEQ ID NO: 23, SEQ ID NO: 24, 当该套基因座中的一个基因座是 D16S490 时;

SEQ ID NO: 25, SEQ ID NO: 26, 当该套基因座中的一个基因座是 D16S753 时;

SEQ ID NO: 27, SEQ ID NO: 28, 当该套基因座中的一个基因座是 D17S1299 时;

SEQ ID NO: 29, SEQ ID NO: 30, SEQ ID NO: 58, 当该套基因座中的一个基因座是 D16S539 时;

SEQ ID NO: 31, SEQ ID NO: 32, 当该套基因座中的一个基因座是 D22S683 时;

SEQ ID NO: 33, SEQ ID NO: 34, 当该套基因座中的一个基因座是 HUMCSF1PO 时;

SEQ ID NO: 35, SEQ ID NO: 36, 当该套基因座中的一个基因座是 HUMTPOX 时;

SEQ ID NO: 37, SEQ ID NO: 38, 当该套基因座中的一个基因座是 HUMTHO1 时;

SEQ ID NO: 39, SEQID NO: 40, SEQ ID NO: 59, SEQ ID NO: 60, 当该套基因座中的一个基因座是 HUMvWFA31 时;

SEQ ID NO: 41, SEQ ID NO: 42, 当该套基因座中的一个基因座是 HUMF13A01 时;

SEQ ID NO: 43, SEQ ID NO: 44, 当该套基因座中的一个基因座是 HUMFESFPS 时;

SEQ ID NO: 45, SEQ ID NO: 46, 当该套基因座中的一个基因座是 HUMBFXIII 时;

SEQ ID NO: 47, SEQ ID NO: 48, 当该套基因座中的一个基因座是 HUMLIPOL 时;

SEQ ID NO: 50, SEQ ID NO: 51, 当该套基因座中的一个基因座是 D19S253 时;和

SEQ ID NO: 56, SEQ ID NO: 57, 当该套基因座中的一个基因座是 D4S2368 时。

8. 权利要求 5 的方法,其中多重扩增反应是聚合酶链反应。

9. 权利要求 1 的方法,其中通过将扩增的等位基因与分子量标准比较而评价扩增的等位基因,其中分子量标准选自 DNA 标记物和基因座特异性等位基因梯。

10. 权利要求 1 的方法,其中用聚丙烯酰胺凝胶电泳分离等位基因并形成分离的等位基因的聚丙烯酰胺凝胶而评价扩增的等位基因。

11. 权利要求 10 的方法,其中聚丙烯酰胺凝胶中的分离的等位基因通过用银染分析显色等位基因而确定。

12. 权利要求 10 的方法,其中在共扩增基因座时使用能与该套基因座中的每个基因座两侧的区域结合的引物,其中在共扩增每个基因座中使用的至少一个引物具有与其共价附着的荧光标记,从而由其产生的扩增的等位基因是荧光标记的,并且其中聚丙烯酰胺凝胶中的分离的等位基因通过用荧光分析显色等位基因而确定。

13. 权利要求 12 的方法,其中荧光标记选自荧光素标记和四甲基罗丹明标记。

14. 权利要求1的方法,其中待分析的至少一个DNA样品分离自人组织,其中所述的人组织选自血液、精液、阴道细胞、头发、唾液、尿液、含有胎盘细胞或胚胎细胞的羊膜液,以及上述任何组织的混合物。

15. 一种同时确定来自一或多个DNA样品的3个短串重复基因座中存在的等位基因的方法,包括:

a. 选择该DNA样品的能一起扩增的一套3个短串联重复基因座,其中该套3个基因座选自如下一组基因座套:

D3S1539, D19S253, D13S317;

D10S1239, D9S930, D20S481;

D10S1239, D4S2368, D20S481;

D10S1239, D9S930, D4S2368;

D16S539, D7S820, D13S317;和

D10S1239, D9S930, D13S317;

b. 在一多重扩增反应中共扩增该套3个基因座,其中反应产物是从该套共扩增基因座的每个基因座扩增的等位基因的混合物;以及

c. 评价混合物中的扩增的等位基因以确定在该DNA样品内的该套基因座中所分析的每个基因座存在的等位基因。

16. 权利要求15的方法,其中多重扩增反应使用3个引物对进行,其中每个引物对位于在反应中共扩增的该套基因座的3个短串联重复基因座中的一个基因座的两侧。

17. 权利要求16的方法,其中多重扩增反应所用的3个引物对中的每个引物均设计成能与反应中共扩增的该套基因座的一个基因座的等位基因杂交,其中:

当D7S820是该套共扩增的基因座中的一个基因座时,至少一个引物选自SEQ ID NO:1和SEQ ID NO:2的序列;

当D13S317是该套共扩增的基因座中的一个基因座时,至少一个引物选自SEQ ID NO:3和SEQ ID NO:4的序列;

当D20S481是该套共扩增的基因座中的一个基因座时,至少一个引物选自SEQ ID NO:11,SEQ ID NO:12,SEQ ID NO:52,SEQ ID NO:53的序列;

当D9S930是该套共扩增的基因座中的一个基因座时,至少一个引物选自SEQ ID NO:13,SEQ ID NO:14,SEQ ID NO:55,SEQ ID NO:61的序列;

当D10S1239是该套共扩增的基因座中的一个基因座时,至少一个引物选自SEQ ID NO:15,SEQ ID NO:16,SEQ ID NO:44的序列;

当D16S539是该套共扩增的基因座中的一个基因座时,至少一个引物选自SEQ ID NO:29,SEQ ID NO:30的序列;

当D4S2638是该套共扩增的基因座中的一个基因座时,至少一个引物选自SEQ ID NO:56,SEQ ID NO:57的序列。

18. 权利要求15的方法,其中多重扩增反应是聚合酶链反应。

19. 权利要求15的方法,其中通过将扩增的等位基因与分子量标准比较而评价扩增的等位基因,其中分子量标准选自DNA标记物和基因座特异性等位基因梯。

20. 权利要求15的方法,其中用聚丙烯酰胺凝胶电泳分离等位基因并形成分离的等位基因的聚丙烯酰胺凝胶而评价扩增的等位基因。

21. 权利要求20的方法，其中聚丙烯酰胺凝胶中的分离的等位基因通过用银染分析显色等位基因而确定。

22. 权利要求20的方法，其中聚丙烯酰胺凝胶中的分离的等位基因通过用荧光分析显色等位基因而确定。

23. 权利要求15的方法，其中待分析的至少一个DNA样品分离自人组织，其中所述的人组织选自血液、精液、阴道细胞、头发、唾液、尿液、含有胎盘细胞或胚胎细胞的羊膜液，以及上述任何组织的混合物。

24. 一种用于同时分析在至少3个基因座中的短串联重复序列的试剂盒，包括一个容器，该容器具有用于共扩增一套至少3个短串联重复基因座的寡核苷酸引物，其中该套基因座选自如下一组基因座套：

D3S1539, D19S253, D13S317；
D10S1239, D9S930, D20S481；
D10S1239, D4S2368, D20S481；
D10S1239, D9S930, D4S2368；
D16S539, D7S820, D13S317；
D10S1239, D9S730, D13S317；
D3S1539, D7S820, D13S317, D5S818；
D17S1298, D7S820, D13S317, D5S818；
D20S481, D7S820, D13S317, D5S818；
D9S930, D7S820, D13S317, D5S818；
D10S1239, D7S820, D13S317, D5S818；
D14S118, D7S820, D13S317, D5S818；
D14S562, D7S820, D13S317, D5S818；
D14S548, D7S820, D13S317, D5S818；
D16S490, D7S820, D13S317, D5S818；
D17S1299, D7S820, D13S317, D5S818；
D16S539, D7S820, D13S317, D5S818；
D22S683, D7S820, D13S317, D5S818；
D16S753, D7S820, D13S317, D5S818；
D3S1539, D19S253, D13S317, D20S481；
D3S1539, D19S253, D4S2368, D20S481；
10S1239, D9S930, D4S2368, D20S481；
D16S539, D7S820, D13S317, HUMvWFA31；
D16S539, D7S820, D13S317, D5S818, HUMCSF1PO, HUMTPOX；
D16S539, D7S820, D13S317, D5S818, HUMF13A01, HUMFESFPS；
D16S539, D7S820, D13S317, D5S818, HUMCSF1PO, HUMTPOX, HUMTH01；
D16S539, D7S820, D13S317, D5S818, HUMF13A01, HUMFESFPS, HUMBFXIII；
D16S539, D7S820, D13S317, D5S818, HUMCSF1PO, HUMTPOX, HUMTH01, HUMvWFA31；和
D16S539, D7S820, D13S317, D5S818, HUMF13A01, HUMFESFPS, HUMBFXIII, HUMLIPOL；

其中每个寡核苷酸引物设计成能与所选的该套至少3个基因座的一个基因座的等位基因杂交，其中：

当 D7S820 是该套基因座中的一个基因座时，至少一个引物具有选自 SEQ ID NO：1 和 SEQ ID NO：2 的序列；

当 D13S317 是该套基因座中的一个基因座时，至少一个引物具有选自 SEQ ID NO：3 和 SEQ ID NO：4 的序列；

当 D5S818 是该套基因座中的一个基因座时，至少一个引物具有选自 SEQ ID NO：5 和 SEQ ID NO：6 的序列；

当 D3S153 是该套基因座中的一个基因座时，至少一个引物具有选自 SEQ ID NO：7，SEQ ID NO：8 和 SEQ ID NO：49；

当 D17S1298 是该套基因座中的一个基因座时，至少一个引物具有选自 SEQID NO：9 和 SEQ ID NO：10 的序列；

当 D20S481 是该套基因座中的一个基因座时，至少一个引物具有选自 SEQ ID NO：11，SEQ ID NO：12，SEQ ID NO：52，SEQ ID NO：53 的序列；

当 D9S930 是该套基因座中的一个基因座时，至少一个引物具有选自 SEQ ID NO：13，SEQ ID NO：14，SEQ ID NO：55，SEQ ID NO：61 的序列；

当 D10S1239 是该套基因座中的一个基因座时，至少一个引物具有选自 SEQ ID NO：15，SEQ ID NO：16，SEQ ID NO：54 的序列；

当 D14S118 是该套基因座中的一个基因座时，至少一个引物具有选自 SEQ ID NO：17，SEQ ID NO：18 的序列；

当 D14S562 是该套基因座中的一个基因座时，至少一个引物具有选自 SEQ ID NO：19，SEQ ID NO：20 的序列；

当 D14S548 是该套基因座中的一个基因座时，至少一个引物具有选自 SEQ ID NO：21，SEQ ID NO：22 的序列；

当 D16S490 是该套基因座中的一个基因座时，至少一个引物具有选自 SEQ ID NO：23，SEQ ID NO：24 的序列；

当 D16S753 是该套基因座中的一个基因座时，至少一个引物具有选自 SEQ ID NO：25，SEQ ID NO：26 的序列；

当 D17S1299 是该套基因座中的一个基因座时，至少一个引物具有选自 SEQ ID NO：27，SEQ ID NO：28 的序列；

当 D16S539 是该套基因座中的一个基因座时，至少一个引物具有选自 SEQ ID NO：29，SEQ ID NO：30，SEQ ID NO：58 的序列；

当 D22S683 是该套基因座中的一个基因座时，至少一个引物具有选自 SEQ ID NO：31，SEQ ID NO：32 的序列；

当 HUMCSF1PO 是该套基因座中的一个基因座时，至少一个引物具有选自 SEQ ID NO：33，SEQ ID NO：34 的序列；

当 HUMTPOX 是该套基因座中的一个基因座时，至少一个引物具有选自 SEQ ID NO：35，SEQ ID NO：36 的序列；

当 HUMTH01 是该套基因座中的一个基因座时，至少一个引物具有选自 SEQ ID NO：37，SEQ ID NO：38 的序列；

当 HUMvWFA31 是该套基因座中的一个基因座时，至少一个引物具有选自 SEQ ID NO：39，SEQ ID NO：40，SEQ ID NO：60 的 序列；

当 HUMF13A01 是该套基因座中的一个基因座时，至少一个引物具有选自 SEQ ID NO：41，SEQ ID NO：42 的序列；

当 HUMFESFPS 是该套基因座中的一个基因座时，至少一个引物具有选自 SEQ ID NO：43，SEQ ID NO：44 的序列；

当 HUMBFXIII 是该套基因座中的一个基因座时，至少一个引物具有选自 SEQ ID NO：45，SEQ ID NO：46 的序列；

当 HUMLIPOL 是该套基因座中的一个基因座时，至少一个引物具有选自 SEQ ID NO：47，SEQ ID NO：48 的序列；

当 D19S253 是该套基因座中的一个基因座时，至少一个引物具有选自 SEQ ID NO：50，SEQ ID NO：51 的序列；和

当 D4S2368 是该套基因座中的一个基因座时，至少一个引物具有选自 SEQ ID NO：56，SEQ ID NO：57 的序列。

25. 权利要求 24 的试剂盒，进一步包括一个容器，该容器具有用于至少一个多重扩增反应的试剂。

26. 权利要求 24 的试剂盒，进一步包括一个具有等位基因梯的容器。

27. 权利要求 26 的试剂盒，其中等位基因梯的每一梯级以及针对基因座套的每个基因座的至少一个寡核苷酸引物具有一个共价连接的标记。

28. 权利要求 27 的试剂盒，其中所述的标记为荧光标记。

29. 权利要求 28 的试剂盒，其中至少一个寡核苷酸引物具有与容器中一些其他引物对不同的共价连接的荧光标记。"

驳回决定认为：权利要求 1~4、15 和 24 中共有 29 个基因座组合，以每一基因座组合为特定技术特征共分为 29 组发明。这 29 组发明两两之间虽有相同的基因座，但是没有相同的基因座组合。体现本发明对现有技术的贡献的技术特征是不同的基因座构成的组合，而不是某个特定的基因座，因此，这 29 组发明间没有相同或相应的特定技术特征，不属于一个总的发明构思，不具有单一性。所以，权利要求 1~4、15 和 24 不符合专利法第 31 条第 1 款的规定。

申请人普罗梅加公司（下称请求人）对上述驳回决定不服，于 2006 年 2 月 27 日向专利复审委员会提出复审请求，同时提交了修改后的权利要求书全文替换页（共 29 项），其中，请求人删除了驳回决定所针对申请文本中的权利要求 15~23，保留了该文本中的权利要求 2~6 和 8~14 作为修改后的权利要求 2~6 和 8~14，修改了该文本中的权利要求 1 和 7，修改后的权利要求 1、7、15~29 如下（省略了与前一文本相同的权利要求）：

"1. 一种同时确定来自一或多个 DNA 样品的至少 4 个短串联重复基因座中存在的等位基因的方法，包括：

a. 选择该 DNA 样品的能一起扩增的一套至少 4 个短串联重复基因座，其中该套至少 4 个基因座选自如下一组基因座：

D3S1539, D7S820, D13S317, D5S818；
D17S1298, D7S820, D13S317, D5S818；
D20S481, D7S820, D13S317, D5S818；
D9S930, D7S820, D13S317, D5S818；
D10S1239, D7S820, D13S317, D5S818；
D14S118, D7S820, D13S317, D5S818；

D14S562，D7S820，D13S317，D5S818；

D14S548，D7S820，D13S317，D5S818；

D16S490，D7S820，D13S317，D5S818；

D17S1299，D7S820，D13S317，D5S818；

D16S539，D7S820，D13S317，D5S818；

D22S683，D7S820，D13S317，D5S818；和

D16S753，D7S820，D13S317，D5S818；

b. 在一多重扩增反应中共扩增该套基因座，其中反应产物是从该套共扩增基因座的每个基因座扩增的等位基因的混合物；以及

c. 评价混合物中的扩增的等位基因以确定在该DNA样品内的该套基因座中所分析的每个基因座存在的等位基因。

……

7. 权利要求5的方法，其中多重扩增反应所用的每个引物对的至少一个引物具有选自如下各序列组之一的序列：

SEQ ID NO：1和SEQ ID NO：2，当该套基因座中的一个基因座是D7S820时；

SEQ ID NO：3和SEQ ID NO：4，当该套基因座中的一个基因座是D13S317时；

SEQ ID NO：5和SEQ ID NO：6，当该套基因座中的一个基因座是D5S818时；

SEQ ID NO：7，SEQ ID NO：8和SEQ ID NO：49，当该套基因座中的一个基因座是D3S1539时；

SEQ ID NO：9，SEQ ID NO：10，当该套基因座中的一个基因座是D17S1298时；

SEQ ID NO：11，SEQID NO：12，SEQ ID NO：52，SEQ ID NO：53，当该套基因座中的一个基因座是D20S481时；

SEQ ID NO：13，SEQ ID NO：14，SEQ ID NO：55，SEQ ID NO：61，当该套基因座中的一个基因座是D9S930时；

SEQ ID NO：15，SEQ ID NO：16，SEQ ID NO：54，当该套基因座中的一个基因座是D10S1239时；

SEQ ID NO：17，SEQ ID NO：18，当该套基因座中的一个基因座是D14S118时；

SEQ ID NO：19，SEQ ID NO：20，当该套基因座中的一个基因座是D14S562时；

SEQ ID NO：21，SEQ ID NO：22，当该套基因座中的一个基因座是D14S548时；

SEQ ID NO：23，SEQ ID NO：24，当该套基因座中的一个基因座是D16S490时；

SEQ ID NO：25，SEQ ID NO：26，当该套基因座中的一个基因座是D16S753时；

SEQ ID NO：27，SEQ ID NO：28，当该套基因座中的一个基因座是D17S1299时；

SEQ ID NO：29，SEQ ID NO：30，SEQ ID NO：58，当该套基因座中的一个基因座是D16S539时；和

SEQ ID NO：31，SEQ ID NO：32，当该套基因座中的一个基因座是D22S683时。

……

15. 一种用于同时分析在至少4个基因座中的短串联重复序列的试剂盒，包括一个容器，该容器具有用于共扩增一套至少4个短串联重复基因座的寡核苷酸引物，其中该套基因座选自如下一组基因座套：

D3S1539，D7S820，D13S317，D5S818；

D17S1298，D7S820，D13S317，D5S818；

D20S481，D7S820，D13S317，D5S818；
D9S930，D7S820，D13S317，D5S818；
D10S1239，D7S820，D13S317，D5S818；
D14S118，D7S820，D13S317，D5S818；
D14S562，D7S820，D13S317，D5S818；
D14S548，D7S820，D13S317，D5S818；
D16S490，D7S820，D13S317，D5S818；
D17S1299，D7S820，D13S317，D5S818；
D16S539，D7S820，D13S317，D5S818；
D22S683，D7S820，D13S317，D5S818；
D16S753，D7S820，D13S317，D5S818；
D16S539，D7S820，D13S317，D5S818，HUMCSF1PO，HUMTPOX；
D16S539，D7S820，D13S317，D5S818，HUMF13A01，HUMFESFPS；
D16S539，D7S820，D13S317，D5S818，HUMCSF1PO，HUMTPOX，HUMTH01；
D16S539，D7S820，D13S317，D5S818，HUMF13A01，HUMFESFPS，HUMBFXIII；
D16S539，D7S820，D13S317，D5S818，HUMCSF1PO，HUMTPOX，HUMTH01，HUMvWFA31；和
D16S539，D7S820，D13S317，D5S818，HUMF13A01，HUMFESFPS，HUMBFXIII，HUMLIPOL；

其中每个寡核苷酸引物设计成能与所选的该套至少4个基因座的一个基因座的等位基因杂交，其中：

当D7S820是该套基因座中的一个基因座时，至少一个引物具有选自SEQ ID NO：1和SEQ ID NO：2的序列；

当D13S317是该套基因座中的一个基因座时，至少一个引物具有选自SEQ ID NO：3和SEQ ID NO：4的序列；

当D5S818是该套基因座中的一个基因座时，至少一个引物具有选自SEQ ID NO：5和SEQ ID NO：6的序列；

当D3S1539是该套基因座中的一个基因座时，至少一个引物具有选自SEQ ID NO：7，SEQ ID NO：8和SEQ ID NO：49；

当D17S1298是该套基因座中的一个基因座时，至少一个引物具有选自SEQID NO：9和SEQ ID NO：10的序列；

当D20S481是该套基因座中的一个基因座时，至少一个引物具有选自SEQ ID NO：11，SEQ ID NO：12，SEQ ID NO：52，SEQ ID NO：53的序列；

当D9S930是该套基因座中的一个基因座时，至少一个引物具有选自SEQ ID NO：13，SEQ ID NO：14，SEQ ID NO：55，SEQ ID NO：61的序列；

当D10S1239是该套基因座中的一个基因座时，至少一个引物具有选自SEQ ID NO：15，SEQ ID NO：16，SEQ ID NO：54的序列；

当D14S118是该套基因座中的一个基因座时，至少一个引物具有选自SEQ ID NO：17，SEQ ID NO：18的序列；

当D14S562是该套基因座中的一个基因座时，至少一个引物具有选自SEQ ID NO：19，SEQ ID NO：20的序列；

当D14S548是该套基因座中的一个基因座时，至少一个引物具有选自SEQ ID NO：21，SEQ ID

NO：22 的序列；

当 D16S490 是该套基因座中的一个基因座时，至少一个引物具有选自 SEQ ID NO：23，SEQ ID NO：24 的序列；

当 D16S753 是该套基因座中的一个基因座时，至少一个引物具有选自 SEQ ID NO：25，SEQ ID NO：26 的序列；

当 D17S1299 是该套基因座中的一个基因座时，至少一个引物具有选自 SEQ ID NO：27，SEQ ID NO：28 的序列；

当 D16S539 是该套基因座中的一个基因座时，至少一个引物具有选自 SEQ ID NO：29，SEQ ID NO：30，SEQ ID NO：58 的序列；

当 D22S683 是该套基因座中的一个基因座时，至少一个引物具有选自 SEQ ID NO：31，SEQ ID NO：32 的序列；

当 HUMCSF1PO 是该套基因座中的一个基因座时，至少一个引物具有选自 SEQ ID NO：33，SEQ ID NO：34 的序列；

当 HUMTPOX 是该套基因座中的一个基因座时，至少一个引物具有选自 SEQ ID NO：35，SEQ ID NO：36 的序列；

当 HUMTH01 是该套基因座中的一个基因座时，至少一个引物具有选自 SEQ ID NO：37，SEQ ID NO：38 的序列；

当 HUMvWFA31 是该套基因座中的一个基因座时，至少一个引物具有选自 SEQ ID NO：39，SEQ ID NO：40，SEQ ID NO：60 的序列；

当 HUMF13A01 是该套基因座中的一个基因座时，至少一个引物具有选自 SEQ ID NO：41，SEQ ID NO：42 的序列；

当 HUMFESFPS 是该套基因座中的一个基因座时，至少一个引物具有选自 SEQ ID NO：43，SEQ ID NO：44 的序列；

当 HUMBFXIII 是该套基因座中的一个基因座时，至少一个引物具有选自 SEQ ID NO：45，SEQ ID NO：46 的序列；

当 HUMLIPOL 是该套基因座中的一个基因座时，至少一个引物具有选自 SEQ ID NO：47，SEQ ID NO：48 的序列。

16. 权利要求 15 的试剂盒，进一步包括一个容器，该容器具有用于至少一个多重扩增反应的试剂。

17. 权利要求 15 的试剂盒，进一步包括一个具有等位基因梯的容器。

18. 权利要求 17 的试剂盒，其中等位基因梯的每一梯级以及针对基因座套的每个基因座的至少一个寡核苷酸引物具有一个共价连接的标记。

19. 权利要求 18 的试剂盒，其中所述的标记为荧光标记。

20. 权利要求 19 的试剂盒，其中至少一个寡核苷酸引物具有与容器中一些其他引物对不同的共价连接的荧光标记。

21. 一种同时确定来自一或多个 DNA 样品的至少 4 个短串重复基因座中存在的等位基因的方法，包括：

a. 选择该 DNA 样品的能一起扩增的一套至少 4 个短串联重复基因座，其中该套基因座中的 3 个基因座是 D7S820、D13S317 和 D5S818；

b. 在一多重扩增反应中共扩增该套基因座，其中反应产物是从该套共扩增基因座的每个基因座

扩增的等位基因的混合物；以及

  c. 评价混合物中的扩增的等位基因以确定在该 DNA 样品内的该套基因座中所分析的每个基因座存在的等位基因。

  22. 权利要求 21 的方法，其中多重扩增反应是使用位于所分析的至少 4 个基因座两侧的至少 4 对引物进行的。

  23. 权利要求 22 的方法，还包括筛选用于多重扩增反应的引物对的步骤，所述引物对能从每个基因座产生当用凝胶电泳分离时与共扩增的该套基因座的其他基因座的等位基因不重叠的等位基因。

  24. 权利要求 21 的方法，其中多重扩增反应是聚合酶链反应。

  25. 权利要求 21 的方法，其中通过将扩增的等位基因与分子量标准比较而评价扩增的等位基因，其中分子量标准选自 DNA 标记物和基因座特异性等位基因梯。

  26. 权利要求 21 的方法，其中用聚丙烯酰胺凝胶电泳分离等位基因并形成分离的等位基因的聚丙烯酰胺凝胶而评价扩增的等位基因。

  27. 权利要求 26 的方法，其中聚丙烯酰胺凝胶中的分离的等位基因通过用银染分析显色等位基因而确定。

  28. 权利要求 26 的方法，其中在共扩增基因座时使用能与该套基因座中的每个基因座两侧的区域结合的引物，其中共扩增每个基因座中使用的至少一个引物具有与其共价附着的荧光标记，从而由其产生的扩增的等位基因是荧光标记的，并且其中聚丙烯酰胺凝胶中的分离的等位基因通过用荧光分析显色等位基因而确定。

  29. 权利要求 28 的方法，其中荧光标记选自荧光素标记和四甲基罗丹明标记。"

  请求人提出的复审理由为：修改后的所有权利要求都涉及用于共扩增基因座的包括至少 4 个特定基因座的特异核心组合的方法或试剂盒，其中权利要求 1 和 15 中的所有基因座套都是 D7S820、D13S317 和 D5S818 这 3 个基因座为核心基因座，都能实现相同的目的，即确定 DNA 样品中的至少 4 个短串联重复基因座中存在的等位基因，因此权利要求 1 和 15 中各基因座套之间具备单一性。权利要求 21～29 的方法也使用了上述核心基因座。权利要求 1、15 和 21 中所有基因座套之间有共同的主要结构单元，即 D7S820、D13S317 和 D5S818，且这些基因座套具备同样的用途。因此，权利要求 1、15 和 21 间具有单一性，修改后的权利要求书满足专利法第 31 条第 1 款的规定。

  形式审查合格后，专利复审委员会受理了该复审请求，并于 2006 年 4 月 11 日向请求人发出《复审请求受理通知书》，随后将本申请移交原审查部门进行前置审查。

  原审查部门对本复审请求进行了前置审查。前置意见认为体现本发明对现有技术的贡献的技术特征是不同的基因座构成的组合，而不是某个特定的基因座，修改后的权利要求 1 中基因座组合并不相同，没有相同或相应的技术特征，修改后的权利要求 1 仍不符合专利法第 31 条第 1 款的规定，因而坚持原驳回决定。

  专利复审委员会组成合议组，对本复审请求案进行了审理。2007 年 11 月 19 日，专利复审委员会向请求人发出《复审通知书》。《复审通知书》指出：驳回决定仅指出权利要求 1～4、15 和 24 不符合专利法第 31 条第 1 款规定的缺陷，请求人在提出复审请求时提交的权利要求书中的权利要求 21～29 是新增的权利要求，该权利要求 21～29 不是为消除驳回决定所指缺陷而作出的，故不符合专利法实施细则第 60 条第 1 款的规定。

  针对《复审通知书》指出的问题，请求人于 2007 年 12 月 21 日提交了意见陈述书及权利要求书全文替换页（共 20 项），请求人删除了复审请求时提交的权利要求书中的权利要求 21～29，保留了权利要求 1～20。

至此，合议组认为本案事实清楚，可以作出审查决定。

二、决定的理由

1. 决定所针对的文本

2007年12月21日提交的权利要求书中，请求人删除了复审请求时提交的权利要求书中的权利要求21~29，克服了《复审通知书》所指的不符合专利法实施细则第60条第1款规定的缺陷。

本复审请求审查决定所依据的文本为请求人于2007年12月21日提交的权利要求1~20以及于1998年11月25日进入中国国家阶段时提交的国际申请文件中文译文的说明书第1~77页、附图第1~19页和摘要。

2. 关于专利法第31条第1款

专利法第31条第1款规定，一件发明或者实用新型专利申请应当限于一项发明或者实用新型。属于一个总的发明构思的两项以上的发明或者实用新型，可以作为一件申请提出。

根据该款规定，如果权利要求之间有相同或相应的特定技术特征，属于一个总的发明构思，那么这些权利要求间具有单一性。

本案中，驳回决定认为其所针对文本中的权利要求1~4、15、24不具有单一性，本复审决定所针对权利要求书中，请求人已删除了驳回决定所针对文本中的权利要求15，且其中权利要求1~4、15分别对应于驳回决定所针对文本中的权利要求1~4、24，因此，下面仅针对本复审决定所针对文本中的权利要求1~4和15的单一性进行评述。

权利要求1请求保护同时确定来自一或多个DNA样品的至少4个短串联重复基因座中存在的等位基因的方法，该方法包括：a. 选择能够一起共扩增的不同基因座组合（每个组合4个基因座）；b. 共扩增所选基因座组合；c. 分析扩增产物确定每个基因座存在的等位基因。权利要求1中共列出13种基因座组合，根据所选基因座组合的不同，权利要求1共分为13个不同技术方案。该权利要求是对基因座组合共扩增，在一个反应中确定多重扩增系统中每一基因座的等位基因，因此能够作为一项技术特征的应该是基因座组合，而非其中的单个基因座。权利要求1中所有基因座组合都包括D7S820、D13S317和D5S818，结合本申请说明书记载的内容（第21页第1段）可知，这3个基因座组成核心组合，权利要求1中的基因座组合是在该核心组合基础上另外增加1个其他基因座得到的。因此，该核心组合构成了权利要求1中各技术方案的共有技术特征。鉴于没有证据表明现有技术中已公开了该核心组合，而且以该核心组合为基础再加另外1个基因座得到的基因座组合都能够共扩增同时确定其中各基因座的等位基因，因而该核心组合是使权利要求1相对于现有技术作出贡献的技术特征，是权利要求1各技术方案间的共有特定技术特征，因此，权利要求1各技术方案间具有单一性。

权利要求2~4也请求保护同时确定基因座组合中各个短串联重复基因座中存在的等位基因的方法，权利要求2~4所述方法与权利要求1的不同之处仅在于基因座组合的种类（都为2种）和每种组合中基因座数目（分别为6个、7个和8个）。与权利要求1相同，权利要求2~4中所有基因座组合也都包含D7S820、D13S317和D5S818组成的核心组合，因此，该核心组合不仅构成了权利要求2~4内部各技术方案的共有特定技术特征，而且也构成了权利要求1~4之间的共有技术特征。因此，权利要求1~4之间以及各权利要求内的技术方案之间都具有单一性。

权利要求15请求保护用于同时分析至少4个基因座中短串联重复序列的试剂盒，该试剂盒包括不同基因座组合共扩增所需的引物对，每一个基因座都有与之对应的特异性引物对（例如，SEQ ID NO：1和2之于D7S820、SEQ ID NO：3和4之于D13S317、SEQ ID NO：5和6之于D5S818），因此选用不同的基因座组合，则必然有与之对应的不同引物对组合，权利要求15中限定了权利要求1~4中的全部19种基因座组合，因此相应产生19种不同引物对组合，权利要求15中共包括19个技术方案。19种不同引物对组合中都包括相应特异性针对基因座核心组合（D7S820、D13S317和D5S818）的引物对核心组合（SEQ ID NO：1和2、SEQ ID NO：3和4、SEQ ID NO：5和6）。鉴于尚无证据表明现有技术中公开了该引物对核心组合，而且该引物对核心组合与其他数个（例如3个、4个和5个）其他引物对的组合都能实现共扩增基因座组合在一个反应中确定多重扩增系统中每个基因座的等位基因。因此，该引物对核心组合是使权利要求15相对于现有技术作出贡献的技术特征，是权利要求15各技术方案间的共有特定技术特征，因此，权利要求15各技术方案间具有单一性。

权利要求1~4中的19种基因座组合与权利要求15中的引物对组合，它们之间一一对应，相互关联不能分开使用，两者是彼此对应的特定技术特征，因此，权利要求1~4与权利要求15之间也具有单一性。

综上所述，请求人于2007年12月21日提交的权利要求书中的权利要求1~4和15已经克服了驳回决定所指出的相应权利要求不具有单一性的缺陷，符合专利法第31条第1款的规定。

根据以上事实和理由，本案合议组作出如下审查决定。

三、决定

撤销国家知识产权局于2005年11月11日对97194967.0号发明专利申请作出的驳回决定。由原审查部门在本决定所针对文本的基础上继续进行审查。

复审请求人对本决定不服的，可以根据专利法第41条第2款的规定，自收到本决定之日起三个月内向北京市第一中级人民法院起诉。

催泪因子生成酶的同功酶及编码该酶的基因

复审请求审查决定（第12715号）

决 定 号	第12715号
决 定 日	2008年2月27日
发明创造名称	催泪因子生成酶的同功酶及编码该酶的基因
国际分类号	C12N 15/61，C12N 9/90，C12N 1/15，C12N 1/19，C12N 1/21，C12 N5/00
复审请求人	好侍食品株式会社
申 请 号	01814378.4
优 先 权 日	2000年9月4日
申 请 日	2001年8月30日
公 开 日	2003年10月8日
合议组组长	李金光
主 审 员	张晓飞
参 审 员	尹昕

法律依据 专利法实施细则第20条第1款

决定要点

清楚表述请求保护的范围，首先要求权利要求的主题类型应当清楚；其次，每项权利要求所确定的保护范围应当清楚。权利要求的保护范围应当根据其所用词语的含义来理解。如果权利要求中的术语对于本领域技术人员来说含义确切，限定的范围边界清晰，则不应认为该术语的使用导致权利要求请求保护的范围不清楚。

一、案由

本复审请求涉及2001年8月30日申请、2003年10月8日公开、名称为"催泪因子生成酶的同功酶及编码该酶的基因"的01814378.4号发明专利申请（下称本申请），本申请的优先权日为2000年9月4日，申请人为好侍食品株式会社。

针对本申请进入中国国家阶段时申请人提交的说明书第1~24页、说明书附图第1~9页、说明书摘要和2005年3月21提交的权利要求1~20，国家知识产权局于2005年9月2日驳回了本申请，驳回决定所针对的权利要求书为：

"1. 对作用于存在于洋葱等的催泪因子前体具有生成催泪因子的活性的催泪因子生成酶利用它们等电点的差别进行纯化，得到的催泪因子生成酶的同功酶。

2. 蛋白质或多肽，其特征是：由序列1所示氨基酸序列构成或由在该氨基酸序列中进行了附加、缺失或置换1个或多个氨基酸的氨基酸序列构成，且具有作用于催泪因子前体而生成催泪因子的催泪因子生成酶活性。

3. 蛋白质或多肽，其特征是：由序列2所示氨基酸序列构成或由在该氨基酸序列中进行了附加、缺失或置换1个或多个氨基酸的氨基酸序列构成，且具有作用于催泪因子前体而生成催泪因子的催泪因子生成酶活性。

4. 蛋白质或多肽，其特征是：由序列3所示氨基酸序列构成或由在该氨基酸序列中进行了附加、缺失或置换1个或多个氨基酸的氨基酸序列构成，且具有作用于催泪因子前体而生成催泪因子的催泪因子生成酶活性。

5. 含有编码权利要求2、3或4记载的蛋白质或多肽的碱基序列的DNA。

6. 权利要求5记载的DNA，其中编码蛋白质或多肽的碱基序列是序列4所示的DNA。

7. 权利要求5记载的DNA，其中编码蛋白质或多肽的碱基序列是序列5所示的DNA。

8. 重组载体，其特征是含有编码所期望基因产物的碱基序列和载体，该碱基序列是权利要求5记载的碱基序列。

9. 重组载体，其特征是含有编码所期望基因产物的碱基序列和载体，该碱基序列是权利要求6记载的碱基序列。

10. 重组载体，其特征是含有编码所期望基因产物的碱基序列和载体，该碱基序列是权利要求7记载的碱基序列。

11. 用权利要求8记载的重组载体对微生物进行转化的转化体。

12. 用权利要求9记载的重组载体对微生物进行转化的转化体。

13. 用权利要求10记载的重组载体对微生物进行转化的转化体。

14. 催泪因子生成酶同功酶的制造方法，其特征是：对作用于存在于洋葱等的催泪因子前体生成催泪因子的催泪因子生成酶利用它们等电点的差别，通过纯化对同功酶E2-1、E2-2或E2-3进行分离。

15. 具有催泪因子生成酶活性的蛋白质或多肽的制造方法，其特征是：对用含有权利要求5记载的DNA的重组载体转化的宿主细胞进行培养，对在培养基或细胞中产生的具有催泪因子生成酶活性的蛋白质或多肽进行分离。

16. 具有催泪因子生成酶活性的蛋白质或多肽的制造方法，其特征是：对用含有权利要求6记载的DNA的重组载体转化的宿主细胞进行培养，对在培养基或细胞中产生的具有催泪因子生成酶活性的蛋白质或多肽进行分离。

17. 具有催泪因子生成酶活性的蛋白质或多肽的制造方法，其特征是：对用含有权利要求7记载的DNA的重组载体转化的宿主细胞进行培养，对在培养基或细胞中产生的具有催泪因子生成酶活性的蛋白质或多肽进行分离。

18. 反义RNA，其特征是含有与权利要求5记载的DNA相对应的mRNA互补的碱基序列。

19. 反义RNA，其特征是含有与权利要求6记载的DNA相对应的mRNA互补的碱基序列。

20. 反义RNA，其特征是含有与权利要求7记载的DNA相对应的mRNA互补的碱基序列。"

驳回决定认为：权利要求2~4中的"多个"包含了大量的经过各种添加、缺失等改变的序列，虽然作了功能限定，但仍然包含了很多使本领域技术人员难以确定能够达到发明目的的序列；权利要求5中的"含有"是一种开放式的写法，也包含了很多使本领域技术人员难以确定能够达到发明目的的序列。因此权利要求2~5的保护范围不清楚，不符合专利法实施细则第20条第1款的规定。

申请人好侍食品株式会社（下称请求人）对上述驳回决定不服，于2005年12月19日向专利复审委员会提出复审请求，请求人在提出复审请求时提交了经修改的权利要求书全文替换页（共2页20项）及如下附件：

1.《新生化学实验讲座》，核酸Ⅲ，重组DNA技术，日本生化学会编，株式会社东京化学同人发行，1992年10月出版，封面页、出版信息页、第1页和第234～251页，日文复印件共11页；

2. Nature，第419卷，第6908期，2002年10月17日出版，封面页和第685页，英文复印件共2页。

请求人在其提交的经修改的权利要求书中仅对驳回决定所针对文本中的权利要求2～5进行了修改，其中将驳回决定所针对的权利要求2～4中记载的"1个或多个"修改为"了特定的"；删除了权利要求5中的"含有"，其余权利要求未作修改，修改后的权利要求2～5具体如下：

"……

2. 蛋白质或多肽，其特征是：由序列1所示氨基酸序列构成或由在该氨基酸序列中进行了附加、缺失或置换了特定的氨基酸的氨基酸序列构成，且具有作用于催泪因子前体而生成催泪因子的催泪因子生成酶活性。

3. 蛋白质或多肽，其特征是：由序列2所示氨基酸序列构成或由在该氨基酸序列中进行了附加、缺失或置换了特定的氨基酸的氨基酸序列构成，且具有作用于催泪因子前体而生成催泪因子的催泪因子生成酶活性。

4. 蛋白质或多肽，其特征是：由序列3所示氨基酸序列构成或由在该氨基酸序列中进行了附加、缺失或置换了特定的氨基酸的氨基酸序列构成，且具有作用于催泪因子前体而生成催泪因子的催泪因子生成酶活性。

5. 编码权利要求2、3或4记载的蛋白质或多肽的碱基序列构成的DNA。
……"

请求人认为：对于给定的权利要求的保护范围，本领域技术人员无必要进行确定可能范围的工作，需要进行的只是核实某一序列是否属于该范围，因此国家知识产权局驳回的理由不成立。

形式审查合格后，专利复审委员会受理了该复审请求，并于2006年1月19日向请求人发出《复审请求受理通知书》，同时将本申请案卷移交原审查部门进行前置审查。

原审查部门对本复审请求进行了前置审查，认为"置换了特定的氨基酸"实质上还是包括了所述氨基酸序列的很多变体，致使本领域技术人员不能确定何种变体能够实现发明目的，保护范围仍然不清楚，因此坚持原驳回决定。

专利复审委员会组成合议组，对本复审请求案进行了审理。于2007年8月24日向请求人发出《复审通知书》。《复审通知书》指出：在请求人于2005年12月19日提交的经修改的权利要求书中，将权利要求2～4中的"附加、缺失或置换一个或多个氨基酸"修改为"附加、缺失或置换了特定的氨基酸"。由于"特定的"从词义上理解是对氨基酸的种类进行了一定程度的限定，其与原权利要求2～4中对附加、缺失或置换的氨基酸的非特定性限定的含义不同，因此这种修改致使所属技术领域的技术人员看到的信息与原申请公开的信息不同，而且又不能从原申请公开的信息中直接地、毫无疑义地确定，该修改超出了原说明书和权利要求书记载的范围，不符合专利法第33条的规定。

针对《复审通知书》指出的问题，请求人于2007年11月16日提交了意见陈述书及经修改的权利要求书。其中将提出复审请求时提交的权利要求书中权利要求2～4中的"附加、缺失或置换了特定的氨基酸"改成"附加、缺失或置换了一个或多个氨基酸"。

修改后的权利要求书如下：

"1. 对作用于存在于洋葱等的催泪因子前体具有生成催泪因子的活性的催泪因子生成酶利用它们

等电点的差别进行纯化，得到的催泪因子生成酶的同功酶。

2. 蛋白质或多肽，其特征是：由序列1所示氨基酸序列构成或由在该氨基酸序列中进行了附加、缺失或置换了一个或多个氨基酸的氨基酸序列构成，且具有作用于催泪因子前体而生成催泪因子的催泪因子生成酶活性。

3. 蛋白质或多肽，其特征是：由序列2所示氨基酸序列构成或由在该氨基酸序列中进行了附加、缺失或置换了一个或多个氨基酸的氨基酸序列构成，且具有作用于催泪因子前体而生成催泪因子的催泪因子生成酶活性。

4. 蛋白质或多肽，其特征是：由序列3所示氨基酸序列构成或由在该氨基酸序列中进行了附加、缺失或置换了一个或多个氨基酸的氨基酸序列构成，且具有作用于催泪因子前体而生成催泪因子的催泪因子生成酶活性。

5. 编码权利要求2、3或4记载的蛋白质或多肽的碱基序列构成的DNA。

6. 权利要求5记载的DNA，其中编码蛋白质或多肽的碱基序列是序列4所示的DNA。

7. 权利要求5记载的DNA，其中编码蛋白质或多肽的碱基序列是序列5所示的DNA。

8. 重组载体，其特征是含有编码所期望基因产物的碱基序列和载体，该碱基序列是权利要求5记载的碱基序列。

9. 重组载体，其特征是含有编码所期望基因产物的碱基序列和载体，该碱基序列是权利要求6记载的碱基序列。

10. 重组载体，其特征是含有编码所期望基因产物的碱基序列和载体，该碱基序列是权利要求7记载的碱基序列。

11. 用权利要求8记载的重组载体对微生物进行转化的转化体。

12. 用权利要求9记载的重组载体对微生物进行转化的转化体。

13. 用权利要求10记载的重组载体对微生物进行转化的转化体。

14. 催泪因子生成酶同功酶的制造方法，其特征是：对作用于存在于洋葱等的催泪因子前体生成催泪因子的催泪因子生成酶利用它们等电点的差别，通过纯化对同功酶E2-1、E2-2或E2-3进行分离。

15. 具有催泪因子生成酶活性的蛋白质或多肽的制造方法，其特征是：对用含有权利要求5记载的DNA的重组载体转化的宿主细胞进行培养，对在培养基或细胞中产生的具有催泪因子生成酶活性的蛋白质或多肽进行分离。

16. 具有催泪因子生成酶活性的蛋白质或多肽的制造方法，其特征是：对用含有权利要求6记载的DNA的重组载体转化的宿主细胞进行培养，对在培养基或细胞中产生的具有催泪因子生成酶活性的蛋白质或多肽进行分离。

17. 具有催泪因子生成酶活性的蛋白质或多肽的制造方法，其特征是：对用含有权利要求7记载的DNA的重组载体转化的宿主细胞进行培养，对在培养基或细胞中产生的具有催泪因子生成酶活性的蛋白质或多肽进行分离。

18. 反义RNA，其特征是含有与权利要求5记载的DNA相对应的mRNA互补的碱基序列。
19. 反义RNA，其特征是含有与权利要求6记载的DNA相对应的mRNA互补的碱基序列。
20. 反义RNA，其特征是含有与权利要求7记载的DNA相对应的mRNA互补的碱基序列。"

至此，合议组认为本案事实已经清楚，可以作出审查决定。

二、决定的理由

1. 审查依据的文本

请求人于2007年11月16日提交了经修改的权利要求书全文替换页（共2页20项），经审查，该修改符合专利法第33条和专利法实施细则第60条第1款的规定。本复审决定所针对的文本为本申请进入中国国家阶段时请求人提交的说明书第1~24页、说明书附图第1~9页、说明书摘要和2007年11月16提交的权利要求1~20。

2. 关于专利法实施细则第20条第1款

专利法实施细则第20条第1款规定，权利要求书应当说明发明或者实用新型的技术特征，清楚、简要地表述请求保护的范围。

根据该款规定，清楚表述请求保护的范围，首先要求权利要求的主题类型应当清楚；其次，每项权利要求所确定的保护范围应当清楚。权利要求的保护范围应当根据其所用词语的含义来理解。如果权利要求中的术语对于本领域技术人员来说含义确切，限定的范围边界清晰，则不应认为该术语的使用导致权利要求请求保护的范围不清楚。

就本申请而言，修改后的权利要求2~4要求保护蛋白质或多肽，首先，该主题即蛋白质或多肽表达了本申请要求保护一种产品，其保护类型是清楚的；其次，对氨基酸序列进行的限定，即"附加、缺失或置换了一个或多个氨基酸"，本领域技术人员清楚其含义为在序列1、2或3的基础上，在任何位置附加、缺失或者置换1个或1个以上的氨基酸，而对氨基酸序列进行"附加"、"缺失"或"置换"氨基酸的含义以及操作方式也是本领域公知的，因此，权利要求2~4中所用的上述术语含义清楚，用该术语所表述的权利要求2~4限定的保护内容边界范围清晰。综上所述，权利要求2~4的保护范围清楚，符合专利法实施细则第20条第1款的规定。

修改后的权利要求5删除了驳回决定所针对的权利要求5中的"含有"，其保护范围具体限定为"编码权利要求2、3或4记载的蛋白质或多肽的碱基序列构成的DNA"，主题类型表明请求保护一种DNA产品，该产品用保护范围清楚的权利要求2~4进行限定，没有歧义，因此，权利要求5的保护范围也是清楚的，符合专利法实施细则第20条第1款的规定。

根据以上事实和理由，本案合议组作出如下审查决定。

三、决定

撤销国家知识产权局于2005年9月2日对01814378.4号发明专利申请作出的驳回决定。由原审查部门在本复审决定所针对的文本的基础上继续进行审查。

复审请求人对本决定不服的，可以根据专利法第41条第2款的规定，自收到本决定之日起三个月内向北京市第一中级人民法院起诉。

143

使用特殊的氨基硅氧烷对头发进行永久再成型的方法

复审请求审查决定（第12716号）

决 定 号	第12716号
决 定 日	2007年12月12日
发明创造名称	使用特殊的氨基硅氧烷对头发进行永久再成型的方法
国际分类号	A61K 7/11
复审请求人	莱雅公司
申 请 号	02149843.1
申 请 日	2002年11月7日
优 先 权 日	2001年11月8日
公 开 日	2003年5月14日
合议组组长	叶 娟
主 审 员	葛永奇
参 审 员	王 冬

法 律 依 据 专利法第22条第3款

决 定 要 点

如果发明是所属技术领域的技术人员在现有技术的基础上仅仅通过合乎逻辑的分析、推理或者有限的试验就可以得到的，则该发明是显而易见的，不具备创造性。

一、案由

本复审请求涉及申请日为2002年11月7日，优先权日为2001年11月8日，公开日为2003年5月14日，申请号为02149843.1，发明名称为"使用特殊的氨基硅氧烷对头发进行永久再成型的方法"的发明专利申请（下称本申请），申请人为莱雅公司。

2005年1月14日，国家知识产权局针对申请人于申请日提交的说明书第1~3、5~9页、摘要、于2004年7月5日提交的权利要求1~26和说明书第4、4a页，以权利要求第1~26项不符合专利法第22条第3款的规定为由驳回了本申请。驳回决定针对的权利要求书为：

"1. 一种将头发再成型的方法，其包括至少以下操作：

(i) 向该头发施用还原组合物；

(ii) 氧化该头发，

其特征在于它还包括，在操作（i）之前和/或操作（ii）之后，向所述头发施用一种预处理和/或后处理化妆品组合物，所述组合物含有处于化妆可接受的介质中的至少一种呈非微乳化形式的氨基硅氧烷，所述氨基硅氧烷具有以下化学式（I）或（II）：

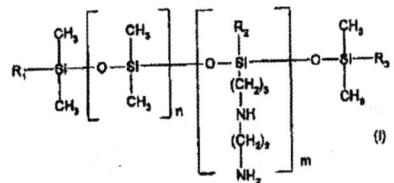

在化学式（I）中：

m和n是这样的数字，其和（m+n）可以在1~1000范围内，对于n来说，可以表示0~999的数，对于m来说，可以表示1~1000的数；

R_1、R_2、R_3可以相同或不同，表示羟基或C_1-C_4烷氧基，R_1-R_3中的至少一个表示烷氧基；

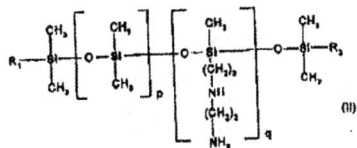

在化学式（II）中：

p和q是这样的数字，其和（p+q）可以在1~1000范围内，对于p来说，可以表示0~999的数，对于q来说，可以表示1~1000的数；

R_1、R_2可以相同或不同，表示羟基或C_1~C_4烷氧基，R_1~R_2中的至少一个表示烷氧基。

2. 根据权利要求1的方法，其特征在于

在化学式（I）中：m和n是这样的数字，其和（m+n）可以在50-250范围内，对于n来说，可以表示49~249的数，对于m来说，可以表示1~10的数；

在化学式（II）中：p和q是这样的数字，其和（p+q）可以在50~350范围内，对于p来说，可以表示49~349的数，对于q来说，可以表示1~10的数。

3. 根据权利要求1的方法，其特征在于

在化学式（I）中：m和n是这样的数字，其和（m+n）可以在100~200范围内，对于n来说，可以表示125~175的数，对于m来说，可以表示1~5的数；

在化学式（II）中：p和q是这样的数字，其和（p+q）可以在150~250范围内，对于p来说，可以表示159~239的数，对于q来说，可以表示1~5的数。

4. 根据权利要求1的方法，其特征在于R_1、R_2、R_3可以相同或不同，表示羟基或甲氧基，R_1-R_3中的至少一个表示甲氧基。

5. 根据权利要求1的方法，其特征在于，对于化学式（I）的氨基硅氧烷，羟基/烷氧基的摩尔比在0.2∶1~0.4∶1之间。

6. 根据权利要求5的方法，其特征在于，对于化学式（I）的氨基硅氧烷，羟基/烷氧基的摩尔比在0.25∶1~0.35∶1之间。

7. 根据权利要求5的方法，其特征在于，对于化学式（I）的氨基硅氧烷，羟基/烷氧基的摩尔比等于0.3。

8. 根据权利要求1的方法，其特征在于，对于化学式（II）的氨基硅氧烷，羟基/烷氧基的摩尔比在1∶0.8~1∶1.1之间。

9. 根据权利要求8的方法，其特征在于，对于化学式（II）的氨基硅氧烷，羟基/烷氧基的摩尔比在1∶0.9~1∶1之间。

10. 根据权利要求 8 的方法，其特征在于，对于化学式（I）的氨基硅氧烷，羟基/烷氧基的摩尔比等于 1：0.95。

11. 根据权利要求 1 的方法，其特征在于化学式（I）的氨基硅氧烷的重均分子量为 2000～1000000。

12. 根据权利要求 11 的方法，其特征在于化学式（I）的氨基硅氧烷的重均分子量为 3500～200000。

13. 根据权利要求 1 的方法，其特征在于化学式（II）的氨基硅氧烷的重均分子量为 2000～200000。

14. 根据权利要求 13 的方法，其特征在于化学式（II）的氨基硅氧烷的重均分子量为 5000～100000。

15. 根据权利要求 13 的方法，其特征在于化学式（II）的氨基硅氧烷的重均分子量为 10000～50000。

16. 根据权利要求 1 的方法，其特征在于含有至少一种氨基硅氧烷的预处理或后处理组合物的 pH 在 2～10 之间。

17. 根据权利要求 16 的方法，其特征在于含有至少一种氨基硅氧烷的预处理或后处理组合物的 pH 在 3～9 之间。

18. 根据权利要求 1 的方法，其特征在于相对于组合物的总重量，预处理或后处理组合物中非微乳化的化学式（I）或（II）的氨基硅氧烷的浓度在 0.05～10wt% 之间。

19. 根据权利要求 18 的方法，其特征在于相对于组合物的总重量，预处理或后处理组合物中非微乳化的化学式（I）或（II）的氨基硅氧烷的浓度在 0.1～7% 之间。

20. 根据权利要求 1 的方法，其特征在于预处理或后处理组合物留在头发上作用 1～60 分钟。

21. 根据权利要求 20 的方法，其特征在于预处理或后处理组合物留在头发上作用 3～30 分钟。

22. 根据权利要求 1 的方法，其特征在于预处理或后处理组合物也含有选自以下的添加剂：维生素及其衍生物，抗氧化剂，精油，润湿剂，硅氧烷或非硅氧烷防晒剂，防腐剂，多价螯合剂，珠光剂，颜料，补湿剂，去头屑剂，抗皮脂溢剂，增塑剂，醇酸，电解液，溶剂和香料。

23. 根据权利要求 22 的方法，其特征在于维生素及其衍生物为维生素 E、维生素 E 醋酸盐、维生素 C 及其酯、维生素 B、维生素 A 醇或视黄醇、维生素 A 酸或视黄酸及其衍生物，维生素前体。

24. 根据权利要求 23 的方法，其特征在于维生素前体为泛醇、维生素 A 棕榈酸酯、烟酰胺、麦角钙化醇。

25. 用于头发再成型的试剂盒，一个隔室中装有含有一种权利要求 1 定义的氨基硅氧烷的预处理和/或后处理化妆品组合物。

26. 在化妆品可接受的介质中含有权利要求 1 定义的氨基硅氧烷的预处理和/或后处理化妆用组合物在头发再成型方面的用途。"

具体驳回理由是：（1）权利要求 1 请求保护一种将头发再成型的方法。对比文件 1（CN 1244114 A，公开日为 2000 年 2 月 9 日）公开了一种使头发变形的方法，包括：在向头发施用还原组合物之后施用氧化组合物，氧化该头发，其中氧化组合物中含有处于化妆品可接受的介质中的如下式所示的类似于本申请式 I 的氨基硅氧烷：

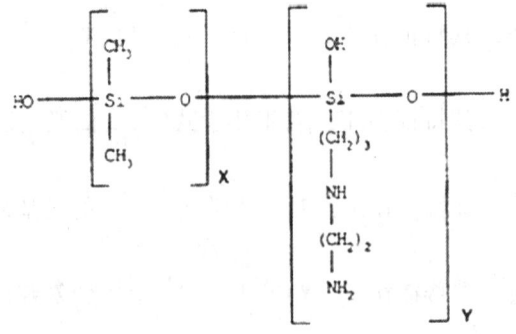

其中 X 和 Y 使得氨基硅氧烷的分子量为 5000～500000；或者如下式所示的类似于本申请式 II 的氨基硅氧烷：

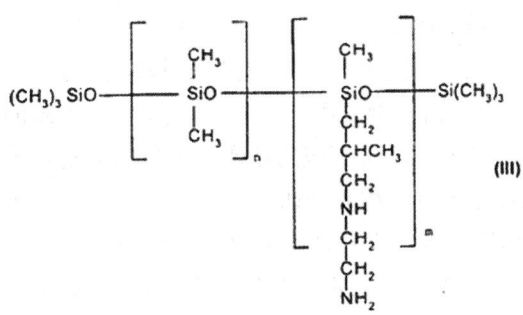

其中（n+m）是从 1～2000，优选为 50～150，n 为 0～1999，优选为 49～149，m 为 1～2000 优选为 1～10（参见对比文件 1 说明书第 3 页第 12 行至第 6 页第 11 行，第 8 页第 17 行，第 16 页第 24 行至第 19 页第 2 行，实施例 2），并未指出其氨基硅氧烷为微乳化形式。由此可见权利要求 1 请求保护的技术方案与对比文件 1 所公开的技术方案的区别主要在于将氨基硅氧烷在向头发施用还原组合物之前和/或氧化该头发之后施用，而非加入到氧化组合物中使用，以及式 I 或式 II 的端基不同。由于起主要作用的是氨基硅氧烷的基本结构，所属技术领域的技术人员依据其常识完全可以适当改变端基的结构以及将氨基硅氧烷在还原头发之前或者氧化头发之后单独使用。而且对比文件 1 也公开了"最后得到的头发容易梳理，很柔软"的技术效果（说明书第 17 页第 27 行）。至于权利要求 1 中式 I 中 m 和 n 的数值虽然对比文件 1 并未明确公开，但是既然其分子量在本申请的式 I 化合物的分子量范围之内，其 m 和 n 值必然也在本申请权利要求 1 的保护范围之内。因此权利要求 1 请求保护的技术方案相对于现有技术不具备突出的实质性特点和显著进步，不具备创造性。(2) 引用权利要求 1 的从属权利要求 2～24 的附加技术特征或者是本领域公知常识，或者是对比文件 1 公开的内容或能够由其很容易推导出来的内容，并且这些从属权利要求用附加技术特征对权利要求 1 的技术方案进行限定也没有取得任何意料不到的技术效果，因此，权利要求 2～24 也不具备创造性。(3) 权利要求 25 要求保护的是一种试剂盒。由于对比文件 1 中公开了将其组合物制成染色盒（即相当于试剂盒）的形式（参见对比文件 1 说明书第 16 页）。因此当其引用的权利要求所涉及的化妆品组合物没有创造性时，权利要求 25 请求保护的含有该化妆品组合物的试剂盒也不具备突出的实质性特点和显著的进步，不具备创造性。(4) 权利要求 26 要求保护含有如权利要求 1 所定义的氨基硅氧烷的组合物在头发再成型方面的用途。前面已经评述用该含有氨基硅氧烷的组合物将头发再成型的方法不具备创造性，显然权利要求 26 请求保护的用途也就不具备突出的实质性特点和显著的进步，不具备创造性。(5) 由于对比文件 1 确实公开了使头发变形或者说是烫发的方法，实际上对比文件 1 所公开的组合物既可以用于头发染色也可以用于烫发，并且对比文件 1 也公开了"最后得到的头发容易梳理，很柔软"，因此权利要求 1 的技术方案取得了技术效果并非是预料不到的。

申请人莱雅公司（下称请求人）对该驳回决定不服，于 2005 年 4 月 29 日向国家知识产权局专利复审委员会提出复审请求，请求人在请求复审时没有修改申请文件。请求人坚持认为对比文件 1 针对的是头发染色产品，而本发明涉及的是使用特定硅氧烷进行的长效烫发方法，两者不属于同一个领域。因此，本发明相对于对比文件 1 具有创造性。

形式审查合格后，专利复审委员会受理了该复审请求，并于 2005 年 5 月 25 日向请求人发出复审请求受理通知书，随后将本申请案卷移交原审查部门进行前置审查。

原审查部门对本复审请求进行了前置审查，鉴于请求人未提交任何修改文本，并且陈述的意见与其在答复第一次审查意见通知书时相同，因此维持驳回决定。

专利复审委员会组成合议组，对本复审请求案进行了审理。于 2007 年 6 月 27 日向请求人发出

《复审通知书》。《复审通知书》指出,(1)本申请和对比文件1均涉及长效烫发的方法,权利要求1的方法与对比文件1的方法相比,区别在于权利要求1中氨基硅氧烷的端基为羟基/烷氧基且至少有一个为烷氧基,对比文件1中为羟基或甲基,且本申请权利要求1的方法中,在向头发施用还原组合物之前和/或氧化该头发之后施用氨基硅氧烷,而不是将氨基硅氧烷包含于氧化组合物中施用。但由对比文件1可以推知,氨基硅氧烷的端基的不同和氨基硅氧烷使用方式的不同都不会实质上改变其使用效果。因此,在现有技术的基础上,所属领域的技术人员仅仅通过合乎逻辑的分析、推理或者有限的试验即可得到权利要求1的技术方案,权利要求1相对于对比文件1不具备创造性。引用权利要求1的从属权利要求2~24的附加技术特征或者是本领域公知常识,或者是对比文件1公开的内容或能够由其很容易推导出来的内容,并且这些从属权利要求用附加技术特征对权利要求1的技术方案进行限定也没有取得任何意料不到的技术效果,因此,权利要求2~24也不具备创造性。(2)对比文件1中公开了将其组合物制成染色盒的形式,且对比文件1也明确公开所述组合物还可用于头发永久变形(或者说烫发),因此,权利要求25请求保护的含有该化妆品组合物的试剂盒也不具备创造性。用含有氨基硅氧烷的组合物将头发再成型的方法不具备创造性,显然权利要求26请求保护的组合物在头发再成型方面的用途也不具备创造性。

针对《复审通知书》指出的问题,请求人于2007年10月12日提交了意见陈述书,请求人认为:权利要求1请求保护的头发再成型方法既包括组合物的组成特征,又包含方法的步骤特征,而对比文件1的方法中所使用的氨基硅氧烷并非本发明的氨基硅氧烷,对比文件1中也没有公开或暗示任何内容能够引导本领域技术人员对对比文件1的氨基硅氧烷进行结构变化从而获得本发明的氨基硅氧烷,因此,在对比文件1没有提供任何技术指导的情况下,从众多的氨基硅氧烷中选择具有如权利要求所限定的化学式(I)或(II)的本发明的氨基硅氧烷,并确保所选氨基硅氧烷仍然能够有效地进行长效烫发需要付出创造性劳动。因此,权利要求1~26相对于对比文件1具有创造性。

至此,合议组认为本案事实清楚,可以作出审查决定。

二、决定的理由

1. 审查文本

请求人在请求复审和答复《复审通知书》时没有提交新的申请文本,因此,本复审决定所针对的申请文本为驳回决定所针对的文本,即:申请日提交的说明书第1~3、5~9页、说明书摘要,2004年7月5日提交的说明书第4、4a页和权利要求1~26。

2. 决定的理由

专利法第22条第3款规定,发明的创造性,是指同申请日以前已有的技术相比,该发明有突出的实质性特点和显著的进步。

根据该款规定,如果发明是所属技术领域的技术人员在现有技术的基础上仅仅通过合乎逻辑的分析、推理或者有限的试验就可以得到的,则该发明是显而易见的,不具备创造性。

本案中,权利要求1请求保护一种将头发再成型的方法,其包括至少(i)向头发施用还原组合物,(ii)氧化头发,其特征在于还包括在(i)之前和/或(ii)之后向所述头发施用预处理和/或后处理化妆品组合物,所述组合物含有处于化妆品可接受的介质中的至少一种呈非微乳化形式的具有化学式

或

$$\text{R}_1-\underset{\underset{\text{CH}_3}{|}}{\overset{\overset{\text{CH}_3}{|}}{\text{Si}}}-\text{O}-\left[\underset{\underset{\text{CH}_3}{|}}{\overset{\overset{\text{CH}_3}{|}}{\text{Si}}}-\text{O}\right]_p\left[\underset{\underset{(\text{CH}_2)_3}{|}\underset{\text{NH}}{|}\underset{(\text{CH}_2)_2}{|}\underset{\text{NH}_2}{|}}{\overset{\overset{\text{CH}_3}{|}}{\text{Si}}}-\text{O}\right]_q-\underset{\underset{\text{CH}_3}{|}}{\overset{\overset{\text{CH}_3}{|}}{\text{Si}}}-\text{R}_2 \quad (\text{II})$$

的氨基硅氧烷。

对比文件1（CN 1244114 A，公开日为2000年2月9日）公开了一种使头发变形的方法，包括：在向头发施用还原组合物之后施用氧化组合物，氧化该头发，其中氧化组合物中含有处于化妆品可接受的介质中的氨基硅氧烷，可选的氨基硅氧烷的化学式有

$$\text{HO}-\left[\underset{\underset{\text{CH}_3}{|}}{\overset{\overset{\text{CH}_3}{|}}{\text{Si}}}-\text{O}\right]_x\left[\underset{\underset{(\text{CH}_2)_3}{|}\underset{\text{NH}}{|}\underset{(\text{CH}_2)_2}{|}\underset{\text{NH}_2}{|}}{\overset{\overset{\text{OH}}{|}}{\text{Si}}}-\text{O}\right]_y-\text{H} \quad (\text{I})$$

或

$$(\text{CH}_3)_3\text{SiO}-\left[\underset{\underset{\text{CH}_3}{|}}{\overset{\overset{\text{CH}_3}{|}}{\text{SiO}}}\right]_n\left[\underset{\underset{\text{CHCH}_3}{|}\underset{\text{NH}}{|}\underset{\text{CH}_2}{|}\underset{\text{NH}_2}{|}}{\overset{\overset{\text{CH}_3}{|}}{\text{SiO}}}\right]_m-\text{Si}(\text{CH}_3)_3 \quad (\text{III})$$

其中对比文件1的式（I）中端基为-OH，式中 x 和 y 是取决于分子量的整数，一般地如所述的数均分子量是约5000～500000，式（II）中端基为-CH₃，m 和 n 是如（n+m）之和具体地可以从1改变到2000，优选地是50～150的数，n 可以代表0 至1999 的数，优选地是49～149，而 m 可以代表1～2000 的数，优选地1～10（参见说明书第5页式I、第6页式III，以及第16页第29行至第17页第27行）。将权利要求1的方法与对比文件1的方法相比，其中涉及的氨基硅氧烷的端基和侧链有所不同。本申请权利要求1的式（I）与对比文件1中的式（I）相比，其右端的端基

$$-\underset{\underset{\text{CH}_3}{|}}{\overset{\overset{\text{CH}_3}{|}}{\text{Si}}}-\text{R}_3$$

（其中 R₃ 在 R₁ 和 R₂ 均为羟基时其为烷氧基）在对比文件1式（I）中为-H；本申请权利要求1中式（II）与对比文件1中的式（III）相比，前者的侧链为

$$\begin{array}{c}|\\(CH_2)_3\\|\\NH\\|\\(CH_2)_2\\|\\NH_2\end{array},$$

而后者的侧链为

$$\begin{array}{c}|\\CH_2\\|\\CHCH_3\\|\\CH_2\\|\\NH\\|\\CH_2\\|\\CH_2\\|\\NH_2\end{array},$$

且前者的 R_1、R_2 均为羟基或烷氧基（至少有一个为烷氧基），而在对比文件1式（III）中均为甲基。本申请权利要求1与对比文件1的技术方案之间所存在的另一区别特征是：在本申请权利要求1中，在向头发施用还原组合物之前和/或氧化该头发之后施用氨基硅氧烷，而不是将氨基硅氧烷包含于氧化组合物中而施用。尽管存在上述区别特征，但两种方法所要解决的技术问题和达到的技术效果都是相同的，即都涉及头发再成型（或者是使头发变形）的方法，该方法使"头发容易梳理，很柔软"。

首先，对比文件1公开了具有不同端基和侧链的作为调理剂使用的聚氨基硅氧烷，在这些具有不同端基和侧链的聚氨基硅氧烷中包括了与本申请中相同的端基和侧链，例如对比文件1中式（I）的侧链

$$\begin{array}{c}|\\(CH_2)_3\\|\\NH\\|\\(CH_2)_2\\|\\NH_2\end{array}。$$

由此可见，对比文件1给出了选择不同的端基和侧链的聚氨基硅氧烷均具有作为化妆品中的调理剂的作用这一教导，本领域技术人员依据对比文件1公开的内容可以合理预测：在一定范围内选择不同的端基和侧链而得到的聚氨基硅氧烷并不会实质性地改变聚硅氧烷作为调理剂的公知属性，其所利用的仍然是聚硅氧烷作为调理剂的公知属性。况且，如前所述，本申请中聚氨基硅氧烷的侧链是对比文件1中所用聚氨基硅氧烷侧链的其中一种，而端基的不同也没有产生任何意料不到的技术效果。对于另一区别特征，即在步骤（i）之前和/或步骤（ii）之后向头发施用调理剂氨基硅氧烷，而不是将氨基硅氧烷包含于氧化组合物中施用，首先，氨基硅氧烷直接与还原剂结合时，会阻碍还原剂的活性（见本申请说明书第6页第3段），但没有证据表明氨基硅氧烷直接与氧化剂结合时也同样会影响氧化剂的活性，因此可推知单独使用氨基硅氧烷与将氨基硅氧烷包含于氧化组合物中使用不会导致不同的

使用效果，这两种使用方法其效果应该是相同的。综上所述，权利要求1相对于对比文件1不具备突出的实质性特点和显著的进步，不具有创造性。

权利要求2进一步限定了式I中的m和n以及式II中的p和q。如前所述，式II中的p和q已经被对比文件1所公开，至于式I中的m和n虽然未被对比文件1明确公开，但是在对比文件1公开了其氨基硅氧烷分子量（约5000~500000，参见说明书第5页）且本申请式（I）的氨基酸硅氧烷的重均分子量为2000~1000000（参见本申请权利要求11）的基础上，所属技术领域的技术人员很容易选择如权利要求2所述的m和n值，而且从说明书中也看不出其给本发明带来了任何预料不到的技术效果，因此在权利要求1相对于对比文件1不具备创造性的基础上，权利要求2请求保护的技术方案同样不具备突出的实质性特点和显著的进步，不具备创造性。

权利要求3进一步限定了式I中的m和n以及式II中的p和q值。依据对比文件1所公开的相当于式I的氨基硅氧烷的分子量以及相当于式II的氨基硅氧烷的p和q值，所属技术领域的技术人员选择如权利要求3所述的具体数值范围是显而易见的，而且从说明书中也看不出其给本发明带来了任何预料不到的技术效果，因此在权利要求1相对于对比文件1不具备创造性的基础上，权利要求3请求保护的技术方案也不具备突出的实质性特点和显著的进步，不具备创造性。

权利要求4将所述烷氧基具体限定为甲氧基，但没有证据表明这样的限定会对所述技术方案的技术效果带来任何预料不到的影响；权利要求5~10进一步限定了羟基/烷氧基的摩尔比，但从说明书中也看不出这种羟基/烷氧基摩尔比的具体选择有何预料不到的效果，其技术效果完全可以预知，因此在权利要求1相对于对比文件1不具备创造性的基础上，权利要求4~10请求保护的技术方案也不具备突出的实质性特点和显著的进步，不具备创造性。

权利要求11和12的附加技术特征已经被对比文件1公开。在对比文件1中，相当于式I的氨基硅氧烷的分子量为5000~500000（参见说明书第5页）。因此当其引用的权利要求不具备创造性时，权利要求11和12请求保护的技术方案也不具备创造性。

权利要求13~15进一步限定了式II的氨基硅氧烷的分子量。尽管对比文件1没有明确公开相当于式II的氨基硅氧烷的分子量，但是在对比文件1所公开的相当于式II的氨基硅氧烷的m和n的取值范围的基础上，所属技术领域的技术人员具体选择如权利要求13~15所述的分子量是显而易见的，而且从说明书中也看不出其为本发明带来了任何预料不到的技术效果，因此当其引用的权利要求不具备创造性时，权利要求13~15请求保护的技术方案也不具备突出的实质性特点和显著的进步，不具备创造性。

权利要求16~22的附加技术特征已经被对比文件1所公开。在对比文件1中，含有氨基硅氧烷的氧化组合物的pH值为5~11，优选6.5~10；以组合物的总重量计氨基硅氧烷的浓度为0.05~10%，优选0.1%~5%，更优选0.2%~3%；含有氨基硅氧烷的氧化组合物作用于头发的时间为3~30分钟，优选5~15分钟；以及在组合物中加入抗氧化剂、多价螯合剂、防腐剂等添加剂（参见对比文件1说明书第8页第16~17行，第18页第10~12行，和最后一段）。因此当其引用的权利要求不具备创造性时，权利要求16~22请求保护的技术方案也不具备突出的实质性特点和显著的进步，不具备创造性。

权利要求23和24的附加技术特征进一步限定了向预处理或后处理组合物中加入的维生素及其衍生物的种类。在化妆品中添加维生素及其衍生物或维生素前体是所属技术领域的技术人员所熟知的，并且具体列举的维生素及其衍生物也是熟知的，而且从说明书中也看不出添加这些维生素及其衍生物能为本发明带来何种预料不到的技术效果，因此当其引用的权利要求不具备创造性时，权利要求23和24请求保护的技术方案也不具备突出的实质性特点和显著的进步，不具备创造性。

权利要求25要求保护用于头发再成型的试剂盒。由于对比文件1中公开了将其组合物制成染色盒的形式（参见对比文件1说明书第16页），并且对比文件1也明确公开所述组合物还可用于头发永久变形（或者说烫发），因此，可以认为所述染色盒同样为用于头发永久变形的试剂盒。所以，当权利要求25引用的权利要求所涉及的化妆品组合物没有创造性时，权利要求25请求保护的含有该化妆品组合物的试剂盒也不具备突出的实质性特点和显著的进步，不具备创造性。

权利要求26要求保护含有如权利要求1所定义的氨基硅氧烷的组合物在头发再成型方面的用途。如对权利要求1的评述，用该含有氨基硅氧烷的组合物将头发再成型的方法不具备创造性，显然权利要求26请求保护的相应用途也就不具备突出的实质性特点和显著的进步，不具备创造性。

请求人陈述意见认为：权利要求1的方法既包括组合物的组成特征，又包含方法的步骤特征，在对比文件1没有提供任何技术指导的情况下，从众多的氨基硅氧烷中选择本发明的氨基硅氧烷并确保其仍然能够有效地进行长效烫发需要付出创造性劳动，因此权利要求1~26相对于对比文件1具有创造性。然而，如前所述，本领域技术人员依据对比文件1公开的内容可以合理预测：在一定范围内选择不同的端基和侧链而得到的聚氨基硅氧烷并不会实质性地改变聚硅氧烷作为调理剂的公知属性。况且聚氨基硅氧烷的端基和侧链的差异也没有产生任何意料不到的技术效果；同时，由于没有证据表明氨基硅氧烷直接与氧化剂结合时也同样会影响氧化剂的活性，因而可推知单独使用氨基硅氧烷与将氨基硅氧烷包含于氧化组合物中使用不会导致不同的使用效果，这两种使用方法其效果应该是相同的。总之，组合物组成特征和方法的步骤特征上的差异均不能使得权利要求1的技术方案具备创造性，请求人所陈述的理由不具有说服力。

根据以上事实和理由，本案合议组作出如下审查决定。

三、决定

维持国家知识产权局于2005年1月14日对申请号为02149843.1的发明专利申请作出的驳回决定。

复审请求人对本决定不服的，可以根据专利法第41条第2款的规定，自收到本决定之日起三个月内向北京市第一中级人民法院起诉。

一种诱发水稻抗氯磺隆体细胞突变体的方法

复审请求审查决定（第12717号）

决 定 号	第12717号
决 定 日	2008年1月31日
发明创造名称	一种诱发水稻抗氯磺隆体细胞突变体的方法
国 际 分 类 号	A01H 3/04，A01H 4/00，C12N 5/04
复 审 请 求 人	中国科学院亚热带农业生态研究所
申 请 号	200410013211.5
申 请 日	2004年5月26日
公 开 日	2005年2月23日
合议组组长	李金光
主 审 员	许 磊
参 审 员	任 怡
法 律 依 据	专利法第22条第4款

决 定 要 点

具有实用性的发明应当具有再现性，这种再现性是指所属技术领域的技术人员根据公开的内容能够重复实施所要保护的技术方案，这种重复实施不得依赖任何随机的因素，并且实施结果应当是相同的。对于用化学方法对植物进行的人工诱变而言，由于碱基变化是随机的，所以即使清楚记载了诱变条件，也很难通过重复诱变条件而得到完全相同的结果。

一、案由

本复审请求涉及申请日为2004年5月26日、公开日为2005年2月23日、名称为"一种诱发水稻抗氯磺隆体细胞突变体的方法"的200410013211.5号发明专利申请（下称本申请），本申请的申请人为中国科学院亚热带农业生态研究所。

针对申请人于2005年7月12日提交的权利要求第1项、说明书第1~2页，于2005年10月17日提交的说明书第3页以及于申请日提交的说明书摘要，国家知识产权局于2006年2月10日以权利要求1不符合专利法第22条第4款的规定为由驳回了本申请，驳回所针对的权利要求书如下：

"1. 一种诱发水稻抗氯磺隆体细胞突变体的方法，它包括下列步骤：

A. 配制培养基，诱导培养基：NB培养基中加入2mg/L二氯苯氧乙酸和20~30mg/L 5-溴尿嘧啶；继代培养基：NB培养基中加入2mg/L 2,4-D和0.2mg/L 6-苄基氨基嘌呤；筛选培养基：NB培养基中加入2mg/L 2,4-D和0.2mg/L 6-BA及25~50mg/L氯磺隆；分化培养基：MS培养基中加入2mg/6

-BA 和 0.5mg/L 萘乙酸;再分化培养基:MS 培养基中加入 2mg/L6-BA 和 0.5mg/LNAA 及 50~60mg/L 氯磺隆;

  B. 培养时间,诱导培养:将已消毒的成熟胚接于诱导培养基上,进行诱导愈伤组织培养 18~20 天;继代培养:将诱导培养基上的愈伤组织转入继代培养基上培养 18~20 天扩大愈伤组织抗氯磺隆细胞群体;筛选培养:将继代培养获得的愈伤组织切割成直径为 1.5~2.0 毫米,转入筛选培养基上培养 18~20 天,筛选抗氯磺隆体细胞;分化培养:将筛选培养基上已成活的愈伤组织转入分化培养基上培养 15~16 天分化绿块;再分化培养:将已分化的绿块转入再分化培养基上培养 15~16 天,筛选抗氯磺隆除草剂再生绿苗;

  C. 在黑暗条件下进行诱导、继代、筛选培养;在光照条件下进行分化、再分化培养,12~14 小时光周期;

  D. 诱导、继代、筛选、分化、再分化培养温度控制在 26~27℃。"

  驳回决定认为:(1)本申请的权利要求 1 要求保护的技术方案是在水稻胚培养的愈伤组织诱导阶段,在培养基中加入一种化学诱变剂 5-溴尿嘧啶诱导愈伤组织突变,经继代后通过用含有氯磺隆的筛选培养基筛选获得抗氯磺隆体细胞突变体。因此,其方案的实现依赖于在愈伤组织的诱导阶段,在化学诱变剂(5-溴尿嘧啶)诱变条件下所产生的随机突变,这种突变实际上是 DNA 复制过程中的一个或几个碱基的突变,更主要的是这种突变是随机的,即结果是随机的,因此,即使清楚地记载了诱变条件,也很难通过重复诱变条件而得到相同的结果,所属技术领域的技术人员不可能重复实现其方案,该方案无再现性,因此权利要求 1 不具备实用性,不符合专利法第 22 条第 4 款的规定。(2)本领域技术人员公知,利用组织培养过程中的诱变本身的局限性在于偶然性和不确定性,化学诱变剂是接触性作用试剂,主要靠各自的活性基团引起 DNA 化学变化,更多的在分子水平上作用,形成点突变。附件 1(标题为"化学诱变剂诱发水稻抗氯磺隆体细胞突变体试验"的文章,共 4 页,申请人在本案驳回决定作出之前提交)不足以证明在所述诱变条件下经过诱变必然得到抗氯磺隆体细胞突变体。

  申请人中国科学院亚热带农业生态研究所(下称请求人)对上述驳回决定不服,于 2006 年 4 月 2 日向专利复审委员会提出复审请求,请求人在提出复审请求时未对申请文件进行修改并再次提交了附件 1。请求人认为:在相同的诱发与筛选培养条件下,任何本领域的普通技术人员只要按照说明书中具体实施培养方法就可以重现获得抗氯磺隆体细胞突变体,这种机率是有实验依据的,如附件 1 证明,采用适宜浓度诱变剂和适宜浓度抗氯磺隆选择压筛选获得的抗性体细胞突变体不是随机的,在相同诱发与筛选条件下,任何本领域技术人员根据说明书的描述就可以获得抗氯磺隆体细胞突变体,所以本发明可以在工业上实施。

  形式审查合格后,专利复审委员会受理了该复审请求,并于 2006 年 5 月 24 日向请求人发出《复审请求受理通知书》,随后将本申请案卷移交原审查部门进行前置审查。

  2006 年 6 月 2 日,原审查部门对本复审请求进行了前置审查。前置意见认为本申请发明目的的实现依赖于愈伤组织在化学诱变剂诱变条件下所产生的随机突变,这种突变不具有可重复性和可再现性,因此权利要求 1 不具有专利法第 22 条第 4 款规定的实用性,故坚持原驳回决定。

  专利复审委员会组成合议组,对本案的复审请求进行了审理。2007 年 2 月 13 日,专利复审委员会向请求人发出《复审通知书》。该《复审通知书》指出:(1)权利要求 1 请求保护一种用化学诱变技术诱发水稻抗氯磺隆体细胞突变体的方法,根据本领域的公知常识,用化学方法进行人工诱变实际上是被诱变生物材料遗传性物质 DNA 复制过程中的一个或几个碱基的变化,然后从中筛选出表现出育种目标特征的生物材料。由于化学诱变条件下,生物材料碱基的变化是随机的,所以即使清楚地记载了诱变条件，也很难通过重复诱变条件而得到完全相同的诱变结果，所以本申请权利要求 1 请求保护的方法不符合专利法第 22 条第 4 款有关实用性的规定。（2）附件 1 只是表明了对一批水稻材料进行处理时用所要保护的诱变方法产生具有所需抗性植株的百分比，由于诱变产生的随机突变存在随机性，所以即使某次诱变率很高，也不能证明在每次用所说的方法进行诱变时都可以毫无疑义地获得相同的结果，而且从诱变的结果来看，对于批处理中的每个独立个体而言，该处理的结果都是不可预期的，因此，即使被成功诱变植株的百分比很高，也不能证明对各植株的每次诱变都必然能产生相同的结果，即也不能改变诱变结果是随机结果的事实。所以，请求人陈述的理由和附件 1 也不能表明权利要求 1 的技术方案符合专利法第 22 条第 4 款的规定。

针对《复审通知书》指出的问题，请求人于 2007 年 3 月 18 日提交了意见陈述书及下述附件（编号续前）：

附件 2："水稻抗氯磺隆体细胞突变体筛选研究初报"，冯双华等，《广西农业生物科学》，2005 年 6 月，第 24 卷，第 2 期，期刊封面页、第 104~108 页，复印件共 6 页；

附件 3：标题为"诱变培养基提高诱发水稻抗氯磺隆体细胞效果比较试验"的文章，共 3 页。

请求人认为：（1）通过许多培养基配方与对照进行印证表明本发明的方法具有再现性，同时本技术方法是在诱导细胞期间提高选择效率，所以再现效率高，并且请求人通过对同一物种体内不同品种进行试验，获得了具有相同性质的抗性细胞，本发明与科学理论相吻合（见附件 3）。（2）该诱变方法不是凭空而想的，也不是随机的，而是科学研究证实的结果（见附件 2）。本单位技术人员按照本发明所记载的内容均能够实现，而且试验结果相同，来自被诱发的愈伤组织不仅在细胞水平上能表达具有抗性，而且被分化的植株同样表达具有抗氯磺隆能力，反映了本方法具有一定的再现性和实用性。

至此，合议组认为本案事实清楚，可以作出审查决定。

二、决定的理由

1. 决定所依据的文本

鉴于请求人在复审过程中未对申请文件进行修改，因此，本决定是在驳回决定所依据的文本的基础上作出的。

2. 关于专利法第 22 条第 4 款

专利法第 22 条第 4 款规定，实用性，是指该发明或者实用新型能够制造或者使用，并且能产生积极效果。

根据该款规定，具有实用性的发明应当具有再现性，这种再现性是指所属技术领域的技术人员根据公开的内容能够重复实施所要保护的技术方案，这种重复实施不得依赖任何随机的因素，并且实施结果应当是相同的。对于用化学方法对植物进行的人工诱变而言，由于碱基变化是随机的，所以即使清楚记载了诱变条件，也很难通过重复诱变条件而得到完全相同的结果。

本案中，权利要求 1 请求保护一种诱发水稻抗氯磺隆体细胞突变体的方法，该方法采用了化学诱变技术，与组织培养结合，采用了离体诱导、继代、筛选、分化、再分化培养程序。根据本领域技术人员的公知常识，用化学方法进行人工诱变实际上是诱导生物材料遗传性物质 DNA 复制过程中的一个或几个碱基发生变化，然后从中筛选出表现出育种目标特征的生物材料。由于化学诱变条件下生物材料碱基的变化是随机的，所以即使清楚地记载了诱变条件，也很难通过重复诱变条件而得到完全相同的诱变结果，即本申请权利要求 1 请求保护的技术方案的实施结果是随机变化的，不具备再现性，故本申请权利要求 1 请求保护的方法不符合专利法第 22 条第 4 款有关实用性的规定。

对于请求人提交的附件 1~3 和陈述的意见，合议组认为：由于诱变产生的随机突变存在随机性，所以即使附件1~3证明了个别试验中诱变率较高,也不能证明在每次用本申请所述方法进行诱变时每个个体都可以毫无疑义地在相同或特定的碱基上获得相同的突变结果,突变不同导致表型不同,所以诱变结果对于每个独立个体而言都是不可预期的,请求人提供的附件1~3及其陈述的意见均不能表明本发明所请求保护的方法必然能使植物的某些碱基发生变化从而产生所需性状。

综上所述,请求人陈述的理由和所提交的附件不能表明本申请权利要求1的方案符合专利法第22条第4款的规定。

根据以上事实和理由,本案合议组作出如下审查决定。

三、决定

维持国家知识产权局于2006年2月10日对200410013211.5号发明专利申请作出的驳回决定。

复审请求人对本决定不服的,可以根据专利法第41条第2款的规定,自收到本决定之日起三个月内向北京市第一中级人民法院起诉。

通过发酵生产 L-精氨酸的微生物和方法

复审请求审查决定（第 12748 号）

决 定 号	第 12748 号
决 定 日	2008 年 3 月 6 日
发明创造名称	通过发酵生产 L-精氨酸的微生物和方法
国 际 分 类 号	C12N 1/21，C12N 15/52，C12P 13/10
复 审 请 求 人	味之素株式会社
申 请 号	01137523.X
优 先 权 日	2000 年 10 月 27 日
申 请 日	2001 年 10 月 26 日
公 开 日	2002 年 9 月 4 日
合 议 组 组 长	李金光
主 审 员	郭鹏鹏
参 审 员	葛永奇

法 律 依 据 专利法第 22 条第 2 款

决 定 要 点

如果权利要求要求保护的技术方案与现有技术中公开的一项技术方案比较，因存在区别技术特征而实质上不相同，则该权利要求具备新颖性。

一、案由

本复审请求涉及申请日为 2001 年 10 月 26 日、公开日为 2002 年 9 月 4 日、名称为"通过发酵生产 L-精氨酸的微生物和方法"的 01137523.X 号发明专利申请（下称本申请），本申请的优先权日为 2000 年 10 月 27 日，申请人为味之素株式会社。

针对申请人于 2004 年 7 月 9 日提交的权利要求 1、申请日提交的说明书第 1~22 页以及说明书附图第 1 页和说明书摘要，国家知识产权局于 2005 年 6 月 10 日以权利要求 1 不符合专利法第 22 条第 2 款的规定为由驳回了本申请。

驳回决定所针对的权利要求书为：

"1. 一种生产 L-精氨酸的方法，该方法包含如下步骤，在培养基中培养大肠杆菌，并且积累 L-精氨酸然后从该培养基中回收 L-精氨酸，所述大肠杆菌有产生 L-精氨酸的能力并且通过生物合成线性途径或环化途径合成 L-精氨酸，并且含有一种包括编码具有鸟氨酸乙酰转移酶活性和乙酰谷氨酸合成酶活性的双功能酶的 argJ 基因的重组 DNA。"

驳回决定认为：本申请权利要求 1 要求保护一种生产 L-精氨酸的方法，对比文件 1（Frédéric Marc 等，Characterization and Kinetic mechanism of mono- and bifunctional ornithine acetyltransferases from thermophilic microorganisms，European Journal of Biochemistry，第 267 卷，第 5217~5226 页，2000 年）公开了含有编码鸟氨酸乙酰转移酶和乙酰谷氨酸合成酶活性的双功能酶的 argJ 基因的重组 DNA 大肠杆菌，该大肠杆菌能通过生物合成途径和环化途径合成 L-精氨酸，把该大肠杆菌培养在不含精氨酸的培养基中，然后离心收获 L-精氨酸，由于对比文件 1 所述的含有重组 DNA 的大肠杆菌能产生 L-精氨酸，在培养基中培养该大肠杆菌的过程中必然会发生 L-精氨酸的积累，根据对比文件 1 的方法也制备得到了 L-精氨酸，所以，权利要求 1 的技术方案在对比文件 1 中已经全部公开，权利要求 1 不符合专利法第 22 条第 2 款的规定。

申请人味之素株式会社（下称请求人）对上述驳回决定不服，于 2005 年 9 月 16 日向专利复审委员会提出复审请求，同时提交了修改的权利要求书。

修改后的权利要求书为：

"1. 一种生产 L-精氨酸的方法，该方法包含如下步骤，在培养基中培养大肠杆菌，并且积累 L-精氨酸然后从该培养基中回收 L-精氨酸，所述大肠杆菌有产生 L-精氨酸的能力并且通过生物合成线性途径或环化途径合成 L-精氨酸，并且含有一种包括编码具有鸟氨酸乙酰转移酶活性和乙酰谷氨酸合成酶活性的双功能酶的 argJ 基因的重组 DNA，并且其中所述细菌没有 L-精氨酸阻遏。"

请求人认为：对比文件 1 没有公开没有 L-精氨酸阻遏的细菌，也没有公开本申请权利要求 1 的主题，所以权利要求 1 具有新颖性。

形式审查合格后，专利复审委员会受理了该复审请求，并于 2005 年 11 月 3 日向请求人发出《复审请求受理通知书》，同时将本申请案卷移交原审查部门进行前置审查。

2005 年 11 月 22 日，原审查部门对本复审请求进行了前置审查。原审查部门在前置意见中认为：对比文件 1 未指出含有 argJ 基因的重组 DNA 的大肠杆菌具有 L-精氨酸阻遏，把含有编码鸟氨酸乙酰转移酶和乙酰谷氨酸合成酶活性的双功能酶的 argJ 基因的重组 DNA 的大肠杆菌培养在不含精氨酸的培养基中，然后离心分离收获精氨酸，其中也不应该会有 L-精氨酸阻遏，所以权利要求 1 仍不具备新颖性，坚持原驳回决定。

专利复审委员会组成合议组对本复审请求案进行审理。2007 年 8 月 24 日，专利复审委员会向请求人发出《复审通知书》。《复审通知书》指出：对比文件 1 公开了含有编码鸟氨酸乙酰转移酶和乙酰谷氨酸合成酶活性的双功能酶的 argJ 基因的重组 DNA 的大肠杆菌，该大肠杆菌能通过线性生物合成途径和环化途径合成 L-精氨酸，对比文件 1 还公开了将该大肠杆菌培养在不含精氨酸的培养基中，然后离心收获 L-精氨酸，并且，对于本领域技术人员而言，用生物方法合成某种物质时，采用不具备阻遏该物质产生的微生物是不言而喻的，对比文件 1 中公开的大肠杆菌能够合成 L-精氨酸，并且被培养在不含有精氨酸的培养基后，通过离心分离得到 L-精氨酸，这就说明，对比文件 1 中的大肠杆菌也不存在 L-精氨酸阻遏。所以，对比文件 1 实质公开了与权利要求 1 相同的技术方案，且两者属于相同的技术领域，解决的技术问题和预期的效果也相同。故权利要求 1 相对于对比文件 1 不符合专利法第 22 条第 2 款有关新颖性的规定。

针对《复审通知书》指出的问题，请求人于 2007 年 12 月 7 日提交了意见陈述书及经修改的权利要求书。

修改后的权利要求书如下：

"1. 一种生产 L-精氨酸的方法，该方法包含如下步骤：在培养基中培养大肠杆菌菌株，在培养基中积累 L-精氨酸，然后从该培养基中收集 L-精氨酸，所述大肠杆菌菌株选自携带质粒 pJ-B 的大肠杆菌P4XB2、携带质粒pJ-T的大肠杆菌P4XB2、携带质粒pARGS2/pJ-B大肠杆菌P4XB2、携带质粒pARGS2/pJ-T的大肠杆菌P4XB2及其组合。"

请求人认为，修改后的权利要求1得到说明书实施例4、5及表2、3的支持，对比文件1没有公开用本申请所述的大肠杆菌菌株制备精氨酸，所以修改后的权利要求1具有新颖性和创造性。

2008年2月29日，请求人再次提交了经修改的权利要求书。修改后的权利要求书如下：

"1. 一种生产L-精氨酸的方法，该方法包含如下步骤：在培养基中培养大肠杆菌菌株，在培养基中积累L-精氨酸，然后从该培养基中收集L-精氨酸，所述大肠杆菌菌株选自携带质粒pJ-B的大肠杆菌P4XB2、携带质粒pJ-T的大肠杆菌P4XB2、携带质粒pARGS2/pJ-B大肠杆菌P4XB2、携带质粒pARGS2/pJ-T的大肠杆菌P4XB2。"

至此，合议组认为本案事实已经清楚，可以作出审查决定。

二、决定的理由

1. 决定依据的文本

本复审决定所针对的文本为请求人于2008年2月29日提交的权利要求1、2001年10月26日提交的说明书第1~22页、附图第1页和说明书摘要。

2. 关于专利法第22条第2款

专利法第22条第2款规定，新颖性，是指在申请日以前没有同样的发明或实用新型在国内外出版物上公开发表过、在国内公开使用过或者以其他方式为公众所知，也没有同样的发明或者实用新型由他人向国务院专利行政部门提出过申请并且记载在申请日以后公布的专利申请文件中。

如果权利要求要求保护的技术方案与现有技术中公开的一项技术方案比较，因存在区别技术特征而实质上不相同，则该权利要求具备新颖性。

本案中，请求人在2008年2月29日提交的新修改的权利要求1中，进一步限定了"所述大肠杆菌菌株选自携带质粒pJ-B的大肠杆菌P4XB2、携带质粒pJ-T的大肠杆菌P4XB2、携带质粒pARGS2/pJ-B大肠杆菌P4XB2、携带质粒pARGS2/pJ-T的大肠杆菌P4XB2。"对比文件1公开了将含有编码鸟氨酸乙酰转移酶和乙酰谷氨酸合成酶活性的双功能酶的argJ基因的重组DNA的大肠杆菌培养在不含精氨酸的培养基中，收获积累于培养基中的L-精氨酸；但是，对比文件1中并没有具体公开使用携带质粒pJ-B、pJ-T、pARGS2/pJ-B、pARGS2/pJ-T的特定大肠杆菌P4XB2，也没有具体公开上述特定质粒与特定大肠杆菌P4XB2在生产L-精氨酸中的用法。本申请权利要求1请求保护的技术方案中对特定质粒以及携带这些质粒的特定大肠杆菌P4XB2菌株的具体限定，使得权利要求1的方法与对比文件1公开的相关技术内容存在区别特征而实质不同。

综上，合议组认为，修改后的权利要求1已经克服了驳回决定和复审通知书指出的缺陷。

根据以上事实和理由，本案合议组作出如下审查决定。

三、决定

撤销国家知识产权局于2005年6月10日对01137523.X号发明专利申请作出的驳回决定。由原审查部门在本复审决定所针对的文本的基础上继续进行审查。

复审请求人对本决定不服的，可以根据专利法第41条第2款的规定，自收到本决定之日起三个月内向北京市第一中级人民法院起诉。

146

编码 dapC 基因的核苷酸序列及生产 L-赖氨酸的方法

复审请求审查决定（第 12772 号）

决 定 号	第 12772 号
决 定 日	2008 年 3 月 7 日
发明创造名称	编码 dapC 基因的核苷酸序列及生产 L-赖氨酸的方法
国际分类号	C12N 15/31，C12N 15/77，C12N 1/21，C12N 15/52，C12N 15/54，C12Q 1/68，C12P 13/08，C07H 21/00// （C12N 15/31，C12R 1：01，1：15）
复审请求人	德古萨股份公司
申 请 号	01110011.7
优 先 权 日	2000 年 3 月 23 日
申 请 日	2001 年 3 月 22 日
公 开 日	2001 年 10 月 31 日
合议组组长	李金光
主 审 员	张晓飞
参 审 员	尹 昕

法 律 依 据 专利法第 26 条第 4 款

决 定 要 点

权利要求书应当以说明书为依据，是指权利要求书应当得到说明书的支持。权利要求书中的每一项权利要求所要求保护的技术方案应当是所属技术领域的技术人员能够从说明书中公开的内容得到或者概括得出的技术方案，并且不得超出说明书公开的范围。

如果权利要求的概括包含申请人推测的内容，而其效果又难于预先确定和评价，应当认为这种概括超出了说明书公开的范围。

一、案由

本复审请求涉及申请日为 2001 年 3 月 22 日、公开日为 2001 年 10 月 31 日、名称为"编码 dapC 基因的核苷酸序列及生产 L-赖氨酸的方法"的 01110011.7 号发明专利申请（下称本申请）。本申请的优先权日是 2000 年 3 月 23 日，申请人为德古萨股份公司。

国家知识产权局于 2005 年 9 月 2 日以权利要求 1 得不到说明书的支持，不符合专利法第 26 条第 4 款的规定为由驳回了本申请。

驳回决定所针对的权利要求书如下：

"1. 分离的多核苷酸，其包含选自如下一组的一个多核苷酸序列：

a. 与编码包含 SEQ ID NO：2 的氨基酸序列、具有 N-琥珀酰氨基酮庚二酸转氨酶功能的多肽的多核苷酸至少95％相同的多核苷酸，

b. 编码包含与 SEQ ID NO：2 的氨基酸序列至少95％相同的氨基酸序列的多肽的多核苷酸，

c. 与 a. 或 b. 的多核苷酸互补的多核苷酸。

2. 权利要求1的多核苷酸，其中多核苷酸是能在棒杆菌属细菌中复制的优选地是重组的 DNA。

3. 权利要求1的多核苷酸，其中该多核苷酸是 RNA。

4. 权利要求1的多核苷酸，包含如 SEQ ID NO：1 所示的核苷酸序列。

5. 权利要求2的可复制的 DNA，包含

（ⅰ） 如 SEQ ID NO：1 所示的核苷酸序列，或

（ⅱ） 在遗传密码简并范围内相应于（ⅰ）序列的至少一个序列。

6. 含有权利要求1的多核苷酸的载体。

7. 权利要求6的载体，其中所述载体由保藏号 DSM13254 的载体 pXT-dapCexp 组成。

8. 作为宿主细胞的棒杆菌属细菌，其含有权利要求6或7的载体或权利要求1的多核苷酸在其中过表达。

9. 制备 L-氨基酸特别是 L-赖氨酸的方法，其中进行以下步骤：

a. 发酵产生所需的 L-氨基酸的细菌，该细菌中权利要求1的多核苷酸过表达，

b. 在培养基或细菌细胞中积累所需产物，及

c. 分离所需的 L-氨基酸。

10. 权利要求9的方法，其中使用产生 L-赖氨酸的棒杆菌属细菌。

11. 权利要求9的方法，其中发酵这样的细菌制备 L-赖氨酸，所述细菌中除了 dapC 基因，选自如下一组的一或多个基因也同时增强，特别是过表达或扩增：

11.1 编码二氢-2，6-吡啶二羧酸合酶的 dapA 基因，

11.2 编码二氨基庚二酸差向异构酶的 dapF 基因，

11.3 编码赖氨酸输出蛋白的 lysE 基因，

11.4 zwal 基因。

12. 前述任一项权利要求的方法，其中使用谷氨酸棒杆菌。

13. 由 SEQ ID NO：1 的至少15个连续核苷酸组成的探针或引物。

14. 权利要求13的多核苷酸序列作为作为杂交探针分离编码 dapC 基因的产物的 cDNA 的应用。

15. 权利要求13的多核苷酸序列作为杂交探针分离与 dapC 基因具有高水平相似性的 cDNA 或基因的应用。

16. 编码 N-琥珀酰氨基酮庚二酸转氨酶的来自棒杆菌属的 DNA，该酶中 SEQ ID NO：2 所示的209位氨基酸序列用除 L-脯氨酸之外的另一种蛋白质来源的氨基酸置换。

17. 权利要求16的 DNA，其中 SEQ ID NO：2 的酶蛋白的209位 L-脯氨酸用 L-亮氨酸，如 SEQ ID NO：4 所示。

18. 权利要求17的 DNA，其中用 L-亮氨酸置换209位的 L-脯氨酸是通过如 SEQ ID NO：3 所示用胸腺嘧啶置换716位的胞嘧啶而进行。

19. 含有权利要求16、17或18的 DNA 的棒状细菌。

20. 作为宿主细胞的含有权利要求6或7的载体或其中权利要求1的多核苷酸过表达的大肠杆菌属细菌。"

驳回决定中指出：（1）权利要求1中的 a. 和 b. 项分别要求保护与编码包含 SEQ ID NO：2 的氨

基酸序列、具有N-琥珀酰氨基酮庚二酸转氨酶功能的多肽的多核苷酸至少95%相同的多核苷酸，以及编码包含与SEQ ID NO：2的氨基酸序列至少95%相同的氨基酸序列的多肽的多核苷酸，但根据说明书的记载，申请人只是对SEQ ID NO：2的序列本身提供了实验证明，而并没有提供具有95%相同性序列的任何实例以及证明其功能的实验，本领域技术人员无法判断这样的多肽是否能达到本发明的目的；（2）权利要求1的特征"具有N-琥珀酰氨基酮庚二酸转氨酶的多肽"只是对SEQ ID NO：2的序列的限定，不是对所要求保护的"与SEQ ID NO：2的序列95%相同"的序列的限定，如此限定后并不能将所要求保护的95%相同的序列限定为具有与SEQ ID NO：2的序列同样的功能，况且申请人在说明书中也没有说明如何来确定哪些序列为"至少95%相同"，并且能够确定这些序列都具有所述的dapC基因的功能。因此，权利要求1中"与SEQ ID NO：2至少95%相同"的序列仍然包括了大量的核苷酸序列或片段，本领域的技术人员并不能从只记载了SEQ ID NO：2氨基酸序列的实施例的说明书描述中直接概括或推导出上述所有的序列或片段都能够达到本发明的目的，即权利要求1得不到说明书的支持，不符合专利法第26条第4款的规定。

申请人德古萨股份公司（下称请求人）对上述驳回决定不服，于2005年12月16日向专利复审委员会提出复审请求，请求人在提出复审请求时没有对申请文件进行修改。请求人认为：（1）根据说明书的描述和本领域的技术常识，本领域技术人员可以容易地获得与SEQ ID NO：2的编码核苷酸具有95%相同性的序列；（2）本申请人其他类似的中国专利申请中已有授权的先例，如申请号为00124519.8、发明名称为"编码pgi基因的新核苷酸序列"的申请。因此请求人认为术语"至少95%相同性"概括了一个合理的保护范围，权利要求1可以得到说明书的支持。

2005年12月30日，请求人提交了意见陈述书和权利要求书全文替换页（共20项），其中仅对权利要求1进行了修改，修改后的权利要求1为：

"1. 分离的多核苷酸，其包含选自如下一组的一个多核苷酸序列：

a. 与编码包含SEQ ID NO：2的氨基酸序列的多肽的多核苷酸至少95%相同并且编码的多肽具有N-琥珀酰氨基酮庚二酸转氨酶功能的多核苷酸，

b. 编码包含与SEQ ID NO：2的氨基酸序列至少95%相同的氨基酸序列的多肽的多核苷酸，且所述多肽具有N-琥珀酰氨基酮庚二酸转氨酶功能，

c. 与a. 或b. 的多核苷酸互补的多核苷酸。"

请求人强调：修改后的权利要求1中涉及的至少95%相同的多核苷酸序列是本领域技术人员能够理解的合适的范围，且权利要求1还进一步限定了所编码多肽"具有N-琥珀酰氨基酮庚二酸转氨酶功能"，所以权利要求1限定了有限的分子，因此概括了一个合适的保护范围。

形式审查合格后，专利复审委员会受理了该复审请求，并于2006年2月7日向请求人发出《复审请求受理通知书》，同时将本申请案卷移交原审查部门进行前置审查。

原审查部门对本复审请求进行了前置审查。前置意见认为请求人对权利要求书的修改没有克服驳回决定指出的关于本申请的权利要求得不到说明书支持的缺陷，故坚持原驳回决定。

专利复审委员会组成合议组，对本复审请求案进行了审理。2007年8月22日，专利复审委员会向请求人发出《复审通知书》。《复审通知书》指出：对于权利要求1中a. 项所涉及的与编码含有SEQ ID NO：2的氨基酸序列的多肽的多核苷酸至少95%相同的多核苷酸所编码的多肽以及b项所涉及的与SEQ ID NO：2的氨基酸序列至少95%相同的氨基酸序列的多肽是否与SEQ ID NO：2同样具有N-琥珀酰氨基酮庚二酸转氨酶的活性，说明书中并没有提供试验证据证明，本领域技术人员也无法从现有技术中合理地推导出来。基于此，虽然权利要求1中同时采用了功能性限定"具有N-琥珀酰氨基酮庚二酸转氨酶功能"，但是对于核酸序列来说，其是否具有某种功能必需有可信的实验证据

证实，仅凭功能性限定是无法确定的，且这种功能限定在说明书中没有充分的实验进行肯定地验证，即本申请说明书中并没有给出任何证据充分、明确地证明由"与编码含有 SEQ ID NO：2 的氨基酸序列的多肽的多核苷酸至少 95％相同"和"编码含有与 SEQ ID NO：2 的氨基酸序列至少 95％相同的氨基酸序列的多肽的多核苷酸"这两个结构特征所限定的众多核苷酸序列中哪些序列是具有所述功能的，所属领域技术人员无法从说明书以及现有技术的教导中推导出该结构特征限定范围内的多核苷酸均能够实现发明目的。因此，权利要求 1 的概括包含了请求人推测的内容，而其效果又难于预先确定和评价，得不到说明书的支持，不符合专利法第 26 条第 4 款的规定。

针对《复审通知书》指出的问题，请求人于 2007 年 10 月 8 日提交了意见陈述书及修改后的权利要求书全文替换页（共 20 项），其中仅对权利要求 1 进行了修改，修改后的权利要求 1 如下：

"1. 分离的多核苷酸，其包含选自如下一组的一个多核苷酸序列：

a. 编码含有 SEQ ID NO：2 的氨基酸序列的多肽并且编码的多肽具有 N-琥珀酰氨基酮庚二酸转氨酶功能的多核苷酸，

b. 与 a. 的多核苷酸互补的多核苷酸。"

至此，合议组认为本案事实清楚，可以作出审查决定。

二、决定的理由

1. 决定所依据的文本

请求人在于 2007 年 10 月 8 日提交的修改文本中删除了权利要求 1 中涉及百分比相同性限定的部分，对权利要求 1 的其余部分及其他权利要求未作修改，这种修改符合专利法第 33 条和专利法实施细则第 60 条第 1 款的规定。

本决定所依据的文本为：请求人于 2007 年 10 月 8 日提交的权利要求 1～20、2001 年 3 月 22 日提交的说明书第 1～20、22～30 页、说明书附图第 1～2 页和说明书摘要以及 2001 年 5 月 18 日提交的说明书第 21 页。

2. 关于专利法第 26 条第 4 款

专利法第 26 条第 4 款规定：权利要求书应当以说明书为依据，说明要求专利保护的范围。

权利要求书应当以说明书为依据是指权利要求书应当得到说明书的支持，即权利要求书中的每一项权利要求所要求保护的技术方案应当是所属技术领域的技术人员能够从说明书充分公开的内容得到或者概括得出的技术方案，并且不得超出说明书公开的范围。

如果权利要求的概括包含申请人推测的内容，而其效果又难于预先确定和评价，应当认为这种概括超出了说明书公开的范围。

本案中，驳回决定所针对文本中的权利要求 1 以及《复审通知书》所针对文本中的权利要求 1 中均采用与 SEQ ID NO：2 的氨基酸序列或编码包含该多肽的多核苷酸至少 95％相同的限定方式限定相应的多核苷酸，即使同时采用了功能限定，但由于本申请说明书中没有给出任何证据充分、明确地证明由"与编码含有 SEQ ID NO：2 的氨基酸序列的多肽的多核苷酸至少 95％相同"和"编码含有与 SEQ？ID？NO：2 的氨基酸序列至少 95％相同的氨基酸序列的多肽的多核苷酸"这两个结构特征所限定的众多核苷酸序列中哪些序列是具有所述功能的，而对于核酸序列来说，是否具有某种功能是需要充分的实验来验证的，所属领域技术人员无法从说明书以及现有技术的教导中推导出该结构特征限定范围内的多核苷酸均能够实现发明目的。因此，权利要求 1 的概括包含了请求人推测的内容，而其效果又难于预先确定和评价，得不到说明书的支持，不符合专利法第 26 条第 4 款的规定。

请求人于 2007 年 10 月 8 日提交的修改后的权利要求书中，删除了上述涉及百分比相同性限定的部分，即"至少 95％相同"，而将权利要求 1 修改为："分离的多核苷酸，其包含选自如下一组的一个多核苷酸序列：a. 编码含有 SEQ ID NO：2 的氨基酸序列的多肽并且编码的多肽具有 N-琥珀酰氨基酮庚二酸转氨酶功能的多核苷酸，b 与 a 的多核苷酸互补的多核苷酸。"修改后的权利要求 1 排除了驳回决定和《复审通知书》所指出的请求人推测的内容，从而克服了驳回决定和《复审通知书》中所指出的缺陷。

根据以上事实和理由，本案合议组作出如下审查决定。

三、决定

撤销国家知识产权局于 2005 年 9 月 2 日对 01110011.7 号发明专利申请作出的驳回决定。由原审查部门在本决定所依据的审查文本的基础上继续进行审查。

复审请求人对本决定不服的，可以根据专利法第 41 条第 2 款的规定，自收到本决定之日起三个月内向北京市第一中级人民法院起诉。

免疫刺激性核酸

复审请求审查决定（第 12778 号）

决 定 号	第 12778 号
决 定 日	2008 年 2 月 29 日
发明创造名称	免疫刺激性核酸
国 际 分 类 号	C12N 15/11，A61K 39/39，A61K 48/00，A61K 35/12，A23L1/30，A61P 37/04，A61K 31/7088
复 审 请 求 人	衣阿华大学研究基金会，科勒制药股份公司
申 请 号	00814840.6
最早优先权日	1999 年 9 月 25 日
申 请 日	2000 年 9 月 25 日
公 开 日	2003 年 11 月 5 日
合 议 组 组 长	李金光
主 审 员	魏春宝
参 审 员	张秀丽
法 律 依 据	专利法第 22 条第 3 款，第 38 条

决 定 要 点

如果一项权利要求具有创造性，那么其从属权利要求也具有创造性。

如果在作出驳回决定之前，审查员未将驳回决定所涉及的属于专利法实施细则第 53 条规定的应予驳回情形的具体事实和理由告知过申请人，那么该驳回决定的作出不符合专利法第 38 条的规定。

一、案由

本复审请求涉及名称为"免疫刺激性核酸"的 00814840.6 号发明专利申请（下称本申请），其申请人为衣阿华大学研究基金会、科勒制药股份公司，申请日为 2000 年 9 月 25 日，优先权日为 1999 年 9 月 25 日、1999 年 9 月 27 日和 2000 年 8 月 23 日，公开日为 2003 年 11 月 5 日，进入中国国家阶段的日期为 2002 年 4 月 25 日。

2005 年 1 月 7 日，国家知识产权局以本申请进入中国国家阶段时申请人提交的国际申请文件中文译文的说明书第 3～184 页，序列表第 1～256 页，说明书附图第 1～10 页以及国际初步审查报告附件中文译文的说明书第 1、2、2～a 页，权利要求第 1～116 项为基础，发出《第一次审查意见通知书》，《第一次审查意见通知书》所针对的权利要求书如下：

"1. 一种刺激免疫反应的方法，包括将从含有富含 Py 的核酸的免疫刺激性核酸以能够在非啮齿实验对象上诱导免疫反应的有效的量给予非啮齿实验对象，其中核酸是富含T的核酸，含有大于60%的T并含有CpG双核苷酸。

2.（删除）

3. 根据权利要求1中所述的方法，其中富含T的核酸是包含5'TTTT3'的多T核酸。

4. 根据权利要求3中所述的方法，其中多T核酸包括5'X1X2TTTTX3X43'，其中X1，X2，X3和X4是核苷酸。

5. 根据权利要求3中所述的方法，其中富含T的核酸包括多个多T核酸基元。

6. 根据权利要求4中所述的方法，其中X1X2是TT。

7. 根据权利要求4中所述的方法，其中X3X4是TT。

8. 根据权利要求4中所述的方法，其中X1X2是从由TA，TG，TC，AT，AA，AG，AC，CT，CC，CA，GT，GG，GA和GC组成的组中选出的。

9. 根据权利要求4中所述的方法，其中X3X4是从由TA，TG，TC，AT，AA，AG，AC，CT，CC，CA，GT，GG，GA和GC组成的组中选出的。

10.（删除）

11.（删除）

12.（删除）

13.（删除）

14.（删除）

15. 根据权利要求1中所述的方法，其中富含T的免疫刺激性核酸含有组成中有大于80%的T的核苷酸组合物。

16. 根据权利要求1中所述的方法，其中免疫刺激性核酸含有至少20个核苷酸。

17. 根据权利要求1中所述的方法，其中免疫刺激性核酸含有至少24个核苷酸。

18. 根据权利要求1中所述的方法，其中免疫刺激性核酸含有一个核苷酸骨架，这个核苷酸骨架包括至少一个骨架修饰。

19. 根据权利要求18中所述的方法，其中骨架修饰是硫代磷酸酯修饰。

20. 根据权利要求18中所述的方法，其中核苷酸骨架是嵌合的。

21. 根据权利要求18中所述的方法，其中核苷酸骨架是全部被修饰的。

22.（删除）

23.（删除）

24. 根据权利要求1中所述的方法，其中免疫刺激性核酸不含有甲基化的CpG双核苷酸。

25. 根据权利要求1中所述的方法，其中免疫刺激性核酸不含有多C序列。

26. 根据权利要求1中所述的方法，其中免疫刺激性核酸含有多A序列。

27. 根据权利要求1中所述的方法，其中免疫刺激性核酸含有多G序列。

28. 根据权利要求1中所述的方法，其中免疫刺激性核酸含有组成中有大于25%的C的核苷酸组合物。

29. 根据权利要求1中所述的方法，其中免疫刺激性核酸含有组成中有大于25%的A的核苷酸组合物。

30. 根据权利要求1中所述的方法，其中免疫刺激性核酸是口服给予的。

31. 根据权利要求1中所述的方法，其中免疫刺激性核酸是局部给予的。

32. 根据权利要求1中所述的方法，其中免疫刺激性核酸是通过一个持续释放介质给予的。

33. 根据权利要求 1 中所述的方法，其中免疫刺激性核酸是通过黏膜给予到黏膜表面的。

34. 根据权利要求 33 中所述的方法，其中免疫反应是黏膜免疫反应。

35. 根据权利要求 33 中所述的方法，其中免疫反应是系统免疫反应。

36. 根据权利要求 33 中所述的方法，其中黏膜是从由口黏膜、鼻黏膜、直肠黏膜、阴道黏膜和眼黏膜组成的组中选出的。

37. 根据权利要求 1 中所述的方法，进一步包括将实验对象接触抗原，并且其中免疫反应是抗原特定性的免疫反应。

38. 根据权利要求 37 中所述的方法，其中编码抗原的核酸载体被给予实验对象，并且其中核酸载体与免疫刺激性核酸是分开的。

39. 根据权利要求 37 中所述的方法，其中抗原是缩氨酸抗原。

40. 根据权利要求 1 中所述的方法，进一步包括从实验对象上分离免疫细胞；使免疫细胞接触能够活化免疫细胞的有效量的免疫刺激性核酸；和再次将已经被活化的免疫细胞给予将实验对象。

41. 根据权利要求 40 中所述的方法，其中免疫细胞是白细胞。

42. 根据权利要求 41 中所述的方法，进一步包括将免疫细胞接触抗原。

43. 根据权利要求 40 中所述的方法，其中抗原是从由瘤抗原、滤过性毒菌抗原、细菌抗原和寄生抗原组成的组中选出的。

44. 根据权利要求 40 中所述的方法，其中免疫细胞是枝状细胞。

45. 根据权利要求 1 中所述的方法，其中实验对象患有哮喘或者有患哮喘的危险，并且方法是治疗或预防实验对象哮喘的方法。

46. 根据权利要求 1 中所述的方法，其中实验对象患有敏感症或者有患敏感症的危险，并且方法是治疗或预防实验对象敏感症的方法。

47. 根据权利要求 1 中所述的方法，其中实验对象患有癌症，并且方法是治疗癌症的方法。

48. 根据权利要求 47 中所述的方法，其中癌症是从由胆囊癌；脑癌；乳腺癌；子宫颈癌；绒毛膜癌；CNS 癌、结肠癌；联结组织癌、子宫内膜癌；眼癌、胃癌；上皮内瘤；喉癌、淋巴瘤；Hodgkin 淋巴瘤、肝癌；肺癌（例如小细胞和非小细胞）；黑素瘤；成神经细胞瘤；口癌；口腔癌，卵巢癌；胰腺癌；前列腺癌；直肠癌；恶性毒瘤；甲状腺癌和肾癌，以及其他癌和恶性毒瘤

49. 根据权利要求 1 中所述的方法，其中癌症是从由骨癌；脑癌和 CNS 癌、联结组织癌、食道癌、眼癌、Hodgkin 淋巴瘤、喉癌、口腔癌、皮肤癌和睾丸癌组成的组中选出的。

50. 根据权利要求 47 中所述的方法，进一步包括给予抗癌治疗物。

51. 根据权利要求 50 中所述的方法，其中抗癌治疗物是抗体。

52. 根据权利要求 47 中所述的方法，其中实验对象是人类。

53. 根据权利要求 47 中所述的方法，其中实验对象是从由狗、猫和马组成的组中选出的。

54. 根据权利要求 1 中所述的方法，进一步包括给予对表面抗体有特定性的抗体，并且其中免疫反应导致依赖于抗原的细胞毒性（ADCC）。

55. 根据权利要求 1 中所述的方法，其中实验对象患有传染病或者有患传染病的危险，并且其中方法是治疗或预防传染病的方法。

56. 根据权利要求 54 中所述的方法，其中实验对象是人类。

57. 根据权利要求 54 中所述的方法，进一步包括将抗原给予实验对象。

58. 根据权利要求 57 中所述的方法，其中抗原是从由细菌抗原、滤过性毒菌抗原、寄生抗原和真菌抗原组成的组中选出的。

59. 根据权利要求56中所述的方法,其中实验对象是从由狗、猫、马、母牛、猪、绵羊、山羊、小鸡、猴和鱼组成的组中选出的。

60. 根据权利要求59中所述的方法,进一步包括将抗原给予实验对象。

61. 根据权利要求59中所述的方法,其中抗原是由微生物衍生而来,这些微生物是从由疱疹病毒属、逆转录病毒属、正粘病毒属、弓形虫属、嗜血杆菌属、弯曲杆菌属、梭菌、大肠埃希氏菌和葡萄状球菌。

62. 根据权利要求1中所述的方法,其中免疫刺激性核酸进一步包括TG基元。

63. 根据权利要求62中所述的方法,其中TG核酸包括 $5'N_1X_1TGX_2N_2 3'$。

64. 根据权利要求62中所述的方法,其中TG核酸包括 $5'N_1X_1X_2TGX_3X_4N_2 3'$。

65. 根据权利要求63中所述的方法,其中 N_1 是由范围在 $11-N_2$ 到 $21-N_2$ 之内的许多核苷酸组成的一个核酸序列。

66. 根据权利要求63中所述的方法,其中 N_2 是由范围在 $11-N_1$ 到 $21-N_1$ 之内的许多核苷酸组成的一个核酸序列。

67. 根据权利要求64中所述的方法,其中 N_1 是由范围在 $9-N_2$ 到 $19-N_2$ 之内的许多核苷酸组成的一个核酸序列。

68. 根据权利要求64中所述的方法,其中 N_2 是由范围在 $9-N_1$ 到 $19-N_1$ 之内的许多核苷酸组成的一个核酸序列。

69. 根据权利要求63中所述的方法,其中 X_2 是胸腺嘧啶脱氧核苷。

70. 根据权利要求64中所述的方法,其中 X_3 是胸腺嘧啶脱氧核苷。

71. 根据权利要求64中所述的方法,其中 X_1X_2 是从由GT、GG、GA、AA、AT、AG、CT、CA、CG、TA和TT组成的组中选出的核苷酸。

72. 根据权利要求64中所述的方法,其中 X_3X_4 是从由TT、CT、AT、AG、CG、TC、AC、CC、TA、AA和CA组成的组中选出的核苷酸。

73. 根据权利要求63中所述的方法,其中 X_3X_4 是从由TT、TC、TA和TG组成的组中选出的核苷酸。

74. 根据权利要求1中所述的方法,其中实验对象有患癌症的危险,并且方法是预防癌症的方法。

75. 根据权利要求50中所述的方法,其中抗癌治疗药物是从由化疗药物、免疫疗法药物和癌症疫苗。

76. 一种在实验对象中预防疾病的方法,包括:在定期基础上,给予实验对象免疫刺激性核酸以在实验对象中预防疾病,其中免疫刺激性核酸是从由含有大于60%的T并含有CpG双核苷酸的富含T的核酸,不含有CpG双核酸的TG核酸,以及含有25%的T到60%的T并且不含CpG双核酸的富含T的核酸组成的组中选出的。

77. 一种诱导天生免疫反应的方法,包括:在定期基础上,给予实验对象免疫刺激性核酸以能够活化天生免疫反应的有效量,其中免疫刺激性核酸是从由含有大于60%的T并含有CpG双核苷酸的富含T的核酸,不含有CpG双核酸的TG核酸,以及含有25%的T到60%的T并且不含CpG双核酸的富含T的核酸组成的组中选出的。

78. 一种组合物包括:包含免疫刺激性核酸的持续释放介质,其中免疫刺激性核酸是不含未甲基化的CpG基元并且是从由富含T的核酸和TG核酸组成的组中选出的。

79. 根据权利要求78中的所述的组合物,其中免疫刺激性核酸有磷酸二酯骨架。

80. 一种营养补充的组合物包括：含有免疫刺激性核酸的给予介质是从胶囊、药丸和舌下药片组成的组中选出的，其中免疫刺激性核酸是不含未甲基化的 CpG 基元并且是从由富含 T 的核酸和 TG 核酸组成的组中选出的。

81. 根据权利要求 80 中所述的组合物，其中免疫刺激性核酸有磷酸二酯骨架。

82. 一种组合物包括：免疫刺激性核酸和抗原，免疫刺激性核酸是不含未甲基化的 CpG 基元并且是从 TG 免疫刺激性核酸和富含 Py 免疫刺激性核酸组成的组中选出的，其中 TG 免疫刺激性核酸包括 $5'N_1X_1X_2TGX_3X_4N_3'$ 序列，其中 X_1X_2 是从 TA、TG、TC、AA、AG、AC、CC、CA、GG、GA 和 GC 组成的组中选出的，X_3X_4 是从 AT、AA、AG、AC、CT、CC、CA、GT、GG、GA 和 CG 组成的组中选出的，其中富含 Py 免疫刺激性核酸包括 $5'X_1X_2TTTTX_3X_4'$ 序列，其中 X_1X_2 是从 TA、TG、TC、AA、AG、AC、CC、CA、GG、GA 和 GC 组成的组中选出的，X_3X_4 是从 AT、AA、AG、AC、CT、CC、CA、GT、GG、GA 和 GC 组成的组中选出的。

83. 一种组合物包括：免疫刺激性核酸和抗微生物药物，免疫刺激性核酸是不含未甲基化的 CpG 基元并且是从由富含 T 的核酸和 TG 核酸组成的组中选出的。

84. 根据权利要求 83 中所述的组合物，其中抗微生物药物是从抗滤过性毒菌药物、抗真菌药物、抗寄生药物和抗细菌组成的组中选出的。

85. 根据权利要求 5 中所述的方法，其中免疫刺激性核酸包括至少 3、至少 4、至少 5、至少 6、至少 7 或至少 8 个 T 基元。

86. 根据权利要求 5 中所述的方法，其中许多多 T 核酸基元中的至少有 2 个多 T 核酸基元每一个包括至少 3 个相邻的 T 核苷酸残基。

87. 根据权利要求 5 中所述的方法，其中许多多 T 核酸基元中的至少有 2 个多 T 核酸基元每一个包括至少 4 个相邻的 T 核苷酸残基。

88. 根据权利要求 5 中所述的方法，其中许多多 T 核酸基元是至少 3 个多 T 核酸基元，并且其中至少 3 个多 T 核酸基元每一个包括至少 3 个相邻的 T 核苷酸残基。

89. 根据权利要求 5 中所述的方法，其中许多多 T 核酸基元是至少 4 个多 T 核酸基元，并且其中至少 4 个多 T 核酸基元每一个包括至少 3 个相邻的 T 核苷酸残基。

90. 根据权利要求 5 中所述的方法，其中许多多 T 核酸基元中的至少有 1 个多 T 核酸基元每一个包括至少 5 个、至少 6 个至少 7 个或至少 8 个相邻的 T 核苷酸残基。

91. （删除）

92. （删除）

93. 根据权利要求 1 中所述的方法，其中免疫刺激性核酸包括至少两个有至少 3 个相邻 C 核苷酸残基的多 C 序列。

94. 根据权利要求 1 中所述的方法，其中免疫刺激性核酸不含两个有至少 3 个相邻 A 核苷酸残基的多 A 序列。

95. 一种药学组合物，包括有效量的能够能够刺激免疫反应的权利要求 1、3、4、5、6、7、8、9、15、16、17、18、19、20、21、24、25、26、27、28、29、32、40、41、64、65、66、67、68、69、70、71、72、85、86、87、88、89、90、93 或 94 中的分离免疫刺激性核酸和药学上可接受的载体。

96. 一种物质组合物，包括权利要求 1、3、4、5、6、7、8、9、15、16、17、18、19、20、21、24、25、26、27、28、29、32、40、41、64、65、66、67、68、69、70、71、72、85、86、87、88、89、90、93 或 94 中的有效量的分离免疫刺激性核酸和药学上可接受的载体。

97. 根据权利要求 90 中所述的方法，其中核酸进一步包括许多 CpG 基元，并且其中许多 CpG 基元中至少 3 个基元、至少 4 个基元并且其中至少 4 个基元每个包括至少 3 个相邻 T 核苷酸残基。

98. 根据权利要求 97 中所述的方法，其中许多 CpG 基元和多 T 基元是交叉分布的。

99. 一种组合物，包括：免疫刺激性核酸和抗癌治疗物，在药学上可接受的载体里并以能够治疗癌症或能够减少患癌症危险的有效的量被制备，其中免疫刺激性核酸是从由含有大于 60% 的 T 并含有 CpG 双核苷酸的富含 T 的核酸，不含 CpG 双核酸的 TG 核酸，以及含有 25% 的 T 到 60% 的 T 的并且不含 CpG 双核酸的富含 T 的核酸组成的组中选出的。

100. 一种组合物，包括：免疫刺激性核酸和哮喘/敏感药物，在药学上可接受的载体里并以能够预防或治疗与接触哮喘或敏感的调节者有关的免疫反应的有效量被制备，其中免疫刺激性核酸是从由含有大于 60% 的 T 并含有 CpG 双核苷酸的富含 T 的核酸，不含 CpG 双核酸的 TG 核酸，以及含有 25% 的 T 到 60% 的 T 的并且不含 CpG 双核酸的富含 T 的核酸组成的组中选出的。

101. 一种组合物包括：从由序列号为 95~119、序列号为 121~136、序列号为 138~152、序列号为 154~210、序列号为 212~222、序列号为 224~244、序列号为 247~260、序列号为 263~272、序列号为 274~299、序列号为 301、序列号为 303~409、序列号为 414~420、序列号为 424、序列号为 427~758、序列号为 760~947、序列号为 959~963、序列号为 968~1022、序列号为 1024~1093 的核酸组成的组中选出的免疫刺激性核酸和药学上可接受的载体。

102. 一种组合物包括，本质上含有 5′M_1TCGTCGTT$M_2$3′ 的免疫刺激性核酸，其中 C 中至少有一个是未甲基化的，其中 M_1 是有至少一个核苷酸的核酸，其中 M_2 是含有从 0~50 个核苷酸的核酸，并且其中免疫刺激性核酸有至少 100 个核苷酸。

103. 一种药学组合物包括：包含 5′TCGTCGTT3′ 的免疫刺激性核酸，其中 C 中至少有一个是未甲基化的，其中免疫刺激性核酸有至少 100 个核苷酸，和持续释放介质。

104. 根据权利要求 103 中所述的药学组合物，其中持续释放介质是微粒。

105. 根据权利要求 103 中所述的药学组合物，进一步包括抗原。

106. 一种刺激免疫反应的方法，包括将 TG 免疫刺激性核酸以能够在非啮齿实验对象上诱导免疫反应的有效的量给予非啮齿实验对象，其中 TG 免疫刺激性核酸不含 CpG 双核苷酸。

107. 一种组合物，包括具有下列核酸序列的寡核苷酸 TCG TCG TTT TGA CGT TTT GTC GTT（序列号为 343）。

108. 一种治疗或预防过敏症或哮喘的方法，包括将权利要求 107 的组合物以能够治疗或预防过敏症或哮喘有效量给予需要的非啮齿实验对象。

109. 一种刺激免疫反应的方法，包括将 TG 免疫刺激性核酸以能够在非啮齿实验对象上诱导免疫反应的有效的量给予非啮齿实验对象，其中核酸包括 5′$N_1X_1X_2$TG$X_3X_4N_3$′ 序列，其中 X_1X_2 是从 TA、TG、TC、AA、AG、AC、CC、CA、GG、GA 和 GC 组成的组中选出的，X_3X_4 是从 AT、AA、AG、AC、CT、CC、CA、GT、GG、GA 和 CG 组成的组中选出的，其中核酸不含 CpG 双核苷酸。

110. 一种刺激免疫反应的方法，包括将富含 Py 免疫刺激性核酸以能够在非啮齿实验对象上诱导免疫反应的有效的量给予非啮齿实验对象，其中核酸包括 5′X_1X_2TTTT$X_3X_4$3′ 序列，其中 X_1X_2 是从 TA、TG、TC、AA、AG、AC、CC、CA、GG、GA 和 GC 组成的组中选出的，X_3X_4 是从 AT、AA、AG、AC、CT、CC、CA、GT、GG、GA 和 GC 组成的组中选出的，其中核酸不含 CpG 双核苷酸。

111. 根据权利要求 106 中所述的方法，其中免疫刺激性核酸是富含 T 的核酸。

112. 根据权利要求 111 中所述的方法，其中富含 T 的免疫刺激性核酸包括含有大于 25%T 的核苷酸组合物。

113. 根据权利要求111中所述的方法，其中富含T的免疫刺激性核酸包括含有大于35%的T的核苷酸组合物。

114. 根据权利要求111中所述的方法，其中富含T的免疫刺激性核酸包括含有大于40%的T的核苷酸组合物。

115. 根据权利要求111中所述的方法，其中富含T的免疫刺激性核酸包括含有大于50%的T的核苷酸组合物。

116. 根据权利要求111中所述的方法，其中富含T的免疫刺激性核酸包括含有大于60%的T的核苷酸组合物。"

《第一次审查意见通知书》中指出：（1）权利要求1、3~9、15~21、24~77、85~90、93、94、97、98、106、108~116要求保护的方法属于专利法第25条第1款第（3）项所述的疾病的诊断和治疗方法的范围；（2）权利要求2、10~14、22、23、91、92为空白权利要求，保护范围不清楚，不符合专利法实施细则第20条第1款的规定；（3）独立权利要求78、80、82、83、95、96、99~103、107都是要求保护"组合物"的独立权利要求，致使整个权利要求书不简明，因而不符合专利法实施细则第20条第1款的规定；（4）对比文件1（WO9840100A1，公开日为1998年9月17日）公开了一种富含T的核酸刺激免疫反应的方法（见对比文件1说明书第12页第5~28行及权利要求书），权利要求1、3~7、16、17、24、25、30~40、55~73、78~82、85~87、94~96要求保护的技术方案与对比文件1所公开的技术内容相比，区别仅在于"含有大于60%的T"，而对比文件1有58%，本申请说明书中没有提供证据证明这种细微区别能使这些权利要求所限定的很大保护范围内的技术方案都具有突出的实质性特点，因此这些权利要求不具有专利法第22条第3款规定的创造性。

2005年7月22日，针对《第一次审查意见通知书》，申请人提交了意见陈述书和如下修改后的权利要求书：

"1. 免疫刺激性核酸在制备刺激免疫反应的的药物中应用，包括将免疫刺激性核酸以能够在非啮齿实验对象上诱导免疫反应的有效的量给予非啮齿实验对象，其中免疫刺激性核酸是富含T的核酸，含有大于60%的T并含有CpG双核苷酸。

2. 根据权利要求1中所述的应用，其中富含T的核酸是包含5'TTTT3'的多T核酸。

3. 根据权利要求2中所述的应用，其中多T核酸包括5'$X_1X_2TTTTX_3X_4$3'，其中X_1，X_2，X_3和X_4是核苷酸。

4. 根据权利要求2中所述的应用，其中富含T的核酸包括多个多T核酸基元。

5. 根据权利要求3中所述的应用，其中X_1X_2是TT。

6. 根据权利要求3中所述的应用，其中X_3X_4是TT。

7. 根据权利要求3中所述的应用，其中X_1X_2是从由TA，TG，TC，AT，AA，AG，AC，CT，CC，CA，CG，GT，GG，GA和GC组成的组中选出的。

8. 根据权利要求34中所述的方法应用，其中X_3X_4是从由TA，TG，TC，AT，AA，AG，AC，CT，CC，CA，CG，GT，GG，GA和GC组成的组中选出的。

9. 根据权利要求1中所述的应用，其中富含T的免疫刺激性核酸含有组成中有大于80%的T的核苷酸组合物。

10. 根据权利要求1中所述的应用，其中免疫刺激性核酸含有至少20个核苷酸。

11. 根据权利要求1中所述的应用，其中免疫刺激性核酸含有至少24个核苷酸。

12. 根据权利要求1中所述的应用，其中免疫刺激性核酸含有一个核苷酸骨架，这个核苷酸骨架包括至少一个骨架修饰。

13. 根据权利要求 12 中所述的应用，其中骨架修饰是硫代磷酸酯修饰。

14. 根据权利要求 12 中所述的应用，其中核苷酸骨架是嵌合的。

15. 根据权利要求 12 中所述的应用，其中核苷酸骨架是全部被修饰的。

16. 根据权利要求 1 中所述的应用，其中免疫刺激性核酸不含有甲基化的 CpG 双核苷酸。

17. 根据权利要求 1 中所述的应用，其中免疫刺激性核酸不含有多 C 序列。

18. 根据权利要求 1 中所述的应用，其中免疫刺激性核酸含有多 A 序列。

19. 根据权利要求 1 中所述的应用，其中免疫刺激性核酸含有多 G 序列。

20. 根据权利要求 1 中所述的应用，其中免疫刺激性核酸含有组成中有大于 25％ 的 C 的核苷酸组合物。

21. 根据权利要求 1 中所述的应用，其中免疫刺激性核酸含有组成中有大于 25％ 的 A 的核苷酸组合物。

22. 根据权利要求 1 中所述的应用，其中免疫刺激性核酸是口服给予的。

23. 根据权利要求 1 中所述的应用，其中免疫刺激性核酸是局部给予的。

24. 根据权利要求 1 中所述的应用，其中免疫刺激性核酸是通过一个持续释放介质给予的。

25. 根据权利要求 1 中所述的应用，其中免疫刺激性核酸是通过黏膜给予到黏膜表面的。

26. 根据权利要求 25 中所述的应用，其中免疫反应是黏膜免疫反应。

27. 根据权利要求 25 中所述的应用，其中免疫反应是系统免疫反应。

28. 根据权利要求 25 中所述的应用，其中黏膜是从由口黏膜、鼻黏膜、直肠黏膜、阴道黏膜和眼黏膜组成的组中选出的。

29. 根据权利要求 1 中所述的应用，进一步包括将实验对象接触抗原，并且其中免疫反应是抗原特定性的免疫反应。

30. 根据权利要求 29 中所述的应用，其中编码抗原的核酸载体被给予实验对象，并且其中核酸载体与免疫刺激性核酸是分开的。

31. 根据权利要求 29 中所述的应用，其中抗原是缩氨酸抗原。

32. 根据权利要求 1 中所述的应用，进一步包括从实验对象上分离免疫细胞；使免疫细胞接触能够活化免疫细胞的有效量的免疫刺激性核酸；和再次将已经被活化的免疫细胞给予将实验对象。

33. 根据权利要求 32 中所述的应用，其中免疫细胞是白细胞。

34. 根据权利要求 33 中所述的应用，进一步包括将免疫细胞接触抗原。

35. 根据权利要求 32 中所述的应用，其中抗原是从由瘤抗原、滤过性毒菌抗原、细菌抗原和寄生抗原组成的组中选出的。

36. 根据权利要求 32 中所述的应用，其中免疫细胞是枝状细胞。

37. 根据权利要求 1 中所述的应用，其中实验对象患有哮喘或者有患哮喘的危险，并且药物是治疗或预防实验对象哮喘的药物。

38. 根据权利要求 1 中所述的应用，其中实验对象患有敏感症或者有患敏感症的危险，并且药物是治疗或预防实验对象敏感症的药物。

39. 根据权利要求 1 中所述的应用，其中实验对象患有癌症，并且药物是治疗癌症的药物。

40. 根据权利要求 39 中所述的应用，其中癌症是从由胆囊癌；脑癌；乳腺癌；子宫颈癌；绒毛膜癌；CNS 癌、结肠癌；联结组织癌、子宫内膜癌；眼癌、胃癌；上皮内瘤，喉癌、淋巴瘤；Hodgkin 淋巴瘤，肝癌；肺癌（例如小细胞和非小细胞）；黑素瘤；成神经细胞瘤；口癌；口腔癌，卵巢癌；胰腺癌；前列腺癌；直肠癌；恶性毒瘤；甲状腺癌和肾癌，以及其他癌和恶性毒瘤。

41. 根据权利要求1中所述的应用，其中癌症是从由骨癌；脑癌和CNS癌、联结组织癌、食道癌、眼癌、Hodgkin淋巴瘤、喉癌，口腔癌、皮肤癌和睾丸癌组成的组中选出的。

42. 根据权利要求39中所述的应用，进一步包括给予抗癌治疗物。

43. 根据权利要求42中所述的应用，其中抗癌治疗物是抗体。

44. 根据权利要求39中所述的应用，其中实验对象是人类。

45. 根据权利要求39中所述的应用，其中实验对象是从由狗、猫和马组成的组中选出的。

46. 根据权利要求1中所述的应用，进一步包括给予对表面抗体有特定性的抗体，并且其中免疫反应导致依赖于抗原的细胞毒性（ADCC）。

47. 根据权利要求1中所述的应用，其中实验对象患有传染病或者有患传染病的危险，并且其中方法药物是治疗或预防传染病的药物。

48. 根据权利要求46中所述的应用，其中实验对象是人类。

49. 根据权利要求46中所述的应用，进一步包括将抗原给予实验对象。

50. 根据权利要求49中所述的应用，其中抗原是从由细菌抗原、滤过性毒菌抗原、寄生抗原和真菌抗原组成的组中选出的。

51. 根据权利要求48中所述的应用，其中实验对象是从由狗、猫、马、母牛、猪、绵羊、山羊、小鸡、猴和鱼组成的组中选出的。

52. 根据权利要求51中所述的应用，进一步包括将抗原给予实验对象。

53. 根据权利要求51中所述的应用，其中抗原是由微生物衍生而来，这些微生物是从由疱疹病毒属、逆转录病毒属、正粘病毒属、弓形虫属、嗜血杆菌属、弯曲杆菌属、梭菌、大肠埃希氏菌和葡萄状球菌。

54. 根据权利要求1中所述的应用，其中免疫刺激性核酸进一步包括TG基元。

55. 根据权利要求54中所述的应用，其中TG核酸包括$5'N_1X_1TGX_2N_3'$。

56. 根据权利要求54中所述的应用，其中TG核酸包括$5'N_1X_1X_2TGX_3X_4N_3'$。

57. 根据权利要求55中所述的应用，其中N_1是由范围在$11-N_2$到$21-N_2$之内的许多核苷酸组成的一个核酸序列。

58. 根据权利要求55中所述的应用，其中N_2是由范围在$11-N_1$到$21-N_1$之内的许多核苷酸组成的一个核酸序列。

59. 根据权利要求56中所述的应用，其中N_1是由范围在$9-N_2$到$19-N_2$之内的许多核苷酸组成的一个核酸序列。

60. 根据权利要求56中所述的应用，其中N_2是由范围在$9-N_1$到$19-N_1$之内的许多核苷酸组成的一个核酸序列。

61. 根据权利要求55中所述的应用，其中X_2是胸腺嘧啶脱氧核苷。

62. 根据权利要求56中所述的应用，其中X_3是胸腺嘧啶脱氧核苷。

63. 根据权利要求56中所述的应用，其中X_1X_2是从由GT、GG、GA、AA、AT、AG、CT、CA、CG、TA和TT组成的组中选出的核苷酸。

64. 根据权利要求56中所述的应用，其中X_3X_4是从由TT、CT、AT、AG、CG、TC、AC、CC、TA、AA和CA组成的组中选出的核苷酸。

65. 根据权利要求55中所述的应用，其中X_3X_4是从由TT、TC、TA和TG组成的组中选出的核苷酸。

66. 根据权利要求1中所述的应用，其中实验对象有患癌症的危险，并且药物是预防癌症的药物。

67. 根据权利要求4250中所述的应用，其中抗癌治疗药物是从由化疗药物、免疫疗法药物和癌症疫苗。

68. 免疫刺激性核酸在制备在实验对象中预防疾病的药物的应用，包括：在定期基础上，给予实验对象免疫刺激性核酸以在实验对象中预防疾病，其中免疫刺激性核酸是从由含有大于60%的T并含有CpG双核苷酸的富含T的核酸，不含有CpG双核酸的TG核酸，以及含有25%的T到60%的T并且不含CpG双核酸的富含T的核酸组成的组中选出的。

69. 免疫刺激性核酸在制备诱导天生免疫反应的药物的应用，包括：在定期基础上，给予实验对象免疫刺激性核酸以能够活化天生免疫反应的有效量，其中免疫刺激性核酸是从由含有大于60%的T并含有CpG双核苷酸的富含T的核酸，不含有CpG双核酸的TG核酸，以及含有25%的T到60%的T的并且不含CpG双核酸的富含T的核酸组成的组中选出的。

70. 一种组合物包括：免疫刺激性核酸和/或试剂，其中免疫刺激性核酸是不含未甲基化的CpG基元并且是从由富含T的核酸和TG核酸组成的组中选出的。

71. 根据权利要求70中所述的组合物，其中试剂为持续释放介质。

72. 根据权利要求70中的所述的组合物，其中免疫刺激性核酸有磷酸二酯骨架。

73. 根据权利要求70中所述的组合物其中试剂是给予介质，给予介质是从胶囊、药丸和舌下药片组成的组中选出的，其中免疫刺激性核酸是不含未甲基化的CpG基元并且是从由富含T的核酸和TG核酸组成的组中选出的。

74. 根据权利要求73中所述的组合物，其中免疫刺激性核酸有磷酸二酯骨架。

75. 根据权利要求70中所述的组合物，其中试剂是抗原，免疫刺激性核酸是不含未甲基化的CpG基元并且是从TG免疫刺激性核酸和富含Py免疫刺激性核酸组成的组中选出的，其中TG免疫刺激性核酸包括$5'N_1X_1X_2TGX_3X_4N_3'$序列，其中X_1X_2是从TA，TG，TC，AA，AG，AC，CC，CA，GG，GA和GC组成的组中选出的，X_3X_4是从AT，AA，AG，AC，CT，CC，CA，GT，GG，GA和CG组成的组中选出的，其中富含Py免疫刺激性核酸包括$5'X_1X_2TTTTX_3X_4 3'$序列，其中X_1X_2是从TA，TG，TC，AA，AG，AC，CC，CA，GG，GA和GC组成的组中选出的，X_3X_4是从AT，AA，AG，AC，CT，CC，CA，GT，GG，GA和GC组成的组中选出的。

76. 根据权利要求70中所述的组合物，其中试剂是抗微生物药物，免疫刺激性核酸是不含未甲基化的CpG基元并且是从由富含T的核酸和TG核酸组成的组中选出的。

77. 根据权利要求76中所述的组合物，其中抗微生物药物是从抗滤过性毒菌药物、抗真菌药物、抗寄生药物和抗细菌组成的组中选出的。

78. 根据权利要求4中所述的应用，其中免疫刺激性核酸包括至少3、至少4、至少5、至少6、至少7或至少8个T基元。

79. 根据权利要求4中所述的应用，其中许多多T核酸基元中的至少有2个多T核酸基元每一个包括至少3个相邻的T核苷酸残基。

80. 根据权利要求4中所述的应用，其中许多多T核酸基元中的至少有2个多T核酸基元每一个包括至少4个相邻的T核苷酸残基。

81. 根据权利要求4中所述的应用，其中许多多T核酸基元是至少3个多T核酸基元。

82. 根据权利要求4中所述的应用，其中许多多T核酸基元是至少4个多T核酸基元。

83. 根据权利要求4中所述的应用，其中许多多T核酸基元中的至少有1个多T核酸基元每一个包括至少5个、至少6个至少7个或至少8个相邻的T核苷酸残基。

84. 根据权利要求 1 中所述的应用,其中免疫刺激性核酸包括至少两个有至少 3 个相邻 C 核苷酸残基的多 C 序列。

85. 根据权利要求 1 中所述的应用,其中免疫刺激性核酸不含两个有至少 3 个相邻 A 核苷酸残基的多 A 序列。

86. 根据权利要求 70 中所述的组合物,其中包括有效量的能够能够刺激免疫反应的权利要求 1、2、3、4、5、6、7、8、9、10、11、12、13、14、15、16、17、18、19、20、21、24、32、33、56、57、58、59、60、61、62、63、64、78、81、82、83、84 或 85 中的分离免疫刺激性核酸和药学上可接受的载体。

87. 根据权利要求 70 中所述的组合物,其中包括权利要求 1、2、3、4、5、6、7、8、9、10、11、12、13、14、15、16、17、18、19、20、21、24、32、33、56、57、58、59、60、61、62、63、64、78、81、82、83、84 或 85 中的有效量的分离免疫刺激性核酸和药学上可接受的载体。

88. 根据权利要求 83 中所述的应用,其中核酸进一步包括许多 CpG 基元,并且其中许多 CpG 基元中至少 3 个基元、或至少 4 个基元。

89. 根据权利要求 88 中所述的应用,其中许多 CpG 基元和多 T 基元是交叉分布的。

90. 根据权利要求 70 中所述的组合物,其中试剂是抗癌治疗物和在药学上可接受的载体,其中免疫刺激性核酸是从由含有大于 60% 的 T 并含有 CpG 双核苷酸的富含 T 的核酸,不含有 CpG 双核酸的 TG 核酸,以及含有 25% 的 T 到 60% 的 T 的并且不含 CpG 双核酸的富含 T 的核酸组成的组中选出的。

91. 根据权利要求 70 中所述的组合物,其中试剂是哮喘/敏感药物和、在药学上可接受的载体,其中免疫刺激性核酸是从由含有大于 60% 的 T 并含有 CpG 双核苷酸的富含 T 的核酸,不含 CpG 双核酸的 TG 核酸,以及含有 25% 的 T 到 60% 的 T 的并且不含 CpG 双核酸的富含 T 的核酸组成的组中选出的。

92. 根据权利要求 70 中所述的组合物,其中免疫刺激性核酸包括:从由序列号为 95~119、序列号为 121~136、序列号为 138~152、序列号为 154~210、序列号为 212~222、序列号为 224~244、序列号为 247~260、序列号为 263~272、序列号为 274~299、序列号为 301、序列号为 303~409、序列号为 414~420、序列号为 424、序列号为 427~758、序列号为 760~947、序列号为 959~963、序列号为 968~1022、序列号为 1024~1093 的核酸组成的组中选出的免疫刺激性核酸,并进一步包括学上可接受的载体。

93. 根据权利要求 70 中所述的组合物,其中免疫刺激性核酸是本质上含有 5′M_1TCGTCGTT$M_2$3′ 的免疫刺激性核酸,其中 C 中至少有一个是未甲基化的,其中 M_1 是有至少一个核苷酸的核酸,其中 M_2 是含有从 0~50 个核苷酸的核酸,并且其中免疫刺激性核酸有至少 100 个核苷酸。

94. 根据权利要求 70 中所述的组合物,其中免疫刺激性核酸为包含 5′TCGTCGTT3′ 的免疫刺激性核酸,其中 C 中至少有一个是未甲基化的,其中免疫刺激性核酸有至少 100 个核苷酸,并进一步包含持续释放介质。

95. 根据权利要求 94 中所述的药学组合物,其中持续释放介质是微粒。

96. 根据权利要求 94 中所述的药学组合物,进一步包括抗原。

97. TG 免疫刺激性核酸在制备刺激免疫反应的药物中的应用,包括将 TG 免疫刺激性核酸以能够在非啮齿实验对象上诱导免疫反应的有效的量给予非啮齿实验对象,其中 TG 免疫刺激性核酸不含 CpG 双核苷酸。

98. 一种组合物,包括具有下列核酸序列的寡核苷酸 TCG TCG TTT TGA CGT TTT GTC GTT(序列号为343）。

99. 权利要求98的组合物在制备治疗或预防过敏症或哮喘的药物中的应用，包括将以能够治疗或预防过敏症或哮喘有效量给予需要的非啮齿实验对象。

100. TG免疫刺激性核酸在制备刺激免疫反应的药物中的应用，包括将TG免疫刺激性核酸以能够在非啮齿实验对象上诱导免疫反应的有效的量给予非啮齿实验对象，其中核酸包括5′$N_1X_1X_2TGX_3X_4N_3$′序列，其中X_1X_2是从TA、TG、TC、AA、AG、AC、CC、CA、GG、GA和GC组成的组中选出的，X_3X_4是从AT、AA、AG、AC、CT、CC、CA、GT、GG、GA和CG组成的组中选出的，其中核酸不含CpG双核苷酸。

101. 富含Py免疫刺激性核酸在制备刺激免疫反应的药物中的应用，包括将富含Py免疫刺激性核酸以能够在非啮齿实验对象上诱导免疫反应的有效的量给予非啮齿实验对象，其中核酸包括5′$X_1X_2TTTTX_3X_4$3′序列，其中X_1X_2是从TA、TG、TC、AA、AG、AC、CC、CA、GG、GA和GC组成的组中选出的，X_3X_4是从AT、AA、AG、AC、CT、CC、CA、GT、GG、GA和GC组成的组中选出的，其中核酸不含CpG双核苷酸。

102. 根据权利要求97中所述的应用，其中免疫刺激性核酸是富含T的核酸。

103. 根据权利要求102中所述的应用，其中富含T的免疫刺激性核酸包括含有大于25%T的核苷酸组合物。

104. 根据权利要求102中所述的应用，其中富含T的免疫刺激性核酸包括含有大于35%的T的核苷酸组合物。

105. 根据权利要求102中所述的应用，其中富含T的免疫刺激性核酸包括含有大于40%的T的核苷酸组合物。

115. 根据权利要求102中所述的应用，其中富含T的免疫刺激性核酸包括含有大于50%的T的核苷酸组合物。

116. 根据权利要求102中所述的应用，其中富含T的免疫刺激性核酸包括含有大于60%的T的核苷酸组合物。"

申请人在意见陈述书中认为：(1) 修改前的权利要求1、3~9、15~21、24~77、85~90、93、94、97、98、106、108~116经过修改已经符合专利法第25条有关规定；(2) 删除了空白权利要求2、10~14、22、23、91、92，将独立权利要求78、80、82、83、95、96、99~103、107改写为一个独立权利要求及多个从属权利要求，克服了《第一次审查意见通知书》中指出的本申请不符合专利法实施细则第20条第1款规定的缺陷；(3) 对比文件1公开的寡核苷酸具有免疫刺激功能，是由于其中都含有一个或多个CpG双核苷酸，对比文件1并没有教导寡核苷酸中的T含量在免疫刺激功能方面是重要的，没有任何教导或暗示T含量大于60%会产生本发明所述的效果，因此，本领域技术人员从对比文件1中不会得到将T含量增加到大于60%的技术启示，由此可见本申请《第一次审查意见通知书》所针对的权利要求1、3~7、16、17、24、25、30~40、55~73、78~82、85~87、94~96具有专利法第22条第3款规定的创造性；(4) 《第一次审查意见通知书》所针对的权利要求107和108要求保护的核酸相对于对比文件1具有新颖性和创造性。

2006年1月20日，针对申请人于2005年7月22日提交的权利要求第1~107项和本申请进入中国国家阶段时申请人提交的国际申请中文译文说明书第3~184页、序列表第1~256页、说明书附图第1~10页和说明书摘要，以及国际初步审查报告附件中的说明书第1~2、2-a页的中文译文构成的申请文本，国家知识产权局以本申请权利要求1~6、11、16、17、22~32、47~65、70、72~75、78~80和85~87不符合专利法第22条第3款为由驳回了本申请。

驳回决定认为：对比文件1公开了一种富含T的核酸刺激免疫反应的方法（见对比文件1说明书第12页第5～28行及权利要求书）。权利要求1～6、11、16、17、22～32、47～65、70、72～75、78～80和85～87要求保护的技术方案与对比文件1所公开的技术内容相比，区别仅在于"含有大于60％的T"，而对比文件1有58％，该细微区别不能使这些权利要求所限定保护范围内的技术方案具有突出的实质性特点，而且本申请未提供任何对比实验证明"60"相对于"58"带来了显著的进步，因此这些权利要求不具有专利法第22条第3款规定的创造性。

申请人衣阿华大学研究基金会、科勒制药股份公司（以下称请求人）对上述驳回决定不服，于2006年5月8日向专利复审委员会提出复审请求。请求人在提出复审请求的同时提交了修改后的权利要求书全文替换页，修改了其中的部分权利要求，删除了驳回所针对文本中的权利要求12和14～15，但未相应修改权利要求书中各项权利要求的编号，修改后的权利要求书如下：

"1. 免疫刺激性核酸在制备刺激免疫反应的的药物中应用，包括将免疫刺激性核酸以能够在非啮齿实验对象上诱导免疫反应的有效的量给予非啮齿实验对象，其中免疫刺激性核酸是富含T的核酸，含有大于60％的T并含有CpG双核苷酸；其中免疫刺激性核酸含有一个核苷酸骨架，这个核苷酸骨架包括至少一个骨架修饰，核苷酸骨架是嵌合的或全部被修饰的。

2. 根据权利要求1中所述的应用，其中富含T的核酸是包含5′TTTT3′的多T核酸。

3. 根据权利要求2中所述的应用，其中多T核酸包括5′X_1X_2TTTT$X_3X_4$3′，其中X_1，X_2，X_3和X_4是核苷酸。

4. 根据权利要求2中所述的应用，其中富含T的核酸包括多个多T核酸基元。

5. 根据权利要求3中所述的应用，其中X_1X_2是TT。

6. 根据权利要求3中所述的应用，其中X_3X_4是TT。

7. 根据权利要求3中所述的应用，其中X_1X_2是从由TA，TG，TC，AT，AA，AG，AC，CT，CC，CA，CG，GT，GG，GA和GC组成的组中选出的。

8. 根据权利要求3中所述的应用，其中X_3X_4是从由TA，TG，TC，AT，AA，AG，AC，CT，CC，CA，CG，GT，GG，GA和GC组成的组中选出的。

9. 根据权利要求1中所述的应用，其中富含T的免疫刺激性核酸含有组成中有大于80％的T的核苷酸组合物。

10. 根据权利要求1中所述的应用，其中免疫刺激性核酸含有至少20个核苷酸。

11. 根据权利要求1中所述的应用，其中免疫刺激性核酸含有至少24个核苷酸。

13. 根据权利要求1中所述的应用，其中核苷酸骨架包括硫代磷酸酯修饰。

16. 根据权利要求1中所述的应用，其中免疫刺激性核酸不含有甲基化的CpG双核苷酸。

17. 根据权利要求1中所述的应用，其中免疫刺激性核酸不含有多C序列。

18. 根据权利要求1中所述的应用，其中免疫刺激性核酸含有多A序列。

19. 根据权利要求1中所述的应用，其中免疫刺激性核酸含有多G序列。

20. 根据权利要求1中所述的应用，其中免疫刺激性核酸含有组成中有大于25％的C的核苷酸组合物。

21. 根据权利要求1中所述的应用，其中免疫刺激性核酸含有组成中有大于25％的A的核苷酸组合物。

22. 根据权利要求1中所述的应用，其中免疫刺激性核酸是口服给予的。

23. 根据权利要求1中所述的应用，其中免疫刺激性核酸是局部给予的。

24. 根据权利要求1中所述的应用，其中免疫刺激性核酸是通过一个持续释放介质给予的。

25. 根据权利要求1中所述的应用，其中免疫刺激性核酸是通过黏膜给予到黏膜表面的。

26. 根据权利要求25中所述的应用，其中免疫反应是黏膜免疫反应。

27. 根据权利要求25中所述的应用，其中免疫反应是系统免疫反应。

28. 根据权利要求25中所述的应用，其中黏膜是从由口黏膜、鼻黏膜、直肠黏膜、阴道黏膜和眼黏膜组成的组中选出的。

29. 根据权利要求1中所述的应用，进一步包括将实验对象接触抗原，并且其中免疫反应是抗原特定性的免疫反应。

30. 根据权利要求29中所述的应用，其中编码抗原的核酸载体被给予实验对象，并且其中核酸载体与免疫刺激性核酸是分开的。

31. 根据权利要求29中所述的应用，其中抗原是缩氨酸抗原。

32. 根据权利要求1中所述的应用，进一步包括从实验对象上分离免疫细胞；使免疫细胞接触能够活化免疫细胞的有效量的免疫刺激性核酸；和再次将已经被活化的免疫细胞给予将实验对象。

33. 根据权利要求32中所述的应用，其中免疫细胞是白细胞。

34. 根据权利要求33中所述的应用，进一步包括将免疫细胞接触抗原。

35. 根据权利要求32中所述的应用，其中抗原是从由瘤抗原、滤过性毒菌抗原、细菌抗原和寄生抗原组成的组中选出的。

36. 根据权利要求32中所述的应用，其中免疫细胞是枝状细胞。

37. 根据权利要求1中所述的应用，其中实验对象患有哮喘或者有患哮喘的危险，并且药物是治疗或预防实验对象哮喘的药物。

37. 根据权利要求1中所述的应用，其中实验对象患有敏感症或者有患敏感症的危险，并且药物是治疗或预防实验对象敏感症的药物。

39. 根据权利要求1中所述的应用，其中实验对象患有癌症，并且药物是治疗癌症的药物。

40. 根据权利要求39中所述的应用，其中癌症是从由胆囊癌；脑癌；乳腺癌；子宫颈癌；绒毛膜癌；CNS癌、结肠癌；联结组织癌、子宫内膜癌、眼癌、胃癌；上皮内瘤；喉癌、淋巴瘤；Hodgkin淋巴瘤、肝癌；肺癌（例如小细胞和非小细胞）；黑素瘤；成神经细胞瘤；口癌；口腔癌，卵巢癌；胰腺癌；前列腺癌；直肠癌；恶性毒瘤；甲状腺癌和肾癌，以及其他癌和恶性毒瘤。

41. 根据权利要求1中所述的应用，其中癌症是从由骨癌；脑癌和CNS癌、联结组织癌、食道癌、眼癌、Hodgkin淋巴瘤、喉癌、口腔癌、皮肤癌和睾丸癌组成的组中选出的。

42. 根据权利要求39中所述的应用，进一步包括给予抗癌治疗物。

43. 根据权利要求42中所述的应用，其中抗癌治疗物是抗体。

44. 根据权利要求39中所述的应用，其中实验对象是人类。

45. 根据权利要求39中所述的应用，其中实验对象是从由狗、猫和马组成的组中选出的。

46. 根据权利要求1中所述的应用，进一步包括给予对表面抗体有特定性的抗体，并且其中免疫反应导致依赖于抗原的细胞毒性（ADCC）。

47. 根据权利要求1中所述的应用，其中实验对象患有传染病或者有患传染病的危险，并且其中药物是治疗或预防传染病的药物。

48. 根据权利要求1中所述的应用，其中实验对象是人类。

49. 根据权利要求46中所述的应用，进一步包括将抗原给予实验对象。

50. 根据权利要求29或49中所述的应用，其中抗原是从由细菌抗原、滤过性毒菌抗原、寄生抗原和真菌抗原组成的组中选出的。

51. 根据权利要求1中所述的应用，其中实验对象是从由狗、猫、马、母牛、猪、绵羊、山羊、小鸡、猴和鱼组成的组中选出的。

52. 根据权利要求51中所述的应用，进一步包括将抗原给予实验对象。

53. 根据权利要求51中所述的应用，其中抗原是由微生物衍生而来，这些微生物是从由疱疹病毒属、逆转录病毒属、正粘病毒属、弓形虫属、嗜血杆菌属、弯曲杆菌属、梭菌、大肠埃希氏菌和葡萄状球菌。

54. 根据权利要求1中所述的应用，其中免疫刺激性核酸进一步包括TG基元。

55. 根据权利要求54中所述的应用，其中TG核酸包括$5'N_1X_1TGX_2N_2 3'$。

56. 根据权利要求54中所述的应用，其中TG核酸包括$5'N_1X_1X_2TGX_3X_4N_2 3'$。

57. 根据权利要求55中所述的应用，其中N_1是由范围在$11-N_2$到$21-N_2$之内的许多核苷酸组成的一个核酸序列。

58. 根据权利要求55中所述的应用，其中N_2是由范围在$11-N_1$到$21-N_1$之内的许多核苷酸组成的一个核酸序列。

59. 根据权利要求56中所述的应用，其中N_1是由范围在$9-N_2$到$19-N_2$之内的许多核苷酸组成的一个核酸序列。

60. 根据权利要求56中所述的应用，其中N_2是由范围在$9-N_1$到$19-N_1$之内的许多核苷酸组成的一个核酸序列。

61. 根据权利要求55中所述的应用，其中X_2是胸腺嘧啶脱氧核苷。

62. 根据权利要求56中所述的应用，其中X_3是胸腺嘧啶脱氧核苷。

63. 根据权利要求56中所述的应用，其中X_1X_2是从由GT、GG、GA、AA、AT、AG、CT、CA、CG、TA和TT组成的组中选出的核苷酸。

64. 根据权利要求56中所述的应用，其中X_3X_4是从由TT、CT、AT、AG、CG、TC、AC、CC、TA、AA和CA组成的组中选出的核苷酸。

65. 根据权利要求55中所述的应用，其中X_3X_4是从由TT、TC、TA和TG组成的组中选出的核苷酸。

66. 根据权利要求1中所述的应用，其中实验对象有患癌症的危险，并且药物是预防癌症的药物。

67. 根据权利要求42中所述的应用，其中抗癌治疗药物是从由化疗药物、免疫疗法药物和癌症疫苗。

68. 免疫刺激性核酸在制备在实验对象中预防疾病的药物的应用，包括：在定期基础上，给予实验对象免疫刺激性核酸以在实验对象中预防疾病，其中免疫刺激性核酸是从由含有大于60％的T并含有CpG双核苷酸的富含T的核酸，不含有CpG双核酸的TG核酸，以及含有25％的T到60％的T的并且不含CpG双核酸的富含T的核酸组成的组中选出的。

69. 免疫刺激性核酸在制备诱导天生免疫反应的药物的应用，包括：在定期基础上，给予实验对象免疫刺激性核酸以能够活化天生免疫反应的有效量，其中免疫刺激性核酸是从由含有大于60％的T并含有CpG双核苷酸的富含T的核酸，不含有CpG双核酸的TG核酸，以及含有25％的T到60％的T的并且不含CpG双核酸的富含T的核酸组成的组中选出的。

70. 免疫刺激性核酸在制备诱导免疫反应的药物中的应用，其中免疫刺激性核酸是不含未甲基化的CpG基元并且是从由富含T的核酸和TG核酸组成的组中选出的，免疫刺激性核酸与试剂共同使用，所述试剂是抗原，抗微生物药物，抗癌药物或治疗哮喘/过敏症的药物。

71. 根据权利要求 70 中所述的应用,其中免疫刺激性核酸在持续释放介质中。

72. 根据权利要求 70 中的所述的应用,其中免疫刺激性核酸有磷酸二酯骨架。

73. 根据权利要求 70 中所述的应用,其中免疫刺激性核酸在给予介质中,给予介质是从胶囊、药丸和舌下药片组成的组中选出的,其中免疫刺激性核酸是不含未甲基化的 CpG 基元并且是从由富含 T 的核酸和 TG 核酸组成的组中选出的。

74. 根据权利要求 73 中所述的应用,其中免疫刺激性核酸有磷酸二酯骨架。

75. 根据权利要求 70 中所述的应用,其中试剂是抗原,免疫刺激性核酸是不含未甲基化的 CpG 基元并且是从 TG 免疫刺激性核酸和富含 Py 免疫刺激性核酸组成的组中选出的,其中 TG 免疫刺激性核酸包括 $5'N_1X_1X_2TGX_3X_4N_3 3'$ 序列,其中 X_1X_2 是从 TA、TG、TC、AA、AG、AC、CC、CA、GG、GA 和 GC 组成的组中选出的,X_3X_4 是从 AT、AA、AG、AC、CT、CC、CA、GT、GG、GA 和 CG 组成的组中选出的,其中富含 Py 免疫刺激性核酸包括 $5'X_1X_2TTTTX_3X_4 3'$ 序列,其中 X_1X_2 是从 TA、TG、TC、AA、AG、AC、CC、CA、GG、GA 和 GC 组成的组中选出的,X_3X_4 是从 AT、AA、AG、AC、CT、CC、CA、GT、GG、GA 和 GC 组成的组中选出的。

76. 根据权利要求 70 中所述的应用,其中试剂是抗微生物药物。

77. 根据权利要求 76 中所述的应用,其中抗微生物药物是从抗滤过性毒菌药物、抗真菌药物、抗寄生药物和抗细菌组成的组中选出的。

78. 根据权利要求 4 中所述的应用,其中免疫刺激性核酸包括至少 3、至少 4、至少 5、至少 6、至少 7 或至少 8 个 T 基元。

79. 根据权利要求 4 中所述的应用,其中许多多 T 核酸基元中的至少有 2 个多 T 核酸基元每一个包括至少 3 个相邻的 T 核苷酸残基。

80. 根据权利要求 4 中所述的应用,其中许多多 T 核酸基元中的至少有 2 个多 T 核酸基元每一个包括至少 4 个相邻的 T 核苷酸残基。

81. 根据权利要求 4 中所述的应用,其中许多多 T 核酸基元是至少 3 个多 T 核酸基元。

82. 根据权利要求 4 中所述的应用,其中许多多 T 核酸基元是至少 4 个多 T 核酸基元。

83. 根据权利要求 4 中所述的应用,其中许多多 T 核酸基元中的至少有 1 个多 T 核酸基元每一个包括至少 5 个、至少 6 个至少 7 个或至少 8 个相邻的 T 核苷酸残基。

84. 根据权利要求 1 中所述的应用,其中免疫刺激性核酸包括至少两个有至少 3 个相邻 C 核苷酸残基的多 C 序列。

85. 根据权利要求 1 中所述的应用,其中免疫刺激性核酸不含两个有至少 3 个相邻 A 核苷酸残基的多 A 序列。

86. 一种组合物,其中包括有效量的能够能够刺激免疫反应的权利要求 1~11,13~21,54~65,68,69,70,72,74,75,78~85,88 或 89 中的分离免疫刺激性核酸和药学上可接受的载体。

87. 一种组合物,其中包括权利要求 1~11,13~21,54~65,68,69,70,72,74,75,78~85,88 或 89 中的有效量的分离免疫刺激性核酸和药学上可接受的载体。

88. 根据权利要求 83 中所述的应用,其中核酸进一步包括许多 CpG 基元,并且其中许多 CpG 基元中至少 3 个基元、或至少 4 个基元。

89. 根据权利要求 88 中所述的应用,其中许多 CpG 基元和多 T 基元是交叉分布的。

90. 根据权利要求 70 中所述的应用,其中试剂是抗癌治疗物和在药学上可接受的载体,其中免疫刺激性核酸是从,不含有 CpG 双核酸的 TG 核酸,以及含有 25% 的 T 到 60% 的 T 的并且不含 CpG 双核酸的富含 T 的核酸组成的组中选出的。

91. 根据权利要求 70 中所述的应用，其中试剂是哮喘/敏感药物和在药学上可接受的载体，其中免疫刺激性核酸是从，不含有 CpG 双核酸的 TG 核酸，以及含有 25％的 T 到 60％的 T 的并且不含 CpG 双核酸的富含 T 的核酸组成的组中选出的。

92. 一种组合物，其包括免疫刺激性核酸，所述免疫刺激性核酸包括：从由序列号为 95～119、序列号为 121～136、序列号为 138～152、序列号为 154～210、序列号为 212～222、序列号为 224～244、序列号为 247～260、序列号为 263～272、序列号为 274～299、序列号为 301、序列号为 303～409、序列号为 414～420、序列号为 424、序列号为 427～758、序列号为 760～947、序列号为 959～963、序列号为 968～1022、序列号为 1024～1093 的核酸组成的组中选出的免疫刺激性核酸，并进一步包括药学上可接受的载体。

93. 一种免疫刺激性核酸，其含有 5′M_1TCGTCGTT$M_2$3′的免疫刺激性核酸，其中 C 中至少有一个是未甲基化的，其中 M_1 是有至少一个核苷酸的核酸，其中 M_2 是含有从 0～50 个核苷酸的核酸，并且其中免疫刺激性核酸有至少 100 个核苷酸。

94. 一种组合物其包含权利要求 93 所述的免疫刺激性核酸，所述免疫刺激性核酸为包含 5′TCGTCGTT3′的免疫刺激性核酸，其中 C 中至少有一个是未甲基化的，其中免疫刺激性核酸有至少 100 个核苷酸，并进一步包含持续释放介质。

95. 根据权利要求 94 中所述的药学组合物，其中持续释放介质是微粒。

96. 根据权利要求 94 中所述的药学组合物，进一步包括抗原。

97. TG 免疫刺激性核酸在制备刺激免疫反应的药物中的应用，包括将 TG 免疫刺激性核酸以能够在非啮齿实验对象上诱导免疫反应的有效的量给予非啮齿实验对象，其中 TG 免疫刺激性核酸不含 CpG 双核苷酸。

98. 一种组合物，包括具有下列核酸序列的寡核苷酸 TCG TCG TTT TGA CGT TTT GTC GTT（序列号为 343）。

99. 权利要求 98 的组合物在制备治疗或预防过敏症或哮喘的药物中的应用，包括将以能够治疗或预防过敏症或哮喘有效量给予需要的非啮齿实验对象。

100. TG 免疫刺激性核酸在制备刺激免疫反应的药物中的应用，包括将 TG 免疫刺激性核酸以能够在非啮齿实验对象上诱导免疫反应的有效的量给予非啮齿实验对象，其中核酸包括 5′$N_1X_1X_2$TG$X_3X_4N_3$3′序列，其中 X_1X_2 是从 TA、TG、TC、AA、AG、AC、CC、CA、GG、GA 和 GC 组成的组中选出的，X_3X_4 是从 AT、AA、AG、AC、CT、CC、CA、GT、GG、GA 和 CG 组成的组中选出的，其中核酸不含 CpG 双核苷酸。

101. 富含 Py 免疫刺激性核酸在制备刺激免疫反应的药物中的应用，包括将富含 Py 免疫刺激性核酸以能够在非啮齿实验对象上诱导免疫反应的有效的量给予非啮齿实验对象，其中核酸包括 5′X_1X_2TTTT$X_3X_4$3′序列，其中 X_1X_2 是从 TA、TG、TC、AA、AG、AC、CC、CA、GG、GA 和 GC 组成的组中选出的，X_3X_4 是从 AT、AA、AG、AC、CT、CC、CA、GT、GG、GA 和 GC 组成的组中选出的，其中核酸不含 CpG 双核苷酸。

102. 根据权利要求 97 中所述的应用，其中免疫刺激性核酸是富含 T 的核酸。

103. 根据权利要求 102 中所述的应用，其中富含 T 的免疫刺激性核酸包括含有大于 25％T 的核苷酸组合物。

104. 根据权利要求 102 中所述的应用，其中富含 T 的免疫刺激性核酸包括含有大于 35％的 T 的核苷酸组合物。

105. 根据权利要求 102 中所述的应用，其中富含 T 的免疫刺激性核酸包括含有大于 40％的 T 的核苷酸组合物。

106. 根据权利要求102中所述的应用，其中富含T的免疫刺激性核酸包括含有大于50%的T的核苷酸组合物。

107. 根据权利要求102中所述的应用，其中富含T的免疫刺激性核酸包括含有大于60%的T的核苷酸组合物。"

请求人提出的复审理由为：（1）对比文件1公开了一种富含T的核酸刺激免疫反应的方法，所述免疫刺激性核酸包括骨架修饰，但是没有揭示其中的核酸的骨架修饰是嵌合的或全部被修饰的，因此，修改后的权利要求1中加入的技术特征"其中免疫刺激性核酸含有一个核苷酸骨架，这个核苷酸骨架包括至少一个骨架修饰，核苷酸骨架是嵌合的或全部被修饰的"构成了区别于对比文件1的技术特征，而且该区别技术特征对于本领域普通技术人员不是显而易见的，因此修改后的权利要求1具有突出的实质性特点，结合本申请的发明背景部分可知，本申请要求保护的免疫刺激性核酸能够有效诱发人类或动物细胞的免疫反应，因而具备显著的进步。因此权利要求1具备创造性。（2）对比文件1中公开的所有免疫刺激核酸均含一个或多个GpG双核苷酸，而且对比文件1指出所述寡核苷酸的免疫刺激功能是由于其中含有GpG双核苷酸，并未教导寡核苷酸中的T含量在寡核苷酸的免疫刺激功能方面是重要的。因此，虽然对比文件1中提到的"含有58%的T"，但"含有58%的T"并不是寡核苷酸具有免疫刺激功能的原因，所以本领域技术人员不会从对比文件1中得到将T含量增加到大于60%的启示，因此"免疫刺激性核酸含有大于60%的T"不是显而易见的。

形式审查合格后，专利复审委员会受理了该复审请求，并于2006年6月5日向请求人发出《复审请求受理通知书》，随后将本申请案卷移交原审查部门进行前置审查。

原审查部门对本复审请求案进行了前置审查。前置审查意见认为：权利要求1~67通过进一步限定克服了原有不具有创造性的缺陷，权利要求68~71、73、78~80既没有加入所述限定，也未引用权利要求1~67，因此仍不符合专利法第22条第3款的规定，坚持原驳回决定。

专利复审委员会组成合议组，对本复审请求案进行了审理。2007年12月12日，专利复审委员会向请求人发出《复审通知书》。《复审通知书》指出：（1）将驳回决定针对文本中权利要求70~77、90和91的主题名称由组合物改为应用，改变了这些权利要求的类型；将驳回针对文本中的从属权利要求86-87修改为独立权利要求，并且在修改后的权利要求86~87中加入了涉及权利要求54~55、65、68~70、72、74、75、79~80和88~89所述的分离免疫刺激性核酸的技术方案，扩大了权利要求86~87的保护范围；驳回决定并未涉及权利要求71、76~77和90~94。因此，复审请求时请求人对权利要求70~77、86~87和90~94的修改不是为消除驳回决定所指缺陷而作出的，不符合专利法实施细则第60条第1款的规定。（2）权利要求书中缺少权利要求12、14、15和38，出现两个权利要求37，因而不符合专利法实施细则第20条第2款关于权利要求应当用阿拉伯数字顺序编号的规定。

针对《复审通知书》指出的问题，请求人于2008年1月25日提交了意见陈述书及权利要求书全文替换页（共104项），请求人对权利要求顺序编号，补齐了复审请求时提交的权利要求书中所缺少的编号12、14~15和38，删除了重复出现的编号37，修改了权利要求67~74、83~84和87~91（对应于复审请求时提交的权利要求书中的权利要求70~77、86~87和90~94），修改后的权利要求书克服了《复审通知书》中所指出的全部缺陷，具体内容如下：

"1. 免疫刺激性核酸在制备刺激免疫反应的药物中的应用，包括将免疫刺激性核酸以能够在非啮齿实验对象上诱导免疫反应的有效量给予非啮齿实验对象，其中免疫刺激性核酸是富含T的核酸，含有大于60%的T并含有CpG双核苷酸；其中免疫刺激性核酸含有一个核苷酸骨架，这个核苷酸骨架包括至少一个骨架修饰，核苷酸骨架是嵌合的或全部被修饰的。

2. 根据权利要求1中所述的应用，其中富含T的核酸是包含5′TTTT3′的多T核酸。

3. 根据权利要求2中所述的应用，其中多T核酸包括5′X_1X_2TTTT$X_3X_4$3′，其中X_1，X_2，X_3和X_4是核苷酸。

4. 根据权利要求2中所述的应用，其中富含T的核酸包括多个多T核酸基元。

5. 根据权利要求3中所述的应用，其中X_1X_2是TT。

6. 根据权利要求3中所述的应用，其中X_3X_4是TT。

7. 根据权利要求3中所述的应用，其中X_1X_2是从由TA，TG，TC，AT，AA，AG，AC，CT，CC，CA，CG，GT，GG，GA和GC组成的组中选出的。

8. 根据权利要求3中所述的应用，其中X_3X_4是从由TA，TG，TC，AT，AA，AG，AC，CT，CC，CA，CG，GT，GG，GA和GC组成的组中选出的。

9. 根据权利要求1中所述的应用，其中富含T的免疫刺激性核酸含有组成中有大于80％的T的核苷酸组合物。

10. 根据权利要求1中所述的应用，其中免疫刺激性核酸含有至少20个核苷酸。

11. 根据权利要求1中所述的应用，其中免疫刺激性核酸含有至少24个核苷酸。

12. 根据权利要求1中所述的应用，其中核苷酸骨架包括硫代磷酸酯修饰。

13. 根据权利要求1中所述的应用，其中免疫刺激性核酸不含有甲基化的C_pG双核苷酸。

14. 根据权利要求1中所述的应用，其中免疫刺激性核酸不含有多C序列。

15. 根据权利要求1中所述的应用，其中免疫刺激性核酸含有多A序列。

16. 根据权利要求1中所述的应用，其中免疫刺激性核酸含有多G序列。

17. 根据权利要求1中所述的应用，其中免疫刺激性核酸含有组成中有大于25％的C的核苷酸组合物。

18. 根据权利要求1中所述的应用，其中免疫刺激性核酸含有组成中有大于25％的A的核苷酸组合物。

19. 根据权利要求1中所述的应用，其中免疫刺激性核酸是口服给予的。

20. 根据权利要求1中所述的应用，其中免疫刺激性核酸是局部给予的。

21. 根据权利要求1中所述的应用，其中免疫刺激性核酸是通过一个持续释放介质给予的。

22. 根据权利要求1中所述的应用，其中免疫刺激性核酸是通过黏膜给予到黏膜表面的。

23. 根据权利要求22中所述的应用，其中免疫反应是黏膜免疫反应。

24. 根据权利要求22中所述的应用，其中免疫反应是系统免疫反应。

25. 根据权利要求22中所述的应用，其中黏膜是从由口黏膜、鼻黏膜、直肠黏膜、阴道黏膜和眼黏膜组成的组中选出的。

26. 根据权利要求1中所述的应用，进一步包括将实验对象接触抗原，并且其中免疫反应是抗原特定性的免疫反应。

27. 根据权利要求26中所述的应用，其中编码抗原的核酸载体被给予实验对象，并且其中核酸载体与免疫刺激性核酸是分开的。

28. 根据权利要求26中所述的应用，其中抗原是缩氨酸抗原。

29. 根据权利要求1中所述的应用，进一步包括从实验对象上分离免疫细胞；使免疫细胞接触能够活化免疫细胞的有效量的免疫刺激性核酸；和再次将已经被活化的免疫细胞给予将实验对象。

30. 根据权利要求29中所述的应用，其中免疫细胞是白细胞。

31. 根据权利要求30中所述的应用，进一步包括将免疫细胞接触抗原。

32. 根据权利要求29中所述的应用，其中抗原是从由瘤抗原、滤过性毒菌抗原、细菌抗原和寄生抗原组成的组中选出的。

33. 根据权利要求29中所述的应用，其中免疫细胞是枝状细胞。

34. 根据权利要求1中所述的应用，其中实验对象患有哮喘或者有患哮喘的危险，并且药物是治疗或预防实验对象哮喘的药物。

35. 根据权利要求1中所述的应用，其中实验对象患有敏感症或者有患敏感症的危险，并且药物是治疗或预防实验对象敏感症的药物。

36. 根据权利要求1中所述的应用，其中实验对象患有癌症，并且药物是治疗癌症的药物。

37. 根据权利要求36中所述的应用，其中癌症是从由胆囊癌；脑癌；乳腺癌；子宫颈癌；绒毛膜癌；CNS癌、结肠癌；联结组织癌、子宫内膜癌；眼癌、胃癌；上皮内瘤；喉癌；淋巴瘤；Hodgkin淋巴瘤，肝癌；肺癌（例如小细胞和非小细胞）；黑素瘤；成神经细胞瘤；口癌；口腔癌，卵巢癌；胰腺癌；前列腺癌；直肠癌；恶性毒瘤；甲状腺癌和肾癌，以及其他癌和恶性毒瘤。

38. 根据权利要求1中所述的应用，其中癌症是从由骨癌；脑癌和CNS癌、联结组织癌、食道癌、眼癌、Hodgkin淋巴瘤、喉癌、口腔癌、皮肤癌和睾丸癌组成的组中选出的。

39. 根据权利要求36中所述的应用，进一步包括给予抗癌治疗物。

40. 根据权利要求39中所述的应用，其中抗癌治疗物是抗体。

41. 根据权利要求36中所述的应用，其中实验对象是人类。

42. 根据权利要求36中所述的应用，其中实验对象是从由狗、猫和马组成的组中选出的。

43. 根据权利要求1中所述的应用，进一步包括给予对表面抗体有特定性的抗体，并且其中免疫反应导致依赖于抗原的细胞毒性（ADCC）。

44. 根据权利要求1中所述的应用，其中实验对象患有传染病或者有患传染病的危险，并且其中药物是治疗或预防传染病的药物。

45. 根据权利要求1中所述的应用，其中实验对象是人类。

46. 根据权利要求43中所述的应用，进一步包括将抗原给予实验对象。

47. 根据权利要求26或46中所述的应用，其中抗原是从由细菌抗原、滤过性毒菌抗原、寄生抗原和真菌抗原组成的组中选出的。

48. 根据权利要求1中所述的应用，其中实验对象是从由狗、猫、马、母牛、猪、绵羊、山羊、小鸡、猴和鱼组成的组中选出的。

49. 根据权利要求48中所述的应用，进一步包括将抗原给予实验对象。

50. 根据权利要求48中所述的应用，其中抗原是由微生物衍生而来，这些微生物是从由疱疹病毒属、逆转录病毒属、正粘病毒属、弓形虫属、嗜血杆菌属、弯曲杆菌属、梭菌、大肠埃希氏菌和葡萄状球菌。

51. 根据权利要求1中所述的应用，其中免疫刺激性核酸进一步包括TG基元。

52. 根据权利要求51中所述的应用，其中TG核酸包括$5'N_1X_1TGX_2N_23'$。

53. 根据权利要求51中所述的应用，其中TG核酸包括$5'N_1X_1X_2TGX_3X_4N_23'$。

54. 根据权利要求52中所述的应用，其中N_1是由范围在$11-N_2$到$21-N_2$之内的许多核苷酸组成的一个核酸序列。

55. 根据权利要求52中所述的应用，其中N_2是由范围在$11-N_1$到$21-N_1$之内的许多核苷酸组成的一个核酸序列。

56. 根据权利要求53中所述的应用，其中N_1是由范围在$9-N_2$到$19-N_2$之内的许多核苷酸组成的一个核酸序列。

57. 根据权利要求 53 中所述的应用，其中 N_2 是由范围在 $9-N_1$ 到 $19-N_1$ 之内的许多核苷酸组成的一个核酸序列。

58. 根据权利要求 52 中所述的应用，其中 X_2 是胸腺嘧啶脱氧核苷。

59. 根据权利要求 53 中所述的应用，其中 X_3 是胸腺嘧啶脱氧核苷。

60. 根据权利要求 53 中所述的应用，其中 X_1X_2 是从由 GT、GG、GA、AA、AT、AG、CT、CA、CG、TA 和 TT 组成的组中选出的核苷酸。

61. 根据权利要求 53 中所述的应用，其中 X_3X_4 是从由 TT、CT、AT、AG、CG、TC、AC、CC、TA、AA 和 CA 组成的组中选出的核苷酸。

62. 根据权利要求 52 中所述的应用，其中 X_3X_4 是从由 TT、TC、TA 和 TG 组成的组中选出的核苷酸。

63. 根据权利要求 1 中所述的应用，其中实验对象有患癌症的危险，并且药物是预防癌症的药物。

64. 根据权利要求 39 中所述的应用，其中抗癌治疗药物是从由化疗药物、免疫疗法药物和癌症疫苗。

65. 免疫刺激性核酸在制备在实验对象中预防疾病的药物的应用，包括：在定期基础上，给予实验对象免疫刺激性核酸以在实验对象中预防疾病，其中免疫刺激性核酸是从由含有大于 60% 的 T 并含有 CpG 双核苷酸的富含 T 的核酸，不含有 CpG 双核酸的 TG 核酸，以及含有 25% 的 T 到 60% 的 T 的并且不含 CpG 双核酸的富含 T 的核酸组成的组中选出的。

66. 免疫刺激性核酸在制备诱导天生免疫反应的药物的应用，包括：在定期基础上，给予实验对象免疫刺激性核酸以能够活化天生免疫反应的有效量，其中免疫刺激性核酸是从由含有大于 60% 的 T 并含有 CpG 双核苷酸的富含 T 的核酸，不含有 CpG 双核酸的 TG 核酸，以及含有 25% 的 T 到 60% 的 T 并且不含 CpG 双核酸的富含 T 的核酸组成的组中选出的。

67. 一种组合物，包括免疫刺激性核酸和/或试剂，其中免疫刺激性核酸是不含未甲基化的 CpG 基元并且是从由富含 T 的核酸和 TG 核酸组成的组中选出的，所述试剂是抗原，抗微生物药物，抗癌药物或治疗哮喘/过敏症的药物。

68. 根据权利要求 67 中所述的组合物，其中试剂为持续释放介质。

69. 根据权利要求 67 中的所述的组合物，其中免疫刺激性核酸有磷酸二酯骨架。

70. 根据权利要求 67 中所述的组合物其中试剂是给予介质，给予介质是从胶囊、药丸和舌下药片组成的组中选出的，其中免疫刺激性核酸是不含未甲基化的 CpG 基元并且是从由富含 T 的核酸和 TG 核酸组成的组中选出的。

71. 根据权利要求 70 中所述的组合物，其中免疫刺激性核酸有磷酸二酯骨架。

72. 根据权利要求 67 中所述的组合物，其中试剂是抗原，免疫刺激性核酸是不含未甲基化的 CpG 基元并且是从 TG 免疫刺激性核酸和富含 Py 免疫刺激性核酸组成的组中选出的，其中 TG 免疫刺激性核酸包括 $5'N_1X_1X_2TGX_3X_4N3'$ 序列，其中 X_1X_2 是从 TA、TG、TC、AA、AG、AC、CC、CA、GG、GA 和 GC 组成的组中选出的，X_3X_4 是从 AT、AA、AG、AC、CT、CC、CA、GT、GG、GA 和 CG 组成的组中选出的，其中富含 Py 免疫刺激性核酸包括 $5'X_1X_2TTTTX_3X_43'$ 序列，其中 X_1X_2 是从 TA、TG、TC、AA、AG、AC、CC、CA、GG、GA 和 GC 组成的组中选出的，X_3X_4 是从 AT、AA、AG、AC、CT、CC、CA、GT、GG、GA 和 GC 组成的组中选出的。

73. 根据权利要求 67 中所述的组合物，其中试剂是抗微生物药物，免疫刺激性核酸是不含未甲基化的CpG基元并且是从由富含T的核酸和TG核酸组成的组中选出的。

74. 根据权利要求73中所述的组合物，其中抗微生物药物是从抗滤过性毒菌药物、抗真菌药物、抗寄生药物和抗细菌组成的组中选出的。

75. 根据权利要求4中所述的应用，其中免疫刺激性核酸包括至少3、至少4、至少5、至少6、至少7或至少8个T基元。

76. 根据权利要求4中所述的应用，其中许多多T核酸基元中的至少有2个多T核酸基元每一个包括至少3个相邻的T核苷酸残基。

77. 根据权利要求4中所述的应用，其中许多多T核酸基元中的至少有2个多T核酸基元每一个包括至少4个相邻的T核苷酸残基。

78. 根据权利要求4中所述的应用，其中许多多T核酸基元是至少3个多T核酸基元。

79. 根据权利要求4中所述的应用，其中许多多T核酸基元是至少4个多T核酸基元。

80. 根据权利要求4中所述的应用，其中许多多T核酸基元中的至少有1个多T核酸基元每一个包括至少5个、至少6个至少7个或至少8个相邻的T核苷酸残基。

81. 根据权利要求1中所述的应用，其中免疫刺激性核酸包括至少两个有至少3个相邻C核苷酸残基的多C序列。

82. 根据权利要求1中所述的应用，其中免疫刺激性核酸不含两个有至少3个相邻A核苷酸残基的多A序列。

83. 根据权利要求67中所述的组合物，其中包括有效量的能够能够刺激免疫反应的权利要求1、2、3、4、5、6、7、8、9、10、11、12、13、14、15、16、17、18、21、29、30、53、54、55、56、57、58、59、60、61、75、78、79、80、81或82中的分离免疫刺激性核酸和药学上可接受的载体。

84. 根据权利要求67中所述的组合物，其中包括权利要求1、2、3、4、5、6、7、8、9、10、11、12、13、14、15、16、17、18、21、29、30、53、54、55、56、57、58、59、60、61、75、78、79、80、81或82中的有效量的分离免疫刺激性核酸和药学上可接受的载体。

85. 根据权利要求80中所述的应用，其中核酸进一步包括许多CpG基元，并且其中许多CpG基元中至少3个基元，或至少4个基元。

86. 根据权利要求85中所述的应用，其中许多CpG基元和多T基元是交叉分布的。

87. 根据权利要求67中所述的组合物，其中试剂是抗癌治疗物和在药学上可接受的载体，其中免疫刺激性核酸是从由含有大于60%的T并含有CpG双核苷酸的富含T的核酸，不含有CpG双核酸的TG核酸，以及含有25%的T到60%的T的并且不含CpG双核酸的富含T的核酸组成的组中选出的。

88. 根据权利要求67中所述的组合物，其中试剂是哮喘/敏感药物和在药学上可接受的载体，其中免疫刺激性核酸是从由含有大于60%的T并含有CpG双核苷酸的富含T的核酸，不含有CpG双核酸的TG核酸，以及含有25%的T到60%的T的并且不含CpG双核酸的富含T的核酸组成的组中选出的。

89. 根据权利要求67中所述的组合物，其中免疫刺激性核酸包括：从由序列号为95~119、序列号为121~136、序列号为138~152、序列号为154~210、序列号为212~222、序列号为224~244、序列号为247~260、序列号为263~272、序列号为274~299、序列号为301、序列号为303~409、序列号为414~420、序列号为424、序列号为427~758、序列号为760~947、序列号为959~963、序列号为968~1022、序列号为1024-1093的核酸组成的组中选出的免疫刺激性核酸，并进一步包括药学上可接受的载体。

90. 根据权利要求67中所述的组合物，其中免疫刺激性核酸是本质上含有5′M_1TCGTCGTT$M_2$3′的免疫刺激性核酸，其中C中至少有一个是未甲基化的，其中M_1是有至少一个核苷酸的核酸，其中M_2是含有从0到50个核苷酸的核酸，并且其中免疫刺激性核酸有至少100个核苷酸。

91. 根据权利要求67中所述的组合物，其中免疫刺激性核酸为包含5′TCGTCGTT3′的免疫刺激性核酸，其中C中至少有一个是未甲基化的，其中免疫刺激性核酸有至少100个核苷酸，并进一步包含持续释放介质。

92. 根据权利要求91中所述的药学组合物，其中持续释放介质是微粒。

93. 根据权利要求91中所述的药学组合物，进一步包括抗原。

94. TG免疫刺激性核酸在制备刺激免疫反应的药物中的应用，包括将TG免疫刺激性核酸以能够在非啮齿实验对象上诱导免疫反应的有效的量给予非啮齿实验对象，其中TG免疫刺激性核酸不含CpG双核苷酸。

95. 一种组合物，包括具有下列核酸序列的寡核苷酸TCG TCG TTT TGA CGT TTT GTC GTT（序列号为343）。

96. 权利要求95的组合物在制备治疗或预防过敏症或哮喘的药物中的应用，包括将以能够治疗或预防过敏症或哮喘有效量给予需要的非啮齿实验对象。

97. TG免疫刺激性核酸在制备刺激免疫反应的药物中的应用，包括将TG免疫刺激性核酸以能够在非啮齿实验对象上诱导免疫反应的有效的量给予非啮齿实验对象，其中核酸包括5′$N_1X_1X_2TGX_3X_4N_3$′序列，其中X_1X_2是从TA、TG、TC、AA、AG、AC、CC、CA、GG、GA和GC组成的组中选出的，X_3X_4是从AT、AA、AG、AC、CT、CC、CA、GT、GG、GA和CG组成的组中选出的，其中核酸不含CpG双核苷酸。

98. 富含Py免疫刺激性核酸在制备刺激免疫反应的药物中的应用，包括将富含Py免疫刺激性核酸以能够在非啮齿实验对象上诱导免疫反应的有效的量给予非啮齿实验对象，其中核酸包括5′$X_1X_2TTTTX_3X_4$3′序列，其中X_1X_2是从TA、TG、TC、AA、AG、AC、CC、CA、GG、GA和GC组成的组中选出的，X_3X_4是从AT、AA、AG、AC、CT、CC、CA、GT、GG、GA和GC组成的组中选出的，其中核酸不含CpG双核苷酸。

99. 根据权利要求94中所述的应用，其中免疫刺激性核酸是富含T的核酸。

100. 根据权利要求99中所述的应用，其中富含T的免疫刺激性核酸包括含有大于25％T的核苷酸组合物。

101. 根据权利要求99中所述的应用，其中富含T的免疫刺激性核酸包括含有大于35％的T的核苷酸组合物。

102. 根据权利要求99中所述的应用，其中富含T的免疫刺激性核酸包括含有大于40％的T的核苷酸组合物。

103. 根据权利要求99中所述的应用，其中富含T的免疫刺激性核酸包括含有大于50％的T的核苷酸组合物。

104. 根据权利要求99中所述的应用，其中富含T的免疫刺激性核酸包括含有大于60％的T的核苷酸组合物。"

请求人认为：（1）权利要求1中加入了驳回决定所针对文本中权利要求12和14的附加技术特征，对免疫刺激性核酸作了进一步限定，实质审查中认可了该文本中的权利要求12和14的创造性，因此权利要求1具有创造性；权利要求2～6、11、16、17、22～32、47～65、78～80和85是权利要求1的从属权利要求，因而也具有创造性。（2）权利要求67（对应于驳回决定所针对权利要求书和复审请求时提交的权利要求书中的权利要求70）中限定试剂是"抗原，抗微生物药物，抗癌药物或治疗哮喘/过敏症的药物"，修改依据参见原始权利要求82、83、99和100以及原始说明书第8页第2段第1~2行、第13页第2段、第16页第4段、第18页末段第1~2行、第26页末段1~2行、第71页第4段第2~4行等。这些特征在对比文件1中没有公开，并且本领域技术人员也不能显而易见地预见到该权利要求的技术方案，因此权利要求67具有创造性，权利要求67的从属权利要求72~75和86~87也具有创造性。

至此，合议组认为本案事实清楚，可以作出审查决定。

二、决定的理由

1. 决定所针对的文本

本复审请求审查决定所依据的文本为请求人于2008年1月25日提交的权利要求1~104，本申请进入中国国家阶段时请求人提交的国际申请文件中文译文的说明书第3~184页、序列表第1~256页、说明书附图第1~10页，国际初步审查报告附件中文译文的说明书第1、2、2-a页。

2. 关于专利法第22条第3款

专利法第22条第3款规定：创造性，是指同申请日以前已有的技术相比，该发明有突出的实质性特点和显著的进步。

根据该款规定，如果一项权利要求具有创造性，那么其从属权利要求也具有创造性。

本案中，驳回决定中认为驳回针对文本中的权利要求1~6、11、16、17、22~32、47~65、70、72~75、78~80和85~87不具有专利法第22条第3款规定的创造性。请求人在复审请求时提交了修改后的权利要求书；前置审查意见认为，复审请求时提交的权利要求书中的权利要求1~67（非顺序编号，实际共64项）具有创造性，但是其中的权利要求68~71、73和78~80仍不符合专利法第22条第3款的规定。

请求人2008年1月25日提交的权利要求书中，对权利要求作了顺序编号，其中权利要求1~64对应于复审请求时提交的权利要求1~67（非顺序编号），权利要求75~77复审请求时提交的权利要求78~80，权利要求82对应于驳回决定中涉及的权利要求85。权利要求75~77和82的引用关系与复审请求时提交的权利要求书相比没有变化，权利要求82仍是权利要求1的从属权利要求，权利要求75~77仍是权利要求4的从属权利要求。

合议组认为，从属权利要求所限定的技术方案是建立在其所引用权利要求的技术方案基础之上，在具备创造性的技术方案基础上进一步增加技术特征所限定的技术方案必然也具备创造性，即如果一项权利要求具有创造性，那么其从属权利要求也具有创造性。本案中，权利要求82是权利要求1的从属权利要求，权利要求75~77是权利要求4的从属权利要求，因此前置意见在已认可权利要求1、4具备的创造性的情况下，也应认可其从属权利要求82、75~77具有创造性。

综上所述，前置意见在认可权利要求1、4具有创造性的前提下，否认权利要求75~77和82具有创造性的理由不成立。

2. 关于专利法第38条

专利法第38条规定：发明专利申请经申请人陈述意见或者进行修改后，国务院专利行政部门仍然认为不符合本法规定的，应当予以驳回。

根据该款规定，审查员在作出驳回决定之前，应当将其经审查认定申请属于专利法实施细则第53条规定的应予驳回情形的事实、理由和证据通知申请人（或请求人），并给申请人（或请求人）至少一次陈述意见和/或修改申请文件的机会。如果在作出驳回决定之前，审查员未将驳回决定所涉及的属于专利法实施细则第53条规定的应予驳回情形的具体事实和理由告知过申请人（或请求人），那么该驳回决定的作出不符合专利法第38条的规定。

本案中，驳回决定中以驳回文本中的权利要求1~6、11、16、17、22~32、47~65、70、72~75、78~80和85~87不符合专利法第22条第3款规定为由驳回了本申请。请求人在复审请求时提交了修改后的权利要求书，其中编号涉及本申请不具备创造性的权利要求的编号与驳回文本中相应权利要求的编号相同。前置审查意见认为，未作修改的权利要求68~71、73和78~80仍不符合专利法第22条第3款的规定，因而坚持原驳回决定。请求人于2008年1月25日提交的权利要求书中，权利要求65~66分别对应于驳回决定针对的及复审请求时提交的权利要求68~69；权利要求67~72和83~84分别对应于驳回决定针对文本中的权利要求70~75和86~87。

本申请的驳回决定作出之前，审查员只发出过一次审查意见通知书（即《第一次审查意见通知书》），该通知书所针对文本中的权利要求76、77修改为驳回决定所针对文本中的权利要求68、69及复审请求时提交的权利要求68、69。《第一次审查意见通知书》所针对文本中的权利要求76、77分别请求保护预防疾病的方法和诱导天生免疫反应的方法，与复审请求时提交的权利要求68、69请求保护的主题不同；《第一次审查意见通知书》指出权利要求76、77不符合专利法规定的相应条款是专利法第25条第1款，而非专利法第22条第3款。由此可见，在本案前审程序中坚持驳回决定之前，审查员从未将与前置意见针对的权利要求68~69相应权利要求不符合专利法第22条第3款规定的事实和理由告知过请求人。

此外，本案的《第一次审查意见通知书》和驳回决定虽都指出：涉及专利法第22条第3款规定创造性的权利要求请求保护的技术方案与对比文件1所公开的技术方案相比，区别仅在于"含有大于60％的T"，而对比文件1含58％的T，该细微区别不能使这些权利要求所限定保护范围内的技术方案具有突出的实质性特点，而且本申请未提供任何对比实验证明"60％的T"相对于"58％的T"带来了显著的进步。但是驳回决定所针对文本中的权利要求70既不含上述驳回理由中认定的区别技术特征"含有60％的T"，也不含驳回决定作出前告知过请求人本申请涉及不符合专利法第22条第3款规定缺陷的其他特征。因此，虽然驳回决定认为独立权利要求70及其从属权利要求72~75、86、87不符合专利法第22条第3款的规定，前置意见认为权利要求71不符合专利法第22条第3款的规定，但是前审程序中审查员从未将驳回决定所针对文本中的权利要求70及其从属权利要求71~75、86、87的技术方案与对比文件1公开的技术方案真正进行过比较，也即前审程序中审查员从未将这些权利要求不符合专利法第22条第3款规定的事实和理由告知过请求人。

基于上述理由，合议组认为前审程序中审查员以上述权利要求不符合专利法第22条第3款规定而作出或坚持驳回决定的作法不符合专利法第38条的规定。

根据以上事实和理由，本案合议组作出如下审查决定。

三、决定

撤销国家知识产权局于2006年1月20日对00814840.6号发明专利申请作出的驳回决定。由原审查部门在本复审决定所针对的文本的基础上继续进行审查。

复审请求人对本决定不服的，可以根据专利法第41条第2款的规定，自收到本决定之日起三个月内向北京市第一中级人民法院起诉。

组合物及其治疗用途

复审请求审查决定（第12807号）

决 定 号	第12807号
决 定 日	2008年3月6日
发明创造名称	组合物及其治疗用途
国际分类号	A61K 38/28，A61K 38/27，A61K 7/00，A61P 17/00，A61P 17/06，A61P 35/00，A61P 31/18，A61P 31/12，A61P 31/14，A61P 43/00
复审请求人	茵塞尼控股有限公司，维瑞川有限公司
申 请 号	03138199.5
优 先 权 日	2002年5月29日
申 请 日	2003年5月29日
公 开 日	2004年1月14日
合议组组长	郭 婷
主 审 员	李梦楠
参 审 员	葛永奇
法 律 依 据	专利法第26条第4款

决定要点

权利要求所要求保护的技术方案应当是所属技术领域的技术人员能够从说明书充分公开的内容中得到或概括得出的技术方案，并且不得超出说明书公开的范围；如果权利要求的概括包含申请人推测的内容，而其效果又难于预先确定和评价，应当认为这种概括超出了说明书公开的范围。

一、案由

本复审请求涉及申请日为2003年5月29日，公开日为2004年1月14日，名称为"组合物及其治疗用途"的03138199.5号发明专利申请（下称本申请），本申请的申请人为茵塞尼控股有限公司、维瑞川有限公司，优先权日为2002年5月29日。

国家知识产权局于2005年10月14日以权利要求1不符合专利法第26条第4款的规定为由驳回了本申请。

驳回决定所针对的权利要求书中的权利要求1为：

"1. 维生素B或C和在体内提供金属离子的金属盐在制备用于治疗增生性病症或病毒性病症的药物中的应用。"

驳回决定认为：权利要求1要求保护维生素B或C和金属盐在制备治疗疾病的药物中的应用，而说明书提供的是一种包含维生素 B 或 C 和金属盐以及其他成分的组合物治疗疾病的具体实例。虽然申请人在意见陈述书中指出，维生素和金属盐是所述组合物的活性成分，其他成分是非活性成分，但并没有提供对本领域技术人员来说，足以证明该技术方案可以达到预期要解决的技术问题或效果的实验室试验或临床试验的定性或定量数据。因此，本领域技术人员根据说明书记载的内容，不能预见该申请所涉及的组合物中两种成分的组合也能达到治疗疾病的技术效果。权利要求 1 得不到说明书的支持，不符合专利法第 26 条第 4 款的规定。

申请人茵塞尼控股有限公司、维瑞川有限公司（下称请求人）对上述驳回决定不服，于 2006 年 1 月 27 日向专利复审委员会提出复审请求并提交了经修改的权利要求书。

修改后的权利要求书的权利要求 1 为：

"1. 维生素 C 和在体内提供金属离子的金属盐在制备用于治疗增生性病症或病毒性病症的药物中的应用，所述药物为含水形式，适合于注射施用。"

请求人陈述其就说明书中公开的制剂进行了进一步实验（未提供实验资料），结果表明抑制增殖的效果主要是由钙盐和维生素 C 的组合引起的，其他组分只是以协同的方式增加抑制增殖的效果。

形式审查合格后，专利复审委员会受理了本复审请求，并于 2006 年 3 月 1 日向请求人发出《复审请求受理通知书》，随后将本申请案卷移交原审查部门进行前置审查。

原审查部门对本复审请求进行了前置审查，坚持原驳回决定。

专利复审委员会组成合议组，对本复审请求进行了审理。于 2007 年 8 月 31 日向请求人发出《复审通知书》。《复审通知书》指出，说明书中关于本申请药物的组成和制备的实施例仅有实施例 1，其中除维生素 C 和金属盐之外，还包含多种其他组分，所有治疗实施例所证实的效果都只是应用实施例 1 的还包含多种其他组分的药物的治疗效果。请求人在意见陈述中指出维生素 C 和金属盐是活性成分，其他成分是非活性成分，然而说明书中没有任何记载能够证明维生素 C 和金属盐之外的其他组分均为非活性或非基础组分，反而根据说明书第 3～5 页的记载，维生素 B、胰岛素、抗组胺剂均为本申请药物的基本成分，本领域技术人员无法预见到仅有维生素 C 和金属盐的组合是否也能够达到治疗上述疾病的技术效果。因此，权利要求 1 得不到说明书的支持，不符合专利法第 26 条第 4 款的规定。

针对《复审通知书》指出的问题，请求人于 2007 年 12 月 17 日提交了意见陈述书。请求人认为，从说明书第 3～5 页的描述不能看出维生素 B、胰岛素和抗组胺剂为本申请药物的基本成分，而根据说明书第 4 页第 2 段和第 2 页倒数第 2 段的内容可知，这些成分不是本发明的必需组分。本发明的药物可以仅包含维生素 C 和金属盐。实施例验证了包含这两种组分的组合物的药效，根据这些信息，本领域技术人员能够合理推知包含这两种组分的组合物的效果。

至此，合议组认为本案事实清楚，可以作出审查决定。

二、决定的理由

1. 关于审查文本

本复审决定所依据的文本是请求人在提出复审请求时提交的权利要求 1～17 以及驳回决定所针对的说明书第 1～17 页和摘要。

2. 关于专利法第 26 条第 4 款

专利法第 26 条第 4 款规定，权利要求书应当以说明书为依据，说明要求专利保护的范围。

权利要求所要求保护的技术方案应当是所属技术领域的技术人员能够从说明书充分公开的内容中得到或概括得出的技术方案，并且不得超出说明书公开的范围；如果权利要求的概括包含申请人推测的内容，而其效果又难于预先确定和评价，应当认为这种概括超出了说明书公开的范围。

本案中，权利要求1要求保护维生素C和在体内提供金属离子的金属盐在制备治疗增生性病症或病毒性病症的药物中的应用。然而，说明书中关于该药物组成和制备的实施例仅有实施例1，其中除维生素C和金属盐之外，还包含多种其他组分（如维生素B、胰岛素、马来酸氯苯那敏等），所有治疗实施例所证实的效果都只是应用实施例1的除了维生素C和葡糖酸钙以外还包含多种其他组分的药物的治疗效果。包括请求人提出的说明书第4页第2段和第2页倒数第2段在内，本申请说明书中没有记载任何足以证明除维生素C和金属盐之外的其他组分均为非活性或非基础组分，它们对于增生性病症或病毒性病症不起治疗作用的实验证据，本领域技术人员根据说明书的记载及其中提供的实施例仅能得知本申请药物治疗上述疾病的效果是实施例1中的多种组分共同作用、协同起效的结果，本领域技术人员无法预见到仅含有维生素C和金属盐的组合的药物是否也能够达到治疗上述疾病的技术效果。权利要求1的概括包含了请求人推测的内容，而其效果又难于预先确定和评价，这种概括超出了说明书公开的范围，因此，权利要求1得不到说明书的支持，不符合专利法第26条第4款的规定。

请求人虽然在意见陈述书中陈述，其就说明书中公开的制剂进行了进一步实验，但是并没有提供任何真实有效的实验数据，而且即使提供了实验数据，由于其并没有记载在原始申请文件中，也不能被接受，不能用于克服权利要求1不符合专利法第26条第4款规定的缺陷。

根据以上事实和理由，本案合议组作出如下审查决定。

三、决定

维持国家知识产权局于2005年10月14日对03138199.5号发明专利申请作出的驳回决定。

复审请求人对本决定不服的，可以根据专利法第41条第2款的规定，自收到本决定之日起三个月内向北京市第一中级人民法院起诉。

仓鼠 EF-1α 转录调节 DNA

复审请求审查决定（第 12811 号）

决 定 号	第 12811 号
决 定 日	2008 年 3 月 10 日
发明创造名称	仓鼠 EF-1α 转录调节 DNA
国际分类号	C12N 15/11，C12N 15/67，C12N 15/85，C12N 15/90，C12N5/10，C12N 1/21，C07K 14/47，A01K 67/027
复审请求人	艾科斯有限公司
申 请 号	98800913.7
优 先 权 日	1997 年 5 月 1 日
申 请 日	1998 年 5 月 1 日
公 开 日	1999 年 10 月 6 日
合议组组长	吴通义
主 审 员	葛永奇
参 审 员	张晓飞
法 律 依 据	专利法第 26 条第 4 款

决 定 要 点

权利要求书应当以说明书为依据，是指权利要求应当得到说明书的支持。权利要求书中的每一项权利要求所要求保护的技术方案应当是所属技术领域的技术人员能够从说明书充分公开的内容中得到或概括得出的技术方案，并且不得超出说明书公开的范围。

一、案由

本复审请求涉及申请日为 1998 年 5 月 1 日、公开日为 1999 年 10 月 6 日、申请号为 98800913.7、名称为"仓鼠 EF-1α 转录调节 DNA"的发明专利申请（下称本申请），本申请的优先权日为 1997 年 5 月 1 日，申请人为艾科斯有限公司。

2005 年 9 月 2 日，国家知识产权局针对申请人于 1999 年 3 月 1 日提交的说明书第 1、4、6～42 页和说明书摘要，于 2003 年 7 月 25 日提交的说明书第 2、5 页，于 2004 年 2 月 11 日提交的说明书第 3 页，于 2005 年 3 月 3 日提交的权利要求 1～31，以权利要求 1 不符合专利法第 26 条第 4 款的规定为由驳回了本申请。其中驳回决定所针对的权利要求 1 为：

"1. 被纯化和被分离的仓鼠 EF-1α 转录调节 DNA，它选自以下一组调节 DNA 序列：

（a）DNA，它包括 SEQ ID NO：1 中给出的核酸序列；

(b) SEQ ID NO: 1 中给出的核酸序列的片段，它能促进可操作地连接到调节 DNA 的基因的转录；

(c) DNA，它包括 SEQ ID NO: 1 中给出核苷酸的从 2114 位核苷酸到 3656 位核苷酸；

(d) 保藏号为 ATCC98398 的质粒 pDEF14 的 11.7Kb 的仓鼠 EF-1α 调节 DNA 序列；

(e) DNA，它包括 SEQ ID NO: 28 中给出的核酸序列；和

(f) 仓鼠调节 DNA 序列，它在包括在 65℃ 下在含 2× SSC 和 0.1% SDS 的缓冲液下清洗的条件下，与 SEQ ID NO: 1 给出的 DNA 杂交。"

具体驳回理由是：虽然说明书中确实描述了 SEQ ID NO: 1 的某些具体的片段具有转录调节功能，但是这些片段不足以组成所有可能的 SEQ ID NO: 1 的具有调节作用的片段，在进行实验之前无法预先确定 SEQ ID NO: 1 的哪一部分具有转录调节功能，哪一部分没有，即使是用已知的或是常规的实验方法证实了一个不能预先确定的结果，获得这个结果的过程也都是创造性的劳动，由此可知，本领域普通技术人员根据说明书公开的内容要得到其他也具有仓鼠 EF-1α 转录调节 DNA 功能的 SEQ ID NO: 1 的部分序列，必需付出创造性的劳动去鉴定，申请人给出的有限的示例性片段并不足以概括出覆盖了所有具有所述调节功能的 SEQ ID NO: 1 的片段的权利要求 1（b）的技术方案，因此权利要求 1 得不到说明书的支持，不符合专利法第 26 条第 4 款的规定。

申请人艾科斯有限公司（下称请求人）对上述驳回决定不服，于 2005 年 12 月 19 日向专利复审委员会提出复审请求，请求人认为：首先，本领域普通技术人员会认识到 SEQ ID NO: 1 给出的完整序列对于提供基本的转录调控并不是必需的，SEQ ID NO: 1 的一部分（从约 2114 位核苷酸到约 3656 位核苷酸）足以进行转录，SEQ ID NO: 1 的这一部分包含大多数的可鉴别的转录因子结合位点（见例如实施例 3），同样，实施例 7 证明了 2114～3656 以外的序列确实对完整序列的调控能力有贡献。此外，一旦提供了本发明所要求保护的核酸序列，SEQ ID NO: 1 的能够促进基因转录的调控性片段是容易通过例如本领域熟知并常规应用的缺失研究鉴别的。因此确定 SEQ ID NO: 1 的能够促进与调控性 DNA 可操作连接的基因的转录的片段并不需要"创造性劳动"。请求人在提出复审请求时还提交了附件 1（本申请相应欧洲申请的审查结果）以证明权利要求 1（b）已在欧洲获得授权。依据上述理由，请求人认为国家知识产权局的驳回理由不成立。

形式审查合格后，专利复审委员会受理了该复审请求，并于 2006 年 1 月 19 日向请求人发出《复审请求受理通知书》，同时将本申请案卷移交原审查部门进行前置审查。

原审查部门对本复审请求进行了前置审查，在坚持驳回理由的同时还指出：请求人在请求复审时称"权利要求 1（b）已在欧洲获得授权"，但本申请是向中国专利局提交的，权利要求在欧洲获得授权不能作为判断该权利要求是否符合中国专利法规定的审查依据。

专利复审委员会组成合议组对本复审请求案进行了审理，于 2007 年 9 月 14 日向请求人发出了《复审通知书》。《复审通知书》指出：（1）说明书的内容证实了质粒 pDEF1、pDEF2、pDEF10 和 pDEF14 中所包含的 CHEF1 调节 DNA 具有转录调节功能，但没有其他的实验证据证明权利要求 1 中 (b) 涉及的技术方案能否实现本发明的目的。（2）没有实验证据或现有技术表明存在转录结合位点 SEQ ID NO: 16～19 的 DNA 序列都能够调节仓鼠 EF-1α 基因的转录。因此，权利要求 1（c）涉及的技术方案得不到说明书的支持。（3）实施例 6 和 7 无法证实 SEQ ID NO: 28 具有调节转录的作用，并且实施例 7 的实验结果不能证明"较大的 CHEF1 DNA 可提供增加转录的便利"。因此，权利要求 1 中（e）的技术方案得不到说明书的支持。（4）说明书中没有证据证明满足权利要求 1 中（f）条件的 DNA 能够调节仓鼠 EF-1α 基因的转录，根据本领域公知常识也无法推知在（f）的杂交条件下与 SEQ ID NO: 1 杂交的 DNA 序列具有调节仓鼠 EF-1α 基因转录的功能。因此，权利要求 1 中（f）的

技术方案得不到说明书的支持。(5) 权利要求1中 (a)、(c)、(e) 和权利要求2中存在"包括"、"包含"的表述，而根据本领域公知常识，难以预料如此限定的DNA序列是否还能够保留仓鼠EF-1α转录调节功能，说明书中也没有提供保留了仓鼠EF-1α转录调节功能的这种DNA序列的例子。(6) 对本申请的审理依据的是专利法及《专利法实施细则》，以及审查指南的规定，其他专利申请的审查结果（如附件1）不能作为判断本申请是否符合授权条件的依据。总之，权利要求1中的技术方案 (a)、(b)、(c)、(e)、(f) 和权利要求2均得不到说明书的支持，不符合专利法第26条第4款的规定。相应地，以权利要求1和/或2为基础的权利要求3~16、27~31均得不到说明书的支持，不符合专利法第26条第4款的规定。

针对《复审通知书》指出的问题，请求人于2007年10月29日提交了意见陈述书及经修改的权利要求书全文替换页（共2页31项）。其中修改后的权利要求1和2如下：

"1. 被纯化和被分离的仓鼠EF-1α转录调节DNA，它选自以下一组调节DNA序列：

(a) DNA，它由SEQ ID NO：1中给出的核酸序列组成；和

(d) 保藏号为ATCC98398的质粒pDEF14的11.7Kb的仓鼠EF-1α调节DNA序列。

2. 被纯化和被分离的仓鼠EF-1α转录调节DNA，它是由SEQ ID NO：1的ATG起始密码子5′1.56 Kb组成的DNA。"

至此，合议组认为本案事实清楚，可以作出审查决定。

二、决定的理由

1. 审查文本

请求人于2007年10月29日提交了新修改的权利要求书全文替换页，经审查，该修改符合专利法第33条和专利法实施细则第60条第1款的规定，因此，本复审请求审查决定所依据的申请文件为请求人于1999年3月1日提交的说明书第1、4、6~42页和说明书摘要，于2003年7月25日提交的说明书第2、5页，于2004年2月11日提交的说明书第3页，于2007年10月29日提交的权利要求1~31。

2. 关于专利法第26条第4款

专利法第26条第4款规定，权利要求书应当以说明书为依据，说明要求专利保护的范围。

权利要求书应当以说明书为依据，是指权利要求应当得到说明书的支持。权利要求书中的每一项权利要求所要求保护的技术方案应当是所属技术领域的技术人员能够从说明书充分公开的内容中得到或概括得出的技术方案，并且不得超出说明书公开的范围。

就本案而言，驳回决定和《复审通知书》所针对的权利要求1为"被纯化和被分离的仓鼠EF-1α转录调节DNA，它选自以下一组调节DNA序列：(a) DNA，它包括SEQ ID NO：1中给出的核酸序列；(b) SEQ ID NO：1中给出的核酸序列的片段，它能促进可操作地连接到调节DNA的基因的转录；(c) DNA，它包括SEQ ID NO：1中给出的核苷酸的从2114位核苷酸到3656位核苷酸；(d) 保藏号为ATCC98398的质粒pDEF14的11.7Kb的仓鼠EF-1α调节DNA序列；(e) DNA，它包括SEQ ID NO：28中给出的核酸序列；和 (f) 仓鼠调节DNA序列，它在包括在65℃下在含2×SSC和0.1% SDS的缓冲液下清洗的条件下，与SEQ ID NO：1给出的DNA杂交"。驳回决定认为本申请说明书给出的有限的示例性片段并不足以概括出权利要求1 (b) 的技术方案，因此权利要求1得不到说明书的支持，不符合专利法第26条第4款的规定。《复审通知书》指出本申请说明书仅证实了质粒pDEF1、pDEF2、pDEF10和pDEF14中包含的CHEF1调节DNA的转录调节功能，由此无法推导出权利要求1中的 (b)、(c)、(e)、(f) 方案能够实现发明目的；同时权利要求1的 (a)、(c)、(e) 和权利要求2中"包括"、"包含"的表述使得权利要求1和2均得不到说明书的支持，不符合专利

法第26条第4款的规定。如此,以权利要求1和/或2为基础的权利要求3~16、27~31均得不到说明书的支持,不符合专利法第26条第4款的规定。

在请求人于2007年10月29日提交的权利要求书中,删去了权利要求1中的技术方案(b)、(c)、(e)、(f),并将权利要求1的技术方案(a)中的"包括"和权利要求2中的"包含"改为"由……组成",克服了驳回决定和《复审通知书》中所指出的上述缺陷。

根据以上事实和理由,本案合议组作出如下审查决定。

三、决定

撤销国家知识产权局于2005年9月2日对申请号为98800913.7的发明专利申请作出的驳回决定。由原审查部门在本复审请求审查决定所依据的审查文本的基础上继续进行审查。

复审请求人对本决定不服的,可以根据专利法第41条第2款的规定,自收到本决定之日起三个月内向北京市第一中级人民法院起诉。

人体工程学书写工具

复审请求审查决定（第 12857 号）

决 定 号	第 12857 号
决 定 日	2008 年 3 月 10 日
发明创造名称	人体工程学书写工具
国际分类号	B43K 23/008，B43K 3/00
复 审 请 求 人	毕克有限公司
申 请 号	01814566.3
优 先 权 日	2000 年 6 月 22 日
申 请 日	2001 年 6 月 22 日
公 开 日	2003 年 10 月 8 日
合议组组长	郭 婷
主 审 员	刘文霞
参 审 员	魏春宝

法 律 依 据 专利法第 33 条

决 定 要 点

如果申请的内容通过增加、改变和/或删除其中的一部分，致使所属技术领域的技术人员看到的信息与原申请记载的信息不同，而且又不能从原申请记载的信息中直接地、毫无疑义地确定，那么，这种修改就是不允许的。反之，则是允许的。

一、案由

本复审请求涉及名称为"人体工程学书写工具"的 01814566.3 号发明专利申请（下称本申请），其申请人为毕克有限公司，申请日为 2001 年 6 月 22 日，优先权日为 2000 年 6 月 22 日，公开日为 2003 年 10 月 8 日。

2004 年 10 月 15 日，国家知识产权局以本申请权利要求 1 的修改不符合专利法第 33 条的规定为由驳回了本申请，驳回决定所针对的权利要求 1 为：

"1. 一种右手或左手使用的书写工具，所述书写工具具有一个通常细长的本体，其包括：
— 第一端；
— 第二端；
— 一个设于所述第一端的书写部分；和
— 一个设于所述书写部分和所述第二端之间的夹持部分，所述夹持部分包括一第一表面，一第二表面，和一第三表面，所述第一表面和所述第二表面一般分别位于一第一平面和一第二平面中，所述第一和第二平面关于一对称平面互相交叉，而所述第三表面一般垂直于所述对称平面，并关于所述对称平面对称；

其中，所述第三表面还具有一个用于配合人手部分的纵向曲线轮廓。"

驳回决定认为：在原始说明书和权利要求书中没有记载任何不具备稳定部分且仍能实现书写方便和稳固目的的实施方案，申请人将"该书写工具包括一稳定部分，所述夹持部分设于所述书写部分和所述稳定部分之间"这一特征从权利要求1中删除，导致权利要求1的修改超出了原申请文件记载的范围，因此，权利要求1的修改不符合专利法第33条的规定。

申请人毕克有限公司（下称请求人）对上述驳回决定不服，于2005年1月31日向专利复审委员会提出复审请求。请求人在提出复审请求的同时提交了权利要求书的全文替换页（1~26），其中，修改后的权利要求1如下：

"1. 一种右手或左手使用的书写工具，所述书写工具具有一个通常细长的本体，其包括：

一第一端；

一第二端；

一个设于所述第一端的书写部分；和

一个设于所述书写部分和所述第二端之间的夹持部分，所述夹持部分包括一第一表面，一第二表面，和一第三表面，所述第一表面和所述第二表面一般分别位于一第一平面和一第二平面中，所述第一和第二平面关于一对称平面互相交叉，而所述第三表面一般垂直于所述对称平面，并关于所述对称平面对称；

其中，所述第三表面还具有一个用于配合一部分人手的纵向曲线轮廓。"

请求人提出的复审理由为：（1）尽管本发明在图2以及其描述中公开的书写工具包括书写部分、握持部分和稳定部分，但应当理解，这种优选实施方式的描述并不是向本领域技术人员暗示本发明所有的实施方式都必须包括"稳定部分"，因为本发明的优选实施方式并未涵盖适用于本发明的所有的实施方式，而所描述的实施方式仅仅是本发明所有的实施方式中的一种；（2）在本发明的原始说明书第6页第13~20行记载了"这里本发明的描述和应用是说明性的……本领域技术人员应该清楚的是，在不脱离本发明的精神或本质特征的情况下，本发明可以以其他形式、结构、布置、比例，以及用其他元件、材料和部件来实现"。因此，对于本领域技术人员而言，不具有"稳定部分"的书写工具也是本发明所公开的实施方式的其中一种变型。

形式审查合格后，专利复审委员会受理了该复审请求，并于2005年3月2日向请求人发出《复审请求受理通知书》，随后将本申请移交原审查部门进行前置审查。

原审查部门对本复审请求进行了前置审查，认为权利要求1的修改仍不符合专利法第33条的规定，坚持原驳回决定。

专利复审委员会组成合议组，对本案的复审请求进行了审理。于2007年7月2日向请求人发出第一次复审通知书。第一次复审通知书指出：

（1）权利要求1中增加了"第一端"这一新的技术特征，并将"书写部分"限定为"设于所述第一端"。这些技术特征在原说明书和权利要求书中没有明确记载。根据原说明书和权利要求书的记载，本申请的书写工具均是包含一个书写部分、一个稳定部分和一个设于所述书写部分和所述稳定部分之间的夹持部分。由原说明书和权利要求书记载的信息并不能直接地、毫无疑义地确定该书写工具还包含"第一端"这一新的部分，更不能直接地、毫无疑义地得知"书写部分"是位于所述的"第一端"这一新的部分；由此，使得所属技术领域的技术人员看到的信息完全不同于原申请记载的信息，而且也不能从原申请记载的信息直接地、毫无疑义地确定，因此，这种修改是不允许的。（2）请求人将原权利要求1中记载的"稳定部分"修改为"第二端"。原说明书和权利要求书关于"稳定部分"记载的信息见说明书第4页第8～10行，"稳定部分34包含一个表面28，使用者的手可以靠抵该表面以稳定书写工具20。应该理解的是，稳定部分34可以是任何形状如细长的尾状部和达到稳定目的的任意长度"。由此可知，所谓的"稳定部分"是指能够起到稳定书写工具之作用的部分。目前修改的权利要求1中用不带有任何功能性含义的"第二端"代替了原来具有明确功能性含义的"稳定部分"；由此，使得所属技术领域的技术人员看到的信息完全不同于原申请记载的信息，而且也不能从原申请记载的信息直接地、毫无疑义地确定，因此，这种修改是不允许的。综上，权利要求1的修改不符合专利法第33条的规定。同时，针对复审请求人在复审请求中强调的理由指出：（1）判断权利要求的修改是否超范围应当以原说明书（包括附图）和权利要求书所记载的内容为准。在本申请原说明书和权利要求书中，均记载了其"书写工具包含稳定部分"这样的信息，而图2只是对包含"稳定部分"的书写工具的进一步详细说明，所属技术领域的技术人员无论是单纯从图2的描述，还是纵观原说明书和权利要求书的记载，所得到信息均是"本申请的书写工具包含稳定部分"，而不会联想到不包含"稳定部分"的其他实施方式；（2）请求人所指的原说明书中的相关描述是宽泛的，其没有对任何可能的其他实施方式给出具体的说明，根据这些描述，本领域技术人员无法获知具有其他何种具体结构的书写工具也属于本申请的实施方式，更不能直接地、毫无疑义地确定出"不包含稳定部分的书写工具"这样的实施方式。由此可见，复审请求人的主张不能成立。

针对第一次复审通知书指出的问题，请求人于2007年8月17日提交了意见陈述书及经修改的权利要求书全文替换页（1～10），其中，修改后的权利要求1如下：

"1. 一种右手或左手使用的符合人体工程学的书写工具，所述书写工具具有一个沿着一个纵向轴线通常细长的本体，所述符合人体工程学的书写工具包括：

一个书写部分；

一个稳定部分，所述纵向轴线穿过所述书写部分和所述稳定部分；和

一个设于所述书写部分和所述稳定部分之间的夹持部分，所述夹持部分包括通常分别位于一第一平面、一第二平面和一第三平面的一第一表面、一第二表面和一第三表面，所述第一表面和所述第二平面沿着一个大致平行于所述纵向轴线的线互相交叉并相对于一对称平面大致对称，所述第三平面与所述第一平面和所述第二平面相交并垂直于所述对称平面且相对于所述纵向轴线成一角度，由此形成一个具有一定厚度的明显不同的夹持部分，以防止使用者将所述符合人体工程学的书写工具牢牢握持；

其中，所述第三表面还具有一个纵向轮廓，用于配合包括右手和左手食指、右手和左手中指、以及右手和左手食指与右手和左手中指的手指类型组之一；以及

其中，所述稳定部分包括一个一般位于一第四平面中且一般垂直于所述对称平面和一般关于所述对称平面对称的第四表面，所述第一表面、所述第二平面和所述第四平面沿着一个大致平行于所述纵向轴线的线互相交叉。"

同时，复审请求人在意见陈述中强调：修改后独立权利要求1中的书写部分、稳定部分、夹持部分、第三平面以及纵向轴线分别记载在原始权利要求11中，而第四平面记载在原始权利要求14中。

经进一步审查，合议组于2007年11月6日发出第二次复审通知书。第二次复审通知书指出：

（1）修改后的权利要求1中的"所述第一表面和所述第二平面沿着一个大致平行于所述纵向轴线的线互相交叉"在原说明书和权利要求书中没有明确记载。根据原说明书和权利要求书的相关记载，"所述第一和第二平面关于一对称平面互相交叉"（参见原始提交的权利要求1第8～9行、权利

要求11第11~12行),"而第一和第二平面关于一个对称平面相交"(参见原说明书第1页第29~30行)、"第一和第二平面关于一对称平面相交"(参见原说明书第2页第7~8行)、"表面24和26也可想象成一般位于对称平面上互相交叉的各自平面上"(参见说明书第4页第28~29行)以及附图9所示,该"第一表面"以及"第二平面"确实为互相交叉且交叉线应位于对称平面上,但是该交叉线与纵向轴线之间的位置关系却是不明确的。由上述原说明书和权利要求书记载的信息并不能直接地、毫无疑义地确定该交叉线大致平行于所述纵向轴线。由此,使得所属技术领域的技术人员看到的信息完全不同于原申请记载的信息,而且也不能从原申请记载的信息直接地、毫无疑义地确定,因此,这种修改是不允许的。(2)修改后的权利要求1中的"所述第一表面、所述第二平面和所述第四平面沿着一个大致平行于所述纵向轴线的线互相交叉"在原说明书和权利要求书中没有明确记载。根据原说明书和权利要求书的相关记载,"所述第四平面垂直于所述对称平面并与所述第一和第二平面相交"(参见原权利要求14第20~21行)、"稳定部分34的表面28也可以想象成一般位于其相应的平面上。这个平面与表面24和26的相应的平面相交,并垂直于对称平面,但没必要与平面124共面或平行于该平面124"(参见说明书第4页第32行至第5页第3行),该"第一表面"和"第二平面"确实和所述"第四平面"互相交叉,但是它们的交叉线与纵向轴线之间的位置关系却是不明确的。由上述原说明书和权利要求书记载的信息并不能直接地、毫无疑义地确定它们的交叉线大致平行于所述纵向轴线。由此,使得所属技术领域的技术人员看到的信息完全不同于原申请记载的信息,而且也不能从原申请记载的信息直接地、毫无疑义地确定,因此,这种修改是不允许的。综上所述,权利要求1的修改不符合专利法第33条的规定。同时,针对复审请求人在意见陈述书中强调的理由指出:在原始权利要求11中并没有记载任何"第一表面"和"第二平面"之间的交叉线与"纵向轴线"之间的位置关系的信息。在原始权利要求14中也没有记载任何"第一表面"、"第二平面"和"第四平面"之间的交叉线与"纵向轴线"之间的位置关系的信息。因此,复审请求人的主张不能成立。

针对2007年11月6日发出的第二次复审通知书中指出的问题,请求人于2007年12月21日提交了意见陈述书及经修改的权利要求书全文替换页(1~10),其中,修改后的权利要求1如下:

"1. 一种右手或左手使用的符合人体工程学的书写工具,所述书写工具具有一个沿着一个纵向轴线通常细长的本体,所述符合人体工程学的书写工具包括:

一个书写部分;

一个稳定部分,所述纵向轴线穿过所述书写部分和所述稳定部分;和

一个设于所述书写部分和所述稳定部分之间的夹持部分,所述夹持部分包括通常分别位于一第一平面、一第二平面和一第三平面的一第一表面、一第二表面和一第三表面,所述第一表面和所述第二平面相对于一对称平面大致对称,所述第一表面和所述第二平面在所述对称平面上互相交叉,所述第三平面与所述第一平面和所述第二平面相交并垂直于所述对称平面且相对于所述纵向轴线成一角度,由此形成一个具有一定厚度的明显不同的夹持部分,以防止使用者将所述符合人体工程学的书写工具牢牢握持;

其中,所述第三表面还具有一个纵向轮廓,用于配合包括右手和左手食指、右手和左手中指、以及右手和左手食指与右手和左手中指的手指类型组之一;以及

其中,所述稳定部分包括一个一般位于一第四平面中且一般垂直于所述对称平面和一般关于所述对称平面对称的第四表面,其中,所述第一平面、所述第二平面和所述第四平面互相交叉。"

同时,复审请求人在意见陈述中强调:关于权利要求1修改部分内容的相关描述,可以参见本申请原始文件的图2~9以及说明书。

至此，合议组认为本案事实清楚，可以作出审查决定。

二、决定的理由

1. 决定所针对的文本

本复审请求审查决定所依据的文本为请求人于 2007 年 12 月 21 日提交的权利要求 1～10 以及驳回决定所针对的说明书第 1～6 页、附图第 1～6 页、摘要及摘要附图。

2. 关于专利法第 33 条

专利法第 33 条规定：申请人可以对其专利申请文件进行修改，但是，对发明和实用新型专利申请文件的修改不得超出原说明书和权利要求书记载的范围，对外观设计专利申请文件的修改不得超出原图片或者照片表示的范围。

具体地说，原说明书和权利要求书记载的范围包括原说明书和权利要求书文字记载的内容和根据原说明书和权利要求书文字记载的内容以及说明书附图能直接地、毫无疑义地确定的内容，如果申请的内容通过增加、改变和/或删除其中的一部分，致使所属技术领域的技术人员看到的信息与原申请记载的信息不同，而且又不能从原申请记载的信息中直接地、毫无疑义地确定，那么，这种修改就是不允许的。反之，则是允许的。

就本申请而言，请求人于 2007 年 12 月 21 日提交的权利要求 1 中，将合议组在《第二次复审通知书》中指出的修改超范围之处"所述第一表面和所述第二平面沿着一个大致平行于所述纵向轴线的线互相交叉并相对于一对称平面大致对称"以及"所述第一表面、所述第二平面和所述第四平面沿着一个大致平行于所述纵向轴线的线互相交叉"分别修改为"所述第一表面和所述第二平面相对于一对称平面大致对称，所述第一表面和所述第二平面在所述对称平面上互相交叉"以及"所述第一平面、所述第二平面和所述第四平面互相交叉"，权利要求 1 中的其他特征未作修改。根据原始说明书和权利要求书中相关记载："所述第一和第二平面关于一对称平面互相交叉"（参见原始权利要求 1 第 8～9 行、权利要求 11 第 11～12 行）、"而第一和第二平面关于一个对称平面相交"（参见原始说明书第 1 页第 29～30 行）、"第一和第二平面关于一对称平面相交"（参见原始说明书第 2 页第 7～8 行）、"表面 24 和 26 也可想象成一般位于对称平面上互相交叉的各自平面上"（参见原始说明书第 4 页第 28～29 行）、"所述第四平面垂直于所述对称平面并与所述第一和第二平面相交"（参见原始权利要求 14 第 20～21 行）、"稳定部分 34 的表面 28 也可以想象成一般位于其相应的平面上。这个平面与表面 24 和 26 的相应的平面相交，并垂直于对称平面，但没必要与平面 124 共面或平行于该平面 124"（参见原始说明书第 4 页第 32 行至第 5 页第 3 行）以及附图 9 所示，可以直接地、毫无疑义地确定得到上述修改后的内容。因此，修改后的权利要求 1 没有超出原说明书和权利要求书记载的范围，符合专利法第 33 条的规定。修改后的权利要求 1 克服了驳回决定和复审通知书中所指出的缺陷。

根据以上事实和理由，本案合议组作出如下审查决定。

三、决定

撤销国家知识产权局于 2004 年 10 月 15 日对 01814566.3 号发明专利申请作出的驳回决定。由原审查部门在以下文本的基础上继续进行审查：2007 年 12 月 21 日提交的权利要求 1～10，2004 年 8 月 30 日提交的说明书第 1～6 页，按国际初步审查报告的附件中文译文提交的说明书附图第 1、6 页，按进入中国国家阶段时提交的说明书附图第 2～5 页、摘要及摘要附图。

复审请求人对本决定不服的，可以根据专利法第 41 条第 2 款的规定，自收到本决定之日起三个月内向北京市第一中级人民法院起诉。

作为抗高血压药的类胡萝卜素

复审请求审查决定（第12858号）

决 定 号	第12858号
决 定 日	2008年1月29日
发明创造名称	作为抗高血压药的类胡萝卜素
国际分类号	A61K 31/01，A61P 9/12
复审请求人	利库德天然产品工业有限公司
申 请 号	02807125.5
优 先 权 日	2001年01月23日
申 请 日	2002年01月21日
公 开 日	2004年09月29日
合议组组长	何 炜
主 审 员	田 芳
参 审 员	李梦楠
法 律 依 据	专利法第22条第2款

决定要点

包含用途特征的产品权利要求，应当考虑权利要求中的用途特征是否隐含了要求保护的产品具有某种特定结构和/或组成。如果该用途由产品本身固有的特性决定，而且用途没有隐含产品在结构和/或组成上发生改变，则该用途特征限定的产品权利要求相对于对比文件的产品不具有新颖性。

一、案由

本复审请求案涉及发明名称为"作为抗高血压药的类胡萝卜素"的02807125.5号发明专利申请（下称本申请），申请人为利库德天然产品工业有限公司。本申请的申请日为2002年1月21日，优先权日为2001年1月23日，公开日为2004年9月29日。

2005年10月14日，国家知识产权局以本申请不符合专利法第22条第2款的规定为由驳回了本申请。驳回的具体理由是：对比文件1（EP0759294A2，1997年2月26日公开）公开了以番茄红素为主要活性成分来降低高胆固醇血症的药物组合物，尽管对比文件1所述组合物的医药用途与本申请不同，但是组合物的技术特征为结构、组分和含量，组合物的用途不构成其区别技术特征，因此对比文件1公开的组合物与本申请权利要求13，14，25和26要求的组合物实质上是一样的，或是其下位概念。基于上述理由，权利要求13，14，25和26不具备专利法第22条第2款规定的新颖性。

驳回决定针对的权利要求书如下：

"1. 选自番茄红素、六氢番茄红素、八氢番茄红素、虾青素和cathaxanthin、或其混合物的类胡萝卜素在制备用于降低哺乳动物血压的药物方面的用途，其中所说的血压的降低不属于第1类方法。

2. 如权利要求1所述的用途，其中所说的哺乳动物是人。

3. 如权利要求1所述的用途，其中所说的类胡萝卜素是番茄红素。

4. 如权利要求1所述的用途，其中将约0.1~50mg的类胡萝卜素或类胡萝卜素的混合物进行给药。

5. 如权利要求4所述的用途，其中每天将约5~20mg的类胡萝卜素或类胡萝卜素的混合物进行给药。

6. 如权利要求1所述的用途，其中每天将约1~25mg的番茄红素进行给药。

7. 如权利要求1所述的用途，其中所说的类胡萝卜素或类胡萝卜素的混合物是与常规的抗高血压药一起进行给药的。

8. 如权利要求7所述的用途，其中所说的番茄红素是与常规的抗高血压药一起进行给药的。

9. 如权利要求1所述的用途，其中是将类胡萝卜素的混合物进行给药的。

10. 如权利要求9所述的用途，其中所说的类胡萝卜素混合物包含番茄红素、八氢番茄红素和六氢番茄红素。

11. 如权利要求10所述的用途，其中所说的类胡萝卜素混合物包含约3%~15%番茄红素、0.3%~1%八氢番茄红素和0.3%~1%六氢番茄红素。

12. 如权利要求11所述的用途，其中每天将约3~30mg混合物进行给药。

13. 一种用于通过不属于第1类方法的方法来降低人的血压的组合物，其包含有效量的选自番茄红素、六氢番茄红素、八氢番茄红素、虾青素和cathaxanthin，或其混合物的类胡萝卜素。

14. 如权利要求13所述的组合物，其包含有效量的番茄红素。

15. 如权利要求13所述的组合物，其包含0.1~50mg的类胡萝卜素或类胡萝卜素混合物和可药用的辅剂、赋形剂或添加剂。

16. 如权利要求13所述的组合物，其包含一种类胡萝卜素的混合物。

17. 如权利要求16所述的组合物，其中所说的类胡萝卜素混合物包含番茄红素、八氢番茄红素和六氢番茄红素。

18. 如权利要求17所述的组合物，其包含3%~15%的番茄红素、0.3%~1%的八氢番茄红素和0.3%~1%的六氢番茄红素。

19. 如权利要求18所述的组合物，其包含3至30mg的类胡萝卜素混合物。

20. 如权利要求13所述的组合物，其呈口服剂型的形式。

21. 如权利要求13所述的组合物，其为片剂、胶囊、硬壳胶囊、凝胶帽或软凝胶的形式。

22. 如权利要求13所述的组合物，其进一步包含常规的抗高血压药。

23. 一种可用来通过不属于第1类方法的方法来降低人的血压的固体剂型，其包含有效量的番茄红素。

24. 如权利要求13所述的组合物用作食品、功能性食品、营养添加物和饮料的添加剂的应用。

25. 一种用不属于第1类方法的方法来降低哺乳动物血压的药物组合物，其包含有效量的选自番茄红素、六氢番茄红素、八氢番茄红素、虾青素和cathaxanthin，或其混合物的类胡萝卜素。

26. 如权利要求25所述的药物组合物，其中所说的类胡萝卜素是番茄红素。

27. 如权利要求25所述的药物组合物，其包含约0.1~50mg的类胡萝卜素或类胡萝卜素混合物。

28. 如权利要求25所述的药物组合物，其还进一步包含常规的抗高血压药。

29. 如权利要求 25 所述的药物组合物，其包含类胡萝卜素的混合物。

30. 如权利要求 29 所述的药物组合物，其中所说的类胡萝卜素混合物包含番茄红素、八氢番茄红素和六氢番茄红素。

31. 如权利要求 30 所述的药物组合物，其中所说的类胡萝卜素混合物包含约 3％~15％ 的番茄红素、0.3％~1％ 的八氢番茄红素和 0.3％~1％ 的六氢番茄红素。

32. 如权利要求 29 所述的组合物，其包含约 3~30mg 的类胡萝卜素混合物。"

申请人利库德天然产品工业有限公司（下称请求人）对上述驳回决定不服，于 2006 年 1 月 24 日向专利复审委员会提出复审请求。其认为：对比文件 1 公开了一种软胶囊剂型，其所有的成分如下：番茄红素、β-胡萝卜素、α-胡萝卜素、d-α-生育酚、小麦胚芽油和植物油。相反，本申请权利要求 13、14、25 和 26 要求保护具有不同类胡萝卜素的组合物，事实上，β-胡萝卜素和 α-胡萝卜素对于本申请要求保护的组合物预期的治疗用途，即降低血压是不会有效的。因此，本申请权利要求 13、14、25 和 26 要求保护的组合物与对比文件 1 的组合物在其组成和功能方面是不同的，因此上述权利要求具有新颖性。

经形式审查合格后，专利复审委员会受理了该复审请求，并于 2006 年 3 月 9 日向请求人发出了《复审请求受理通知书》，随后将本申请移交原审查部门进行前置审查。

在《前置审查意见书》中，原审查部门坚持原驳回决定。

专利复审委员会组成合议组，对本复审请求案进行了审理，于 2007 年 10 月 23 日发出了《复审通知书》。《复审通知书》指出：权利要求 13~15，20~21，23，25~27 不符合专利法第 22 条第 2 款的规定。上述权利要求与对比文件 1 公开的组合物相比：在组成方面，由于本申请权利要求请求保护的组合物是开方式撰写方式，即除了明确限定的组分外，可任意含有其他组分，使得对比文件 1 公开的组合物落入本申请权利要求限定的范围内，因此在组成方面不存在区别；在功能方面，由于医药用途特征并没有隐含组合物具有某种特定的组分结构和组分含量，即医药用途不同的上述权利要求的组合物没有体现出与对比文件 1 组合物的区别。基于上述理由，权利要求 13~15，20~21，23，25~27 相对于对比文件 1 不具有新颖性。

针对上述《复审通知书》，请求人于 2007 年 12 月 7 日提交了意见陈述书和经修改的权利要求书全文替换页（共 32 项）。修改后的权利要求书如下：

"1. 选自番茄红素、六氢番茄红素、八氢番茄红素、虾青素和 cathaxanthin、或其混合物的类胡萝卜素在制备用于降低哺乳动物血压的药物方面的用途，其中所说的血压的降低不属于第 1 类方法。

2. 如权利要求 1 所述的用途，其中所说的哺乳动物是人。

3. 如权利要求 1 所述的用途，其中所说的类胡萝卜素是番茄红素。

4. 如权利要求 1 所述的用途，其中将约 0.1~50mg 的类胡萝卜素或类胡萝卜素的混合物进行给药。

5. 如权利要求 4 所述的用途，其中每天将约 5~20mg 的类胡萝卜素或类胡萝卜素的混合物进行给药。

6. 如权利要求 1 所述的用途，其中每天将约 1~25mg 的番茄红素进行给药。

7. 如权利要求 1 所述的用途，其中所说的类胡萝卜素或类胡萝卜素的混合物是与常规的抗高血压药一起进行给药的。

8. 如权利要求 7 所述的用途，其中所说的番茄红素是与常规的抗高血压药一起进行给药的。

9. 如权利要求 1 所述的用途，其中是将类胡萝卜素的混合物进行给药的。

10. 如权利要求 9 所述的用途，其中所说的类胡萝卜素混合物包含番茄红素、八氢番茄红素和六氢番茄红素。

11. 如权利要求10所述的用途，其中所说的类胡萝卜素混合物包含约3%~15%番茄红素、0.3%~1%八氢番茄红素和0.3%~1%六氢番茄红素。

12. 如权利要求11所述的用途，其中每天将约3~30mg混合物进行给药。

13. 一种用于通过不属于第1类方法的方法来降低人的血压的组合物，其包含有效量的番茄红素和选自六氢番茄红素、八氢番茄红素、虾青素和cathaxanthin，或其混合物的类胡萝卜素。

14. 如权利要求13所述的组合物，其包含有效量的番茄红素。

15. 如权利要求13所述的组合物，其包含0.1~50mg的类胡萝卜素或类胡萝卜素混合物和可药用的辅剂、赋形剂或添加剂。

16. 如权利要求13所述的组合物，其包含一种类胡萝卜素的混合物。

17. 如权利要求16所述的组合物，其中所说的类胡萝卜素混合物包含番茄红素、八氢番茄红素和六氢番茄红素。

18. 如权利要求17所述的组合物，其包含3%~15%的番茄红素、0.3%~1%的八氢番茄红素和0.3%~1%的六氢番茄红素。

19. 如权利要求18所述的组合物，其包含3~30mg的类胡萝卜素混合物。

20. 如权利要求13所述的组合物，其呈口服剂型的形式。

21. 如权利要求13所述的组合物，其为片剂、胶囊、硬壳胶囊、凝胶帽或软凝胶的形式。

22. 如权利要求13所述的组合物，其进一步包含常规的抗高血压药。

23. 一种可用来通过不属于第1类方法的方法来降低人的血压的固体剂型，其包含有效量的番茄红素。

24. 如权利要求13所述的组合物用作食品、功能性食品、营养添加物和饮料的添加剂的应用。

25. 一种用不属于第1类方法的方法来降低哺乳动物血压的药物组合物，其包含有效量的番茄红素和选自六氢番茄红素、八氢番茄红素、虾青素和cathaxanthin，或其混合物的类胡萝卜素。

26. 如权利要求25所述的药物组合物，其中所说的类胡萝卜素是番茄红素。

27. 如权利要求25所述的药物组合物，其包含约0.1~50mg的类胡萝卜素或类胡萝卜素混合物。

28. 如权利要求25所述的药物组合物，其还进一步包含常规的抗高血压药。

29. 如权利要求25所述的药物组合物，其包含类胡萝卜素的混合物。

30. 如权利要求29所述的药物组合物，其中所说的类胡萝卜素混合物包含番茄红素、八氢番茄红素和六氢番茄红素。

31. 如权利要求30所述的药物组合物，其中所说的类胡萝卜素混合物包含约3%~15%的番茄红素、0.3%~1%的八氢番茄红素和0.3%~1%的六氢番茄红素。

32. 如权利要求29所述的组合物，其包含约3至30mg的类胡萝卜素混合物。"

请求人认为，本申请权利要求13~15、20~21、23和25~27要求保护的组合物具有与对比文件1完全不同组成的类胡萝卜素，其包含番茄红素、六氢番茄红素、八氢番茄红素、虾青素和cathaxanthin，其不含有对比文件1中含有的β-胡萝卜素和α-胡萝卜素，并且由此它们在其功能上也是不同的，对比文件1涉及治疗高胆固醇血症，是按照说明书所述的第1类方法进行治疗，而本发明涉及治疗高血压。因此权利要求13~15，20~21，23和25~27相对于对比文件1具有新颖性。

至此，合议组认为本案事实清楚，可以作出审查决定。

二、决定的理由

1. 关于文本

本复审请求审查决定针对的文本是：本申请进入中国国家阶段时提交的说明书第1~5页和摘要；

2007年12月7日提交的权利要求1~32。

2. 关于专利法第22条第2款

专利法第22条第2款规定：新颖性，是指在申请日以前没有同样的发明在国内外出版物上公开发表过、在国内公开使用过或者以其他方式为公众所知，也没有同样的发明由他人向国务院专利行政部门提出过申请并且记载在申请日以后公布的专利申请文件中。

包含用途特征的产品权利要求，应当考虑权利要求中的用途特征是否隐含了要求保护的产品具有某种特定结构和/或组成。如果该用途由产品本身固有的特性决定，而且用途没有隐含产品在结构和/或组成上发生改变，则该用途特征限定的产品权利要求相对于对比文件的产品不具有新颖性。

权利要求23请求保护"一种可用来通过不属于第1类方法的方法来降低人的血压的固体剂型，其包含有效量的番茄红素"。对比文件1（EP0759294A2，1997年2月26日公开）公开了一种降低高胆固醇血症的组合物，在其说明书第5页第18~49行公开了以下技术方案：一种含有番茄红素的软胶囊药物，其中的药物组成为番茄红素1.5mg，β-胡萝卜素1.0mg、α-胡萝卜素0.5mg、d-α生育酚5.0mg、小麦胚芽油和植物油混合物292.0mg，其中的β-胡萝卜素、α-胡萝卜素和d-α生育酚作为抗氧化剂使用（即作为可药用的添加剂使用）。权利要求23与对比文件1相比，其表述上的区别在于所述组合物的医药用途不同，然而该医药用途特征并没有隐含组合物具有某种特定的组分结构和组分含量，没有隐含组合物在结构和/或组成上发生改变，即医药用途不同的权利要求23的组合物没有体现出与对比文件1组合物的区别，因此权利要求23相对于对比文件1不具有新颖性。

请求人在答复复审通知书的意见陈述中指出：本申请要求保护的组合物具有与对比文件1完全不同组成的类胡萝卜素，其包含番茄红素、六氢番茄红素、八氢番茄红素、虾青素和cathaxanthin，其不含有β-胡萝卜素和α-胡萝卜素。对此，合议组认为：并非如上述意见陈述中指出的本申请组合物仅包含番茄红素、六氢番茄红素、八氢番茄红素、虾青素和cathaxanthin，权利要求23实际请求保护的组合物采用开方式撰写方式，除了明确含有番茄红素外，还可含有其他组份，因此使得对比文件1公开的软胶囊被包含在权利要求23限定的范围内。

综上所述，相对于对比文件1，权利要求23不符合专利法第22条第2款的规定。

根据上述事实和理由，合议组作出如下审查决定。

三、决定

维持国家知识产权局于2005年10月14日针对02807125.5号发明专利申请作出的驳回决定。

复审请求人对本决定不服的，可以根据专利法第41条第2款的规定，自收到本决定之日起三个月内向北京市第一中级人民法院起诉。

灵芝鸡的饲养方法及其饲料

复审请求审查决定（第12900号）

决 定 号	第12900号
决 定 日	2008年3月11日
发明创造名称	灵芝鸡的饲养方法及其饲料
国际分类号	A23K 1/18
复审请求人	陈国球
申 请 号	99125093.1
申 请 日	1999年11月29日
公 开 日	2001年6月6日
合议组组长	李 隽
主 审 员	杨存吉
参 审 员	郭鹏鹏

法律依据 专利法第26条第3款

决定要点

如果所属领域的技术人员按照说明书记载的内容，能够理解相关术语的含义，实现该发明的技术方案，解决其技术问题，并产生预期的技术效果，那么该申请符合专利法第26条第3款的规定。

一、案由

本复审请求案涉及申请日为1999年11月29日、申请号为99125093.1、发明名称为"灵芝鸡的饲养方法及其饲料"的发明专利申请（下称本申请），本申请的申请人为陈国球。

本申请于2001年6月6日公开后，国家知识产权局实质审查部门针对申请日提交的原始申请文件依法对本申请进行实质审查，并于2003年8月1日发出第一次审查意见通知书，指出：权利要求1~3要求保护的主题"饲料方法及其饲料"不清楚，不符合专利法实施细则第20条第1款的规定；权利要求1中"高级饲料"、"高品饲料"和"灵芝添加剂"含义不清楚，不符合专利法实施细则第20条第1款规定；说明书中"高品颗粒饲料"含义不清楚，不符合专利法第26条第3款的规定；权利要求1中"小鸡阶段"、"中鸡阶段"的鸡龄和"小鸡阶段"的饲料组成与说明书不一致，得不到说明书支持，不符合专利法第26条第4款的规定。

针对第一次审查意见通知书，申请人于2003年12月3日提交了意见陈述书和经修改的权利要求书。申请人认为高级饲料以及高品颗粒饲料均为市场上出售的商品。

国家知识产权局实质审查部门针对申请日提交的说明书和说明书摘要以及2003年12月3日提交的权利要求1~5,于2006年4月7日作出驳回决定,理由是本申请说明书中"高品颗粒饲料"含义不清楚,致使其未对发明作出清楚、完整的说明,故不符合专利法第26条第3款的规定。

申请人(下称复审请求人)对上述驳回决定不服,于2006年6月16日向专利复审委员会提出复审请求,同时提交了复审请求书以及说明书、权利要求和说明书摘要的替换页。复审请求人认为"高品颗粒饲料"系"商品颗粒饲料"之误,故将说明书和权利要求书中的"高品颗粒饲料"修改为"商品颗粒饲料"。

经形式审查合格后,专利复审委员会受理了该复审请求,于2006年7月12日向复审请求人发出复审请求受理通知书。

专利复审委员会依法组成合议组对本复审请求进行了审查。经审查,合议组认为本案事实已经清楚,可以依法作出决定。

二、决定的理由

本复审请求审查决定所针对的文本是复审请求人于2006年6月16日提交的说明书1~2页、说明书摘要和权利要求1~5。

复审请求人在提出复审请求时认为"高品颗粒饲料"系"商品颗粒饲料"之笔误,在说明书、权利要求书和说明书摘要的替换页中将说明书和权利要求书中的"高品颗粒饲料"修改为"商品颗粒饲料"。对此,合议组认为:所谓"商品全价饲料"和"商品颗粒饲料"指的是市场上销售的全价饲料和颗粒饲料,以用来区别于自配的饲料,这一点从说明书第2页第9行所述的"从中鸡阶段转为大鸡阶段时(即80~90天)不能直接由商品全价饲料转为自配饲料"也可以看出来。尽管本申请说明书在描述中鸡阶段的饲料组成时记载"高品颗粒饲料80%",但整个说明书未涉及颗粒饲料品质的高低,相反其在描述中鸡阶段到大鸡阶段过渡时的饲料组成时说明不能直接由商品全价饲料转为自配饲料,另外申请人在申请日提交的说明书摘要中也记载中鸡喂养商品颗粒饲料灵芝添加剂。事实上,所属技术领域也无"高品颗粒饲料"的用语,应当可以推出"高品颗粒饲料"系笔误,本应为"商品颗粒饲料",故复审请求人将说明书以及权利要求书中的"高品颗粒饲料"修改为"商品颗粒饲料"符合专利法第33条的规定。

鉴于复审请求人在2006年6月16日提交的修改文本中已将"高品颗粒饲料"修改为具有清楚含义的"商品颗粒饲料",克服了原驳回决定中指出的由于"高品颗粒饲料"用语含义不清楚导致说明书不符合专利法第26条第3款的缺陷,故原实质审查部门应当在修改文本的基础上继续进行审查。

基于上述理由,合议组作出如下决定。

三、决定

撤销国家知识产权局于2006年4月7日针对99125093.1号申请作出的驳回决定,由国家知识产权局实质审查部门以2006年6月16日提交的说明书1~2页、说明书摘要和权利要求第1~5项为基础继续进行审批程序。

据专利法第41条第2款的规定,对本决定不服的,复审请求人可以在收到本通知之日起三个月内向北京市第一中级人民法院起诉。

多颗粒改进释放组合物

复审请求审查决定（第 12911 号）

决 定 号	第 12911 号
决 定 日	2008 年 3 月 24 日
发明创造名称	多颗粒改进释放组合物
国际分类号	A61K 9/20，A61K 9/24，A61K 9/54，A61K 9/58，A61K 9/62
复审请求人	伊兰公司，PLC
申 请 号	99814002.3
申 请 日	1999 年 11 月 1 日
优 先 权 日	1998 年 11 月 2 日
公 开 日	2002 年 2 月 13 日
合议组组长	许 磊
主 审 员	何 炜
参 审 员	张秀丽

法 律 依 据 专利法第 33 条

决 定 要 点

如果申请的内容通过增加、改变和/或删除其中的一部分，致使所属技术领域的技术人员看到的信息与原申请记载的信息不同，而且又不能从原申请记载的信息中直接地、毫无疑义地确定，那么，这种修改就是不允许的，反之，则是允许的。

一、案由

本复审请求涉及名称为"多颗粒改进释放组合物"的 99814002.3 号发明专利申请（下称本申请），申请日为 1999 年 11 月 1 日，优先权日为 1998 年 11 月 2 日，公开日为 2002 年 2 月 13 日。申请人原为"马拉·J. 丘奇"、"伊兰公司，PLC"，2002 年 8 月 2 日变更为"伊兰公司，PLC"。

针对申请人于 2005 年 8 月 30 日提交的权利要求 1～25、进入中国国家阶段时提交的说明书第 1～19 页、说明书附图第 1 页和说明书摘要，国家知识产权局于 2005 年 10 月 14 日以本申请不符合专利法第 33 条的规定为由驳回了本申请。

驳回决定所针对的权利要求书为：

"1. 多颗粒改进释放组合物，包括：

a. 含有活性成分的即时释放颗粒，和；

b. 含有即时释放颗粒的改进释放颗粒，用包含甲基丙烯酸铵共聚物、甲基丙烯酸共聚物、增塑剂、溶剂和填充剂的包衣溶液包衣；

其中所述活性成分是哌醋甲酯、哌醋甲酯的可药用盐、哌醋甲酯的对映异构体或其混合物，其中的多颗粒改进释放组合物在经口服的送给患者后，以脉冲方式递送活性成分，其特征在于高活性成分浓度的脉冲之间散布有低活性成分浓度的时期。

2. 权利要求1的多颗粒改进释放组合物，其中所述增塑剂是柠檬酸三乙酯。

3. 权利要求1多颗粒改进释放组合物，其中所述溶剂是异丙醇。

4. 权利要求1的多颗粒改进释放组合物，其中所述填充剂是滑石。

5. 权利要求1的多颗粒改进释放组合物，其中包含在所述包衣溶液中的甲基丙烯酸铵共聚物的量是25.0％w/w～49.7％w/w。

6. 权利要求1的多颗粒改进释放组合物，其中包含在所述包衣溶液中的所述甲基丙烯酸共聚物的量是25.0％w/w。

7. 权利要求1的多颗粒改进释放组合物，其中甲基丙烯酸酯与甲基丙烯酸铵共聚物的比例为1：1。

8. 权利要求1的多颗粒改进释放组合物，其中所述包衣溶液还包括聚乙烯吡咯烷酮。

9. 权利要求8的多颗粒改进释放组合物，其中所述包衣溶液中的聚乙烯吡咯烷酮的量为0.3％w/w～0.35％w/w。

10. 权利要求1的多颗粒改进释放组合物，包括所述包衣溶液还包括邻苯二甲酸二乙酯。

11. 权利要求10的多颗粒改进释放组合物，其中所述包衣溶液中的邻苯二甲酸二乙酯的量为0.5％w/w～1.35％w/w。

12. 权利要求1的多颗粒改进释放组合物，其中所述包衣溶液中的增塑剂的量为1.25％w/w。

13. 权利要求1的多颗粒改进释放组合物，其中所述包衣溶液中的溶剂的量为30％w/w～50％w/w。

14. 权利要求1的多颗粒改进释放组合物，其中所述包衣溶液中的溶剂的量为46.5％w/w。

15. 权利要求1的多颗粒改进释放组合物，其中所述包衣溶液还包括丙酮。

16. 权利要求15的多颗粒改进释放组合物，其中所述包衣溶液中的丙酮的量为8.3％w/w～10.0％w/w。

17. 权利要求1的多颗粒改进释放组合物，其中改进释放颗粒中的填充剂的量为2.25％w/w～16.0％w/w。

18. 权利要求1的多颗粒改进释放组合物，其中改进释放颗粒中的填充剂的量为2.25％w/w。

19. 权利要求1的多颗粒改进释放组合物，其中所述改进释放颗粒含有25.0％w/w的甲基丙烯酸铵共聚物、25.0％w/w的甲基丙烯酸共聚物、1.25％w/w的柠檬酸三乙酯、46.5％w/w的异丙醇和2.25％w/w的滑石。

20. 权利要求1的多颗粒改进释放组合物，其中所述增塑剂是柠檬酸三乙酯，溶剂是异丙醇，并且填充剂是滑石。

21. 权利要求1的多颗粒改进释放组合物，其中应用到即时释放颗粒上的包衣使颗粒的重量增加5％～30％。

22. 权利要求21的多颗粒改进释放组合物，其中应用到即时释放颗粒上的包衣使颗粒的重量增加30％。

23. 权利要求1的多颗粒改进释放组合物，其中哌醋甲酯包括一种光学纯对映异构体或对映异构体的混合物。

24. 权利要求 1 的多颗粒改进释放组合物，其中即时释放颗粒与改进释放颗粒之比为 1∶1。

25. 权利要求 1 的多颗粒改进释放组合物在制备治疗注意力不集中疾病的药物中的用途。"

驳回的具体理由为：（1）权利要求 1 中对含有即时释放颗粒的改进释放颗粒的限定"填充剂"在原说明书和权利要求书中没有记载；（2）权利要求 5、9、11、13、16、17、21 中附加技术特征描述的数值范围在原说明书和权利要求书中没有记载，原申请文件相应内容均为离散的点；（3）权利要求 24 的附加技术特征"其中即时释放颗粒与改进释放颗粒之比为 1∶1"在原说明书和权利要求书中没有记载。上述修改均不能从原申请记载的信息中直接地、毫无疑义地确定，不符合专利法第 33 条的规定。

申请人伊兰公司，PLC（下称请求人）不服上述驳回决定，于 2006 年 2 月 5 日向专利复审委员会提出复审请求，并提交了修改的权利要求书全文替换页（共 19 项）。请求人删除了原权利要求 1 中的"填充剂"，删除了原权利要求 4、5、9、13、16 和 22，将原权利要求 11 的数值范围"0.5％w/w～1.35％w/w"改为"1.1％w/w"，将原权利要求 17 中的"改进释放颗粒中的填充剂的量为 2.25％w/w～16.0％w/w"改为"所述包衣溶液中还包括滑石"，限定原权利要求 21 中的重量增加为"20％w/w"，对于原权利要求 24 的附加技术特征没有进行修改。修改后的权利要求书如下：

"1. 多颗粒改进释放组合物，包括：

　　a. 含有活性成分的即时释放颗粒，和；

　　b. 含有即时释放颗粒的改进释放颗粒，用包含甲基丙烯酸铵共聚物、甲基丙烯酸共聚物、增塑剂和溶剂的包衣溶液包衣；

其中所述活性成分是哌醋甲酯、哌醋甲酯的可药用盐、哌醋甲酯的对映异构体或其混合物，其中的多颗粒改进释放组合物在经口服的送给患者后，以脉冲方式递送活性成分，其特征在于高活性成分浓度的脉冲之间散布有低活性成分浓度的时期。

2. 权利要求 1 的多颗粒改进释放组合物，其中所述增塑剂是柠檬酸三乙酯。

3. 权利要求 1 多颗粒改进释放组合物，其中所述溶剂是异丙醇。

4. 权利要求 1 的多颗粒改进释放组合物，其中包含在所述包衣溶液中的所述甲基丙烯酸共聚物的量是 25.0％w/w。

5. 权利要求 1 的多颗粒改进释放组合物，其中甲基丙烯酸酯与甲基丙烯酸铵共聚物的比例为 1∶1。

6. 权利要求 1 的多颗粒改进释放组合物，其中所述包衣溶液还包括聚乙烯吡咯烷酮。

7. 权利要求 1 的多颗粒改进释放组合物，包括所述包衣溶液还包括邻苯二甲酸二乙酯。

8. 权利要求 7 的多颗粒改进释放组合物，其中所述包衣溶液中的邻苯二甲酸二乙酯的量为 1.1％w/w。

9. 权利要求 1 的多颗粒改进释放组合物，其中所述包衣溶液中的增塑剂的量为 1.25％w/w。

10. 权利要求 1 的多颗粒改进释放组合物，其中所述包衣溶液中的溶剂的量为 46.5％w/w。

11. 权利要求 1 的多颗粒改进释放组合物，其中所述包衣溶液还包括丙酮。

12. 权利要求 1 的多颗粒改进释放组合物，其中所述包衣溶液中还包括滑石。

13. 权利要求 12 的多颗粒改进释放组合物，其中所述包衣溶液中的滑石的量为 2.25％w/w。

14. 权利要求 1 的多颗粒改进释放组合物，其中所述改进释放颗粒含有 25.0％w/w 的甲基丙烯酸铵共聚物、25.0％w/w 的甲基丙烯酸共聚物、1.25％w/w 的柠檬酸三乙酯、46.5％w/w 的异丙醇和 2.25％w/w 的滑石。

15. 权利要求 1 的多颗粒改进释放组合物，其中所述增塑剂是柠檬酸三乙酯，溶剂是异丙醇。

16. 权利要求 1 的多颗粒改进释放组合物，其中应用到即时释放颗粒上的包衣使颗粒的重量增加20％。

17. 权利要求1的多颗粒改进释放组合物，其中哌醋甲酯包括一种光学纯对映异构体或对映异构体的混合物。

18. 权利要求1的多颗粒改进释放组合物，其中即时释放颗粒与改进释放颗粒之比为1∶1。

19. 权利要求1的多颗粒改进释放组合物在制备治疗注意力不集中疾病的药物中的用途。"

请求人认为，修改后的权利要求书中克服了驳回决定中指出的"填充剂"和数值范围没有记载的缺陷，就权利要求中即时释放颗粒与改进释放颗粒的比例问题而言，说明书第16页倒数第2~1行描述"10mg即时释放成分和10mg改进释放成分"，表5a和5b中显示即时释放成分和改进释放成分的量均是相等的，由说明书的上述描述，本领域技术人员概括得出驳回针对的权利要求24（修改后的权利要求18）中关于即时释放颗粒与改进释放颗粒的比例"1∶1"显然是合理的，修改后的权利要求书符合专利法第33条的规定。

形式审查合格后，专利复审委员会受理了该复审请求，并于2006年4月4日向请求人发出《复审请求受理通知书》，随后将本申请案卷移交原审查部门进行前置审查。

原审查部门对本复审请求进行了前置审查，在前置审查意见书中指出权利要求18（原权利要求24）的附加技术特征"其中即时释放颗粒与改进释放颗粒之比为1∶1"没有记载于原始的权利要求书和说明书中，也不能从原始公开的信息中直接地、毫无疑义地导出，不符合专利法第33条的规定，因此坚持原驳回决定。

至此，合议组认为本案事实清楚，可以作出复审决定。

二、决定的理由

1. 审查文本

由于请求人在提出复审请求时仅对权利要求书进行了修改，因此本复审请求审查决定所针对的申请文本为：请求人于2006年2月5日提交的权利要求1~19以及驳回决定所针对的说明书、说明书附图和说明书摘要。

2. 关于专利法第33条

专利法第33条规定：申请人可以对其专利申请文件进行修改，但是，对发明和实用新型专利申请文件的修改不得超出原说明书和权利要求书记载的范围，对外观设计专利申请文件的修改不得超出原图片或者照片表示的范围。

如果申请的内容通过增加、改变和/或删除其中的一部分，致使所属技术领域的技术人员看到的信息与原申请记载的信息不同，而且又不能从原申请记载的信息中直接地、毫无疑义地确定，那么，这种修改就是不允许的，反之，则是允许的。

本案中，针对驳回决定指出的缺陷，请求人在于2006年2月5日提交的修改后的权利要求书中，删除了驳回决定所针对的权利要求1中的"填充剂"，删除了对填充剂进一步进行限定的权利要求4，删除了驳回决定所针对的权利要求5、9、13、16，将驳回决定所针对的权利要求11的数值范围"0.5％w/w~1.35％w/w"改为"1.1％w/w"（参见说明书第14页表2），将驳回决定所针对的权利要求17中的"改进释放颗粒中的填充剂的量为2.25％w/w~16.0％w/w"改为"所述包衣溶液中还包括滑石"（参见说明书第14页表2），将驳回决定所针对的权利要求21中的重量增加限定为"20％w/w"（参见说明书第16页表3（c））。此外，请求人还删除了驳回决定所针对文本的权利要求22。上述修改均可由原申请文件记载的信息得出，未超出原始申请文件记载的范围，符合专利法第33条的规定。

原审查部门在前置审查意见中仅认为修改后的权利要求18的附加技术特征未记载在原始的说明

书和权利要求书中，也不能由其直接地、毫无疑义地确定，不符合专利法第 33 条的规定。因此本案目前的争议点在于权利要求 18（原权利要求 24）的附加技术特征描述的"其中即时释放颗粒与改进释放颗粒之比为 1∶1"是否超出了原始申请文件记载的范围。

对此，合议组认为，权利要求 18 引用权利要求 1，要求保护一种包括即时释放颗粒和改进释放颗粒的多颗粒改进释放组合物，说明书实施例 1（参见说明书第 13～16 页）记载了一种如权利要求 1 所述的含有哌醋甲酯的多颗粒改进释放组合物，它包括即时释放成分和改进释放成分，在说明书第 16 页倒数第 1 段例举了多颗粒改进释放组合物（20mg）的组成为 10mg 的即时释放成分和 10mg 的改进释放成分。本领域技术人员显然可以据此根据胶囊填充量的需要按比例调整其中即时释放颗粒和改进释放颗粒的含量。说明书中虽然为举例说明而分别使用了 10mg 的即时释放颗粒和改进释放颗粒制备出 20mg 剂量的多颗粒改进释放组合物，但该方法描述应看作一种比例说明性实例，不能理解为多颗粒改进释放组合物仅能制备为 20mg 的剂量。本领域技术人员根据说明书的整体内容来判断，可以得出权利要求 18 要求保护的技术方案中即时释放颗粒与改进释放颗粒之比可以为 1∶1 的结论。因此权利要求 18（原权利要求 24）的附加技术特征描述的"其中即时释放颗粒与改进释放颗粒之比为 1∶1"没有超出原始申请文件记载的范围，符合专利法第 33 条的规定。

因此，请求人于 2006 年 2 月 5 日提交的修改后的权利要求书已经克服了驳回决定中指出的不符合专利法第 33 条规定的缺陷。

故此，本合议组作出如下决定。

三、决定

撤销国家知识产权局于 2005 年 10 月 14 日对 99814002.3 号发明专利申请作出的驳回决定。由原审查部门在本复审请求审查决定所针对的申请文本的基础上继续进行审查程序。

复审请求人对本决定不服的，可以根据专利法第 41 条第 2 款的规定，自收到本决定之日起三个月内向北京市第一中级人民法院起诉。

一种治疗类风湿关节炎的中药组合物

复审请求审查决定（第 12940 号）

决 定 号	第 12940 号
决 定 日	2008 年 3 月 21 日
发明创造名称	一种治疗类风湿关节炎的中药组合物
国际分类号	A61K 35/78，A61K 9/20，A61K 9/48，A61P 19/02，A61P 29/00
复审请求人	山东中医药大学
申 请 号	200310114642.6
申 请 日	2003 年 12 月 25 日
公 开 日	2004 年 12 月 15 日
合议组组长	何 炜
主 审 员	李梦楠
参 审 员	田 芳

法 律 依 据 专利法第 33 条

决 定 要 点

申请人可以对其专利申请文件进行修改，但是，对发明和实用新型申请文件的修改不得超出原说明书和权利要求书记载的范围。

一、案由

本复审请求涉及申请号为 200310114642.6、名称为"一种治疗类风湿关节炎的中药组合物"的发明专利申请（下称本申请）。本申请的申请日为 2003 年 12 月 25 日，公开日为 2004 年 12 月 15 日，申请人为山东中医药大学。

2005 年 12 月 9 日，国家知识产权局驳回了本申请，驳回决定所针对的权利要求书为：

"1. 一种治疗类风湿关节炎的中药组合物，其特征在于：是由以下重量配比的原料和药用辅料，以及下述制备方法制成，

金银花	300~400g	青风藤	230~300g	白芍	200~300g
土贝母	150~200g	干姜	30~80g	大血藤	200~300g
板蓝根	200~300g	川牛膝	200~300g		

金银花、川牛膝合并，分别加入 8 倍量、6 倍量、4 倍量的水，提取 3 次，每次 1 小时，合并水提液，滤过、减压浓缩、干燥，粉碎过 40 目筛，得干浸膏 1；

青风藤、土贝母合并，加入 16 倍量 70% 的乙醇，提取 2 次，每次 1.5 小时，合并醇提液，减压

回收乙醇，减压浓缩，干燥，粉碎过40目筛，得干浸膏2；

白芍、大血藤、板蓝根合并，加入16倍量的水，提取3次，每次1.5小时，合并水提液，滤过，减压浓缩至60℃时相对密度为1.05，加入乙醇至醇浓度为50%，静置冷藏，滤过，滤液减压回收乙醇，减压浓缩，干燥，粉碎过40目筛，得干浸膏3；

干姜加入18倍量水，浸泡1小时，水蒸汽提取4小时后，得挥发油，挥发油用β-环糊精包合，研磨2小时，包合物干燥后粉碎成细粉，挥发油与β-环糊精的重量比为1：8，所述的β-环糊精加有3/4重量的水；

上述干浸膏与包合物混合均匀，加入一定的药用辅料，由常规方法，制成药用剂型。

2. 根据权利要求1所述的中药组合物，其特征在于：上述重量配比的原料为，金银花340~380g 青风藤260~300g 白芍220~280g

| 土贝母 | 160~200g | 干姜 | 40~70g | 大血藤 | 220~280g |
| 板蓝根 | 220~280g | 川牛膝 | 220~280g。 |

3. 根据权利要求1所述的中药组合物，其特征在于：上述重量配比的原料为，

金银花	360g	青风藤	285g	白芍	250g
土贝母	178g	干姜	54g	大血藤	250g
板蓝根	250g	川牛膝	250g。

4. 根据权利要求1、2或3所述的中药组合物，其特征在于：所述的中药组合物为胶囊剂型。

5. 根据权利要求1、2或3所述的中药组合物，其特征在于：所述的中药组合物为片剂。"

驳回决定认为，（1）权利要求1对制备方法进行了限定，但是，对于这种采用"特定原料、用量范围、制备方法"限定的制备方法而言，其在原始申请文本中没有被记载，也不能由原始申请文本毫无疑义地直接导出；权利要求1中金银花与川牛膝的提取方式是采用"合并"的方式予以表述的，而原始申请文本中关于金银花与川牛膝是否采用"合并"的提取方式是不清楚的，该金银花与川牛膝"合并"的提取方式在原始申请文本中没有被记载，也不能由原始申请文本毫无疑义地直接导出，因此，权利要求1的修改不符合专利法第33条的规定；（2）对于权利要求2~5，其是权利要求1的从属权利要求，在权利要求1的修改超出原始申请文本记载的范围的前提下，权利要求2~5的修改也不符合专利法第33条的规定。

申请人山东中医药大学（下称请求人）对上述驳回决定不服，于2006年2月16日向专利复审委员会提出复审请求，并提交了新修改的权利要求书全文替换页，修改后的权利要求书如下：

"1. 一种治疗类风湿关节炎的中药组合物，其特征在于：是由以下重量配比的原料和药用辅料，以及下述制备方法制成，

金银花	300~400g	青风藤	230~300g	白芍	200~300g
土贝母	150~200g	干姜	30~80g	大血藤	200~300g
板蓝根	200~300g	川牛膝	200~300g

金银花、川牛膝加水提取3次，加水量分别为8倍量、6倍量、4倍量，每次1小时，合并水提液，滤过，减压浓缩、干燥，粉碎过40目筛，得干浸膏；

青风藤、土贝母合并，加入16倍量70%的乙醇，提取2次，每次1.5小时，合并醇提液，减压回收乙醇，减压浓缩、干燥，粉碎过40目筛，得干浸膏；

白芍、大血藤、板蓝根合并，加入16倍量的水，提取3次，每次1.5小时，合并水提液，滤过，减压浓缩至60℃时相对密度为1.05，加入乙醇至醇浓度为50%，静置冷藏，滤过，滤液减压回收乙醇，减压浓缩，干燥，粉碎过40目筛，得干浸膏；

干姜加入18倍量水，浸泡1小时，水蒸汽提取4小时后，得挥发油，挥发油用β-环糊精包合，研磨2小时，包合物干燥后粉碎成细粉，挥发油与β-环糊精的重量比为1:8，所述的β-环糊精加有3/4重量的水；

上述干浸膏与包合物混合均匀，加入一定的药用辅料，由常规方法，制成药用剂型。

2. 根据权利要求1所述的中药组合物，其特征在于：上述重量配比的原料为，

金银花	340～380g	青风藤	260～300g	白芍	220～280g
土贝母	160～200g	干姜	40～70g	大血藤	220～280g
板蓝根	220～280g	川牛膝	220～280g		

3. 根据权利要求1所述的中药组合物，其特征在于：上述重量配比的原料为，

金银花	360g	青风藤	285g	白芍	250g
土贝母	178g	干姜	54g	大血藤	250g
板蓝根	250g	川牛膝	250g。		

4. 根据权利要求1、2或3所述的中药组合物，其特征在于：所述的中药组合物为胶囊剂型。

5. 根据权利要求1、2或3所述的中药组合物，其特征在于：所述的中药组合物为片剂。"

形式审查合格后，专利复审委员会受理了该复审请求，并于2006年4月4日向请求人发出《复审请求受理通知书》，同时将本申请案卷移交原审查部门进行前置审查。

原审查部门对本复审请求进行了前置审查，仍然认为权利要求1～5的修改超出了原说明书和权利要求书记载的范围，不符合专利法第33条的规定，坚持原驳回决定。

专利复审委员会组成合议组，对本案的复审请求进行了审理。

请求人于2008年2月21日进行了主动补正，提交了新修改的权利要求书全文替换页，修改后的权利要求书如下：

"1. 一种治疗类风湿关节炎的中药组合物，其特征在于：是由以下重量配比的原料和药用辅料，以及下述制备方法制成，

金银花	300～400g	青风藤	230～300g	白芍	200～300g
土贝母	150～200g	干姜	30～80g	大血藤	200～300g
板蓝根	200～300g	川牛膝	200～300g		

金银花、川牛膝加水提取3次，加水量分别为8倍量、6倍量、4倍量，每次1小时，合并水提液，滤过，减压浓缩、干燥，粉碎过40目筛，得干浸膏；

青风藤、土贝母合并，加入16倍量70％的乙醇，提取2次，每次1.5小时，合并醇提液，减压回收乙醇，减压浓缩、干燥，粉碎过40目筛，得干浸膏；

白芍、大血藤、板蓝根合并，加入16倍量的水，提取3次，每次1.5小时，合并水提液，滤过，减压浓缩至60℃时相对密度为1.05，加入乙醇至醇浓度为50％，静置冷藏，滤过，滤液减压回收乙醇，减压浓缩、干燥，粉碎过40目筛，得干浸膏；

干姜加入18倍量水，浸泡1小时，提取4小时，挥发油另器收集，水提取液与白芍等药材提取液合并；挥发油用β-环糊精包合，包合工艺为挥发油：β-环糊精为1:8，水：β-环糊精为3:1，研磨2小时，包合物干燥后粉碎成细粉；

上述干浸膏与环糊精包合物混合均匀，加入药用辅料，制成药用剂型。

2. 根据权利要求1所述的中药组合物，其特征在于：上述重量配比的原料为，

| 金银花 | 340～380g | 青风藤 | 260～300g | 白芍 | 220～280g |
| 土贝母 | 160～200g | 干姜 | 40～70g | 大血藤 | 220～280g |

| 板蓝根 | 220~280g | 川牛膝 | 220~280g。 |

3. 根据权利要求1所述的中药组合物，其特征在于：上述重量配比的原料为，

金银花	360g	青风藤	285g	白芍	250g
土贝母	178g	干姜	54g	大血藤	250g
板蓝根	250g	川牛膝	250g。

4. 根据权利要求1、2或3所述的中药组合物，其特征在于：所述的中药组合物为胶囊剂型。

5. 根据权利要求1、2或3所述的中药组合物，其特征在于：所述的中药组合物为片剂。"

至此，合议组认为本案事实已经清楚，可以作出审查决定。

二、决定的理由

1. 审查文本

本复审决定所针对的文本是请求人于2008年2月21日提交的权利要求1~5以及驳回决定所针对的说明书和说明书摘要。

2. 关于专利法第33条

专利法第33条规定，申请人可以对其专利申请文件进行修改，但是，对发明和实用新型申请文件的修改不得超出原说明书和权利要求书记载的范围。

请求人于2008年2月21日提交的修改后的权利要求书将金银花和川牛膝的提取方式由"金银花、川牛膝合并，加入……的水，提取3次"修改为"金银花、川牛膝加水提取3次……"，修改后金银花、川牛膝的提取工艺特征与原说明书实施例1的记载完全一致，能够从原申请记载的信息中直接地、毫无疑义地确定；此外，对于权利要求1的其他部分即青风藤、土贝母、白芍、大血藤、板蓝根、干姜的提取工艺也依照说明书中的实施例1进行了相应的修改，修改后的内容均与实施例1的内容一致（见说明书第1页及实施例1），请求人仅在每一个提取步骤的最后加入了"得干浸膏"的特征，然而根据说明书实施例1中最后"将上述干浸膏与环糊精包合物混合均匀……"这样的记载可以明确得出，上述所有提取步骤得到的均为"干浸膏"，因此权利要求1中每一步骤结尾所加入的"得干浸膏"的特征能够从原申请记载的信息中直接地、毫无疑义地确定，因此权利要求1的修改克服了驳回决定所指出的缺陷，符合专利法第33条的规定。同样，权利要求2~5的相应修改也能够从原申请记载的信息中直接地、毫无疑义地确定，均符合专利法第33条的规定。

根据以上事实和理由，本案合议组作出如下审查决定。

三、决定

撤销国家知识产权局于2005年12月9日对200310114642.6号发明专利申请作出的驳回决定。由原审查部门在本复审请求审查决定所针对的文本的基础上继续进行审查程序。

复审请求人对本决定不服的，可以根据专利法第41条第2款的规定，自收到本决定之日起三个月内向北京市第一中级人民法院起诉。

155

降低了 SSII 活性的大麦和降低了支链淀粉含量的淀粉和淀粉制品

复审请求审查决定（第 12941 号）

决 定 号	第 12941 号
决 定 日	2008 年 3 月 22 日
发明创造名称	降低了 SSII 活性的大麦和降低了支链淀粉含量的淀粉和淀粉制品
国际分类号	A01H 5/00，A01H 5/10，C08L 3/02，C12N 15/29
复审请求人	联邦科技产业研究组织
申 请 号	01821232.8
优 先 权 日	2000 年 11 月 9 日
申 请 日	2001 年 11 月 9 日
公 开 日	2004 年 3 月 17 日
合议组组长	何 炜
主 审 员	李梦楠
参 审 员	张秀丽

法 律 依 据　专利法第 26 条第 3 款

决 定 要 点

通常情况下，说明书应当通过文字记载充分公开申请专利保护的发明。但在生物技术这一特定的领域中，有时由于文字记载很难描述生物材料的具体特征，即使有了这些描述也得不到生物材料本身，所属技术领域的技术人员仍然不能实施发明。在这种情况下，应按规定将所涉及的生物材料到国家知识产权局认可的保藏单位进行保藏。

一、案由

本复审请求涉及申请号为 01821232.8、名称为"降低了 SSII 活性的大麦和降低了支链淀粉含量的淀粉和淀粉制品"的发明专利申请（下称本申请）。本申请的申请日为 2001 年 11 月 9 日，优先权日为 2000 年 11 月 9 日，公开日为 2004 年 3 月 17 日，申请人为联邦科技产业研究组织。

国家知识产权局于 2005 年 10 月 28 日驳回了该申请，理由是根据说明书的描述可知，申请人在实施例中所使用的材料是 292 和 342，上述两个品种是以无皮大麦品种"喜马拉雅"为材料，用叠氮化钠诱发突变得到的。本领域技术人员均知，这种诱发突变是随机的，很难通过重复诱变条件而得到完全相同的结果，也就是说本领域技术人员不能根据说明书的描述得到具有本发明所公开特性的上述突变变种，也不能相应的得到具有上述特性的淀粉，另外尽管申请人对上述两个突变变种的等位基因特性、G 到 A 的过渡突变特性进行了描述，但从上述描述，本领域技术人员仍然得不到生物材料本身，因此本申请说明书公开不充分，不符合专利法 26 条第 3 款的规定。

驳回决定所针对的独立权利要求为：

"1. 一种从大麦植物的谷粒淀粉粒中获取的淀粉，其特征在于，所述大麦植物具有降低了的 SSII 活性，所述淀粉粒具有较高的直链淀粉含量。

18. 一种用于食品生产的大麦谷粒，其特征在于，所述大麦植物具有降低的 SSII 活性水平，所述大麦谷粒的淀粉粒包含权利要求 1～17 任一所述的淀粉。

26. 一种大麦植物，其特征在于，所述大麦植物具有降低了 SSII 的活性，所述大麦植物能够产出权利要求 18～25 任一所述的谷粒。

27. 一种产生具有降低了 SSII 活性的大麦植物的方法，所述的大麦植物能产生如权利要求 18～25 所述的谷粒，其特征在于，所述方法包括以下步骤：

  a. 给亲本大麦植物导入遗传变异，

  b. 从所述亲本大麦植物获得种子，

  c. 从步骤 b. 获得的种子中筛选降低了 SSII 活性的种子。

30. 一种把权利要求 18～25 任一所述谷粒加工成淀粉的方法，其特征在于，所述方法包括以下步骤：

  a. 碾磨所述谷粒，

  b. 从磨碎的谷粒中萃取淀粉。

31. 一种大麦淀粉粒，其特征在于，所述淀粉粒的淀粉至少包含 50％（w/w）的直链淀粉。"

申请人联邦科技产业研究组织（下称请求人）对上述驳回决定不服，于 2006 年 1 月 24 日向专利复审委员会提出复审请求，请求人认为，本发明的说明书中对于为了得到所需显型所必须进行的突变进行了描述，并介绍了针对商业大麦淀粉中指定的基因进行点突变或其他突变的方法，这将使本领域技术人员能够生产出所需显型的大麦作物；而且按照本发明提供的方法进行筛选后，再进行恰当的回交，就能够得到同样的结果，回交和交联的数据表明，该显型可能与 SSII 基因相关联。

形式审查合格后，专利复审委员会受理了该复审请求，并于 2006 年 3 月 15 日向请求人发出《复审请求受理通知书》，随后将本申请移交原审查部门进行前置审查。

原审查部门对本复审请求进行了前置审查，坚持原驳回决定。

专利复审委员会组成合议组，对本案的复审请求进行了审理，于 2007 年 10 月 31 日向请求人发出《复审通知书》。《复审通知书》指出，根据说明书的描述，本申请是以无皮大麦品种"喜马拉雅"为材料，用诱发突变方式得到了突变株 292、342，这两株突变株具有特定的性状，并且通过基因分析，推断这些特性的产生（尤其是高直链淀粉特定的产生）可能与 SSII 基因突变相关联。然而，本领域技术人员均知，诱发突变是随机的，很难通过重复诱变条件而得到完全相同的结果，也就是说本领域技术人员不能根据说明书的描述得到具有本发明所公开特性的上述突变变种 292、342，也不能相应的得到具有上述特性的淀粉，在没有依照相关规定对该生物材料进行保藏的情况下，本领域技术人员无法实现本发明的技术方案，因此本发明的说明书公开不充分，不符合专利法 26 条第 3 款的规定。

尽管请求人认为，回交和交联的数据表明，该显型与 SSII 基因相关，对此合议组认为，说明书中没有任何实验数据来证明只要发生 SSII 突变则一定能够唯一地得到本发明的突变品种 292 和 342，也没有任何实验数据证明突变品种 292 和 342 所具备的特征完全来自于 SSII 突变而没有发生其他的突变，因此说明书中关于 SSII 突变的影响的描述并不能使本领域技术人员唯一确定地得到本发明的突变品种 292 和 342。

针对《复审通知书》指出的问题，请求人于 2008 年 2 月 15 日提交了意见陈述书，请求人陈述，根据说明书中杂交和回交实验可以得出 SSII 基因突变与本申请所要保护的大麦谷粒及淀粉特性之间存在直接、唯一相关性，因此利用现有技术的突变方法就能够使得突变株具有本申请所述的特性，唯一确定地得到突变株292和342。

至此，合议组认为本案事实清楚，可以作出审查决定。

二、决定的理由

1. 关于审查文本

本复审请求审查决定所针对的文本为驳回决定所针对的文本。

2. 关于专利法第26条第3款

专利法第26条第3款规定，说明书应当对发明或实用新型作出清楚、完整的说明，以所属技术领域的技术人员能够实现为准。

通常情况下，说明书应当通过文字记载充分公开申请专利保护的发明。但在生物技术这一特定的领域中，有时由于文字记载很难描述生物材料的具体特征，即使有了这些描述也得不到生物材料本身，所属技术领域的技术人员仍然不能实施发明。在这种情况下，应按规定将所涉及的生物材料到国家知识产权局认可的保藏单位进行保藏。

本案中，请求保护的是从大麦谷粒中获得的淀粉及相应的大麦谷粒。根据说明书的描述，本申请是以无皮大麦品种"喜马拉雅"为材料，用诱发突变方式得到了突变株292、342，这两株突变株具有特定的谷粒特性、谷粒成分、淀粉成分及功能、链长分布、胶凝湿度、淀粉粉性、结晶性、淀粉颗粒形态、食物纤维等特性，并且通过基因分析，推断这些特性的产生（尤其是高直链淀粉特定的产生）可能与SSII基因突变相关联。然而，本领域技术人员均知，诱发突变是随机的，很难通过重复诱变条件而得到完全相同的结果，也就是说本领域技术人员不能根据说明书的描述得到具有本发明所公开谷粒特性、谷粒成分、淀粉成分及功能、链长分布、胶凝温度、淀粉粘性、结晶性、淀粉颗粒形态、食物纤维等特性的上述突变变种292、342，也不能相应的得到具有上述特性的淀粉；同时，由于本申请仅仅是通过292、342株之间以及两者与MK6827之间的杂交或回交等获得的F1、F2的显型分析推测292、342株所具备的上述特性可能与SSII基因突变相关联，但是本申请未能提供充分的证据证明突变株292、342特性的产生与SSII基因的突变是直接、唯一相关的。因而，不能排除突变株292、342是多重突变体，该多重突变体导致了292、342上述特性的产生。当本领域技术人员无法确定292、342的基因变化时，也就无法通过定点突变获得与292、342特性相同的突变株，即本领域技术人员仍然无法唯一确定地得到本发明所需要的生物材料本身，在没有依照相关规定对该生物材料进行保藏的情况下，无法实现本发明的技术方案，因此本发明的说明书公开不充分，不符合专利法26条第3款的规定。

关于请求人的意见陈述，合议组认为：说明书及请求人的意见陈述中对杂交及回交的过程及数据进行了描述，证明了292或342的特性能够被稳定地遗传，但是这只能说明在292和342中确实发生了与所述特性相关的基因突变，却没有任何实验数据来证明此基因突变是唯一的SSII突变，也就是说只要发生SSII突变则一定能够唯一地得到本发明的突变品种292和342，也没有任何实验数据证明突变品种292和342所具备的特征完全来自于SSII突变而没有发生其他的突变，因此说明书中关于SSII突变的影响的描述并不能使本领域技术人员唯一确定地得到本发明的突变品种292和342，并由此得到具有本发明上述各种特征的谷粒。

根据以上事实和理由，本案合议组作出如下审查决定。

三、决定

维持国家知识产权局于2005年10月28日对01821232.8号发明专利申请作出的驳回决定。

复审请求人对本决定不服的，可以根据专利法第41条第2款的规定，自收到本决定之日起三个月内向北京市第一中级人民法院起诉。

剂型和施药方法

复审请求审查决定（第 12988 号）

决 定 号	第 12988 号
决 定 日	2008 年 3 月 7 日
发明创造名称	剂型和施药方法
国 际 分 类 号	A61K 9/50，A61K 9/20
复 审 请 求 人	阿尔萨公司
申 请 号	97198342.9
优 先 权 日	1996 年 9 月 30 日，1996 年 11 月 12 日，1997 年 4 月 22 日
申 请 日	1997 年 9 月 16 日
公 开 日	1999 年 10 月 13 日
合 议 组 组 长	郭 婷
主 审 员	李梦楠
参 审 员	尹 昕

法 律 依 据 专利法实施细则第 20 条第 1 款

决 定 要 点
产品权利要求通常应当用产品的结构特征进行描述。

一、案由

本复审请求涉及申请号为 97198342.9、名称为"剂型和施药方法"的发明专利申请（下称本申请）。本申请的申请日为 1997 年 9 月 16 日，优先权日为 1996 年 9 月 30 日、1996 年 11 月 12 日和 1997 年 4 月 22 日，公开日为 1999 年 10 月 13 日，申请人是阿尔萨公司。

针对申请人于 2006 年 8 月 1 日提交的权利要求 1~5 以及进入中国国家阶段时提交的说明书第 1~15 页、说明书附图第 1~16 页和说明书摘要，国家知识产权局于 2006 年 9 月 8 日以权利要求 4 不符合专利法第 33 条的规定，权利要求 1~4 不符合专利法实施细则第 20 条第 1 款的规定为由驳回了本申请。

驳回决定所针对的权利要求书为：

"1. 药物组合物，以包含药物释放珠的剂型存在，所述药物释放珠包含药物和可药用载体、润滑剂、抗氧化剂和缓冲剂，所述药物选自哌醋甲酯、苯丙胺、右旋苯丙胺、去氧麻黄碱、苯基异丙胺、匹莫林及其可药用盐；其中所述药物释放珠包衣有释放速度控制聚合物，该珠经历溶出并在 0~2 小时内有 0%~20%、在 2~4 小时内有 20%~40%、在 4~6 小时内有 40%~60%、在 6~8 小时内有

60%~80%和在8~10小时内有80%~100%的药物被释放,其中所述剂型在4~8.5小时内以持续递增的速率、持续并随时间递增的剂量递送所述药物。

2. 权利要求1的药物组合物,其中所述剂型能够在延长的时间内以受控增加的剂量递送所述药物,以保持药物的治疗作用,同时基本上避免在病人中形成急性耐受性。

3. 权利要求1或2的药物组合物,其中所述剂型包含从低到高浓度梯度的药物,并以从低到高的剂量释放所述药物。

4. 权利要求1或2的药物组合物,其中所述剂型包含第二聚合物和从低到高浓度梯度的药物的组合,所述剂型当施用时释放从低到高剂量的所述药物。

5. 权利要求1的药物组合物,其中所述药物是哌醋甲酯或其可药用盐。"

驳回决定认为:(1)由于原申请文件中记载的药物释放珠中只有用于包衣的聚合物,不含其他聚合物,因此,权利要求4中的"第二聚合物"超出了原说明书和权利要求书记载的范围,不符合专利法第33条的规定。(2)权利要求1只是限定了该剂型要达到的目的或产生的技术效果,但没有限定实现该效果的具体技术手段。虽然该权利要求中限定了"所述药物释放珠包衣有释放速度控制聚合物",但没有限定如何用"有释放速度控制聚合物"控制释放,如何"以持续递增的速率"释放药物。因此,权利要求1没有清楚表述请求保护的技术方案,不符合专利法实施细则第20条第1款的规定。权利要求2的附加技术特征限定的是该剂型要达到的目的,仍未清楚限定任何达到所述目的或产生所述的技术效果所采用的具体技术特征;权利要求3和4的附加技术特征限定了包含从低到高浓度梯度的药物,但依然没有清楚限定为达到"从低到高剂量释放所述药物"的目的所采用的具体技术手段。因此,权利要求2~4没有清楚表述请求保护的技术方案,不符合专利法实施细则第20条第1款的有关规定。

申请人阿尔萨公司(下称请求人)对上述驳回决定不服,于2006年12月25日向专利复审委员会提出复审请求并提交了新修改的权利要求书。

修改后的权利要求书如下:

"1. 药物组合物,以包含药物释放珠的剂型存在,所述药物释放珠包含药物和可药用载体、润滑剂、抗氧化剂和缓冲剂,所述药物选自哌醋甲酯、苯丙胺、右旋苯丙胺、去氧麻黄碱、苯基异丙胺、匹莫林及其可药用盐;其中所述药物释放珠包衣有释放速度控制聚合物,该珠经历溶出并在0~2小时内有0%~20%、在2~4小时内有20%~40%、在4~6小时内有40%~60%、在6~8小时内有60%~80%和在8~10小时内有80%~100%的药物被释放,其中所述剂型在4~8.5小时内以持续递增的速率、持续并随时间递增的剂量递送所述药物。

2. 权利要求1的药物组合物,其中所述剂型能够在延长的时间内以受控增加的剂量递送所述药物,以保持药物的治疗作用,同时基本上避免在病人中形成急性耐受性。

3. 权利要求1或2的药物组合物,其中所述剂型包含从低到高浓度梯度的药物,并以从低到高的剂量释放所述药物。

4. 权利要求1或2的药物组合物,其中所述剂型包含其他聚合物和从低到高浓度梯度的药物的组合,所述剂型当施用时释放从低到高剂量的所述药物。

5. 权利要求1的药物组合物,其中所述药物是哌醋甲酯或其可药用盐。"

请求人认为:(1)权利要求1中的聚合物的功能是包衣药物释放珠,而权利要求4中的聚合物提供了包衣释放珠以外的本说明书公开的任何其他功能,因此权利要求4中的"第二聚合物"与权利要求1的聚合物存在区别,本次修改将"第二聚合物"修改为"其他聚合物"符合专利法第33条的规定;(2)若采用具体结构特征来限定权利要求1~4的技术方案会显得冗长并混乱,因此采用了功能性限定的方式进行表征，而且在说明书第5~7页以及实施例部分已经具体公开了如何实现本申请权利要求技术方案的内容，结合说明书的记载，本领域技术人员可以知道如何通过这些功能性限定实现本发明，因此权利要求1~4是清楚的，符合专利法实施细则第20条第1款的规定。

形式审查合格后，专利复审委员会受理了该复审请求，并于2007年2月8日向请求人发出《复审请求受理通知书》，随后将本申请案卷移交原审查部门进行前置审查。

原审查部门对本复审请求进行了前置审查，坚持原驳回决定。

专利复审委员会组成合议组，对本复审请求案进行了审理。于2007年8月31日向请求人发出《复审通知书》。《复审通知书》指出：(1) 请求人提出复审请求时将驳回决定所针对的文本权利要求4中的"第二聚合物"修改为"其他聚合物"，只是改变了文字表述方式，实质性内容并没有变化。修改后的"其他聚合物"既未明确地记载在原说明书和权利要求书中，也不能由原说明书和权利要求书所记载的内容直接地、毫无疑义地确定。因为，根据原说明书和权利要求书的记载，在含有药物释放珠的剂型中，聚合物只是用于包衣药物释放珠的（见说明书第5页倒数第3行至第6页第1段和实施例5），并未记载在这种剂型中存在其他功能的所谓的"其他聚合物"。因此，权利要求4的修改超出原说明书和权利要求书记载的范围，不符合专利法第33条的规定。(2) 权利要求1要求保护一种以含有药物释放珠的剂型存在的药物组合物，其中限定了药物释放珠的组成和所使用的具体药物以及该药物组合物要达到的目的或产生的技术效果，但是并没有限定任何达到所述目的或产生所述的技术效果所采用的具体技术特征，虽然该权利要求中限定了"所述药物释放珠包衣有释放速度控制聚合物"，但没有限定如何用"释放速度控制聚合物"控制药物的释放，以及如何实现"以持续递增的速率"释放药物。因此，权利要求1没有清楚表述请求保护的技术方案，不符合专利法实施细则第20条第1款的规定。权利要求2的附加技术特征限定的是该药物组合物要达到的目的，仍未清楚限定任何达到所述目的或产生所述的技术效果所采用的具体技术特征；权利要求3和4的附加技术特征限定了包含从低到高浓度梯度的药物，但依然没有清楚限定为达到"从低到高剂量释放所述药物"的目的所采用的具体技术手段。因此，权利要求2~4没有清楚表述请求保护的技术方案，不符合专利法实施细则第20条第1款的有关规定。

针对《复审通知书》指出的问题，请求人于2007年10月11日提交了意见陈述书及经修改的权利要求书替换页（共4项），其中删除了驳回决定所针对的权利要求书中的权利要求4。

修改后的权利要求书如下：

"1. 药物组合物，以包含药物释放珠的剂型存在，所述药物释放珠包含药物和可药用载体、润滑剂、抗氧化剂和缓冲剂，所述药物选自哌醋甲酯、苯丙胺、右旋苯丙胺、去氧麻黄碱、苯基异丙胺、匹莫林及其可药用盐；其中所述药物释放珠包衣有释放速度控制聚合物，该珠经历溶出并在0~2小时内有0%~20%、在2~4小时内有20%~40%、在4~6小时内有40%~60%、在6~8小时内有60%~80%和在8~10小时内有80%~100%的药物被释放，其中所述剂型在4~8.5小时内以持续递增的速率、持续并随时间递增的剂量递送所述药物。

2. 权利要求1的药物组合物，其中所述剂型能够在延长的时间内以受控增加的剂量递送所述药物，以保持药物的治疗作用，同时基本上避免在病人中形成急性耐受性。

3. 权利要求1或2的药物组合物，其中所述剂型包含从低到高浓度梯度的药物，并以从低到高的剂量释放所述药物。

4. 权利要求1的药物组合物，其中所述药物是哌醋甲酯或其可药用盐。"

请求人认为本申请说明书第6页第6~12行以及实施例5部分（说明书第13页倒数第1段）已经清楚的记载了药物释放珠中具有的药物的用量以及包衣聚合物壁的厚度等内容，根据说明书中的这些记载，本领域技术人员可以实施权利要求1~4的技术方案并能够实现权利要求1~4中所述的技术效果。

至此，合议组认为本案事实清楚，可以作出审查决定。

二、决定的理由

1. 关于审查文本

本复审决定所针对的文本是请求人于2007年10月11日提交的权利要求1~4以及驳回决定所针对的说明书第1~15页、说明书附图第1~16页和说明书摘要。

2. 关于专利法实施细则第20条第1款

专利法实施细则第20条第1款规定，权利要求书应当说明发明或者实用新型的技术特征，清楚、简要地表述请求保护的范围。

产品权利要求通常应当用产品的结构特征进行描述。

本案中，权利要求1要求保护一种以包含药物释放珠的剂型存在的药物组合物，其中对药物释放珠的组成和所使用的具体药物进行了限定，同时限定了该药物组合物要达到的目的或产生的技术效果——"该珠经历溶出并在0~2小时内有0%~20%、在2~4小时内有20%~40%、在4~6小时内有40%~60%、在6~8小时内有60%~80%和在8~10小时内有80%~100%的药物被释放，所述剂型在4~8.5小时内以持续递增的速率、持续并随时间递增的剂量递送所述药物"，但是并没有限定如何达到所述目的或产生所述技术效果所采用的具体技术特征。虽然该权利要求中限定了"所述药物释放珠包衣有释放速度控制聚合物"，但没有限定如何用"释放速度控制聚合物"控制药物的释放，以及如何实现"以持续递增的速率"释放药物。因此，权利要求1没有清楚表述请求保护的技术方案，不符合专利法实施细则第20条第1款的规定。权利要求2的附加技术特征限定了"在延长的时间内以受控增加的剂量递送所述药物"，该限定还是该药物组合物要达到的目的，仍未清楚限定如何达到所述目的或产生所述的技术效果所采用的具体技术特征。权利要求3的附加技术特征限定了"所述剂型包含从低到高浓度梯度的药物，并以从低到高剂量释放所述药物"，但依然没有清楚限定为达到"从低到高剂量释放所述药物"的目的所采用的具体技术手段。因此，权利要求2、3也没有清楚表述请求保护的技术方案，不符合专利法实施细则第20条第1款的有关规定。请求人在意见陈述中认为，本申请说明书第6页第6~12行以及实施例5部分（说明书第13页倒数第1段）已经具体公开了实现本申请权利要求技术方案的技术指导，结合说明书的记载，本领域技术人员可以实施权利要求1~3的技术方案。对此，合议组认为，（1）由于含有药物释放珠的控释制剂形式、结构有多种，控释聚合物也有多种，采用不同的控释制剂形式、结构及控释聚合物所产生的释放效果也会产生很大的不同，在权利要求1~3没有提供具体的结构特征及技术手段的情况下，仅凭这些功能性限定，本领域普通技术人员无法清楚的知道用具有哪种结构特征和哪种控释聚合物的药物组合物才能达到"以持续递增的速率"释放药物的目的，使产生的药物释放珠取得"在0~2小时内有0%~20%、在2~4小时内有20%~40%、在4~6小时内有40%~60%、在6~8小时内有60%~80%和在8~10小时内有80%~100%的药物被释放"、"所述剂型在4~8.5小时内以持续递增的速率、持续并随时间递增的剂量递送所述药物"、"在延长的时间内以受控增加的剂量递送所述药物"、"从低到高的剂量释放所述的药物"的技术效果。（2）尽管说明书第6页第6~12行以及实施例5部分记载了权利要求1~3中请求保护的包含药物释放珠的药物组合物，并记载了通过添加不同的药物剂量或改变包衣厚度从而达到控制药物释放的效果，但是这些技术内容并没有记载在权利要求的技术方案中，说明书记载是清楚的不一定代表权利要求也是清楚的。因此，请求人的意见陈述不具有说服力。

根据以上事实和理由，本案合议组作出如下审查决定。

三、决定

维持国家知识产权局于 2006 年 9 月 8 日对 97198342.9 号发明专利申请作出的驳回决定。

复审请求人对本决定不服的,可以根据专利法第 41 条第 2 款的规定,自收到本决定之日起三个月内向北京市第一中级人民法院起诉。

预防和辅助治疗癌症的药物及其制备方法

复审请求审查决定（第13001号）

决 定 号	第13001号
决 定 日	2008年3月22日
发明创造名称	预防和辅助治疗癌症的药物及其制备方法
国际分类号	A61K 35/84，A61P 35/00
复审请求人	广东东方神草药业有限公司
申 请 号	02149743.5
申 请 日	2002年12月25日
公 开 日	2004年7月7日
合议组组长	何 炜
主 审 员	田 芳
参 审 员	卢 阳
法律依据	专利法第22条第3款

决定要点

当要求保护的发明与最接近的现有技术存在区别技术特征，在判断发明对本领域技术人员来说是否显而易见时，要确定的是现有技术中是否给出将上述区别特征应用到该最接近的现有技术以解决其存在的技术问题（即发明实际解决的技术问题）的启示，这种启示会使本领域的技术人员在面对所述技术问题时，有动机改进该最接近的现有技术并获得要求保护的发明。如果现有技术未给出该启示，则该发明具有突出的实质性特点。

一、案由

本复审请求案涉及发明名称为"预防和辅助治疗癌症的药物及其制备方法"的02149743.5号发明专利申请（下称本申请），申请人为广东东方神草药业有限公司。本申请的申请日为2002年12月25日，公开日为2004年7月7日。

2005年12月9日，国家知识产权局以本申请权利要求1~5不符合专利法第22条第3款的规定为由驳回了本申请。驳回的具体理由是：权利要求1的药物与对比文件1（CN1144047A）所公开的虫草灵芝枸杞茶相比，区别在于：（1）权利要求1中所述药物的原料之一为"发酵虫草菌粉"，而对比文件1中是"虫草"，（2）权利要求1还具体限定了该药物的原料药用量配比。然而，由于天然虫草产量有限，价格昂贵，采用主要化学成分相似和基本药理作用相似的人工制成品"发酵虫草菌粉"代替"虫草"是显而易见的，而原料药的用量配比可由本领域技术人员在各原料药常规用量的基础上根据获得目标效果和减少副作用等用药原则进行常规选择,而且说明书中也没有证据表明采用权利要求1具体限定的原料药用量能带来任何意料不到的技术效果。根据现有技术的教导,在对比文件1的基础上结合一般用药常识得到权利要求1的技术方案,无需花费创造性劳动,因此权利要求1不具备创造性。基于同样的理由,权利要求2~4也不具备创造性。权利要求5要求保护该药物的制备方法。但教科书(《中药药剂学》,范碧亭主编,上海科学技术出版社,1997年12月第1版)中已经给出了胶囊的常规制备工艺以及中药的常规提取工艺,在对比文件1的基础上结合公知常识得出权利要求5的技术方案对本领域技术人员来说是显而易见的,仅是一般性选择,因此权利要求5也不具备创造性。

驳回决定针对的权利要求书如下:

"1. 一种预防和辅助治疗癌症的药物,其特征在于是由下列重量配比的原料制成的药剂:

发酵虫草菌粉　　200~300　　　灵芝　　200~300　　　枸杞子　　25~75

2. 根据权利要求1所述的预防和辅助治疗癌症的药物,其中各原料的重量配比范围是:

发酵虫草菌粉　　220~280　　　灵芝　　220~280　　　枸杞子　　25~65

3. 根据权利要求1所述的预防和辅助治疗癌症的药物,其中各原料的重量配比范围是:

发酵虫草菌粉　　250　　　灵芝　　250　　　枸杞子　　50

4. 根据权利要求1、2或3所述的预防和辅助治疗癌症的药物,其特征在于所述的药剂是散剂或胶囊剂。

5. 权利要求4所述的预防和辅助治疗癌症的药物的制备方法,其特征在于包括以下步骤:

a. 取发酵虫草菌粉用60%乙醇浸提二次,每次12小时,合并浸提液,滤过,滤液减压回收乙醇后,减压浓缩至相对密度为1.2~1.25(70℃~75℃)的清膏;

b. 取灵芝,加水煎煮二次,每一次2小时,第二次1.5小时,合并煎液,滤过,滤液减压浓缩至相对密度为1.05~1.10(70℃~75℃)的清膏;

c. 取枸杞子用70%乙醇浸提二次,每次48小时,合并浸提液,滤过,滤液减压回收乙醇后,减压浓缩至相对密度为1.2~1.25(70℃~75℃)的清膏;

d. 按所述的比例将上述清膏混合,加入糊精和乳糖混匀,用14目筛制成颗粒,在温度75℃以下干燥40~60分钟,即可得预防和辅助治疗癌症的颗粒剂或再用常规工艺制得胶囊剂药品。"

2006年3月17日,申请人广东东方神草药业有限公司(下称请求人)对上述驳回决定不服,向专利复审委员会提出复审请求。请求人同时提交了附件1~8,分别为:

附件1:第02149743.5号申请(本申请)的驳回决定表格及正文;

附件2:第02149743.5号申请(本申请)的第一次审查意见通知书表格、正文及附件;

附件3:虫草灵芝颗粒(东方神草)免疫增强作用的药效学试验;

附件4:虫草灵芝颗粒(东方神草)临床试验总结;

附件5:虫草灵芝颗粒(东方神草)治疗癌症临床试验总结;

附件6:虫草浸膏制备的工艺研究;

附件7:灵芝清膏制备工艺研究;

附件8:枸杞子清膏制备工艺研究。

请求人认为:权利要求1中所述药物的原料"发酵虫草菌粉"不同于对比文件1中的名贵稀有药材"虫草"。由于所取原料的不同,要使本发明具有更好的效果,其各组分的用量配比至关重要,这些用量配比从对比文件1中得不到任何启示,并且这些用量配比对本领域技术人员来说是非显而易见的,必须付出创造性的劳动,同时也带来了显著的进步,这在说明书中已有阐述,另外补充的附件

3、4、5中表明本发明有非常明显的效果。因此权利要求1符合专利法第22条第3款的规定。在权利要求1具有创造性的前提下，其从属权利要求2、3、4也具有创造性，符合专利法第22条第3款的规定。权利要求5制备方法中的特点并不在于胶囊这种剂型的制备，而是对发酵虫草菌粉清膏、灵芝清膏、枸杞子清膏的制备，所述清膏的制备步骤及各工艺条件从对比文件中得不到任何启示，并且通过本发明方法制备所得的药物，才能有上述效果，这对本领域技术人员来说是非显而易见的，必须付出创造性劳动（见附件6、7、8），因此权利要求5符合专利法第22条第3款的规定。

经形式审查合格后，专利复审委员会受理了该复审请求，并于2006年5月12日向请求人发出了《复审请求受理通知书》，随后将本申请案卷移交原审查部门进行前置审查。

在《前置审查意见书》中，原审查部门基于与驳回决定相同的理由坚持驳回决定。同时指出：请求人提供的附件并不能证明本申请的技术方案取得了预料不到的技术效果，由于要求保护的技术方案与对比文件1接近，从而可以推测出其用途和效果，申请人必须有足够量的对比性试验数据证明本申请取得了预料不到的技术效果，才能认为其具有创造性。

专利复审委员会组成合议组，对本复审请求案进行了审理。

至此，合议组认为本案事实清楚，可以作出审查决定。

二、决定的理由

1. 关于文本

本复审请求审查决定针对的文本是：申请日提交的权利要求1～5、说明书第1～7页，以及说明书摘要。

2. 关于专利法第22条第3款

专利法第22条第3款规定：发明的创造性，是指同申请日以前已有的技术相比，该发明有突出的实质性特点和显著的进步。

当要求保护的发明与最接近的现有技术存在区别技术特征，在判断发明对本领域技术人员来说是否显而易见时，要确定的是现有技术中是否给出将上述区别特征应用到该最接近的现有技术以解决其存在的技术问题（即发明实际解决的技术问题）的启示，这种启示会使本领域的技术人员在面对所述技术问题时，有动机改进该最接近的现有技术并获得要求保护的发明。如果现有技术未给出该启示，则该发明具有突出的实质性特点。

本申请权利要求1要求保护"一种预防和辅助治疗癌症的药物，其特征在于是由下列重量配比的原料制成的药剂：发酵虫草菌粉 200～300 灵芝 200～300 枸杞子 25～75"。

对比文件1（CN1144047A，公开日为1997年3月5日）公开了一种速溶虫草茶及其制备方法，该茶是一种保健产品，具有滋补强身的作用，其中在说明书第2～3页记载了多元虫草茶"等量的虫草（子实体）、人参、北芪"的制备方法，同时提到"同法可得虫草灵芝枸杞茶"。

权利要求1与对比文件1上述"虫草灵芝枸杞茶"的区别特征为：（1）权利要求1的原料组分之一为"发酵虫草菌粉"，而对比文件1为"虫草"；（2）权利要求1具体限定了组合物中的原料用量配比，而对比文件1没有公开用量配比。

根据本申请说明书记载的内容可知（例如说明书第5页表三中记载了癌症患者服用所述药物组合物前后白细胞总数变化的实验数据，表明所述药物可升高癌症患者白细胞总数，表四中记载了癌症患者服用所述药物前后T淋巴细胞亚群OKT的检测数据，表明所述药物可增强癌症患者T细胞介导的细胞免疫反应，即增强机体免疫功能），本申请实际解决的技术问题是提供一种具有上述组分和含量的用于预防和辅助治疗癌症的药物组合物。然而，没有证据表明现有技术中存在这样的技术启示：在对比文件1记载的具有滋补强身功效的保健茶的基础上，本领域技术人员通过对茶组分虫草、灵芝、枸杞的用量选择，并且使用发酵虫草菌粉来代替虫草，可以得到用于预防和辅助治疗癌症的具有确定用量配比的虫草灵芝枸杞药物组合物。即，本领域技术人员在面对"提供一种预防和辅助治疗癌症的药物组合物"这样一个技术问题时，没有动机改进对比文件1提供的保健茶得到本申请要求保护的发明，因此权利要求1相对于对比文件1和公知常识的结合是非显而易见的，其相对于对比文件1具有突出的实质性特点。另外，由于该药物组合物能够升高癌症患者白细胞总数，增强T淋巴细胞亚群的细胞免疫功能，因此其产生了有益的技术效果，具有显著的进步。驳回决定中以权利要求1相对于对比文件1和一般用药常识的结合显而易见为由作出其不具备创造性的结论缺乏事实依据。鉴于对比文件1不能破坏权利要求1的创造性，它当然也不能破坏从属于权利要求1的权利要求2～4的创造性。

权利要求5请求保护权利要求4所述的预防和辅助治疗癌症的药物的制备方法，其中在步骤a、b、c中记载了如何制备得到三种原料发酵虫草菌粉、灵芝、枸杞子的清膏。而对比文件1公开的是通过提取、浓缩、烘烤等工艺制成虫草茶的方法，对于权利要求5制备方法中的大部分工艺步骤条件，对比文件1中都没有记载。尽管教科书（中药药剂学，范碧亭主编，上海科学技术出版社，1997年12月第1版）中已经给出了胶囊的常规制备工艺以及中药的常规提取工艺，但是并没有证据表明，在对比文件1公开的虫草茶制备方法的基础上，本领域技术人员有动机改进该方法得到一种制备预防和辅助治疗癌症药物组合物的方法。因此基于与权利要求4相同的理由，权利要求5相对于对比文件1和公知常识的结合也是非显而易见的，驳回决定中以权利要求5相对于对比文件1和公知常识的结合显而易见为由作出其不具备创造性的结论缺乏事实依据。根据上述事实和理由，合议组作出如下审查决定。

三、决定

撤销国家知识产权局于2005年12月9日针对02149743.5号发明专利申请作出的驳回决定，由原审查部门在本复审决定所针对的文本的基础上继续进行审查。

复审请求人对本决定不服的，可以根据专利法第41条第2款的规定，自收到本决定之日起三个月内向北京市第一中级人民法院起诉。

附着纤维素薄膜的具有气泡的薄膜状肥皂

复审请求审查决定（第 13009 号）

决 定 号	第 13009 号
决 定 日	2008 年 4 月 9 日
发明创造名称	附着纤维素薄膜的具有气泡的薄膜状肥皂
国际分类号	C11D 17/06，C11D 17/04，C11D 1/12
复审请求人	俞炳彦
申 请 号	97104205.5
优 先 权 日	1996 年 12 月 24 日
申 请 日	1997 年 4 月 21 日
公 开 日	1998 年 7 月 1 日
合议组组长	叶 娟
主 审 员	吴通义
参 审 员	葛永奇
法 律 依 据	专利法第 33 条

决 定 要 点

如果所属技术领域的技术人员从修改后的申请文件中看到的信息与原申请记载的信息相同，或者可以从原申请记载的信息直接地、毫无疑义地确定，则该修改未超出原说明书和权利要求书记载的范围。

一、案由

本复审请求涉及 1998 年 7 月 1 日公开、名称为"附着纤维素薄膜的具有气泡的薄膜状肥皂"的 97104205.5 号发明专利申请（下称本申请）。本申请的申请日为 1997 年 4 月 21 日，申请人为俞炳彦。

针对申请人于 2004 年 11 月 24 日提交的权利要求 1、说明书第 1～6 页和说明书摘要，于 1997 年 4 月 21 日提交的摘要附图，国家知识产权局于 2005 年 6 月 3 日以权利要求 1 和说明书第 3 页第 10～12 行的修改不符合专利法第 33 条的规定为由驳回了本申请。驳回决定所针对的权利要求 1 为：

"一种附着纤维素薄膜的具有气泡的薄膜状肥皂，其特征在于，首先配置肥皂的初期组成物，该组成物由 20%～60% 重量的蒸馏水、30%～50% 重量的十二烷基硫酸钠、3%～10% 重量的聚乙烯醇、1%～2% 重量的甘油、1%～2% 重量的聚乙二醇、0.5%～1% 重量的 EDTA-2Na、10%～15% 重量的椰子油酸钾水解骨胶原、少量的杀菌剂、少量的香料和色素组成，且该初期组成物的总含量为100％，配置肥皂初期组成物时首先将聚乙烯醇溶解在20℃～40℃的蒸馏水中形成均质溶液，然后再添加其余组分；然后将得到的初期组成物注入空气得到含有气泡的初期组成物；再将含有气泡的初期组成物制造程薄膜形状的肥皂；然后将由细又短小的天然α纤维素所构成的薄的水溶性纸膜压着在该肥皂的两侧表面，所述α纤维素中含有的甲基纤维素油占纤维素重量的3％～10％。"

驳回决定认为：经修改的权利要求1和说明书第3页第10～12行中记载的"然后将由细又短小的天然α纤维素所构成的薄的水溶性纸膜压着在该肥皂的两侧表面，所述α纤维素中含有的甲基纤维素油占纤维素重量的3％～10％"超出了原始申请文件记载的范围，其中（1）"α纤维素"在原始申请文件中没有记载过，而且从原申请记载内容"薄膜纸是由纤维素和甲基纤维素油组成"也不能唯一推知原申请记载的"α维生素"指代的是"α纤维素"，以及推知所述的薄纸膜是由α纤维素和甲基纤维素油组成的。（2）由于原权利要求1和原说明书第3页第5～6行中对"3％～10％"这一数值范围所限定的物质不清楚，不能得知其究竟是针对哪个物质的含量限定以及以何物作为参照基准，而且从原说明书第4页第1行记载的"甲基纤维素油在搅拌下，按重量计算，纤维素的重量为3％～10％"可以明确得知"3％～10％"的含量是描述纤维素的，而并非甲基纤维素油的，进行"甲基纤维素油占纤维素重量的3％～10％"的修改超出了原申请记载的范围。（3）原说明书第4页第1行中并未表明"按重量计算"是按"什么的"重量计算，从而导致参比基准不明确，致使含量表达的内容意思不清楚，对其进行克服不清楚缺陷的修改，也必将导致修改超范围。因此，本申请不符合专利法第33条的规定。

申请人俞炳彦（下称请求人）对上述驳回决定不服，于2005年9月15日向专利复审委员会提出复审请求，请求人在提出复审请求的同时没有提交新的专利申请文本。请求人认为：原文出现的"α维生素"一词是明显的错误，而且原说明书中多次提到在纤维素薄膜中含有甲基纤维素油，按纤维素的总重量计算，甲基纤维素油占有一定的重量百分比，因此，所作的修改可以从原始申请文件公开的内容直接唯一导出，国家知识产权局驳回的理由不成立。

形式审查合格后，专利复审委员会受理了该复审请求，并于2006年4月18日向请求人发出《复审请求受理通知书》，随后将本申请案卷移交原审查部门进行前置审查。

原审查部门对本复审请求进行了前置审查，认为：（1）"α维生素"是一个明显错误的术语，但是不能因为其属于明显错误就可以将其修改为"α纤维素"；（2）由"原说明书中多次提到在纤维素膜中含有甲基纤维素油"也不能直接唯一导出"甲基纤维素油占纤维素重量的3％～10％"这一具体含量比例范围。故坚持驳回决定。

2007年12月3日，请求人提交了意见陈述书，以及权利要求书全文替换页（共1页1项）和说明书第3页的替换页。请求人认为，将驳回决定所指出的权利要求1中的修改超范围部分以"然后将由含有甲基纤维素油的纤维素制成的薄纸膜压着在该肥皂的两侧表面"替换，得到原始说明书第3页第29～30行和第6页第8～10行的支持；并将说明书第3页第1段的内容改回原说明书的相应内容，能克服驳回决定所指出的所有缺陷。

至此，合议组认为本案事实清楚，可以作出审查决定。

二、决定的理由

1. 决定所依据的文本

本复审请求审查决定以请求人于2007年12月3日提交的权利要求第1项和说明书第3页，于2004年11月24日提交的说明书第1～2页和第4～6页、说明书摘要，以及于1997年4月21日提交的说明书附图第1页和摘要附图为基础。

2. 关于专利法第 33 条

专利法第 33 条规定："申请人可以对其专利申请文件进行修改，但是，对发明和实用新型专利申请文件的修改不得超出原说明书和权利要求书记载的范围，对外观设计专利申请文件的修改不得超出原图片或者照片表示的范围。"

根据该款规定，如果所属技术领域的技术人员从修改后的申请文件中看到的信息与原申请记载的信息相同，或者可以从原申请记载的信息直接地、毫无疑义地确定，则该修改未超出原说明书和权利要求书记载的范围。

驳回决定认为，驳回决定所针对的权利要求 1 和说明书第 3 页第 10~12 行中进行的修改不符合专利法第 33 条的规定；而前置审查意见进一步指出其中涉及的将"α 维生素"修改为"α 纤维素"以及限定"甲基纤维素油占纤维素重量的 3%~10%"的具体含量比例范围超出原始申请文件记载的范围。其中，驳回决定所针对的说明书第 3 页第 10~12 行与原说明书第 2 页倒数第 2 行至第 3 页第 7 行的内容相对应。

请求人于 2007 年 12 月 3 日提交了说明书第 3 页的替换页，对第 10~12 行进行修改，修改后的内容与原说明书第 3 页第 5~7 行的内容完全一致，该修改未超出原始申请文件记载的范围，驳回决定和前置审查意见所指出的请求人于 2004 年 11 月 24 日提交的说明书第 3 页第 10~12 行的修改不符合专利法第 33 条规定的缺陷已不存在。

请求人于 2007 年 12 月 3 日提交的权利要求 1 请求保护一种附着纤维素薄膜的具有气泡的薄膜状肥皂，权利要求 1 用制备方法来限定该产品，包括配置肥皂的初期组成物，将初期组成物注入空气得到含气泡的初期组成物，再制造成薄膜状的肥皂，接着在肥皂两侧压有由含有甲基纤维素油的纤维素制成的纸膜，权利要求 1 中还描述了所述初期组成物的组分及含量。而原说明书第 5~6 页的实施例中记载了一种薄膜状肥皂及其制备方法，权利要求 1 中的方法与该制备方法是相同的，包括配置初期组成物（原说明书第 5 页第 14~17 行），将初期组成物制成含气泡的初期组成物（原说明书第 5 页第 19~20 行），再制造成薄膜状的肥皂（原说明书第 5 页第 22 行到第 6 页第 8 行），接着在肥皂两侧压有由含有甲基纤维素油的纤维素制成的纸膜（原说明书第 6 页第 8~10 行），其中初期组成物组分及含量也与权利要求 1 中的描述相同（原说明书第 5 页第 5~15 行）。由此可见，从本申请原说明书第 5~6 页记载的内容可以直接地、毫无疑义地确定修改后的权利要求 1 的技术方案，因此，请求人于 2007 年 12 月 3 日提交的权利要求 1 符合专利法第 33 条的规定。

综上所述，请求人于 2007 年 12 月 3 日提交的经修改的权利要求 1 和说明书第 3 页克服了驳回决定所指出的缺陷。

根据以上事实和理由，本案合议组作出如下审查决定。

三、决定

撤销国家知识产权局于 2005 年 6 月 3 日对 97104205.5 号发明专利申请作出的驳回决定。由原审查部门在本复审决定所针对文本的基础上继续进行审查。

复审请求人对本决定不服的，可以根据专利法第 41 条第 2 款的规定，自收到本决定之日起三个月内向北京市第一中级人民法院起诉。

制造兽药马杜霉素铵、伊维菌素或地克珠利预混剂的新工艺

复审请求审查决定（第13048号）

决 定 号	第13048号
决 定 日	2008年4月7日
发明创造名称	制造兽药马杜霉素铵、伊维菌素或地克珠利预混剂的新工艺
国际分类号	A61K 31/765，A61K 31/7048，A61K 9/16，A61P 33/00，A23K 1/16
复审请求人	中牧实业股份有限公司，朱高群
申 请 号	03121399.5
申 请 日	2003年3月27日
公 开 日	2003年12月10日
合议组组长	许 磊
主 审 员	王 冬
参 审 员	尹 昕
法 律 依 据	专利法第22条第3款

决 定 要 点

在判断一项发明是否具有创造性时，应先将要求保护的发明与最接近的现有技术进行比较，确定区别技术特征和发明实际解决的技术问题，然后确定现有技术中是否给出将上述区别特征应用到该最接近的现有技术以解决其存在的技术问题的启示，如果现有技术不存在这种技术启示，则该发明的技术方案是非显而易见的，并且如果该方案具有有益效果，则其也具有显著进步。

一、案由

本复审请求涉及申请日为2003年3月27日、公开日为2003年12月10日、名称为"制造兽药马杜霉素铵、伊维菌素或地克珠利预混剂的新工艺"的03121399.5号发明专利申请（下称本申请），申请人为中牧实业股份有限公司、朱高群。

针对申请人于申请日提交的原始申请文件的说明书第1~4页、说明书摘要和于2005年9月29日提交的权利要求1~6，国家知识产权局于2005年11月4日以权利要求1~3不符合专利法第22条第3款的规定为由驳回了本申请。

驳回决定所针对的权利要求书为：

"1. 一种制造兽药马杜霉素铵预混剂的方法，其特征在于它包括下列步骤：

（1）将马杜霉素铵原粉与淀粉的混合物在干式造粒机中直接压制成颗粒，混合物中马杜霉素铵原粉与淀粉的重量比例为1:3至3:1，所压制成的颗粒的粒度为30~80目；

（2）将所制得的马杜霉素铵颗粒与粒度为30~80目的载体投入到搅拌机中，马杜霉素铵的加入量应使它在其预混剂中含量为0.1%~2%重量，经搅拌均匀后即得成品马杜霉素铵预混剂。

2. 一种制造兽药伊维菌素铵预混剂的方法，其特征在于它包括下列步骤：

（1）将伊维菌素原粉与淀粉的混合物在干式造粒机中直接压制成颗粒，混合物中伊维菌素原粉与淀粉的重量比例为1：3至3：1，所压制成的颗粒的粒度为30~80目；

（2）将所制得的伊维菌素颗粒与粒度为30~80目的载体投入到搅拌机中，伊维菌素的加入量应使它在其预混剂中含量为0.1%~2%重量，经搅拌均匀后即得成品伊维菌素预混剂。

3. 一种制造兽药地克珠利预混剂的方法，其特征在于它包括下列步骤：

（1）将地克珠利原粉与淀粉的混合物在干式造粒机中直接压制成颗粒，混合物中地克珠利原粉与淀粉的重量比例为1：3至3：1，所压制成的颗粒的粒度为30~80目；

（2）将所制得的地克珠利颗粒与粒度为30~80目的载体投入到搅拌机中，地克珠利的加入量应使它在其预混剂中含量为0.1%~2%重量，经搅拌均匀后即得成品地克珠利预混剂。

4. 根据权利要求1所述的制造兽药马杜霉素铵预混剂的方法，其特征在于所述载体为玉米芯粉、豆饼粉、豆粕粉、麸皮、米糠、次粉或玉米粉。

5. 根据权利要求2所述的制造兽药伊维菌素铵预混剂的方法，其特征在于所述载体为玉米芯粉、豆饼粉、豆粕粉、麸皮、米糠、次粉或玉米粉。

6. 根据权利要求3所述的制造兽药地克珠利预混剂的方法，其特征在于所述载体为玉米芯粉、豆饼粉、豆粕粉、麸皮、米糠、次粉或玉米粉。"

驳回决定指出：（1）权利要求1要求保护一种制备兽药马杜霉素铵预混剂的方法，其中将粉末状的药物原料与载体干法制粒后，再进一步与载体混合是制药领域的常用方法，对比文件2（"头孢氨苄胶囊剂的工艺改进"，胡爱华等，《天津药学》，2000年8月，第12卷第3期，第74页）公开了将头孢氨苄原料细粉与淀粉经干式制粒机制造成颗粒后，再与制药中常用的载体物质硬脂酸镁混合（对比文件2第74页）。在该过程中，头孢菌素与淀粉及制药中常用的载体物质硬脂酸镁进行了前后两次的混合，权利要求1与对比文件2的区别在于权利要求1的药物原料为马杜霉素铵以及药物原料与载体之间的比例和药物颗粒的粒度。本领域技术人员显然知晓，可以将对比文件2中公开的这种常用制药方法应用于兽药马杜霉素铵预混剂的制备，而马杜霉素铵与载体的比例以及颗粒粒度可以由本领域技术人员通过有限的常规试验确定。因此，本领域技术人员结合对比文件2和本领域常规技术，得到权利要求1是显而易见的，权利要求1不符合专利法第22条第3款的规定。（2）权利要求2与对比文件2的区别在于权利要求2的药物原料为伊维菌素以及伊维菌素与载体之间的比例和适当的颗粒粒度；权利要求3与对比文件2的区别在于权利要求3的药物原料为地克珠利以及地克珠利与载体之间的比例和适当的颗粒粒度，但是这些区别可以由本领域技术人员通过有限的常规试验确定，因此，权利要求2和3相对于对比文件2和本领域常规技术不具有专利法第22条第3款规定的创造性。

申请人中牧实业股份有限公司、朱高群（下称请求人）不服上述驳回决定，于2006年2月5日向专利复审委员会提出复审请求，请求人在提出复审请求时未对申请文件进行修改，同时再次提交了上述对比文件2和下面的附件：

附件1：《中国商品大辞典·化学试剂分册》，《中国商品大辞典》编辑委员会，中国商业出版社出版，1994年8月第1版第1次印刷，出版信息页、第1422页，复印件共2页。

请求人认为：本申请的技术领域是兽药，权利要求1要解决的技术问题是制造其中马杜霉素铵的含量均匀、很恒定又很低的马杜霉素铵预混剂，而且在制造预混剂过程中不引起兽药的受热分解，不使用有机溶剂，以及提高生产效率，而对比文件2的技术领域是医药，解决的问题是用干法代替湿法，避免头孢氨苄胶囊制造过程中水、热和金属离子的干扰，二者在所属技术领域和所要解决的技术问题方面均不同，二者的技术效果无法比较。就具体工艺而言，审查员在没有提供证据证明的情况下认为"将粉末状的药物原料与载体干法制粒后，再进一步与载体混合是制药领域的常用方法"，并同时认为硬脂酸镁是载体，但是硬脂酸镁公知是药片的润滑剂（见附件1），与载体（如淀粉）是不同物质，此外，对比文件2加入硬脂酸镁时的方法是外拌而不是混合，而且1%硬脂酸镁的用量也起不到预混的作用，而权利要求1的（2）中的第二次预混所用的载体与第一次预混用相同，而且载体数量为23%~74.9%重量，因此，权利要求1与对比文件2的工艺不同。如本申请说明书第7页中所述，权利要求1的制法与传统的湿法制造工艺相比，具有更好的技术效果，解决了无法获得无污染、低成本、高效地制得混合均匀的兽药预混剂的技术难题。综上所述，权利要求1具有创造性，基于同样的理由，权利要求2和3也具有创造性。

形式审查合格后，专利复审委员会受理了该复审请求，并于2006年4月4日向请求人发出《复审请求受理通知书》，同时将本申请案卷移交原审查部门进行前置审查。

原审查部门对本复审请求进行了前置审查，认为医药领域和兽药领域虽然不同，但是领域接近，均属于制药领域；在权利要求中并未说明不使用有机溶剂；审查员并未定义载体，请求人不能直接从驳回决定中推断审查员认为硬脂酸镁系载体。因此，坚持原驳回决定。

至此，合议组认为本案事实清楚，可以作出审查决定。

二、决定的理由

1. 关于审查文本

鉴于请求人在提出复审请求时没有对申请文件进行修改，因此本决定是在驳回决定所针对的文本的基础上作出的。

2. 关于专利法第22条第3款

专利法第22条第3款规定：创造性，是指同申请日以前已有的技术相比，该发明具有突出的实质性特点和显著的进步。

在判断一项发明是否具有创造性时，应将要求保护的发明与最接近的现有技术进行比较，确定区别技术特征和发明实际解决的技术问题，然后确定现有技术中是否给出将上述区别特征应用到该最接近的现有技术以解决其存在的技术问题的启示，如果现有技术不存在这种技术启示，则该发明的技术方案是非显而易见的，并且如果该方案具有有益效果，则其也具有显著进步。

本案中，权利要求1请求保护一种制造兽药马杜霉素铵预混剂的方法，其包括步骤：（1）将马杜霉素铵原粉与淀粉的混合物在干式造粒机中直接压制成颗粒，混合物中马杜霉素铵原粉与淀粉的重量比例为1:3至3:1，所压制成的颗粒的粒度为30~80目；（2）将所制得的马杜霉素铵颗粒与粒度为30~80目的载体投入到搅拌机中，马杜霉素铵的加入量应使它在其预混剂中含量为0.1%~2%重量，经搅拌均匀后即得成品马杜霉素铵预混剂。

对比文件2公开了将头孢氨苄原料细粉125g、适量Starch 1500、2%微粉硅胶置混合机中混匀，然后置于干式制粒机中将其压成硬度、厚度适宜的薄片后，再碾碎过24孔/25.4mm筛，所得颗粒外拌硬脂酸镁后上机填充胶囊（参见对比文件2第74页左栏，2.2干法制粒处方和工艺）。

将权利要求1的制备方法与对比文件2的制备方法相比，二者的区别在于：（1）药物原料不同，权利要求1为马杜霉素铵，对比文件2为头孢氨苄；（2）在干法制粒中，权利要求1中是将马杜霉素铵与淀粉以1:3至3:1的重量比进行混合，颗粒粒度为30~80目，而对比文件2是将头孢氨苄125g、适量Starch 1500、2%微粉硅胶进行混合，用24孔/25.4mm筛制粒；（3）在干法制粒后，权利要求1将制得的颗粒与30~80目的载体混合，并且使活性成分的含量在该混合物中为0.1%~2%重量,而对比文件2将制得的颗粒与1%的硬脂酸镁混合。本申请要解决的技术问题是通过用无溶剂污染、无需加热干燥、生产效率高的方法制备高均匀度的兽药预混剂来使这些兽药均匀地分散到饲料中(参见本申请说明书第1页第3段、第4页第5段)。对比文件2要解决的技术问题是用干法制粒制备填充胶囊用的头孢氨苄颗粒,以在避免水、热和金属离子对头孢氨苄的催化降解的情况下,获得含量稳定的胶囊。对于上述区别(1)而言,对比文件2中除头孢氨苄外并未提及任何其他药物原料,也没有给出其中所公开的方法适用于其他药物的教导,此外,从对比文件2来看,头孢氨苄的用量为每粒胶囊125mg,其临床用量显然相对较大,而本申请的马杜霉素铵是用量很低的活性成分(参见本申请说明书第1页第3段),本领域技术人员根据对比文件2得不出其中所公开的干法制粒方法适用于低剂量活性成分的结论。对于上述区别(2)和(3)而言,虽然对比文件2中与权利要求1中先将药物与淀粉干法制粒然后与载体物质混合的做法相似,也是将头孢菌素原料细粉与淀粉等物质混合制粒,然后再将颗粒与硬脂酸镁混合,但是权利要求1中与第一次干法制粒所得颗粒混合的载体粒度与该颗粒粒度相同,并且其用量使得预混剂中马杜霉素铵的量为0.1%~2%重量,即载体在预混剂中的用量远高于活性成分且用量较大,其作用是进一步稀释和分散马杜霉素铵,使其分布均匀,而对比文件2制备方法中硬脂酸镁的用量仅为1%,而且根据公知常识,硬脂酸镁通常为粉状,因此其粒度也与之前用25.4mm筛制粒获得的头孢氨苄颗粒的粒度有较大差异,根据本领域技术人员公知常识,如此少量的硬脂酸镁以及其粒度与头孢氨苄颗粒粒度的差异使硬脂酸镁与权利要求1中所述的载体具有根本的区别,并且根据本领域常识可知,硬脂酸镁为常用的润滑剂,其通常的作用是减少颗粒之间的摩擦、改善颗粒流动性以利于填充和出片,并不用作稀释剂、填充剂或载体,因此硬脂酸镁实质上不属于权利要求1中所述载体的范畴。故根据对比文件2和公知常识,上述区别(2)和(3)对于本领域技术人员而言也不是显而易见的。

综上所述,对比文件2未给出权利要求1用于制备低剂量活性成分马杜霉素铵的预混剂的方法的教导,本领域技术人员根据本领域的公知常识和对比文件2不能显而易见地得出权利要求1的技术方案,因此,权利要求1的方案相对于对比文件2及本领域的公知常识是非显而易见的,具备突出的实质性特点。从说明书来看,该方案的方法具有不使用有机溶剂、不需要加热干燥、生产步骤减少、提高预混剂均匀度的优点,即具有有益的效果,因此也具有显著的进步。因此,合议组认为权利要求1相对于对比文件2和本领域的公知常识具备突出的实质性特点和显著的进步,驳回决定认为权利要求1相对于对比文件2和本领域常规技术不符合专利法第22条第3款规定的理由不成立。

与以上评述权利要求1的理由相同,对比文件2结合本领域公知常识也不能否定权利要求2和3的创造性,驳回决定认为权利要求2和3相对于对比文件2和本领域常规技术不符合专利法第22条第3款规定的理由也不成立。

根据以上事实和理由,本案合议组作出如下审查决定。

三、决定

撤销国家知识产权局于2005年11月4日对03121399.5号发明专利申请作出的驳回决定。由原审查部门在本决定所依据的文本的基础上继续进行审查。

复审请求人对本决定不服的,可以根据专利法第41条第2款的规定,自收到本决定之日起三个月内向北京市第一中级人民法院起诉。

一种在胃液中漂浮并多脉冲释放活性物质的药用片剂系统，该系统和该系统包封物的制备方法

复审请求审查决定（第13054号）

决 定 号	第13054号
决 定 日	2008年4月8日
发明创造名称	一种在胃液中漂浮并多脉冲释放活性物质的药用片剂系统，该系统和该系统包封物的制备方法
国际分类号	A61K 9/20
复审请求人	雅戈泰克股份公司
申 请 号	02807431.9
优 先 权 日	2001年3月31日
申 请 日	2002年3月18日
公 开 日	2004年5月26日
合议组组长	许 磊
主 审 员	李梦楠
参 审 员	葛永奇
法 律 依 据	专利法第33条，专利法第22条第2款、第3款

决 定 要 点

如果权利要求所要保护的技术方案与现有技术公开的技术方案存在实质性区别，则认为该权利要求符合专利法有关新颖性的规定。

一、案由

本复审请求涉及申请日为2002年3月18日、公开日为2004年5月26日、名称为"一种在胃液中漂浮并多脉冲释放活性物质的药用片剂系统，该系统和该系统包封物的制备方法"的第02807431.9号发明专利申请（下称本申请）。本申请的优先权日为2001年3月31日，申请人为雅戈泰克股份公司。

针对本申请进入中国国家阶段时，即2003年9月27日提交的权利要求书1~9、说明书第1~18页、说明书附图第1~3页和说明书摘要及摘要附图，国家知识产权局于2005年11月11日以权利要求1~4、6~8不符合专利法第22条第2款的规定，权利要求5、9不符合专利法第22条第3款的规定为由驳回了本申请。

驳回决定所针对的权利要求书如下：

"1. 一种能在胃液中或胃液上长时间漂浮的药用片剂系统，在物质释放期和不释放期交替连续的过程中释放一种或多种药物活性物质，所述的交替连续包括至少2个被1个不释放时期分开的物质释放时期，由此

片剂系统由放入杯型包封物中的多层片芯组成；

片芯由交替连续叠置的释放和不释放层组成，形成了层的堆积，其包括至少两个释放层，这两个释放层之间夹着中间非释放层，每个释放层由与至少一种所述药用活性物质混合的可药用赋形剂和/或载体组成，每个非释放层由可药用赋形剂和/或载体组成，不含所述药用活性物质；

杯型包封物掩盖放于其中的片芯的下表面和侧面，而暴露片芯的上表面，

其特征在于：

杯型包封物为药用片剂系统提供相对于胃液的浮力，由包括药用疏水物质和药用惰性粉末填充剂的压制熔结混合物形成；

疏水物质由脂肪性和/或蜡性物质组成，通过压制作用能结块，大块密度小于胃液密度；以及

具有小于胃液密度的松散粉末密度的粉末填充剂。

2. 权利要求1的药用片剂系统，其中空隙为粉末填充剂细粒之间的间隙。

3. 权利要求2的药用片剂系统，其中空隙通常利用疏水材料被相互密封。

4. 权利要求1的药用片剂系统，其中空隙为包含在疏水材料内的微孔。

5. 权利要求1的药用片剂系统，其中形成杯型包封物的混合物也包括至少一种或多种不同于包含在一种或多种释放层中的所述物质的药用活性物质。

6. 一种制备权利要求1的药用片剂系统的方法，包括下列步骤：

用疏水物质包被粉末填充剂；

粒化得到的包被物质；

将得到的粒化物质层放入模具中；

将权利要求1的片芯放到模具中的粒化物质层上；

施力使片芯进入模具中的粒化物质层；以及

从模具取出得到的片剂系统。

7. 权利要求6的方法，其中施力使片芯进入模具中的粒化物质层包括片剂系统的压制，该片剂系统由插入了片芯的杯型包封物组成，所述压制为片芯底表面和侧表面与杯型包封物的表面间提供紧密的结合。

8. 一种制备权利要求1的药用片剂系统的杯型包封物的方法，包括下列步骤：

用疏水物质包被粉末填充剂；

粒化得到的包被物质；

将得到的粒化物质层放入模具中；

在粒化物质层中形成杯型凹陷，通过对相应形状体施力使其进入模具中的粒化物质层而实现；和

从模具取出得到的杯型包封物。

9. 根据权利要求的6~8中任意一项所述的方法，其中用疏水物质包被粉末填充剂的步骤为在剧烈搅拌下的喷雾包衣步骤。"

驳回决定认为：（1）对比文件1（EP0788790A2，公开日为1997年8月13日）公开的由多层片芯组成的药用片剂的结构特点、制备特征和包封层所含有的成分和权利要求1请求保护的药用片剂系统相一致（参见对比文件1的权利要求1、说明书第2页第46行至第3页第22行、第3页第36~58

行、实施例4、图2），因此，权利要求1的技术方案已经完全被对比文件1公开了，不符合专利法第22条第2款的规定。（2）权利要求2的附加技术特征限定了药用片剂系统的孔隙，但压制片剂的内部孔隙是所有压制片剂自身所固有的特征，对压制片剂的内部孔隙进行限定并不能赋予该申请的药用片剂系统以区别于已知产品的技术特征，因此权利要求2不具备新颖性，不符合专利法第22条第2款的规定。同理，权利要求3~4也不具备新颖性。（3）权利要求6~8涉及药用片剂系统的制备方法，对比文件1公开的由杯型包封层包封的多层片芯组成的药用片剂的制备方法（实施例4）与权利要求6~8请求保护的技术方案相同，因此权利要求6~8不符合专利法第22条第2款的规定。（4）权利要求5进一步限定了形成杯型包封物的混合物中也含有药用活性物质，但这种限定属于常规限定；并且和现有技术相比，说明书记载的内容也不能证明上述限定能够产生意料不到的效果，因此权利要求5不符合专利法第22条第3款的规定。（5）权利要求9和对比文件1的区别在于：疏水物质包被粉末填充剂的步骤为在剧烈搅拌下的喷雾包衣步骤，但喷雾包衣是本领域的常用技术，上述区别特征对于本领域技术人员来说是显而易见的，并且说明书记载的内容也不能证明采用喷雾包衣包被粉末填充剂能够产生意料不到的效果，因此权利要求9不符合专利法第22条第3款的规定。

申请人雅戈泰克股份公司（下称请求人）对上述驳回决定不服，于2006年2月24日向专利复审委员会提出复审请求，请求人在提出复审请求时提交了新修改的权利要求书全文替换页（共5项）。

修改后的权利要求书如下：

"1. 一种能在胃液中或胃液上长时间漂浮的药用片剂系统，在物质释放期和不释放期交替连续的过程中释放一种或多种药物活性物质，所述的交替连续包括至少2个被1个不释放时期分开的物质释放时期，由此

片剂系统由放入杯型包封物中的多层片芯组成；

片芯由交替连续叠置的释放和不释放层组成，形成了层的堆积，其包括至少两个释放层，这两个释放层之间夹着中间非释放层，每个释放层由与至少一种所述药用活性物质混合的可药用赋形剂和/或载体组成，每个非释放层由可药用赋形剂和/或载体组成，不含所述药用活性物质；

杯型包封物掩盖放于其中的片芯的下表面和侧面，而暴露片芯的上表面，

其特征在于：

杯型包封物为药用片剂系统提供相对于胃液的浮力，由包括药用疏水物质和药用惰性粉末填充剂的压制熔结混合物形成；

疏水物质由脂肪性和/或蜡性物质组成，通过压制作用能结块，大块密度小于胃液密度；以及

具有小于胃液密度的松散粉末密度的粉末填充剂，

其中粉末填充剂由硅铝酸镁组成，并且提供浮力的物质占最终的药用片剂体系重量的约70％。

2. 权利要求1的药用片剂系统，其中空隙为粉末填充剂细粒之间的间隙。

3. 权利要求2的药用片剂系统，其中空隙通常利用疏水材料被相互密封。

4. 权利要求1的药用片剂系统，其中空隙为包含在疏水材料内的微孔。

5. 权利要求1的药用片剂系统，其中形成杯型包封物的混合物也包括至少一种或多种不同于包含在一种或多种释放层中的所述物质的药用活性物质。"

请求人认为：（1）修改后的权利要求1进一步限定了粉末填充剂的种类及用量，该修改得到了实施例2和3的支持，修改后的权利要求1涉及新的主题，即涉及相对于胃液具有漂浮力的药用片剂系统，而对比文件1中记载的轻重量组分"氢化蓖麻油"以及"胶体二氧化硅"的比例不足以为其所述片剂系统提供相对于胃液的有效漂浮力，同时权利要求1中提供浮力的物质中占有相当量的疏水物质氢化蓖麻油等以及惰性粉末填充剂，优选硅铝酸镁（参见说明书第11页第7~8行以及第14页

第27~28行），而对比文件1仅教导了在最终的片剂体系中掺入至多12％重量的"氢化蓖麻油"，因此，这两种组合物涉及不同的主题，权利要求1具有新颖性，相应地，权利要求2~5也具备新颖性。

(2) 对比文件1中公开的药用片剂不能视为在胃液中具有漂浮能力，同时，修改后的权利要求1中疏水物质由脂肪性和/或蜡性物质组成，而没有使用任何胶凝物质，相反，对比文件1教导用高比例-46％甚至79％的胶凝物质-羟丙基甲基纤维素（参见对比文件1第8页第19行和第13页第23行）因此对比文件1的教导实质上偏离了本发明权利要求1的技术方案，因此权利要求1具有创造性，相应地，权利要求2~5也具备创造性。

形式审查合格后，专利复审委员会受理了该复审请求，并于2006年4月6日向请求人发出《复审请求受理通知书》，同时将本申请案卷移交原审查部门进行前置审查。

原审查部门对本复审请求进行了前置审查，认为修改后的权利要求1中将粉末填充剂限定为硅铝酸镁并加入了由说明书内容计算得到的数值70％，但上述技术特征仅有实施例1和2中定义的其他技术特征相结合的一般记载，因此该修改超出了原申请文件记载的范围，修改后文本不能接受，坚持原驳回决定。

请求人于2008年3月20日再次提交了新修改的权利要求书全文替换页（共5项）。

修改后的权利要求书如下：

"1. 一种能在胃液中或胃液上长时间漂浮的药用片剂系统，在物质释放期和不释放期交替连续的过程中释放一种或多种药物活性物质，所述的交替连续包括至少2个被1个不释放时期分开的物质释放时期，由此

片剂系统由放入杯型包封物中的多层片芯组成；

片芯由交替连续叠置的释放和不释放层组成，形成了层的堆积，其包括至少两个释放层，这两个释放层之间夹着中间非释放层，每个释放层由与至少一种所述药用活性物质混合的可药用赋形剂和/或载体组成，每个非释放层由可药用赋形剂和/或载体组成，不含所述药用活性物质；

杯型包封物掩盖放于其中的片芯的下表面和侧面，而暴露片芯的上表面，

其特征在于：

杯型包封物为药用片剂系统提供相对于胃液的浮力，由包括药用疏水物质和药用惰性粉末填充剂的压制熔结混合物形成；

疏水物质由脂肪性和/或蜡性物质组成，通过压制作用能结块，大块密度小于胃液密度；以及

具有小于胃液密度的松散粉末密度的粉末填充剂，

其中粉末填充剂为硅铝酸镁。

2. 权利要求1的药用片剂系统，其中空隙为粉末填充剂细粒之间的间隙。

3. 权利要求2的药用片剂系统，其中空隙通常利用疏水材料被相互密封。

4. 权利要求1的药用片剂系统，其中空隙为包含在疏水材料内的微孔。

5. 权利要求1的药用片剂系统，其中形成杯型包封物的混合物也包括至少一种或多种不同于包含在一种或多种释放层中的所述物质的药用活性物质。"

至此，合议组认为本案事实已经清楚，可以作出审查决定。

二、决定的理由

1. 关于审查文本

本复审请求审查决定是在请求人于2008年3月20日提交的权利要求1~5以及驳回决定所针对的说明书、说明书附图、说明书摘要及摘要附图的基础上作出的。

2. 关于专利法第 33 条

专利法第 33 条规定，申请人可以对其专利申请文件进行修改，但是，对发明和实用新型申请文件的修改不得超出原说明书和权利要求书记载的范围。

相对于其进入中国国家阶段时提交的即驳回决定所针对的权利要求而言，请求人于 2008 年 3 月 20 日提交的修改后的权利要求书中删除了驳回决定所针对的权利要求 6～9，并将驳回决定所针对的权利要求 1 中的粉末填充剂进一步限定为硅铝酸镁，除此之外未进行其他修改。本申请说明书第 11 页第 7 行、第 14 页第 27 行、第 17 页第 24 行中明确记载了"粉末填充剂为硅铝酸镁"，虽然该描述出现在实施例中，但在不同的配方中粉末物质均可以使用硅铝酸镁的情况下，硅铝酸镁显然是权利要求 1 所述粉末填充剂的具体实例，即权利要求 1 的技术方案中的粉末填充剂显然可使用硅铝酸镁，因此修改后的内容能够从原申请记载的信息中直接地、毫无疑义地确定，符合专利法第 33 条的规定。

3. 关于专利法第 22 条第 2 款

专利法第 22 条第 2 款规定，新颖性，是指在申请日以前没有同样的发明或者实用新型在国内出版物上公开发表过、在国内公开使用过或者以其他方式为公众所知，也没有同样的发明或者实用新型由他人向专利局提出过申请并且记载在申请日以后公布的专利申请文件中。

如果权利要求所要保护的技术方案与现有技术公开的技术方案存在实质性区别，则认为该权利要求符合专利法有关新颖性的规定。

请求人于 2008 年 3 月 20 日提交的修改后的权利要求 1 中将"粉末填充剂"具体限定为"硅铝酸镁"，而使用"硅铝酸镁"作为"粉末填充剂"这一技术特征在对比文件 1 中未公开，即对比文件 1 没有公开修改后的权利要求 1 的技术方案，因此修改后的权利要求 1 相对于对比文件 1 的技术方案而言存在实质性区别，具备新颖性；鉴于权利要求 1 相对于对比文件 1 而言具备新颖性，直接或间接对其进一步进行限定的从属权利要求 2～4 相对于对比文件 1 而言也具备新颖性。

请求人于 2008 年 3 月 20 日时提交的修改后的权利要求书中删除了驳回决定所针对的权利要求 6～8，从而克服了驳回决定指出的权利要求 6～8 不具备新颖性的缺陷。

4. 关于专利法第 22 条第 3 款

专利法第 22 条第 3 款规定，创造性是指同申请日以前已有的技术相比，该发明有突出的实质性特点和显著的进步。

权利要求 5 是权利要求 1 的从属权利要求，驳回决定认为权利要求 5 的附加技术特征属于常规限定，而且也没有产生意料不到的效果，因此权利要求 5 不具备创造性，即驳回决定中权利要求 5 不具备创造性的前提是权利要求 1 不具备新颖性。但是，请求人于 2008 年 3 月 20 日提交的修改后的权利要求 1 中将"粉末填充剂"具体限定为"硅铝酸镁"，从而克服了权利要求 1 不具备新颖性的缺陷，在此情况下，驳回决定对于权利要求 1 不具备新颖性，因而权利要求 5 不具备创造性的前提已经不存在，故驳回决定基于权利要求 1 没有新颖性而从属权利要求 5 不具备创造性的驳回理由不再成立。

请求人于 2008 年 3 月 20 日提交的权利要求书中删除了驳回决定所针对的权利要求 9，从而克服了驳回决定指出的权利要求 9 不具备创造性的缺陷。

根据以上事实和理由，本案合议组作出如下审查决定。

三、决定

撤销国家知识产权局于 2005 年 11 月 11 日对 02807431.9 号发明专利申请作出的驳回决定。由原审查部门在本复审决定所针对的文本的基础上继续进行审查。

复审请求人对本决定不服的，可以根据专利法第 41 条第 2 款的规定，自收到本决定之日起三个月内向北京市第一中级人民法院起诉。

标记核酸的方法

复审请求审查决定（第 13075 号）

决 定 号	第 13075 号
决 定 日	2008 年 4 月 6 日
发明创造名称	标记核酸的方法
国际分类号	C12Q 1/68
复审请求人	比奥美希奥公司，基因—探针公司
申 请 号	99817075.5
申 请 日	1999 年 12 月 17 日
公 开 日	2003 年 2 月 19 日
合议组组长	郭　婷
主 审 员	张　雷
参 审 员	李瑛琦

法 律 依 据 专利法第 33 条

决 定 要 点

通常，对申请文件的修改必须由申请人以正式文件的形式提出，不能仅使用声明的方式。

请求人在复审程序中提交了正式的修改文本，消除了驳回决定所指出的违反专利法第 33 条规定的缺陷，应当撤销原驳回决定。

一、案由

本复审请求涉及 1999 年 12 月 17 日申请、2003 年 2 月 19 日公开、名称为"标记核酸的方法"的第 99817075.5 号发明专利申请（下称本申请）。本申请的申请人为比奥美希奥公司和基因—探针公司。

国家知识产权局于 2006 年 1 月 20 日针对进入中国国家阶段时提交的国际申请文件的中文译文说明书第 1~28、31~32 页，序列表第 1~3 页，说明书摘要以及申请人于 2002 年 11 月 21 日提交的依据专利法实施细则第 51 条规定修改的说明书第 29~30 页和于 2005 年 5 月 12 日提交的权利要求 1~32，以申请人按专利法实施细则 51 条对说明书第 29、30 页作出的修改不符合专利法第 33 条的规定为由驳回了本申请。

驳回决定认为：申请人按实施细则 51 条于 2002 年 11 月 21 日提交的说明书第 29、30 页中，"SEQ ID NO：10"、"SEQ ID NO：11"（修改后的表 5~7）既未明确地记载在原说明书和权利要求书中，也不能由原说明书和权利要求书所记载的内容直接导出，因此超出了原说明书和权利要求书记载的范围，不符合专利法第33条的规定。

申请人比奥美希奥公司和基因—探针公司（下称请求人）对上述驳回决定不服，于2006年4月24日向专利复审委员会提出复审请求。请求人在提出复审请求时没有提交新修改的专利申请文本。

请求人提出，根据驳回决定中的意见，撤销对说明书第29~30页的表5~7的主动修改请求，请复审委员会在原始提交的说明书以及2005年5月12日提交的修改的权利要求书基础上重新审查。但是，请求人并没有同时提交修改替换页。

形式审查合格后，专利复审委员会受理了该复审请求，并于2006年5月24日向请求人发出《复审请求受理通知书》，同时将本申请案卷移交原审查部门进行前置审查。

原审查部门对本复审请求进行了前置审查，认为请求人仅对修改作出声明而没有提交修改替换页，目前的文本仍然是驳回决定所针对的文本，因此，仍然不符合专利法第33条的规定，坚持原驳回决定。

专利复审委员会组成合议组，对本复审请求案进行了审理。

请求人于2008年2月29日向专利复审委员会提交了说明书第29~30页修改替换页。

至此，合议组认为本案事实已经清楚，可以作出审查决定。

二、决定的理由

1. 决定所依据的文本

本决定所依据的文本为，进入中国国家阶段时提交的国际申请文件中文译文的说明书第1~28、31~32页、序列表第1~3页、说明书摘要以及请求人于2005年5月12日提交的权利要求1~32和于2008年2月29日提交的说明书第29~30页。

2. 关于专利法第33条

专利法第33条规定：申请人可以对其专利申请文件进行修改，但是，对发明专利申请文件的修改不得超出原说明书和权利要求书记载的范围。

通常，对申请文件的修改必须由申请人以正式文件的形式提出，不能仅使用声明的方式。

请求人在提出复审请求时仅作了修改的声明而未提交修改文件，之后于2008年2月29日提交了说明书第29、30页替换页，其中已经撤销了2002年11月21日提交的说明书第29、30页中对表5-7所作的修改，其内容与原始提交的国际申请中文译文的说明书第29、30页相同。该正式提交的修改文本克服了驳回决定指出的修改超范围的缺陷，符合专利法第33条的规定。

根据以上事实和理由，本案合议组作出如下审查决定。

三、决定

撤销国家知识产权局于2006年1月20日对99817075.5号发明专利申请作出的驳回决定。由原审查部门在本复审请求审查决定所针对的文本的基础上继续进行审查。

复审请求人对本决定不服的，可以根据专利法第41条第2款的规定，自收到本决定之日起三个月内向北京市第一中级人民法院起诉。

鱼腥草果汁饮料及其制备方法

复审请求审查决定（第13082号）

决 定 号	第13082号
决 定 日	2008年3月27日
发明创造名称	鱼腥草果汁饮料及其制备方法
国际分类号	A23L 2/02
复审请求人	吴仕福
申 请 号	03117903.7
申 请 日	2003年5月21日
公 开 日	2004年11月24日
合议组组长	周英姿
主 审 员	李梦楠
参 审 员	张晓飞
法 律 依 据	专利法第22条第3款

决定要点

如果现有技术整体上给出了将区别技术特征应用于最接近的现有技术并解决发明实际解决的技术问题的启示，这种启示会使本领域技术人员在面对所述技术问题时，有动机改进该最接近的现有技术并获得要求保护的发明，则该发明是显而易见的。

一、案由

本复审请求涉及申请号为03117903.7、名称为"鱼腥草果汁饮料及其制备方法"的发明专利申请（下称本申请）。本申请的申请日为2003年5月21日，公开日为2004年11月24日，申请人为吴仕福。

针对申请人于2003年5月21日提出申请时提交的说明书（共3页）、权利要求书（共3项）和说明书摘要，国家知识产权局于2005年9月16日驳回了本申请，理由是权利要求1~3相对于对比文件1（《食品工业科技》1998年第6期，第44~45页，"鱼腥草、南瓜、刺梨复合营养保健饮料"，吴天祥等）不具备创造性，不符合专利法第22条第3款的规定。

驳回决定所针对的权利要求书为：

"1. 一种鱼腥草果汁饮料，其特征在于：所含的鱼腥草汁、天然水果汁和饮用水之间的重量配比为：1∶0.7~1.5∶0.5~1。

2. 根据权利要求1所述的鱼腥草果汁饮料的制备方法，其特征在于：将无杂质洗净后的鱼腥草与洗净切片后的天然水果按照配比称重置于容器中，按配比加入80~100℃的清水并自然浸泡30~90分钟后，直接挤压制成。

3. 根据权利要求1所述的鱼腥草果汁饮料，其特征在于：所述的天然水果是指包括苹果、香蕉、葡萄、梨子、橙子、草莓、橘子、桃子在内的一种或任意几种水果的任意组合。"

申请人吴仕福（下称请求人）对上述驳回决定不服，于2005年12月1日向专利复审委员会提出复审请求并提交了新修改的权利要求书（共2项），请求人认为：（1）驳回决定所针对的权利要求2的制备方法有别于对比文件1所公开的制备工艺，从而在保留了鱼腥草的药性的同时还完好地保持了水果的味道和营养成分，因此相对于对比文件1具备创造性；（2）经修改的权利要求1为驳回决定所针对的权利要求1和2合并得到的，在方法权利要求2有创造性的前提下，其产品权利要求1因此也具备创造性。

修改后的权利要求书如下：

"1. 一种鱼腥草果汁饮料，其特征在于按下述方法配制而成：其中，所含的鱼腥草汁、天然果汁和饮用水之间的重量配比为：1∶0.7~1.5∶0.5~1，制备方法为：将无杂质洗净后的鱼腥草与洗净切片后的天然水果按照配比称重于容器中，按配比加入80~100℃的清水并自然浸泡30~90分钟，直接挤压制成。

2. 根据权利要求1所述的鱼腥草果汁饮料，其特征在于：所述的天然水果是指包括苹果、香蕉、葡萄、梨子、橙子、草莓、橘子、桃子在内的一种或任意几种水果的任意组合。"

形式审查合格后，专利复审委员会受理了该复审请求，并于2006年2月22日向请求人发出《复审请求受理通知书》，随后将本申请案卷移交原审查部门进行前置审查。

原审查部门对本复审请求进行了前置审查，认为修改后的权利要求1和2相对于对比文件1仍不具备创造性，坚持原驳回决定。

专利复审委员会组成合议组，对本案的复审请求进行了审理。合议组于2007年8月23日向请求人发出《复审通知书》。《复审通知书》中指出：（1）权利要求1的技术方案与对比文件1相比，区别在于①鱼腥草、果汁和水的配比不同；②权利要求1中的制备方法是将原料混合，经热水浸泡一定时间后榨汁，而对比文件1是将原料分别榨汁后再混合。但对比文件1中已经给出了用鱼腥草及水果搭配制备饮料可以保持其天然营养的技术内容，还公开了可以通过加入水果来改善和调整鱼腥草的味道从而改善口感的技术启示，根据对比文件1的技术启示，选择不同的原料配比从而达到最佳的口感只需通过简单试验即能实现，这对本领域技术人员来说是显而易见的，而且将原料混合后榨汁或是将原料分别榨汁后再混合的制备方法均为食品领域制备果汁饮料的惯用技术手段，采用这两种方法进行饮料制备只是本领域技术人员的一般选择，因此权利要求1相对于对比文件1不具备创造性。（2）权利要求2在权利要求1的基础上对所用水果作了进一步限定，但是对比文件1已经给出了水果如刺梨与鱼腥草搭配生产饮料的技术启示，因此相对于对比文件1，权利要求2的技术方案对本领域技术人员来说是显而易见的，不具备创造性。

针对上述《复审通知书》指出的问题，请求人于2007年10月11日提交了意见陈述书但未提交新的申请文本。请求人认为：本申请的权利要求书中对于制备方法采用了鱼腥草汁、果汁与水特定的重量配比1∶0.7~1.5∶0.5~1，并结合温度80℃~100℃和时间30~90分钟进行限定，可以防止有效成分损失、不受污染，从而保持了鱼腥草及水果的天然味道，同时具备鱼腥草的清热解毒功效和水果的营养作用。对比文件1的饮料在制作时容易受到污染，温度和时间不同也造成产品口感不同。本申请的区别特征解决了"保持鱼腥草及水果天然味道"的技术问题，因此权利要求1相对于对比文件1具备创造性。在权利要求1具有创造性的前提下，权利要求2也具备创造性。

至此，合议组认为本案事实清楚，可以作出审查决定。

二、决定的理由

1. 关于审查文本

请求人在2005年12月1日提出复审请求时提交了权利要求书全文替换页，其中将原权利要求1和2合并，修改为新的权利要求1。请求人对权利要求书所作的上述修改符合专利法第33条和专利法实施细则第60条第1款的规定，因此本复审决定所针对的文本为请求人于2005年12月1日提交的权利要求书（共1页2项）和驳回决定所针对的说明书（共3页）及说明书摘要。

2. 关于专利法第22条第3款

专利法第22条第3款规定，创造性是指同申请日以前已有的技术相比，该发明有突出的实质性特点和显著的进步。

如果现有技术整体上给出了将区别技术特征应用于最接近的现有技术并解决发明实际解决的技术问题的启示，这种启示会使本领域技术人员在面对所述技术问题时，有动机改进该最接近的现有技术并获得要求保护的发明，则该发明是显而易见的。

本申请的权利要求1如下："1. 一种鱼腥草果汁饮料，其特征在于按下述方法配制而成：其中，所含的鱼腥草汁、天然果汁和饮用水之间的重量配比为：1：0.7～1.5：0.5～1，制备方法为：将无杂质洗净后的鱼腥草与洗净切片后的天然水果按照配比称重于容器中，按配比加入80℃～100℃的清水并自然浸泡30～90分钟，直接挤压制成。"

对比文件1中公开了一种主要由鱼腥草、刺梨和水等制成的营养保健饮料，其中鱼腥草原汁、刺梨汁和水的比例范围大致为18：4：65（即1：0.2：3.6），且记载了该饮料的制备方法是将鱼腥草、刺梨分别榨汁，然后再与水、糖等混合而成（第44页右栏和第45页右栏）。同时，对比文件1中还指出该饮料具有清口纯正、略有清香味、酸甜适口的口感。

权利要求1的技术方案与对比文件1相比，区别在于：①鱼腥草、果汁和水的配比不同；②权利要求1中的制备方法是将原料混合，经80℃～100℃热水浸泡30～90分钟后榨汁，而对比文件1是将原料分别榨汁后再混合。根据本申请说明书的记载，本申请实际解决的技术问题在于在制作鱼腥草果汁饮料时保持鱼腥草及水果天然味道，由此结合了鱼腥草的清热解毒功效和水果的营养作用。但是对比文件1中已经公开了用鱼腥草及水果搭配制备饮料可以保持其天然营养并通过加入水果改善和调整鱼腥味的技术内容，因此该文献给出了可以通过水果与鱼腥草混合成果汁饮料来改善和调整鱼腥草的味道从而改善口感的技术启示，根据对比文件1的上述技术启示，选择不同的原料配比从而达到最佳的口感仅是本领域在制备不同饮料时的惯用技术手段，这对本领域技术人员来说是显而易见的。其次，将原料先混合后榨汁或是将原料先分别榨汁后混合的处理方式均为食品领域制备果汁饮料的常规方法，采用这两种方法制备饮料只是本领域技术人员的一般选择，尽管权利要求1中对于混合和榨汁的顺序以及浸泡的水温和时间进行了限定，但这些选择只是为了提高出汁率而进行的一般性选择。请求人主张权利要求1的饮料口感更好且污染小，但始终没有提供充分的证据来证明上述主张，权利要求1的技术方案也未产生预料不到的技术效果，因此本领域技术人员在对比文件1的基础上结合食品领域的常规技术，得出权利要求1的技术方案不需要花费创造性劳动，权利要求1相对于对比文件1不具备创造性。

权利要求2在权利要求1的基础上对所用水果作了进一步限定，所述的水果是指苹果、香蕉、葡萄、梨子、橙子、草莓、橘子、桃子在内的一种或任意几种水果的组合。然而，对比文件1中已经公开了水果是刺梨。苹果、梨子等水果与刺梨均为本领域常见的果汁生产原料，在鱼腥草饮料生产中均可以起到调味、增强营养价值等功效，根据对比文件1给出的技术启示，用苹果、梨子等水果与鱼腥草搭配生产饮料从而达到改善口味、提高营养的目的对本领域技术人员来说是显而易见的，不需要花费创造性的劳动，在其引用的权利要求1不具备创造性的基础上，权利要求2的技术方案相对于对比文件1也不具备创造性。

对于请求人在答复《复审通知书》时的意见陈述，合议组认为：在榨汁以前对原料进行热处理有利于提高榨汁率并有利于物质的渗出是本领域的惯用技术，其一般处理条件为60℃～70℃，15～30分钟，尽管本申请中对于温度和时间进行了适当调整，但这只是本领域技术人员的一般选择，而且请求人也没有提供任何资料能够证明这种温度和时间的改变使得终产品的味道或其中的有效成分产生了显著的差异。

综上所述，与对比文件1相比，权利要求1和2不具备突出的实质性特点和显著进步，不符合专利法第22条第3款规定的创造性。

根据以上事实和理由，本案合议组作出如下审查决定。

三、决定

维持国家知识产权局于2005年9月16日对03117903.7号发明专利申请作出的驳回决定。

复审请求人对本决定不服的，可以根据专利法第41条第2款的规定，自收到本决定之日起三个月内向北京市第一中级人民法院起诉。

紫杉烷与细胞周期蛋白依赖激酶抑制剂的组合

复审请求审查决定（第 13088 号）

决 定 号	第 13088 号
决 定 日	2008 年 4 月 1 日
发明创造名称	紫杉烷与细胞周期蛋白依赖激酶抑制剂的组合
国际分类号	A61K 31/453，A61K 31/337，A61P 35/00//（A61K 31/453，31：337）
复审请求人	阿文蒂斯药物股份有限公司
申 请 号	02807038.0
优 先 权 日	2001 年 3 月 23 日，2001 年 7 月 5 日，2001 年 12 月 4 日
申 请 日	2002 年 3 月 22 日
公 开 日	2004 年 5 月 19 日
合议组组长	周英姿
主 审 员	田 芳
参 审 员	魏春宝
法 律 依 据	专利法第 22 条第 2 款

决 定 要 点

对于用途限定的产品权利要求，该用途的实际限定作用取决于对所要保护的产品本身带来何种影响。

一、案由

本复审请求案涉及发明名称为"紫杉烷与细胞周期蛋白依赖激酶抑制剂的组合"的 02807038.0 号发明专利申请（下称本申请），申请人为阿文蒂斯药物股份有限公司。本申请的优先权日为 2001 年 3 月 23 日、2001 年 7 月 5 日和 2001 年 12 月 4 日，申请日为 2002 年 3 月 22 日，公开日为 2004 年 5 月 19 日。

2005 年 10 月 14 日，针对申请人于 2005 年 3 月 7 日提交的权利要求 1，2003 年 9 月 22 日提交的国际申请文件中文译文的说明书第 1~8 页和说明书摘要，国家知识产权局以本申请权利要求 1 不符合专利法第 22 条第 2 款的规定为由驳回了本申请。驳回的具体理由是：对比文件 1 ["DOCETAXEL AND NAVELBINE INDUCED APOPTOSIS IS ENHANCED BY FLAVOPIRIDOL (FLAVO) IN BREAST CANCER CELLS AND IS SEQUENCE DEPENDENT"，Monica V Motwani 等，Proceedings of the American Association for Cancer Research，第 41 卷，第 143 页，2000 年 3 月] 公开了多西他赛和黄酮吡啶酚的组合物，即本申请权利要求 1 的"包含多西他赛和黄酮吡啶酚的药物组合物"本身已被对比文件 1 公开，而权利要求1中限定的"在肿瘤疾病治疗中具有治疗协同作用"是药物组合物用途和效果方面的特征，不能作为产品本身的区别特征，因此权利要求1不具备专利法第22条第2款规定的新颖性。

驳回决定所针对的权利要求书如下：

"1. 在肿瘤疾病治疗中具有治疗协同作用的包含多西他赛和黄酮吡啶酚的药物组合物。"

2006年1月18日，申请人阿文蒂斯药物股份有限公司（下称请求人）对上述驳回决定不服，向专利复审委员会提出复审请求。请求人认为：（1）对比文件1公开了长春瑞滨、多西他赛和黄酮吡啶酚的组合的"体外"试验，同时确实记载了上述化合物的协同效果，但是由于对比文件1并没有对每一种化合物各自在其最高非毒性剂量（HNTD）下单独使用的效果作描述，因此不足以说明是否确实取得了协同效果；（2）由对比文件1和现有技术无法预期去掉长春瑞滨而仅仅保留多西他赛和黄酮吡啶酚的组合是否还具有协同作用；两种或多种药物联用是否具有协同作用必须通过"体内"试验才能证实。基于上述理由，对比文件1并没有提供能够证实多西他赛和黄酮吡啶酚的组合具有治疗协同效果的有效生物活性数据，也就是说，对比文件1公开的技术信息不足以证明含有多西他赛和黄酮吡啶酚的药物组合物在癌症治疗方面具有协同作用，从而使得所述组合由于缺乏必要实验数据的支持而难以对本发明技术方案的新颖性构成影响，因此权利要求1符合专利法第22条第2款新颖性的规定。请求人在提交复审请求时没有提交新的申请文本。

经形式审查合格后，专利复审委员会受理了该复审请求，并于2006年3月9日向请求人发出了《复审请求受理通知书》，随后将本申请移交原审查部门进行前置审查。

在《前置审查意见书》中，原审查部门认为：用途和效果特征不能作为产品的区别特征，无论是否认可对比文件1中"多西他赛和黄酮吡啶酚"药物组合物具有协同抗肿瘤作用，对比文件1确实已公开了"包含多西他赛和黄酮吡啶酚的药物组合物"，即权利要求1的技术方案在对比文件1中公开了。因此原审查部门坚持原驳回决定。

专利复审委员会依法组成合议组，对本复审请求案进行了审理，于2007年11月13日发出了《复审通知书》。《复审通知书》指出：权利要求1与对比文件1公开的技术方案相比，权利要求1还包含了"在肿瘤疾病治疗中具有治疗协同作用"这一功能和效果限定，但该限定特征并没有体现出权利要求1的药物组合物与对比文件1公开的药物组合在其本质特征即组分和含量上有何区别，而且对比文件1中也公开了黄酮吡啶酚可以增强多西他赛对乳腺癌细胞作用的技术效果。因此，权利要求1的药物组合物相对于对比文件1不具有新颖性，不符合专利法第22条第2款的规定。

针对上述《复审通知书》，请求人于2007年12月26日提交了意见陈述书，同时提交了附件1作为参考文献["A Murine Model to Evaluate the Ability of in Vitro Clonogenic Assays to Predict the Response to Tumors in Vivo"，Christopher K. Mirabelli等，Cancer Res.，48（19），第5447~5454页，1988年，英文复印件共8页]。请求人于2008年1月3日再次提交了补充意见陈述书，两次意见陈述概括如下：（1）从附件1可知，"体外"测试结果不能作为化合物是否具有活性的依据。对于药物联用来说，两种或两种以上的药物是否具有协同效果只能通过"体内"测试才能确定，而申请人经过大量"体内"测试发现，黄酮吡啶酚与多西他赛的组合是唯一具有协同作用的组合。因此，对比文件1没有提供证实多西他赛和黄酮吡啶酚的组合具有治疗协同效果的有效生物活性数据。（2）对比文件1没有涉及协同作用的问题，也没有描述活性，从而不可能预期药物组合是否能产生协同效果。本领域技术人员通过阅读对比文件1可以发现，其没有解决任何技术问题，没有显示治疗活性，即使尝试所述组合是显而易见的，但也不可能从对比文件1的实验中预测功效。因此对比文件1所述组合由于缺乏必要实验数据的支持而难以对本发明技术方案的新颖性和创造性构成影响，本申请权利要求1具有新颖性和创造性。

至此，合议组认为本案事实清楚，可以作出审查决定。

二、决定的理由

1. 关于审查文本

请求人在复审阶段没有提交新的申请文件，因此本复审请求审查决定所针对的文本是：2003年9月22日进入中国国家阶段时提交的说明书第1~8页和说明书摘要；2005年3月7日提交的权利要求1。

2. 关于专利法第22条第2款

专利法第22条第2款规定：新颖性，是指在申请日以前没有同样的发明或者实用新型在国内外出版物上公开发表过、在国内公开使用过或者以其他方式为公众所知，也没有同样的发明或者实用新型由他人向国务院专利行政部门提出过申请并且记载在申请日以后公布的专利申请文件中。

在新颖性判断时，被审查的发明与现有技术公开的技术内容相比，如果其技术领域、所解决的技术问题、技术方案和预期效果实质上相同，则认为两者为同样的发明，被审查的发明不具有新颖性。

对于用途限定的产品权利要求，该用途的实际限定作用取决于对所要保护的产品本身带来何种影响。

本案权利要求1请求保护"在肿瘤疾病治疗中具有治疗协同作用的包含多西他赛和黄酮吡啶酚的药物组合物"。对比文件1公开了以下内容：多西他赛和长春瑞滨被广泛用于实体癌的治疗，通过黄酮吡啶酚与多西他赛或与长春瑞滨的组合作用于乳腺癌细胞的实验研究发现，在乳腺癌细胞中，多西他赛或长春瑞滨诱导细胞凋亡的作用被黄酮吡啶酚增强。当黄酮吡啶酚在多西他赛或长春瑞滨之后施用时，通过测定caspase-3的活性和PARP的分裂，可观察到最大量的癌细胞凋亡。由此可见，对比文件1公开了可用于癌细胞抑制的黄酮吡啶酚和多西他赛分别顺序给药的药物联用。

根据本申请说明书可知，本发明内容涉及多西他赛与黄酮吡啶酚的组合或联用（参见说明书第1页第1、4段和说明书第2页第4段等），并且在实施例中采用不同的多西他赛与黄酮吡啶酚的给药方案进行研究。在实施例1记载了第15天和第20天施用黄酮吡啶酚，之后第16天和第21天施用多西他赛或以相反顺序施用的药物组合方案，实施例2记载了第14天和第23天施用多西他赛，于第14~17天和第20~23天施用黄酮吡啶酚的药物组合方案，实施例3记载了第14天和第25天静脉注射多西他赛，于第14~18天和第21~25天口服施用黄酮吡啶酚的药物组合方案。由此可知，本申请权利要求1所述的"药物组合物"包括将多西他赛和黄酮吡啶酚分别顺序给药和交叉给药的药物联用。从权利要求1的药物组合物以及对比文件1的上述技术方案可知，对比文件1中公开了黄酮吡啶酚与多西他赛联用由此增强多西他赛对乳腺癌细胞作用的内容，尽管权利要求1中还包含了"在肿瘤疾病治疗中具有治疗协同作用"这一用途和效果限定，然而该限定特征并没有体现出权利要求1的药物组合物本身与对比文件1公开的药物组合在其本质特征即组分和含量上有何区别。因此，对比文件1的上述方案已经公开了权利要求1的药物组合物，权利要求1相对于对比文件1不具有新颖性，不符合专利法第22条第2款的规定。

请求人在答复《复审通知书》的意见陈述中指出：对比文件1记载的体外试验不足以证明含有多西他赛和黄酮吡啶酚的药物组合物在癌症治疗方面具有协同作用，即没有提供证明两者产生协同效果的有效生物数据。同时，请求人提交了附件1作为参考文献，用以证明"当癌性细胞处于活体内时，某种药物是否具有抗癌活性，必须通过体内活性测试才能证实"的观点，从而佐证对比文件1公开的技术内容不足以证明多西他赛与黄酮吡啶酚的组合在癌症治疗方面具有协同效果。

对此，合议组认为：根据审查指南第二部分第三章第3.1节的规定，在进行新颖性判断时，首先应当判断被审查专利申请的技术方案与对比文件的技术方案是否实质上相同，如果对比文件公开的技术方案实质上与权利要求相同，所属领域技术人员根据两者的技术方案就可以确定两者能够用于相同的技术领域、解决相同的技术问题、并具有相同的预期效果，由此可判断出权利要求和对比文件在技术领域、所解决的技术问题、技术方案和预期效果实质上相同，是同样的发明。就本申请而言，对比文件1明确公开了多西他赛和黄酮吡啶酚的药物联用组合并研究其在诱导乳腺癌细胞凋亡的体外试验，而请求人认为的体内"协同作用"的效果虽然没有被对比文件1所披露，但是权利要求1中限定的"在肿瘤疾病治疗中具有治疗协同作用"并没有使权利要求1的组合物在其本质特征即组分和含量上有实质变化，因此权利要求1与对比文件1的技术方案实质上是相同的。而技术效果是由技术方案带来的，实质相同的技术方案必然产生实质相同的技术效果，因此不论对比文件1是否公开了体内"协同作用"的技术效果，由于对比文件1公开了与权利要求1实质上相同的技术方案，那么两者就必然能够用于相同的技术领域、解决相同的技术问题、并具有相同的预期效果，由此就能判断出权利要求1和对比文件1是同样的发明。

根据上述事实和理由，合议组作出如下审查决定。

三、决定

维持国家知识产权局于2005年10月14日针对02807038.0号发明专利申请作出的驳回决定。

复审请求人对本决定不服的，可以根据专利法第41条第2款的规定，自收到本决定之日起三个月内向北京市第一中级人民法院起诉。

抑制 β-内酰胺酶的抗菌素组合物

复审请求审查决定（第 13102 号）

决 定 号	第 13102 号
决 定 日	2008 年 4 月 14 日
发明创造名称	抑制 β-内酰胺酶的抗菌素组合物
国际分类号	A61K 31/43，A61K 31/545
复审请求人	广州威尔曼药业有限公司
申 请 号	97114307.2
申 请 日	1997 年 11 月 28 日
公 开 日	1998 年 6 月 10 日
合议组组长	周英姿
主 审 员	李梦楠
参 审 员	张晓飞
法 律 依 据	专利法第 22 条第 3 款

决 定 要 点

在进行创造性判断时，如果最接近的对比文件已经给出了解决相同技术问题的技术方案的启示，发明仅对技术方案作出所属技术领域的技术人员显而易见的调整，而且该发明也未产生预料不到的技术效果，则该发明不具备创造性。

一、案由

本复审请求涉及申请日 1997 年 11 月 28 日、公开日为 1998 年 6 月 10 日、名称为"抑制 β-内酰胺酶的抗菌素组合物"的 97114307.2 号发明专利申请（下称本申请）。本申请的申请人为广州威尔曼药业有限公司。

针对申请日于 2004 年 5 月 11 日提交的申请文本，国家知识产权局于 2005 年 10 月 21 日以权利要求 1~3 不符合专利法第 22 条第 3 款的规定为由驳回了本申请。驳回决定所针对的权利要求书为：

"1. 一种抑制 β-内酰胺酶的抗菌素组合物，它由一种头孢菌素类抗生素与他佐巴坦所组成，其特征为头孢菌素类抗生素为头孢氨噻肟钠，头孢类抗生素与他佐巴坦的重量比为 20∶1~1∶1。

2. 根据权利要求 1 所述的抑制 β-内酰胺酶的抗菌素组合物，其特征为头孢类抗生素与他佐巴坦的重量比较好的是 4∶1~8∶1。

3. 根据权利要求 1 所述的抑制 β-内酰胺酶的抗菌素组合物，其特征为抗菌素组合物可以是粉针剂、冻干粉针剂。"

驳回决定指出：对比文件1（"β-内酰胺酶抑制剂tazobactam与舒巴坦的比较研究"，张永龙等，中国抗生素杂志，第22卷第4期，第287~292页，1997年8月）教导了头孢菌素类可与他佐巴坦（tazobactam）联用并获得协同作用；对比文件2（WO9512601A，公开日为1995年5月11日）教导了配比为1：10-10：1（优选为1：9~3：4、1：8~1：1）的他佐巴坦单水钠盐与头孢三嗪/头孢氨噻肟的药物组合。在上述对比文件的教导下，本领域技术人员很容易以他佐巴坦代替他佐巴坦单水钠盐，并通过常规试验确定如权利要求1所述的特定配比。同时，与已有技术相比，权利要求1~3的技术方案没有超出相关现有技术的教导，说明书的记载不能证明上述技术方案给所述产品带来了突出的实质性特点和显著的进步，因此权利要求1~3不具备创造性，不符合专利法第22条第3款的规定。

申请人广州威尔曼药业有限公司（下称请求人）对上述驳回决定不服，于2005年12月28日向专利复审委员会提出复审请求，请求人在提出复审请求时没有提交新修改的申请文本。

请求人认为：权利要求1与对比文件1的区别在于权利要求1将抗生素具体限定在头孢氨噻肟钠，本申请中公开的他佐巴坦与头孢氨噻肟的协同抗菌作用比对比文件1中的头孢氨噻肟的抗菌作用强；权利要求1与对比文件2的区别在于对比文件2使用的是他佐巴坦的单水合物，而权利要求1限定的是他佐巴坦，两者是两种不同的化合物，相对于单水合物，他佐巴坦更不稳定更不易于制剂，两者存在显著差异，对比文件2中并没有提供两者可以相互替换的技术启示；对比文件1和2的结合与本申请相比仍然存在区别特征，该区别特征为本申请带来了突出的实质性特点和显著的进步，因此国家知识产权局驳回的理由不成立。

形式审查合格后，专利复审委员会受理了该复审请求，并于2006年2月22日向请求人发出《复审请求受理通知书》，同时将本申请案卷移交原审查部门进行前置审查。

原审查部门对本复审请求进行了前置审查，具体意见概括为：对比文件1或对比文件2中已经公开了他佐巴坦及他佐巴坦盐均可以与头孢菌素类抗生素联用并能够获得协同作用，在现有技术中不存在任何技术障碍/偏见，根据对比文件1和2的教导，本领域技术人员有能力基于协同抗菌和/或克服耐药性的需求，而选择他佐巴坦、他佐巴坦钠盐或晶体他佐巴坦钠盐之一与头孢菌素类抗生素联用，因此坚持原驳回决定。

专利复审委员会组成合议组，对本复审请求案进行了审理，于2007年9月11日向请求人发出《复审通知书》。《复审通知书》指出：（1）权利要求1的技术方案与对比文件2的相比，区别在于对比文件2中使用的是他佐巴坦钠盐的单水合物晶体，而本申请中用的是他佐巴坦钠盐，二者的区别仅在于他佐巴坦钠盐是否携带结晶水，然而根据本领域的常识可知，使用他佐巴坦钠盐代替他佐巴坦单水钠盐只是在药物制备中所进行的一般性选择，而且他佐巴坦钠盐增强头孢氨噻肟抗菌活性等作用是本领域技术人员可以通过有限试验得到的，并未产生预料不到的技术效果，因此本领域技术人员在对比文件2的基础上得出权利要求1的技术方案不需要花费创造性劳动，权利要求1相对于对比文件2不具备创造性。（2）权利要求2在权利要求1的基础上进一步对头孢氨噻肟和他佐巴坦的用量进行了限定，将头孢氨噻肟和他佐巴坦的重量比例为4：1~8：1。然而对比文件2中已经公开了头孢氨噻肟和他佐巴坦单水钠盐的重量比例为9：1~4：3及8：1~1：1，显然对比文件2中已经公开权利要求2的用量比例端值（即8：1）且权利要求2的比例范围与对比文件2所公开的范围存在重叠，权利要求2的附加技术特征已经被现有技术公开，因此本领域技术人员在对比文件2的基础上得出权利要求2的技术方案不需要花费创造性劳动，权利要求2相对于对比文件2不具备创造性。（3）权利要求3在权利要求1的基础上将抗菌素组合物限定为粉针剂、冻干粉针剂。然而对比文件2中已经公开了将头孢类抗生素（如头孢三嗪）和他佐巴坦单水钠盐组合制成干粉安瓿剂并在使用之前用生理盐水溶解的技术方案，而且粉针剂和冻干粉针剂均是本领域的常规制剂，其制备方法在本领域是公知技术，因此本领域技术人员在对比文件2的基础上得出权利要求3的技术方案不需要花费创造性劳动，权利要求3相对于对比文件2不具备创造性。

针对《复审通知书》指出的问题，请求人于2007年11月16日提交了意见陈述书及如下附件：

附件1：第87102493.4号中国发明专利授权公告文本，授权公告日为1994年2月16日，复印件共11页；

附件2：第02103089.8号中国发明专利授权公告文本，授权公告日为2004年9月1日，复印件共11页；

附件3：第96106799.3号中国发明专利授权公告文本，授权公告日为2000年7月5日，复印件共6页；

请求人认为：结晶水影响药物的溶出和吸收、药物的结晶性、药物的作用和药物的稳定性。本申请说明书第2页说明了本发明的目的，第3~6页说明了本申请的积极效果。此外，附件2和3的授权专利表明含有结晶水的药物与无水物不同并可被授予专利权，附件1表明新的盐可以授予专利权。权利要求2和3在权利要求1有创造性的前提下，也具有创造性。

至此，合议组认为本案事实已经清楚，可以作出审查决定。

二、决定的理由

1. 关于审查文本

请求人在复审阶段未提交过新的申请文本，故本复审请求审查决定依据的文本为驳回决定所针对的文本，即请求人于2004年5月11日提交的权利要求1~3、说明书第1~6页及摘要。

2. 关于专利法第22条第3款

专利法第22条第3款规定，创造性是指同申请日以前已有的技术相比，该发明有突出的实质性特点和显著的进步。

在进行创造性判断时，如果最接近的对比文件已经给出了解决相同技术问题的技术方案的启示，发明仅对技术方案作出所属技术领域的技术人员显而易见的调整，而且该发明也未产生预料不到的技术效果，则该发明不具备创造性。

本案中，权利要求1如下："1. 一种抑制β-内酰胺酶的抗菌素组合物，它由一种头孢菌素类抗生素与他佐巴坦所组成，其特征为头孢菌素类抗生素为头孢氨噻肟钠，头孢类抗生素与他佐巴坦的重量比为20∶1~1∶1。"

对比文件2（WO9512601A，公开日为1995年5月11日）中公开了一种含有头孢氨噻肟与他佐巴坦钠盐单水合物晶体的药物组合物，其中他佐巴坦钠盐单水合物晶体与头孢氨噻肟类抗生素的比例为1∶10~10∶1，优选为1∶9~3∶4，更优选1∶8~1∶1（参见说明书第8~9页），且该文献的实施例5中公开了将他佐巴坦钠盐单水合物晶体与头孢三嗪制备成静脉注射用干粉安瓿剂的技术方案。

权利要求1的技术方案与对比文件2相比，区别在于对比文件2中使用的是他佐巴坦钠盐的单水合物晶体，而权利要求1中使用的是他佐巴坦钠盐（见本申请说明书第1页中"他佐巴坦"的英文名Tazobactam Sodium）。根据说明书的记载，本申请实际解决的技术问题是通过他佐巴坦与头孢菌素类抗生素的协同作用来增强该抗生素的抗菌活性并扩大抗菌谱，扩大临床用药范围。对比文件2中已经公开了头孢氨噻肟与他佐巴坦钠盐单水合物晶体组合能够制成有效的药物，而且他佐巴坦与β-内酰胺类抗生素能够产生协同作用，增强药物的抗菌活性并扩大抗菌谱是本领域公知的，权利要求1只是采用他佐巴坦钠盐，二者的区别仅在于他佐巴坦钠盐是否携带结晶水，然而根据本领域的常识可知，药物在体内的作用是基于其活性部位的，是否携带结晶水一般不会对药物在体内的功效产生根本影响，因此对本领域技术人员来说，使用他佐巴坦钠盐代替他佐巴坦钠盐单水合物晶体只是在药物制备中所进行的一般性选择，请求人没有提供能够证明他佐巴坦钠盐与头孢氨噻肟组合比他佐巴坦钠盐单水合物与头孢氨噻肟组合具有更优抗菌效果的证据，而且他佐巴坦钠盐增强头孢氨噻肟抗菌活性等作用是本领域技术人员可以通过有限试验得到的，其并未产生预料不到的技术效果，因此本领域技术人员在对比文件2的基础上得出权利要求1的技术方案不需要花费创造性劳动，权利要求1相对于对比文件2不具备创造性，不符合专利法第22条第3款的规定。

权利要求2在权利要求1的基础上进一步对头孢氨噻肟和他佐巴坦的用量进行了限定，将头孢类抗生素和他佐巴坦的重量比例限定为4:1~8:1。然而对比文件2中已经公开了头孢氨噻肟和他佐巴坦单水钠盐的重量比例为9:1~4:3及8:1~1:1，显然对比文件2中已经公开权利要求2的用量比例端值且权利要求2的比例范围与对比文件2所公开的范围存在重叠，权利要求2的附加技术特征已经被现有技术公开，因此基于与上述相同的理由，本领域技术人员在对比文件2的基础上得出权利要求2的技术方案不需要花费创造性劳动，权利要求2相对于对比文件2不具备创造性，不符合专利法第22条第3款的规定。

权利要求3在权利要求1的基础上将抗菌素组合物限定为粉针剂、冻干粉针剂。然而对比文件2中已经公开了将头孢类抗生素（如头孢三嗪）和他佐巴坦单水钠盐组合制成干粉安瓿剂并在使用之前用生理盐水溶解的技术方案，而且粉针剂和冻干粉针剂均是本领域的常规制剂，其制备方法在本领域是公知技术，因此基于与上述相同的理由，本领域技术人员在对比文件2的基础上得出权利要求3的技术方案不需要花费创造性劳动，权利要求3相对于对比文件2不具备创造性，不符合专利法第22条第3款的规定。

请求人在意见陈述中认为：（1）对比文件2中所用的是他佐巴坦单水合物，而本申请所用的是他佐巴坦，而结晶水的存在会影响到药物的性质；（2）本申请的药物不仅对非高度耐药菌具有抗菌效果而且对高度耐药菌也有抗菌效果，而对比文件2中没有公开这些效果；（3）请求人在答复复审通知书时提交了三份附件，表明含结晶水和不含结晶水的药物在审查时是视为不同物质予以授权的，新的药物盐也可以授权。

对此，合议组认为：（1）尽管他佐巴坦与他佐巴坦单水合物是不同的化合物，但是，两者的区别仅在于是否携带结晶水，结晶水的存在一般会影响到物质的部分理化性质，但是药物在体内的疗效及药物间的协同作用主要是基于其活性部位，而且他佐巴坦和他佐巴坦单水合物晶体均是本领域已知的化合物，其在药物制剂过程中的各种性质也是本领域技术人员公知的，尽管请求人认为结晶水可以影响药物的性质，但始终没有提供证据表明他佐巴坦钠盐与其单水合物晶体相比如何影响所述抗生素组合物的抗菌效果等性质，只是泛泛说明结晶水可能的作用，而本申请说明书表3中也仅仅是对比了他佐巴坦和头孢氨噻肟联合用药与头孢氨噻肟单独用药的效果，因此将他佐巴坦与他佐巴坦单水合物替换对于本领域技术人员来说是不需要花费创造性劳动的，而且请求人也没有提交过任何对比性的实验数据来证明本申请的技术方案的效果明显优于对比文件2的效果。（2）他佐巴坦与β-内酰胺类抗生素能够产生协同作用，增强药物的抗菌活性并扩大抗菌谱是本领域公知常识，将他左巴坦与β-内酰胺类抗生素联用的来解决β-内酰胺类抗生素耐药性的问题对本领域技术人员来说是显而易见的，对此本申请说明书的背景技术部分也有记载。（3）请求人在答复复审通知书时提交的三份附件的内容与本申请的技术方案没有任何关联性，无法证明本申请的技术方案相对于现有技术具备创造性。因此，请求人的意见陈述不足以说明本申请权利要求1~3具有创造性。

根据以上事实和理由，本案合议组作出如下审查决定。

三、决定

维持国家知识产权局于2005年10月21日对97114307.2号发明专利申请作出的驳回决定。

复审请求人对本决定不服的，可以根据专利法第41条第2款的规定，自收到本决定之日起三个月内向北京市第一中级人民法院起诉。

北京市第一中级人民法院
行政判决书

(2008) 一中行初字第1162号

原告广州威尔曼有限公司，住所地广东省广州市天河区沙河上元岗。

法定代表人孙明杰，董事长。

委托代理人戴锦良，男，广州威尔曼有限公司法律顾问。

被告国家知识产权局专利复审委员会，住所地北京市海淀区北四环西路9号银谷大厦。

法定代表人廖涛，副主任。

委托代理人李梦楠，女，国家知识产权局专利复审委员会审查员。

委托代理人刘妍，女，国家知识产权局专利复审委员会审查员。

原告广州威尔曼有限公司不服被告国家知识产权局专利复审委员会作出的复审请求审查决定，于2008年7月22日向本院提起行政诉讼。本院受理后，依法组成合议庭，于2008年10月28日公开开庭审理了本案。原告的委托代理人戴锦良，被告的委托代理人李梦楠、刘妍到庭参加了诉讼。本案现已审理终结。

2008年4月14日，被告根据《中华人民共和国专利法》（以下简称《专利法》）第二十二条第三款，作出第13102号复审请求审查决定（以下简称第13102号决定），维持国家知识产权局对第97114307.2号发明专利申请（以下简称本申请）作出的驳回决定。

被告在法定期限内向本院提交并经当庭质证的证据有：1.本专利说明书；2.本专利文献（对比文件2）；3.复审请求书；4.复审通知书；5.意见陈述书。上述证据用于证明第13102号决定认定事实清楚，适用法律正确，程序合法，审查结论正确。

原告诉称：原告申请的药品发明专利，在原告向国家知识产权局申请过程中，国家知识产权局三次向原告发出审查意见通知书，认为原告申请的专利权利要求不具备《专利法》第二十二条第三款规定的创造性；原告也三次向国家知识产权局回复相应陈述意见，通过与其他对比文件的比较以及申请专利的研究方法和手段的陈述，证实原告申请的专利与申请日以前已有的技术相比完全具有突出的实质性特点和显著进步。然而，国家知识产权局对原告的意见陈述视而不见，径行作出《驳回决定》，其理由仍然是"权利要求不具备创造性"。原告因对上述《驳回决定》不服，向被告提出复审请求。被告在根本就未通知原告进行审理的情况下，作出第13102号《复审决定书》，维持了国家知识产权局作出的《驳回决定》。原告收到该《复审决定书》后发现被告完全是照搬照套国家知识产权局的审查意见，被告自身根本就没有进行实质性审查也没有任何新的观点。原告认为被告作出第13102号《复审决定书》的行为严重侵犯了原告的合法权益，故根据《中华人民共和国专利法》第四十一条第二款的规定，特向贵院提起诉讼，请求法院判令撤销第13102号复审请求审查决定，判令被告重新作出复审决定。

原告在本院庭审前向本院提交以下证据：1.本申请受理通知书及权利要求书；2.第一次审查意见通知书及原告对此的意见陈述，补充意见陈述和附件；3.第二次审查意见通知书及原告的意见陈述；4.第三次审查意见通知书及原告的意见陈述；5.驳回决定；6.复审通知；7.复审中原告的意见陈述。以上证据用以支持原告陈述的事实和起诉的理由。

被告辩称：关于原告认为本专利具有创造性的问题，被告坚持第13102号决定中的意见及结论，不再赘述。原告还认为被告在根本未通知原告进行审理的情况下就作出第13102号决定，并且自身没有进行实质性审查也没有任何新的观点，对此，被告认为第13102号决定的作出程序上合法，事实认定清楚，引用法律正确。综上，原告的诉讼理由不能成立，请求法院在查明事实的基础上，依法驳回原告的诉讼请求，维持第13102号决定。

经庭审质证，原告对被告提交的证据真实性、合法性无异议，但是对证明作用有异议；被告对原告提交的证据2、3、4不认可，认为不是复审程序中的证据，证据1、5、6、7认可真实性、合法性及关联性，但不认可其证明内容。

经审查，本院认为，被告及原告证据与被诉第13102号决定有关，且合法，各方当事人对其真实性均无异议，能够证明本案的事实，本院予以采纳。

根据上述有效证据及各方当事人在庭审中无争议的陈述，本院确认如下事实：

本申请申请日为1997年11月28日，公开日为1998年6月10日、名称为"抑制β-内酰胺酶的抗菌素组合物"的第97114307.2号发明专利申请，本申请的申请人为原告广州威尔曼药业有限公司。

原告针对国家知识产权局的审查意见，分别作出意见陈述，并于2004年5月11日提交了其最终确认的申请文本，该申请文本的权利要求书如下：

"1. 一种抑制β-内酰胺酶的抗菌素组合物，它由一种头孢菌素类抗生素与他佐巴坦所组成，其特征为头孢菌素类抗生素为头孢氨噻肟钠，头孢类抗生素与他佐巴坦的重量比为20：1～1：1。

2. 根据权利要求1所述的抑制β-内酰胺酶的抗菌素组合物，其特征为头孢类抗生素与他佐巴坦的重量比较好的是4：1～8：1。

3. 根据权利要求1所述的抑制β-内酰胺酶的抗菌素组合物，其特征为抗菌素组合物可以是粉针剂、冻干粉针剂。"

国家知识产权局于2005年10月21日，针对上述申请文本，以权利要求1～3不符合《专利法》第二十二条第三款的规定为由驳回了本申请。驳回决定指出：对比文件1（"β-内酰胺酶抑制剂（azobactam与舒巴坦的比较研究"，张永龙等，中国抗生素杂志，第22卷第4期，第287-292页，1997年8月）教导了头孢菌素类可与他佐巴坦（tazobactam）联用并获得协同作用；对比文件2（WO9512601A，公开日为1995年5月11日）教导了配比为1：10-10：1（优选为1：9～3：4、1：8～1：1）的他佐巴坦单水钠盐与头孢三嗪/头孢氨噻肟的药物组合。在上述对比文件的教导下，本领域技术人员很容易以他佐巴坦代替他佐巴坦单水钠盐，并通过常规试验确定如权利要求1所述的特定配比。同时，与已有技术相比，权利要求1～3的技术方案没有超出相关现有技术的教导，说明书的记载不能证明上述技术方案给所述产品带来了突出的实质性特点和显著的进步，因此权利要求1～3不具备创造性，不符合《专利法》第二十二条第三款的规定。原告对上述驳回决定不服，于2005年12月28日向被告提出复审请求认为：权利要求1与对比文件1的区别在于权利要求1将抗生素具体限定在头孢氨噻肟钠。本申请中公开的他佐巴坦与头孢氨噻肟的协同抗菌作用比对比文件1中的头孢氨噻肟的抗菌作用强；权利要求1与对比文件2的区别在于对比文件2使用的是他佐巴坦的单水合物，而权利要求1限定的是他佐巴坦，两者是两种不同的化合物，相对于单水合物，他佐巴坦更不稳定更不易于制剂，两者存在显著差异，对比文件2中并没有提供两者可以相互替换的技术启示；对比文件1和2的结合与本申请相比仍然存在区别特征，该区别特征为本申请带来了突出的实质性特点和显著的进步，因此国家知识产权局驳回的理由不成立。原告在提出复审请求时没有提交新修改的申请文本。

被告受理该复审请求后，向原告发出《复审请求受理通知书》，同时将本申请案卷移交原审查部门进行前置审查。

原审查部门对本复审请求进行了前置审查，具体意见概括为：对比文件1或对比文件2中已经公开了他佐巴坦及他佐巴坦盐均可以与头孢菌素类抗生素联用并能够获得协同作用，在现有技术中不存在任何技术障碍/偏见，根据对比文件1和2的教导，本领域技术人员有能力基于协同抗菌和/或克服耐药性的需求，而选择他佐巴坦，他佐巴坦钠盐或晶体他佐巴坦钠盐之一与头孢菌素类抗生素联用，因此坚持原驳回决定。

被告对本复审请求案进行了审理，于2007年9月11日向原告发出《复审通知书》，指出：（1）权利要求1的技术方案与对比文件2的相比，区别在于对比文件2中使用的是他佐巴坦钠盐的单水合物晶体，而本申请中用的是他佐巴坦钠盐，二者的区别仅在于他佐巴坦钠盐是否携带结晶水，然而根据本领域的常识可知，使用他佐巴坦钠盐代替他佐巴坦单水钠盐只是在药物制备中所进行的一般性选择，而且他佐巴坦钠盐增强头孢氨噻肟抗菌活性等作用是本领域技术人员可以通过有限试验得到的，并未产生预料不到的技术效果，因此本领域技术人员在对比文件2的基础上得出权利要求1的技术方案不需要花费创造性劳动，权利要求1相对于对比文件2不具备创造性；（2）权利要求2在权利要求1的基础上进一步对头孢氨噻肟和他佐巴坦的用量进行了限定，将头孢氨噻肟和他佐巴坦的重量比例为4:1~8:1；然而对比文件2中已经公开了头孢氨噻肟和他佐巴坦单水钠盐的重量比例为9:1~4:3及8:1~1:1，显然对比文件2中已经公开权利要求2的用量比例端值（即8:1）且权利要求2的比例范围与对比文件2所公开的范围存在重叠，权利要求2的附加技术特征已经被现有技术公开，因此本领域技术人员在对比文件2的基础上得出权利要求2的技术方案不需要花费创造性劳动，权利要求2相对于对比文件2不具备创造性；（3）权利要求3在权利要求1的基础上将抗菌素组合物限定为粉针剂、冻干粉针剂。然而对比文件2中已经公开了将头孢类抗生素（如头孢三嗪）和他佐巴坦单水钠盐组合制成干粉安瓿剂并在使用之前用生理盐水溶解的技术方案，而且粉针剂和冻干粉针剂均是本领域的常规制剂，其制备方法在本领域是公知技术，因此本领域技术人员在对比文件2的基础上得出权利要求3的技术方案不需要花费创造性劳动，权利要求3相对于对比文件2不具备创造性。

针对《复审通知书》指出的问题，原告于2007年11月16日提交了意见陈述书及如下附件：

附件1：第87102493.4号中国发明专利授权公告文本，授权公告日为1994年2月16日；

附件2：第02103089.8号中国发明专利授权公告文本，授权公告日为2004年9月1日；

附件3：第96106799.3号中国发明专利授权公告文本，授权公告日为2000年7月5日。

原告认为：结晶水影响药物的溶出和吸收，药物的结晶性，药物的作用和药物的稳定性。本申请说明书第2页说明了本发明的目的，第3~6页说明了本申请的积极效果。此外，附件2和3的授权专利表明含有结晶水的药物与无水物不同并可被授予专利权，附件1表明新的盐可以授予专利权。权利要求2和3在权利要求1有创造性的前提下，也具有创造性。经审查，被告作出如下判断：

关于审查文本，被告认为，原告在复审阶段未提交新的申请文本，故本复审请求审查决定依据的文本为驳回决定所针对的文本，即原告于2004年5月11日提交的权利要求第1~3项，说明书第1~6页及摘要

关于《专利法》第二十二条第三款，本案中，权利要求1如下："1. 一种抑制β-内酰胺酶的抗菌素组合物，它由一种头孢菌素类抗生素与他佐巴坦所组成，其特征为头孢菌素类抗生素为头孢氨噻肟钠，头孢类抗生素与他佐巴坦的重量比为20:1~1:1。"

被告认为，对比文件2中公开了一种含有头孢氨噻肟与他佐巴坦钠盐单水合物晶体的药物组合物，其中他佐巴坦钠盐单水合物晶体与头孢氨噻肟类抗生素的比例为1:10~10:1，优选为1:9~3:4，更优选1:8~1:1（参见说明书第8~9页），且该文献的实施例5中公开了将他佐巴坦钠盐单水合物晶体与头孢三嗪制备成静脉注射用干粉安瓿剂的技术方案。

权利要求 1 的技术方案与对比文件 2 相比，区别在于对比文件 2 中使用的是他佐巴坦钠盐的单水合物晶体，而权利要求 1 中使用的是他佐巴坦钠盐（见本申请说明书第 1 页中"他佐巴坦"的英文名 Tazobactam Sodium）。根据说明书的记载，本申请实际解决的技术问题是通过他佐巴坦与头孢菌素类抗生素的协同作用来增强该抗生素的抗菌活性并扩大抗菌谱，扩大临床用药范围。对比文件 2 中已经公开了头孢氨噻肟与他佐巴坦钠盐单水合物晶体组合能够制成有效的药物，而且他佐巴坦与 β-内酰胺类抗生素能够产生协同作用，增强药物的抗菌活性并扩大抗菌谱是本领域公知的，权利要求 1 只是采用他佐巴坦钠盐，二者的区别仅在于他佐巴坦钠盐是否携带结晶水，然而根据本领域的常识可知，药物在体内的作用是基于其活性部位的，是否携带结晶水一般不会对药物在体内的功效产生根本影响，因此对本领域技术人员来说，使用他佐巴坦钠盐代替他佐巴坦钠盐单水合物晶体只是在药物制备中所进行的一般性选择，原告没有提供能够证明他佐巴坦钠盐与头孢氨噻肟组合比他佐巴坦钠盐单水合物与头孢氨噻肟组合具有更优抗菌效果的证据，而且他佐巴坦钠盐增强头孢氨噻肟抗菌活性等作用是本领域技术人员可以通过有限试验得到的，其并未产生预料不到的技术效果，因此本领域技术人员在对比文件 2 的基础上得出权利要求 1 的技术方案不需要花费创造性劳动，权利要求 1 相对于对比文件 2 不具备创造性，不符合《专利法》)第二十二条第三款的规定。

权利要求 2 在权利要求 1 的基础上进一步对头孢氨噻肟和他佐巴坦的用量进行了限定，将头孢类抗生素和他佐巴坦的重量比例限定为 4：1~8：1。然而对比文件 2 中已经公开了头孢氨噻肟和他佐巴坦单水钠盐的重量比例为 9：1~4：3 及 8：1~1：1，显然对比文件 2 中已经公开权利要求 2 的用量比例端值且权利要求 2 的比例范围与对比文件 2 所公开的范围存在重叠，权利要求 2 的附加技术特征已经被现有技术公开，因此基于与上述相同的理由，本领域技术人员在对比文件 2 的基础上得出权利要求 2 的技术方案不需要花费创造性劳动，权利要求 2 相对于对比文件 2 不具备创造性，不符合《专利法》第二十二条第三款的规定。

权利要求 3 在权利要求 1 的基础上将抗菌素组合物限定为粉针剂，冻干粉针剂。然而对比文件 2 中已经公开了将头孢类抗生素（如头孢三嗪）和他佐巴坦单水钠盐组合制成干粉安瓿剂并在使用之前用生理盐水溶解的技术方案，而且粉针剂和冻干粉针剂均是本领域的常规制剂，其制备方法在本领域是公知技术，因此基于与上述相同的理由，本领域技术人员在对比文件 2 的基础上得出权利要求 3 的技术方案不需要花费创造性劳动，权利要求 3 相对于对比文件 2 不具备创造性，不符合《专利法》第二十二条第三款的规定。

原告在意见陈述中认为：（1）对比文件 2 中所用的是他佐巴坦单水合物，而本申请所用的是他佐巴坦，而结晶水的存在会影响到药物的性质；（2）本申请的药物不仅对非高度耐药菌具有抗菌效果而且对高度耐药菌也有抗菌效果，而对比文件 2 中没有公开这些效果；（3）原告在答复复审通知书时提交了三份附件，表明含结晶水和不含结晶水的药物在审查时是视为不同物质予以授权的，新的药物盐也可以授权。

对此，被告认为：（1）尽管他佐巴坦与他佐巴坦单水合物是不同的化合物，但是，两者的区别仅在于是否携带结晶水，结晶水的存在一般会影响到物质的部分理化性质，但是药物在体内的疗效及药物间的协同作用主要是基于其活性部位，而且他佐巴坦和他佐巴坦单水合物晶体均是本领域已知的化合物，其在药物制剂过程中的各种性质也是本领域技术人员公知的，尽管原告认为结晶水可以影响药物的性质，但始终没有提供证据表明他佐巴坦钠盐与其单水合物晶体相比如何影响所述抗生素组合物的抗菌效果等性质，只是泛泛说明结晶水可能的作用，而本申请说明书表 3 中也仅仅是对比了他佐巴坦和头孢氨噻肟联合用药与头孢氨噻肟单独用药的效果，因此将他佐巴坦与他佐巴坦单水合物替换对于本领域技术人员来说是不需要花费创造性劳动的，而且原告也没有提交过任何对比性的实验数据来证明本申请的技术方案的效果明显优于对比文件2的效果；（2）他佐巴坦与β-内酰胺类抗生素能够产生协同作用，增强药物的抗菌活性并扩大抗菌谱是本领域公知常识，将他左巴坦与β-内酰胺类抗生素联用的来解决β-内酰胺类抗生素耐药性的问题对本领域技术人员来说是显而易见的，对此本申请说明书的背景技术部分也有记载；（3）原告在答复复审通知书时提交的三份附件的内容与本申请的技术方案没有任何关联性，无法证明本申请的技术方案相对于现有技术具备创造性。因此，原告的意见陈述不足以说明本申请权利要求1~3具有创造性，综上，被告作出第13102号决定，维持国家知识产权局于2005年10月21日对第97114307.2号发明专利申请作出的驳回决定。原告不服，诉至本院。

本院认为：

关于审查程序问题。专利《审查指南》中虽然规定有口头审理程序，但口头审理并非专利复审的必经程序，在案件事实清楚的情况下，被告可以径行作出决定。本案中，在实审阶段，实审部门已经向原告发出三次审查意见通知，而在复审阶段，被告在作出复审决定前，亦向原告发出复审审查意见通知，告知原告如果不能就审查意见中所提出的问题给予有说服力的解答本专利申请将不会被支持。在原告的意见陈述不足以说明本申请权利要求1~3具有创造性的情况下，被告作出了第13102号决定。故原告认为被告没有给予其陈述意见的机会，不符合事实，被告作出第13102号决定并未违反法律法规及规范性文件的规定。

关于创造性问题：《专利法》第二十二条第三款规定，创造性是指同申请日以前已有的技术相比，该发明有突出的实质性特点和显著的进步。

在进行创造性判断时，如果最接近的对比文件已经给出了解决相同技术问题的技术方案的启示，发明仅对技术方案作出所属技术领域的技术人员显而易见的调整，而且该发明也未产生预料不到的技术效果，则该发明不具备创造性。

本案中，权利要求1的技术方案与对比文件2相比，区别在于对比文件2中使用的是他佐巴坦钠盐的单水合物晶体，而权利要求1中使用的是他佐巴坦钠盐，二者的区别仅在于他佐巴坦钠盐是否携带结晶水，然而根据本领域的常识可知，药物在体内的作用是基于其活性部位的，是否携带结晶水一般不会对药物在体内的功效产生根本影响，因此对本领域技术人员来说，使用他佐巴坦钠盐代替他佐巴坦钠盐单水合物晶体只是在药物制备中所进行的一般性选择，原告没有提供能够证明他佐巴坦钠盐与头孢氨噻肟组合比他佐巴坦钠盐单水合物与头孢氨噻肟组合具有更优抗菌效果的证据。而且他佐巴坦钠盐增强头孢氨噻肟抗菌活性等作用是本领域技术人员可以通过有限试验得到的，其并未产生预料不到的技术效果，因此本领域技术人员在对比文件2的基础上得出权利要求1的技术方案不需要花费创造性劳动，权利要求1相对于对比文件2不具备创造性，不符合《专利法》第二十二条第三款的规定。

权利要求2在权利要求1的基础上进一步对头孢氨噻肟和他佐巴坦的用量进行了限定，对比文件2中已经公开权利要求2的用量比例端值且权利要求2的比例范围与对比文件2所公开的范围存在重叠，权利要求2的附加技术特征已经被现有技术公开，因此基于与上述相同的理由，本领域技术人员在对比文件2的基础上得出权利要求2的技术方案不需要花费创造性劳动，权利要求2相对于对比文件2不具备创造性，不符合《专利法》第二十二条第三款的规定。

权利要求3在权利要求1的基础上将抗菌素组合物限定为粉针剂，冻干粉针剂。然而对比文件2中已经公开了将头孢类抗生素（如头孢三嗪）和他佐巴坦单水钠盐组合制成干粉安瓿剂并在使用之前用生理盐水溶解的技术方案，而且粉针剂和冻干粉针剂均是本领域的常规制剂，其制备方法在本领域是公知技术，因此基于与上述相同的理由，本领域技术人员在对比文件2的基础上得出权利要求3

的技术方案不需要花费创造性劳动,权利要求3相对于对比文件2不具备创造性,不符合《专利法》第二十二条第三款的规定。

本案中,原告还提出本专利权利要求1~3的技术方案均须付出创造性劳动才能获得,本专利与现有技术存在的差异显著,同时也带来了实质性的积极效果。对此,在复审阶段被告已经知晓原告上述意见并给以了充分考虑,但因原告未能提供充分的证据以支持其观点,故被告在第13102号决定中给予了具体充分的分析,明确了本专利不具有创造性的具体理由。故原告认为被告没有进行实质性审查也没有任何新的观点的理由不成立,本院不予采信。原告认为第13102号决定认定事实不清,程序不合法等观点缺乏事实和法律依据,其要求撤销13102号决定的诉讼请求本院不予支持。

综上,《中华人民共和国行政诉讼法》第五十四条第(一)项,判决如下:

维持国家知识产权局专利复审委员会于二〇〇八年四月十四日作出的第13102号复审请求审查决定。

案件受理费100元,由原告广州威尔曼有限公司负担(已交纳)。

如不服本判决,当事人可在判决书送达之日起15日内向本院递交上诉状,并按对方当事人的人数提出副本,预交上诉案件受理费100元,上诉于北京市高级人民法院。

审 判 长 饶亚东
审 判 员 刘景文
代理审判员 毛天鹏
二〇〇九年四月二十日
书 记 员 盛 阳

北京市高级人民法院
行政判决书

(2009)高行终字第1297号

上诉人(一审原告)广州威尔曼药业有限公司,住所地广东省广州市天河区沙河上元岗。
法定代表人孙明杰,董事长。
委托代理人李德成,北京市金诚同达律师事务所律师。
委托代理人刘元霞,北京市金诚同达律师事务所律师。
被上诉人(一审被告)国家知识产权局专利复审委员会,住所地北京市海淀区北四环西路9号银谷大厦。
法定代表人张茂于,副主任。
委托代理人张晓飞,国家知识产权局专利复审委员会审查员。
委托代理人郭鹏鹏,国家知识产权局专利复审委员会审查员。

上诉人广州威尔曼药业有限公司(以下简称威尔曼公司)因专利驳回复审决定一案,不服北京市第一中级人民法院(以下简称一审法院)(2008)一中行初字第1162号行政判决,向本院提起上诉。本院受理后,依法组成合议庭,于2009年11月27日公开开庭审理了本案。上诉人威尔曼公司的委托代理人李德成、刘元霞,被上诉人国家知识产权局专利复审委员会(以下简称专利复审委)的委托代理人张晓飞、郭鹏鹏到庭参加了诉讼。本案现已审理终结。

2008年4月14日，专利复审委依据《中华人民共和国专利法》（以下简称《专利法》）第二十二条第三款的规定，针对威尔曼公司申请的第97114307.2号发明专利申请（以下简称本申请）作出第13102号复审请求审查决定（以下简称第13102号决定），维持了国家知识产权局（以下简称国知局）于2005年10月21日对第97114307.2号发明专利申请作出的驳回决定。威尔曼公司不服该决定，在法定期限内向一审法院提起行政诉讼。

一审法院经审理认为，第13102号决定认定事实清楚，适用法律正确，审理程序合法。威尔曼公司关于第13102号决定认定事实不清，程序不合法等观点缺乏事实和法律依据，对其要求撤销第13102号决定的诉讼请求不予支持。依照《中华人民共和国行政诉讼法》第五十四条第（一）项，判决维持了第13102号决定。

威尔曼公司不服一审判决，向本院提起上诉。该公司诉称，1. 本申请具有预料不到的技术效果。本申请的组合物抗菌性，尤其是抗耐药菌的活性显著增加。组合物与单独使用头孢氨噻肟相比增加了32倍药效。对比文件2中没有一个实施例给出他佐巴坦钠单水合物与头孢氨噻肟钠形成的组合物，而且没有一个实施例提到任何组合物的技术效果。2. 专利复审委对本申请的显而易见性的判断错误。对比文件2不是本申请最接近的现有技术，不能与本申请相对比。即使将本申请与对比文件2相比，本领域技术人员也无法预见他佐巴坦钠盐单水化合物与头孢菌素类抗生素的协同作用，更无法预见这种组合物能够增强何种抗生素和病菌的抗菌活性而扩大抗菌谱及临床用药范围。故，请求二审法院撤销一审判决和第13102号决定。

专利复审委答辩坚持第13102号决定中关于本申请不具有创造性的认定。请求二审法院驳回上诉，维持一审判决和第13102号决定。

专利复审委在法定期限内向一审法院提交了如下证据：1. 本申请说明书；2. 对比文件2：WO9512601A发明专利，公开日为1995年5月11日；3. 复审请求书；4. 复审通知书；5. 意见陈述书。

威尔曼公司向一审法院提交如下证据：1. 本申请受理通知书及权利要求书；2. 国知局向威尔曼公司发出的三次审查意见通知书及威尔曼公司对此的意见陈述、补充意见陈述和附件；3. 国知局驳回决定；4. 专利复审委向威尔曼公司发出的复审通知；5. 复审中威尔曼公司的意见陈述。

上述证据已随案移送本院。经审查，本院认为，专利复审委及威尔曼公司提交的证据与本案具有关联性，且真实、合法，威尔曼公司提交的证据能够证明国知局对本申请进行审查程序，上述证据能够证明本案的相关事实，一审法院予以采纳正确。

根据对上述证据的审查认定及双方当事人的诉辩意见，本院确认如下事实，本申请是威尔曼公司于1997年11月28日向国知局申请的名称为"抑制β–内酰胺酶的抗菌素组合物"的发明专利申请，公开日为1998年6月10日。

威尔曼公司针对国知局提出的审查意见，于2004年5月11日提交了其最终确认的申请文本，该申请文本的权利要求书如下：

"1. 一种抑制β–内酰胺酶的抗菌素组合物，它由一种头孢菌素类抗生素与他佐巴坦所组成，其特征为头孢菌素类抗生素为头孢氨噻肟钠，头孢类抗生素与他佐巴坦的重量比为20∶1~1∶1。

2. 根据权利要求1所述的抑制β–内酰胺酶的抗菌素组合物，其特征为头孢类抗生素与他佐巴坦的重量比较好的是4∶1~8∶1。

3. 根据权利要求1所述的抑制β–内酰胺酶的抗菌素组合物，其特征为抗菌素组合物可以是粉针剂、冻干粉针剂。"

2005年10月21日，国知局针对上述申请文本，以权利要求1~3不符合《专利法》第二十二条第三款的规定为由驳回了本申请。驳回决定指出：对比文件1（张永龙等撰写的"β-内酰胺酶抑制剂 tazobactam 与舒巴坦的比较研究"，刊载于1997年8月出版的《中国抗生素杂志》，第22卷第4期，第287-292页）教导了头孢菌素类可与他佐巴坦（tazobactam）联用并获得协同作用；对比文件2（WO9512601A号发明专利，公开日为1995年5月11日，名称为青霉素衍生物晶体和其产品及用途）教导了配比为1∶10～10∶1（优选为1∶9～3∶4、1∶8～1∶1）的他佐巴坦单水钠盐与头孢三嗪/头孢氨噻肟的药物组合。在上述对比文件的教导下，本领域技术人员很容易以他佐巴坦代替他佐巴坦单水钠盐，并通过常规试验确定如权利要求1所述的特定配比。同时，与已有技术相比，权利要求1~3的技术方案没有超出相关现有技术的教导，说明书的记载不能证明上述技术方案给所述产品带来了突出的实质性特点和显著的进步，因此权利要求1~3不具备创造性，不符合《专利法》第二十二条第三款的规定。

威尔曼公司对上述驳回决定不服，于2005年12月28日向专利复审委提出复审。威尔曼公司认为，权利要求1与对比文件1的区别在于权利要求1将抗生素具体限定在头孢氨噻肟钠，本申请中公开的他佐巴坦与头孢氨噻肟的协同抗菌作用比对比文件1中的头孢氨噻肟的抗菌作用强；权利要求1与对比文件2的区别在于对比文件2使用的是他佐巴坦的单水合物，而权利要求1限定的是他佐巴坦，两者是两种不同的化合物，相对于单水合物，他佐巴坦更不稳定更不易于制剂，两者存在显著差异，对比文件2中并没有提供两者可以相互替换的技术启示；对比文件1和2的结合与本申请相比仍然存在区别特征，该区别特征为本申请带来了突出的实质性特点和显著的进步，因此国知局驳回的理由不成立。威尔曼公司在提出复审请求时没有提交新修改的申请文本。

专利复审委受理该复审请求后，向威尔曼公司发出《复审请求受理通知书》，同时将本申请案卷移交原审查部门进行前置审查。

原审查部门对本复审请求进行了前置审查，具体意见概括为：对比文件1或对比文件2中已经公开了他佐巴坦及他佐巴坦盐均可以与头孢菌素类抗生素联用并能够获得协同作用，在现有技术中不存在任何技术障碍/偏见，根据对比文件1和2的教导，本领域技术人员有能力基于协同抗菌和/或克服耐药性的需求，而选择他佐巴坦、他佐巴坦钠盐或晶体他佐巴坦钠盐之一与头孢菌素类抗生素联用，因此坚持原驳回决定。

专利复审委对本复审请求案进行了审理，于2007年9月11日向威尔曼公司发出《复审通知书》，指出：1. 权利要求1的技术方案与对比文件2的区别在于对比文件2中使用的是他佐巴坦钠盐的单水合物晶体，而本申请中用的是他佐巴坦钠盐，二者的区别仅在于他佐巴坦钠盐是否携带结晶水。然而根据本领域的常识可知，使用他佐巴坦钠盐代替他佐巴坦单水钠盐只是在药物制备中所进行的一般性选择，而且他佐巴坦钠盐增强头孢氨噻肟抗菌活性等作用是本领域技术人员可以通过有限试验得到的，并未产生预料不到的技术效果，因此本领域技术人员在对比文件2的基础上得出权利要求1的技术方案不需要花费创造性劳动，权利要求1相对于对比文件2不具备创造性。2. 权利要求2在权利要求1的基础上进一步对头孢氨噻肟和他佐巴坦的用量进行了限定，将头孢氨噻肟和他佐巴坦的重量比例为4∶1～8∶1。然而对比文件2中已经公开了头孢氨噻肟和他佐巴坦单水钠盐的重量比例为9∶1～4∶3及8∶1～1∶1，显然对比文件2中已经公开权利要求2的用量比例端值（即8∶1），且权利要求2的比例范围与对比文件2所公开的范围存在重叠。权利要求2的附加技术特征已经被现有技术公开，因此本领域技术人员在对比文件2的基础上得出权利要求2的技术方案不需要花费创造性劳动，权利要求2相对于对比文件2不具备创造性。3. 权利要求3在权利要求1的基础上将抗菌素组合物限定为粉针剂、冻干粉针剂。然而对比文件2中已经公开了将头孢类抗生素（如头孢三嗪）和他佐巴坦单水钠盐组合制成干粉安瓿剂并在使用之前用生理盐水溶解的技术方案，且粉针剂和冻干粉针剂均是本领域的常规制剂，其制备方法是本领域的公知技术，因此本领域技术人员在对比文件2的基础上得出权利要求3的技术方案不需要花费创造性劳动，权利要求3相对于对比文件2不具备创造性。

针对《复审通知书》指出的问题，威尔曼公司于2007年11月16日提交了意见陈述书及如下附件：

附件1：第87102493.4号中国发明专利授权公告文本，授权公告日为1994年2月16日；

附件2：第02103089.8号中国发明专利授权公告文本，授权公告日为2004年9月1日；

附件3：第96106799.3号中国发明专利授权公告文本，授权公告日为2000年7月5日。

威尔曼公司认为，结晶水影响药物的溶出和吸收、药物的结晶性、药物的作用和药物的稳定性。本申请说明书第2页说明了本发明的目的，第3~6页说明了本申请的积极效果。此外，附件2和附件3的授权专利表明含有结晶水的药物与无水物不同并可被授予专利权，附件1表明新的盐可以授予专利权。权利要求2和3在权利要求1有创造性的前提下，也具有创造性。

经审查，专利复审委认为，威尔曼公司在复审阶段未提交新的申请文本，故本复审请求审查决定依据的文本为驳回决定所针对的文本，即威尔曼公司于2004年5月11日提交的权利要求第1~3项、说明书第1~6页及摘要。

该委认为，本申请权利要求1请求保护的技术方案为"一种抑制β-内酰胺酶的抗菌素组合物，它由一种头孢菌素类抗生素与他佐巴坦所组成，其特征为头孢菌素类抗生素为头孢氨噻肟钠，头孢类抗生素与他佐巴坦的重量比为20∶1~1∶1。"

对比文件2公开了一种含有头孢氨噻肟与他佐巴坦钠盐单水合物晶体的药物组合物，其中他佐巴坦钠盐单水合物晶体与头孢氨噻肟类抗生素的比例为1∶10~10∶1，优选为1∶9~3∶4，更优选为1∶8~1∶1，该文献的实施例5中公开了将他佐巴坦钠盐单水合物晶体与头孢三嗪制备成静脉注射用干粉安瓿剂的技术方案。

权利要求1的技术方案与对比文件2相比，区别在于对比文件2中使用的是他佐巴坦钠盐的单水合物晶体，而权利要求1中使用的是他佐巴坦钠盐（见本申请说明书第1页中"他佐巴坦"的英文名Tazobactam Sodium）。根据说明书的记载，本申请实际解决的技术问题是通过他佐巴坦与头孢菌素类抗生素的协同作用来增强该抗生素的抗菌活性并扩大抗菌谱，扩大临床用药范围。对比文件2公开了头孢氨噻肟与他佐巴坦钠盐单水合物晶体组合能够制成有效的药物，他佐巴坦与β-内酰胺类抗生素能够产生协同作用、增强药物的抗菌活性并扩大抗菌谱是本领域公知的。权利要求1采用他佐巴坦钠盐，二者的区别仅在于他佐巴坦钠盐是否携带结晶水。然而根据本领域的常识可知，药物在体内的作用是基于其活性部位的，是否携带结晶水一般不会对药物在体内的功效产生根本影响，因此对本领域技术人员来说，使用他佐巴坦钠盐代替他佐巴坦钠盐单水合物晶体只是在药物制备中所进行的一般性选择，威尔曼公司没有提供能够证明他佐巴坦钠盐与头孢氨噻肟组合比他佐巴坦钠盐单水合物与头孢氨噻肟组合具有更优抗菌效果的证据；他佐巴坦钠盐增强头孢氨噻肟抗菌活性等作用是本领域技术人员可以通过有限试验得到的，其并未产生预料不到的技术效果，因此本领域技术人员在对比文件2的基础上得出权利要求1的技术方案不需要花费创造性劳动，权利要求1相对于对比文件2不具备创造性，不符合《专利法》第二十二条第三款的规定。

权利要求2在权利要求1的基础上进一步对头孢氨噻肟和他佐巴坦的用量进行了限定，将头孢类抗生素和他佐巴坦的重量比例限定为4∶1~8∶1。然而对比文件2中已经公开了头孢氨噻肟和他佐巴坦单水钠盐的重量比例为9∶1~4∶3及8∶1~1∶1，显然对比文件2公开权利要求2的用量比例端值，且权利要求2的比例范围与对比文件2所公开的范围存在重叠，权利要求2的附加技术特征已经被现有技术公开，因此基于与上述相同的理由，本领域技术人员在对比文件2的基础上得出权利要求2的技术方案不需要花费创造性劳动，权利要求2相对于对比文件2不具备创造性，不符合《专利法》第二十二条第三款的规定。

权利要求3在权利要求1的基础上将抗菌素组合物限定为粉针剂、冻干粉针剂。对比文件2公开了将头孢类抗生素（如头孢三嗪）和他佐巴坦单水钠盐组合制成干粉安瓿剂并在使用之前用生理盐水溶解的技术方案，且粉针剂和冻干粉针剂均是本领域的常规针剂，其制备方法在本领域是公知技术。因此基于与上述相同的理由，本领域技术人员在对比文件2的基础上得出权利要求3的技术方案不需要花费创造性劳动，权利要求3相对于对比文件2不具备创造性，不符合《专利法》第二十二条第三款的规定。

威尔曼公司在意见陈述中认为，1. 对比文件2中所用的是他佐巴坦单水合物，而本申请所用的是他佐巴坦，而结晶水的存在会影响到药物的性质；2. 本申请的药物不仅对非高度耐药菌具有抗菌效果而且对高度耐药菌也有抗菌效果，而对比文件2中没有公开这些效果；3. 威尔曼公司在答复复审通知书时提交了三份附件，表明含结晶水和不含结晶水的药物在审查时是视为不同物质予以授权的，新的药物盐也可以授权。

对此，专利复审委认为，1. 尽管他佐巴坦与他佐巴坦单水合物是不同的化合物，但是，两者的区别仅在于是否携带结晶水，结晶水的存在一般会影响到物质的部分理化性质，但是药物在体内的疗效及药物间的协同作用主要是基于其活性部位，而且他佐巴坦和他佐巴坦单水合物晶体均是本领域已知的化合物，其在药物制剂过程中的各种性质也是本领域技术人员公知的。尽管威尔曼公司认为结晶水可以影响药物的性质，但其始终没有提供证据表明他佐巴坦钠盐与其单水合物晶体相比如何影响所述抗生素组合物的抗菌效果等性质，只是泛泛说明结晶水可能的作用；本申请说明书表3中也仅仅是对比了他佐巴坦和头孢氨噻肟联合用药与头孢氨噻肟单独用药的效果。因此将他佐巴坦与他佐巴坦单水合物替换对于本领域技术人员来说是不需要花费创造性劳动的，而且威尔曼公司也没有提交过任何对比性的实验数据来证明本申请的技术方案的效果明显优于对比文件2的效果。2. 他佐巴坦与β-内酰胺类抗生素能够产生协同作用、增强药物的抗菌活性并扩大抗菌谱是本领域公知常识，将他左巴坦与β-内酰胺类抗生素联用来解决β-内酰胺类抗生素耐药性的问题对本领域技术人员来说是显而易见的，对此本申请说明书的背景技术部分也有记载。3. 威尔曼公司在答复复审通知书时提交的三份附件的内容与本申请的技术方案没有任何关联性，无法证明本申请的技术方案相对于现有技术具备创造性。因此，威尔曼公司的意见陈述不足以说明本申请权利要求1-3具有创造性。

综上，专利复审委作出第13102号决定。

本院认为，《专利法》第二十二条第三款规定，创造性是指同申请日以前已有的技术相比，该发明有突出的实质性特点和显著的进步。《审查指南》第二部分第三章第2.1节规定，现有技术是指申请日前在国内外出版物上公开发表、在国内外公开使用或者以其他方式为公众所知的技术。现有技术也称为已有的技术。

本案中，对比文件2是公开于1993年5月11日的发明专利，其公开日早于本申请的申请日，二者属于相同技术领域，专利复审委将对比文件2确定为与本申请最接近的现有技术并无不当。威尔曼公司关于对比文件2不能作为本申请的现有技术的上诉理由缺乏法律依据，本院不予支持。

本申请权利要求1中使用的是他佐巴坦钠盐，对比文件2中使用的是他佐巴坦钠盐的单水合物晶体，二者的区别仅在于他佐巴坦钠盐是否携带结晶水，然而针对专利复审委确认的"药物在体内的作用是基于其活性部位的，是否携带结晶水一般不会对药物在体内的功效产生根本影响，因此对本领域技术人员来说，使用他佐巴坦钠盐代替他佐巴坦钠盐单水合物晶体只是在药物制备中所进行的一般性选择",威尔曼公司没有提供能够证明他佐巴坦钠盐与头孢氨噻肟组合比他佐巴坦钠盐单水合物与头孢氨噻肟组合具有更优抗菌效果的证据。威尔曼公司虽然提出他佐巴坦钠盐与头孢氨噻肟组合物与非组合物相比具有的技术效果,但其对专利复审委确认的"他佐巴坦钠盐增强头孢氨噻肟抗菌活性等作用是本领域技术人员可以通过有限试验得到的,其并未产生预料不到的技术效果"也未提出反驳性证据。据此专利复审委关于"他佐巴坦钠盐与头孢氨噻肟在混合过程中并不发生化学反应。他佐巴坦与β-内酰胺类抗生素能够产生协同作用,增强药物的抗菌活性并扩大抗菌谱是本领域公知常识,将他佐巴坦与β-内酰胺类抗生素联用来解决β-内酰胺类抗生素耐药性的问题对本领域技术人员来说是显而易见的"的确认事实依据充分。

权利要求2在权利要求1的基础上进一步对头孢氨噻肟和他佐巴坦的用量进行了限定,故专利复审委关于"对比文件2中已经公开权利要求2的用量比例端值且权利要求2的比例范围与对比文件2所公开的范围存在重叠,权利要求2的附加技术特征已经被现有技术公开"的确认有事实依据。

权利要求3在权利要求1的基础上将抗菌素组合物限定为粉针剂、冻干粉针剂。由于对比文件2中已经公开了将头孢类抗生素(如头孢三嗪)和他佐巴坦单水钠盐组合制成干粉安瓿剂并在使用之前用生理盐水溶解的技术方案,而且粉针剂和冻干粉针剂均是本领域的常规制剂,故专利复审委关于其制备方法在本领域是公知技术的判断具有事实基础。综上所述,专利复审委关于本申请权利要求1、2、3相对于对比文件2不具备创造性的认定亦正确。第13102号决定认定事实清楚,适用法律正确,作出程序合法,一审法院予以维持正确。威尔曼公司的上诉理由缺乏事实和法律依据。据此,依照《中华人民共和国行政诉讼法》第六十一条第(一)项的规定,判决如下:

驳回上诉,维持一审判决。

二审案件受理费人民币100元,由上诉人广州威尔曼药业有限公司负担(已交纳)。

本判决为终审判决。

审　判　长　郭　宜
代理审判员　胡浩立
代理审判员　朱海宏
二〇〇九年十二月十一日
书　记　员　程钰玮

含吗啉蒽环类化生物和抗癌剂的联合制剂

复审请求审查决定（第 13108 号）

决 定 号	第 13108 号
决 定 日	2008 年 4 月 16 日
发明创造名称	含吗啉蒽环类化生物和抗癌剂的联合制剂
国 际 分 类 号	A61K 31/5377，A61K 45/00，A61P 35/00
复 审 请 求 人	内尔维阿诺医学科学有限公司
申 请 号	200310114911.9
优 先 权 日	1999 年 4 月 29 日
申 请 日	2000 年 4 月 4 日
公 布 日	2004 年 6 月 30 日
合议组组长	许 磊
主 审 员	李梦楠
参 审 员	魏春宝

法 律 依 据 专利法第 26 条第 4 款

决 定 要 点

权利要求书中的每一项权利要求所要求保护的技术方案应当是所属技术领域的技术人员能够从说明书充分公开的内容中得到或概括得出的技术方案，并且不得超出说明书公开的范围；如果权利要求书的概括包含申请人推测的内容，而其效果又难于预先确定和评价，应当认为这种概括超出了说明书公开的范围。

一、案由

本复审请求涉及申请号为 200310114911.9、名称为"含吗啉蒽环类化生物和抗癌剂的联合制剂"的发明专利申请（下称本申请）。本申请的申请日为 2000 年 4 月 4 日，公开日为 2004 年 6 月 30 日，优先权日为 1999 年 4 月 29 日。2006 年 12 月 29 日，本申请的申请人由法玛西雅厄普约翰公司变更为内尔维阿诺医学科学有限公司。

针对申请人于 2003 年 11 月 13 日提交的权利要求 1~22、说明书第 1~10 页和说明书摘要，国家知识产权局于 2005 年 10 月 14 日以权利要求 1~22 不符合专利法第 26 条第 4 款的规定为由驳回了本申请。

驳回决定所针对的权利要求书如下：

"1. 一种联合制剂，它包括式（I）或（II）的吗啉基蒽环类药和烷基化剂的抗癌药物。

2. 根据权利要求1的制剂，其中烷基化剂选自丝裂霉素C、环磷酰胺、白消安、异环磷酰胺、等环磷酰胺、美法仑、六甲密胺、噻替哌、苯丁酸氮介和达卡吧嗪。

3. 根据权利要求1的制剂，其包括式（I）的吗啉基蒽环类药和烷基化剂。

4. 根据权利要求1～3中任意一项的制剂，其被配制成药物组合物，另外还包含可药用载体或赋形剂。

5. 包含如权利要求1所定义的式（I）或（II）的吗啉基蒽环类药和烷基化剂的抗癌药物的产品，作为联合制剂，同时、分别或顺序用于抗癌治疗。

6. 根据权利要求5的产品，其中吗啉基蒽环类药为式（I）的化合物，并且所述抗癌药是烷基化剂。

7. 根据权利要求5或6中任意一项的产品，其中烷基化剂选自丝裂霉素C、环磷酰胺、白消安、异环磷酰胺、等环磷酰胺、美法仑、六甲密胺、噻替哌、苯丁酸氮介和达卡吧嗪。

8. 如权利要求5或6中任一项的产品，配制成用于肝内给药的制剂。

9. 如权利要求1中所定义的式（I）或（II）的吗啉基蒽环类药和烷基化剂的抗癌药物用于制备抗癌治疗药品的用途，其中的吗啉基蒽环类药和所述抗癌药同时、分别或顺序给药。

10. 根据权利要求9的用途，其中烷基化剂选自丝裂霉素C、环磷酰胺、白消安、异环磷酰胺、等环磷酰胺、美法仑、六甲密胺、噻替哌、苯丁酸氮介和达卡吧嗪。

11. 根据权利要求9或10的用途，其中的吗啉基蒽环类药为式（I）的化合物，并且所述抗癌药是烷基化剂。

12. 根据权利要求9或10的用途，其中的抗癌治疗是肝癌治疗。

13. 根据权利要求12的用途，其中的肝癌是限定在肝脏内的原发癌或肝转移癌。

14. 根据权利要求13的用途，其中的限定在肝脏内的原发癌是肝细胞癌或胆管癌。

15. 根据权利要求9或10的用途，其中该药品被配制成肝内给药。

16. 根据权利要求9或10的用途，其中吗啉基蒽环类药在所述抗癌药之前给药。

17. 根据权利要求9或10的用途，其中吗啉基蒽环类药在第一和第二天给药，抗癌药在第三天给药。

18. 一种治疗用药盒，在适当的容器内包含如权利要求1所定义的式（I）或（II）的吗啉基蒽环类药的制剂和烷基化剂的抗癌药物的制剂。

19. 根据权利要求18的药盒，其中吗啉基蒽环类药和抗癌药剂装在单一的容器内。

20. 根据权利要求18的药盒，其中吗啉基蒽环类药和抗癌药剂装在不同的容器内。

21. 根据权利要求18到20中任意一项的药盒，其中吗啉基蒽环类药为式（I）的化合物，并且所述抗癌药是烷基化剂。

22. 根据权利要求18到20中任意一项的药盒，其中的成分被配制成肝内给药制剂。"

驳回的具体理由为：（1）权利要求1~4、5~8、9~17、18~22分别请求保护式Ⅰ或式Ⅱ的吗啉基蒽环类药与烷基化剂的联合制剂、产品、制药用途和药盒。但说明书中没有任何所述两类药物合用的实施例，更没有任何实验证明这两类药物合用在肿瘤治疗，尤其是肝癌治疗中有协同作用，且能降低由抗癌药引起的副作用。本领域普通技术人员也不能从说明书中公开的内容直接得到或者概括得出所述技术方案。因此权利要求1~22得不到说明书的支持，不符合专利法第26条第4款的规定；（2）本领域技术人员公知：顺铂不是烷基化剂，而是金属铂类配合物。申请人提交的参考文件（有关"drug information：cisplatin（systemic）"的网络打印件共7页，于答复第一次审查意见通知书时提交，下称附件1。只是互联网上的未标明日期的文章，不是教科书或技术词典，不可信。本申请说明书中仅表明了式Ⅰ的化合物与顺铂联用的抗癌活性，并没有任何证据证明式Ⅰ的化合物与烷基化剂联用具有抗癌活性，申请人的陈述意见不能表明本申请的权利要求符合专利法第26条第4款的规定。

申请人（下称请求人）对上述驳回决定不服，于2006年1月26日向专利复审委员会提出复审请求。请求人在提出复审请求时没有提交修改文件，但提交了以下附件（编号续前）：

附件2：吗啉基蒽环类化合物与丝裂霉素C的联合制剂协同抗癌活性的实验数据；

附件3："DNA Topoisomerase Ⅱα Expression Is Associated with Alkylating Agent Resistance"，Joseph P. Eder 等人，CANCER RESEARCH 55，第6109~6116页，1995年12月15日，复印件共8页；

附件4："Is there a case for cisplatin in the treatment of small-cell lung cancer？A meta-analysis of randomized trials of a cisplatin-containing regimen versus a regimen without this alkylating agent"，J-L Pujol 等人，British Journal of Cancer，83（1），第8~15页，2000年，复印件共8页；

附件5："DNA-based drug interactions of cisplatin"，M. Crul 等人，CANCER TREATMENT REVIEWS，28，第291~303页，2002年，复印件共13页。

请求人认为：本申请说明书第5~7页已经详尽描述了式（Ⅰ）或式（Ⅱ）的吗啉基蒽环类药物和烷基化剂联用的给药剂量、宿主和给药方式，说明书中给出了顺铂与式（Ⅰ）的吗啉基蒽环类药物联用具有协同作用的实验资料，且提交的附件3~5中也表明了顺铂是一种烷基化剂，因此本领域技术人员根据说明书的记载完全可以不花费创造性劳动实施本发明的技术方案，附件2是式Ⅰ的化合物与丝裂霉素C（烷基化剂）联合制剂的协同抗癌活性的实验数据，本领域技术人员完全可以根据说明书公开的技术方案得到这些数据，因此本申请说明书可充分支持权利要求1~22的技术方案。

形式审查合格后，专利复审委员会受理了该复审请求，并于2006年3月1日向请求人发出《复审请求受理通知书》，随后将本申请案卷移交原审查部门进行前置审查。

原审查部门对本复审请求进行了前置审查，坚持原驳回决定。

专利复审委员会组成合议组，对本案的复审请求进行了审理。于2007年9月11日向请求人发出《复审通知书》。该《复审通知书》指出：（1）权利要求1~4、5~8、9~17、18~22分别请求保护式Ⅰ或式Ⅱ的吗啉基蒽环类药与烷基化剂的联合制剂、包含该联合制剂的产品、制药用途和药盒。根据说明书的记载，本发明的目的在于提供一种具有协同作用的药物组合，但说明书中仅仅给出了式（Ⅰ）化合物与顺铂联合具有协同抗白血病活性的实验数据，没有任何关于式（Ⅰ）或式（Ⅱ）的吗啉基蒽环类药物和烷基化剂具有协同作用的实验数据。顺铂的结构中并不含有烷化基团，与烷化剂的结构存在显著差异，此外，根据本领域技术人员的公知常识，药物间是否具有协同作用难以从药物的化学结构或性能上加以推测，必须通过实验数据加以确定，因此，本领域技术人员难以预测除顺铂之外其他药物包括烷化剂与式（Ⅰ）或式（Ⅱ）的吗啉基蒽环类药物也具有抗肿瘤的协同作用，权利要求1~22得不到说明书的支持，不符合专利法第26条第4款的规定。(2)附件2是请求人在申请日之后提交的实验数据,其既不是现有技术也没有记载在原始申请文件中,合议组对附件2所记载内容不予考虑。附件1(网页日期为2005年6月13日)、4、5的公开时间在本申请的申请日或优先权日之后,不能表明在本申请申请日或优先权日之前本领域公认顺铂属于烷化剂,附件3的公开日虽然在本申请优先权日之前,但其是一篇科技期刊文献,在教科书(参见《药理学》,1987年9月第1版,人民卫生出版社,竺心影主编,第400页倒数第1行至第401页第2行)清楚给出了烷化剂定义和顺铂结构的情况下,仅凭附件3也难以证明在本申请申请日之前本领域公认顺铂属于烷化剂,因此,请求人提交的附件1~5也无法证明式(I)或式(II)的吗啉基蒽环类药物与烷基化剂联合具有协同抗癌的作用,请求人提交的证据和陈述的理由也不能说明权利要求1~22符合专利法第26条第4款的规定。

针对《复审通知书》指出的问题,请求人于2007年12月26日提交了意见陈述书及以下附件(编号续前):

附件6:"L1210 cells selected for resistance to methoxymorpholinyl doxorubicin appear specifically resistant to this class of morpholinyl derivatives",C. Geroni等人,复印件共5页。

请求人认为:式(I)或式(II)的吗啉基蒽环类化合物和烷基化剂的组合具有与(I)或式(II)的吗啉基蒽环类化合物与铂衍生物(如顺铂)的组合相同的抗肿瘤机制,附件6显示顺铂和烷基化剂例如丝裂霉素C或L-PAM具有相同的抗肿瘤机制,也就是说,铂衍生物的作用机制与烷基化剂的作用机制相似,因此本领域技术人员会理解并进一步预测到本申请的组合具有协同的抗肿瘤活性。

至此,合议组认为本案事实清楚,可以作出审查决定。

二、决定的理由

1. 关于审查文本

鉴于请求人在复审过程中未对申请文件进行过修改,故本复审请求审查决定是在驳回决定所针对的文本的基础上作出的。

2. 关于专利法第26条第4款

专利法第26条第4款规定,权利要求书应当以说明书为依据,说明要求专利保护的范围。

权利要求书中的每一项权利要求所要求保护的技术方案应当是所属技术领域的技术人员能够从说明书充分公开的内容中得到或概括得出的技术方案,并且不得超出说明书公开的范围;如果权利要求书的概括包含申请人推测的内容,而其效果又难于预先确定和评价,应当认为这种概括超出了说明书公开的范围。

本案中,权利要求1~4、5~8、9~17、18~22分别请求保护式(I)或式(II)的吗啉基蒽环类药与烷基化剂的联合制剂、包含该联合制剂的产品、制药用途和药盒。根据说明书的记载,本发明的目的在于提供一种具有协同作用的药物组合,但说明书中仅仅给出了式(I)化合物与顺铂联合具有协同抗白血病活性的实验数据,没有任何关于式(I)或式(II)的吗啉基蒽环类药物和烷基化剂具有协同作用的实验数据。根据教科书的记载,烷基化剂均具有活泼的烷化基团,能够与细胞组成成份中的蛋白质和核酸中的氨基、巯基、羟基、磷酸基等亲核基团起作用,以烷基取代这些基团的氢原子,起烷化作用,结果造成DNA结构和功能的损害(参见《药理学》,1987年9月第1版,人民卫生出版社,竺心影主编,第400页倒数第1行至第401页第2行),而顺铂的结构中并不含有烷化基团,与烷化剂的结构存在显著差异。根据本领域技术人员的公知常识,药物的相互作用可能是协同或拮抗作用,一种药物与另一种药物间是否具有协同作用难以从药物的化学结构或性能上加以推测,结构不同的药物相互替代获得的结果难以预测,必须通过实验数据加以确定,因此在说明书中仅给出顺铂与式(I)化合物具有协同作用的实验资料的情况下,本领域技术人员难以预测除顺铂之外其他药物包括烷化剂与式（Ⅰ）或式（Ⅱ）的吗啉基蒽环类药物也具有抗肿瘤的协同作用，因此权利要求1~22得不到说明书的支持，不符合专利法第26条第4款的规定。

对于请求人提交的附件1~6和陈述的意见，合议组认为：附件2是请求人在申请日之后提交的实验数据，其既不是现有技术也没有记载在原始申请文件中，因此，合议组对附件2所记载内容不予考虑。附件1、4、5的公开时间在本申请的申请日或优先权日之后，不能表明在本申请申请日或优先权日之前本领域公认顺铂属于烷化剂，附件3的公开日虽然在本申请优先权日之前，但其是一篇科技期刊文献，在教科书清楚给出了烷化剂定义和顺铂结构的情况下，仅凭附件3也难以证明在本申请申请日之前本领域公认顺铂属于烷化剂；对于附件6，首先，其上没有期刊名称，出版信息，没有任何证据表明其是本申请申请日前的现有技术，而且其中只是记载了顺铂、丝裂霉素C和L-PAM具有抗肿瘤作用，并没有记载其抗肿瘤的机制完全相同，而且即使顺铂和烷基化剂在抗肿瘤机制上存在相同之处，只是能说明它们都可以单独作为抗肿瘤药物，并不能证明它们均可以与（Ⅰ）或式（Ⅱ）的吗啉基蒽环类化合物产生协同作用，更不能证明它们与（Ⅰ）或式（Ⅱ）的吗啉基蒽环类化合物的协同抗肿瘤机制是相同的。因此，附件1~6均不能证明本申请的权利要求1~22符合专利法第26条第4款的规定。虽然说明书中对于化合物联用的给药剂量等进行了描述，但是在说明书仅给出顺铂与式（Ⅰ）化合物联用具有协同作用的情况下，如上所述，本领域技术人员难以确定式（Ⅰ）化合物与烷化剂也具有协同作用，权利要求1~22的技术方案中包含了请求人推测的、效果难以预先确定和评价的内容，故得不到说明书的支持。综上所述，请求人提交的证据和陈述的理由也不能说明权利要求1~22符合专利法第26条第4款的规定。

根据以上事实和理由，本案合议组作出如下审查决定。

三、决定

维持国家知识产权局于2005年10月14日对200310114911.9号发明专利申请作出的驳回决定。

复审请求人对本决定不服的，可以根据专利法第41条第2款的规定，自收到本决定之日起三个月内向北京市第一中级人民法院起诉。

洗涤剂组合物

复审请求审查决定（第13114号）

决 定 号	第13114号
决 定 日	2008年4月15日
发明创造名称	洗涤剂组合物
国 际 分 类 号	C11D 1/00
复 审 请 求 人	花王株式会社
申 请 号	02120189.7
优 先 权 日	2001年5月24日
申 请 日	2002年5月24日
公 开 日	2003年1月1日
合议组组长	周英姿
主 审 员	王 冬
参 审 员	李梦楠

法 律 依 据 专利法第22条第2款、第3款
决 定 要 点

在进行新颖性判断时，如果专利申请请求保护的技术方案与对比文件的技术方案实质上不同，则认为该专利申请请求保护的技术方案相对于该对比文件公开的技术方案而言具备新颖性。

如果发明所要求保护的技术方案相对于最接近的现有技术而言是非显而易见的，并且取得了预料不到的技术效果，则该技术方案具备创造性。

一、案由

本复审请求涉及2002年5月24日申请、2003年1月1日公开、名称为"洗涤剂组合物"的02120189.7号发明专利申请（下称本申请），其申请人为花王株式会社，本申请的优先权日为2001年5月24日。

针对申请人于2002年5月24日提交的权利要求1~5、说明书第1~18页以及说明书摘要，国家知识产权局于2005年9月9日以本申请权利要求1~3不符合专利法第22条第2款的规定、权利要求4~5不符合专利法第22条第3款的规定为由驳回了本申请。驳回决定所针对的权利要求书为：

"1. 一种洗涤剂组合物，其包括0.8wt％~20wt％的由以下通式（1）表示的酰胺醇（A），和至少一种选自阴离子表面活性剂、非离子表面活性剂和两性表面活性剂的表面活性剂（B），其中25℃时所述洗涤剂组合物稀释20倍的水溶液的pH为4.5~6.8。

$$R^1-\overset{O}{\underset{\|}{C}}-\overset{R^2}{\underset{|}{N}}-R^3-OH \qquad (1)$$

其中在式（I）中，R^1CO- 为含有 6~24 个碳原子并可以含有羟基的饱和或不饱和的酰基；R^2 为含有 1~3 个碳原子的直链或支链烷基；R^3 为含有 1~6 个碳原子的直链或支链亚烷基或含有 2~6 个碳原子的亚烯基。

2. 权利要求 1 的洗涤剂组合物，其中表面活性剂（B）为至少一种阴离子表面活性剂。

3. 权利要求 1 或 2 的洗涤剂组合物，其中表面活性剂（B）为由下列通式（2）表示的一种阴离子表面活性剂：

$R^4-O-(CH_2CH_2O)_n-SO_3M$

其中 R^4 表示含有 10~18 个碳原子的饱和或不饱和烃基；n 表示 0~5 范围内的一个数；M 表示碱金属、碱土金属、铵、链烷醇胺、或碱性氨基酸。

4. 权利要求 3 的洗涤剂组合物，其中由通式（2）表示的阴离子表面活性剂的比例占阴离子表面活性剂总量的 60wt%~100wt%。

5. 权利要求 1~4 中任一项的洗涤剂组合物，还包括至少一种选自（C）抗微生物剂、（D）调理组分、（E）珠光剂和（F）植物提取物的组分。"

驳回理由概括为：（1）权利要求 1 请求保护一种洗涤剂组合物，对比文件 1（CN1133610A，公开日为 1996 年 10 月 16 日）公开了一种液体或凝胶洗涤组合物，其含有 5%~99% 的洗涤表面活性剂，此表面活性剂选自多羟基脂肪酸酰胺、C_{12-16} 烷基乙氧基羧酸盐等及其混合物，其中多羟基脂肪酸酰胺的结构式（I）与本发明权利要求 1 要求保护的结构式（1）相同，还公开了多羟基脂肪酸酰胺与烷基乙氧基硫酸盐的重量百分数，例如为多羟基脂肪酸酰胺占 6.5%，烷基乙氧基硫酸盐占 34.14%（参见实施例 V），而且该组合物的 pH 值优选为 6~10。由此可见，权利要求 1 全部技术特征在对比文件 1 中已经公开，因此，权利要求 1 相对于对比文件 1 不具备专利法第 22 条第 2 款规定的新颖性。（2）从属权利要求 2 和 3 的附加技术特征在对比文件 1 中均已公开。因此，权利要求 2~3 不具备专利法第 22 条第 2 款规定的新颖性。（3）从属权利要求 4 的附加技术特征与对比文件 1 构成了区别特征，但该区别特征从说明书记载的内容来看并没有带来意料不到的技术效果，因此，权利要求 4 不具备专利法第 22 条第 3 款规定的创造性。（4）从属权利要求 5 的附加技术特征与对比文件 1 构成了区别特征，但该区别特征属于本领域技术人员熟知的常规知识，而且包含所述的抗微生物剂、调理组分、珠光剂、植物提取物的组分后，该组合物就具有其相应的功效而并不具有不可预料的技术效果，因此权利要求 5 不具备专利法第 22 条第 3 款的规定。

2005 年 12 月 12 日，申请人花王株式会社（下称请求人）不服上述驳回决定，向专利复审委员会提出复审请求并提交了权利要求书全文替换页（共 6 项），修改后的权利要求书如下：

"1. 一种洗涤剂组合物，其包括 0.8wt%~20wt% 的由以下通式（1）表示的酰胺醇（A），和至少一种选自阴离子表面活性剂、非离子表面活性剂和两性表面活性剂的表面活性剂（B），其中 25℃ 时所述洗涤剂组合物稀释 20 倍的水溶液的 pH 为 4.5~6.8，

$$R^1-\overset{O}{\underset{\|}{C}}-\overset{R^2}{\underset{|}{N}}-R^3-OH \qquad (1)$$

其中在式（I）中，R^1CO- 为含有 6~24 个碳原子并可以含有羟基的饱和或不饱和的酰基；R^2 为含有 1~3 个碳原子的直链或支链烷基；R^3 为含有 1~6 个碳原子的直链或支链亚烷基或含有 2~6 个碳原子的亚烯基。

2. 权利要求 1 的洗涤剂组合物，其中表面活性剂（B）为至少一种阴离子表面活性剂。

3. 权利要求 1 或 2 的洗涤剂组合物，其中表面活性剂（B）为由下列通式（2）表示的一种阴离子表面活性剂：

$R^4-O-(CH_2CH_2O)_n-SO_3M$

其中 R^4 表示含有 10~18 个碳原子的饱和或不饱和烃基；n 表示 0~5 范围内的一个数；M 表示碱金属、碱土金属、铵、链烷醇胺或碱性氨基酸。

4. 权利要求 3 的洗涤剂组合物，其中由通式（2）表示的阴离子表面活性剂的比例占阴离子表面活性剂总量的 60wt% ~ 100wt%。

5. 权利要求 1~4 中任一项的洗涤剂组合物，还包括至少一种选自（C）抗微生物剂、（D）调理组分、（E）珠光剂和（F）植物提取物的组分。

6. 权利要求 1 的洗涤剂组合物，其中 R^3 为亚乙基。"

请求人认为：①本发明酰胺醇化合物（A）的端基 R^3-OH 是 $-C_1-C_6$ 亚烷基-OH 或者 $-C_2-C_6$ 亚烯基-OH，对比文件 1 中的结构式（I）化合物的端基-Z 为例如 $-CH_2-(CHOH)_n-CH_2OH$，其中 n 为 3~5 的整数，除了末端的羟基之外，其在其他位置比本发明的化合物（A）多了至少两个羟基。因此，本发明的化合物（A）与对比文件 1 结构式（I）化合物是不同的化合物，权利要求 1 及其从属权利要求具有新颖性。②根据说明书第 2 页第 3~5 行的内容可知，由于本发明的化合物与对比文件 1 的化合物在结构上有显著差别，并且本发明组合物在性能上具有显著优点，因此，权利要求 1 及其从属权利要求具有创造性。③根据说明书第 3 页第 6 行的内容，新增加了权利要求 1 的从属权利要求 6。

经形式审查合格后，专利复审委员会受理了此复审请求，并于 2006 年 1 月 19 日向请求人发出《复审请求受理通知书》，同时将本申请案卷移交原审查部门进行前置审查。

原审查部门对本复审请求进行了前置审查。在前置审查意见通知书中，国家知识产权局原审查部门坚持原驳回决定，理由概括为：(1) 请求人没有对权利要求 1~5 进行任何修改，只是增加了从属权利要求 6，这种修改不是为消除驳回决定中指出的缺陷而作的修改，不符合专利法实施细则第 60 条第 1 款的规定。(2) 虽然对比文件 1 结构式（I）化合物的端基 Z 是多羟基烃基，例如为 $-CH_2-(CHOH)_4-CH_2OH$，但是 Z 的末端也含有末端 OH，而且 Z 含有 1~3 个碳原子的直链亚烷基，权利要求 1 的 R^3 为含有 1~6 个碳原子的直链或支链亚烷基或含有 2~6 个碳原子的亚烯基，其并没有排除如请求人所述其不含任何羟基，也没有排除其仅含有一个羟基，而且本申请的说明书中也没有排除这些情况的记载。因此，权利要求 1 所述的结构式（1）与对比文件 1 所述的结构式（I）有相同部分，权利要求 1 不具有新颖性。

专利复审委员会组成合议组，对本案的复审请求进行了审理。2007 年 9 月 4 日，专利复审委员会向请求人发出《复审通知书》。《复审通知书》指出：(1) 请求人在提出复审请求时提交的权利要求书修改文本中增加了从属权利要求 6，这种修改并不是为了消除驳回决定所指出的缺陷而进行的修改，因此，不符合专利法实施细则第 60 条第 1 款的规定。(2) 权利要求 1 请求保护的洗涤剂组合物与对比文件 1 公开的液体或凝胶洗涤组合物相比可知，对比文件 1 中使用的为式（I）的多羟基脂肪酸酰胺，本发明权利要求 1 中使用通式（1）表示的酰胺醇（A）。但是二者均属于烷醇酰胺一类的非离子表面活性剂，而非离子表面活性剂烷醇酰胺类能够稳定泡沫、防止皮肤发干属于常规知识，因此，本领域技术人员不需要付出任何创造性劳动，并且请求人也没有提供所述组合物具有意料不到效果的对比试验证据，因此，权利要求 1 不具备专利法第 22 条第 3 款规定的创造性。(3) 权利要求 2、3 和 5 的附加技术特征已经被对比文件 1 公开，在其所引用的权利要求不具备创造性的情况下，权利要求2、3和5也不具备专利法第22条第3款规定的创造性。④权利要求4的附加技术特征进一步限定了通式（2）表示的阴离子表面活性剂占阴离子表面活性剂总量的比例，但是对比文件1已经公开了总的表面活性剂含量为5%～99%，以及洗涤剂组合物中含有C_{8-22}烷基醚硫酸盐作为阴离子表面活性剂，还具体公开了C_{12-13}烷基乙氧基（1-3）硫酸钠在洗涤剂组合物中的含量（参见实施例Ⅳ）。因此，本领域技术人员不用付出创造性劳动就能够获得所需阴离子表面活性剂的具体组成及所占比例，并且权利要求4的技术方案没有产生意料不到的效果，权利要求4不具备专利法第22条第3款规定的创造性。

针对《复审通知书》指出的问题，请求人于2007年12月11日提交了意见陈述书以及权利要求书全文替换页（共5项），其中请求人删除了权利要求6，将权利要求1请求保护的主题修改为"选自用于洗发剂、身体洗净剂、洗面剂和洗手剂的洗涤剂的洗涤剂组合物"，将权利要求1中通式（1）表示的酰胺醇（A）的用量修改为"1wt%～5wt%"；同时提交了对比实验数据以证明权利要求1及其从属权利要求具有出人意料的效果。修改后的权利要求书如下：

"1. 一种选自用于洗发剂、身体洗净剂、洗面剂和洗手剂的洗涤剂的洗涤剂组合物，其包括1wt%～5wt%的由以下通式（1）表示的酰胺醇（A），和至少一种选自阴离子表面活性剂、非离子表面活性剂和两性表面活性剂的表面活性剂（B），其中25℃时所述洗涤剂组合物稀释20倍的水溶液的pH为4.5～6.8，

$$R^1-\overset{\overset{O}{\|}}{C}-N-R^3-OH \quad (1)$$
$$\quad\quad\quad\quad |$$
$$\quad\quad\quad\quad R^2$$

其中在式（I）中，R^1CO-为含有6～24个碳原子并可以含有羟基的饱和或不饱和的酰基；R^2为含有1～3个碳原子的直链或支链烷基；R^3为含有1～6个碳原子的直链或支链亚烷基或含有2～6个碳原子的亚烯基。

2. 权利要求1的洗涤剂组合物，其中表面活性剂（B）为至少一种阴离子表面活性剂。

3. 权利要求1或2的洗涤剂组合物，其中表面活性剂（B）为由下列通式（2）表示的一种阴离子表面活性剂：

$R^4-O-(CH_2CH_2O)_n-SO_3M$

其中R^4表示含有10～18个碳原子的饱和或不饱和烃基；n表示0～5范围内的一个数；M表示碱金属、碱土金属、铵、链烷醇胺或碱性氨基酸。

4. 权利要求3的洗涤剂组合物，其中由通式（2）表示的阴离子表面活性剂的比例占阴离子表面活性剂总量的60wt%～100wt%。

5. 权利要求1～4中任一项的洗涤剂组合物，还包括至少一种选自（C）抗微生物剂、（D）调理组分、（E）珠光剂和（F）植物提取物的组分。"

请求人认为：①权利要求1的组合物限定为用于洗涤头发和皮肤，对比文件1的洗涤剂组合物为餐具洗涤剂，对比文件1公开的酰胺醇不同于本发明的酰胺醇，同时其含量为5～95重量%，而本发明的含量为1～5重量%，对比文件1的组合物的pH大于7时最有效，本发明洗涤剂组合物稀释20倍的水溶液pH为4.5～6.8；②对比文件1餐具洗涤剂所要求的性能是不希望起泡，由此得到的启示应为不起泡的洗涤剂，并且由对比实验数据可知，与对比文件1的组合物、单乙醇酰胺（配方3）或乙二醇酰胺（配方4）相比，权利要求1的组合物具有更好的起泡性，贮存时具有优良的稳定性和低皮肤刺激性，《复审通知书》中的公知常识性证据所公开的性质为稳定泡沫，不等同于本发明的起泡性。因此，权利要求1及其从属权利要求具备创造性。

至此，合议组认为本案事实清楚，可以作出审查决定。

二、决定的理由

1. 有关审查文本

请求人在 2007 年 12 月 11 日提交的经修改的权利要求书中，删除了在提出复审请求时新增加的权利要求 6，由此克服了《复审通知书》第 1 条所指出的不符合专利法实施细则第 60 条第 1 款规定的缺陷；而且，请求人将权利要求 1 请求保护的主题修改为"选自用于洗发剂、身体洗净剂、洗面剂和洗手剂的洗涤剂的洗涤剂组合物"，将权利要求 1 中通式（1）表示的酰胺醇（A）的用量修改为"1wt％～5wt％"，上述修改可以分别由原说明书第 1 页第 1 段、第 3 页第 7～9 行的内容得出，因此上述修改未超出原始说明书和权利要求书记载的范围，符合专利法第 33 条的规定。

本复审请求审查决定所依据的文本是请求人于 2007 年 12 月 11 日提交的权利要求 1～5、2002 年 5 月 24 日提交的说明书第 1～18 页以及说明书摘要。

2. 关于专利法第 22 条第 2 款

专利法第 22 条第 2 款规定：新颖性，是指在申请日以前没有同样的发明或者实用新型在国内外出版物上公开发表过、在国内公开使用或者以其他方式为公众所知，也没有同样的发明或者实用新型由他人向国务院专利行政部门提出过申请并且记载在申请日以后公布的专利申请文件中。

在进行新颖性判断时，如果专利申请请求保护的技术方案与对比文件的技术方案实质上不同，则认为该专利申请请求保护的技术方案相对于该对比文件公开的技术方案而言具备新颖性。

在请求人于 2007 年 12 月 11 日提交的权利要求中，请求人将权利要求 1 请求保护的主题修改为"选自用于洗发剂、身体洗净剂、洗面剂和洗手剂的洗涤剂的洗涤剂组合物"，将权利要求 1 中通式（1）表示的酰胺醇（A）的用量修改为"1wt％～5wt％"，修改后的权利要求 1 如下：

"1. 一种选自用于洗发剂、身体洗净剂、洗面剂和洗手剂的洗涤剂组合物，其包括 1wt％～5wt％的由通式（1）表示的酰胺醇（A），和至少一种选自阴离子表面活性剂、非离子表面活性剂和两性表面活性剂的表面活性剂（B），其中 25℃时所述洗涤剂组合物稀释 20 倍的水溶液的 pH 为 4.5～6.8，

$$R^1-\overset{\overset{O}{\|}}{C}-\overset{R^2}{N}-R^3-OH \quad (1)$$

在式（I）中，R^1CO- 为含有 6-24 个碳原子并可以含有羟基的饱和或不饱和的酰基；R^2 为含有 1～3 个碳原子的直链或支链烷基；R^3 为含有 1～6 个碳原子的直链或支链亚烷基或含有 2～6 个碳原子的亚烯基"。

将修改后的权利要求 1 请求保护的技术方案与对比文件 1 公开的技术方案相比可以发现，(1) 本发明通式（1）的端基为 $-R^3-OH$，其中 R^3 为含有 1～6 个碳原子的直链或支链亚烷基或含有 2～6 个碳原子的亚烯基，不含有任何羟基，端基 R^3-OH 例如可为 $-C_1-C_6$ 亚烷基$-OH$ 或者 C_2-C_6 亚烯基$-OH$，即 $-R^3-OH$ 仅带有一个羟基。而对比文件 1 的式（I）的多羟基脂肪酸酰胺端基$-Z$ 是多羟基烃基，根据对比文件 1 记载的内容，在其直链烃基上至少具有三个羟基，例如 $-Z$ 可为 $-CH_2-(CHOH)_nCH_2OH$，其中 n 为 3～5 的整数（参见对比文件 1 说明书第 7 页第 1 段）。由此可知，对比文件 1 式（I）的多羟基脂肪酸酰胺的端基 Z 中除了最末端所示的羟基之外，其比本发明式（1）的酰胺醇（A）必然多带有至少两个羟基。前置意见中指出本申请权利要求 1 的 R^3 中的"含有"不排除不含或含有一个羟基的情形，但是权利要求 1 的 R^3 中的"含有"的定义是所述亚烷基和亚烯基的含碳数，而 R^3 为所定义的亚烷基或亚烯基。因此，本发明式（1）的酰胺醇（A）与对比文件 1 式（I）的多羟基脂肪酸酰胺是不同结构的化合物。(2) 二者的施用对象不同，对比文件 1 所公开的组合物为洗碟用洗涤组合物，权利要求 1 的组合物用于洗发剂、身体洗净剂、洗面剂和洗手剂。综上所

述，权利要求1的技术方案与对比文件1公开的技术方案存在区别，是实质上不同的技术方案，权利要求1请求保护的技术方案相对于对比文件1具备新颖性，符合专利法第22条第2款的规定。

在权利要求1具备新颖性的前提下，直接或间接从属于权利要求1的权利要求2和3也具有新颖性，符合专利法第22条第2款的规定。

3. 关于专利法第22条第3款

专利法第22条第3款规定：创造性，是指同申请日以前已有的技术相比，该发明具有突出的实质性特点和显著的进步。

如果发明所要求保护的技术方案相对于最接近的现有技术而言是非显而易见的，并且取得了预料不到的技术效果，则该技术方案具备创造性。

本案中，权利要求1请求保护一种用于洗发剂、身体洗净剂、洗面剂和洗手剂的洗涤剂组合物，其包括1wt%～5wt%的由通式（1）表示的酰胺醇（A），和至少一种选自阴离子表面活性剂、非离子表面活性剂和两性表面活性剂的表面活性剂（B），其中25℃时所述洗涤剂组合物稀释20倍的水溶液的pH为4.5～6.8，

$$R^1-\overset{O}{\underset{}{C}}-\overset{R^2}{\underset{}{N}}-R^3-OH \qquad (1)$$

在式（I）中，R^1CO-为含有6-24个碳原子并可以含有羟基的饱和或不饱和的酰基；R^2为含有1～3个碳原子的直链或支链烷基；R^3为含有1～6个碳原子的直链或支链亚烷基或含有2～6个碳原子的亚烯基。

对比文件1公开了一种液体或凝胶洗涤组合物，其含有5～99%的洗涤表面活性剂和0.001～5%的活性蛋白酶，该表面活性剂选自式（I）的多羟基脂肪酸酰胺、C_{12-16}烷基乙氧基羧酸盐等及其混合物，组合物的pH优选为6～10。该对比文件实施例中公开了洗涤剂配方含有多羟基脂肪酸酰胺与烷基乙氧基硫酸盐及其重量百分数，例如多羟基脂肪酸酰胺占6.5%，烷基乙氧基硫酸盐（即阴离子表面活性剂）占34.14%。该洗涤组合物能够为用户提供较佳皮肤条件并在常温下用于洗涤。

$$R^2-\overset{O}{\underset{}{C}}-\overset{R^1}{\underset{}{N}}-Z \qquad (I)$$

将权利要求1请求保护的洗涤剂组合物与对比文件1公开的组合物相比较可知，二者的区别特征为：（1）对比文件1中使用的为式（I）的多羟基脂肪酸酰胺，本发明权利要求1中使用的为通式（1）表示的单羟基酰胺醇（A）；（2）对比文件1的洗涤剂组合物是洗碗用组合物，本发明权利要求1的洗涤剂组合物是用于皮肤和毛发的体用洗涤组合物。

首先，对于区别技术特征（1）而言，本发明通式（1）的右端为$-R^3-OH$，其中R^3为含有1～6个碳原子的直链或支链亚烷基或含有2～6个碳原子的亚烯基，不含有任何羟基，故端基R^3-OH例如可为$-C_1-C_6$亚烷基$-OH$或者C_2-C_6亚烯基$-OH$，仅含有一个羟基。而对比文件1的式（I）的多羟基脂肪酸酰胺端基$-Z$是与本发明通式（1）的$-R^3-OH$相对应的基团，但$-Z$是多羟基烃基，根据对比文件1记载的内容，在其直链烃基上具有至少三个羟基，例如$-Z$可为$-CH_2-(CHOH)_nCH_2OH$，其中n为3～5的整数（参见对比文件1说明书第7页第1段）。由此可知，对比文件1式（I）的多羟基脂肪酸酰胺的端基Z中除了末端的羟基之外，其比本发明式（1）的酰胺醇（A）必然多至少两个羟基。前置意见中指出R^3中的"含有"不排除不含或含有一个羟基的情形，但是权利要求1的R^3中的"含有"的定义是所述亚烷基和亚烯基的含碳数，而R^3为所定义的亚烷基或亚烯基。因此，本发明式（1）的单羟基酰胺醇（A）与对比文件1式（I）的多羟基脂肪酸酰胺是不同结构的化合物，

对比文件1中并未给出引入区别技术特征①的技术启示。其次，对于区别技术特征（2）而言，本发明权利要求1的洗涤剂组合物是用于皮肤和毛发的体用洗涤组合物，该组合物在洗涤时具有好的起泡性能，贮存时具有优良的稳定性并具有低皮肤刺激性，而对比文件1的洗涤剂组合物是洗碟用组合物，其用途与本发明权利要求1的洗涤剂组合物不同，同时对比文件1也并未公开所述洗碟用组合物在洗涤时会具有良好的起泡性能。因此，对比文件1中也并未给出引入区别技术特征②的技术启示。此外，在复审阶段请求人提交的对比实验数据也证明了与对比文件1的洗碟洗涤剂组合物相比，权利要求1请求保护的含有本发明式（1）的酰胺醇（A）的组合物具有更好的起泡性能，产生由对比文件1意料不到的效果。因此，在对比文件1的基础上，本领域技术人员不容易想到将本发明所述量的式（1）的酰胺醇（A）用于制备皮肤或毛发用洗涤剂组合物。因此，本领域技术人员从对比文件1中无法得到将本发明所述量的式（1）的酰胺醇（A）用于制备具有优良起泡性能、贮存时具有优良稳定并具有降低皮肤刺激性的洗涤剂组合物的技术启示。

综上所述，合议组认为：权利要求1相对于对比文件1具备突出的实质性特点和显著的进步，权利要求1具有创造性，符合专利法第22条第3款的规定。

权利要求2~5直接或间接从属于权利要求1，在对比文件1不能破坏权利要求1创造性的前提下，与对比文件1相比，权利要求2~5具有创造性，符合专利法第22条第3款的规定。

根据以上事实和理由，本案合议组作出如下审查决定。

三、决定

撤销国家知识产权局于2005年9月9日对第02120189.7号发明专利申请作出的驳回决定。由原审查部门在请求人于2007年12月11日提交的权利要求1~5、2002年5月24日提交的说明书第1~18页以及说明书摘要的基础上继续进行审查。

复审请求人对本决定不服的，可以根据专利法第41条第2款的规定，自收到本决定之日起三个月内向北京市第一中级人民法院起诉。

用于鉴定多种微生物的通用检测系统和方法

复审请求审查决定（第 13116 号）

决 定 号	第 13116 号
决 定 日	2008 年 4 月 22 日
发明创造名称	用于鉴定多种微生物的通用检测系统和方法
国 际 分 类 号	C12Q 1/00
复 审 请 求 人	达德贝林格公司
申 请 号	98800771.1
优 先 权 日	1997 年 4 月 10 日
申 请 日	1998 年 3 月 16 日
公 开 日	1999 年 9 月 8 日
合 议 组 组 长	许 磊
主 审 员	尹 昕
参 审 员	魏春宝

法 律 依 据 专利法第 22 条第 3 款

决 定 要 点

在判断创造性时，首先要将权利要求所要求保护的技术方案和最接近现有技术的技术方案进行对比分析，找出区别技术特征，进而确定现有技术中是否给出将该区别技术特征应用到该最接近的现有技术以解决发明要解决的技术问题的启示，如果现有技术存在这种启示，则该权利要求所要保护的技术方案是显而易见的，不具备突出的实质性特点。

一、案由

本复审请求涉及申请日为 1998 年 3 月 16 日、公开日为 1999 年 9 月 8 日、名称为"用于鉴定多种微生物的通用检测系统和方法"的 98800771.1 号发明专利申请（下称本申请）。本申请的申请人于 2004 年 3 月 26 日由达德微扫描公司变更为达德贝林格公司。本申请的优先权日为 1997 年 4 月 10 日。

针对申请人于 2005 年 8 月 8 日提交的权利要求 1~27 以及进入中国国家阶段时所提交的说明书第 1~34 页和说明书摘要，国家知识产权局于 2005 年 9 月 30 日以本申请的权利要求 1~27 不符合专利法第 22 条第 3 款的规定为由作出驳回决定。驳回决定所针对的权利要求书如下：

"1. 一种用于鉴定样品中微生物的检测卡板，其中该测定系统能够鉴定可能存在于此样品中的至少二群完全不同微生物中的微生物，该检测卡板包括：

预定组合的一组非重复性生化试验，它们被配置在预定数目的反应小室内，其中每个生化试验包括针对一个酶或一组酶的底物，进而如果这种酶或这组酶作用于该底物，将导致在反应小室内形成可检测的产物，其中该预定组合的非重复性试验，包括荧光测定试验，比色测定试验，或者二者的组合

并且，

其中来自该生化试验组合的可检测性产物可用于鉴定样品中的微生物。

2. 权利要求1的检测卡板，其中对微生物的鉴定包括将微生物分类到属或种，或者此二者。

3. 权利要求2的检测卡板，其中的荧光测定试验是以荧光发生方式或荧光测定方式进行。

4. 权利要求2的检测卡板，其中预定组合的非重复性试验在约15分到8小时内完成。

5. 权利要求1的检测卡板，其中预定组合的非重复性试验在约25℃~37℃的温度下进行。

6. 权利要求5的检测卡板，其中的比色测定试验是可视性读数或用比色计读数。

7. 权利要求3的检测卡板，其中的荧光测定试验是用荧光计读数。

8. 权利要求1的检测卡板，包括至少一种用于检测如下酶的试验：肽酶、糖苷酶、糖发酵酶、脲酶、脱羧酶、酯酶、碳素利用酶、磷酸酶、或色氨酸酶。

9. 权利要求8的检测卡板，包括用于至少一种肽酶和至少一种糖苷酶的试验。

10. 权利要求9的检测卡板，另外还包括用于至少一种糖发酵酶的试验。

11. 权利要求10的检测卡板，另外还包括用于至少一种脲酶的试验。

12. 权利要求11的检测卡板，另外还包括用于至少一种脱羧酶的试验。

13. 权利要求12的检测卡板，另外还包括用于至少一种酯酶的试验。

14. 权利要求13的检测卡板，另外还包括用于至少一种碳素同化酶的试验。

15. 权利要求1的检测卡板，其中该预定组合的非重复性生化试验，能够鉴定在如下菌的至少二种中的微生物：肠道菌和非发酵菌；厌氧菌；酵母菌；葡萄球菌，链球菌，或肠球菌；以及合成培养基中不生长的菌。

16. 权利要求1的检测卡板，其中该预定组合的非重复性生化试验，能够鉴定在如下菌中的至少一种微生物：葡萄球菌，链球菌，和肠球菌；棒状杆菌；乳酸杆菌；片球菌；明串珠菌；差异球菌；漫游球菌；克吕沃尔氏菌；勒米诺氏菌；嗜血杆菌和奈瑟氏菌；摩拉氏菌；沙门氏菌；梭状芽孢杆菌；和利斯特氏菌。

17. 权利要求1的检测卡板，其中该预定组合的非重复性生化试验，能够鉴定属于厌氧菌，酵母菌或合成培养基中不生长菌中至少一种的微生物。

18. 权利要求17的检测卡板，其中该预定组合的非重复性生化试验，能够鉴定属于厌氧菌和酵母菌或合成培养基中不生长菌的微生物。

19. 权利要求18的检测卡板，其中该预定组合的非重复性生化试验，能够鉴定属于酵母菌和合成培养基不生长菌的微生物。

20. 权利要求1的检测卡板，其中该预定组合的非重复性生化试验，能够鉴定属于葡萄球菌、链球菌、或肠球菌中至少一种和厌氧菌，酵母菌，肠道菌和非发酵菌或合成培养基内不生长菌中至少一种，或者它们的组合的微生物。

21. 权利要求1的检测卡板，其中该检测卡板能够鉴定属于酵母菌，厌氧菌和合成培养基内不生长菌的微生物。

22. 权利要求1的检测卡板，其中该检测卡板能够鉴定肠球菌，葡萄球菌，或链球菌；厌氧菌；酵母菌；和合成培养基内不生长的菌。

23. 权利要求1的检测卡板，其中的底物包括赖氨酸AMC，亮氨酸AMC，甲硫氨酸AMC、甘氨

酰-脯氨酸 AMC、异亮氨酸 AMC，海藻糖，麦芽糖，L-色氨酸 7-AMC，4-MeU-磷酸盐，β-D-木糖苷-4MeU，羟基脯氨酸-AMC，β-D-葡糖苷酸-4MeU，酪氨酸 AMC，4-MeU-β-D-半乳糖苷，甘露糖，蔗糖，和脯氨酸 AMC。

24. 权利要求 23 的检测卡板，其中的底物另外还包括果糖，甘油，L-组氨酸 7-AMC，焦谷氨酸 AMC 和 4-MeU-β-D-葡糖苷。

25. 权利要求 24 的检测卡板，其中的底物另外还包括 L-丝氨酸 7-AMC，纤维二糖，精氨酸 AMC，和 4-MeU-N-乙酰基-β-D-氨基半乳糖苷。

26. 一种应用权利要求 1 的检测卡板的检测方法，鉴定样品中可能存在的至少二群完全不同微生物的方法，该方法包括：

 a. 将样品加到含有底物的各反应小室内，

 b. 如果存在酶，使其与该底物发生反应，

 c. 通过检测某一试验中的可检测产物来确定样品中这种酶的存在，

 d) 将预定试验组合的结果同至少一种预定的标准比较，以便鉴定样品中的微生物。

27. 如权利要求 1 所述的检测板卡，其中所述检测包括至少一种碳源和至少一种荧光指示剂，微生物作用于碳源，引起 pH 改变，pH 改变则导致指示剂的荧光改变，这种荧光改变指示该微生物对碳源的利用。"

驳回决定的具体理由为：(1) 审查员在《第一次审查意见通知书》中已经明确指出，对比文件 1（CN1081717A，公开日为 1994 年 2 月 9 日）公开了一种细菌生化鉴定卡，并具体公开以下的技术特征，其包括非肠道革兰氏阴性杆菌、肠道革兰氏阴性杆菌、肠杆菌科细菌、厌氧菌、奈瑟氏菌/嗜血杆菌属、弯曲杆菌、酵母样真菌、棒状杆菌、微球菌科细菌、链球菌科细菌、芽孢杆菌和乳酸杆菌等 12 种生化鉴定卡，可以将细菌分类到种或属，其中所用到的酶有脱羧酶、糖苷酶、磷酸酶、脲酶等，其技术方案是将含有各种酶与底物的培养基加入到细菌生化鉴定卡中的卡孔中。权利要求 1、2、9、10、12、13、16～18、27 相对于对比文件 1 不具备新颖性，从属权利要求 3～8、11、14、15、19～26 的附加技术特征均为公知常识，因此相对于对比文件 1 不具备创造性，现修改后的权利要求 1 实际上是第一次审查意见通知书所针对的权利要求 3，因此修改后的权利要求的技术方案自然不具备创造性。(2) 申请人陈述的"本发明采用的是经已知的统计学技术筛选的测验"等内容并未体现在修改后的权利要求中，申请人陈述的意见也不能证明本申请的方案具有创造性。

申请人（下称请求人）对上述驳回决定不服，于 2006 年 1 月 16 日向专利复审委员会提出复审请求。请求人在提出复审请求时提交了修改后的权利要求书全文替换页（共 27 项）。其中请求人仅对权利要求 1 进行了修改。修改后的权利要求 1 如下：

"1. 一种用于鉴定样品中微生物的检测卡板，其中该测定系统能够鉴定可能存在于此样品中的至少二群完全不同微生物中的微生物，该检测卡板包括：

预定组合的一组非重复性生化试验，它们被配置在预定数目的反应小室内，其中每个生化试验包括针对一个酶或一组酶的底物，进而如果这种酶或这组酶作用于该底物，将导致在反应小室内形成可检测的产物，其中通过已知的统计学技术筛选的该预定组合的非重复性试验，包括荧光测定试验，比色测定试验，或者二者的组合，

并且，

其中来自该生化试验组合的可检测性产物可用于鉴定样品中的微生物。"

请求人认为：修改后的权利要求 1 记载了"预定组合的一组非重复性生化试验"这一技术特征，其中"预定的"是指权利要求 1 的试验已通过已知的统计学技术筛选，其有助于区分本发明要求保

护的检测系统与对比文件1和其他现有技术，因此本申请请求保护的技术方案具有新颖性和创造性。

形式审查合格后，专利复审委员会受理了该复审请求，并于2006年3月1日向请求人发出《复审请求受理通知书》，同时将本申请案卷移交原审查部门进行前置审查。

原审查部门对本复审请求进行了前置审查，认为请求人虽然在修改后的权利要求1中加入了特征"通过已知的统计学技术筛选的"，但是既然是已知的统计学技术筛选，其本身就不是申请人自己对现有技术的贡献，不会使修改后的权利要求1具备创造性。因此请求人的复审理由无法克服驳回决定中所指出的缺陷，故坚持原驳回决定。

专利复审委员会组成合议组，对本复审请求案进行了审理，并于2007年9月10日向请求人发出《复审通知书》。该《复审通知书》指出：（1）本申请权利要求1请求保护一种用于鉴定样品中微生物的检测卡板，对比文件1公开了一种细菌生化鉴定卡，可以鉴定非肠道革兰氏阴性杆菌、肠道革兰氏阴性杆菌、肠杆菌、厌氧菌等12种细菌类群，其采用的方案为首先要根据已知被鉴定细菌类群的生化性状，用优选法选择出鉴定该类群细菌的最佳鉴定性状，然后根据该性状决定细菌生化性状测定培养基的种类（即检测试验的种类），并配制出相应的测定各项生化性状试验培养基，其中加入了针对不同酶的底物，最后将配置好的培养基分别加入细菌生化鉴定卡片基内预定数目的小孔中，每孔只能加入一种培养基（参见对比文件1的权利要求1，说明书第2页第15～21行，第5页第16行至第6页第5行）。权利要求1与对比文件1公开的技术方案的区别在于：a. 对比文件1未提及所述生化实验包括荧光测定、比色测定试验，或者二者的组合；b. 未提及所述组合是通过已知的统计学技术筛选。但是，首先，虽然对比文件1中没有具体公开荧光测定、比色测定等检测方法，但这些检测手段均为本领域的常规试验技术，而且本申请用于检测的糖苷酶、脱羧酶等在对比文件1中也被涉及，在检测这些酶时，本领域技术人员根据公知常识显然也会想到使用荧光测定、比色测定之类的常规技术；其次，采用统计学技术对检测试验进行筛选以期获得最佳组合方案是本领域技术人员常用的方法，而且在本申请权利要求1的技术方案中采用的也是已知的统计学技术。因此，本领域技术人员面对上述实际要解决的技术问题时，可以在对比文件1所提供的技术方案的基础上，采用现有技术中已知的统计学技术手段，对本领域检测细菌的常用试验技术进行筛选组合，从而获得权利要求1请求保护的技术方案。而且权利要求1的技术方案也没有产生任何意想不到的技术效果，权利要求1不符合专利法第22条第3款关于创造性的规定。（2）权利要求2、8、10、12、13、15～22分别对鉴定细菌的程度、待检的酶的种类、鉴定的细菌种类等进行了限定，但是，从对比文件1的技术方案来看，该检测卡可以将细菌分类到种或属，检测针对的酶有糖苷酶、脱羧酶、磷酸酶、糖发酵酶等，可用于对临床上常见的12大类致病菌、条件致病菌、机会致病菌总计668个细菌鉴定单元进行鉴定，其中包括厌氧菌、链球菌、肠杆菌等，权利要求2、8、10、12、13、15～22的附加技术特征已经被对比文件1公开，因此在权利要求1不具备创造性的基础上，这些权利要求也不符合专利法第22条第3款的规定。（3）权利要求3～7、9、11、14、23～25、27分别对检测卡板的检测方式、待检酶的种类、检测时间、试验温度、试验底物等进行了限定，对于本领域技术人员而言，根据检测试验的具体要求调整酶和底物的种类，以及通过有限的常规试验选择合理的试验条件获得上述权利要求的技术方案是不需要付出创造性劳动的，因此，在权利要求1不具备创造性的基础上，上述权利要求也不具备突出的实质性特点和显著的进步。（4）权利要求26要求保护一种应用权利要求1的检测卡板的检测方法，对比文件1也公开了一种利用检测卡的检测细菌的方法（参见对比文件1的权利要求1，说明书第2页第18～21行），对比文件1与其的区别在于所用的检测卡板不同以及对比文件1未提及对产物进行检测和将结果与预定标准比较，但是反应后完成后对产物进行检测，并将结果与预定标准比较，从而最终鉴定样品中的微生物对本领域技术人员是显而易见的，也没有产生预料不到的技术效果，因此在权利要求1所述的产品不具备创造性的情况下，权利要求26也不符合专利法第22条第3款的规定。

针对《复审通知书》指出的问题，请求人于2007年12月25日提交了意见陈述书，同时提交了修改后的权利要求书替换页（共18项），请求人删除了权利要求2、15~22，对权利要求1和26进行了修改并调整了权利要求的编号，修改后的权利要求书如下：

"1. 一种用于鉴定样品中微生物的检测卡板，其中该测定系统能够鉴定可能存在于此样品中的下述具有很大区别的微生物，所述微生物包括酵母以及

　　i. 厌氧菌

　　ii. 肠细菌

　　iii. 革兰氏阳性细菌

　　iv. 奈瑟氏菌和嗜血杆菌

　　v. 在合成培养基上不易生长的细菌，

该检测卡板包括：预定组合的一组非重复性生化试验，它们被配置在预定数目的反应小室内，其中每个生化试验包括针对一个酶或一组酶的底物，进而如果这种酶或这组酶作用于该底物，将导致在反应小室内形成可检测的产物，其中通过已知的统计学技术筛选的该预定组合的非重复性试验，包括荧光测定试验，比色测定试验，或者二者的组合，并且，其中来自该生化试验组合的可检测性产物可用于鉴定样品中的微生物。

2. 权利要求1的检测卡板，其中的荧光测定试验是以荧光发生方式或荧光测定方式进行。

3. 权利要求1的检测卡板，其中预定组合的非重复性试验在约15分到8小时内完成。

4. 权利要求1的检测卡板，其中预定组合的非重复性试验在约25℃~37℃的温度下进行。

5. 权利要求4的检测卡板，其中的比色测定试验是可视性读数或用比色计读数。

6. 权利要求2的检测卡板，其中的荧光测定试验是用荧光计读数。

7. 权利要求1的检测卡板，包括至少一种用于检测如下酶的试验：肽酶、糖苷酶、糖发酵酶、脲酶、脱羧酶、酯酶、碳素利用酶、磷酸酶，或色氨酸酶。

8. 权利要求7的检测卡板，包括用于至少一种肽酶和至少一种糖苷酶的试验。

9. 权利要求8的检测卡板，另外还包括用于至少一种糖发酵酶的试验。

10. 权利要求9的检测卡板，另外还包括用于至少一种脲酶的试验。

11. 权利要求10的检测卡板，其还包括用于至少一种脱羧酶的试验。

12. 权利要求11的检测卡板，其还包括用于至少一种酯酶的试验。

13. 权利要求12的检测卡板，其还包括用于至少一种碳素同化酶的试验。

14. 权利要求1的检测卡板，其中的底物包括赖氨酸AMC，亮氨酸AMC，甲硫氨酸AMC、甘氨酰-脯氨酸AMC、异亮氨酸AMC，海藻糖，麦芽糖，L-色氨酸7-AMC，4-MeU-磷酸盐，β-D-木糖苷-4MeU，羟基脯氨酸-AMC，β-D-葡糖苷酸-4MeU，酪氨酸AMC，4-MeU-β-D-半乳糖苷，甘露糖，蔗糖，和脯氨酸AMC。

15. 权利要求14的检测卡板，其中的底物另外还包括果糖，甘油，L-组氨酸7-AMC，焦谷氨酸AMC和4-MeU-β-D-葡糖苷。

16. 权利要求15的检测卡板，其中的底物另外还包括L-丝氨酸7-AMC，纤维二糖，精氨酸AMC，和4-MeU-N-乙酰基-β-D-氨基半乳糖苷。

17. 一种应用权利要求1的检测卡板的检测方法，鉴定样品中可能存在的具有很大区别的微生物的方法，所述微生物包括酵母以及

　　i. 厌氧菌

ii. 肠细菌

  iii. 革兰氏阳性细菌

  iv. 奈瑟氏菌和嗜血杆菌

  v. 在合成培养基上不易生长的细菌，

该方法包括：

  a. 将样品加到含有底物的各反应小室内，

  b. 如果存在酶，使其与该底物发生反应，

  c. 通过检测某一试验中的可检测产物来确定样品中这种酶的存在，

  b. 将预定试验组合的结果同至少一种预定的标准比较，以便鉴定样品中的微生物。

18. 如权利要求1所述的检测板卡，其中所述检测包括至少一种碳源和至少一种荧光指示剂，所述微生物作用于碳源，引起pH改变，pH改变则导致指示剂的荧光改变，这种荧光改变指示该微生物对碳源的利用。"

请求人认为：如本申请说明书中所述，现有技术中的检测系统局限于单科或组的微生物，它们仅能在一个组中鉴定单个的微生物，为了鉴定两个属于不同科或组的微生物，需要使用分别特异用于鉴定不同微生物的不同的检测系统，对于有待检测其中存在的微生物的未知样品，技术人员必须先推定样品中可能存在属于哪些科或组的微生物，再根据这些假设选择相应的特异检测系统，这种操作需要经验丰富的专业操作人员，且操作程序复杂，而"本发明首创用一套具有单独通用配方的生化试验，能够鉴定属于完全不同微生物的任何一种微生物"。根据本发明的技术方案，无需特定的专业人员实现推定待测样品中的微生物属于哪种科或组，本发明可根据实施例3中所述的特定数据库和统计学筛选，通过检测数据的收集分析以及几率模型的构建以及评价得出量化结果。同时本发明相对于包括对比文件1在内的现有技术具有多种有益效果，参见说明书第5页第11～19行和第10页第19～28行。综上所述，本申请要求保护的技术方案具有创造性。

至此，合议组认为本案事实清楚，可以作出审查决定。

二、决定的理由

1. 决定的基础

鉴于请求人在复审过程中仅对权利要求书进行了修改，因此，本复审请求审查决定是在请求人于2007年12月25日提交的权利要求1～18以及驳回决定所针对的说明书和说明书摘要的基础上作出的。

2. 关于专利法第22条第3款

专利法第22条第3款规定：创造性，是指同申请日以前已有的技术相比，该发明有突出的实质性特点和显著的进步。

在判断创造性时，首先要将权利要求所要求保护的技术方案和最接近现有技术的技术方案进行对比分析，找出区别技术特征，进而确定现有技术中是否给出将该区别技术特征应用到该最接近的现有技术以解决发明要解决的技术问题的启示，如果现有技术存在这种启示，则该权利要求所要保护的技术方案是显而易见的，不具备突出的实质性特点。

本案中，虽然请求人在修改后的权利要求1中进一步对该检测卡板用鉴定的微生物进行了限定，将其限定为"所述微生物包括酵母以及 i. 厌氧菌 ii. 肠细菌 iii. 革兰氏阳性细菌 iv. 奈瑟氏菌和嗜血杆菌 v. 在合成培养基上不易生长的细菌"，但是，如《复审通知书》中已经指出的那样，对比文件1中公开的细菌生化鉴定卡也可以鉴定非肠道革兰氏阴性杆菌、肠道革兰氏阴性杆菌、肠杆菌、厌氧菌等12种细菌类群，因此，该限定实际上并未给权利要求1的方案带来任何新的技术特征。权利要求1

与对比文件1公开的技术方案的区别仅仅在于：（1）对比文件1未提及所述生化试验包括荧光测定、比色测定试验、或者二者的组合；（2）也未提及所述组合是通过已知的统计学技术筛选。本发明实际要解决的技术问题是通过统计学技术对检测试验进行筛选，从而确定能够鉴别所需多种微生物的最佳组合方案。

对于上述区别（1）和（2）而言，如《复审通知书》中已经指出的那样，首先，虽然对比文件1中没有具体公开荧光测定、比色测定等检测方法以及用统计学技术对其进行筛选，但这些检测手段均为本领域的常规试验技术，而且本申请用于检测的糖苷酶、脱羧酶等在对比文件1中也被涉及，在检测这些酶时，本领域技术人员根据公知常识显然也会想到使用荧光测定、比色测定之类的常规技术，因此，采用所述的检测方法进行限定不会给权利要求1的技术方案带来任何突出的实质性特点。其次，虽然对比文件1未提及用统计学技术对实验进行筛选，但采用统计学技术对检测试验进行筛选以期获得最佳组合方案也是本领域技术人员常用的方法，而且在本申请权利要求1的技术方案中，采用的也是已知的统计学技术。因此，合议组认为，虽然对比文件1中没有明确记载用统计学技术手段进行筛选以及检测细菌所采用的具体试验类型，但当本领域技术人员面对上述实际要解决的技术问题时，可以在对比文件1所提供的技术方案的基础上，采用现有技术中已知的统计学技术手段，对本领域检测细菌的常用试验技术，例如荧光测定、比色测定等进行筛选组合，从而获得权利要求1请求保护的技术方案。因此对实际要解决的技术问题而言，在对比文件1的现有技术中已经给出将这些区别特征应用到对比文件1的技术方案以解决其存在的技术问题的教导。此外，从其技术效果上看，对比文件1的技术方案由于生化鉴定卡中培养基种类的选择与组合合理，因而对被鉴定类群细菌的可鉴定率较高，一次可以检测细菌的多项生物学性状，可以进行批量化检测，工作效率高，可以使细菌生物学性状的测定统一化和标准化（参见对比文件1说明书第6页第9～14行），这与本申请所述的技术方案的有益效果相类似，故权利要求1的技术方案也没有产生任何意想不到的技术效果。综上所述，对本领域技术人员而言，权利要求1的技术方案相对于对比文件1及本领域技术人员的公知常识而言是显而易见的，不具备突出的实质性特点和显著的进步，不符合专利法第22条第3款关于创造性的规定。

权利要求7、9、11、12分别对鉴定细菌的程度、待检的酶的种类等进行了限定，但是，从对比文件1的技术方案来看，该检测卡可以将细菌分类到种或属，检测针对的酶有糖苷酶、脱羧酶、磷酸酶、糖发酵酶等（参见对比文件1的权利要求1，说明书第5页第16～18行），即对比文件1公开了权利要求7、9、11、12的附加技术特征，因此在权利要求1不具备创造性的基础上，这些权利要求也不符合专利法第22条第3款的规定。

权利要求2～6、8、10、13、14～16、18分别对检测卡板的检测方式、待检酶的种类、检测时间、试验温度、试验底物等进行了限定，对于本领域技术人员而言，根据检测试验的具体要求调整酶和底物的种类，以及通过有限的常规试验选择合理的试验条件获得上述权利要求的技术方案是不需要付出创造性劳动的，因此，在权利要求1不具备创造性的基础上，上述权利要求也不具备突出的实质性特点和显著的进步。

权利要求17要求保护一种应用权利要求1的检测卡板的检测方法，虽然请求人对其中所述微生物进行了与权利要求1相同的限定，但如评述权利要求1时所述的原因，该限定并未给权利要求17的技术方案带来任何实质性特征，在对比文件1也公开了一种利用检测卡检测细菌的方法，具体包括将配置好的培养基分别加入细菌生化鉴定卡片基内的小孔中，培养基中可以包括不同的底物，其可与相应的酶发生反应（参见对比文件1的权利要求1，说明书第2页第18～21行）的情况下，对比文件1与权利要求17的区别仅仅在于所用的检测卡板不同以及未提及对产物进行检测和将结果与预定

1097

标准比较，但是对比文件1的目的也是用卡板对微生物进行鉴别，在存在酶和底物的情况下进行反应后显然要对其反应结果进行检测分析，并根据预定标准对这些结果进行判断，因此，反应后对产物进行检测，并将结果与预定标准比较，从而最终鉴定样品中的微生物对本领域技术人员是显而易见的，也没有产生预料不到的技术效果。综上所述，在权利要求1所述的产品不具备创造性的情况下，权利要求17也不符合专利法第22条第3款的规定。

对于请求人陈述的意见，合议组认为：本申请权利要求1所要求保护的技术方案中并没有体现出请求人所述的"无需特定的专业人员推定待测样品中的微生物属于哪种科或组"的技术特征，将本申请权利要求1和对比文件1中的技术方案进行比较也无法得出本申请"首创用一套具有单独通用配方的生化试验，能够鉴定属于完全不同微生物的任何一种微生物"和对比文件1的检测系统仅局限于检测单科或组中的单个微生物的结论。相反，对比文件1的细菌生化鉴定卡也具有一次可以检测细菌的多项生物学性状、可以进行批量化检测、工作效率高、可以使细菌生物学性状的测定统一化和标准化（参见对比文件1说明书第6页第9~14行）等优点，其有益效果与本申请的技术方案类似。此外，本申请说明书实施例3中所记载的特定数据库、统计学筛选方法，检测数据的收集分析以及几率模型的构建以及评价等内容也均未在权利要求中得到体现，权利要求1中仅泛泛记载"所述组合是通过已知的统计学技术筛选"，如上所述，根据已知的统计学技术对结果进行筛选是本领域技术人员的常用手段，这一点也不足以使权利要求1具备创造性。因此，请求人陈述的理由也不能说明本申请要求保护的技术方案符合专利法第22条第3款关于创造性的规定。

根据以上事实和理由，本案合议组作出如下审查决定。

三、决定

维持国家知识产权局于2005年9月30日对98800771.1号发明专利申请作出的驳回决定。

复审请求人对本决定不服的，可以根据专利法第41条第2款的规定，自收到本决定之日起三个月内向北京市第一中级人民法院起诉。

通过同源重组在人细胞中生产人突变蛋白

复审请求审查决定（第13167号）

决 定 号	第13167号
决 定 日	2008年4月14日
发明创造名称	通过同源重组在人细胞中生产人突变蛋白
国际分类号	C12N 15/90，C12N 15/10，A61K 38/49，C12N 9/72
复审请求人	罗切诊断学有限公司
申 请 号	98807438.9
优 先 权 日	1997年7月23日
申 请 日	1998年7月22日
公 开 日	2000年8月30日
合议组组长	许 磊
主 审 员	尹 昕
参 审 员	魏春宝

法律依据 专利法第26条第3款

决定要点

所属技术领域技术人员能够实现，是指所属技术领域技术人员按照说明书记载的内容，就能够实现该发明的技术方案，解决其技术问题，并产生预期的技术效果；如果说明书中给出了技术手段，但所属技术领域的技术人员无法预期采用该手段可以解决发明所要解决的技术问题，则该发明被认为无法实现。

一、案由

本复审请求涉及1998年7月22日申请、2000年8月30日公开、名称为"通过同源重组在人细胞中生产人突变蛋白"的98807438.9号发明专利申请（下称本申请）。本申请的申请人为罗切诊断学有限公司，优先权日为1997年7月23日。

针对本申请进入中国国家阶段提交的说明书第1~5页、权利要求书1~20和说明书摘要以及申请人于2004年4月6日提交的说明书第6页，国家知识产权局于2005年9月30日以本申请说明书不符合专利法第26条第3款的规定为由驳回了本申请。

驳回决定所针对的权利要求书共有20项，其中独立权利要求如下：

"1. 生产真核多肽的突变蛋白的方法，

其中

(i) 将一种能同源重组的核酸分子引入含编码内源性靶多肽的靶核酸序列的真核细胞，所述核酸分子包括：

(a) 至少一段序列片段，该序列片段与所述靶核酸序列的基因座中的序列是同源的，

并且，与所述内源性靶核酸序列相比，在成熟靶多肽的编码区具有突变，以及

(b) 一段编码选择标记的核酸片段，

(ii) 将所述细胞在使得被引入的核酸分子发生同源重组的条件下培养，于是在同源重组后该细胞含有能表达靶多肽的突变蛋白的突变靶核酸序列，

(iii) 选择在其中发生了同源重组的细胞，以及

(iv) 从所述细胞或/和细胞上清液分离突变蛋白。"

"14. 可通过权利要求1~13之一的方法从人细胞获得的突变的人多肽，其特征在于人糖基化和不存在所述种的外源多肽。

15. 生产一种表达人靶多肽的突变蛋白的人细胞的方法，

其中

(i) 将一种核酸分子引入含编码内源性靶多肽的靶核酸序列的人细胞，所述核酸分子包括：

(a) 至少一段序列片段，该序列片段与所述靶核酸序列的基因座中的序列是同源的，

并且，与所述内源性靶核酸序列相比，在成熟靶多肽的编码区具有突变，

(b) 任选地一种所述靶核酸序列的异源表达控制序列，以及

(c) 一段编码选择标记的核酸片段，

(ii) 将所述细胞在使得被引入的核酸分子发生同源重组的条件下培养，于是在同源重组后该细胞含有能表达靶多肽的突变蛋白的突变靶核酸序列，

(iii) 选择在其中发生了同源重组的细胞，以及

(iv) 分离这样选择的细胞。"

"18. 可通过权利要求15~17之一的方法获得的人细胞，它含至少一种编码突变的人多肽的内源性基因。

19. 权利要求18的人细胞在生产人多肽的突变蛋白方面的应用。

20. 药物制剂，

其中

它含有作为活性物质的、权利要求14的突变蛋白以及任选含其他活性物质或/和常规药物载体、辅助物质或添加剂。"

驳回的具体理由为：本申请请求保护一种通过同源重组在人细胞中生产真核多肽的突变蛋白的方法，但说明书实施例中没有公开其选择的重组载体的限制性酶切位点及如何将载体与突变体元件连接，在常规应用于基因工程技术的限制性内切酶多达100多种的情况下，本领域技术人员选择合适的内切酶需要付出创造性的劳动。此外，说明书中没有获得突变蛋白所需的突变位点，同时也没有对获得的重组子进行突变位点的序列分析，而且申请人也没有提供采用所述方法确实可获得所需的突变蛋白的试验证据，本领域技术人员依据说明书的描述无法确认本申请的技术方案必然可以用于生产真核多肽的突变蛋白。因此本申请的说明书公开不充分，不符合专利法第26条第3款的规定。

申请人罗切诊断学有限公司（下称请求人）对上述驳回决定不服，于2006年1月12日向专利复审委员会提出复审请求，请求人在提出复审请求时未对申请文件进行修改。请求人认为本申请的说明书充分公开了要求保护的技术方案，本领域技术人员可以实施，具体理由为：（1）限制性酶切位点的选择和使用对本领域技术人员来说是非常常规的技术，无需花费创造性劳动；（2）本发明的方法

提供一般性的指导以在真核生物中表达任何种类的突变人类蛋白，而不仅仅是表达具有某些特定突变蛋白的特定蛋白质，本领域普通技术人员在确定要表达何种突变多肽后，可以非常容易地确定具体的突变位点，而无需花费创造性劳动。（3）本申请说明书中虽然没有给出具体的实验数据，但是却给出了定性的试验结果，即说明书第6页最后一行表明"鉴定了由于同源重组而分泌了具有t-PA的K2域和P域的多肽的细胞，"该定性结果足以证明本发明技术方案的可行性。

形式审查合格后，专利复审委员会受理了该复审请求，并于2006年3月1日向请求人发出《复审请求受理通知书》，同时将本申请案卷移交原审查部门进行前置审查。

原审查部门对本复审请求进行了前置审查，在前置审查意见书中，原审查部门认为：本发明对技术方案的描述（包括实施过程和结果）含糊不清，本领域技术人员无法预见该技术方案是否能够解决本发明的技术问题并产生预期的技术效果，因此，请求人的复审理由无法克服本申请说明书公开不充分的缺陷，故坚持原驳回决定。

专利复审委员会组成合议组，对本复审请求案进行了审理，于2007年9月10日向请求人发出《复审通知书》。该《复审通知书》中指出：本申请涉及一种通过同源重组生产真核多肽的突变蛋白的方法。该方法与请求人在说明书中描述的异源重组的机理完全不同，本领域技术人员根据说明书中公开的技术无法预见到本发明的方法必然可以生产出需要的突变蛋白，至于其是否能够进行翻译后的修饰，即所述的糖基化，更不得而知。而且，作为细胞内分子水平上的遗传学变化，同源重组过程中同源序列的识别和交换可受多种因素的作用，甚至发生随机整合，最终影响同源重组，导致产生前述的异源重组的问题。虽然说明书实施例中说明鉴定了由于同源重组而分泌了具有t-PA的K2和P域的多肽的细胞，但是这只是一种缺乏实验数据支持的泛泛的定性的描述，本领域技术人员无法据此判断生产蛋白的活性以及具体的突变位点都是否符合要求，无法判断该方法能否实现发明目的，同样，本领域技术人员也无法预见所要保护的产品是否能实现本发明的目的。因此，本申请说明书缺乏足够的实验证据证明其技术方案可以实现其发明目的并达到预期的技术效果，不符合专利法第26条第3款的规定。

针对《复审通知书》指出的问题，请求人于2007年12月25日提交了意见陈述书，同时提交了修改后的权利要求书替换页（共18项），其中独立权利要求如下：

"1. 生产真核多肽的突变蛋白的方法，

其中

（i）将一种能同源重组的核酸分子引入含编码内源性靶多肽的靶核酸序列的真核细胞，所述核酸分子包括：

（a）与靶基因座的区域同源的两个侧翼序列，每个侧翼序列的长度为至少150bp，

并且与内源性靶核酸序列相比，在成熟靶多肽的编码区具有突变，

（b）一段编码选择标记的核酸片段，和

（c）可选地扩增基因，其选自二氢叶酸还原酶、腺苷脱氨酶或鸟氨酸脱羧酶，

（ii）将所述细胞在使得被引入的核酸分子发生同源重组的条件下培养，于是在同源重组后该细胞含有能表达靶多肽的突变蛋白的突变靶核酸序列，

（iii）选择在其中发生了同源重组的细胞，以及

（iv）从所述细胞或/和细胞上清液分离突变蛋白。"

"14. 生产一种表达人靶多肽的突变蛋白的人细胞的方法，

其中

（i）将一种核酸分子引入含编码内源性靶多肽的靶核酸序列的人细胞，所述核酸分子包括：

1101

(a) 与靶基因座的区域同源的两个侧翼序列,每个侧翼序列的长度为至少150bp,并且,与所述内源性靶核酸序列相比,在成熟靶多肽的编码区具有突变,

(b) 任选一种所述靶核酸序列的异源表达控制序列,

(c) 一段编码选择标记的核酸片段,和

(d) 可选地扩增基因,其选自二氢叶酸还原酶、腺苷脱氨酶或鸟氨酸脱羧酶,

(ii) 将所述细胞在使得被引入的核酸分子发生同源重组的条件下培养,于是在同源重组后该细胞含有能表达靶多肽的突变蛋白的突变靶核酸序列,

(iii) 选择在其中发生了同源重组的细胞,以及

(iv) 分离这样选择的细胞。"

"17. 可通过权利要求14~16之一的方法获得的人细胞,它含至少一种编码突变的人多肽的内源性基因。

18. 权利要求17的人细胞在生产人多肽的突变蛋白方面的应用。"

请求人认为:首先,申请人在修改后的独立要求1和14中的核酸分子进行了进一步限定;其次,用于将核酸序列引入真核细胞的方法、允许进行同源重组的培养条件、真核细胞的选择方法以及从细胞或细胞上清液中分离特定蛋白质的方法都是本领域熟知的标准生物技术方法。本申请的实施例使用了标准的电穿孔方法以将核酸导入细胞,在将编码新霉素磷酸转移酶的基因导入细胞后,使用了G418的标准筛选方法,并于本申请说明书第4页倒数第3段描述了分离技术,根据这些信息,本领域普通技术人员完全可以实现本发明的技术方案。此外,本发明方法的所有步骤都是本领域熟知的,与现有技术的方法相比,唯一的区别在于使用了突变的同源序列而不是异源核酸序列,从而产生的生产突变蛋白的细胞没有被不利地改变(见说明书第2页倒数第2段),用同源核酸序列进行重组的结果也是本领域普通技术人员可以预期的。综上所述,本申请说明书符合专利法第26条第3款的规定。

至此,合议组认为本案事实清楚,可以作出审查决定。

二、决定的理由

1. 决定针对的文本

鉴于请求人在复审过程中仅对权利要求书进行了修改,因此,本复审请求审查决定是在请求人于2007年12月25日提交的权利要求1~18以及驳回决定所针对的说明书和说明书摘要的基础上作出的。

2. 关于专利法第26条第3款

专利法第26条第3款规定:说明书应当对发明或者实用新型作出清楚、完整的说明,以所属技术领域的技术人员能够实现为准。

所属技术领域技术人员能够实现,是指所属技术领域技术人员按照说明书记载的内容,就能够实现该发明的技术方案,解决其技术问题,并产生预期的技术效果;如果说明书中给出了技术手段,但所属技术领域的技术人员无法预期采用该手段可以解决发明所要解决的技术问题,则该发明被认为无法实现。

本案中,本申请要求保护生产真核多肽的突变蛋白的方法、生产一种表达人靶多肽突变蛋白的人细胞的方法、用该方法获得的人细胞以及该人细胞在生产人多肽的突变蛋白方面的应用。根据说明书的描述,本申请的发明目的在于提供一种通过同源重组在真核细胞中生产真核多肽的突变蛋白的方法(参见说明书第1页第1~2行)。本申请的技术方案的有益效果在于可以克服异源重组方法中非位点特异整合所带来的问题,同时由于其采用真核细胞作为宿主细胞,因此能够对生产的多肽进行糖基化(参见说明书第2页第2~4行)。在说明书中描述了该方法的主要步骤和过程,实施例简要给出了含

K2域和P域的t-PA突变体的构建和转导入人Hela细胞进行表达的过程，并"测试所述细胞的上清液鉴定由于同源重组而分泌了具有t-PA的K2和P域的多肽的细胞"（参见说明书实施例）。但是，除了这一定性的描述外，本申请的说明书中并没有公开任何试验数据来证明所述的方法能够生产出目的突变蛋白。

根据说明书的描述，本申请采用的同源重组方法为：(i) 将一种能同源重组的核酸分子引入含编码内源性靶多肽的靶核酸序列的真核细胞，所述核酸分子包括 (a) 与靶基因座的区域同源的两个侧翼序列，每个侧翼序列的长度为至少150bp，并且与内源性靶核酸序列相比，在成熟靶多肽的编码区具有突变，以及 (b) 一段编码选择标记的核酸片段，(ii) 将所述细胞在使得被引入的核酸分子发生同源重组的条件下培养，于是在同源重组后该细胞含有能表达靶多肽的突变蛋白的突变靶核酸序列，(iii) 选择在其中发生了同源重组的细胞，以及 (iv) 从所述细胞或/和细胞上清液分离突变蛋白（参见权利要求1）。说明书第1页第4段中描述的背景技术中生产突变的人蛋白质的异源重组的机理，包括将核酸构建物引入所期望的真核细胞，该真核细胞含有在启动子和选择标记基因的控制下编码所述突变多肽的核酸序列，在该方法中，所述核酸构建物被位点非特异性地整合入所述细胞的基因组。可见，该方法与请求人在说明书中描述的请求人认定的背景技术中的异源重组的机理完全不同，本领域技术人员根据说明书中公开的技术无法预见到本发明的方法必然可以生产出需要的突变蛋白，至于其是否能够进行翻译后的修饰，即所述的糖基化，更不得而知。而且，作为细胞内分子水平上的遗传学变化，同源重组过程中同源序列的识别和交换可受多种因素的作用，甚至发生随机整合，最终影响同源重组，导致产生前述的异源重组的问题。虽然说明书实施例中说明测试细胞上清液鉴定由于同源重组而分泌了具有t-PA的K2和P域的多肽的细胞，但是这只是一种缺乏实验数据支持的泛泛的定性的描述，本领域技术人员无法据此判断生产蛋白的活性以及具体的突变位点都是否符合要求，无法判断该方法能否实现发明目的，同样，本领域技术人员也无法预见所要保护的产品是否能实现本发明的目的。因此，本申请说明书缺乏足够的实验证据证明其技术方案可以实现其发明目的并达到预期的技术效果，虽然说明书中给出了技术手段，但所属技术领域的技术人员无法预期采用该手段可以解决发明所要解决的技术问题。

请求人在答复复审通知书中的意见陈述中指出本发明所采用的方法及其具体步骤都是本领域熟知的，但是请求人没有提交任何证据证明这一主张，相反，根据说明书的描述可知，本申请的方法与是请求人认为不同于已有方法的新方法（参见说明书第1页第4段），本领域技术人员根据说明书中公开的内容及其掌握的公知常识无法预见到本发明的方法必然可以生产出需要的突变蛋白即实现本发明的目的，因此请求人的意见陈述不具有说服力。

综上所述，本申请的说明书中虽然给出了技术手段，但所属技术领域的技术人员无法预测该手段能解决所要解决的技术问题，因此本发明被认为由于缺乏解决技术问题的技术手段而无法实现，本申请说明书公开不充分，不符合专利法第26条第3款的规定。

根据以上事实和理由，本案合议组作出如下审查决定。

三、决定

维持国家知识产权局于2005年9月30日对98807438.9号发明专利申请作出的驳回决定。

复审请求人对本决定不服的，可以根据专利法第41条第2款的规定，自收到本决定之日起三个月内向北京市第一中级人民法院起诉。

酸—稳定性蛋白酶在动物饲料中的用途

复审请求审查决定（第13169号）

决 定 号	第13169号
决 定 日	2008年4月24日
发明创造名称	酸—稳定性蛋白酶在动物饲料中的用途
国际分类号	A23K 1/165，A23K 1/14，C12N 9/52
复审请求人	DSMIP 资产公司
申 请 号	01804707.6
优 先 权 日	2000年2月8日
申 请 日	2001年2月5日
公 开 日	2003年2月19日
合议组组长	李金光
主 审 员	张晓飞
参 审 员	尹昕
法 律 依 据	专利法第26条第4款
决 定 要 点	

权利要求不能包含效果难以确定的推测内容。

一、案由

本复审请求涉及申请日为2001年2月5日、公开日为2003年2月19日、名称为"酸—稳定性蛋白酶在动物饲料中的用途"的01804707.6号发明专利申请（下称本申请）。本申请的优先权日为2000年2月8日，申请人于2004年9月17日由霍夫曼—拉罗奇有限公司变更为DSM IP资产公司。

针对申请人于2002年8月8日提交的说明书第1~33页、说明书附图第1~2页、氨基酸序列表第1~2页和说明书摘要以及2005年4月25日提交的权利要求1~12，国家知识产权局于2005年9月9日以权利要求1~12得不到说明书的支持，不符合专利法第26条第4款的规定为由驳回了本申请。

驳回决定所针对的权利要求书为：

"1. 至少一种酸—稳定性蛋白酶在动物饲料中的用途，其中所述蛋白酶（i）与SEQ ID NO：1具有至少70%的同一性，且（ii）在37℃、pH3.5保温2小时之后的蛋白酶残余活性是在5℃、pH9.0保温2小时之后的残余活性的至少40%，所述蛋白酶以纯的形式保温，$A_{280}=1.0$，所述残余活性是在

pH9.0、25℃对Suc-AAPF-pNA测定的。

2. 至少一种酸—稳定性蛋白酶在制备用于动物饲料的组合物中的用途，其中所述蛋白酶（i）与SEQ ID NO：1具有至少70％的同一性，且（ii）在37℃、pH3.5保温2小时之后的蛋白酶残余活性是在5℃、pH9.0保温2小时之后的残余活性的至少40％，所述蛋白酶以纯的形式保温，$A_{280}=1.0$，所述残余活性是在pH9.0、25℃对Suc-AAPF-pNA测定的。

3. 权利要求1的用途，其中蛋白酶的剂量是每kg饲料0.01~200mg蛋白酶酶蛋白质。

4. 权利要求2的用途，其中所需蛋白酶的剂量是每kg饲料0.01~200mg蛋白酶酶蛋白质。

5. 改善动物饲料营养价值的方法，其中在该饲料中添加至少一种酸—稳定性蛋白酶，且其中所述蛋白酶（i）与SEQ ID NO：1具有至少70％的同一性，且（ii）在37℃、pH3.5保温2小时之后的蛋白酶残余活性是在5℃、pH9.0保温2小时之后的残余活性的至少40％，所述蛋白酶以纯的形式保温，$A_{280}=1.0$，所述残余活性是对Suc-AAPF-pNA，在pH9.0、25℃下测定的。

6. 动物饲料添加剂，其含有

（a）至少一种酸-稳定性蛋白酶；和

（b）至少一种脂溶性维生素，和/或

（c）至少一种水溶性维生素，和/或

（d）锰，锌，铁，铜，碘，硒和钴的至少一种；

其中所述蛋白酶（i）与SEQ ID NO：1具有至少70％的同一性，且（ii）在37℃、pH3.5保温2小时之后的蛋白酶残余活性是在5℃、pH9.0保温2小时之后的残余活性的至少40％，所述蛋白酶以纯的形式保温，$A_{280}=1.0$，所述残余活性是在pH9.0、25℃对Suc-AAPF-pNA测定的。

7. 权利要求6的动物饲料添加剂，其中蛋白酶的量相当于每kg饲料需添加0.01~200mg蛋白酶蛋白质。

8. 权利要求6~7中任一项的动物饲料添加剂，其进一步含有植酸酶，木聚糖酶，半乳聚糖酶，和/或β-葡聚糖酶。

9. 动物饲料组合物，其粗蛋白含量为50~800g/kg，且含有至少一种酸—稳定性蛋白酶，其中所述蛋白酶（i）与SEQ ID NO：1具有至少70％的同一性，且（ii）在37℃、pH3.5保温2小时之后的蛋白酶残余活性是在5℃、pH9.0保温2小时之后的残余活性的至少40％，所述蛋白酶以纯的形式保温，$A_{280}=1.0$，所述残余活性是在pH9.0、25℃对Suc-AAPF-pNA测定的。

10. 权利要求9的动物饲料组合物，其中蛋白酶的量为每kg饲料0.01~200mg蛋白酶蛋白质。

11. 处理植物蛋白质的方法，包括在至少一种植物蛋白质或蛋白质来源中添加至少一种酸—稳定性蛋白酶的步骤，其中所述蛋白酶（i）与SEQ ID NO：1具有至少70％的同一性，且其中所述至少一种植物蛋白质或蛋白质来源不是棉织品上的新鲜菠菜提取物，且（ii）在37℃、pH3.5保温2小时之后的蛋白酶残余活性是在5℃、pH9.0保温2小时之后的残余活性的至少40％，所述蛋白酶以纯的形式保温，$A_{280}=1.0$，所述残余活性是在pH9.0、25℃对Suc-AAPF-pNA测定的。

12. 权利要求11的方法，其中至少一种植物蛋白质来源中包括大豆。"

驳回决定认为：（1）权利要求1要求保护至少一种酸—稳定性蛋白酶在动物饲料中的用途。根据说明书的记载，本发明要解决的技术问题是避免动物胃中强酸性使蛋白酶失活而不能消化饲料中的蛋白质，采用的技术手段是利用在酸性环境下仍然保持酶活性的蛋白酶来在动物胃中消化蛋白质。权利要求1中以70％同一性限定的蛋白酶并不能肯定其一定能够具有其同时限定的"酸稳定性"以用于本发明解决其技术问题，本领域技术人员无法直接、唯一地推导出除了本申请实施例的两个序列SEQ ID NO：1和2之外还有哪些具有70％同一性的序列能够达到同样的效果。因此权利要求1没有以说明书为依据说明要求专利保护的范围，得不到说明书的支持，不符合专利法第26条第4款的规定；（2）基于同样的理由，权利要求2、12也没有进一步限定所述蛋白酶，因此也得不到说明书的支持，不符合专利法第26条第4款的规定。

申请人DSM IP资产公司（下称请求人）对上述驳回决定不服，于2005年12月26日向专利复审委员会提出复审请求，请求人在提出复审请求时提交了经修改的权利要求书全文替换页（共3页23项），具体如下：

"1. 至少一种酸—稳定性蛋白酶在动物饲料中的用途，其中所述蛋白酶（i）与SEQ ID NO：1具有至少70％的同一性，且（ii）在37℃、pH3.5保温2小时之后的蛋白酶残余活性是在5℃、pH9.0保温2小时之后的残余活性的至少40％，所述蛋白酶以纯的形式保温，$A_{280}=1.0$，所述残余活性是在pH9.0、25℃对Suc-AAPF-pNA测定的。

2. 至少一种酸—稳定性蛋白酶在制备用于动物饲料的组合物中的用途，其中所述蛋白酶（i）与SEQ ID NO：1具有至少70％的同一性，且（ii）在37℃、pH3.5保温2小时之后的蛋白酶残余活性是在5℃、pH9.0保温2小时之后的残余活性的至少40％，所述蛋白酶以纯的形式保温，$A_{280}=1.0$，所述残余活性是在pH9.0、25℃对Suc-AAPF-pNA测定的。

3. 权利要求1的用途，其中所述的蛋白酶源自Nocardiopsaceae科的细菌，或其突变体或变体。

4. 权利要求3的用途，其中所述的蛋白酶源自拟诺卡氏菌属的菌株，或其突变体或变体。

5. 权利要求2的用途，其中所述的蛋白酶源自Nocardiopsaceae科的细菌，或其突变体或变体。

6. 权利要求5的用途，其中所述的蛋白酶源自拟诺卡氏菌属的菌株，或其突变体或变体。

7. 权利要求1~6之一的用途，其中蛋白酶的剂量是每kg饲料0.01~200mg蛋白酶蛋白质。

8. 改善动物饲料营养价值的方法，其中在该饲料中添加至少一种酸-稳定性蛋白酶，且其中所述蛋白酶（i）与SEQ ID NO：1具有至少70％的同一性，且（ii）在37℃、pH3.5保温2小时之后的蛋白酶残余活性是在5℃、pH9.0保温2小时之后的残余活性的至少40％，所述蛋白酶以纯的形式保温，$A_{280}=1.0$，所述残余活性是对Suc-AAPF-pNA，在pH9.0、25℃下测定的。

9. 权利要求8的方法，其中所述的蛋白酶源自Nocardiopsaceae科的细菌，或其突变体或变体。

10. 权利要求9的方法，其中所述的蛋白酶源自拟诺卡氏菌属的菌株，或其突变体或变体。

11. 动物饲料添加剂，其含有

（a）至少一种酸—稳定性蛋白酶；和

（b）至少一种脂溶性维生素，和/或

（c）至少一种水溶性维生素，和/或

（d）锰，锌，铁，铜，碘，硒和钴的至少一种；

其中所述蛋白酶（i）与SEQ ID NO：1具有至少70％的同一性，且（ii）在37℃、pH3.5保温2小时之后的蛋白酶残余活性是在5℃、pH9.0保温2小时之后的残余活性的至少40％，所述蛋白酶以纯的形式保温，$A_{280}=1.0$，所述残余活性是在pH9.0、25℃对Suc-AAPF-pNA测定的。

12. 权利要求11的动物饲料添加剂，其中所述的蛋白酶源自Nocardiopsaceae科的细菌，或其突变体或变体。

13. 权利要求12的动物饲料添加剂，其中所述的蛋白酶源自拟诺卡氏菌属的菌株，或其突变体或变体。

14. 权利要求11~13之一的动物饲料添加剂，其中蛋白酶的量相当于每kg饲料需添加0.01~200mg蛋白酶蛋白质。

15. 权利要求11~14中任一项的动物饲料添加剂，其进一步含有植酸酶，木聚糖酶，半乳聚糖酶，和/或β-葡聚糖酶。

16. 动物饲料组合物，其粗蛋白含量为50～800g/kg，且含有至少一种酸—稳定性蛋白酶，其中所述蛋白酶（i）与SEQ ID NO：1具有至少70%的同一性，且（ii）在37℃、pH3.5保温2小时之后的蛋白酶残余活性是在5℃、pH9.0保温2小时之后的残余活性的至少40%，所述蛋白酶以纯的形式保温，$A_{280}=1.0$，所述残余活性是在pH9.0、25℃对Suc-AAPF-pNA测定的。

17. 权利要求16的动物饲料组合物，其中所述的蛋白酶源自Nocardiopsaceae科的细菌，或其突变体或变体。

18. 权利要求17的动物饲料组合物，其中所述的蛋白酶源自拟诺卡氏菌属的菌株，或其突变体或变体。

19. 权利要求16～18之一的动物饲料组合物，其中蛋白酶的量为每kg饲料0.01～200mg蛋白酶蛋白质。

20. 处理植物蛋白质的方法，包括在至少一种植物蛋白质或蛋白质来源中添加至少一种酸—稳定性蛋白酶的步骤，其中所述蛋白酶（i）与SEQ ID NO：1具有至少70%的同一性，且其中至少一种植物蛋白质或蛋白质来源不是棉织品上的新鲜菠菜提取物，且（ii）在37℃、pH3.5保温2小时之后的蛋白酶残余活性是在5℃、pH9.0保温2小时之后的残余活性的至少40%，所述蛋白酶以纯的形式保温，$A_{280}=1.0$，所述残余活性是在pH9.0、25℃对Suc-AAPF-pNA测定的。

21. 权利要求20的方法，其中所述的蛋白酶源自Nocardiopsaceae科的细菌，或其突变体或变体。

22. 权利要求21的方法，其中所述的蛋白酶源自拟诺卡氏菌属的菌株，或其突变体或变体。

23. 权利要求20～22之一的方法，其中至少一种植物蛋白质来源中包括大豆。"

请求人认为：（1）说明书实施例1举例说明了筛选酸稳定性蛋白酶的方法，实施例2举例说明了验证蛋白酶的酸稳定性的方法，据此，本领域技术人员完全可以不经过创造性劳动而鉴定出符合权利要求1所述条件的其他蛋白酶；（2）同一性条件加功能和稳定性条件的限定方式使得权利要求1要求保护的就是具有相应功能的分子，能得到说明书的支持，并且审查指南中规定对于一个概括较宽又与整类产品或者整类机械有关的权利要求，如果说明书有较好的支持，并且也没有理由怀疑发明或者实用新型在权利要求范围内不可以实施，那么，即使这个权利要求范围较宽也是可以接受的；（3）增加的从属权利要求用于限定蛋白酶的微生物来源，这样的限定能够得到说明书的支持。

形式审查合格后，专利复审委员会受理了该复审请求，并于2006年2月7日向请求人发出《复审请求受理通知书》，同时将本申请案卷移交原审查部门进行前置审查。

原审查部门对本复审请求进行了前置审查，指出：（1）增加的从属权利要求限定了蛋白酶的微生物来源，与驳回决定中指出的缺陷无关；（2）同一性限定出的大量蛋白质与审查指南中所述的"整类产品或整类机械"不同，本领域公知其中存在不具有同样或类似生物性质的蛋白质，因此没有合理推导延伸的基础，修改后的权利要求1～23仍然不符合专利法第26条第4款的规定。

专利复审委员会组成合议组，对本复审请求案进行了审理。于2007年9月10日向请求人发出《复审通知书》。《复审通知书》指出：（1）请求人在提出复审请求时提交的权利要求书中增加了驳回决定所针对的权利要求书中不存在的从属权利要求3～6、9、10、12、13、17、18、21、22，上述修改并不是对驳回决定所针对权利要求本身作出的修改，不是为了消除驳回决定指出的缺陷，因此不符合专利法实施细则第60条第1款的规定。（2）权利要求1要求保护至少一种酸—稳定性蛋白酶在动物饲料中的用途。其中"（i）与SEQ ID NO：1具有至少70%的同一性"限定出无数多种组成和功能不同的蛋白质，而说明书中只是证实了SEQ ID NO：1的蛋白酶具有所述酸—稳定的特性以及（ii）中所述的理化特性，对于（i）中限定出的无数多种蛋白质，所属领域技术人员根据说明书的记载以及现有技术，无法推断其是否具有酸—稳定性以及（ii）中所述的理化特性，因此权利要求1的概括包含申请人推测的内容，而其效果又难以预先确定和评价，权利要求1得不到说明书的支持，不符合专利法第26条第4款的规定。同样的理由，权利要求2、7、8、11、14~16、19、20、23也不符合专利法第26条第4款的规定。

针对《复审通知书》指出的问题，请求人于2007年10月22日提交了意见陈述书及经修改的权利要求书全文替换页（共2页11项），其中删除了请求人在2005年12月26日提交的权利要求书中的权利要求3~6、9、10、12、13、17、18、21和22，并对其他权利要求作了修改，修改后的权利要求书如下：

"1. 至少一种酸-稳定性蛋白酶在动物饲料中的用途，其中所述蛋白酶包括SEQ ID NO：1，且在37℃、pH3.5保温2小时之后的蛋白酶残余活性是在5℃、pH9.0保温2小时之后的残余活性的至少40%，所述蛋白酶以纯的形式保温，$A_{280}=1.0$，所述残余活性是在pH9.0、25℃对Suc-AAPF-pNA测定的。

2. 至少一种酸-稳定性蛋白酶在制备用于动物饲料的组合物中的用途，其中所述蛋白酶包括SEQ ID NO：1，且在37℃、pH3.5保温2小时之后的蛋白酶残余活性是在5℃、pH9.0保温2小时之后的残余活性的至少40%，所述蛋白酶以纯的形式保温，$A_{280}=1.0$，所述残余活性是在pH9.0、25℃对Suc-AAPF-pNA测定的。

3. 权利要求1或2的用途，其中蛋白酶的剂量是每kg饲料0.01-200mg蛋白酶酶蛋白质。

4. 改善动物饲料营养价值的方法，其中在该饲料中添加至少一种酸—稳定性蛋白酶，且其中所述蛋白酶包括SEQ ID NO：1，且在37℃、pH3.5保温2小时之后的蛋白酶残余活性是在5℃、pH9.0保温2小时之后的残余活性的至少40%，所述蛋白酶以纯的形式保温，$A_{280}=1.0$，所述残余活性是对Suc-AAPF-pNA，在pH9.0、25℃下测定的。

5. 动物饲料添加剂，其含有

（a）至少一种酸-稳定性蛋白酶；和

（b）至少一种脂溶性维生素，和/或

（c）至少一种水溶性维生素，和/或

（d）锰、锌、铁、铜、碘、硒和钴的至少一种；

其中所述蛋白酶包括SEQ ID NO：1，且在37℃、pH3.5保温2小时之后的蛋白酶残余活性是在5℃、pH9.0保温2小时之后的残余活性的至少40%，所述蛋白酶以纯的形式保温，$A_{280}=1.0$，所述残余活性是在pH9.0、25℃对Suc-AAPF-pNA测定的。

6. 权利要求5的动物饲料添加剂，其中蛋白酶的量相当于每kg饲料需添加0.01~200mg蛋白酶蛋白质。

7. 权利要求5或6的动物饲料添加剂，其进一步含有植酸酶，木聚糖酶，半乳聚糖酶，和/或β-葡聚糖酶。

8. 动物饲料组合物，其粗蛋白含量为50~800g/kg，且含有至少一种酸—稳定性蛋白酶，其中所述蛋白酶包括SEQ ID NO：1，且在37℃、pH3.5保温2小时之后的蛋白酶残余活性是在5℃、pH9.0保温2小时之后的残余活性的至少40%，所述蛋白酶以纯的形式保温，$A_{280}=1.0$，所述残余活性是在pH9.0、25℃对Suc-AAPF-pNA测定的。

9. 权利要求8的动物饲料组合物，其中蛋白酶的量为每kg饲料0.01~200mg蛋白酶蛋白质。

10. 处理植物蛋白质的方法，包括在至少一种植物蛋白质或蛋白质来源中添加至少一种酸—稳定性蛋白酶的步骤，其中所述蛋白酶包括SEQ ID NO：1，且其中至少一种植物蛋白质或蛋白质来源不是棉织品上的新鲜菠菜提取物,且在37℃、pH3.5保温2小时之后的蛋白酶残余活性是在5℃、pH9.0保温2小时之后的残余活性的至少40%,所述蛋白酶以纯的形式保温,$A_{280}=1.0$,所述残余活性是在pH9.0、25℃对Suc-AAPF-pNA测定的。

11. 权利要求10的方法,其中至少一种植物蛋白质来源中包括大豆。"

请求人认为:(1)修改后的权利要求1中描述的蛋白酶从三个方面进行了限定,即其是一种酸性稳定蛋白酶,包括SEQ ID NO:1的序列结构以及对其残余活性的描述。上述限定排除了具有SEQ ID NO:1的序列结构但不具有另外两方面限定条件的蛋白酶;(2)说明书中给出了酸稳定性的定义及其测定方法,并给出了制备、鉴定、比较蛋白酶和测定酶活性、进行活性、稳定性试验的实施例,本领域技术人员能够根据说明书的描述实现权利要求1的技术方案,因此修改后的权利要求1能够得到说明书的支持,符合专利法第26条第4款的规定,同理,权利要求2~11也能够得到说明书的支持,符合专利法第26条第4款的规定。

至此,合议组认为本案事实已经清楚,可以作出审查决定。

二、决定的理由

1. 决定所依据的文本

请求人于2007年10月22日提交了经修改的权利要求书,其中将其于2005年12月26日提交的权利要求书中不符合专利法实施细则第60条第1款的权利要求3~6、9、10、12、13、17、18、21和22删除,由此克服了《复审通知书》中指出的权利要求书不符合专利法实施细则第60条第1款的规定的缺陷,其他权利要求也符合专利法第33条和专利法实施细则第60条第1款的规定。

本复审决定所针对的申请文本为请求人于2007年10月22日提交的权利要求1~11、2002年8月8日提交的说明书第1~33页、说明书附图第1~2页、氨基酸序列表第1~2页和说明书摘要。

2. 关于专利法第26条第4款

专利法第26条第4款规定:权利要求书应当以说明书为依据,说明要求专利保护的范围。

权利要求书不能包含效果难以确定的推测内容。

本案中,驳回决定所针对文本中的独立权利要求以及《复审通知书》所针对文本中的独立权利要求中均采用"(i)与SEQ ID NO:1具有至少70%同一性"的限定方式限定相应的蛋白酶,同时限定了所述酶的酸稳定性及其用理化性质限定的残余活性,但由于本申请说明书中没有给出任何证据充分、明确地证明由"(i)与SEQ ID NO:1具有至少70%同一性"的结构特征所限定的众多蛋白酶中哪些序列是具有所述酸稳定性以及(ii)中所述的理化性质,而对于蛋白酶来说,是否具有某种功能是需要充分的实验来验证的,所属领域技术人员无法从说明书以及现有技术的教导中推导出与SEQ ID NO:1具有同一性的蛋白酶均能够实现发明目的。因此,上述独立权利要求的概括包含了请求人推测的内容,而其效果又难于预先确定和评价,得不到说明书的支持,不符合专利法第26条第4款的规定。

请求人于2007年10月22日提交的修改后的权利要求书中,删除了独立权利要求1、2、4、8、10中涉及同一性限定的部分,即"(i)与SEQ ID NO:1具有至少70%同一性",而将独立权利要求中涉及的蛋白酶限定为:"包括SEQ ID NO:1","且在37℃、pH3.5保温2小时之后的蛋白酶残余活性是在5℃、pH9.0保温2小时之后的残余活性的至少40%,所述蛋白酶以纯的形式保温,$A_{280}=1.0$,所述残余活性是在pH9.0、25℃对Suc-AAPF-pNA测定的。"修改后的独立权利要求克服了驳回决定和《复审通知书》中所指出的由于同一性限定所导致的独立权利要求不符合专利法第26条第4款规定的缺陷。基于同样的理由,从属权利要求3、6、7、9、11也克服了驳回决定和《复审通知书》中所指出基于同一性限定而不符合专利法第26条第4款规定的缺陷。

根据以上事实和理由，本案合议组作出如下审查决定。

三、决定

撤销国家知识产权局于 2005 年 9 月 9 日对 01804707.6 号发明专利申请作出的驳回决定。由原审查部门在本复审决定所针对的文本的基础上继续进行审查。

复审请求人对本决定不服的，可以根据专利法第 41 条第 2 款的规定，自收到本决定之日起三个月内向北京市第一中级人民法院起诉。

含有死的益生菌共生发酵培养物的营养组合物

复审请求审查决定（第13184号）

决　定　号	第13184号
决　定　日	2008年4月28日
发明创造名称	含有死的益生菌共生发酵培养物的营养组合物
国际分类号	C12N 1/20，C12P 1/04，A61K 35/74，A61P 1/00，A61P 37/02
复审请求人	济南三株药业有限公司
申　请　号	00111082.9
申　请　日	2000年4月26日
公　开　日	2000年11月22日
合议组组长	叶　娟
主　审　员	葛永奇
参　审　员	尹　昕
法　律　依　据	专利法第33条

决　定　要　点

如果申请的内容通过增加、改变和/或删除其中的一部分，致使所属技术领域的技术人员看到的信息与原申请记载的信息不同，而且又不能从原申请记载的信息中直接地、毫无疑义地确定，那么，这种修改就是不允许的。

一、案由

本复审请求涉及申请日为2000年4月26日、公开日为2000年11月22日、申请号为00111082.9、名称为"含有死的益生菌共生发酵培养物的营养组合物"的发明专利申请（下称本申请），申请人为济南三株药业有限公司。

2005年9月9日，国家知识产权局针对申请人于2000年4月26日提交的说明书附图第2页和说明书摘要、2005年4月12日提交的说明书附图第1页、2005年7月27日提交的说明书第1~15页和权利要求1~3，以申请人对说明书和权利要求书的修改不符合专利法第33条的规定、说明书不符合专利法第26条第3款的规定为由驳回了本申请。

驳回决定所针对的权利要求书为：

"1. 含有灭活的短双歧杆菌、嗜酸性乳杆菌和屎肠球菌，并含有可溶性膳食纤维及大豆异黄酮的悬液态营养组合物，特征在于所说的组合物是按下述方法生产的：

（1）提供每升含有25ml 蛋白酶水解牛肉肉汤、15g 酵母浸膏、250ml 大豆芽蒸煮液、12g 葡萄糖、13g 蔗糖、0.5g MgSO₄、0.3g CaCO₃、0.3g NaCl、0.3g K₂HPO₄ 和 0.3g KH₂PO₄ 的培养基。

（2）在培养基中接种活化的双歧杆菌，并于 39℃ 下厌氧发酵 7.5 小时，当发酵过程中 pH 值降至 5.0 时，持续搅拌下将 pH 值调到大约 6.2，再次向培养基中接种活化的屎肠球菌生物量，搅拌 20 分钟后于同样温度下继续发酵培养 6 小时，当发酵罐内 pH 值降至大约 5.5 时，再次将培养基的 pH 值调至 6.2，然后接种嗜酸性乳杆菌，并继续在同样温度下发酵；

（3）当发酵罐内总细菌浓度达到 $6.5×10^8$/ml 以上，并且 pH 值降低到大约 3.5~3.8 时，使发酵培养物的温度降低至大约 32℃，并保持约 2 小时，以完成发酵产物的生物转化；

（4）然后使发酵培养物的温度升高至大约 39℃，热杀死增殖的活菌，离心分离培养物上清后即得到含有灭活的短双歧杆菌、嗜酸性乳杆菌和屎肠球菌，并且可溶性纤维含量为每毫升含 20~40μg，大豆异黄酮含量为每毫升 30~100μg 的悬液态营养组合物。

2. 权利要求 1 的营养组合物在生产用于纠正和维持肠道正常微生态平衡的药物中的应用。

3. 权利要求 1 的营养组合物在生产用于调整机体非特异性免疫反应的药物中的应用。"

驳回决定认为：（1）经修改的说明书将第 5 页和第 7 页培养基组成中的葡萄糖含量由原始的 1.3% 改为 1.2%，将 CaCO₃ 的含量由原始的 0.05% 改为 0.03%，将说明书第 10 页培养基组成中的 MgSO₄、CaCO₃、NaCl、K₂HPO₄ 和 KH₂PO₄ 的含量由原始的 5g、3g、3g、3g 和 3g 改为 0.5g、0.3g、0.3g、0.3g 和 0.3g，将第 6 页第 23 行的比例改为体积比，将说明书第 7 页倒数第 1 行的 pH 值由原始的 5.8~6.3 改为 5.8~6.5，上述修改后的培养基和修改后的内容既未明确记载在原说明书和权利要求书中，也不能由原说明书和权利要求书所记载的内容直接导出，因此超出了原说明书和权利要求书记载的范围，不符合专利法第 33 条的规定，基于相同的理由，包含上述修改后的培养基的权利要求 1 也超出了原说明书和权利要求书记载的范围，不符合专利法第 33 条的规定。（2）说明书第 3 页所给出的生产悬液态营养混合物的技术方案、说明书第 7 页所给出的分级接种共生发酵的技术方案及实施例 1 中所给出的分级接种共生发酵的技术方案在培养基 pH 值、菌体总浓度、灭菌时培养基的 pH 值及嗜酸性乳杆菌接种前是否进行 pH 值调节这些方面均有区别，因此说明书内容存在互相矛盾和不清楚之处，致使本领域技术人员不能清楚、正确地理解该发明，不符合专利法第 26 条第 3 款的规定。

申请人济南三株药业有限公司（下称请求人）对上述驳回决定不服，于 2005 年 12 月 3 日向专利复审委员会提出复审请求，请求人认为：（1）在生产本发明营养组合物的方法中，对三种益生菌的加入次序并没有严格限制，而且培养益生菌的发酵条件（温度、时间和 pH 值等）也基本上是普通益生菌的常规发酵条件，同样没有严格限制和特殊要求。另外，培养基中矿物质和其他营养素含量也基本上与常规培养基相同。（2）说明书中涉及培养基成分比例的一些地方出现了不影响发明的技术实质的笔误，这些笔误应当允许修改。并且，只要是培养基成分中含有大豆芽蒸煮液、蛋白酶解牛肉肉汤、酵母浸膏、糖和矿物质等成分，该培养基即可用于本发明的益生菌共生发酵，至于各成分的含量应是本领域技术人员可以想到的。（3）就产品本身而言，本发明的悬液态营养组合物中可溶性纤维和大豆异黄酮的含量分别高达每毫升 20~40μg 和每毫升 30~100μg，体现了本发明的技术进步；就共生发酵方法而言，本发明的技术进步在于实现了细菌学性质上不同的特别是对酸具有不同耐受性的多株益生菌和厌氧共生发酵，克服了这些益生菌之间存在的相互干扰和共生抑制问题，从而大大提高了菌体的增殖速率，同时显著改善了共生培养物的生物学功能；特别是，本发明克服了现有技术中的偏见，生产得到了三种益生菌分级接种、共生发酵产品，并证实了死的益生菌在纠正和维持肠道正常微生态平衡和调整机体非特异性免疫反应中的作用，因此本申请权利要求 1 具备创造性。综上所述驳回理由不成立。

请求人在提出复审请求时提交了说明书全文替换页（共 15 页）和权利要求书全文替换页（共 5

项）。

形式审查合格后，专利复审委员会受理了该复审请求，并于 2006 年 1 月 17 日向请求人发出《复审请求受理通知书》，同时将本申请移交原审查部门进行前置审查。

原审查部门对本复审请求进行了前置审查，认为请求人针对第一次和第二次审查意见通知书陈述的意见表明加入菌株的次序和时间、培养基中添加的微量元素的种类和数量以及添加的葡萄糖均有严格限制，但说明书第 3 页、第 7 页及实施例 1 中所给出的分级接种共生发酵的技术方案在培养基 pH 值、菌体总浓度、灭菌时培养基的 pH 值及嗜酸性乳杆菌接种前是否进行 pH 值调节这些方面均有区别，因此说明书内容存在互相矛盾和不清楚之处，不符合专利法第 26 条第 3 款的规定。此外修改后的申请文件仍存在驳回理由所指出的修改超范围的缺陷，故坚持驳回决定。

专利复审委员会组成合议组，对本复审请求案进行了审理。于 2007 年 8 月 8 日向请求人发出《复审通知书》。《复审通知书》指出：（1）请求人在提出复审请求时对说明书中有关培养基组成、pH 值、温度等内容的修改不符合专利法第 33 条的规定；在提出复审请求时提交的权利要求 1 中将"短双歧杆菌、嗜酸性乳杆菌和屎肠球菌"这三种具体的菌株扩大为"肠道益生菌"，这种修改不符合专利法实施细则第 60 条第 1 款的规定。（2）在说明书第 3 页、第 7 页和实施例 1 的分级接种、共生发酵方法中，在培养基 pH 值、菌体总浓度、灭菌时培养基的 pH 值及嗜酸性乳杆菌接种前是否进行 pH 值调节等方面，尤其是接入各菌株的顺序、所使用的培养基成分均不相同，请求人对此问题陈述的理由也前后矛盾，所属领域的技术人员依据说明书的描述无法实施其发明，因此说明书不符合专利法第 26 条第 3 款的规定。

请求人于 2007 年 9 月 8 日针对《复审通知书》提交了意见陈述书以及说明书全文替换页（共 13 页）、说明书附图第 1 页（共 1 页）和权利要求书全文替换页（共 6 项）。请求人认为虽然说明书中存在一些明显的笔误或遗漏，但这些笔误和遗漏完全是本领域技术人员可以理解的，这些错误不会在实质上影响本发明的精神和原则，也不会导致本领域技术人员不能按照本发明的精神和原则实施和重复再现本发明，更不会因为这些错误而误解了本发明的实质性特征。例如，鉴于说明书发明内容部分对培养基中矿物盐的百分浓度的正确限定（原始说明书第 5 页第 2 段和第 6 页倒数第 2 段），可认为实施例 1 中矿物盐的含量确系笔误，依据前述两处内容对其进行修改不会超出原始申请文件记载的范围。并且，虽然培养基中的无机盐含量会在一定程度上影响菌体的生长速率，但即使存在如实施例 1 中所给出的错误浓度数值，其也不会明显改变如图 1 和图 2 中所示的生长曲线。

请求人在答复《复审通知书》时所提交的权利要求书如下：

"1. 含有益生菌共生发酵培养物的营养组合物，特征在于所说的肠道益生菌是灭活的。

2. 根据权利要求 1 的营养组合物，其中所说的益生菌是短双歧杆菌、嗜酸性乳杆菌和屎肠球菌。

3. 根据权利要求 1 的营养组合物，其中所含可溶性纤维的浓度（重量/体积）高达每毫升 20～40（g，大豆异黄酮浓度高达每毫升 30～100μg。

4. 根据权利要求 1 的营养组合物，特征在于所说的营养组合物是以分级接种、共生发酵方法制备的。

5. 权利要求 1 的营养组合物在生产用于纠正和维持肠道正常微生态平衡的药物中的应用。

6. 权利要求 1 的营养组合物在制备用于调整机体非特异性免疫反应药物中的应用。"

至此，合议组认为本案事实清楚，可以作出审查决定。

二、决定的理由

1. 审查文本

请求人在答复《复审通知书》时提交了说明书和权利要求书全文替换页和说明书附图第 1 页的

替换页，本复审请求审查决定所依据的审查文本为请求人于2007年9月8日提交的说明书第1~13页、说明书附图第1页、权利要求1~6，以及请求人于2000年4月26日提交的说明书附图第2页和说明书摘要。

2. 关于专利法第33条

专利法第33条规定，申请人可以对其专利申请文件进行修改，但是，对发明和实用新型专利申请文件的修改不得超出原说明书和权利要求书记载的范围。

根据该款规定，如果申请的内容通过增加、改变和/或删除其中的一部分，致使所属技术领域的技术人员看到的信息与原申请记载的信息不同，而且又不能从原申请记载的信息中直接地、毫无疑义地确定，那么，这种修改就是不允许的。

请求人在答复《复审通知书》时提交的修改后的说明书与请求人于申请日提交的原始申请文件相比，存在如下修改：（1）将第5页第8行"（w/w）"修改为"（w/v）"；（2）将第6页第31~33行"基本上由重量比25％大豆或大豆芽蒸煮液、2.5％蛋白酶水解牛肉肉汤、1.3％酵母浸膏、1.3％葡萄糖、1.3蔗糖、0.03％ NaCl、0.05％ MgSO$_4$、0.05％ CaCO$_3$、0.03％ K$_2$HPO$_4$和0.03％ KH$_2$PO$_4$组成的液体培养基"修改为"由25％大豆芽蒸煮液、2.5％蛋白酶水解牛肉肉汤、1.3％（w/v）酵母浸膏、1.2％葡萄糖、1.3％蔗糖、0.03％ NaCl、0.05％、MgSO$_4$、0.03％ CaCO$_3$、0.03％（w/v）K$_2$HPO$_4$和0.03％ KH$_2$PO$_4$组成的液体培养基"；（3）将第9页第10~12行中的"15 g酵母浸膏、250ml大豆或大豆芽蒸煮液、12g葡萄糖、13g蔗糖、5g MgSO$_4$、3g CaCO$_3$、3g NaCl、3g K$_2$HPO$_4$和3g KH$_2$PO$_4$"修改为"13 g酵母浸膏、250ml大豆芽蒸煮液、13g葡萄糖、13g蔗糖、0.5g MgSO$_4$、0.3g CaCO$_3$、0.3g NaCl、0.3g K$_2$HPO$_4$和0.3g KH$_2$PO$_4$"；（4）将第9页倒数第8行的"39℃"修改为"49℃"。上述修改后的内容既没有记载在原始说明书和权利要求书中，也不能从原始说明书和权利要求书记载的信息直接地、毫无疑义地确定，因而均超出了原始申请文件所记载的范围，不符合专利法第33条的规定。

在答复《复审通知书》时，请求人以实施例1中矿物盐含量（说明书第9页第10~12行）的修改（上述第（3）处修改）为例陈述了修改未超出原申请文件记载的范围的理由，即实施例1中矿物盐含量的描述存在明显笔误，可依据原始说明书第5页第2段和第6页倒数第2段出现的两处正确限定对其进行修改。对此，合议组认为，首先，说明书中所述两处所提供的只是"典型"培养基成分比例，而实施例1为具体的一个实验过程，其中并未指出其所依据的就是说明书上述两处的"典型"配方；其次，即便实施例1的配方是与上述两处相同的，但由于原始说明书中上述两处明确指出培养基中各成分的比例均为重量比，而实施例的培养基总量为体积单位（每升），由于培养基密度未知，因而在以前述两处配方为基础时，并不能根据w/w比例推知每升培养基中各成分的重量，因此，请求人认为第（3）处修改不超范围的理由不能成立。

根据以上事实和理由，本案合议组作出如下审查决定。

三、决定

维持国家知识产权局于2005年9月9日对申请号为00111082.9的发明专利申请作出的驳回决定。

复审请求人对本决定不服的，可以根据专利法第41条第2款的规定，自收到本决定之日起三个月内向北京市第一中级人民法院起诉。

苏云金芽孢杆菌（BACILLUSTHURINGIENSIS）的杀虫蛋白

复审请求审查决定（第13185号）

决 定 号	第13185号
决 定 日	2008年4月14日
发明创造名称	苏云金芽孢杆菌（BACILLUSTHURINGIENSIS）的杀虫蛋白
国际分类号	C07K 14/325，C12N 15/32，A01N 63/02，C12N 15/82
复审请求人	拜尔生物科学公司
申 请 号	00817997.2
优 先 权 日	1999年12月28日
申 请 日	2000年12月19日
公 开 日	2003年4月30日
合议组组长	许 磊
主 审 员	尹 昕
参 审 员	魏春宝

法 律 依 据 专利法第26条第4款

决 定 要 点

权利要求书应当以说明书为依据，是指权利要求书应当得到说明书的支持。权利要求书中的每一项权利要求所要求保护的技术方案应当是所属技术领域的技术人员能够从说明书中公开的内容得到或者概括得出的技术方案，并且不得超出说明书公开的范围。如果权利要求的概括包含申请人推测的内容，而其效果又难于预先确定和评价，应当认为这种概括超出了说明书公开的范围。

一、案由

本复审请求涉及申请日为2000年12月19日、公开日为2003年4月30日、名称为"苏云金芽孢杆菌（BACILLUS THURINGIENSIS）的杀虫蛋白"的00817997.2号发明专利申请（下称本申请）。本申请的优先权日是1999年12月28日，申请人于2005年4月15日由拜尔作物科学公司变更为拜尔生物科学公司。

国家知识产权局于2005年9月9日以本申请的权利要求1~9得不到说明书的支持，不符合专利法第26条第4款的规定为由驳回了本申请。

驳回决定所针对的权利要求书如下：

"1. 编码蛋白的DNA，其中所述蛋白

（1）含有由保藏于BCCM-LMBP，保藏号为LMBP 3986的cry1Bf基因所编码蛋白的杀虫的胰蛋

白酶消化片段的氨基酸序列；或

（2）含有 SEQ ID NO：2 蛋白的杀虫片段的氨基酸序列。

2. 权利要求 1 所述的编码蛋白的 DNA，该蛋白含有 SEQ ID NO：2 从第 1 位氨基酸到第 640 位氨基酸的氨基酸序列。

3. 权利要求 2 所述的编码蛋白的 DNA，该蛋白含有 SEQ ID NO：2 的氨基酸序列。

4. 权利要求 1~3 中任何一项所述的 DNA，其含有 SEQ ID NO：1 的 DNA 序列。

5. 权利要求 4 所述的 DNA，其含有一段人工 DNA 序列，该人工 DNA 序列与天然存在的 DNA 序列具有不同的密码子使用但编码相同的蛋白或其杀虫片段。

6. 权利要求 1~3 中任何一项所述的 DNA，其含有一段人工 DNA 序列，该人工 DNA 序列与天然存在的 DNA 序列具有不同的密码子使用但编码相同的蛋白或其杀虫片段。

7. 一种蛋白质，其含有：

（1）由保藏于 BCCM-LMBP，保藏号为 LMBP 3986 的 cry1Bf 基因所编码蛋白的杀虫的胰蛋白酶消化片段的氨基酸序列；或

（2）含有 SEQ ID NO：2 蛋白的杀虫片段的氨基酸序列。

8. 权利要求 7 所述的蛋白，其含有 SEQ ID NO：2 从第 1 位氨基酸到第 640 位氨基酸的氨基酸序列。

9. 权利要求 7 或 8 所述的蛋白，其含有 SEQ ID NO：2 的氨基酸序列。

10. 嵌合基因，其含有在植物表达启动子控制之下的权利要求 1~6 中任何一项所述的 DNA。

11. 植物细胞，其被转化从而含有权利要求 10 所述的嵌合基因。

12. 一种控制昆虫的方法，包括将权利要求 7~9 中任何一项所述的蛋白质施用在昆虫或昆虫食用的植物上。

13. 权利要求 7~9 中任何一项所述的蛋白质在控制昆虫中的用途。

14. 微生物，其被转化从而含有权利要求 1~6 中任何一项所述的 DNA。

15. 权利要求 14 所述的微生物，其选自土壤杆菌属、埃希氏菌属或芽孢杆菌属。

16. 控制昆虫的方法，其包括在宿主细胞中表达权利要求 1~6 中任何一项所述的 DNA，并将所说的宿主细胞与昆虫相接触。

17. 获得抗昆虫植株的方法，其包括用权利要求 1~6 中任何一项所述的 DNA 或用权利要求 10 所述的嵌合基因转化植物细胞，并从这些抗昆虫的细胞中再生出转化植株。

19. 权利要求 17 所述的方法，其进一步包括由含所述 DNA 的所述植株获得种子。"

驳回决定中指出：权利要求 1~9 中"含有"的写法，包括了大量的化合物，本领域技术人员要从中筛选出能达到本发明目的的具有杀虫活性的 DNA 或蛋白是要付出创造性的劳动，或者花费过多的劳动并经历过多的试验和错误才能完成，因此，上述权利要求概括的范围包括了申请人推测的内容，其效果难以有效确定和评价，得不到说明书的支持，不符合专利法第 26 条第 4 款的规定。

申请人拜尔生物科学公司（下称请求人）对上述驳回决定不服，于 2005 年 12 月 26 日向专利复审委员会提出复审请求，同时提交了修改后的权利要求书的全文替换页。修改后的权利要求书如下：

"1. 编码杀虫蛋白的 DNA，该蛋白含有 SEQ ID NO：2 从第 1 位氨基酸到第 640 位氨基酸的氨基酸序列。

2. 权利要求 1 所述的 DNA，其编码的杀虫蛋白含有 SEQ ID NO：2 的氨基酸序列。

3. 权利要求 1 或 2 所述的 DNA，其含有 SEQ ID NO：1 的 DNA 序列。

4. 权利要求 3 所述的 DNA，其含有一段人工 DNA 序列，该人工 DNA 序列与天然存在的 DNA 序

列具有不同的密码子使用但编码相同的蛋白。

5. 权利要求1或2所述的DNA，其含有一段人工DNA序列，该人工DNA序列与天然存在的DNA序列具有不同的密码子使用但编码相同的蛋白。

6. 权利要求1所述的蛋白，其含有SEQ ID NO：2从第1位氨基酸到第640位氨基酸的氨基酸序列。

7. 权利要求6所述的蛋白，其含有SEQ ID NO：2的氨基酸序列。

8. 嵌合基因，其含有在植物表达启动子控制之下的权利要求1~5中任何一项所述的DNA。

9. 植物细胞，其被转化从而含有权利要求8所述的嵌合基因。

10. 一种控制昆虫的方法，包括将权利要求6或7所述的蛋白质施用在昆虫或昆虫食用的植物上。

11. 权利要求6或7所述的蛋白质在控制昆虫中的用途。

12. 微生物，其被转化从而含有权利要求1~5中任何一项所述的DNA。

13. 权利要求12所述的微生物，其选自土壤杆菌属、埃希氏菌属或芽孢杆菌属。

14. 控制昆虫的方法，其包括在宿主细胞中表达权利要求1~5中任何一项所述的DNA，并将所说的宿主细胞与昆虫相接触。

15. 获得抗昆虫植株的方法，其包括用权利要求1~5中任何一项所述的DNA或用权利要求8所述的嵌合基因转化植物细胞，并从这些抗昆虫的细胞中再生出转化植株。

16. 权利要求15所述的方法，其进一步包括由含所述DNA的所述植株获得种子。"

请求人认为：根据说明书的描述，本申请的杀虫蛋白可以是具有SEQ ID NO：2氨基酸序列的完整的Cry1Bf蛋白、含有SEQ ID NO：2氨基酸序列的杂合或融合蛋白、含有毒性片段的SEQ ID NO：2的经截短形式的杂合或嵌合蛋白。说明书实施例中验证了上述蛋白的杀虫活性，并且由于所要求保护的蛋白含有的SEQ ID NO：2的氨基酸序列足以使该蛋白具有杀虫效果，本领域技术人员采用说明书中给出的常规分析方法即可预先确定和评价杀虫蛋白的效果。因此本申请权利要求的开放式写法概括了一个合理的保护范围，可以得到说明书的支持。

形式审查合格后，专利复审委员会受理了该复审请求，并于2006年2月22日向请求人发出《复审请求受理通知书》，同时将本申请案卷移交原审查部门进行前置审查。

原审查部门对本复审请求进行了前置审查，在《前置审查意见书》中，原审查部门指出：虽然请求人在权利要求1的前序部分加上了功能限定，但是由于修改后权利要求1~7中"含有"的写法还是开放式的，其中仍然包含了数量极大的化合物，而本申请说明书中没有给出足够的实施例来证实这些化合物都能达到本申请的发明目的，本领域技术人员在筛选具有杀虫功能的蛋白时仍然要花费创造性的劳动或经历过多的失败/挫折才能完成，因此驳回决定指出的关于本申请的权利要求得不到说明书支持的缺陷仍然存在，故坚持原驳回决定。

专利复审委员会组成合议组，对本复审请求案进行了审理。于2007年9月10日向请求人发出《复审通知书》。该《复审通知书》指出：本申请权利要求1~7均要求保护核酸或蛋白，请求人对其序列的限定采用了开放式的限定方式"含有"，根据本申请权利要求的内容以及说明书的解释可知，除了本申请所鉴定的SEQ ID NO：1、SEQ ID NO：2以及SEQ ID NO：2的活性片段本身外，"含有……序列"的DNA/蛋白还包括了无数的核酸或氨基酸序列，其中某些片段可能不具备所述的功能。举例而言，当DNA序列中5′和/或3′末端包括了某些调控序列后可能会抑制基因的表达或导致基因静默，另外有机体内的基因表达调控可在RNA、蛋白质等多级水平进行，某些DNA序列的增加可能会导致最终表达的蛋白功能发生改变。对于蛋白而言，作为一级结构的氨基酸序列是蛋白的空间结构的基础，而蛋白的空间结构又是其功能的基础，当在 N-末端和/或 C-末端增加某些氨基酸序列时，可能会影响蛋白的空间结构，从而影响其最终的功能。说明书中公开的实验实际上只证明了 SEQ ID NO：1、SEQ ID NO：2 以及 SEQ ID NO：2 的第 1~640 位氨基酸片段的功能，本领域技术人员根据说明书的描述，无法预测在所述序列两端任意增加其他核苷酸或氨基酸序列获得的产物也能实现本发明的目的，因此，权利要求 1~7 包含了请求人推测而其效果又难以预先确定和评价的内容，得不到说明书的支持。

针对《复审通知书》指出的问题，请求人于 2007 年 10 月 25 日提交了意见陈述书，请求人没有对申请文件进行修改并同时提交了如下附件：

附件 1："Protein Engineering in Plants：Expression of Bacillus thuringiensis Insecticidal Protein Genes"，Mark Vaeck 等人，Cell Culture and Somatic Cell Genetics of Plants，第 6 卷，第 425~439 页，1989 年，复印件共 15 页；

附件 2："Transgenic plants protected from insect attack"，Mark Vaeck 等人，杂志名称、卷、期、页码均不详，1987 年，复印件共 5 页；

附件 3："Structural and functional analysis of a cloned delta endotoxin of *Bacillus Thuringiensis berliner* 1715"，Eur. J. Biochem，第 161 卷，第 273~280 页，1986 年，复印件共 8 页；

附件 4："Arabidopsis thaliana small subunit leader and transit peptide enhance the expression of *Bacillus thuringiensis* proteins in transgenic plants"，Plant Molecular Biology，第 20 卷，第 81~93 页，1992 年，复印件共 13 页；

附件 5：EP 0408403 A1，公开日为 1991 年 1 月 16 日，复印件共 81 页。

请求人在意见陈述中指出：(1) a. "含有/包含××序列" 的核酸或蛋白权利要求对于现有技术的贡献往往在于具体限定的核心序列本身，而非具体序列两端的其他序列，本领域技术人员可以根据需要选择其他序列，认为 "含有" 意味着 "在所述序列的两端任意增加其他核苷酸或氨基酸序列" 忽略了所属技术领域的技术人员实施发明所具有的基本逻辑推理能力和实施能力；b. 本申请的权利要求 1~7 均采用了功能性限定，即其要求保护的都是具有 "杀虫" 活性的蛋白或其编码 DNA，不具备杀虫活性的蛋白/DNA 是排除在本权利要求书的保护范围之外的，不存在所概括的技术方案不能实现本发明目的的问题；c. 在本申请的说明书公开内容的基础上，本领域普通技术人员无需付出创造性劳动，仅需结合公知常识、运用常规实验手段，就能够判断如何在所述序列的基础上添加哪些必要的序列来实施所述技术方案。(2) 权利要求可以进行适当概括，权利要求概括的基础不仅仅是实施例和说明书本身，还需要考虑所属技术领域的技术人员应具备的知识。就产业应用而言，单独的核酸或多肽序列自身没有太大的实用性，往往需要借助于其他常见生物或化学部分/元件/分子的作用，本申请说明书实施例 4 描述了全长 cry1Bf 基因的克隆与表达，实施例 5 提供了试验证据表明所表达的具有 SEQ ID NO：2 氨基酸序列的完整 Cry1Bf 蛋白的杀虫活性，实施例 6 描述了根据 EP0193259 和公开的 PCT 专利申请 WO9412264 所述可获得 CaMV 35S 启动子和遍在蛋白启动子与 cry1Bf 截短形式的嵌合基因，因此，本申请 SEQ ID NO：2 的蛋白正是含有 SEQ ID NO：2 的第 1~640 位氨基酸序列的蛋白的具体例证，此外，说明书第 4 页第 13~16 行对 "含有" 进行了定义；说明书第 4 页第 7~12 行指出 "Cry1Bf 蛋白" 是指含有 SEQ ID NO：6 氨基酸序列的、保留杀虫活性的最小蛋白片断的任何蛋白，这包括含有该最小毒性蛋白片断的杂合或嵌合蛋白；说明书第 11 页第 3 段记载了 "将 cry 基因有效杀虫部分，优选截短 cry 基因，插入植物细胞基因组，使插入的基因位于可指导该基因部分在此植物细胞中进行表达的启动子的下游（即 3'）及其控制之下"；说明书第 12 页第 2 段指出 "将 cry 基因的有效杀虫部分插入植物基因组中，使插入的基因部分处于适合的 3' 末端转录调节信号（即转录本形成和多聚腺苷酸化信号）的上游"；说明书第 12 页第 3 段还指出："可任选地将 cry 基因有效杀虫部分插入到植物基因组中作为与选择标记基因（例如编码卡那霉素抗性的 neo 基因（EP 0 242 236））处于同一启动子控制之下的杂合基因（美国专利 5254799；Vaeck 等，1987），从而使该植物表达融合蛋白"。可见本发明提供的具有全部 SEQ ID NO：2 序列或其 1～640 氨基酸片段的杀虫蛋白具有开创意义，权利要求 1～7 进行的概括是合理的。（3）请求人提供的附件 1～5 同属于苏云金芽孢杆菌 Bt 杀虫蛋白领域，其中附件 1 公开了已知的 Bt 杀虫蛋白的毒性片段及包含该毒性片段的原毒素蛋白形式，附件 2 公开了不同大小的 Bt 杀虫蛋白基因在 5′或 3′端与新霉素磷酸转移酶 neo 基因融合所形成的嵌合构建体经表达而不影响杀虫活性，附件 3 中公开了在 Bt 蛋白 C 末端添加 β-半乳糖苷酶蛋白而获得的融合蛋白不导致任何功效的降低，附件 4 中公开了在苏云金芽孢杆菌 CryIA（c）蛋白的 N 端添加不同的前导及转运肽序列能增强该蛋白的表达且未观察到对其活性的任何不利作用，附件 5 公开了对两种不同的 Bt 蛋白进行融合以构建杂合蛋白的策略及其表达，由此可见，在现有技术中，存在着有关如何获得"包含"其他苏云金芽孢杆菌 Bt 蛋白的更大蛋白的多种教导，而且结果显示如此获得的蛋白杀虫活性并没有受到不良影响。（4）根据本领域众所周知的遗传操作技术在表达的蛋白末端引入一个或几个异源氨基酸所得到的多肽几乎 100％或完全保留原多肽的功能；根据审查指南的规定，对于化学领域的组合物权利要求，当一种活性成分在现有技术中或者通过说明书的描述可以和其他物质相组合而仍能实现其功能时，该权利要求是允许使用术语"包含"的。生物领域属于化学领域的一个分支，化学领域的通用审查规则也适用于生物领域；在知识产权出版社 2002 年出版的《医药及生物领域发明专利申请文件的撰写与审查》（张清奎主编，第 1 版，第 199～200 页）中，明确指出以"具有/含有"方式限定的核酸或蛋白是可以允许的。

综上所述，本申请权利要求 1～7 的技术方案是对本申请说明书公开内容的合理概括，能够得到说明书的实质支持，符合专利法第 26 条第 4 款的规定。

至此，合议组认为本案事实清楚，可以作出审查决定。

二、决定的理由

1. 决定所依据的文本

鉴于请求人在复审程序中仅对权利要求书进行了修改，因此，本决定所依据的文本为：请求人于 2005 年 12 月 26 日提交的权利要求 1～16 以及驳回决定所针对的说明书、说明书摘要、核苷酸和氨基酸序列表，即请求人于 2005 年 6 月 14 日提交的说明书第 1 页以及本申请进入中国国家阶段时提交的说明书第 2～25 页、核苷酸和氨基酸序列表第 1～32 页和说明书摘要。

2. 关于专利法第 26 条第 4 款

专利法第 26 条第 4 款规定：权利要求书应当以说明书为依据，说明要求专利保护的范围。

权利要求书应当以说明书为依据，是指权利要求书应当得到说明书的支持。权利要求书中的每一项权利要求所要求保护的技术方案应当是所属技术领域的技术人员能够从说明书中公开的内容得到或者概括得出的技术方案，并且不得超出说明书公开的范围。如果权利要求的概括包含申请人推测的内容，而其效果又难于预先确定和评价，应当认为这种概括超出了说明书公开的范围。

本案中，权利要求 1～7 均要求保护核酸或蛋白，请求人对其序列的限定采用了开放式的限定方式"含有"，说明书对术语"含有序列 X 的 DNA/蛋白"解释为至少包括或含有此序列 X 的 DNA 或蛋白，从而在 5′（或 N-末端）和/或 3′（或 C-末端）末端可包括其他核苷酸序列或氨基酸序列（参见说明书第 4 页优选实施方式详述第三自然段）。本领域普通技术人员已知，基因和蛋白质是有机体内承载大部分生命活动的生物大分子，其本身的结构、功能以及二者之间的关系十分复杂，同时生物大分子之间也存在着错综复杂的相互作用，最终影响其功能。根据本申请权利要求的内容以及说明书的解释可知，除了本申请所鉴定的 SEQ ID NO：1、SEQ ID NO：2 以及 SEQ ID NO：2 的活性片段本身外,"含有序列 X 的 DNA/蛋白"还包括了无数的核酸或氨基酸序列,其中某些片段可能不具备所述的功能。举例而言,当 DNA 序列中 5'和/或 3'末端包括了某些调控序列后可能会抑制基因的表达或导致基因静默,另外有机体内的基因表达调控可在 RNA、蛋白质等多级水平进行,某些 DNA 序列的增加可能会导致最终表达的蛋白功能发生改变。对于蛋白而言,作为一级结构的氨基酸序列是蛋白的空间结构的基础,而蛋白的空间结构又是其功能的基础,当在 N-末端和/或 C-末端增加某些氨基酸序列时,可能会影响蛋白的空间结构,从而影响其最终的功能。综上所述,本领域技术人员根据说明书的描述,无法预测在所述序列两端任意增加其他核苷酸或氨基酸序列获得的产物也能实现本发明的目的,因此,权利要求 1~7 包含了请求人推测而其效果又难以预先确定和评价的内容,得不到说明书的支持。

请求人在答复《复审通知书》时提交了附件 1~5 并具体陈述了本申请的权利要求可以得到说明书的支持的理由,对此,合议组认为:

(1) a. 虽然本申请对于现有技术的贡献在于具体的核心序列本身,但采用术语"含有"限定的权利要求所概括的保护范围却远远超出了核心序列本身,实际上,采用术语"含有"限定的方案是在本申请所提供的核心序列的基础上进行的过大范围的概括,举例而言,采用这种方式限定的权利要求甚至包括了含有本申请的杀虫蛋白编码序列的整条染色体,这显然不应在本申请的保护范围之内。b. 审查指南第二部分第十章第 9.3 节虽然规定对于具有某一特定功能的基因,可采用术语"取代、缺失或添加"与功能相结合的方式进行限定,但是,允许采用该方式表述的条件是说明书中列举了所述的在原始序列基础上经"取代、缺失或添加"的衍生序列,并记载了制备该序列以及证明其功能的技术手段。因此,虽然本申请的权利要求 1~7 均采用了功能性限定,但是如上所述,权利要求 1~7 中"含有"的表述涵盖了大量实施例中未列举和功能未得到证明的技术方案,因此,权利要求 1~7 中用"含有……序列"加功能限定的表述仍然涵盖了过宽的范围,得不到说明书的支持。c. 虽然本领域技术人员根据说明书的描述可以采用常规实验手段在本申请的杀虫蛋白序列的基础上添加必要的序列来具体实施本申请的技术方案,例如本申请说明书实施例 6 中所描述的添加 CaMV35S 启动子等,但是"含有"意味着包括任何功能性序列,并不局限于本领域技术人员公知的无影响的序列。

(2) 本申请权利要求 1~7 的内容虽然在说明书发明概述以及优选实施方案详述中有文字记载,但这并不能说明权利要求的技术方案就可以得到说明书的支持。虽然在说明书第 4 页至第 12 页以及实施例中记载了请求人所述的内容,但是上述权利要求中采用"包含"限定的序列远远不止请求人在意见陈述中所涉及的序列。对本申请而言,说明书中实际上仅证明了 SEQ ID NO:1、SEQ ID NO:2 及其 1~640 位氨基酸片段的功能,因此,本领域技术人员阅读说明书全文后,综合考虑现有技术状况,仍无法从说明书全文中概括得出权利要求 1~7 的技术方案。

(3) 请求人提供的 5 份附件公开了现有技术中已知的一些 Bt 杀虫蛋白及其与其他基因或蛋白的嵌合构建体、融合蛋白、杂合蛋白等,结果显示如此获得的蛋白杀虫活性并没有受到不良影响。然而这些具体的实例并不能说明所有包含本申请的 Bt 杀虫蛋白的核苷酸或氨基酸序列均保留其杀虫活性。因此附件 1~5 并不能证明本领域技术人员根据现有技术可以预期权利要求 1~7 中"含有……序列"所限定的大量序列均可以实现本发明的目的。

(4) 虽然根据本领域众所周知的遗传操作技术在表达的蛋白末端引入一个或几个异源氨基酸所得到的多肽可能保留原多肽的功能,但请求人未能证明权利要求 1~7 所概括的所有序列均可保留本申请的 Bt 杀虫蛋白的活性。核苷酸或氨基酸序列虽然属于化学产品,但它们作为承载复杂生命活动的生物大分子,从结构和功能上都有其特殊性,不能等同于化学产品,采用术语"含有"限定的核酸和氨基酸序列更不能等同于组合物权利要求,必须根据实际情况判断其是否能得到说明书的支持。

本案的审理按照专利法及其实施细则和审查指南的有关规定、针对本申请的具体情况作出审查意见，并非参照其他出版物中的某些观点或论述，并且该出版物中记载的情形与本案并不相同。因此请求人所引用的《医药及生物领域发明专利申请文件的撰写与审查》的内容无法作为判断本申请是否符合专利法第26条第4款的依据。

综上所述，请求人的意见陈述不具有说服力。

根据以上事实和理由，本案合议组作出如下审查决定。

三、决定

维持国家知识产权局于2005年9月9日对00817997.2号发明专利申请作出的驳回决定。

复审请求人对本决定不服的，可以根据专利法第41条第2款的规定，自收到本决定之日起三个月内向北京市第一中级人民法院起诉。

GCSF 缀合物

复审请求审查决定（第 13186 号）

决 定 号	第 13186 号
决 定 日	2008 年 4 月 14 日
发明创造名称	GCSF 缀合物
国际分类号	C07K 14/535，A61K 47/48
复审请求人	安姆根有限公司
申 请 号	00809241.9
优 先 权 日	1999 年 1 月 29 日
申 请 日	2000 年 1 月 19 日
公 开 日	2002 年 10 月 23 日
合议组组长	许　磊
主 审 员	尹　昕
参 审 员	魏春宝

法 律 依 据　专利法第 22 条第 3 款

决 定 要 点

如果请求保护的化合物在结构上与现有技术中已知的化合物接近，则该化合物必须要有预料不到的用途或者效果才具有创造性。

一、案由

本复审请求涉及申请日为 2000 年 1 月 19 日、公开日为 2002 年 10 月 23 日、名称为"GCSF 缀合物"的 00809241.9 号发明专利申请（下称本申请）。本申请的申请人于 2003 年 2 月 28 日由霍夫曼–拉罗奇有限公司变更为安姆根有限公司。本申请的优先权日为 1999 年 1 月 29 日。

针对申请人于进入中国国家阶段时提交的说明书第 1~16、18~22 页、说明书附图第 1、2、4~11 页、说明书摘要和 2002 年 2 月 4 日提交的说明书第 17 页、说明书附图第 3 页以及 2005 年 1 月 31 日提交的权利要求 1~20，国家知识产权局于 2005 年 9 月 9 日以本申请的权利要求 1~12 不符合专利法第 22 条第 3 款的规定为由作出了驳回决定。驳回决定所针对的权利要求 1~12 如下：

"1. 一种具有下式的生理学活性缀合物：

$$[RO(CH_2CH_2O)_nCH_2CH_2\overset{\underset{\displaystyle\|}{O}}{C}-NH]_m-G \quad I$$

其中 G 是一种粒细胞集落刺激因子,并且其与所述缀合物中的一个聚乙二醇部分形成一个酰胺键的氨基较少;R 为低碳烷基;n 为 420~550 的整数;而 m 为 1~5 的整数。

2. 权利要求 1 的缀合物,其中 R 为甲基。

3. 权利要求 2 的缀合物,其中 n 为 450~490。

4. 权利要求 2 的缀合物,其中 m 为 1~4 的整数。

5. 权利要求 4 的缀合物,其中 m 为 2。

6. 权利要求 1 的缀合物,其中所述粒细胞集落刺激因子是具有以下所示序列的 GCSF 突变蛋白:

Ala Pro Thr Tyr Arg Ala Ser Ser Leu Pro Gln Ser Phe Leu Leu Lys
1   5   10   15
Ser Leu Glu Gln Val Arg Lys Ile Gln Gly Asp Gly Ala Ala Leu Gln
            20   25   30
Glu Lys Leu Cys Ala Thr Tyr Lys Leu Cys His Pro Glu Glu Leu Val
            35   40   45
Leu Leu Gly His Ser Leu Gly Ile Pro Trp Ala Pro Leu Ser Ser Cys
            50   55   60
Pro Ser Gln Ala Leu Gln Leu Ala Gly Cys Leu Ser Gln Leu His Ser
65   70   75   80
Gly Leu Phe Leu Tyr Gln Gly Leu Leu Gln Ala Leu Glu Gly Ile Ser
                85   90   95
Pro Glu Leu Gly Pro Thr Leu Asp Thr Leu Gln Leu Asp Val Ala Asp
                100   105   110
Phe Ala Thr Thr Ile Trp Gln Gln Met Glu Glu Leu Gly Met Ala Pro
                115   120   125
Ala Leu Gln Pro Thr Gln Gly Ala Met Pro Ala Phe Ala Ser Ala Phe
                130   135   140
Gln Arg Arg Ala Gly Gly Val Leu Val Ala Ser His Leu Gln Ser Phe
145   150   155   160
Leu Glu Val Ser Tyr Arg Val Leu Arg His Leu Ala Gln Pro
                165   170

7. 权利要求 1 的缀合物,其中 n 为 450~490。

8. 权利要求 1 的缀合物,其中 m 为 1~4 的整数。

9. 权利要求 8 的缀合物,其中 m 为 2。

10. 权利要求 1 的缀合物,它比相应的未缀合的粒细胞集落刺激因子的循环半寿期更长和体内粒细胞生成活性更高。

11. 权利要求 10 的缀合物,其中所述粒细胞集落刺激因子是具有权利要求 6 中所示序列的 GCSF 突变蛋白。

12. 一种具有下式的生理学活性缀合物:

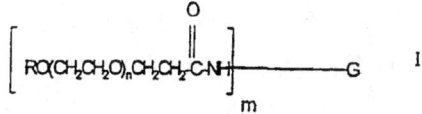

其中R为甲基；n为450~490的整数；m为2；而G为具有权利要求6中所示序列的GCSF突变蛋白，并且其与所述缀合物中的一个聚乙二醇部分形成一个酰胺键的氨基较少。"

驳回决定的具体理由为：（1）权利要求1~5、7~10要求保护一种缀合物，结构上主要由聚乙二醇和粒细胞集落刺激因子两部分构成，这两部分通过一个酰胺键连接，目的是提高粒细胞集落刺激因子的循环半寿期和使体内粒细胞生产活性更高。对比文件1（EP 0401384 A1，公开日为1990年12月12日）公开了一种由粒细胞集落刺激因子和聚乙二醇构成的缀合物，PEG分子上与本发明对应的R基团的位置是一个甲基，且每个GCSF可结合1~2个PEG分子（参见对比文件1权利要求1，第6页和第13页第12~17行），对比文件1与本发明要求保护的化合物的区别在于，本申请的化合物中选用了n为420~550（或n为450~490）的聚乙二醇，即分子量较大的PEG，约18~24kD。对比文件2（WO 9611953 A1，公开日为1996年4月25日）公开了一种与聚乙二醇结合的GCSF（参见对比文件2第29页表4），也选用了高分子量的PEG，而且其目的也是要提高GCSF的稳定性，因此对比文件2中给出了PEG与GCSF构成的缀合物中可选用高分子量的PEG的技术启示。尽管本申请缀合物与对比文件1中缀合物的键合方式不同，但本发明缀合物与对比文件1或对比文件2公开的缀合物的基本核心、用途和解决的技术问题均相同，因此本申请缀合物的用途和效果是可以预期的，申请人没有证明这种键合方式的不同使本申请的技术方案产生了预料不到的技术效果。因此，在对比文件1的基础上结合对比文件2给予的技术启示得到权利要求1~5、7~10要求保护的技术方案是显而易见的，这些权利要求要求保护的技术方案没有突出的技术特点和显著的进步，没有创造性。（2）在权利要求6、11、12要求保护的缀合物中，与PEG结合的GCSF分子为一种突变的GCSF，而这种突变的GCSF蛋白已经被对比文件3（US 5214132 A，公开日为1993年5月25日）公开（见对比文件3的权利要求），尽管其中GCSF与PEG之间的连接方式不同于本申请，但PEG与GCSF之间的键合形式不是关键因素，本领域技术人员在对比文件1和2的基础上很容易会想到既然野生型的GCSF与PEG结合可以达到良好的技术效果，那么突变的GCSF与PEG结合可以获得同样的技术效果，所以在对比文件1和2的基础上，结合对比文件3得到权利要求6、11、12要求保护的技术方案是显而易见的，因此权利要求6、11、12也不具备专利法第22条第3款所规定的创造性。

申请人安姆根有限公司（下称请求人）对上述驳回决定不服，于2005年12月24日向专利复审委员会提出复审请求。请求人在提出复审请求时没有对申请文件进行修改。请求人在复审请求认为：本发明的缀合物在结构上与现有技术的缀合物并不相似，PEG部分与G-CSF或G-CSF突变蛋白之间的键合完全不同，根据审查指南第二部分第十章第5.5（1）节的规定，在结构上与已知化合物不接近的、有新颖性的化合物，并有一定的用途和效果，审查员可以认为它有创造性而不必要求其具有预料不到的技术效果，故本申请所述缀合物具有创造性。

形式审查合格后，专利复审委员会受理了该复审请求，并于2006年2月21日向请求人发出《复审请求受理通知书》，同时将本申请案卷移交原审查部门进行前置审查。

原审查部门对本复审请求进行了前置审查，在前置审查意见书中，原审查部门指出：尽管本申请权利要求1~12所要求保护的缀合物与对比文件公开的化合物相比具有新颖性，但本发明的缀合物和对比文件公开的化合物分子的主要组成部分都分别是聚乙二醇（PEG）和粒细胞集落刺激因子（GCSF），所以具有相同的基本核心部分。本发明的缀合物与对比文件公开的化合物的用途是相同的，其效果是可以预计的，即通过PEG与GCSF的结合延长GCSF的半衰期，从而提高体内粒细胞的生成活性。本发明与对比文件的不同之处仅在于PEG与粒细胞集落刺激因子之间的连接键不同，但是这种不同并没有给本发明带来预料不到的技术效果，因此请求人的复审理由无法克服驳回决定所指出的缺陷，故坚持原驳回决定。

专利复审委员会组成合议组，对本复审请求案进行了审理，并于2007年9月10日向请求人发出《复审通知书》。该《复审通知书》指出：第一，本案中，独立权利要求1请求保护一种由聚乙二醇（PEG）和粒细胞集落刺激因子（GCSF）组成的生理学活性缀合物，对比文件1也公开了一种由GCSF与PEG形成的缀合物，其中PEG分子与本发明对应的R基团的位置为一个甲基，且每个GCSF可结合1~2个PEG分子（参见对比文件1第6页和第13页第12~17行）。本申请要求保护的化合物与对比文件1公开的化合物之间的区别在于：（1）本申请的化合物采用了n为420~550的PEG，产生的缀合物中每个PEG单位的平均分子量为18~25kD，而对比文件1中n的数目较小，PEG的分子量约为4.5 kD；（2）本申请的缀合物中PEG与GCSF之间的连接键与对比文件1不同。但区别（1）的目的在于增加缀合物的体内活性（参见本申请说明书第2页第17~23行，第5页第11~12行，第14页第6~8行），本领域技术人员已知将PEG等聚合物与GCSF等蛋白连接具有增加蛋白的稳定性和在体内的循环半寿期等优点，而且在一定的范围内，随着PEG聚合物的分子量的增加，PEG-蛋白缀合物在体内的循环半寿期也随之增加，因此，本领域技术人员可以根据自己掌握的公知常识，通过提高PEG聚合物的分子量来提高本申请的GCSF缀合物的生物活性。对于区别（2），对比文件1中的连接物与本申请方案的区别在于PEG与连接物之间多了一个"$\overset{\overset{O}{\|}}{C}$"。但是，本申请的缀合物和对比文件1中公开的化合物的结构均为三部分，从整体上看，二者的结构相似，属于结构上接近的化合物。根据审查指南的规定，结构上与已知化合物接近的化合物，必须要有预料不到的用途或者效果。然而，本申请中的GCSF缀合物与对比文件1中缀合物的用途相同，都是为了提高GCSF缀合物的活性，也没有证据表明该缀合物与对比文件1中的已知化合物相比活性、效果具有实质性的改进或提高，故权利要求1的技术方案不具备专利法第22条第3款规定的创造性。第二，从属权利要求2、4、5、8~10分别对权利要求1中R、m等参数进行了限定，这些技术特征在对比文件1中均已公开（参见对比文件1第6页，第13页12~17行），权利要求3、7分别将权利要求2和1中的n限定为450~490，如前所述，通过提高PEG聚合物的分子量来提高本申请的GCSF缀合物的半寿期从而增加其活性对本领域技术人员而言是显而易见的，因此，在权利要求1不具备创造性的基础上，从属权利要求2~5、7~10也不符合专利法第22条第3款的规定。第三，从属权利要求6、11和独立权利要求12将请求保护的式1中的缀合物限定为其中所述的粒细胞集落刺激因子是一种突变蛋白，对比文件3中公开了氨基酸序列相同的GCSF突变蛋白（参见对比文件3权利要求1），并将该蛋白用于制备PEG-GCSF缀合物，在对比文件1公开内容的基础上，本领域技术人员可以将对比文件3中的突变蛋白用于制备本申请的缀合物而不需要花费创造性劳动，因此，在权利要求1、2~5、7~10均不具备创造性的基础上，权利要求6、11、12也不具备创造性。

针对《复审通知书》指出的问题，请求人于2007年12月25日提交了意见陈述书，同时提交了附件1：本申请说明书第16页和第17页的表2和表3（复印件共2页）。请求人认为：对比文件1所教导的缀合物中PEG与GCSF之间的连接键与权利要求1~12中所记载的完全不同。本申请说明书中已经指出本申请的缀合物"具有优良的特性，尤其在体内低剂量时表现出长期、高粒细胞生成活性"（见本申请说明书第2页第23~25行）；在说明书实施例中对PEG和GCSF间具有不同连接键的PEG-GCSF缀合物进行了对比，本发明要求保护的缀合物是通过使式Ⅰ化合物与GCSF反应形成具有酰胺连接物的缀合物而制得的（见本申请说明书第6页第23行至第7页第1行），而对比文件1中披露的缀合物在PEG和GCSF间具有氨基甲酸乙酯连接键（见本申请说明书第9页第15~16行，对比文件1第11~12页实施例1）。本申请说明书第14页25行至第15页第21行以及表2和表3的试验数据表明，与具有氨基甲酸乙酯连接键的缀合物相比，本申请要求保护的缀合物"表现出最佳总体特性"。特别是表3的试验数据显示20K SPA（本申请所要求保护的缀合物）具有比20K Urethane（氨基甲酸乙酯，对比文件1中的缀合物）更优越的性能。因此本申请要求保护的缀合物具有意想不到的技术效果，权利要求1~12相对于对比文件1和3具有创造性。

至此，合议组认为本案事实清楚，可以作出审查决定。

二、决定的理由

1. 决定的基础

鉴于请求人在复审程序中未对申请文件进行修改，因此本复审请求审查决定是在驳回决定所针对的审查文本的基础上作出的。

2. 关于专利法第22条第3款

专利法第22条第3款规定：创造性，是指同申请日以前已有的技术相比，该发明有突出的实质性特点和显著的进步。

如果请求保护的化合物在结构上与现有技术中已知的化合物接近，则该化合物必须要有预料不到的用途或者效果才具有创造性。

本案中，如复审通知书中所指出的那样，本申请权利要求1要求保护的化合物与对比文件1公开的化合物之间的区别在于：（1）本申请的化合物采用了n为420~550的PEG，产生的缀合物中每个PEG单位的平均分子量为18~25kD，而对比文件1中n的数目较小，PEG的分子量约为4.5 kD；（2）本申请的缀合物中PEG与GCSF之间的连接键与对比文件1不同。但区别（1）的目的在于增加缀合物的体内活性。如本申请说明书第1页最后一段至第2页第12行描述的现有技术所表明的那样，本领域技术人员已知将PEG等聚合物与GCSF等蛋白连接具有增加蛋白的稳定性和在体内的循环半寿期等优点，而且在一定的范围内，随着PEG聚合物的分子量的增加，PEG-蛋白缀合物在体内的循环半寿期也随之增加。因此，本领域技术人员可以根据自己掌握的公知常识，通过提高PEG聚合物的分子量来提高本申请的GCSF缀合物的生物活性，即区别（1）对于本领域技术人员是显而易见的，而且其也没有使权利要求1的方案产生任何意想不到的效果。

区别（2）是由于本申请权利要求1与对比文件1的技术方案采用不同的活化PEG导致的。本申请采用的与GCSF共价连接以产生所述缀合物的活化PEG试剂的结构式为：

$$RO(CH_2CH_2O)_nCH_2CH_2-\overset{O}{\overset{\|}{C}}-O-N\begin{pmatrix}O\\O\end{pmatrix}$$

产生的缀合物为：

$$\left[RO(CH_2CH_2O)_nCH_2CH_2-\overset{O}{\overset{\|}{C}}-NH-\right]_m G$$

对比文件1采用的与GCSF共价连接的活化PEG试剂的结构式为（参见对比文件1说明书第6页第一自然段）：

$$CH_3O(C_2H_4O)_n-C-CH_2CH_2-C-O-N\begin{pmatrix}O\\O\end{pmatrix}$$

产生的缀合物应为：

$$\left[CH_3O(CH_2CH_2O)_n\overset{O}{\underset{\|}{C}}-CH_2CH_2\overset{O}{\underset{\|}{C}}-NH \right]_m-G$$

因此，本申请的 PEG 分子与 GCSF 之间是通过"$-CH_2CH_2\overset{O}{\underset{\|}{C}}-NH-$"进行连接，而对比文件 1 中二者是通过"$-\overset{O}{\underset{\|}{C}}-CH_2CH_2\overset{O}{\underset{\|}{C}}-NH-$"进行连接，对比文件 1 中的连接物与本申请方案的区别实际上仅在于在于 PEG 与连接物之间多了一个"$\overset{O}{\underset{\|}{-C-}}$"。然而，本申请的缀合物结构为三部分：PEG、连接基团和 GCSF，对比文件 1 中公开的缀合物也是由上述三部分组成，从整体上看，二者的结构相似，属于结构上接近的化合物。对此审查指南第二部分第十章第 6.1 节（2）明确规定："结构上与已知化合物接近的化合物，必须要有预料不到的用途或者效果。此预料不到的用途或者效果可以是与该已知化合物的已知用途不同的用途；或者是对已知化合物的某一已知效果有实质性的改进或提高；或者是在公知常识中没有明确的或不能由常识推论得到的用途或效果"，但是，本申请中的 GCSF 缀合物与对比文件 1 中缀合物的用途相同，都是为了提高 GCSF 缀合物的活性，没有证据表明本申请所要求保护的缀合物与对比文件 1 中的已知化合物相比活性、效果具有实质性的改进或提高，因此上述区别（2）也不会使权利要求 1 中的方案具有突出的实质性特点和显著的进步。

综上所述，本申请权利要求 1 的技术方案对本领域技术人员而言是显而易见的，不具备突出的实质性特点和显著的进步，不符合专利法第 22 条第 3 款的规定。

如《复审通知书》中所指出的那样，在权利要求 1 不具备创造性的基础上，其从属权利要求 2～5、7～10 也不符合专利法第 22 条第 3 款有关创造性的规定。

同样，如《复审通知书》所指出的那样，在对比文件 3 公开了氨基酸序列相同的 GCSF 蛋白并将该蛋白用于制备 PEG-GCSF 缀合物的基础上，本领域技术人员可以将对比文件 3 中的突变蛋白用于制备本申请的缀合物而不需要花费创造性劳动，故在权利要求 1、2～5、7～10 均不具备创造性的基础上，权利要求 6、11、12 也不具备创造性。

综上所述，权利要求 1～12 均不具备专利法第 22 条第 3 款所规定的创造性。

请求人认为：本发明要求保护的缀合物具有酰胺连接物，而对比文件 1 中披露的缀合物在 PEG 和 GCSF 间具有氨基甲酸乙酯连接键，本申请说明书第 14 页第 25 行至第 15 页第 21 行以及附件 1 即说明书表 2 和表 3 的试验数据表明，与对比文件 1 中的缀合物相比，本申请具有酰胺连接键的缀合物"表现出最佳总体特性"。此外，由连接 PEG 可增加蛋白的稳定性和体内半衰期并不能预见其能提高蛋白的生物活性。因此本申请要求保护的缀合物具有意想不到的技术效果，权利要求 1～12 相对于对比文件 1 和 3 具有创造性。

对此，合议组认为：如本申请说明书附图第 2 页图 2 所示，氨基甲酸乙酯 PEG 化试剂的结构式为：

$$\underset{CH_3}{\underset{|}{\overset{CH_3}{\overset{|}{CH_3}}}}C-COCH_2CH_2(OCH_2CH_2)_nOCH_2CH_2OCO-N\begin{pmatrix}O\\O\end{pmatrix}$$

产生的缀合物的结构式为：

$$CH_3 \atop CH_3 \atop CH_3 } COCH_2CH_2(OCH_2CH_2)_nOCH_2CH_2O-\underset{\underset{O}{\|}}{C}-NH \Big]_m \text{—G}$$

上述缀合物中PEG与GCSF之间的连接键为氨基甲酸乙酯键：

$$OCH_2CH_2O-\underset{\underset{O}{\|}}{C}-NH$$

而对比文件1中采用的PEG化试剂并非请求人所述的琥珀酰亚胺基琥珀酸酯，而是琥珀酰亚胺丁二酸（参见对比文件1说明书第6页第一自然段），其结构式如下：

$$CH_3O(C_2H_4O)_nC-CH_2CH_2C-O-N$$

产生的缀合物的结构式为：

$$\Big[CH_3O(CH_2CH_2O)_nC-CH_2CH_2C-N \Big]_m \text{—G}$$

其中PEG与GCSF之间的连接键为酰胺键：

$$\underset{\underset{O}{\|}}{C}-CH_2CH_2\underset{\underset{O}{\|}}{C}-NH$$

可见，对比文件1的缀合物中PEG和GCSF之间并非请求人所述的氨基甲酸乙酯连接键，请求人引用的本申请说明书的数据无法证明本申请要求保护的缀合物与对比文件1中的缀合物相比具有预料不到的效果，本申请说明书中并未提供本发明的缀合物与对比文件1的缀合物之间的对比试验数据。此外，蛋白的稳定性和体内半衰期增加显然可以增加有效蛋白的数量和延长蛋白在体内的作用时间，其结果显然是蛋白的生物活性得到提高。因此请求人陈述的意见和提交的附件1也无法说明本申请的权利要求1～12具有创造性。

根据以上事实和理由，本案合议组作出如下审查决定。

三、决定

维持国家知识产权局于2005年9月9日对00809241.9号发明专利申请作出的驳回决定。

复审请求人对本决定不服的，可以根据专利法第41条第2款的规定，自收到本决定之日起三个月内向北京市第一中级人民法院起诉。

改善上胃肠道功能的方法

复审请求审查决定（第13235号）

决 定 号	第13235号
决 定 日	2008年4月29日
发明创造名称	改善上胃肠道功能的方法
国际分类号	A61K 38/26，A61K 38/30，A61K 38/27，A61K 35/38，G01N 33/50，C12N 5/06，C12N 5/08 //（A61K 38/30，38：26）（A61K 38/27，38：26）（A61K 38/26，38：18）
复审请求人	1149336安大略公司
申 请 号	98807330.7
优 先 权 日	1997年5月16日，1997年7月23日，1998年4月13日
申 请 日	1998年5月15日
公 开 日	2000年8月23日
合议组组长	祝海燕
主 审 员	郭 婷
参 审 员	李金光

法律依据 专利法第33条，第26条第4款，专利法实施细则第20条第1款

决定要点

当说明书中的引证文件是公开日在本申请申请日之前的公开出版物，并且说明书中写明了该引证文件的出处及相关信息时，则认为本申请说明书中记载了引证文件中所引用部分的内容，可以将该内容作为判断修改是否超范围的依据。

如果权利要求所要求保护的技术方案是所属技术领域的技术人员能够从说明书充分公开的内容中得到或概括得出的技术方案，并且不超出说明书公开的范围，则该权利要求能够得到说明书的支持。

在一般情况下，权利要求中不得使用"类似物"这类用语，因为这类用语通常会使权利要求的范围不清楚。

一、案由

本复审请求涉及1998年5月15日申请，2000年8月23日公开，名称为"改善上胃肠道功能的方法"的98807330.7号发明专利申请（下称本申请），本申请的申请人为1149336安大略公司，本申请的最早优先权日为1997年5月16日，进入中国国家阶段的日期为2000年1月17日。

2004年7月9日，国家知识产权局以权利要求1、5~12、16、17、24、26~33、39~41不符合

专利法第 26 条第 4 款的规定为由驳回了本申请。

驳回决定所针对的权利要求书为：

"1. GLP-2 受体激动剂在制备增强包括食管和胃在内的上胃肠道功能的药物的用途，其中的药物用于在上胃肠道中释放。

2. 根据权利要求 1 的用途，其中 GLP-2 受体激动剂是 GLP-2 或 GLP-2 的肽类类似物，该类似物保持 GLP-2 受体激动剂的活性，并包括至少一个氨基酸的替代、添加、缺失或修饰。

3. 根据权利要求 1 的用途，其中 GLP-2 受体激动剂是 GLP-2 的肽类类似物，该类似物保持 GLP-2 受体激动剂的活性，并包括在 2、5、7、8、9、10、12、17、21、22、23、24、26、29、30、31、32 或 33 位的氨基酸替代。

4. GLP-2 的肽类类似物在制备使上胃肠道组织增殖的的药物的用途，其中的药物用于在上胃肠道中释放。

5. 根据权利要求 1 的用途，其中所述的受疗者患有上胃肠道炎症。

6. 根据权利要求 5 的用途，其中所述的上胃肠道炎症是食管炎症。

7. 根据权利要求 6 的用途，其中所述的食管炎症选自炎性血管炎、感染后炎症、浸润性疾病、感染性食管炎、非感染性食管炎、肉状瘤病、克罗恩氏病、贝赫切特综合征、移植物抗宿主反应、返酸、胆汁返流、药物引发的损伤、化学损伤、辐射、肌炎或胶原性血管疾病。

8. 根据权利要求 5 的用途，其中所述的上胃肠道炎症是胃部炎症。

9. 根据权利要求 8 的用途，其中所述的胃部炎症选自出血性和糜烂性胃炎、幽门螺杆菌胃炎、化学性胃炎、化生萎缩性胃炎、窦切除术引发的胃炎、嗜酸细胞性胃炎、感染性胃炎、克罗恩氏病、肉状瘤病、单一性肉芽肿胃炎、淋巴细胞性胃炎以及巨大肥厚性胃炎。

10. 根据权利要求 4 的用途，其中所述受疗者的上胃肠道受到部分或近乎全部切除。

11. 根据权利要求 10 的用途，其中所述上胃肠道受到部分或近乎全部切除包括食管或胃。

12. 根据权利要求 1~11 任一项的用途，其中所述的受疗者是人。

13. 根据权利要求 12 的用途，其中所述的 GLP-2 类似物与天然大鼠 GLP-2 相比具有增强了的上胃肠道细胞增殖活性。

14. 根据权利要求 13 的用途，其中所述的 GLP-2 类似物是人 $[Gly^2]$ GLP-2。

15. 根据权利要求 14 的用途，其中所述的 GLP-2 类似物是通过口服、皮下或静脉内给药释放到上胃肠道。

16. GLP-2 或 GLP-2 类似物在制备受疗者出现上胃肠道炎症危险时抑制上胃肠道炎症发生和/或改善上胃肠道炎症发展的药物的用途。

17. GLP-2 受体激动剂和至少一种肽类激素在制备促进哺乳动物上胃肠道组织生长，以提高所述受体激动剂和肽类激素血清水平的药物的用途，其中的 GLP-2 受体激动剂是 GLP-2 或 GLP-2 类似物和至少一种其他的肽类激素选自 IGF-1、IGF-1 类似物、IGF-2、IGF-2 类似物、GH 和 GH 类似物。

18. 根据权利要求 17 的用途，包括向哺乳动物联合施用有效量的 GLP-2 或 GLP-2 类似物和有效量的其他至少一种选自 IGF-1、IGF-1 类似物、IGF-2、IGF-2 类似物、GH 和 GH 类似物的多肽激素。

19. 根据权利要求 17 的用途，其中所述的肽类激素是 IGF-1 或胰岛素样生长因子-1 类似物。

20. 根据权利要求 17 的用途，其中所述的肽类激素是 IGF-2。

21. 根据权利要求 17 的用途，其中所述的肽类激素是 GH。

22. 根据权利要求 17 的用途，用于促进食管的生长。

23. 根据权利要求17的用途，用于促进胃的生长。

24. GLP-2受体激动剂和至少一种肽类激素在制备增强上胃肠道功能，以提高所述受体激动剂和肽类激素血清水平的药物的用途，其中的GLP-2受体激动剂是GLP-2或GLP-2类似物和至少一种其他的肽类激素选自IGF-1、IGF-1类似物、IGF-2、IGF-2类似物、GH和GH类似物、EGF、EGF类似物、HGF、HGF类似物、KGF以及KGF类似物。

25. 根据权利要求24的用途，用于保养、恢复或保持上胃肠道功能：

在接受化疗或放疗方案后；

在接受一段时间的胃肠外营养后；

在发生胃肠道疾病后；或者其中所述的患者是未成年的幼儿。

26. 根据权利要求24的用途，其中所述的受疗者患有上胃肠道炎症。

27. 根据权利要求26的用途，其中所述的上胃肠道炎症是食管炎症。

28. 根据权利要求27的用途，其中所述的食管炎症选自炎性血管炎、感染后炎症、浸润性疾病、感染性食管炎、非感染性食管炎、肉状瘤病、克罗恩氏病、贝赫切特综合征、移植物抗宿主反应、返酸、胆汁返流、药物引发的损伤、化学损伤、辐射、肌炎或胶原性血管疾病。

29. 根据权利要求26的用途，其中所述的上胃肠道炎症是胃部炎症。

30. 根据权利要求29的用途，其中所述的胃部炎症选自出血性和糜烂性胃炎、幽门螺杆菌胃炎、化学性胃炎、化生萎缩性胃炎、窦切除术引发的胃炎、嗜酸细胞性胃炎、感染性胃炎、克罗恩氏病、肉状瘤病、单一性肉芽肿胃炎、淋巴细胞性胃炎、胃溃疡以及巨大肥厚性胃炎。

31. 根据权利要求24的用途，其中所述受疗者的上胃肠道受到部分或近乎全部切除。

32. 根据权利要求31的用途，其中所述受到部分或近乎全部切除上胃肠道涉及食管和胃。

33. 根据权利要求24~32任一项的用途，其中所述的受疗者是人。

34. 根据权利要求33的用途，其中所述的GLP-2类似物与天然大鼠GLP-2相比具有增强了的上胃肠道细胞增殖活性。

35. 根据权利要求34的用途，其中所述的GLP-2类似物是人[Gly^2]GLP-2。

36. 根据权利要求35的用途，其中所述的GLP-2类似物是通过口服、皮下或静脉内给药释放到上胃肠道。

37. 一种试剂盒，包括治疗有效的单位剂量或多剂量的GLP-2或其类似物与其他至少一种选自IGF-1、IGF-2、GH、EGF、HGF和KGF的肽类激素。

38. 一种促进上胃肠道组织或细胞生长的方法，该方法包括以下步骤：用含有促进生长的GLP-2或GLP-2类似物与其他至少一种选自IGF-1、IGF-1类似物、IGF-2、IGF-2类似物、GH、GH类似物、EGF、EGF类似物、HGF、HGF类似物、KGF以及KGF类似物的多肽激素二者结合的培养基培养上述组织或细胞。

39. GLP-2或GLP-2类似物与其他至少一种有效治疗肽类溃疡的药物在制备治疗患有肽类溃疡的患者的药物的用途，其中将药物释放到患者的上胃肠道并且至少一种其他的有效治疗肽类溃疡的药物选自：能够阻断胃分泌酸的药物、能够在胃中形成保护性屏障的药物或含铋的化合物，该药物以有效治疗的药量提供。

40. 根据权利要求39的用途，其中所述的能够阻断胃分泌酸的药物包括H_2受体拮抗物、质子泵抑制剂以及前列腺素。

41. 根据权利要求39的用途，其中所述的能够在胃中形成保护性屏障的药物包括硫糖铝。

42. 按照权利要求1~11、16~32和38~41任一项的用途，其中的GLP-2是脊椎动物GLP-2。

43. 按照权利要求 1~11、16~32 和 38~41 任一项的用途,其中的 GLP-2 是哺乳动物 GLP-2。

44. 按照权利要求 43 的用途,其中的 GLP-2 是人 GLP-2。

45. 按照权利要求 1~11、16~32 和 38~41 任一项的用途,其中的 GLP-2 是包括至少一个氨基酸添加、替代或缺失的 GLP-2 类似物。

46. 按照权利要求 45 的用途,其中的 GLP-2 类似物包括氨基酸替代。

47. 按照权利要求 46 的用途,其中的 GLP-2 类似物是人或大鼠 GLP-2 类似物并且包括在 2 位的氨基酸替代,这种替代赋予所述类似物对 DPP-IV 酶裂解的抗性。

48. 按照权利要求 47 的用途,其中的 GLP-2 类似物是人 GLP-2 类似物并且包括在 2 位的甘氨酸替代。"

驳回决定认为:

(1) a. 权利要求 1 要求保护 GLP-2 受体激动剂在制备增强上胃肠道功能的药物中的用途。由于本申请说明书只涉及 GLP-2 及其肽类类似物对上胃肠道的影响,申请人在意见陈述书中提到的参考文献(CN No. 97195331.7 和 96194693.8)也没有证明 GLP-2 肽类类似物是 GLP-2 受体激动剂,并且 CN No. 96194693.8 涉及 GLP-2 肽类类似物对小肠的影响,不适用于该申请的"上胃肠道"的范围。因此,本领域技术人员根据说明书记载的内容,不能从"GLP-2 肽类类似物"推断出所有 GLP-2 受体激动剂都能达到增强上胃肠道功能的发明目的。b. 根据申请人的意见陈述,权利要求 1 中"上胃肠道的功能"是指对营养物质的摄入量(说明书 22 页 26~27 行),而说明书中(32~33 页)没有提供具体的实验数据证实 GLP-2 能够增强营养物质的摄入,因此,权利要求 1 不符合专利法第 26 条第 4 款的规定。基于同样的理由,权利要求 17、24 也不符合专利法第 26 条第 4 款的规定。(2) 权利要求 5~12、16、26~33、39~41 涉及 GLP-2 及其类似物对上胃肠道炎症的改善作用,但说明书中没有提供具体的实验数据证明这些技术方案能够达到预期的效果。实施例 4 虽然涉及 GLP-2 对炎症的预防和治疗,但它只作出断言"所评定的指数,特别是上皮损伤/炎症标志物,都得到显著的改善",并没有提供具体的数据。并且,该实施例中的一些评定指数,例如小肠和大肠的重量、小肠及大肠上皮特异性基因表达,不属于该申请所要求保护的"上胃肠道"的范畴。因此,权利要求 5~12、16、26~33、39~41 得不到说明书的实质支持,不符合专利法第 26 条第 4 款的规定。

申请人 1149336 安大略公司(下称请求人)对上述驳回决定不服,于 2004 年 10 月 25 日向专利复审委员会提出复审请求,请求人在提出复审请求的同时没有提交专利申请修改文本。请求人认为,国家知识产权局驳回的理由不成立。针对驳回理由中的第(1)a 点,请求人认为审查员是在反对"增强上胃肠道功能"与 GLP-2 和其类似物的细胞增殖作用之间的相关性,对此,请求人认为,上胃肠道的许多疾病导致食道或胃的损伤、侵蚀或发炎,因此引起上胃肠道细胞增殖的组合物有助于恢复疾病组织的功能,所以,本发明的 GLP-2 和 GLP-2 类似物适用于增强上胃肠道的功能。针对驳回理由中的第(1)b 点,请求人认为,增强上胃肠道功能包括机体营养物质摄入量的增加(说明书第 22 页第 26 行),因此,促进健康动物上胃肠道的增殖可导致营养吸收的增加(参见说明书第 5 页 6~8 行)并且营养吸收的增加是应用 GLP-2 类似物进行治疗中固有的结果。对于驳回理由的第(2)点,请求人认为,实施例 4 教导了 GLP-2 治疗能够改善非甾类抗炎药对胃肠道的毒性。在包括内皮损伤/炎症的标记物(例如细胞因子和髓过氧物酶)各种参数的评价中,结果表明用 h[Gly^2]-GLP-2 处理的小鼠中吲哚美辛引发的胃肠炎的改进确实明显优于对照动物。

形式审查合格后,专利复审委员会受理了该复审请求,并于 2004 年 12 月 7 日向请求人发出《复审请求受理通知书》,同时将本申请案卷移交原审查部门进行前置审查。

原审查部门对本复审请求进行了前置审查,坚持原驳回决定。

专利复审委员会组成合议组，对本复审请求案进行了审理。于2006年3月16日向请求人发出第一次复审通知书。第一次复审通知书指出，（1）权利要求1、17、24中采用了"GLP-2受体激动剂"这样的措辞来概括本发明的具有增强上胃肠道功能的活性物质，然而在本申请说明书中仅提供实验证明了给予人[Gly^2] GLP-2及h[Gly^2]-GLP-2能够通过产生细胞增殖、使蛋白合成增加、胃重量增加等来增强上胃肠道功能，但是并未提供实验来证明上胃肠道功能的增强是通过GLP-2受体被激活导致的这种作用机理，说明书中虽然在第6~7页提到了"GLP-2受体激动剂"的含义，但是说明书这一部分的描述主要侧重于如何筛选GLP-2受体激动剂，并未指明上述作用机理，而且在申请人的意见陈述以及申请人提供的两篇文献（中国专利申请第97195331.7号及第96194693.8号）中也未证明上胃肠道功能的增强与GLP-2受体被激活之间的关系，在机理尚不明确的情况下，本领域技术人员根据说明书的内容并不能明确所有"GLP-2受体激动剂"都能够增强上胃肠道功能，实现发明目的，因此，权利要求1、17、24没有得到说明书的支持，不符合专利法第26条第4款的规定。（2）由于权利要求中不得出现"类似物"这种使保护范围不清楚的措辞，因此记载有"类似物"并且未对其作进一步限定的权利要求4、13、15~19、24、34、37~39不符合专利法实施细则第20条第1款的规定。

针对第一次复审通知书指出的问题，请求人于2006年4月29日提交了意见陈述书及经修改的权利要求书全文替换页，在修改文本中，请求人将从属权利要求2的技术特征并入权利要求1，并对原独立权利要求4、16、17、24、37~39中的GLP-2类似物进行了进一步限定，同时删除了关于GLP-2肽类似物定义中的术语"添加"。

修改后的权利要求书如下：

"1. GLP-2受体激动剂GLP-2或GLP-2的肽类似物，所述类似物保持GLP-2受体激动剂的活性并包含至少一个氨基酸的替代、缺失或修饰，在制备增强包括食管和胃在内的上胃肠道功能的药物的用途，其中的药物用于在上胃肠道中释放。

2. 根据权利要求1的用途，其中GLP-2受体激动剂是GLP-2的肽类似物，该类似物保持GLP-2受体激动剂的活性，并在2、5、7、8、9、10、12、17、21、22、23、24、26、29、30、31、32或33位存在氨基酸替代。

3. GLP-2的肽类似物在制备使上胃肠道组织增殖的药物的用途，其中所述GLP-2的肽类似物保持GLP-2受体激动剂的活性并且包括至少一个氨基酸的替代、缺失或修饰，其中的药物用于在上胃肠道中释放。

4. 根据权利要求1的用途，其中所述的受疗者患有上胃肠道炎症。

5. 根据权利要求4的用途，其中所述的上胃肠道炎症是食管炎症。

6. 根据权利要求5的用途，其中所述的食管炎症选自炎性血管炎、感染后炎症、浸润性疾病、感染性食管炎、非感染性食管炎、肉状瘤病、克罗恩氏病、贝赫切特综合征、移植物抗宿主反应、返酸、胆汁返流、药物引发的损伤、化学损伤、辐射、肌炎或胶原性血管疾病。

7. 根据权利要求4的用途，其中所述的上胃肠道炎症是胃部炎症。

8. 根据权利要求7的用途，其中所述的胃部炎症选自出血性和糜烂性胃炎、幽门螺杆菌胃炎、化学性胃炎、化生萎缩性胃炎、窦切除术引发的胃炎、嗜酸细胞性胃炎、感染性胃炎、克罗恩氏病、肉状瘤病、单一性肉芽肿胃炎、淋巴细胞性胃炎以及巨大肥厚性胃炎。

9. 根据权利要求3的用途，其中所述受疗者的上胃肠道受到部分或近乎全部切除。

10. 根据权利要求9的用途，其中所述上胃肠道受到部分或近乎全部切除包括食管或胃。

11. 根据权利要求1~10任一项的用途，其中所述的受疗者是人。

12. 根据权利要求 11 的用途，其中所述的 GLP-2 类似物与天然大鼠 GLP-2 相比具有增强了的上胃肠道细胞增殖活性。

13. 根据权利要求 12 的用途，其中所述的 GLP-2 类似物是人 [Gly^2] GLP-2。

14. 根据权利要求 13 的用途，其中所述的 GLP-2 类似物是通过口服、皮下或静脉内给药释放到上胃肠道。

15. GLP-2 或 GLP-2 类似物在制备受疗者出现上胃肠道炎症危险时抑制上胃肠道炎症发生和/或改善上胃肠道炎症发展的药物的用途，其中所述 GLP-2 类似物保持 GLP-2 受体激动剂的活性并包括至少一个氨基酸的替代、缺失或修饰。

16. GLP-2 受体激动剂和至少一种肽类激素在制备促进哺乳动物上胃肠道组织生长，以提高所述受体激动剂和肽类激素血清水平的药物的用途，其中的 GLP-2 受体激动剂是 GLP-2 或 GLP-2 类似物和至少一种其他的肽类激素选自 IGF-1、IGF-1 类似物、IGF-2、IGF-2 类似物、GH 和 GH 类似物，其中所述 GLP-2 类似物保持 GLP-2 受体激动剂的活性并且包含至少一个氨基酸的替代、缺失或修饰。

17. 根据权利要求 16 的用途，包括向哺乳动物联合施用有效量的 GLP-2 或 GLP-2 类似物和有效量的其他至少一种选自 IGF-1、IGF-1 类似物、IGF-2、IGF-2 类似物、GH 和 GH 类似物的肽激素。

18. 根据权利要求 16 的用途，其中所述的肽类激素是 IGF-1 或胰岛素样生长因子-1 类似物。

19. 根据权利要求 16 的用途，其中所述的肽类激素是 IGF-2。

20. 根据权利要求 16 的用途，其中所述的肽类激素是 GH。

21. 根据权利要求 16 的用途，用于促进食管的生长。

22. 根据权利要求 16 的用途，用于促进胃的生长。

23. GLP-2 受体激动剂和至少一种肽类激素在制备增强上胃肠道功能，以提高所述受体激动剂和肽类激素血清水平的药物的用途，其中的 GLP-2 受体激动剂是 GLP-2 或 GLP-2 类似物；至少一种其他的肽类激素选自 IGF-1、IGF-1 类似物、IGF-2、IGF-2 类似物、GH 和 GH 类似物、EGF、EGF 类似物、HGF、HGF 类似物、KGF 以及 KGF 类似物，其中所述 GLP-2 类似物保持 GLP-2 受体激动剂的活性并且包括至少一个氨基酸的替代、缺失或修饰。

24. 根据权利要求 23 的用途，用于保养、恢复或保持上胃肠道功能：

在接受化疗或放疗方案后；

在接受一段时间的胃肠外营养后；

在发生胃肠道疾病后；或者其中所述的患者是早产儿。

25. 根据权利要求 23 的用途，其中所述的受疗者患有上胃肠道炎症。

26. 根据权利要求 25 的用途，其中所述的上胃肠道炎症是食管炎症。

27. 根据权利要求 26 的用途，其中所述的食管炎症选自炎性血管炎、感染后炎症、浸润性疾病、感染性食管炎、非感染性食管炎、肉状瘤病、克罗恩氏病、贝赫切特综合征、移植物抗宿主反应、返酸、胆汁返流、药物引发的损伤、化学损伤、辐射、肌炎或胶原性血管疾病。

28. 根据权利要求 25 的用途，其中所述的上胃肠道炎症是胃部炎症。

29. 根据权利要求 28 的用途，其中所述的胃部炎症选自出血性和糜烂性胃炎、幽门螺杆菌胃炎、化学性胃炎、化生萎缩性胃炎、窦切除术引发的胃炎、嗜酸细胞性胃炎、感染性胃炎、克罗恩氏病、肉状瘤病、单一性肉芽肿胃炎、淋巴细胞性胃炎、胃溃疡以及巨大肥厚性胃炎。

30. 根据权利要求 23 的用途，其中所述受疗者的上胃肠道受到部分或近乎全部切除。

31. 根据权利要求 30 的用途，其中所述受到部分或近乎全部切除上胃肠道涉及食管和胃。

32. 根据权利要求 23~31 任一项的用途，其中所述的受疗者是人。

33. 根据权利要求 32 的用途，其中所述的 GLP-2 类似物与天然大鼠 GLP-2 相比具有增强了的上胃肠道细胞增殖活性。

34. 根据权利要求 33 的用途，其中所述的 GLP-2 类似物是人 [Gly^2] GLP-2。

35. 根据权利要求 34 的用途，其中所述的 GLP-2 类似物是通过口服、皮下或静脉内给药释放到上胃肠道。

36. 一种试剂盒，包括治疗有效的单位剂量或多剂量的 GLP-2 或者其类似物与其他至少一种选自 IGF-1、IGF-2、GH、EGF、HGF 和 KGF 的肽类激素，其中所述 GLP-2 类似物保持 GLP-2 受体激动剂的活性并且包含至少一个氨基酸的替代、缺失或修饰。

37. 一种促进上胃肠道组织或细胞生长的方法，该方法包括以下步骤：用含有促进生长的 GLP-2 或 GLP-2 类似物与其他至少一种选自 IGF-1、IGF-1 类似物、IGF-2、IGF-2 类似物、GH、GH 类似物、EGF、EGF 类似物、KGF 以及 KGF 类似物的肽激素二者结合的培养基培养上述组织或细胞，其中所述 GLP-2 类似物保持 GLP-2 受体激动剂的活性并且包括至少一个氨基酸的替代、缺失或修饰。

38. GLP-2 或 GLP-2 类似物与其他至少一种有效治疗消化性溃疡的药物在制备治疗患有消化性溃疡的患者的药物的用途，其中所述 GLP-2 的肽似物保持 GLP-2 受体激动剂的活性并且包含至少一个氨基酸的替代、缺失或修饰，而且其中将药物释放到患者的上胃肠道并且至少一种其他的有效治疗消化性溃疡的药物选自：能够阻断胃分泌酸的药物、能够在胃中形成保护性屏障的药物或含铋化合物，所述药物以有效治疗的药量提供。

39. 根据权利要求 38 的用途，其中所述的能够阻断胃分泌酸的药物包括 H_2 受体拮抗物、质子泵抑制剂以及前列腺素。

40. 根据权利要求 38 的用途，其中所述的能够在胃中形成保护性屏障的药物包括硫糖铝。

41. 按照权利要求 1~10、15~31 和 37~40 任一项的用途，其中的 GLP-2 是脊椎动物 GLP-2。

42. 按照权利要求 1~10、15~31 和 37~40 任一项的用途，其中的 GLP-2 是哺乳动物 GLP-2。

43. 按照权利要求 42 的用途，其中的 GLP-2 是人 GLP-2。

44. 按照权利要求 1~10、15~31 和 37~40 任一项的用途，其中的 GLP-2 是包括至少一个氨基酸替代或缺失的 GLP-2 类似物。

45. 按照权利要求 44 的用途，其中的 GLP-2 类似物包括氨基酸替代。

46. 按照权利要求 45 的用途，其中的 GLP-2 类似物是人或大鼠 GLP-2 类似物并且包括在 2 位的氨基酸替代，这种替代赋予所述类似物对 DPP-IV 酶裂解的抗性。

47. 按照权利要求 46 的用途，其中的 GLP-2 类似物是人 GLP-2 类似物并且包括在 2 位的甘氨酸替代。"

请求人在意见陈述中指出：（1）修改时其将 "GLP-2 受体激动剂" 限定为 "GLP-2 或 GLP-2 的肽类似物，所述类似物保持 GLP-2 受体激动剂的活性并包含至少一个氨基酸的替代、缺失或修饰"，本发明人用人 [Gly^2] GLP-2（h [Gly^2]-GLP-2）的实验证明了其能够通过产生细胞增殖、使蛋白合成增加、胃重量增加等机制方面来增强上胃肠道功能，本领域技术人员根据此实验结果以及本领域常识可知道人 [Gly^2] GLP-2 是通过与胃的细胞上的 GLP 受体结合，增强了细胞增殖，而且表现为分子水平的蛋白合成增强，大体水平的胃重量增加，发明人基于此进行适当的概括，获得修改后的权利要求 1 技术方案，得到了说明书的实质性支持。基于相似的理由，请求人认为修改后的权利要求 16 和 23（对应于原权利要求 17 和 24）能够得到说明书的支持。（2）请求人通过修改将本发明的类似物具体限定为 "所述类似物保持 GLP-2 受体激动剂的活性并包含至少一个氨基酸的替代、缺失或修饰",是本领域技术人员应当公知的,与审查指南中类似物的含义是不同的,目前的定义是清楚合理的。

2007年2月13日,本案合议组向请求人发出第二次复审通知书,指出2006年4月29日提交的权利要求书中的权利要求16、17、18、23、37中还存在有未作具体限定的"IGF-1类似物"、"IGF-2类似物"、"GH类似物"、"胰岛素样生长因子-1类似物"、"EGF类似物"、"HGF类似物"、"KGF类似物",根据审查指南第二部分第二章第3.2.2节规定,它们的存在仍然使得权利要求的保护范围不清楚,不符合专利法实施细则第20条第1款的规定。

针对第二次复审通知书指出的问题,请求人于2007年5月28日提交了意见陈述书及经修改的权利要求书全文替换页。

修改后的权利要求书如下:

"1. GLP-2受体激动剂GLP-2或GLP-2的肽类似物,所述类似物保持GLP-2受体激动剂的活性并包含至少一个氨基酸的替代、缺失或修饰,在制备增强包括食管和胃在内的上胃肠道功能的药物的用途,其中的药物用于在上胃肠道中释放。

2. 根据权利要求1的用途,其中GLP-2受体激动剂是GLP-2的肽类似物,该类似物保持GLP-2受体激动剂的活性,并在2、5、7、8、9、10、12、17、21、22、23、24、26、29、30、31、32或33位存在氨基酸替代。

3. GLP-2的肽类似物在制备使上胃肠道组织增殖的药物的用途,其中所述GLP-2的肽类似物保持GLP-2受体激动剂的活性并且包括至少一个氨基酸的替代、缺失或修饰,其中的药物用于在上胃肠道中释放。

4. 根据权利要求1的用途,其中所述的受疗者患有上胃肠道炎症。

5. 根据权利要求4的用途,其中所述的上胃肠道炎症是食管炎症。

6. 根据权利要求5的用途,其中所述的食管炎症选自炎性血管炎、感染后炎症、浸润性疾病、感染性食管炎、非感染性食管炎、肉状瘤病、克罗恩氏病、贝赫切特综合征、移植物抗宿主反应、返酸、胆汁返流、药物引发的损伤、化学损伤、辐射、肌炎或胶原性血管疾病。

7. 根据权利要求4的用途,其中所述的上胃肠道炎症是胃部炎症。

8. 根据权利要求7的用途,其中所述的胃部炎症选自出血性和糜烂性胃炎、幽门螺杆菌胃炎、化学性胃炎、化生萎缩性胃炎、窦切除术引发的胃炎、嗜酸细胞性胃炎、感染性胃炎、克罗恩氏病、肉状瘤病、单一性肉芽肿胃炎、淋巴细胞性胃炎以及巨大肥厚性胃炎。

9. 根据权利要求3的用途,其中所述受疗者的上胃肠道受到部分或近乎全部切除。

10. 根据权利要求9的用途,其中所述上胃肠道受到部分或近乎全部切除包括食管或胃。

11. 根据权利要求1~10任一项的用途,其中所述的受疗者是人。

12. 根据权利要求11的用途,其中所述的GLP-2类似物与天然大鼠GLP-2相比具有增强了的上胃肠道细胞增殖活性。

13. 根据权利要求12的用途,其中所述的GLP-2类似物是人[Gly^2]GLP-2。

14. 根据权利要求13的用途,其中所述的GLP-2类似物是通过口服、皮下或静脉内给药释放到上胃肠道。

15. GLP-2或GLP-2类似物在制备受疗者出现上胃肠道炎症危险时抑制上胃肠道炎症发生和/或改善上胃肠道炎症发展的药物的用途,其中所述GLP-2类似物保持GLP-2受体激动剂的活性并且包括至少一个氨基酸的替代、缺失或修饰。

16. GLP-2受体激动剂和至少一种肽类激素在制备促进哺乳动物上胃肠道组织生长,以提高所述受体激动剂和肽类激素血清水平的药物的用途,其中的GLP-2受体激动剂是GLP-2或GLP-2类似物和至少一种其他的肽类激素选自IGF-1、选自des-(1-3)-IGF-Ⅰ, long R3 IGF-Ⅰ, iodo-IGF-Ⅰ, [Leu^{24}]-IGF-Ⅰ(1-62),[Arg^3]-IGF-Ⅰ, IGF-Ⅰ(4-70), IGF-Ⅰ(24-32), IGF-Ⅰ(24-41), IGF-Ⅰ(30-41), IGF-Ⅰ(33-41), IGF-Ⅰ(42-57), IGF-Ⅰ(55-70), GPETLCGAELVDALQFVCGDRGFYF, AELVDALQFVCGDRGFYF, GPETLCGAELVDALQ, GPETLCGAEL, VDALQFVCGDRGFYF, FVCGDRGFYF, RGFYFNKPTGYGSSSRRAPQTGIVD, RRAPQTGIVD, YGSSSTTAPQTGIVD, NKPTGYGSSSRRAPQTGIVD, NKPTGYGSSSRRAPQ, RGFYFNKPTGYGSSS, SCDLRRLEMYCAPLKPAKSA, RLEMYCAPLKPAKSA, CAPLKPAKSA, SCDLRRLEMYCAPLK, SCDRRLEMY和RLEMYCAPLK的IGF-1类似物、IGF-2、选自IGF-Ⅱ(54-67), IGF-Ⅱ(58-67, [Leu^{27}]-IGF-Ⅱ, iodo-IGF-Ⅱ, [Arg^6]-IGF-Ⅱ, des(1-6) IGF-Ⅱ, [Met^1]-pGH(1-11)-Val-Asn-Phe-Ala-His-Tyr-IGF-Ⅱ, [Met^1]-pGH(1-11)-Val-Asn-Phe-Ala-His-Tyr-[Arg^6]-IGF-Ⅱ, [Met^1]-pGH(1-11)-Val-Asn-Phe-Ala-His-Tyr-des(1-6)-IGF-Ⅱ, VCGDRGFYFSRPSSRINRRSRGIV, GFYFSRPSSRINRRSRGIV, RPSSRINRRSRGIV, GFYFSRPSSRINRRS, VCGDRGFYFSRPSSR, CGRSCDLALLETYCATPAKSE, LALLETYCATPAKSE, TYCATPAKSE, CFRSCDLALLETYCA和DLALLETYCA的IGF-2类似物、GH和选自[Met^1]-pGH的GH类似物,其中所述GLP-2类似物保持GLP-2受体激动剂的活性并且包含至少一个氨基酸的替代、缺失或修饰。

17. 根据权利要求16的用途,包括向哺乳动物联合施用有效量的GLP-2或GLP-2类似物和有效量的其他至少一种选自IGF-1、选自des-(1-3)-IGF-Ⅰ, long R3 IGF-Ⅰ, iodo-IGF-Ⅰ, [Leu^{24}]-IGF-Ⅰ(1-62),[Arg^3]-IGF-Ⅰ, IGF-Ⅰ(4-70), IGF-Ⅰ(24-32), IGF-Ⅰ(24-41), IGF-Ⅰ(30-41), IGF-Ⅰ(33-41), IGF-Ⅰ(42-57), IGF-Ⅰ(55-70), GPETLCGAELVDALQFVCGDRGFYF, AELVDALQFVCGDRGFYF, GPETLCGAELVDALQ, GPETLCGAEL, VDALQFVCGDRGFYF, FVCGDRGFYF, RGFYFNKPTGYGSSSRRAPQTGIVD, RRAPQTGIVD, YGSSSTTAPQTGIVD, NKPTGYGSSSRRAPQTGIVD, NKPTGYGSSSRRAPQ, RGFYFNKPTGYGSSS, SCDLRRLEMYCAPLKPAKSA, RLEMYCAPLKPAKSA, CAPLKPAKSA, SCDLRRLEMYCAPLK, SCDRRLEMY和RLEMYCAPLK的IGF-1类似物、IGF-2、选自IGF-Ⅱ(54-67), IGF-Ⅱ(58-67, [Leu^{27}]-IGF-Ⅱ, iodo-IGF-Ⅱ, [Arg^6]-IGF-Ⅱ, des(1-6) IGF-Ⅱ, [Met^1]-pGH(1-11)-Val-Asn-Phe-Ala-His-Tyr-IGF-Ⅱ, [Met^1]-pGH(1-11)-Val-Asn-Phe-Ala-His-Tyr-[Arg^6]-IGF-Ⅱ, [Met^1]-pGH(1-11)-Val-Asn-Phe-Ala-His-Tyr-des(1-6)-IGF-Ⅱ, VCGDRGFYFSRPSSRINRRSRGIV, GFYFSRPSSRINRRSRGIV, RPSSRINRRSRGIV, GFYFSRPSSRINRRS, VCGDRGFYFSRPSSR, CGRSCDLALLETYCATPAKSE, LALLETYCATPAKSE, TYCATPAKSE, CFRSCDLALLETYCA和DLALLETYCA的IGF-2类似物、GH和选自[Met^1]-pGH的GH类似物的肽激素。

18. 根据权利要求16的用途,其中所述的肽类激素是IGF-1或选自des-(1-3)-IGF-Ⅰ, iodo-IGF-Ⅰ, [Leu^{24}]-IGF-Ⅰ(1-62),[Arg^3]-IGF-Ⅰ, IGF-Ⅰ(4-70), IGF-Ⅰ(24-32), IGF-Ⅰ(24-41), IGF-Ⅰ(30-41), IGF-Ⅰ(33-41), IGF-Ⅰ(42-57), IGF-Ⅰ(55-70), GPETLCGAELVDALQFVCGDRGFYF, AELVDALQFVCGDRGFYF, GPETLCGAELVDALQ, GPETLCGAEL, VDALQFVCGDRGFYF, FVCGDRGFYF, RGFYFNKPTGYGSSSRRAPQTGIVD, RRAPQTGIVD, YGSSSTTAPQTGIVD, NKPTGYGSSSRRAPQTGIVD, NKPTGYGSSSRRAPQ, RGFYFNKPTGYGSSS, SCDLRRLEMYCAPLKPAKSA, RLEMYCAPLKPAKSA, CAPLKPAKSA, SCDLRRLEMYCAPLK, SCDRRLEMY和RLEMYCAPLK的胰岛素样生长因子-1类似物。

19. 根据权利要求16的用途,其中所述的肽类激素是IGF-2。

20. 根据权利要求16的用途,其中所述的肽类激素是GH。

21. 根据权利要求16的用途,用于促进食管的生长。

22. 根据权利要求16的用途,用于促进胃的生长。

23. GLP-2受体激动剂和至少一种肽类激素在制备增强上胃肠道功能,以提高所述受体激动剂和肽类激素血清水平的药物的用途，其中的 GLP-2 受体激动剂是 GLP-2 或 GLP-2 类似物；至少一种其他的肽类激素选自 IGF-1、选自 des-(1-3)-IGF-Ⅰ，long R3 IGF-Ⅰ，iodo-IGF-Ⅰ，[Leu^{24}]-IGF-Ⅰ (1-62)，[Arg^3]-IGF-Ⅰ，IGF-Ⅰ (4-70)，IGF-Ⅰ (24-32)，IGF-Ⅰ (24-41)，IGF-Ⅰ (30-41)，IGF-Ⅰ (33-41)，IGF-Ⅰ (42-57)，IGF-Ⅰ (55-70)，GPETLCGAELVDALQFVCGDRGFYF，AELVDALQFVCGDRGFYF，GPETLCGAELVDALQ，GPETLCGAEL，VDALQFVCGDRGFYF，FVCGDRGFYF，RGFYFNKPTGYGSSSRRAPQTGIVD，RRAPQTGIVD，YGSSSTTAPQTGIVD，NKPTGYGSSSRRAPQTGIVD，NKPTGYGSSSRRAPQ，RGFYFNKPTGYGSSS，SCDLRRLEMYCAPLKPAKSA，RLEMYCAPLKPAKSA，CAPLKPAKSA，SCDLRRLEMYCAPLK，SCDRRLEMY 和 RLEMYCAPLK 的 IGF-1 类似物、IGF-2、选自 IGF-Ⅱ (54-67)，IGF-Ⅱ (58-67)，[Leu^{27}]-IGF-Ⅱ，iodo-IGF-Ⅱ，[Arg^6]-IGF-Ⅱ，des (1-6) IGF-Ⅱ，[Met^1]-pGH (1-11)-Val-Asn-Phe-Ala-His-Tyr-IGF-Ⅱ，[Met^1]-pGH (1-11)-Val-Asn-Phe-Ala-His-Tyr-[Arg^6]-IGF-Ⅱ，[Met1]-pGH (1-11)-Val-Asn-Phe-Ala-His-Tyr-des (1-6)-IGF-Ⅱ，VCGDRGFYFSRPSSRINRRSRGIV，GFYFSRPSSRINRRSRGIV，RPSSRINRRSRGIV，GFYFSRPSSRINRRS，VCGDRGFYFSRPSSR，CGRSCDLALLETYCATPAKSE，LALLETYCATPAKSE，TYCATPAKSE，CFRSCDLALLETYCA 和 DLALLETYCA 的 IGF-2 类似物、GH、选自 [Met^1]-pGH 的 GH 类似物、EGF、HGF、以及 KGF，其中所述 GLP-2 类似物保持 GLP-2 受体激动剂的活性并且包括至少一个氨基酸的替代、缺失或修饰。

24. 根据权利要求 23 的用途，用于保养、恢复或保持上胃肠道功能：

在接受化疗或放疗方案后；

在接受一段时间的胃肠外营养后；

在发生胃肠道疾病后；或者其中所述的患者是早产儿。

25. 根据权利要求 23 的用途，其中所述的受疗者患有上胃肠道炎症。

26. 根据权利要求 25 的用途，其中所述的上胃肠道炎症是食管炎症。

27. 根据权利要求 26 的用途，其中所述的食管炎症选自炎性血管炎、感染后炎症、浸润性疾病、感染性食管炎、非感染性食管炎、肉状瘤病、克罗恩氏病、贝赫切特综合征、移植物抗宿主反应、返酸、胆汁返流、药物引发的损伤、化学损伤、辐射、肌炎或胶原性血管疾病。

28. 根据权利要求 25 的用途，其中所述的上胃肠道炎症是胃部炎症。

29. 根据权利要求 28 的用途，其中所述的胃部炎症选自出血性和糜烂性胃炎、幽门螺杆菌胃炎、化学性胃炎、化生萎缩性胃炎、窦切除术引发的胃炎、嗜酸细胞性胃炎、感染性胃炎、克罗恩氏病、肉状瘤病、单一性肉芽肿胃炎、淋巴细胞性胃炎、胃溃疡以及巨大肥厚性胃炎。

30. 根据权利要求 23 的用途，其中所述受疗者的上胃肠道受到部分或近乎全部切除。

31. 根据权利要求 30 的用途，其中所述受到部分或近乎全部切除上胃肠道涉及食管和胃。

32. 根据权利要求 23~31 任一项的用途，其中所述的受疗者是人。

33. 根据权利要求 32 的用途，其中所述的 GLP-2 类似物与天然大鼠 GLP-2 相比具有增强了的上胃肠道细胞增殖活性。

34. 根据权利要求 33 的用途，其中所述的 GLP-2 类似物是人 [Gly^2] GLP-2。

35. 根据权利要求 34 的用途，其中所述的 GLP-2 类似物是通过口服、皮下或静脉内给药释放到上胃肠道。

36. 一种试剂盒，包括治疗有效的单位剂量或多剂量的 GLP-2 或者其类似物与其他至少一种选自 IGF-1、IGF-2、GH、EGF、HGF 和 KGF 的肽类激素，其中所述 GLP-2 类似物保持 GLP-2 受体激动剂的活性并且包含至少一个氨基酸的替代、缺失或修饰。

37. 一种促进上胃肠道组织或细胞生长的方法，该方法包括以下步骤：用含有促进生长的 GLP-2

或 GLP-2 类似物与其他至少一种选自 IGF-1、选自 des-（1-3）-IGF-Ⅰ，long R3 IGF-Ⅰ，iodo-IGF-Ⅰ，[Leu^{24}]-IGF-Ⅰ（1-62），[Arg^3]-IGF-Ⅰ，IGF-Ⅰ（4-70），IGF-Ⅰ（24-32），IGF-Ⅰ（24-41），IGF-Ⅰ（30-41），IGF-Ⅰ（33-41），IGF-Ⅰ（42-57），IGF-Ⅰ（55-70），GPETLCGAELVDALQFVCGDRGFYF，AELVDALQFVCGDRGFYF，GPETLCGAELVDALQ，GPETLCGAEL，VDALQFVCGDRGFYF，FVCGDRGFYF，RGFYFNKPTGYGSSSRRAPQTGIVD，RRAPQTGIVD，YGSSSTAPQTGIVD，NKPTGYGSSSRRAPQTGIVD，NKPTGYGSSSRRAPQ，RGFYFNKPTGYGSSS，SCDLRRLEMYCAPLKPAKSA，RLEMYCAPLKPAKSA，CAPLKPAKSA，SCDLRRLEMYCAPLK，SCDRRLEMY 和 RLEMYCAPLK 的 IGF-1 类似物、IGF-2、选自 IGF-Ⅱ（54-67），IGF-Ⅱ（58-67），[Leu^{27}]-IGF-Ⅱ，iodo-IGF-Ⅱ，[Arg^6]-IGF-Ⅱ，des（1-6）IGF-Ⅱ，[Met^1]-pGH（1-11）-Val-Asn-Phe-Ala-His-Tyr-IGF-Ⅱ，[Met^1]-pGH（1-11）-Val-Asn-Phe-Ala-His-Tyr-[Arg^6]-IGF-Ⅱ，[Met1]-pGH（1-11）-Val-Asn-Phe-Ala-His-Tyr-des（1-6）-IGF-Ⅱ，VCGDRGFYFSRPSSRINRRSRGIV，GFYFSRPSSRINRRSRGIV，RPSSRINRRSRGIV，GFYFSRPSSRINRRS，VCGDRGFYFSRPSSR，CGRSCDLALLETYCATPAKSE，LALLETYCATPAKSE，TYCATPAKSE，CFRSCDLALLETYCA 和 DLALLETYCA 的 IGF-2 类似物、GH、选自 [Met^1]-pGH 的 GH 类似物、EGF、HGF 以及 KGF 的肽激素二者结合的培养基培养上述组织或细胞，其中所述 GLP-2 类似物保持 GLP-2 受体激动剂的活性并且包括至少一个氨基酸的替代、缺失或修饰。

38. GLP-2 或 GLP-2 类似物与其他至少一种有效治疗消化性溃疡的药物在制备治疗患有消化性溃疡的患者的药物的用途，其中所述 GLP-2 的肽类似物保持 GLP-2 受体激动剂的活性并且包含至少一个氨基酸的替代、缺失或修饰，而且其中将药物释放到患者的上胃肠道并且至少一种其他的有效治疗消化性溃疡的药物选自：能够阻断胃分泌酸的药物、能够在胃中形成保护性屏障的药物或含铋化合物，所述药物以有效治疗的药量提供。

39. 根据权利要求 38 的用途，其中所述的能够阻断胃分泌酸的药物包括 H_2 受体拮抗物、质子泵抑制剂以及前列腺素。

40. 根据权利要求 38 的用途，其中所述的能够在胃中形成保护性屏障的药物包括硫糖铝。

41. 按照权利要求 1~10、15~31 和 37~40 任一项的用途，其中的 GLP-2 是脊椎动物 GLP-2。

42. 按照权利要求 1~10、15~31 和 37~40 任一项的用途，其中的 GLP-2 是哺乳动物 GLP-2。

43. 按照权利要求 42 的用途，其中的 GLP-2 是人 GLP-2。

44. 按照权利要求 1~10、15~31 和 37~40 任一项的用途，其中的 GLP-2 是包括至少一个氨基酸替代或缺失的 GLP-2 类似物。

45. 按照权利要求 44 的用途，其中的 GLP-2 类似物包括氨基酸替代。

46. 按照权利要求 45 的用途，其中的 GLP-2 类似物是人或大鼠 GLP-2 类似物并且包括在 2 位的氨基酸替代，这种替代赋予所述类似物对 DPP-Ⅳ 酶裂解的抗性。

47. 按照权利要求 46 的用途，其中的 GLP-2 类似物是人 GLP-2 类似物并且包括在 2 位的甘氨酸替代。"

请求人认为，在修改后的权利要求 16~18、23、27 中明确了"IGF-1 类似物"、"IGF-2 类似物"和"GH 类似物"的具体保护范围，它们具体公开在说明书第 21 页第 30 行至第 22 页第 7 行中引用的参考文献中，同时删除了"EGF 类似物"、"HGF 类似物"和"KGF 类似物"。对"IGF-1 类似物"和"IGF-2 类似物"的修改还得到说明书第 1 页第 28~31 行的支持，对"GH 类似物"的修改得到说明书第 1 页第 31~32 行的支持。"胰岛素样生长因子-1 类似物"的英文全称为"Insulin-like growth factor-1 analogs"，其实就是"IGF-1 类似物"。修改后的权利要求书符合专利法实施细则第 20 条第 1 款的规定。

2007年10月22日，本案合议组发出第三次复审通知书，指出请求人在2007年5月28日提交的权利要求书中删除了"EGF类似物"、"HGF类似物"、"KGF类似物"，并对"IGF-1类似物"、"IGF-2类似物"、"GH类似物"和"胰岛素样生长因子-1类似物"进行了具体限定，同时指出这些具体限定公开于说明书第21页第30行至第22页第7行中引用的参考文献，然而请求人没有提供这些参考文献。请求人在意见陈述中还指出，"对所述'IGF-1类似物'和'IGF-2类似物'的修改还得到说明书第1页第28~31行的支持，对所述'GH类似物'的修改得到说明书第1页第31~32行的支持"，但是请求人在意见陈述中没有提出引用说明书第1页第28~32行的具体理由。如果请求人是想将这几行中提到的专利文献中公开的具体物质引入权利要求则是不允许的，因为这段话是关于本申请背景技术的介绍，并未指明本申请权利要求中具体引入的IGF-1类似物、IGF-2类似物和GH类似物是这些专利文献中提及的物质，因此，这种修改将不符合专利法第33条的规定。请求人应在本通知书指定的一个月期限内提交这些参考文献以及所使用部分的中文译文，标示、陈述每处修改的具体出处，同时陈述此修改是否符合专利法第33条规定的具体理由。

针对第三次复审通知书指出的问题，请求人于2008年2月13日提交了意见陈述书及经修改的权利要求书全文替换页，以及本申请说明书第21页第30行至第22页第7行引证的7篇公开了IGF-1类似物、IGF-2类似物的现有技术文献。

修改后的权利要求书如下：

"1. GLP-2受体激动剂GLP-2或GLP-2的肽类似物，所述类似物保持GLP-2受体激动剂的活性并包含至少一个氨基酸的替代、缺失或修饰，在制备增强包括食管和胃在内的上胃肠道功能的药物的用途，其中的药物用于在上胃肠道中释放。

2. 根据权利要求1的用途，其中GLP-2受体激动剂是GLP-2的肽类似物，该类似物保持GLP-2受体激动剂的活性，并在2、5、7、8、9、10、12、17、21、22、23、24、26、29、30、31、32或33位存在氨基酸替代。

3. GLP-2的肽类似物在制备使上胃肠道组织增殖的药物的用途，其中所述GLP-2的肽类似物保持GLP-2受体激动剂的活性并且包括至少一个氨基酸的替代、缺失或修饰，其中的药物用于在上胃肠道中释放。

4. 根据权利要求1的用途，其中所述的受疗者患有上胃肠道炎症。

5. 根据权利要求4的用途，其中所述的上胃肠道炎症是食管炎症。

6. 根据权利要求5的用途，其中所述的食管炎症选自炎性血管炎、感染后炎症、浸润性疾病、感染性食管炎、非感染性食管炎、肉状瘤病、克罗恩氏病、贝赫切特综合征、移植物抗宿主反应、返酸、胆汁返流、药物引发的损伤、化学损伤、辐射、肌炎或胶原性血管疾病。

7. 根据权利要求4的用途，其中所述的上胃肠道炎症是胃部炎症。

8. 根据权利要求7的用途，其中所述的胃部炎症选自出血性和糜烂性胃炎、幽门螺杆菌胃炎、化学性胃炎、化生萎缩性胃炎、窦切除术引发的胃炎、嗜酸细胞性胃炎、感染性胃炎、克罗恩氏病、肉状瘤病、单一性肉芽肿胃炎、淋巴细胞性胃炎以及巨大肥厚性胃炎。

9. 根据权利要求3的用途，其中所述受疗者的上胃肠道受到部分或近乎全部切除。

10. 根据权利要求9的用途，其中所述上胃肠道受到部分或近乎全部切除包括食管或胃。

11. 根据权利要求1~10任一项的用途，其中所述的受疗者是人。

12. 根据权利要求11的用途，其中所述的GLP-2类似物与天然大鼠GLP-2相比具有增强了的上胃肠道细胞增殖活性。

13. 根据权利要求12的用途，其中所述的GLP-2类似物是人［Gly^2］GLP-2。

14. 根据权利要求13的用途，其中所述的GLP-2类似物是通过口服、皮下或静脉内给药释放到上胃肠道。

15. GLP-2或GLP-2类似物在制备受疗者出现上胃肠道炎症危险时抑制上胃肠道炎症发生和/或改善上胃肠道炎症发展的药物的用途，其中所述GLP-2类似物保持GLP-2受体激动剂的活性并且包括至少一个氨基酸的替代、缺失或修饰。

16. GLP-2受体激动剂和至少一种肽类激素在制备促进哺乳动物上胃肠道组织生长，以提高所述受体激动剂和肽类激素血清水平的药物的用途，其中的GLP-2受体激动剂是GLP-2或GLP-2类似物和至少一种其他的肽类激素选自IGF-1、选自des-（1-3）-IGF-Ⅰ，long R3 IGF-Ⅰ，iodo-IGF-Ⅰ，[Leu^{24}]-IGF-Ⅰ（1-62），[Arg^3]-IGF-Ⅰ，IGF-Ⅰ（4-70），IGF-Ⅰ（24-32），IGF-Ⅰ（24-41），IGF-Ⅰ（30-41），IGF-Ⅰ（33-41），IGF-Ⅰ（42-57），IGF-Ⅰ（55-70），GPETLCGAELVDALQFVCGDRGFYF，AELVDALQFVCGDRGFYF，GPETLCGAELVDALQ，GPETLCGAEL，VDALQFVCGDRGFYF，FVCGDRGFYF，RGFYFNKPTGYGSSSRRAPQTGIVD，RRAPQTGIVD，YGSSSTTAPQTGIVD，NKPTGYGSSSRRAPQTGIVD，NKPTGYGSSSRRAPQ，RGFYFNKPTGYGSSS，SCDLRRLEMYCAPLKPAKSA，RLEMYCAPLKPAKSA，CAPLKPAKSA，SCDLRRLEMYCAPLK，SCDRRLEMY 和 RLEMYCAPLK的IGF-1类似物、IGF-2、选自IGF-Ⅱ（54-67），IGF-Ⅱ（58-67），[Leu^{27}]-IGF-Ⅱ，iodo-IGF-Ⅱ，[Arg^6]-IGF-Ⅱ，des（1-6）IGF-Ⅱ，[Met^1]-pGH（1-11）-Val-Asn-Phe-Ala-His-Tyr-IGF-Ⅱ，[Met^1]-pGH（1-11）-Val-Asn-Phe-Ala-His-Tyr-[Arg^6]-IGF-Ⅱ，[Met^1]-pGH（1-11）-Val-Asn-Phe-Ala-His-Tyr-des（1-6）-IGF-Ⅱ，VCGDRGFYFSRPSSRINRRSRGIV，GFYFSRPSSRINRRSRGIV，RPSSRINRRSRGIV，GFYFSRPSSRINRRS，VCGDRGFYFSRPSSR，CGRSCDLALLETYCATPAKSE，LALLETYCATPAKSE，TYCATPAKSE，CFRSCDLALLETYCA 和 DLALLETYCA的IGF-2类似物和GH，其中所述GLP-2类似物保持GLP-2受体激动剂的活性并且包含至少一个氨基酸的替代、缺失或修饰。

17. 根据权利要求16的用途，包括向哺乳动物联合施用有效量的GLP-2或GLP-2类似物和有效量的其他至少一种选自IGF-1、选自des-（1-3）-IGF-Ⅰ，long R3 IGF-Ⅰ，iodo-IGF-Ⅰ，[Leu^{24}]-IGF-Ⅰ（1-62），[Arg^3]-IGF-Ⅰ，IGF-Ⅰ（4-70），IGF-Ⅰ（24-32），IGF-Ⅰ（24-41），IGF-Ⅰ（30-41），IGF-Ⅰ（33-41），IGF-Ⅰ（42-57），IGF-Ⅰ（55-70），GPETLCGAELVDALQFVCGDRGFYF，AELVDALQFVCGDRGFYF，GPETLCGAELVDALQ，GPETLCGAEL，VDALQFVCGDRGFYF，FVCGDRGFYF，RGFYFNKPTGYGSSSRRAPQTGIVD，RRAPQTGIVD，YGSSSTTAPQTGIVD，NKPTGYGSSSRRAPQTGIVD，NKPTGYGSSSRRAPQ，RGFYFNKPTGYGSSS，SCDLRRLEMYCAPLKPAKSA，RLEMYCAPLKPAKSA，CAPLKPAKSA，SCDLRRLEMYCAPLK，SCDRRLEMY 和 RLEMYCAPLK的IGF-1类似物、IGF-2、选自IGF-Ⅱ（54-67），IGF-Ⅱ（58-67），[Leu^{27}]-IGF-Ⅱ，iodo-IGF-Ⅱ，[Arg^6]-IGF-Ⅱ，des（1-6）IGF-Ⅱ，[Met^1]-pGH（1-11）-Val-Asn-Phe-Ala-His-Tyr-IGF-Ⅱ，[Met^1]-pGH（1-11）-Val-Asn-Phe-Ala-His-Tyr-[Arg^6]-IGF-Ⅱ，[Met^1]-pGH（1-11）-Val-Asn-Phe-Ala-His-Tyr-des（1-6）-IGF-Ⅱ，VCGDRGFYFSRPSSRINRRSRGIV，GFYFSRPSSRINRRSRGIV，RPSSRINRRSRGIV，GFYFSRPSSRINRRS，VCGDRGFYFSRPSSR，CGRSCDLALLETYCATPAKSE，LALLETYCATPAKSE，TYCATPAKSE，CFRSCDLALLETYCA 和 DLALLETYCA的IGF-2类似物和GH的肽激素。

18. 根据权利要求16的用途，其中所述的肽类激素是IGF-1或选自des-（1-3）-IGF-Ⅰ，long R3 IGF-Ⅰ，iodo-IGF-Ⅰ，[Leu^{24}]-IGF-Ⅰ（1-62），[Arg^3]-IGF-Ⅰ，IGF-Ⅰ（4-70），IGF-Ⅰ（24-32），IGF-Ⅰ（24-41），IGF-Ⅰ（30-41），IGF-Ⅰ（33-41），IGF-Ⅰ（42-57），IGF-Ⅰ

（55-70）、GPETLCGAELVDALQFVCGDRGFYF、AELVDALQFVCGDRGFYF、GPETLCGAELVDALQ、GPETLCGAEL、VDALQFVCGDRGFYF、FVCGDRGFYF、RGFYFNKPTGYGSSSRRAPQTGIVD、RRAPQTGIVD、YGSSSTTAPQTGIVD、NKPTGYGSSSRRAPQTGIVD、NKPTGYGSSSRRAPQ、RGFYFNKPTGYGSSS、SCDLRRLEMYCAPLKPAKSA、RLEMYCAPLKPAKSA、CAPLKPAKSA、SCDLRRLEMYCAPLK、SCDRRLEMY 和 RLEMYCAPLK 的胰岛素样生长因子-1 类似物。

19. 根据权利要求 16 的用途，其中所述的肽类激素是 IGF-2。

20. 根据权利要求 16 的用途，其中所述的肽类激素是 GH。

21. 根据权利要求 16 的用途，用于促进食管的生长。

22. 根据权利要求 16 的用途，用于促进胃的生长。

23. GLP-2 受体激动剂和至少一种肽类激素在制备增强上胃肠道功能，以提高所述受体激动剂和肽类激素血清水平的药物的用途，其中的 GLP-2 受体激动剂是 GLP-2 或 GLP-2 类似物；至少一种其他的肽类激素选自 IGF-1、选自 des-(1-3)-IGF-I, long R3 IGF-I, iodo-IGF-I, [Leu^{24}]-IGF-I (1-62), [Arg^3]-IGF-I, IGF-I (4-70), IGF-I (24-32), IGF-I (24-41), IGF-I (30-41), IGF-I (33-41), IGF-I (42-57), IGF-I (55-70), GPETLCGAELVDALQFVCGDRGFYF, AELVDALQFVCGDRGFYF, GPETLCGAELVDALQ, GPETLCGAEL, VDALQFVCGDRGFYF, FVCGDRGFYF, RGFYFNKPTGYGSSSRRAPQTGIVD, RRAPQTGIVD, YGSSSTTAPQTGIVD, NKPTGYGSSSRRAPQTGIVD, NKPTGYGSSSRRAPQ, RGFYFNKPTGYGSSS, SCDLRRLEMYCAPLKPAKSA, RLEMYCAPLKPAKSA, CAPLKPAKSA, SCDLRRLEMYCAPLK, SCDRRLEMY 和 RLEMYCAPLK 的 IGF-1 类似物、IGF-2、选自 IGF-II (54-67), IGF-II (58-67), [Leu^{27}]-IGF-II, iodo-IGF-II, [Arg^6]-IGF-II, des (1-6) IGF-II, [Met^1]-pGH (1-11)-Val-Asn-Phe-Ala-His-Tyr-IGF-II, [Met^1]-pGH (1-11)-Val-Asn-Phe-Ala-His-Tyr-[Arg^6]-IGF-II, [Met^1]-pGH (1-11)-Val-Asn-Phe-Ala-His-Tyr-des (1-6)-IGF-II, VCGDRGFYFSRPSSRINRRSRGIV, GFYFSRPSSRINRRSRGIV, RPSSRINRRSRGIV, GFYFSRPSSRINRRS, VCGDRGFYFSRPSSR, CGRSCDLALLETYCATPAKSE, LALLETYCATPAKSE, TYCATPAKSE, CFRSCDLALLETYCA 和 DLALLETYCA 的 IGF-2 类似物、GH、EGF、HGF、以及 KGF，其中所述 GLP-2 类似物保持 GLP-2 受体激动剂的活性并且包括至少一个氨基酸的替代、缺失或修饰。

24. 根据权利要求 23 的用途，用于保养、恢复或保持上胃肠道功能：

在接受化疗或放疗方案后；

在接受一段时间的胃肠外营养后；

在发生胃肠道疾病后；或者其中所述的患者是早产儿。

25. 根据权利要求 23 的用途，其中所述的受疗者患有上胃肠道炎症。

26. 根据权利要求 25 的用途，其中所述的上胃肠道炎症是食管炎症。

27. 根据权利要求 26 的用途，其中所述的食管炎症选自炎性血管炎、感染后炎症、浸润性疾病、感染性食管炎、非感染性食管炎、肉状瘤病、克罗恩氏病、贝赫切特综合征、移植物抗宿主反应、返酸、胆汁返流、药物引发的损伤、化学损伤、辐射、肌炎或胶原性血管疾病。

28. 根据权利要求 25 的用途，其中所述的上胃肠道炎症是胃部炎症。

29. 根据权利要求 28 的用途，其中所述的胃部炎症选自出血性和糜烂性胃炎、幽门螺杆菌胃炎、化学性胃炎、化生萎缩性胃炎、窦切除术引发的胃炎、嗜酸细胞性胃炎、感染性胃炎、克罗恩氏病、肉状瘤病、单一性肉芽肿胃炎、淋巴细胞性胃炎、胃溃疡以及巨大肥厚性胃炎。

30. 根据权利要求 23 的用途，其中所述受疗者的上胃肠道受到部分或近乎全部切除。

31. 根据权利要求 30 的用途，其中所述受到部分或近乎全部切除上胃肠道涉及食管和胃。

32. 根据权利要求 23～31 任一项的用途，其中所述的受疗者是人。

33. 根据权利要求32的用途，其中所述的GLP-2类似物与天然大鼠GLP-2相比具有增强了的上胃肠道细胞增殖活性。

34. 根据权利要求33的用途，其中所述的GLP-2类似物是人[Gly^2]GLP-2。

35. 根据权利要求34的用途，其中所述的GLP-2类似物是通过口服、皮下或静脉内给药释放到上胃肠道。

36. 一种试剂盒，包括治疗有效的单位剂量或多剂量的GLP-2或者其类似物与其他至少一种选自IGF-1、IGF-2、GH、EGF、HGF和KGF的肽类激素，其中所述GLP-2类似物保持GLP-2受体激动剂的活性并且包含至少一个氨基酸的替代、缺失或修饰。

37. 一种促进上胃肠道组织或细胞生长的方法，该方法包括以下步骤：用含有促进生长的GLP-2或GLP-2类似物与其他至少一种选自IGF-1、选自des-(1-3)-IGF-Ⅰ, long R3 IGF-Ⅰ, iodo-IGF-Ⅰ, [Leu^{24}]-IGF-Ⅰ(1-62), [Arg^3]-IGF-Ⅰ, IGF-Ⅰ(4-70), IGF-Ⅰ(24-32), IGF-Ⅰ(24-41), IGF-Ⅰ(30-41), IGF-Ⅰ(33-41), IGF-Ⅰ(42-57), IGF-Ⅰ(55-70), GPETLCGAELVDALQFVCGDRGFYF, AELVDALQFVCGDRGFYF, GPETLCGAELVDALQ, GPETLCGAEL, VDALQFVCGDRGFYF, FVCGDRGFYF, RGFYFNKPTGYGSSSRRAPQTGIVD, RRAPQTGIVD, YGSSSTTAPQTGIVD, NKPTGYGSSSRRAPQTGIVD, NKPTGYGSSSRRAPQ, RGFYFNKPTGYGSSS, SCDLRRLEMYCAPLKPAKSA, RLEMYCAPLKPAKSA, CAPLKPAKSA, SCDLRRLEMYCAPLK, SCDRRLEMY 和 RLEMYCAPLK 的IGF-1类似物、IGF-2、选自IGF-Ⅱ(54-67), IGF-Ⅱ(58-67), [Leu^{27}]-IGF-Ⅱ, iodo-IGF-Ⅱ, [Arg^6]-IGF-Ⅱ, des(1-6)IGF-Ⅱ, [Met^1]-pGH(1-11)-Val-Asn-Phe-Ala-His-Tyr-IGF-Ⅱ, [Met^1]-pGH(1-11)-Val-Asn-Phe-Ala-His-Tyr-[Arg^6]-IGF-Ⅱ, [Met^1]-pGH(1-11)-Val-Asn-Phe-Ala-His-Tyr-des(1-6)-IGF-Ⅱ, VCGDRGFYFSRPSSRINRRSRGIV, GFYFSRPSSRINRRSRGIV, RPSSRINRRSRGIV, GFYFSRPSSRINRRS, VCGDRGFYFSRPSSR, CGRSCDLALLETYCATPAKSE, LALLETYCATPAKSE, TYCATPAKSE, CFRSCDLALLETYCA 和 DLALLETYCA 的IGF-2类似物、GH、EGF、HGF以及KGF的肽激素二者结合的培养基培养上述组织或细胞，其中所述GLP-2类似物保持GLP-2受体激动剂的活性并且包括至少一个氨基酸的替代、缺失或修饰。

38. GLP-2或GLP-2类似物与其他至少一种有效治疗消化性溃疡的药物在制备治疗患有消化性溃疡的患者的药物的用途，其中所述GLP-2的肽类似物保持GLP-2受体激动剂的活性并且包含至少一个氨基酸的替代、缺失或修饰，而且其中将药物释放到患者的上胃肠道并且至少一种其他的有效治疗消化性溃疡的药物选自：能够阻断胃分泌酸的药物、能够在胃中形成保护性屏障的药物或含铋化合物，所述药物以有效治疗的药量提供。

39. 根据权利要求38的用途，其中所述的能够阻断胃分泌酸的药物包括H_2受体拮抗物、质子泵抑制剂以及前列腺素。

40. 根据权利要求38的用途，其中所述的能够在胃中形成保护性屏障的药物包括硫糖铝。

41. 按照权利要求1~10、15~31和37~40任一项的用途，其中的GLP-2是脊椎动物GLP-2。

42. 按照权利要求1~10、15~31和37~40任一项的用途，其中的GLP-2是哺乳动物GLP-2。

43. 按照权利要求42的用途，其中的GLP-2是人GLP-2。

44. 按照权利要求1~10、15~31和37~40任一项的用途，其中的GLP-2是包括至少一个氨基酸替代或缺失的GLP-2类似物。

45. 按照权利要求44的用途，其中的GLP-2类似物包括氨基酸替代。

46. 按照权利要求45的用途，其中的GLP-2类似物是人或大鼠GLP-2类似物并且包括在2位的氨基酸替代，这种替代赋予所述类似物对 DPP-IV 酶裂解的抗性。

47. 按照权利要求 46 的用途，其中的 GLP-2 类似物是人 GLP-2 类似物并且包括在 2 位的甘氨酸替代。"

请求人在本次提交的权利要求书中删除了 GH 类似物，并在意见陈述书中通过列表方式说明了具体限定在权利要求中的 IGF-1 类似物和 IGF-2 类似物在这 7 篇文献中的具体出处。

至此，合议组认为本案事实清楚，可以作出审查决定。

二、决定的理由

1. 决定依据的文本

本复审请求审查决定所依据的文本为本申请进入中国国家阶段时请求人提交的国际申请文件中文译文的说明书第 1~3、5~33 页、附图第 1~2 页、摘要，2004 年 5 月 17 日提交的说明书第 4 页以及 2008 年 2 月 13 日提交的权利要求 1~47。

2. 关于专利法第 33 条

专利法第 33 条规定，申请人可以对其专利申请文件进行修改，但是，对发明和实用新型专利申请文件的修改不得超出原说明书和权利要求书记载的范围。

当说明书中的引证文件是公开日在本申请申请日之前的公开出版物，并且说明书中写明了该引证文件的出处及相关信息时，则认为本申请说明书中记载了引证文件中所引用部分的内容，可以将该内容作为判断修改是否超范围的依据。

请求人在 2008 年 2 月 13 日提交的权利要求书中的权利要求 16、17、18、23、37 中删除了"EGF 类似物"、"HGF 类似物"、"KGF 类似物"、"GH 类似物"，对"IGF-1 类似物"、"IGF-2 类似物"和"胰岛素样生长因子-1 类似物"进行了具体限定。请求人指出"胰岛素样生长因子-1 类似物"的英文全称为"insulin-like growth factor-1 analogs"，其实就是"IGF-1 类似物"，同时还指出这些具体限定的依据为说明书第 21 页第 30 行至第 22 页第 7 行中引征的 7 篇文献，并通过列表方式说明了具体的 IGF-1 类似物、IGF-2 类似物在上述文献中的公开位置。

本申请说明书第 21 页第 32 行至第 22 页第 1 行已经指明"关于可以有效地应用于本发明的 IGF-1、IGF-2 和 GH 的特定类似物及突变体的指导参见下列在此引入作为参考的出版物：（后附 7 篇文献的作者、年份、期刊、卷号、页码、专利公布号等）"。这 7 篇文献都是在本专利最早优先权日之前公开的出版物，本申请说明书中也附有这 7 篇文献的出处及相关信息，因此，这 7 篇文献中公开的有关 IGF-1 类似物和 IGF-2 类似物的内容可以作为本申请原始说明书记载的内容，作为判断修改是否超范围的依据。由于这 7 篇文献中公开了经修改加入的具体 IGF-1 类似物和 IGF-2 类似物，因此，该修改后的内容是能够从原申请记载的信息中直接地、毫无疑义的确定的。请求人的上述修改和意见陈述克服了第三次复审通知书中指出的修改不符合专利法第 33 条规定的缺陷。

3. 关于专利法第 26 条第 4 款

专利法第 26 条第 4 款规定：权利要求书应当以说明书为依据，说明要求专利保护的范围。

根据该款规定，如果权利要求所要求保护的技术方案是所属技术领域的技术人员能够从说明书充分公开的内容中得到或概括得出的技术方案，并且不超出说明书公开的范围，则该权利要求能够得到说明书的支持。

驳回决定中的第（1）条理由认为：①本领域技术人员根据说明书记载的内容，从 GLP-2 及其肽类似物不能推断出所有 GLP-2 受体激动剂都能达到增强上胃肠道功能的目的。②说明书没有提供具体的实验证据证明 GLP-2 能够增强营养物质的摄入。因此，权利要求 1 不符合专利法第 26 条第 4 款的规定。基于相似的理由，权利要求 17、24 也不符合专利法第 26 条第 4 款的规定。

对此，合议组认为：①请求人在 2008 年 2 月 13 日提交的权利要求书中，将权利要求 1 中的"GLP-2 受体激动剂"具体限定为"GLP-2 或 GLP-2 的肽类似物"并对该类似物进行了进一步定义。②本申请说明书实施例 1~4 提供实验证明了给予人 [Gly^2] GLP-2 及其类似物 h[Gly^2]-GLP-2 能够通过产生细胞增殖、使蛋白合成增加、胃重量增加等来增强上胃肠道功能。本领域技术人员根据此实验结果以及本领域公知常识可知人 [Gly^2] GLP-2 是通过与胃肠道上的 GLP 受体结合，增强了细胞增殖，而且在分子水平上表现为蛋白合成增加，在大体水平上表现为胃重量增加，从而增强上胃肠道功能。由于实施例 1~4 已经提供实验证明了人 [Gly^2] GLP-2 及其类似物 h[Gly^2]-GLP-2 能够导致上胃肠道细胞增殖，在此基础上，无论是受损的上胃肠道得以修复再生还是健康的上胃肠道得以增殖都必然导致营养物质摄入量的增加。综上，修改后的权利要求 1 已经克服了驳回决定和第一次复审通知书中指出的不符合专利法第 26 条第 4 款规定的缺陷。基于相同的理由，修改后的权利要求 16、23（相应于驳回决定所针对的权利要求 17、24）也克服了驳回决定和第一次复审通知书所指出的不符合专利法第 26 条第 4 款规定的缺陷。

驳回决定中的第（2）条理由认为，说明书中没有提供具体的试验数据证明 GLP-2 及其类似物对上胃肠道炎症具有改善作用，实施例 4 仅作出断言而未提供具体的数据，并且该实施例中的一些评定指数不属于该申请所要求保护的上胃肠道的范畴。因此，权利要求 5~12、16、26~33、39~41 不符合专利法第 26 条第 4 款的规定。

对此，合议组认为：从本申请说明书实施例 4 可知，NSAID（吲哚美辛是其中一种）会引发范围自无症状胃糜烂至肠出血的胃病，实验人员以导致小鼠 50% 死亡率的剂量给予小鼠吲哚美辛，实验结果表明，与用盐水处理过的对照组 45%~50% 的存活率相比，组 II-IV 中所有经过 h[Gly^2]-GLP-2 处理的小鼠都表现出了明显增高的存活率，范围是 75%~95%，这种差异在统计学上是十分显著的，该百分比数值范围的差异证明了 GLP-2 及其类似物对于 NSAID 引发的炎症的治疗作用，实施例 4 并非仅作出断言而未提供具体数据。此外，说明书第 5 页第 2 段指出"本发明的组合物和方法用于促进损伤、溃疡/发炎的肠黏膜康复和再生"，说明书第 31 页指出"向小鼠和大鼠施用 GLP-2 能够通过活化腺细胞的增殖以及直肠细胞凋亡来刺激小肠和大肠中的黏膜的生长"，由此可推知，对于上胃肠道黏膜炎症的改善也是通过促进损伤、溃疡/发炎的胃黏膜/食道黏膜康复和再生实现的，实施例 1~3 给出的结果显示：每天 2 次共 2 天用 GLP-2 或 GLP-2 类似物治疗导致上胃肠道细胞增殖以及蛋白质合成的增加，治疗 12 天导致胃的重量增加。这些实施例证明了 GLP-2 及其类似物能够促进损伤、溃疡/发炎的胃黏膜/食道黏膜康复和再生，也就证明了它们能够改善上胃肠道炎症。综上，驳回决定所指出的原权利要求 5~12、16、26~33、39~41（相应于驳回决定所针对的权利要求书）不符合专利法第 26 条第 4 款规定的理由不成立。

4. 关于专利法实施细则第 20 条第 1 款

专利法实施细则第 20 条第 1 款规定：权利要求书应当说明发明的技术特征，清楚、简要地表述请求保护的范围。

根据该款规定，在一般情况下，权利要求中不得使用"类似物"这类用语，因为这类用语通常会使权利要求的范围不清楚。

请求人在 2008 年 2 月 13 日提交的权利要求书中已经将"GLP-2 类似物"作了进一步限定，具体限定为"所述类似物保持 GLP-2 受体激动剂的活性并包含至少一个氨基酸的替代、缺失或修饰"。并用具体物质对"IGF-1 类似物"、"IGF-2 类似物"和"胰岛素样生长因子-1 类似物"进行了限定。同时还删除了"EGF 类似物"、"HGF 类似物"、"KGF 类似物"、"GH 类似物"。请求人已经通过修改克服了第一、二次复审通知书中指出的此缺陷，修改后的权利要求 3、12、14~18、23、33、

36~38 符合专利法实施细则第 20 条第 1 款的规定。

根据以上事实和理由,本案合议组作出如下审查决定。

三、决定

撤销国家知识产权局于 2004 年 7 月 9 日对 98807330.7 号发明专利申请作出的驳回决定。由原审查部门在请求人于 2008 年 2 月 13 日提交的权利要求 1~47,2004 年 5 月 17 日提交的说明书第 4 页,以及本申请进入中国国家阶段时提交的说明书第 1~3 页、第 5~33 页、说明书附图第 1~2 页和说明书摘要的基础上继续进行审查。

复审请求人对本决定不服的,可以根据专利法第 41 条第 2 款的规定,自收到本决定之日起三个月内向北京市第一中级人民法院起诉。

174

一种新的人溶菌酶基因、其编码的多肽及制备方法

复审请求审查决定（第 13236 号）

决 定 号	第 13236 号
决 定 日	2008 年 4 月 29 日
发明创造名称	一种新的人溶菌酶基因、其编码的多肽及制备方法
国际分类号	C12N 15/52
复审请求人	余 龙
申 请 号	99810039.0
优 先 权 日	1998 年 8 月 31 日
申 请 日	1999 年 8 月 30 日
公 开 日	2001 年 9 月 19 日
合议组组长	叶 娟
主 审 员	葛永奇
参 审 员	尹 昕
法 律 依 据	专利法第 26 条第 3 款

决 定 要 点

对于化学产品发明，说明书中应当记载化学产品的确认、制备及其用途。其中对于化学产品的用途，如果本领域的技术人员无法根据现有技术预测该用途，则应当记载对于本领域技术人员来说，足以证明该物质可以用于所述用途并能解决所要解决的技术问题或者达到所述效果的实验数据。

一、案由

本复审请求涉及申请日为 1999 年 8 月 30 日、公开日为 2001 年 9 月 19 日、申请号为 99810039.0、名称为"一种新的人溶菌酶基因、其编码的多肽及制备方法"的发明专利申请（下称本申请），申请人为余龙。本申请的优先权日为 1998 年 8 月 31 日。

2005 年 8 月 12 日，国家知识产权局针对申请人于本申请进入中国国家阶段时提交的国际申请文件的说明书第 1~17 页、说明书附图第 1 页、说明书摘要以及于 2003 年 9 月 24 日提交的权利要求 1~13，以本申请说明书不符合专利法第 26 条第 3 款的规定为由驳回了本申请。

驳回决定所针对的权利要求书为：

"1. 一种分离出的 DNA 分子，其特征在于，所述的 DNA 分子编码一多肽，该多肽含有 SEQ ID NO: 4 或 SEQ ID NO: 4 中第 20 至 146 位所示的序列。

2. 如权利要求 1 所述的 DNA 分子，其特征在于，所述的序列编码氨基酸序列如 SEQ ID NO: 4

或SEQ ID NO：4中第20~146位所示的多肽。

3. 如权利要求1所述的DNA分子，其特征在于，该序列具有SEQ ID NO：3中从核苷酸179~619位所示的核苷酸序列。

4. 一种分离的LYC4蛋白多肽，其特征在于，它含有SEQ ID NO：4或SEQ ID NO：4中第20~146位的氨基酸序列。

5. 如权利要求4所述的多肽，其特征在于，该多肽的序列如SEQ ID NO：4或SEQ ID NO：4中第20~146位氨基酸序列所示。

6. 一种载体，其特征在于，它含有权利要求1所述的DNA分子。

7. 一种用权利要求6所述载体转化的宿主细胞。

8. 如权利要求7所述的宿主细胞，其特征在于，该细胞是大肠杆菌。

9. 如权利要求7所述的宿主细胞，其特征在于，该细胞是真核细胞。

10. 一种产生LYC4蛋白的方法，其特征在于，该方法包括：

（a）将编码LYC4蛋白的核苷酸序列可操作地连于表达调控序列，形成LYC4蛋白表达载体，所述的核苷酸序列编码一多肽，该多肽含有SEQ ID NO：4或SEQ ID NO：4中第20至146位所示的序列；

（b）将步骤（a）中的表达载体转入宿主细胞，形成表达LYC4蛋白的重组细胞；

（c）在适合表达LYC4蛋白的条件下，培养步骤（b）中的重组细胞；

（d）分离出LYC4蛋白。

11. 如权利要求10所述的方法，其特征在于，该序列为SEQ ID NO：3中从核苷酸179~619位。

12. 一种能与权利要求4所述的LYC4蛋白多肽特异性结合的抗体。

13. 一种核苷酸分子，其特征在于，它是权利要求1所述DNA分子的反义序列。"

驳回决定认为：本申请说明书中并没有提供对所获得的LYC4的活性鉴定资料，也未提供证明其应用价值或生物学功能的实验数据，只是基于LYC4的全长cDNA序列及其编码蛋白与溶菌酶家族成员显示了同源性且所述LYC4具有溶菌酶和α乳清蛋白的特征序列而推测LYC4是溶菌酶，进而推测其具有相应的功能、生物学特性及可能的应用。但LYC4与其他溶菌酶的同源性最高只有42.3%，且通式化合物的结构与基因或蛋白的同源性存在着区别，由此不足以让本领域技术人员相信LYC4必然具备溶菌酶活性。申请人在答复《第一次审查意见通知书》时提交的实验证据不属于本申请说明书原始公开的内容，不能用来证明说明书已充分公开。因此，本申请说明书不符合专利法第26条第3款的规定。

申请人余龙（下称请求人）对上述驳回决定不服，于2005年11月28日向专利复审委员会提出复审请求，请求人认为：（1）本申请于1999年申请，不应适用2001年版审查指南。（2）在没有足够的理由怀疑的情况下应相信说明书中所描述的内容。（3）认为权利要求的具体技术方案必须依赖溶菌酶活性实验结果才能加以证实的观点是错误的，本申请权利要求所要求保护的是DNA分子和蛋白分子本身，以及产生这些蛋白和DNA分子的方法，而不是要求保护溶菌酶活性或其应用，而说明书实施例1~5详细描述了如何制备和证实获得了这样的DNA分子和蛋白质分子，并给出了实验结果。（4）核苷酸和多肽应与其他化学产品如通式化合物适用类似的标准。（5）应当基于结构相似性而认定基于同源性的推测结论，认可说明书充分公开了发明，况且本发明蛋白具有相应家族蛋白的特征性基序。（6）请求人在答复《第一次审查意见通知书》时提交的实验证据证明说明书已充分公开了本发明。因此驳回理由不成立。

形式审查合格后，专利复审委员会受理了该复审请求，并于2006年1月6日向请求人发出《复

审请求受理通知书》，同时将本申请移交原审查部门进行前置审查。

原审查部门对本复审请求进行了前置审查，认为本申请说明书只提供了所请求保护的DNA分子或其蛋白质本身的获得方法，并无任何实验方面的资料表明其功能或用途，基于较低的同源性推测而得到的结论只是为进一步研究提供指导和参考，说明书虽然对序列特征进行了初步的分析，但其结论仍不能作为最终的结果，故坚持驳回决定。

专利复审委员会组成合议组，对本复审请求案进行了审理。合议组于2007年8月2日向请求人发出《复审通知书》。《复审通知书》指出，本申请要求保护一种LYC4蛋白及其编码DNA分子，但说明书中没有提供有关LYC4的活性的实验数据，只是依据其与一些溶菌酶家族成员的同一性和相似性，以及其所含有的溶菌酶和（乳清蛋白中的共有特征性序列对其功能和应用价值作了一些推测，并不能证明所述LYC4确实具有溶菌酶活性并具有相应的功能或用途，因此，本申请说明书不符合专利法第26条第3款的规定。而且请求人在实质审查过程中提交的申请日后形成的实验证据及其所陈述的其他专利申请以及本申请的美国同族专利申请被授权的情况均不能证明本申请说明书已充分公开了本发明。

2007年9月17日，请求人针对《复审通知书》提交了意见陈述书，仍然坚持其在请求复审时所陈述的理由。

至此，合议组认为本案事实清楚，可以作出审查决定。

二、决定的理由

1. 审查文本

请求人在请求复审和答复《复审通知书》时均未对申请文件进行修改，因此本复审决定所依据的文本为驳回决定所针对的文本，即请求人于本申请进入中国国家阶段时提交的国际申请文件的说明书第1~17页、说明书附图第1页、说明书摘要以及于2003年9月24日提交的权利要求1~13。

2. 关于专利法第26条第3款

专利法第26条第3款规定，说明书应当对发明或者实用新型作出清楚、完整的说明，以所属技术领域的技术人员能够实现为准。

所属技术领域的技术人员能够实现，是指所属技术领域的技术人员按照说明书记载的内容，就能够实现该发明的技术方案，解决其技术问题，并且产生预期的技术效果。

对于化学产品发明，说明书中应当记载化学产品的确认、制备及其用途。其中对于化学产品的用途，如果本领域的技术人员无法根据现有技术预测该用途，则应当记载对于本领域技术人员来说，足以证明该物质可以用于所述用途并能解决所要解决的技术问题或者达到所述效果的实验数据。

本申请要求保护一种新的多核苷酸、所述多核苷酸的反义序列、蛋白多肽、用所述多核苷酸转化的宿主细胞、产生所述蛋白的方法、所述蛋白的抗体，说明书中声称该多核苷酸编码人"溶菌酶"家族的一个新成员，命名为LYC4（请求人认为其具有溶菌酶活性）。然而，本申请说明书中并没有提供有关LYC4的活性的实验数据，只是依据其与一些溶菌酶家族成员的同一性和相似性以及其所含有的溶菌酶和（乳清蛋白中的共有特征性序列对其功能和应用价值作了一些推测（实施例2）。首先，所述LYC4与其他溶菌酶家族成员的同一性并不高，只有43.4%和42.3%，即使同一性程度更高一些也不能由其肯定地推断出LYC4的活性，因为作为蛋白质一级结构的氨基酸序列是其空间结构的基础，而蛋白质的空间结构又是其功能的基础，同源性较高的蛋白质是否具有相似的空间结构和相似的功能，主要取决于那些在维系其空间结构以及功能、活性中起关键作用的氨基酸残基的差异，以及这些差异是否足以改变其空间构象和相应的生物学功能及活性。如果蛋白质氨基酸序列中的一些甚至一个起关键作用的氨基酸发生变化，就会导致蛋白质空间结构与生物学活性或功能的巨大变化。因而这种基于同一性或相似性的推测只是生物科学研究的一种思路和辅助手段,本领域普通技术人员知道,生物科学研究中不确定因素很多,必须经过进一步的实验对其活性或生物学功能进行鉴定,以证实这种推测是否为事实。其次,所述的"特征性序列"并不能作为推断LYC4是否具有溶菌酶活性的依据,因为有了该特征性序列并不一定会具有溶菌酶活性,例如(乳清蛋白虽然具有该特征性序列但显然不具备溶菌酶活性。这也恰恰验证了基于同一性或相似性的推测的不确定性和进一步的实验验证的必要性。也就是说,本申请涉及基因/蛋白质的技术方案必须依赖实验结果加以证实才能成立,而本申请说明书中却并未提供相关的实验证据及其结果来证实所述用途和/或效果。此外,虽然请求人在答复第一次审查意见通知书提供了附件2的实验数据,但因为其为申请日之后提交的资料,不是原始申请文件内容的一部分,且没有证据表明其为申请日前已完成的实验证据,因而不能作为判断说明书是否充分公开的依据。综上,由说明书所记载的内容无法直接地、毫无疑义地得知所述LYC4蛋白具有溶菌酶活性,从而具有用途和/或使用效果。因此,本申请说明书不符合专利法第26条第3款的规定。

关于审查指南的适用,1993年版审查指南已于2001年10月18日废止,同时施行2001年版审查指南(参见2001年10月18日国家知识产权局令第十二号),而2006年7月1日起则施行2006年版新审查指南,2001年版审查指南同时废止(参见2006年5月24日国家知识产权局令第三十八号),因此本申请于2003~2005年实质审查过程中适用2001年版审查指南、2006年7月1日后适用2006年版审查指南并无不妥。对于请求人的其他专利申请以及本申请的美国同族专利申请被授权的情况,合议组认为,不同的申请所涉及的具体案情不同,能否被授予专利权根据案情的不同会有不同的结论。对本案的审查所依据的是中国的专利法及其实施细则和审查指南的规定。

根据以上事实和理由,本案合议组作出如下审查决定。

三、决定

维持国家知识产权局于2005年8月12日对申请号为99810039.0的发明专利申请作出的驳回决定。

复审请求人对本决定不服的,可以根据专利法第41条第2款的规定,自收到本决定之日起三个月内向北京市第一中级人民法院起诉。

结合人白介素-18的抗体及制备和使用方法

复审请求审查决定（第13239号）

决 定 号	第13239号
决 定 日	2008年4月17日
发明创造名称	结合人白介素-18的抗体及制备和使用方法
国际分类号	C07K 16/24
复审请求人	艾博特公司
申 请 号	01807735.8
优 先 权 日	2000年2月10日
申 请 日	2001年2月9日
公 开 日	2003年12月10日
合议组组长	许 磊
主 审 员	冯 怡
参 审 员	张 雷

法 律 依 据 专利法第38条

决 定 要 点

审查员在作出驳回决定之前，应当将其经实质审查认定申请属于专利法实施细则第53条规定的应予驳回情形的事实、理由和证据通知申请人，并给申请人至少一次陈述意见和/或修改申请文件的机会。如果驳回决定所针对的事实相对于之前通知书中指出的事实发生改变，则应当给申请人再一次陈述意见和/或修改申请文件的机会。

一、案由

本复审请求涉及申请号为01807735.8，名称为"结合人白介素-18的抗体及制备和使用方法"的发明专利申请，其申请日为2001年2月9日，优先权日为2000年2月10日，进入国家阶段日期为2002年10月8日，公开日为2003年12月10日。2003年9月3日，其申请人由BASF公司变更为艾博特公司。

2004年7月30日，国家知识产权局发出《第一次审查意见通知书》，指出对比文件1（EP0974600A2，公开日为2000年1月26日）公开了能够结合人IL-18的抗体，权利要求1和2的技术方案被对比文件1公开，不具备专利法第22条第2款规定的新颖性；对比文件1也公开了可用IL-18体外刺激分离的人淋巴细胞制备细胞产生目的抗体，本领域的技术人员结合对比文件1的内容获得权利要求3的完全人抗体片段是显而易见的，权利要求3不具备专利法第22条第3款规定的创造性。权利要求1~60不具备专利法第31条第1款规定的单一性,其中关于单一性缺陷的理由是:本发明的权利要求包含8组发明,其相同或相应的技术特征是"结合人IL-18的抗体",根据对比文件1和对比文件2(Kokha等,J. Interf. Cytokine Res. 1999,第19卷,第1053~1057页)的内容可知"结合人IL-18的抗体"不是新的,因此权利要求1~60涉及的8组发明之间不具有单一性,不符合专利法第31条第1款的规定,因此针对第1组发明,即权利要求1~3、53、55、57、59(部分)和60进行评述;在该通知书中还指出权利要求53、55、57、59和60属于专利法第25条规定的不授予专利权的客体,权利要求1不符合专利法实施细则第20条第1款的规定。

《第一次审查意见通知书》所针对权利要求书中的独立权利要求如下:

"1. 一种能够结合人IL-18氨基酸序列或其部分的化合物,其中所述氨基酸包含选自SEQ ID NO:67和SEQ ID NO:68的序列。"

"4. 一种人单克隆抗体或其抗原结合部分,它能够与人IL-18结合。"

"11. 一种分离抗体或其抗原结合部分,它结合包含选自SEQ ID NO:3和SEQ ID NO:33的氨基酸序列的人IL-18表位或其部分。"

"16. 一种与人IL-18表位结合的分离抗体或其抗原结合部分,其中根据表面胞质团共振测定,所述分离抗体或其抗原结合部分与人IL-18解离的K_{off}速率常数为$0.1s^{-1}$或$0.1s^{-1}$以下;或者它抑制人IL-18活性的IC_{50}为$1×10^{-6}M$或$1×10^{-6}M$以下。"

"22. 一种分离的人抗体或其抗原结合部分,所述抗体包含能够结合人IL-18表位的至少一个可变区CDR结构域。"

"29. 一种分离抗体或其抗原结合部分,所述抗体具有一个包含选自SEQ ID NO:15、SEQ ID NO:16和SEQ ID NO:17的氨基酸序列的可变区。

30. 一种分离抗体或其抗原结合部分,所述抗体具有一个包含氨基酸序列SEQ ID NO:15的轻链可变区(LCVR)和一个包含氨基酸序列SEQ ID NO:16的重链可变区(HCVR)。

31. 一种分离抗体或其抗原结合部分,所述抗体含有一个具有氨基酸序列SEQ ID NO:15的轻链可变区(LCVR)和一个具有氨基酸序列SEQ ID NO:17的重链可变区(HCVR)。"

"36. 一种分离抗体或其抗原结合部分,所述抗体具有一个包含选自SEQ ID NO:26、SEQ ID NO:27和SEQ ID NO:29的氨基酸的可变区。

37. 一种分离抗体或其抗原结合部分,所述抗体含有一个包含氨基酸序列SEQ ID NO:29的轻链可变区(LCVR)和一个包含氨基酸序列SEQ ID NO:26的重链可变区(HCVR)。

38. 一种分离抗体或其抗原结合部分,所述抗体含有一个具有氨基酸序列SEQ ID NO:29的轻链可变区(LCVR)和一个具有氨基酸序列SEQ ID NO:27的重链可变区(HCVR)。

39. 一种分离的核酸,所述核酸编码权利要求4~38中任一项的抗体CDR的氨基酸序列。"

"41. 一种宿主细胞,所述宿主细胞内已经导入了权利要求40的重组表达载体。

42. 一种合成结合人IL-18的抗体的方法,所述方法包括在培养基中培养权利要求41的宿主细胞,直到所述细胞合成结合人IL-18的抗体为止。"

"44. 一种药用组合物,所述组合物包含权利要求4~38中任一项的抗体或其抗原结合部分和药学上可接受的载体。"

"47. 一种制备结合人白介素-18(IL-18)的抗体的方法,所述方法包括:

将一种抗体库暴露于包含人IL-18表位或其部分的抗原;

从所述抗体库选择结合人IL-18表位或其部分的抗体。"

"53. 一种抑制人IL-18活性的方法,所述方法包括将人IL-18与权利要求1的化合物接触,使得人 IL-18 活性被抑制。

54. 一种抑制人 IL-18 活性的方法，所述方法包括将人 IL-18 与权利要求 4~38 中任一项的抗体或其抗原结合部分接触，使得人 IL-18 活性被抑制。

55. 一种抑制罹患其中 IL-18 活性是有害的疾病的病人体内的人 IL-18 活性的方法，所述方法包括给予所述病人权利要求 1 的化合物，使得所述病人体内的人 IL-18 活性被抑制。

56. 一种抑制罹患其中 IL-18 活性是有害的疾病的病人体内的人 IL-18 活性的方法，所述方法包括给予所述病人权利要求 4~38 中任一项的抗体或其抗原结合部分，使得所述病人体内的人 IL-18 活性被抑制。

57. 一种治疗罹患其中 IL-18 活性是有害的疾病的病人的方法，所述方法给予权利要求 1 的化合物，以便实现治疗。

58. 一种治疗罹患其中 IL-18 活性是有害的疾病的病人的方法，所述方法给予权利要求 4~38 中任一项的抗体，以便实现治疗。"

"60. 一种治疗罹患其中 IL-18 活性是有害的疾病的患者的方法，所述方法包括在给予第二种药物之前、同时或之后，给予抗 IL-18 抗体的步骤，其中所述第二种药物选自抗 IL-12 抗体或其抗原结合片段、氨甲喋呤、抗 TNF 抗体或其抗原结合片段、皮质类固醇、环孢菌素、雷帕霉素、FK506 或非甾体消炎药。"

申请人于 2005 年 2 月 16 日提交了意见陈述书和修改的权利要求书全文替换页（共 51 项权利要求），删除了权利要求 1~3、50、52、53、55、57 和 58，修改了权利要求 4、11、16、22、36~38、47、48、51、54、56、59 和 60，并相应调整了权利要求的编号，将所要求保护的能够结合人 IL-18 的"抗体"明确为"一种分离的人单克隆抗体"，申请人认为对比文件 1 和 2 只公开了鼠单克隆抗体和人源化抗体，并没有公开针对 IL-18 的全人抗体，修改后的权利要求涉及能与人 IL-18 结合的全人抗体，修改后的权利要求具有新颖性，故修改后的权利要求之间具有共同的特定技术特征，即能够结合人 IL-18 的人抗体。

修改后的权利要求书中的独立权利要求如下：

"1. 一种分离的人单克隆抗体或其抗原结合部分，它能够与人 IL-18 结合。"

"8. 一种分离的人抗体或其抗原结合部分，它结合包含选自 SEQ ID NO：3 和 SEQ ID NO：33 的氨基酸序列的人 IL-18 表位或其部分。"

"13. 一种与人 IL-18 表位结合的分离的人抗体或其抗原结合部分，其中根据表面胞质团共振测定，所述分离抗体或其抗原结合部分与人 IL-18 解离的 K_{off} 速率常数为 $0.1s^{-1}$ 或 $0.1s^{-1}$ 以下；或者它抑制人 IL-18 活性的 IC_{50} 为 $1\times10^{-6}M$ 或 $1\times10^{-6}M$ 以下。"

"19. 一种分离的人抗体或其抗原结合部分，所述抗体包含能够结合人 IL-18 表位的至少一个可变区。"

"26. 一种分离抗体或其抗原结合部分，所述抗体具有一个包含选自 SEQ ID NO：15、SEQ ID NO：16 和 SEQ ID NO：17 的氨基酸序列的可变区。

27. 一种分离抗体或其抗原结合部分，所述抗体具有一个包含氨基酸序列 SEQ ID NO：15 的轻链可变区（LCVR）和一个包含氨基酸序列 SEQ ID NO：16 的重链可变区（HCVR）。

28. 一种分离抗体或其抗原结合部分，所述抗体含有一个具有氨基酸序列 SEQ ID NO：15 的轻链可变区（LCVR）和一个具有氨基酸序列 SEQ ID NO：17 的重链可变区（HCVR）。"

"33. 一种分离的人抗体或其抗原结合部分，所述抗体具有一个包含选自 SEQ ID NO：26、SEQ ID NO：27 和 SEQ ID NO：29 的氨基酸的可变区。

34. 一种分离的人抗体或其抗原结合部分,所述抗体含有一个包含氨基酸序列 SEQ ID NO:29 的轻链可变区(LCVR)和一个包含氨基酸序列 SEQ ID NO:26 的重链可变区(HCVR)。

35. 一种分离的人抗体或其抗原结合部分,所述抗体含有一个具有氨基酸序列 SEQ ID NO:29 的轻链可变区(LCVR)和一个具有氨基酸序列 SEQ ID NO:27 的重链可变区(HCVR)。

36. 一种分离的核酸,所述核酸编码权利要求 1~35 中任一项的抗体 CDR 的氨基酸序列。"

"38. 一种宿主细胞,所述宿主细胞内已经导入了权利要求 37 的重组表达载体。

39. 一种合成结合人 IL-18 的抗体的方法,所述方法包括在培养基中培养权利要求 38 的宿主细胞,直到所述细胞合成结合人 IL-18 的抗体为止。"

"41. 一种药用组合物,所述组合物包含权利要求 1~35 中任一项的抗体或其抗原结合部分和药学上可接受的载体。"

"44. 一种制备结合人白介素-18(IL-18)的人抗体的方法,所述方法包括:

将一种抗体库暴露于包含人 IL-18 表位或其部分的抗原;

从所述抗体库选择结合人 IL-18 表位或其部分的抗体。"

"48. 一种在分离的生物样品中检测人 IL-18 活性的方法,所述方法包括将所述分离的生物样品与权利要求 1~35 中任一项的抗体或其抗原结合部分接触,使得人 IL-18 活性被检测。

49. 权利要求 1~35 中任一项的抗体或其抗原结合部分在制备用于抑制罹患其中 IL-18 活性是有害的疾病的病人体内的人 IL-18 活性的药物中的用途。"

"51. 一种治疗罹患其中 IL-18 活性是有害的疾病的患者的药物组合,所述组合包括抗 IL-18 抗体和第二种药物,其中所述第二种药物选自抗 IL-12 抗体或其抗原结合片段、氨甲喋呤、抗 TNF 抗体或其抗原结合片段、皮质类固醇、环孢菌素、雷帕霉素、FK506 或非甾体消炎药,其中所述抗 IL-18 抗体是甾给予第二种药物之前、同时或之后给予的。"

2006 年 3 月 10 日,针对该于 2005 年 2 月 16 日提交的修改后的权利要求 1~51 及进入中国国家阶段时提交的说明书第 1、4~10、12~14、17、18、21~34、36~38、40、43~46 页,序列表第 1~26 页,说明书附图第 1~5 页和说明书摘要、以及申请人于 2003 年 1 月 18 日提交的说明书第 2、3、11、15、16、19、20、35、39、41、42 页,国家知识产权局以权利要求不符合专利法第 31 条第 1 款的规定为由驳回了本申请。驳回的具体理由是:修改后的权利要求书包含 7 组发明,虽然其都涉及能够结合人 IL-18 的人抗体,对比文件 1 也确实没有公开针对 IL-18 的全人抗体,但一通中已经指出对比文件 1 公开了可用 IL-18 体外刺激分离的人淋巴细胞制备细胞产生目的抗体,本领域技术人员结合对比文件 1 的内容获得针对 IL-18 的全人抗体是显而易见的,因此"能够结合人 IL-18 的人抗体"不具有创造性,即多组发明之间缺乏相同或相应的特定技术特征,不具备单一性。

申请人艾博特公司(下称请求人)对上述驳回决定不服,于 2006 年 6 月 26 日向专利复审委员会提出复审请求。请求人在提出复审请求时没有对专利申请文件进行修改。请求人认为,对比文件 1 关于用 IL-18 体外刺激分离的人淋巴细胞来产生全人抗体仅是推测,"能够结合人 IL-18 的人抗体"不仅是新的,而且具有创造性,能够构成本申请权利要求共同的特定技术特征,国家知识产权局驳回的理由不成立。

形式审查合格后,专利复审委员会受理了该复审请求,并于 2006 年 7 月 26 日向请求人发出复审请求受理通知书,随后将本申请案卷移交原审查部门进行前置审查。

原审查部门对本复审请求进行了前置审查,坚持原驳回决定。

针对本复审请求,专利复审委员会组成合议组,对本案进行审理。经审查,合议组认为本案事实清楚,可以作出审查决定。

二、决定的理由

鉴于请求人在复审过程中未对申请文件进行修改,因此本复审请求审查决定是在驳回决定所针对文本的基础上作出的。

专利法第 38 条规定：发明专利申请经申请人陈述意见或者进行修改后，国务院专利行政部门仍然认为不符合本法规定的，应当予以驳回。

审查员在作出驳回决定之前，应当将其经实质审查认定申请属于专利法实施细则第 53 条规定的应予驳回情形的事实、理由和证据通知申请人，并给申请人至少一次陈述意见和/或修改申请文件的机会。如果驳回决定所针对的事实相对于之前通知书中指出的事实发生改变，则应当给申请人再一次陈述意见和/或修改申请文件的机会。

就本案而言，原审查部门在《第一次审查意见通知书》中关于单一性问题所指出的理由是：多组权利要求之间相同或相应的特定技术特征"结合人 IL-18 的抗体"相对于对比文件 1 或对比文件 2 不是新的，认为上述特征不是相同或相应的特定技术特征，因此本发明的权利要求之间不具备单一性。申请人在答复《第一次审查意见通知书》时修改了权利要求书，将在《第一次审查意见通知书》中未评述过的权利要求 4 提升为权利要求 1，修改后几组发明之间的特定技术特征由"结合人 IL-18 的抗体"变为"结合人 IL-18 的人单克隆抗体"，即针对人 IL-18 的全人抗体。在驳回决定中，原审查部门在认可结合人 IL-18 的人单克隆抗体具有新颖性的情况下，以本领域技术人员结合对比文件 1 的内容获得针对 IL-18 的全人抗体是显而易见的，因此"结合人 IL-18 的人抗体"不具有创造性，故上述几组发明之间缺乏共同的特定技术特征，从而不具有单一性为由认为本申请不符合专利法第 31 条第 1 款的规定。

对此，合议组认为：首先，原审查部门虽然在《第一次审查意见通知书》中，在评述从属权利要求 3 的创造性时提到"对比文件 1 公开了可用 IL-18 体外刺激分离的人淋巴细胞制备细胞产生目的抗体，本领域技术人员结合对比文件 1 的内容获得权利要求 3 的完全人抗体或抗体片段是显而易见的"，但是上述评述是在假设了"把权利要求 1 理解为保护一种能够结合人 IL-18 氨基酸序列或其部分的化合物"，并且权利要求 1、2 不具备新颖性的前提下作出的，针对的是权利要求 3 的技术方案，而该权利要求 3 实质上要求保护的是能够结合 IL-18 的化合物，与权利要求 4 所要求保护的"人单克隆抗体或其抗原结合部分"不是相同的技术方案，原审查部门在作出驳回决定之前，从未对权利要求 4 的创造性进行任何评述，更没有对修改后的权利要求书中由该权利要求 4 修改而来的权利要求 1 的创造性进行过任何评述。其次，在请求人删除了原权利要求 1~3，将《第一次审查意见通知书》所针对权利要求书中的权利要求 4 提升为新的权利要求 1 并对其进一步进行修改的情况下，本发明技术方案的特定技术特征也发生了变化，即由"结合人 IL-18 的抗体"变为"结合人 IL-18 的全人抗体"。因此，驳回决定中所述的驳回的事实基础和具体的驳回理由均已明显不同于原审查程序《第一次审查意见通知书》中告知过请求人的事实基础和理由，而驳回决定中认为"结合人 IL-18 的人抗体"不具备创造性，因而各组权利要求之间不具备单一性的理由在前面的审查程序中从来没有告知过请求人，由此可见，原审查程序中在没有给予请求人就驳回决定所依据的事实基础和具体驳回理由陈述意见的机会的情形下即作出了驳回决定，原审查程序在此情形下作出的驳回决定显然违反了听证原则，故不符合专利法第 38 条的规定。

基于上述事实和理由，合议组作出如下决定。

三、决定

撤销国家知识产权局于 2006 年 3 月 10 日对 01807735.8 号发明专利申请作出的驳回决定。由原审查部门在本复审决定所针对文本的基础上继续进行审查。

复审请求人对本决定不服的，可以根据专利法第 41 条第 2 款的规定，自收到本决定之日起三个月内向北京市第一中级人民法院起诉。

一种治疗烧烫伤中药的制备方法

复审请求审查决定（第 13273 号）

决 定 号	第 13273 号
决 定 日	2008 年 5 月 4 日
发明创造名称	一种治疗烧烫伤中药的制备方法
国际分类号	A61K 33/32，A61K 35/78，A61P 17/02
复审请求人	石保江
申 请 号	02152545.5
申 请 日	2002 年 11 月 23 日
公 开 日	2004 年 6 月 9 日
合议组组长	吴通义
主 审 员	郭 婷
参 审 员	田 芳

法 律 依 据 专利法第 33 条，专利法第 26 条第 4 款，专利法实施细则第 20 条第 1 款

决 定 要 点

如果对申请文件的修改是本领域技术人员能够从原申请记载的信息中直接地、毫无疑义地确定的，那么，这种修改就是允许的。

权利要求中所使用的词语应确保该权利要求的保护范围清楚。

权利要求书中的每一项权利要求所要求保护的技术方案应当是所属技术领域的技术人员能够从说明书充分公开的内容中得到或概括得出的技术方案，并且不得超出说明书公开的范围。

一、案由

本复审请求涉及 2002 年 11 月 23 日申请、2004 年 6 月 9 日公开、名称为"一种治疗烧烫伤中药的制备方法"的 02152545.5 号发明专利申请（下称本申请）。本申请的申请人为石保江。

2005 年 3 月 11 日，国家知识产权局针对原始申请文本发出《第一次审查意见通知书》，指出：（1）权利要求 1 相对于对比文件 1（《中药大辞典》上册，江苏新医学院主编，上海科学技术出版社出版，1977 年 7 月，第 340 页）不具备专利法第 22 条第 3 款规定的创造性；（2）权利要求 1 中"组分：包括无名异、没药、香油"是不简要的表述，"含量（重量百分比）"是不清楚的表述，权利要求 1 不符合专利法实施细则第 20 条第 1 款的规定。

原始提交的权利要求书为：

"1. 一种治疗烧烫伤中药的制备方法，其特征是，

(1) 组分：包括无名异、没药、香油。

(2) 含量（重量百分比）：无名异90%~100%，没药0%~10%，香油适量。

(3) 制备方法：将无名异用水冲洗干净，晒干，先用文火炒，再用猛火炒至变色，冷却后粉碎，过90目筛；将没药洗净凉干，文火炒至焦黑色，冷却后粉碎，过90目筛。将上述药混合，装瓶密封。将香油用文火烧开，冷却，装瓶密封。

使用时将药粉及香油，按3:2比例调制成糊状即可。"

申请人于2005年4月17日提交了意见陈述书，陈述了本申请具有创造性的理由，提交了权利要求书全文替换页以克服权利要求1不符合专利法实施细则第20条第1款的缺陷，同时提交了进行了相应修改的说明书第1页替换页。

修改后的权利要求书如下：

"1. 一种治疗烧烫伤中药的制备方法，其特征是，其原料为：无名异、没药、香油；

无名异、没药分别占由其二者制成的粉剂之重量百分比为：90%~100%、0%~10%；

制备方法：将无名异用水冲洗干净，晒干，先用文火炒，再用猛火炒至变色，冷却后粉碎，过90目筛；将没药洗净凉干，文火炒至焦黑色，冷却后粉碎，过90目筛；将上述药混合，装瓶密封；将香油用文火烧开，冷却，装瓶密封；

使用时将药粉及香油按3:2比例调成糊状。"

2005年8月12日，国家知识产权局发出《第二次审查意见通知书》，指出新修改的权利要求1和说明书第1页中的"无名异、没药分别占其二者制成的药剂之重量百分比为：90%~100%、0%~10%"不能从原说明书和权利要求书所记载的内容毫无疑义地直接导出，权利要求1和说明书的修改不符合专利法第33条的规定。

申请人于2005年9月4日提交了意见陈述书、经修改的权利要求书全文替换页，以及做了相应修改的说明书第1页替换页。

修改后的权利要求书如下：

"1. 一种治疗烧烫伤中药的制备方法，其特征是，

(1) 组分：包括无名异、没药，

(2) 重量百分比含量：无名异90%~100%，没药0%~10%，

(3) 制备方法：将无名异用水冲洗干净，晒干，先用文火炒，再用猛火炒至变色，冷却后粉碎，过90目筛；将没药洗净凉干，文火炒至焦黑色，冷却后粉碎，过90目筛；将上述药混合，装瓶密封，将香油用文火烧开，冷却，装瓶密封，

使用时将药粉及香油按3:2比例调制成糊状即可。"

国家知识产权局于2005年12月2日驳回了本申请。驳回决定认为：在新修改的文本中，申请人将原权利要求1和说明书"其组分包括：无名异、没药、香油"中的"香油"删除，将原权利要求1中的"香油适量"删除，但是，对于新权利要求1中的"(1)组分……没药"、"(2)重量百分比含量……0%~10%"而言，对于新说明书第1页中的"其组分包括……"而言，它们均不能从原说明书和权利要求书所记载的内容毫无疑义地导出，致使权利要求1和说明书的修改均超出了原说明书和权利要求书记载的范围，因此，权利要求1和说明书的修改不符合专利法第33条的规定。

申请人石保江（下称请求人）对上述驳回决定不服，于2006年1月14日向专利复审委员会提出复审请求，请求人在提出复审请求时没有提交新修改的专利申请文本。请求人认为，国家知识产权局驳回的理由不成立，本申请权利要求书及说明书的修改符合专利法第33条的规定。

形式审查合格后，专利复审委员会受理了该复审请求，并于2006年3月30日向请求人发出《复

审请求受理通知书》，同时将本申请案卷移交原审查部门进行前置审查。

原审查部门对本复审请求进行了前置审查，坚持原驳回决定。

专利复审委员会组成合议组，对本复审请求案进行了审理。于2008年2月13日向请求人发出《复审通知书》。《复审通知书》指出，（1）权利要求1最后一句中记载"使用时将药粉及香油按3:2比例调制成糊状即可"，然而，在权利要求1中该句话之前没有出现过"药粉"，因此，权利要求1的保护范围不清楚，不符合专利法实施细则第20条第1款的规定。（2）权利要求1第2行在描述组分时采用了"包括无名异、没药"这一写法，在专利申请文件中"包括"是一种开放式的表述，其含义为在该药粉中除无名异、没药外还可以含有权利要求中未指出的其他组分。然而，说明书中并不存在药粉中除含有无名异和没药外还含有其他组分的技术方案，本领域技术人员难以预见再加入任意其他组分后的该中药仍然能够具有治疗烧烫伤的作用，因此，权利要求1所要求保护的技术方案中包含了效果难于预先确定和评价的申请人推测的内容，权利要求1的这种概括超出了说明书公开的范围，权利要求1无法得到说明书的支持，不符合专利法第26条第4款的规定。

针对《复审通知书》指出的问题，请求人于2008年3月23日提交了意见陈述书，表示完全同意《复审通知书》中指出的两条意见，并提交了经修改的权利要求书全文替换页以及作了相应修改的说明书第1页替换页。

修改后的权利要求书如下：

"1. 一种治疗烧烫伤中药的制备方法，其特征是，

（1）药粉组分及重量百分比含量为：无名异90%～100%，没药0%～10%，

（2）制备方法：将无名异用水冲洗干净，晒干，先用文火炒，再用猛火炒至变色，冷却后粉碎，过90目筛；将没药洗净凉干，文火炒至焦黑色，冷却后粉碎，过90目筛；将上述药粉混合，装瓶密封，将香油用文火烧开，冷却，装瓶密封，

使用时将药粉及香油，按3:2比例调制成糊状即可。"

至此，合议组认为本案事实已经清楚，可以作出审查决定。

二、决定的理由

1. 审查针对的文本

本复审请求审查决定所针对的文本为请求人于2008年3月23日提交的权利要求1、说明书第1页，以及于申请日提交的说明书第2～4页和说明书摘要。

2. 关于专利法第33条

专利法第33条规定，申请人可以对其专利申请文件进行修改，但是，对发明和实用新型专利申请文件的修改不得超出原说明书和权利要求书记载的范围。

根据该条规定，如果对申请文件的修改是本领域技术人员能够从原申请记载的信息中直接地、毫无疑义地确定的，那么，这种修改就是允许的。

在请求人于2008年3月23日提交的权利要求书和说明书第1页中，将驳回决定所针对的权利要求1中的"（1）组分：包括无名异、没药，（2）重量百分比含量：无名异90%～100%，没药0%～10%"修改为"药粉组分及重量百分比含量为：无名异90%～100%，没药0%～10%"，将第6行中的"药"改为"药粉"。同时，对说明书第1页中的与权利要求1相对应的部分作了适应性修改。

原始申请文件说明书第1页第12～20行和第3页组方实施例一、二中公开了本发明的治疗烧烫伤中药的制备方法，且根据记载的信息可知，本发明中药由药粉和香油两部分组成，药粉和香油按3:2比例混合，药粉由重量百分比含量为90%～100%的无名异和0%～10%的没药制备而成，由原始申请上述记载的信息中能够直接地、毫无疑义地确定修改后的权利要求1和说明书第1页中的技术

方案。因此，权利要求1和说明书第1页的修改符合专利法第33条的规定。

3. 关于专利法实施细则第20条第1款

专利法实施细则第20条第1款规定，权利要求书应当说明发明或者实用新型的技术特征，清楚、简要地表述请求保护的范围。

根据该款规定，权利要求中所使用的词语应确保该权利要求的保护范围清楚。

《复审通知书》中指出，驳回决定针对的权利要求1最后一句中记载"使用时将药粉及香油按3∶2比例调制成糊状即可"，然而，在权利要求1中该句话之前没有出现过对"药粉"的限定，因此，权利要求1的保护范围不清楚，不符合专利法实施细则第20条第1款的规定。

在请求人于2008年3月23日提交的权利要求1中，先限定了药粉组分为无名异和没药，之后在制备方法部分限定了在分别将无名异和没药粉碎过筛后将上述药粉混合，最后限定了使用时将药粉和香油按比例调制。在该修改后的权利要求中，"药粉"的指代清楚，权利要求确定的保护范围清楚，因此，权利要求1克服了《复审通知书》所指出的不符合专利法实施细则第20条第1款规定的缺陷。

4. 关于专利法第26条第4款

专利法第26条第4款规定，权利要求书应当以说明书为依据，说明要求专利保护的范围。

根据该款规定，权利要求书中的每一项权利要求所要求保护的技术方案应当是所属技术领域的技术人员能够从说明书充分公开的内容中得到或概括得出的技术方案，并且不得超出说明书公开的范围。

《复审通知书》中指出，驳回决定针对的权利要求1第2行在描述组分时采用了"包括无名异、没药"这一写法，在专利申请文件中"包括"是一种开放式的表述，其含义为在该药粉中除无名异、没药外还可以含有权利要求中未指出的其他组分。然而，说明书中并不存在在药粉中还含有除无名异和没药外的其他组分的技术方案，本领域技术人员难以预见再加入任意其他组分后的该中药仍然能够具有治疗烧烫伤的作用，因此，权利要求1所要求保护的技术方案中包含了效果难于预先确定和评价的申请人推测的内容，权利要求1的这种概括超出了说明书公开的范围，权利要求1无法得到说明书的支持，不符合专利法第26条第4款的规定。

在请求人于2008年3月23日提交的权利要求1中，将药粉组分及重量百分比含量限定为：无名异90%~100%，没药0%~10%，修改后的该权利要求能够得到说明书第1页第12~19行和第3页组方实施例一、二的支持，克服了《复审通知书》所指出的不符合专利法第26条第4款规定的缺陷。

根据以上事实和理由，本案合议组作出如下审查决定。

三、决定

撤销国家知识产权局于2005年12月2日对02152545.5号发明专利申请作出的驳回决定。由原审查部门在本复审请求审查决定所针对的文本的基础上继续进行审查。

复审请求人对本决定不服的，可以根据专利法第41条第2款的规定，自收到本决定之日起三个月内向北京市第一中级人民法院起诉。

咀嚼产品

复审请求审查决定（第13275号）

决 定 号	第13275号
决 定 日	2008年4月29日
发明创造名称	咀嚼产品
国际分类号	A61K 9/68，A61K 47/42，A61K 31/19
复审请求人	麦克尼尔-PPC公司
申 请 号	99103382.5
优 先 权 日	1998年2月23日
申 请 日	1999年2月23日
公 开 日	1999年11月10日
合议组组长	李人久
主 审 员	郭 婷
参 审 员	李梦楠

法律依据 专利法第33条

决定要点

如果申请的内容通过增加、改变和/或删除其中的一部分，致使所属技术领域的技术人员看到的信息与原申请记载的信息不同，而且又不能从原申请记载的信息中直接地、毫无疑义地确定，那么，这种修改就是不允许的。

一、案由

本复审请求涉及1999年2月23日申请、1999年11月10日公开、名称为"咀嚼产品"的99103382.5号发明专利申请（下称本申请）。本申请的优先权日为1998年2月23日，本申请的申请人为麦克尼尔-PPC公司。

2005年12月2日，国家知识产权局在申请人于申请日提交的说明书第4～10页、说明书摘要，2003年11月20日提交的说明书第1～2页，2005年1月20日提交的说明书第3页和权利要求1～10的基础上，以权利要求5的修改不符合专利法第33条的规定为由驳回了本申请。

驳回决定所针对的权利要求书中，权利要求1和5的内容为：

"1. 一种咀嚼组合物，其中包括：

一种基质，该基质含有明胶和水胶体，其中所述水胶体是羟丙基纤维素，并且明胶/羟丙基纤维素重量比为1:0.2至1:0.8，所述基质在最终的组合物中进一步含有基于固体干重2～10重量％的药学活性成分，基于最终的组合物10～30重量%的水和一种甜味剂，并且所述基质可在小于20秒时间内被咀嚼和吞咽。

5. 权利要求1所述的组合物，其中明胶/羟丙基纤维素重量比为1∶0.3至1∶0.6。"

驳回决定认为：权利要求5中记载了技术特征"明胶/羟丙基纤维素重量比为1∶0.3至1∶0.6"，而在原说明书中仅在第3页第9行记载了明胶/羟丙基纤维素重量比为"约1∶0.2至约1∶0.8"和在实施例2样本E中记载了"明胶/水胶体（羟丙基纤维素）比1.00∶0.43"，根据上述两处记载，所属技术领域的技术人员不能直接导出"明胶/羟丙基纤维素重量比为1∶0.3至1∶0.6"的数值端点和数值范围。虽然说明书第3页第9～10行记载了"重量比约1∶0.3至约1∶0.6"，但是其指的是"HPC/淀粉"，而非"明胶/HPC"。权利要求5中所记载的上述技术特征既未明确记载在原说明书和权利要求书中，也不能由原说明书和权利要求书所记载的内容直接导出，即修改超出了原说明书和权利要求书的范围，不符合专利法第33条的规定。

申请人麦克尼尔-PPC公司（下称请求人）对上述驳回决定不服，于2006年3月17日向专利复审委员会提出复审请求，请求人在提出复审请求时没有提交新修改的专利申请文本。请求人认为，国家知识产权局驳回的理由不成立，具体理由是：说明书第3页第5～12行这一整段内容进一步详细说明了"明胶"相对于"水胶体"之间的重量比，其中分别描述了使用淀粉、琼脂和羟丙基纤维素HPC时明胶相对于水胶体的重量比，随后也描述了使用HPC时或者使用淀粉时的优选重量比。根据上下文的意思，"HPC/淀粉优选重量比为约1∶0.3至约1∶0.6"中的"/"应当理解为"或"，而不应理解为"相对于"。因此，权利要求5的"明胶/羟丙基纤维素重量比为1∶0.3至1∶0.6"在原始提交的申请文件中是有记载的，没有修改超出。

形式审查合格后，专利复审委员会受理了该复审请求，并于2006年4月25日向请求人发出《复审请求受理通知书》，同时将本申请案卷移交原审查部门进行前置审查。

原审查部门对本复审请求进行了前置审查，认为请求人的意见陈述不具有说服力，坚持原驳回决定，具体理由是：（1）如果将"约1∶0.3至约1∶0.6"理解为"使用HPC时或者使用淀粉时的优选重量比"，则其与之前记载的"使用淀粉时，产生预期特性的重量比值约1∶1.3至约1∶1.8"矛盾，因为该优选重量比"约1∶0.3至约1∶0.6"并不在前述的"约1∶1.3至约1∶1.8"范围内；（2）在说明书第3页第5～12行这一段中的"HPC/淀粉"之前还出现了两次"/"，分别为"明胶/水胶体"和"明胶/淀粉"，其中的"/"毫无疑义表示的是"相对于"的意思，所属领域技术人员在对说明书此段内容进行理解时，很难将上下文中记载的同一符号理解为不同的含义；（3）上述整段内容并不都是进一步详细说明"明胶"相对于"水胶体"之间的重量比，其还记载了"两种或者多种水胶体的混合物"以及"其他的水胶体可与上述水胶体按一定比例结合使用"，而且在该段之前的说明书第2页第29行至第3页第4行还记载了"适宜的水胶体包括……水胶体混合物"。综上所述，所属领域技术人员根据上下文不能毫无疑义的导出"HPC/淀粉"中的"/"表示的是"或"而不是"相对于"的意思。

专利复审委员会组成合议组，对本复审请求案进行了审理。于2007年10月29日向请求人发出《复审通知书》。《复审通知书》指出，根据说明书上下文的描述，原说明书第3页第2段中"HPC/淀粉优选重量比约1∶0.3至约1∶0.6"中的"/"应理解为"相对于"的含义，权利要求5的内容在原说明书和权利要求书中没有记载，也不能从原申请记载的信息中直接地、毫无疑义地确定，权利要求5的修改不符合专利法第33条的规定。

针对《复审通知书》指出的问题，请求人于2008年2月13日提交了意见陈述书及经修改的权利要求书全文替换页（1～9），删除了《复审通知书》所针对的权利要求5。

至此，合议组认为本案事实已经清楚，可以作出审查决定。

二、决定的理由

1. 审查针对的文本

针对合议组于2007年10月29日发出的《复审通知书》指出权利要求5的修改不符合专利法第33条规定的问题，请求人于2008年2月13日提交了经修改的权利要求书，其中修改之处为将权利要求5删除，上述修改是针对《复审通知书》指出的缺陷作出的，其符合专利法实施细则第60条第1款的规定，因此，本复审请求审查决定所针对的文本为请求人于申请日提交的说明书第4~10页、说明书摘要，2003年11月20日提交的说明书第1~2页，2005年1月20日提交的说明书第3页，以及2008年2月13日提交的权利要求1~9。

2. 专利法第33条

专利法第33条规定，申请人可以对其专利申请文件进行修改，但是，对发明和实用新型专利申请文件的修改不得超出原说明书和权利要求书记载的范围。

根据该条规定，如果申请的内容通过增加、改变和/或删除其中的一部分，致使所属技术领域的技术人员看到的信息与原申请记载的信息不同，而且又不能从原申请记载的信息中直接地、毫无疑义地确定，那么，这种修改就是不允许的。

请求人在2005年1月20日提交的权利要求书替换页（驳回决定所针对的权利要求书）中，加入了权利要求5，其内容为"权利要求1所述的组合物，其中明胶/羟丙基纤维素重量比为1：0.3至1：0.6"。

对于原审查部门提出的所属技术领域的技术人员从说明书第3页第9行记载的明胶/羟丙基纤维素为"约1：0.2至约1：0.8"和实施例2样本E中记载的"明胶/羟丙基纤维素为1.00：0.43"不能直接导出"明胶/羟丙基纤维素重量比为1：0.3至1：0.6"的数值端点以及数值范围，请求人没有提出异议。

原审查部门与请求人的争议焦点在于，说明书第3页第2段中"HPC/淀粉优选重量比约1：0.3至约1：0.6"中的"/"的含义是指"相对于"还是指"或"。对此，合议组认为，该句中的"/"应理解为"相对于"的含义，具体理由如下：基于说明书第3页第2段的完整记载"已经发现，要产生适宜的口感、质地和咀嚼特性，当使用的水胶体成分不同时，明胶/水胶体的比值不同。例如，使用淀粉时，产生预期特性的重量比值约1：1.3至约1：1.8，特别优选明胶/淀粉重量比1：1.4至约1：1.55，最优选重量比约1：1.50。使用琼脂时重量比是约1：0.35至约1：1.5，优选1：0.6至约1：1.2，最有选约1：0.75。使用羟丙基纤维素时，比值约1：0.2至约1：0.8，HPC/淀粉优选重量比约1：0.3至约1：0.6，最优选重量比约1：0.45。本领域技术人员懂得，其他的水胶体可与上述水胶体按一定比例结合使用，即两种或多种水胶体的混合物，也属本发明范围之列。"可知：（1）在该段前半部分中已经记载了"使用淀粉时，产生预期特性的重量比值约1：1.3至约1：1.8，特别优选明胶/淀粉重量比1：1.4至约1：1.55，最优选重量比约1：1.50"。若将"HPC/淀粉"中的"/"理解为"或"，则是在该段后半部分中对明胶比淀粉的比值又限定了一个与前述范围完全无交集的范围（约1：0.3至约1：0.6）。在同一自然段中相同条件下对同样两种物质的比值设定两种不相包含的比值范围是不符合常理的。（2）在该段中共出现了三处"/"，分别为"明胶/水胶体"、"明胶/淀粉"和"HPC/淀粉"，前两处中"/"的含义为"相对于"，请求人对此无异议。若将第三处出现的"/"理解为"或"，即将同一自然段中出现三次的相同符号"/"理解为不同的含义也是明显不合理的。（3）在该段之前，即说明书第3页第1段中已经指出水胶体包括水胶体混合物，而且在该段中"HPC/淀粉"的比值后也紧接着记载有"本领域技术人员懂得，其他的水胶体可与上述水胶体按一定比例结合使用，即两种或多种水胶体的混合物，也属本发明范围之列。"由此可知，将"HPC/淀粉优选重量比约1∶0.3至约1∶0.6"理解为该咀嚼组合物采用水胶体混合物,其中同时含有HPC和淀粉两种水胶体,二者的比例为约1∶0.3至约1∶0.6是唯一合理的理解。

综上所述,权利要求5的内容在原说明书和权利要求书中没有记载,从说明书第3页第9行记载的明胶/羟丙基纤维素为"约1∶0.2至约1∶0.8"和实施例2样本E中记载的"明胶/羟丙基纤维素为1.00∶0.43"以及说明书第3页第2段记载的内容也不能直接、毫无疑义地确定出权利要求5的技术方案。因此,权利要求5的修改超出了原说明书和权利要求书记载的范围,不符合专利法第33条的规定。

请求人在2008年2月13日提交了经修改的权利要求书,其中已经删除了驳回决定所针对的权利要求5,因此,修改后的权利要求书克服了《驳回决定》及《复审通知书》所指出的权利要求5的修改不符合专利法第33条的规定的缺陷。

根据以上事实和理由,本案合议组作出如下审查决定。

三、决定

撤销国家知识产权局于2005年12月2日对99103382.5号发明专利申请作出的驳回决定。由原审查部门在本复审请求审查决定所针对的文本的基础上继续进行审查。

复审请求人对本决定不服的,可以根据专利法第41条第2款的规定,自收到本决定之日起三个月内向北京市第一中级人民法院起诉。

178

葫芦科油用于抑制 5α-还原酶活性的应用

复审请求审查决定（第 13277 号）

决 定 号	第 13277 号
决 定 日	2008 年 4 月 9 日
发明创造名称	葫芦科油用于抑制 5α-还原酶活性的应用
国际分类号	A61K 7/06，A61K 7/48，A61K 35/78，A23L 1/30
复审请求人	科学发展实验室
申 请 号	02813074.X
申 请 日	2002 年 7 月 1 日
优 先 权 日	2001 年 6 月 29 日
公 开 日	2004 年 9 月 15 日
合议组组长	许 磊
主 审 员	李瑛琦
参 审 员	田 芳

法 律 依 据 专利法第 26 条第 4 款

决 定 要 点

权利要求所要求保护的技术方案应当是所属技术领域的技术人员能够从说明书充分公开的内容中得到或概括得出的技术方案，并且不得超出说明书公开的范围。如果权利要求的概括包含申请人推测的内容，其效果又难于预先确定和评价，则应当认为这种概括超出了说明书公开的范围；反之，则是允许的。

一、案由

本复审请求涉及申请号为 02813074.X、名称为"葫芦科油用于抑制 5α-还原酶活性的应用"的发明专利申请，其申请人为科学发展实验室，申请日为 2002 年 7 月 1 日，优先权日为 2001 年 6 月 29 日，公开日为 2004 年 9 月 15 日。

国家知识产权局于 2005 年 10 月 14 日针对本申请进入中国国家阶段时提交的国际申请文件中文译文的说明书第 1～24 页、说明书摘要以及申请人于 2004 年 12 月 29 日提交的权利要求 1～21，以权利要求 9、10、12、13 不符合专利法第 26 条第 4 款的规定为由驳回了本申请。

与驳回决定相关的权利要求如下：

"1. 至少一种由选自摆芦属、丝瓜属和苦瓜属的葫芦科家族成员的种子提取的油用于制备用于抑制 5α-还原酶活性的组合物的应用。

2. 根据权利要求1所述的应用,其特征在于所述的葫芦科家族成员为瓶状葫芦、棱角丝瓜、丝瓜和苦瓜。

3. 根据权利要求1所述的应用,其特征在于该组合物是用于抑制5α-还原酶的1型同功酶和/或2型同功酶。

4. 根据权利要求1所述的应用,其特征在于该组合物适于以局部外用的方式进行给药。"

"9. 根据权利要求1至4中任意一项所述的应用,其特征在于该组合物是用于与先天性或获得性的5α-还原酶活性增加有关的皮肤病理学情况和/或病症的治疗的。

10. 根据权利要求1至4中任意一项所述的应用,其特征在于该组合物是用于治疗前列腺肥大、前列腺腺瘤、痤疮、皮脂分泌过多、脱发或多毛症的。"

"12. 至少一种由选自摆芦属、丝瓜属和苦瓜属的葫芦科家族成员的种子提取的油用于制备用于治疗前列腺肥大、前列腺腺瘤、痤疮、皮脂分泌过多、脱发或多毛症的组合物的应用。

13. 根据权利要求12所述的应用,其特征在于所述的葫芦科家族成员为瓶状葫芦、棱角丝瓜、丝瓜和苦瓜。"

驳回的具体理由为:说明书实施例中仅记载了苦瓜属的苦瓜种子提取的油在正常人真皮成纤维细胞培养物模型中对于5α-还原酶活性的抑制作用,并没有记载苦瓜提取的油用于先天性或获得性的5α-还原酶活性增加有关的皮肤病理学情况和/或病症的治疗的具体实验数据,依据本申请文件所记载的内容,所属技术领域的技术人员不能直接地、毫无疑问地推导出该组合物能用于先天性或获得性的5α-还原酶活性增加有关的皮肤病理学情况和/或病症的治疗,因此权利要求9的技术方案实质上得不到说明书的支持;基于相同的审查理由,权利要求10、12、13的技术方案实质上也得不到说明书的支持,不符合专利法第26条第4款的规定。

申请人科学发展实验室(下称请求人)对上述驳回决定不服,于2006年1月16日向专利复审委员会提出复审请求,请求人在提出复审请求时没有对申请文件进行修改。请求人认为:(1)请求人已经充分证明了本发明所要求的组合物能够用于抑制5α-还原酶的活性,对于本领域技术人员来说在5α-还原酶活性增加时,使用本发明所述的组合物能够抑制其活性是显而易见的,因此可以预见在与5α-还原酶活性增加有关的皮肤病理学情况中使用本发明所述的组合物能够起到积极的作用;(2)权利要求10、12中列举的病理学情况或症状均为与5α-还原酶活性增加有关的机能紊乱,本领域技术人员根据本申请的记载和公知常识可以显而易见地预测将所述组合物用于这些疾病中能够起到积极的作用;(3)在本发明的基础上,本领域技术人员只需要使用所述化合物,采用本领域普遍采用的试验方法,就能够轻易地验证本发明组合物确实能够用于权利要求9、10、12所限定的疾病并起到积极作用,无需对其机理等进行任何探求,不需要付出任何创造性劳动,因此在本发明完整的技术方案的指导下,本领域技术人员结合其专业技术知识从理论上就能够推知权利要求9、10、12、13的技术方案能够实现,上述权利要求能够得到说明书的支持。

形式审查合格后,专利复审委员会受理了该复审请求,并于2006年3月1日向请求人发出《复审请求受理通知书》,随后将本申请案卷移交原审查部门进行前置审查。

原审查部门对本复审请求进行了前置审查,认为仅仅根据本申请记载的"所述组合物能够用于抑制5α-还原酶的活性"的技术方案,本领域技术人员就将该组合物用于治疗"5α-还原酶活性增加的疾病"并不是"不需要付出任何创造性劳动的",本领域技术人员需要付出创造性的劳动去试验组合物的各种理化性质与所述相关疾病的病理作用之间的机理,从而选择合适的组合物剂型及其给药途径、给药剂量、给药时间等来用于治疗所述疾病,根据说明书的记载,所属技术领域的技术人员不能直接地、毫无疑义地推导出组合物能够用于先天性或获得性5α-还原酶活性增加有关的皮肤病理学情况和/或病症的治疗，因此权利要求9的技术方案得不到说明书的支持；基于同样理由，权利要求10、12、13的技术方案实质上也得不到说明书的支持，不符合专利法第26条第4款的规定，因此坚持驳回决定。

合议组经合议后认为，本案事实已经清楚，可以依法作出复审决定。

二、决定的理由

1. 决定所依据的文本

鉴于请求人在复审请求过程中没有对申请文件进行修改，因此本复审请求审查决定是在驳回决定所依据的文本的基础上作出的。

2. 关于专利法第26条第4款

专利法第26条第4款规定，权利要求书应当以说明书为依据，说明要求专利保护的范围。

权利要求所要求保护的技术方案应当是所属技术领域的技术人员能够从说明书充分公开的内容中得到或概括得出的技术方案，并且不得超出说明书公开的范围。如果权利要求的概括包含申请人推测的内容，其效果又难于预先确定和评价，则应当认为这种概括超出了说明书公开的范围；反之，则是允许的。

就本案而言，双方争议的焦点在于由在正常人真皮成纤维细胞培养物模型中对5α-还原酶抑制作用的实验能否推导出所述葫芦科油可用于治疗与先天性或获得性5α-还原酶活性增加有关的皮肤病理学情况和/或病症。

本申请说明书中记载了如下内容：苦瓜属的苦瓜种子提取的油在正常人真皮成纤维细胞培养物模型中对于5α-还原酶活性的抑制作用（见说明书实施例3）；5α-还原酶在人皮肤和皮肤附件中的分布（见说明书第2~3页表1）；由5α-还原酶增加而引起的一些病理学病症及其致病机理（见说明书第3页第2行至第4页第14行）；本发明葫芦科油的制备方法、组合物的制剂方法、有效量、使用方法（见说明书第4页第20行至第9页第14行，实施例1和2）。

根据说明书的描述，先天性或获得性5α-还原酶的活性过高将导致5α-还原酶的分布区域中产生一些病理学情况，因此本发明的目的是提供可用于治疗这些情况的5α-还原酶抑制剂。本领域技术人员公知5α-还原酶抑制剂是一类已知的药物（参见江明性主编的《新编实用药物学》，科学出版社出版，2000年6月第一版，第462页），本申请实施例中用作对照的非那甾胺是其代表性药物之一。在本申请实施例3中记载了以正常人真皮成纤维细胞培养物为模型以非那甾胺为对照进行的试验，其实验原理与本领域技术人员公知的非那甾胺的作用机理（参见《新编实用药物学》，出处同上）相同，也是利用抑制睾酮经5α-还原酶作用转化成二氢睾酮的原理，结果表明本发明的葫芦科油——苦瓜油对5α-还原酶活性具有抑制作用。虽然该试验采用的是正常人真皮成纤维细胞模型，但是葫芦科油抑制的是5α-还原酶本身，因此不论采用正常细胞还是采用病理性组织进行试验都不妨碍该葫芦科油发挥抑制5α-还原酶的作用。因此结合本申请说明书记载的内容和本领域的公知常识，本领域技术人员根据实施例3的描述能够得出苦瓜油可用于抑制5α-还原酶，即苦瓜油可作为5α-还原酶抑制剂的结论，进而根据常识，其显然与现有技术中的5α-还原酶抑制剂一样，可用于治疗与5α-还原酶有关的病症，例如由于表皮、真皮、皮脂腺、外分泌汗腺及毛囊等部分中分布着5α-还原酶，因此可以推知本发明的葫芦科油可用于与5α-还原酶活性增加有关的皮肤病理学情况和/或病症的治疗并具有制药学上的意义。

综上，在驳回决定及前置审查意见未质疑所述物质可抑制5α-还原酶活性的基础上，根据说明书记载的内容和本领域的公知常识，在没有相反证据的情况下，原审查部门认为由可以抑制5α-还原酶活性不能在不花费创造性劳动的情况下将所述物质用于治疗与5α-还原酶活性相关的疾病的理由不成立,即驳回决定中认为权利要求9得不到说明书支持的理由不成立。基于同样的原因,以相同理由被驳回的权利要求10、12和13的驳回理由也不成立。

根据以上事实和理由,本合议组作出如下审查决定。

三、决定

撤销国家知识产权局于2005年10月14日针对本申请作出的驳回决定,由原审查部门在本决定所依据的文本的基础上继续进行审查。

复审请求人对本决定不服的,可以根据专利法第41条第2款的规定,自收到本决定之日起三个月内向北京市第一中级人民法院起诉。

使用1,4-二氢吡啶钙通道阻断剂治疗疱疹神经病毒病症

复审请求审查决定（第13278号）

决 定 号	第13278号
决 定 日	2008年4月16日
发明创造名称	使用1,4-二氢吡啶钙通道阻断剂治疗疱疹神经病毒病症
国际分类号	A61K 31/44，A61K 31/50，A61K 31/52，A61K 31/435，A61K 31/445，A61K 31/495
复审请求人	霍华德·齐克
申 请 号	00820124.2
申 请 日	2000年11月21日
公 开 日	2004年3月3日
合议组组长	许 磊
主 审 员	李瑛琦
参 审 员	田 芳

法 律 依 据 专利法第26条第3款

决 定 要 点

对于化学产品用途发明，如果本领域的技术人员无法根据现有技术预测该用途，则说明书应当记载对于本领域技术人员来说，足以证明该物质可以用于所述用途并能解决所要解决的技术问题或者达到所述效果的实验数据。但是，说明书中是否需要记载实验数据，需要综合发明要解决的技术问题、技术方案、现有技术等方面来考察。一方面，化学作为一门实验科学，可预见性低，对实验证据的依赖非常大，该领域发明一般必须建立在适当的实验基础上，而不能仅靠推测；另一方面，如果该领域存在大量丰富的现有技术信息，则这些信息应在理解、判断一项化学发明的技术方案和效果是否能够实现时加以考虑，不能忽视现有技术的教导而一概要求申请中记载各种详细的实验数据。

一、案由

本复审请求涉及申请号为00820124.2、名称为"使用1,4-二氢吡啶钙通道阻断剂治疗疱疹神经病毒病症"的发明专利申请（下称本申请）。本申请的申请人为霍华德·齐克，申请日为2000年11月21日，公开日为2004年3月3日。

国家知识产权局于2005年10月14日针对本申请进入中国国家阶段时提交的说明书第1~15页、附图第1~2页以及2003年7月21日提交的依据专利合作条约第41条修改的权利要求1~14驳回了本申请，驳回决定所针对的权利要求书中的独立权利要求如下：

"1. 1,4-二氢吡啶钙通道阻断剂在制备用于治疗疱疹病毒性神经病症的药物中的应用。"

"7. 一种药物组合物,其包括1,4-二氢吡啶钙通道阻断剂、阻止疱疹病毒DNA复制的疱疹病毒拮抗剂以及药物学上可接受的赋形剂或载体。"

"10. 1,4-二氢吡啶钙通道阻断剂与阻止疱疹病毒DNA复制的疱疹病毒拮抗剂的组合在制备用于治疗疱疹病毒性神经病症的药物中的应用。"

驳回决定认为:本申请的说明书中没有提供有力的证据(尤其是效果实验数据)来证明其组合物具有申请人所描述的技术效果,因而本领域的技术人员无法实现其发明,说明书没有清楚、完整地对发明进行说明,不符合专利法第26条第3款的规定;申请人虽然用现有技术进行了推导,但是作为一种药物新用途,通过已知理论/技术进行的推导并不一定导致必然的实际上具有的效果,因此推导的结果还是需要进行实验的检验才能证明药物的新用途成立。

申请人霍华德·齐克(下称请求人)对上述驳回决定不服,于2006年2月5日向专利复审委员会提出复审请求,请求人在提出复审请求时没有对申请文件进行修改。请求人在复审请求书中引用一系列现有技术文献对贝尔麻痹等疱疹病毒病症从诱因到结果进行了因果过程的分析,对1,4-二氢吡啶类钙通道阻断剂治疗该类疾病进行了机理推导,认为本申请说明书以及现有技术能够对上述致病以及治病机理提供试验支持,本领域技术人员完全能够理解并实施本发明,无需额外提供试验数据,本发明的说明书已经完整、清楚地公开了本发明,因此符合专利法第26条第3款的规定。

形式审查合格后,专利复审委员会受理了该复审请求,并于2006年3月30日向请求人发出《复审请求受理通知书》,随后将本申请案卷移交原审查部门进行前置审查。

原审查部门对本复审请求进行了前置审查,认为作为一种药物新用途,通过已知理论/技术进行的推导并不一定导致必然的实际上具有的效果,推导的结果还是需要进行实验的检验才能证明药物的新用途能够成立,故坚持原驳回决定。

专利复审委员会组成合议组对本案的复审请求进行了审理。

经审查,合议组认为本案事实已经清楚,可以依法作出复审决定。

二、决定的理由

1. 决定所依据的文本

鉴于请求人在提出的复审请求中没有对申请文件进行修改,因此本复审请求审查决定是在驳回决定针对的文本的基础上作出的。

2. 关于专利法第26条第3款

专利法第26条第3款规定,说明书应当对发明或者实用新型作出清楚、完整的说明,以所属技术领域的技术人员能够实现为准。

根据该条款规定,对于化学产品用途发明,如果本领域的技术人员无法根据现有技术预测该用途,则说明书应当记载对于本领域技术人员来说,足以证明该物质可以用于所述用途并能解决所要解决的技术问题或者达到所述效果的实验数据。但是,说明书中是否需要记载实验数据,需要综合发明要解决的技术问题、技术方案、现有技术等方面来考察。一方面,化学作为一门实验科学,可预见性低,对实验证据的依赖非常大,该领域发明一般必须建立在适当的实验基础上,而不能仅靠推测;另一方面,如果该领域存在大量丰富的现有技术信息,则这些信息应在理解、判断一项化学发明的技术方案和效果是否能够实现时加以考虑,不能忽视现有技术的教导而一概要求申请中记载各种详细的实验数据。

本案涉及已知药物的新用途发明,请求人认为根据本发明的内容以及现有技术中所公开的研究成果,已经能充分证实所述方案,无需额外提供试验数据,而原审查部门则认为推导的结果仍需进行实验验证才能成立,即请求人与原审查部门争议的焦点在于为了使说明书达到充分公开的程度,是否一定要求说明书中记载效果实验数据。

对此,合议组认为:根据专利法第26条第3款,本领域技术人员在判断说明书是否充分公开时是应当考虑现有技术的,因此,在对本申请是否符合专利法第26条第3款规定作出评判时,需要考虑本领域技术人员是否可以根据现有技术预测发明能够实现所述用途。就本案而言,本申请说明书在"背景技术"、"发明内容"、"附图说明"、"具体实施方式"等部分均通过现有技术文献的推理来论证本申请的方案是可以通过已知技术的因果推导而得出的,例如说明书中指出"本发明是如下实现的:分析现有的有关该疾病的医学文献,发现本发明的发明人相信是新的且前后一致的观察法鉴定出最为重要的因果性因素,而且确定了有关影响这些因素的药理学。因此,虽然本发明没有在人体上进行试验,但代表了医学因素和药理学因素分析的结果"(参见说明书第6页第8~11行),在此情况下,原审查部门有必要针对本领域技术人员能否根据说明书中记载的现有技术及其推导过程预测本发明能够实现所述用途进行分析,并在现有技术推理不成立的情况下将现有技术推理不成立的具体理由告知申请人,而不能在不考虑这些现有技术记载的情况下硬性要求效果实验数据。因此,原审查部门在驳回决定中认为"作为药物新用途的发明,通过已知理论的推导并不一定导致必然的实际上具有的效果,推导的结果还是需要进行实验的检验才能证明药物新用途成立",即不考虑本领域技术人员根据说明书及意见陈述中的推导是否能够预测该用途,而要求说明书中必须记载证明药物新用途的效果实验数据,否则就导致说明书公开不充分的做法是片面地理解审查指南的规定,与审查指南中"如果本领域技术人员不能根据现有技术预测该用途,则说明书应当记载对于本领域技术人员来说足以证明该物质可以用于所述用途并能解决所要解决的技术问题或者达到所述效果的实验数据"的规定不符,故其驳回理由不能成立。

综上所述,原审查部门以缺少效果实验数据而导致说明书不符合专利法第26条第3款的规定为由驳回本申请的驳回理由不能成立,原审查部门应当在充分考虑现有技术之后,进一步作出本申请说明书是否公开充分的结论。

基于上述理由,合议组作出如下决定。

三、决定

撤销国家知识产权局于2005年10月14日对00820124.2号发明专利申请作出的驳回决定,由原审查部门在驳回决定针对的文本基础上继续审查程序。

复审请求人对本决定不服的,可以根据专利法第41条第2款的规定,自收到本决定之日起三个月内向北京市第一中级人民法院起诉。

具有点图案加密功能的安放器和与该加密对应的检测装置

复审请求审查决定（第 13286 号）

决 定 号	第 13286 号
决 定 日	2008 年 5 月 12 日
发明创造名称	具有点图案加密功能的安放器和与该加密对应的检测装置
国际分类号	C12Q 1/68
复审请求人	佳能株式会社
申 请 号	200410059741.3
优 先 权 日	2003 年 6 月 20 日
申 请 日	2004 年 6 月 18 日
公 开 日	2005 年 2 月 2 日
合议组组长	许 磊
主 审 员	吴文英
参 审 员	李梦楠

法 律 依 据 专利法第 38 条

决 定 要 点

审查部门在作出驳回决定之前，应当将其经实质审查认定的专利申请中属于专利法实施细则第 53 条规定的应予驳回情形的事实、理由和证据通知申请人，并给申请人至少一次陈述意见和/或修改申请文件的机会，否则将不符合专利法第 38 条的规定。

一、案由

本复审请求涉及申请号为 200410059741.3、名称为"具有点图案加密功能的安放器和与该加密对应的检测装置"的发明专利申请（下称本申请），其申请人为佳能株式会社。本申请的申请日为 2004 年 6 月 18 日，公开日为 2005 年 2 月 2 日，优先权日为 2003 年 6 月 20 日。

国家知识产权局于 2006 年 3 月 10 日发出《第一次审查意见通知书》，指出本申请权利要求 18～30、32～36 属于专利法第 25 条第 1 款第（2）项规定的不授予专利权的对象。独立权利要求 1 与独立权利要求 10 和权利要求 13 所要求保护的技术方案之间不具备单一性，不符合专利法第 31 条第 1 款的规定，具体理由为：权利要求 1 要求保护一种安放器，独立权利要求 10 要求保护一种检测装置，二者所要求保护的技术方案不属于一个总的发明构思，技术上无相互关联，没有相同或者相应的特定技术特征，不具备单一性，不符合专利法第 31 条的规定。同理，权利要求 13 与权利要求 1 之间也不具备单一性，不符合专利法第 31 条的有关规定。

申请人于 2006 年 9 月 25 日提交了意见陈述及经修改的权利要求书全文替换页（共 30 项）。申请人修改了权利要求 18～29 的主题名称、删除了权利要求 30、32～36，克服不符合专利法第 25 条规定的缺陷；对权利要求 1、10 和 13 除在文字表述上略作调整外，未进行实质性修改。请求人认为：由于权利要求 1、10 和 13 均具有"利用了安放器的配置被加密了的 DNA 芯片"这一共同的技术特征，因此权利要求 1、10、13 之间具有单一性。

针对申请人于申请日提交的原始申请文件的说明书第 1～23 页、说明书附图第 1～4 页和说明书摘要以及于 2006 年 9 月 25 日提交的权利要求 1～30，国家知识产权局于 2006 年 12 月 8 日驳回了本申请，驳回的具体理由为：（1）权利要求 1 要求保护一种安放器，独立权利要求 10 要求保护一种检测装置，独立权利要求 13 要求保护一种分注装置，三者之间没有相同或相应的特定技术特征，不具备单一性；（2）"利用了安放器的配置被加密了的 DNA 芯片"并没有记载在权利要求 1，10 和 13 中。因此申请人的意见不能被认可。

驳回决定所针对的权利要求 1、10 和 13 如下：

"1. 一种安放器，是把对标的物质能特别结合的多个探针固定在固相基体材料上的多个点位置上而成的探针固定基体材料的制造中使用的、在点位置上安放探针的安放器，其特征在于包括：

根据由对所述多个探针分别分配所述多个点位置中的任意一个的一群点地址构成的点位置图案，来安放各探针的部件；和

对每个进行制造的探针固定基体材料，按照给定信息对该点位置图案进行加密的点位置图案加密部件。"

"10. 一种检测装置，检测把对标的物质能特别结合的多个探针固定在固相基体材料上的多个点位置上而成的探针固定基体材料中的所述多个探针分别安放在所述多个点位置中的哪个位置上，其特征在于：具有：

对成为检测对象的每个探针固定基体材料，译解按照给定的信息加密的点位置图案的部件。"

"13. 一种分注装置，在把对标的物质能特别结合的多个探针固定在固相基体材料上的多个点位置上的探针固定基体材料的制造中使用，对安放器用的多井板分注所述多个探针，其特征在于具有：

根据由对所述多个探针分别分配所述多个点位置中的任意一个的一群点地址构成的点位置图案，来向所述多井板上的对应的井中分注各探针的部件；

对每个进行制造的探针固定基体材料，按照给定信息对该点位置图案进行加密的点位置图案加密部件；

根据按每个进行制造的探针固定基体材料进行加密的所述点位置图案，来分配所述多井板上的井的部件。"

申请人佳能株式会社（下称请求人）对上述驳回决定不服，于 2007 年 3 月 23 日向专利复审委员会提出复审请求。请求人在提出复审请求时提交了权利要求书全文替换页（共 23 项）。在该修改的权利要求书中，请求人删除了驳回决定所针对的权利要求 10，将驳回决定所针对的权利要求 13 修改为权利要求 10，并将其中"在固相基体材料上的多个点位置上的探针固定基体材料的制造中使用"修改为"在固相基体材料上的多个点位置上而成的探针固定基体材料的制造中使用"，除此外对驳回决定针对的权利要求 1 和 13 未作修改。请求人认为：在修改后的权利要求 10 中，通过将分注到多井板的图案加密，间接地将对基材上的点位置图案加密。因此，使用权利要求 10 的分注装置按加密了的图案分注到多井板，接着将其点接合于基材上，结果与使用权利要求 1 的安放器点接合的情形相同。即使比较权利要求 1 和权利要求 10 的文字，具有加密点位置图案的部件这一点在两者中是共同的。因此，权利要求 1 和权利要求 10 具有单一性。

形式审查合格后，专利复审委员会受理了该复审请求，并于2007年5月8日向请求人发出《复审请求受理通知书》，同时将本申请案卷移交原审查部门进行前置审查。

原审查部门对本复审请求进行了前置审查，认为修改后的权利要求1和10之间仍然存在单一性问题，故坚持原驳回决定。

专利复审委员会依法组成合议组，对本案的复审请求进行了审理。合议组经审查后认为本案事实清楚，可以作出审查决定。

二、决定的理由

1. 决定所依据的文本

鉴于请求人在提出复审请求时提交了经修改的权利要求书全文替换页（共23项），因此，本复审请求审查决定是在请求人于2007年3月23日提交的权利要求1~23以及驳回决定所针对的说明书、说明书附图和说明书摘要的基础上作出的。

2. 关于专利法第38条

专利法第38条规定：发明专利申请经申请人陈述意见或者进行修改后，国务院专利行政部门仍然认为不符合本法规定的，应当予以驳回。

审查部门在作出驳回决定之前，应当将其经实质审查认定的专利申请中属于专利法实施细则第53条规定的应予驳回情形的事实、理由和证据通知申请人，并给申请人至少一次陈述意见和/或修改申请文件的机会，否则将不符合专利法第38条的规定。

本案中，原审查部门在驳回决定书中指出独立权利要求1和13不属于一个总的发明构思，本申请存在不符合专利法第31条第1规定的单一性的缺陷，但其仅指出"权利要求1要求保护一种安放器，独立权利要求13要求保护一种分注装置，两者之间没有相同或相应的特定技术特征，不具备单一性"，未给出具体的理由。虽然原审查部门在审查过程中发出的唯一一次审查意见通知书——《第一次审查意见通知书》中也曾指出过本申请独立权利要求不属于一个总的发明构思，不符合专利法第31条第1款规定的单一性，但在《第一次审查意见通知书》中也未给出具体理由，没有具体分析权利要求1的安放器和权利要求13的分注装置都具有哪些技术特征以及这些特征为什么不是相同或相应的特定技术特征，驳回决定所针对的权利要求所要保护的安放器和分注装置均具有多个技术特征，例如所要保护的安放器和所要保护的分注装置从表述形式来看都具有"对每个进行制造的探针固定基体材料，按照给定信息对该点位置图案进行加密的点位置图案加密部件"，但审查意见中未对这些技术特征以及其为什么不是相同或相应的特定技术特征进行过任何评述。在这种情况下，本申请在《第一次审查意见通知书》后即被驳回导致请求人无法针对审查员指出的缺陷进行相应论述或有针对地进行修改。即，原审查部门没有将本申请不符合单一性的具体理由通知请求人，导致请求人在无法针对驳回理由作出有意义的陈述和/或修改的情况下其申请即被驳回。因此，合议组认为，原审查部门作出驳回决定而没有将其认为本申请经审查不符合专利法及其实施细则的具体理由和事实清楚告知申请人，违反了专利法第38条的规定。

根据以上事实和理由，本案合议组作出如下审查决定。

三、决定

撤销国家知识产权局于2006年12月8日针对200410059741.3号发明专利申请作出的驳回决定。由原审查部门在本决定所针对文本的基础上继续进行审查。

复审请求人对本决定不服的，可以根据专利法第41条第2款的规定，自收到本决定之日起三个月内向北京市第一中级人民法院起诉。

富含具有羧基末端脯氨酸残基的肽的蛋白质水解产物

复审请求审查决定（第13311号）

决 定 号	第13311号
决 定 日	2008年4月30日
发明创造名称	富含具有羧基末端脯氨酸残基的肽的蛋白质水解产物
国际分类号	C12N 9/62，C12N 15/57，C12N 1/20，A23K 1/16//C12R 1/685
复审请求人	DSMIP资产有限公司
申 请 号	01821603.X
优 先 权 日	2000年12月7日，2001年11月15日
申 请 日	2001年12月6日
公 开 日	2004年3月24日
合议组组长	李金光
主 审 员	葛永奇
参 审 员	尹昕

法 律 依 据 专利法第26条第4款，专利法实施细则第20条第1款

决 定 要 点

如果权利要求的类型清楚，主题明确，用词的含义清楚，有确定的保护范围，则其符合专利法实施细则第20条第1款有关权利要求应当清楚地表述其保护范围的规定。

权利要求应当以说明书为依据，是指权利要求应当得到说明书的支持。权利要求书中的每一项权利要求所要求保护的技术方案应当是所属技术领域的技术人员能够从说明书充分公开的内容中得到或概括得出的技术方案，并且不得超出说明书公开的范围。

一、案由

本复审请求涉及申请日为2001年12月6日、公开日为2004年3月24日、申请号为01821603.X、名称为"富含具有羧基末端脯氨酸残基的肽的蛋白质水解产物"的发明专利申请（下称本申请），申请人为DSM IP资产有限公司，本申请进入中国国家阶段日期为2003年6月30日。

国家知识产权局原审查部门于2005年10月14日针对本申请进入中国国家阶段时申请人提交的国际申请文件中文文本的说明书第1～70页、序列表第1～19页、附图第1～2页和说明书摘要，以及申请人于2005年4月25日提交的权利要求1～27，以权利要求1～15、19～21不符合专利法实施细则第20条第1款的规定为由驳回了本申请。驳回决定所针对的权利要求书为：

"1. 一种分离的具有脯氨酸特异性内切蛋白酶活性的多肽，该多肽选自：

(a) 一种其氨基酸序列与 SEQ ID NO: 2 的氨基酸 1~526 具有至少 40% 的氨基酸序列一致性的多肽或其片段；

(b) 一种由多核苷酸编码的多肽，该多核苷酸在低严格性条件下与 (i) SEQ ID NO: 1 的核酸序列或其片段杂交，该核酸序列或片段与其在 60 个核苷酸上具有至少 80% 或 90% 的一致性，或与 (ii) SEQ ID NO: 1 的核酸序列的互补核酸序列杂交。

2. 权利要求 1 的多肽，该多肽选自：

(a) 一种其氨基酸序列与 SEQ ID NO: 2 的氨基酸 1~526 具有至少 40% 的氨基酸序列一致性的多肽或其片段；

(b) 一种由多核苷酸编码的多肽，该多核苷酸在低严格性条件下与 (i) SEQ ID NO: 1 的核酸序列或其片段杂交，该核酸序列或片段与其在 100 个核苷酸上具有至少 80% 或 90% 的一致性，或与 (ii) SEQ ID NO: 1 的核酸序列的互补核酸序列杂交。

3. 权利要求 2 的多肽，该多肽选自：

(a) 一种其氨基酸序列与 SEQ ID NO: 2 的氨基酸 1~526 具有至少 40% 的氨基酸序列一致性的多肽或其片段；

(b) 一种由多核苷酸编码的多肽，该多核苷酸在低严格性条件下与 (i) SEQ ID NO: 1 的核酸序列或其片段杂交，该核酸序列或片段与其在 200 个核苷酸上具有至少 90% 的一致性，或与 (ii) SEQ ID NO: 1 的核酸序列的互补核酸序列杂交。

4. 权利要求 1 的多肽，该多肽的氨基酸序列与 SEQ ID NO: 2 的氨基酸 1~526 具有至少约 50% 的氨基酸序列一致性。

5. 权利要求 4 的多肽，该多肽的氨基酸序列与 SEQ ID NO: 2 的氨基酸 1~526 具有至少约 60% 的氨基酸序列一致性。

6. 权利要求 5 的多肽，该多肽的氨基酸序列与 SEQ ID NO: 2 的氨基酸 1~526 具有至少约 65% 的氨基酸序列一致性。

7. 权利要求 6 的多肽，该多肽的氨基酸序列与 SEQ ID NO: 2 的氨基酸 1~526 具有至少约 70% 的氨基酸序列一致性。

8. 权利要求 7 的多肽，该多肽的氨基酸序列与 SEQ ID NO: 2 的氨基酸 1~526 具有至少约 80% 的氨基酸序列一致性。

9. 权利要求 8 的多肽，该多肽的氨基酸序列与 SEQ ID NO: 2 的氨基酸 1~526 具有至少约 90% 的氨基酸序列一致性。

10. 权利要求 9 的多肽，该多肽的氨基酸序列与 SEQ ID NO: 2 的氨基酸 1~526 具有至少约 95% 的氨基酸序列一致性。

11. 权利要求 10 的多肽，该多肽的氨基酸序列与 SEQ ID NO: 2 的氨基酸 1~526 具有至少约 97% 的氨基酸序列一致性。

12. 权利要求 1 的多肽，该多肽包含 SEQ ID NO: 2 的氨基酸序列。

13. 权利要求 1 的多肽，该多肽由多核苷酸编码，所述多核苷酸在低严格性条件下与 (i) SEQ ID NO: 1 的核酸序列或其片段杂交，或与 (ii) SEQ ID NO: 1 的核酸序列的互补核酸序列杂交。

14. 权利要求 13 的多肽，该多肽由多核苷酸编码，所述多核苷酸在中等严格性条件下与 (i) SEQ ID NO: 1 的核酸序列或其片段杂交，或与 (ii) SEQ ID NO: 1 的核酸序列的互补核酸序列杂交。

15. 权利要求 14 的多肽，该多肽由多核苷酸编码，所述多核苷酸在高严格性条件下与 (i) SEQ ID NO: 1 的核酸序列或其片段杂交，或与 (ii) SEQ ID NO: 1 的核酸序列的互补核酸序列杂交。

16. 权利要求1的多肽，该多肽获得自真菌。

17. 权利要求16的多肽，其中所述真菌为曲霉属。

18. 权利要求17的多肽，其中曲霉属为黑曲霉。

19. 一种包含核酸序列的分离的多核苷酸，所述核酸序列编码权利要求1的多肽，或者与SEQ ID NO：1在低严格性条件下杂交。

20. 权利要求19的多核苷酸，所述核酸序列编码权利要求1的多肽，或者与SEQ ID NO：1在中等严格性条件下杂交。

21. 权利要求20的多核苷酸，所述核酸序列编码权利要求1的多肽，或者与SEQ ID NO：1在高严格性条件下杂交。

22. 一种包含权利要求19~21中任一项的多核苷酸的核酸构建体，其中的多核苷酸可操作地连接到一个或多个在适当的表达宿主中指导该多肽生产的控制序列上。

23. 一种包含权利要求22的核酸构建体的重组表达载体。

24. 一种包含权利要求22的核酸构建体或权利要求23的载体的重组宿主细胞。

25. 一种生产权利要求1~18中任意一项的多肽的方法，包括培养根据权利要求24的重组宿主细胞以生产包含多肽的上清液和/或细胞，以及回收该多肽。

26. 一种生产权利要求1~18中任意一项的多肽的方法，包括在适合于多肽生产的条件下培养包含核酸构建体的宿主细胞，以及回收该多肽，其中的核酸构建体包含编码该多肽的多核苷酸。

27. 根据权利要求1~18中任意一项的多肽在食物或饲料制备中的用途。"

具体驳回理由是：权利要求1中采用"40%的氨基酸序列一致性"、"片段"、"在低严格性条件下与……杂交"、"80%或90%的一致性"等限定方式概括了大量的多肽，虽然该权利要求中进一步限定了所述多肽具有脯氨酸特异性内切酶活性，但是具有上述序列特征的多肽中含有许多不具有脯氨酸特异性内切酶活性的序列，即使已知确认序列一致性、杂交能力以及测定脯氨酸特异性内切蛋白酶活性的方法，要选择出具有该酶活性的多肽需要进行大量的试验，超出了本领域技术人员可合理预期的程度，因而权利要求1的保护范围不清楚，类似的问题也存在于权利要求2~11、13~15、19~21中，因此，权利要求1~11、13~15、19~21不符合专利法实施细则第20条第1款的规定。权利要求12中采用"包含"的表达方式，根据本领域技术人员的知识，存在有大量的"包含"SEQ ID NO：2的序列，但并非所有这些序列均能够达到发明的目的，即使已知测定脯氨酸特异性内切蛋白酶活性的方法，要选择出具有该酶活性的多肽需要进行大量的试验，超出了本领域技术人员可合理预期的程度，因而权利要求12的保护范围不清楚，类似的问题还存在于权利要求19中，因此权利要求12和19不符合专利法实施细则第20条第1款的规定。

申请人DSM IP资产有限公司（下称请求人）对上述驳回决定不服，于2006年1月27日向专利复审委员会提出复审请求，同时提交了经修改的权利要求书全文替换页，其中仅对驳回决定所针对的权利要求12和19进行了修改，修改后的权利要求12和19分别为：

"12. 权利要求1的多肽，该多肽由SEQ ID NO：2的氨基酸序列构成。"

"19. 一种由下述核酸序列构成的分离的多核苷酸，所述核酸序列编码权利要求1的多肽，或者与SEQ ID NO：1在低严格性条件下杂交。"

请求人在复审请求的理由中引用了其答复国家知识产权局第一次审查意见通知书时提交的附件1和2，附件1和2具体如下：

附件1：国家知识产权局专利复审委员会第2540号复审请求审查决定，检索页面打印件共2页；

附件2："Cloning heterologous genes：Problems and approaches"，Jacqueline Agnan等，Fungal

Genetics and Biology，第 21 期，第 292~301 页，1997 年，英文，复印件共 10 页。

请求人认为，首先，权利要求 1~11、13~15、19~21 的主题是清楚的，根据本申请说明书以及现有技术如附件 2 的描述，这些权利要求在用词的含义上也是清楚的，因此根据附件 1 可判断出上述权利要求符合专利法实施细则第 20 条第 1 款的规定。第二，确定序列一致性以及杂交能力是常规的现有技术，测定脯氨酸特异性内切蛋白酶活性也是很容易做到的，在给出一个序列的情况下选择出本发明的多肽，仅仅需要运用常规技术，进行常规试验即可实现，没有超出本领域技术人员可合理预期的程度。

形式审查合格后，专利复审委员会受理了本复审请求，并于 2006 年 3 月 1 日向请求人发出《复审请求受理通知书》，同时将本申请移交原审查部门进行前置审查。

原审查部门对本复审请求进行了前置审查，认为新提交的权利要求 1 中依然采用"至少 40％的氨基酸序列一致性"、"片段"、"在低严格性条件下与……杂交"、"80％或 90％的一致性"的限定方式，致使权利要求 1 保护范围不清楚，类似的问题也存在于新提交的权利要求 2~11、13~15、19~21 中，因此新提交的权利要求 1~11、13~15、19~21 仍然不符合专利法实施细则第 20 条第 1 款的规定，坚持原驳回决定。

专利复审委员会组成合议组，对本复审请求案进行了审理。于 2007 年 11 月 8 日向请求人发出《复审通知书》。《复审通知书》指出，权利要求 1 要求保护具有脯氨酸特异性内切蛋白酶活性的多肽，其中对该多肽的限定采用"与 SEQ ID NO：2 的氨基酸 1~526 具有……％一致性"、"片段"、"在……条件下与……杂交的多核苷酸编码"等描述方式，对于符合上述限定条件且经实验验证具有脯氨酸特异性内切蛋白酶活性的多肽，说明书中仅记载了 SEQ ID NO：2 的脯氨酸特异性内切蛋白酶本身（其来自黑曲霉菌株 G-306），本领域技术人员根据说明书公开的内容无法概括得出权利要求 1 所要求保护的技术方案。因此，权利要求 1 限定的保护范围得不到说明书的支持，不符合专利法第 26 条第 4 款的规定。相应地，权利要求 2~11、13~27 也得不到说明书的支持，不符合专利法第 26 条第 4 款的规定。

针对《复审通知书》指出的问题，请求人于 2007 年 12 月 24 日提交了意见陈述书及经修改的权利要求书全文替换页。修改后的权利要求书如下：

"1. 一种分离的具有脯氨酸特异性内切蛋白酶活性的多肽，该多肽由 SEQ ID NO：2 的氨基酸序列构成。

2. 权利要求 1 的多肽，该多肽获得自真菌。

3. 权利要求 2 的多肽，其中所述真菌为曲霉属。

4. 权利要求 3 的多肽，其中曲霉属为黑曲霉。

5. 一种由下述核酸序列构成的分离的多核苷酸，所述核酸序列编码权利要求 1 的多肽。

6. 一种包含权利要求 5 的多核苷酸的核酸构建体，其中的多核苷酸可操作地连接到一个或多个在适当的表达宿主中指导该多肽生产的控制序列上。

7. 一种包含权利要求 6 的核酸构建体的重组表达载体。

8. 一种包含权利要求 6 的核酸构建体或权利要求 7 的载体的重组宿主细胞。

9. 一种生产权利要求 1~4 中任意一项的多肽的方法，包括培养根据权利要求 8 的重组宿主细胞以生产包含多肽的上清液和/或细胞，以及回收该多肽。

10. 一种生产权利要求 1~4 中任意一项的多肽的方法，包括在适合于多肽生产的条件下培养包含核酸构建体的宿主细胞，以及回收该多肽，其中的核酸构建体包含编码该多肽的多核苷酸。

11. 根据权利要求 1~4 中任意一项的多肽在食物或饲料制备中的用途。"

至此，合议组认为本案事实清楚，可以作出审查决定。

二、决定的理由

1. 审查文本

请求人于 2007 年 12 月 24 日提交了经修改的权利要求书全文替换页（共 11 项），该修改符合专利法第 33 条和专利法实施细则第 60 条第 1 款的规定。本复审请求审查决定所依据的申请文本为请求人于本申请进入中国国家阶段时提交的国际申请文件的中文文本的说明书第 1~70 页、序列表第 1~19 页、附图第 1~2 页和说明书摘要，以及于 2007 年 12 月 24 日提交的权利要求 1~11。

2. 关于专利法实施细则第 20 条第 1 款和专利法第 26 条第 4 款

专利法实施细则第 20 条第 1 款规定，权利要求书应当说明发明或者实用新型的技术特征，清楚、简要地表述请求保护的范围。专利法第 26 条第 4 款规定，权利要求书应当以说明书为依据，说明要求专利保护的范围。

如果权利要求的类型清楚，主题明确，用词的含义清楚，有确定的保护范围，则其符合专利法实施细则第 20 条第 1 款有关权利要求应当清楚地表述其保护范围的规定。权利要求应当以说明书为依据，是指权利要求应当得到说明书的支持。权利要求书中的每一项权利要求所要求保护的技术方案应当是所属技术领域的技术人员能够从说明书充分公开的内容中得到或概括得出的技术方案，并且不得超出说明书公开的范围。

在请求人于 2007 年 12 月 24 日提交的权利要求书中，权利要求 1~11 分别涉及多肽、多核苷酸、核酸构建体、重组表达载体、重组宿主细胞、生产多肽的方法和所述多肽的用途，其类型清楚，主题明确，且这些权利要求中的用词含义是清楚的，限定的保护范围是确定的，因此，权利要求 1~11 符合专利法实施细则第 20 条第 1 款有关权利要求应当清楚地表述其保护范围的规定。同时，在该经修改的权利要求书中，"与 SEQ ID NO：2 的氨基酸 1~526 具有……％一致性"、"片段"、"在……条件下与……杂交的多核苷酸编码"等导致权利要求得不到说明书支持的语句已经被删除，并且分别对应于驳回决定所针对申请文本中的权利要求 12 和 19 的新权利要求 1 和 5 中已经将措辞"包含"将修改为"由……构成"。因此《驳回决定》和《复审通知书》所指出的缺陷均已被克服。

根据以上事实和理由，本案合议组作出如下审查决定。

三、决定

撤销国家知识产权局于 2005 年 10 月 14 日对申请号为 01821603.X 的发明专利申请作出的驳回决定。由原审查部门在本复审请求审查决定所针对的申请文本的基础上继续进行审查。

复审请求人对本决定不服的，可以根据专利法第 41 条第 2 款的规定，自收到本决定之日起三个月内向北京市第一中级人民法院起诉。

神经毒性寡聚体

复审请求审查决定（第 13312 号）

决 定 号	第 13312 号
决 定 日	2008 年 4 月 30 日
发明创造名称	神经毒性寡聚体
国际分类号	A61K 38/16，A61P 25/16，A61P 25/28
复审请求人	普拉纳生物技术有限公司，综合医院有限公司
申 请 号	01813312.6
申 请 日	2001 年 6 月 28 日
优 先 权 日	2000 年 6 月 28 日，2000 年 10 月 23 日
公 开 日	2003 年 10 月 22 日
合议组组长	李金光
主 审 员	葛永奇
参 审 员	尹昕
法 律 依 据	专利法第 26 条第 3 款

决 定 要 点

如果说明书中给出了具体的技术方案，但未给出实验证据，而该方案又必须依赖实验结果加以证实才能成立，则认为该发明由于缺乏解决技术问题的技术手段而无法实现。

一、案由

本复审请求涉及申请日为 2001 年 6 月 28 日、公开日为 2003 年 10 月 22 日、申请号为 01813312.6、名称为"神经毒性寡聚体"的发明专利申请（下称本申请），申请人为普拉纳生物技术有限公司和综合医院有限公司，本申请进入中国国家阶段日期为 2003 年 1 月 24 日。

2005 年 10 月 14 日，国家知识产权局原审查部门针对申请人于本申请进入中国国家阶段时申请人提交的国际申请文件的中文文本说明书第 1~6、9~12、14~26 页和说明书摘要，依据专利合作条约（PCT）第 41 条提交的说明书第 7、8、8a、13 页和附图第 1~19 页，以及申请人于 2005 年 5 月 16 日提交的权利要求 1~18，以权利要求 1~18 不符合专利法第 26 条第 4 款的规定为由驳回了本申请。驳回决定所针对的权利要求书如下：

"1. 选自二酪氨酸、三酪氨酸、四酪氨酸、氧化的酪氨酸、硝基酪氨酸和含有酪氨酸交联的 $A\beta_{1-42}$ 的非全长片段的化合物在制备用于在治疗或预防阿尔茨海默氏病中诱导针对 $A\beta$ 寡聚体内的二酪氨酰共价键的抗体应答的药物中的用途。

2. 根据权利要求1的用途，其中所述化合物中的酪氨酸交联可通过在铜离子存在下氧化而得到。

3. 根据权利要求1或2的用途，其中所述化合物与铜离子络合。

4. 根据权利要求3的用途，其中铜离子与二酪氨酸的比小于或等于3:1，条件是所施用的每一药物含有不超过1μM铜。

5. 根据权利要求1~4任一项的用途，其中所述化合物偶联至本身具有免疫原性的载体蛋白。

6. 根据权利要求5的用途，其中所述载体蛋白选自破伤风类毒素、匙孔血蓝蛋白和白蛋白。

7. 根据权利要求1~6任一项的用途，其中所述化合物与佐剂一起施用。

8. 根据权利要求2~7任一项的用途，其中所述特定蛋白的免疫原性部分是具有免疫原性的最小部分。

9. 根据权利要求1~11任一项的用途，其中所述酪氨酸交联的化合物是来源于人 $A\beta_{1-40}$ 或 $A\beta_{1-42}$ 氨基酸序列中围绕酪氨酸10周围序列的酪氨酸交联的肽。

10. 根据权利要求1~9任一项的用途，其中酪氨酸交联的化合物包含一种或多种在病理性聚集的特定蛋白中占优势形式的酪氨酸交联。

11. 特异于酪氨酸交联形式的抗体或抗体片段在制备用于治疗阿尔茨海默氏病的药物中的用途，其中所述抗体或抗体片段是针对权利要求1~3任一项中定义的酪氨酸交联的化合物产生的，并且能特异性结合 $A\beta$ 或其寡聚体。

12. 根据权利要求11的用途，其中所述抗体是多克隆的。

13. 根据权利要求11或12的用途，其中所述抗体是人类来源的。

14. 根据权利要求11的用途，其中所述抗体是单克隆的。

15. 根据权利要求14的用途，其中所述抗体是人源化的。

16. 根据权利要求11~15任一项的用途，其中所述抗体或抗体片段特异性与病理性聚集形式的特定蛋白发生反应，而不与未聚集形式的特定蛋白发生显著反应。

17. 用作药物的预防性或治疗性组合物，包含权利要求1或3定义的酪氨酸交联的化合物，或权利要求11定义的抗体或抗体片段，以及可药用载体。

18. 根据权利要求17的预防性或治疗性组合物，还包含佐剂。"

具体驳回理由是：抗原的选择对引发生理学相关的免疫应答是至关重要的，并不是所有所述的酪氨酸交联的化合物都能引起预期的免疫应答。本申请说明书的实施例1~9只是针对二酪氨酸的交联特性进行了一些试验，没有证明产生了针对 $A\beta$（淀粉状蛋白，本文均称 $A\beta$）寡聚体内的二酪氨酰共价键的特异性抗体，不能证明所述物质都能诱导所述"针对 $A\beta$ 寡聚体内的二酪氨酰共价键的抗体应答"。而且，更重要的是，即使产生了预期的免疫应答，也不能证明这些物质可用于阿尔茨海默氏病的治疗，因为实施例10~12仅仅描述了试验方法，没有任何试验结果，不能证明这些物质对于阿尔茨海默氏病（以下简称AD）的治疗效果。因此，权利要求1的技术方案的效果是本领域普通技术人员难以预先确定的，权利要求1得不到说明书的支持，不符合专利法第26条第4款的规定。权利要求2~18同样不符合专利法第26条第4款的规定。

申请人普拉纳生物技术有限公司和综合医院有限公司（下称请求人）对上述驳回决定不服，于2006年1月27日向专利复审委员会提出复审请求。请求人认为：(1) 本申请的发明人发现人淀粉状蛋白的 $A\beta$ 含有酪氨酸交联，并同时包括二酪氨酸和三酪氨酸交联的种类，这些修饰是耐受蛋白酶的，因而提出AD中的酪氨酸交联促成神经毒性 $A\beta$ 寡聚体的形成，以及 $A\beta$ 的沉积，因此可以使用针对低分子量酪氨酸交联的化合物本身而不是整个 $A\beta$ 的免疫来治疗或预防AD，而没有引发自身免疫并发症的风险。(2) 实施例10~12介绍了在转基因动物中用二酪氨酸免疫对 $A\beta$ 沉积的作用、用针对二酪氨酸的抗体治疗的效果的验证方法以及诊断与酪氨酸交联相关的病症的方法,无论最后的治疗结果是否公开于说明书中,基于说明书的描述,特别是实施例1~9公开的实验结果,本领域技术人员都能合理预见到最后的结果。(3) 本领域技术人员不仅知道鉴定和优化二酪氨酸抗原的方法,而且知道使用二酪氨酸抗原以产生免疫应答的方法,本领域技术人员根据公开的内容并结合基本常识,可以很容易地获得或者唯一性地推导出本发明所要求保护的技术方案。因此权利要求1~18符合专利法第26条第4款的规定。

形式审查合格后,专利复审委员会受理了该复审请求,并于2006年3月1日向请求人发出《复审请求受理通知书》,同时将本申请案卷移交原审查部门进行前置审查。

原审查部门对本复审请求进行了前置审查,认为本申请中没有提供对于本领域普通技术人员来说足以证明权利要求1的技术方案可以达到治疗阿尔茨海默氏病的实验室试验或临床试验的定性或定量数据;说明书实施例1~9公开的是酪氨酸交联的特性,仅在实施例7~9中证明了一定形式的二酪氨酸化Aβ能产生一定的免疫应答,而且实施例8恰恰证明了不同形式的酪氨酸化Aβ与抗体的结合特性差异很大,实施例10~12仅描述了治疗方法,没有给出任何实验数据。综上所述,请求人始终未能证明权利要求1所限定的所有抗原都能产生预期的免疫应答,并且由于产生所述免疫应答与治疗阿尔茨海默氏病并不是一一对应的,因此,请求人所述"基于说明书的描述,特别是实施例1~9公开的实验结果,本领域技术人员都能合理预见到最后的结果"是没有任何根据的。权利要求1~18均得不到说明书的支持,不符合专利法第26条第4款的规定,故坚持驳回决定。

专利复审委员会组成合议组,对本案的复审请求进行了审理。于2007年11月16日向请求人发出《复审通知书》。《复审通知书》指出:(1) 本申请的所有实施例均没有提供包括二酪氨酸在内的酪氨酸交联化合物或其抗体可用于AD治疗或预防的实验结果,而所属领域的技术人员根据本申请记载的内容和专业常识无法合理推知本申请的化合物或其抗体是否具有本申请所述的治疗效果,请求人也没有提供证据表明这种治疗效果是本领域公知的。实施例1~9的结果只是表明针对二酪氨酸的抗体可以引发生理学相关的免疫应答,但发生免疫反应与最终是否产生预期的治疗或预防效果之间并没有必然联系,现有技术中也没有证据表明发生了上述免疫反应就必然能够治疗或预防AD。因此本申请说明书没有充分公开其发明,不符合专利法第26条第3款的规定。(2) 在实施例1~9使用的酪氨酸交联化合物中,凡具体指明的均为二酪氨酸,仅检测了二酪氨酸交联化合物的免疫活性,在权利要求1中所列举的几种酪氨酸交联化合物中,至多可以认为二酪氨酸可以引发生理学相关的抗体应答,而无法预见到其他的酪氨酸交联化合物也有此作用。并且,针对二酪氨酸的抗体可以引发生理学相关的免疫应答并不能证明二酪氨酸能够用于治疗或预防AD。因此权利要求1~18均得不到说明书的支持,不符合专利法第26条第4款的规定。

针对《复审通知书》指出的问题,请求人于2008年3月3日提交了意见陈述书和附件1("Immunization with amyloid-β attenuates Alzheimer-disease-like pathology in the PDAPP mouse", Dale Schenk 等, NATURE, 第400卷, 第173~177页, 1999年7月8日, 英文, 复印件共5页), 并提交了权利要求书全文替换页(共18项)。其中仅对驳回决定所针对的权利要求1进行了修改,修改后的权利要求1为:

"1. 酪氨酸交联化合物在制备用于在治疗或预防阿尔茨海默氏病中诱导针对Aβ寡聚体的二酪氨酰共价键的抗体应答的药物中的用途;其中每个酪氨酸之间的键是共价键,并且所述化合物足以产生对该化合物特异的免疫应答,所述化合物选自二酪氨酸、三酪氨酸、四酪氨酸、氧化的酪氨酸、硝基酪氨酸和含有酪氨酸交联的$Aβ_{1-42}$的非全长片段的化合物。"

请求人认为:(1) 本领域技术人员知道,阿尔茨海默氏淀粉状蛋白(Aβ)功能的异常蓄积和毒性的获得被认为是AD的病因学中的原发性事件，许多AD研究组织同意能够特异性靶向、进而中和/或除去毒性Aβ物质的免疫疗法代表了治疗或预防AD的方法。附件1证明在用全长单体$Aβ_{42}$免疫的转基因小鼠模型中AD病理学的降低，利用合成形式的β淀粉样肽AN-1792的实验结果支持了Aβ免疫疗法，因此提高免疫应答能够有效治疗AD。上述实例与本申请的不同之处在于本申请特异性靶向了病理性抗原，所述抗原被认为是引起大脑损伤的Aβ集合毒性形式的基础。通过仅仅对Aβ的这一毒性形式而不是本体Aβ的接种免疫，本申请避免了除去未被改变的本体Aβ的不可预见的副作用以及其他不希望的免疫应答。特别是，本申请抗体仅仅识别和连接毒性构型的Aβ。因此本申请说明书已经对发明的技术方案进行了清楚完整的说明，符合专利法第26条第3款的规定。(2)本领域技术人员不仅知道鉴定和优化二酪氨酸抗原的方法，而且知道使用二酪氨酸抗原以产生免疫应答的方法，并且可以从二酪氨酸能引发生理学相关的抗体应答进而用于治疗和预防AD，预见到其他的酪氨酸交联化合物也有此作用，因此目前权利要求书所要求的范围是合理的。

至此，合议组认为本案事实清楚，可以作出审查决定。

二、决定的理由

1. 审查文本

请求人于2008年3月3日提交了经修改的权利要求书全文替换页（共18项），该修改符合专利法第33条和专利法实施细则第60条第1款的规定。

本复审请求审查决定所依据的申请文本为请求人于本申请进入中国国家阶段时提交的国际申请文件的中文文本说明书第1~6、9~12、14~26页和说明书摘要，依据专利合作条约（PCT）第41条提交的说明书第7、8、8a、13页和附图第1~19页，以及于2008年3月3日提交的权利要求1~18。

2. 关于专利法第26条第3款

专利法第26条第3款规定，说明书应当对发明或者实用新型作出清楚、完整的说明，以所属技术领域的技术人员能够实现为准。

如果说明书中给出了具体的技术方案，但未给出实验证据，而该方案又必须依赖实验结果加以证实才能成立，则认为该发明由于缺乏解决技术问题的技术手段而无法实现。

本申请要求保护酪氨酸交联化合物在制备用于在治疗或预防阿尔茨海默氏病中诱导针对Aβ寡聚体的二酪氨酰共价键的抗体应答的药物中的用途、特异于酪氨酸交联形式的抗体或抗体片段在制备用于治疗阿尔茨海默氏病的药物中的用途、包含所述酪氨酸交联化合物或抗体或抗体片段的预防性或治疗性组合物。

在本申请说明书中，实施例1用于证实过氧化物酶催化的Aβ聚合伴随着酪氨酸交联的形成；实施例2显示了二聚体、三聚体和四聚体等聚合物在生理条件下发生的情况；实施例3证实表观寡聚的源自人淀粉状蛋白的Aβ是酪氨酸交联的；实施例4测试二酪氨酸（以下简称DT）与铜的结合；实施例5证明Aβ的二酪氨酸化可增加其与铜的结合能力；实施例6进一步表征二酪氨酸化的Aβ；实施例7测试针对二酪氨酸的免疫的效果，其中针对DT-KLH（其中KLH为匙孔血兰蛋白的简称）产生的小鼠或兔抗血清均未显示针对人脑Aβ中的DT部分的活性，阳性对照抗体IC3在该测定中也呈阴性；实施例8证实诱导DT交联的方法和被交联的多肽的结构在抗体对DT的识别中是关键的变量，提示抗原的选择对引发生理学相关的免疫应答是至关重要的；实施例9的结果显示对兔的免疫产生了对某些形式的二酪氨酸具有反应性但对其他形式无反应性的抗体；实施例10涉及测定在转基因动物中用二酪氨酸免疫对Aβ沉积的作用的方法；实施例11涉及测定用针对二酪氨酸的抗体治疗效果的方法；实施例12涉及诊断与酪氨酸交联相关的病症的方法；实施例13用于鉴定存在于经氧化修饰的Aβ中的DT的主要形式。可见，实施例1~6、8、9、13不涉及用酪氨酸交联化合物（包括二酪氨酸）进行免疫而治疗或预防AD的效果；实施例7测试了针对DT免疫的效果，但是结果表明针对DT-KLH产生的小鼠或兔抗血清均未显示对人脑Aβ中DT部分的活性；虽然实施例10涉及测定在转基因动物中用二酪氨酸免疫对Aβ沉积的作用的方法，实施例11涉及测定用针对二酪氨酸的抗体治疗效果的方法，实施例12涉及诊断与酪氨酸交联相关的病症的方法，但实施例10~12都没有记载任何治疗效果的实验结果。因此，本申请说明书没有提供包括二酪氨酸在内的酪氨酸交联化合物或其抗体可用于治疗或预防AD的实验结果。

请求人提出，许多AD研究组织同意能够特异性靶向、进而中和/或除去毒性Aβ物质的免疫疗法代表了治疗或预防AD的方法，附件1证明提高免疫应答能够有效治疗AD，上述实例与本申请的不同之处在于本申请特异性靶向了病理性抗原，所述抗原被认为是引起大脑损伤的Aβ集合毒性形式的基础。无论最后的治疗结果是否公开于说明书中，基于说明书的描述，特别是实施例1~9公开的实验结果，本领域技术人员都能合理预见到最后的结果。合议组认为，实施例1~9的结果只是表明针对二酪氨酸的抗体可以引发生理学相关的免疫应答，发生免疫反应与最终是否产生预期的治疗或预防效果之间并没有必然联系。附件1只是证明在用全长单体Aβ42免疫的转基因小鼠模型中AD病理学的降低，合成形式的β淀粉样肽AN-1792有助于AD的治疗，但是由全长单体$Aβ_{42}$和AN-1792的实验结果并不能毫无疑义地推知本申请的酪氨酸交联化合物及其抗体可用于预防或治疗AD，因为免疫反应与AD治疗或预防之间以及免疫反应和AD治疗或预防本身均存在不可预测性。例如，实施例7表明小鼠或兔的DT和人的DT与小鼠或兔抗DT-KLH血清之间的反应存在差别；实施例8表明抗原的选择对引发生理学相关的免疫应答是至关重要的，抗原的不同例如抗原为酪氨酸交联化合物或者为全长单体$Aβ_{42}$或AN-1792时，在引发生理学相关的免疫应答方面结果是难以预料的；实施例9表明不同形式的酪氨酸交联化合物与用某些形式的二酪氨酸免疫兔而产生的抗体之间是否有反应性是无法预测的。因此请求人所陈述的意见不具有说服力。

总之，本申请所要求保护的酪氨酸交联化合物用于治疗或预防AD的用途既没有在说明书中提供实验证据予以证实，本领域普通技术人员也不能依据现有技术结合本领域公知常识合理推知这种治疗或预防用途，因此说明书没有充分公开其发明，不符合专利法第26条第3款的规定。

根据以上事实和理由，本案合议组作出如下审查决定。

三、决定

维持国家知识产权局于2005年10月14日对申请号为01813312.6的发明专利申请作出的驳回决定。

复审请求人对本决定不服的，可以根据专利法第41条第2款的规定，自收到本决定之日起三个月内向北京市第一中级人民法院起诉。

合成的和嵌合的启动子、表达盒、质粒、载体、含有它们的转基因植物和种子以及其产生方法

复审请求审查决定（第 13313 号）

决 定 号	第 13313 号
决 定 日	2008 年 4 月 29 日
发明创造名称	合成的和嵌合的启动子、表达盒、质粒、载体、含有它们的转基因植物和种子以及其产生方法
国际分类号	C12N 15/82，C12N 15/29，A01H 5/00
复审请求人	默里斯坦治疗公司
申 请 号	00803238.6
优 先 权 日	1999 年 9 月 30 日
申 请 日	2000 年 9 月 28 日
公 开 日	2002 年 3 月 6 日
合议组组长	李金光
主 审 员	葛永奇
参 审 员	吴通义

法 律 依 据 专利法第 26 条第 3 款

决 定 要 点

说明书应当清楚完整地公开对于理解和实现发明必不可少的技术内容。对于涉及生物化学领域的发明，如果其技术内容中涉及理解和实现发明必不可少的生物材料，而该生物材料未经保藏且在申请日（有优先权的指优先权日）前公众也无法由其他途径获得，则说明书未充分公开该发明。

一、案由

本复审请求涉及申请日为 2000 年 9 月 28 日、公开日为 2002 年 3 月 6 日、申请号为 00803238.6、名称为"合成的和嵌合的启动子、表达盒、质粒、载体、含有它们的转基因植物和种子以及其产生方法"的发明专利申请（下称本申请），本申请的申请人为默里斯坦治疗公司，本申请进入中国国家阶段日期为 2001 年 7 月 27 日。

国家知识产权局原审查部门于 2004 年 9 月 3 日针对本申请进入中国国家阶段时申请人提交的国际申请文件的中文译文说明书第 1～67 页、序列表 1～26 页、附图第 1～14 页、说明书摘要和权利要求 1～35，以说明书不符合专利法第 26 条第 3 款的规定为由驳回了本申请。

具体驳回理由是：本申请说明书实施例 2.1 中所用质粒 pMRT1097、实施例 4 所用双元质粒 pMRT1118 和 pMRT1195 分别出自专利申请文件 FR9903635 与 FR9911112，其中 FR9903635 的公开日为 2000 年 9 月 29 日，FR9911112 的公开日为 2001 年 3 月 9 日，均在本申请的申请日（2000 年 9 月 28 日）和优先权日（1999 年 9 月 30 日）之后，说明书中也没有这两个质粒的构建过程和图谱，因此，本领域的普通技术人员无法根据该质粒得到克隆载体 pGEM3Z-1，从而也无法构建得到表达质粒 pMRT1125、pMRT1128、pMRT1127、pMRT1126 等，以及含有嵌合启动子的质粒 pMRT1130、pMRT1131、pMRT1135、pMRT1138 等和双元质粒 pMRT1177、pMRT1178、pMRT1179、pMRT1180、pMRT1207 等，所以本领域的普通技术人员无法根据说明书的记载构建得到本发明的启动子，也无法得出本发明所述的启动子所具有的功能。说明书实施例 8 中描述了质粒 pMRT1231 的构建和对烟草的遗传转化，实施例 9 描述了双元质粒 pMRT1263、pMRT1266 和 pMRT1209 的构建和转移到土壤农杆菌中得到的克隆，都没有在烟草中表达的数据，这些质粒能否表达，其中所含的启动子是否具有本发明启动子的功能，没有数据证实，因此，说明书对该质粒和所含的启动子公开不充分，不符合专利法第 26 条第 3 款的规定。驳回决定针对的权利要求书如下：

"1. 嵌合表达启动子，其包含至少一段衍生自高分子量小麦麦谷蛋白的编码基因的核酸序列。

2. 按照权利要求 1 的嵌合启动子，其特征在于，其包含至少一段衍生自编码高分子量小麦麦谷蛋白的小麦 Dx5 或 Bx7 基因的核酸序列。

3. 按照权利要求 1 的嵌合启动子，其特征在于，其包含至少一段衍生自高分子量小麦麦谷蛋白的编码基因、序列鉴定号为 SEQ. ID01 的核酸序列。

4. 按照权利要求 1 的嵌合启动子，其特征在于，衍生自高分子量小麦麦谷蛋白的编码基因的所述核酸序列由选自以下序列鉴定号的一种序列组成：SEQ. ID02、SEQ. ID03、SEQ. ID04、SEQ. ID05、SEQ. ID06、SEQ. ID07、SEQ. ID08、SEQ. ID09、SEQ. ID10、SEQ. ID11、SEQ. ID12、SEQ. ID13、SEQ. ID16、SEQ. ID17、SEQ. ID18、SEQ. ID19 和 SEQ. ID20、SEQ. ID21 和 SEQ. ID22。

5. 嵌合表达启动子，其特征在于，它包含一段衍生自编码高分子量小麦麦谷蛋白的基因的核酸序列，并且它在 3' 位置包含一个"TATA"框和一个转录起始位点（+1）。

6. 按照权利要求 5 的嵌合表达启动子，其特征在于，它也包含在所述"TATA"框和所述转录起始位点（+1）上游的 5' 位置中功能性连接的至少一个"增强子"框。

7. 按照权利要求 6 的嵌合表达启动子，其特征在于，它也包含在所述"增强子"框上游的 5' 位置中功能性连接的至少一个"G 样"框。

8. 按照权利要求 6 和 7 中任一项的嵌合表达启动子，其特征在于，它也包含在所述"增强子"框上游的 5' 位置中功能性连接的至少一个"P 样"框。

9. 按照权利要求 6~8 中任一项的嵌合表达启动子，其特征在于，它也包含在所述"增强子"框上游的 5' 位置中功能性连接的至少一个"GATA"框。

10. 按照权利要求 6~9 中任一项的嵌合表达启动子，其特征在于，它也包含在所述"增强子"框上游的 5' 位置中功能性连接的至少一个禾谷类框。

11. 按照权利要求 6 的嵌合表达启动子，其特征在于，它包含在所述"增强子"框上游的 5' 位置中功能性连接的两个连续的"禾谷类"框。

12. 按照权利要求 5 的嵌合表达启动子，其特征在于，它也包含在所述转录起始位点上游的 5' 位置中功能性连接的至少一个"as1"框或至少一个"as2"框或一个"as1/as2"框组合或"as2/as1"框组合或这些的重复排列。

13. 按照权利要求 12 的嵌合表达启动子，其特征在于，所述"as1"框、"as2"框、"as1/as2"

框或"as2/as1"框或其重复排列功能性地连接于所述增强子框下游的3'位置中。

14. 按照前述权利要求6~13中任一项的嵌合启动子，其特征在于，它也包含在所述"增强子"框上游功能性连接的一个"富GC"框。

15. 按照前述权利要求6~14中任一项的嵌合启动子，其特征在于，它包含在所述"增强子"框上游的5'位置中功能性连接的两个"禾谷类"框，而所述"增强子"框本身功能性地连接于一个"as2/as1"框上游的5'位置中。

16. 按照前述权利要求5~15中任一项的嵌合启动子，其特征在于，它包含至少一个以反向功能性连接和/或在所述转录起始位点下游3'位置中功能性连接的选自以下组的元件："增强子"框、"G样"框、"P样"框、"GATA"框、"禾谷类"框、任选重复的"as1"框、"as2"框和/或"as1/as2"框或"as2/as2"框组合以及"富GC"框。

17. 按照前述权利要求6~16中任一项的嵌合启动子，其特征在于，它包含至少一种选自以下的序列：SEQ. ID02、SEQ. ID03、SEQ. ID04、SEQ. ID05、SEQ. ID06、SEQ. ID07、SEQ. ID08、SEQ. ID09、SEQ. ID10、SEQ. ID11、SEQ. ID12、SEQ. ID13、SEQ. ID16、SEQ. ID17、SEQ. ID18、SEQ. ID19、SEQ. ID20、SEQ. ID21和SEQ. ID22。

18. 表达盒，其包含至少一段衍生自编码高分子量小麦麦谷蛋白的基因的核酸序列，并且所述序列以功能性方式连接于待表达的、编码所要产生的多肽的核酸序列，而所述多肽编码序列本身连接于一个转录核酸序列。

19. 按照权利要求18的表达盒，其特征在于，它包含至少一段衍生自编码高分子量小麦麦谷蛋白的基因、序列鉴定号为SEQ. ID01的核酸序列。

20. 按照权利要求18的表达盒，其特征在于，衍生自编码高分子量小麦麦谷蛋白的基因的所述核酸序列由选自以下序列鉴定号的至少一种序列组成：SEQ. ID02、SEQ. ID03、SEQ. ID04、SEQ. ID05、SEQ. ID06、SEQ. ID07、SEQ. ID08、SEQ. ID09、SEQ. ID10、SEQ. ID11、SEQ. ID12、SEQ. ID13、SEQ. ID16、SEQ. ID17、SEQ. ID18、SEQ. ID19、SEQ. ID20、SEQ. ID21和SEQ. ID22。

21. 分离的启动子核酸序列，其特征在于，它对应于衍生自序列鉴定号为SEQ. ID01的序列。

22. 分离的启动子核酸序列，其特征在于，它对应于选自以下序列鉴定号的序列：SEQ. ID02、SEQ. ID03、SEQ. ID04、SEQ. ID05、SEQ. ID06、SEQ. ID07、SEQ. ID08、SEQ. ID09、SEQ. ID10、SEQ. ID11、SEQ. ID12、SEQ. ID13、SEQ. ID16、SEQ. ID17、SEQ. ID18、SEQ. ID19、SEQ. ID20、SEQ. ID21和SEQ. ID22。

23. 包含一个启动子或一个启动子核酸序列的载体，所述启动子或启动子核酸序列能够启动编码所要产生的多肽的核酸序列的转录，所述载体的特征在于，所述启动子或所述启动子核酸序列对应于按照权利要求1~17或21或22中任一项的启动子或启动子核酸序列。

24. 按照权利要求23的载体，其特征在于，所述载体选自鉴定号为pMRT1207、pMRT1177、pMRT1178、pMRT1179、pMRT1180和pMRT1181的双元载体。

25. 在其基因组中稳定整合了分别按照权利要求1~17或21或22中任一项的至少一个启动子或至少一个启动子核酸序列的转基因植物。

26. 按照权利要求25的转基因植物，其特征在于，所述转基因植物选自：双子叶植物物种，例如马铃薯、烟草、棉花、莴苣、番茄、甜瓜、黄瓜、豌豆、油料种子、甜菜或向日葵；或单子叶植物物种，例如小麦、大麦、燕麦、水稻或玉米。

27. 按照权利要求25和26中任一项的转基因植物的繁殖体。

28. 按照权利要求27的转基因植物的繁殖体，其特征在于，它是种子。

29. 含有分别按照权利要求1~17或22或22中任一项的一个启动子或一个启动子核酸序列的细胞。

30. 按照权利要求29的细胞,其特征在于,它是植物细胞。

31. 在细胞中表达编码待产生的多肽的核酸序列或基因的方法,其特征在于,所述方法包括以下步骤:

用包含按照权利要求1~17或21或22中任一项的至少一个启动子或至少一个启动子核酸序列的载体转化所述细胞;

在允许编码所述多肽的核酸序列或基因表达的条件下制备所述细胞的培养物。

32. 按照权利要求31的方法,其特征在于,所述细胞是原核细胞或真核细胞。

33. 按照权利要求31和32中任一项的方法,其特征在于,所述细胞是选自微生物细胞、真菌细胞、昆虫细胞、动物细胞和植物细胞的细胞。

34. 按照权利要求31~33中任一项的方法,其特征在于,所述细胞是植物细胞。

35. 获得按照权利要求25和26中任一项的转基因植物或按照权利要求27的繁殖体的方法,其特征在于,所述方法包括以下步骤:

用包含按照权利要求1~17或21或22中任一项的至少一个启动子或至少一个启动子核酸序列的载体转化植物细胞;

选择整合了所述启动子或启动子核酸序列的植物细胞;

或者在培养物中,或者通过再生嵌合的或转基因的整株植株,繁殖所述经转化并经选择的植物细胞。"

申请人默里斯坦治疗公司(下称请求人)对上述驳回决定不服,于2004年12月20日向专利复审委员会提出复审请求,同时提交了经修改的权利要求书全文替换页。修改后的权利要求书如下:

"1. 分离的启动子核酸序列,其相应于SEQ. ID02的序列。

2. 分离的启动子核酸序列,其相应于SEQ. ID03的序列。

3. 分离的启动子核酸序列,其相应于SEQ. ID04的序列。

4. 分离的启动子核酸序列,其相应于SEQ. ID05的序列。

5. 分离的启动子核酸序列,其相应于SEQ. ID06的序列。

6. 分离的启动子核酸序列,其相应于SEQ. ID07的序列。

7. 分离的启动子核酸序列,其相应于SEQ. ID08的序列。

8. 分离的启动子核酸序列,其相应于SEQ. ID09的序列。

9. 分离的启动子核酸序列,其相应于SEQ. ID10的序列。

10. 分离的启动子核酸序列,其相应于SEQ. ID11的序列。

11. 分离的启动子核酸序列,其相应于SEQ. ID12的序列。

12. 分离的启动子核酸序列,其相应于SEQ. ID13的序列。

13. 分离的启动子核酸序列,其相应于SEQ. ID16的序列。

14. 分离的启动子核酸序列,其相应于SEQ. ID17的序列。

15. 分离的启动子核酸序列,其相应于SEQ. ID15的序列。

16. 分离的启动子核酸序列,其相应于SEQ. ID37的序列。

17. 含有权利要求1~16中任一项的启动子核酸序列的细胞。

18. 权利要求17的细胞,它是植物细胞。

19. 在细胞中表达编码待产生的多肽的核酸序列或基因的方法,其特征在于,所述方法包括以下步骤:

用权利要求1~16中任一项的至少一个启动子核酸序列转化所述细胞；

在允许编码所述多肽的核酸序列或基因表达的条件下制备所述细胞的培养物。

20. 按照权利要求19的方法，其特征在于，所述细胞是原核细胞或真核细胞。

21. 按照权利要求20的方法，其特征在于，所述细胞是选自微生物细胞、真菌细胞、昆虫细胞、动物细胞和植物细胞的细胞。

22. 按照权利要求20~21中任一项的方法，其特征在于，所述细胞是植物细胞。"

请求人认为修改后的权利要求以具体的核酸序列对启动子进行限定，说明书对启动子的核酸序列进行了充分的描述，分子生物学领域的技术人员基于其一般的技能和知识，能够将这些序列插入到表达载体中。适于插入启动子核酸序列的载体的构建是分子生物学家的常识。此外，Promega等公司销售例如pGEM3Z或PUC19这样的载体。本领域技术人员可以购买这些载体，将本发明的核酸序列插入其中，以进行启动子的功能性表达。说明书图6和图7比较了与所要求保护的核酸序列相关的启动子的活性，提供了检测数据，所要求保护的核酸序列的启动子活性可以得到说明书的支持，并且解决了本发明的技术问题。因此，说明书对启动子和质粒的公开是充分的。

形式审查合格后，专利复审委员会受理了本复审请求，并于2005年1月17日向请求人发出《复审请求受理通知书》，同时将本申请移交原审查部门进行前置审查。

原审查部门对本复审请求进行了前置审查，指出请求人没有针对公开于本申请优先权日和申请日之后的质粒pMRT11097和pMRT1118加以陈述，而根据本发明的说明书并结合现有技术，本领域的普通技术人员无法得到pMRT1097和pMRT1118，从而无法得到利用前二者构建其他质粒以实现本发明，而且说明书中也没有任何实验证实使用其他的质粒和载体都能达到本发明的目的，因此坚持驳回决定。

专利复审委员会组成合议组，对本复审请求案进行了审理，于2007年4月12日向请求人发出第一次《复审通知书》。第一次《复审通知书》指出：首先，为了证实启动子的活性而在实施例中使用的多数质粒均直接或间接衍生自公开于本申请优先权日和申请日之后的质粒pMRT1097、质粒pMRT1118或pMRT1195，因而本领域技术人员依据说明书的描述无法实现本发明。其次，说明书和序列表中启动子的序列编号不一致，所属技术领域的技术人员不能清楚、正确地理解本发明。再次，虽然本领域技术人员可以将本发明的启动子序列构建到本领域可获得的质粒载体中，但该质粒载体中本发明的启动子序列是否具有启动子功能并无法根据本申请说明书和现有技术来确定。基于上述理由，本申请说明书没有充分公开其发明，不符合专利法第26条第3款的规定。

针对第一次《复审通知书》指出的问题，请求人于2007年7月27日提交了意见陈述书及经修改的权利要求书全文替换页和序列表。其中修改后的权利要求书如下：

"1. 分离的启动子核酸序列，其相应于SEQ ID NO：02的序列。

2. 分离的启动子核酸序列，其相应于SEQ ID NO：03的序列。

3. 分离的启动子核酸序列，其相应于SEQ ID NO：04的序列。

4. 分离的启动子核酸序列，其相应于SEQ ID NO：05的序列。

5. 分离的启动子核酸序列，其相应于SEQ ID NO：06的序列。

6. 分离的启动子核酸序列，其相应于SEQ ID NO：09的序列。

7. 分离的启动子核酸序列，其相应于SEQ ID NO：10的序列。

8. 分离的启动子核酸序列，其相应于SEQ ID NO：11的序列。

9. 分离的启动子核酸序列，其相应于SEQ ID NO：12的序列。

10. 分离的启动子核酸序列，其相应于SEQ ID NO：13的序列。

11. 分离的启动子核酸序列，其相应于SEQ ID NO：16的序列。

12. 分离的启动子核酸序列，其相应于 SEQ ID NO：17 的序列。
13. 分离的启动子核酸序列，其相应于 SEQ ID NO：19 的序列。
14. 分离的启动子核酸序列，其相应于 SEQ ID NO：20 的序列。
15. 分离的启动子核酸序列，其相应于 SEQ ID NO：21 的序列。
16. 分离的启动子核酸序列，其相应于 SEQ ID NO：22 的序列。
17. 含有权利要求 1～16 中任一项的启动子核酸序列的细胞。
18. 权利要求 17 的细胞，它是植物细胞。
19. 在细胞中表达编码待产生的多肽的核酸序列或基因的方法，其特征在于，所述方法包括以下步骤：
用权利要求 1～16 中任一项的至少一个启动子核酸序列转化所述细胞；
在允许编码所述多肽的核酸序列或基因表达的条件下制备所述细胞的培养物。
20. 按照权利要求 19 的方法，其特征在于，所述细胞是原核细胞或真核细胞。
21. 按照权利要求 20 的方法，其特征在于，所述细胞是选自微生物细胞、真菌细胞、昆虫细胞、动物细胞和植物细胞的细胞。
22. 按照权利要求 20～21 中任一项的方法，其特征在于，所述细胞是植物细胞。"

请求人指出，来源于 pMRT1097 的质粒用于在植物中进行瞬时表达，来源于 pMRT1118 和 pMRT1195 的质粒用于分别在马铃薯和玉米中进行稳定表达。阴性对照质粒 pMRT1144 来源于商业上可得到的 pGEM32，包含"uidA-IV2/term-nos"盒，用于表达 b-葡糖醛酸糖苷酶；来源于 pMRT1097 的质粒的结构即阴性对照质粒 pMRT1144，其中"uidA-IV2/term-nos"盒的上游插入了本发明的待测启动子；根据说明书第 12 页第 16～25 行，本领域技术人员可以获得质粒 pMRT1144，从而无需使用 pMRT1097 即可获得与来源于 pMRT1097 的质粒结构完全相同的质粒。此外，实施例 6 和图 5～7 中的实验充分测试了本发明要求保护的启动子的活性。对于测试启动子的活性来说，并不需要对稳定表达实验中获得的结果进行再现，因此本领域技术人员不需要获得 pMRT118 和 pMRT1195 来实现本发明的技术方案。基于上述理由，请求人认为本申请说明书是充分公开的。

针对请求人于 2007 年 7 月 27 日提交的序列表和权利要求书全文替换页，专利复审委员会于 2007 年 11 月 23 日发出第二次《复审通知书》。该通知书指出，请求人对序列表的修改使所属技术领域的技术人员看到的信息与原申请记载的信息不同，而且也不能从原申请记载的信息中直接地、毫无疑义地确定，因此对序列表所进行的修改不符合专利法第 33 条的规定。

2008 年 3 月 10 日，请求人针对第二次《复审通知书》提交了意见陈述书，没有修改申请文件。请求人认为本领域技术人员很容易意识到说明书中启动子序列的编号与原序列表之间存在矛盾，也会注意到说明书中给出的启动子的结构信息（可以直接由启动子的结构信息推断出来）与附图中所示同一启动子的结构是匹配的，因此会意识到说明书和序列表之间的矛盾是由序列表的编号引起的，对序列表中的序列重新编号不会超过原始公开的范围。

至此，合议组认为本案事实清楚，可以作出审查决定。

二、决定的理由

1. 审查文本

请求人于 2007 年 7 月 27 日提交了经修改的权利要求书和序列表全文替换页，该修改符合专利法第 33 条和专利法实施细则第 60 条第 1 款的规定。

本复审请求审查决定所依据的申请文本为请求人于本申请进入中国国家阶段时提交的国际申请文件的中文译文说明书第 1～67 页、附图第 1～14 页和说明书摘要，以及于 2007 年 7 月 27 日提交的序列表第 1～20 页和权利要求 1～22。

2. 关于专利法第 26 条第 3 款

专利法第 26 条第 3 款规定，说明书应当对发明或者实用新型作出清楚、完整的说明，以所属技术领域的技术人员能够实现为准。

根据该款规定，说明书应当清楚完整地公开对于理解和实现发明必不可少的技术内容。对于生物化学领域的发明，如果其技术内容中涉及理解和实现发明必不可少的生物材料，而该生物材料未经保藏且在申请日（有优先权的指优先权日）前公众也无法由其他途径获得，则说明书未充分公开该发明。

本申请权利要求涉及相应于 SEQ ID NO：02-06、09-13、16、17、19~22 的分离的启动子核酸序列（参见权利要求 1~16）、含有这些核酸序列的细胞（参见权利要求 17、18），以及利用这些启动子核酸序列表达核酸序列或者基因的方法（参见权利要求 19~22）。为了验证所要求保护的启动子的活性，本申请说明书在几个实施例中使用了诸如 pMRT1126、pMRT1127、pMRT1130、pMRT1131、pMRT1135、pMRT1139、pMRT1199、pMRT1213、pMRT1216、pMRT1217 等质粒（参见实施例 6~9），而这些质粒均直接或间接衍生于本申请申请日（2000 年 9 月 28 日）和优先权日（1999 年 9 月 30 日）之后公开的质粒 pMRT1097（该质粒公开于专利文献 FR9903635，公开日 2000 年 9 月 29 日），或质粒 pMRT1118 或 pMRT1195（这两个质粒公开于专利文献 FR991112，公开日 2001 年 3 月 9 日），并且质粒 pMRT1097、pMRT1118 和 pMRT1195 均未经保藏，在本申请的申请日（优先权日）之前公众无法得到。因此所属领域的技术人员无法依照本申请说明书提供的具体实施例验证所述启动子序列是否具有所需的活性，即使本领域技术人员可以将上述启动子序列构建到本领域公知的其他质粒载体中，但本发明的启动子序列是否具有启动子功能无法根据本申请说明书的内容和现有技术确定。

请求人认为根据说明书第 12 页第 16~25 行的内容可以获得质粒 pMRT1144，无需 pMRT1097 也可获得与来源于 pMRT1097 的质粒结构完全相同的质粒；实施例 6 和图 5~7 中的实验充分测试了本发明要求保护的启动子的活性，并不需要用 pMRT1118 和 pMRT1195 再现稳定表达实验中获得的结果。合议组认为：(1) 本申请说明书第 12 页第 16~25 行的内容只是明确了阴性对照质粒 pMRT1144 衍生自质粒 pGEM3Z，在其中已经引入了序列 '*uidA - IV2/tem - nos*'"，并没有明确其与质粒 pMRT1097 的关系，因此所属领域技术人员无法由 pMRT1144 获知 pMRT1097 的结构，也无法得知如何由 pMRT1144 获得与来源于 pMRT1097 的质粒结构完全相同的质粒，从而无法利用质粒 pMRT1144 或 pMRT1097 实施验证启动子活性的步骤，而且由于基于本申请说明书记载的内容，本领域技术人员无法实施实施例的方案而确定要求保护的核酸序列具备启动子功能，也无法推知采用其他替代质粒载体实施所述步骤能够获得要求保护的核酸序列具有启动子活性的结果。(2) 说明书实施例 6 和图 5~7 虽然记载了在玉米或烟草中表达的本申请部分启动子的活性，但这些启动子的构建仍以质粒 pMRT1097 或 pMRT1118 为基础，在本领域技术人员未获得 pMRT1097 或 pMRT1118 的情况下，无法实施实施例 6 以及图 5~7 的结果。(3) 因为本申请中质粒均以质粒 pMRT1097 或 pMRT1118 为基础，这二者不公开无法获得本申请所用的其他质粒。

综上所述，依据本申请说明书公开的内容并结合现有技术无法得到本申请所用质粒，从而也无法验证并确认所要求保护的核酸序列的功能活性。请求人所陈述的意见也不具有足够的说服力，因此本申请说明书没有充分公开其发明，不符合专利法第 26 条第 3 款的规定。

根据以上事实和理由，本案合议组作出如下审查决定。

三、决定

维持国家知识产权局于 2004 年 9 月 3 日对申请号为 00803238.6 的发明专利申请作出的驳回决定。

复审请求人对本决定不服的，可以根据专利法第 41 条第 2 款的规定，自收到本决定之日起三个月内向北京市第一中级人民法院起诉。

动物食用调质方法

复审请求审查决定（第 13327 号）

决 定 号	第 13327 号
决 定 日	2008 年 5 月 21 日
发明创造名称	动物食用调质方法
国际分类号	A23L1/318
复审请求人	叶露微
申 请 号	02114905.4
申 请 日	2002 年 2 月 28 日
公 开 日	2003 年 9 月 10 日
合议组组长	李隽
主 审 员	王婧
参 审 员	朱茜

法 律 依 据 专利法第 22 条第 3 款

决 定 要 点

如果发明是所述技术领域的技术人员在现有技术的基础上仅仅通过合乎逻辑的分析、推理或者有限的试验可以得到的，则该发明是显而易见的，也就不具备突出的实质性特点。

不管发明者在创立发明的过程中是历尽艰辛，还是唾手而得，都不应当影响对该发明创造性的评价，一项发明是否具备创造性，只能在对比文件的基础上，站在本领域技术人员的角度来评价。

一、案由

本复审请求涉及名称为"动物食用调质方法"的 02114905.4 号发明专利申请（下称本申请），申请人为叶露微，申请日为 2002 年 2 月 28 日，公开日为 2003 年 9 月 10 日。申请人于申请日提交的权利要求书共包括 4 项权利要求，其中权利要求 1 为独立权利要求。

2007 年 4 月 6 日，国家知识产权局以本申请权利要求 1 不具备专利法第 22 条第 3 款规定的创造性为由驳回了本申请。驳回决定所针对的文本是申请人于 2006 年 10 月 15 日提交的权利要求 1、2005 年 10 月 30 日提交的说明书第 1 页，以及申请日提交的说明书第 2~3 页和说明书摘要。

驳回决定所针对的权利要求书如下：

"1. 动物食用的一种调质方法，在动物食用宰杀后及其血液循环主系统未全面破坏前，以压力灌注的方式往动物的血液循环系统灌注调质物，其特征在于，所述压力灌注在动物的血液循环系统的灌注口，选择在动物心脏连接主动脉的心室。"

驳回决定认为：本申请权利要求1与对比文件1（CN1138947A，公开日1997年1月1日）相比的不同在于：限定了灌注口为连接主动脉的心室，但动物的心脏及血液循环系统的基本构造是本领域技术人员可以得知的一般性常识，即主动脉是血液循环系统的主要通道，其流通性自然较好，所以选择连接主动脉的心室作为灌注口是本领域技术人员无须付出创造性劳动就可以得出的技术方案，故该权利要求不具备专利法第22条第3款规定的创造性。

申请人叶露微（下称复审请求人）对该驳回决定不服，于2007年7月23日向专利复审委员会提出了复审请求，但未对申请文件进行修改。复审请求人认为：（1）动物心脏及血液循环系统的基本构造属于动物解剖学领域的知识，而不属于本发明所属领域，而"本领域技术人员"由于不具备创造性，所以无法利用动物解剖学知识得到解决调味效率问题的新的技术方案；（2）在现有手册和教科书中，虽然分别有各种动物解剖学知识和肉类处理手段，但整体上没有将前者应用于后者的启示；（3）在对比文件1的基础上，本申请权利要求1将灌注口进一步选择在连接主动脉的心室，属于选择发明，且本发明取得了减小灌注阻力的技术效果，因此应具备创造性。

形式审查合格后，专利复审委员会受理了该复审请求，并于2007年9月11日向复审请求人发出了复审请求受理通知书，并将本案转送至国家知识产权局原实质审查部门进行前置审查。

在前置审查意见书中，原实质审查部门仍然坚持原驳回决定。

专利复审委员会依法成立合议组对本复审请求进行了审查，并于2008年3月19日发出复审通知书，通知书中再次论述了权利要求1不具备创造性的理由，并指出：（1）如果所要解决的技术问题能够促使本领域的技术人员在其他技术领域寻找技术手段，他也应具有从该其他技术领域中获知该申请日或优先权日之前的相关现有技术、普通技术知识和常规实验手段的能力；（2）技术启示可以存在于与本发明不同的技术领域中；（3）选择发明要具备创造性必须"取得了意料不到的技术效果"，但本申请并未取得这样的效果。

复审请求人于2008年5月2日针对上述复审通知书进行了答复，但未提交修改文本。复审请求人认为：（1）动物解剖学的公知常识中虽然有关于心脏结构的说明，但没有灌注阻力的任何说明，甚至没有出现过"阻力"该术语，更没有把血液的流向与该术语联系起来，因此，权利要求1的技术方案，对于不具有创造力的普通技术人员是非显而易见的，具有创造性；（2）工人们在实际操作时通常以为插入心脏越深效果越好，但后来经大量加工表明，插入越浅效果越好，且以刚插入为最佳，这是因为插入太深灌注口就可能在右心房或右心室，导致很难灌注，因此权利要求1的技术方案相对于现有技术产生了非常有益的技术效果。

至此，合议组认为本案事实已经清楚，可以作出本复审请求审查决定。

二、决定的理由

1. 关于审查文本

由于复审请求人在提出复审请求时以及答复复审通知书时均未提交修改文本，因此，本复审决定针对的是实质审查阶段驳回决定所依据的文本，即，复审请求人于2006年10月15日提交的权利要求1、2005年10月30日提交的说明书第1页、以及申请日提交的说明书第2~3页和说明书摘要。

2. 关于专利法第22条第3款

专利法第22条第3款规定："创造性，是指同申请日以前已有的技术相比，该发明有突出的实质性特点和显著的进步，该实用新型有实质性特点和进步。"

如果发明是所述技术领域的技术人员在现有技术的基础上仅仅通过合乎逻辑的分析、推理或者有限的试验可以得到的，则该发明是显而易见的，也就不具备突出的实质性特点。

独立权利要求1请求保护动物食用的一种调质方法。对比文件1公开了一种畜类肉加工方法（尤其参见对比文件1说明书第2页第10~15行),即将畜类宰杀放血后,利用畜类的血管做通道向畜类的体内输入料水,输入料水可通过泵完成,灌注口为畜类的心脏。权利要求1所要保护的技术方案与对比文件1公开的内容相比,其区别技术特征在于:权利要求1中的灌注口进一步限定为连接主动脉的心室。根据该区别技术特征可以确定,权利要求1相对于对比文件1实际要解决的技术问题是:减小灌注阻力,以获得更理想的灌注效果。然而,血液经心室收缩由动脉流出,然后经静脉回流到心房是本领域的公知常识,既然对比文件1已经公开了利用动物的血液循环系统来进行灌注的技术方案,则本领域技术人员通过合乎逻辑的分析、推理或者有限的试验很容易想到将灌注口设在血液流出的心室,从而使得料水的流向和血液循环的方向一致,以获得更好的灌注效果。由此可见,在对比文件1的基础上结合上述公知常识以获得该权利要求所要保护的技术方案,对本领域技术人员来说是显而易见的,因此,权利要求1不符合专利法第22条第3款关于创造性的规定。

针对复审请求人在答复复审通知书时所提出的意见,合议组认为:(1) 对比文件1中通过动物血管,特别是将畜类的心脏作为灌注口进行灌注的技术方案实际上已经利用了动物解剖学的知识(即动物血管的分布),所以,当本领域技术人员在面临"减小灌注阻力,以获得更理想的灌注效果"这一技术问题时,必然会在对比文件1的引导下,去动物解剖学中寻找技术手段,当本领域技术人员得知了动物心脏和血液循环系统的基本构造这些动物解剖学领域的公知常识之后,正如驳回决定中所指出的,由于主动脉是血液循环系统的主要通道,其具有更好的流通性,所以,选择其作为灌注口遇到的阻力自然较小,此时,本领域技术人员通过合乎逻辑的分析、推理或者有限的试验便很容易得到将灌注口选择在连接主动脉的心室的技术方案,由此可见,动物解剖学中没有明确记载"阻力"这一术语,本领域技术人员也能很容易地得到权利要求1所要保护的技术方案;(2) 审查指南第二部分第四章第6.1节指出,"不管发明者在创立发明的过程中是历尽艰辛,还是唾手而得,都不应当影响对该发明创造性的评价",因此,复审请求人在意见陈述书中所描述的该发明创立的过程,并不能作为本发明具备创造性的理由,一项发明是否具备创造性,只能在对比文件的基础上,站在本领域技术人员的角度来评价,在前述对权利要求1创造性的评述中,合议组已经充分论述了本发明相对于对比文件1和公知常识的结合不具备创造性的理由。

三、决定

维持国家知识产权局于2007年4月6日作出的驳回02114905.4号发明专利申请的决定。

复审请求人如对本决定不服,可以依据专利法第41条第2款的规定,自收到本决定之日起三个月内向北京市第一中级人民法院起诉。

一种防治对虾病毒病的卵黄免疫球蛋白及其制备方法和应用

复审请求审查决定（第 13384 号）

决 定 号	第 13384 号
决 定 日	2008 年 5 月 16 日
发明创造名称	一种防治对虾病毒病的卵黄免疫球蛋白及其制备方法和应用
国际分类号	C07K 16/02，C07K 16/08，A61K 39/395，A61P 31/12
复审请求人	大连理工大学
申 请 号	200410020691.8
申 请 日	2004 年 6 月 5 日
公 开 日	2005 年 2 月 23 日
合议组组长	郭 婷
主 审 员	曹克浩
参 审 员	吴文英
法 律 依 据	专利法第 25 条第 1 款，专利法实施细则第 20 条第 1 款、第 60 条第 1 款

决 定 要 点

如果请求人在新修改的权利要求书中增加权利要求，而该权利要求的增加并不是为了消除驳回决定或者复审通知书指出的缺陷，那么这种修改不符合专利法实施细则第 60 条第 1 款的规定。

每项权利要求的类型应当清楚，权利要求的主题名称应当能够清楚地表明该权利要求的类型，不允许采用模糊不清的主题名称。

疾病的治疗方法，是指为使有生命的人体或者动物体恢复或获得健康或减少痛苦，进行阻断、缓解或者消除病因或病灶的过程。治疗方法包括以治疗为目的或者具有治疗性质的各种方法。预防疾病或者免疫的方法视为治疗方法。

一、案由

本复审请求涉及 2004 年 6 月 5 日申请、2005 年 2 月 23 日公开、名称为"一种防治对虾病毒病的卵黄免疫球蛋白及其制备方法和应用"的第 200410020691.8 号发明专利申请（下称本申请）。本申请的申请人为大连理工大学。

国家知识产权局于 2005 年 12 月 16 日以权利要求 1～7、9 不符合专利法实施细则第 20 条第 1 款的规定为由驳回了本申请。

驳回决定所针对的权利要求书为：

"1. 一种防治对虾病毒病的卵黄免疫球蛋白及其制备方法和应用，其特征在于该特异性卵黄免疫球蛋白IgY是将引致对虾病毒病的病毒的核酸作为人工抗原免疫产蛋禽类，收集免疫母禽所产禽蛋，从其卵黄中提取的抗对虾病毒病特异性IgY。

2. 根据权利要求1所述的一种防治对虾病毒病的卵黄免疫球蛋白及其制备方法和应用，其特征在于制备该IgY所采用的产蛋禽类包括母鸡、母鸭、母鹅、火鸡、鸵鸟。

3. 根据权利要求1或2所述的一种防治对虾病毒病的卵黄免疫球蛋白及其制备方法和应用，其特征在于引致对虾病毒病的病毒是白斑综合症病毒WSSV：包括白斑杆状病毒WSBV，皮下及造血组织坏死杆状病毒HHNBV，日本对虾核型杆状病毒RV-PJ，系统性外胚层、中胚层杆状病毒SEMBV，无包涵体对虾病毒NOSV。

4. 根据权利要求1或2所述的一种防治对虾病毒病的卵黄免疫球蛋白及其制备方法和应用，其特征在于用于免疫的病毒核酸抗原是编码白斑综合症病毒的结构蛋白基因或包含其抗原决定簇的基因片段。

5. 根据权利要求1或2所述的一种防治对虾病毒病的卵黄免疫球蛋白及其制备方法和应用，其特征在于免疫禽类所选用的病毒核酸抗原可以是单价疫苗或多价疫苗。

6. 根据权利要求1或2所述的一种防治对虾病毒病的卵黄免疫球蛋白及其制备方法和应用，其特征在于选用单价疫苗时可采取单一免疫或联合免疫的方式。

7. 根据权利要求1或2所述的一种防治对虾病毒病的卵黄免疫球蛋白及其制备方法和应用，其特征在于白斑综合症病毒感染的宿主是指甲壳动物的脊尾白虾、南美白对虾、斑节对虾、日本对虾、墨吉对虾、东方白虾、长毛对虾、中国对虾、印度对虾、桃红对虾、蓝对虾、褐对虾、周氏新对虾、日本樱虾、近缘新对虾、长臂虾、刀额新对虾、虾蛄、毛虾。

8. 一种防治对虾病毒病的卵黄免疫球蛋白及其制备方法和应用，其特征在于该禽蛋中含有以引致对虾病毒病的病毒的核酸作为人工抗原免疫禽类所获得的IgY。

9. 根据权利要求1、2、8所述的一种防治对虾病毒病的卵黄免疫球蛋白及其制备方法和应用，其特征在于该IgY或免疫禽蛋作为饲料添加剂或药物浸浴剂或虾池泼洒剂的活性成分应用于对虾病毒病的防治：

每吨饲料添加剂含有抗对虾白斑综合症特异性IgY或具有免疫活性的卵黄粉/全蛋粉1~100g；

每升药物浸浴剂含有抗对虾白斑综合症特异性IgY或具有免疫活性的卵黄液/全蛋液10~200ml；

每升虾池泼洒剂含有抗对虾白斑综合症特异性IgY或具有免疫活性的卵黄液/全蛋液2%~10%。"

驳回决定认为：权利要求1要求保护一种防治对虾病毒病的卵黄免疫球蛋白及其制备方法和应用，这种描述导致权利要求的类型不清楚，其中既包含了免疫球蛋白的产品主题，同时又包含制备方法和应用主题，难以确定其要求保护一种免疫球蛋白产品，还是该免疫球蛋白的制备方法，或是该免疫球蛋白的应用，因此，权利要求1的类型不清楚，导致其保护范围不清楚，不符合专利法实施细则第20条第1款的规定。另外，由于权利要求2~7、9均引用了权利要求1，因此，权利要求2~7、9存在同样的缺陷。

申请人大连理工大学（下称请求人）对上述驳回决定不服，于2006年3月30日向专利复审委员会提出复审请求，请求人在提出复审请求时提交了新修改的权利要求书全文替换页（共9项）。

修改后的权利要求书如下：

"1. 一种防治对虾病毒病的卵黄免疫球蛋白，是抗对虾病毒病的特异性卵黄免疫球蛋白IgY或含该IgY的组合物，其特征在于：该IgY是将引致对虾病毒病的一类病毒中的一种或一种以上病毒的核酸作为人工抗原用于免疫产蛋禽类，收集该被免疫的禽类所产禽蛋，从其卵黄中提取的抗对虾病毒病特异性卵黄免疫球蛋白的生物制品。

2. 根据权利要求1所述的一种防治对虾病毒病的卵黄免疫球蛋白，其特征在于：制备该IgY所采用的产蛋禽类包括母鸡、母鸭、母鹅、母火鸡、母鸵鸟。

3. 根据权利要求1或2所述的一种防治对虾病毒病的卵黄免疫球蛋白，其特征在于：引致对虾病毒病的病毒是一类白斑综合症病毒WSSV：包括白斑杆状病毒WSBV，皮下及造血组织坏死杆状病毒HHNBV，日本对虾核型杆状病毒RV-PJ，系统性外胚层、中胚层杆状病毒SEMBV，无包涵体对虾病毒NOSV。

4. 根据权利要求1或2所述的一种防治对虾病毒病的卵黄免疫球蛋白，其特征在于：人工抗原是白斑综合症病毒类的核酸免疫原和其灭活毒株、其减毒毒株、其基因亚单位免疫原的两种或两种以上的人工抗原混合。

5. 根据权利要求1或2所述的一种防治对虾病毒病的卵黄免疫球蛋白，其特征在于：一种以上白斑综合症病毒按1~10:1~10 或 1~10:1~10:1~10 或 1~10:1~10:1~10:1~10 或 1~10:1~10:1~10:1~10:1~10 以此类推的比例均匀混合，然后加入免疫佐剂制成复合抗原。

6. 一种防治对虾病毒病的卵黄免疫球蛋白IgY制备方法和应用，其特征在于白斑综合症病毒感染的宿主是指甲壳动物的脊尾白虾、南美白对虾、斑节对虾、日本对虾、墨吉对虾、东方白虾、长毛对虾、中国对虾、印度对虾、桃红对虾、蓝对虾、褐对虾、周氏新对虾、日本樱虾、近缘新对虾、长臂虾、刀额新对虾、虾蛄、毛虾。

7. 根据权利要求1或2所述的一种防治对虾病毒病的卵黄免疫球蛋白，其特征在于：含该IgY的组合物中还含有任意组合的益生素或肽聚糖或中草药。

8. 一种防治对虾病毒病的卵黄免疫球蛋白的应用方法，其特征在于：该IgY作为饲料添加剂或药物浸浴剂或虾池泼洒剂的活性成分：

每吨饲料添加剂含有抗对虾白斑综合症特异性IgY或具有免疫活性的卵黄粉/全蛋粉1~100g；

每升药物浸浴剂含有抗对虾白斑综合症特异性IgY或具有免疫活性的卵黄液/全蛋液10~200ml；

每升虾池泼洒剂含有抗对虾白斑综合症特异性IgY或具有免疫活性的卵黄液/全蛋液20~100 ml。

9. 一种防治对虾病毒病的卵黄免疫球蛋白制备方法，其抗原制备过程：

（1）WSBV灭活毒株的制备

取健康无WSBV感染的螯虾，清洗体表，在0.01%的高锰酸钾溶液中浸泡5min，无菌水冲洗，酒精棉球消毒头胸甲与腹部交界处；制备螯虾原代细胞，用全培液轻轻均匀重悬，接种到培养瓶或培养板，27℃培养过夜，待用。另取感染WSBV的对虾组织，无菌过滤获得WSBV病毒液，于健康螯虾第三、四腹节进行肌肉注射（60~120μl/只）。感染4~6天后，剥取感染螯虾肌肉组织，以L-15培养基为匀浆缓冲液，提取病毒。选取铺展均匀、状态良好的细胞，按1/10比例加入新鲜制备的病毒感染液，孵育1h，用L-15洗涤细胞3次，加入全培液，于27℃继续培养后收获病毒液，15% NaCl灭活病毒液18~24h，于4℃或-20℃保存；

（2）WSBV基因亚单位免疫原的制备

将病虾的头胸甲取下，去除眼、附肢，加入等体积TN（Tris-NaCl）缓冲液，经高速组织匀浆器12000r/min匀浆5min。匀浆液经5000g离心1h，取上清，经8400g离心20min，再取上清30000g离心1h，取沉淀，加入3~5倍的TN缓冲液重新悬浮，置于15~16%蔗糖密度梯度顶端，经75000g离心2h，收集病毒层1ml，用TN缓冲液稀释，再经8400g离心0.5h，取上清，用等量TN缓冲液重新悬浮，即得纯化病毒；以上离心均在4℃进行；设计并合成引物，提取WSBV中国株的基因组DNA作为模板，通过PCR扩增分别克隆出VP24、VP26、VP28基因，亚克隆至载体pUC118的多克隆位点上，得到VP24、VP26、VP28基因的重组克隆质粒，然后分别与表达质粒pGEX-2T连接，转化感受态细胞 BL21，筛选阳性菌落。挑取阳性单菌落，于 LB 培养基中 37℃过夜培养，取 1/50 或 1/100 菌液转移至含有 Amp 的 5L 液体培养基，振摇至 A（OD）$_{550}$=0.4~0.6，加入 1.5mlIPTG（1M）诱导表达，1~4h 后，离心收集菌体，SDS-PAGE 及 Western Blot 检测表明诱导产生目的蛋白，用谷胱苷肽活化的 Sepharose4B 亲和层析柱纯化融合蛋白，测定纯化蛋白的浓度，于-20℃保存备用；

(3) 核酸免疫原的制备

如（2）所述方法获得的 VP24，VP26，VP28 基因，分别与表达质粒 pVAXl 连接，转化感受态细胞 DH5α，筛选阳性菌落；大量提取重组质粒，以 Sepharose-CL 4B 柱层析纯化质粒，以鲎试剂法检测质粒 DNA 中所含的细菌内毒素，将内毒素含量控制在小于 20EU/mg 质粒的范围之内，于无菌 PBS 或无菌水中4℃或-20℃保存备用；

禽类免疫过程：

采用上述方法制备的单一核酸免疫抗原，或核酸免疫抗原和基因亚单位免疫抗原的复合抗原，或核酸免疫抗原和灭活毒株抗原的复合抗原，与福氏完全佐剂或福氏不完全佐剂分别等量混合后，分别对待开产或新开产的健康无病鸡进行初免和加强免疫，共计三次，14 天后每隔 3 天采血 1 次，测定抗体效价，当达到 $\log_2 11$ 以上时，收集免疫蛋，置4℃保存：

具有免疫活性生物制剂的制备过程：

(1) 特异性 IgY 的分离纯化

当免疫禽蛋达一定数量后，用 0.2~0.5% 的新洁尔灭或高锰酸钾水溶液洗净蛋壳表面，再用 5% 碘酊消毒，最后用 75% 的酒精脱碘两次；打蛋机打碎免疫蛋，分离卵黄；用灭菌水或缓冲液将具有免疫活性的卵黄液稀释 6~10 倍，NaOH 调 pH 至 5~5.2，于4℃下静置 12~18h，离心分离收获上清液，$(NH_4)_2SO_4$ 溶液盐析，静置数小时后，乙醇沉淀或硫酸钠沉淀获得 IgY 粗体液，Sephadex G-200 柱层析纯化浓缩粗提液；

(2) 免疫活性全蛋粉/卵黄粉/抗体粉的制备

将具有免疫活性的全蛋液或卵黄液或纯化 IgY 溶液搅拌乳化成乳液，采用喷雾干燥或冷冻干燥法制成粉末状。"

请求人认为：本专利申请有被授予专利权的实质性内容，权利要求书经过修改已克服了驳回决定所指出的不足，符合专利法实施细则第 20 条第 1 款的规定。

形式审查合格后，专利复审委员会受理了该复审请求，并于 2006 年 6 月 5 日向请求人发出《复审请求受理通知书》，同时将本申请案卷移交原审查部门进行前置审查。

原审查部门对本复审请求进行了前置审查，坚持原驳回决定，具体理由是：修改后的权利要求 6 的主题为"一种防治对虾病毒病的卵黄免疫球蛋白 IgY 制备方法和应用"，难以确定其要求保护蛋白的制备方法还是蛋白的应用，由于这种修改导致权利要求的类型不清楚，从而导致其保护范围不清楚，因此权利要求 6 仍然不符合专利法实施细则第 20 条第 1 款的规定。

专利复审委员会组成合议组，对本复审请求案进行了审理。于 2008 年 3 月 7 日向请求人发出《复审通知书》。《复审通知书》指出，(1) 复审请求人在提出复审请求时提交的权利要求书中增加的权利要求 9 不符合专利法实施细则第 60 条第 1 款的规定。(2) 在复审请求人提出复审请求时提交的权利要求书中，权利要求 1 的前序部分"一种防治对虾病毒病的卵黄免疫球蛋白，是抗对虾病毒病的特异性卵黄免疫球蛋白 IgY 或含该 IgY 的组合物"包含了卵黄免疫球蛋白 IgY 本身和含其的组合物两个产品主题，权利要求 6 的前序部分"一种防治对虾病毒病的卵黄免疫球蛋白 IgY 制备方法和应用"包含了卵黄免疫球蛋白 IgY 的制备方法和应用两个主题，因此权利要求 1、6 的主题类型不清楚，导致权利要求 1、6 的保护范围不清楚，不符合专利法实施细则第 20 条第 1 款的规定。(3) 在复审请求人提出复审请求时提交的权利要求书中，权利要求8的技术方案属于专利法第25条第1款第（3）项规定的"疾病的诊断和治疗方法"的范畴，不能被授予专利权。此外，如果请求人将权利要求6的保护主题修改为"一种防治对虾病毒病的卵黄免疫球蛋白IgY的应用"，则该权利要求也将不符合专利法第25条第1款的规定。

针对《复审通知书》指出的问题，请求人于2008年3月31日提交了意见陈述书，表示同意合议组的审查意见，同时提交了经修改的权利要求书全文替换页（共7项），其中所做的修改为：（1）删除了权利要求9；（2）删除了权利要求1前序部分中的"或含该IgY的组合物"，并将权利要求6的主题由"一种防治对虾病毒病的卵黄免疫球蛋白IgY制备方法和应用"改为"根据权利要求1或2所述的一种防治对虾病毒病的卵黄免疫球蛋白"；（3）删除了权利要求8。

修改后的权利要求书如下：

"1. 一种防治对虾病毒病的卵黄免疫球蛋白，是抗对虾病毒病的特异性卵黄免疫球蛋白IgY，其特征在于：该IgY是将引致对虾病毒病的一类病毒中的一种或一种以上病毒的核酸作为人工抗原免疫产蛋禽类，收集该被免疫的禽类所产禽蛋，从其卵黄中提取的抗对虾病毒病特异性卵黄免疫球蛋白的生物制品。

2. 根据权利要求1所述的一种防治对虾病毒病的卵黄免疫球蛋白，其特征在于：制备该IgY所采用的产蛋禽类包括母鸡、母鸭、母鹅、母火鸡、母鸵鸟。

3. 根据权利要求1或2所述的一种防治对虾病毒病的卵黄免疫球蛋白，其特征在于：引致对虾病毒病的病毒是一类白斑综合症病毒WSSV：包括白斑杆状病毒WSBV，皮下及造血组织坏死杆状病毒HHNBV，日本对虾核型杆状病毒RV-PJ，系统性外胚层、中胚层杆状病毒SEMBV，无包涵体对虾病毒NOSV。

4. 根据权利要求1或2所述的一种防治对虾病毒病的卵黄免疫球蛋白，其特征在于：人工抗原是白斑综合症病毒类的核酸免疫原和其灭活毒株、其减毒毒株、其基因亚单位免疫原的两种或两种以上的人工抗原混合。

5. 根据权利要求1或2所述的一种防治对虾病毒病的卵黄免疫球蛋白，其特征在于：一种以上白斑综合症病毒按1～10：1～10或1～10：1～10：1～10或1～10：1～10：1～10：1～10或1～10：1～10：1～10：1～10：1～10以此类推的比例均匀混合，然后加入免疫佐剂制成复合抗原。

6. 根据权利要求1或2所述的一种防治对虾病毒病的卵黄免疫球蛋白，其特征在于白斑综合症病毒感染的宿主是指甲壳动物的脊尾白虾、南美白对虾、斑节对虾、日本对虾、墨吉对虾、东方白虾、长毛对虾、中国对虾、印度对虾、桃红对虾、蓝对虾、褐对虾、周氏新对虾、日本樱虾、近缘新对虾、长臂虾、刀额新对虾、虾蛄、毛虾。

7. 根据权利要求1或2所述的一种防治对虾病毒病的卵黄免疫球蛋白，其特征在于：含该IgY的组合物中还含有任意组合的益生素或肽聚糖或中草药。"

至此，合议组认为本案事实已经清楚，可以作出审查决定。

二、决定的理由

1. 文本认定

本复审决定所针对的文本为请求人于2008年3月31日提交的权利要求1～7和2004年6月5日提交的说明书第1～12页及说明书摘要。

2. 关于专利法实施细则第60条第1款

专利法实施细则第60条第1款规定：请求人在提出复审请求或者在对专利复审委员会的复审通知书作出答复时，可以修改专利申请文件；但是，修改应当仅限于消除驳回决定或者复审通知书指出的缺陷。

如果请求人在新修改的权利要求书中增加权利要求，而该权利要求的增加并不是为了消除驳回决定或者复审通知书指出的缺陷，那么这种修改不符合专利法实施细则第60条第1款的规定。

本案中，驳回决定指出的缺陷是2005年9月21日提交的权利要求书中的权利要求1~7、9的主题类型不清楚，不符合专利法实施细则第20条第1款的规定。请求人在提出复审请求时提交的权利要求书（2006年3月30日提交的权利要求书）中所加入的权利要求9与2005年9月21日提交的权利要求书中的所有权利要求均不相对应，该权利要求9的加入并不是为了克服驳回决定所指出的缺陷，而是新增加的权利要求，这种修改不符合专利法实施细则第60条第1款的规定。

由于请求人在2008年3月31日提交的权利要求书中已经删除了权利要求9，因此《复审通知书》所指出的权利要求9不符合专利法实施细则第60条第1款的缺陷已不存在。

3. 关于专利法实施细则第20条第1款

专利法实施细则第20条第1款规定：权利要求书应当说明发明或者实用新型的技术特征，清楚、简要地表述请求保护的范围。

根据该条款的规定，每项权利要求的类型应当清楚，权利要求的主题名称应当能够清楚地表明该权利要求的类型，不允许采用模糊不清的主题名称。

在2006年3月30日提交的权利要求书中的权利要求1的前序部分"一种防治对虾病毒病的卵黄免疫球蛋白，是抗对虾病毒病的特异性卵黄免疫球蛋白IgY或含该IgY的组合物"包含了卵黄免疫球蛋白IgY本身和含其的组合物两个产品主题，难以确定权利要求1究竟要求保护一种卵黄免疫球蛋白产品，还是该卵黄免疫球蛋白的组合物；权利要求6的前序部分"一种防治对虾病毒病的卵黄免疫球蛋白IgY制备方法和应用"包含了卵黄免疫球蛋白IgY的制备方法和应用两个主题，难以确定权利要求6究竟要求保护该免疫球蛋白的制备方法，还是该免疫球蛋白的应用。因此，权利要求1、6的主题类型不清楚，导致权利要求1、6的保护范围不清楚，不符合专利法实施细则第20条第1款的规定。

由于请求人在2008年3月31日提交的权利要求书中，删除了权利要求1前序部分中的"或含该IgY的组合物"，只保留了"抗对虾病毒病的特异性卵黄免疫球蛋白IgY"，并将权利要求6的主题由"一种防治对虾病毒病的卵黄免疫球蛋白IgY制备方法和应用"改为"根据权利要求1或2所述的一种防治对虾病毒病的卵黄免疫球蛋白"，修改后的权利要求1、6的主题类型清楚，保护范围清楚，因此《驳回决定》及《复审通知书》所指出的权利要求1、6不符合专利法实施细则第20条第1款的缺陷已被克服。

4. 关于专利法第25条第1款

专利法第25条第1款规定，对下列各项，不授予专利权：（1）科学发现；（2）智力活动的规则和方法；（3）疾病的诊断和治疗方法；（4）动物和植物品种；（5）用原子核变换方法获得的物质。

该款第（3）项所述的治疗方法，是指为使有生命的人体或者动物体恢复或获得健康或减少痛苦，进行阻断、缓解或者消除病因或病灶的过程。治疗方法包括以治疗为目的或者具有治疗性质的各种方法。预防疾病或者免疫的方法视为治疗方法。

2006年3月30日提交的权利要求书中的权利要求8要求保护的技术方案是"一种防治对虾病毒病的卵黄免疫球蛋白的应用方法，其特征在于：该IgY作为饲料添加剂或药物浸浴剂或虾池泼洒剂的活性成分……"。由于权利要求8是对有生命的对虾提供具有免疫活性的产品的方法，其目的在于预防或治疗对虾病毒病，因此，权利要求8的技术方案属于专利法第25条第1款第（3）项规定的"疾病的诊断和治疗方法"的范畴，不能被授予专利权。

基于相同的理由，2006年3月30日提交的权利要求书中的权利要求6保护主题之一为"一种防治对虾病毒病的卵黄免疫球蛋白IgY的应用"，因此采用该主题的权利要求6的技术方案也属于专利法第25条第1款第（3）项规定的"疾病的诊断和治疗方法"的范畴，不能被授予专利权。

由于请求人在2008年3月31日提交的权利要求书中已经删除了权利要求8，并且将权利要求6的保护主题修改为"根据权利要求1或2所述的一种防治对虾病毒病的卵黄免疫球蛋白"，因此《复审通知书》所指出的权利要求6、8不符合专利法第25条第1款的缺陷已被克服。

根据以上事实和理由，本案合议组作出如下审查决定。

三、决定

撤销国家知识产权局于2005年12月16日对200410020691.8号发明专利申请作出的驳回决定。由原审查部门在本复审决定所针对的文本基础上继续进行审查。

复审请求人对本决定不服的，可以根据专利法第41条第2款的规定，自收到本决定之日起三个月内向北京市第一中级人民法院起诉。

通过同时测量至少2种不同分子标记物而特异性检测子宫颈涂片中肿瘤细胞及其前体的方法

复审请求审查决定（第13413号）

决 定 号	第13413号
决 定 日	2008年5月20日
发明创造名称	通过同时测量至少2种不同分子标记物而特异性检测子宫颈涂片中肿瘤细胞及其前体的方法
国际分类号	C12Q 1/68
复审请求人	拜尔公司
申 请 号	01143712.X
优 先 权 日	2000年12月18日
申 请 日	2001年12月18日
公 开 日	2002年7月24日
合议组组长	郭 婷
主 审 员	冯 怡
参 审 员	张 雷

法 律 依 据 专利法第25条第1款第（3）项

决 定 要 点

诊断方法，是指为识别、研究和确定有生命的人体或动物体病因或病灶状态的过程。一项与疾病诊断有关的方法如果同时满足以下两个条件，则属于疾病的诊断方法，不能被授予专利权：（1）以有生命的人体或动物体为对象；（2）以获得疾病诊断结果或健康状况为直接目的。如果一项发明从表述形式上看是以离体样品为对象的，但该发明是以获得同一主体疾病诊断结果或健康状况为直接目的，则该发明仍然不能被授予专利权。如果请求专利保护的方法中包括了诊断步骤或者虽未包括诊断步骤但包括检测步骤，而根据现有技术中的医学知识和该专利申请公开的内容，只要知晓所说的诊断或检测信息，就能够直接获得疾病的诊断结果或健康状况，则该方法满足上述条件（2）。

一、案由

本复审请求涉及申请号为01143712.X，名称为"通过同时测量至少2种不同分子标记物而特异性检测子宫颈涂片中肿瘤细胞及其前体的方法"的发明专利申请（下称本申请），其申请日为2001年12月18日，优先权日为2000年12月18日，公开日为2002年7月24日，申请人为拜尔公司。

国家知识产权局于 2007 年 3 月 9 日以权利要求 1 属于专利法第 25 条第 1 款第（三）项规定的不授予专利权的范围为由驳回了本申请。

驳回决定所针对的权利要求书为：

"1. 一种用于检测子宫颈涂片中的肿瘤细胞及其前体的在人体或者动物体外进行的体外方法，该方法通过同时检测至少两种在所述细胞中的分子标记物来进行，通过将细胞样品或者组织样品与特异性结合分子标记物的颜色标记试剂相接触，同时检测由所述标记物所产生的混合色的信号强度，并且合并和鉴定（accrediting）信号强度。

2. 按照权利要求 1 的方法，其特征在于，所述标记物选自：肿瘤抑制基因、细胞凋亡基因、增殖基因、修复基因、或病毒基因。

3. 按照权利要求 1 或 2 的方法，其特征在于下列标记物的至少一种是以联合形式存在的：her2/neu、p16、p53、MN、mdm-2、bcl-2、EGF 受体，和来自 HPV 亚型 6、11、16、18、30、31、33、35、45、51 和 52 的特异性 DNA。

4. 按照权利要求 1~3 中任一项的方法，其特征在于，所述标记物联合是 her2/neu 与 p16、或 EGF-R 与 p16、或 p53 与 her2/neu、或 her2/neu 与 mdm-2、或 bcl-2 与 p16、或 bcl-2 与 her2/neu、或 p16 与 p53。

5. 按照权利要求 1~4 任一项的方法，其特征在于检测三种标记物。

6. 一种试剂盒，其用于实施权利要求 1~5 中任一项的方法。

7. 按照权利要求 6 的试剂盒，其特征在于，所述试剂是抗体或核酸。

8. 按照权利要求 6 或 7 的试剂盒，其特征在于，用荧光或显色有色物质直接或间接读取所述的抗体或核酸探针。"

驳回决定认为：权利要求 1 要求保护一种用于检测子宫颈涂片中的肿瘤细胞及其前体的在人体或者动物体外进行的体外方法。该权利要求虽然是在人体或者动物体外进行的体外检测方法（即从表述形式看是以离体样品为对象的），但是其是以获得同一主体疾病诊断结果或健康状况为直接目的的。因为根据本申请说明书的如下描述：监控病理学家/细胞学家随后可以判断被染色细胞实际上是否为癌细胞；本发明包含可以用于早期诊断在制备的子宫颈涂片中的癌细胞或其前体并比已往方法更加可靠的方法，可知本领域技术人员根据现有技术中的医学知识，从上述在人体或者动物体外进行的体外检测子宫颈涂片中的肿瘤细胞及其前体的检测结果就能直接得出比已往更加可靠的疾病的诊断结果。因此权利要求 1 实质上属于疾病的诊断方法，属于专利法第 25 条第 1 款第（3）项规定的不能被授予专利权的范围。

申请人拜尔公司（下称请求人）对上述驳回决定不服，于 2007 年 6 月 25 日向专利复审委员会提出复审请求，请求人没有在提出复审请求的同时提交新修改的专利申请文本。请求人认为，本申请权利要求书明显涉及体外方法，是在身体的外面进行的，因此权利要求 1 不属于专利法第 25 条规定的不能被授予专利权的范围。

形式审查合格后，专利复审委员会受理了该复审请求，并于 2007 年 7 月 18 日向请求人发出《复审请求受理通知书》，随后将本申请案卷移交原审查部门进行前置审查。

原审查部门对本复审请求进行了前置审查，坚持原驳回决定。

专利复审委员会组成合议组，对本案的复审请求进行了审理。于 2008 年 3 月 20 日向请求人发出《复审通知书》。《复审通知书》指出，本案中，权利要求 1 要求保护一种用于检测子宫颈涂片中的肿瘤细胞及其前体的在人体或者动物体外进行的体外方法，虽然该方法从表述形式上看是以离体样品（人或动物的子宫颈细胞涂片）为对象的，但是根据本申请说明书的记载，本发明仍然是以获得同一主体（所述人或动物）的疾病诊断结果（肿瘤细胞或其前体，癌性）或健康状况（非癌性）为直接目的的方法，权利要求 1 实质上属于疾病的诊断方法。从属权利要求 2~5 是对权利要求 1 的方法中所使用标记物的进一步限定，基于与上述相同的理由，其本质上同样属于疾病的诊断方法。综上所述，权利要求 1~5 属于专利法第 25 条第 1 款第（3）项规定的不授予专利权的范围。

针对《复审通知书》指出的问题，请求人于 2008 年 5 月 4 日提交了意见陈述书及经修改的权利要求书全文替换页（共 12 项），其中将权利要求 1~5 修改为制备试剂盒用途的权利要求，并相应地修改和增加了要求保护试剂盒产品的权利要求 6~12。

修改后的权利要求书为：

"1. 至少两种在子宫颈涂片中的肿瘤细胞及其前体中的分子标记物的特异性结合颜色标记试剂在制备用于检测所述细胞的试剂盒中的用途。

2. 按照权利要求 1 的用途，其特征在于，所述标记物选自：肿瘤抑制基因、细胞凋亡基因、增殖基因、修复基因、或病毒基因。

3. 按照权利要求 1 或 2 的用途，其特征在于下列标记物的至少一种是以联合形式存在的：her2/neu、p16、p53、MN、mdm-2、bcl-2、EGF 受体，和来自 HPV 亚型 6、11、16、18、30、31、33、35、45、51 和 52 的特异性 DNA。

4. 按照权利要求 1~3 中任一项的用途，其特征在于，所述标记物联合是 her2/neu 与 p16、或 EGF-R 与 p16、或 p53 与 her2/neu、或 her2/neu 与 mdm-2、或 bcl-2 与 p16、或 bcl-2 与 her2/neu、或 p16 与 p53。

5. 按照权利要求 1~4 任一项的用途，其特征在于使用三种标记物的特异性结合颜色标记试剂。

6. 一种试剂盒，其用于实施用于检测子宫颈涂片中的肿瘤细胞及其前体的在人体或者动物体外进行的体外方法，该方法通过同时检测至少两种在所述细胞中的分子标记物来进行，通过将细胞样品或者组织样品与特异性结合分子标记物的颜色标记试剂相接触，同时检测由所述标记物所产生的混合色的信号强度，并且合并和鉴定（accrediting）信号强度。

7. 按照权利要求 6 的试剂盒，其特征在于，所述标记物选自：肿瘤抑制基因、细胞凋亡基因、增殖基因、修复基因、或病毒基因。

8. 按照权利要求 6 或 7 的试剂盒，其特征在于下列标记物的至少一种是以联合形式存在的：her2/neu、p16、p53、MN、mdm-2、bcl-2、EGF 受体，和来自 HPV 亚型 6、11、16、18、30、31、33、35、45、51 和 52 的特异性 DNA。

9. 按照权利要求 6~8 中任一项的试剂盒，其特征在于，所述标记物联合是 her2/neu 与 p16、或 EGF-R 与 p16、或 p53 与 her2/neu、或 her2/neu 与 mdm-2、或 bcl-2 与 p16、或 bcl-2 与 her2/neu、或 p16 与 p53。

10. 按照权利要求 6~9 任一项的试剂盒，其特征在于检测三种标记物。

11. 按照权利要求 6~10 任一项的的试剂盒，其特征在于，所述试剂是抗体或核酸。

12. 按照权利要求 6~11 任一项的的试剂盒，其特征在于，用荧光或显色有色物质直接或间接读取所述的抗体或核酸探针。"

至此，合议组认为本案事实清楚，可以作出审查决定。

二、决定的理由

1. 决定针对的文本

请求人于 2008 年 5 月 4 日提交了经修改的权利要求书，经审查，其修改符合专利法第 33 条和专利法实施细则第 60 条第 1 款的规定。因此，本复审请求审查决定是在请求人于 2008 年 5 月 4 日提交的权利要求1~12和2001年12月18日提交的说明书第1~12页及说明书摘要的基础上作出的。

2. 关于专利法第25条第1款第（3）项

专利法第25条第1款第（3）项规定，对疾病的诊断和治疗方法不授予专利权。

诊断方法，是指为识别、研究和确定有生命的人体或动物体病因或病灶状态的过程。一项与疾病诊断有关的方法如果同时满足以下两个条件，则属于疾病的诊断方法，不能被授予专利权：（1）以有生命的人体或动物体为对象；（2）以获得疾病诊断结果或健康状况为直接目的。如果一项发明从表述形式上看是以离体样品为对象的，但该发明是以获得同一主体疾病诊断结果或健康状况为直接目的，则该发明仍然不能被授予专利权。如果请求专利保护的方法中包括了诊断步骤或者虽未包括诊断步骤但包括检测步骤，而根据现有技术中的医学知识和该专利申请公开的内容，只要知晓所说的诊断或检测信息，就能够直接获得疾病的诊断结果或健康状况，则该方法满足上述条件（2）。

驳回决定所针对文本中的权利要求1要求保护一种用于检测子宫颈涂片中的肿瘤细胞及其前体的在人体或者动物体外进行的体外方法，该方法通过同时检测至少两种在所述细胞中的分子标记物来进行，通过将细胞样品或者组织样品与特异性结合分子标记物的颜色标记试剂相接触，同时检测由所述标记物所产生的混合色的信号强度，并且合并和鉴定（accrediting）信号强度。虽然该项发明是在人体或者动物体外进行的检测方法，即从表述形式上看是以离体样品（人或动物的子宫颈细胞涂片）为对象的，但是根据本申请说明书的记载，本发明能够更加特异并且可以自动化检测子宫颈涂片中的癌性细胞，达到更加准确诊断的目的，即本发明仍然是以获得同一主体（所述人或动物）的疾病诊断结果（肿瘤细胞或其前体，癌性）或健康状况（非癌性）为直接目的的方法。权利要求1的方法虽未包括诊断步骤，但包括了标记样品，检测信号强度，以及处理信号的检测鉴定步骤，同时说明书也记载了监控病理学家/细胞学家可以根据上述检测方法随后判断被染色细胞实际上是否为癌细胞，本发明的方法是可以用于早期诊断在制备的子宫颈涂片中的癌细胞或其前体，并比以往方法更加可靠的方法，从这些描述可知本领域技术人员根据现有技术中的医学知识和该专利申请公开的内容，只要知晓上述在人体或者动物体外进行的体外检测子宫颈涂片中的肿瘤细胞及其前体的检测结果或信息，就能直接获得疾病的诊断结果或健康状况，因此权利要求1实质上仍然属于疾病的诊断方法。从属权利要求2~5是对权利要求1的方法中所使用标记物的进一步限定，基于与上述相同的理由，其本质上同样属于疾病的诊断方法。综上所述，权利要求1~5属于专利法第25条第1款第（3）项规定的不授予专利权的范围。

请求人于2008年5月4日在答复《复审通知书》的同时提交了新修改的权利要求书，其中将权利要求1~5修改为制备试剂盒的用途权利要求，从而克服了《驳回决定》及《复审通知书》指出的缺陷。

根据以上事实和理由，本案合议组作出如下审查决定。

三、决定

撤销国家知识产权局于2007年3月9日对01143712.X号发明专利申请作出的驳回决定。由原审查部门在本复审决定所针对文本的基础上继续进行审查。

复审请求人对本决定不服的，可以根据专利法第41条第2款的规定，自收到本决定之日起三个月内向北京市第一中级人民法院起诉。

癌症治疗药

复审请求审查决定（第13419号）

决 定 号	第13419号
决 定 日	2008年3月22日
发明创造名称	癌症治疗药
国际分类号	A61K 39/395，A61P 35/00
复审请求人	大日本住友制药株式会社
申 请 号	01816215.0
优 先 权 日	2000年7月28日
申 请 日	2001年7月26日
公 布 日	2004年1月7日
合议组组长	何 炜
主 审 员	李梦楠
参 审 员	张秀丽
法 律 依 据	专利法第22条第2、3款，第25条，第26条第4款；专利法第33条；专利法实施细则第20条第1款

决定要点

如果复审请求人提交的说明书和权利要求书的修改文本克服了驳回决定中所指出的缺陷，复审委员会将在修改文本的基础上撤销原驳回决定。

一、案由

本复审请求涉及申请号为01816215.0、名称为"癌症治疗药"的发明专利申请（下称本申请）。本申请的申请日为2001年7月26日，优先权日为2000年7月28日，公开日为2004年1月7日，申请人由住友制药株式会社变更为大日本住友制药株式会社。

针对2004年11月8日提交的权利要求书（第1~16项）、进入中国国家阶段时提交的说明书（第1~13页）及说明书摘要，国家知识产权局于2005年10月14日驳回了该申请，理由是：(1) 权利要求1中记载的"可与抗HER2抗体联合用药"涉及一种疾病的治疗方法，属于专利法第25条第1款第(3)项中所述的"疾病的治疗方法"的范围；(2) 权利要求1相对于对比文件1（"Novel anticancer drugs in Japan"，J cancer Res Clin Oncol（1999）125，第134~140页，公开日1999年）不具备新颖性，不符合专利法第22条第2款的规定；(3) 权利要求3相对于对比文件1不具备创造性，不符合专利法第22条第3款的规定；(4) 权利要求4~8的附加技术特征均为对给药剂量的限定，不是用于限定保护范围的技术特征，导致权利要求4~8不符合专利法实施细则第20条第1款的规定。

（5）权利要求9中的上位概念"抗HER2抗体"概括了一个较宽的保护范围，得不到说明书的实质支持，不符合专利法第26条第4款的规定。

驳回决定所针对的权利要求书为：

"1. 氨柔比星或其药学上可接受的盐在制造可与抗HER2抗体联合用药的乳癌治疗药中的应用。

2. 权利要求1记载的应用，其中抗HER2抗体是曲妥单抗。

3. 权利要求1或2记载的应用，其中乳癌是HER2高表现型的乳癌。

4. 权利要求1~3任何一项中记载的应用，其中抗HER2抗体的给药量是0.1~4.5mg/kg/日时，氨柔比星或其药学上可接受的盐的给药量是0.5~3.0mg/kg/日。

5. 权利要求4记载的应用，其中氨柔比星或其药学上可接受的盐每3周连续3日给药，抗HER2抗体每周给药。

6. 权利要求1~3任何一项中记载的应用，其中抗HER2抗体的给药量是0.1~4.5mg/kg/日时，氨柔比星或其药学上可接受的盐的给药量是1.5~9.0mg/kg/日。

7. 权利要求6记载的应用，其中氨柔比星或其药学上可接受的盐每3周给药，抗HER2抗体每周给药。

8. 权利要求1~7任何一项中记载的应用，其特征在于氨柔比星或其药学上可接受的盐与抗HER2抗体的用量比在两者开始给药的一周里为2:1~8:1。

9. 用于乳癌治疗的试剂盒，该试剂盒包括含有氨柔比星或其药学上可接受的盐的第1组合物、以及含有抗HER2抗体的第2组合物。

10. 权利要求9记载的试剂盒，其中抗HER抗体是曲妥单抗。

11. 权利要求9或10记载的试剂盒，其中乳癌是HER2高表现型的乳癌。

12. 权利要求9~11任何一项中记载的试剂盒，其中抗HER2抗体的给药量是0.1~4.5mg/kg/日，氨柔比星或其药学上可接受的盐的给药量是0.5~3.0mg/kg/日。

13. 权利要求12记载的试剂盒，其中氨柔比星或其药学上可接受的盐每3周连续3日给药，抗HER2抗体每周给药。

14. 权利要求9~11任何一项中记载的试剂盒，其中抗HER2抗体的给药量是0.1~4.5mg/kg/日时，氨柔比星或其药学上可接受的盐的给药量是1.5~9.0mg/kg/日。

15. 权利要求14记载的试剂盒，其中氨柔比星或其药学上可接受的盐每3周给药，抗HER2抗体每周给药。

16. 权利要求9~15任何一项中记载的试剂盒，其特征在于氨柔比星或其药学上可接受的盐与抗HER2抗体的用量比在两者开始给药的一周里为2:1~8:1。"

申请人（下称请求人）对上述驳回决定不服，于2006年1月27日向专利复审委员会提出复审请求并提交了修改的权利要求书，请求人认为，修改后的权利要求均符合了专利法的规定。

修改后的权利要求书如下：

"1. 氨柔比星或其药学上可接受的盐和曲妥单抗在制造乳癌治疗药中的应用。

2. 权利要求1记载的应用，其中乳癌是HER2高表达型的乳癌。

3. 氨柔比星或其药学上可接受的盐在制造与曲妥单抗联合使用的乳癌治疗药中的应用。

4. 权利要求3记载的应用，其中乳癌是HER2高表达型的乳癌。

5. 用于乳癌治疗的药盒，该试剂盒包括含有氨柔比星或其药学上可接受的盐的第1组合物、以及含有曲妥单抗的第2组合物。

6. 权利要求5记载的药盒,其中乳癌是HER2高表达型的乳癌。

7. 权利要求5记载的药盒,其中曲妥单抗的给药量是0.1~4.5mg/kg/日,氨柔比星或其药学上可接受的盐的给药量是0.5~3.0mg/kg/日。

8. 权利要求7记载的药盒,其中氨柔比星或其药学上可接受的盐每3周连续3日给药,曲妥单抗每周给药。

9. 权利要求5记载的药盒,其中曲妥单抗的给药量是0.1~4.5mg/kg/日时,氨柔比星或其药学上可接受的盐的给药量是1.5~9.0mg/kg/日。

10. 权利要求9记载的药盒,其中氨柔比星或其药学上可接受的盐每3周给药,曲妥单抗每周给药。

11. 权利要求5~10任何一项中记载的药盒,其特征在于氨柔比星或其药学上可接受的盐与曲妥单抗的用量比在两者开始给药的一周里为2∶1~8∶1。"

形式审查合格后,专利复审委员会受理了该复审请求,并于2006年3月1日向请求人发出《复审请求受理通知书》,随后将本申请移交原实审部门进行前置审查。

原实审部门对本复审请求进行了前置审查,前置审查意见认为:(1)修改后的权利要求1和2不符合专利法第33条的规定,坚持原驳回决定;(2)权利要求3涉及一种疾病的治疗方法,属于专利法第25条第1款第(3)项中所述的"疾病的治疗方法"的范围;(3)权利要求3相对于对比文件1不具备新颖性,不符合专利法第22条第2款的规定;(4)权利要求4相对于对比文件1不具备创造性,不符合专利法第22条第3款的规定。

专利复审委员会组成合议组,对本案的复审请求进行了审理,于2007年10月31日向请求人发出《复审通知书》。《复审通知书》指出,(1)复审请求时提交的权利要求书中新增加了权利要求"1、氨柔比星或其药学上可接受的盐和曲妥单抗在制造乳癌治疗药中的应用。"和权利要求"2、权利要求1记载的应用,其中乳癌是HER2高表达型的乳癌。",新增加的权利要求1和2的技术方案中包含了将氨柔比星或其盐和曲妥单抗混合制成药物制剂的技术内容,然而根据原说明书和权利要求书的记载,只能得出氨柔比星或其盐和曲妥单抗被分别制剂之后联合用药的技术方案,没有任何技术方案显示两种药物可以被混合制剂,因此新修改的权利要求1和2既没有记载在原申请文件中,也无法从原申请文件中直接地、毫无疑义的确定,超出了原说明书和权利要求书记载的范围,不符合专利法第33条的规定。(2)权利要求3请求保护氨柔比星或其药学上可接受的盐在制造与曲妥单抗联合使用的乳癌治疗药中的应用。其中"与曲妥单抗联合使用"的技术特征为具体的给药方法,并非用途权利要求的特征,对权利要求3的保护范围不起限定作用,在评价新颖时不予考虑。因此,权利要求3实际的技术方案为氨柔比星或其药学上可接受的盐在制造乳癌治疗药中的应用。而对比文件1中已经公开了氨柔比星用于治疗癌症,如乳癌中的用途(见对比文件1全文)。该权利要求所要求保护的技术方案与该对比文件所公开的技术内容相比,所不同的仅仅是文字表达方式上略有差别,其技术方案实质上是相同的,因此,权利要求3不符合专利法第22条第2款有关新颖性的规定。(3)权利要求4引用了权利要求3,进一步限定为"其中癌症是HER2高表现型的乳癌"。HER2高表现型的乳癌是乳癌中常见的类型,本领域技术人员可以在对比文件1的启示下结合本领域常规使用的技术手段,通过简单的试验得到权利要求4所要求保护的技术方案,因此,权利要求4所要求保护的技术方案不具备突出的实质性特点和显著的进步,不符合专利法第22条第3款有关创造性的规定。

针对《复审通知书》指出的问题,请求人于2008年2月15日提交了意见陈述书及经修改的权利要求书,请求人认为修改后的权利要求已经克服《复审通知书》所指出的所有缺陷。

修改后的权利要求书如下:

"1. 氨柔比星或其药学上可接受的盐和曲妥单抗在制造治疗乳癌的联合用药物中的应用，其中氨柔比星或其药学上可接受的盐和曲妥单抗被分别制成药剂。

2. 权利要求1记载的应用，其中乳癌是HER2高表达型的乳癌。

3. 用于乳癌治疗的药盒，该试剂盒包括含有氨柔比星或其药学上可接受的盐的第1组合物、以及含有曲妥单抗的第2组合物。

4. 权利要求3记载的药盒，其中乳癌是HER2高表达型的乳癌。

5. 权利要求3记载的药盒，其中曲妥单抗的给药量是0.1～4.5mg/kg/日，氨柔比星或其药学上可接受的盐的给药量是0.5～3.0mg/kg/日。

6. 权利要求5记载的药盒，其中氨柔比星或其药学上可接受的盐每3周连续3日给药，曲妥单抗每周给药。

7. 权利要求3记载的药盒，其中曲妥单抗的给药量是0.1～4.5mg/kg/日时，氨柔比星或其药学上可接受的盐的给药量是1.5～9.0mg/kg/日。

8. 权利要求7记载的药盒，其中氨柔比星或其药学上可接受的盐每3周给药，曲妥单抗每周给药。

9. 权利要求3～8任何一项中记载的药盒，其特征在于氨柔比星或其药学上可接受的盐与曲妥单抗的用量比在两者开始给药的一周里为2:1～8:1。"

至此，合议组认为本案事实清楚，可以作出审查决定。

二、决定的理由

1. 审查文本

本复审决定所针对的文本是请求人于2008年2月15日提交的权利要求1～9以及驳回决定所针对的说明书和说明书摘要。

2. 关于专利法第33条

专利法第33条规定，对发明和实用新型专利申请文件的修改不得超出原说明书和权利要求书记载的范围。

请求人于2008年2月15日提交的修改后的权利要求1增加了"其中氨柔比星或其药学上可接受的盐和曲妥单抗被分别制成药剂"的限定，明确了氨柔比星或其盐和曲妥单抗被分别制剂之后联合用药的技术方案，新的权利要求1和2没有超出原说明书记载的范围（参见说明书第6页第3段，说明书第3页），从而克服了《复审通知书》中所指出的不符合专利法第33条的缺陷。

3. 关于专利法第25条第1款、专利法实施细则第20条第1款

专利法第25条第1款规定，疾病的诊断和治疗方法不授予专利权。

专利法实施细则第20条第1款规定，权利要求书应当说明发明或者实用新型的技术特征，清楚、简要地表述请求保护的范围。

请求人于2008年2月15日提交的修改后的权利要求书删除了驳回决定所针对的权利要求1、4～8，从而克服了驳回决定所指出的缺陷。

新修改的权利要求1的主题为"氨柔比星或其药学上可接受的盐和曲妥单抗在制造治疗乳癌的联合用药中的应用"，审查指南第二部分第十章第4.5.2节指出，物质的医药用途发明以"在制备治疗某病的药物中的应用"方式体现，则该医药用途属于属于制药方法类型的权利要求，权利要求1显然属于上述情形，并非疾病诊断和治疗的方法，因此符合专利法第25条的规定。

4. 关于专利法第22条第2款和第3款

专利法第22条第2款规定，新颖性，是指在申请日以前没有同样的发明或者实用新型在国内出

版物上公开发表过、在国内公开使用过或者以其他方式为公众所知,也没有同样的发明或者实用新型由他人向专利局提出过申请并且记载在申请日以后(含申请日)公布的专利申请文件中。

专利法第22条第3款规定,创造性,是指同申请日以前已有的技术相比,该发明有突出的实质性特点和显著的进步。

如果复审请求人提交的说明书和权利要求书的修改文本克服了驳回决定和《复审通知书》中所指出的缺陷,复审委员会将在修改文本的基础上撤销原驳回决定。

驳回决定指出相对于对比文件1,请求人于2004年11月8日提交的权利要求1不具备新颖性,权利要求3不具备创造性;《复审通知书》指出相对于对比文件1,请求人于2006年1月27日提交的权利要求3不具备新颖性,权利要求4不具备创造性,鉴于请求人于2008年2月15日提交的修改后的权利要求书已经删除了《复审通知书》所针对的权利要求3和4(即驳回决定所针对的权利要求1和3),从而克服了驳回决定和《复审通知书》所指出的缺陷。

新修改的权利要求1为"1. 氨柔比星或其药学上可接受的盐和曲妥单抗在制造治疗乳癌的联合用药中的应用,其中氨柔比星或其药学上可接受的盐和曲妥单抗被分别制成药剂",其实际请求保护的氨柔比星或其药学上可接受的盐和曲妥单抗联合用药的应用,对比文件1中并没有公开氨柔比星或其药学上可接受的盐和曲妥单抗联合用药的技术特征,因此新修改的权利要求及从属于权利要求1的权利要求2相对于对比文件具备新颖性。

5. 关于专利法第26条第4款

专利法第26条第4款规定,权利要求书应当以说明书为依据,说明要求专利保护的范围。

请求人于2008年2月15日提交的修改后的权利要求书3(对应于驳回决定中的权利要求9),将"抗HER2抗体"具体限定为"曲妥单抗",从而克服了驳回决定所指出的不符合专利法第26条第4款的缺陷。

三、决定

撤销国家知识产权局于2005年10月14日对01816215.0号发明专利申请作出的驳回决定。由原审查部门在本复审请求审查决定所针对的文本的基础上继续进行审查。

复审请求人对本决定不服的,可以根据专利法第41条第2款的规定,自收到本决定之日起三个月内向北京市第一中级人民法院起诉。

一种构建人载脂蛋白 AIm 表达基因的制备方法

复审请求审查决定（第 13524 号）

决 定 号	第 13524 号
决 定 日	2008 年 5 月 27 日
发明创造名称	一种构建人载脂蛋白 AIm 表达基因的制备方法
国 际 分 类 号	C12N 15/12，C12N 15/63，C12P 21/00
复 审 请 求 人	凯惠医药科技（上海）有限公司
申 请 号	03150703.4
申 请 日	2003 年 9 月 1 日
公 开 日	2004 年 8 月 11 日
合 议 组 组 长	周英姿
主 审 员	吴文英
参 审 员	刘洪尊
法 律 依 据	专利法第 26 条第 3 款、第 4 款

决 定 要 点

说明书应当清楚地记载发明的技术方案，详细地描述实现发明的具体实施方式，完整地公开对于理解和实现发明必不可少的技术内容，达到所属技术领域的技术人员按照说明书记载的内容能够实现该发明的程度。

权利要求所要求保护的技术方案应当是所属技术领域的技术人员能够从说明书充分公开的内容中得到或概括得出的技术方案，并且不得超出说明书公开的范围。

一、案由

本复审请求涉及申请人为上海凯曼生物科技有限公司于 2003 年 9 月 1 日申请，2004 年 8 月 11 日公开，名称为"一种构建人载脂蛋白 AIm 表达基因的制备方法"的第 03150703.4 号发明专利申请（下称本申请）。本申请申请人于 2007 年 5 月 18 日由上海凯曼生物科技有限公司变更为凯惠医药科技（上海）有限公司。

针对申请人于 2005 年 3 月 2 日提交的权利要求 1~10 和说明书第 1 页，2003 年 9 月 1 日提交的说明书第 2~11 页，说明书附图第 1~9 页和说明书摘要，国家知识产权局于 2005 年 6 月 10 日以本申请不符合专利法第 26 条第 3 款和第 4 款规定为由驳回了本申请。驳回理由是：（1）本申请说明书对"有关利用真核表达载体 pYES 和 Ppic9K 转化酿酒酵母和毕赤酵母、利用载体 pBlueBIII 转染昆虫细胞 Sf-9 以及利用载体 pHSI 转染哺乳动物细胞系 CHO，进而发酵制备目的蛋白，还有延伸到其他表达载体和及其相对应的大肠杆菌、酵母菌、昆虫细胞和哺乳动物细胞系统的方案"仅仅是提供了一种思路，而没有提供任何实验证据来举证所述方案的确能够实施并取得预期的技术效果，未能对发明作出清楚、完整的说明。申请人在答复时认为所述载体、宿主细胞及转化技术已被文献公开，但本申请说明书没有引证记载相关表达系统的文献，也没有描述具体实验操作步骤，说明书中也没有任何迹象表明其提供的检测结果是由延伸到除 PET12a 和大肠杆菌 BL21 以外的大肠杆菌或真核表达系统完成的，因此不符合专利法第 26 条第 3 款。(2) 基于上述相同的理由，相应的权利要求 5、6 和 8 要求保护的技术方案在实质上得不到说明书的支持，不符合专利法第 26 条第 4 款的规定。

驳回决定所针对的权利要求书为：

"1. 一种获得高活性的人载脂蛋白 pro-ApoAIm 的制备方法由下列步骤组成（或包括）

a. 设计 pApoAIm PCR 引物核苷酸序列制成 pro-ApoAIm 基因；

b. 构建表达基因 PET12a/PApOAIm 重组质粒；

c. 工程菌构建；

d. 构建的工程发酵；

e. pro-ApoAIm 蛋白的纯化；

f. pro-ApoAIm 蛋白二聚体的制备。

2. 根据权利要求 1 所述的 pro-ApoAIm 的制备方法，其特征在于制备 pApoAIm 的 PCR 引物核苷酸序列为

2H：' GGATCCATGCGTCATTTCTGGCAACAAGACGAACCGCCGCAGAGCCCCTGGGATCGAGTGAAG3 ' (BamHI)

A：5' GTCGACGCGCTGCGTACCCACCTGGCTCCTTACAGCGACGAGCTGCGTCA GTGCTTG3' (SalI)

B：5' GTCGACGTGAGCACGCGCACGGTCACGCATCTCC 3' (SalI)

6：5' AGATCTTTATCACTGGGTGTTGAGCTTCTTGGTG3' (BglII)

制得 pro-ApoAIm 基因 cDNA 片段通过 PCR 得人 pro-ApoAIm 基因，通过 DNA 引物设计直接导致蛋白第 173 位氨基酸点突变制成 pro-ApoAIm 表达基因。

3. 根据权利要求 1 所述的 pro-ApoAIm 的制备方法，其特征在于 pro-ApoAIm 基因亚克隆到载体上 DNA 测序再克隆到表达载体 PET12a 上，构建表达基因 PET12a/pro-ApoAIm 重组质粒。

4. 根据权利要求 1 所述的 pro-ApoAIm 的制备方法，其特征在于 pro-ApoAIm 基因转入真核系统表达或转入原核系统表达进行表达。

5. 根据权利要求 4 所述的 pro-ApoAIm 的制备方法，其特征在于 pro-ApoAIm 基因分别克隆到载体 pYES 和 Ppic9K 上，经线性化后，将 pYES 整合到酿酒酵母 S. cerevisiae 的染色体上，将 pPIC9K 整合到毕赤酵母 P. pastoris 的染色体上，得到应用于酵母表达的工程菌。

6. 根据权利要求 4 所述的 pro-ApoAIm 的制备方法，其特征在于 pro-ApoAIm 基因分别克隆到载体 pBlueBacIII 和 pHSI 上，再将 pBlueBacIII 转染昆虫细胞 Sf-9，将 pHSI 转染哺乳动物细胞 CHO，以分别用于目的 pro-ApoAIm 的表达。

7. 根据权利要求 4 所述的 pro-ApoAIm 的制备方法，其特征在于 PET12a/pro-ApoAIm 重组质粒转入原核细胞时应用大肠杆菌作为宿主细胞 E. coli BL 21 构建 BL 21/PET12a /pro-ApoAIm 表达工程菌。

8. 根据权利要求 4 所述的 pro-ApoAIm 的制备方法，其特征在于将 pApoAIm 基因亚克隆质粒范围延伸到能用于表达 pApoAI$_m$ 蛋白的各种表达质粒及其相对应的大肠杆菌菌株、酵母菌菌株、昆虫细胞和哺乳动物细胞。

9. 根据权利要求1所述的pro-ApoAIm的制备方法,其特征在于上述菌体与溶菌酶溶液混匀破菌,缓冲液搅拌悬浮沉淀部分连续2~5次得粗蛋白,用变性液溶介包涵体离心,上清加入$(NH_4)_2SO_4$,上疏水柱复性,得疏水柱蛋白洗脱峰,上离子交换柱子,收集蛋白峰得纯pApoAIm蛋白。

10. 根据权利要求9所述的pro-ApoAIm的制备方法,其特征在于得到的pro-ApoAI$_m$的纯化蛋白在氧化型谷胱甘肽和还原型谷胱甘肽(GSSG-GSH)缓冲系统中形成pApoAI$_m$/pApoAI$_m$二聚体肽,该二聚体肽与磷脂酰胆碱在24℃条件下形成复合物。"

申请人上海凯曼生物科技有限公司(下称请求人)对上述驳回决定不服,于2005年9月13日向专利复审委员会提出复审请求,同时提交了权利要求书的全文替换页(共7项)。新提交的权利要求书删除了驳回决定针对的权利要求5、6和8,对其他内容未作修改。新修改的权利要求书如下:

"1. 一种获得高活性的人载脂蛋白pro-ApoAIm的制备方法由下列步骤组成(或包括)

    a. 设计pApoAI$_m$ PCR引物核苷酸序列制成pro-ApoAIm基因;

    b. 构建表达基因PET12a/PApOAIm重组质粒;

    c. 工程菌构建;

    d. 构建的工程发酵;

    e. pro-ApoAIm蛋白的纯化;

    f. pro-ApoAIm蛋白二聚体的制备。

2. 根据权利要求1所述的pro-ApoAIm的制备方法,其特征在于制备pApoAIm的PCR引物核苷酸序列为

    2H:'　　GGATCCATGCGTCATTTCTGGCAACAAGACGAACCGCCGCAGAGCCCCTGGGATCGAGTGAAG3'(BamHI)

    A:5' GTCGACGCGCTGCGTACCCACCTGGCTCCTTACAGCGACGAGCTGCGTCA GTGCTTG3'(SalI)

    B:5' GTCGACGTGAGCACGCGCACGGTCACGCATCTCC3'(SalI)

    6:5' AGATCTTTATCACTGGGTGTTGAGCTTCTTGGTG3'(BglII)

制得pro-ApoAIm基因cDNA片段通过PCR得人pro-ApoAIm基因,通过DNA引物设计直接导致蛋白第173位氨基酸点突变制成pro-ApoAIm表达基因。

3. 根据权利要求1所述的pro-ApoAIm的制备方法,其特征在于pro-ApoAIm基因亚克隆到载体上DNA测序再克隆到表达载体PET12a上,构建表达基因PET12a/pro-ApoAIm重组质粒。

4. 根据权利要求1所述的pro-ApoAIm的制备方法,其特征在于pro-ApoAIm基因转入真核系统表达或转入原核系统表达进行表达。

5. 根据权利要求4所述的pro-ApoAIm的制备方法,其特征在于PET12a/pro-ApoAIm重组质粒转入原核细胞时应用大肠杆菌作为宿主细胞E.coli BL 21构建BL?21/PET12a/pro-ApoAIm表达工程菌。

6. 根据权利要求1所述的pro-ApoAIm的制备方法,其特征在于上述菌体与溶菌酶溶液混匀破菌,缓冲液搅拌悬浮沉淀部分连续2-5次得粗蛋白,用变性液溶介包涵体离心,上清加入$(NH_4)_2SO_4$,上疏水柱复性,得疏水柱蛋白洗脱峰,上离子交换柱子,收集蛋白峰得纯pApoAIm蛋白。

7. 根据权利要求9所述的pro-ApoAIm的制备方法,其特征在于得到的pro-ApoAIm的纯化蛋白在氧化型谷胱甘肽和还原型谷胱甘肽(GSSG-GSH)缓冲系统中形成pApoAI$_m$/pApoAI$_m$二聚体肽,该

二聚体肽与磷脂酰胆碱在24℃条件下形成复合物。"

请求人认为，获得高活性的人载脂蛋白 pro-ApoAIm 的制备方法可以通过大肠杆菌表达系统、酵母表达系统、昆虫表达系统和哺乳动物表达系统来实现，鉴于酵母表达系统、昆虫表达系统和哺乳动物表达系统都有相关文献参考，例如关于利用真核表达载体 pYES 和 pPIC9K 分别转化酿酒酵母和毕赤酵母可分别参考文献1、2和3，利用载体 pBlueBacllI 转染昆虫细胞 Sf-9 参考文献2、4和5，利用载体 pHSI 转染哺乳动物细胞 CHO 进而发酵制备目的蛋白可参考文献2、5和6，实际上述这些均为有文献参考的现有技术，所以专利申请文件中没有进一步陈述。另外，本发明中详细描述的通过大肠杆菌表达系统制备 pro-ApoAIm 的制备方法未见报道，并获得良好的效果。请求人删除涉及酵母表达系统、昆虫表达系统和哺乳动物表达系统的权利要求5、6和8。申请人给出以下文献目录，但未提供这些文献。

（1）Sirtori 等，Expression of human apolipoproteins AI-milano in yeast，WO 90/12879，Nov. 1，1990；

（2）Sambrook J，Russell D W，Molecular Cloning：A Laboratory Manual，3rd ed.，Cold Spring Harbor Laboratory Press，2001；

（3）黎明，赵洪亮等，重组人载脂蛋白 AI 米兰突变体在大肠杆菌中的高表达，生物技术通讯，2003，14（3）194~196；

（4）ZHU Y E，XU H B 等，Expression of human Apolipoprotein A-I in Baculovirus-insert cell system，Chinese journal of biotechnology（生物工程学报），2003，19（3）：692~697；

（5）Schmidt H H，Haas R E 等，In vivo kinetics as a sensitive method for testing physiologically intact human recombinant apolipoprotein A-I：comparison of three different expression systems，Clinica Cimica Acta，1997，268（1）：41~60；

（6）Brissette L，Cahuzac-Bec N 等，Expression of recombinant human apolipoprotein A-I in Chinese hamster ovary cells and Escherichia coli，Protein Expr Purif，1991，2（4）：296~303。

形式审查合格后，专利复审委员会受理了该复审请求，并于2006年6月8日向请求人发出《复审请求受理通知书》，随后将本申请移交原实审部门进行前置审查。

原实审部门对本复审请求进行了前置审查。前置意见中指出本申请说明书没有公开高活性的人载脂蛋白 pro-ApoAIm 的具体基因序列，说明书第2页指出"其基因全序列为747bp（见图3）"，而附图3显示的两条序列分别为660bp和610bp左右，与说明书的描述不一致，即本申请涉及的人载脂蛋白 pro-ApoAIm 的具体基因序列不清楚，致使随后构建表达载体和生产重组蛋白的技术方案无法实现。因此，本申请说明书没有充分公开，仍然不符合专利法第26条第3款的规定，故坚持原驳回决定。

2007年5月18日，复审请求人由上海凯曼生物科技有限公司变更为凯惠医药科技（上海）有限公司。

专利复审委员会组成合议组，对本复审请求案进行了审理。

经审查，合议组认为本案事实已经清楚，可以作出审查决定。

二、决定的理由

1. 关于专利法第26条第3款

专利法第26条第3款规定：说明书应当对发明或实用新型作出清楚、完整的说明，以所属技术领域的技术人员能够实现为准。

说明书应当清楚地记载发明的技术方案，详细地描述实现发明的具体实施方式，完整地公开对于理解和实现发明必不可少的技术内容，达到所属技术领域的技术人员按照说明书记载的内容能够实现该发明的程度。

本案中，驳回决定针对的权利要求 5 要求保护一种获得高活性的人载脂蛋白 pro-ApoAIm 的制备方法，该方法将 pro-ApoAIm 基因分别克隆到载体 pYES 和 Ppic9K 上，经线性化后，将 pYES 整合到酿酒酵母 S. cerevisiae 的染色体上，将 pPIC9K 整合到毕赤酵母 P. pastoris 的染色体上，得到应用于酵母表达的工程菌。权利要求 6 要求保护一种获得高活性的人载脂蛋白 pro-ApoAIm 的制备方法，将 pro-ApoAIm 基因分别克隆到载体 pBlue-BacIII 和 pHSI 上，再将 pBlueBacIII 转染昆虫细胞 Sf-9，将 pHSI 转染哺乳动物细胞 CHO，以分别用于目的 pro-ApoAIm 的表达。权利要求 8 要求保护一种获得高活性的人载脂蛋白 pro-ApoAIm 的制备方法，将 pApoAI$_m$ 基因亚克隆质粒范围延伸到能用于表达 pApoAI$_m$ 蛋白的各种表达质粒及其相对应的大肠杆菌菌株、酵母菌菌株、昆虫细胞和哺乳动物细胞。本申请说明书记载的内容并未清楚记载转染或整合到酵母菌、昆虫细胞和哺乳动物细胞上的制备方法，也未记载所述方法如何延伸用于表达 pApoAI$_m$ 蛋白的各种表达质粒及其相对应的酵母菌菌株、昆虫细胞和哺乳动物细胞，更没有提供任何实验证据来证明所述方案的确能够实施并取得预期的技术效果。因此，驳回文本的权利要求 5、6 和 8 的技术方案在本申请的说明书中公开不充分，不符合专利法第 26 条第 3 款的规定。

请求人在提复审请求时对其权利要求书作出修改，删除了驳回文本的权利要求 5、6 和 8，因此克服了驳回决定中指出的本申请说明书不符合专利法第 26 条第 3 款规定的缺陷。

原审查部门在前置意见中认为本申请说明书没有公开高活性的人载脂蛋白 pro-ApoAIm 的具体基因序列，本申请说明书第 2 页指出"其基因全序列为 747bp（见图 3）"，而附图 3 显示的两条序列分别为 660bp 和 610bp 左右，这与说明书描述的 747bp 基因全序列不一致。对此，合议组认为，（1）说明书公开了具体的引物序列 2H、A、B 和 6 以及相应的酶切位点，说明书第 5～7 页详细记载了如何用引物 2H、A、B 和 6 PCR 扩增相应的片段、酶切相应的片段并克隆到表达载体 pET12a 上。因此本领域技术人员根据说明书的记载不需要创造性劳动就可以获得 pro-ApoAIm 的基因，也就可以构建表达载体和生产重组蛋白。（2）原审查部门在检索报告中给出以下文献：Kirsten A. M. 等，"High yield overexpression and characterization of human recombinant proapolipoprotein A-I"，Journal of Lipid Research，vol. 37，1996：1519～1528。根据该现有技术文献的第 1519 页右栏第 15～19 行的内容可知 prepro-ApoAI 具有 267 个氨基酸，将其剪切掉 18 个氨基酸的信号肽序列后获得 pro-ApoAI，其具有 249 个氨基酸，即 747 个 bp；在本申请说明书中还公开 pro-ApoAI 的 173 位精氨酸（Arg）突变为半胱氨酸（Cys）后获得 pro-ApoAIm。因此可知 pro-ApoAIm 基因是已知的具有 747 个 bp 的序列。（3）根据说明书第 7 页第（8）节以及第 10 页第 3～5 行的内容可知，目的基因 proApoAIm 是分成两个片段即 2H-B 和 A-6 PCR 克隆，其中 A-6 片段中有一个密码子 CGC 改换成了 TGC（Arg→Cys）。PCR 制备的这两段基因片段首先亚克隆到 pGEM-T 载体上，然后转化入 DH5α 宿主细胞，培养后挑取菌落提取质粒进行限制性内切酶酶切鉴定，再将酶切鉴定正确的重组质粒进行 DNA 序列测定，测定的结果与预期序列一致，测定结果见图 3。因此附图 3 显示的是两个片段 2H-B 和 A-6 克隆测序的结果，与"其基因全序列为 747bp"之间并不矛盾。所以，所述前置意见的理由还不足以认定本申请说明书公开不充分。

2. 关于专利法第 26 条第 4 款

专利法第 26 条第 4 款规定：权利要求书应当以说明书为依据，说明要求专利保护的范围。

根据该款规定，权利要求所要求保护的技术方案应当是所属技术领域的技术人员能够从说明书充分公开的内容中得到或概括得出的技术方案，并且不得超出说明书公开的范围。

驳回决定认定驳回文本的权利要求 5、6 和 8 不符合专利法第 26 条第 4 款的规定，权利要求 5、6

和8得不到说明书支持的具体理由与本申请说明书不符合专利法第26条第3款的理由相同。请求人在提出复审请求时对其权利要求书作出修改，删除了驳回文本中的权利要求5、6和8，因此克服了驳回决定中指出的权利要求5、6和8不符合专利法第26条第4款规定的缺陷。

根据以上事实和理由，本案合议组作出如下审查决定。

三、决定

撤销国家知识产权局原审查部门于2005年6月10日对03150703.4号发明专利申请作出的驳回决定。由原审查部门在申请日2003年9月1日提交的说明书第2~11页、说明书附图第1~9页和说明书摘要，2005年3月2日提交的说明书第1页以及2005年9月13日提交的权利要求1~7的基础上继续进行审查。

复审请求人对本决定不服的，可以根据专利法第41条第2款的规定，自收到本决定之日起三个月内向北京市第一中级人民法院起诉。

含有鞘糖脂的功能性食品或化妆品及其制造方法

复审请求审查决定（第 13528 号）

决 定 号	第 13528 号
决 定 日	2008 年 5 月 27 日
发明创造名称	含有鞘糖脂的功能性食品或化妆品及其制造方法
国际分类号	A23L 1/30，A23L 1/20
复审请求人	尤尼蒂卡株式会社
申 请 号	01802810.1
申 请 日	2001 年 7 月 17 日
公 开 日	2003 年 1 月 22 日
优 先 权 日	2000 年 7 月 19 日
合议组组长	高 雪
主 审 员	程 强
参 审 员	郭鹏鹏

法 律 依 据 专利法第 22 条第 2 款

决 定 要 点

同样的发明或者实用新型，是指技术领域、所要解决的技术问题和技术方案实质上相同，预期效果相同的发明或者实用新型。

一、案由

本复审请求涉及申请日是 2001 年 7 月 17 日，优先权日是 2000 年 7 月 19 日，2003 年 1 月 22 日公开，名称为"含有鞘糖脂的功能性食品或化妆品及其制造方法"的发明专利申请（下称本申请），其申请号是 01802810.1，申请人是尤尼蒂卡株式会社。

国家知识产权局专利局于 2005 年 7 月 8 日以该申请不符合专利法第 22 条第 2 款的规定为由驳回了该申请，其主要理由是："1. 权利要求 1 不具备新颖性，不符合专利法第 22 条第 2 款的规定。权利要求 1 请求保护一种含有来自魔芋的鞘糖脂的功能性食品，对比文件 1（JP11-113530A）公开了一种含有神经酰胺相关物质的保健食品，并具体公开了以下的技术特征"通过食用神经酰胺相关物质，也可同皮肤外用化妆品一样起到保持皮肤水份、美肌、防止皮肤老化、防止皱纹的效果；可以制成含有神经酰胺相关物质的食品，如片状、胶囊式、粉末状或液态的食品；所用的神经酰胺相关物质由鞘胺醇、脂肪酸和糖基组成，可以用有机溶剂从小麦、大米、大豆、粟、菠菜等植物中提取"（参见对比文件 1 的第 1～5 段）。权利要求 1 请求保护的食品中含有的来自魔芋的鞘糖脂，与对比文件 1 中的食品所含的来自大米、大豆、粟、菠菜等植物的神经酰胺相关物质组成相同，由此可见，对比文件1公开了权利要求1请求保护方案的全部技术特征，该权利要求所要求保护的技术方案与该对比文件所公开的内容相比，所不同的仅仅是文字表达方式上略有差别，其技术方案实质上是相同的，且两者属于相同的技术领域，并能产生相同的技术效果，因此该权利要求不具备新颖性。2. 权利要求2不具备新颖性，不符合专利法第22条第2款的规定。权利要求2请求保护一种含有来自芋类或油粕的鞘糖脂的化妆品，而对比文件3（EP0969079A1的第1~34、84、105~107段）也公开了一种富含植物起源的神经酰胺相关物质的大麦芽油及其生产方法，含有神经酰胺相关物质的大麦芽油也可用作化妆品，并具体公开了以下技术特征：神经酰胺相关物质如神经酰胺和脑苷脂（神经酰胺糖脂，即该申请中的鞘糖脂）有很高的保湿作用；植物起源的神经酰胺相关物质安全性高，可用作化妆品的原材料；两种原料虽然不同但来自它们的鞘糖脂完全相同，由此可见，对比文件3公开了权利要求5请求保护方案的全部技术特征，该权利要求所要求保护的技术方案与该对比文件所公开的内容相比，所不同的仅仅是文字表达方式上略有差别，其技术方案实质上是相同的，且两者属于相同的技术领域，并能产生相同的技术效果，因此该权利要求不具备新颖性。"

驳回决定所针对的权利要求书如下：

"1. 一种功能性食品，其特征是含有来自魔芋的鞘糖脂。

2. 一种化妆品，其特征是含有来自魔芋的鞘糖脂。

3. 一种制造方法，是权利要求1或2记载的功能性食品或化妆品的制造方法，其特征是含有向魔芋中添加有机溶剂，提取鞘糖脂的工序。

4. 一种鞘糖脂含有物的制造方法，其特征是含有向魔芋中添加有机溶剂，提取鞘糖脂的工序。"

申请人尤尼蒂卡株式会社（下称请求人）对上述驳回决定不服，于2005年10月13日向专利复审委员会提出复审请求，请求人认为：本发明的最大特征在于鞘糖脂是由魔芋中提取的；而对比文件1的鞘糖脂则来自小麦和米糠。由植物原料提取的鞘糖脂根据脂肪酸和鞘氨醇的种类不同，包括多分子种类，根据本申请日以后的研究，可以看出来自魔芋的神经酰胺与来自小麦和米糠的神经酰胺在脂肪酸成分和鞘氨醇成分的组成方面是不同。此外，本申请说明书中表1、表2的结果表明，用含有得自魔芋的鞘糖脂的本发明食品所得到的效果，优于含有得自小麦和米糠的鞘糖脂的食品。在对比文件1和3中仅具体公开了得自小麦和米糠的鞘糖脂，在其实施例中并未具体公开得自其他植物原料大米、啤酒糟、大豆等的鞘糖脂。在这种情况下，本领域技术人员会认为得自其他植物原料大米、啤酒糟、大豆等的鞘糖脂与得自小麦和米糠的鞘糖脂相同。因此，只要证明来自魔芋的鞘糖脂不同于来自得自小麦和米糠的鞘糖脂，技术人员就会认识到本发明来自魔芋的鞘糖脂也不同于得自其他植物原料大米、啤酒糟、大豆等的鞘糖脂，也就是说本领域技术人员会认为本发明来自魔芋的鞘糖脂不同于对比文件1和3的鞘糖脂，因而具有新颖性。

提出复审请求时请求人未提交修改文本。

形式审查合格后，专利复审委员会受理了该复审请求，并于2005年11月8日向请求人发出《复审请求受理通知书》。

原审查部门在对本复审请求进行前置审查后，坚持原驳回决定。

专利复审委员会组成合议组，对上述复审请求进行审理。

2008年3月11日，专利复审委员会向请求人发出了《复审通知书》，指出：（1）权利要求1不具备新颖性，不符合专利法第22条第2款的规定。权利要求1请求保护一种含有来自魔芋的鞘糖脂的功能性食品，对比文件1（JP11-113530A）公开了一种含有神经酰胺相关物质的保健食品，并具体公开了"通过食用神经酰胺相关物质，也可同皮肤外用化妆品一样起到保持皮肤水分、美肌、防止皮肤老化、防止皱纹的效果；可以制成含有神经酰胺相关物质的食品，如片状、胶囊式、粉末状或液态的食品；所用的神经酰胺相关物质由鞘胺醇、脂肪酸和糖基组成,可以用有机溶剂从小麦、大米、大豆、粟、菠菜等植物中提取"(参见对比文件1的第1~5段)。权利要求1请求保护的食品中含有的来自魔芋的鞘糖脂,与对比文件1中的食品所含的来自大米、大豆、粟、菠菜等植物的神经酰胺相关物质组成相同,由此可见,对比文件1公开了权利要求1请求保护方案的全部技术特征,该权利要求所要求保护的技术方案与该对比文件所公开的内容相比,其技术方案实质上是相同的,且两者属于相同的技术领域,并能产生相同的技术效果,因此该权利要求不具备新颖性。(2)权利要求2不具备新颖性,不符合专利法第22条第2款的规定。权利要求2请求保护一种含有来自芋类或油粕的鞘糖脂的化妆品,而对比文件3(EP0969079A1的第1~34,84,105~107段)也公开了一种富含植物起源的神经酰胺相关物质的大麦芽油及其生产方法,含有神经酰胺相关物质的大麦芽油也可用作化妆品,并具体公开了以下技术特征:神经酰胺相关物质如神经酰胺和脑苷脂(神经酰胺糖脂,即本申请中的鞘糖脂)有很高的保湿作用;植物起源的神经酰胺相关物质安全性高,可用作化妆品的原材料。两种原料虽然不同但来自它们的鞘糖脂完全相同,由此可见,对比文件3公开了权利要求2请求保护方案的全部技术特征,该权利要求所要求保护的技术方案与该对比文件所公开的内容相比,其技术方案实质上是相同的,且两者属于相同的技术领域,并能产生相同的技术效果,因此该权利要求不具备新颖性。在意见陈述书中,请求人引用的文件证明了由植物原料提取的鞘糖脂,根据组成它们的脂肪酸和鞘氨醇的种类不同,包括多种分子种类,但是请求人仅仅给出了来自魔芋的鞘糖脂与来自小麦和米糠的鞘糖脂在脂肪酸成分和鞘氨醇成分的组成方面的不同,但是,该文件只能证明来自魔芋的鞘糖脂(混合物)与来自小麦和米糠的鞘糖脂不同,并不能必然地确定来自魔芋的鞘糖脂(混合物)与来自对比文件1、3中公开的其他植物原料大米、啤酒糟、大豆、粟、菠菜、大麦芽等等的鞘糖脂在组成上不同及具有更好的效果。

合议组认为,权利要求的新颖性应当基于一种客观的、具有必然性的判断结论,不能建立在本领域技术人员具有一定或然性、非确定性地推测之上。

2008年4月30日,请求人提交了意见陈述书和经过修改的权利要求书,请求人认为:请求人删除了合议组反对的权利要求1和2,保留了审查员和合议组未反对的权利要求3和4,修改后的权利要求书解决了合议组指出的问题,请求撤销驳回决定。

经过研究,合议组认为本案事实清楚,可以作出审查决定。

二、决定的理由

专利法第22条第2款规定:新颖性,是指在申请日以前没有同样的发明或者实用新型在国内外出版物上公开发表过、在国内公开使用过或者以其他方式为公众所知,也没有同样的发明或者实用新型由他人向国务院专利行政部门提出过申请并且记载在申请日以后公布的专利申请文件中。

同样的发明或者实用新型,是指技术领域、所要解决的技术问题和技术方案实质上相同,预期效果相同的发明或者实用新型。

由于请求人在答复复审通知书时,删除了驳回决定及复审通知书认为不具备新颖性的原权利要求1和2,仅保留了驳回决定未反对的权利要求3和4。因此,合议组认为,修改后的权利要求书已经克服了驳回决定和复审通知书所指出的本申请不具有新颖性的缺陷。

故此,本案合议组特作出本审查决定。

三、决定

撤销国家知识产权局于2005年7月8日对01802810.1号发明专利申请作出的驳回决定。由原审查部门在请求人于2008年4月25日提交的修改文本的基础上继续进行审查。

复审请求人对本决定不服的,可以根据专利法第41条第2款的规定,自收到本决定之日起三个月内向北京市第一中级人民法院起诉。

190

在母体样品中鉴定胎儿 DNA 的诊断方法

复审请求审查决定（第 13530 号）

决 定 号	第 13530 号
决 定 日	2008 年 5 月 15 日
发明创造名称	在母体样品中鉴定胎儿 DNA 的诊断方法
国 际 分 类 号	C12Q 1/68
复 审 请 求 人	英国技术集团国际有限公司
申 请 号	01815354.2
申 请 日	2001 年 7 月 9 日
公 开 日	2003 年 10 月 29 日
合 议 组 组 长	叶 娟
主 审 员	吴通义
参 审 员	卢 阳
法 律 依 据	专利法第 26 条第 4 款

决 定 要 点

权利要求书中的每一项权利要求所要求保护的技术方案应当是所属技术领域的技术人员能够从说明书充分公开的内容中得到或概括得出的技术方案，并且不得超出说明书公开的范围。

一、案由

本复审请求涉及 2003 年 10 月 29 日公开、名称为"在母体样品中鉴定胎儿 DNA 的诊断方法"的第 01815354.2 号发明专利申请（下称本申请）。本申请的申请日为 2001 年 7 月 9 日。2006 年 8 月 11 日，本申请的申请人由赛姆格有限公司变更为英国技术集团国际有限公司。

针对申请人于 2003 年 3 月 7 日提交的说明书第 1~19 页、说明书附图第 1~5 页和说明书摘要，以及于 2004 年 12 月 28 日提交的权利要求 1~42，国家知识产权局于 2005 年 10 月 21 日以本申请权利要求 1 不符合专利法第 26 条第 4 款的规定为由驳回了本申请。驳回决定所针对的权利要求 1 为：

"1. 一种在含母体 DNA 的样品中鉴定胎儿 DNA 的方法，所述方法包括（a）从所述样品分离 DNA，（b）使用核酸外切酶将所述 DNA 进行核酸外切消化以便去除所述 DNA 的末端区域，和（c）检测作为所述消化过程的结果的保留在胎儿 DNA 中但母体 DNA 缺乏的一种 DNA 序列的存在。"

驳回决定认为：说明书所有实施例中均采用 Bal 31 核酸外切酶消化 DNA 端粒末端区域，用于保持真核生物染色体末端稳定性的端粒 DNA 的特点之一是不能为核酸外切酶及单链特异的核酸内切酶识别，不是任何具有核酸外切酶消化活性的酶即能对端粒产生消化作用的。权利要求 1 中使用的上位概念"核酸外切酶"概括了一个较宽的保护范围,权利要求1得不到说明书的支持。

申请人赛姆格有限公司对上述驳回决定不服,于2006年2月5日向专利复审委员会提出复审请求,赛姆格有限公司在提出复审请求的同时没有提交新的专利申请文本。赛姆格有限公司认为权利要求1的方法不依赖于特定的核酸外切酶,而可以使用任何具有核酸外切酶消化活性的酶,权利要求1是对实施例的合理概括,国家知识产权局驳回的理由不成立。

形式审查合格后,专利复审委员会受理了该复审请求,并于2006年3月15日向赛姆格有限公司发出《复审请求受理通知书》,随后将本申请移送原审查部门进行前置审查。

原审查部门对本复审请求进行了前置审查,认为用于保持真核生物染色体末端稳定性的端粒DNA的特点之一是不能为核酸外切酶及单链特异的核酸内切酶识别,这是公知常识,不是任何具有核酸外切酶消化活性的酶即能对端粒产生消化作用的,本领域技术人员筛选可用于实现本发明目的的其他核酸外切酶时需要付出创造性劳动,因此,用术语"核酸外切酶"限定的权利要求1得不到说明书的支持,故坚持驳回决定。

2006年8月11日,本申请的申请人由赛姆格有限公司变更为英国技术集团国际有限公司(下称请求人)。

专利复审委员会组成合议组,对本复审请求案进行了审理,于2007年12月14日向请求人发出《复审通知书》。《复审通知书》指出:(1)权利要求22、25~27、29~34和41的方法涉及对胎儿DNA进行基因分析,是以判断胎儿是否异常为直接目的,属于专利法第25条第1款第(三)项规定的疾病的诊断方法。(2)本申请说明书实施例所记载的鉴定胎儿DNA方法中均包括了DNA提取、限制性酶消化、用连接体保护DNA片段的近端不被核酸外切酶消化、用Bal 31消化端粒末端和用端粒多态性标记物鉴定胎儿DNA等特定步骤,由此无法推导出权利要求1的方法也能够实现鉴定胎儿DNA的目的。另外,说明书没有证明任何具有核酸外切酶消化活性的酶均可以用于实现本发明,而且本领域公知"用于保持真核生物染色体末端稳定性的端粒DNA的特点之一是不能为核酸外切酶及单链特异的核酸内切酶识别",可见不是任何核酸外切酶均能够消化端粒,进而实现本发明,请求人提出的权利要求1的方法不依赖于特定的核酸外切酶,而可以使用任何具有核酸外切酶消化活性的主张不能成立。本申请权利要求1不符合专利法第26条第4款的规定。

针对《复审通知书》指出的问题,请求人于2008年1月29日提交了意见陈述书及权利要求书全文替换页(共2页21项)。对权利要求书所作的修改为:(1)删除了权利要求4~7、12、17~22、25~27、29~34和41;(2)将实施例记载的步骤和具体的酶写入权利要求1中;(3)调整权利要求的编号。

修改后的权利要求1如下:

"1. 一种在含母体DNA的样品中鉴定胎儿DNA的方法,所述方法包括(a)从所述样品分离DNA,用限制性酶将其切成片段,并且将连接体连接到其切割末端上,(b)使用BAL31核酸外切酶将所述DNA进行核酸外切消化以便去除所述DNA的末端区域,和(c)检测作为所述消化过程的结果的保留在胎儿端粒DNA中或胎儿端粒DNA近端但母体DNA缺乏的一种DNA序列的存在。"

至此,合议组认为本案事实清楚,可以作出审查决定。

二、决定的理由

1. 决定依据的文本

在请求人于2008年1月29日提交的权利要求书中进行了如下修改:(1)将说明书实施例中记载的步骤和具体酶限定到权利要求1中,该修改未超出原始说明书和权利要求书记载的范围(参见说明书第11~19页)。(2)删除了修改前的权利要求4~7、12、17~22、25~27、29~34、41,对保留的权利要求的编号和引用关系作相应的修改，该修改也未超出原始说明书和权利要求书记载的范围。因此，请求人于2008年1月29日对权利要求书所作修改符合专利法第33条和专利法实施细则第60条第1款的规定。

本复审请求审查决定是以请求人于2008年1月29日提交的权利要求1~21，于2003年3月7日提交的说明书第1~19页、说明书附图第1~5页和说明书摘要为基础作出的。

2. 关于专利法第26条第4款

专利法第26条第4款规定，权利要求书应当以说明书为依据，说明要求专利保护的范围。

根据该款规定，权利要求书中的每一项权利要求所要求保护的技术方案应当是所属技术领域的技术人员能够从说明书充分公开的内容中得到或概括得出的技术方案，并且不得超出说明书公开的范围。

驳回决定、前置审查意见以及《复审通知书》中均指出：本申请说明书所有实施例中均采用Bal 31核酸外切酶消化DNA端粒末端区域，而驳回决定所针对的权利要求1中使用了上位概念"核酸外切酶"，概括了一个较宽的保护范围，使得驳回决定所针对的权利要求1得不到说明书的支持。

《复审通知书》中还指出：本申请说明书实施例所记载的鉴定胎儿DNA方法中均包括了DNA提取、限制性酶消化、用连接体保护DNA片段的近端不被核酸外切酶消化、用Bal 31消化端粒末端和用端粒多态性标记物鉴定胎儿DNA等特定步骤，驳回决定所针对的权利要求1的方法中并不包括上述步骤，由此无法推导出该方法也能够实现鉴定胎儿DNA的目的，驳回决定所针对的权利要求1不符合专利法第26条第4款的规定。

请求人于2008年1月29日提交了修改后的权利要求书全文替换页，其中限定了用限制性酶消化分离DNA、将连接体连接到切割末端，以及使用Bal 31消化DNA末端等步骤，克服了驳回决定、前置审查意见和《复审通知书》所指出的本申请不符合专利法第26条第4款规定的缺陷。

3. 关于《复审通知书》中指出的其他缺陷

在请求人于2008年1月29日提交的权利要求书中，删除了《复审通知书》所针对的权利要求22、25~27、29~34和41，克服了《复审通知书》中指出的本申请不符合专利法第25条第1款第（3）项规定的缺陷。

根据以上事实和理由，本案合议组作出如下审查决定。

三、决定

撤销国家知识产权局于2005年10月21日对01815354.2号发明专利申请作出的驳回决定。由原审查部门在本复审请求审查决定所针对文本的基础上继续进行审查。

复审请求人对本决定不服的，可以根据专利法第41条第2款的规定，自收到本决定之日起三个月内向北京市第一中级人民法院起诉。

骨质疏松症的联合疗法

复审请求审查决定（第 13557 号）

决 定 号	第 13557 号
决 定 日	2008 年 6 月 5 日
发明创造名称	骨质疏松症的联合疗法
国际分类号	A61K 38/28，A61K 38/27，A61P 19/10，//（A61K 38/28，31：138）
复审请求人	美国辉瑞有限公司
申 请 号	200310120234.1
优 先 权 日	1996 年 2 月 28 日
申 请 日	1996 年 12 月 23 日
公 开 日	2004 年 7 月 28 日
合议组组长	吴通义
主 审 员	祝海燕
参 审 员	尹昕
法 律 依 据	专利法第 26 条第 3 款

决 定 要 点

所属技术领域的技术人员能够实现，是指所属技术领域的技术人员按照说明书记载的内容，就能够实现该发明的技术方案，解决其技术问题，并且产生预期的技术效果。如果说明书中给出了具体的技术方案，但未提供实验证据，而该方案又必须依赖实验结果加以证实才能成立，则该方案不符合专利法第 26 条第 3 款的规定。

一、案由

本复审请求涉及 1996 年 12 月 23 日申请、2004 年 7 月 28 日公开、名称为"骨质疏松症的联合疗法"的第 200310120234.1 号发明专利申请（下称本申请），本申请的优先权日为 1996 年 2 月 28 日。本申请的申请人为美国辉瑞有限公司。本案为申请号为 96180058.5 的专利申请的分案申请。

国家知识产权局于 2004 年 12 月 17 日发出《第一次审查意见通知书》，指出由于说明书实施例中的药效实验所涉及的药物组合物组分与权利要求所要求保护的药物组合物不同，因此本领域技术人员根据实施例并不能预见本申请所要求保护的药物组合物的效果，从而本申请的说明书不符合专利第 26 条第 3 款的规定。

针对《第一次审查意见通知书》中指出的问题，申请人于 2005 年 4 月 1 日提交了意见陈述，申请人认为：（1）应当从整体角度评价本发明的技术方案与实施例，根据说明书第 41～45 页中给出的评价方案，本领域技术人员可以评价本申请要求保护的药物组合物的功效；（2）本申请说明书第53、54页提供了屈洛昔芬、雷洛西芬、他莫昔芬及甲状旁腺素及其代谢产物和片断以及生长激素或生长激素促分泌素的有效剂量，因此说明书中提供了具体的给药方案及剂量；（3）审查员并未能提供证据表明本申请涉及的药物组合物不具有治疗骨质疏松症的作用。随意见陈述书，申请人还提供了涉及甲状旁腺素和雌激素激动剂/拮抗剂以及生长激素促分泌激素和雌激素激动剂/拮抗剂组合用药在骨质疏松症方面的协同作用结果（下称附件1，打印件共5页）。

国家知识产权局于2005年10月14日以说明书不符合专利法第26条第3款的规定为由驳回了本申请。驳回决定认为：本申请权利要求要求保护一种治疗骨质疏松症的药物组合物，其包含甲状旁腺素、生长激素或生长激素促分泌素与雷洛西芬、他莫昔芬或碘昔芬，说明书提供了一个实施例以证明药物组合物治疗骨质疏松症的效果，但该实施例中的药物组合物为屈洛昔芬和前列腺素。由于甲状旁腺素、生长激素或生长激素促分泌素与前列腺素的结构和功能并不相同，所以本领域技术人员根据实施例提供的实验数据，不能预见该申请所要求保护的药物组合物也具有治疗骨质疏松症的功效。针对要求保护的技术方案，本申请说明书中仅提供了联合治疗的相继治疗的具体实施步骤，并未提供证明该技术方案可以达到预期要解决的技术问题或效果的定性或定量数据，而该方案又必须依赖实验结果加以证实才能成立，因此本申请说明书公开不充分，不符合专利第26条第3款的规定。

驳回决定所针对的权利要求书为：

"1. 一种药物组合物，它包含

a. 治疗有效量的第一种化合物，所述第一种化合物是雷洛昔芬，他莫昔芬或碘昔芬，和

b. 治疗有效量的第二种化合物，所述第二种化合物是甲状旁腺激素，生长激素或生长激素促分泌素，条件是当第一种化合物是雷洛昔芬时，第二种化合物不是甲状旁腺激素。

2. 如权利要求1所述的药物组合物，它还包含药物载体。

3. 如权利要求2所述的药物组合物，其中第一种化合物是雷洛昔芬。

4. 如权利要求2所述的药物组合物，其中第二种化合物是甲状旁腺激素。

5. 如权利要求2所述的药物组合物，其中第二种化合物是生长激素。

6. 如权利要求2所述的药物组合物，其中第二种化合物是生长激素促分泌素。

7. 以下a、b两种化合物在制备用于治疗哺乳动物低骨质症状的药物中的用途，

a. 第一种化合物是雷洛昔芬，他莫昔芬或碘昔芬，和

b. 第二种化合物是甲状旁腺激素，生长激素或生长激素促分泌素，

条件是当第一种化合物是雷洛昔芬时，第二种化合物不是甲状旁腺激素。

8. 如权利要求7所述的用途，其中第一种化合物是雷洛昔芬。

9. 如权利要求7所述的用途，其中第二种化合物是甲状旁腺激素。

10. 如权利要求7所述的用途，其中第二种化合物是生长激素。

11. 如权利要求7所述的用途，其中第二种化合物是生长激素促分泌素。

12. 如权利要求7所述的用途，其中低骨质症是骨质疏松。

13. 如权利要求7所述的用途，其中第一种化合物和第二种化合物是同时给药的。

14. 如权利要求7所述的用途，其中第二种化合物给药持续约3个月到约3年。

15. 如权利要求14所述的用途，接着再给予第一种化合物约3个月到约3年，在这约3个月到约3年的期间内不给予第二种化合物。

16. 如权利要求14所述的用途，接着再给予第一种化合物约3年以上，在这约3年以上的期间内不给予第二种化合物。

17. 权利要求 1 的药物组合物在制备用于治疗哺乳动物低骨质症状的药物中的用途。

18. 一种药物组合物，它包含以下 a、b 化合物和药学上可接受的稀释剂或载体，

a. 第一种化合物是雷洛昔芬，他莫昔芬或碘昔芬，或

b. 第二种化合物是甲状旁腺激素，生长激素或生长激素促分泌素

其中单独的第一种化合物的量和单独的第二种化合物的量在同时给药时是不足以达到增加骨形成和减少骨吸收的治疗作用的，且其中适量的第一种和第二种化合物的结合作用大于单独量的第一种和第二种化合物可达到的治疗作用之和；条件是当第一种化合物是雷洛昔芬时，第二种化合物不是甲状旁腺激素。

19. 以下 a、b 两种化合物在制备用于治疗哺乳动物低骨质症的药物中的用途，

a. 第一种化合物是雷洛昔芬，他莫昔芬或碘昔芬，和

b. 第二种化合物是甲状旁腺激素，生长激素或生长激素促分泌素

其中单独的第一种化合物的量和单独的第二种化合物的量在同时给药时是不足以达到增加骨形成和减少骨吸收的治疗作用的，且其中适量的第一种和第二种化合物的结合作用大于单独量的第一种和第二种化合物可达到的治疗作用之和；条件是当第一种化合物是雷洛昔芬时，第二种化合物不是甲状旁腺激素。

20. 含有治疗低骨质症状的试剂盒，它包含：

a. 在第一种单位剂型中的治疗有效量的雷洛昔芬，他莫昔芬或碘昔芬和药学上可接受的载体；

b. 在第二种单位剂型中的治疗有效量的甲状旁腺激素，生长激素或生长激素促分泌素和药学上可接受的载体；和

c. 用于包含所述第一种和第二种剂型的容器；

条件是当第一种化合物是雷洛昔芬时，第二种化合物不是甲状旁腺激素。"

申请人美国辉瑞有限公司（下称请求人）对上述驳回决定不服，于 2006 年 1 月 11 日向专利复审委员会提出复审请求，请求人认为国家知识产权局驳回的理由不成立，并再次强调了答复《第一次审查意见通知书》时所提出的意见，并再次提交了附件 1。

形式审查合格后，专利复审委员会受理了该复审请求，并于 2006 年 3 月 2 日向请求人发出《复审请求受理通知书》，同时将本申请案卷移交原审查部门进行前置审查。

原审查部门对本复审请求进行了前置审查，认为请求人的意见陈述并未克服驳回决定所指出的缺陷，坚持原驳回决定。

专利复审委员会组成合议组，对本复审请求案进行了审理，于 2008 年 1 月 21 日向请求人发出《复审通知书》。《复审通知书》指出：本申请请求保护一种由治疗有效量的第一种化合物（雷洛西芬、他莫昔芬或碘昔芬）和治疗有效量的第二种化合物（甲状旁腺激素、生长激素或生长激素促分泌素）构成的药物组合物，但对于要求保护的药物组合的效果，说明书中仅给出了实验步骤却没有给出检测结果，由于本发明药物组合物技术效果的确认是所述特定组合物技术方案能否成立的关键，因此该技术方案属于有赖实验结果证实才能成立的技术方案，因此本申请公开不充分，不符合专利法第 26 条第 3 款的规定。另外，请求人提交的附件 1 中记载的实验结果并未记载在说明书或者申请日前公开的现有技术文献中，公众从本申请说明书或申请日前公开的文献中并不能获知该内容，因此，请求人提供的上述补充实验结果不能作为证明本申请已被充分公开的依据。

针对《复审通知书》指出的问题，请求人于 2008 年 3 月 5 日提交了意见陈述书。请求人认为说明书中给出了要求保护的药物组合物，并教导了其测定方法，附件 1 是根据说明书中公开的方法能够得到的实验数据，合议组应予以考虑，因此本发明公开充分。

至此，合议组认为本案事实已经清楚，可以作出审查决定。

二、决定的理由

1. 审查针对的文本

本复审决定所针对的文本为请求人于2003年12月10日提交的权利要求1~20、说明书第1~57页和说明书摘要。

2. 关于专利法第26条第3款

专利法第26条第3款规定，说明书应当对发明作出清楚、完整的说明，以所属技术领域的技术人员能够实现为准。

所属技术领域的技术人员能够实现，是指所属技术领域的技术人员按照说明书记载的内容，就能够实现该发明的技术方案，解决其技术问题，并且产生预期的技术效果。如果说明书中给出了具体的技术方案，但未提供实验证据，而该方案又必须依赖实验结果加以证实才能成立，则该方案不符合专利法第26条第3款的规定。

本申请请求保护一种由治疗有效量的第一种化合物（雷洛西芬、他莫昔芬或碘昔芬）和治疗有效量的第二种化合物（甲状旁腺激素、生长激素或生长激素促分泌素）构成的药物组合物。说明书中记载本发明的目的之一是提供一种具有协同作用的药物组合物，其可用于哺乳动物低骨质症状的治疗，且适量的第一种和第二种化合物的结合作用大于单独第一种和第二种化合物的量可达到的治疗效果作用之和（参见本申请说明书第5页第21~22行，第5页第31行，第6页第1~10行）。

本申请说明书描述了可用于本发明组合物中的具体化合物以及其中某些化合物的制备、分离和纯化流程（参见本申请说明书第13~41页），同时记载了采用前列腺素E2和屈洛昔芬作为骨合成代谢剂和抗吸收剂的联合和相继治疗方案、雌激素激动剂拮抗剂方案、合成代谢剂方案以及生长激素/生长激素促分泌素方案，其中描述了给药对象、实验步骤、结果的测量和计算方法等具体实验过程，但并没有给出任何定性或定量的检测结果（参见说明书第41~59页）；说明书中还记载了屈洛昔芬、雷洛西芬、他莫昔芬以及甲状旁腺素及其代谢产物和片断以及生长激素或生长激素促分泌素的有效剂量以及给药形式（参见说明书第53页第11行至第56页第4行）。此外，说明书还记载了一个实施例，其中采用前列腺素2与屈洛昔芬作为组合物联合用药治疗大鼠骨质疏松，该实施例描述了实验方案设计、实验步骤、检测方法以及效果实验数据，最终得出结论：抗吸收剂屈洛昔芬不会抑制 PGE_2 对于成骨大鼠的同化作用，而且在停用 PGE_2 后可以有效保持 PGE_2 对骨的恢复作用（参见说明书第56页第6行至第57页第31行）。但是说明书没有提供任何证明本申请要求保护的治疗有效量的雷洛西芬、他莫昔芬或碘昔芬和治疗有效量的甲状旁腺激素、生长激素或生长激素促分泌素构成的药物组合物具有协同作用的实验数据。虽然说明书记载了前列腺素2（PGE_2）与屈洛昔芬联合用药的协同效果实验数据，但由于前列腺素与甲状旁腺激素和生长激素的分子结构以及在人体中的作用方式均不相同，因此本领域技术人员无法根据前列腺素与屈洛昔芬的协同作用合理的推断出由治疗有效量的雷洛西芬、他莫昔芬或碘昔芬和治疗有效量的甲状旁腺激素、生长激素或生长激素促分泌素构成的药物组合物的协同治疗效果。因此，说明书中并未提供任何可以证实所要求保护的药物组合物的增效效果的实验数据。本领域技术人员已知，由于药物协同作用的发现通常情况下是以现有技术中的已知物质为基础、从中进行筛选以得到将几种药物联用能够产生意料不到的协同增效技术效果的特定组合的技术方案，因此这种技术效果的确认是所述特定组合物技术方案能否成立的关键，因此，这样的技术方案属于有赖于实验结果证实才能成立的技术方案；具体而言，对于药物组合物协同作用，说明书中不仅要记载评价药物效果的评价方法和药物的组合及其有效量，还应当记载评价药效的技术方案所得到的具体实验数据，以证明该药物组合物的确产生了协同作用、取得了说明书所述的技术效果。如上文所述,由于本申请说明书中未提供雷洛西芬、他莫昔芬或碘昔芬和治疗有效量的甲状旁腺激素、生长激素或生长激素促分泌素构成的药物组合物是否具有协同作用、并能够取得预期的治疗效果的任何实验数据,因此,本申请的技术方案在因缺乏实验结果的证实而不能成立的情况下,由于缺乏解决技术问题的技术手段而被认为无法实现,本申请不符合专利法第26条第3款的规定。

此外,请求人在意见陈述中还指出,本申请是分案申请,应当从整体的角度评价本发明的说明书中涉及的众多技术方案与实施例,当将本申请和母案作为一件发明进行评价的时候,本申请符合专利法第26条第3款的规定。对此,合议组认为:本申请的说明书与其原审申请的说明书相同,二申请的区别仅在于权利要求书的内容不同。相对于本申请所要求保护的技术方案而言,说明书中没有提供证明其效果的实验数据,因此即使考虑本申请的原始申请的公开文本,本申请的说明书仍然不符合专利法第26条第3款的规定,请求人的理由不能成立。

在答复《第一次审查意见通知书》和提出复审请求时,请求人两次递交了涉及甲状旁腺素和雌激素激动剂/拮抗剂以及生长激素促分泌激素和雌激素激动剂/拮抗剂组合用药在骨质疏松症方面的协同作用实验结果(附件1)用于证实本发明组合物的效果。并且请求人认为附件1中的实验数据是说明书公开的技术方案能够得到的相关数据,应该予以接受。对此合议组认为,虽然如请求人所述附件1中的数据是根据说明书中给出的技术方案实验得到的,但是附件1中记载的实验结果并未记载在说明书或者申请日前公开的现有技术文献中,公众从本申请说明书或申请日前公开的文献中并不能获知该内容,另外,该实验结果也是本领域技术人员无法从说明书合理推断得到的,因此,请求人提供的上述补充实验结果不能作为证明本申请已被充分公开的依据。

根据以上事实和理由,本案合议组作出如下审查决定。

三、决定

维持国家知识产权局于2005年10月14日对200310120234.1号发明专利申请作出的驳回决定。

复审请求人对本决定不服的,可以根据专利法第41条第2款的规定,自收到本决定之日起三个月内向北京市第一中级人民法院起诉。

用每周给药一次或两次的利福拉齐治疗细菌感染的方法

复审请求审查决定（第 13566 号）

决 定 号	第 13566 号
决 定 日	2008 年 5 月 30 日
发明创造名称	用每周给药一次或两次的利福拉齐治疗细菌感染的方法
国际分类号	A01N 43/40，A61K 31/44
复审请求人	钟渊化学工业株式会社
申 请 号	99815782.1
申 请 日	1999 年 12 月 16 日
优 先 权 日	1998 年 12 月 18 日
公 开 日	2002 年 2 月 6 日
合议组组长	李金光
主 审 员	刘妍
参 审 员	王冬

法 律 依 据 专利法第 33 条

决 定 要 点

如果申请的内容通过改变其中的一部分，致使所属技术领域的技术人员看到的内容与原说明书和权利要求书记载的内容不同，并且无法从原申请记载的内容中直接地、毫无疑义地确定，那么，这种修改就是不允许的。

一、案由

本复审请求涉及申请日为 1999 年 12 月 16 日、公开日为 2002 年 2 月 6 日、优先权日为 1998 年 12 月 18 日、名称为"用每周给药一次或两次的利福拉齐治疗细菌感染的方法"的第 99815782.1 号发明专利申请（下称本申请），申请人为钟渊化学工业株式会社，本申请进入中国国家阶段日为 2001 年 7 月 23 日。

国家知识产权局于 2005 年 2 月 4 日以本申请权利要求 1~7 不符合专利法第 22 条第 2 款的规定为由驳回了本申请。驳回决定指出：（1）权利要求 1 要求保护"利福拉齐在制备用于治疗细菌感染的口服药物中的用途。对比文件 1（US5786349A，公开日为 1998 年 7 月 28 日），对比文件 2 [Klemens et al, "Activity of KRM-1648 in combination with isoniazid aganist mycobacterium tuberculosis in murine model", Antimicrobial. Agents and Chemotherapy. (1996), 40 (2), 298~301]，对比文件 3（Bermudez et al, "Activity of KRM-1648 alone or in combination with ethambutol or clarithromycin against mycobacterium avium in beige mousemodel of disseminated infection", Antimicribial Agents and Chemotherapy. (1994), 38 (8), 1844-1848.) 均公开了利福拉齐在制备用于治疗细菌感染的口服药物中的用途。虽然权利要求1还具体限定了利福拉齐的给药剂量和频率，但是权利要求1要求保护的技术方案属于制药用途权利要求，而给药剂量和给药频率体现的是医生的治病行为，不能构成制药用途的区别技术特征。因此，权利要求1相对于对比文件1、2或3不具备新颖性。（2）权利要求2、3的附加技术特征中限定的给药剂量和频率也不能构成制药用途的区别技术特征，因此也不具备新颖性。（3）权利要求4、5、6、7的附加技术特征在对比文件1、2、3中均已公开，因此，权利要求4~7的技术方案也不具备专利法第22条第2款规定的新颖性。

驳回决定所针对的权利要求1~7为：

"1. 剂量为1~100mg的利福拉齐在制备用于治疗细菌感染的口服药物中的用途，其中所述药物每周给药一次或两次。

2. 权利要求1的用途，其中所述药物每周给药一次或两次并且所含利福拉齐的剂量为5~50mg。

3. 权利要求2的用途，其中所述药物每周给药一次或两次并且所含利福拉齐的剂量为10~25mg。

4. 权利要求1的用途，其中细菌感染是由结核分枝杆菌、鸟分枝杆菌复合体、肺炎衣原体或幽门螺杆菌引起的感染。

5. 权利要求4的用途，其中结核分枝杆菌感染是结核。

6. 权利要求4的用途，其中感染是由肺炎衣原体引起的。

7. 权利要求4的用途，其中感染是由鸟分枝杆菌复合体引起的。"

钟渊化学工业株式会社（下称请求人）对上述驳回决定不服，于2005年5月19日向专利复审委员会提出复审请求，同时用修改后的权利要求1~14项替换驳回决定所针对的权利要求1~7。修改后的权利要求书如下：

"1. 剂量为1~100mg的利福拉齐在制备用于治疗细菌感染的口服药物中的用途，其中所述药物每周给药一次或两次。

2. 权利要求1的用途，其中所述药物每周给药一次或两次并且所含利福拉齐的剂量为5~50mg。

3. 权利要求2的用途，其中所述药物每周给药一次或两次并且所含利福拉齐的剂量为10~25mg。

4. 权利要求1的用途，其中细菌感染是由结核分枝杆菌、鸟分枝杆菌复合体、肺炎衣原体或幽门螺杆菌引起的感染。

5. 权利要求4的用途，其中结核分枝杆菌感染是结核。

6. 权利要求4的用途，其中感染是由肺炎衣原体引起的。

7. 权利要求4的用途，其中感染是由鸟分枝杆菌复合体引起的。

8. 一种用于治疗细菌感染的口服药剂盒，其中包括（1）药物组合物，所述药物组合物中含有1~100mg作为活性物质的利福拉齐和药用赋形剂以及（2）指示每周给予一次或两次所述组合物的说明书。

9. 权利要求8的药剂盒，其中所述利福拉齐的含量为5~50mg。

10. 权利要求9的药剂盒，其中所述利福拉齐的含量为10~25mg。

11. 权利要求8的用途，其中细菌感染是由结核分枝杆菌、鸟分枝杆菌复合体、肺炎衣原体或幽门螺杆菌引起的感染。

12. 权利要求11的用途，其中结核分枝杆菌感染是结核。

13. 权利要求11的用途，其中感染是由肺炎衣原体引起的。

14. 权利要求11的用途，其中感染是由鸟分枝杆菌复合体引起的。"

请求人认为：（1）给药剂量不仅涉及到临床中药物的给予和服用，而且直接影响到药物生产。

(2) 本发明的技术方案与对比文件1和2相比，无论从技术方案的解决手段、还是其相应的技术效果来看都是不同的，并且明显具有实质性进步。(3) 剂量和给药方式的选择并不仅仅是医生的个人行为，它直接涉及到药物的实际工业生产中许多重要的环节，如所生产的单位剂型的剂量，生产中的投料量，药品说明书的撰写。(4) 原来每日给予利福拉齐的方法会引起严重的副作用，但是本发明提供的间断给药方法（每周给药一次或两次）达到了与每天给药同样的效力，同时避免了所引起的严重毒副作用，大大改进了利福拉齐的原医药用途效果。如果所述的剂量限定确实为现有的医药用途带来了有益效果，为现有技术作出了实质性贡献，同时对已被确认的工业上的实用性产生了有益影响，则该技术方案就是对所述用途有限定作用的，应该有资格获得专利权。

形式审查合格后，专利复审委员会受理了该复审请求，并于2005年6月23日向请求人发出《复审请求受理通知书》，随后将本申请案卷移交原审查部门进行前置审查。

原审查部门对本复审请求进行了前置审查，前置审查意见认为：(1) 请求人对权利要求1~7未作修改，未克服驳回决定指出的权利要求1~7不具备专利法第22条第2款规定的新颖性的缺陷；新增的权利要求8~14并非针对消除驳回决定通知书中指出的缺陷而修改的，不符合专利法实施细则第60条第1款的规定。因此坚持原驳回决定。

专利复审委员会组成合议组，对本案的复审请求进行了审理，并于2007年4月20日向请求人发出《复审通知书》。《复审通知书》指出：

(1) 新增的权利要求8~10请求保护的技术方案的主题为"一种用于治疗细菌感染的口服药剂盒"，而驳回决定并未涉及任何关于"药剂盒"的内容；权利要求11~14直接或间接引用"权利要求8的用途"，但是权利要求8请求保护的主题为"药剂盒"，其中未涉及"用途"表述，一方面新增的权利要求11~14的技术方案是不清楚的，另一方面该修改同样也非针对消除驳回决定中指出的缺陷。因此，请求人在提出复审请求时提交的修改文本不符合专利法实施细则第60条第1款的规定。

(2) 对比文件1公开了采用式I的利福霉素治疗因衣原体感染引起的疾病的方法，其中式I的利福霉素的给药剂量为成人每日10mg~10g，优选20mg~5g；公开了具体的式I化合物4，即利福拉齐，还公开了含有100mg的利福拉齐片剂，并测试了利福拉齐对肺炎衣原体的杀菌活性，结果表明利福拉齐在很低的浓度下即可抑制肺炎衣原体的生长，可见对比文件1公开了利福拉齐在制备用于治疗细菌感染的口服药物中的用途；对比文件2公开了KRM-1648（即利福拉齐）单独、与异烟肼联合用于治疗鼠中结核分枝杆菌的活性，披露了KRM-1648可用于治疗结核，在感染研究中采用了每周5天20mg/kg体重的KRM-1648的剂量，可见对比文件2公开了利福拉齐在制备用于治疗细菌感染的口服药物中的用途；对比文件3公开了KRM-1648单独或与乙胺丁醇或克兰红霉素联合应用对治疗鼠的鸟分枝杆菌复合体感染具有显著的活性，KRM-1648的给药剂量为每天10、20、40mg/kg体重。可见对比文件3也公开了利福拉齐在制备用于治疗细菌感染的口服药物中的用途。本申请权利要求1的技术方案与对比文件1、2或3的不同之处仅在于，其进一步限定了利福拉齐的给药剂量和频率，而给药剂量和给药频率体现的是医生的治疗行为，不是制备药物过程中体现的特征，不能构成制药用途本身的区别技术特征。因此权利要求1不具备专利法第22条第2款规定的新颖性。

(3) 权利要求2、3进一步限定了给药剂量和频率，它们同样不能构成制药用途的区别技术特征，所以权利要求2、3也不具备新颖性。权利要求4~7的附加技术特征均分别在对比文件1、2、3中公开，因此权利要求4~7的技术方案分别相应于对比文件1、2、3也不具备专利法第22条第2款规定的新颖性。

(4) 请求人在复审请求中认为本发明提供的剂量和给药方法改进了利福拉齐的原医药用途的效果，减少了毒副作用，对现有技术作出了贡献。合议组认为：本发明与现有技术的区别仅仅在于用药剂量和次数。在临床实践中，如果现有技术的单位剂量的药物含量没有达到用药剂量，那么医生可以给病人一次服用多个单位剂量的药物；如果药物的含量大于治疗剂量，则可以减量服用。同样地，医生可以根据需要通过增加或者减少给药次数来达到治疗目的。因此，给药剂量和次数仅是体现在用药过程中的特征，不能使制药用途权利要求与现有技术相区别。请求人陈述的理由不成立。

针对复审通知书指出的问题，请求人于2007年6月5日提交了意见陈述书及经修改的权利要求书替换页，删除了前次权利要求书中的权利要求1~7，对前次权利要求书中的权利要求8~14重新编号为权利要求1~7，并适应性修改了从属权利要求的引用关系，且将修改后的权利要求4~7的主题限定为"试剂盒"。请求人认为：本申请说明书相关部分记载了含有利福拉齐的胶囊和含有安慰剂的胶囊被适当的包装和标记，本领域技术人员根据一般技术常识和本发明公开内容完全可以推导和制备出用于治疗细菌感染的口服药剂盒。修改后的权利要求所要求保护的内容仅仅限定成了药剂盒，从而明确了本发明与现有技术产品的区别，符合了新颖性的要求。

2007年8月14日，请求人再次提交权利要求书全文替换页，共7项，其中将其于2007年6月5日提交的权利要求4~7中的"试剂盒"改为"药剂盒"，其他权利要求未作修改，此次提交的权利要求1~7项为：

"1. 一种用于治疗细菌感染的口服药剂盒，其中包括（1）药物组合物，所述药物组合物中含有1~100mg作为活性物质的利福拉齐和药用赋形剂以及（2）指示每周给予一次或两次所述组合物的说明书。

2. 权利要求1的药剂盒，其中所述利福拉齐的含量为5~50mg。

3. 权利要求2的药剂盒，其中所述利福拉齐的含量为10~25mg。

4. 权利要求1的药剂盒，其中细菌感染是由结核分枝杆菌、鸟分枝杆菌复合体、肺炎衣原体或幽门螺杆菌引起的感染。

5. 权利要求4的药剂盒，其中结核分枝杆菌感染是结核。

6. 权利要求4的药剂盒，其中感染是由肺炎衣原体引起的。

7. 权利要求4的药剂盒，其中感染是由鸟分枝杆菌复合体引起的。"

专利复审委员会于2007年12月29日再次向请求人发出《复审通知书》。该《复审通知书》指出：请求人于2007年8月14日提交的权利要求书的权利要求1要求保护的技术方案主题为"一种用于治疗细菌感染的口服药剂盒"，其中记载有"（2）指示每周给予一次或两次所述组合物的说明书"，但是本申请原说明书和权利要求书中并未记载任何关于"药剂盒"和"说明书"的内容，所属技术领域的技术人员也无法从原说明书和权利要求书记载的内容中直接地、毫无疑义地确定上述修改，因此，这种修改是不允许的，不符合专利法第33条的规定。对于请求人所陈述的关于"药剂盒"的意见，合议组认为：首先，"胶囊"和"药剂盒"在本领域中代表不同的含义，二者范围不同，本领域技术人员并不能由原说明书中所记载的"胶囊"被包装和标记直接地、毫无疑义地确定出修改后的权利要求1中所述的"药剂盒"；其次，本申请说明书中并未记载任何关于"指示每周给予一次或两次所述组合物的说明书"的技术内容，本领域技术人员同样无法从原说明书中直接地、毫无疑义地确定上述修改。因此，上述修改超出了原说明书和权利要求书记载的范围，不符合专利法第33条的规定。同理，权利要求2~7也不符合专利法第33条的规定。请求人的主张不能成立。

2008年2月13日，请求人再次提交权利要求书全文替换页（共7项），其中将权利要求1请求保护的主题修改为"一种用于治疗细菌感染的口服药品"，将权利要求2~7要求保护的主题修改为"药品"，其余内容未作修改。此次提交的权利要求1为：

"1. 一种用于治疗细菌感染的口服药品，其中包括（1）药物组合物，所述药物组合物中含有

1～100mg作为活性物质的利福拉齐和药用赋形剂以及（2）所述药品标识有指示每周给予一次或两次所述组合物的给药方案。"

请求人认为：将所述"药剂盒"改成了"药品"可以得到例如说明书第40页第1段和第2段的支持；将权利要求1中的第二点改成了"所述药品标识有……给药方案"，所述内容可以得到说明书第2页第2段后3行的支持。因此，目前的权利要求1～7是可以从本发明说明书和现有技术中直接推导出来的。

至此，合议组认为本案事实清楚，可以作出审查决定。

二、决定的理由

1. 决定所依据的文本

本复审决定所针对的文本是请求人于本申请进入中国国家阶段时提交的国际申请中文文本的说明书第1～19、21～35、38～41页，说明书附图第1～10页及说明书摘要；于2001年10月25日提交的说明书第20、36、36a、37页；于2008年2月13日提交的权利要求1～7。

2. 关于专利法第33条

专利法第33条规定，申请人可以对其专利申请文件进行修改，但是，对发明和实用新型专利申请文件的修改不得超出原说明书和权利要求书记载的范围。

如果申请的内容通过增加、改变和/或删除其中的一部分，致使所属技术领域的技术人员看到的内容与原说明书和权利要求书记载的内容不同，并且无法从原申请记载的内容中直接地、毫无疑义地确定，那么，这种修改就是不允许的。

请求人于2008年2月13日提交的修改后的权利要求1要求保护的技术方案为"一种用于治疗细菌感染的口服药品，其中包括（1）药物组合物，所述药物组合物中含有1～100mg作为活性物质的利福拉齐和药用赋形剂以及（2）所述药品标识有指示每周给予一次或两次所述组合物的给药方案"。但是本申请原说明书和权利要求书中并没有任何关于包含"药物组合物"和"标识有指示每周给予一次或两次所述组合物的给药方案"的"口服药品"的记载，所属技术领域的技术人员也无法从原说明书和权利要求书记载的内容中直接地、毫无疑义地确定权利要求1所要求保护的"口服药品"，因此，这种修改是不允许的，不符合专利法第33条的规定。同理，权利要求2～7也不符合专利法第33条的规定。

请求人认为，将所述"药剂盒"改成了"药品"可以得到例如说明书第40页第1段和第2段的支持；将权利要求1中的（2）改成了"所述药品标识有……给药方案"可以得到说明书第2页第2段后3行的支持，因此权利要求1～7是可以从本发明说明书和现有技术中直接推导出来。

对此，合议组认为：本申请说明书第40页第1段和第2段仅仅记载了利福拉齐的通常制剂形式以及用于临床研究中的胶囊的剂量；说明书第2页第2段后3行仅仅记载了由于利福拉齐每日给药有副作用被终止使用，而每周一次或两次的给药方案具有与每日给药相同的功效，可消除或显著减少了副反应。但这些内容根本就不能确定其记载的是权利要求1所要求保护的"口服药品"，同时权利要求1请求保护的包含药物组合物和标识给药方案的"口服药品"在原说明书的其他部分和权利要求书中也并未记载过，本领域技术人员根据原说明书和权利要求书的记载也无法直接地、毫无疑义地确定权利要求1所要求保护的"口服药品"的技术方案。因此，上述修改超出了原说明书和权利要求书记载的范围，不符合专利法第33条的规定。请求人的主张不能成立。

根据以上事实和理由，本案合议组作出如下审查决定。

三、决定

维持国家知识产权局于2005年2月4日对99815782.1号发明专利申请作出的驳回决定。

复审请求人对本决定不服的，可以根据专利法第41条第2款的规定，自收到本决定之日起三个月内向北京市第一中级人民法院起诉。

含有漆酶的角质纤维氧化染色组合物及用其的染色方法

复审请求审查决定（第13572号）

决 定 号	第13572号
决 定 日	2008年6月3日
发明创造名称	含有漆酶的角质纤维氧化染色组合物及用其的染色方法
国际分类号	A61K7/13
复审请求人	莱雅公司
申 请 号	98813867.0
优 先 权 日	1998年1月13日
申 请 日	1998年12月22日
公 开 日	2001年3月7日
合议组组长	李人久
主 审 员	李梦楠
参 审 员	葛永奇

法律依据 专利法第26条第4款，专利法实施细则第21条第2款

决定要点

权利要求书中的每一项权利要求所要求保护的技术方案应当是所属技术领域的技术人员能够从说明书充分公开的内容中得到或概括得出的技术方案，并且不得超出说明书公开的范围。

如果发明的实质或改进只在于组分本身，发明要解决的技术问题是要选择组分，而组分的含量是本领域的技术人员根据现有技术或简单试验就能够确定的，则在独立权利要求中可以允许只限定组分。

一、案由

本复审请求涉及1998年12月22日申请、2001年3月7日公开、名称为"含有漆酶的角质纤维氧化染色组合物及用其的染色方法"的第98813867.0号发明专利申请（下称本申请），本申请的优先权日为1998年1月13日。本申请的申请人为莱雅公司。

针对申请人于2004年8月10日提交的权利要求书第1~28项，本申请进入中国国家阶段时提交的说明书摘要和说明书第1、3~12页；2004年8月10日提交的说明书第2页；2004年2月9日提交的说明书第13、14页，国家知识产权局于2005年9月2日以权利要求1、7不符合专利法第26条第4款的规定、权利要求1不符合专利法实施细则第21条第2款的规定为由驳回了本申请。

驳回决定所针对的权利要求1和7为：

"1. 用于氧化染色角质纤维的现成可用组合物，其特征为它在由水或水和至少一种有机溶剂的混合物所组成的介质中包括：

至少一种选自杂环氧化显色碱和杂环成色剂的氧化染料，和至少一种漆酶，所述组合物不含选自吲哚、二氢吲哚、单环吡啶和吩嗪化合物的杂环成色剂以及不含选自4,5-二氨基-6-羟基嘧啶和3,4-二氨基羟基吡唑的杂环氧化显色碱；

所述杂环氧化显色碱选自嘧啶衍生物和吡唑衍生物以及它们与酸的加成盐。

所述杂环成色剂选自苯并咪唑衍生物、苯并吗啉衍生物、芝麻酚衍生物、吡唑并唑衍生物、吡咯并唑衍生物、咪唑并唑衍生物、吡唑并嘧啶衍生物、吡唑啉-3,5-二酮衍生物、吡咯并[3,2-d]噁唑啉衍生物、吡咯并[3,4-d]噻唑衍生物、噻唑并唑S-氧化物衍生物和噻唑并唑S,S-二氧化物衍生物，以及它们与酸的加成盐。

7. 按照权利要求1的组合物，其特征为所述嘧啶衍生物选自2,4,5,6-四氨基嘧啶、4-羟基-2,5,6-三氨基嘧啶和吡唑并嘧啶衍生物，以及它们与酸的加成盐。"

驳回决定认为：（1）权利要求1、7中包含"嘧啶衍生物"、"吡唑衍生物"、"苯并咪唑衍生物"、"苯并吗啉衍生物"、"吡唑并嘧啶衍生物"等化合物名词，这些"衍生物"包含了一切具有相应主核结构的化合物，根据说明书记载和申请人的陈述可知，发明要解决的技术问题是通过选择适当的杂环氧化染料与漆酶组合，构成能够产生浓色，选择性不高，对角质纤维降解小的染发组合物。但根据说明书的记载，本领域技术人员不能推测出任何具有相应主核结构的化合物彼此之间都能组合，并与漆酶联合使用，产生染色效果，并实现发明所称的技术效果，因此权利要求1、7的技术方案得不到说明书实质上的支持，不符合专利法第26条第4款的规定；（2）就本发明而言，实现其技术效果，仅选择出某种特定的染料前体和氧化剂还不够，还需要所选择的各种组分的含量或配比关系适当才能最终实现该技术效果，因此杂环氧化染料和漆酶的含量是发明必不可少的技术特征。权利要求1未记载这些技术特征，不符合专利法实施细则第21条第2款的规定。

申请人莱雅公司（下称请求人）对上述驳回决定不服，于2005年12月19日向专利复审委员会提出复审请求，请求人在提出复审请求时没有提交新修改的专利申请文本。

请求人认为，（1）本申请权利要求中的"衍生物"不仅仅在于其与原化合物具有相同的母核、结构类似，它还受到权利要求中其他特征的限制，具有原化合物的功能，因此，本领域技术人员可以预见在原化合物可以达到目的的情况下，其衍生物也能达到效果；（2）根据审查指南的规定，如果发明的实质或发明点只在于组分本身，发明的任务是要选择组分，组分的含量是所属领域技术人员能够确定的，则在独立权利要求中可允许只限定组分，因此本申请是符合专利法实施细则第21条第2款的规定，国家知识产权局驳回的理由不成立。

形式审查合格后，专利复审委员会受理了该复审请求，并于2006年3月1日向请求人发出《复审请求受理通知书》，同时将本申请案卷移交原审查部门进行前置审查。

原审查部门对本复审请求进行了前置审查，认为：（1）本申请的"衍生物"虽然具有氧化显色作用，但这是一个选择目标，本领域技术人员并不能确定什么样的衍生物能有这种功能，尤其是实现浓色功能，这需要作出大量不确定的实验，且在实验前无法预期，因此权利要求1和7不符合专利法第26条第4款规定；（2）判断某一技术特征是否是必要技术特征是必要技术特征与发明本身有关，而与"优先权日前"还是"优先权日后"无关，因此坚持原驳回决定。

专利复审委员会组成合议组，对本复审请求案进行了审理。于2007年9月11日向请求人发出《复审通知书》。《复审通知书》指出，权利要求1包含了"嘧啶衍生物"、"吡唑衍生物"、"苯并咪唑衍生物"、"苯并吗啉衍生物"等表述，权利要求7包含了"吡唑并嘧啶衍生物"的表述。本领域中,"衍生物"是指化合物分子中的原子或原子团直接或间接被其他原子或原子团所置换而衍生出的产物,"衍生物"中包含了一切具有相同或相应母核结构的化合物,但是,由于发生取代的位置、被取代的原子/原子团、取代基的原子/原子团及取代限次等因素的不同,衍生得到的新物质(即衍生物)彼此之间以及与母体之间的差异可能非常大,性能难以预料。而本申请的说明书中只给出了选择某些特定结构的化合物作为杂环氧化剂或杂环成色剂与漆酶组合的技术方案,并且这些技术方案能够产生浓色,而不会导致明显的角质纤维降解的技术效果。根据说明书记载的具体技术方案及本领域的公知常识,本领域技术人员无法预料到任何与所述特定结构的化合物具有相同或相应母核的衍生物与漆酶组合都能够产生如说明书所述的技术效果,因此权利要求1和7得不到说明书的支持,不符合专利法第26条第4款的规定。

针对《复审通知书》指出的问题,请求人于2007年12月24日提交了意见陈述书及经修改的权利要求书,将权利要求7并入了权利要求1中,并对权利要求1中的"衍生物"进行了具体限定。

修改后的权利要求1如下:

"1. 用于氧化染色角质纤维的现成可用组合物,其特征为它在由水或水和至少一种有机溶剂的混合物所组成的介质中包括:

至少一种选自杂环氧化显色碱和杂换成色剂的氧化染料,和

至少一种漆酶,

所述组合物不含选自吲哚、二氢吲哚、单环吡啶和吩嗪化合物的杂环成色剂以及不含选自4,5-二氨基-6-羟基嘧啶和3,4-二氨基羟基吡唑的杂环氧化显色碱;

所述杂环氧化显色碱选自嘧啶衍生物和吡唑衍生物以及它们与酸的加成盐;

所述杂环成色剂选自苯并咪唑衍生物、苯并吗啉衍生物、芝麻酚衍生物、吡唑并唑衍生物、吡咯并唑衍生物、咪唑并唑衍生物、吡唑并嘧啶衍生物、吡唑啉-3,5-二酮衍生物、吡咯并[3,2-d]噁唑啉衍生物、吡咯并[3,4-d]噻唑衍生物、噻唑并唑S-氧化物衍生物和噻唑并唑S,S-二氧化物衍生物,以及它们与酸的加成盐;

其中:

所述嘧啶衍生物选自2,4,5,6-四氨基嘧啶、4-羟基-2,5,6-三氨基嘧啶和吡唑并嘧啶衍生物,以及它们与酸的加成盐;

所述吡唑并嘧啶衍生物选自吡唑并[1,5-a]嘧啶-3,7-二胺、2-甲基吡唑并[1,5-a]嘧啶-3,7-二胺、2,5-二甲基吡唑并[1,5-a]嘧啶-3,7-二胺、吡唑并[1,5-a]嘧啶-3,5-二胺、2,7-二甲基吡唑并[1,5-a]嘧啶-3,5-二胺、3-氨基吡唑并[1,5-a]嘧啶-7-醇、3-氨基-5-甲基吡唑并[1,5-a]嘧啶-7-醇、3-氨基吡唑并[1,5-a]嘧啶-5-醇、2-(3-氨基吡唑并[1,5-a]嘧啶-7-基氨基)乙醇、3-氨基-7-β-羟乙氨基-5-甲基吡唑并[1,5-a]嘧啶、2-(7-氨基吡唑并[1,5-a]嘧啶-3-基氨基)乙醇、2-[(3-氨基吡唑并[1,5-a]嘧啶-7-基)-(2-羟乙基)氨基]乙醇、2-[(7-氨基吡唑并[1,5-a]嘧啶-3-基)-(2-羟乙基)氨基]乙醇、5,6-二甲基吡唑并[1,5-a]嘧啶-3,7-二胺、2,6-二甲基吡唑并[1,5-a]嘧啶-3,7-二胺和2,5,N7,N7-四甲基吡唑并[1,5-a]嘧啶-3,7-二胺和它们的加成盐,以及当存在互变异构平衡时它们的互变异构型;

所述吡唑衍生物选自4,5-二氨基吡唑、4,5-二氨基-1-甲基吡唑、1-苄基-4,5-二氨基吡唑、3,4-二氨基吡唑、1-苄基-4,5-二氨基-3-甲基吡唑、4-氨基-1,3-二甲基-5-肼基吡唑、4,5-二氨基-3-甲基-1-苯基吡唑、4,5-二氨基-3-叔丁基吡唑、4,5-二氨基-3-叔丁基-1-甲基吡唑、4,5-二氨基-1-乙基-3-甲基吡唑、4,5-二氨基-1-乙基-3-(4'-甲氧基苯基)吡唑、

4,5-二氨基-1-乙基-3-羟甲基吡唑、4,5-二氨基-3-羟甲基-1-甲基吡唑、4,5-二氨基-3-羟甲基-1-异丙基吡唑和4,5-二氨基-3-甲基-1-异丙基吡唑,以及它们与酸的加成盐;

所述苯并咪唑衍生物选自下式(Ⅰ)化合物及其与酸的加成盐;

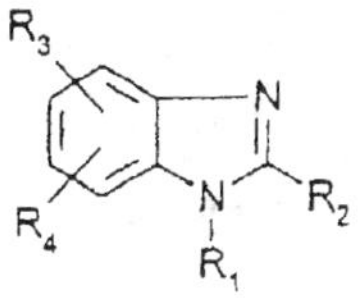

其中:

R_1 代表氢原子或 C_1-C_4 烷基,

R_2 代表氢原子或 C_1-C_4 烷基或苯基,

R_3 代表羟基、氨基或甲氧基,

R_4 代表氢原子或羟基、甲氧基或 C_1-C_4 烷基;

前提是:

当 R_3 为氨基时,则它占用4位,

当 R_3 占用4位时,则 R_4 占用7位,

当 R_3 占用5位时,则 R_4 占用6位;

所述苯并吗啉衍生物选自下式(Ⅱ)化合物及其与酸的加成盐:

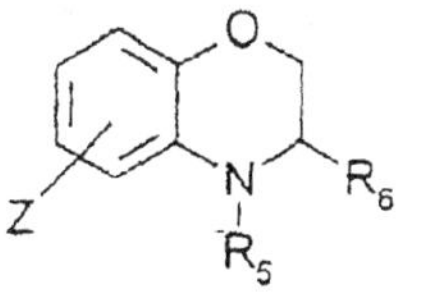

其中:

R_5 和 R_6 可以相同或不同,代表氢原子或 C_1-C_4 烷基,

Z 代表羟基或氨基;

所述芝麻酚衍生物选自下式(Ⅲ)的化合物以及它们与酸的加成盐;

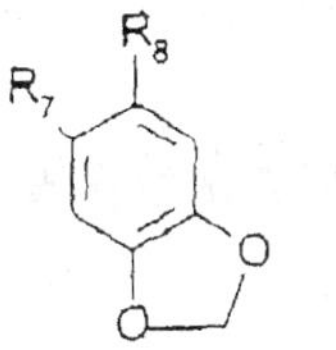

其中:

R_7 代表羟基、氨基、(C_1-C_4)烷基氨基、单羟基(C_1-C_4)烷基氨基或多羟基(C_2-C_4)烷基氨基,

R_8 代表氢或卤素原子或 C_1-C_4 烷氧基;

所述吡唑并唑衍生物选自:

-2-甲基吡唑并[1,5-b]-1,2,4-三唑,

-2-乙基吡唑并[1,5-b]-1,2,4-三唑,

-2-异丙基吡唑并[1,5-b]-1,2,4-三唑,

-2-苯基吡唑并[1,5-b]-1,2,4-三唑,

-2,6-二甲基吡唑并[1,5-b]-1,2,4-三唑,

-7-氯-2,6-二甲基吡唑并[1,5-b]-1,2,4-三唑,

-3,6-二甲基吡唑并[3,2-c]-1,2,4-三唑,

-6-苯基-3-甲硫基吡唑并[3,2-c]-1,2,4-三唑,

-6-氨基吡唑并［1,5-a］苯并咪唑，和它们与酸的加成盐；

所述吡咯并唑衍生物选自：

-5-氰基-4-乙氧羰基-8-甲基吡咯并［1,2-b］-1,2,4-三唑，

-5-氰基-8-甲基-4-苯基吡咯并［1,2-b］-1,2,4-三唑，

-7-酰氨基-6-乙氧羰基吡咯并［1,2-a］苯并咪唑，

和它们与酸的加成盐；

所述咪唑并唑衍生物选自：

-7,8-二氰基咪唑并［3,2-a］咪唑，

-7,8-二氰基-4-甲基咪唑并［3,2-a］咪唑，

和它们与酸的加成盐；

所述吡唑并嘧啶衍生物选自：

-吡唑并［1,5-a］嘧啶-7-酮，

-2,5-二甲基吡唑并［1,5-a］嘧啶-7-酮，

-2-甲基-6-乙氧羰基吡唑并［1,5-a］嘧啶-7-酮，

-2-甲基-5-甲氧基甲基吡唑并［1,5-a］嘧啶-7-酮，

-2-叔丁基-5-三氟甲基吡唑并［1,5-a］嘧啶-7-酮，

-2,7-二甲基吡唑并［1,5-a］嘧啶-5-酮，

和它们与酸的加成盐；

所述吡唑啉-3,5-二酮衍生物选自：

-1,2-二苯基吡唑啉-3,5-二酮，

-1,2-二乙基吡唑啉-3,5-二酮，

和它们与酸的加成盐。"

请求人于 2008 年 3 月 28 日再次提交了修改的权利要求书第 1 页，删除了权利要求 1 中的"吡咯并［3,2-d］噁唑啉衍生物、吡咯并［3,4-d］噻唑衍生物、噻唑并唑 S-氧化物衍生物和噻唑并唑 S,S-二氧化物衍生物"。

至此，合议组认为本案事实已经清楚，可以作出审查决定。

二、决定的理由

1. 审查针对的文本

本复审决定所针对的文本为请求人于 2008 年 3 月 28 日提交的权利要求 1，2007 年 12 月 24 日提交的权利要求书第 2～17 项以及驳回决定所针对的说明书和摘要。

2. 关于专利法第 26 条第 4 款

专利法第 26 条第 4 款规定，权利要求书应当以说明书为依据，说明要求专利保护的范围。

根据该款规定，权利要求书中的每一项权利要求所要求保护的技术方案应当是所属技术领域的技术人员能够从说明书充分公开的内容中得到或概括得出的技术方案，并且不得超出说明书公开的范围。

对于本案来讲，《驳回决定》及《复审通知书》中指出，权利要求 1 包含了"嘧啶衍生物"、"吡唑衍生物"、"苯并咪唑衍生物"、"苯并吗啉衍生物"等表述，权利要求 7 包含了"吡唑并嘧啶衍生物"的表述。而本申请的说明书中只给出了选择某些特定结构的化合物作为杂环氧化剂或杂环成色剂与漆酶组合，能够产生浓色，而不会导致明显的角质纤维降解的技术方案。根据说明书记载的具体技术方案及本领域的公知常识，本领域技术人员无法预料到任何与所述特定结构的化合物具有相同或

相应母核的衍生物与漆酶组合都能够产生如说明书所述的技术效果，因此权利要求 1 和 7 得不到说明书的支持。对于上述意见，请求人进行了两次修改，将权利要求 7 并入了权利要求 1 中，删除了原权利要求 1 中的"吡咯并［3，2-d］嘧唑啉衍生物、吡咯并［3，4-d］噻唑衍生物、噻唑并唑 S-氧化物衍生物和噻唑并唑 S，S-二氧化物衍生物"，并对新修改的权利要求 1 中的"嘧啶衍生物、吡唑衍生物、苯并咪唑衍生物、苯并吗啉衍生物、芝麻酚衍生物、吡唑并唑衍生物、吡咯并唑衍生物、咪唑并唑衍生物、吡唑并嘧啶衍生物、吡唑啉-3，5-二酮衍生物、吡唑并嘧啶衍生物"进行了具体限定，修改后的权利要求 1 已经克服了《驳回决定》及《复审通知书》中所指出的因措辞"衍生物"而导致的不符合专利法第 26 条第 4 款的规定的缺陷。

3. 关于专利法实施细则第 21 条第 2 款

独立权利要求应当从整体上反映发明或者实用新型的技术方案，记载解决技术问题的必要技术特征。

根据该款规定，如果发明的实质或改进只在于组分本身，发明要解决的技术问题是要选择组分，而组分的含量是本领域的技术人员根据现有技术或简单试验就能够确定的，则在独立权利要求中可以允许只限定组分。

《驳回决定》中指出，对于组合物发明而言，组合物的组分和各组分的含量均为发明的必要技术特征。本发明中，杂环氧化染料和漆酶的含量是发明必不可少的技术特征，权利要求 1 未记载这些技术特征，不符合专利法实施细则第 21 条第 2 款的规定。对此，合议组认为，对于组合物发明而言，如果发明的实质或者改进在于组分本身，发明要解决的技术问题是要选择组分，而组分的含量是本领域的技术人员根据现有技术或简单试验就能够确定的，则在独立权利要求中可以允许只限定组分。具体于本案，权利要求 1 实质上在于提供一种特定结构的化合物作为杂环氧化剂或杂环成色剂与漆酶的新的组合，这种组合能够产生浓色，并且不会导致明显的角质纤维降解，其中的杂环氧化剂、杂环成色剂以及漆酶均为本领域已知的物质，它们的含量是本领域技术人员根据现有技术或简单试验能够确定的，没有证据表明在本发明的技术方案中，杂环氧化剂、杂环成色剂和漆酶的含量必须进行特定选择，也没有证据表明其是实现本发明技术方案的必不可少的技术特征，因此权利要求 1 的技术方案符合专利法第 21 条第 2 款的规定。

根据以上事实和理由，本案合议组作出如下审查决定。

三、决定

撤销国家知识产权局于 2005 年 9 月 2 日对 98813867.0 号发明专利申请作出的驳回决定。由原审查部门在本复审决定所针对的文本的基础上继续进行审查。

复审请求人对本决定不服的，可以根据专利法第 41 条第 2 款的规定，自收到本决定之日起三个月内向北京市第一中级人民法院起诉。

篮霉菌木聚糖酶

复审请求审查决定（第 13574 号）

决 定 号	第 13574 号
决 定 日	2008 年 5 月 30 日
发明创造名称	篮霉菌木聚糖酶
国际分类号	C12N 15/56，C12N 9/24，C12N 9/98，C12N 1/15，C12N 15/80，A01H 5/00，A23K 1/165，A21D 8/04 // （C12N9/24，C12R1：645）
复审请求人	巴斯福股份公司
申 请 号	00819966.3
申 请 日	2000 年 9 月 21 日
公 开 日	2003 年 11 月 5 日
合议组组长	叶 娟
主 审 员	卢 阳
参 审 员	尹 昕
法 律 依 据	专利法第 26 条第 3 款

决定要点

说明书应当对发明或者实用新型作出清楚、完整的说明，以所属技术领域的技术人员能够实现为准。如果所属技术领域的技术人员按照说明书记载的内容，能够实现该发明或者实用新型的技术方案，解决其技术问题，并且产生预期的技术效果，则该说明书已被充分公开。

一、案由

本复审请求涉及名称为"篮霉菌木聚糖酶"的第 00819966.3 号发明专利申请（下称本申请），申请人为巴斯福股份公司（原申请人为 DSM 公司，2004 年 8 月 20 日变更为现申请人），申请日为 2000 年 9 月 21 日，公开日为 2003 年 11 月 5 日。

经实质审查，国家知识产权局于 2005 年 9 月 9 日以本申请不符合专利法第 26 条第 3 款的规定为由驳回了本申请，具体理由为：本申请要求保护包含来自 SEQ ID NO：2 的氨基酸 23～408 的氨基酸序列的木聚糖酶多肽、包含 SEQ ID NO：1 的核酸序列或 SEQ ID NO：1 的 69～1224 的编码序列以及含有这些序列的载体或宿主细胞。其中 SEQ ID NO：1 是用引物 SEQ ID NO：4 和 SEQ ID NO：3 从阳性黑曲霉转化体中 PCR 扩增得到的，SEQ ID NO：2 所示的氨基酸序列则是根据 SEQ ID NO：1 推导得出的（实施例 5），说明书中仅证明了所述阳性黑曲霉转化体具有木聚糖酶活性（实施例 1～4），并未证实黑曲霉转化体所具有的木聚糖酶活性与具有 SEQ ID NO：2 氨基酸序列的多肽之间存在必然的联系，没有公开具有 SEQ ID NO：2 氨基酸序列（或该序列第 23~408 位氨基酸）的多肽的确切功能。因此，说明书没有充分公开所述多肽、核酸、载体和宿主的功能、用途和使用效果，不符合专利法第 26 条第 3 款的规定。

驳回决定所针对的权利要求书如下：

"1. 一种木聚糖酶多肽，其包含：

（i）来自 SEQ ID NO：2 的氨基酸 23~408 的氨基酸序列；或

（ii）因 1~30 个氨基酸残基的取代、插入和/或缺失而与（i）中所述序列有所不同的氨基酸序列。

2. 权利要求 1 的多肽，其中包含因 1~20 个氨基酸残基的取代、插入和/或缺失而与 SEQ ID NO.2 的氨基酸 23~408 所示氨基酸序列有所不同的氨基酸序列。

3. 权利要求 1 的多肽，其中包含因 1~10 个氨基酸残基的取代、插入和/或缺失而与 SEQ ID NO.2 的氨基酸 23~408 所示氨基酸序列有所不同的氨基酸序列。

4. 权利要求 1 的多肽，其可切割 β-D-木聚糖中的（1→4）连接键或相邻吡喃木糖基单元。

5. 具有阿拉伯木聚糖酶和木糖苷酶活性的多肽。

6. 权利要 1~5 中任项的多肽，其可获得自：

（a）真菌；或

（b）篮霉菌属（Talaromyces）的生物体。

7. 权利要求 6 的多肽，其可获自 Talaromyces emersonii 的生物体。

8. 一种多核苷酸，其包含：

（a）SEQ ID NO：1 的核酸序列或编码权利要求 1~7 中任一项所述多肽的序列；

（b）与（a）中所定义序列互补的序列；

（c）与（a）或（b）中定义的序列在中等严格条件下发生杂交的序列，其中所述中等严格条件是在 60℃使用 0.5-1.0XSSC、0.5％SDS 进行杂交；或

（d）（a）~（c）定义的任一序列的遗传密码简并性序列。

9. 权利要求 8 的多核苷酸，其中包含与（a）或（b）中定义的序列在高等严格条件下发生杂交的序列，其中所述高等严格条件是在 60℃使用 0.1 或 0.2XSSC、0.5％SDS 进行杂交。

10. 权利要求 9 的多核苷酸，其包含：

（a）编码具有木聚糖酶活性的多肽的序列，它是：

（1）SEQ ID NO：1 的核苷酸 69 到 1224 的编码序列；

（2）可与（1）所述序列的互补序列在中等严格条件下发生选择性杂交的序列，所述中等严格条件包括在 0.3M 氯化钠和 0.03M 柠檬酸钠在 50℃进行杂交；或

（3）（1）或（2）定义所述序列的遗传密码简并性序列；或

（b）与（a）中定义的多核苷酸互补的序列。

11. 权利要求 8~10 中任何一项的多核苷酸，它是 DNA 序列。

12. 包含权利要求 8~11 中任何一项的多核苷酸序列的载体。

13. 权利要求 11 的载体，它是表达载体。

14. 权利要求 13 的载体，其中包含可操作性连接了调控序列的权利要求 9 所述 DNA 序列。

15. 一种宿主细胞，其包含权利要求 8~11 中任何一项的多核苷酸作为异源序列。

16. 一种宿主细胞，其表达权利要求 1~5 中任何一项的多肽作为异源蛋白质。

17. 一种宿主细胞，其被转化了权利要求 10 的 DNA 序列或权利要求 12 的载体。

18. 权利要求 15～17 中任一项的宿主细胞，它是植物细胞。

19. 生产权利要求 1～7 中任何一项的多肽的方法，该方法包含在提供多肽表达的条件下培养权利要求 15～17 中任何一项定义的宿主细胞。

20. 含有权利要求 1～7 中任何一项的多肽的组合物。

21. 权利要求 20 的组合物，其中进一步包含具有纤维素酶、内切阿拉伯聚糖酶、鼠李糖半乳糖醛酸聚糖酶或多聚半乳糖醛酸酶活性的多肽。

22. 处理植物或含木聚糖材料的方法，该方法包含使所述材料接触权利要求 1～7 中任何一项的蛋白质或者权利要求 20 或 21 的组合物。

23. 权利要求 22 的方法，其中的处理包含降解、水解或修饰材料中的木聚糖或者降解或修饰植物细胞壁。

24. 权利要求 22 或 23 的方法，其中的处理包含切割吡喃木糖基或 β-D-木聚糖亚单元和/或所述材料包含植物、植物浆、植物提取物或可食用粮食或成分。

25. 权利要求 22～24 中任何一项的方法，其能够减少材料的粘度，降解或水解材料中含有的木聚糖，或者改善材料的澄清度或过滤性。

26. 权利要求 1 到 7 中任何一项的多肽或者权利要求 20 或 21 的组合物的应用，其用于处理植物材料的方法中，提高含木聚糖液体的过滤性和/或减少其粘度，提高含酒精液体或水果或蔬菜汁的过滤性或使其澄清，水解农业残留物，用于再循环材料在造纸中用于增稠粮食和/或提取期望的材料，加工植物浆、汁液或提取物，增加面包体积、面包质量或减少面团粘性。

27. 权利要求 26 的应用，其用于提高啤酒、酒的过滤性或使其澄清，用于纸的再循环和/或提取咖啡、植物油、淀粉。

28. 一种饲料、食物或粮食，其包含权利要求 1～7 中任何一项的多肽。

29. 权利要求 28 的食物或粮食，它是含酒精啤酒、面包、面团或茶。

30. 权利要求 28 的饲料、食物或粮食，它是动物饲料。

31. 权利要求 1～7 中任何一项的多肽应用于酿造、啤酒或酒制造、蒸馏、再循环、生物甲烷化、皮革处理、造纸、水果或蔬菜汁或提取物处理、纺织品处理或制造、烘烤或制作面包、处理花苞、制备食物或食品或动物饲料中。

32. 权利要求 1～7 中任一项的多肽在制备可用于口腔卫生的药物中的用途。

33. 生产转基因植物的方法，其中包括将权利要求 18 所述细胞再生成完整植株的步骤。

34. 生产转基因植物部分的方法，其中包括将权利要求 18 所述细胞再生成所述植物部分，或者由按照权利要求 33 的方法生产的转基因植物获得所述植物部分。"

申请人巴斯福股份公司（下称请求人）对上述驳回决定不服，于 2005 年 12 月 26 日向专利复审委员会提出复审请求。请求人认为：在实施例 1～5 公开的整个克隆过程中，本领域普通技术人员显然清楚无木聚糖酶活性的黑曲霉宿主细胞若表现出木聚糖活性应是外源导入的核酸所引起的，也就是说，阳性转化体中所导入的外源核酸应该编码了该木聚糖酶活性，因此 SEQ ID NO：2 所示氨基酸序列应该代表了一种具有木聚糖酶活性的蛋白质；此外，实施例 6 中，发明人从 T. emersonii 中纯化的木聚糖酶的 N-末端与 SEQ ID NO：2 中第 23～28 位氨基酸完全一致，这进一步说明了 SEQ ID NO：2 确实是一种木聚糖酶的氨基酸序列，在此基础上，具有 SEQ ID NO：2 的多肽中第 23～408 位氨基酸所述氨基酸序列的多肽确实具有木聚糖酶活性，自然可用于现有技术中已知的木聚糖酶的应用中，包括例如实施例 7 中公开的用于动物饲料中，且本领域技术人员可根据说明书实施例 6 中公开的本申请木聚糖酶的各种理化参数合理预期其使用效果。因此，本申请不存在说明书公开不充分的缺陷。

形式审查合格后，专利复审委员会受理了该复审请求，并于 2006 年 1 月 19 日向请求人发出《复审请求受理通知书》，同时将本申请案卷移交原审查部门进行前置审查。

原审查部门对本复审请求案进行了前置审查，坚持原驳回决定，理由与驳回决定中指出的相同。

专利复审委员会组成合议组，对本复审请求案进行了审理。合议组认为本案事实已经清楚，可以作出审查决定。

二、决定的理由

1. 审查依据的文本

请求人在提出复审时未提交新的修改文本，因此，本复审审查决定依据的文本与驳回决定所针对的文本相同，即：请求人于 2005 年 7 月 8 日提交的权利要求 1~34、2003 年 4 月 16 日提交的原始申请文件中文译文的说明书第 1~51 页、序列表第 1~4 页及说明书摘要。

2. 关于专利法第 26 条第 3 款

专利法第 26 条第 3 款规定，说明书应当对发明或者实用新型作出清楚、完整的说明，以所属技术领域的技术人员能够实现为准。

根据该款规定，说明书应当对发明或者实用新型作出清楚、完整的说明，以所属技术领域的技术人员能够实现为准。如果所属技术领域的技术人员按照说明书记载的内容，能够实现该发明或者实用新型的技术方案，解决其技术问题，并且产生预期的技术效果，则该说明书已被充分公开。

根据本申请权利要求书，本申请要求保护以 SEQ ID NO：1 和 SEQ ID NO：2 为基础的多肽、核苷酸、载体、宿主细胞、组合物以及相关的用途和方法。为此，说明书中公开了上述多肽和多核苷酸的序列结构（参见序列表第 1~4 页）、获得途径以及用以证明该多肽具有预期功能的实验数据（参见说明书实施例 1~6），其中实施例 1~4 中以 T. emersonii 的 cDNA 构建 cDNA 文库、转化黑曲霉并从中筛选出具有木聚糖酶活性的黑曲霉转化体；实施例 5 中以实施例 4 中筛选得到的阳性转化体的染色体 DNA 为模板，通过 SEQ ID NO：3 和 SEQ ID NO：4 所示的引物扩增整合入染色体 DNA 内的表达盒中的插入序列，经测序确定其核苷酸序列如 SEQ ID NO：1 所示，并相应的推断出蛋白质氨基酸序列如 SEQ ID NO：2 所示；实施例 6 中从 T. emersonii 中纯化出了木聚糖酶，并证实其具有木聚糖酶活性，对该纯化的木聚糖酶进行 N-末端蛋白质测序的结构表明，该 N-末端与 SEQ ID NO：2 中的第 23~28 位氨基酸完全一致；实施例 7、8 中还公开了木聚糖酶在动物饲料、食品烘烤领域的应用及其效果。

驳回决定中认为说明书中仅证明了实施例 4 中筛选获得的阳性黑曲霉转化体具有木聚糖酶活性，以及该转化体中含有编码 SEQ ID NO：2 所示多肽的核酸片段，并未证实黑曲霉转化体所具有的木聚糖酶活性与具有 SEQ ID NO：2 氨基酸序列的多肽之间存在必然的联系，因此说明书没有充分公开上述多肽、核酸、载体和宿主的功能、用途和使用效果，不符合专利法第 26 条第 3 款的规定。对此，合议组认为：转化体与宿主细胞之间性能的差异是由被导入转化体中的外源核酸引起的，这是本领域的常规认识，本申请说明书中实施例 4 证明了其所筛选获得的阳性黑曲霉转化体具有木聚糖酶活性，实施例 5 证明了所述阳性黑曲霉中整合入染色体 DNA 内的表达盒中的插入序列如 SEQ ID NO：1 所示，在黑曲霉本身不具备木聚糖酶活性的情况，本领域技术人员据此足以确定阳性黑曲霉转化体所表现的木聚糖酶活性是由如 SEQ ID NO：1 所示的插入序列导致的，即该插入序列所编码的多肽（SEQ ID NO：2）具有木聚糖酶活性，因此，在没有证据显示除进行转化外，本申请中还对所述黑曲霉转化体进行了其他处理的情况下，驳回决定中对阳性黑曲霉转化体的木聚糖酶活性与外源插入序列（SEQ ID NO：1）之间因果关系的怀疑缺乏依据，驳回决定的理由不成立。

根据以上事实和理由，本案合议组作出如下审查决定。

三、决定

撤销国家知识产权局于 2005 年 9 月 9 日对 00819966.3 号发明专利申请作出的驳回决定。由原审查部门在本决定所依据的文本的基础上继续进行审查。

复审请求人对本决定不服的，可以根据专利法第 41 条第 2 款的规定，自收到本决定之日起三个月内向北京市第一中级人民法院起诉。

人或动物卵细胞提取物及用于干细胞扩增与诱导分化

复审请求审查决定（第 13583 号）

决 定 号	第 13583 号
决 定 日	2008 年 6 月 6 日
发明创造名称	人或动物卵细胞提取物及用于干细胞扩增与诱导分化
国际分类号	C12N 5/06，C12N 5/08
复审请求人	成都军区昆明总医院、潘兴华
申 请 号	200410033182.9
申 请 日	2004 年 4 月 3 日
公 开 日	2005 年 1 月 12 日
合议组组长	祝海燕
主 审 员	郝兴辉
参 审 员	刘 妍
法 律 依 据	专利法第 33 条、第 22 条第 4 款

决 定 要 点

如果申请的内容通过增加、改变和/或删除其中的一部分，致使所属技术领域的技术人员看到的信息与原申请记载的信息不同，而且又不能从原申请记载的信息中直接地、毫无疑义地确定，那么，这种修改就是不允许的。如果修改后的内容消除了说明书中部分内容修改超范围的缺陷，则符合专利法第 33 条的规定。

实用性，是指发明或者实用新型能够制造或者使用，并且能够产生积极效果。本申请修改后的权利要求书删除了关于人体卵细胞提取物以及该卵细胞提取物应用的内容，克服了驳回决定所指出的不符合实用性的缺陷。

一、案由

本复审请求涉及名称为"人或动物卵细胞提取物及用于干细胞扩增与诱导分化"的第 200410033182.9 号发明专利申请（下称本申请），申请人为成都军区昆明总医院、潘兴华，申请日为 2004 年 4 月 3 日，公开日为 2005 年 1 月 12 日。

国家知识产权局于 2005 年 11 月 18 日驳回了本申请，理由是权利要求 1～9 不符合专利法第 22 条第 4 款的规定。驳回决定所针对的权利要求书如下：

"1. 一种人或动物卵细胞提取物，主要包括以下方法制取：

卵细胞原料收集→洗净→细胞匀浆→冻融→沉淀或过滤→取上清液→分离去除大于 20 万道尔顿

（Da）以上分子量物质→蛋白浓度测定→活性测定→除菌→分装。

2. 根据权利要求1所述的人或动物卵细胞提取物，其特征在于，主要包括以下方法制取：

（1）取人或动物卵细胞，用生理盐水洗涤2~3次；

（2）在4℃以下，匀浆3~5次；

（3）将匀浆液置于冰箱冻存至完全冻结，然后在不高于隔水42℃的条件下彻底融化，如上条件反复冻融3~5次，按常规涂片显微镜观察，证明细胞完全破碎；

（4）在1~4℃条件下，去处沉渣和蛋白絮状物，吸取上清液；

（5）获得的上清液，分离除去大于20万道尔顿（Da）以上分子量的大分子物质，使获得的过滤液中的蛋白和多肽类物质的分子量低于20万道尔顿（Da）；

（6）将获得的过滤液除菌，蛋白含量测定，活性测定，于-20℃冻存或无菌分装，此为本发明的提取物。

3. 根据权利要求1或2所述的人或动物卵细胞提取物，其特征在于，步骤（1）的卵细胞中加入1~4倍生理盐水稀释备用。

4. 根据权利要求2或3所述的人或动物卵细胞提取物，其特征在于，步骤（5）的分离方法是用过滤膜在正压或负压条件下过滤截留。

5. 根据权利要求1或2所述的人或动物卵细胞提取物，其特征在于，所述动物是哺乳动物。

6. 权利要求1的人或动物卵细胞提取物在体外干细胞扩增与诱导分化中应用。

7. 根据权利要求6所述的应用，其特征在于，所述应用是在间充质干细胞扩增与诱导分化中的应用或是在胚胎干细胞扩增中的应用。

8. 根据权利要求6或7所述的应用，其特征在于，所述应用是在制备试剂盒中的应用。

9. 根据权利要求8所述的应用，其特征在于，所述试剂盒中基础培养基是DMEM与F12的混合培养基的应用。"

驳回决定的具体理由是：权利要求1要求保护一种人或动物卵细胞提取物，其制备方法中卵细胞原料的收集有赖于直接从人或动物体内获得卵细胞，其中对于人来源的卵细胞而言，由于人与非人动物在卵细胞的自身含有量以及排卵方式上具有较大的差异，从人卵巢切除的途径获得的卵细胞数量显然是无法与非人类动物或者禽畜屠宰场得到的卵巢中获取的卵细胞相比的，而对于通过细胞培养获得的卵细胞，其与自身排卵获得的卵细胞存在理化性质上的不同，而说明书中指出所述的人或动物卵细胞是直接从人或动物体取得的，该体外培养的来源不满足本发明技术方案的实施条件。因此权利要求1不符合专利法第22条第4款的规定。同理，权利要求2~9也不符合专利法第22条第4款的规定。

申请人成都军区昆明总医院、潘兴华（下称请求人）不服上述驳回决定，于2005年12月30日向专利复审委员会提出复审请求，提交了权利要求书全文替换页（共9项）和说明书第1~7页及说明书摘要。请求人认为删除原始申请文件中人卵细胞提取物部分内容，保护范围缩小为请求保护动物卵细胞提取物及用于干细胞扩增与诱导分化，在修改后的申请文件基础上，本专利申请符合专利法第22条第4款的规定。

形式审查合格后，专利复审委员会受理了该复审请求，并于2006年3月22日向请求人发出《复审请求受理通知书》。同时，将本申请案卷移交原审查部门进行前置审查。

在前置审查意见书中，原审查部门坚持原驳回决定，其理由为：申请人于2005年12月30日提交的修改后的申请文件中，说明书第6页的实施例2中将"人体卵细胞提取物"改为"牛卵细胞提取物"以及实施例3中将"人体卵细胞提取物"改为"猪卵细胞提取物"，上述修改不符合专利法第33条的规定，上述修改文本不能接受。针对原始申请文件，权利要求1~9的技术方案不符合专利法

第22条第4款的规定。

专利复审委员会针对本复审请求成立合议组，于2008年3月24日向请求人发出复审通知书，指出在请求人于2005年12月30日提交的修改文本中，将说明书第6页实施例2中的"人体卵细胞提取物"改为"牛卵细胞提取物"，将实施例3中的"人体卵细胞提取物"改为"猪卵细胞提取物"。以上修改后的内容在原说明书和权利要求书中没有记载，本领域的技术人员也不能根据原说明书和权利要求书直接地、毫无疑义地确定。因此，本申请的修改超出了原说明书和权利要求书记载的范围，不符合专利法第33条的规定。另外，即使请求人为了克服本申请不符合专利法第33条规定的缺陷而退回到原始申请文本，本申请仍然不符合专利法第22条第4款的规定。理由是由于人体的排卵方式和排卵周期的影响，以及人类卵细胞提供者的主观意愿的影响，从人体直接收集人卵细胞作为原料无法在产业上使用。而从卵巢手术切除的废弃组织中获得以及通过卵细胞培养获得的人卵细胞显然与本申请所述的从人体直接收集的人卵细胞不同，不能满足本申请具备实用性的要求。

请求人于2008年4月17日提交了意见陈述书，并提交了修改后的权利要求全文替换页（共5项）、说明书第1~5页以及说明书摘要。修改后的权利要求书为：

"1. 一种动物卵细胞提取物，主要包括以下方法制取：

卵细胞原料收集→洗净→细胞匀浆→冻融→沉淀或过滤→取上清液→分离去除大于20万道尔顿（Da）以上分子量物质→蛋白浓度测定→活性测定→除菌→分装。

2. 根据权利要求1所述的动物卵细胞提取物，其特征在于，主要包括以下方法制取：

（1）取动物卵细胞，用生理盐水洗涤2~3次；

（2）在4℃以下，匀浆3~5次；

（3）将匀浆液置于冰箱冻存至完全冻结，然后在不高于隔水42℃的条件下彻底融化，如上条件反复冻融3~5次，按常规涂片显微镜观察，证明细胞完全破碎；

（4）在1~4℃条件下，去处沉渣和蛋白絮状物，吸取上清液；

（5）获得的上清液，分离除去大于20万道尔顿（Da）以上分子量的大分子物质，使获得的过滤液中的蛋白和多肽类物质的分子量低于20万道尔顿（Da）；

（6）将获得的过滤液除菌，蛋白含量测定，活性测定，于-20℃冻存或无菌分装，此为本发明的提取物。

3. 根据权利要求1或2所述的动物卵细胞提取物，其特征在于，步骤（1）的卵细胞中加入1~4倍生理盐水稀释备用。

4. 根据权利要求2或3所述的动物卵细胞提取物，其特征在于，步骤（5）的分离方法是用过滤膜在正压或负压条件下过滤截留。

5. 根据权利要求1或2所述的动物卵细胞提取物，其特征在于，所述动物是哺乳动物。"

请求人于2008年5月9日再次提交了修改后的说明书第3页的替换页，其中补充了部分打字漏掉的符号。

合议组审理后，认为本案事实清楚，可以依法作出审查决定。

二、决定的理由

1. 审查文本

本复审请求审查决定所针对的文本为请求人于2008年5月9日提交的说明书第3页，请求人于2008年4月17日提交的权利要求1~5，说明书第1~2、4~5页以及说明书摘要。

2. 关于专利法第33条

专利法第33条规定，申请人可以对其专利申请文件进行修改，但是，对发明和实用新型专利申请文件的修改不得超出原说明书和权利要求书记载的范围。

如果申请的内容通过增加、改变和/或删除其中的一部分，致使所属技术领域的技术人员看到的信息与原申请记载的信息不同，而且又不能从原申请记载的信息中直接地、毫无疑义地确定，那么，这种修改就是不允许的。

正如复审通知书中指出的那样：在请求人于 2005 年 12 月 30 日提交的修改后的申请文件中，将说明书第 6 页实施例 2 中的"人体卵细胞提取物"改为"牛卵细胞提取物"，将实施例 3 中的"人体卵细胞提取物"改为"猪卵细胞提取物"。以上修改的后内容在原说明书和权利要求书中没有记载，本领域的技术人员也不能根据原说明书和权利要求书记载的内容直接地、毫无疑义地确定。因此，请求人于 2005 年 12 月 30 日提交的修改后的申请文件超出了原说明书和权利要求书记载的范围，不符合专利法第 33 条的规定。

针对上述复审通知书所指出的缺陷，请求人于 2008 年 4 月 17 日提交修改后的说明书中，删除了实施例 2 和实施例 3 的内容，从而消除了复审通知书中所指出的说明书中部分内容修改超范围的缺陷，修改后的说明书符合专利法第 33 条的规定。

3. 关于专利法第 22 条第 4 款

专利法第 22 条第 4 款规定，实用性，是指发明或者实用新型能够制造或者使用，并且能够产生积极效果。

正如复审通知书中指出的那样：本申请驳回决定所针对的文本中，采用的原料之一为"人体卵细胞提取物"。由于受人体的排卵方式和排卵周期的影响，以及人类卵细胞提供者的主观意愿的影响，从人体直接收集人卵细胞作为原料无法大规模在产业上使用，而从卵巢手术切除的废弃组织中获得以及通过卵细胞培养获得的人卵细胞显然与本申请所述的从人体直接收集的人卵细胞不同，不能满足本申请具备实用性的要求。

针对驳回决定和复审通知书所指出的缺陷，请求人于 2008 年 4 月 17 日提交的修改后的权利要求 1~5 中，删除了关于人体卵细胞提取物以及该卵细胞提取物应用的内容，克服了驳回决定和复审通知书所指出的不符合专利法第 22 条第 4 款规定的缺陷。因此，修改后的权利要求 1~5 要求保护的技术方案克服了驳回决定和复审通知书所指出的不符合专利法第 22 条第 4 款的缺陷。

基于上述理由，本案合议组作出如下决定。

三、决定

撤销国家知识产权局于 2005 年 11 月 18 日对 200410033182.9 号发明专利申请作出的驳回决定。由原审查部门在本复审决定所针对文本的基础上继续审查程序。

复审请求人对本决定不服的，可以根据专利法第 41 条第 2 款的规定，自收到本决定之日起三个月内向北京市第一中级人民法院起诉。

特效菌剂的制备与处理化工废水或常规有机废水的方法

复审请求审查决定（第13593号）

决 定 号	第13593号
决 定 日	2008年6月6日
发明创造名称	特效菌剂的制备与处理化工废水或常规有机废水的方法
国际分类号	C12N 15/02，C12N 15/08，C12N 1/00，C02F 3/32
复审请求人	南京大学
申 请 号	02138171.2
申 请 日	2002年8月26日
公 开 日	2003年3月26日
合议组组长	李人久
主 审 员	周英姿
参 审 员	王 冬

法 律 依 据 专利法第26条第3和4款，专利法实施细则第20条第1款

决 定 要 点

说明书的表述应当准确地表达发明的技术方案，不得含糊不清或者模棱两可，并且应当完整地公开对于理解和实现发明必不可少的技术内容，说明书中应当描述本领域技术人员不能从现有技术直接、唯一得出的有关内容。达到所属技术领域的技术人员能够实现该发明的程度。

权利要求所要求保护的技术方案应当是所属技术领域的技术人员能够从说明书充分公开的内容中得到或概括得出的技术方案，并且不得超出说明书公开的范围。

权利要求中所记载的词语的含义应当清楚，以使其所限定的权利要求的保护范围清楚。

一、案由

本复审请求案涉及名称为"特效菌剂的制备与处理化工废水或常规有机废水的方法"的第02138171.2号发明专利申请（下称本申请），其申请人为南京大学，申请日为2002年8月26日，公开日为2003年3月26日。

2005年9月16日，针对申请人于2004年11月19日提交的权利要求书，2002年11月28日提交的说明书第5页，2002年8月26日提交的说明书第1~4页、附图第1~4页和说明书摘要，国家知识产权局以权利要求5~7不符合专利法实施细则第20条第1款和权利要求5不符合专利法第26条第4款为由驳回了本申请。本申请的独立权利要求1和驳回所针对的权利要求5~7如下：

"1. 一种特效菌剂的制备方法，其特征是由亲株1白腐真菌、亲株2土著细菌YZ1、亲株3酿酒

酵母三个亲株菌体的原生质体融合,通过基因在同一个细胞内的重组整合,构建获得的在中国微生物菌种保藏管理委员会普通微生物中心保藏的保藏编号是 CGMCC No.0783 的三亲株跨界融合特效菌;其发酵工艺参数为:发酵温度,33±2℃;pH 值,7.0±1;反应器中溶解氧,≥2mg/L;矿物盐流量,0.001~0.005V/(V.d);菌体浓度,2~10g/L;在含 C、P、N 培养液中培养获得。

5. 由权利要求 1 所述的特效菌剂的制备方法,其特征是上述保藏编号是 CGMCC No.0783 的三亲株跨界融合特效菌剂制备物的保存配方,在抗氧化剂巯基乙醇(SH);(终浓度 0.1~0.3‰)。

6. 由权利要求 1 所述的特效菌剂的制备方法,其特征是上述保藏编号是 CGMCC No.0783 的三亲株跨界融合特效菌剂制备物的保存配方,原发酵液体产物+ Fe^{3+},(终浓度 0.14%)。

7. 由权利要求 1 所述的特效菌剂的制备方法,其特征是上述保藏编号是 CGMCC No.0783 的三亲株跨界融合特效菌剂制备物的保存配方,原发酵液体产物+ Fe^{3+} +抗氧化剂巯基乙醇(SH)。"

驳回决定认为:(1)权利要求 5~7 含有括号的表达方式,使权利要求 5~7 的保护范围不清楚,不符合专利法实施细则第 20 条第 1 款的有关规定;(2)权利要求 5 的附加技术特征"抗氧化剂巯基乙醇(SH);(终浓度 0.1‰~0.3‰)",但说明书只公开了"抗氧化剂巯基乙醇(SH);(终浓度 0.2‰)",所以权利要求 5 不符合专利法第 26 条第 4 款规定,得不到说明书支持。

申请人南京大学(下称请求人)对上述驳回决定不服,于 2005 年 10 月 13 日向专利复审委员会提出复审请求。请求人在提出复审请求时提交了权利要求书全文替换页,同时提交附件 1 和 2:

附件 1:科学技术成果鉴定证书 苏科鉴定[2004]第 643 号,"跨界融合构建基因工程菌 Fhhh 处理石化废水生物工程技术",完成单位为南京大学等,鉴定日期为 2004 年 10 月 24 日,鉴定批准日期为 2004 年 11 月 8 日,封面和第 5 页的复印件,共 2 页;

附件 2:附件 1 所述的鉴定成果的鉴定资料,第 13~15、28~31 页复印件,共 7 页。

请求人在提出复审请求时提交的新修改的权利要求书中,独立权利要求 1 和权利要求 5~7 的内容如下:

"1. 一种特效菌剂的制备方法,其特征是由亲株 1 白腐真菌、亲株 2 土著细菌 YZ1、亲株 3 酿酒酵母三个亲株菌体的原生质体融合,通过基因在同一个细胞内的重组整合,构建获得的在中国微生物菌种保藏管理委员会普通微生物中心保藏的保藏编号是 CGMCC No.0783 的三亲株跨界融合特效菌;其发酵工艺参数为:发酵温度,33±2℃;pH 值,7.0±1;反应器中溶解氧,≥2mg/L;矿物盐流量,0.001~0.005V/(V.d);菌体浓度,2~10g/L;在含 C、P、N 培养液中培养获得。

5. 由权利要求 1 所述的特效菌剂的制备方法,其特征是上述保藏编号是 CGMCC No.0783 的三亲株跨界融合特效菌剂制备物的保存配方,在抗氧化剂巯基乙醇(SH);(终浓度 0.2‰)。

6. 由权利要求 1 所述的特效菌剂的制备方法,其特征是上述保藏编号是 CGMCC No.0783 的三亲株跨界融合特效菌剂制备物的保存配方,原发酵液体产物+ Fe^{3+},(终浓度 0.14%)。

7. 由权利要求 1 所述的特效菌剂的制备方法,其特征是上述保藏编号是 CGMCC No.0783 的三亲株跨界融合特效菌剂制备物的保存配方,原发酵液体产物+ Fe^{3+} +抗氧化剂巯基乙醇(SH)。"

请求人提出的复审请求理由为:本申请的应用如附件 1 和 2 所述,得出明显的实用性的结论。本申请已经递交了微生物菌种的保藏证明,源菌种的特质已经描述清楚。同现有已批准的微生物菌株专利相比,原生质体融合的菌株虽很少,但与基因工程技术得到的微生物本质上很难有根本区别,同样存在"重复实现"的问题,但这些可通过鉴定与选择解决问题。

2005 年 12 月 23 日,请求人再次提交了与 2005 年 10 月 13 日相同内容的复审请求书和权利要求书全文替换页(共 7 项)

形式审查合格后,专利复审委员会受理了该复审请求,并于 2006 年 1 月 25 日向请求人发出《复审请求受理通知书》。同时，将本申请案卷移交国家知识产权局原审查部门进行前置审查。

原审查部门对本复审请求进行了前置审查。在前置审查中，原审查部门认为请求人未针对驳回理由作出修改或解释，只反复强调本申请的可重现性。本申请仍然存在权利要求5~7不符合专利法实施细则第20条第1款和权利要求5不符合专利法第26条第4款规定的缺陷，故坚持原驳回决定。

专利复审委员会组成合议组，对本复审请求案进行了审理。本合议组于2007年8月20日发出《复审通知书》，指出：（1）本申请权利要求5~7中使用括号的撰写方式使本领域技术人员无法确定括号及其内容如何限定相应权利要求的技术方案，而且巯基乙醇与本领域惯用的"（SH）"通常具有不同的含义；（2）权利要求5的"在……"这样的语句并不完整，而且权利要求5~7中没有清楚表述所述的"保存配方"为本申请中何种配方，因此，权利要求5~7不符合专利法实施细则第20条第1款的规定。

针对上述《复审通知书》，请求人于2007年9月5日提交了意见陈述书，同时提交了权利要求全文替换页。在修改后的权利要求书中，请求人删除了权利要求5~7的括号，并对权利要求5~7中的撰写方式进行了修改。

2008年1月11日和2008年2月29日，请求人两次提交了权利要求书全文替换页，在请求人于2008年2月29日提交的权利要求书中删除了权利要求5~7中的"SH"和权利要求7中的"NJU-Fhhh1"，并将权利要求5~7的"特效发酵液"修改为"原发酵液体产物"，修改后的权利要求书中，权利要求1和权利要求5~7的内容如下：

"1. 一种特效菌剂的制备方法，其特征是由亲株1白腐真菌、亲株2土著细菌YZ1、亲株3酿酒酵母三个亲株菌体的原生质体融合，通过基因在同一个细胞内的重组整合，构建获得的在中国微生物菌种保藏管理委员会普通微生物中心保藏的保藏编号是CGMCC No.0783的三亲株跨界融合特效菌；其发酵工艺参数为：发酵温度，33±2℃；pH值，7.0±1；反应器中溶解氧，≥2mg/L；矿物盐流量，0.001~0.005V/（V.d）；菌体浓度，2~10g/L；在含C、P、N培养液中培养获得。

5. 由权利要求1所述的特效菌剂的制备方法，其特征是上述保藏编号是CGMCC No.0783的三亲株跨界融合特效菌剂制备物的保存配方是原发酵液体产物+抗氧化剂巯基乙醇，终浓度0.2‰。

6. 由权利要求1所述的特效菌剂的制备方法，其特征是上述保藏编号是CGMCC No.0783的三亲株跨界融合特效菌剂制备物的保存配方是原发酵液体产物+Fe^{3+}，终浓度0.14%。

7. 由权利要求1所述的特效菌剂的制备方法，其特征是上述保藏编号是CGMCC No.0783的三亲株跨界融合特效菌剂制备物的保存配方是原发酵液体产物+Fe^{3+}+抗氧化剂巯基乙醇。"

2008年3月28日，本案合议组第二次发出《复审通知书》，指出：（1）首先，请求人于2008年2月29日提交的权利要求中，权利要求5~7中的术语"原发酵液体产物"仅记载在原始权利要求书和说明书中，但说明书没有任何有关"原发酵液体产物"的解释和说明，因此，本技术领域的技术人员无法根据说明书的内容理解"原发酵液体产物"是何种产物，并且如何获得，由此也就无法实现权利要求5~7的技术方案。其次，本说明书仅描述了制备特效菌剂的液体培养基和发酵工艺的有关内容，并未清楚准确描述"NJU-Fhhh1特效菌剂发酵液"究竟是什么以及如何制备，本领域技术人员也不能从现有技术直接、唯一得出"NJU-Fhhh1特效菌剂发酵液"的确切含义。再次，本说明书第3页倒数第3行至第4页第1行记载的内容为："配方2：NJU-Fhhh1特效菌剂发酵液+抗氧化剂巯基乙醇（SH）；（终浓度0.2‰）；配方3：NJU-Fhhh1特效菌剂发酵液+Fe^{3+}；（终浓度014%）；配方4：NJU-Fhhh1特效菌剂发酵液+Fe^{3+}+抗氧化剂巯基乙醇（SH）；（终浓度0.2‰）"，但是，本申请说明书并未清楚表述终浓度为何种组分的浓度，而且本领域技术人员无法清楚地确定保存配方中终浓度是指何种组分的浓度，因此，本说明书的上述表达方式含糊不清，本说明书没有对发明作出清楚、完整地说明，本技术领域的技术人员无法实现本发明，因此，本申请说明书不符合专利法第26条第3款的规定。(2) 由于本领域技术人员无法理解权利要求5~7中的"原发酵液体产物"究竟指什么物质，也不能理解权利要求5和6中的终浓度是指何种组分的浓度，因此权利要求5~7的保护范围不清楚，不符合专利法实施细则第20条第1款的规定。

2008年4月15日，请求人提交意见陈述书，同时提交了权利要求书全文替换页。请求人在修改后的权利要求书替换页中删除了权利要求4~7，只保留权利要求1~3；但在此次提交的意见陈述书第5栏中填写为补正后删除权利要求5~7，因此，意见陈述书的陈述与权利要求书所作的修改不一致。

2008年5月14日，请求人再次提交复审无效程序补正书和权利要求书全文替换页，该补正书中载明请求人在补正后删除了权利要求5~7，修改后的权利要求书如下：

"1. 一种特效菌剂的制备方法，其特征是由亲株1白腐真菌、亲株2土著细菌YZ1、亲株3酿酒酵母三个亲株菌体的原生质体融合，通过基因在同一个细胞内的重组整合，构建获得的在中国微生物菌种保藏管理委员会普通微生物中心保藏的保藏编号是CGMCC No.0783的三亲株跨界融合特效菌；其发酵工艺参数为：发酵温度，33±2℃；pH值，7.0±1；反应器中溶解氧，≥2mg/L；矿物盐流量，0.001~0.005V/（V.d）；菌体浓度，2~10g/L；在含C、P、N培养液中培养获得。

2. 由权利要求1所述的特效菌剂的制备方法，其特征是所述矿物盐包括Na_2SO_4、$MgSO_4 \cdot 7H_2O$、$MnSO_4 \cdot 4H_2O$、$CaCl_2$、$FeSO_4 \cdot 7H_2O$。

3. 由权利要求1所述的特效菌剂的制备方法，其特征是制备上述保藏编号是CGMCC No.0783的三亲株跨界融合特效菌的液体培养基的组成是：1000ml中：K_2HPO_4 3g；KH_2PO_4 1g；NH_4NO_3 0.5g；Na_2SO_4 0.1g；$MgSO_4 \cdot 7H_2O$ 10mg；$MnSO_4 \cdot 4H_2O$ 1mg；$CaCl_2$ 0.5mg；$FeSO_4 \cdot 7H_2O$ 1mg；CH_3COONa 5g；酵母浸膏5g；蛋白胨10g；葡萄糖10g；200g马铃薯浸出汁，调pH至7.0；121℃、103kPa、湿热灭菌20min。

4. 由权利要求1所述的特效菌剂的制备方法，其特征是最适培养温度：35℃；最适pH：7.0。"

至此，合议组认为本案事实清楚，可以作出审查决定。

二、决定的理由

1. 文本的认定

请求人于2008年5月14日提交了修改的权利要求书全文替换页，其中删除了权利要求5~7，经审查，请求人对权利要求书的修改符合专利法第33条和专利法实施细则第60条第1款的规定。因此，本复审请求审查决定所依据的审查文本为请求人于2008年5月14日提交的权利要求1~4，2002年11月28日提交的说明书第5页、2002年8月26日提交的说明书第1~4页、附图第1~4页和说明书摘要。

2. 有关专利法实施细则第20条第1款

专利法实施细则第20条第1款规定，权利要求书应当说明发明或者实用新型的技术特征，清楚、简要地表述请求保护的范围。

权利要求中所记载的词语的含义应当清楚，以使其所限定的权利要求的保护范围清楚。

在驳回决定所针对的申请文本和请求人提出复审请求时提交的复审文本中，权利要求5和6中存在的"（终浓度0.2‰）"和"（终浓度0.14％）"以及权利要求5和7中的"抗氧化剂巯基乙醇（SH）"，上述使用括号的撰写方式不但使本领域技术人员无法确定括号及其内容如何限定相应权利要求的技术方案，而且本领域技术人员公知巯基乙醇的化学式不是"（SH）"，因此两者含义不同。另外，权利要求5中的"其特征是（保存配方，在抗氧化剂巯基乙醇（SH）；（终浓度0.2‰）"，

"在……"这样的语句并不完整,权利要求5的这种表述方式既无法清楚表述保存配方与巯基乙醇的关系,也没有清楚地表述该保存配方是本申请中的何种配方。同样地,权利要求6和7中没有清楚表述所述的"保存配方"为本申请中的何种配方。

请求人于2008年5月14日提交了修改的权利要求书全文替换页。首先,在此次提交的权利要求书中,请求人删除了权利要求5~7,修改后的权利要求书克服了驳回决定和复审通知书中指出的权利要求5~7不清楚的缺陷,因此,驳回决定所依据的事实不再存在,驳回理由已不成立。

3. 有关专利法第26条第3款

专利法第26条第3款规定,说明书应当对发明或者实用新型作出清楚、完整的说明,以所属技术领域的技术人员能够实现为准。

说明书的表述应当准确地表达发明的技术方案,不得含糊不清或者模棱两可,并且应当完整地公开对于理解和实现发明必不可少的技术内容,说明书中应当描述本领域技术人员不能从现有技术直接、唯一得出的有关内容。达到所属技术领域的技术人员能够实现该发明的程度。

在驳回文本和请求人提出复审请求时提交的复审文本中,权利要求5~7中的术语"原发酵液体产物"仅记载在原始权利要求书和说明书中,但说明书没有任何有关"原发酵液体产物"的解释和说明,因此,本技术领域的技术人员无法根据说明书的内容理解"原发酵液体产物"是何种产物,并且如何获得。另外,本说明书仅描述了制备特效菌剂的液体培养基和发酵工艺的有关内容,并未清楚准确描述"NJU-Fhhh1特效菌剂发酵液"究竟是什么以及如何制备,本领域技术人员也不能从现有技术直接、唯一得出"NJU-Fhhh1特效菌剂发酵液"的确切含义。同时,本申请说明书并未清楚表述所述权利要求中的终浓度为何种组分的浓度,而且本领域技术人员无法清楚地确定保存配方中终浓度是指何种组分的浓度,因此,本说明书的上述表达方式含糊不清,本说明书没有对发明作出清楚、完整地说明,本技术领域的技术人员无法实现本发明,因此,本申请说明书不符合专利法第26条第3款的规定。

请求人于2008年5月14日提交的修改后的权利要求书已经不再要求保护包括"原发酵液体产物"、"NJU-Fhhh1特效菌剂发酵液"、"配方2:NJU-Fhhh1特效菌剂发酵液+抗氧化剂巯基乙醇(SH);(终浓度0.2‰);配方3:NJU-Fhhh1特效菌剂发酵液+Fe^{3+};(终浓度0.14%);配方4:NJU-Fhhh1特效菌剂发酵液+Fe^{3+}+抗氧化剂巯基乙醇(SH);(终浓度0.2‰)"技术特征的技术方案,从而克服了第二次复审通知书中指出的说明书对权利要求5~7所请求保护的技术方案公开不充分的缺陷。

4. 有关专利法第26条第4款

专利法第26条第4款规定,说明书应当以说明书为依据,说明要求专利保护的范围。

权利要求所要求保护的技术方案应当是所属技术领域的技术人员能够从说明书充分公开的内容中得到或概括得出的技术方案,并且不得超出说明书公开的范围。

驳回决定所针对的权利要求书中,权利要求5的附加技术特征为"抗氧化剂巯基乙醇(SH);(终浓度0.1‰~0.3‰)",但说明书只公开了"抗氧化剂巯基乙醇(SH);(终浓度0.2‰)",所以权利要求5不符合专利法第26条第4款规定,得不到说明书支持

请求人提交的修改后的权利要求书已经删除了权利要求5,故修改后的权利要求书克服了驳回决定中所指出的权利要求5得不到说明书支持的缺陷,驳回决定中基于该事实认定的权利要求5不符合专利法第26条第4款规定的驳回理由已不成立。

基于上述理由,合议组特作出如下决定。

三、决定

撤销国家知识产权局于2005年9月16日对02138171.2号发明专利申请作出的驳回决定。由原

审查部门根据请求人于2008年5月14日提交的权利要求1~4,于2002年11月28日提交的说明书第5页,于2002年8月26日提交的说明书第1~4页、附图第1~4页和说明书摘要继续审查程序。

复审请求人对本决定不服的,可以根据专利法第41条第2款的规定,自收到本决定之日起三个月内向北京市第一中级人民法院起诉。

含有针对约四种引起痤疮的抗原的
混合 IgY 的鸡蛋及其蛋黄粉和混合 IgY 的生产方法

复审请求审查决定（第 13603 号）

决 定 号	第 13603 号
决 定 日	2008 年 5 月 20 日
发明创造名称	含有针对约四种引起痤疮的抗原的混合 IgY 的鸡蛋及其蛋黄粉和混合 IgY 的生产方法
国际分类号	C07K 16/02，C07K 16/16，A61P 17/10
复审请求人	鸡蛋高新技术有限公司
申 请 号	200310104553.3
申 请 日	2003 年 10 月 31 日
公 开 日	2005 年 5 月 4 日
合议组组长	李人久
主 审 员	吴文英
参 审 员	魏春宝
法律依据	专利法第 26 条第 3 款

决定要点

判断说明书是否对发明作出清楚、完整的说明时，应该考虑说明书记载的全部内容，在考虑上下文内容的基础上综合判断。

一、案由

本复审请求涉及申请号为 200310104553.3、名称为"含有针对约四种引起痤疮的抗原的混合 IgY 的鸡蛋及其蛋黄粉和混合 IgY 的生产方法"的发明专利申请（下称本申请）。本申请的申请日为 2003 年 10 月 31 日，公开日为 2005 年 5 月 4 日，申请人是鸡蛋高新技术有限公司。

2007 年 1 月 5 日，国家知识产权局以说明书公开不充分，不符合专利法第 26 条第 3 款为由驳回了本申请。驳回决定所针对的权利要求书为：

"1. 含有四种混合菌的抗-复合型特殊免疫蛋白 IgY 鸡蛋生产方法，其特征在于：

用氢氧化铝将痤疮丙酸杆菌抗原、表皮葡萄球菌抗原、金黄色葡萄球菌抗原和大肠菌抗原乳化成混合菌乳液，并用该乳液给小鸡进行一次免疫接种；

再用乳化助剂 ISA25 乳化上述四种抗原，制成混合菌乳液，并以两个星期为周期，给小鸡进行第二次免疫接种，使得生下含有特殊免疫蛋白的鸡蛋；

其中给小鸡接种的混合菌乳液的体积之比应为痤疮丙酸杆菌抗原：表皮葡萄球菌抗原：金黄色葡萄球菌抗原：大肠菌抗原：乳化助剂=3：1：1：1：4。

2. 权利要求1的生产方法，其中表皮葡萄球菌利用含有蔗糖0.5%和乙二胺-DI-O-间苯二酚乙酸0.5v/v%的胰酶大豆肉汤增菌培养，使其粘液量增加。

3. 蛋黄粉，其是利用第2项方法生下的鸡蛋提取蛋黄，进行分离和喷雾干燥处理后制成的。

4. 特殊免疫球蛋白IgY，其是通过包括下列步骤的方法制成的：

利用第2项方法生下的鸡蛋提取蛋黄，用蒸馏水稀释；

在上述稀释溶液中，添加含有特殊免疫球蛋白IgY的水溶性蛋白质和足以分离磷脂的3%～10%的硫酸铵，以分离磷脂和水溶性蛋白质；

用蒸馏水稀释上述分离的溶液，接着置于4～10℃的温度下进行沉淀。"

驳回理由指出：乳化助剂ISA25与四种抗原之间的具体比例关系是含糊不清的。在说明书第4页第19～21行、第6页第3～6行和第16～18行以及说明书第12页第17～19行中，对于利用乳化助剂ISA25给小鸡进行第二次接种的描述中，均没有明确地提及乳化助剂ISA25与四种抗原之间的具体比例关系，而且从"用0.2ml乳化助剂ISA25乳化……进行第二次接种0.5ml的混合菌乳液"的描述中，也无法清楚、明确地导出乳化助剂ISA25与四种抗原之间的具体比例关系。

申请人鸡蛋高新技术有限公司（下称请求人）对上述驳回决定不服，于2007年4月10日向专利复审委员会提出复审请求，请求人没有在提出复审请求的同时提交新的专利申请文本。请求人认为：根据说明书第6页第9～14行的描述，0.15ml痤疮丙酸杆菌抗原、0.05ml表皮葡萄球菌抗原、0.05ml金黄色葡萄球菌抗原、0.05ml大肠菌抗原和0.2ml氢氧化铝混合后乳化成0.5ml混合菌乳液，用于第一次接种。第16～18行：ISA25代替氢氧化铝用作第二次接种的乳化助剂，而且由于乳化助剂本身不含细菌抗原。由此本领域技术人员可推知四种抗原与ISA25之间的比例为3：1：1：1：4，且比例关系为体积比而非菌体数之比。因此，乳化助剂ISA25与四种抗原之间的具体比例是清楚的，驳回理由不成立。

形式审查合格后，专利复审委员会受理了该复审请求，并于2007年6月4日向请求人发出《复审请求受理通知书》，随后将本申请移交原实审部门进行前置审查。

在前置审查意见书中，国家知识产权局原审查部门坚持原驳回意见。指出：由氢氧化铝与四种抗原之间的体积比例关系无法直接地、毫无疑义地确定本发明中所用的所有乳化助剂（包括ISA25）与四种抗原之间的比例关系就一定是体积比例关系；说明书第6页第18行所记载的内容只能说明，第二次接种的混合菌乳液是0.5ml，并不表明ISA与四种抗原混合得到的就是0.5ml，它们可能多于0.5ml，然后从中取0.5ml接种，因此用0.2ml ISA25乳化得到的混合菌乳液体积不一定就是0.5ml，申请人对驳回决定中关于"用0.2ml ISA25乳化得到的混合菌乳液体积不一定是0.5ml"的质疑不成立。

专利复审委员会组成合议组，对本案的复审请求进行了审理。

至此，合议组认为本案事实清楚，可以作出审查决定。

二、决定的理由

1. 审查文本的认定

本复审决定所依的文本是驳回决定所依据的文本，即2006年11月15日提交的权利要求1～4，及申请日提交的说明书第1～18页、说明书附图第1～4页、说明书摘要、摘要附图。

2. 关于专利法第 26 条第 3 款

专利法第 26 条第 3 款规定，说明书应当对发明或者实用新型作出清楚、完整的说明，以所属技术领域的技术人员能够实现为准。

判断说明书是否对发明作出清楚、完整的说明时，应该考虑说明书记载的全部内容，在考虑上下文内容的基础上综合判断。

本发明提供一种含有四种混合菌的抗-复合型特殊免疫球蛋白（IgY）鸡蛋的生产方法。其中涉及用乳化助剂 ISA25 乳化四种抗原制成混合菌乳液进行免疫接种。本案的争议焦点在于：根据说明书记载的内容，本领域技术人员是否能清楚、明确地导出乳化助剂 ISA25 与四种抗原之间的具体比例关系，从而实现发明的技术方案。

对此，合议组认为：说明书第 6 页第 9～14 行以及第 12 页第 11～16 行（两部分内容实质相同）的内容为："给小鸡接种的菌体数比例为痤疮丙酸杆菌抗原：粘液量增加的表皮葡萄球菌抗原：金黄色葡萄球菌抗原：大肠菌抗原：乳化助剂＝3：1：1：1：4，为此，应将 1.0×10^9/ml 痤疮丙酸杆菌杀菌液抗原 0.15ml、1.0×10^9/ml 表皮葡萄球菌杀菌液抗原 0.05ml、1.0×10^9/ml 金黄色葡萄球菌杀菌液抗原 0.05ml、1.0×10^9/ml 大肠菌杀菌液抗原 0.05ml 与氢氧化铝 0.2ml 乳化成 0.5ml 的混合菌乳液，并在小鸡的一条腿上接种一次"。此处先指出痤疮丙酸杆菌抗原：粘液量增加的表皮葡萄球菌抗原：金黄色葡萄球菌抗原：大肠菌抗原的菌体数比例为 3：1：1：1，随后举出一个具体的实例，由此实例可知四种抗原与乳化剂氢氧化铝间体积比为 3：1：1：1：4（0.15ml：0.05 ml：0.05ml：0.05ml：0.2ml），由于四种抗原的菌液浓度相同（均为 1.0×10^9/ml），由此可推知上述四种抗原间的菌体数比例确为 3：1：1：1。再根据说明书第 6 页第 16～18 行："将上述四种抗原以同样的比例混合，并用 0.2ml 的乳化助剂（ISA25）乳化，制成混合菌乳液，然后以两个星期为周期，在小鸡的一条腿上进行第二次接种 0.5ml 的混合菌乳液"以及第 12 页第 17～19 行："并从第二次开始，用于增压佐剂采用乳化助剂（ISA25），将上述四种抗原乳化成混合菌乳液，然后以两个星期为周期，在小鸡的一条腿上第二次接种 0.5ml 的混合菌乳液"，可知用乳化助剂 ISA25 乳化时，四种抗原的比例与用氢氧化铝乳化时的比例相同，由于用氢氧化铝乳化时，说明书中明四种抗原的混合比例为菌体数比例，因此，用 ISA25 乳化时，其比例也应该是菌体数比例，但由于四种抗原的浓度相同，所以菌体数比例同时也即体积比例。因此所述抗原将以 3：1：1：1 的体积比混合。由于第一次接种用的氢氧化铝与第二次接种所用乳化助剂 ISA25 体积相同，均为 0.2ml，并且说明书中记载"（第二次接种时）将上述四种抗原以同样的比例混合"，因此在第二次用 ISA25 乳化时，在说明书未另作说明的情况下，本领域技术人员通常会理解上述同样浓度的抗原将以与第一次乳化时同样的用量使用，而各抗原的用量为 1.0×10^9/ml 痤疮丙酸杆菌杀菌液抗原 0.15ml；1.0×10^9/ml 表皮葡萄球菌杀菌液抗原 0.05ml；1.0×10^9/ml 金黄色葡萄球菌杀菌液抗原 0.05ml；1.0×10^9/ml 大肠菌杀菌液抗原 0.05ml，四种抗原和乳化助剂 ISA25 的总体积为 0.5ml。这一点也能与说明书第 6 页第 18 行所述的"0.5ml 的混合菌乳液"相互印证。因此四种抗原与 ISA25 之间的体积比为：3：1：1：1：4。

至于前置审查意见中所述的"说明书第 6 页第 18 行所记载的内容只能说明，第二次接种的混合菌乳液是 0.5ml，并不表明 ISA 与四种抗原混合得到的就是 0.5ml，它们可能多于 0.5ml，然后从中取 0.5ml 接种，因此用 0.2ml ISA25 乳化得到的混合菌乳液体积不一定就是 0.5ml"。对此，合议组认为：两次接种所用的乳化助剂用量（体积）相同，并且说明书中记载"（第二次接种时）将上述四种抗原以同样的比例混合"，在说明书中未另有说明的情况下，其抗原浓度用量均应与第一次接种相同，故前置审查意见的说法不成立。

综上所述，本案合议组认为四种抗原与 ISA25 之间的比例关系是清楚的，其体积比为：3：1：

1：1：4，驳回决定关于本申请不符合专利法第 26 条第 3 款的规定的基础不成立。因此，本案合议组作出如下审查决定。

三、决定

撤销国家知识产权局于 2007 年 1 月 5 日对 200310104553.3 号发明专利申请作出的驳回决定。由原审查部门在本复审决定所针对的文本的基础上继续进行审查。

复审请求人对本决定不服的，可以根据专利法第 41 条第 2 款的规定，自收到本决定之日起三个月内向北京市第一中级人民法院起诉。

一种戊型肝炎病毒嵌合基因疫苗

复审请求审查决定（第13622号）

决 定 号	第13622号
决 定 日	2008年5月28日
发明创造名称	一种戊型肝炎病毒嵌合基因疫苗
国际分类号	A61K 39/29，A61K 48/00，A61P 31/12，A61P 1/16，C12N 15/51
复审请求人	浙江省医学科学院
申 请 号	03116862.0
申 请 日	2003年5月9日
公 开 日	2004年10月27日
合议组组长	王晓云
主 审 员	刘洪尊
参 审 员	冯 怡

法 律 依 据 专利法第22条第3款

决 定 要 点

如果要求保护的发明相对于最接近的现有技术存在区别特征，且现有技术中没有给出将上述区别特征应用到该最接近现有技术以获得要求保护的发明的技术启示，则发明是非显而易见的，具有突出的实质性特点。

一、案由

本复审请求涉及2003年5月9日申请、2004年10月27日公开、名称为"一种戊型肝炎病毒嵌合基因疫苗"的第03116862.0号发明专利申请（下称本申请）。本申请的申请人为浙江省医学科学院。

国家知识产权局实质审查部门于2006年10月13日驳回了本申请，理由是权利要求1~9不具备创造性，不符合专利法第22条第3款的规定。驳回决定引用的对比文件为：

对比文件1，"戊型肝炎疫苗的研究进展"，段学章等，中华预防医学杂志，第36卷第6期，2002年11月；和

对比文件2，"戊型肝炎病毒ORF2片段与ORF3嵌合重组抗原的纯化与免疫学性质"，唐浩等，中国医学科学院学报，第23卷第4期，2001年8月。

驳回决定所针对的权利要求书为：

"1. 一种戊型肝炎病毒（HEV）嵌合基因疫苗，其特征是它同时含有编码HEV开放读码框2蛋

白（ORF2）基因和开放读码框3蛋白（ORF3）基因。

2. 根据权利要求1所述的基因疫苗，其特征是它含有HEV ORF2基因。

3. 根据权利要求2所述的基因疫苗，其特征是该基因的核苷酸序列为HEV ORF2。

4. 根据权利要求1所述的基因疫苗，其特征是它含有HEV ORF3基因。

5. 根据权利要求4所述的基因疫苗，其特征是该基因的核苷酸序列为HEV ORF3。

6. 根据权利要求1所述的基因疫苗，其特征是HEV ORF2基因和HEV ORF3基因组成一个嵌合基因ORF23。

7. 根据权利要求6所述的基因疫苗，其特征是该基因的核苷酸序列为HEV ORF23。

8. 根据权利要求6所述的嵌合基因，其特征在于它可编码HEV ORF2和ORF3融合蛋白。

9. 根据权利要求6所述的HEV嵌合基因，其特征在于它可插入到各类表达载体中，构成表达重组质粒，并可表达出HEV ORF2和ORF3融合蛋白。"

驳回决定认为：对比文件1（参见第1页第2栏第6～10行）公开了HEV的ORF1、ORF2（有3个线性表位）和ORF3均有B细胞表位，即公开了ORF2和ORF3具有免疫原性；对比文件2（参见摘要、第4页第1栏第1～9行）公开了嵌合表达的HEV重组抗原P（2.1+2.2+3）具有良好的免疫原性和免疫反应性，其中2.1和2.2选自6287～6403、6743～7126（本申请中的ORF2选自6328～7130）。从对比文件1和2公开的内容，本领域的技术人员容易想到将ORF2的全长序列和ORF3重组成嵌合表达的抗原，来制备戊型肝炎嵌合疫苗，因此权利要求1所请求保护的技术方案不具备创造性，不符合专利法第22条第3款的规定。基于同样的理由，权利要求2～9也不具备创造性，不符合专利法第22条第3款的规定。

虽然申请人在意见陈述书中提到了本申请所述的嵌合疫苗具有一些优点或有益效果，但这些优点或有益效果是因为采用了具体和特定的载体和/或其他特定技术手段而产生的，而这些"具体和特定的载体和/或其他特定技术手段"在本申请的权利要求书中没有体现，因而申请人的陈述意见不能克服本申请不具有创造性的缺陷。

申请人浙江省医学科学院（下称请求人）对上述驳回决定不服，于2006年12月26日向专利复审委员会提出复审请求，请求人在提出复审请求的同时提交了新修改的权利要求书全文替换页（共8项权利要求）及如下附件：

附件1：戊型肝炎（HEV）嵌合基因疫苗免疫小鼠实验的检验报告，原件，共3页；

附件2：HEV ORF23表达蛋白作为诊断抗原制备的ELISA试剂盒的检验报告，原件，共2页；

附件3：浙江省卫生厅文件（浙卫发［2000］160号）及其附件一（2000年浙江省医药卫生重点科技计划），复印件，共3页。

请求人提交的新修改的权利要求书为：

"1. 一种DNA序列，其特征在于碱基序列是HEV ORF23。

2. 一种戊型肝炎病毒嵌合基因疫苗，其特征在于它含有权利要求1所述的DNA序列。

3. 根据权利要求2所述的基因疫苗，其特征在于它是将权利要求1所述的DNA序列插入到pcDNA3质粒中得到的重组质粒pcDNA3-ORF23，其质粒图谱是附图1所示的质粒图谱。

4. 一种嵌合重组质粒pET28-ORF23，其特征在于它是将权利要求1所述的DNA序列插入到pET28a+质粒中得到的重组质粒，其质粒图谱是附图3所示的质粒图谱。

5. 一种嵌合重组质粒pPICZα A-ORF23，其特征在于它是将权利要求1所述的DNA序列插入到pPICZα A质粒中得到的重组质粒，其质粒图谱是附图4所示的质粒图谱。

6. 一种融合蛋白，其特征在于它是由权利要求1所述的DNA序列编码的氨基酸序列所组成。

7. 根据权利要求6所述的融合蛋白在制备HEV诊断试剂盒中的应用。

8. 根据权利要求6所述的融合蛋白在制备预防戊型病毒性肝炎的多肽疫苗中的应用。"

请求人认为，修改后的权利要求1~8具有专利法第22条第3款规定的创造性。

形式审查合格后，专利复审委员会受理了该复审请求，并于2007年1月23日向请求人发出《复审请求受理通知书》，随后将本申请移交原审查部门进行前置审查。

原审查部门对本复审请求进行了前置审查，认为修改后的权利要求1、2、6~8仍然没有克服驳回决定中指出的缺陷，不符合专利法第22条第3款的规定，因此坚持原驳回决定。

请求人于2008年3月12日再次提交了经过修改的权利要求书全文替换页（共1项权利要求）。请求人陈述，经充分研究后，决定放弃在提出复审请求时提交的权利要求1~2与4~8，并根据原说明书与权利要求书的内容，提交新修改的权利要求书。请求人认为，经修改的权利要求具有创造性。

请求人于2008年3月12日提交的修改的权利要求书为：

"1. 一种戊型肝炎病毒嵌合基因疫苗，其特征在于：

（i）它是将HEV ORF23插入到质粒pcDNA3中得到的重组质粒pcDNA3-ORF23，其质粒图谱是附图1所示的质粒图谱，以及

（ii）HEV ORF23序列如下：

```
ATGCAGCTGT  TCTACTCTCG  TCCCGTCGTC  TCAGCCAATG  GCGAGCCGAC  50

TGTTAAGCTT  TATACATCTG  TAGAGAATGC  TCAGCAGGAT  AAGGGTATTG  100

CAATCCCGCA  TGACATCGAC  CTCGGGGAGT  CTCGTGTAGT  TATTCAGGAT  150

TATGACAACC  AACATGAGCA  GGACCGACCG  ACACCTTCCC  CAGCCCCATC  200

GCGCCCTTTT  TCTGTCCTCC  GAGCTAATGA  TGTGCTTTGG  CTTTCTTTCA  250

CCGCTGCCGA  GTATGACCAG  TCCACTTACG  GCTCTTCGAC  CGGCCCAGTC  300

TATGTCTCTG  ACTCTGTGAC  CTTGGTTAAT  GTTGCGACCG  GCGCGCAGGC  350

CGTTGCCCGG  TCACTCGACT  GGACCAAGGT  CACACTTGAT  GGTCGCCCCC  400

TTTCCACCAT  CCAGCAGCAT  TCAAAGACCT  TCTTTGTCCT  GCCGCTCCGC  450

GGTAAGCTCT  CCTTTTGGGA  GGCAGGTACT  ACTAAAGCCG  GGTACCCTTA  500

TAATTATAAC  ACCACTGCTA  GTGACCAACT  GCTCGTTGAG  AATGCCGCTG  550

GGCATCGGGT  TGCTATTTCC  ACTTACACCA  CTAGCCTGGG  TGCTGGCCCC  600
```

```
GTCTCTATTT    CCGCGGTTGC    TGTTTTAGCC    CCCCACTCCG    CGCTAGCATT    650

GCTTGAGGAT    ACCATGGACT    ACCCTGCCCG    CGCCCATACT    TTCGATGACT    700

TCTGCCCGGA    GTGCCGCCCC    CTTGGCCTCC    AGGGCTGTGC    TTTTCAGTCT    750

ACTGTCGCTG    AGCTTCAGCG    CCTTAAGATG    AAGGTGGGTA    AAACTCGGGA    800

GTTGAATTCG    GGTGGAATGA    ATAACATGTC    TTTTGCTGCG    CCCATGGGTT    850

CGCGACCATG    CGCCCTCGGC    CTATTTTGCT    GTTGCTCCTC    ATGTTTCTGC    900

CTATGCTGCC    CGCGACACCG    CCCGGTCAGC    CGTCTGGCCG    CCGTCGTGGG    950

CGGCGCAGCG    GCGGTTCCGG    CGGTGGTTTC    TGGGGTGACC    GGGTTGATTC    1000

TCAGCCCTTC    GCAATCCCCT    ATATTCATCC    AACCAACCCC    TTCGCCCCCG    1050

ATGTCACCGC    TGCGGCCGGG    GCTGGACCTC    GTGTTCGCCA    ACCCGCCCGA    1100

CCACTCGGCT    CCGCTTGGCG    TGACCAGGCC    CAGCGCCCCG    CCGCTGCCTC    1150

ACGTCGTAGA    CCTACCACAG    CTGGGGCCGC    GCCGCTAA                  1188
```
"

专利复审委员会组成合议组，对本复审请求案进行了审理。经审查，合议组认为本案事实已经清楚，可以作出复审决定。

二、决定的理由

1. 关于文本

请求人于2008年3月12日提交了修改的权利要求书，其中所做的修改在原说明书和权利要求书中有明确记载，符合专利法第33条的规定，可以被接受。

本复审决定所针对的文本为请求人于2008年3月12日提交的权利要求书，于2003年5月9日提交的说明书第1～8页、说明书附图第1～5页、说明书摘要和2004年5月24日提交的序列表第1～5页。

2. 关于专利法第22条第3款

专利法第22条第3款规定："创造性，是指同申请日以前已有的技术相比，该发明有突出的实质性特点和显著的进步，该实用新型有实质性特点和进步。"

根据该款规定，发明有突出的实质性特点，是指对所属技术领域的技术人员来说，发明相对于现有技术是非显而易见的。发明有显著的进步，是指发明与现有技术相比能够产生有益的技术效果。

如果要求保护的发明相对于最接近的现有技术存在区别特征，且现有技术中没有给出将上述区别特征应用到该最接近现有技术以获得要求保护的发明的技术启示，则发明是非显而易见的，具有突出的实质性特点。

本案中，请求人于2008年3月12日提交的权利要求书所记载的权利要求1请求保护一种戊型肝炎病毒嵌合基因疫苗，它是将戊型肝炎病毒HEV的开放读码框ORF2的全长序列和开放读码框ORF3的全长序列重组成嵌合基因HEV ORF23，将上述HEV ORF23插入质粒pcDNA$_3$得到的重组质粒pcDNA$_3$-ORF23。

对比文件2公开了如下技术内容：构建含有3个不同戊型肝炎病毒HEV抗原表位基因（ORF$_{2.1}$: 6287~6403nt, ORF$_{2.2}$: 6743~7126nt, ORF3）的表达质粒pThioHisORF$_{(2.1+2.2+3)}$，将pThioHisORF$_{(2.1+2.2+3)}$在大肠杆菌中进行表达，其表达产物嵌合表达的戊型肝炎病毒HEV重组抗原P$_{(2.1+2.2+3)}$具有良好的免疫原性和免疫反应性（参见对比文件2的摘要、第4页第1栏第1~9行）。

将权利要求1请求保护的技术方案与对比文件2公开的技术方案比较可知，权利要求1的重组质粒pcDNA$_3$-ORF23与对比文件2公开的表达质粒pThioHisORF$_{(2.1+2.2+3)}$的区别在于：（1）权利要求1是将戊型肝炎病毒HEV的开放读码框ORF2的全长序列（6283-7130nt）和ORF3的全长序列重组成嵌合基因ORF23，对比文件2是将HEV ORF2的两个片段（ORF$_{2.1}$: 6287~6403nt, ORF$_{2.2}$: 6743~7126nt）和ORF3的全长序列重组成嵌合基因ORF$_{2.1+2.2+3}$。（2）权利要求1是将嵌合基因ORF23插入到质粒pcDNA$_3$中得到重组质粒pcDNA$_3$-ORF23，对比文件2是将嵌合基因ORF$_{2.1+2.2+3}$插入到质粒pThioHis中得到重组质粒pThioHisORF$_{(2.1+2.2+3)}$，即对比文件2中既没有公开包含ORF2全长序列和ORF3全长序列的嵌合基因ORF23，也没有明示或暗示使用表达质粒pcDNA$_3$使ORF23在真核生物中获得表达。

由此可见，本申请实际要解决的技术问题是通过使用特定的表达质粒pcDNA$_3$使嵌合基因ORF23能够直接在人或动物体内表达，表达产生与戊型肝炎病毒具有类似抗原性质的重组蛋白ORF23，由此诱导人或动物体内的免疫系统针对具有类似抗原性质的重组蛋白ORF23产生HEV特异性抗体。

对比文件1是一篇关于戊型肝炎疫苗的综述文章，上述2个区别特征也未在其中具体公开。尽管对比文件1第1页第2栏第6~10行公开了ORF2和ORF3具有免疫原性，但是其第1页第2栏第24~26行也指出如果重组蛋白序列过长，其抗原表位可能被掩盖，反而会降低该重组蛋白的抗原性。因此本领域技术人员在阅读了对比文件1后得到的启示是本发明的重组基因HEV ORF23相对于对比文件2中公开的HEV ORF$_{(2.1+2.2+3)}$可能免疫原性会降低，反而不宜用作基因疫苗。

因此，合议组认为，对比文件1中没有给出任何教导或启示促使本领域技术人员去改进对比文件2中所公开的嵌合基因ORF$_{(2.1+2.2+3)}$，从而得到将HEV的ORF2全长序列和ORF3的全长序列重组的嵌合基因ORF23，也没有给出任何教导或启示促使本领域技术人员进而使用表达质粒pcDNA$_3$使嵌合基因ORF$_{23}$直接在人或动物体内表达出嵌合蛋白ORF$_{23}$，来诱导小鼠产生针对戊型肝炎病毒的特异性抗体。所以权利要求1所限定的技术方案相对于对比文件1和2是非显而易见的，具有突出的实质性特点。

另一方面，根据本申请说明书实施例3的记载，重组质粒pcDNA$_3$-ORF23肌肉注射免疫小鼠后，有效地诱导小鼠产生HEV特异性抗体。而且已知ORF2全长序列含7个表位，其相对于对比文件2公开的含3个表位的基因疫苗具有更为有益的效果，同时也克服了对比文件1中指出的可能存在的技术缺陷。此外，由于本申请使用特定的载体，这将使得该基因疫苗更易于在真核生物，包括小鼠和人类中得到广泛应用。所以权利要求1所限定的技术方案有显著的进步。

综上所述，请求人于2008年3月12日提交的权利要求书已经克服驳回决定所指出的缺陷，权利要求1相对于对比文件1和2具有突出的实质性特点和显著的进步，符合专利法第22条第3款的规定。

根据以上事实和理由，本案合议组作出如下审查决定。

三、决定

撤销国家知识产权局于 2006 年 10 月 13 日对 03116862.0 号发明专利申请作出的驳回决定。由原审查部门在本复审决定所针对的文本的基础上继续进行审查程序。

复审请求人对本决定不服的，可以根据专利法第 41 条第 2 款的规定，自收到本决定之日起三个月内向北京市第一中级人民法院起诉。

类胰蛋白酶抑制剂

复审请求审查决定（第13630号）

决定号	第13630号
决定日	2008年6月10日
发明创造名称	类胰蛋白酶抑制剂
国际分类号	C12N 15/15，C12N 15/62，C07K 14/435，A61K 38/17，A01K 67/27
复审请求人	发展技术有限公司
申请号	00812774.3
优先权日	1999年7月19日
申请日	2000年7月19日
公开日	2004年2月11日
合议组组长	郭 婷
主审员	葛永奇
参审员	田 芳
法律依据	专利法第26条第4款

决定要点

对于权利要求中所包含的功能性限定的技术特征，应当理解为覆盖了所有能够实现所述功能的实施方式。如果说明书中仅以含糊的方式描述了其他替代方式也可能适用，但对所属技术领域的技术人员来说，并不清楚这些替代方式是什么或者怎样应用这些替代方式，则权利要求中的功能性限定是不允许的。

一、案由

本复审请求涉及优先权日为1999年7月19日、申请日为2000年7月19日、公开日为2004年2月11日、申请号为00812774.3、名称为"类胰蛋白酶抑制剂"的发明专利申请（下称本申请），本申请的申请人为发展技术有限公司。

国家知识产权局原审查部门于2005年10月14日针对本申请进入中国国家阶段时提交的国际申请文件的中文译文说明书第1~20页、附图第1~6页和说明书摘要，以及于2005年5月23日提交的权利要求1~17，以权利要求1~17不符合专利法第26条第4款的规定为由驳回了本申请。

《驳回决定》所针对的权利要求书为：

"1. 衍生自吸血节肢动物外寄生物的重组蛋白，或该蛋白的活性片段，其：

i) 抑制类胰蛋白酶的 Ki 小于 1×10^{-6} M；和

ii) 与图1所示的蜱源性蛋白酶抑制剂蛋白序列或该蛋白的活性片段具有显著序列同源性，

其中所述序列同源性的定义为：所述蛋白与图1的序列进行对比时，在完全保守的序列中有75%或以上的氨基酸为相同残基，序列对比结果使用GCG最佳拟合命令获得，其中空位生成罚分=2.5；空位延长罚分=0.5。

2. 权利要求1的重组蛋白或蛋白片段，它含有图1所述蜱源性蛋白酶抑制剂蛋白序列。

3. 权利要求1或2的重组蛋白或蛋白片段，它抑制类胰蛋白酶的 Ki 小于 1×10^{-7} M，优选小于 2×10^{-8} M，更优选小于 1×10^{-9} M。

4. 权利要求1~3中任一项的重组蛋白或蛋白片段，它抑制类胰蛋白酶催化活性。

5. 权利要求1~4中任一项的重组蛋白或蛋白片段，它抑制肥大细胞类胰蛋白酶、优选人肥大细胞类胰蛋白酶。

6. 前述权利要求中任一项的重组蛋白或蛋白片段，它得自蜱。

7. 权利要求6的重组蛋白或蛋白片段，它得自非洲扇头蜱 Rhipicephalus appendiculatus。

8. 前述权利要求中任一项的重组蛋白或蛋白片段，它与诸如树脂的支持物结合。

9. 权利要求1~7中任一项的重组蛋白或蛋白片段，它用作药物。

10. 一种编码权利要求1~7中任一项的重组蛋白或蛋白片段的核酸分子。

11. 一种核酸分子：它具有图1所示的序列；它在严格杂交条件下与所述核苷酸序列杂交；或者表达时它编码权利要求1~7中任一项定义的重组蛋白或蛋白片段。

12. 一种包含权利要求10或权利要求11的核酸的载体。

13. 权利要求12的载体，它为病毒型载体。

14. 用权利要求10或权利要求11的载体转化或转染的宿主细胞。

15. 一种制备权利要求1~7中任一项的重组蛋白或蛋白片段的方法，该方法包括在宿主细胞中表达权利要求10或权利要求11的载体，在表达所述重组蛋白、蛋白片段或功能等同物的条件下培养所述宿主细胞，以及回收由此产生的所述重组蛋白、蛋白片段或功能等同物。

16. 权利要求1~8中任一项的重组蛋白或蛋白片段在下列方面的用途：检测或定量类胰蛋白酶；耗竭或去除食品或细胞培养物中的类胰蛋白酶；或用作抗类胰蛋白酶剂。

17. 权利要求1~7中任一项的重组蛋白或蛋白片段在制备接种哺乳动物以抵抗疾病或治疗患病哺乳动物的药物中的用途。"

具体驳回理由是：说明书尤其是实施例的记载只是证实由图1所示的核苷酸编码的来自非洲扇头蜱的蛋白酶抑制剂蛋白TdPI能达到发明目的，没有试验证实与其同源的重组蛋白、蛋白片段或其功能等同物能否达到发明目的，也无法推导出来。虽然说明书给出了决定一种蛋白是否符合同源性达75%的方法并提供了类胰蛋白酶的抑制测定资料，但是本领域普通技术人员不能直观地确定哪些是符合要求的，要从这些蛋白中筛选出符合权利要求1所述要求的蛋白，需要本领域普通技术人员付出过多的劳动，因此，权利要求1的技术方案得不到说明书的支持，不符合专利法第26条第4款的规定。同理，权利要求2~17也不符合专利法第26条第4款的规定。

申请人发展技术有限公司（下称请求人）对上述驳回决定不服，于2006年1月9日向专利复审委员会提出复审请求，同时对权利要求书进行了修改，请求人认为修改后的权利要求被限定为抑制类胰蛋白酶的特定TdPI蛋白及其片段。修改后的权利要求书如下：

"1. 衍生自吸血节肢动物外寄生物的重组蛋白，或该蛋白的活性片段，所述重组蛋白包含图1所示的TdPI序列，所述重组蛋白或片段抑制类胰蛋白酶的 Ki 小于 1×10^{-6} M。

2. 权利要求 1 的重组蛋白或蛋白片段，它抑制类胰蛋白酶的 Ki 小于 1×10^{-7} M，优选小于 2×10^{-8} M，更优选小于 1×10^{-9} M。

3. 权利要求 1 或 2 的重组蛋白或蛋白片段，它抑制类胰蛋白酶催化活性。

4. 权利要求 1~3 中任一项的重组蛋白或蛋白片段，它抑制肥大细胞类胰蛋白酶、优选人肥大细胞类胰蛋白酶。

5. 前述权利要求中任一项的重组蛋白或蛋白片段，它得自蜱。

6. 权利要求 5 的重组蛋白或蛋白片段，它得自非洲扇头蜱 Rhipicephalus appendiculatus。

7. 前述权利要求中任一项的重组蛋白或蛋白片段，它与诸如树脂的支持物结合。

8. 权利要求 1~4 中任一项的重组蛋白或蛋白片段，它用作药物。

9. 一种编码权利要求 1~6 中任一项的重组蛋白或蛋白片段的核酸分子。

10. 一种核酸分子：它具有图 1 所示的序列；它在严格杂交条件下与所述核苷酸序列杂交；或者表达时它编码权利要求 1~6 中任一项定义的重组蛋白或蛋白片段。

11. 一种包含权利要求 9 或权利要求 10 的核酸的载体。

12. 权利要求 11 的载体，它为病毒型载体。

13. 用权利要求 9 或权利要求 10 的载体转化或转染的宿主细胞。

14. 一种制备权利要求 1~6 中任一项的重组蛋白或蛋白片段的方法，该方法包括在宿主细胞中表达权利要求 9 或权利要求 10 的载体，在表达所述重组蛋白、蛋白片段或功能等同物的条件下培养所述宿主细胞，以及回收由此产生的所述重组蛋白、蛋白片段或功能等同物。

15. 权利要求 1~7 中任一项的重组蛋白或蛋白片段在下列方面的用途：检测或定量类胰蛋白酶；耗竭或去除食品或细胞培养物中的类胰蛋白酶；或用作抗类胰蛋白酶剂。

16. 权利要求 1~6 中任一项的重组蛋白或蛋白片段在制备接种哺乳动物以抵抗疾病或治疗患病哺乳动物的药物中的用途。"

形式审查合格后，专利复审委员会受理了本复审请求，并于 2006 年 3 月 1 日向请求人发出《复审请求受理通知书》，同时将本申请案卷移交原审查部门进行前置审查。

原审查部门对本复审请求进行了前置审查，认为说明书尤其是实施例只是证实了由图 1 所示的核苷酸编码的来自非洲扇头蜱的蛋白酶抑制剂蛋白 TdPI 能达到发明目的，没有试验证实重组蛋白的活性片段能否达到发明目的，也无法推导出来，而且要从这些蛋白中筛选出符合权利要求 1 所述要求的蛋白片段，需要本领域普通技术人员付出过多的劳动，因此，权利要求 1 的技术方案得不到说明书的支持，不符合专利法第 26 条第 4 款的规定。同理，权利要求 2~16 也不符合专利法第 26 条第 4 款的规定。故坚持驳回决定。

专利复审委员会组成合议组，对本复审请求案进行了审理。于 2007 年 11 月 28 日向请求人发出《复审通知书》。《复审通知书》指出，本申请说明书实施例的蛋白酶抑制测定部分证明了图 1 所示的来自非洲扇头蜱的蛋白酶抑制剂蛋白 TdPI 具有抑制类胰蛋白酶的作用（如图 6 所示），但本申请说明书中没有提供任何其他"包含"图 1 所示 TdPI 序列的重组蛋白，也没有提供任何实验证据表明哪些"包含"图 1 所示 TdPI 序列的重组蛋白能够抑制类胰蛋白酶且 Ki 小于 1×10^{-6} M。同样，说明书中没有提供任何该重组蛋白的"活性片段"，更没有提供任何实验证据表明重组蛋白的哪些片段能够抑制类胰蛋白酶且 Ki 小于 1×10^{-6} M。所属领域的技术人员依据说明书的描述无法得知抑制类胰蛋白酶的 Ki 小于 1×10^{-6} M 的所述重组蛋白和活性片段究竟具有何种具体结构，因此权利要求 1 不符合专利法第 26 条第 4 款的规定。权利要求 2~16 在表述上均包括或隐含了措辞"片段"，并且权利要求 10 中的"具有"与"包含"有相同的含义，同理，权利要求 2~16 也不符合专利法第 26 条第 4 款的规定。此外，说明书中没有公开任何由"在……条件下与……杂交"所限定出的权利要求10的核酸分子，没有提供任何权利要求14所述的"功能等同物"，因此，基于该理由权利要求10和14也得不到说明书的支持，不符合专利法第26条第4款的规定。

针对《复审通知书》指出的问题，请求人于2008年3月13日提交了经修改的权利要求书全文替换页，并在意见陈述书中对权利要求书的修改作了说明。修改后的权利要求书如下：

"1. 衍生自吸血节肢动物外寄生物的重组蛋白，所述重组蛋白由图1所示的TdPI序列组成，所述重组蛋白抑制类胰蛋白酶的Ki小于1×10^{-6}M。

2. 权利要求1的重组蛋白，它抑制类胰蛋白酶的Ki小于1×10^{-7}M，优选小于2×10^{-8}M，更优选小于1×10^{-9}M。

3. 权利要求1或2的重组蛋白，它抑制类胰蛋白酶催化活性。

4. 权利要求1~3中任一项的重组蛋白，它抑制肥大细胞类胰蛋白酶、优选人肥大细胞类胰蛋白酶。

5. 前述权利要求中任一项的重组蛋白，它得自蜱。

6. 权利要求5的重组蛋白，它得自非洲扇头蜱Rhipicephalus appendiculatus。

7. 前述权利要求中任一项的重组蛋白，它与诸如树脂的支持物结合。

8. 权利要求1~4中任一项的重组蛋白，它用作药物。

9. 一种编码权利要求1~6中任一项的重组蛋白的核酸分子。

10. 一种核酸分子：它由图1所示的核苷酸序列组成。

11. 一种包含权利要求9或权利要求10的核酸的载体。

12. 权利要求11的载体，它为病毒型载体。

13. 用权利要求9或权利要求10的载体转化或转染的宿主细胞。

14. 一种制备权利要求1~6中任一项的重组蛋白的方法，该方法包括在宿主细胞中表达权利要求9或权利要求10的载体，在表达所述重组蛋白的条件下培养所述宿主细胞，以及回收由此产生的所述重组蛋白。

15. 权利要求1~7中任一项的重组蛋白在下列方面的用途：检测或定量类胰蛋白酶；耗竭或去除食品或细胞培养物中的类胰蛋白酶；或用作抗类胰蛋白酶剂。

16. 权利要求1~6中任一项的重组蛋白在制备接种哺乳动物以抵抗疾病或治疗患病哺乳动物的药物中的用途。"

至此，合议组认为本案事实清楚，可以作出审查决定。

二、决定的理由

1. 审查文本

请求人于2008年3月13日提交了经修改的权利要求书全文替换页（共16项），该修改符合专利法第33条和专利法实施细则第60条第1款的规定，因此，本复审请求审查决定所依据的申请文本为：本申请进入中国国家阶段时提交的国际申请文件的中文译文说明书第1~20页、附图第1~6页和说明书摘要，以及于2008年3月13日提交的权利要求1~16。

2. 关于专利法第26条第4款

专利法第26条第4款规定，权利要求书应当以说明书为依据，说明要求专利保护的范围。

根据该款规定，对于权利要求中所包含的功能性限定的技术特征，应当理解为覆盖了所有能够实现所述功能的实施方式。如果说明书中仅以含糊的方式描述了其他替代方式也可能适用，但对所属技术领域的技术人员来说，并不清楚这些替代方式是什么或者怎样应用这些替代方式，则权利要求中的功能性限定是不允许的。

在请求人于 2006 年 1 月 9 日提交的权利要求书中，权利要求 1 要求保护衍生自吸血节肢动物外寄生物的重组蛋白，或该蛋白的活性片段，所述重组蛋白包含图 1 所示的 TdPI 序列，所述重组蛋白或片段抑制类胰蛋白酶的 Ki 小于 1×10^{-6} M。在本申请的说明书中公开的具体重组蛋白为图 1 所示的重组蛋白，实施例的蛋白酶抑制测定部分证明了图 1 所示的来自非洲扇头蜱的蛋白 TdPI 具有抑制类胰蛋白酶的作用（如图 6 所示），但说明书中并没有提供任何其他"包含"图 1 所示 TdPI 序列的重组蛋白，也没有提供任何实验证据表明哪些"包含"图 1 所示 TdPI 序列的重组蛋白能够抑制类胰蛋白酶且 Ki 小于 1×10^{-6} M。同样，说明书中没有提供任何该重组蛋白的"活性片段"，更没有提供任何实验证据表明重组蛋白的哪些片段能够抑制类胰蛋白酶且 Ki 小于 1×10^{-6} M。

合议组认为，本领域技术人员所能知晓的是：并非任何"包含"图 1 所示 TdPI 序列的重组蛋白抑制类胰蛋白酶的 Ki 均小于 1×10^{-6} M，因为"包含"意味着所述重组蛋白相对于图 1 所示 TdPI 序列来说，在其一端或两端添加任意数目和类型的氨基酸，而这样的重组蛋白是否还能维持图 1 所示 TdPI 序列的三维结构从而保留图 1 所示 TdPI 序列抑制类胰蛋白酶的功能特性是无法预期的；本领域还公知并非活性蛋白的任何片段都能保留该蛋白的活性。尽管权利要求 1 中的功能性描述"抑制类胰蛋白酶的 Ki 小于 1×10^{-6} M"将权利要求 1 的保护范围限定于能够实现发明目的的范围内，但说明书仅以含糊的方式描述了"包含"图 1 所示 TdPI 序列的重组蛋白以及该重组蛋白的活性片段可能适用于本发明，对于所属领域的技术人员来说，并不清楚所述重组蛋白和活性片段究竟具有何种具体结构，依据说明书记载的内容，本领域技术人员无法获得这些重组蛋白及其活性片段，因此权利要求 1 不符合专利法第 26 条第 4 款的规定。

权利要求 2~16 在表述上均包括或隐含了措辞"片段"，并且权利要求 10 中的"具有"与"包含"有相同的含义，因此，与上述同样的道理，权利要求 2~16 也不符合专利法第 26 条第 4 款的规定。

同理，权利要求 10 中由"在……条件下与……杂交"所限定出的核酸分子并不都能够实现本发明的目的，即便加上"其所编码的蛋白质抑制类胰蛋白酶的 Ki 小于 1×10^{-6} M"的功能性限定，也由于说明书中没有公开任何这样的核酸分子而得不到说明书的支持，不符合专利法第 26 条第 4 款的规定。

同理，本申请说明书中没有提供任何权利要求 14 所述的"功能等同物"，本领域技术人员无法明了该"功能等同物"究竟具有何种结构，因此，权利要求 14 的概括未以说明书为依据，不符合专利法第 26 条第 4 款的规定。

综上所述，依据说明书的内容，仅有图 1 所示的 TdPI 序列抑制类胰蛋白酶的 Ki 小于 1×10^{-6} M，2006 年 1 月 9 日提交的权利要求 1~16 所要求保护的技术方案是本领域技术人员无法从说明书充分公开的内容中得到或概括得出的，超出了说明书公开的范围，不符合专利法第 26 条第 4 款的规定。

在请求人于 2008 年 3 月 13 日提交的权利要求书中，权利要求 1 和 10 中的措辞"包含"和"具有"被修改为"由……组成"，由此所述重组蛋白和核酸分子分别被限定为图 1 所示的 TdPI 序列和核苷酸序列本身；同时，权利要求 1~16 中的语句"在……条件下与……杂交"、"蛋白片段"、"功能等同物"等均已被删除。因此在 2008 年 3 月 13 日提交的权利要求书中，《驳回决定》和《复审通知书》所指出的不符合专利法第 26 条第 4 款规定的缺陷已不存在。

根据以上事实和理由，本案合议组作出如下审查决定。

三、决定

撤销国家知识产权局于 2005 年 10 月 14 日对申请号为 00812774.3 的发明专利申请作出的驳回决定。由原审查部门在本复审请求审查决定所针对的申请文本的基础上继续进行审查。

复审请求人对本决定不服的，可以根据专利法第 41 条第 2 款的规定，自收到本决定之日起三个月内向北京市第一中级人民法院起诉。

一种保健酒

复审请求审查决定（第 13637 号）

决 定 号	第 13637 号
决 定 日	2008 年 6 月 10 日
发明创造名称	一种保健酒
国 际 分 类 号	C21G 3/02
复 审 请 求 人	董乃齐
申 请 号	200410010776.8
申 请 日	2004 年 3 月 27 日
公 开 日	2005 年 1 月 12 日
合 议 组 组 长	李韵美
主 审 员	朱 茜
参 审 员	郭鹏鹏

法 律 依 据 专利法第 26 条第 3 款

决 定 要 点

说明书应当对发明或者实用新型作出清楚、完整的说明，以所属领域技术人员能够实现为准。对于化学产品发明，说明书中应当记载至少一种制备方法，说明实施所述方法所用的原料物质、工艺步骤和条件、专用设备等，使本领域的技术人员能够实施。如果该制备方法中的某些技术手段没有在说明书中给出，或者虽然笼统给出了技术手段，但具体内容含糊不清，则应当认为说明书没有清楚、完整地公开发明的技术方案，不符合专利法第 26 条第 3 款规定。

一、案由

本复审请求涉及申请号为 200410010776.8，名称为"一种保健酒"的发明专利申请（下称本申请）。申请人为董乃齐。本申请的申请日为 2004 年 3 月 27 日，公开日为 2005 年 1 月 12 日。

国家知识产权局原实质审查部门于 2005 年 6 月 10 日发出第一次审查意见通知书，认为说明书记载所述保健酒的制备包括将药汁和白酒加入发酵罐中进行发酵，但没有记载任何加入酒曲或酵母等微生物的步骤，本申请说明书不符合专利法第 26 条第 3 款的规定。

针对第一次审查意见通知书，申请人于 2005 年 7 月 27 日提交了意见陈述及经修改的说明书及权利要求书替换页。

国家知识产权局原实质审查部门于 2005 年 9 月 30 日发出第二次审查意见通知书，指出本申请说明书不符合专利法第 26 条第 3 款的规定，权利要求 2 的修改不符合专利法第 33 条的规定。

针对第二次审查意见通知书，申请人于2005年10月16日提交了意见陈述及经修改的说明书及权利要求书替换页。

国家知识产权局原实质审查部门于2006年5月12日驳回了该申请，理由是本申请不符合专利法第26条第3款的规定。驳回决定所依据的文本为2005年10月16日提交的权利要求1，说明书第1~3页，以及申请日提交的说明书摘要。驳回决定所针对的权利要求书为：

"1. 一种保健酒，其特征在于它由以下重量百分比的原料制成：

白酒10％~20％，药汁80％~90％；所述的药汁由红枣1％~5％，鲜姜10％~15％，山药1％~5％，干草0.4％~2％，枸杞0.6％~4.5％，玉米须7％~15％，水60％~80％制成。"

驳回决定认为：根据本申请说明书的记载，所述保健酒的制备包括将药汁和白酒加入发酵罐中进行发酵。但是，说明书中并没有提到任何加入酒曲或酵母等微生物的步骤。而根据本领域技术人员的常识，药汁和白酒中不会含有活的能进行发酵的微生物。此外，普通的酒曲或酵母需要以淀粉作为发酵用的原料，而本申请中所用的原料为药汁和白酒，这种原料的成分与常规酿酒用的原料大不相同，因而应对具体所用的微生物作出清楚、完整的说明。由于本申请说明书没有对发酵这个步骤作出清楚、完整的说明，致使本领域技术人员无法具体实施本申请的技术方案，因此本申请不符合专利法第26条第3款的规定。

申请人（下称请求人）对上述驳回决定不服，于2006年7月13日向专利复审委员会提出复审请求，请求人没有提交新的专利申请文本。请求人认为，国家知识产权局驳回的理由不成立，其理由是：（1）本申请的发明点在于酒中药用原料配方的组合和药用原料先提取后与酒混合，而不是常规的用酒浸泡药用原料，除此之外的方法为常规方法，并特意在"发酵"前面加了"常规"二字来说明其所述的发酵是常规方法；（2）本申请中的发酵也可以理解为在调配困养过程中的自然发酵，并且本申请所说的发酵实质就是困养过程，说明书中提到发酵是用词不当。

形式审查合格后，专利复审委员会受理了该复审请求，并于2006年8月24日向请求人发出复审请求受理通知书，随后将本申请移交原实审部门进行前置审查。

原实审部门对本复审请求进行了前置审查，坚持原驳回决定，具体理由是：（1）本申请说明书公开的制备方法中，涉及技术手段"发酵"，而由于煮沸后的药汁以及白酒中并不含有菌种，因此上述白酒和药汁混合并密封后不可能进行发酵；（2）请求人在复审请求书中所述的"特意在发酵前加了'常规'二字"，但在原说明书中相应的表述为"常温发酵"，而非申请人所述的"常规发酵"，显然二者含义存在差别，而且，即便是常规发酵，也应当说明发酵菌种，因为不同菌种对同一底物进行发酵后所得的产物也可能截然不同；（3）请求人所述的"发酵也可以理解为自然发酵"，该理由并不能证明本申请中的"发酵"可以实施，相反，这恰恰证实本申请中的发酵不能实施，因为"自然发酵"是指在不添加发酵菌种等保持自然状态下进行发酵，而自然发酵并非没有发酵菌种，而是发酵物在自然状态下带有菌种，因而可以进行发酵。但是在本案中，由于药汁和白酒中不含有活的发酵菌种，因此将其混合密封后根本不可能实现自然发酵。

专利复审委员会组成合议组，对本案的复审请求进行了审理。于2008年4月9日向请求人发出复审通知书。复审通知书指出，对于化学产品发明，说明书中应当记载至少一种制备方法，使本领域技术人员能够实施。就本申请而言，说明书中没有记载任何加入微生物作为原料进行发酵的步骤，因此本申请的说明书没有对发明作出清楚、完整的说明，致使本领域技术人员根据说明书的记载，无法实施本申请的技术方案，因此不符合专利法第26条第3款有关充分公开的规定。复审通知书中引用了《发酵食品加工技术》一书中对"发酵"一词的解释，以证明在所属技术领域中"发酵"过程必须有微生物的作用参与其中，并将该份证据与复审通知书一并送达请求人。

针对复审通知书指出的问题，请求人于2008年5月4日提交了意见陈述书，但未修改申请文件。请求人认为，在实质审查程序中已将原申请文件中的权利要求2即制备方法删除，因此制备方法不是本申请必需的，同时发酵不是本专利必不可少的步骤，因此说明书给出的方法只是一个例子，还可以有不同的方法使用，这样结合本申请的说明书，本领域技术人员可以实施本申请的技术方案。

至此，合议组认为本案事实清楚，可以作出审查决定。

二、决定的理由

1. 审查文本的认定

本复审决定依据的文本是驳回决定所依据的文本，即请求人于2005年10月16日提交的权利要求1，说明书第1~3页，以及申请日2004年3月27日提交的说明书摘要。

2. 具体理由的阐述

专利法第26条第3款规定，说明书应当对发明或者实用新型作出清楚、完整的说明，以所属领域技术人员能够实现为准。

所属领域的技术人员能够实现，是指所属技术领域的技术人员按照说明书记载的内容，就能够实现该发明或者实用新型的技术方案，解决其技术问题，并产生预期的技术效果。如果说明书给出了技术手段，但对所属技术领域的技术人员来说，该手段是含糊不清的，根据说明书记载的内容无法具体实施，则该说明书由于缺乏解决技术问题的技术手段而被认为无法实施。

根据审查指南第二部分第十章第3.1节（2）的规定，"对于化学产品发明，说明书中应当记载至少一种制备方法，说明实施所述方法所用的原料物质、工艺步骤和条件、专用设备等，使本领域的技术人员能够实施"。本申请要求保护一种保健酒，从权利要求1可以看出，该保健酒是一种组合物，属于化学产品发明的范畴，并且本申请权利要求1的限定方式是用制备原料的组成对该产品进行定义。因此，请求人应当在本申请的说明书中详细描述该要求保护的保健酒的制备方法，使本领域技术人员根据说明书的记载，能够制备出该保健酒、实现本申请的技术方案，从而使申请符合专利法第26条第3款有关充分公开的规定。

根据本申请说明书的记载，所述保健酒的制备方法为取规定重量百分比的原料红枣、鲜姜等洗净，放入提取罐内加水煮沸，冷却去杂质后将药汁至于发酵罐内，加入白酒10%~20%，搅匀密封，常温发酵20~25天，过滤得保健酒。但是，本申请的说明书中对于"常温发酵"步骤并没有提到任何加入酒曲或酵母等微生物作为发酵原料。而根据本领域技术人员的常识，发酵是指食品原料在微生物的作用下转化为新的食品类型或饮料的过程，即发酵必须是在有微生物存在的情况下才能够进行。并且，对于本领域技术人员来说，本申请说明书中所记载的经提取煮沸的药汁中并不含有能够进行发酵的活的微生物，而白酒中亦不含有此类微生物，因此，仅将该二者混合密封放置，根本不可能发生发酵的过程。也就是说，在说明书没有给出发酵过程所使用的菌种的情况下，说明书中的"发酵"是不可能发生的，从而该保健酒的制备对本领域技术人员来说也是无法实施的。因此，在说明书没有对该发酵步骤进行清楚、完整地说明的情况下，本领域技术人员无法具体实施本申请的技术方案，因此本申请不符合专利法第26条第3款有关说明书应当充分公开的规定。

3. 对请求人相关意见的评述

请求人在复审请求书中指出其"特意在'发酵'前面加了'常规'二字"，认为其所述的发酵是常规方法。对此，合议组认为，在原说明书中相应的表述为"常温发酵"，而非请求人所述的"常规发酵"，显然二者并不属于含义相同的词语，不能相互解释和替换。而且，即便是常规发酵，一般也应当指出发酵所用的菌种，因为即使是同样的原料，在采用不同的微生物种群搭配来进行发酵时，其产物也可能截然不同。因此，请求人的上述意见不成立。

请求人还认为，本申请中的"发酵"也可理解为在调配困养过程中的自然发酵，并且本申请所说的发酵实质就是困养过程。对此，合议组认为，首先，所谓"自然发酵"是指在不添加发酵菌种等保持自然状态下进行发酵，自然发酵并不是没有发酵菌种，而是发酵原料在自然状态下本身带有菌种，因而可进行发酵。以葡萄酒的制备为例，由于葡萄皮表面带有发酵菌种，因此某些条件下会自然发酵。但是在本申请中，由于药汁和白酒都不含有活的发酵菌种，将其混合密封后根本不可能实现自然发酵。其次，请求人所述的"调配困养"和"困养"都没有记载在原说明书和权利要求书中，该用语也并非所属技术领域的通用技术术语。请求人在复审请求书中还指出："说明书中提到发酵可能是用词不当，以致审查员误解，在此进行说明。"对此，合议组认为，国家知识产权局实质审查部门和专利复审委员会对于专利申请，是严格按照专利法及其实施细则以及审查指南的相关规定进行审查。按照审查指南的规定，对于申请文件中的用语，应理解为相关技术领域的通常含义。本领域中"发酵"的含义是：复杂的有机化合物在微生物的作用下分解成比较简单物质，发面、酿酒等都是发酵的应用，在食品工业中，发酵用来泛指食品原料在微生物的作用下转化为新的食品类型或饮料的过程（参见邹晓葵等编著，《发酵食品加工技术》，金盾出版社2001年版，第2页）。可见，发酵过程均必须有微生物的作用。因此，在专利申请文件记载该制备过程包括"发酵"步骤的情况下，合议组按照所属技术领域中"发酵"的含义对其进行理解，并在此基础上对本申请是否符合专利法及其实施细则以及审查指南的规定进行评价。而且，请求人至今也没有提供任何有说服力的理由和证据来支持其主张，证明本申请说明书中记载的"发酵"具有与本领域中通常含义不同的含义和解释。因此，请求人的上述意见亦不能成立。

此外，请求人在答复复审通知书时认为，其已将原申请文件中的权利要求2即该保健酒的制备方法删除，因此制备方法不是本申请必需的，同时发酵不是本申请必不可少的步骤，因此说明书给出的方法只是一个例子，还可以有不同的方法使用，这样结合本申请的说明书，本领域技术人员可以实施本申请的技术方案。对此，合议组认为，根据审查指南的规定，对于化学产品发明，均应当在说明书中记载至少一种制备方法，说明实施所述方法所用的原料物质、工艺步骤和条件、专用设备等，使本领域的技术人员能够实施，这是审查指南对化学产品充分公开的强制性规定，而与请求人对其制备方法是否要求保护无关。也就是说，即便请求人将该化学产品的制备方法权利要求删除，放弃对该方法进行保护，其也应将该方法清楚、完整地记载于本申请的说明书中，以使说明书满足专利法第26条第3款有关充分公开的规定。因此，请求人的该项理由亦不能成立。

根据以上事实和理由，本案合议组作出如下审查决定。

三、决定

维持国家知识产权局于2006年5月12日对200410010776.8号发明专利申请作出的驳回决定。

复审请求人对本决定不服的，可以根据专利法第41条第2款的规定，自收到本决定之日起三个月内向北京市第一中级人民法院起诉。

控制植物叶片平均寿命的基因和一种采用该基因控制植物平均寿命的方法

复审请求审查决定（第 13734 号）

决 定 号	第 13734 号
决 定 日	2008 年 6 月 16 日
发明创造名称	控制植物叶片平均寿命的基因和一种采用该基因控制植物平均寿命的方法
国际分类号	C07K 14/415
复审请求人	基诺麦因有限公司，浦项工科大学校
申 请 号	02816505.5
优 先 权 日	2001 年 8 月 22 日
申 请 日	2002 年 8 月 22 日
公 开 日	2004 年 11 月 17 日
合议组组长	陈海平
主 审 员	魏春宝
参 审 员	葛永奇

法律依据 专利法第 33 条

决定要点

如果对专利申请文件的修改可以从原申请记载的信息中直接地、毫无疑义地确定，那么这种修改就是允许的。

一、案由

本复审请求涉及名称为"控制植物叶片平均寿命的基因和一种采用该基因控制植物平均寿命的方法"的第 02816505.5 号发明专利申请（下称本申请），其申请人为基诺麦因有限公司、浦项工科大学校，申请日为 2002 年 8 月 22 日，优先权日为 2001 年 8 月 22 日，公开日为 2004 年 11 月 17 日，进入中国国家阶段的日期为 2004 年 2 月 23 日。

2006 年 5 月 12 日，国家知识产权局针对申请人于 2006 年 1 月 23 日提交的权利要求 1～4、说明书第 9 页，2004 年 3 月 23 日提交的说明书第 20 页，以及进入中国国家阶段时提交的说明书第 1～8、10～19 页、核苷酸和氨基酸序列表第 1～4 页、说明书附图第 1～14 页和说明书摘要，以本申请权利要求 1 和 4 的修改不符合专利法第 33 条的规定为由驳回了本申请，驳回决定所针对的权利要求书为：

"1. 一种包括将编码 ORE7 蛋白基因 SEQ ID NO: 2 导入植物以高效表达该基因用于延缓植物衰

请求人还认为，本申请中的"发酵"也可理解为在调配困养过程中的自然发酵，并且本申请所说的发酵实质就是困养过程。对此，合议组认为，首先，所谓"自然发酵"是指在不添加发酵菌种等保持自然状态下进行发酵，自然发酵并不是没有发酵菌种，而是发酵原料在自然状态下本身带有菌种，因而可进行发酵。以葡萄酒的制备为例，由于葡萄皮表面带有发酵菌种，因此某些条件下会自然发酵。但是在本申请中，由于药汁和白酒都不含有活的发酵菌种，将其混合密封后根本不可能实现自然发酵。其次，请求人所述的"调配困养"和"困养"都没有记载在原说明书和权利要求书中，该用语也并非所属技术领域的通用技术术语。请求人在复审请求书中还指出："说明书中提到发酵可能是用词不当，以致审查员误解，在此进行说明。"对此，合议组认为，国家知识产权局实质审查部门和专利复审委员会对于专利申请，是严格按照专利法及其实施细则以及审查指南的相关规定进行审查。按照审查指南的规定，对于申请文件中的用语，应理解为相关技术领域的通常含义。本领域中"发酵"的含义是：复杂的有机化合物在微生物的作用下分解成比较简单物质，发面、酿酒等都是发酵的应用，在食品工业中，发酵用来泛指食品原料在微生物的作用下转化为新的食品类型或饮料的过程（参见邹晓葵等编著，《发酵食品加工技术》，金盾出版社 2001 年版，第 2 页）。可见，发酵过程均必须有微生物的作用。因此，在专利申请文件记载该制备过程包括"发酵"步骤的情况下，合议组按照所属技术领域中"发酵"的含义对其进行理解，并在此基础上对本申请是否符合专利法及其实施细则以及审查指南的规定进行评价。而且，请求人至今也没有提供任何有说服力的理由和证据来支持其主张，证明本申请说明书中记载的"发酵"具有与本领域中通常含义不同的含义和解释。因此，请求人的上述意见亦不能成立。

此外，请求人在答复复审通知书时认为，其已将原申请文件中的权利要求 2 即该保健酒的制备方法删除，因此制备方法不是本申请必需的，同时发酵不是本申请必不可少的步骤，因此说明书给出的方法只是一个例子，还可以有不同的方法使用，这样结合本申请的说明书，本领域技术人员可以实施本申请的技术方案。对此，合议组认为，根据审查指南的规定，对于化学产品发明，均应当在说明书中记载至少一种制备方法，说明实施所述方法所用的原料物质、工艺步骤和条件、专用设备等，使本领域的技术人员能够实施，这是审查指南对化学产品充分公开的强制性规定，而与请求人对其制备方法是否要求保护无关。也就是说，即便请求人将该化学产品的制备方法权利要求删除，放弃对该方法进行保护，其也应将该方法清楚、完整地记载于本申请的说明书中，以使说明书满足专利法第 26 条第 3 款有关充分公开的规定。因此，请求人的该项理由亦不能成立。

根据以上事实和理由，本案合议组作出如下审查决定。

三、决定

维持国家知识产权局于 2006 年 5 月 12 日对 200410010776.8 号发明专利申请作出的驳回决定。

复审请求人对本决定不服的，可以根据专利法第 41 条第 2 款的规定，自收到本决定之日起三个月内向北京市第一中级人民法院起诉。

201

控制植物叶片平均寿命的基因和
一种采用该基因控制植物平均寿命的方法

复审请求审查决定（第 13734 号）

决 定 号	第 13734 号
决 定 日	2008 年 6 月 16 日
发明创造名称	控制植物叶片平均寿命的基因和一种采用该基因控制植物平均寿命的方法
国际分类号	C07K 14/415
复审请求人	基诺麦因有限公司，浦项工科大学校
申 请 号	02816505.5
优 先 权 日	2001 年 8 月 22 日
申 请 日	2002 年 8 月 22 日
公 开 日	2004 年 11 月 17 日
合议组组长	陈海平
主 审 员	魏春宝
参 审 员	葛永奇

法 律 依 据 专利法第 33 条

决 定 要 点

如果对专利申请文件的修改可以从原申请记载的信息中直接地、毫无疑义地确定，那么这种修改就是允许的。

一、案由

本复审请求涉及名称为"控制植物叶片平均寿命的基因和一种采用该基因控制植物平均寿命的方法"的第 02816505.5 号发明专利申请（下称本申请），其申请人为基诺麦因有限公司、浦项工科大学校，申请日为 2002 年 8 月 22 日，优先权日为 2001 年 8 月 22 日，公开日为 2004 年 11 月 17 日，进入中国国家阶段的日期为 2004 年 2 月 23 日。

2006 年 5 月 12 日，国家知识产权局针对申请人于 2006 年 1 月 23 日提交的权利要求 1~4、说明书第 9 页，2004 年 3 月 23 日提交的说明书第 20 页，以及进入中国国家阶段时提交的说明书第 1~8、10~19 页，核苷酸和氨基酸序列表第 1~4 页、说明书附图第 1~14 页和说明书摘要，以本申请权利要求 1 和 4 的修改不符合专利法第 33 条的规定为由驳回了本申请，驳回决定所针对的权利要求书为：

"1. 一种包括将编码 ORE7 蛋白基因 SEQ ID NO：2 导入植物以高效表达该基因用于延缓植物衰

老的方法。

2. 根据权利要求1所述的方法,其中该基因由核苷酸序列为SEQ ID NO:1组成。

3. 根据权利要求1所述的方法,其中植物选自:稻谷、小麦、大麦、玉米、大豆、马铃薯、印度大豆、燕麦和印度黍、拟南芥、中国卷心菜、萝卜、红辣椒、草莓、西红柿、西瓜、黄瓜、卷心菜、甜瓜、南瓜、威尔士洋葱、洋葱和胡萝卜、西洋参、烟草植物、棉花植物、芝麻、产糖甘蔗、产糖甜菜、紫苏、花生和葡萄、苹果树、梨树、枣树、桃树、新西兰水果树、葡萄树、柑橘树、柿子树、李子树、杏子树和香蕉树、玫瑰、唐菖蒲、非洲菊、康乃馨、菊花、百合和郁金香、黑麦草、红花草、果园草、苜蓿、高阳茅草和多年生黑麦草。

4. 一种利用SEQ ID NO:1基因,编码ORE7蛋白基因SEQ ID NO:2或ORE7蛋白SEQ ID NO:2,研究植物衰老调控基因或蛋白的方法,该方法包括从以下一组方法中择一:使用DNA片段分析,蛋白片段聚合酶链式反应(PCR)、RNA印迹分析、DNA印迹分析、免疫印迹分析、酶联免疫吸附实验(ELISA)和2-D凝胶电泳分析。"

驳回决定认为:权利要求1、4中的"编码ORE7蛋白基因SEQ ID NO:2"和权利要求4中的"DNA片段分析、蛋白片段聚合酶链式反应(PCR)"既没有记载于原说明书和权利要求书中,也不能从原说明书和权利要求书记载的内容直接地、毫无疑义地导出。"编码ORE7蛋白基因SEQ ID NO:2"表示SEQ ID NO:2是一种基因(即核苷酸序列),而在原申请文件中"SEQ ID NO:2是蛋白质的氨基酸序列";原始提交的国际申请文件中仅仅提及了"DNA chip[即DNA芯片(碎片)]",而没有记载"DNA片段分析","DNA芯片"是下位概念,而"DNA片段分析"是较宽的一般表达,从"DNA芯片"不能直接地、毫无疑义地得到"DNA片段分析";原始提交的申请文件中仅仅提及了"protein chip,polymerase chain reaction(PCR)[即蛋白质芯片、聚合酶链式反应(PCR)]",而没有记载"蛋白片段聚合酶链式反应(PCR)",本领域公知聚合酶链式反应针对的是核酸分子而非蛋白分子,因此从"蛋白质芯片、聚合酶链式反应(PCR)"不能直接地、毫无疑义地得到"蛋白片段聚合酶链式反应(PCR)"。因此,权利要求1和4的修改超出了原权利要求书和说明书记载的范围,不符合专利法第33条的规定。

申请人基诺麦因有限公司、浦项工科大学校(下称请求人)对上述驳回决定不服,于2006年8月22日向专利复审委员会提出复审请求,同时提交了权利要求书全文替换页(共4项),其中对权利要求1、4进行了修改,修改后的权利要求1、4如下:

"1. 一种包括将编码ORE7蛋白导入植物以高效表达该基因用于延缓植物衰老的方法,其中该ORE7蛋白的氨基酸序列为SEQ ID NO:2。"

"4. 一种利用SEQ ID NO:1基因,编码ORE7蛋白基因的SEQ ID NO:2或ORE7蛋白的SEQ ID NO:2,研究植物衰老调控基因或蛋白的方法,该方法包括从以下一组方法中择一:聚合酶链式反应(PCR)、RNA印迹分析、DNA印迹分析、免疫印迹分析、酶联免疫吸附实验(ELISA)和2-D凝胶电泳分析。"

请求人提出的复审理由为:修改后的权利要求1中明确了SEQ ID NO:2是ORE7蛋白的氨基酸序列,删除了驳回决定所针对权利要求4中的"DNA片段分析",将其中"蛋白片段聚合酶链式反应"改为"聚合酶链式反应",修改后的权利要求1和4克服了驳回决定中所指修改超范围的缺陷。

形式审查合格后,专利复审委员会受理了该复审请求,并于2006年9月21日向请求人发出《复审请求受理通知书》,随后将本申请移交原审查部门进行前置审查。

原审查部门对本复审请求进行了前置审查,前置意见认为:新修改的权利要求4中虽将"编码ORE7蛋白基因SEQ ID NO:2"改为了"编码ORE7蛋白基因的SEQ ID NO:2",但含义未变,本领域技术人员从中理解的SEQ ID NO：2仍是一种基因（即核苷酸序列），因此该修改超出了原说明书和权利要求书记载的范围，不符合专利法第33条的规定，因而坚持原驳回决定。

2008年5月4日，请求人提交了《补正书》及权利要求书全文替换页（共4项），根据专利法实施细则第51条规定对权利要求1、4进行了修改，修改后的权利要求1、4如下：

"1. 一种包括将编码ORE7蛋白的基因导入植物以高效表达该基因用于延缓植物衰老的方法，其中该ORE7蛋白的氨基酸序列为SEQ ID NO：2。"

"4. 一种利用ORE7基因SEQ ID NO：1或ORE7蛋白SEQ ID NO：2，研究植物衰老调控基因或蛋白的方法，该方法包括从以下一组方法中择一：聚合酶链式反应（PCR），RNA印迹分析，DNA印迹分析，免疫印迹分析，酶联免疫吸附实验（ELISA）和2-D凝胶电泳分析。"

请求人在《补正书》中认为：权利要求1、4分别根据原申请文件的权利要求11、13修改而来，修改后的权利要求1、4克服了驳回决定中所指出的修改超范围的缺陷。

至此，合议组认为本案事实已经清楚，可以作出审查决定。

二、决定的理由

1. 决定所针对的文本

本复审请求审查决定所依据的文本为请求人于2008年5月4日提交的权利要求1~4，以及驳回决定所针对的说明书、核苷酸和氨基酸序列表、说明书附图和摘要。

2. 关于专利法第33条

专利法第33条规定，申请人可以对其专利申请文件进行修改，但是，对发明和实用新型专利申请文件的修改不得超出原说明书和权利要求书记载的范围。

如果对专利申请文件的修改可以从原说明书和权利要求书记载范围的信息中直接地、毫无疑义地确定，那么这种修改符合专利法第33条的规定。

本案中，驳回决定指出下列修改不符合专利法第33条的规定：（1）权利要求1、4中的"编码ORE7蛋白基因SEQ ID NO：2"；（2）权利要求4中的"DNA片段分析、蛋白片段聚合酶链式反应（PCR）"。

在2008年5月4日提交的权利要求书中，请求人将权利要求1中的"编码ORE7蛋白基因SEQ ID NO：2"改为"编码ORE7蛋白的基因"，删除了权利要求4中的"编码ORE7蛋白基因SEQ ID NO：2"和"DNA片段分析、蛋白片段聚合酶链式反应（PCR）"。

对于修改后的权利要求1，合议组认为，原始权利要求1、4和11记载的技术方案分别为："一种调控叶片寿命的ORE7蛋白，其氨基酸序列为SEQ ID NO：2"、"一调控植物寿命的基因，其编码权利要求1所述的ORE7蛋白"、"根据权利要求10所述的方法，其中该方法通过将权利要求4所述的基因导入植物并使其高效表达从而推迟了植物的衰老"。结合原始权利要求1、4和11间的引用关系，本领域技术人员可以直接地、毫无疑义地确定，修改后的权利要求1与原始权利要求11记载的方法相同，均为将编码SEQ ID NO：2的基因导入植物，使其高效表达从而延缓（或推迟）植物衰老。

对于修改后的权利要求4，合议组认为，原始权利要求13和14记载的技术方案分别为"一种利用ORE7基因或ORE7蛋白研究植物衰老调控基因或蛋白的方法"、"根据权利要求13所述的方法，其中该方法包括DNA片段，蛋白片段，聚合酶链式反应（PCR），northern杂交分析，southern杂交分析，western杂交分析，酶联免疫吸附实验（ELISA）和2-D凝胶电泳分析"。与原始权利要求14相比，权利要求4有两处修改：（a）将"ORE7基因或ORE7蛋白"进一步限定为"ORE7基因SEQ ID NO：1或ORE7蛋白SEQ ID NO：2"；（b）删除了"DNA片段分析、蛋白片段聚合酶链式反应

(PCR)"。从本申请原始申请文件记载内容可以直接地、毫无疑义地确定,本申请所述的"ORE7蛋白"的氨基酸序列就是SEQ ID NO:2(参见,例如原始权利要求1),而编码氨基酸序列SEQ ID NO:2的基因的核苷酸序列就是SEQ ID NO:1(参见,例如原始权利要求5、说明书第3页第21~22行)。"DNA片段分析、蛋白片段聚合酶链式反应(PCR)"的删除,是从多种供选择的实验手段中删减了几种,其结果导致删除了权利要求4中的并列技术方案,删除权利要求4中的部分并列技术方案不会导致修改超范围。

综上所述,请求人于2008年5月4日提交的权利要求书中,权利要求1、4的技术方案能够从原始申请文件记载的内容直接地、毫无疑义地得到,符合专利法第33条的规定。

根据以上事实和理由,本案合议组作出如下审查决定。

三、决定

撤销国家知识产权局于2006年5月12日对02816505.5号发明专利申请作出的驳回决定。由原审查部门在本复审决定所针对的文本的基础上继续进行审查。

复审请求人对本决定不服的,可以根据专利法第41条第2款的规定,自收到本决定之日起三个月内向北京市第一中级人民法院起诉。

细胞分离方法及其应用

复审请求审查决定（第 13740 号）

决 定 号	第 13740 号
决 定 日	2008 年 6 月 16 日
发明创造名称	细胞分离方法及其应用
国际分类号	C12N 5/08，C12Q 1/04，G01N 27/26，G01N 33/48
复审请求人	博奥生物有限公司，清华大学
申 请 号	01110015.X
申 请 日	2001 年 3 月 22 日
公 开 日	2002 年 10 月 30 日
合议组组长	樊晓东
主 审 员	卢 阳
参 审 员	魏春宝

法律依据 专利法第 33 条，第 26 条第 4 款

决定要点

如果所属领域技术人员在修改后的内容中看到的信息可以从原申请记载的信息中直接地、毫无疑义地确定，那么，这种修改就是允许的。

权利要求所要求保护的技术方案应当是所属技术领域的技术人员能够从说明书充分公开的内容中得到或概括得出的技术方案，并且不得超出说明书公开的范围。

一、案由

本复审请求涉及名称为"细胞分离方法及其应用"的第 01110015.X 号发明专利申请（下称本申请），申请人为博奥生物有限公司、清华大学（原申请人为北京博奥生物芯片有限责任公司、清华大学，2006 年 11 月 17 日变更为现申请人），申请日为 2001 年 3 月 22 日，公开日为 2002 年 10 月 30 日。

经实质审查，国家知识产权局于 2006 年 11 月 3 日以本申请不符合专利法第 26 条第 4 款为由驳回了本申请。具体理由为：权利要求 1 中使用的"细胞染料"包含了大量不同的染料化合物，本领域技术人员从中筛选出能达到本发明目的的具体染料、染色时间以及染料浓度需要花费过多的和/或创造性的劳动，在实验中需要经历大量的试验和/或错误，且其结果是不可预料的，因此，权利要求 1 得不到说明书支持，不符合专利法第 26 条第 4 款的规定。基于类似的理由，权利要求 2～14、16～20、23、26 也不符合专利法第 26 条第 4 款的规定。

驳回决定所针对的权利要求书如下：

"1. 一种从样品中分离出所需细胞的方法，包括：

在样品中加入细胞染料，对样品中的细胞进行染色，以扩大所需细胞与其他细胞之间性质的差异；

根据染色后细胞之间性质的差异，从样品中分离出所需细胞。

2. 根据权利要求1所述的方法，所述的细胞染色过程是在液体中进行的。

3. 根据权利要求1所述的方法，其中所需分离的细胞与样品中所含其他细胞具有接近的介电性质。

4. 根据权利要求1或3所述的方法，在细胞染色后，利用介电电泳力对样品中的细胞进行分离，得到所需的细胞。

5. 根据权利要求1所述的方法，在细胞染色后，根据染色后的细胞呈现的不同形态，分离出所需的细胞。

6. 根据权利要求4所述的方法，其中，利用介电电泳芯片分离样品中所需的细胞，由介电电泳芯片对样品中染色后的细胞施加介电电泳力。

7. 根据权利要求6所述的方法，所述的介电电泳芯片包括常规介电电泳芯片、行波介电电泳芯片或基于行波介电电泳的颗粒操纵开关芯片。

8. 根据权利要求1或5所述的方法，其中，细胞染色后，利用多路细胞颗粒操纵开关，分离出所需的细胞。

9. 根据权利要求1或3所述的方法，其中所述的细胞染料是对介电性质相近的不同种类的细胞具有不同的吸收效率的染料。

10. 一种从母体血液样品中分离出其中所含之成核红细胞的方法，包括以下步骤：

（1）在母体血液样品中加入细胞染料；

（2）利用介电电泳力对母体血液样品中的细胞进行分离，得到成核红细胞。

11. 根据权利要求10所述的方法，其中，从所述的母体血液样品中分离出的成核红细胞包括母体自身的成核红细胞和胎儿成核红细胞。

12. 根据权利要求10所述的方法，其中，在母体血液样品中加入细胞染料之前，除去母体血液中的大部分红细胞。

13. 根据权利要求10所述的方法，其中，在母体血液样品中加入细胞染料之前，把母体血液样品加入到等渗的葡萄糖缓冲液中。

14. 根据权利要求13所述的方法，其中所述的葡萄糖缓冲液的电导率为$10\mu s/cm \sim 1.5 ms/cm$之间。

15. 根据权利要求10所述的方法，其中，所述的细胞染料为吉姆萨氏染料。

16. 根据权利要求10所述的方法，其中，所述的细胞染料为鉴别胎儿血红蛋白的染料，经该染料染色后，胎儿细胞对该染料的吸收效率不同于其他人体内细胞。

17. 根据权利要求10所述的方法，其中，将染色后的母体血液样品加入到介电电泳芯片上，由该介电电泳芯片对母体血液样品中的细胞施加介电电泳力以分离细胞。

18. 根据权利要求17所述的方法，其中，采用一信号发生器对介电电泳芯片施加信号，使母体血液样品中的母体白细胞被捕捉到电极上，染色后的成核红细胞被排斥到芯片上电场最弱的地方。

19. 根据权利要求10所述的方法，其中，利用多路细胞颗粒操纵开关，实现对母体血液样品中的母体红细胞、母体白细胞、母体成核红细胞、胎儿成核红细胞的并行分离及检测。

20. 根据权利要求10所述的方法，其中，对染色后的母体血液样品进行一次以上的介电分离。

21. 根据权利要求15所述的方法，其中，吉姆萨氏染料与缓冲液之配比为：1：5～1：500。

22. 根据权利要求10或21所述的方法，其中，染色时间为10秒～10分钟。

23. 一种将红细胞与白细胞分离的方法，包括以下步骤：

（1）将含有红细胞和白细胞的样品加入到缓冲液中；

（2）加入细胞染料，对样品中的细胞进行染色；

（3）利用介电电泳芯片分离红细胞和白细胞。

24. 根据权利要求23所述的方法，其中的细胞染料采用吉姆萨染料，且染料与缓冲液之比为：1：5～1：500。

25. 根据权利要求23或24所述的方法，其中的染色时间为30分钟以上。

26. 根据权利要求23所述的方法，其中，当样品中的细胞被染色后，通过一个信号发生器，调节频率以及电压幅值，找到一个合适的频率和电压值，红细胞在这个设置下，表现为正向介电电泳，被捕捉到电极上；而染色的白细胞表现为负向介电电泳，被排斥到电场最弱的地方，通过利用介电电泳芯片和外加流体泵的作用，可以收集到白细胞。"

申请人博奥生物有限公司、清华大学（下称请求人）对上述驳回决定不服，于2007年2月25日向专利复审委员会提出复审请求，同时提交了经修改的权利要求书全文替换页（共7项）。修改后的权利要求书如下：

"1. 一种将红细胞与白细胞分离的方法，包括以下步骤：

（1）在缓冲液中制备含有红细胞和白细胞的样品；

（2）采用吉姆萨染料，选择性地对所述制备的样品中的所述白细胞进行染色，使得以吉姆萨染料染色的白细胞与未染色的红细胞之间有充分大的介电特性差异；其中在染色前在缓冲液中的红细胞和白细胞具有相同的介电特性或具有不足以通过介电电泳分离的介电特性差异；以及

（3）利用介电电泳分离所述未染色的红细胞与所述以吉姆萨染料染色的白细胞。

2. 根据权利要求1所述的方法，其中，所述制备的样品被染色的时间为30分钟以上。

3. 根据权利要求1所述的方法，其中，该分离是以芯片格式进行的。

4. 根据权利要求3所述的方法，其中未染色红细胞承受正向介电电泳，并被捕捉到芯片的电极上，所述以吉姆萨染料染色的白细胞承受负向介电电泳，并被排斥到电场最弱的地方。

5. 根据权利要求1所述的方法，其中，在吉姆萨染料与缓冲液之比为1：5（v/v）～1：500（v/v）的条件下以吉姆萨染料对所述制备的样品进行染色。

6. 根据权利要求3所述的方法，还包括从芯片上收集所述以吉姆萨染料染色的白细胞。

7. 根据权利要求6所述的方法，其中，通过外部泵从芯片上收集所述以吉姆萨染料染色的白细胞。"

请求人认为经修改后权利要求1中限定了细胞染料为吉姆萨染料，并且限定了染色"使得以吉姆萨染料染色的白细胞与未染色的红细胞之间有充分大的介电特性差异；其中在染色前在缓冲液中的红细胞和白细胞具有相同的介电特性或具有不足以通过介电电泳分离的介电特性差异"，从而可以使得本领域技术人员能够实施本发明而不必花费过多的创造性劳动，因此，权利要求1～7得到了说明书的支持。

形式审查合格后，专利复审委员会受理了该复审请求，并于2007年6月14日向请求人发出《复审请求受理通知书》，随后将本申请案卷移交原审查部门进行前置审查。

原审查部门对本复审请求进行了前置审查，认为权利要求书的修改超出了原说明书和权利要求书

记载的范围，不符合专利法第33条的规定。

专利复审委员会组成合议组，对本复审请求案进行了审理，于2008年3月31日发出《复审通知书》，指出：请求人在提出复审请求时提交的新修改的权利要求书中，权利要求1中的特征"在染色前在缓冲液中的红细胞和白细胞具有相同的介电特性"、"利用介电电泳分离所述未染色的红细胞与所述以吉姆萨染色的白细胞"以及权利要求7中的特征"通过外部泵从芯片上收集所述以吉姆萨染料染色的白细胞"均未记载于原说明书和权利要求书中，也无法从原申请文件记载的信息中直接地、毫无疑义地确定，因此，上述修改不符合专利法第33条的规定。

请求人于2008年5月15日提交了意见陈述书和经修改的权利要求书全文替换页（共2页6项）。请求人认为修改后的权利要求书克服了《复审通知书》中所指出的缺陷。

修改后的权利要求书如下：

"1. 一种将红细胞与白细胞分离的方法，包括以下步骤：

（1）在缓冲液中制备含有红细胞和白细胞的样品；

（2）采用吉姆萨染料，选择性地对所述制备的样品中的所述白细胞进行染色，使得以吉姆萨染料染色的白细胞与未染色的红细胞之间有充分大的介电特性差异；其中在染色前在缓冲液中的红细胞和白细胞具有相接近的介电特性或具有不足以通过介电电泳分离的介电特性差异；以及

（3）利用介电电泳芯片分离所述未染色的红细胞与所述以吉姆萨染料染色的白细胞。

2. 根据权利要求1所述的方法，其中，所述制备的样品被染色的时间为30分钟以上。

3. 根据权利要求1所述的方法，其中未染色红细胞承受正向介电电泳，并被捕捉到所述介电电泳芯片的电极上，所述以吉姆萨染料染色的白细胞承受负向介电电泳，并被排斥到电场最弱的地方。

4. 根据权利要求1所述的方法，其中，在吉姆萨染料与缓冲液之比为1∶5（v/v）~1∶500（v/v）的条件下以吉姆萨染料对所述制备的样品进行染色。

5. 根据权利要求1所述的方法，还包括从所述介电电泳芯片上收集所述以吉姆萨染料染色的白细胞。

6. 根据权利要求5所述的方法，其中，通过外加流体泵从所述介电电泳芯片上收集所述以吉姆萨染料染色的白细胞。"

在上述程序的基础上，合议组认为本案事实已经清楚，可以作出审查决定。

二、决定的理由

1. 审查文本的认定

本复审决定依据的文本为请求人于2008年5月15日提交的权利要求1~6，2001年3月22日提交的说明书第1~17页、说明书附图第1~3页及摘要和摘要附图。

2. 关于专利法第33条

专利法第33条规定，申请人可以对其申请文件进行修改，但是，对发明专利申请文件的修改不得超出原说明书和权利要求书记载的范围。

根据该款规定，如果所属领域技术人员在修改后的内容中看到的信息可以从原申请记载的信息中直接地、毫无疑义地确定，那么，这种修改就是允许的。

本案中，请求人于2008年5月15日提交的权利要求书中权利要求1~6所记载的信息与原权利要求23~26所记载的信息相比，仅增加了对使用吉姆萨染料后效果的描述，即："选择性地对所述制备的样品中的所述白细胞进行染色，使得以吉姆萨染料染色的白细胞与未染色的红细胞之间有充分大的介电特性差异；其中在染色前在缓冲液中的红细胞和白细胞具有相接近的介电特性或具有不足以通过介电电泳分离的介电特性差异"，上述内容在原说明书中已有明确记载："由于Giemsa染料只对细

胞核染色,而红细胞没有细胞核,因此只有白细胞染色"(参见说明书第 13 页第 2 段)、"该方法通过对细胞染色以扩大细胞之间性质的差异,从而实现细胞的分离"(参见说明书第 6 页倒数第 2 段)以及"红细胞与白细胞的介电性质也十分接近,直接进行介电电泳分离是难以将它们分离的"(参见说明书第 6 页倒数第 3 段),由此可见,修改后的权利要求 1~6 所表述的信息可以由原申请记载的信息中直接地、毫无疑义地确定,因而符合专利法第 33 条的规定。

3. 关于专利法第 26 条第 4 款

专利法第 26 条第 4 款规定,权利要求书应当以说明书为依据,说明要求专利保护的范围。

根据该款规定,权利要求所要求保护的技术方案应当是所属技术领域的技术人员能够从说明书充分公开的内容中得到或概括得出的技术方案,并且不得超出说明书公开的范围。

本案中,驳回决定认定权利要求 1~14、16~20 得不到说明书支持,不符合专利法第 26 条第 4 款的规定。请求人于 2008 年 5 月 15 日提交的权利要求书中删除了驳回决定所针对文本中的权利要求 1~22,从而克服了驳回决定中所指出的上述缺陷。

驳回决定中还指出权利要求 23 中使用的"细胞染料"包含了大量不同的染料化合物,本领域技术人员从中筛选出能达到本发明目的的具体染料、染色时间以及染料浓度需要花费过多的和/或创造性的劳动,因而不符合专利法第 26 条第 4 款的规定;相应的,以权利要求 23 为基础的权利要求 26 并未对"细胞染料"作出进一步限定,因此也不符合专利法第 26 条第 4 款的规定。请求人于 2008 年 5 月 15 日提交的权利要求书中将驳回决定所针对文本中的权利要求 23~26 修改为新的权利要求 1~6,新权利要求 1 中"细胞染料"被具体限定为"吉姆萨染料",鉴于原说明书第 13 页倒数第 2 段记载的内容表明细胞染料为吉姆萨染料时可实现红细胞和白细胞的分离,且针对该具体染料,本领域技术人员通过有限次的常规实验即可确定其染色时间和染料浓度,无需花费过多的和/或创造性的劳动,因此,权利要求 1 克服了驳回决定所指出的缺陷,符合专利法第 26 条第 4 款的规定;相应的,权利要求 2~6 分别直接或间接从属于权利要求 1,其技术方案中所采用的"细胞染料"也都被限定为"吉姆萨染料",因此,权利要求 2~6 中也不存在驳回决定中所指出的缺陷,符合专利法第 26 条第 4 款的规定。

根据以上事实和理由,本案合议组作出如下审查决定。

三、决定

撤销国家知识产权局于 2006 年 11 月 3 日对 01110015.X 号发明专利申请作出的驳回决定。由原审查部门在本决定所依据文本的基础上继续进行审查。

复审请求人对本决定不服的,可以根据专利法第 41 条第 2 款的规定,自收到本决定之日起三个月内向北京市第一中级人民法院起诉。

芽孢杆菌种（DSM14392）的新型碱性蛋白酶以及包含该新型碱性蛋白酶的洗涤产品和清洁产品

复审请求审查决定（第13750号）

决 定 号	第13750号
决 定 日	2008年6月15日
发明创造名称	芽孢杆菌种（DSM14392）的新型碱性蛋白酶以及包含该新型碱性蛋白酶的洗涤产品和清洁产品
国际分类号	C12N 9/54，C11D 3/386
复审请求人	汉高两合股份公司
申 请 号	02825897.5
优 先 权 日	2001年12月22日
申 请 日	2002年12月12日
公 开 日	2005年4月20日
合议组组长	郭 婷
主 审 员	孙俊荣
参 审 员	张 雷
法 律 依 据	专利法第22条第3款

决 定 要 点

在发明与最接近的现有技术相比存在区别技术特征的情况下，如果由于该区别技术特征的存在使得发明同现有技术相比，其技术效果产生了"质"或"量"的变化，同时这种"质"或"量"的变化，对所属技术领域的技术人员来说，是事先无法预测或者推理出来的，则认为本发明产生了预料不到的技术效果。当发明产生了预料不到的技术效果时，一方面说明发明具有显著的进步，同时也反映出发明的技术方案是非显而易见的，具有突出的实质性特点，该发明具备创造性。

一、案由

本复审请求涉及2002年12月12日申请、2005年4月20日公开、名称为"芽孢杆菌种（DSM14392）的新型碱性蛋白酶以及包含该新型碱性蛋白酶的洗涤产品和清洁产品"的第02825897.5号的发明专利申请（下称本申请），本申请的优先权日为2001年12月22日，申请人为汉高两合股份公司。

2006年7月7日，针对以下文本：即进入中国国家阶段时提交的国际申请文件的说明书中文译文第 1～83 页、说明书附图第 1～3 页和说明书摘要，2004 年 10 月 8 日提交的核苷酸和氨基酸序列表第 1～4 页，以及 2006 年 5 月 8 日提交的权利要求 1～78，国家知识产权局以权利要求 1～78 不符合专利法第 22 条第 3 款规定的创造性为由驳回了本申请。

驳回决定所针对的权利要求书为：

"1. 一种枯草杆菌素型碱性蛋白酶，其氨基酸序列与 SEQ ID NO：2 中所示的氨基酸序列具有 100％的同一性。

2. 一种枯草杆菌素型碱性蛋白酶，其氨基酸序列在 269 个位置上与 SEQ ID NO：2 所示的氨基酸序列中的位置 106～位置 374 相同。

3. 一种枯草杆菌素型碱性蛋白酶，其衍生自一种核苷酸序列，所示核苷酸序列与 SEQ ID NO：1 中所示的核苷酸序列具有 100％的同一性。

4. 从权利要求 1～3 中任一项所述的枯草杆菌素型碱性蛋白酶通过插入突变和/或通过与至少一种其他蛋白或蛋白片段融合而衍生的枯草杆菌素型碱性蛋白酶。

5. 如权利要求 1～3 中任一项所述蛋白酶，其特征在于其通过偶联低分子量化合物，通过化学转化侧链，通过共价键合双官能团化合物和/或大分子，和/或通过与相伴物质结合而另外被衍生化。

6. 如权利要求 1～3 中任一项所述的蛋白酶，其特征在于其另外被稳定化。

7. 如权利要求 6 所述的蛋白酶，其中通过偶联聚合物和/或通过点突变而稳定化。

8. 如权利要求 1～3 中任一项所述的蛋白酶，其特征在于其可从天然来源获得。

9. 如权利要求 8 所述的蛋白酶，其是从微生物获得。

10. 如权利要求 9 所述的蛋白酶，其特征在于所述微生物为革兰氏阳性细菌。

11. 权利要求 10 所述的蛋白酶，其特征在于所述革兰氏细菌为芽孢杆菌属中的一种。

12. 权利要求 11 所述的蛋白酶，其特征在于芽孢杆菌种为 Bacillus sp。

13. 如权利要求 12 所述的蛋白酶，其中芽孢杆菌是芽孢杆菌种（DSM 14392）。

14. 一种核酸，其编码枯草杆菌素型碱性蛋白酶，并且其核苷酸序列与 SEQ ID NO：1 中所示的核苷酸序列具有至少 100％的同一性。

15. 一种核酸，其编码枯草杆菌素型碱性蛋白酶，并且其核苷酸序列与 SEQ ID NO：1 中所示的核苷酸序列在位置 316～位置 1125 的部分区域具有 100％的同一性。

16. 一种核酸，其编码权利要求 1～13 所定义的蛋白酶之一。

17. 如权利要求 14～16 中任一项所述的核酸，其特征在于其从天然来源获得。

18. 如权利要求 17 所述的核酸，其是从一种微生物获得。

19. 如权利要求 18 所述的核酸，其特征在于所述微生物为革兰氏阳性细菌。

20. 如权利要求 19 所述的核酸，其特征在于所述革兰氏细菌为芽孢杆菌属中的一种。

21. 如权利要求 20 所述的核酸，其特征在于所述芽孢杆菌种为 Bacillus sp。

22. 如权利要求 21 所述的核酸，其中所述芽孢杆菌种为芽孢杆菌种（DSM 14392）。

23. 一种载体，其包括权利要求 14～22 中任一项所定义的核酸区域。

24. 如权利要求 23 所述的载体，其中所述核酸区域是一种编码权利要求 1～13 中所定义的蛋白酶之一的核酸区域。

25. 一种克隆载体，如权利要求 23 或 24 中所述。

26. 一种表达载体，如权利要求 23 或 24 中所述。

27. 一种细胞，其包括权利要求 14～22 中任一项所定义的核酸区域。

28. 如权利要求 27 所述的细胞，其中所述核酸区域是一种编码权利要求 1～13 所定义的蛋白酶之一的核酸区域。

29. 如权利要求 27 或 28 所述的细胞,其中所述核酸区域在如权利要求 23~26 中任一项所述的载体上。

30. 一种宿主细胞,其表达或可被诱导表达任何权利要求 1~13 中任一项所定义的蛋白。

31. 如权利要求 30 所述的宿主细胞酶,其通过利用权利要求 14~22 中任一项所述的核酸区域的表达载体。

32. 如权利要求 31 所述的宿主细胞,其通过利用如权利要求 26 所述的表达载体。

33. 如权利要求 30~32 中任一项所述的宿主细胞,其特征在于其是一种细菌。

34. 如权利要求 33 所述的宿主细胞,其是一种将产生的蛋白分泌到周围介质中的细菌。

35. 如权利要求 34 所述的细菌,其特征在于是一种革兰氏阳性细菌。

36. 如权利要求 35 所述的细菌,其是芽孢杆菌属中的一种。

37. 如权利要求 36 所述的细菌,其是迟缓芽孢杆菌(Bacillus lentus),地衣芽孢杆菌(Bacillus licheniformis),解淀粉芽孢杆菌(Bacillus amyloliquefaciens),枯草芽孢杆菌(Bacillus subtilis)或亲碱芽孢杆菌(Bacillus alcalophilus)。

38. 如权利要求 27~32 中任一项所述的细胞,其特征在于其是一种真核细胞。

39. 如权利要求 38 所述的细胞,其是一种翻译后对产生的蛋白进行修饰的真核细胞。

40. 一种生产权利要求 1~13 所定义的蛋白酶之一的方法,所述方法利用如权利要求 14~22 中任一项所述的核酸和/或利用如权利要求 23~26 中任一项所述的载体和/或利用如权利要求 27~39 中任一项所述的细胞。

41. 一种产品,其特征在于其包括如权利要求 1~13 中任一项所述的蛋白酶。

42. 一种洗涤或清洁产品,其特征在于其包括如权利要求 1~13 中任一项所述的蛋白酶。

43. 如权利要求 42 所述的产品,其特征在于其包括的蛋白酶的量每克产品为 2μg~160mg。

44. 如权利要求 43 所述的产品,其中蛋白的量为 5μg 至~140mg。

45. 如权利要求 44 所述的产品,其中蛋白的量为 20μg~120mg。

46. 如权利要求 45 所述的产品,其中蛋白的量为 50μg~80mg。

47. 如权利要求 42~46 中任一项所述的产品,其特征在于其另外包括其他酶。

48. 如权利要求 47 所述的产品,其中其他酶是其他蛋白酶,淀粉酶,纤维素酶,半纤维素酶,氧化还原酶和/或脂肪酶。

49. 一种用于处理纺织品原料或用于纺织品保养的产品,其特征在于其单独包括或除了其他活性成分外还包括如权利要求 1~13 中任一项所述的蛋白酶。

50. 如权利要求 49 所述的产品,其用于处理含有天然组分的纤维或纺织品。

51. 如权利要求 50 所述的产品,其用于处理那些含有羊毛或丝的纤维或纺织品。

52. 一种用于机械清洁纺织品或硬表面的方法,其特征在于在至少一个方法步骤中,使如权利要求 1~13 中任一项所述的蛋白酶活化。

53. 如权利要求 52 所述的方法,其中蛋白酶的每次应用的量为 40μg~32g。

54. 如权利要求 53 所述的方法,其中蛋白酶的每次应用的量为 50μg~24g。

55. 如权利要求 54 所述的方法,其中蛋白酶的每次应用的量为 100μg~16g。

56. 如权利要求 55 所述的方法,其中蛋白酶的每次应用的量为 200μg~8g。

57. 一种用于处理纺织品原料或用于纺织品保养的方法,其特征在于在至少一个方法步骤中,使如权利要求 1~13 中任一项所述的蛋白酶活化。

58. 如权利要求 57 所述的方法，其用于处理纺织品原料，含有天然组分的纤维或纺织品。

59. 如权利要求 58 所述的方法，其用于处理那些含有羊毛或丝的纤维或纺织品。

60. 如权利要求 1~13 中任一项所述的酶水解活性蛋白酶在清洁纺织品或硬表面上的应用。

61. 如权利要求 60 所述的应用，其中蛋白酶的每次应用的量为 40μg~32g。

62. 如权利要求 61 所述的应用，每次应用的量为 50μg~24g。

63. 如权利要求 62 所述的应用，每次应用的量为 100μg~16g。

64. 如权利要求 63 所述的应用，每次应用的量为 200μg~8g。

65. 如权利要求 1~13 中任一项所述的蛋白酶在激活或钝化洗涤或清洁产品成分中的应用。

66. 如权利要求 1~13 中任一项所述的蛋白酶在生化分析或合成低分子量化合物或蛋白中的应用。

67. 如权利要求 1~13 中任一项所述的蛋白酶在制备，纯化或合成天然物质或生物价值物质中的应用。

68. 如权利要求 1~13 中任一项所述的蛋白酶在处理天然原料的方法中的应用。

69. 如权利要求 68 所述的应用，其是在处理表面的方法中的应用。

70. 如权利要求 69 所述的应用，其是在处理皮革的方法中的应用。

71. 如权利要求 1~13 中任一项所述的蛋白酶的应用，用于在制造纺织品中获得或处理原料或中间体。

72. 如权利要求 71 所述的应用，其用于从织物中去除保护层。

73. 如权利要求 1~13 中任一项所述的蛋白酶在处理纺织品原料或纺织品保养中的应用。

74. 如权利要求 73 所述的应用，其是在处理羊毛，丝或含有羊毛或丝的混纺织品中的应用。

75. 如权利要求 1~13 中任一项所述的蛋白酶在处理照相胶片中的应用。

76. 如权利要求 75 所述的应用，其是在去除含凝胶或类似保护层中的应用。

77. 如权利要求 1~13 中任一项所述的蛋白酶在制备食物或动物饲料中的应用。

78. 一种化妆品，其含有如权利要求 1~13 中任一项所述的蛋白酶。"

驳回决定认为：对比文件 1（US5275945A，公开日为 1994 年 1 月 4 日）公开了一种来源于枯草芽孢杆菌的碱性蛋白酶，其由 378 个氨基酸组成（参见对比文件 1 的摘要及 SEQ ID NO：3，第 3 栏第 24 行至第 6 栏第 6 行，第 14 栏第 1 行至第 16 栏第 8 行）。将本申请权利要求 1 中 SEQ ID NO：2 所示的枯草杆菌素型碱性蛋白酶与对比文件 1 中 SEQ ID NO：3 所示的枯草杆菌碱性蛋白酶相比，区别在于本申请 SEQ ID NO：2 在 N 末端少 4 个氨基酸，且在对应于 SEQ ID NO：2 的位置 170、287 处存在氨基酸的差异，但是由于没有证据表明上述区别技术特征给本发明带来了意料不到的技术效果，故本申请权利要求 1 相对于对比文件 1 不具备创造性。同理，本申请独立权利要求 2~3 所要求保护的蛋白酶及独立权利要求 14~16 所要求保护的编码上述酶的核酸相对于对比文件 1 也不具备创造性。权利要求 1~3、14~16 的从属权利要求 4~13、17~22 的附加技术特征或被对比文件 1 公开或是本领域公知常识，因此，权利要求 4~13、17~22 也不具备创造性。此外，权利要求 23~78 请求保护包含本申请核酸的载体、细胞，表达本申请蛋白酶的宿主细胞，生产本申请蛋白酶的方法，包含本申请蛋白酶的产品，以及本申请蛋白酶用于清洁、保养等的方法，或本申请蛋白酶在清洁、处理等方面的用途等，这些权利要求均是基于本申请蛋白酶或核酸结合所属领域一般常识而得到的技术方案，所以在本申请蛋白酶或核酸不具备创造性的情况下，权利要求 23~78 也不具备创造性。另外，针对申请人的意见陈述指出，本申请的实施例 6 和 8 虽然证实了本申请相比于现有技术中已知的一些蛋白酶在洗涤方面具有更好的效果，但是审查员是基于对比文件 1 所述的碱性蛋白酶来评述创造性的，说明书中并没有相应的对比试验或其他证据来表明本发明具有 SEQ ID NO：2 所示氨基酸序列的枯草杆菌碱性蛋白酶的效果要优于对比文件 1 中公开的碱性蛋白酶，故申请人陈述的上述理由不能克服本申请不具备创造性的缺陷。

申请人汉高两合股份公司（下称请求人）对上述驳回决定不服，于 2006 年 10 月 23 日向专利复审委员会提出复审请求，同时对专利申请文本未作修改。请求人认为本申请权利要求 1 的 SEQ ID NO：2 与对比文件 1 的 SEQ ID NO：3 的区别除了 N 末端的四个氨基酸外，还包括在 SEQ ID NO：2 的 170 位由 His 取代了 Gln 和在 287 位 Ser 取代了 Thr，本领域公知，虽然 Thr 和 Ser 均属于同一类氨基酸，但 Gln 和 His 不属于同类氨基酸，因此本申请的 His 取代 Gln 不是显而易见的。至于本发明的枯草杆菌型蛋白酶相对于对比文件 1 的来源于枯草杆菌的碱性蛋白酶的有益效果，申请人正在进行对比实验。

形式审查合格后，专利复审委员会受理了该复审请求，并于 2006 年 12 月 20 日向请求人发出《复审请求受理通知书》，并将本申请案卷移交原审查部门进行前置审查。

原审查部门对本复审请求进行了前置审查，坚持原驳回决定，具体理由是：虽然 Gln 和 His 不属于同类氨基酸，但本申请说明书中并没有证据表明 Gln 和 His 的替换使得本发明与对比文件 1 相比具有更好的技术效果，也未有相应的对比实验数据供审查员参考，因此本发明不具备创造性。

2006 年 12 月 11 日，请求人提交了对比实验数据，以表明本发明的蛋白酶 A1 与对比文件 1 的 YaB 相比，具有更优的清洁效果。

专利复审委员会组成合议组，对本案的复审请求进行了审理。

至此，合议组认为本案事实已经清楚，可以作出审查决定。

二、决定的理由

1. 文本认定

本复审决定针对的文本是：进入中国国家阶段时提交的国际申请文件说明书的中文译文第 1～83 页、附图第 1～3 页和说明书摘要，2004 年 10 月 8 日提交的核苷酸和氨基酸序列表第 1～4 页，以及 2006 年 5 月 8 日提交的权利要求 1～78。

2. 关于专利法第 22 条第 3 款

专利法第 22 条第 3 款规定，创造性，是指同申请日以前已有的技术相比，该发明有突出的实质性特点和显著的进步。

根据该条款，在发明与最接近的现有技术相比，存在区别技术特征的情况下，如果由于该区别技术特征的存在使得发明同现有技术相比，其技术效果产生了"质"或"量"的变化，同时这种"质"或"量"的变化对所属技术领域的技术人员来说，是事先无法预测或者推理出来的，则认为本发明产生了预料不到的技术效果。当发明产生了预料不到的技术效果时，一方面说明发明具有显著的进步，同时也反映出发明的技术方案是非显而易见的，具有突出的实质性特点，该发明具备创造性。

本案中，权利要求 1 要求保护一种其氨基酸序列与 SEQ ID NO：2 中所示的氨基酸序列具有 100% 的同一性的枯草杆菌素型碱性蛋白酶。

对比文件 1 涉及来自芽孢杆菌属的碱性蛋白酶，其中公开了一种同样具有洗涤功能的枯草芽孢杆菌蛋白酶 YaB，其由 378 个氨基酸组成，其氨基酸序列如 SEQ ID NO：3 所示（参见说明书第 1 栏 18～21 行，表 8 和 9，SEQ ID NO：3）。

权利要求 1 所要求保护的 SEQ ID NO：2 所示的枯草杆菌素型碱性蛋白酶与对比文件 1 中 SEQ ID NO：3 所示的枯草杆菌碱性蛋白酶相比，区别在于权利要求 1 的 SEQ ID NO：2 在 N 末端少 4 个氨基酸，且在对应于 SEQ ID NO：2 的位置 170、287 处存在氨基酸的差异，具体是 SEQ ID NO：2 的 170

和 287 位分别是 His 和 Ser，而对比文件 1 中的 SEQ ID NO：3 在相应位置分别是 Gln 和 Thr。

对于上述区别技术特征，原审查部门的审查员和本案的请求人不存在争议，双方争议的焦点在于上述区别技术特征是否能够使得权利要求 1 所要求保护的蛋白酶相对于对比文件 1 公开的蛋白酶具有预料不到的技术效果。

请求人于 2006 年 12 月 11 日补充提交了本发明蛋白酶 A1（即权利要求 1 中的 SEQ ID NO：2 所示的枯草杆菌碱性蛋白酶）与对比文件 1 YaB（即对比文件 1 中 SEQ ID NO：3 所示的枯草杆菌碱性蛋白酶）的对比实验数据。在上述对比实验中，请求人采用了几种不同的预污织物（EMPA 164、PC10、C-5），分别在存在或不存在酶的情况下洗涤并获得亮度值差值，实验结果表明，本发明蛋白酶 A1 的清洁效果优于对比文件 1 中已知的 YaB，而且从中可以看出其技术效果产生了量的变化（3.3∶0.9、10.3∶5.3、14.1∶5.8）。

对此，合议组认为，在没有证据表明这种量的变化是本领域技术人员能够事先预测或者推理出来的情况下，尚不能认为上述区别技术特征不能为权利要求 1 所要求保护的技术方案带来预料不到的技术效果，不能据此认定权利要求 1 相对于对比文件 1 不符合专利法第 22 条第 3 款有关创造性的规定。

独立权利要求 2、3 分别要求保护氨基酸序列在 269 个位置上与 SEQ ID NO：2 所示的氨基酸序列中的位置 106～位置 374 相同的枯草杆菌素型碱性蛋白酶和衍生自与 SEQ ID NO：1 所示核苷酸序列具有 100％同一性的核苷酸序列的枯草杆菌素型碱性蛋白酶（SEQ ID NO：1 和 2 分别是相对应的核苷酸序列和氨基酸序列）；独立权利要求 14～16 分别要求保护其核苷酸序列与 SEQ ID NO：1 中所示的核苷酸序列具有至少 100％同一性的核酸、其核苷酸序列与 SEQ ID NO：1 中所示的核苷酸序列在位置 316～位置 1125 的部分区域具有 100％同一性的核酸、和编码权利要求 1～13 所定义的蛋白酶之一的核酸，基于与评述权利要求 1 相同的理由，尚不能认为权利要求 2、3 和权利要求 14～16 相对于对比文件 1 不具备专利法第 22 条第 3 款规定的创造性。

在独立权利要求 1～3、14～16 具备创造性的情况下，它们的从属权利要求 4～13、17～22 必然也具备专利法第 22 条第 3 款规定的创造性。

权利要求 23～78 所要求保护的包含上述核酸的载体、细胞，表达上述蛋白酶的宿主细胞，生产上述蛋白酶的方法，包含上述蛋白酶的产品，将上述蛋白酶用于清洁、处理、保养等的方法，以及上述蛋白酶在清洁、处理等方面的用途的技术方案，也同样因为上述蛋白酶和上述核酸具备创造性而具备专利法第 22 条第 3 款规定的创造性。

根据以上事实和理由，本案合议组作出如下审查决定。

三、决定

撤销国家知识产权局于 2006 年 7 月 7 日对 02825897.5 号发明专利申请作出的驳回决定。由原审查部门在本复审决定所针对的文本的基础上继续进行审查程序。

复审请求人对本决定不服的，可以根据专利法第 41 条第 2 款的规定，自收到本决定之日起三个月内向北京市第一中级人民法院起诉。

治疗皮肤色素沉着的方法

复审请求审查决定（第13762号）

决 定 号	第13762号
决 定 日	2008年6月5日
发明创造名称	治疗皮肤色素沉着的方法
国际分类号	A61K 7/48，A61K 7/42
复审请求人	庄臣消费者有限公司
申 请 号	98801022.4
申 请 日	1998年7月23日
优 先 权 日	1997年7月28日，1998年4月2日，1998年7月6日
公 开 日	1999年11月10日
合议组组长	吴通义
主 审 员	周英姿
参 审 员	王冬

法律依据 专利法第25条第1款，第33条，第26条第4款，专利法实施细则第20条第1款

决定要点

疾病的治疗方法是指为使有生命的人体或者动物体恢复或获得健康或减少痛苦，进行阻断、缓解或者消除病因或病灶的过程。治疗方法包括治疗为目的或者具有治疗性质的各种方法。单纯的美容方法是指不介入或不产生创伤的美容方法。

每项权利要求所确定的保护范围应当清楚，权利要求中应尽量避免使用括号。如果该权利要求的撰写方式不能清楚地限定所要保护的范围，则该权利要求不清楚。

一、案由

本复审请求涉及复审请求人于1998年7月23日申请，于1999年3月22日进入国家阶段并于1999年11月10日公开，名称为"治疗皮肤色素沉着的方法"的第98801022.4号发明专利申请（下称本申请）。本申请的申请人为庄臣消费者有限公司，其优先权日为1997年7月28日、1998年4月2日和1998年7月6日。

针对申请人于2005年4月19日提交的权利要求1～67，2004年6月24日提交的说明书第1～39页，1999年3月22日提交的说明书附图1～25页以及说明书摘要第1页和摘要附图第1页，国家知识产权局于2005年8月12日驳回了本申请，驳回理由为：（1）申请人对实施例18的修改不符合专利法第33条的规定。（2）与对比文件1（JP9025212A，公开日为1997年12月8日）或2

（JP8012560A，公开日为1996年1月16日）相比，无论所述蛋白酶起作用的途径或其作用是否与对比文件1或2的物质相同，不影响本申请所述组合物已经在对比文件1或2中公开的事实，因此，权利要求30～37、40～51、54～57、59、64、65、67不符合专利法第22条第2款有关新颖性的规定。另外，与对比文件3（US5523308A，公开日为1996年6月4日）相比，权利要求38～39和45～46不符合专利法第22条第2款有关新颖性的规定。(3) 由于权利要求1～29所述方法涉及对体内生物学途径的作用、涉及对体内机理的改变，除色素疾病外，该途径也可能涉及许多其他疾病的途径，而且许多与色素沉着有关的疾病都与该途径有关，因此，权利要求1～29实际上涉及疾病的治疗，属于专利法第25条第1款第（3）项规定的不授予专利权的对象。(4) 当式I化合物的各基团的选择不同时，其理化性质可能相差很大，而没有证据证明所有该类化合物都具有所需活性，权利要求9得不到说明书支持，不符合专利法的26条第4款的规定。

驳回决定所针对的权利要求1（其从属权利要求2～8、10～29略）、30～51、54～57、59、64、65和67为：

"1. 一种影响哺乳动物皮肤色素沉着变化的方法，包括把影响PAR-2路径的化合物以色素沉着变化的有效量施用于哺乳动物；所述方法为非治疗疾病的方法。

9. 根据权利要求8所述的方法，其中所述的化合物选自式I或其可药用盐：

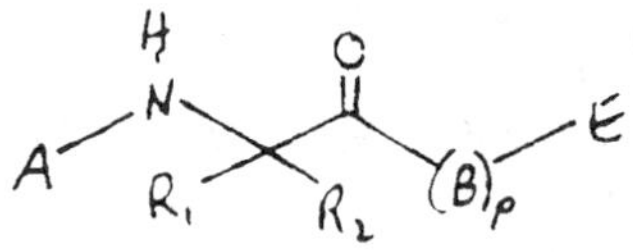

其中：A选自C_{1-8}烷基、羧基C_{1-4}烷基、C_{1-4}烷氧羰基C_{1-4}烷基、苯基C_{1-4}烷基、取代苯基C_{1-4}烷基（其中：苯上取代基独立地选自一个或多个，C_{1-4}烷基、全氟C_{1-4}烷基、C_{1-4}烷氧基、羟基、卤素、酰胺基、硝基、氨基、C_{1-4}烷氨基、C_{1-4}二烷基氨基、羧基或C_{1-4}烷氧基羰基）、甲酰基、C_{1-4}烷氧基羰基、C_{1-2}烷羰基、苯基C_{1-4}烷氧基羰基、C_{3-7}环烷基羰基、苯羰基、取代苯羰基（其中苯上的取代基独立地选自一个或多个，C_{1-4}烷基、全氟C_{1-4}烷基、C_{1-4}烷氧基、羟基、卤素、酰胺基、硝基、氨基、C_{1-4}烷氨基、C_{1-4}二烷基氨基、羧基或C_{1-4}烷氧基羰基）、C_{1-4}烷基磺酰基、C_{1-4}烷氧基磺酰基、全氟C_{1-4}烷基磺酰基、苯基磺酰基、取代苯基磺酰基（其中苯上的取代基独立地选自一个或多个，C_{1-4}烷基、全氟C_{1-4}烷基、C_{1-4}烷氧基、羟基、卤素、酰胺基、硝基、氨基、C_{1-4}烷氨基、C_{1-4}二烷基氨基、羧基或C_{1-4}烷氧基羰基）、10-樟脑磺酰基、苯基C_{1-4}烷基磺酰基、取代苯基C_{1-4}烷基磺酰基、C_{1-4}烷基亚磺酰基、全氟C_{1-4}烷基亚磺酰基、苯基亚磺酰基、取代苯基亚磺酰基（其中苯上的取代基独立地选自一个或多个，C_{1-4}烷基、全氟C_{1-4}烷基、C_{1-4}烷氧基、羟基、卤素、酰胺基、硝基、氨基、C_{1-4}烷氨基、C_{1-4}二烷基氨基、羧基或C_{1-4}烷氧基羰基）、苯基C_{1-4}烷基亚磺酰基、取代苯基C_{1-4}烷基亚磺酰基、1-萘基磺酰基、2-萘基磺酰基或取代萘基磺酰基（其中取代在萘环上的基团独立的选自一个或多个，C_{1-4}烷基、全氟C_{1-4}烷基、C_{1-4}烷氧基、羟基、卤素、酰胺基、硝基、氨基、羧基或C_{1-4}烷氧基羰基）、1-萘基亚磺酰基、2-萘基亚磺酰基或取代的萘基亚磺酰基（其中取代在萘环上的基团独立的选自一个或多个，C_{1-4}烷基、全氟C_{1-4}烷基、C_{1-4}烷氧基、羟基、卤素、酰胺基、硝基、氨基、C_{1-4}烷氨基、C_{1-4}二烷基氨基、羧基或C_{1-4}烷氧基羰基）；羧基末端结合到如式I所示N原子上的D或L型氨基酸，这些氨基酸选自：丙氨酸、天门冬酰胺、2-氮杂环丁烷羧酸、甘氨酸、N-C_{1-8}烷基甘氨酸、脯氨酸、1-氨基-1-环C_{3-8}烷基羧酸、四氢噻唑-4-羧酸、5,5-二甲基四氢噻唑-4-羧酸、噁唑烷-4-羧酸、2-哌啶酸、缬氨酸、蛋氨酸、半胱氨酸、丝氨酸、苏氨酸、正亮氨酸、亮氨酸、叔亮氨酸、异亮氨酸、苯丙氨酸、1-萘基丙氨酸、2-萘基丙氨酸、2-噻吩丙氨酸、3-噻吩丙氨酸、[1,2,3,4]-四氢异喹啉-1-羧酸和[1,2,3,4]-四氢异喹啉-2-羧酸；

其中与所述氨基酸的氨基末端连接的基团选自：C_{1-4}烷基、四唑-5-基-C_{1-2}烷基、羧基C_{1-4}烷基、C_{1-4}烷氧基羰基C_{1-4}烷基、苯基C_{1-4}烷基、取代苯基C_{1-4}烷基（其中苯上的取代基独立地选自一个或多个，C_{1-4}烷基、全氟C_{1-4}烷基、C_{1-4}烷氧基、羟基、卤素、酰胺基、硝基、氨基、C_{1-4}烷氨基、C_{1-4}二烷基氨基、羧基或C_{1-4}烷氧基羰基）、1,1-二苯基C_{1-4}烷基、3-苯基-2-羟丙酰基、2,2-二苯基-1-羟乙基羰基、[1,2,3,4]-四氢异喹啉-1-羰基、[1,2,3,4]-四氢异喹啉-3-羰基、1-甲氨基-1-环己烷羰基、1-羟基-1-环己烷羰基、1-羟基-1-苯基乙酰基、1-环己基-1-羟基乙酰基、3-苯基-2-羟基丙酰基、3,3-二苯基-2-羟基丙酰基、3-环己基-2-羟基丙酰基、甲酰基、C_{1-4}烷氧基羰基、C_{1-12}烷羰基、全氟C_{1-4}烷羰基、C_{1-4}烷基羰基、苯基C_{1-4}烷基羰基、取代苯C_{1-4}烷羰基（其中苯上的取代基独立地选自一个或多个，C_{1-4}烷基、全氟C_{1-4}烷基、C_{1-4}烷氧基、羟基、卤素、酰胺基、硝基、氨基、C_{1-4}烷氨基、C_{1-4}二烷基氨基、羧基或C_{1-4}烷氧基羰基）、1,1-二苯C_{1-4}烷基羰基、取代1,1-二苯C_{1-4}烷基羰基（其中苯上的取代基独立地选自一个或多个，C_{1-4}烷基、全氟C_{1-4}烷基、C_{1-4}烷氧基、羟基、卤素、酰胺基、硝基、氨基、C_{1-4}烷氨基、C_{1-4}二烷基氨基、羧基或C_{1-4}烷氧基羰基）、全氟C_{1-4}烷基磺酰基、C_{1-4}烷基磺酰基、C_{1-4}烷氧基磺酰基、苯基磺酰基、取代苯基磺酰基（其中苯上的取代基独立地选自一个或多个，C_-烷基、全氟C_{1-4}烷氨基、C_{1-4}二烷基氨基、羧基或C_{1-4}烷氧基羰基）、10-樟脑磺酰基、苯基C_{1-4}烷基磺酰基、取代苯基C_{1-4}烷基磺酰基、全氟C_{1-4}烷基亚磺酰基、C_{1-4}烷基亚磺酰基、苯基亚磺酰基、取代苯基亚磺酰基（其中苯上的取代基独立地选自一个或多个，C_{1-4}烷基、全氟C_{1-4}烷基、C_{1-4}烷氧基、羟基、卤素、酰胺基、硝基、氨基、C_{1-4}烷氨基、C_{1-4}二烷基氨基、羧基或C_{1-4}烷氧基羰基）、1-萘基磺酰基、2-萘基磺酰基或取代萘基磺酰基（其中萘上的取代基独立地选自一个或多个，C_{1-4}烷基、全氟C_{1-4}烷基、C_{1-4}烷氧基、羟基、卤素、酰胺基、硝基、氨基、C_{1-4}烷氨基、C_{1-4}二烷基氨基、羧基或C_{1-4}烷氧基羰基）、1-萘基亚磺酰基、2-萘基亚磺酰基和取代的萘基亚磺酰基（其中萘上的取代基独立地选自一个或多个，C_{1-4}烷基、全氟C_{1-4}烷基、C_{1-4}烷氧基、羟基、卤素、酰胺基、硝基、氨基、C_{1-4}烷氨基、C_{1-4}二烷基氨基、羧基或C_{1-4}烷氧基羰基）；

或者由两个氨基酸组成的多肽，其中第一个氨基酸是D或L氨基酸，其羧基末端与式Ⅰ所示的氮结合，这些氨基酸选自：甘氨酸、N-C_{1-8}烷基甘氨酸、丙氨酸、2-氮杂环丁烷羧酸、脯氨酸、四氢噻唑-4-羧酸、5,5-二甲基四氢噻唑-4-羧酸、噁唑烷-4-羧酸、1-氨基-1-环C_{3-8}烷基羧酸、3-羟基脯氨酸、4-羟基脯氨酸、3-（C_{1-4}烷氧基）脯氨酸、4-（C_{1-4}烷氧基）脯氨酸、3,4-脱氢脯氨酸、2,2-二甲基-4-四氢噻唑羧酸、2,2-二甲基-4-噁唑烷羧酸、2-哌啶酸、缬氨酸、蛋氨酸、半胱氨酸、天冬酰胺、丝氨酸、苏氨酸、亮氨酸、叔亮氨酸、异亮氨酸、苯丙氨酸、1-萘基丙氨酸、2-萘基丙氨酸、2-噻吩丙氨酸、3-噻吩丙氨酸、[1,2,3,4]-四氢异喹啉-2-羧酸、天冬氨酸-4-C_{1-4}烷基酯和谷氨酸-5-C_{1-4}烷基酯；第二个D或L氨基酸结合到上述第一个氨基酸的氨基末端，这些氨基酸选自：苯丙氨酸、4-苯甲酰基苯丙氨酸、4-羧基苯丙氨酸、4-（羧基C_{1-2}烷基）苯丙氨酸、取代苯丙氨酸（其中苯上的取代基独立地选自一个或多个，C_{1-4}烷基、全氟C_{1-4}烷基、C_{1-4}烷氧基、羟基、卤素、酰胺基、硝基、氨基、C_{1-4}烷氨基、C_{1-4}二烷基氨基、羧基或C_{1-4}烷氧基羰基）、3-苯并噻吩基丙氨酸、4-联苯基丙氨酸、高苯丙氨酸（homophenylalanine）、八氢吲哚-2-羧酸、2-吡啶基丙氨酸、3-吡啶基丙氨酸、4-噻唑基丙氨酸、2-噻吩基丙氨酸、3-（3-苯并噻吩基）丙氨酸、3-噻吩基丙氨酸、色氨酸、酪氨酸、天门冬酰胺、3-三C_{1-4}烷基甲硅烷基丙氨酸、环己烷基甘氨酸、二苯基甘氨酸、苯基甘氨酸、甲硫氨酸亚砜、甲硫氨酸砜、2.2-二环己烷基丙氨酸、2-(1-萘丙氨酸)、2-(2-萘基丙氨酸)、苯基取代的苯丙氨酸（其中的取代基选自C_{1-4}烷基、全氟C_{1-4}烷基、C_{1-4}烷氧基、羟基、卤素、酰胺基、硝基、氨基、C_{1-4}烷氨基、C_{1-4}二烷基氨基、羧基或C_{1-4}烷氧基羰基）、天冬氨酸、天冬氨酸-4-C_{1-4}烷基酯、全氟C_{1-4}烷基、C_{1-4}烷氧基、羟基、卤素、酰胺基、硝基、氨基、C_{1-4}

烷氨基、C_{1-4}二烷氨基、羧基或C_{1-4}烷氧羰基）、天冬氨酸、天冬氨酸-4-C_{1-4}烷基酯谷氨酸、谷氨酸-5-C_{1-4}烷基酯、环C_{3-8}烷基丙氨酸、取代的环C_{3-8}烷基丙氨酸（其中环上的取代基为：羧基、C_{1-4}烷基酯、环C_{3-8}烷基丙氨酸、取代的环C_{3-8}烷基丙氨酸（其中环上的取代基为羧基、C_{1-4}烷基羧基、C_{1-4}烷氧基羰基或氨基羰基）、2,2-二苯基丙氨酸和所有氨基酸的所有α-C_{1-5}烷基的衍生物，其中，所述的第二个氨基酸的氨基末端没有取代或单取代，单取代时的取代基选自：甲酰基、C_{1-12}烷基、四唑-5-基C_{1-2}烷基、羧基C_{1-8}烷基、羧烷氧基C_{1-4}烷基、苯基C_{1-4}烷基、取代的苯基C_{1-4}烷基（其中苯上的取代基团独立的选自一个或多个：C_{1-4}烷基、全氟C_{1-4}烷基、C_{1-4}烷氧基、羟基、卤素、酰胺基、硝基、氨基、C_{1-4}烷氨基、C_{1-4}二烷基氨基、羧基或C_{1-4}烷氧基羰基）、1,1-二苯基C_{1-4}烷基、C_{1-6}烷氧基羰基、苯基C_{1-6}烷氧基羰基、C_{1-2}烷基羰基、全氟C_{1-4}烷基C_{0-4}烷基羰基、C_{1-4}烷基羰基、取代苯基C_{1-4}烷基羰基（其中苯上的取代基团独立的选自一个或多个：C_{1-4}烷基、全氟C_{1-4}烷基、C_{1-4}烷氧基、羟基、卤素、酰胺基、硝基、氨基、C_{1-4}烷氨基、C_{1-4}二烷基氨基、羧基或C_{1-4}烷氧基羰基）、1,1-二苯基C_{1-4}烷基、全氟C_{1-4}烷基、C_{1-4}烷氧基羰基）、10-樟脑磺酰基、苯基C_{1-4}烷基磺酰基、取代苯基C_{1-4}烷基磺酰基、C_{1-4}烷基亚磺酰基、全C_{1-4}烷基亚磺酰基、苯基亚磺酰基、取代苯基亚磺酰基（其中苯上的取代基独立地选自一个或多个，C_{1-4}烷基、全氟C_{1-4}烷基、C_{1-4}烷氧基、羟基、卤素、酰胺基、硝基、氨基、C_{1-4}烷氨基、C_{1-4}二烷基氨基、羧基或C_{1-4}烷氧基羰基）、苯基C_{1-4}烷基亚磺酰基、取代苯基C_{1-4}烷基亚磺酰基、1-萘基磺酰基、2-萘基磺酰基或取代萘基磺酰基（其中取代在萘环上的基团选自C_{1-4}烷基、全氟C_{1-4}烷基、C_{1-4}烷氧基、羟基、卤素、酰胺基、硝基、氨基、C_{1-4}烷氨基、C_{1-4}二烷基氨基、羧基或C_{1-4}烷氧基羰基）、1-萘基亚磺酰基、2-萘基亚磺酰基和取代的萘基亚磺酰基（其中取代在萘环上的基团选自C_{1-4}烷基、全氟C_{1-4}烷基、C_{1-4}烷氧基、羟基、卤素、酰胺基、硝基、氨基、C_{1-4}烷氨基、C_{1-4}二烷基氨基、羧基或C_{1-4}烷氧基羰基）；R_1选自氢和烷基、R_2选自氨基C_{2-8}烷基、胍基C_{2-5}烷基、C_{1-4}烷基胍基C_{2-5}烷基、二C_{1-4}烷基胍基C_{2-5}烷基、脒基C_{2-5}烷基、C_{1-4}烷基脒基C_{2-5}烷基、二C_{1-4}烷基脒基C_{2-5}烷基、C_{1-3}烷氧基C_{2-5}烷基、苯基、取代苯基（其中苯上取代基独立地选自一或多个：氨基、脒基、胍基、C_{1-4}烷基氨基、C_{1-4}二烷基氨基、卤素、全氟C_{1-4}烷基、C_{1-4}烷基、C_{1-3}烷氧基或硝基）、苄基、苯基取代的苄基（其中取代基团独立地选自一或多个氨基、脒基、胍基、C_{1-4}烷基氨基、C_{1-4}二烷基氨基、卤素、全氟C_{1-4}烷基、C_{1-04}烷基、C_{1-3}烷氧基或硝基）、羟基C_{2-5}烷基、C_{1-5}烷氨基C_{2-5}烷基、C_{1-5}二烷氨基C_{2-5}烷基、4-氨基环己烷基C_{0-2}烷基和C_{1-5}烷基；

P 为 0 或 1；

B 为

其中，n 为 0-3，R_3 为 H 或 C_{1-5}烷基，B 的羰基部分与 E 相连；

E 为杂环，选自噁唑啉-2-基、噁唑-2-基、噻唑-2-基、噻唑-5-基、噻唑-4-基、噻唑啉-2-基、咪唑-2-基、4-氧代-2-喹喔啉-2-基、2-吡啶基、3-吡啶基、苯并[b]噻吩-2-基、三唑-4-基、三唑-6-基、吡唑-2-基、4,5,6,7-四氢苯并噻唑-2-基、萘并[2,1-d]噻唑-2-基、萘并

[1-2-d]噻唑-2-基、喹喔啉-2-基、异喹啉-1-基、异喹啉-3-基、苯并[b]呋喃-2-基、吡嗪-2-基、喹唑啉-2-基、异噻唑-5-基、异噻唑-3-基、嘌呤-8-基、和 取代的杂环，其中的取代基选自：C_{1-4}烷基、全氟C_{1-4}烷基、C_{1-4}烷氧基、羟基、卤素、酰胺基、硝基、氨基、C_{1-4}烷基氨基、C_{1-4}二烷基氨基、羧基、C_{1-4}烷氧基羰基、羟基或苯基C_{1-4}烷氨基羰基。

30. 一种影响哺乳动物皮肤色素沉着变化的组合物，包括：影响PAR-2路径色素沉着变化有效量的化合物。

31. 根据权利要求30所述的组合物，其中所述的化合物是PAR-2路径抑制剂。

32. 根据权利要求31所述的组合物，其中所述的化合物是PAR-2拮抗剂。

33. 根据权利要求32所述的组合物，其中所述的化合物是结合并阻滞但并不活化PAR-2。

34. 根据权利要求33所述的组合物，其中所述的化合物选自：基于SLIGRL的结合或阻滞但并不活化PAR-2的拮抗剂、基于SLIGKVD的结合或阻滞但并不活化PAR-2的拮抗剂和它们的混合物。

35. 根据权利要求30所述的组合物，其中所述的化合物是蛋白酶抑制剂。

36. 根据权利要求35所述的组合物，其中所述的化合物是丝氨酸蛋白酶抑制剂。

37. 根据权利要求36所述的组合物，其中所述的化合物是凝血酶和/或胰蛋白酶和/或类胰蛋白酶抑制剂或者皮肤中天然产生的活化PAR-2的丝氨酸蛋白酶抑制剂。

38. 根据权利要求37所述的组合物，其中所述的化合物含有d-苯丙氨酸-脯氨酸-精氨酸骨架。

39. 根据权利要求37所述的组合物，其中所述的化合物选自：(S)-N-甲基-D-苯丙氨酰基-N-[4-[(氨基亚氨甲基)氨基]-1-(2-苯并噻唑基羰基)丁基]-L-脯氨酰胺。

40. 根据权利要求35所述的组合物，其中所述的化合物是影响PAR-2路径的天然来源产品。

41. 根据权利要求40所述的组合物，其中所述的化合物是衍生自一或多种豆科、茄科、禾本科和葫芦科的植物。

42. 根据权利要求41所述的组合物，其中所述的化合物衍生自豆类。

43. 根据权利要求42所述的组合物，其中所述的化合物衍生自大豆、大棉豆和/或黑豆。

44. 根据权利要求43所述的组合物，其中所述的化合物选自未变性的大豆提取物、大棉豆提取物、黑豆提取物或它们的混合物。

45. 根据权利要求44所述的组合物，其中所述的化合物选自大豆奶、大棉豆奶、黑豆奶、大豆提取物、大棉豆提取物、黑豆提取物、大豆糊、大棉豆糊和黑豆糊和它们的混合物。

46. 根据权利要求30所述的组合物，其中所述的化合物是黑素体转移抑制剂。

47. 根据权利要求30所述的组合物，其中所述的化合物活化PAR-2路径。

48. 根据权利要求47所述的组合物，其中所述的化合物是结合并活化PAR-2路径的PAR-2激动剂。

49. 根据权利要求48所述的组合物，其中所述的化合物选自：结合并活化PAR-2路径的SLIGRL、SLIGKVD以及SLIGRL和SLIGKVD的衍生物，和它们的混合物。

50. 根据权利要求30所述的组合物，其中所述的化合物是活化PAR-2路径的蛋白酶。

51. 根据权利要求50所述的组合物，其中所述的化合物是活化PAR-2路径的丝氨酸蛋白酶。

54. 根据权利要求30所述的组合物，其中影响PAR-2路径的化合物占所述组合物的重量/体积比含量约为0.0001%~15%。

55. 根据权利要求54所述的组合物，其中所述的化合物占所述组合物的含量约为0.001%~5%。

56. 根据权利要求55所述的组合物，其中所述的化合物占所述组合物的含量约为0.005%~1%。

57. 根据权利要求30所述的组合物，其所含豆奶的重量含量约为1%~99%。

59. 根据权利要求 30 所述的化妆品组合物，包括所述影响色素沉着的化合物和化妆品可接受的载体。

64. 根据权利要求 30 所述的组合物，其中的组合物还含有抗氧化剂。

65. 根据权利要求 30 所述的组合物，其中的组合物还含有防晒剂。

67. 根据权利要求 30 所述的组合物，其中的组合物还含有的化合物选自：抗氧化剂、防晒剂、增湿剂、漂白剂、脱色素试剂、表面活性剂、发泡剂、调节剂、湿润剂、香味剂、增粘剂、缓冲剂、防腐剂和它们的混合物。"

申请人庄臣消费者有限公司（下称请求人）对上述驳回决定不服，于 2005 年 11 月 28 日向专利复审委员会提出复审请求，同时提交了经修改的权利要求书全文替换页（共 16 页 66 项）和说明书第 37 页替换页，其中请求人删除了驳回文本中不具有新颖性的权利要求 30~51、54~57、59、64~65 和 67，并且对驳回决定未涉及的权利要求 52、53、58、60~63 和 66 的序号和引用关系作了相应调整，另外增加与驳回文本中权利要求 1~29 相对应的药物制备用途权利要求 38~66；将说明书第 37 页第 13 行的"有关脱色素组合物"修改为"实施例 18：脱色素组合物"；此次提交的权利要求书中的独立权利要求如下：

"1. 一种影响哺乳动物皮肤色素沉着变化的方法，包括把影响 PAR-2 路径的化合物以色素沉着变化的有效量施用于哺乳动物；所述方法为非治疗疾病的方法。

30. 一种影响哺乳动物皮肤色素沉着变化的组合物，包括：影响 PAR-2 路径的、色素沉着变化有效量的化合物，其中所述的化合物为活化 PAR-2 路径的丝氨酸蛋白酶，选自：活化 PAR-2 的胰蛋白酶、类胰蛋白酶、凝血酶和皮肤中天然产生的蛋白酶。

31. 一种影响哺乳动物皮肤色素沉着变化的组合物，包括：影响 PAR-2 路径的、色素沉着变化有效量的化合物，其中所述的化合物是黑素体转移的增强物质。

33. 一种影响哺乳动物皮肤色素沉着变化的化妆品组合物，包括：影响 PAR-2 路径的、色素沉着变化有效量的化合物和化妆品可接受的载体，其中所述组合物还含有其他的脱色素试剂。

35. 一种影响哺乳动物皮肤色素沉着变化的组合物，包括：影响 PAR-2 路径的、色素沉着变化有效量的化合物，其中所述组合物还含有脂质体。

37. 一种影响哺乳动物皮肤色素沉着变化的组合物，包括：影响 PAR-2 路径的、色素沉着变化有效量的化合物，所述化合物为蛋白酶抑制剂，是天然来源产品，选自大豆奶、大棉豆奶、黑豆奶、大豆提取物、大棉豆提取物、黑豆提取物、大豆糊、大棉豆糊和黑豆糊和它们的混合物，其中所述组合物含有：约 1%~99% 的豆奶、约 0.1%~20% 的乳化剂和有效量的防腐剂。

38. 影响 PAR-2 路径的化合物在制备影响哺乳动物皮肤色素沉着变化的组合物中的用途。"

请求人认为，（1）对说明书的修改为原文本记载的内容，修改后本申请符合专利法第 33 条规定。（2）由于删除了驳回文本中的权利要求 30~51、54~57、59、64~65 和 67，因此克服了本申请不具有新颖性的缺陷，本申请符合专利法第 22 条第 2 款的规定。（3）权利要求 1~29 不属于专利法第 25 条第 1 款第（3）项规定的不能授予专利权的范围，理由是本发明涉及通过给予影响 PAR-2 路径的化合物来影响哺乳动物皮肤色素沉着变化的方法，化学领域的技术人员能够理解所述方法属于美容这一非医疗性的范畴。对于既可能包括治疗目的，又可能包含非治疗目的方法中的非治疗目的的方法可以授予专利权，条件是在权利要求中明确指出要求保护的是非治疗目的的技术方案，权利要求 1 明确限定所述方法为非治疗疾病的方法。另外，增加与权利要求 1~29 对应的药物制备用途权利要求，以保护本发明涉及疾病治疗的技术方案。（4）通过引入作为本申请公开的一部分的 US 5,523,308 中充分描述式 I 化合物为有效丝氨酸蛋白酶抑制剂，本领域的技术人员能够根据本申请说明书的内容理解式I化合物能够用于实现本发明的目的，因此，权利要求9能够得到说明书支持，符合专利法第26条第4款的规定。故国家知识产权局驳回的理由不成立。

形式审查合格后，专利复审委员会受理了该复审请求，并于2006年2月22日向请求人发出《复审请求受理通知书》，随后将本申请案卷移交原审查部门进行前置审查。

原审查部门对本复审请求进行了前置审查。前置意见中指出，本发明所述的方法不属于包括美容和治疗方法的混合方法，其需要透皮吸收后产生体内作用，即使删除有关疾病治疗的表述，也不能改变该方法涉及疾病治疗方法的实质，权利要求1~29仍然属于专利法第25条第1款第（3）项规定的不能授予专利权的范围，故坚持原驳回决定。

专利复审委员会组成合议组，对本复审请求案进行了审理，于2007年8月31日向请求人发出《复审通知书》。《复审通知书》指出：（1）本申请权利要求1~29要求保护一种影响哺乳动物皮肤色素沉着变化的方法，该方法包括给哺乳动物施用影响PAR-2路径的化合物。但是本申请所使用的影响PAR-2途径的化合物无论其给药途径和方式如何均须介入体内，并通过机体内存在的PAR-2受体直接或间接影响色素沉着，因此权利要求1~29的方法不是单纯的美容方法。尽管独立权利要求1中限定所述方法为非治疗疾病的方法，但是这种限定方式仍不能排除权利要求1~29的技术方案中的治疗方法，因此，本申请权利要求1~29属于专利法第25条第1款第（3）项规定的疾病的治疗方法的范畴，不能被授予专利权。（2）修改后的权利要求46对式I化合物的基团及其取代情况作了限定，但是该权利要求中出现多处用括号中的内容描述式I化合物的取代基的限定方式（参见权利要求书第8~12页），例如"其中苯上的取代基……选自……"、"其中取代在萘环上的基团独立的选自……"等，上述撰写方式造成权利要求46限定的保护范围不清楚，不符合专利法实施细则第20条第1款的规定。

针对《复审通知书》指出的问题，请求人于2007年12月17日提交了意见陈述书及经修改的权利要求书全文替换页（共9页37项）。请求人认为，此次提交的权利要求书删除了权利要求1~29，以及权利要求46中不必要的括号，克服了《复审通知书》中指出的缺陷。

请求人于2008年5月23日再次提交了意见陈述书及经修改的权利要求书全文替换页，其中对2007年12月17日提交的权利要求书进行了补正，并且删除了权利要求书第4页第13~15行的内容，由此克服存在多重括号的缺陷。请求人最后提交的权利要求书如下：

"1. 一种影响哺乳动物皮肤色素沉着变化的组合物，包括：影响PAR-2路径的、色素沉着变化有效量的化合物，其中所述的化合物为活化PAR-2路径的丝氨酸蛋白酶，选自：活化PAR-2路径的胰蛋白酶、类胰蛋白酶、凝血酶和皮肤中天然产生的蛋白酶。

2. 一种影响哺乳动物皮肤色素沉着变化的组合物，包括：影响PAR-2路径的、色素沉着变化有效量的化合物，其中所述的化合物是黑素体转移的增强物质。

3. 根据权利要求1所述的组合物，其所含大豆胰蛋白酶抑制剂、大棉豆胰蛋白酶抑制剂或黑豆胰蛋白酶抑制剂的重量含量约为0.01%~20%。

4. 一种影响哺乳动物皮肤色素沉着变化的化妆品组合物，包括：影响PAR-2路径的、色素沉着变化有效量的化合物和化妆品可接受的载体，其中所述组合物还含有其他的脱色素试剂。

5. 根据权利要求4所述的组合物，其中的组合物还含有酪氨酸酶抑制剂。

6. 一种影响哺乳动物皮肤色素沉着变化的组合物，包括：影响PAR-2路径的、色素沉着变化有效量的化合物，其中所述组合物还含有脂质体。

7. 根据权利要求6所述的组合物，其中所述组合物含有甘油二月桂酸酯、胆甾醇、聚氧乙烯基-10-硬脂醚和聚氧乙烯基-9-月桂醚。

8. 一种影响哺乳动物皮肤色素沉着变化的组合物，包括：影响 PAR-2 路径的、色素沉着变化有效量的化合物，所述化合物为蛋白酶抑制剂，是天然来源产品，选自大豆奶、大棉豆奶、黑豆奶、大豆提取物、大棉豆提取物、黑豆提取物、大豆糊、大棉豆糊和黑豆糊和它们的混合物，其中所述组合物含有：约 1%～99% 的豆奶、约 0.1%～20% 的乳化剂和有效量的防腐剂。

9. 影响 PAR-2 路径的化合物在制备影响哺乳动物皮肤色素沉着变化的组合物中的用途。

10. 根据权利要求 9 所述的用途，其中所述的化合物抑制 PAR-2 路径。

11. 根据权利要求 10 所述的用途，其中所述的化合物是 PAR-2 的拮抗剂。

12. 根据权利要求 11 所述的用途，其中所述的化合物结合或者阻滞但并不活化 PAR-2。

13. 根据权利要求 12 所述的用途，其中所述的化合物选自：结合或者阻滞但并不活化 PAR-2 的基于 SLIGRL 的拮抗剂；结合或者阻滞但并不活化 PAR-2 的基于 SLIGKVD 的拮抗剂；和它们的混合物。

14. 根据权利要求 10 所述的用途，其中所述的化合物为蛋白酶抑制剂。

15. 根据权利要求 14 所述的用途，其中所述的化合物为丝氨酸蛋白酶抑制剂。

16. 根据权利要求 15 所述的用途，其中所述的化合物为凝血酶和/或类胰类蛋白酶和/或胰蛋白酶抑制剂。

17. 根据权利要求 16 所述的用途，其中所述的化合物选自式 I 或其可药用盐：

$$A-NH-C(R_1)(R_2)-C(=O)-(B)_p-E$$

其中：A 选自 C_{1-8} 烷基、羧基 C_{1-4} 烷基、C_{1-4} 烷氧羰基 C_{1-4} 烷基、苯基 C_{1-4} 烷基、其中苯上取代基独立地选自一个或多个 C_{1-4} 烷基、全氟 C_{1-4} 烷基、C_{1-4} 烷氧基、羟基、卤素、酰胺基、硝基、氨基、C_{1-4} 烷氨基、C_{1-4} 二烷基氨基、羧基或 C_{1-4} 烷氧基羰基的取代苯基 C_{1-4} 烷基、甲酰基、C_{1-4} 烷氧基羰基、C_{1-2} 烷羰基、苯基 C_{1-4} 烷氧基羰基、C_{3-7} 环烷基羰基、苯羰基、其中苯上的取代基独立地选自一个或多个 C_{1-4} 烷基、全氟 C_{1-4} 烷基、C_{1-4} 烷氧基、羟基、卤素、酰胺基、硝基、氨基、C_{1-4} 烷氨基、C_{1-4} 二烷基氨基、羧基或 C_{1-4} 烷氧基羰基的取代苯羰基、C_{1-4} 烷基磺酰基、C_{1-4} 烷氧基磺酰基、全氟 C_{1-4} 烷基磺酰基、苯基磺酰基、其中苯上的取代基独立地选自一个或多个 C_{1-4} 烷基、全氟 C_{1-4} 烷基、C_{1-4} 烷氧基、羟基、卤素、酰胺基、硝基、氨基、C_{1-4} 烷氨基、C_{1-4} 二烷基氨基、羧基或 C_{1-4} 烷氧基羰基的取代苯基磺酰基、10-樟脑磺酰基、苯基 C_{1-4} 烷基磺酰基、取代苯基 C_{1-4} 烷基磺酰基、C_{1-4} 烷基亚磺酰基、全氟 C_{1-4} 烷基亚磺酰基、苯基亚磺酰基、其中苯上的取代基独立地选自一个或多个 C_{1-4} 烷基、全氟 C_{1-4} 烷基、C_{1-4} 烷氧基、羟基、卤素、酰胺基、硝基、氨基、C_{1-4} 烷氨基、C_{1-4} 二烷基氨基、羧基或 C_{1-4} 烷氧基羰基的取代苯基亚磺酰基、苯基 C_{1-4} 烷基亚磺酰基、取代苯基 C_{1-4} 烷基亚磺酰基、1-萘基磺酰基、2-萘基磺酰基或其中取代在萘环上的基团独立的选自一个或多个 C_{1-4} 烷基、全氟 C_{1-4} 烷基、C_{1-4} 烷氧基、羟基、卤素、酰胺基、硝基、氨基、羧基或 C_{1-4} 烷氧基羰基的取代萘基磺酰基、1-萘基亚磺酰基、2-萘基亚磺酰基或其中取代在萘环上的基团独立的选自一个或多个 C_{1-4} 烷基、全氟 C_{1-4} 烷基、C_{1-4} 烷氧基、羟基、卤素、酰胺基、硝基、氨基、C_{1-4} 烷氨基、C_{1-4} 二烷基氨基、羧基或 C_{1-4} 烷氧基羰基的取代的萘基亚磺酰基；羧基末端结合到如式 I 所示 N 原子上的 D 或 L 型氨基酸，这些氨基酸选自：丙氨酸、天门冬酰胺、2-氮杂环丁烷羧酸、甘氨酸、N-C_{1-8} 烷基甘氨酸、脯氨酸、1-氨基-1-环 C_{3-8} 烷基羧酸、四氢噻唑-4-羧酸、5,5-二甲基四氢噻唑-4-羧酸、噁唑烷-4-羧酸、2-哌啶酸、缬氨酸、蛋氨酸、半胱氨酸、丝氨酸、苏氨酸、正亮氨酸、亮氨酸、叔亮氨酸、异亮氨酸、苯丙氨酸、1-萘基丙氨酸、2-萘基丙氨酸、2-噻吩丙氨酸、3-噻吩丙氨酸、[1,2,3,4]-四氢异喹啉-1-羧酸和［1，2，3，4］-四氢异喹啉-2-羧酸；

其中与所述氨基酸的氨基末端连接的基团选自：C_{1-4}烷基、四唑-5-基-C_{1-2}烷基、羧基C_{1-4}烷基、C_{1-4}烷氧基羰基C_{1-4}烷基、苯基C_{1-4}烷基、其中苯上的取代基独立地选自一个或多个C_{1-4}烷基、全氟C_{1-4}烷基、C_{1-4}烷氧基、羟基、卤素、酰胺基、硝基、氨基、C_{1-4}烷氨基、C_{1-4}二烷基氨基、羧基或C_{1-4}烷氧基羰基取代苯基C_{1-4}烷基、1，1-二苯基C_{1-4}烷基、3-苯基-2-羟丙酰基、2，2-二苯基-1-羟乙基羰基、［1，2，3，4］-四氢异喹啉-1-羰基、［1，2，3，4］-四氢异喹啉-3-羰基、1-甲氨基-1-环己烷羰基、1-羟基-1-环己烷羰基、1-羟基-1-苯基乙酰基、1-环己烷基-1-羟基乙酰基、3-苯基-2-羟基丙酰基、3，3-二苯基-2-羟基丙酰基、3-环己烷基-2-羟基丙酰基、甲酰基、C_{1-4}烷氧基羰基、C_{1-12}烷羰基、全氟C_{1-4}烷基、C_{1-4}烷基羰基、苯基C_{1-4}烷基羰基、其中苯上的取代基独立地选自一个或多个C_{1-4}烷基、全氟C_{1-4}烷基、C_{1-4}烷氧基、羟基、卤素、酰胺基、硝基、氨基、C_{1-4}烷氨基、C_{1-4}二烷基氨基、羧基或C_{1-4}烷氧基羰基的取代苯C_{1-4}烷羰基、1，1-二苯C_{1-4}烷基羰基、其中苯上的取代基独立地选自一个或多个C_{1-4}烷基、全氟C_{1-4}烷基、C_{1-4}烷氧基、羟基、卤素、酰胺基、硝基、氨基、C_{1-4}烷氨基、C_{1-4}二烷基氨基、羧基或C_{1-4}烷氧基羰基的取代1，1-二苯C_{1-4}烷基羰基、全氟C_{1-4}烷基磺酰基、C_{1-4}烷基磺酰基、C_{1-4}烷氧基磺酰基、苯基磺酰基、其中苯上的取代基独立地选自一个或多个C_{-1}烷基、全氟C_{1-4}烷氨基、C_{1-4}二烷基氨基、羧基或C_{1-4}烷氧基羰基的取代苯基磺酰基、10-樟脑磺酰基、苯基C_{1-4}烷基磺酰基、取代苯基C_{1-4}烷基磺酰基、全氟C_{1-4}烷基亚磺酰基、C_{1-4}烷基亚磺酰基、苯基亚磺酰基、其中苯上的取代基独立地选自一个或多个C_{1-4}烷基、全氟C_{1-4}烷基、C_{1-4}烷氧基、羟基、卤素、酰胺基、硝基、氨基、C_{1-4}烷氨基、C_{1-4}二烷基氨基、羧基或C_{1-4}烷氧基羰基的取代苯基亚磺酰基、1-萘基磺酰基、2-萘基磺酰基或其中萘上的取代基独立地选自一个或多个C_{1-4}烷基、全氟C_{1-4}烷基、C_{1-4}烷氧基、羟基、卤素、酰胺基、硝基、氨基、C_{1-4}烷氨基、C_{1-4}二烷基氨基、羧基或C_{1-4}烷氧基羰基的取代萘基磺酰基、1-萘基亚磺酰基、2-萘基亚磺酰基和其中萘上的取代基独立地选自一个或多个C_{1-4}烷基、全氟C_{1-4}烷基、C_{1-4}烷氧基、羟基、卤素、酰胺基、硝基、氨基、C_{1-4}烷氨基、C_{1-4}二烷基氨基、羧基或C_{1-4}烷氧基羰基的取代的萘基亚磺酰基；或者由两个氨基酸组成的多肽，其中第一个氨基酸是D或L氨基酸，其羧基末端与式I所示的氮结合，这些氨基酸选自：甘氨酸、N-C_{1-8}烷基甘氨酸、丙氨酸、2-氮杂环丁烷羧酸、脯氨酸、四氢噻唑-4-羧酸、5，5-二甲基四氢噻唑-4-羧酸、噁唑烷-4-羧酸、1-氨基-1-环C_{3-8}烷基羧酸、3-羟基脯氨酸、4-羟基脯氨酸、3-(C_{1-4}烷氧基)脯氨酸、4-(C_{1-4}烷氧基)脯氨酸、3，4-脱氢脯氨酸、2，2-二甲基-4-四氢噻唑羧酸、2，2-二甲基-4-噁唑烷羧酸、2-哌啶酸、缬氨酸、蛋氨酸、半胱氨酸、天冬酰胺、丝氨酸、苏氨酸、亮氨酸、叔亮氨酸、异亮氨酸、苯丙氨酸、1-萘基丙氨酸、2-萘基丙氨酸、2-噻吩丙氨酸、3-噻吩丙氨酸、［1，2，3，4］-四氢异喹啉-2-羧酸、天冬氨酸-4-C_{1-4}烷基酯和谷氨酸-5-C_{1-4}烷基酯；第二个D或L氨基酸结合到上述第一个氨基酸的氨基末端，这些氨基酸选自：苯丙氨酸、4-苯甲酰基苯丙氨酸、4-羧基苯丙氨酸、4-(羧基C1-2烷基)苯丙氨酸、其中苯上的取代基独立地选自一个或多个C_{1-4}烷基、全氟C_{1-4}烷基、C_{1-4}烷氧基、羟基、卤素、酰胺基、硝基、氨基、C_{1-4}烷氨基、C_{1-4}二烷基氨基、羧基或C_{1-4}烷氧基羰基的取代苯丙氨酸、3-苯并噻吩基丙氨酸、4-联苯基丙氨酸、高苯丙氨酸、八氢吲哚-2-羧酸、2-吡啶基丙氨酸、3-吡啶基丙氨酸、4-噻唑基丙氨酸、2-噻吩基丙氨酸、3-(3-苯并噻吩基)丙氨酸、3-噻吩基丙氨酸、色氨酸、酪氨酸、天门冬酰胺、3-三C_{1-4}烷基甲硅烷基丙氨酸、环己烷基甘氨酸、二苯基甘氨酸、苯基甘氨酸、甲硫氨酸亚砜、甲硫氨酸砜、2.2-二环己烷基丙氨酸、2-(1-萘基丙氨酸)、2-(2-萘基丙氨酸)、其中的取代基选自C_{1-4}烷基、全氟C_{1-4}烷基、C_{1-4}烷氧基、羟基、卤素、酰胺基、硝基、氨基、C_{1-4}烷氨基、C_{1-4}二烷基氨基、羧基或C_{1-4}烷氧基羰基的苯基取代的苯丙氨酸、天冬氨酸、天冬氨酸-4-C_{1-4}烷基酯、全氟C_{1-4}烷基、C_{1-4}烷氧基、羟基、卤素、酰胺基、硝基、氨基、C_{1-4}烷氨基、C_{1-4}二烷基氨基、羧基或C_{1-4}烷氧基羰基、天冬氨酸、天冬氨酸-4-C_{1-4}烷基酯谷氨酸、谷氨酸-5-C_{1-4}烷基酯、环C_{3-8}烷基丙氨酸、其中环上的取代基为：羧基、C_{1-4}烷基酯、环C_{3-8}烷基丙氨酸的取代的环C_{3-8}烷基丙氨酸、2,2-二苯基丙氨酸和所有氨基酸的所有（-C_{1-5}烷基的衍生物，其中，所述的第二个氨基酸的氨基末端没有取代或单取代，单取代时的取代基选自：甲酰基、C_{1-12}烷基、四唑-5-基C_{1-2}烷基、羧基C_{1-8}烷基、羧烷氧基C_{1-4}烷基、苯基C_{1-4}烷基、其中苯上的取代基团独立的选自一个或多个C_{1-4}烷基、全氟C_{1-4}烷基、C_{1-4}烷氧基、羟基、卤素、酰胺基、硝基、氨基、C_{1-4}烷氨基、C_{1-4}二烷基氨基、羧基或C_{1-4}烷氧基羰基的取代的苯基C_{1-4}烷基、1,1-二苯基C_{1-4}烷基、C_{1-6}烷氧基羰基、苯基C_{1-6}烷氧基羰基、C_{1-2}烷基羰基、全氟C_{1-4}烷基C_{0-4}烷基羰基、苯基C_{1-4}烷基羰基、其中苯上的取代基团独立的选自一个或多个C_{1-4}烷基、全氟C_{1-4}烷基、C_{1-4}烷氧基、羟基、卤素、酰胺基、硝基、氨基、C_{1-4}烷氨基、C_{1-4}二烷基氨基、羧基或C_{1-4}烷氧基羰基的取代苯基C_{1-4}烷基羰基、1,1-二苯基C_{1-4}烷基、全氟C_{1-4}烷基、C_{1-4}烷氧基羰基、10-樟脑磺酰基、苯基C_{1-4}烷基磺酰基、取代苯基C_{1-4}烷基磺酰基、C_{1-4}烷基亚磺酰基、全氟C_{1-4}烷基亚磺酰基、苯基亚磺酰基、其中苯上的取代基独立地选自一个或多个C_{1-4}烷基、全氟C_{1-4}烷基、C_{1-4}烷氧基、羟基、卤素、酰胺基、硝基、氨基、C_{1-4}烷氨基、C_{1-4}二烷基氨基、羧基或C_{1-4}烷氧基羰基的取代苯基亚磺酰基、苯基C_{1-4}烷基亚磺酰基、取代苯基C_{1-4}烷基亚磺酰基、1-萘基磺酰基、2-萘基磺酰基或其中取代在萘环上的基团选自C_{1-4}烷基、全氟C_{1-4}烷基、C_{1-4}烷氧基、羟基、卤素、酰胺基、硝基、氨基、C_{1-4}烷氨基、C_{1-4}二烷基氨基、羧基或C_{1-4}烷氧基羰基的取代萘基磺酰基、1-萘基亚磺酰基、2-萘基亚磺酰基和其中取代在萘环上的基团选自C_{1-4}烷基、全氟C_{1-4}烷基、C_{1-4}烷氧基、羟基、卤素、酰胺基、硝基、氨基、C_{1-4}烷氨基、C_{1-4}二烷基氨基、羧基或C_{1-4}烷氧基羰基的取代的萘基亚磺酰基；

R_1选自氢和烷基；

R_2选自氨基C_{2-8}烷基、胍基C_{2-5}烷基、C_{1-4}烷基胍基C_{2-5}烷基、二C_{1-4}烷基胍基C_{2-5}烷基、脒基C_{2-5}烷基、C_{1-4}烷基脒基C_{2-5}烷基、二C_{1-4}烷基脒基C_{2-5}烷基、C_{1-3}烷氧基C_{2-5}烷基、苯基、其中苯上取代基独立地选自一或多个：氨基、脒基、胍基、C_{1-4}烷基氨基、C_{1-4}二烷基氨基、卤素、全氟C_{1-4}烷基、C_{1-4}烷基、C_{1-3}烷氧基或硝基的取代苯基、苄基，其中取代基团独立地选自一或多个氨基、脒基、胍基、C_{1-4}烷基氨基、C_{1-4}二烷基氨基、卤素、全氟C_{1-4}烷基、C_{1-04}烷基、C_{1-3}烷氧基或硝基的苯基取代的苄基、羟基C_{2-5}烷基、C_{1-5}烷氨基C_{2-5}烷基、C_{1-5}二烷氨基C_{2-5}烷基、4-氨基环己烷基C_{0-2}烷基和C_{1-5}烷基；

P为0或1；

B为

其中，n为0-3，R_3为H或C_{1-5}烷基，B的羰基部分与E相连；

E为杂环，选自噁唑啉-2-基、噁唑-2-基、噻唑-2-基、噻唑-5-基、噻唑-4-基、噻唑啉-2-基、咪唑-2-基、4-氧代-2-喹喔啉-2-基、2-吡啶基、3-吡啶基、苯并[b]噻吩-2-基、三唑-4-基、三唑-6-基、吡唑-2-基、4,5,6,7-四氢苯并噻唑-2-基、萘并[2,1-d]噻唑-2-基、萘并[1-2-d]噻唑-2-基、喹喔啉-2-基、异喹啉-1-基、异喹啉-3-基、苯并[b]呋喃-2-基、吡嗪-

2-基、喹唑啉-2-基、异噻唑-5-基、异噻唑-3-基、嘌呤-8-基、和取代的杂环,其中的取代基选自:C_{1-4}烷基、全氟C_{1-4}烷基、C_{1-4}烷氧基、羟基、卤素、酰胺基、硝基、氨基、C_{1-4}烷基氨基、C_{1-4}二烷基氨基、羧基、C_{1-4}烷氧基羰基、羟基或苯基C_{1-4}烷氨基羰基。

18. 根据权利要求17所述的用途,其中所述的化合物含有d-苯丙氨酸-脯氨酸-精氨酸序列。

19. 根据权利要求18所述的用途,其中所述的化合物是(S)-N-甲基-D-苯丙氨酰基-N-[4-[(氨基亚氨甲基)氨基]-1-(2-苯并噻唑基羰基)丁基]-L-脯氨酰胺。

20. 根据权利要求14所述的用途,其中所述的化合物是影响PAR-2路径的天然产品。

21. 根据权利要求20所述的用途,其中所述的化合物是衍生自一或多种豆科、茄科、禾本科和葫芦科的植物。

22. 根据权利要求21所述的用途,其中所述的化合物衍生自豆类。

23. 根据权利要求22所述的用途,其中所述的化合物选自未变性的大豆提取物、大棉豆提取物、黑豆提取物或它们的混合物。

24. 根据权利要求23所述的用途,其中所述的化合物选自:未变性的大豆提取物、大棉豆提取物、黑豆提取物中的组分和它们的混合物。

25. 根据权利要求22所述的用途,其中所述的化合物选自大豆奶、大棉豆奶、黑豆奶、大豆提取物、大棉豆提取物、黑豆提取物、大豆糊、大棉豆糊和黑豆糊和它们的混合物。

26. 根据权利要求10所述的用途,其中所述的化合物是黑素体转移抑制剂。

27. 根据权利要求9所述的用途,其中所述的化合物活化PAR-2路径。

28. 根据权利要求27所述的用途,其中所述的化合物是结合并活化PAR-2路径的PAR-2激动剂。

29. 根据权利要求28所述的用途,其中所述的化合物选自:结合并活化PAR-2路径的SLIGRL、SLIGKVD以及SLIGRL和SLIGKVD的衍生物,和它们的混合物。

30. 根据权利要求27所述的用途,其中所述的化合物是活化PAR-2路径的蛋白酶。

31. 根据权利要求30所述的用途,其中所述的化合物是活化PAR-2路径的丝氨酸蛋白酶。

32. 根据权利要求31所述的用途,其中所述的化合物选自:活化PAR-2路径的胰蛋白酶、类胰蛋白酶、凝血酶和皮肤中天然存在的蛋白酶。

33. 根据权利要求9所述的用途,其中所述的化合物是黑素体转移的增强物质。

34. 根据权利要求9所述的用途,其中的组合物每天施用两次,至少施用8星期。

35. 根据权利要求34所述的用途,其中的组合物以相对高的剂量施用至少约4~10星期,然后以相对低的剂量持续施用以维持皮肤的光亮作用。

36. 根据权利要求9所述的用途,其中的组合物口服使用。

37. 根据权利要求9所述的用途,其中的组合物非肠道使用。"

至此,合议组认为本案事实清楚,可以作出审查决定。

二、决定的理由

1. 审查依据的文本

请求人于2005年11月28日提交了说明书第37页,其中修改内容为"实施例18:脱色素组合物(水凝胶)",即恢复为原说明书记载的内容,此修改符合专利法第33条的规定,也符合专利法实施细则第60条第1款的规定,同时克服了驳回决定中指出的本申请不符合专利法第33条规定的缺陷。

在请求人于2008年5月23日提交的权利要求书全文替换页中,共37项权利要求,其中权利要求1~8分别与原始权利要求49、50、55、61~64、41相对应且相同,其修改之处在于权利要求9~37。权利要求9~37是修改成的制药用途权利要求,是为了克服驳回文本和《复审通知书》中指出的权利要求1~29属于专利法第25条第1款第（3）项规定不授予专利权范畴的缺陷，而且基于原权利要求1~29记载的影响PAR-2路径的化合物用于影响哺乳动物皮肤色素沉着变化的方法，显然可以直接地、毫无疑义地确定这些化合物可用于制备影响皮肤色素沉着组合物的用途。请求人同时将权利要求17中的括号去掉，并且用括号内内容限定也是可以由原申请文件直接地、毫无疑义地确定的。请求人对权利要求书的修改符合专利法第33条和专利法实施细则第60条第1款的规定。

综上所述，本复审决定所依据的文本是请求人于2008年5月23日提交的权利要求第1~37项，于2005年11月28日提交的说明书第37页，与2004年6月24日提交的说明书第1~36、38~39页，于1999年3月22日提交的说明书附图1~25页以及说明书摘要第1页和摘要附图第1页。

2. 有关专利法第25条

专利法第25条第1款第（3）项规定，疾病的诊断和治疗方法不授予专利权。

疾病的治疗方法是指为使有生命的人体或者动物体恢复或获得健康或减少痛苦，进行阻断、缓解或者消除病因或病灶的过程。治疗方法包括治疗为目的或者具有治疗性质的各种方法。单纯的美容方法是指不介入或不产生创伤的美容方法。

驳回决定和《复审通知书》指出，在驳回文本和请求人提出复审请求时的申请文本中，权利要求1~29要求保护一种影响哺乳动物皮肤色素沉着变化的方法，该方法包括给哺乳动物施用影响PAR-2路径的化合物。PAR-2（即蛋白酶激活受体-2）是一种七跨膜域G-蛋白偶合受体，本发明所述化合物的作用机理在于通过直接或间接与角化细胞RAR-2或与其活性蛋白酶相互作用从而能够直接或间接影响黑素的生成（参见说明书第17页第3段），由此可见，本申请所使用的影响PAR-2途径的化合物无论其给药途径和方式如何均须介入体内并通过机体内存在的PAR-2受体直接或间接影响色素沉着，因此，权利要求1~29的方法不是单纯的美容方法。虽然独立权利要求1中限定所述方法为非治疗疾病的方法，但是这种限定方式仍不能排除权利要求1的技术方案中的治疗方法。这是由于根据本说明书的记载，本发明使用胰蛋白酶、类胰蛋白酶、丝氨酸蛋白酶和PAR-2激动剂增强皮肤色素沉着，或者用丝氨酸蛋白酶抑制剂、胰蛋白酶抑制剂、凝血酶抑制剂、类胰蛋白酶抑制剂或PAR-2路径抑制剂或拮抗剂来降低皮肤色素沉着，不但这些化合物具有一定的治疗性质，而且施用这些影响PAR-2路径的化合物必然使其介入体内并通过机体内存在的PAR-2受体直接或间接影响色素沉着，本领域技术人员无法在实施该方法时排除对色素沉着具有治疗性质的方式，因此，本申请权利要求1~29属于专利法第25条第1款第（3）项规定的疾病的治疗方法的范畴，不能被授予专利权。

请求人在2008年5月23日提交的权利要求书中删除了属于疾病治疗方法的权利要求1~29，从而克服了驳回决定和《复审通知书》中指出的上述缺陷。

3. 有关专利法第26条第4款

专利法第26条第4款规定，权利要求应当以说明书为依据，说明要求专利保护的范围。

权利要求的概括应当不超出说明书公开的范围。对于权利要求概括得是否恰当，应当参照与之相关的现有技术进行判断。

驳回决定中认为由于没有提供证据证明当各基团的选择不同时理化性质可能相差很大的所有该类化合物都具有所需活性，驳回文本中的权利要求9得不到说明书支持。

在复审阶段，请求人于2008年5月23日提交的权利要求书已经删除了驳回文本中的方法权利要求9，从而克服了驳回决定所指出的驳回文本中权利要求9不符合专利法第26条第4款的缺陷。

4. 有关专利法实施细则第20条第1款

专利法实施细则第20条第1款规定，权利要求应当说明发明或者实用新型的技术特征，清楚、简要地表述请求保护的范围。

根据该款规定，每项权利要求所确定的保护范围应当清楚，权利要求中应尽量避免使用括号。如果该权利要求的撰写方式不能清楚地限定所要保护的范围，则该权利要求不清楚。

《复审通知书》指出，在请求人提出复审请求时提交的权利要求书中，权利要求46对式I化合物的基团及其取代情况作了限定，但是该权利要求中出现多处用括号中的内容描述式I化合物的取代基的限定方式，例如"（其中苯上的取代基…选自……）"、"（其中取代在萘环上的基团独立的选自……）"等，上述撰写方式造成权利要求46限定的保护范围不清楚，不符合专利法实施细则第20条第1款的规定。

请求人在2008年5月23日提交的权利要求书中，与复审请求时提交的权利要求46相对应的是权利要求17，该权利要求已经修改了用括号中的内容进行限定的撰写方式，从而克服了《复审通知书》中指出的权利要求不清楚的缺陷。

根据以上事实和理由，本案合议组作出如下审查决定。

三、决定

撤销国家知识产权局于2005年8月12日对98801022.4号发明专利申请作出的驳回决定。由原审查部门在申请人于2008年5月23日提交的权利要求1~37，2005年11月28日提交的说明书第37页，2004年6月24日提交的说明书第1~36、38~39页，1999年3月22日提交的说明书附图1~25页以及说明书摘要第1页和摘要附图第1页的文本基础上继续进行审查。

复审请求人对本决定不服的，可以根据专利法第41条第2款的规定，自收到本决定之日起三个月内向北京市第一中级人民法院起诉。

非粘性的皮肤和毛发用增湿化妆组合物

复审请求审查决定（第 13763 号）

决 定 号	第 13763 号
决 定 日	2008 年 6 月 18 日
发明创造名称	非粘性的皮肤和毛发用增湿化妆组合物
国际分类号	A61K 7/06，A61K 7/48
复审请求人	荷兰联合利华有限公司
申 请 号	01145604.3
优 先 权 日	2000 年 11 月 22 日
申 请 日	2001 年 11 月 22 日
公 开 日	2002 年 7 月 24 日
合议组组长	周英姿
主 审 员	王 冬
参 审 员	李梦楠

法 律 依 据 专利法第 22 条第 2 款、第 3 款

决 定 要 点

在进行新颖性判断时，如果权利要求请求保护的技术方案与对比文件相比存在区别技术特征并致使两者的技术方案实质上不同，则认为所要保护的技术方案相对于该对比文件公开的技术方案而言具备新颖性。

如果发明所要求保护的技术方案相对于最接近的对比文件而言是非显而易见的，并且取得了预料不到的技术效果，则该技术方案具备创造性。

一、案由

本复审请求涉及 2001 年 11 月 22 日申请、2002 年 7 月 24 日公开、名称为"非粘性的皮肤和毛发用增湿化妆组合物"的第 01145604.3 号发明专利申请（下称本申请），其申请人为荷兰联合利华有限公司，本申请的优先权日为 2000 年 11 月 22 日。

针对申请人于 2005 年 8 月 11 日提交的权利要求 1～5、2005 年 3 月 4 日提交的说明书第 1、3 页，申请日提交的说明书第 2、4～12 页及说明书摘要，国家知识产权局于 2005 年 10 月 14 日以本申请权利要求 1～3、5 不符合专利法第 22 条第 2 款的规定、权利要求 4 不符合专利法第 22 条第 3 款的规定为由驳回了本申请。驳回决定所针对的权利要求书为：

"1. 非粘性皮肤和毛发用增湿化妆组合物，其基本上由以下组分组成：

（a）占组合物重量的10%~90%的多元醇湿润剂；

（b）0.01%~10%的在润湿测试中形成均匀薄膜的聚合润湿剂；该聚合润湿剂选自：

（b1）两亲嵌段共聚物；

（b2）含有疏水性基团改性的亲水性主链的聚合物，和

（b3）它们的混合物；

（c）弹性体和挥发性硅油；

（d）化妆品可接受的载体。

2. 根据权利要求1的组合物，其中所述组合物进一步含有液态油。

3. 根据权利要求1的组合物，其中所述组合物进一步含有结晶脂肪酸。

4. 根据权利要求1的组合物，其中聚合润湿剂（b2）为含有疏水性基团改性的亲水性主链的聚合物。

5. 根据权利要求1的组合物，其中组合物进一步含有一种油。"

驳回理由为：（1）权利要求1请求保护非粘性皮肤和毛发用增湿化妆组合物。对比文件1（WO0037027A1，公开日为2000年6月29日）公开了一种化妆品组合物，其中含有1%~20%的多元醇作为增湿剂（相当于本申请中的多元醇润湿剂），如丙二醇、甘油等；并含有0.1%~10%的润湿剂如聚山梨醇、泊洛沙姆等聚合物，该组合物还含有聚烷基硅氧烷等物质（参见第10页第17~29行），其为本申请所述的弹性体物质，还可含有环甲硅酮等挥发性硅油、硬脂酸、硬脂醇等脂肪酸、及棕榈油、脂肪酸或脂肪醇的酯等油类（参见第10页第30行至第11页第10行），具体方案在实施例1中公开（参见摘要，说明书第2页第16~24行，权利要求1，19~28，实施例1），以及其他的赋形剂，对比文件1与权利要求1的增湿剂和润湿剂的范围也出现了交叉，因此，对比文件1公开了权利要求1的所有技术特征，权利要求1不具备专利法第22条第2款规定的新颖性。权利要求2~3、5的附加技术特征也已经被对比文件1公开了，其也不具备专利法第22条第2款规定的新颖性。（2）虽然对比文件1没有明确权利要求4中的将聚合润湿剂限定为"含有疏水性基团改性的亲水性主链的聚合物"的技术方案，但是本领域技术人员根据对比文件1的启示，选用不同的具体润湿剂是显而易见的，润湿剂的简单置换也没有带来特定预想不到的效果。因而，权利要求4不具备突出的实质性特点和显著的进步，不具备专利法第22条第3款规定的创造性。（3）对比文件中使用的泊洛沙姆与本申请中的普朗尼克是属于同一类别的润湿剂（二者一个是产品名，一个是商品名），不同仅仅在于本申请与对比文件1中采用的具体型号不同；本申请的组分与对比文件1中的组分有交叉，申请人在意见陈述中所述的本发明的预想不到的效果在原始说明书中没有体现，申请人也没有作出对比试验加以证实。申请人的意见陈述及对权利要求进行修改仍然不符合专利法第22条第2款和第3款的规定。

申请人荷兰联合利华有限公司（下称请求人）不服上述驳回决定，于2006年2月4日向专利复审委员会提出复审请求，请求人在提出复审请求时没有提交任何修改的申请文件。

请求人认为：（1）本申请权利要求1是"半开放式"的组合物权利要求，其含义是使封闭式的权利要求只向着那些对所指出的组分的基本特性或者新的特性没有实质上影响的组分开放。对比文件1涉及具有经微粉化的生物活性剂的乳液及乳液的输送，而本申请则涉及非粘性的增湿化妆品，所述化妆品不含经微粉化的生物活性剂。另外，对比文件1不涉及增湿作用，其所教导的TR-1等聚合物在本申请中是不可取的，本申请优选使用TR-2，对比文件1也完全没有暗示使用本申请所述的润湿剂。因此，权利要求1的组成成分与对比文件1的组合物成分不同，具备新颖性。其从属权利要求2~5也具备新颖性。（2）本发明提供的是给予毛发和皮肤增湿效果但没有粘性的化妆品组合物，其

中的聚合润湿剂在润湿测试中形成均匀薄膜；对比文件1提供的是含有非溶解的微粉化的生物活性剂的化妆品/药物组合物，因此，权利要求1~5与对比文件1的组成不同、发明目的、获得技术效果不同，本领域技术人员无法从对比文件1得到启示以获得权利要求1~5的技术方案，权利要求1~5具备创造性，符合专利法第22条第3款的规定。

经形式审查合格后，专利复审委员会受理了此复审请求，并于2006年3月15日向请求人发出《复审请求受理通知书》，同时将本申请案卷移交原审查部门进行前置审查。

原审查部门对本复审请求进行了前置审查。在前置审查意见通知书中，国家知识产权局原审查部门坚持原驳回决定。

专利复审委员会组成合议组，对本案的复审请求进行了审理。2007年11月23日，专利复审委员会向请求人发出《复审通知书》。《复审通知书》指出：(1) 权利要求1请求保护的化妆组合物与对比文件1公开的组合物均含有多元醇作为湿润剂，并且其在权利要求1的组合物中的含量范围10%~90%与在对比文件1组合物中的含量范围1%~20%部分重叠；均含有聚合润湿剂，而且对比文件1组合物所包括的聚合润湿剂的含量0.1%~10%公开了权利要求1所述组合物的聚合润湿剂的含量0.01%~10%，其中对比文件1公开的泊洛沙姆（Polox amer）也称为Pluronic，属于两亲性嵌段共聚物；均含有弹性体聚烷基硅氧烷和挥发性硅油以及化妆品可接受的载体。而且，对比文件1中明确指出所述组合物在感到舒服的同时避免了粘着效果。因此，权利要求1请求保护的技术方案已经被对比文件1公开，不具备专利法第22条第2款规定的新颖性。本申请的权利要求1属于开放式权利要求，除含有以上所列成分(a)、(b)、(c) 和 (d) 外，还可以含有其他组分，而且在本申请的说明书中也没有关于本申请的化妆品不能含有生物活性剂的任何记载，因此，对比文件1公开了权利要求1的技术方案；其次，本发明所要解决的问题-提供一种具有增湿效果而且没有粘性感觉的化妆品组合物在客观上已经被对比文件1解决了，而且效果相同，请求人的意见陈述并不足以使权利要求1符合专利法第22条第2款有关新颖性的规定。(2) 权利要求2~3、5的附加技术特征也已经被对比文件1公开，因此，权利要求2~3、5不符合专利法第22条第2款有关新颖性的规定。(3) 权利要求4请求保护的组合物与对比文件1公开的化妆品组合物的区别仅在于对比文件1没有明确提及含有疏水性基团改性的亲水性主链的聚合物。但是对比文件1已经公开了含有增湿剂多元醇如丙二醇、甘油和山梨醇和聚合润湿剂例如泊洛沙姆等的化妆品组合物使用时感到舒服同时避免了粘着效果，本发明所要解决的问题已经被对比文件1解决了，而且达到的效果相同，此外权利要求4中的(b2)聚合润湿剂是本领域常规的已知产品，这些润湿剂成分在对比文件1化妆品组合物中的作用与权利要求4的中聚合润湿剂的作用相同，均有益于皮肤增湿，并且不会使化妆品组合物具有粘性。在此情况下，通过对所述聚合润湿剂进行选择得到权利要求4的技术方案，对本领域技术人员来说是显而易见的，不用付出创造性劳动，权利要求4不符合专利法第22条第3款的规定。

针对《复审通知书》指出的问题，请求人于2008年1月8日提交了意见陈述书以及权利要求书全文替换页（共6项），其中删除了权利要求1中的"基本上"，权利要求1变成封闭式权利要求；增加了权利要求6，明确限定聚合润湿剂是Pemulen TR2。修改后的权利要求书如下：

"1. 非粘性皮肤和毛发用增湿化妆组合物，其由以下组分组成：

(a) 占组合物重量的10%~90%的多元醇湿润剂；

(b) 0.01%至10%的在润湿测试中形成均匀薄膜的聚合润湿剂；该聚合润湿剂选自：

(b1) 两亲嵌段共聚物；

(b2) 含有疏水性基团改性的亲水性主链的聚合物，和

（b3）它们的混合物；

（c）弹性体和挥发性硅油；

（d）化妆品可接受的载体。

2. 根据权利要求1的组合物，其中所述组合物进一步含有液态油。

3. 根据权利要求1的组合物，其中所述组合物进一步含有结晶脂肪酸。

4. 根据权利要求1的组合物，其中聚合物润湿剂（b2）为含有疏水性解团改性的亲水主链的聚合物。

5. 根据权利要求1的组合物，其中组合物进一步含有一种油。

6. 非粘性皮肤和毛发用增湿化妆组合物，其由以下组分组成：

（a）占组合物重量的10%～90%的多元醇湿润剂；

（b）0.01%～10%的在润湿测试中形成均匀薄膜的聚合润湿剂；该聚合润

湿剂是 Pemulen TR2；

（c）弹性体和挥发性硅油；

（d）化妆品可接受的载体。"

请求人于2008年3月13日再次提交了权利要求书全文替换页（共4项），其中将2008年1月8日提交的权利要求书中的权利要求6作为新的权利要求1，删除了权利要求1和4，修改后的权利要求书为：

"1. 非粘性皮肤和毛发用增湿化妆组合物，其由以下组分组成：

（a）占组合物重量的10%～90%的多元醇湿润剂；

（b）0.01%～10%的在润湿测试中形成均匀薄膜的聚合润湿剂；该聚合润

湿剂是 Pemulen TR2；

（c）弹性体和挥发性硅油；

（d）化妆品可接受的载体。

2. 根据权利要求1的组合物，其中所述组合物进一步含有液态油。

3. 根据权利要求1的组合物，其中所述组合物进一步含有结晶脂肪酸。

4. 根据权利要求1的组合物，其中组合物进一步含有一种油。"。

至此，合议组认为本案事实清楚，可以作出审查决定。

二、决定的理由

1. 有关审查文本

请求人在2008年3月13日提交的经修改的权利要求书中，将2008年1月8日提交的权利要求书中的权利要求6作为新的权利要求1并删除了权利要求1和4，新修改的权利要求1相当于将驳回文本的权利要求1中的"基本上"删除，使该权利要求成为封闭式权利要求，同时将驳回文本的权利要求1中（b）组分具体限定为（b2）组分 Pemulen TR2，上述修改可由原说明书第3页第1行、表A，实施例1～2得出，因此上述修改未超出原始说明书和权利要求书记载的范围，符合专利法第33条的规定，也符合专利法实施细则第60条第1款的规定。

本复审请求审查决定所依据的文本是请求人于2008年3月13日提交的权利要求1～4，2005年3月4日提交的说明书第1、3页，2001年11月22日提交的说明书第2、4～12页以及说明书摘要。

2. 关于专利法第22条第2款

专利法第22条第2款规定：新颖性，是指在申请日以前没有同样的发明或者实用新型在国内外出版物上公开发表过、在国内公开使用或者以其他方式为公众所知，也没有同样的发明或者实用新型由他人向国务院专利行政部门提出过申请并且记载在申请日以后（含申请日）公布的专利申请文件中。

在进行新颖性判断时，如果权利要求请求保护的技术方案与对比文件相比存在区别技术特征并致使两者的技术方案实质上不同，则认为所要保护的技术方案相对于该对比文件公开的技术方案而言具备新颖性。

本案中，修改后的权利要求1请求保护一种非粘性皮肤和毛发用增湿化妆组合物，其由以下成分组成：（a）至少占组合物重量的10%~90%的多元醇湿润剂；（b）0.01%~10%的在润湿测试中形成均匀薄膜的聚合润湿剂；该聚合润湿剂是Pemulen TR2；（c）弹性体和挥发性硅油；（d）化妆品可接受的载体。

对比文件1公开了一种化妆或药物组合物，所述组合物除含有微粒化的粒状生物活性化合物以外，还含有：1%~20%的作为增湿剂的多元醇，如丙二醇、甘油和山梨醇；0.1%~10%重量的润湿剂，例如泊洛沙姆（Poloxamer）、聚山梨醇酯（Polysorbate）等；硅酮脂肪物质，例如聚烷基硅氧烷、挥发性硅酮油；以及其他化妆品可接受的载体，例如水。

将权利要求1请求保护的技术方案与对比文件1公开的技术方案相比可以发现以下区别，（1）权利要求1请求保护的组合物中含有聚合润湿剂Pemulen TR2，而对比文件1并没有公开在其所公开的组合物中包括Pemulen TR2这种具体的聚合润湿剂。（2）权利要求1为封闭式权利要求，其请求保护的组合物只含有多元醇湿润剂、聚合润湿剂Pemulen TR2、弹性体和挥发性硅油、化妆品可接受的载体，并不含有其他组分；而对比文件1的组合物除含多元醇、聚合润湿剂、弹性体和挥发性硅油、化妆品可接受的载体外，还含有微粒状的粒状生物活性化合物，而且该粒状活性化合物是对比文件1所必不可少的组分。因此，权利要求1的技术方案与对比文件1公开的技术方案存在上述两个实质性区别，它们实质上是不同的技术方案，权利要求1请求保护的技术方案相对于对比文件1具备新颖性，符合专利法第22条第2款的规定。

在权利要求1具备新颖性的前提下，权利要求1的从属权利要求2~4也具有新颖性，符合专利法第22条第2款的规定。

3. 关于专利法第22条第3款

专利法第22条第3款规定：创造性，是指同申请日以前已有的技术相比，该发明具有突出的实质性特点和显著的进步。

如果发明所要求保护的技术方案相对于最接近的对比文件而言是非显而易见的，并且取得了预料不到的技术效果，则该技术方案具备创造性。

在《驳回决定》和《复审通知书》中曾指出，从属权利要求4请求保护的组合物与对比文件1公开的化妆品组合物的区别仅在于对比文件1没有明确提及含有疏水性基团改性的亲水性主链的聚合物。但是对比文件1已经公开了其含有聚合润湿剂如泊洛沙姆等的化妆品组合物使用时感到舒服同时避免了粘着效果，本发明所要解决的问题已经被对比文件1解决了，而且达到的效果相同，权利要求4中的（b2）聚合润湿剂是本领域常规的已知产品，而且这些润湿剂成分在对比文件1化妆品组合物中的作用与权利要求4的中聚合润湿剂的作用相同，均有益于皮肤增湿，并且不会使化妆品组合物具有粘性。在此情况下，通过对所述聚合润湿剂进行选择得到权利要求4的技术方案对于本领域技术人员来说是显而易见的，不需要付出创造性劳动。

请求人在2008年3月13日提交的权利要求书中删除了权利要求4，即已经删除了相对于对比文件1而言不具备创造性的技术方案，同时，请求人通过将权利要求1修改为封闭式权利要求并将聚合润湿剂限定为Pemulen TR2这一具体组分已经克服了《驳回决定》和《复审通知书》中指出的新颖性缺陷，而且《驳回决定》对权利要求4创造性的判断是以权利要求1无新颖性为前提，因此，修改后的权利要求书已经克服了《驳回决定》和《复审通知书》所指出的权利要求4不具备专利法第22条第3款规定的创造性的缺陷，《驳回决定》中指出的权利要求4不符合专利法第22条第3款的缺陷已不存在。

根据以上事实和理由，本案合议组作出如下审查决定。

三、决定

撤销国家知识产权局于2005年10月14日对01145604.3号发明专利申请作出的驳回决定。由原审查部门在请求人于2008年3月13日提交的权利要求1~4、2005年3月4日提交的说明书第1、3页，2001年11月22日提交的说明书第2、4~12页，以及说明书摘要的基础上继续进行审查。

复审请求人对本决定不服的，可以根据专利法第41条第2款的规定，自收到本决定之日起三个月内向北京市第一中级人民法院起诉。

一种蜂蜜酒的酿造方法

复审请求审查决定（第 13794 号）

决 定 号	第 13794 号
决 定 日	2008 年 6 月 23 日
发明创造名称	一种蜂蜜酒的酿造方法
国 际 分 类 号	C12G 3/02
复 审 请 求 人	吴新赞
申 请 号	02141767.9
申 请 日	2002 年 9 月 6 日
公 开 日	2003 年 5 月 7 日
合 议 组 组 长	张 霞
主 审 员	朱 茜
参 审 员	郭鹏鹏

法 律 依 据 专利法第 33 条

决 定 要 点

如果申请的内容通过增加、改变和/或删除其中的一部分，致使所属技术领域的技术人员看到的信息与原申请记载的信息不同，而且又不能从原申请记载的信息中直接地、毫无疑义地确定，那么，这种修改就是不允许的。

一、案由

本复审请求涉及申请日为 2002 年 9 月 6 日，公开日为 2003 年 5 月 7 日，名称为"一种蜂蜜酒的酿造方法"的第 02141767.9. 号发明专利申请（下称本申请），申请人为吴新赞。

在实质审查过程中，国家知识产权局实质审查部门于 2005 年 5 月 13 日驳回了本申请，理由是本申请不符合专利法第 26 条第 3 款的规定。

驳回决定认为：本申请要求保护的技术方案中所述的"醯化复活"含义不清楚，说明书也没有记载该技术手段的具体操作步骤，致使所属技术领域的技术人员无法实施本申请的技术方案，因此本申请不符合专利法第 26 条第 3 款的规定。

申请人（下称请求人）对上述驳回决定不服，于 2005 年 6 月 27 日向专利复审委员会提出复审请求，请求人在提出复审请求的同时提交了权利要求书、说明书、说明书摘要、说明书附图和摘要附图的全文替换页，以及附件 1~5。请求人认为，国家知识产权局驳回的理由不成立。

修改后的权利要求书为：

"一种蜂蜜酒的酿造方法,包含以下工艺步骤

1. 制作蜂蜜酵母(注一)与葡萄酒酵母分别进行糖化复活(注解五),形成大缸酵母。
2. 用菊花液(注二),将蜂蜜稀释(注三),到25%~26%的含糖量,浓度6~7度。
3. 在每升稀释后的菊蜜液中分别加入0.5~1克的转化酶和柠檬酸,再按每百升加2公斤(干品)糖化(注四)后的蜂花粉,均质后待接种、发酵。
4. 经过稀释、调酸、灭菌加入糖化花粉后的混合蜜液中,按每百升分别用100克葡萄酒酵母和蜂蜜酵母复活后接种(注接种时液温应在26~28度),混合蜜液中进行发酵。发酵期间温度保持20~22度,经过40~50天的充分发酵后,可终止发酵。
5. 发酵完的蜂蜜酒澄清工作很重要,一般的澄清剂很难彻底澄清蜂蜜酒。经实验用上海化学实验厂生产的蜂蜜澄清剂澄清蜂蜜酒效果很好(用量为每百升加入20克)。
6. 澄清后过滤、调味、均质、装坛密封陈贮90~180天后,滤清装瓶,水浴灭菌。检测后贴标装箱入库——上市。

其主要技术特征有:

1. 自制蜂蜜酵母(注解一)

种原:提取天然低度蜂蜜种(是指38度以下,水分含量超27%的天然未成熟蜜),酵母移入培养器内使其繁殖到蜜度3~5亿/g即可用麦粉或专用酵母粉进行固态处理,制得固态蜂蜜酵母。

2. 制取菊花液(注解二)

制作菊花液的方法是用菊花干品1∶100的热水浸泡而得。一般热水温度80~100度之间,时间6~8小时,后法渣、过滤后制得的菊花注入,就可用来稀释蜂蜜。

3. 稀释蜂蜜(注解三)

由于蜂蜜的水分含量高低大,所以用蜂蜜以《中国药典》2000年版一部为标准,浓度37.5度,比重1.349(千克/升)还原糖64%以上。每升蜂蜜应加入菊花液3升,比例为1∶3(指37.5~38度蜂蜜的稀释比例)。如果购进的原蜂蜜浓度有高低可参照中国商业部标准(GH012-82)换算出增减方法。

4. 糖化花粉(注解四)

糖化蜂花粉是1份花粉(指干品)、2份100度开水、0.5份蜂蜜,搅拌均质冷却到26~28度时,按比例加到稀释的蜜液中(其糖化比例为1∶2∶0.5),4小时后便可使用。

5. 糖化复活(注解五)

糖化复活,由于蜂蜜含多糖葡萄糖和果糖所以在固态菌种、接种前应进行糖化复活,方法是用80度热水配含糖量为3%蜂蜜水,待蜜水冷却到27~28度时,按1份酵母兑3份蜜水,糖化复活30分钟,酵母充分复活后,就可接种配置好的蜜液中进行发酵。

6. 用蜂蜜澄清剂澄清蜂蜜酒。"

请求人提交的附件为:

附件1:蜂蜜酒系列产品图2页;

附件2:赣州市食品工业局出具的"江西省新产品技术鉴定证书"复印件共6页;

附件3:赣州市产品质量监督检验所出具的"双蜂牌蜂蜜酒检验报告",赣州质检2003年食字第616号,复印件共4页;

附件4:"赣江蜂业技术开发有限公司产品标准Q/GFJ01-2000——双蜂牌蜂蜜酒"复印件共7页;

附件5:请求人吴新赞的企业法定代表人证明复印件。

形式审查合格后，专利复审委员会受理了该复审请求，并于2006年11月27日向请求人发出复审请求受理通知书，随后将本申请移交实审部门进行前置审查。

实审部门对本复审请求进行了前置审查，坚持驳回决定，具体理由是：申请人对权利要求书和说明书进行了修改，添加了对"醣化复活"、"菊花液制备"以及"蜂蜜稀释"等的解释，但是这些内容在原权利要求和说明书中都没有记载。因此，对权利要求书和说明书的修改超出了原说明书和权利要求书的记载范围，不符合专利法第33条的规定。

专利复审委员会组成合议组，对本案的复审请求进行了审理。合议组于2008年4月11日向请求人发出复审通知书。复审通知书指出：（1）请求人在提交复审请求时对权利要求书和说明书进行了多处修改，但是修改后的内容并没有文字记载在原说明书和权利要求书中，也无法根据原说明书和权利要求书中文字记载的内容以及说明书附图直接地、毫无疑义地确定，因此该修改不符合专利法第33条的规定；（2）即使请求人通过修改申请文件或者退回到原始申请文件的方式克服了修改超范围的缺陷，本申请仍存在不符合专利法第26条第3款的缺陷，本申请权利要求要求保护的技术方案包括对葡萄酒酵母原菌和自制蜂蜜酵母菌的"醣化复活"步骤，但是，说明书并没有对这一术语的含义和具体操作方法进行说明，致使所属技术领域的技术人员根据说明书记载的内容无法实现本发明的技术方案；（3）请求人在提出复审请求的同时提交的附件均与本发明技术方案是否充分公开没有关联性，亦不能证明"醣化复活"为所属技术领域的公知常识。

针对复审通知书指出的问题，请求人于2008年5月9日提交了意见陈述书，声称将申请文件退回到申请时提交的文本，但没有提交任何修改替换页。请求人在意见陈述书中表示关于醣化复活是否是公知常识可参阅康明官编著，中国轻工业出版社出版的《黄酒和清酒生产问答》一书，但是，请求人并没有在意见陈述书中引用该书籍中的任何内容，也没有向合议组提供该书籍的任何原件或复印件，以佐证其意见和观点。

2008年6月12日，请求人提交了本申请说明书，权利要求书，说明书摘要和说明书附图的全文替换页。经合议组核实，该文本与其在提出复审请求时提交的文本内容相同。

经过上述审查程序，合议组认为本案事实清楚，可以作出审查决定。

二、决定的理由

1. 审查文本的认定

本复审决定针对的文本是请求人于2008年6月12日提交的权利要求1、说明书第1~2页、说明书附图、说明书摘要，以及2003年7月14日提交的摘要附图。

2. 关于专利法第33条

专利法第33条规定，申请人可以对其专利申请文件进行修改，但是，对发明和实用新型专利申请文件的修改不得超出原说明书和权利要求书记载的范围。

原说明书和权利要求书记载的范围包括原说明书和权利要求书文字记载的内容和根据原说明书和权利要求书文字记载的内容以及说明书附图能直接地、毫无疑义地确定的内容。如果申请的内容通过增加、改变或者其中的一部分，致使所属技术领域的技术人员看到的信息与原申请记载的信息不同，而且又不能从原申请记载的信息中直接地、毫无疑义地确定，那么，这种修改就是不允许的。

本案中，请求人对申请文件的修改超出了原说明书和权利要求书记载的范围，不符合专利法第33条的规定。具体的：

（1）修改文本相对于原说明书和权利要求书增加了下述内容：

①权利要求1中增加了"1. 自制蜂蜜酵母（注解一）种原：提取天然低度蜂蜜中（是指38度以下，水分含量超27%的天然未成熟蜜），酵母移入培养器内使其繁殖到密度3~5亿/g即可用麦粉或

专用酵母粉进行固态处理,制得固态蜂蜜酵母。3. 稀释蜂蜜(注解三)由于蜂蜜的水分含量高低大,所以用蜂蜜以《中国药典》2000 年版一部为标准,浓度 37.5 度、比重 1.349(千克/升)还原糖 64％以上。每升蜂蜜应加入菊花液 3 升,比例为 1∶3(指 37.5～38 度蜂蜜的稀释比例)。如果购进的原蜂蜜浓度有高低可参照中国商业部标准(GH012-82)换算出增减方法。4. 糖化花粉(注解四)糖化花粉是 1 份花粉(指干品)、2 份 100 度开水、0.5 份蜂蜜,搅拌均质冷却到 26～28 度时,按比例加到稀释的蜜液中(其糖化比例为 1∶2∶0.5),4 小时后便可使用。5. 糖化复活(注解五)醣化复活,由于蜂蜜含多糖葡萄糖和果糖所以在固态菌种、接种前应进行醣化复活,方法是用 80 度热水配含糖量为 3％蜂蜜水,待蜜水冷却到 27～28 度时,按 1 份酵母对 3 份蜜水,糖化复活 30 分钟,酵母充分复活后,就可接种配置好的蜜液中进行发酵"。并在"2. 制取菊花液(注解二)"步骤中增加了"一般热水温度 80～100 度之间,时间 6～8 小时,后法渣、过滤后制得的菊花注入,就可用来稀释蜂蜜";在工艺步骤 4"接种"前增加了"复活后",并增加了"(注接种时液温应在 26～28 度)"。

②说明书中与上述增加的内容相应的部分,以及第 1 页第 24 行在"接种"后增加"应搅拌均质"、第 27～28 行增加"成熟的蜂蜜酒清彻金黄色蜜酒香均具"、第 29 页滤清前增加"取上清液";说明书第 2 页第 5 行增加"(12 度蜂蜜酒)"、第 6 行"蜂蜜"前增加"38 度"、第 10 行增加"30 分钟后接种"、第 13 行增加"进行 8 小时水浴灭菌"。

(2) 修改文本相对于原说明书和权利要求书修改了下述内容:

①权利要求 1 中将原权利要求 1 中的"蜂蜜酵母菌"修改为"蜂蜜酵母",将"葡萄酒酵母原菌"修改为"葡萄酒酵母",将"醣化复活"修改为"糖化复活";

将稀释后的蜂蜜的"糖度 28～32"修改为"含糖量 25％～26％",将"浓度 7～9 度"修改为"浓度 6～7 度";

将"每升原料各加一克"转化酶和柠檬酸修改为"分别加入 0.5～1 克",将"按蜜液体积(升):蜂花粉重量(公斤)=100∶2～5 的比例称取经醣化后的蜂花粉"修改为"再按每百升加 2 公斤(干品)糖化(注四)后的蜂花粉",并改变了原说明书实施例中记载的先加醣化的蜂花粉后调酸的工艺顺序;

将原权利要求 1 记载的稀释、灭菌、调酸,实施例记载的稀释、灭菌、加入醣化的蜂花粉、调酸的工艺顺序修改为"稀释、调酸、灭菌加入醣化花粉"的工艺顺序;将"接种后依次进行前期发酵,即前酵,温度控制在 20～22 度之间,时间 15～20 天;后期发酵,即后酵,温度控制在 18～20 度之间,时间 50～60 天,达到成熟期后终止发酵"修改为"发酵期间温度保持 20～22 度,经过 40～50 天的充分发酵后,可中止发酵";

将装坛密封前的"搅拌均质"修改为"均质",将"在 20 度温度下陈贮 3～6 个月时间"修改为"装坛密封陈贮 90～180 天",将"对瓶体在 65～75 度热水中水浴灭菌"修改为"水浴灭菌"。

②说明书中与上述权利要求 1 中修改内容相应的部分以及说明书第 1 页第 10 行和第 20 行将原说明书的"蜂蜜酵母菌"修改为"固态蜂蜜酵母"和"固态蜂蜜酵母原菌";

第 1 页第 27～28 行"后期发酵,即后酵,温度控制在 18～20 度之间,时间 50～60 天"修改为"后酵期时间 25～30 天,温度控制 20～22 度";

第 1 页第 29 行"上清液"修改为"上层清液";

第 1 页第 32 行将原说明书发明内容中的"对瓶体在 65～75 度热水中水浴灭菌"和实施例记载的"75 度温度下水浴灭菌"修改为"并对瓶装酒进行一次 70～75 度水浴灭菌";

第 2 页第 6 行将原说明书实施例的"取蜂蜜 50 升,菊花液 50 升,调节浓度至 8 度"修改为"蜂

蜜 23.9 公斤（每千克为 1.356 升约 25 升），菊花液 75 升，调节浓度 6~7 度";

上述修改后的内容并未文字记载于本申请原说明书和权利要求书中，所属领域的技术人员也不能从原说明书和权利要求书文字记载的内容以及说明书附图直接地、毫无疑义地确定，因此，上述修改超出了原说明书和权利要求书记载的范围，不符合专利法第 33 条的规定。

根据以上事实和理由，本案合议组作出如下审查决定。

三、决定

维持国家知识产权局于 2005 年 5 月 13 日对 02141767.9 号发明专利申请作出的驳回决定。

复审请求人对本决定不服的，可以根据专利法第 41 条第 2 款的规定，自收到本决定之日起三个月内向北京市第一中级人民法院起诉。

具有纤维二糖酶活性的多肽和编码其的多核苷酸

复审请求审查决定（第13805号）

决 定 号	第13805号
决 定 日	2008年6月20日
发明创造名称	具有纤维二糖酶活性的多肽和编码其的多核苷酸
国际分类号	C12N 9/42
复审请求人	诺和酶股份有限公司
申 请 号	02810179.0
优 先 权 日	2001年5月18日
申 请 日	2002年5月17日
公 开 日	2004年6月30日
合议组组长	吴通义
主 审 员	魏春宝
参 审 员	李梦楠

法 律 依 据 专利法第26条第4款

决 定 要 点

权利要求书应当以说明书为依据，是指权利要求应当得到说明书的支持。权利要求书中的每一项权利要求所要求保护的技术方案应当是所属技术领域的技术人员能够从说明书充分公开的内容中得到或概括得出的技术方案，并且不得超出说明书公开的范围。

一、案由

本复审请求涉及名称为"具有纤维二糖酶活性的多肽和编码其的多核苷酸"的第02810179.0号发明专利申请（下称本申请），其申请人为诺和酶股份有限公司，申请日为2002年5月17日，优先权日为2001年5月18日，公开日为2004年6月30日。

2005年9月2日，国家知识产权局以申请人于2003年11月18日进入中国国家阶段时提交的国际申请文件中文译文的说明书第2~25、28~46页及说明书摘要，于2005年7月14日提交的说明书第1、26~27页及权利要求1~22为审查基础，以权利要求1、2、5、17和18不符合专利法第26条第4款的规定为由驳回了本申请，驳回决定所针对的权利要求书为：

"1. 具纤维二糖酶活性的多肽，其选自：

（a）包含这样的氨基酸序列的多肽，此氨基酸序列与SEQ ID NO：2中1~842位氨基酸所示序列具有至少90％同一性或者与SEQ ID NO：2中1~351位氨基酸所示序列具有至少95％同一性；

(b) 包含这样的氨基酸序列的多肽, 此氨基酸序列与插在大肠杆菌 (E. coli) DSM 14240 的质粒中的核苷酸序列的纤维二糖酶编码部分所编码的多肽具有至少 90% 同一性;

(c) 由能够在中度严紧条件下与多核苷酸探针杂交的核苷酸序列编码的多肽, 其中多核苷酸探针选自

(i) SEQ ID NO: 1 中 87~2612 位核苷酸的互补链, 和

(ii) SEQ ID NO: 1 中 87~1139 位核苷酸的互补链。

2. 如权利要求 1 所述的多肽, 其包含与 SEQ ID NO: 2 中 1~842 位氨基酸所示序列具有至少 90% 同一性、至少 95% 同一性或至少 99% 同一性的氨基酸序列。

3. 如权利要求 2 所述的多肽, 其包含 SEQ ID NO: 2 中 1~842 位氨基酸。

4. 如权利要求 1~3 任一项所述的多肽, 其由 SEQ ID NO: 2 中 1~842 位氨基酸组成。

5. 如权利要求 1 所述的多肽, 其包含这样的氨基酸序列, 该序列与插在大肠杆菌 DSM 14240 的质粒内的核苷酸序列的纤维二糖酶编码部分所编码的多肽具有至少 90% 同一性、至少 95% 同一性或至少 99% 同一性。

6. 如权利要求 5 所述的多肽, 其包含插在大肠杆菌 DSM 14240 的质粒内的核苷酸序列的纤维二糖酶编码部分所编码的氨基酸序列。

7. 如权利要求 5 或 6 所述的多肽, 其由插在大肠杆菌 DSM 14240 的质粒内的核苷酸序列的纤维二糖酶编码部分所编码的氨基酸序列组成。

8. 如权利要求 1 所述的多肽, 其是由在中度严紧条件下可与多核苷酸探针进行杂交的核苷酸序列编码的, 所述多核苷酸探针选自:

(i) SEQ ID NO: 1 中核苷酸 87 至 2612 位的互补链, 和

(ii) SEQ ID NO: 1 中核苷酸 87 至 1139 位的互补链。

9. 如权利要求 8 所述的多肽, 其是由在中度严紧条件下可与多核苷酸探针进行杂交的核苷酸序列编码的, 所述多核苷酸探针为 SEQ ID NO: 1 中核苷酸 87~2612 位的互补链。

10. 如权利要求 8 或 9 所述的多肽, 其是由在高度严紧条件下可与多核苷酸探针进行杂交的核苷酸序列编码的。

11. 具有编码如权利要求 1~10 中任一项所述的多肽的核苷酸序列的多核苷酸。

12. 含有如权利要求 11 所述的核苷酸序列的核酸构建体, 其中所述核苷酸序列可操作地与一个或多个能够指导多肽在适宜宿主中产生的调控序列连接。

13. 含有如权利要求 12 所述的核酸构建体的重组表达载体。

14. 含有如权利要求 12 所述的核酸构建体的重组宿主细胞。

15. 生产如权利要求 1~10 任一项所述的多肽的方法, 该方法包括:

(a) 培养野生型能够产生所述多肽的菌株以产生所述多肽; 以及

(b) 回收此多肽。

16. 生产如权利要求 1~10 任一项所述的多肽的方法, 该方法包括:

(a) 在有利于所述多肽产生的条件下培养如权利要求 14 所述的重组宿主细胞; 以及

(b) 回收此多肽。

17. 多核苷酸, 其具有与 SEQ ID NO: 1 中核苷酸 87~2612 位所示序列至少 90% 相同的核苷酸序列, 且该核苷酸序列编码具纤维二糖活性的多肽。

18. 多核苷酸, 其具有与插在大肠杆菌 DSM 14240 的质粒内的核苷酸序列的纤维二糖酶编码部分至少 90% 相同的核苷酸序列, 且该核苷酸序列编码具纤维二糖活性的多肽。

19. 含有以下核苷酸序列的多核苷酸，此核苷酸序列编码具纤维二糖酶活性的多肽，并且在中度严紧条件下能与选自（i）SEQ ID NO：1 中 87～2612 位核苷酸的互补链、和（ii）SEQ ID NO：1 中 87 至 1139 位核苷酸的互补链的多核苷酸探针杂交。

20. 含有如权利要求 1～10 任一项所述的多肽和表面活性剂的组合物。

21. 用于从植物生物质生产乙醇的方法，其包括使植物生物质与如权利要求 1～10 任一项所述的多肽接触。

22. 如权利要求 1～10 任一项所述的多肽在乙醇生产中的用途。"

驳回决定认为：本申请说明书仅提供了 SEQ ID NO：2 的制备方法及生物学功能的实验证明，并没有提供该序列的任何变体或与其具有至少 90% 同一性的任何序列以及证明其功能的实验，本领域技术人员根据说明书记载的内容和公知常识无法合理预知或推测与 SEQ ID NO：2 具有 90% 同一性的序列也具有同样的功能，而必须通过付出创造性的劳动来确定、证实这些序列同样能够达到本发明的目的。权利要求 1 还包括了"包含"与 SEQ ID NO：2 具有 90% 同一性的氨基酸序列的多肽，本领域的技术人员根据说明书记载内容无法预见或推测并且获得该保护范围内的所有可能的序列，即使可以获得也无法预见或推测或确保这些诸多的序列也都具有所述的功能。因此，权利要求 1 没有以说明书为依据说明要求保护的范围，不符合专利法第 26 条第 4 款的规定。同样权利要求 2，5，17 和 18 也没有克服审查员在一通中指出的缺陷，仍然不符合专利法第 26 条第 4 款的规定。

申请人诺和酶股份有限公司（下称请求人）对上述驳回决定不服，于 2005 年 11 月 30 日向专利复审委员会提出复审请求，同时提交了如下修改后的权利要求书：

"1. 具纤维二糖酶活性的多肽，其选自：

（a）包含这样的氨基酸序列的多肽，此氨基酸序列与 SEQ ID NO：2 中 1～842 位氨基酸所示序列具有至少 90% 同一性或者与 SEQ ID NO：2 中 1 至 351 位氨基酸所示序列具有至少 90% 同一性；

（b）包含这样的氨基酸序列的多肽，此氨基酸序列与插在大肠杆菌（E. coli）DSM 14240 的质粒中的核苷酸序列的纤维二糖酶编码部分所编码的多肽具有至少 90% 同一性；

（c）由能够在中度严紧条件下与多核苷酸探针杂交的核苷酸序列编码的多肽，其中多核苷酸探针选自

（i）SEQ ID NO：1 中 87～2612 位核苷酸的互补链，和

（ii）SEQ ID NO：1 中 87～1139 位核苷酸的互补链。

2. 如权利要求 1 所述的多肽，其可由 SEQ ID NO：2 中 1～842 位氨基酸通过替代、缺失和/或插入至多十个氨基酸获得。

3. 如权利要求 1 所述的多肽，其包含与 SEQ ID NO：2 中 1～842 位氨基酸所示序列具有至少 95% 同一性或者与 SEQ ID NO：2 中 1～351 位氨基酸所示序列具有至少 95% 同一性的氨基酸序列。

4. 如权利要求 3 所述的多肽，其包含与 SEQ ID NO：2 中 1～842 位氨基酸所示序列具有至少 98% 同一性或者与 SEQ ID NO：2 中 1～351 位氨基酸所示序列具有至少 98% 同一性的氨基酸序列。

5. 如权利要求 4 所述的多肽，其包含与 SEQ ID NO：2 中 1～842 位氨基酸所示序列具有至少 99% 同一性或与 SEQ ID NO：2 中 1～351 位氨基酸所示序列具有至少 99% 同一性的氨基酸序列。

6. 如权利要求 5 所述的多肽，其包含 SEQ ID NO：2 中 1～842 位氨基酸。

7. 如权利要求 1～6 任一项所述的多肽，其由 SEQ ID NO：2 中 1～842 位氨基酸组成。

8. 如权利要求 1 所述的多肽，其包含这样的氨基酸序列，该序列与插在大肠杆菌 DSM 14240 的质粒内的核苷酸序列的纤维二糖酶编码部分所编码的多肽具有至少 95% 同一性。

9. 如权利要求 8 所述的多肽，其包含这样的氨基酸序列，该序列与插在大肠杆菌 DSM 14240 的

质粒内的核苷酸序列的纤维二糖酶编码部分所编码的多肽具有至少98％同一性。

10. 如权利要求9所述的多肽，其包含这样的氨基酸序列，该序列与插在大肠杆菌DSM 14240的质粒内的核苷酸序列的纤维二糖酶编码部分所编码的多肽具有至少99％同一性。

11. 如权利要求10所述的多肽，其包含插在大肠杆菌DSM 14240的质粒内的核苷酸序列的纤维二糖酶编码部分所编码的氨基酸序列。

12. 如权利要求8～11任一项所述的多肽，其由插在大肠杆菌DSM 14240的质粒内的核苷酸序列的纤维二糖酶编码部分所编码的氨基酸序列组成。

13. 如权利要求1～6或8～11任一项所述的多肽，其是由在中度严紧条件下可与多核苷酸探针进行杂交的核苷酸序列编码的，所述多核苷酸探针选自：

（i）SEQ ID NO：1中核苷酸87～2612位的互补链，和

（ii）SEQ ID NO：1中核苷酸87～1139位的互补链。

14. 如权利要求13所述的多肽，其是由在中度严紧条件下可与这样的多核苷酸探针进行杂交的核苷酸序列编码的，所述多核苷酸探针为SEQ ID NO：1中核苷酸87～2612位的互补链。

15. 如权利要求13所述的多肽，其是由在高度严紧条件下可与多核苷酸探针进行杂交的核苷酸序列编码的。

16. 如权利要求15所述的多肽，其是由在高度严紧条件下可与这样的多核苷酸探针进行杂交的核苷酸序列编码的，所述多核苷酸探针为SEQ ID NO：1中核苷酸87～2612位的互补链。

17. 具有编码如权利要求1～16中任一项所述的多肽的核苷酸序列的多核苷酸。

18. 含有如权利要求17所述的核苷酸序列的核酸构建体，其中所述核苷酸序列可操作地与一个或多个能够指导多肽在适宜宿主中产生的调控序列连接。

19. 含有如权利要求18所述的核酸构建体的重组表达载体。

20. 含有如权利要求18所述的核酸构建体的重组宿主细胞。

21. 生产如权利要求1～16任一项所述的多肽的方法，该方法包括：

（a）培养野生型能够产生所述多肽的菌株以产生所述多肽；以及

（b）回收此多肽。

22. 生产如权利要求1～16任一项所述的多肽的方法，该方法包括：

（a）在有利于所述多肽产生的条件下培养如权利要求20所述的重组宿主细胞；以及

（b）回收此多肽。

23. 多核苷酸，其具有与SEQ ID NO：1中核苷酸87～2612位所示序列至少90％同一性的核苷酸序列，且该核苷酸序列编码具纤维二糖活性的多肽。

24. 如权利要求23所述的多核苷酸，其具有与SEQ ID NO：1中核苷酸87～2612位所示序列至少95％同一性的核苷酸序列，且该核苷酸序列编码具纤维二糖活性的多肽。

25. 多核苷酸，其具有与插在大肠杆菌DSM 14240的质粒内的核苷酸序列的纤维二糖酶编码部分至少90％同一性的核苷酸序列，且该核苷酸序列编码具纤维二糖活性的多肽。

26. 如权利要求25所述的多核苷酸，其具有与插在大肠杆菌DSM 14240的质粒内的核苷酸序列的纤维二糖酶编码部分至少95％同一性的核苷酸序列，且该核苷酸序列编码具纤维二糖活性的多肽。

27. 含有以下核苷酸序列的多核苷酸，此核苷酸序列编码具纤维二糖酶活性的多肽，并且在中度严紧条件下能与选自如下的多核苷酸探针杂交：

（i）SEQ ID NO：1中87～2612位核苷酸的互补链、和

（ii）SEQ ID NO：1中87～1139位核苷酸的互补链的。

28. 含有如权利要求1~16任一项所述的多肽和表面活性剂的组合物。

29. 用于从植物生物质生产乙醇的方法，其包括使植物生物质与如权利要求1~16任一项所述的多肽接触。

30. 如权利要求1~16任一项所述的多肽在乙醇生产中的用途。"

请求人认为：（1）本发明是开拓性发明，应该获得较宽的保护范围，将通过小的改变得到的与SEQ ID NO.2高度同源且具有相同功能的多肽变体概括到权利要求1中是合理的；（2）本申请说明书详细描述了关于构建高同源性多肽变体的策略和技术，明确给出了纤维二糖酶的催化核心即SEQ ID NO.2中1~351位氨基酸（本申请说明书第6页第22行~第7页第10行，特别是第6页倒数第5~6行及第7页第5行），本领域技术人员通过常规技术和简单试验，可以容易地获得具有高同源性且具有纤维二糖酶活性的多肽变体；（3）根据本领域的公知常识，引入限制性酶切位点、信号肽或者蛋白纯化标签而得到的同源多肽变体可以完全或几乎完全保留原多肽的功能；（4）权利要求1已经采用了功能性限定，所保护的多肽都是具有纤维二糖酶活性的，无需通过创造性劳动逐个筛选；（5）生物技术领域高度认可高同源性蛋白质在结构和性质上的可比性；（6）从4099号复审决定可以看出，同源性加功能性的限定方式是允许的。

形式审查合格后，专利复审委员会受理了该复审请求，并于2006年1月6日向请求人发出《复审请求受理通知书》，随后将本申请案卷移交原审查部门进行前置审查。

原审查部门对本复审请求进行了前置审查，认为仍不符合专利法第26条第4款的规定，坚持原驳回决定。

专利复审委员会组成合议组，对本复审请求案进行了审理。于2007年9月13日向请求人发出《复审通知书》。《复审通知书》指出：（1）权利要求1中的"至少90％同一性"相对于驳回决定针对的权利要求1中的"至少95％同一性"，扩大了权利要求1的保护范围。修改后的权利要求5相对于驳回决定针对的权利要求2，增加了"或与SEQ ID NO：2中1~351位氨基酸所示序列具有至少99％同一性"所限定的技术方案，这一修改扩大了要求保护的范围。权利要求2~4、9、16、24和26是提出复审请求时新增加的权利要求。因此，权利要求1~5、9、16、24和26不符合专利法实施细则第60条第1款的规定。（2）本申请说明书记载的内容仅能证明权利要求1中的SEQ ID NO：2中第1至842位氨基酸所示序列具有纤维二糖酶活性，并不能证明除此之外权利要求1中的其他序列也都具有纤维二糖酶活性。本领域技术人员都知道，多肽或蛋白质的功能和活性需要生物学实验加以证实，即使氨基酸序列同一性很高，其性能也未必一定相同，数个甚至一个残基的变化都可能导致其性能的改变。权利要求1中记载的序列变体的方案未经实验证实，只是请求人的推测，而其效果难于预先确定和评价。因此，权利要求1得不到说明书的支持，不符合专利法第26条第4款的规定。直接或间接引用权利要求1的权利要求5、8和10中，虽然对同一性的百分比数值做了进一步限定，但是其中仍然包括未经实验证实且其效果难以预先确定和评价的多肽，基于相同理由，权利要求5、8和10仍然得不到说明书的支持，不符合专利法第26条第4款的规定。权利要求23请求保护多核苷酸，其具有与SEQ ID NO：1中核苷酸87~2612位所示序列至少90％同一性的核苷酸序列，且该核苷酸序列编码具纤维二糖酶活性的多肽。权利要求25请求保护多核苷酸，其具有与插在大肠杆菌DSM 14240的质粒内的核苷酸序列的纤维二糖酶编码部分至少90％同一性的核苷酸序列，且该核苷酸序列编码具纤维二糖活性的多肽。本申请说明书记载内容仅能证明SEQ ID NO：1中87~2612位核苷酸编码产物具有纤维二糖酶活性，并不能证明用"DNA序列同源性百分比（90％）"限定得到的其他核苷酸序列的编码产物都具有纤维二糖酶活性。因此，权利要求23和25得不到说明书的支持，不符合专利法第26条第4款的规定。基于相同理由，权利要求书中所有直接或间接引用或引述了权利要求1、

23 和 25 的权利要求也得不到说明书的支持，不符合专利法第 26 条第 4 款的规定。（3）针对复审理由，合议组认为，本领域技术人员虽然可以通过常规技术获得 SEQ ID NO：2 的同源序列，但是无法合理预测所有同源序列是否都具有或者其中哪些序列都具有与 SEQ ID NO：2 相同的功能或活性，要从大量 SEQ ID NO：2 同源序列中确定具有纤维二糖酶活性的多肽需要付出大量创造性劳动。因此，将 SEQ ID NO：2 同源多肽概括入权利要求 1 得不到说明书的支持。"催化核心"之外区域的氨基酸残基的改变也可能会改变多肽的空间结构，进而影响多肽活性，申请人提出的"催化核心"未经试验证实，也无证据证明具有所述"催化核心"的多肽便具备纤维二糖酶活性。因此，SEQ ID NO：2 中 1～351 位氨酸及其同源序列以及含有它们的多肽都得不到说明书的支持。权利要求 1 中使用了功能性限定，但是在本申请说明书实施例中仅仅证明 SEQ ID NO：2 中第 1～842 位氨基酸所示序列具有该功能，本领域技术人员无法合理预测出权利要求中的大量其他多肽序列也能实现相同功能，达到相同效果。同源性对比是生物技术领域广泛使用的研究手段，其可以为进一步研究提供方向和指导，但是同源序列是否具有目的活性，必须通过生物学试验加以证实。

针对《复审通知书》指出的问题，请求人于 2007 年 12 月 13 日提交了意见陈述书和修改后的权利要求书全文替换页（共 1 页 11 项），修改后的权利要求书如下：

"1. 具纤维二糖酶活性的多肽，其由 SEQ ID NO：2 中 1～842 位氨基酸组成，或由插在大肠杆菌 DSM 14240 的质粒内的核苷酸序列的纤维二糖酶编码部分所编码的氨基酸序列组成。

2. 由编码如权利要求 1 所述的多肽的核苷酸序列组成的多核苷酸。

3. 含有如权利要求 2 所述的核苷酸序列的核酸构建体，其中所述核苷酸序列有效连接于一个或多个能够指导多肽在适宜宿主中产生的调控序列。

4. 含有如权利要求 3 所述的核酸构建体的重组表达载体。

5. 含有如权利要求 3 所述的核酸构建体的重组宿主细胞。

6. 生产如权利要求 1 所述的多肽的方法，该方法包括：

（a）培养能够产生所述多肽的野生型菌株以产生所述多肽；以及

（b）回收此多肽。

7. 生产如权利要求 1 所述的多肽的方法，该方法包括：

（a）在有利于所述多肽产生的条件下培养如权利要求 5 所述的重组宿主细胞；以及

（b）回收此多肽。

8. 多核苷酸，由 SEQ ID NO：1 中核苷酸 87～2612 位所示核苷酸序列组成，或由插在大肠杆菌 DSM 14240 的质粒内的编码纤维二糖酶的核苷酸序列组成。

9. 含有如权利要求 1 所述的多肽和表面活性剂的组合物。

10. 用于从植物生物质生产乙醇的方法，其包括使植物生物质与如权利要求 1 任一项所述的多肽接触。

11. 如权利要求 1 所述的多肽在乙醇生产中的用途。"

请求人认为：（1）权利要求 1 放弃了同一性限定方式，删除了权利要求 2～5、9、16、24 和 26，因此复审通知书所指不符合专利法实施细则第 60 条第 1 款的缺陷已经克服；（2）放弃了同一性/杂交限定方式，改为"由……组成"方式，将所述多肽/多核苷酸限定为说明书中具体公开的技术方案，修改后的权利要求 1～11 得到说明书的实质性支持，符合专利法第 26 条第 4 款的规定。

至此，合议组认为本案事实清楚，可以作出审查决定。

二、决定的理由

1. 决定所针对的文本

请求人于 2007 年 12 月 13 日提交的权利要求书中，删除了复审请求时提交的权利要求书中的权利要求1~5、9、16、24和26，因此，《复审通知书》指出的不符合专利法实施细则第60条第1款的缺陷均已克服。

本复审请求审查决定所依据的文本为请求人于2007年12月13日提交的权利要求1~11以及驳回决定所针对的说明书和摘要。

2. 关于专利法第26条第4款

专利法第26条第4款规定，权利要求书应当以说明书为依据，说明要求专利保护的范围。

权利要求书应当以说明书为依据，是指权利要求应当得到说明书的支持。权利要求书中的每一项权利要求所要求保护的技术方案应当是所属技术领域的技术人员能够从说明书充分公开的内容中得到或概括得出的技术方案，并且不得超出说明书公开的范围。

本案中，2007年12月13日提交的权利要求书中，请求人删除了所述的"片段"、"百分比同一性"、"杂交条件"及"包含"的限定方式以及与这些限定方式有关的所有技术方案，驳回决定及《复审通知书》中所指出的不符合专利法第26条第4款的缺陷均已克服。

根据以上事实和理由，本案合议组作出如下审查决定。

三、决定

撤销国家知识产权局于2005年9月2日对02810179.0号发明专利申请作出的驳回决定。由原审查部门在本复审请求审查决定所针对文本的基础上继续进行审查。

复审请求人对本决定不服的，可以根据专利法第41条第2款的规定，自收到本决定之日起三个月内向北京市第一中级人民法院起诉。

抗骨桥蛋白抗体及其用途

复审请求审查决定（第 13807 号）

决 定 号	第 13807 号
决 定 日	2008 年 6 月 13 日
发明创造名称	抗骨桥蛋白抗体及其用途
国际分类号	C07K 16/18，C07K 7/06，C07K 7/08，C12N 15/09，C12P 21/08，A61K 39/395，A61K 45/00，A61P 37/02，A61P 29/00，A61P 19/02，A61P 43/00
复审请求人	株式会社免疫生物研究所，安斯泰来制药有限公司
申 请 号	02811086.2
申 请 日	2002 年 4 月 4 日
优 先 权 日	2001 年 4 月 5 日，2001 年 9 月 25 日
公 开 日	2004 年 7 月 14 日
合议组组长	李人久
主 审 员	冯 怡
参 审 员	李梦楠
法 律 依 据	专利法第 22 条第 3 款

决定要点

当要求保护的技术方案相对于最接近的现有技术存在区别技术特征时，应判断现有技术是否给出将上述区别特征应用到该最接近的现有技术以解决其存在的技术问题的启示，如果不存在这种技术启示，且该技术方案产生了有益的技术效果，则要求保护的技术方案具有创造性。

一、案由

本复审请求涉及申请号为 02811086.2，名称为"抗骨桥蛋白抗体及其用途"的发明专利申请（下称本申请），其申请日为 2002 年 4 月 4 日，最早优先权日为 2001 年 4 月 5 日，进入国家阶段日期为 2003 年 12 月 1 日，公开日为 2004 年 7 月 14 日。2006 年 8 月 18 日，申请人由株式会社免疫生物研究所和藤泽药品工业株式会社变更为株式会社免疫生物研究所和安斯泰来制药有限公司。

国家知识产权局实审部门于 2004 年 11 月 12 日发出《第一次审查意见通知书》，认为权利要求 18~21 属于专利法第 25 条第 1 款第（3）项疾病诊断和治疗方法的范畴，不能被授予专利权，以及权利要求 1~17 和 22~35 不符合专利法第 22 条第 3 款关于创造性的规定。其中关于创造性的具体理由是：权利要求 1 请求保护"抗骨桥蛋白抗体，所述抗骨桥蛋白抗体抑制识别 RGD 序列的整联蛋白与骨桥蛋白或其片段的结合，并且抑制识别 SVVYGLR 序列或其相当的序列的整联蛋白与骨桥蛋白或其片段的结合"。对比文件1（The Journal of Biological Chemistry，第269卷，第37期，第23284页，公开日为1994年9月16日）公开抗骨桥蛋白单克隆抗体抑制RGD介导的对骨桥蛋白（OPN）的粘附，并且识别由凝血酶降解后获得的含RGD区域（参见摘要及第23284页）。对比文件1与权利要求1的技术方案的区别之处在于：对比文件1中没有指出所述抗体抑制识别SVVYGLR序列或其相当的序列的整联蛋白与OPN或其片段的结合。

对比文件2（Experimental Cell Research，第258卷，公开日为2000年）显示整联蛋白α4β1结合凝血酶裂解的OPN N端片段，SVVYGLR是支持α4β1介导的细胞粘附的重要区域（参见摘要）；对比文件3（The Journal of Biological Chemistry，第274卷，第51期，1999年12月17日）公开由凝血酶裂解的含RGD的OPN N端片段是整联蛋白α9β1的配体，并且指出以SVVYGLR为代表的RGD邻近序列对于整联蛋白α9β1介导的OPN细胞粘附是重要的（参见摘要）；在对比文件1与对比文件2或3的教导与启示下，本领域技术人员很容易想到用同时含RGD和SVVYGLR的抗原肽来制备抗骨桥蛋白抗体。因此，权利要求1的技术方案不具备创造性。基于相似的理由，权利要求2~13、26和27也不具备专利法第22条第3款所规定的创造性。

对比文件4（EP0705842 A2，公开日为1996年4月10日）公开抗骨桥蛋白抗体及其片段在风湿病和关节炎的诊断与治疗中的用途（权利要求和实施例），因此权利要求14~17、22~25和32~35涉及的以权利要求1~13所述抗体为基础的相关疾病的治疗药、药物筛选法及其应用也不具备创造性。

申请人于2005年3月24日提交了意见陈述书和修改的权利要求书全文替换页（共30项），其中删除了权利要求18~21；在权利要求1~4中增加了"所述抗骨桥蛋白抗体可有效地治疗性治疗自身免疫病、风湿病、风湿性关节炎或变形性关节病"的技术特征。

国家知识产权局于2006年3月3日发出《第二次审查意见通知书》，指出权利要求1~30不符合专利法第22条第3款有关创造性的规定，其中针对上述增加的技术特征引入对比文件5（WO0063241 A2，公开日为2000年10月26日），认为对比文件5涉及调控免疫反应的方法和组合物，其用大量的资料与数据证明OPN与自身免疫病包括风湿性关节炎相关，并且特异于OPN的RGD序列的抗OPN抗体可用于治疗包括风湿性关节炎在内的自身免疫病（参见说明书第32页第12~13行，实施例2、3、6、8、9等）。因而，在原权利要求1~4的技术方案相对于对比文件1与对比文件2或3的结合不具备创造性时，增加这一技术特征仍然无助于新的权利要求1~4的创造性的确立。相应地，权利要求5~6也不具备创造性。修改后的权利要求7~30与相应的原权利要求相比没有实质性修改，在新修改的权利要求1~4不具备创造性的前提下，基于与《第一次审查意见通知书》指出的相似理由，权利要求7~30不具备创造性。

申请人于2005年10月17日再次提交了意见陈述书和修改的权利要求书全文替换页（共29项），将权利要求1中的"骨桥蛋白或其片段"修改为"经凝血酶切割的骨桥蛋白N-末端片段"。申请人认为：本申请是基于发明人首次发现风湿病患者关节腔液的OPN浓度较高以及所有OPN经凝血酶切割的N末端片段比例增加才完成的，而对比文件1~4中都没有给出上述教导或提示。

国家知识产权局于2006年10月27日以权利要求1~29不符合专利法第22条第3款的规定为由驳回了该申请，驳回决定所针对的权利要求书为：

"1. 抗骨桥蛋白抗体，所述抗骨桥蛋白抗体抑制识别RGD序列的整联蛋白与经凝血酶切割的骨桥蛋白N-末端片段的结合，并且抑制识别SVVYGLR序列或其相当的序列的整联蛋白与经凝血酶切割的骨桥蛋白N-末端片段的结合，所述抗骨桥蛋白抗体可有效地治疗性治疗自身免疫病、风湿病、风湿性关节炎或变形性关节病。

2. 抗骨桥蛋白抗体，所述抗骨桥蛋白抗体抑制识别RGD序列的整联蛋白与经凝血酶切割的骨桥蛋白N-末端片段的结合，并且抑制α9β1整联蛋白与经凝血酶切割的骨桥蛋白N-末端片段的结合，所述抗骨桥蛋白抗体可有效地治疗性治疗自身免疫病、风湿病、风湿性关节炎或变形性关节病。

3. 抗骨桥蛋白抗体，所述抗骨桥蛋白抗体抑制识别RGD序列的整联蛋白与经凝血酶切割的骨桥蛋白N-末端片段的结合，并且抑制α4整联蛋白与经凝血酶切割的骨桥蛋白N-末端片段的结合，所述抗骨桥蛋白抗体可有效地治疗性治疗自身免疫病、风湿病、风湿性关节炎或变形性关节病。

4. 抗骨桥蛋白抗体，所述抗骨桥蛋白抗体抑制识别RGD序列的整联蛋白与经凝血酶切割的骨桥蛋白N-末端片段的结合，并且抑制α9β1整联蛋白与经凝血酶切割的骨桥蛋白N-末端片段的结合、、以及α4整联蛋白与经凝血酶切割的骨桥蛋白N-末端片段的结合，所述抗骨桥蛋白抗体可有效地治疗性治疗自身免疫病、风湿病、风湿性关节炎或变形性关节病。

5. 权利要求1~4的任一项的抗骨桥蛋白抗体，其中所述抗体是以含有部分氨基酸序列RGDSVVYGLR的肽作为抗原而得到的。

6. 权利要求1~5的任一项的抗骨桥蛋白抗体，其中所述抗体是以含有部分氨基酸序列RGDSVVYGLRS的肽作为抗原而得到的。

7. 权利要求1~6的任一项的抗骨桥蛋白抗体，其中所述抗体是以肽VDTYDGRGDSVVYGLRS作为抗原而得到的。

8. 权利要求1~4的任一项的抗骨桥蛋白抗体，其中所述抗体是以含有部分氨基酸序列RGDSLAYGLR的肽作为抗原而得到的。

9. 权利要求1~4的任一项的抗骨桥蛋白抗体，其中所述抗体是以肽CVDVPNGRGDSLAYGLR作为抗原而得到的。

10. 权利要求1~9的任一项的抗骨桥蛋白抗体，其中所述抗体是单克隆抗体。

11. 权利要求1~7的任一项的抗骨桥蛋白抗体，其中所述抗体是人源化抗体。

12. 权利要求1~7的任一项的抗骨桥蛋白抗体，其中所述抗体是人类抗体。

13. 自身免疫病治疗药，所述治疗药含有权利要求1~12的任一项的抗骨桥蛋白抗体作为有效成分。

14. 风湿病治疗药，所述治疗药含有权利要求1~12的任一项的抗骨桥蛋白抗体作为有效成分。

15. 风湿性关节炎治疗药，所述治疗药含有权利要求1~12的任一项的抗骨桥蛋白抗体作为有效成分。

16. 变形性关节病治疗药，所述治疗药含有权利要求1~12的任一项的抗骨桥蛋白抗体作为有效成分。

17. 自身免疫病治疗药的筛选方法，其特征在于：评价受试化合物对经凝血酶切割的骨桥蛋白N-末端片段的RGD序列与整联蛋白的结合和经凝血酶切割的骨桥蛋白N-末端片段的SVVYGLR序列与整联蛋白的结合的抑制程度。

18. 风湿病治疗药的筛选方法，其特征在于：评价受试化合物对经凝血酶切割的骨桥蛋白N-末端片段的RGD序列与整联蛋白的结合和经凝血酶切割的骨桥蛋白N-末端片段的SVVYGLR序列与整联蛋白的结合的抑制程度。

19. 风湿性关节炎治疗药的筛选方法，其特征在于：评价受试化合物对经凝血酶切割的骨桥蛋白N-末端片段的RGD序列与整联蛋白的结合和经凝血酶切割的骨桥蛋白N-末端片段的SVVYGLR序列与整联蛋白的结合的抑制程度。

20. 变形性关节病治疗药的筛选方法，其特征在于：评价受试化合物对经凝血酶切割的骨桥蛋白

N-末端片段的 RGD 序列与整联蛋白的结合和经凝血酶切割的骨桥蛋白 N-末端片段的 SVVYGLR 序列与整联蛋白的结合的抑制程度。

21. 用于鉴别风湿性关节炎和变形性关节病的炎症异常的诊断方法及所用的检测试剂盒，包括检测含有 RGDSVVYGLR 序列的经凝血酶切割的骨桥蛋白 N 末端片段。

22. 权利要求 21 的炎症异常鉴别的方法及检测试剂盒，其特征在于所述方法包括使用关节腔液或血浆。

23. 用于检测包括风湿性关节炎和变形性关节病的炎症异常的试剂盒，所述试剂盒包含利用 3 种抗骨桥蛋白的下述片段肽（1）～（3）中每一种的抗体中 2 种抗体的组合的第一免疫检测试剂和利用三种所述抗体中不同的 2 种抗体组合的第二免疫检测试剂的组合，

（1）不含 RGDSVVYGLR 序列的片段肽，其为经凝血酶切割的骨桥蛋白 N 末端片段的一部分，

（2）含有 RGDSVVYGLR 序列的片段肽，其为经凝血酶切割的骨桥蛋白 N 末端片段的一部分，

（3）一种片段肽，其为经凝血酶切割的骨桥蛋白 C 末端片段的一部分。

24. 权利要求 23 的炎症异常检测试剂盒，所述试剂盒包含利用 3 种抗骨桥蛋白的下述片段肽（1）～（3）中每一种的抗体中 2 种抗体的组合的第一免疫检测试剂和利用三种所述抗体中不同的 2 种抗体组合的第二免疫检测试剂的组合，

CVDTYDGRGDSVVYGLRS　　　　　（1）
KSKKFRRPDIQYPDATDEC　　　　　（2）
IPVKQADSGSSEEKQC　　　　　（3）

25. 权利要求 24 的炎症异常检测试剂盒，其中所述第一免疫检测试剂所使用的 2 种抗体分别为抗以下式（3）和（2）

IPVKQADSGSSEEKQC　　　　　（3）
KSKKFRRPDIQYPDATDEC　　　　　（2）

所示肽的抗体；所述第二免疫检测试剂所使用的 2 种抗体分别为抗以下式（1）和（3）

CVDTYDGRGDSVVYGLRS　　　　　（1）
IPVKQADSGSSEEKQC　　　　　（3）

所示肽的抗体。

26. 权利要求 1～12 的任一项的抗骨桥蛋白抗体在制备自身免疫病治疗药中的应用。

27. 权利要求 1～12 的任一项的抗骨桥蛋白抗体在制备风湿病治疗药中的应用。

28. 权利要求 1～12 的任一项的抗骨桥蛋白抗体在制备风湿性关节炎治疗药中的应用。

29. 权利要求 1～12 的任一项的抗骨桥蛋白抗体在制备变形性关节病治疗药中的应用。"

驳回决定认为：申请人在意见陈述中认为本发明的创造性在于首次发现了存在于风湿性关节炎患者中的 OPN 总量中，经凝血酶分解的 N-末端片段比例高，阻断经凝血酶分解的 N-末端片段的 RGD 和 SVVYGLR 序列与识别这些序列的整联蛋白之间相互作用，能够有效治疗自身免疫疾病，例如风湿病。然而，对比文件 5 公开了"经凝血酶切割的骨桥蛋白的 N-末端部分与其位于巨噬细胞上的整联蛋白受体之间的相互作用导致巨噬细胞的扩散与激活，导致 IL-12 表达，C-末端部分与 CD44 之间的相互作用介导巨噬细胞趋药性，介导 IL-10 的抑制。对比文件 5 还公开了凝血酶具体的切割位点，即提供了 N（C）-末端片段所指为何，也用具体的实施例对 N-末端和 C-末端在免疫反应中的作用予以证实"。因此，对比文件 5 明确指出了"经凝血酶切割的骨桥蛋白 N-末端片段"与"治疗自身免疫疾病，如风湿性关节炎和变形性关节病"之间存在必然联系。同时，"对比文件 1～4 也都或多或少地指出了骨桥蛋白或其片段在肿瘤发生、骨形成与发育（对比文件 1 前言部分）、免疫反应、炎

症、组织重塑（对比文件2介绍部分、对比文件3前言部分、对比文件4的权利要求和实施例）等中的作用，而且也用大量的实验证据证明其中起作用的就是含有RGD和以SVVYGLR为代表的RGD邻近序列的N-末端片段"。

"抗骨桥蛋白抗体不只公开于对比文件1，在对比文件5中也已披露（参见实施例3和权利要求42），因此，对比文件1或5的其中之一与对比文件2或3其中之一结合，均可破坏权利要求1的创造性（对权利要求1创造性的具体评述可参见第一次和第二次审查意见通知书，此处不再赘述，因为新权利要求1与前两次的权利要求1之间的区别特征对创造性的影响以上已清楚阐明）。"而且，将"骨桥蛋白或其片段"修改为"经凝血酶切割的骨桥蛋白N-末端片段"，此进一步的限定仍然在对比文件5甚至是其他对比文件所公开的范围内，基于类似理由，权利要求2~29也不具备专利法第22条第3款所规定的创造性。

申请人株式会社免疫生物研究所和安斯泰来制药有限公司（下称请求人）对上述驳回决定不服，于2007年2月12日向专利复审委员会提出复审请求，同时，请求人提交了修改的权利要求书的全文替换页（共1~8项），其中删除了权利要求5~9、13~27和29，修改了权利要求1~4、11和18。修改后的权利要求书如下：

"1. 风湿性关节炎治疗药，其包含抗骨桥蛋白抗体作为有效成分，所述抗骨桥蛋白抗体可以抑制识别氨基酸序列RGD位点的整联蛋白与骨桥蛋白N-末端凝血酶切割片段的结合，并且也可以抑制识别氨基酸序列SVVYGLR或其相当序列位点的整联蛋白与骨桥蛋白N-末端凝血酶切割片段的结合，其中所述抗骨桥蛋白抗体是以含氨基酸序列VDTYDGRGDSVVYGLRS或CVDVPNGRGDSLAYGLR的肽为抗原而得到的。

2. 权利要求1的风湿性关节炎治疗药，其中所述抗骨桥蛋白抗体可以抑制 α9β1 整联蛋白与骨桥蛋白N-末端凝血酶切割片段的结合。

3. 权利要求1的风湿性关节炎治疗药，其中所述抗骨桥蛋白抗体可以抑制 α4 整联蛋白与骨桥蛋白N-末端凝血酶切割片段的结合。

4. 权利要求1的风湿性关节炎治疗药，其中所述抗骨桥蛋白抗体可以抑制 α9β1 整联蛋白与骨桥蛋白N-末端凝血酶切割片段的结合，以及 α4 整联蛋白与骨桥蛋白N-末端凝血酶切割片段的结合。

5. 权利要求1~4任一项的风湿性关节炎治疗药，其中所述抗骨桥蛋白抗体是单克隆抗体。

6. 权利要求1~4任一项的风湿性关节炎治疗药，其中所述抗骨桥蛋白抗体是将以含氨基酸序列VDTYDGRGDSVVYGLRS或CVDVPNGRGDSLAYGLR的肽作为抗原而得到的抗体人源化而制得的。

7. 权利要求1~4任一项的抗骨桥蛋白抗体，其中所述抗骨桥蛋白抗体是人类抗体。

8. 抗骨桥蛋白抗体在制备风湿性关节炎治疗药中的应用，其中所述抗骨桥蛋白抗体可以抑制识别氨基酸序列RGD位点的整联蛋白与骨桥蛋白N-末端凝血酶切割片段的结合，并且也可以抑制识别氨基酸序列SVVYGLR或其相当序列位点的整联蛋白与骨桥蛋白N-末端凝血酶切割片段的结合，其中所述抗骨桥蛋白抗体是以含氨基酸序列VDTYDGRGDSVVYGLRS或CVDVPNGRGDSLAYGLR的肽为抗原而得到的。"

请求人认为：对比文件1~5均未提示或教导风湿性关节炎患者患病部位存在较高量的OPN-末端凝血酶切割片段，因而制备可抑制OPN N-末端凝血酶切割片段与各种类型整联蛋白之间相互作用的抗体、以及应用这些抗体治疗其中有较高量OPN N-端凝血酶切割片段的风湿性关节炎对于本领域技术人员而言是非显而易见的，本领域的技术人员在参阅了上述任何对比文件之后，不能预见到具有上述特性的抗OPN抗体在治疗风湿性关节炎中的显著效果，因此修改后的权利要求相对于对比文件具备新颖性和创造性。

形式审查合格后，专利复审委员会受理了该复审请求，并于 2007 年 3 月 29 日向请求人发出《复审请求受理通知书》，随后将本申请移交原审查部门进行前置审查。

在《前置审查意见书》中，原审查部门认为：(1) 权利要求 1~5 不符合专利法第 33 条的规定，修改后的权利要求 1 中的技术特征"以含氨基酸序列 VDTYDGRGDSVVYGLRS 或 CVDVPNGRGDSLAYGLR 的肽为抗原"是开放式的限定，超出了原始文件记载的"以肽 VDTYDGRGDSVVYGLRS 或 CVDVPNGRGDSLAYGLR 作为抗原"的封闭式限定的范围；(2) 权利要求 1~6 仍然不符合专利法第 22 条第 3 款的规定，修改后的权利要求的主题为"风湿性关节炎治疗药"，对比文件 5 公开了特异于 OPN 的 RGD 序列的 OPN 抗体可用于包括风湿性关节炎在内的自身免疫病的治疗，这一修改不能克服驳回正文中已经指出的不具备创造性的缺陷；(3) 权利要求 7 和 8 也不符合专利法第 22 条第 3 款的规定，具体意见参见《第一次审查意见通知书》，因此坚持原驳回决定。

请求人于 2007 年 7 月 12 日再次提交了修改的权利要求书全文替换页（共 1~7 项），与其提出复审请求时提交的权利要求书相比，请求人将原权利要求 6 的内容引入了权利要求 1 和 7，删除了原权利要求 6，并修改了权利要求 1 和 7 中开放式的限定方式，原权利要求 7 和 8 分别变成修改后的权利要求 6 和 7，对其他权利要求未作修改。修改后的权利要求 1 和 7 如下：

"1. 风湿性关节炎治疗药，其包含抗骨桥蛋白抗体作为有效成分，所述抗骨桥蛋白抗体可以抑制识别氨基酸序列 RGD 位点的整联蛋白与骨桥蛋白 N-末端凝血酶切割片段的结合，并且也可以抑制识别氨基酸序列 SVVYGLR 或其相当序列位点的整联蛋白与骨桥蛋白 N-末端凝血酶切割片段的结合，其中所述抗骨桥蛋白抗体是以 CVDTYDGRGDSVVYGLRS 或 CVDVPNGRGDSLAYGLR 的肽为抗原而得到的抗体，或者是通过将以 CVDTYDGRGDSVVYGLRS 或 CVDVPNGRGDSLAYGLR 的肽为抗原而得到的抗体人源化而制得的人源化抗体。"

"7. 抗骨桥蛋白抗体在制备风湿性关节炎治疗药中的应用，其中所述抗骨桥蛋白抗体可以抑制识别氨基酸序列 RGD 位点的整联蛋白与骨桥蛋白 N-末端凝血酶切割片段的结合，并且也可以抑制识别氨基酸序列 SVVYGLR 或其相当序列位点的整联蛋白与骨桥蛋白 N-末端凝血酶切割片段的结合，其中所述抗骨桥蛋白抗体是以 CVDTYDGRGDSVVYGLRS 或 CVDVPNGRGDSLAYGLR 的肽为抗原而得到的抗体，或者是通过将以 CVDTYDGRGDSVVYGLRS 或 CVDVPNGRGDSLAYGLR 的肽作为抗原而得到的抗体人源化而制得的人源化抗体。"

专利复审委员会组成合议组，对本案的复审请求进行了审理。经审查，合议组认为本案事实清楚，可以作出审查决定。

二、决定的理由

1. 审查文本

请求人于 2007 年 7 月 12 日提交了经修改的权利要求书（共 1~7 项），经审查，其符合专利法实施细则第 60 条第 1 款的规定。因此，本复审请求审查决定是在请求人于 2007 年 7 月 12 日提交的权利要求 1~7 和 2003 年 12 月 1 日提交的说明书第 1~36 页、序列表第 1~8 页，说明书附图第 1~8 页及说明书摘要的基础上作出的。

2. 关于修改超范围的问题

与复审请求时提交的权利要求书相比，请求人在 2007 年 7 月 12 日提交的权利要求书中将权利要求 1 和 7 中的"以含氨基酸序列 VDTYDGRGDSVVYGLRS 或 CVDVPNGRGDSLAYGLR 的肽为抗原"的开放式限定方式修改为"以 CVDTYDGRGDSVVYGLRS 或 CVDVPNGRGDSLAYGLR 的肽为抗原"的封闭式限定方式，克服了前置审查意见中指出的权利要求 1 的修改不符合专利法第 33 条规定的缺陷，相应地，权利要求 2~5 也克服了上述缺陷。

3. 关于创造性的问题

专利法第 22 条第 3 款规定，发明的创造性，是指同申请日以前已有的技术相比，该发明有突出的实质性特点和显著的进步。

当要求保护的技术方案相对于最接近的现有技术存在区别技术特征时，应判断现有技术是否给出将上述区别特征应用到该最接近的现有技术以解决其存在的技术问题的启示，如果不存在这种技术启示，且该技术方案产生了有益的技术效果，则要求保护的技术方案具有创造性。

（1）关于权利要求 1 的创造性。

权利要求 1 要求保护风湿性关节炎治疗药，其包含抗骨桥蛋白抗体作为有效成分，所述抗骨桥蛋白抗体可以抑制识别氨基酸序列 RGD 位点的整联蛋白与骨桥蛋白 N-末端凝血酶切割片段的结合，并且也可以抑制识别氨基酸序列 SVVYGLR 或其相当序列位点的整联蛋白与骨桥蛋白 N-末端凝血酶切割片段的结合，其中所述抗骨桥蛋白抗体是以 CVDTYDGRGDSVVYGLRS 或 CVDVPNGRGDSLAYGLR 的肽为抗原而得到的抗体，或者是通过将以 CVDTYDGRGDSVVYGLRS 或 CVDVPNGRGDSLAYGLR 的肽为抗原而得到的抗体人源化而制得的人源化抗体。本发明要解决的技术问题是提供可以抑制识别 RGD 和 SVVYGLR 位点的整联蛋白与 OPN N-端凝血酶切割片段结合的抗骨桥蛋白抗体用于治疗风湿性关节炎。

对比文件 1（The Journal of Biological Chemistry，第 269 卷，第 37 期，第 23284 页，公开日为 1994 年 9 月 16 日）公开以重组的人全长 OPN（GST-h OPN）融合蛋白为抗原制备得到的抗骨桥蛋白鼠单抗，其识别人 OPN 的 RGD/凝血酶切割区而抑制对 OPN 的细胞粘附（参见摘要及第 23284 页）。

由上可知，作为最接近现有技术的对比文件 1 仅仅公开了可以抑制识别氨基酸序列 RGD 位点的整联蛋白与骨桥蛋白 N-末端凝血酶切割片段结合的 OPN 抗体，其与权利要求 1 的技术方案相比还存在 3 个区别特征：（1）对比文件 1 所述的单抗能识别人骨桥蛋白的 RGD/凝血酶切割区而抑制对骨桥蛋白的细胞粘附，但其并没有公开所述单抗能作为有效成分用于治疗风湿性关节炎；（2）对比文件 1 没有公开所述抗 OPN 抗体可抑制识别 SVVYGLR 序列或其相当序列的整联蛋白与骨桥蛋白 N-端凝血酶切割片段的结合；（3）对比文件 1 公开以重组的人全长骨桥蛋白为抗原制得的抗体，人全长骨桥蛋白除了含有 RGD 和 SVVYGLR 序列外，还含有其他氨基酸残基或序列片段，而权利要求 1 所述的技术方案仅以肽 CVDTYDGRGDSVVYGLRS 或 CVDVPNGRGDSLAYGLR（SLAYGLR 是 SVVYGLR 在小鼠中的相当序列）为抗原制备上述抗体及其人源化抗体。

对比文件 2（Experimental Cell Research，第 258 卷，2000 年）公开整联蛋白 α4β1 结合凝血酶裂解的 OPN N 端片段，SVVYGLR 是支持 α4β1 介导的细胞粘附的重要区域（参见摘要）。

对比文件 3（The Journal of Biological Chemistry，第 274 卷，第 51 期，1999 年 12 月）公开由凝血酶裂解的含 RGD 的 OPN N 端片段是整联蛋白 α9β1 的配体，并且指出以 SVVYGLR 为代表的 RGD 邻近序列对于整联蛋白 α9β1 介导的 OPN 细胞粘附是重要的（参见摘要）。

虽然对比文件 2 或 3 公开了序列 SVVYGLR 是 OPN 内部与整联蛋白 α4β1 或 α9β1 结合的位点，并且 OPN 涉及骨形成、炎症、免疫反应等生理现象（对比文件 2 和对比文件 3 的前言部分），但是这些内容仅限于揭示 OPN 的生理作用和 OPN 与整联蛋白结合中涉及序列 SVVYGLR 位点的机理，RGD 和 SVVYGLR 位点各自参与不同整联蛋白与 OPN 的结合，如果能够同时阻断 RGD 和 SVVYGLR 位点被整联蛋白识别，将更有效地抑制各种整联蛋白与 OPN 的结合及细胞粘附。然而上述对比文件并没有公开或提示：i. 能够利用这样的机理以序列 SVVYGLR 作为抗原制备抗体；ii. 抗 OPN 的抗体同样也涉及上述生理现象；iii. 抑制整联蛋白与 OPN 结合介导的细胞粘附与风湿性关节炎的治疗有必然的联系；iv. 关于人源化抗体的任何信息。也就是说，对比文件 2 或 3 没有公开抗 OPN N-端凝血酶切割片段而非抗全长 OPN 的抗体可作为风湿性关节炎治疗药的有效成分，以及用 CVDTYDGRGDSVVYGLRS 或 CVDVPNGRGDSLAYGLR 的肽作为抗原来制备抗体及人源化抗体的技术方案，并且也没有提供相应的技术启示。

因此，对比文件 2 或 3 不能给予所属领域的技术人员将上述区别特征（1）和（3）应用到对比文件 1 中的技术启示，即在对比文件 1 和对比文件 2 或 3 其中之一结合的基础上，以 RGDSVVYGLR 区及其相邻几个氨基酸残基的肽段，即肽 CVDTYDGRGDSVVYGLRS 或 CVDVPNGRGDSLAYGLR 为抗原制备抗 OPN 抗体，再获得人源化抗体，并将该抗体用作治疗风湿性关节炎治疗药的有效成分对于所属领域的技术人员来说不是显而易见的。

对比文件 4（EP0705842 A2，公开日为 1996 年 4 月 10 日）涉及用 IL-1β 刺激软骨细胞调节基因，在所述细胞中 OPN 的 mRNA 表达水平有变化。其没有公开关于抗 OPN 抗体的任何内容，也没有公开或提示 OPN 抗体在自身免疫疾病中具有治疗效果。鉴于在驳回决定中，没有明确指出将对比文件 4 与其他文件进行结合来评价权利要求 1~29 的创造性的使用方式，在此对其不作评述。

对比文件 5（WO0063241 A2，公开日为 2000 年 10 月 26 日）涉及 OPN 的调节物调控免疫反应的方法，公开了抗 OPN 血清（LF-123）抑制单纯疱疹病毒感染引发的免疫反应（实施例 2 和 3），以及 OPN 的 C-端片段导致 CD44 转染物的趋化（实施例 6），OPN 的 N-端片段介导单核细胞的分散（实施例 8）。虽然其中权利要求 42 和说明书的第 32 页提到 OPN 抗体 LF-123 特异于 RGD 序列，并且认为 OPN 与自身免疫病包括风湿性关节炎相关，但是只证明了 LF-123 能在病毒感染后抑制免疫应答，而未提及其可以治疗风湿性关节炎；也未提及可以制备仅仅只特异于 RGDSVVYGLR 区的抗体，并且该抗体可以治疗风湿性关节炎。同时，对比文件 5 只明确指出了"经凝血酶切割的骨桥蛋白 N-末端片段"与"巨噬细胞扩散与激活的免疫反应"有关，并没有证据明确其与"治疗自身免疫疾病，如风湿性关节炎和变形性关节病"之间存在必然的联系。因此，对比文件 5 公开的内容与权利要求 1 的技术方案同样存在上述 3 个区别特征，而对比文件 2 或 3 依然不能给予所属领域的技术人员将上述区别特征（1）和（3）应用到对比文件 5 中的技术启示。

综上所述，对比文件 1~3 和 5 中公开的 OPN 抗体或者是针对人全长 OPN 而非经凝血酶切割的 OPN N-末端片段，或者是特异于 RGD 区的抗血清，只抑制特定的免疫应答而非特异性治疗风湿性关节炎。所属领域技术人员均知，只使用 RGDSVVYGLR 短肽作为抗原制备抗体与使用全长 OPN 制备的抗体是不同的，其是只特异针对 OPN 及其 N 端片段，还是广泛抑制生物体内其他相关蛋白的活性或结合，将是无法预期的。因此，在对比文件 1 或 5 其中之一和对比文件 2 或 3 其中之一结合的基础上，以 RGDSVVYGLR 区及其相邻几个氨基酸残基的肽段，即肽 CVDTYDGRGDSVVYGLRS 或 CVD-VPNGRGDSLAYGLR 为抗原制备抗 OPN 抗体，再获得人源化抗体，并将该抗体用作治疗风湿性关节炎治疗药的有效成分，以不仅达到抑制 OPN 与整联蛋白结合的效果，更要解决治疗风湿性关节炎的技术问题对于所属领域的技术人员来说不是显而易见的。

并且，本发明说明书中实施例 2~6 已经证明了以肽 CVDTYDGRGDSVVYGLRS 为抗原制得的 2K1 抗体在体外抑制细胞粘附，实施例 7~12 证明了以肽 CVDVPNGRGDSLAYGLR（RGDSVVYGLR 肽在小鼠内的对应物）为抗原制备得到的 M5 抗体不仅在体外抑制细胞粘附，抑制骨破坏，而且在关节炎模型小鼠体内起到了改善症状的作用。由于上述抗原是只有 RGD 和 SVVYGLR 两个位点的短肽，由该短肽为抗原制得的抗体不仅结合 OPN，而且结合 OPN N-端凝血酶切割片段，这对于在关节腔液中 OPN N-端凝血酶切割片段浓度很高的风湿病患者，比对比文件中只针对全长 OPN 的抗体，具有更为有益的治疗效果（说明书第 3~4 页），并且没有显示很强的副作用（说明书实施例 12），这也反映出权利要求 1 的技术方案相对于现有技术具有突出的实质性特点，并产生了有益的技术效果，具备专利法第 22 条第 3 款规定的创造性。

(2) 关于权利要求 2~7 的创造性

当独立权利要求 1 具备创造性时,其从属权利要求 2~5 也具备创造性。

同时,基于与上述针对权利要求 1 所评述的其技术方案具备创造性的相同理由,权利要求 6 要求保护的抗骨桥蛋白抗体和权利要求 7 要求保护的抗骨桥蛋白抗体在制备风湿性关节炎治疗药中的应用,也具备专利法第 22 条第 3 款规定的创造性。

根据以上事实和理由,本案合议组作出如下审查决定。

三、决定

撤销国家知识产权局于 2006 年 10 月 27 日对 02811086.2 号发明专利申请作出的驳回决定。由原审查部门在本复审决定所针对文本的基础上继续进行审查。

复审请求人对本决定不服的,可以根据专利法第 41 条第 2 款的规定,自收到本决定之日起三个月内向北京市第一中级人民法院起诉。

突变的无激活作用的 IgG2 结构域和插入该结构域的抗 CD3 抗体

复审请求审查决定（第 13810 号）

决 定 号	第 13810 号
决 定 日	2008 年 6 月 23 日
发明创造名称	突变的无激活作用的 IgG2 结构域和插入该结构域的抗 CD3 抗体
国际分类号	C07K 16/46
复审请求人	PDL 生物制药公司，弗雷德哈钦森癌症研究中心
申 请 号	97195646.4
优 先 权 日	1996 年 5 月 20 日，1996 年 5 月 31 日
申 请 日	1997 年 5 月 19 日
公 开 日	1999 年 7 月 7 日
合议组组长	吴通义
主 审 员	卢 阳
参 审 员	葛永奇
法 律 依 据	专利法第 22 条第 3 款
决 定 要 点	如果要求保护的发明相对于现有技术具有突出的实质性特点和显著的进步，则该发明具备创造性。

一、案由

本复审请求涉及名称为"突变的无激活作用的 IgG2 结构域和插入该结构域的抗 CD3 抗体"的第 97195646.4 号发明专利申请（下称本申请），申请人为 PDL 生物制药公司、弗雷德哈钦森癌症研究中心（变更前为蛋白质设计研究室有限公司、弗雷德哈钦森癌症研究中心），申请日为 1997 年 5 月 19 日，公开日为 1999 年 7 月 7 日，优先权日为 1996 年 5 月 20 日、1996 年 5 月 31 日。

国家知识产权局于 2005 年 9 月 9 日以本申请权利要求 2~6、8 不符合专利法第 22 条第 3 款的规定为由驳回了本申请，具体理由为：权利要求 2 要求保护一种突变的 IgG2 恒定区，但对比文件 1（"Human FcγRI and FcγRII interact with distinct but overlapping sites on human IgG"，John Lund 等人，The Journal of Immunology，第 147 卷第 8 期，第 2657~2662 页，1991 年）中已公开了一种突变的 IgG 恒定区，其中残基 234 突变为 ala，残基 235 突变为 ala 或 glu，残基 237 突变为 ala。两者相比，区别仅在于本申请中将 IgG 具体限定为 IgG2。虽然 IgG2 在第 234~237 位的氨基酸序列与其他 IgG 不相同，但是由于现有技术中公知 IgG2 与 IgG1、IgG3、IgG4 同型，因此，用 IgG2 替代其他 IgG 同型而得到权利要求 2 的技术方案对于本领域技术人员而言是显而易见的，而且没有产生预料不到的技术效果，因此，权利要求 2 不具备专利法第 22 条第 3 款规定的创造性；在权利要求 2 不具备创造性的情况下，其从属权利要求 3～6 和权利要求 8 也不具备专利法第 22 条第 3 款规定的创造性。

驳回决定所针对的权利要求书如下：

"1. 在按 EU 编号系统定义的残基 234 和 237 位间具有突变氨基酸区段的突变 IgG2 恒定区，其中含有一种抗 CD3 抗体的可变区与所述突变 IgG2 恒定区相连的抗体相对于含有所述抗 CD3 抗体的可变区与一种天然 IgG2 恒定区相连的另一种抗体而言，前者所诱导的人 T 细胞的促有丝分裂反应有所降低。

2. 一种突变的 IgG2 恒定区，其中按 EU 编号系统定义的残基 234、235 和 237 形成下述氨基酸区段之一：

ala ala gly，

val ala ala，

ala ala ala，

val glu ala，以及

ala glu ala。

3. 按照权利要求 2 的突变的 IgG2 恒定区，其中所说的区段是 ala ala ala。

4. 按照权利要求 3 的突变的 IgG2 恒定区，其中所说的区段包含在除此区段不同外即为天然存在的 IgG2 恒定区中。

5. 按照权利要求 2 的突变的 IgG2 恒定区，其至少包括 C_H1，铰链，C_H2 和 C_H3 区。

6. 按照权利要求 5 的 IgG2 恒定区，其含有 SEQ ID NO：9 所示的序列。

7. 可特异性结合人 CD3 的抗体，其中含有权利要求 1 的突变的 IgG2 恒定区。

8. 可特异性结合人 CD3 的抗体，其中含有权利要求 2 的突变的 IgG2 恒定区。

9. 按照权利要求 8 的抗体，其中该抗体是人源化的。

10. 按照权利要求 9 的抗体，其中该抗体是人源化 M291。

11. 按照权利要求 10 的抗体，其中人源化轻链含有 SEQ ID NO：6 所示的成熟氨基酸序列，并且人源化重链可变区包括与 IgG2 恒定区融合的具有 SEQ ID NO：8 所示的成熟氨基酸序列。

12. 按照权利要求 11 的抗体，其中突变的 IgG2 恒定区的 234、235 和 237 残基形成区段 ala ala ala。

13. 按照权利要求 10 的人源化抗体，其含有人源化重链和人源化轻链：（1）该人源化轻链包括 3 个互补性决定区（CDR1、CDR2、CDR3）和一个可变区框架，所说的 3 个互补性决定区具有小鼠 M291 免疫球蛋白轻链的相应互补性决定区的氨基酸序列，所说的可变区框架来源于人 κ 轻链可变区框架序列；以及（2）该人源化重链包括 3 个互补性决定区和一个可变区框架，所说的 3 个互补性决定区具有小鼠 M291 免疫球蛋白重链的相应互补性决定区的氨基酸序列，所说的可变区框架来源于人重链可变区框架序列，差异仅在于其至少在选自由 H30、H67、H68、H70、H72 和 H74 位置组成之组的氨基酸位置之一由小鼠 M291 免疫球蛋白重链可变区框架同一位置的同样氨基酸占据；

该免疫球蛋白与 T 细胞表面的 CD3 抗原特异性结合，其结合亲合力下限为约 $10^7 M^{-1}$；上限约是 M291 免疫球蛋白结合亲合力的 5 倍。

14. 按照权利要求 13 的人源化抗体，其中该人源化轻链可变区框架来源于亚组 I 的 HF2-1/17 抗体的轻链可变区框架，该人源化重链区框架来源于 21/28 抗体的重链可变区框架，差异仅在于选自所说组的至少位置之一，以及 44 位，该氨基酸位置由出现在人免疫球蛋白亚组 I 共有序列同一位置上的同样氨基酸占据。"

申请人 PDL 生物制药公司、弗雷德哈钦森癌症研究中心（下称请求人）对上述驳回决定不服，于 2005 年 12 月 26 日向专利复审委员会提出复审请求，提出复审请求时没有修改申请文件。请求人认为权利要求 2~6、8 具备创造性，具体理由为：（1）对比文件 1 中仅描述了基于 IgG3 分子修饰的实验，而本发明涉及的是 IgG2，虽然 IgG2 与 IgG1、3、4 同型，但这并不表示它们可以互换或者在所有方面其功能都是相同的，关于 IgG3 中第 234 和 237 位残基突变的效果可以同样适用 IgG2 内相应残基位点的推论缺乏合理的依据，根本没有考虑到 IgG2 与其他三种同型之间在该区域内的显著序列差别。（2）IgG2 与 IgG1、3、4 相比其第 234 位、第 235 位和第 236 位残基处均存在差异，这些结构差别使得普通技术人员根本无法预见对比文件 1 中有关 IgG3 的结果同样适用于 IgG2。（3）由于将对比文件 1 中的研究结果扩展至基于 IgG2 的本发明时存在不可预见性，普通技术人员也无法预见本发明的效果，如实现促有丝分裂反应的降低。（4）对比文件 1 中只是公开了三个单独突变，将这三个单独突变组合起来进一步增加了权利要求 3、4 的技术方案的不可预见性。

形式审查合格后，专利复审委员会受理了该复审请求，并于 2006 年 1 月 19 日向请求人发出《复审请求受理通知书》，随后将本申请移交原审查部门进行前置审查。

原审查部门对本复审请求进行了前置审查，认为 IgG2 只是从四种 IgG 同型中选择一种，在 IgG2 与其他三种同型都属于 IgG 同型的启发下作出该选择对于本领域技术人员来说是显而易见的，并且这种选择也没有产生预料不到的技术效果，因此，权利要求 2~6、8 不具备创造性，故坚持原驳回决定。

专利复审委员会组成合议组，对本复审请求案进行了审理，并于 2007 年 9 月 13 日向请求人发出复审通知书，指出：

（1）对比文件 1 中记载了第 234 和 237 位残基间为 Val-Ala-deletion-Gly 的 IgG2（参见对比文件 1 第 2661 页最后一段），其与权利要求 1 所要求保护的 IgG2 恒定区相比，区别在于权利要求 1 所述 IgG2 恒定区在第 234~237 位残基区域内具有突变氨基酸。然而，对比文件 1 中已明确指出：第 234~237 位间的区域为 IgG 与 Fc（RII 相互作用的位点，在第 234 位和第 237 位的突变将大大降低 IgG 与 FcγRII 的结合（参见对比文件 1 摘要），本领域技术人员据此能够容易的想到在 IgG2（IgG 的亚类）的第 234~237 位间进行突变可以降低 IgG2 与 FcγRII 的结合活性，进而降低由于与 Fc（受体结合而引起的 T 细胞的促有丝分裂反应。由此可见，在对比文件 1 的基础上获得权利要求 1 的技术方案，对于本领域技术人员而言是显而易见的，含有权利要求 1 的 IgG2 恒定区的抗体所诱导的 T 细胞的促有丝分裂反应降低也是可以预期的，因此，权利要求 1 不具备创造性，不符合专利法第 22 条第 3 款的规定。

（2）权利要求 2 所要求保护的突变 IgG2 恒定区与对比文件 1 中所述的 IgG2 恒定区相比，区别在于第 234~237 位残基区域内的部分氨基酸不同：对比文件 1 中为 Val-Ala-deletion-Gly，而权利要求 2 中为 ala ala gly、val ala ala、ala ala ala、val glu ala 或 ala glu ala。然而，对比文件 1 中已明确指出：第 234~237 位间的区域为 IgG 与 FcγRII 相互作用的位点，在第 234 位和第 237 位的突变将大大降低 IgG 与 FcγRII 的结合（参见对比文件 1 摘要），而且该对比文件中有关 IgG3 的实验还表明所述区域中第 234 位或第 237 位突变为 ala 致使该 IgG 几乎不与 FcγRII 结合，而第 235 位的变化较不重要（参见对比文件 1 第 2661 页左栏第 3 段，图 4）。本领域技术人员据此能够容易的想到对 IgG2（与 IgG3 同为 IgG 的亚类）与 Fcγ 受体的结合位点进行类似的突变，即将第 234 位或第 237 位突变为 ala 也可降低 IgG2 与 FcγRII 的结合活性，而第 235 位残基的影响小，可以任意选择，由此可见，在对比文件 1 的基础上获得权利要求 2 的技术方案，对于本领域技术人员而言是显而易见的，其产生的技术效果也是可以预期的，因此，权利要求 2 不具备创造性，不符合专利法第 22 条第 3 款的规定。基于类似的理由，权利要求 3~6 也不具备专利法第 22 条第 3 款规定的创造性。

（3）权利要求 7~14 要求保护含有权利要求 1 或 2 所述恒定区的抗体，其对于现有技术的贡献都在于权利要求 1 或权利要求 2 所述的恒定区，因此，在权利要求 1、2 不具备创造性的情况下，权利要求 7~14 也不符合专利法第 22 条第 3 款的规定。

请求人于 2007 年 12 月 28 日提交了意见陈述书、权利要求书全文替换页（共 1 页 8 项）以及如下附件 1：

附件 1："Non-Fc Receptor-Binding Humanized Anti-CD3 Antibodies Induce Apoptosis of Activated Human T Cells"，Paul A. Carpenter 等人，The Journal of Immunology，第 6205~6213 页。

修改后的权利要求书如下：

"1. 一种突变的 IgG2 恒定区，其中按 EU 编号系统定义的残基 234、235 和 237 形成下述氨基酸区段之一：

val ala ala，

ala ala ala，

val glu ala，以及

ala glu ala，

其中含有一种抗 CD3 抗体的可变区与所述突变 IgG2 恒定区相连的抗体相对于含有所述抗 CD3 抗体的可变区与一种天然 IgG2 恒定区相连的另一种抗体而言，前者所诱导的人 T 细胞的促有丝分裂反应有所降低。

2. 按照权利要求 1 的突变的 IgG2 恒定区，其中所说的区段是 ala ala ala。

3. 按照权利要求 2 的突变的 IgG2 恒定区，其中所说的区段包含在除此区段不同外即为天然存在的 IgG2 恒定区中。

4. 按照权利要求 1 的突变的 IgG2 恒定区，其至少包括 C_H1，铰链，C_H2 和 C_H3 区。

5. 按照权利要求 4 的 IgG2 恒定区，其含有图 4 或 SEQ ID NO：9 所示的序列。

6. 可特异性结合人 CD3 的抗体，其中含有权利要求 1 的突变的 IgG2 恒定区。

7. 按照权利要求 6 的抗体，其中该抗体是人源化 M291，以及其中人源化轻链含有图 1C 或 SEQ ID NO：6 所示的成熟氨基酸序列，并且人源化重链可变区含有与 IgG2 恒定区融合的图 1D 或 SEQ ID NO：8 所示的成熟氨基酸序列。

8. 按照权利要求 7 的抗体，其中突变的 IgG2 恒定区的 234、235 和 237 残基形成区段 ala ala ala。"

请求人认为：（1）经修改后的权利要求 1 将所述突变限定为 val ala ala、ala ala ala、val glu ala 或 ala glu ala，如说明书第 20 页第 3 段和图 5 所示，这些突变显示出特别有利的特性，它们的促有丝分裂活性不仅低于未突变的人 IgG2，而且低于现有技术中已知的其中残基 234 和 235 被 Ala 替代的人 IgG4 突变形式；（2）对比文件 1 针对的是突变的 IgG3 恒定区，其中未说明哪些残基赋予了人 IgG2 和 FcγRII 之间的结合亲和力，由于人 IgG2 的序列以及与 FcγR 结合的模式和亲和力都不同于其他同种型，因此，不能显而易见的推断出 IgG2 中与其他人 IgG 同种型相同的残基赋予了与 FcγRIIa 的结合，而且在天然 IgG2 中进行置换还需要考虑是否会增加与其他 Fcγ 受体的结合以及序列的免疫原性，因此，权利要求 1 具有创造性，同理，权利要求 2~8 也具备创造性；（3）此外，如附件 1 中所示，权利要求 7 中所述的人源化 M291 抗体显示出相对于已知抗体 OKT3 而言有利的性质，因此，权利要求 7 具备创造性。

至此，合议组认为本案事实已经清楚，可以作出审查决定。

二、决定的理由

1. 审查文本

本复审决定依据的审查文本为请求人于 2007 年 12 月 28 日提交的权利要求 1~8，1998 年 12 月 18 日提交的说明书第 1~37 页、说明书附图第 1~2、5~14 页和说明书摘要，以及 2004 年 2 月 25 日提交的说明书附图第 3~4 页。

2. 关于专利法第 22 条第 3 款

专利法第 22 条第 3 款规定，发明的创造性是指同申请日以前已有的技术相比，该发明具有突出的实质性特点和显著的进步。

根据该款规定，如果要求保护的发明相对于现有技术具有突出的实质性特点和显著的进步，则该发明具备创造性。

本案中，权利要求 1 要求保护一种突变的 IgG2 恒定区，其中残基 234、235 和 237 形成 val ala ala、ala ala ala、val glu ala 或 ala glu ala 之一。对比文件 1 中检验了第 234~237 位间发生突变对 IgG3 与 FcγRII 的亲和性的影响，并由此认定第 234~237 位间的区域为 IgG 与 FcγRII 相互作用的位点，在第 234 位和第 237 位的突变将大大降低 IgG 与 FcγRII 的结合。由此可见，权利要求 1 与对比文件 1 的区别在于：对比文件 1 中并未记载权利要求 1 中所具体限定的突变的 IgG2 恒定区。鉴于如本领域所公知的，突变对多肽功能的影响不仅取决于突变的位点，还取决于替换的氨基酸类型、多个突变之间的组合方式以及多肽本身的结构，例如本申请说明书第 20 页第 3 段和图 5 所示的实验结果就表明虽然同样是在第 234~237 位间发生突变，IgG4-AA 所显示出的的促有丝分裂活性的变化就明显不同于 IgG2 突变体 2-5：所述 IgG2 突变体比 IgG4 突变体诱导的增殖作用更低，而且 IgG4 突变体在高浓度下与 IgG1 和未突变 IgG4 的增殖作用相当。因此，虽然对比文件 1 中提示 IgG2 的第 234~237 位间的区域是其与 FcγRII 相互作用的位点，但是本领域技术人员并不清楚在该区域发生何种突变能够有效的降低 IgG2 与 FcγRII 的结合，并由此降低其促有丝分裂活性，即权利要求 1 中所述第 234~237 位间的氨基酸基序能够导致相对于未突变的人 IgG2 和现有技术中已知的人 IgG4 突变体而言更低的促有丝分裂性（如说明书第 20 页第 3 段和图 5 所示）对于本领域技术人员而言并不是显而易见的，同时上述低促有丝分裂性亦表明权利要求 1 的技术方案具有有益的技术效果，因此，权利要求 1 相对于对比文件 1 具有突出的实质性特点和显著的进步。

驳回决定中认为：对比文件 1 第 1 页最后一段中披露了一种突变的 IgG 恒定区，其中残基 234、235、237 形成的氨基酸区段为 ala ala ala 或 ala glu ala，本申请与对比文件 1 的区别仅在于本申请中将 IgG 具体限定为 IgG2，由于 IgG2 与 IgG1、IgG3、IgG4 是同型，因此用 IgG2 替代其他 IgG 同型对于本领域技术人员而言是显而易见的。对此，合议组认为：（1）对比文件 1 第 1 页最后 1 段记载的是基于 IgG3 的实验，该实验测定了将 IgG3 第 234 位突变为 Ala、第 235 位突变为 Ala 或 Glu、第 236 位突变为 Ala 或第 237 位突变为 Ala 时 IgG3 性能的改变，并由此推定第 234~237 位间的区域为 IgG 与 FcγRII 相互作用的位点，其中并未给出将其他 IgG 的第 234 位突变为 Ala、第 235 位突变为 Ala 或 Glu、第 236 位突变为 Ala 或第 237 位突变为 Ala 时也能够产生同样效果的技术启示。（2）虽然 IgG2 与 IgG3 是同型，但是两者在结构和性能方面都存在明显的差异（参见说明书第 2 页第 1 段，第 19 页第 2 段以及图 3），有关对比文件 1 中基于 IgG3 的实验结果同样适用于 IgG2 的认知缺乏合理的依据，因此，驳回决定中的上述理由不成立。

综上所述，与对比文件 1 相比，权利要求 1 所要求保护的技术方案具备突出的实质性特点和显著的进步，符合专利法第 22 条第 3 款的规定。基于类似的理由，权利要求 2~8 相对于对比文件 1 也具有创造性，符合专利法第22条第3款的规定。

根据以上事实和理由，本案合议组作出如下审查决定。

三、决定

撤销国家知识产权局于2005年9月9日对97195646.4号发明专利申请作出的驳回决定。由原审查部门在本决定依据文本的基础上继续进行审查。

复审请求人对本决定不服的，可以根据专利法第41条第2款的规定，自收到本决定之日起三个月内向北京市第一中级人民法院起诉。

包含信号转导抑制剂和埃坡霉素衍生物的联合形式

复审请求审查决定（第13830号）

决 定 号	第13830号
决 定 日	2008年6月20日
发明创造名称	包含信号转导抑制剂和埃坡霉素衍生物的联合形式
国际分类号	A61K 31/505，A61K 45/06
复审请求人	诺瓦提斯公司
申 请 号	02805608.6
申 请 日	2002年2月26日
优 先 权 日	2001年2月27日
	2001年10月30日
公 开 日	2004年7月7日
合议组组长	孙治国
主 审 员	郝兴辉
参 审 员	程 强

法 律 依 据 专利法第26条第4款

决 定 要 点

权利要求书应当以说明书为依据，是指权利要求应当得到说明书的支持。权利要求书中的每一项权利要求所要求保护的技术方案应当是所属技术领域的技术人员能够从说明书充分公开的内容中得到或概括得出的技术方案，并且不得超出说明书公开的范围。

一、案由

本复审请求涉及名称为"包含信号转导抑制剂和埃坡霉素衍生物的联合形式"、申请号为02805608.6的发明专利申请（下称本申请），申请人为诺瓦提斯公司，申请日为2002年2月26日，优先权日为2001年2月27日、2001年10月30日，公开日为2004年7月7日。

针对申请人于2005年10月9日提交的权利要求1~14、进入中国国家阶段时提交的国际申请文件中文译文的说明书第1~15页及说明书摘要，国家知识产权局于2006年5月12日以权利要求1~5、8~9、10~14不符合专利法第26条第4款的规定为由驳回了本申请，驳回决定所针对的权利要求1~4如下：

"1. 一种联合形式，其包含可同时、分别或相继使用的

（a）得自血小板的生长因子受体酪氨酸激酶抑制剂，所述抑制剂为式II所示的N-苯基-2-嘧啶-

胺衍生物，

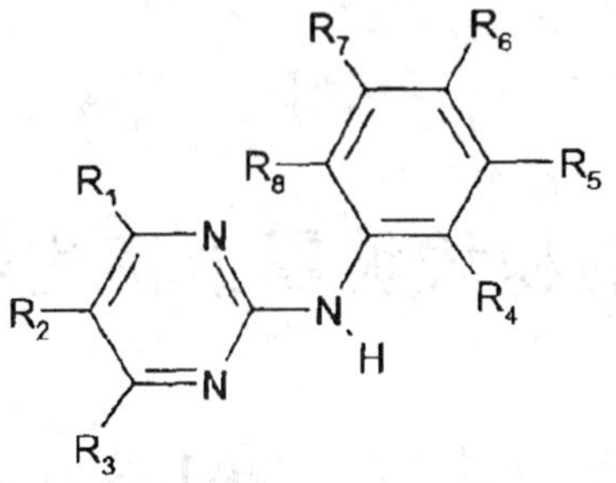

$$\text{(II)}$$

其中

R_1 是 4-吡嗪基；1-甲基-1H-吡咯基；氨基-或氨基-低级烷基-取代的苯基，其中的氨基在各种情况中可以是游离、烷基化或酰化形式的；通过 5-员环碳原子连接的 1H-吲哚基或 1H-咪唑基；或通过环碳原子连接的并且在氮原子上是未取代的或被氧取代的未取代或被低级烷基取代的吡啶基；

R_2 和 R_3 彼此独立地是氢或低级烷基；

R_4、R_5、R_6、R_7 和 R_8 中的一或两个分别是硝基、氟-取代的低级烷氧基或式 III 的基团

$$-N(R_9)-C(=X)-(Y)_n-R_{10} \qquad \text{(III)},$$

其中

R_9 是氢或低级烷基，

X 是氧代、硫代、亚氨基、N-低级烷基-亚氨基、肟基或 O-低级烷基-肟基，

Y 是氧或 NH，

n 是 0 或 1 且

R_{10} 是具有至少 5 个碳原子的脂肪族基团，或是芳香族、芳香族-脂肪族、脂环族、脂环族-脂肪族、杂环或杂环-脂肪族基团，

并且其余的 R_4、R_5、R_6、R_7 和 R_8 彼此独立地是氢、未取代或被游离或烷基化的氨基、哌嗪基、哌啶基、吡咯烷基或吗啉基所取代的低级烷基，或是低级烷酰基、三氟甲基、游离、醚化或酯化的羟基、游离、烷基化或酰化的氨基或游离或酯化的羧基，和

（b）式 I 的埃坡霉素衍生物，和任选的至少一种可药用载体，

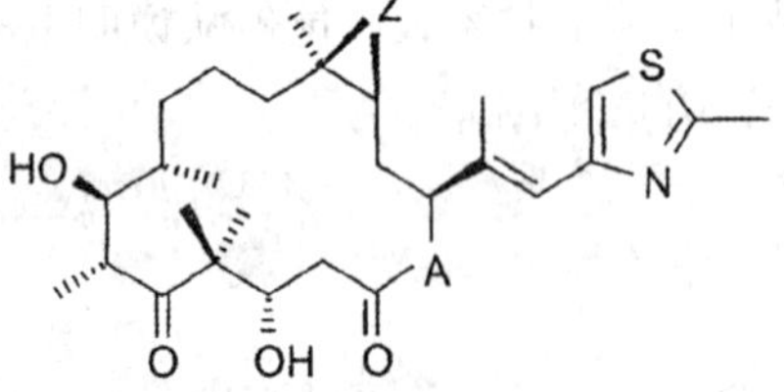

$$\text{(I)}$$

在式 I 化合物中，A 表示 O 或其中的 R_N 是氢或低级烷基的 NR_N，R 是氢或低级烷基，并且 Z 是 O 或键，

其中活性成分（a）和（b）在各种情况中均可以以游离形式或可药用盐的形式存在。

2. 如权利要求 1 所述的联合形式，其包含（a）式 II 所示的得自血小板的生长因子受体酪氨酸激酶抑制剂，其中

R_1 是通过碳原子连接的吡啶基或 N-氧-吡啶基；

R_2 和 R_3 均是氢；

R_4 是氢或低级烷基；

R_5 是氢、低级烷基或三氟甲基；

R_6 是氢；

R_7 是硝基、氟-取代的低级烷氧基或式 III 的基团，其中

R_9 是氢，

X 是氧代，

n 是 0 且

R_{10} 是通过碳原子连接的吡啶基、未取代或被卤素、氰基、低级烷氧基、羧基、低级烷基或 4-甲基-哌嗪基-甲基取代的苯基，或是 C_5-C_7 烷基、噻吩基、2-萘基或环己基，且

R_8 是氢；和

(b) 式 I 的埃坡霉素衍生物，其中，A 表示 O 或其中的 R_N 是氢或低级烷基的 NR_N，R 是氢或低级烷基，并且 Z 是 O 或键，和

任选的至少一种可药用的载体，其中活性成分在各种情况中均以游离形式或可药用盐的形式存在。

3. 如权利要求 2 所述的联合形式，其包含 (a) 式 II 的得自血小板的生长因子受体酪氨酸激酶抑制剂，其中

R_1 是通过碳原子连接的吡啶基，

R_2、R_3、R_5、R_6 和 R_8 均是氢，

R_4 是低级烷基，

R_7 是式 III 的基团，其中

R_9 是氢，

X 是氧代，

n 是 0 并且

R_{10} 是 4-甲基-哌嗪基-甲基取代的苯基，和

(b) 式 I 的埃坡霉素衍生物，其中，A 表示 O 或其中的 R_N 是氢或低级烷基的 NR_N，R 是氢或低级烷基，并且 Z 是 O 或键，和

任选的至少一种可药用的载体，其中活性成分在各种情况中均以游离形式或可药用盐的形式存在。

4. 如权利要求 3 所述的联合形式，其包含

(a) 式 II 的得自血小板的生长因子受体酪氨酸激酶抑制剂，所述抑制剂是 N-{5-[4-(4-甲基-哌嗪子基-甲基)-苯甲酰氨基]-2-甲基苯基}-4-(3-吡啶基)-2-嘧啶-胺，和

(b) 式 I 的埃坡霉素衍生物，其中，A 表示 O 或其中的 R N 是氢或低级烷基的 NR_N，R 是氢或低级烷基，并且 Z 是 O 或键，和

任选的至少一种可药用的载体，其中活性成分在各种情况中均以游离形式或可药用盐的形式存在。

5. 如权利要求 4 所述的联合形式，其包含

(a) 式 II 的得自血小板的生长因子受体酪氨酸激酶抑制剂，所述抑制剂是 N-{5-[4-(4-甲基-哌嗪子基-甲基)-苯甲酰氨基]-2-甲基苯基}-4-(3-吡啶基)-2-嘧啶-胺，其中该化合物以其单甲磺酸盐的形式使用，和

(b) 式 I 的埃坡霉素衍生物，其中，A 表示 O 或其中的 R N 是氢或低级烷基的 NR_N，R 是氢或低级烷基，并且 Z 是 O 或键，和

任选的至少一种可药用的载体，其中活性成分在各种情况中均以游离形式或可药用盐的形式

存在。

6. 如权利要求 1 所述的联合形式，其包含可降低表皮生长因子活性的活性成分。

7. 如权利要求 6 所述的联合形式，其包含（R）-6-（4-羟基-苯基）-4-［（1-苯基-乙基）-氨基］-7H-吡咯并［2，3-d］-嘧啶。

8. 如权利要求 1~7 中任意一项所述的联合形式，其中在式 I 化合物中 A 表示 O，R 是低级烷基并且 Z 是 O。

9. 如权利要求 1 所述的联合形式，其是一种联合制剂或药物组合物。

10. 一种药物组合物，其包含对抗增殖性疾病联合治疗有效量的如权利要求 1~9 中任意一项所述的药物联合形式和至少一种可药用的载体。

11. 如权利要求 1~9 中任意一项所述的联合形式在制备用于延缓增殖性疾病的进程或对其进行治疗的药物中的用途。

12. 可降低得自血小板的生长因子受体酪氨酸激酶活性的化合物与其中 A 表示 O 或其中的 R_N 是氢或低级烷基的 NR_N，R 是氢或低级烷基并且 Z 是 O 或键的权利要求 1 中所定义的式 I 的埃坡霉素衍生物联合用于制备延缓增殖性疾病的进程或对其进行治疗的药物的用途。

13. 如权利要求 11 或 12 所述的用途，其中所说的增殖性疾病是实体瘤疾病。

14. 一种商业包装，其包含（a）如权利要求 1 中所定义的式 II 的得自血小板的生长因子受体酪氨酸激酶抑制剂和（b）其中 A 表示 O 或其中的 RN 是氢或低级烷基的 NR_N，R 是氢或低级烷基并且 Z 是 O 或键的权利要求 1 中所定义的式 I 的埃坡霉素衍生物，以及对其在延缓增殖性疾病的进程或对增殖性疾病进行治疗时同时、分别或相继使用的说明。"

驳回的理由为：权利要求 1~3 的式 II 化合物包括的取代基的种类和数量众多。权利要求 1~5 中式 I 化合物中，当 A 表示其中的 R_N 是氢或低级烷基 NR_N 时的化合物，与埃坡霉素 B 相比，连母核都不相同；Z 是键的式 I 化合物，与 Z 是 O 的式 I 化合物的活性也不相同。本领域的技术人员难于预见除 STI571 和埃坡霉素 B 合用之外的所有方式均能产生治疗增殖性疾病的协同作用。因此，权利要求 1~5 得不到说明书的支持，不符合专利法第 26 条第 4 款的规定。同理，权利要求 8~9、10~14 也不符合专利法第 26 条第 4 款的规定。

申请人诺瓦提斯公司（下称请求人）对上述驳回决定不服，于 2006 年 8 月 28 日向专利复审委员会提出复审请求，但未对申请文件进行修改。请求人认为，从现有技术来看，包含 STI571 在内的式 II 化合物均具有 PDGF 抑制活性，而包含埃坡霉素 B 在内的式 I 化合物均具有微管稳定作用，本申请的实施例中已经以 STI571 和埃坡霉素 B 为代表证实了 PDGF 抑制剂和微管稳定剂之间的协同作用，本领域的技术人员可以概括出本申请要求保护的技术方案。

形式审查合格后，专利复审委员会受理了该复审请求，于 2006 年 9 月 26 日向复审请求人发出《复审请求受理通知书》，并将案卷移交至原审查部门进行前置审查。

原审查部门对本复审请求进行了前置审查，认为请求人未对驳回决定所依据的申请文件作任何修改，而且请求人陈述的意见仍然不被审查员所接受，因而坚持驳回决定。

专利复审委员会组成合议组，对本复审请求案进行了审理。

合议组于 2008 年 4 月 9 日发出《复审通知书》，指出：本申请要求保护一种包含信号转导抑制剂和埃坡霉素衍生物的联合形式。权利要求 1~3 的式 II 化合物包括的取代基的种类和数量众多。权利要求 1~5 中式 I 化合物中，当 A 表示其中的 NRN 是氢或低级烷基的 NRN 时的化合物，与埃坡霉素 B 相比，连母核都不相同；Z 是键的式 I 化合物，与 Z 是 O 的式 I 化合物的活性也不相同。如埃坡霉素 A 的环氧基置换为环丙基则使化合物完全失活（参见 Chem. Biol., 1998, 5（7）: 365~372, 尤其是第365页结论）。但是，说明书中仅记载了STI571和埃坡霉素B（EPO906，即A和Z为O，R是甲基的式I化合物）联合使用，产生协同作用的实施例。从说明书的全部内容来看，本领域的技术人员难于预见除STI571和埃坡霉素B合用之外的所有方式均能产生治疗增殖性疾病的协同作用。PDGF抑制剂和微管稳定剂分别包含了大量不同的化合物，STI571和埃坡霉素B仅仅是请求人所说的PDGF抑制剂和微管稳定剂的一种化合物，本领域的技术人员根据STI571和埃坡霉素B能够产生协同作用的实施例，难以预见到除STI571和埃坡霉素B合用之外的所有方式均能产生该作用，无法从说明书充分公开的内容中得到或概括得出权利要求1～5要求保护的技术方案。因此，权利要求1～5得不到说明书的支持，不符合专利法第26条第4款的规定。同理，权利要求8～9、10～14也不符合专利法第26条第4款的规定。

针对上述《复审通知书》，请求人于2008年5月23日提交了意见陈述书，并提交了权利要求全文替换页。请求人认为，修改后的权利要求内容具体限定STI571和埃坡霉素B合用的技术方案，由于在本申请实施例中明确记载了STI571和埃坡霉素B联合使用时所产生的协同作用，修改后的权利要求可以得到说明书的支持，符合专利法第26条第4款的规定。修改后的权利要求书如下：

"1. 一种联合形式，其包含同时、分别或相继使用的

（a）N-｛5-［4-（4-甲基-哌嗪子基-甲基）-苯甲酰氨基］-2-甲基苯基｝-4-（3-吡啶基）-2-嘧啶-胺，和

（b）埃坡霉素B，

和任选的至少一种可药用的载体，

其中活性成分（a）和（b）在各种情况中均以游离形式或可药用盐的形式存在。

2. 如权利要求1所述的联合形式，其包含

（a）N-｛5-［4-（4-甲基-哌嗪子基-甲基）-苯甲酰氨基］-2-甲基苯基｝-4-（3-吡啶基）-2-嘧啶-胺，其中该化合物以其单甲磺酸盐的形式使用，和

（b）埃坡霉素B，和

任选的至少一种可药用的载体。

3. 如权利要求1或2所述的联合形式，其是一种联合制剂或药物组合物。

4. 一种药物组合物，其包含对抗增殖性疾病联合治疗有效量的如权利要求1至3中任意一项所述的联合形式和至少一种可药用的载体。

5. 如权利要求1至3中任意一项所述的联合形式在制备用于延缓增殖性疾病的进程或对其进行治疗的药物中的用途。

6. 如权利要求5所述的用途，其中所说的增殖性疾病是实体瘤疾病。

7. 一种商业包装，其包含（a）N-｛5-［4-（4-甲基-哌嗪子基-甲基）-苯甲酰氨基］-2-甲基苯基｝-4-（3-吡啶基）-2-嘧啶-胺和（b）埃坡霉素B，以及对其在延缓增殖性疾病的进程或对增殖性疾病进行治疗时同时、分别或相继使用的说明，其中活性成分（a）和（b）在各种情况下均以游离形式或可药用盐的形式存在。"

至此，合议组认为本案事实清楚，可以作出审查决定。

二、决定的理由

1. 审查文本

本复审决定依据的审查文本为申请人于2008年5月23日提交的权利要求1～7、进入中国国家阶段时提交的国际申请文件中文译文的说明书第1～15页及说明书摘要。

2. 关于专利法第 26 条第 4 款的规定

专利法第 26 条第 4 款规定，权利要求书应当以说明书为依据，说明要求专利保护的范围。

权利要求书应当以说明书为依据，是指权利要求应当得到说明书的支持。权利要求书中的每一项权利要求所要求保护的技术方案应当是所属技术领域的技术人员能够从说明书充分公开的内容中得到或概括得出的技术方案，并且不得超出说明书公开的范围。

请求人于 2008 年 5 月 23 日提交的修改后的权利要求 1 具体限定了 N-{5-[4-（4-甲基-哌嗪子基-甲基）-苯甲酰氨基]-2-甲基苯基}-4-（3-吡啶基）-2-嘧啶-胺和埃坡霉素 B 的联合形式，该技术方案在实施例中已经明确记载，能够得到说明书的支持，克服了驳回决定和复审通知书所指出的不符合专利法第 26 条第 4 款规定的缺陷。同理，权利要求 2~7 也能够得到说明书的支持，克服了驳回决定和复审通知书所指出的不符合专利法第 26 条第 4 款规定的缺陷。

基于上述理由，合议组作出如下决定。

三、决定

撤销国家知识产权局于 2006 年 5 月 12 日对申请号为 02805608.6 的发明专利申请作出的驳回决定。由原审查部门根据本复审决定所针对文本的基础上继续审查程序。

复审请求人如对本决定不服的，可以根据专利法第 41 条第 2 款的规定，自收到本决定之日起三个月内向北京市第一中级人民法院起诉。

具有神经保护作用的7-羟基表雄酮

复审请求审查决定（第13837号）

决 定 号	第13837号
决 定 日	2008年6月2日
发明创造名称	具有神经保护作用的7-羟基表雄酮
国际分类号	A61K 31/5685，A61P 25/00，A61P 25/28，A61P 25/16，A61P 9/10
复审请求人	亨特-弗莱明有限公司
申 请 号	01812109.8
优 先 权 日	2000年6月29日
申 请 日	2001年6月29日
公 开 日	2003年9月3日
合议组组长	何 炜
主 审 员	任 怡
参 审 员	郭 婷
法 律 依 据	专利法第22条第3款

决定要点

从一般性公开的较大范围选出一个未明确提到的小范围或个体的发明为选择发明。选择发明的创造性取决于所选中的技术解决方案相对于现有技术是否能够产生预料不到的技术效果。如果选择使得发明取得了预料不到的技术效果，则该发明具有突出的实质性特点和显著的进步，具备创造性。

一、案由

本复审请求涉及申请日为2001年6月29日，公开日为2003年9月3日，名称为"具有神经保护作用的7-羟基表雄酮"的第01812109.8号发明专利申请（下称本申请），本申请的优先权日为2000年6月29日，本申请的申请人为亨特-弗莱明有限公司。

国家知识产权局于2005年5月13日以权利要求1~6不符合专利法第22条第3款的规定为由驳回了本申请。

驳回决定所针对的权利要求书为：

"1. 7-羟基表雄酮在生产保护急性或慢性神经损伤的药剂中的应用。

2. 权利要求1的应用，其中的7-羟基表雄酮是7α-羟基表雄酮。

3. 权利要求1的应用，其中的7-羟基表雄酮是7β-羟基表雄酮。

4. 权利要求1的应用，其中的7-羟基表雄酮是7α-羟基表雄酮和7β-羟基表雄酮的混合物。

5. 权利要求1~4中任何一项的应用,其中的神经损伤是由中风或脑外伤引起的。

6. 权利要求1~4中任何一项的应用,其中的神经损伤是由阿尔兹海默氏病、帕金森氏病、非痴呆性认知损伤、脊髓损伤或周围神经损伤引起的。"

驳回决定认为:对比文件1(WO9952532A1,公开日为1999年10月21日)的权利要求1及通式Ⅲ公开了表雄酮化合物在制备保护中枢神经系统中风或损伤引起的中枢神经系统缺血造成的神经损伤药物中的用途,并具体公开了通式Ⅲ的取代基选择范围。权利要求1与对比文件1的区别在于,权利要求1选择了通式Ⅲ中的具体化合物7-羟基表雄酮,本领域技术人员依据所属领域的化学合成的常规技术在通式Ⅲ范围内选择具体化合物从而得到权利要求1的技术方案是显而易见的,申请人在答复《第二次审查意见通知书》时提交的欲证明本申请有预料不到技术效果的附件1("7-Hydroxylated epiandrosterone(7-OH-EPIA)reduces ischaemia – induced neuronal damage both in vivo and in vitro",Ashley K. Pringle 等,European Journal of Neuroscience,2003年第18卷,第117~124页,复印件共8页)是在本申请优先权日之后公开的,原申请文件中也没有关于7-羟基化能带来预料不到的技术效果的记载,因此权利要求1不具有创造性。在权利要求1不具有创造性的基础上,本领域技术人员在对比文件1的教导下得到权利要求2~6的技术方案也是显而易见的,权利要求2~6也不具有创造性。因此本申请不符合专利法第22条第3款的规定。

申请人亨特-弗莱明有限公司(下称请求人)对上述驳回决定不服,于2005年8月29日向专利复审委员会提出复审请求,请求人在提出复审请求时没有提交新修改的专利申请文本。

请求人认为:本申请说明书表1、2及图1~3给出的实验结果证明了本申请具有预料不到的技术效果。答复《第二次审查意见通知书》时提交的附件1证明了对比文件1唯一举例说明的化合物(DHEA)没有神经保护作用,据此本领域技术人员可以预测到当化合物落入对比文件1的通式化合物范围内时,该化合物将与DHEA一样不具有神经保护作用。因此根据对比文件1不能明显得出本申请化合物具有神经保护作用的技术启示,权利要求1~6具有创造性,驳回的理由不成立。

形式审查合格后,专利复审委员会受理了该复审请求,并于2005年9月21日向请求人发出《复审请求受理通知书》,同时将本申请案卷移交原审查部门进行前置审查。

原审查部门对本复审请求进行了前置审查,坚持原驳回决定中的观点。

专利复审委员会组成合议组,对本复审请求案进行了审理,于2007年2月14日向请求人发出《第一次复审通知书》,其中指出:

权利要求1要求保护7-羟基表雄酮在生产保护急性或慢性神经损伤的药剂中的应用,对比文件1公开了具有通式Ⅲ结构的DHEA同类物制备药物组合物的用途,该药物组合物制备成治疗使用的胶囊、片剂等药物制剂的形式,该药物制剂用于减轻由中枢神经系统缺血或外伤引起的中枢神经系统损伤,即急性或慢性神经损伤中的一种,同时对比文件1给出了通式化合物各取代基的选择范围(见对比文件1的权利要求1、第16页第3~25行)。权利要求1与对比文件1的区别仅在于本申请权利要求1要求保护一种具体化合物的用途,该具体化合物包含在对比文件1公开的通式Ⅲ的范围内,因此,权利要求1的技术方案是在对比文件1基础上作出的选择发明,选择发明的创造性取决于所选中的技术解决方案相对于现有技术是否能够产生预料不到的技术效果,而请求人并没有提供证据证明本申请所选择化合物的技术方案相对于对比文件1具有预料不到的技术效果。因此在对比文件1给出技术方案的可选择的范围内,选择得到权利要求1的技术方案对于所属领域技术人员是显而易见的,权利要求1不具备突出的实质性特点和显著的进步,不符合专利法第22条第3款创造性的规定。权利要求2~4对权利要求1中化合物的构型进行了限定,对比文件1披露了通式Ⅲ化合物存在多种立体异构体形式,该通式化合物包括各种立体异构体形式(见对比文件1的说明书第10页第18~19行),

所属领域技术人员在对比文件1的基础上选择化合物存在的某种立体异构形式作为活性成分是显而易见的，即在权利要求1不具备创造性的基础上，权利要求2~4也不符合专利法第22条第3款创造性的规定。权利要求5、6对技术方案中疾病类型进行了限定，对比文件1同时具体披露了所述神经损伤包括中风、脊髓损伤等（见对比文件1的说明书第16页第1~2行），上述附加技术特征也已被对比文件1所公开，权利要求4~6也不符合专利法第22条第3款有关创造性的规定。此外，由于附件1是本申请申请日之后公开的，本领域技术人员在本申请优先权日前，并不能得知对比文件1的化合物不具备其所宣称的效果；其次，对比文件1与附件1的实验方法不同，同一化合物在两个不同的实验条件下得到的结果可能有所差别，也没有任何证据证明对比文件1所给出的实验结论是不可信的，因此附件1的内容不能使本领域技术人员否定对比文件1给出的技术教导，证明本申请具有创造性。

针对《第一次复审通知书》指出的问题，请求人于2007年6月1日提交了意见陈述书及权利要求书全文替换页，其中将权利要求1制药用途中的疾病类型中的"急性损伤"删除并对慢性神经损伤进行了进一步限定，并删除了权利要求5和6。修改后的权利要求书如下：

"1. 7-羟基表雄酮在生产保护由阿尔兹海默氏病、帕金森氏病或非痴呆性认知损伤引起的慢性神经损伤的药剂中的应用。

2. 权利要求1的应用，其中的7-羟基表雄酮是7α-羟基表雄酮。

3. 权利要求1的应用，其中的7-羟基表雄酮是7β-羟基表雄酮。

4. 权利要求1的用途，其中的7-羟基表雄酮是7α-羟基表雄酮和7β-羟基表雄酮的混合物。"

请求人认为：修改后的权利要求1~4涉及7-羟基表雄酮在生产保护由阿尔茨海默氏症、帕金森氏病或非痴呆性认知损伤引起的慢性神经损伤的药剂中的应用，对比文件1只建议使用这些化合物来治疗由急性情况如中风或CNS外伤引起的CNS损伤，其中唯一的实施例是用于治疗中风，对比文件1没有公开或建议使用这些化合物治疗这些慢性神经损伤症状，因此权利要求1~4相对于对比文件1具有创造性。

合议组于2007年8月9日发出《第二次复审通知书》，指出：

权利要求1要求保护7-羟基表雄酮在生产保护由阿尔兹海默氏病、帕金森氏病或非痴呆性认知损伤引起的慢性神经损伤的药剂中的应用，对比文件1公开了具有通式Ⅲ结构的DHEA同类物制备药物组合物的用途，该药物组合物制备成治疗使用的胶囊、片剂等药物制剂的形式，该药物制剂用于减轻由中枢神经系统缺血引起的中枢神经系统损伤，同时对比文件1给出了该通式化合物各取代基的选择范围（见对比文件1的权利要求1、说明书第15页第31行至第16页第1行、第16页第3~25行），权利要求1与对比文件1的区别仅在于：（1）权利要求1限定该疾病是由阿尔兹海默氏病、帕金森氏病或非痴呆性认知损伤引起的慢性神经损伤；（2）本申请权利要求1要求保护一种具体化合物7-羟基表雄酮的用途，该具体化合物包含在对比文件1公开的通式Ⅲ的范围内。对比文件1公开了该化合物可用于缺血引起的中枢神经系统损伤，而本申请说明书第5页第6~7行也记载了阿尔茨海默氏病等神经退化性疾病是由慢性阈下脑缺血促使发病的疾病，并且本申请实施例中也验证了该化合物对脑缺血造成的神经损伤的效果，因此可以看出权利要求1所限定的"由阿尔兹海默氏病、帕金森氏病或非痴呆性认知损伤引起的慢性神经损伤"也属于"中枢神经系统缺血引起的中枢神经系统损伤"中的几种具体疾病，因此权利要求1是在对比文件1公开的"中枢神经系统缺血引起的中枢神经系统损伤"和通式Ⅲ化合物的基础上选择了几种具体疾病和具体的化合物，即权利要求1的技术方案是在对比文件1基础上作出的选择发明。而请求人并没有提供证据证明本申请所选择具体疾病和具体化合物相对于对比文件1产生了哪些预料不到的技术效果，因此在对比文件1给出技术方案的可选择的范围内，选择得到权利要求1的技术方案对于所属领域技术人员是显而易见的，权利要求1不具备突出的实质性特点和显著的进步，不符合专利法第22条第3款创造性的规定。权利要求2~4对权利要求1中化合物的构型进行了限定，对比文件1披露了通式Ⅲ化合物存在多种立体异构体形式，该通式化合物包括各种立体异构体形式（见对比文件1的说明书第10页第18～19行），所属领域技术人员在对比文件1的基础上选择化合物存在的某种立体异构形式作为活性成分是显而易见的，权利要求2～4也不符合专利法第22条第3款创造性的规定。针对于请求人在意见陈述中所论述的理由，合议组认为：对比文件1公开了这类化合物用于治疗中枢神经系统缺血引起的中枢神经系统损伤，例如中风、脑损伤脊髓损伤，对比文件1以举例的形式说明缺血可能产生的情况，并未排除其他形式的缺血情况，因此本领域技术人员容易想到其也可以包括中枢神经系统缺血引起的慢性情况，例如阿尔兹海默氏病等；此外，不论是急性还是慢性情况，都是由于缺血导致中枢神经系统在缺氧、缺血等条件下发生脑部损伤，在对比文件1公开了化合物可治疗缺血引起的损伤并具体通过实施例验证了化合物对脑部缺血缺氧条件下对神经系统的保护作用的基础上，所属领域技术人员可以得到该化合物可用于治疗由于缺血原因引起的慢性神经损伤的技术启示，也可以治疗同样是缺血引起的阿尔兹海默氏病等的慢性神经损伤，因此请求人的的观点不能证明本申请具有创造性。

针对《第二次复审通知书》指出的问题，请求人于2007年11月16日提交了意见陈述书及经修改的权利要求书全文替换页、说明书第2、9、11页和摘要。请求人根据说明书第7、8页的实施例8及PCT原始公开文本将权利要求1、5、6中的"神经损伤"修改为"神经元损伤"，并对说明书和摘要进行了相应的修改，并且根据说明书第8页第25行的内容将权利要求1中的"保护"修改为"降低"。修改后的权利要求书为：

"1. 7-羟基表雄酮在生产降低急性或慢性神经元损伤的药剂中的应用。

2. 权利要求1的应用，其中的7-羟基表雄酮是7α-羟基表雄酮。

3. 权利要求1的应用，其中的7-羟基表雄酮是7β-羟基表雄酮。

4. 权利要求1的应用，其中的7-羟基表雄酮是7α-羟基表雄酮和7β-羟基表雄酮的混合物。

5. 权利要求1～4中任何一项的应用，其中的神经元损伤是由中风或脑外伤引起的。

6. 权利要求1～4中任何一项的应用，其中的神经元损伤是由阿尔兹海默氏病、帕金森氏病、非痴呆性认知损伤、脊髓损伤或周围神经损伤引起的。"

请求人指出：（1）修改后的权利要求1～6涉及7-羟基表雄酮在生产降低急性或慢性神经元损伤的药剂中的应用，本申请的实施例证明了7-羟基表雄酮对神经元具有保护作用，其能使神经元中的大多数在遭遇低氧、缺血损害后依然能存活；（2）对比文件1的实验没有尝试去显示DHEA是否对防止神经元死亡或改善神经元存活有任何效果，因此对比文件1没有公开或教导DHEA及其同类物可用于降低神经元损伤，附件1证明了DHEA对降低神经细胞死亡没有明显作用；（3）本申请中低剂量的7-羟基表雄酮明显降低了缺血模型中的神经细胞死亡，药物能够使用低剂量化合物达到治疗效果是一个优点，而附件1证明对比文件1使用的DHEA剂量是用于显示降低体内神经细胞死亡的7β-羟基表雄酮用量的750倍，相对于对比文件1的用于降低CNS损伤的高剂量的DHEA，本申请以非常低的剂量用于降低神经元死亡，权利要求1的技术方案相对于对比文件1带来了意想不到的技术效果，因此本申请相对于对比文件1具有创造性。

至此，合议组认为本案事实清楚，可以作出审查决定。

二、决定的理由

1. 审查依据的文本

请求人于2007年11月16日提交的经修改的权利要求书、说明书以及说明书摘要符合专利法第33条和专利法实施细则第60条第1款的规定，本复审决定所针对的文本为请求人于2007年11月16日提交的权利要求1～6、说明书第2、9、11页以及说明书摘要，请求人在本申请进入中国国家阶段时提交的国际申请文本的中文译文中的说明书第1、3~8、10、12页，说明书附图第1~3页。

2. 关于专利法第22条第3款

专利法第22条第3款规定：创造性，是指同申请日以前已有的技术相比，该发明有突出的实质性特点和显著的进步。

从一般性公开的较大范围选出一个未明确提到的小范围或个体的发明为选择发明。选择发明的创造性取决于所选中的技术解决方案相对于现有技术是否能够产生预料不到的技术效果。如果选择使得发明取得了预料不到的技术效果，则该发明具有突出的实质性特点和显著的进步，具备创造性。

本案中，《驳回决定》和《复审通知书》均指出本申请权利要求请求保护的7-羟基表雄酮"在生产保护由阿尔兹海默氏病、帕金森氏病或非痴呆性认知损伤引起的慢性神经损伤的药剂"，或"在生产保护急性或慢性神经损伤的药剂"中的用途相对于对比文件1不具备创造性，不符合专利法第22条第3款的规定。请求人在于2007年11月16日提交的权利要求书中，将上述要求保护的制药用途中所涉及的疾病限定为急性或慢性神经元损伤。修改后的权利要求1要求保护7-羟基表雄酮在生产降低急性或慢性神经元损伤的药剂中的应用。对比文件1公开了具有通式Ⅲ结构的DHEA同类物制备药物组合物的用途，该药物组合物制备成治疗使用的胶囊、片剂等药剂形式，该药剂用于降低由中枢神经系统缺血或外伤引起的中枢神经系统损伤（见对比文件1的权利要求1、第16页第3~25行）。权利要求1与对比文件1的区别主要在于对比文件1公开了通式Ⅲ这一大范围，而本申请权利要求1在该通式Ⅲ的范围内选择了具体的化合物7-羟基表雄酮。

本申请所要解决的技术问题是提供7-羟基表雄酮的制药用途，该药剂用于降低急性和慢性神经元损伤。本申请说明书实施例（参见说明书第9页第18行至第12页第10行实施例的表1、2）证明了7-羟基表雄酮对神经元具有保护作用，其能使神经元中的大多数在遭遇低氧、缺血损害后依然能存活，并且7-羟基表雄酮在较低的剂量条件下就可明显降低缺血模型中的神经细胞死亡，例如7α-羟基表雄酮在100nM、7β-羟基表雄酮在10nM的剂量下均可达到明显的治疗效果。对比文件1中公开的通式Ⅲ范围内的具体化合物DHEA在减轻由中枢神经系统缺血或外伤引起的中枢神经系统损伤的实验中使用的有效剂量相对较高，为22.5mg/Kg（15mg/Kg加7.5mg/Kg）（参见对比文件1第18页最后一段）。此外，根据补强性证据附件1所公开的实验可见，与对比文件1中的DHEA（22.5mg/Kg）相比，本申请7-羟基表雄酮的使用剂量（0.03mg/Kg）降低了700多倍、治疗活性有明显提高。虽然对比文件1公开了通式Ⅲ范围内的化合物可用于治疗降低由中枢神经系统缺血或外伤引起的中枢神经系统损伤，但对比文件1并未给出任何技术启示教导具体选择7-羟基表雄酮来制备降低急性和慢性神经元损伤药物，并且7-羟基表雄酮在较低剂量下就具有较高的治疗活性。因此，7-羟基表雄酮相对于对比文件1中的DHEA具有低剂量而活性高的技术效果，这一技术效果是所属领域技术人员根据对比文件1预料不到的。因此权利要求1要求保护的技术方案是在对比文件1的范围内进行的选择发明，其取得了预料不到的技术效果，权利要求1具有突出的实质性特点和显著的进步，具备专利法第22条第3款规定的创造性。

在权利要求1具有创造性的基础上，权利要求1的从属权利要求2~6相对于对比文件1也具有专利法第22条第3款规定的创造性。

根据以上事实和理由，本案合议组作出如下审查决定。

三、决定

撤销国家知识产权局于2005年5月13日对01812109.8号发明专利申请作出的驳回决定。由原审查部门在本复审决定所针对的文本的基础上继续进行审查。

复审请求人对本决定不服的，可以根据专利法第41条第2款的规定，自收到本决定之日起三个月内向北京市第一中级人民法院起诉。

抗鱼鳞病复发的外用药物及其制备方法

复审请求审查决定（第 13851 号）

决 定 号	第 13851 号
决 定 日	2008 年 6 月 24 日
发明创造名称	抗鱼鳞病复发的外用药物及其制备方法
国际分类号	A61K 36/00，A61P 17/00
复审请求人	张 健
申 请 号	200410007953.7
优 先 权 日	无
申 请 日	2004 年 3 月 9 日
公 开 日	2005 年 1 月 5 日
合议组组长	李 隽
主 审 员	曹铭书
参 审 员	余心蕾

法 律 依 据 专利法第 33 条

决 定 要 点

如果请求人所作的修改，既不是原说明书和权利要求书文字记载的内容，也不能根据原说明书和权利要求书文字记载的内容和说明书附图能直接地、毫无疑义地确定，则这种修改超出了原说明书和权利要求书记载的范围。

一、案由

本复审请求涉及名称为"抗鱼鳞病复发的外用药物及其制备方法"的 200410007953.7 发明专利申请（下称本申请），申请人为张健，申请日为 2004 年 3 月 9 日，公开日为 2005 年 1 月 5 日。申请人于申请日提交的权利要求 1~4 项内容如下：

"1. 一种抗鱼鳞病复发的外用药物，其特征在于它由包含下述重量份的原料制成：

黄芪 1.5~2.5、益母草 0.5~1.5、怀角 2.5~3.5、蛇床子 1.5~2.5、西洋参 3.5~4.5、冬虫草 2.5~3.5、红花 3.5~4.5、僵蚕 1.5~2.5、珍珠粉 3.5~4.5、地肤子 1.5~2.5、甘油 8~12、龟板 1.5~2.5。

2. 根据权利要求 1 所述的外用药物，其特征在于它由下述重量份的原料制成：

黄芪 2、益母草 1、怀角 3、蛇床子 2、西洋参 4、冬虫草 3、红花 4、僵蚕 2、珍珠粉 4、地肤子 2、甘油 10、龟板 2。

3. 根据权利要求 1 所述的药物，其特征在于它由下述制备方法制成：

将包含黄芪、益母草、怀角、蛇床子、西洋参、冬虫草、红花、僵蚕、珍珠粉、地肤子、甘油、龟板的原料煎煮2~3次，过滤合并滤液，与甘油混合配制成得到所需的药物。

4. 权利要求1所述的药物的制备方法，其特征在于：将包含黄芪、益母草、怀角、蛇床子、西洋参、冬虫草、红花、僵蚕、珍珠粉、地肤子、龟板的原料煎煮2~3次，过滤合并滤液，与甘油混合配制成得到所需的药物。"

2005年1月18日申请人提出了实质审查请求。

2005年7月22日，国家知识产权局实质审查部门以申请人的原始申请文件为审查文本，发出第一次审查意见通知书。通知书中指出：本申请技术方案中的原料"怀角"，无法在现有技术中查到，本领域的技术人员根据说明书的记载不能实现该发明，因此本申请的说明书未对发明作出清楚、完整的说明，不符合专利法第26条第3款的规定。

2005年8月24日，申请人针对第一次审查意见通知书提交了意见陈述书以及权利要求书、说明书第1~3页及说明书摘要的修改替换页，并提交了《中药大辞典》（含封面、内页、封底）的复印件3页。申请人陈述，原说明书中的"怀角"为打字错误，应为"槐角"。

2005年12月2日，国家知识产权局实质审查部门发出第二次审查意见通知书，指出：修改后的权利要求1、3采用"由包含下述重量份的原料制成"的撰写方式，权利要求1是开放式权利要求，没有给出还包含权利要求1中所述原料以外的其他原料制成的药剂的技术方案，根据本申请文件记载的内容本领域技术人员难于预见包含上述原料制成的所有中药外用制剂均能够解决"抗鱼鳞病复发"这个技术问题，而权利要求3为权利要求1的从属权利要求，仍是开放式权利要求，因此权利要求1、3没有以说明书为依据，不符合专利法第26条第4款的规定；权利要求1~4中药物原料"冬虫草"是中药"破布草"的异名，不是中药领域规范的中药名称，这种不规范术语导致了权利要求1~4保护范围不清楚，不符合专利法实施细则第20条第1款，同时权利要求1~4也不符合专利法实施细则第4条第1款的规定。

2005年12月12日，申请人针对第二次审查意见通知书提交了意见陈述书以及权利要求书、说明书摘要及说明书1~3的修改替换页。申请人将权利要求1中的开放式写法改成封闭式写法，又将"冬虫草"修改为"冬虫夏草"，并陈述"冬虫草"是申请人对"冬虫夏草"的一种习惯的缩略的称谓。

2006年3月17日，国家知识产权局实质审查部门发出第三次审查意见通知书，指出，根据《中药大辞典》的记载，"冬虫草"应为"破布草"的异名，申请人将权利要求1~4和说明书中的"冬虫草"修改为"冬虫夏草"，这种修改超出了原说明书和权利要求书记载的范围，不符合专利法第33条的规定。

2006年4月17日，申请人针对第三次审查意见通知书提交了意见陈述书，并提交了两份已授权专利（ZL93100230.3和ZL02132645.2）的授权文本及公开文本的复印件共35页。申请人陈述，两份已授权的专利中，ZL93100230.3其公开文本全文采用"冬虫草"，授权文本中改为"冬虫夏草"，ZL02132645.2公开文本全文采用"冬虫草"，授权文本中也为"冬虫草"，希望允许本申请采用"冬虫草"或者允许修改为"冬虫夏草"。

2007年2月16日，国家知识产权局以本申请权利要求1~4和说明书的修改超出了原说明书和权利要求书记载的范围，不符合专利法第33条的规定为由驳回了本申请。驳回决定所针对的文本是申请人于2005年12月12日提交的权利要求1~4、说明书第1~3页及说明书摘要。

2007年3月7日，申请人张健（下称请求人）对驳回决定不服，向专利复审委员会提出了复审请求，同时递交了以下三份证据：

《全国中草药汇编》上册第二版，1996年10月第2版第7次印刷，复印件共5页，下称证据1；

《临床中药辞典》，熊辅信编著，1988年7月第1次印刷，复印件共4页，下称证据2；

《中草药异名词典》，李衍文主编，2004年3月第1版，微缩复印件共3页，下称证据3。

请求人未对申请文件进行修改。请求人对驳回决定中关于将"冬虫草"更改为"冬虫夏草"超出原始说明书公开的范围的观点持有不同意见，具体理由是：申请人在回复"第三次审查意见通知书"时提交的两篇已授权专利ZL93100230.3和ZL02132645.2均是将"冬虫草"全文替换为"冬虫夏草"后授权的，说明"冬虫草"是"冬虫夏草"的异名已为现有技术公知，另外申请人请求复审时所提交的上述三份证据中均记载了"冬虫夏草"的别名为"冬虫草"，因此，可以证明"冬虫夏草"的别名为"冬虫草"，早在申请日以前就已经是公知的，并记载在各种草药词典中，申请人将本发明中的"冬虫草"修改为"冬虫夏草"是有法律事实依据的，符合专利法第33条的规定。

2007年4月11日，形式审查合格后，专利复审委员会受理了该复审请求，并向请求人发出了复审请求受理通知书，并将本案转送至国家知识产权局原实质审查部门进行前置审查。在前置审查意见书中，原实质审查部门仍然坚持原驳回决定。

专利复审委员会依法组成合议组对本案进行审理。

2008年3月19日，专利复审委员会本案合议组向请求人发出了复审请求口头审理通知书，定于2008年5月13日进行口头审理，并在口审通知书中指出：原权利要求书和说明书所公开的技术方案中，术语"冬虫草"为中药异名，其所对应的中药正名有"冬虫夏草""破布草"两种，即技术方案不是唯一确定的，请求人将"冬虫草"修改为"冬虫夏草"，致使本领域普通技术人员看到的信息与原申请记载的信息不同，且无法从原说明书和权利要求书文字记载的内容直接地、毫无疑义地确定"冬虫草"的含义，因此这种修改不符合专利法第33条的规定；此外，如果请求人将"冬虫夏草"恢复成"冬虫草"的话，则该术语仍存在不规范的问题，不符合专利法实施细则第4条第1款的规定，同时也会导致权利要求1～4的保护范围不清楚，不符合专利法实施细则第20条第1款的规定。

2008年3月27日，请求人针对上述口头审理通知书提交了意见陈述书，并再次提交ZL93100230.3和ZL02132645.2的公开文本和授权文本共计34页，请求人认为，首先，"冬虫草"是一个上位概念，将之修改为"冬虫夏草"是缩小保护范围，未超过原说明书和权利要求书文字记载的范围，其次，"冬虫草"与"冬虫夏草"仅差一个字，"冬虫夏草"作为中药补品已为大多数人所熟知，它的名贵及频繁使用产生的知名度使本领域普通技术人员不会联想到它还代表"破布草"，"冬虫草"已经成为"冬虫夏草"的专有异名，再次，申请人所做的修改已经被先例证明是允许的，最后，本申请是一种外用药，本领域技术人员按照本申请的中药配比进行几次试验就可以比较出哪一种有效，不需要付出创造性劳动。因此，请求人的修改并未超出原说明书和权利要求书记载的范围。

2008年5月13日，请求人未出席口头审理。

2008年6月20日，请求人针对口头审理通知书再次提交了意见陈述书，认为：冬虫夏草和破布草的药理药效不同，冬虫夏草性甘平，是具有镇静、止血、抗惊厥、降压、改善心肌缺血、抗血小板凝结、抗衰老，调节人体免疫和抗肺癌、淋巴癌和肝癌功能的药物，本申请中使用冬虫夏草，是利用了它的调节机体免疫功能，增强非特异性免疫功能，保护细胞膜，降低乳酸脱氢酶活性，具有抗氧化自由基的作用；破布草味咸微苦，性凉，是清热解毒药物，适用于疖肿等疾病类的治疗，是消炎的药物，不能解决鱼鳞病这种遗传基因缺陷造成的疾病。

至此，合议组认为本案事实清楚，可以作出复审决定。

二、决定的理由

1. 关于审查文本

请求人在提出复审请求时未提交修改的权利要求书和说明书，因此，本复审请求审查决定针对的文本是请求人于2005年12月12日提交的权利要求第1~4项、说明书第1~3页及说明书摘要。

2. 关于专利法第33条

专利法第33条规定，申请人可以对其专利申请文件进行修改，但是，对发明和实用新型专利申请文件的修改不得超出原说明书和权利要求书记载的范围。

审查指南第二部分第八章第5.2.1节规定：原说明书和权利要求书记载的范围包括原说明书和权利要求书文字记载的内容和根据原说明书和权利要求书文字记载的内容以及说明书附图能直接地、毫无疑义地确定的内容。

合议组认为：请求人在复审请求时提交的证据1、2，其出版日期均在本申请的申请日之前，且该两份证据分别为教科书和技术词典，属于公知常识性证据，可以证明"冬虫草"除了作为"破布草"的别名外，亦可作为"冬虫夏草"的别名；证据3的出版日期在本申请的申请日之后，合议组对此证据不予考虑；ZL93100230.3和ZL02132645.2的公开文本和授权文本的存在不能证明本申请的修改是否超范围，合议组对此证据也不予考虑。鉴于"破布草"和"冬虫夏草"的异名均为"冬虫草"，因此，本申请原说明书和权利要求书中的"冬虫草"可能表示"破布草"和"冬虫夏草"两种不同药材，即原权利要求书和说明书所公开的技术方案不是唯一确定的。请求人将"冬虫草"修改为"冬虫夏草"，致使本领域普通技术人员看到的信息与原申请记载的信息不同，而且又不能从原说明书和权利要求书文字记载的内容直接地、毫无疑义地确定"冬虫草"的含义，因此，这种修改是不允许的，不符合专利法第33条的规定。请求人认为"冬虫草"是"冬虫夏草"和"破布草"的上位概念的观点，得不到证据支持，且上述两种药材之间没有共性，不可能归纳为同一个上位概念，合议组不予认可；请求人认为"冬虫草"已经成为"冬虫夏草"的专有异名的观点，得不到证据支持，故合议组不予采纳；而请求人所称的本领域技术人员可以通过有限次的试验得出哪种药物有效，只能证明本领域技术人员在药品开发过程中的选择不必付出创造性劳动，属于判断一种发明或实用新型专利申请是否具有创造性的范畴，并不能证明修改后的权利要求书和说明书没有超出原说明书和权利要求书所记载的范围；原说明书和权利要求书中的药方中的药材，既有起到温补作用的如益母草，也有起到清热解毒作用的如龟甲，因此，尽管"冬虫夏草"和"破布草"药理药性有所不同，请求人的意见陈述也无法证明在本申请中一定只能采用"冬虫夏草"而不能使用"破布草"。

三、决定

维持国家知识产权局于2007年2月16日作出的驳回200410007953.7号发明专利申请的决定。

复审请求人如对本决定不服，可以依据专利法第41条第2款的规定，自收到本决定之日起三个月内向北京市第一中级人民法院起诉。

抗-血管内皮生长因子的抗体

复审请求审查决定（第 13866 号）

决 定 号	第 13866 号
决 定 日	2008 年 6 月 23 日
发明创造名称	抗-血管内皮生长因子的抗体
国际分类号	C07K 16/22，C12N 15/13，C12N 15/63，C12N 15/70，A61K 39/395
复审请求人	基因技术股份有限公司
申 请 号	98805914.2
优 先 权 日	1997 年 4 月 7 日，1997 年 8 月 6 日
申 请 日	1998 年 4 月 3 日
公 开 日	2000 年 7 月 12 日
合议组组长	李金光
主 审 员	张秀丽
参 审 员	葛永奇
法 律 依 据	专利法第 29 条，第 22 条第 2 款、第 3 款

决 定 要 点

要求优先权的中国在后申请中，如果除包括作为优先权基础的申请中记载的技术方案外，还包括一个或多个新的技术方案，则对于该中国在后申请中所要求的与优先权文本中相同主题的发明创造应该享有优先权。

如果要求保护的技术方案能够享有优先权，且优先权日早于对比文件的公开日，则该对比文件不能作为现有技术评价所述技术方案的新颖性。如果请求保护的技术方案与现有技术公开的技术方案不相同，则认为其具备新颖性。

一、案由

本复审决定涉及申请号为 98805914.2，名称为"抗-血管内皮生长因子的抗体"的发明专利申请，申请人为基因技术股份有限公司，申请日为 1998 年 4 月 3 日，公开日为 2000 年 7 月 12 日，优先权日为 1997 年 4 月 7 日和 1997 年 8 月 6 日，进入中国国家阶段日为 1999 年 12 月 7 日。

针对申请人于本申请进入中国国家阶段时提交的说明书第 1、3、4、6～57、59～62 页，说明书附图第 1～7、9～16 页，摘要和国际初步审查报告的附件中的说明书的译文第 2、5 页，2004 年 1 月 12 日提交的说明书第 58 页、2004 年 5 月 27 日提交的权利要求 1～19 以及 2004 年 12 月 28 日提交的说明书附图第 8 页，国家知识产权局于 2005 年 11 月 11 日以权利要求 1～3、5～8、10 不符合专利法

第22条第2款的规定，权利要求4、9、11~19不符合专利法第22条第3款的规定为由驳回了本申请，驳回决定所针对的权利要求书如下：

"1. 一种人源化抗-VEGF抗体，其特征在于，它具有重链可变区，该重链可变区包括三个高变区，分别具有如下氨基酸序列：CDRH1—GYX$_1$FTX$_2$YGMN，其中X$_1$是T或D，而X$_2$是N或H；SEQ ID NO：128，CDRH2—WINTYTGEPTYAADFKR；SEQ ID NO：2和CDRH3—YPX$_1$YYGX$_2$SHWYFDV，其中X$_1$是Y或H，而X$_2$是S或T；SEQ ID NO：129。

2. 如权利要求1所述的人源化抗-VEGF抗体，其特征在于，所述重链可变区具有SEQ ID NO：7所述的氨基酸序列。

3. 如权利要求1所述的人源化抗-VEGF抗体，其特征在于，在所述CDRH1中，X$_1$是T，X$_2$是N；在所述CDRH3中，X$_1$是H，X$_2$是S。

4. 如权利要求1所述的人源化抗-VEGF抗体，其特征在于，它是人IgG。

5. 如权利要求1所述的人源化抗-VEGF抗体，其特征在于，它具有的重链可变区包括SEQ ID NO：7的氨基酸序列，而且它具有的轻链可变区包括SEQ ID NO：8的氨基酸序列。

6. 如权利要求1所述的人源化抗-VEGF抗体，其特征在于，该抗体具有抗-VEGF抗体轻链可变区，所述轻链可变区的氨基酸序列是：DIQX$_1$TQSPSS LSASVGDRVT ITCSASQDIS NYLNWYQQKP GKAPKVLIYF TSSLHSGVPS RFSGSGSGTD FTLTISSLQP EDFATYYCQQ YSTVPWTFGQ GTKVEIKR，SEQ ID NO：124，其中X$_1$是M或L。

7. 一种人源化抗-VEGF抗体，其特征在于，它具有轻链可变区，轻链可变区包含三个高变区，所述高变区具有下列氨基酸序列：CDRL1—SASQDISNYLN；SEQ ID NO：4，CDRL2—FTSSLHS；SEQ ID NO：5和CDRL3—QQYSTVPWT；SEQ ID NO：6。

8. 如权利要求7所述的人源化抗-VEGF抗体，其特征在于，所述轻链可变区包含SEQ ID NO：8所述的氨基酸序列。

9. 如权利要求8所述的人源化抗-VEGF抗体，其特征在于，它是人IgG。

10. 如权利要求7所述的人源化抗-VEGF抗体，其特征在于，该抗体具有抗-VEGF抗体重链可变区，所述重链可变区的氨基酸序列是：EVQLVESGGG LVQPGGSLRL SCAASGYX$_1$FT X$_2$YGMNWVRQA PGKGLEWVGW INTYTGEPTY AADFKRRFTF SLDTSKSTAY LQMNSLRAED TAVYYCAKYP X$_3$YYGX$_4$SHWYF DVWGQGTLVT VSS，SEQ ID NO：125，其中X$_1$是T或D；X$_2$是N或H；X$_3$是Y或H以及X$_4$是S或T。

11. 一种组合物，其特征在于，它含有权利要求1所述的人源化抗-VEGF抗体和药学上可接受的载体。

12. 分离的编码权利要求1所述抗体的核酸。

13. 含有权利要求12所述核酸的载体。

14. 含有权利要求13所述载体的宿主细胞。

15. 一种产生权利要求1所述的人源化抗-VEGF抗体的方法，其特征在于，它包括培养权利要求14所述的宿主细胞，从而使权利要求12所述的核酸被表达出。

16. 如权利要求15所述的方法，其特征在于，还包括从权利要求14所述的宿主细胞的培养物中回收人源化的抗-VEGF抗体。

17. 权利要求11所述的组合物的用途，其特征在于，该组合物用于制备在哺乳动物中抑制VEGF诱导型血管生成的药物。

18. 如权利要求17所述的用途，其特征在于，该哺乳动物有肿瘤。

19. 如权利要求 17 所述的用途，其特征在于，该哺乳动物有视网膜疾病。"

驳回决定认为：（1）优先权文本 US08/833504 和 US08/098469 中均没有明确记载权利要求 1~19 的技术方案，本申请不能享有优先权。首先，优先权文本 US08/833504 中记载的抗-VEGF 抗体的高变区与权利要求 1~19 的高变区完全不同，US08/833504 中高变区在 A4.6.1 中所处位置与权利要求 1~19 中高变区在 A4.6.1 中所处位置完全不同；其次，优先权文本 US08/833504 中文字记载重链可变区为 SEQ ID NO：9~11，轻链可变区为 SEQ ID NO：6~8，这与本申请权利要求 1 和 7 中的重链可变区与轻链可变区不同，无论优先权文本 US08/833504 的图 1 中是否以粗体标示出高变区，权利要求 1~19 的可变区序列都不享有优先权。（2）当本申请不能享有优先权时，只能以本申请提出之日 1998 年 4 月 3 日为申请日，则对比文件 3（M. BACA 等，"Antibody humanization using monovalent phage display" THE JOURNAL OF BIOLOGICAL CHEMISTRY，vol. 272，no. 16，公开日为 1997 年 4 月 18 日）是现有技术，其公开了一种人源化抗-VEGF 抗体，其中图 1 公开的氨基酸序列 hu2.0 包含了权利要求 1 中的 CDRH1、CDRH2、CDRH3 氨基酸序列和权利要求 7 中的 CDRL1、CDRL2、CDRL3 氨基酸序列，以及公开了权利要求 2~3、5、6、8、10 的技术方案。因此，相对于对比文件 3，权利要求 1~3、5~8、10 不具备新颖性。由于权利要求 4、9 的附加技术特征是本领域常用的技术手段，因此，当其引用的权利要求 1、8 不具备新颖性的条件下，权利要求 4、9 不具备创造性。权利要求 11~19 分别请求保护含有所述抗体的药物组合物、编码所述抗体的核酸、载体和宿主细胞以及产生抗体的方法和抗体的用途，所述产生抗体的方法是本领域经常使用的技术手段，而且在对比文件 1（Kim Jin K. 等 "Inhibition of vascular endothelial growth factor-induced angiogenesis suppresses tumor growth in vivo" NATURE，vol. 362，第 841~844 页，公开日为 1993 年 4 月 29 日）中披露了产生相近似抗体的方法，相应的用于产生抗体的核酸、载体和宿主细胞均是本领域常用的技术手段，同样将抗体用于药物组合物也是本领域常用的技术手段，因此，在权利要求 1 不具备新颖性的条件下，相对于对比文件 1 和 3，权利要求 11~19 不具备创造性。

基因技术股份有限公司（下称请求人）对上述驳回决定不服，于 2006 年 2 月 27 日向专利复审委员会提出复审请求，并且提交了附件 1 以证明 CDR 区决定抗体特异性。

请求人认为：（1）优先权文本 US08/833504 中图 1 清楚标示了粗体的 CDR 区。首先，根据申请人留档的优先权文本、网上的该优先权文本扫描件的附图，可以认为，优先权文本 US08/833504 中图 1 确实用粗体标示了 CDR 区；其次，本申请在美国、欧专局的同族申请已经授权，其权利要求均要求保护具有图 1 中所示 CDR 的序列，这也证明优先权文本 US08/833504 中图 1 用粗体标示了 CDR 区；再次，在优先权文本 US08/833504 的说明书第 5 页的附图说明中描述了 "变体 hu2.0 仅含有从小鼠抗体移植到人轻链 K 亚基、重链亚基 III 框架上的 CDR 序列（粗体）"，因此，本领域技术人员完全可以从该优先权文件的文字描述中得知，这些人源化的抗体上面具有用粗体标出的小鼠 CDR，而这些粗体标出的小鼠 CDR 即对应于本申请权利要求 1 中被对比文件 3 所公开的部分。（2）根据优先权文本的描述和本领域的常识，优先权文本 US08/833504 能让本领域技术人员明白抗体具有这些 CDR，其就具有抗 VEGF 的特性。综上，优先权文本 US08/833504 中公开了本发明权利要求 1~19 的技术方案，本发明享有 US08/833504 的优先权。（3）即便权利要求 1~19 不能享受优先权，审查员也不应当驳回其他的技术方案，即对比文件 3 没有公开的序列具有新颖性和创造性。

形式审查合格后，专利复审委员会于 2006 年 4 月 6 日受理了该复审请求，并将该复审请求案卷转送至原审查部门进行前置审查。

原审查部门对该复审请求案进行了前置审查，坚持原驳回决定。前置意见认为：（1）优先权文本 US08/833504 图 1 中的粗体不清楚，并且根据所标注的重链可变区的氨基酸序列 SEQ ID NO：9~

11以及轻链可变区的氨基酸序列SEQ ID NO：6~8在整个氨基酸序列中的位置判断，有可能只披露了本申请的权利要求1中所述的重链可变区的氨基酸序列SEQ ID NO：129和权利要求7中所述的轻链可变区的氨基酸序列SEQ ID NO：6，也即，无论优先权文本US08/833504图1中的CDR氨基酸序列是否以粗体标出，均不能确定优先权文本中清楚记载了权利要求1或7的同时包含三个特定CDR氨基酸序列的技术方案，参考该优先权文本的附图说明也无法直接地、毫无疑义地推出本申请修改后的权利要求1、7的技术方案。因此，权利要求1~19不能享有优先权。（2）当权利要求1~19不能享有优先权时，相对于对比文件3，权利要求1~3、5~8、10不符合专利法第22条第2款的规定，权利要求4、9、11~19不符合专利法第22条第3款的规定。

至此，合议组认为本案事实清楚，可以作出复审决定。

二、决定的理由

1. 审查依据的文本

本复审决定所针对的文本是：请求人于本申请进入中国国家阶段时提交的说明书第1、3、4、6~57、59~62页，说明书附图第1~7、9~16页，摘要和国际初步审查报告的附件中的说明书的译文第2、5页，2004年1月12日提交的说明书第58页，2004年5月27日提交的权利要求1~19以及2004年12月28日提交的说明书附图第8页。

2. 关于专利法第29条

专利法第29条规定：申请人自发明或者实用新型在外国第一次提出专利申请之日起12个月内，又在中国就相同主题提出专利申请的，依照该外国同中国签订的协议或者共同参加的国际条约，或者依照相互承认优先权的原则，可以享有优先权。

根据该款规定，要求优先权的中国在后申请中，如果除包括作为优先权基础的申请中记载的技术方案外，还包括一个或多个新的技术方案，则对于该中国在后申请中所要求的与优先权文本中相同主题的发明创造应该享有优先权。

本申请要求了优先权文本US08/833504和US08/908469的优先权，优先权日分别为1997年4月7日和1997年8月6日。在优先权文本US08/833504中记载了A4.6.1、hu2.0、hu2.10三种抗体，并在其图1中分别列出了它们的重链可变区和轻链可变区的氨基酸序列。

本申请权利要求1请求保护"一种人源化抗-VEGF抗体，其特征在于，它具有重链可变区，该重链可变区包括三个高变区，分别具有如下氨基酸序列：CDRH1—GYX$_1$FTX$_2$YGMN，其中X$_1$是T或D，而X$_2$是N或H；SEQ ID NO：128，CDRH2—WINTYTGEPTYAADFKR；SEQ ID NO：2和CDRH3—YPX$_1$YYGX$_2$SHWYFDV，其中X$_1$是Y或H，而X$_2$是S或T；SEQ ID NO：129"。权利要求7请求保护"一种人源化抗-VEGF抗体，其特征在于，它具有轻链可变区，轻链可变区包含三个高变区，所述高变区具有下列氨基酸序列：CDRL1—SASQDISNYLN；SEQ ID NO：4，CDRL2—FTSSLHS；SEQ ID NO：5和CDRL3—QQYSTVPWT；SEQ ID NO：6"。分别将优先权文本US08/833504中公开的上述三种序列和权利要求1、7记载的序列进行比较，可以看出权利要求1、7的保护范围除了包括优先权文本US08/833504中所记载的上述三种抗体序列外，还包括了其他抗体。因此，对于已经记载于优先权文本US08/833504中的所述三种抗体的技术方案，本申请能够享有优先权文本US08/833504的优先权。

与评述权利要求1、7的理由相同，权利要求3中所包含的与优先权文本US08/833504中A4.6.1、hu2.0、hu2.10相同的抗体序列的技术方案可享有其优先权。

3. 关于专利法第22条第2款

专利法第22条第2款规定：新颖性，是指在申请日以前没有同样的发明或者实用新型在国内外出版物上公开发表过、在国内公开使用过或者以其他方式为公众所知，也没有同样的发明或者实用新型由他人向国务院专利行政部门提出过申请并且记载在申请日后公开的专利申请文件中。

根据该款规定，如果要求保护的技术方案能够享有优先权，且优先权日早于对比文件的公开日，则该对比文件不能作为现有技术评价所述技术方案的新颖性。如果请求保护的技术方案与现有技术公开的技术方案不相同，则认为其具备新颖性。

对比文件 3 公开了三种抗体，分别为 A4.6.1、hu2.0、hu2.10，这三种抗体分别与优先权文本 US08/833504 中记载的三种抗体 A4.6.1、hu2.0、hu2.10 完全相同（参见图 1），包含于本申请权利要求 1、3、7 的保护范围之内，但由于本申请权利要求 1、3、7 中这三种抗体的技术方案享有 US08/833504 的优先权，且优先权日早于对比文件 3 的公开日，因此，对比文件 3 不能用作现有技术评价权利要求 1、3、7 中这三种抗体的新颖性。同时，对比文件 3 没有公开权利要求 1、3、7 中除这三种抗体之外的其他抗体，因此，对比文件 3 也不能破坏其他抗体的新颖性。综上，原审查部门在驳回决定中认为权利要求 1、3、7 相对于对比文件 3 不具备新颖性的观点不能成立。

权利要求 2、5、6、8、10 分别引用了权利要求 1 或 7，其分别限定了所述重链可变区包括 SEQ ID NO：7 或 125 所述的氨基酸序列、轻链可变区包括 SEQ ID NO：8 或 124 所述的氨基酸序列。对比文件 3 图 1 中公开的抗体 A4.6.1、hu2.0、hu2.10 的重链可变区或轻链可变区与权利要求 2、5、6、8、10 中所述的重链可变区 SEQ ID NO：7、125 或轻链可变区 SEQ ID NO：8、124 所述的氨基酸序列都不相同，因此，对比文件 3 没有公开权利要求 2、5、6、8、10 所要求保护的技术方案，无论权利要求 2、5、6、8、10 的技术方案是否享有优先权，其相对于对比文件 3 都具备新颖性。

驳回决定认定权利要求 4、9、11~19 的技术方案不具备创造性的基础之一是权利要求 1 或 8 不具备新颖性，因此，驳回决定基于权利要求 1、8 不具备新颖性而认定权利要求 4、9、11~19 不具备创造性的理由也不成立。

根据以上事实和理由，本案合议组作出如下审查决定。

三、决定

撤销国家知识产权局于 2005 年 11 月 11 日对 98805914.2 号发明专利申请作出的驳回决定。由原审查部门在本复审决定所针对的文本的基础上继续进行审查。

复审请求人对本决定不服的，可以根据专利法第 41 条第 2 款的规定，自收到本决定之日起三个月内向北京市第一中级人民法院起诉。

包含环孢菌素 A 的无油药物组合物

复审请求审查决定（第 13868 号）

决 定 号	第 13868 号
决 定 日	2008 年 6 月 18 日
发明创造名称	包含环孢菌素 A 的无油药物组合物
国际分类号	A61K 38/13，A61K 9/48，A61K 9/107
复审请求人	诺瓦提斯公司
申 请 号	98802163.3
优 先 权 日	1997 年 1 月 30 日，1997 年 2 月 7 日
申 请 日	1998 年 1 月 28 日
公 开 日	2000 年 3 月 1 日
合议组组长	王晓云
主 审 员	王 冬
参 审 员	潘 骏

法 律 依 据 专利法第 33 条

决 定 要 点
如果修改后的权利要求的技术方案已经清楚地记载在原说明书或权利要求书中，则所做修改是允许的。

一、案由

本复审请求涉及 1998 年 1 月 28 日申请、2000 年 3 月 1 日公开、名称为"包含环孢菌素 A 的无油药物组合物"的第 98802163.3 号发明专利申请（下称本申请），其申请人为诺瓦提斯公司，本申请要求享有两项优先权，其优先权日分别为 1997 年 1 月 30 日和 1997 年 2 月 7 日。

针对申请人于 2006 年 2 月 20 日提交的权利要求 1～15，1999 年 7 月 29 日进入中国国家阶段时提交的国际申请文件中文译文的说明书第 1～10 页以及说明书摘要，国家知识产权局于 2006 年 3 月 31 日以权利要求 1 和 13 不符合专利法第 33 条的规定为由驳回了本申请。

驳回决定指出：权利要求 1 和 13 中的"每种低级链烷醇以……小于组合物总重量 12％的量存在"和"每一种低级链烷醇以……组合物总重量的 8％至小于 10％的量存在"在原始申请文件中没有记载，原始申请文件记载的是"其中所述低级链烷醇的存在量低于该组合物重量的 12％"、"所存在的任何低级链烷醇的存在量低于该组合物总重量的 12％"，即原始申请文件记载的是低级链烷醇的存在总量小于 12％，而目前的权利要求 1 和 13 还包括了组合物中同时含有乙醇和丙二醇的情况，如果按照"每种低级链烷醇以……小于组合物总重量12%的量存在"来计算的话，低级链烷醇的存在总量将是小于24%，这显然超出了原始申请文件记载的范围，不符合专利法第33条的规定。

驳回决定所针对的权利要求1和13为：

"1. 含有药物组合物的硬明胶胶囊，其包含：

a. 环孢菌素A，

b. HLB值至少为10的表面活性剂，其含有天然或氢化植物油与乙二醇的反应产物，和

c. 含有聚乙二醇和至少一种选自乙醇和丙二醇的低级链烷醇的亲水相，其中每种低级链烷醇以不考虑硬明胶胶囊时小于组合物总重量12%的量存在，

组合物基本上不含额外的油。

13. 如权利要求1的硬明胶胶囊，其中每一种低级链烷醇以不考虑硬明胶胶囊时组合物总重量的8%至小于10%的量存在。"

申请人诺瓦提斯公司（下称请求人）对上述驳回决定不服，于2006年7月14日向专利复审委员会提出复审请求，请求人没有提交申请文件的修改文本。

请求人认为：由（1）本发明说明书第1页倒数第4~6行记载的"该亲水相选自聚乙二醇和/或低级链烷醇，其中所述低级链烷醇的存在量低于该组合物重量的12%"及其英文原文，（2）说明书第2页第1段记载的"亲水性组分，例如链烷醇（如乙醇或丙二醇）"及其英文原文，以及说明书第1页第4段记载的"该亲水相为聚乙二醇和/或低级链烷醇，条件是所存在的任何低级链烷醇的存在量低于该组合物总重量的12%"可知，其中的"任何"指"任何一种"，即"存在的任何一种低级链烷醇的存在量低于该组合物总重量的12%"，而并非"低级链烷醇的存在总量小于12%"。因此，权利要求1和13中的表述"其中每种（或每一种）低级链烷醇以……小于组合物总重量的12%的量存在"并没有超出原始公开的范围。

形式审查合格后，专利复审委员会受理了此复审请求，并于2006年9月6日向请求人发出《复审请求受理通知书》，同时将本申请案卷移交原审查部门进行前置审查。

原审查部门对本复审请求进行了前置审查，指出：复审请求人未对申请文件作任何修改，其所述意见不能被接受。因此，坚持原驳回决定。

专利复审委员会组成合议组，对本案的复审请求进行了审理，并于2008年4月9日向请求人发出《复审通知书》。

《复审通知书》指出：根据请求人在提出复审请求时所述（1）+（2）可以得出的是本发明组合物中存在的任何低级链烷醇的量低于组合物总量的12%，而"任何"的英文原文"any"作为形容词时，其含义为"任何的，任何一种，所有的"，因此，本发明组合物无论包括单一种类的低级链烷醇，还是包括低级链烷醇的组合，低级链烷醇的量均应小于12%，据此，在本发明组合物中包括低级链烷醇组合的情况下，不仅组合中各低级链烷醇的量应低于12%，该组合的总量也应低于12%。然而按权利要求1和13记载的"每种低级链烷醇以不考虑硬明胶胶囊时小于组合物总重量12%的量存在"、"每一种低级链烷醇以不考虑硬明胶胶囊时组合物总重量的8%至小于10%的量存在"来理解，在同时含有乙醇和丙二醇的情况下，低级链烷醇乙醇和丙二醇的存在总量将会出现大于12%而小于24%的情况（例如乙醇和丙二醇的存在量均为11%时，其总量为22%），而低级链烷醇的量大于12%而小于24%在原始申请文件中并没有记载。因此，权利要求1和13将"任何低级链烷醇"修改为"每种低级链烷醇"、"每一种低级链烷醇"引入了原始说明书和权利要求书没有记载的新内容，而且所述新内容又不能直接地、毫无疑义地由原始说明书和权利要求书记载的内容中确定，因此，权利要求1和13不符合专利法第33条的规定。

针对《复审通知书》，请求人于2008年5月9日提交了权利要求书的修改替换页（共15项），将上述权利要求1和13中的"每种"和"每一种"修改为"任何"，修改后的权利要求1和13如下：

"1. 含有药物组合物的硬明胶胶囊，其包含：

a. 环孢菌素A，

b. HLB值至少为10的表面活性剂，其含有天然或氢化植物油与乙二醇的反应产物，和

c. 含有聚乙二醇和至少一种选自乙醇和丙二醇的低级链烷醇的亲水相，其中任何低级链烷醇以不考虑硬明胶胶囊时小于组合物总重量12％的量存在，

组合物基本上不含额外的油。

13. 如权利要求1的硬明胶胶裘，其中任何低级链烷醇以不考虑硬明胶胶囊时组合物总重量的8％至小于10％的量存在。"

至此，合议组认为本案事实清楚，可以作出审查决定。

二、决定的理由

1. 关于决定文本

本决定是以请求人在2008年5月9日提交的权利要求书（共15项），1999年7月29日进入中国国家阶段时提交的国际申请文件中文译文的说明书第1～10页以及说明书摘要为基础作出的。

2. 关于专利法第33条的规定

申请人可以对其专利申请文件进行修改，但是，对发明和实用新型专利申请文件的修改不得超出原说明书和权利要求书记载的范围。

根据该条款规定，如果修改后的权利要求的技术方案已经清楚地记载在原说明书或权利要求书中，则所做修改是允许的。

《驳回决定》和《复审通知书》中曾指出，权利要求1和13中的"每种低级链烷醇以……小于组合物总重量12％的量存在"和"每一种低级链烷醇以……组合物总重量的8％至小于10％的量存在"在原始申请文件中没有记载，根据原始申请文件的记载"其中所述低级链烷醇的存在量低于该组合物重量的12％"、"所存在的任何低级链烷醇的存在量低于该组合物总重量的12％"，其中的"任何"的英文原文"any"作为形容词时，其含义为"任何的，任何一种，所有的"，因此，本发明组合物无论包括单一种类的低级链烷醇，还是包括低级链烷醇的组合，低级链烷醇的量均应小于12％。然而按权利要求1和13上述记载理解，在同时含有乙醇和丙二醇的情况下，低级链烷醇乙醇和丙二醇的存在总量将会出现大于12％而小于24％的情况（例如乙醇和丙二醇的存在量均为11％时，其总量为22％），而低级链烷醇的量大于12％而小于24％在原始申请文件中并没有记载。因此，权利要求1和13不符合专利法第33条的规定。

请求人于2008年5月9日提交的权利要求书替换页中，将上述权利要求1和13中的"每种"、"每一种"修改为"任何"，该修改后的内容在原始说明书第1页第5段、第1页倒数第4～6行，第2页第1段中已经清楚记载，因此修改后的技术方案并未超出原始说明书和权利要求书记载的范围，对权利要求1和13的修改符合专利法第33条的规定，由此克服了《驳回决定》和《复审通知书》所指出的缺陷。

基于上述理由，合议组作出如下决定。

三、决定

撤销国家知识产权局于2006年3月31日对98802163.3号发明专利申请作出的驳回决定。由原审查部门在本决定所依据的文本的基础上进行审查。

复审请求人对本决定不服的，可以根据专利法第41条第2款的规定，自收到本决定之日起三个月内向北京市第一中级人民法院起诉。

细胞和组织移植用金属微囊

复审请求审查决定（第 13869 号）

决　定　号	第 13869 号
决　定　日	2008 年 6 月 24 日
发明创造名称	细胞和组织移植用金属微囊
国际分类号	C12N 11/14
复审请求人	天津大学
申　请　号	200410019819.9
申　请　日	2004 年 6 月 29 日
公　开　日	2005 年 3 月 16 日
合议组组长	叶　娟
主　审　员	朱　茜
参　审　员	程　强
法律依据	专利法实施细则第 20 条第 1 款

决定要点

如果一项权利要求的类型和保护范围均是清楚的，且权利要求书中的每项权利要求之间的引用关系也是清楚的，则应认为该项权利要求符合专利法实施细则第 20 条第 1 款有关权利要求应当清楚的规定。

一、案由

本复审请求涉及申请号为 200410019819.9，名称为"细胞和组织移植用金属微囊"的发明专利申请（下称本申请）。申请人为天津大学。本申请的申请日为 2004 年 6 月 29 日，公开日为 2005 年 3 月 16 日。

经实质审查，国家知识产权局原审查部门于 2006 年 5 月 19 日驳回了本申请。

驳回决定所针对的权利要求书为：

"1. 一种细胞和组织移植用金属微囊，其特征在于，所述金属微囊由具有良好生物兼容性的金属或合金材料制成，金属微囊基本呈现空心球状，其内空腔用于放置经分离、处理后的若干细胞或生物组织；所述金属微囊的外半径在 0.05~5mm 之间，金属微囊的囊壁厚在 0.001~0.5mm 之间，金属微囊的囊壁上设置有若干基本呈圆形的通孔，通孔的直径在 0.00005~0.01mm 之间。

2. 根据权利要求 1 所述的细胞和组织移植用金属微囊，其特征在于，所述金属微囊由 钛制成。

3. 根据权利要求 1 所述的细胞和组织移植用金属微囊，其特征在于，所述金属微囊由 钛合金制成。

4. 根据权利要求1所述的细胞和组织移植用金属微囊，其特征在于，所述金属微囊由金作为基底材料制成，该基底材料的表面设置有钛镀层。

5. 根据权利要求1所述的细胞和组织移植用金属微囊，其特征在于，所述金属微囊由金作为基底材料制成，该基底材料的表面设置有钛合金镀层。

6. 根据权利要求1所述的细胞和组织移植用金属微囊，其特征在于，所述金属微囊由铁作为基底材料制成，该基底材料的表面设置有钛镀层。

7. 根据权利要求1所述的细胞和组织移植用金属微囊，其特征在于，所述金属微囊由铁作为基底材料制成，该基底材料的表面设置有钛合金镀层。

8. 根据权利要求1所述的细胞和组织移植用金属微囊，其特征在于，所述的微囊由两个碗状半球组成，两个碗状半球之间通过紧配合、压接、粘接或激光焊接方式连接为一个整体。"

驳回决定认为：对于权利要求1中的描述"所述金属微囊由具有良好生物兼容性的金属或合金材料制成"，本领域技术人员不清楚具有这种性质的金属或合金材料具体是哪一种金属或合金。因此权利要求1不清楚，不符合专利法实施细则第20条第1款的规定。

申请人（下称请求人）对上述驳回决定不服，于2006年8月18日向专利复审委员会提出复审请求。请求人提交了附件1（《材料科学与工程手册》下卷，师昌绪、李恒德、周康主编，化学工业出版社材料科学与工程出版中心出版发行，2004年1月第1版第1次印刷，第12-5～12-7页、第12-30～12-39页，封面、版权页，复印件共15页）来证明其观点，请求人没有在提出复审请求的同时提交新的专利申请文本。

请求人认为，国家知识产权局驳回的理由不成立。附件1中明确记载了各种具有生物兼容性的金属与合金材料，并介绍了这些金属与合金材料的用途。本申请中的金属微囊选用的材料就是具有良好生物兼容性的金属与合金，从属权利要求中提到的钛与钛合金，是申请人经反复实验，在多种具有良好生物兼容性的金属与合金材料中选择的生物兼容性更好的材料。所以，为了获得一个最宽的保护范围，本申请在权利要求1中选用的金属微囊的材料是本领域技术人员公知的具有良好生物兼容性的金属与合金材料。在本申请权利要求1中，"所述金属微囊由具有良好生物兼容性的金属或合金材料制成"的含义，是本领域技术人员能够理解的词语，而"具有这种性质的金属或合金材料具体是哪一种金属或合金"也是本领域的公知常识。因此，权利要求1符合专利法实施细则第20条第1款的规定。

形式审查合格后，专利复审委员会受理了该复审请求，并于2006年9月21日向请求人发出复审请求受理通知书，随后将本申请移交原实审部门进行前置审查。

原实审部门对本复审请求进行了前置审查，坚持原驳回决定，具体理由是：虽然申请人提供的证明文件中记载了各种具有生物兼容性的金属与合金材料，本领域技术人员也知道具有生物兼容性的金属与合金材料有那些种类。但是本领域技术人员却不清楚这些材料中哪些材料是属于"良好"型的材料，即，这些材料中哪些是属于权利要求1中所要求的具有"良好"生物兼容性的金属或合金材料。因此，权利要求1的保护范围不清楚，不符合专利法实施细则第20条第1款的规定。

专利复审委员会组成合议组，对本案的复审请求进行了审理。于2008年3月27日向请求人发出复审通知书。复审通知书指出，本申请权利要求1中记载了"所述金属微囊由具有良好生物兼容性的金属或合金材料制成"，其中的"良好"属于含义不确定的用语，本领域技术人员无法确定具有良好生物兼容性的金属或合金材料具体包括哪些金属或合金材料，因此这样的概括导致权利要求1的保护范围不清楚，不符合专利法实施细则第20条第1款规定。另外，针对请求人的意见，复审通知书指出：请求人提交的附件1确实列举了几种具有生物兼容性的金属与合金材料，但是，该附件并没有记载哪些是具有"良好"生物兼容性的材料，因此本领域技术人员根据附件1并不能确定哪些材料是属于权利要求1中所要求的具有"良好"生物兼容性的金属或合金材料；即便请求人声称附件1中所列举的材料即为具有"良好"生物相容性的金属或合金材料，其也并非穷举，因而依据附件1，权利要求1概括的范围也仍是不清楚的。而且，请求人也没有提交任何能够证明"具有良好生物兼容性的金属或合金材料"在本领域中具有确切含义的相关证据，因此请求人的观点不能成立。

针对复审通知书指出的问题，请求人分别于2008年4月15日、2008年5月19日和2008年6月10日三次提交了意见陈述书及经修改的权利要求书。其中于2008年6月10日提交的新的权利要求书如下：

"1. 一种细胞和组织移植用金属微囊，其特征在于，所述的金属微囊由具有生物兼容性的钛金属或钛合金材料制成；所述的金属微囊基本呈现空心球状，其内空腔用于放置经分离、处理后的若干细胞或生物组织；所述金属微囊的外半径在0.05~5mm之间，金属微囊的囊壁厚在0.001~0.5mm之间，金属微囊的囊壁上设置有若干基本呈圆形的通孔，通孔的直径在0.00005~0.01mm之间。

2. 根据权利要求1所述的细胞和组织移植用金属微囊，其特征在于，所述的微囊由两个碗状半球组成，两个碗状半球之间通过紧配合、压接、粘接或激光焊接方式连接为一个整体。

3. 一种细胞和组织移植用金属微囊，其特征在于，所述的金属微囊由金作为基底材料材料制成，该基底材料的表面设置有钛镀层或钛合金镀层；所述的金属微囊基本呈现空心球状，其内空腔用于放置经分离、处理后的若干细胞或生物组织；所述金属微囊的外半径在0.05~5mm之间，金属微囊的囊壁厚在0.001~0.5mm之间，金属微囊的囊壁上设置有若干基本呈圆形的通孔，通孔的直径在0.00005~0.01mm之间。

4. 根据权利要求3所述的细胞和组织移植用金属微囊，其特征在于，所述的微囊由两个碗状半球组成，两个碗状半球之间通过紧配合、压接、粘接或激光焊接方式连接为一个整体。

5. 一种细胞和组织移植用金属微囊，其特征在于，所述的金属微囊由铁作为基底材料材料制成，该基底材料的表面设置有钛镀层或钛合金镀层；所述的金属微囊基本呈现空心球状，其内空腔用于放置经分离、处理后的若干细胞或生物组织；所述金属微囊的外半径在0.05~5mm之间，金属微囊的囊壁厚在0.001~0.5mm之间，金属微囊的囊壁上设置有若干基本呈圆形的通孔，通孔的直径在0.00005~0.01mm之间。

6. 根据权利要求5所述的细胞和组织移植用金属微囊，其特征在于，所述的微囊由两个碗状半球组成，两个碗状半球之间通过紧配合、压接、粘接或激光焊接方式连接为一个整体。"

至此，合议组认为本案事实清楚，可以作出审查决定。

二、决定的理由

1. 审查文本的认定

根据请求原则，本复审决定针对的文本是复审请求人于申请日2004年6月29日提交的说明书第1~4页，说明书摘要，和2008年6月10日提交的权利要求1~6。

2. 关于权利要求是否清楚

专利法实施细则第20条第1款规定，权利要求书应当说明发明或者实用新型的技术特征，清楚、简要地表述请求保护的范围。

权利要求书应当清楚，是指每项权利要求的类型和所确定的保护范围应当清楚，而且构成权利要求书的所有权利要求作为一个整体，即权利要求之间的引用关系也应当清楚。

本案中，针对复审通知书和驳回决定指出的缺陷，请求人于2008年6月10日提交了权利要求书的修改替换页，经审查，所述修改包括将原权利要求1中含义不确定的用语"良好"删除，将原权利要求2、3中的技术特征补入原权利要求1中形成新的独立权利要求1，将原权利要求4、5中的技术特征补入原权利要求1中形成新的独立权利要求3，将原权利要求6、7中的技术特征补入原权利要求1中形成新的独立权利要求5，上述修改符合专利法第33条和专利法实施细则第60条第1款的规定。

合议组认为，修改后的权利要求书克服了驳回决定和复审通知书指出的权利要求1不清楚的缺陷，新的权利要求1~6能够清楚地限定其保护范围，且权利要求1~6之间的引用关系清楚，因此修改后的权利要求书保护范围清楚，符合专利法实施细则第20条第1款的规定。

根据以上事实和理由，本案合议组作出如下审查决定。

三、决定

撤销国家知识产权局于2006年5月19日对200410019819.9号发明专利申请作出的驳回决定。由原审查部门在本复审决定针对的文本的基础上继续进行审查。

复审请求人对本决定不服的，可以根据专利法第41条第2款的规定，自收到本决定之日起三个月内向北京市第一中级人民法院起诉。

一种治疗妇科病的药物及其制备方法

复审请求审查决定（第 13917 号）

决 定 号	第 13917 号
决 定 日	2008 年 6 月 18 日
发明创造名称	一种治疗妇科病的药物及其制备方法
国际分类号	A61K 36/00，A61K 9/48，A61P 15/00
复审请求人	方明义
申 请 号	200410022399.X
申 请 日	2004 年 4 月 24 日
公 开 日	2005 年 1 月 26 日
合议组组长	徐媛媛
主 审 员	田 华
参 审 员	朱 茜

法 律 依 据 专利法第 22 条第 3 款

决 定 要 点

权利要求所要求保护的技术方案与对比文件在原料组成上完全相同，虽然用量配比有些许差别，但是由于没有改变各用料的主要配比关系，配伍关系没有发生君臣佐使之变，而在常规范围内对配伍关系的选择是本领域技术人员不付出创造性劳动就可以得到的，因此权利要求相对于对比文件和公知常识的结合不具有创造性。

复审请求人提供的试验数据与本申请说明书公开的内容相矛盾，因此该证据不能证明权利要求具有创造性。

一、案由

本复审请求涉及名称为"一种治疗妇科病的药物及其制备方法"的 200410022399.X 号发明专利申请（下称本申请），申请日为 2004 年 4 月 24 日，公开日为 2005 年 1 月 26 日，申请人为方明义。

2007 年 4 月 13 日，国家知识产权局实质审查部门以本申请的权利要求 1 相对于对比文件 1（《国家中成药标准汇编》中成药地方标准上升国家标准部分、外科、妇科分册，第 134、135 页，国家药品监督管理局编，2002 年）不具有创造性，不符合专利法第 22 条第 3 款的规定为由驳回了本申请。驳回决定依据的审查文本为：申请人于 2004 年 4 月 24 日提交的说明书摘要、说明书第 2～4 页，2006 年 7 月 25 日提交的权利要求 1、说明书第 1、5 页。

驳回决定针对的权利要求书的内容如下：

"1. 一种治疗妇科病的药物，其特征在于它是由下述重量配比的原料制成的药物：

三七7，香附7，八角莲4，鼠妇虫2.5，黑蚂蚁2.5，五香血藤50，鸡矢藤50，金荞麦50，大红袍50，柴胡30。"

驳回决定中指出：权利要求1与对比文件1同样治疗妇科病，虽然权利要求1中用量配比与对比文件1公开的有区别，但是没有改变药味的主要配比关系（仍然是鼠妇虫和黑蚂蚁的用量最少，五香血藤等的用量最多），仅是在常规范围内的改变。虽然在原说明书中提供了证明疗效的试验资料，但是仅仅描述为"本发明的药物"（本发明共有3个实施例，其中实施例2就是对比文件1的技术方案），因此只能理解为是原权利要求1的数值范围内的技术方案都能达到这样的疗效，而且其中实施例2的技术方案就是对比文件1的技术方案，那么根据说明书的描述，实施例1（修改后的权利要求1）和实施例2（对比文件1）的疗效是相近的，没有详实可靠的资料表明这种常规范围内的选择产生了预料不到的技术效果，也就不能证明这种选择是本领域技术人员付出创造性劳动的结果，因而在对比文件1的基础上结合本领域的常识解决该技术问题得到权利要求1要求保护的技术方案是显而易见的，因此权利要求1不具备专利法第22条第3款规定的创造性。

申请人方明义（下称复审请求人）对该驳回决定不服，于2007年4月30日向专利复审委员会提出了复审请求，复审请求人在提出复审请求时未提交修改文本，其复审请求理由主要如下：

权利要求1与现有技术有实质的区别，药量的变化并非是在常规范围的改变，并且这种量的变化所带来的效果申请人已提供了相关的临床资料和药效对比学实验研究资料加以证明，该资料将本发明的药效与现有技术作了比较，并用数据显示了其效果的不同，本发明的效果优于现有技术，因此认为本申请与现有技术相比较具有创造性。复审请求人同时提交了成都军区民族民间医药研究所附属医院出具的"'一种治疗妇科病的药物'与'消乳癖胶囊'治疗气滞血瘀所致的乳腺小叶增生临床疗效对比实验总结"和云南民族医药研究所出具的"'一种治疗妇科病的药物'与'消乳癖胶囊'药效学对比实验研究"。

经形式审查合格后，专利复审委员会受理了上述复审请求，并于2007年6月13日向复审请求人发出复审请求受理通知书，同时向国家知识产权局原实质审查部门发出前置审查通知书。

国家知识产权局原实质审查部门在前置审查意见书中坚持驳回决定。

针对上述复审请求，专利复审委员会依法成立合议组，对本案进行了审理，于2008年3月28日向复审请求人发出了复审通知书。该复审通知书指出：权利要求1与对比文件1相比，都是治疗妇科病的用药，解决的技术问题是相同的，二者在原料组成上完全相同，仅仅是用量略有差异，而在常规范围内对配伍关系的选择是本领域技术人员不付出创造性劳动就可以得到的，因此，在对比文件1的基础上结合本领域的常识得到权利要求1所要求保护的技术方案是显而易见的，权利要求1不具备专利法第22条第3款规定的创造性。同时指出，请求人在试验报告中所提到的本申请药物有抗肿瘤活性和抗炎镇痛作用的疗效在本申请的说明书中并未有任何的描述。由于复审请求人提出复审请求时提交的证据与说明书存在矛盾的疑点，请求人以此证明权利要求1的技术方案具有创造性的理由不充分，合议组对此不予接受。

针对该复审通知书，复审请求人于2008年5月6日提交了意见陈述书，同时提交了成都军区民族民间医药研究所附属医院于2005年4月出具的"'一种治疗妇科病的药物'在组方相同药物配比数量不同的情况下两配比对治疗气滞血瘀所致的乳腺小叶增生临床疗效对比实验"报告。复审请求人认为，从中医遣药组方的原则来说，药物中各药味的配伍用量是比较严格的，药物用量的改变（各种药物间配比的变化），必然会导致药效的变化。同时根据其提供的附件所示的临床资料显示修改后的权利要求中所述的配方在疗效上明显优于对比文件1的配方（消乳癖胶囊），即产生了意想不到的技术效果，相对于对比文件1具有突出的实质性特点和显著的进步，因而具备创造性。复审请求人在进行答复时未对申请文本作任何修改。

经过上述审查程序，合议组认为，本案事实已经清楚，可以作出复审决定。

二、决定的理由

1. 审查文本

本决定依据的审查文本是：复审请求人于2004年4月24日提交的说明书摘要、说明书第2～4页，2006年7月25日提交的权利要求1、说明书第1、5页。

2. 关于创造性

专利法第22条第3款规定，创造性，是指同申请日以前已有的技术相比，该发明有突出的实质性特点和显著的进步，该实用新型有实质性特点和进步。

本申请权利要求1请求保护一种治疗妇科病的药物，对比文件1公开了一种消乳癖胶囊，处方为三七75g，香附75g，八角莲45g，鼠妇虫30g，黑蚂蚁30g，五香血藤600g，鸡矢藤600g，金荞麦600g，大红袍600g，柴胡400g。与权利要求1相比，二者都是治疗妇科病的用药，解决的技术问题是相同的。二者在原料组成上完全相同，仅仅是用量略有差异，换算成百分比：对比文件1中三七，香附各为2.45%，八角莲为1.47%，鼠妇虫和黑蚂蚁各为0.98%，五香血藤、鸡矢藤、金荞麦和大红袍各为19.64%，柴胡13.09%；权利要求1中三七、香附各为2.77%，八角莲为1.58%，鼠妇虫和黑蚂蚁各为0.99%，五香血藤、鸡矢藤、金荞麦和大红袍各为19.76%，柴胡11.86%。

合议组认为，虽然权利要求1中用量配比与对比文件1公开的有些许差别，但是权利要求1并没有改变各用料的主要配比关系（即鼠妇虫和黑蚂蚁的用量最少，五香血藤等的用量最多），对于中药而言，只有药物用量的改变使配伍关系有君臣佐使之变，其功用、疗效才有可能带来显著的差异。而对本申请而言，由于配伍关系并没有发生君臣佐使之变，因此无法使得本申请的技术方案相对于对比文件1产生意料不到的技术效果，也就是说，在常规范围内对配伍关系的选择是本领域技术人员不付出创造性劳动就可以得到的，因此，在对比文件1的基础上结合本领域的常识得到权利要求1所要求保护的技术方案是显而易见的，权利要求1不具备专利法第22条第3款规定的创造性。

复审请求人提供了3份实验报告用以证明权利要求1的技术方案相对于对比文件1而言具有更好的疗效。

合议组认为，3份报告中的疗效对比实验正是将本申请实施例1与实施例2进行对比所作的结果，虽然其中显示实施例1比实施例2具有较好的疗效，但是与本申请说明书公开的内容相矛盾。因为本申请说明书中研究数据的得出，应是基于本申请涉及的药物，即本申请原始申请文本中权利要求1所要求保护的"一种治疗妇科病的药物"，而该方案正是涵盖了说明书记载的实施例1、2、3，也就是说，对三种方案的药物进行了试验，结果均得出有很好的疗效。而对比文件1的技术方案正是本申请实施例2的方案，请求人根据其提交对比实验却得出了本申请实施例1的疗效要比实施例2的疗效要好的结果，这显然是与本申请说明书的结论是矛盾的。因此，基于复审请求人提交的证据与说明书存在矛盾的疑点，请求人以此证明权利要求1的技术方案具有创造性的理由不充分，合议组对此不予接受。

基于上述理由，合议组作出如下决定。

三、决定

维持国家知识产权局于2007年4月13日对200410022399.X号发明专利申请作出的驳回决定。

复审请求人对本决定不服的，可以根据专利法第41条第2款的规定，自收到本决定之日起三个月内向北京市第一中级人民法院起诉。

乙内酰脲消旋酶

复审请求审查决定（第13922号）

决 定 号	第13922号
决 定 日	2008年6月25日
发明创造名称	乙内酰脲消旋酶
国际分类号	C12N 9/90，C12P 41/00，C12P 13/04
复审请求人	DSMIP财产有限公司
申 请 号	03811523.9
优 先 权 日	2002年5月23日
申 请 日	2003年5月23日
公 开 日	2005年8月17日
合议组组长	郭 婷
主 审 员	田 芳
参 审 员	冯 怡
法 律 依 据	专利法第26条第4款

决 定 要 点

权利要求书中的每一项权利要求所要求保护的技术方案应当是所属领域的技术人员能够从说明书充分公开的内容中得到或者概括得出的技术方案，并且不得超出说明书公开的范围。如果权利要求的概括包含申请人推测的内容，而其效果又难以预先确定和评价，应当认为这种概括超出了说明书公开的范围。

一、案由

本复审请求案涉及发明名称为"乙内酰脲消旋酶"的第03811523.9号发明专利申请（下称本申请），申请人为DSM IP财产有限公司。本申请的申请日为2003年5月23日，优先权日为2002年5月23日，进入国家阶段日期为2004年11月22日，公开日为2005年8月17日。

针对申请人于2006年8月1日提交的权利要求1~11，进入中国国家阶段时提交的国际申请文件的中文译文说明书第1~12页、序列表第1~6页、说明书附图第1页和说明书摘要，国家知识产权局于2006年9月8日驳回了本申请。驳回的具体理由是：（1）权利要求1要求保护与SEQ ID：NO.2或SEQ ID：NO.4有至少87%的同一性的多肽，权利要求2要求保护由在高严谨或特别高严谨的条件下与SEQ ID：NO.1和/或SEQ ID：NO.3或其互补序列杂交的核酸序列编码的多肽。在说明书中并没有例举任何与 SEQ ID：NO.2 或 SEQ ID：NO.4 有至少 87％的同一性的多肽，或任何在高严谨或特别高严谨的条件下与 SEQ ID：NO.1 和/或 SEQ ID：NO.3 或其互补序列杂交的核酸序列编码的多肽，而且根据说明书尤其是实施例的记载，只是证实了 SEQ ID：NO.1 与 SEQ ID：NO.3 所示的核酸编码的 SEQ ID：NO.2 与 SEQ ID：NO.4 所示的多肽具有不受底物抑制的乙内酰脲消旋酶活性，能够达到本发明的目的，而权利要求 1 和 2 要求保护的其他多肽是否都能达到本发明的目的没有任何实验证实，它们属于申请人推测的内容，而其效果又难于根据本申请说明书提供的实施例和说明书中泛泛的一般性生物学方法的描述进行预先确定和评价。因此，权利要求 1 和 2 要求保护的多肽不能从说明书直接得到或者概括得出，从而得不到说明书实质上的支持，不符合专利法第 26 条第 4 款的规定。同样理由，权利要求 4、6~8 也不符合专利法第 26 条第 4 款的规定。（2）权利要求 3 要求保护能与至少部分的 SEQ ID：NO.2 或 SEQ ID：NO.4 所示氨基酸序列的抗体制剂产生免疫交叉反应的多肽。说明书中并没有制备得到所述多肽，也没有任何实验证实这些多肽具有不受底物抑制的乙内酰脲消旋酶活性，因此基于与权利要求 1 相似的理由，权利要求 3 得不到说明书的支持，不符合专利法第 26 条第 4 款的规定。同样理由，权利要求 5~7 和 9 也不符合专利法第 26 条第 4 款的规定。

驳回决定针对的权利要求书如下：

"1. 分离的多肽，其具有不受 L-5-甲巯基乙基乙内酰脲抑制的乙内酰脲消旋酶活性，并且，其与 SEQ ID：NO.2 或 SEQ ID：NO.4 有至少 87％的同一性。

2. 根据权利要求 1 的分离多肽，其是由在高严谨或特别高严谨的条件下与 SEQ ID：NO.1 和/或 SEQ ID：NO.3 或其互补序列杂交的核酸序列所编码的。

3. 根据权利要求 1 或 2 所述的分离多肽，其能与至少部分的 SEQ ID：NO.2 或 SEQ ID：NO.4 所示氨基酸序列的抗体制剂产生免疫交叉反应。

4. 编码根据权利要求 1 或 2 的多肽的核酸序列。

5. 编码根据权利要求 3 的多肽的核酸序列。

6. 包含权利要求 4 或 5 所述核酸序列的载体。

7. 包含权利要求 4 或 5 所述核酸序列或权利要求 6 所述载体的宿主细胞。

8. 富含对映异构体的乙内酰脲化合物的外消旋化的方法，包括使所述富含对映异构体的乙内酰脲化合物接触权利要求 1 或 2 所述多肽的步骤。

9. 富含对映异构体的乙内酰脲化合物的外消旋化的方法，包括使所述富含对映异构体的乙内酰脲化合物接触权利要求 3 所述多肽的步骤。

10. 在存在下述物质时制备富含对映异构体的 D- 或 L-α-氨基酸的方法：

a. 权利要求 1 或 2 所述的多肽

b. 乙内酰脲酶和/或

c. 对映异构体选择性的氨基甲酰酶。

11. 在存在下述物质时制备富含对映异构体的 D- 或 L-α-氨基酸的方法：

a. 权利要求 3 所述的多肽

b. 乙内酰脲酶和/或

c. 对映异构体选择性的氨基甲酰酶。"

DSM IP 财产有限公司（下称请求人）对上述驳回决定不服，于 2006 年 12 月 25 日向专利复审委员会提出复审请求。请求人在提出复审请求时，没有提交修改文本。请求人认为：（1）本发明的技术效果就是不受 L-5-甲巯基乙基乙内酰脲抑制的乙内酰脲消旋酶活性带来的。权利要求 1 或 2 中限定具有所述同一性或能杂交的核酸序列编码的、具有不受 L-5-甲巯基乙基乙内酰脲抑制的乙内酰脲消旋酶活性的多肽必然能实现本发明，这是易于预先确定和评价的，并非具有不确定性。从同一性高或者能杂交的核酸中筛选出具有不受L-5-甲巯基乙基乙内酰脲抑制的乙内酰脲消旋酶活性的多肽完全是本领域技术人员常规的实验操作，而且实施例中给出了判断是否受L-5-甲巯基乙基乙内酰脲抑制的方法。因此根据说明书，权利要求1和2的多肽能够得到说明书的支持。类似地，权利要求4、6~8也能得到说明书支持。（2）权利要求3是权利要求1或2的从属权利要求，在根据上述理由权利要求1或2能得到支持的情况下，并不需要过多的筛选和分析试验得到权利要求3的多肽，而且权利要求3限定多肽具有不受L-5-甲巯基乙基乙内酰脲抑制的乙内酰脲消旋酶活性，因此其必然能够实现本发明。根据说明书，权利要求3的多肽能够得到说明书的支持。类似地，权利要求5~7和9也能得到说明书支持。

经形式审查合格后，专利复审委员会受理了该请求，并于2007年1月23日向请求人发出了《复审请求受理通知书》，随后将本申请案卷移交原审查部门进行前置审查。

在《前置审查意见书》中，原审查部门坚持驳回决定。

专利复审委员会组成合议组，对本复审请求案进行了审理。合议组于2008年4月2日发出了《复审通知书》，《复审通知书》指出：本申请说明书中仅仅公开了SEQ ID：NO.2和SEQ ID：NO.4的多肽具有不受底物抑制的乙内酰脲消旋酶活性，并没有记载任何与序列2或4具有87％同一性的序列实例，更没有验证这类序列同样具有所述活性。而本领域技术人员公知，多肽氨基酸序列的结构是功能的基础，任何位置的氨基酸的变化均可能导致多肽功能的改变，权利要求1中描述的"与SEQ ID：NO.2或SEQ ID：NO.4有至少87％同一性的多肽"可有成千上万个，且相对于SEQ ID：NO.2和SEQ ID：NO.4任意位置的氨基酸可改变，而说明书中并没有说明和验证哪些结构特点使得本申请的多肽具有所述活性，因此，本领域技术人员无法预先确定和评价，上述哪些多肽具有不受底物L-5-甲巯基乙基乙内酰脲抑制的乙内酰脲消旋酶活性。因此，权利要求1的概括包含了申请人推测的内容，而其效果又难于预先确定和评价，其概括超出了说明书公开的范围，得不到说明书的支持，不符合专利法第26条第4款的规定。基于类似的理由，权利要求2中的用在高严谨或特别高严谨条件下杂交限定的核酸序列编码的多肽，权利要求3中的用能与至少部分所示氨基酸序列的抗体制剂产生免疫交叉反应限定的多肽也得不到说明书的支持，不符合专利法第26条第4款的规定。

针对上述《复审通知书》，请求人于2008年5月19日提交了意见陈述书和经修改的权利要求书全文替换页（共6项）。修改后的权利要求书如下：

"1. 分离的多肽，其具有不受L-5-甲巯基乙基乙内酰脲抑制的乙内酰脲消旋酶活性，并且，其如SEQ ID：NO.2或SEQ ID：NO.4所示。

2. 编码根据权利要求1的多肽的核酸序列。

3. 包含权利要求2所述核酸序列的载体。

4. 包含权利要求2所述核酸序列或权利要求3所述载体的宿主细胞。

5. 富含对映异构体的乙内酰脲化合物的外消旋化的方法，包括使所述富含对映异构体的乙内酰脲化合物接触权利要求1所述多肽的步骤。

6. 在存在下述物质时制备富含对映异构体的D-或L-α-氨基酸的方法：

a. 权利要求1所述的多肽

b. 乙内酰脲酶和/或

c. 对映异构体选择性的氨基甲酰酶。"

请求人认为：经修改的权利要求书中，删除了所有用"片段"、"杂交"、"一致性"等描述方式的限定，仅保留了序列表中的具体序列，并对权利要求的编号和引用关系作出了适应性修改。经过修改后的权利要求书克服了所有缺陷，能够得到说明书的支持，符合专利法第 26 条第 4 款的规定。

至此，合议组认为本案事实已经清楚，可以作出审查决定。

二、决定的理由

1. 关于文本

请求人于 2008 年 5 月 19 日提交的权利要求书中对权利要求 1~6 的修改符合专利法第 33 条和专利法实施细则第 60 条第 1 款的规定。因此本复审请求审查决定针对的文本是：2008 年 5 月 19 日提交的权利要求 1~6，进入中国国家阶段时提交的国际申请文件中文译文说明书第 1~12 页、序列表第 1~6 页、说明书附图第 1 页和说明书摘要。

2. 关于专利法第 26 条第 4 款

专利法第 26 条第 4 款规定：权利要求书应当以说明书为依据，说明要求专利保护的范围。

权利要求书中的每一项权利要求所要求保护的技术方案应当是所属领域的技术人员能够从说明书充分公开的内容中得到或者概括得出的技术方案，并且不得超出说明书公开的范围。如果权利要求的概括包含申请人推测的内容，而其效果又难于预先确定和评价，应当认为这种概括超出了说明书公开的范围。

本案中，在《驳回决定》和《复审通知书》中均针对驳回决定依据的文本指出：权利要求 1 要求保护与 SEQ ID：NO.2 或 SEQ ID：NO.4 有至少 87％同一性的多肽。而说明书中仅公开了如 SEQ ID：NO.2 和 SEQ ID：NO.4 所示的多肽，并且证实了该多肽具有不受底物抑制的乙内酰脲消旋酶活性，能达到发明目的。权利要求 1 中限定的除 SEQ ID：NO.2 和 SEQ ID：NO.4 之外的其他多肽既没有在说明书中列举，也没有实验证实它们具有不受底物抑制的乙内酰脲消旋酶活性。因此上述多肽属于申请人推测的内容，而其效果又难于预先确定和评价，权利要求 1 的概括超出了说明书公开的范围，不符合专利法第 26 条第 4 款的规定。基于与权利要求 1 相似的理由，从属权利要求 2~3 要求保护的多肽都包含了申请人推测的内容，而其效果又难以预先确定和评价，因此也不符合专利法第 26 条第 4 款的规定。

在请求人于 2008 年 5 月 19 日提交的权利要求书中，将权利要求 1 修改为：分离的多肽，其具有不受 L-5-甲巯基乙基乙内酰脲抑制的乙内酰脲消旋酶活性，并且，其如 SEQ ID：NO.2 或 SEQ ID：NO.4 所示。即权利要求 1 仅要求保护说明书中充分公开的 SEQ ID：NO.2 或 SEQ ID：NO.4 所示的多肽，删除了其他得不到说明书支持的内容，从而克服了《驳回决定》和《复审通知书》中指出的权利要求 1 不符合专利法第 26 条第 4 款规定的缺陷。同时，请求人删除了驳回决定依据的权利要求书中的权利要求 2 和 3，因此也克服了《驳回决定》和《复审通知书》中指出的权利要求 2 和 3 不符合专利法第 26 条第 4 款规定的缺陷。

在《驳回决定》中还指出：基于与权利要求 1 和 2 同样的理由，权利要求 4、6~8 也不符合专利法第 26 条第 4 款的规定。基于与权利要求 3 同样的理由，权利要求 5~7、9 也不符合专利法第 26 条第 4 款的规定。

请求人于 2008 年 5 月 19 日提交的权利要求书中，在删除驳回决定依据的权利要求书中的权利要求 2 和 3 的同时也删除了引用权利要求 2 或 3 的技术方案和权利要求，剩余权利要求重新编号为权利要求 2~6，它们都直接或间接引用权利要求 1，当权利要求 1 已经通过修改克服了不符合专利法第 26 条第 4 款规定的缺陷时，新的权利要求 2~6 也就克服了《驳回决定》中指出的不符合专利法第 26 条第 4 款规定的缺陷。

综上所述，修改后的权利要求书克服了《驳回决定》和《复审通知书》中指出的缺陷。

根据上述事实和理由，合议组作出如下审查决定。

三、决定

撤销国家知识产权局于 2006 年 9 月 8 日针对 03811523.9 号发明专利申请作出的驳回决定,由原审查部门在本复审决定所针对的文本的基础上继续进行审查。

复审请求人对本决定不服的,可以根据专利法第 41 条第 2 款的规定,自收到本决定之日起三个月内向北京市第一中级人民法院起诉。

用于基因转移的病毒包膜载体

复审请求审查决定（第 13944 号）

决 定 号	第 13944 号
决 定 日	2008 年 5 月 19 日
发明创造名称	用于基因转移的病毒包膜载体
国际分类号	C12N15/09，C12N5/10//A61K35/76，A61K48/00
复审请求人	安增子摩祺株式会社，金田安史
申 请 号	01800567.5
优 先 权 日	2000 年 2 月 2 日
申 请 日	2001 年 2 月 2 日
公 开 日	2002 年 8 月 21 日
合议组组长	许 磊
主 审 员	郝建欣
参 审 员	卢 阳

法 律 依 据 专利法第 33 条，第 22 条第 2 款、第 3 款

决 定 要 点

如果申请的内容通过增加、改变和/或删除其中的一部分，致使所属技术领域的技术人员看到的信息与原申请公开的信息不同，而且又不能从原申请公开的信息中直接地、毫无疑义地确定，那么，这种修改就是不允许的，反之，则是允许的。

如果权利要求所要保护的技术方案与现有技术的技术方案之间存在实质性区别，则认为该项权利要求符合专利法有关新颖性的规定。

一、案由

本复审请求涉及申请日为 2001 年 2 月 2 日、公开日为 2002 年 8 月 21 日、名称为"用于基因转移的病毒包膜载体"的 01800567.5 号发明专利申请（下称本申请），本申请的优先权日为 2000 年 2 月 2 日。本申请的申请人于 2003 年 11 月 7 日由医学基因生物科学株式会社、金田安史变更为安增子摩祺株式会社、金田安史（下称申请人）。

针对本申请进入中国国家阶段时提交的国际申请文件的说明书第 1～25 页、说明书附图第 1～29 页、说明书摘要和摘要附图以及 2004 年 4 月 29 日提交的权利要求 1～19，国家知识产权局于 2004 年 8 月 20 日以权利要求 1～8、11、12、16、17 不符合专利法第 22 条第 2 款的规定、权利要求 9、10、13～15、19 不符合专利法第 22 条第 3 款的规定为由驳回了本申请。驳回决定所针对的权利要求

书为:

"1. 一种含有天然病毒包膜的基因转移载体。

2. 权利要求1的基因转移载体,其中所述病毒衍生自野生型病毒或重组病毒。

3. 权利要求1或2的基因转移载体,其中所述病毒衍生自属于逆转录病毒科、披膜病毒科、冠状病毒科、黄病毒科、副粘病毒科、正粘病毒科、布尼亚病毒科、弹状病毒科、痘病毒科、疱疹病毒科、杆状病毒科和嗜肝DNA病毒科的病毒。

4. 权利要求3的基因转移载体,其中所述病毒是HVJ。

5. 权利要求1~4中任一项的基因转移载体,其中所述基因转移载体利用含以下步骤的方法来制备:

将所述病毒与一种外源基因混合;和

将该混合液冷冻和解冻2次或更多次。

6. 权利要求1~4中任一项的基因转移载体,其中所述载体利用以下方法来制备,所述方法包括将该病毒与一种外源基因在有表面活性剂存在时进行混合的步骤。

7. 权利要求5或6的基因转移载体,其中所述方法进一步包括灭活所述病毒的步骤。

8. 权利要求7的基因转移载体,其中所述表面活性剂选自辛基葡糖苷、Triton-X100、CHAPS和NP-40。

9. 权利要求8的基因转移载体,其中所述表面活性剂是辛基葡糖苷。

10. 权利要求1~9中任一项的基因转移载体,其中所述方法进一步包括将硫酸鱼精蛋白添加至所述外源基因的步骤。

11. 权利要求1~10中任一项的基因转移载体,其用于将基因导入动物体内组织中。

12. 权利要求11的基因转移载体,其中所述组织选自:肝脏、骨骼肌、子宫、脑、眼、颈动脉、皮肤、血管、肺、心脏、肾脏、脾脏、癌组织、神经、B淋巴细胞,以及呼吸系统的组织。

13. 一种用于基因治疗的药用组合物,其包含权利要求1~12的基因转移载体。

14. 一种用于筛选基因文库的试剂盒,其包含权利要求1~12的基因转移载体。

15. 一种制备基因转移载体的方法,所述载体括包含用于基因转移的天然病毒包膜,所述方法包括以下步骤:

将所述病毒与一种外源基因混合;和

将该混合液冷冻和解冻2次或更多次。

16. 一种制备基因转移载体的方法,所述载体括包含用于基因转移的病毒包膜,所述方法包括以下步骤:

将所述病毒与一种外源基因在有表面活性剂存在的情况下混合。

17. 权利要求15或16的方法,进一步包括灭活所述病毒的步骤。

18. 一种将基因导入分离的动物组织中的方法,该方法包括以下步骤:

制备如权利要求1~12中任一项所述的基因转移载体,该载体含有所需的外源基因;和

通过该基因转移载体将基因导入分离的动物组织。

19. 一种将外源基因导入悬浮细胞的方法,该方法包括以下步骤:

将所述悬浮细胞与权利要求1~12中任一项的基因转移载体在有硫酸鱼精蛋白存在的情况下混合;和

离心该混合液。"

驳回决定认为:(1)对比文件1(Komal Ramani等人,"Novel gene delivery to liver cells using engineered virosomes",FEBS Letters,第404卷,第164~168页,1997)中公开了一种利用重组仙台病毒颗粒作为基因转移载体在表面活性剂 Triton X-100 存在下与 HepG2 细胞混合,通过融合介导,将真核基因表达载体 pCIS3CAT 导入 HepG2 细胞中,并得以表达 CAT 蛋白的方法(参见对比文件1第2.5第2~5行),所以权利要求1~4、6~8、16、17相对于对比文件1不具备新颖性。权利要求5用制备方法对要求保护的主题进行限定与通过对比文件1公开的方法获得的基因转移载体没有实质性区别,因此权利要求5相对于对比文件1不具备新颖性。权利要求11、12的附加技术特征不会改变要求保护的基因转移载体的固有组成及特性,因此相对于对比文件1也不具备新颖性。在此基础上,由于权利要求9、10的附加技术特征对于本领域技术人员来说属于公知常识或是显而易见的,所以这些权利要求不具备创造性;在所要求保护的基因转移载体不具备创造性的情况下,权利要求13、14、19相对于对比文件1也不具备创造性。对比文件2(Chemical Abstracts,The American Chemical Society 出版,第109卷,1998年12月19日,第411页,109:226002h)已有利用冻融法将外源 DNA 导入重建的仙台病毒包膜中的记载,因此权利要求15不具备创造性。(2)修改后的权利要求1的基因转移载体包含天然病毒包膜,但"天然"不同于"野生型",也没有"完整"的含义,本发明实施例9说明本发明的病毒包膜与对比文件1一样都是重组型的,因此,"天然"的限定不能使本申请权利要求1的技术方案区别于对比文件1。

申请人安增子摩祺株式会社、金田安史(下称请求人)对上述驳回决定不服,于2004年12月6日向专利复审委员会提出复审请求,请求人在提出复审请求时没有提交新修改的专利申请文件。请求人认为:审查员没有证据证明"天然"不同于"野生型",并混淆了载体和包膜的概念,本申请说明书实施例9的数据和评论无法得出本申请的包膜不同于野生型包膜的结论。对比文件的病毒是经过处理得到的溶解的级分,而不是"天然"包膜,本申请的病毒中包膜蛋白比例得到维持,包膜成分和朝向不能在重建的病毒包膜中维持。

形式审查合格后,专利复审委员会受理了该复审请求,并于2004年12月14日向请求人发出《复审请求受理通知书》,随后将本申请案卷移交原审查部门进行前置审查。

原审查部门对本复审请求进行了前置审查,坚持原驳回决定。

专利复审委员会组成合议组,对本案的复审请求进行了审理。于2007年6月29日向请求人发出《复审通知书》。该《复审通知书》指出:(1)"天然"的含义包括未经人工处理或经过人工处理但仍旧与未经处理的完全相同、没有丝毫改变,但从本申请说明书来看,并无证据表明本申请获得的病毒包膜与未经处理的病毒包膜完全相同,因此"天然病毒包膜"的技术方案超出了原申请文件记载的范围,权利要求1、15不符合专利法第33条的规定。(2)权利要求16的技术方案被对比文件1公开(见对比文件1第165页2.5~2.7节),因此相对于对比文件1不具备新颖性,不符合专利法第22条第2款的规定。(3)即使权利要求1中删除"天然",仍旧存在《第一次审查意见通知书》指出的相对于对比文件1不具备新颖性的缺陷,同理,权利要求2~4、6也不具备新颖性。在所要保护的产品不具备新颖性和请求人未证明权利要求5中用于限定该产品的方法给该产品带来了足以区别于现有技术的实质性技术特征的情况下,用方法对该产品进行限定的权利要求5也不具备新颖性;同理,权利要求7~9以及11、12的用途限定的该产品也不具备新颖性。(4)在权利要求1~9不具备新颖性的基础上,本领域技术人员在对比文件1的基础上结合本领域技术人员的公知常识得到权利要求10的技术方案是显而易见的,权利要求10不具备创造性;即使权利要求15删除"天然",仍旧相对于对比文件2不具备创造性;从属权利要求17及独立权利要求13、14、18、19在其引用或包含的权利要求不具备新颖性或创造性的基础上不具备创造性。

针对《复审通知书》指出的问题,请求人于2007年10月15日提交了意见陈述书及经修改的权利要求书全文替换页（共 20 项）。之后，请求人又分别于 2008 年 1 月 3 日和 2008 年 3 月 6 日再次提交了经修改的权利要求书全文替换页，其中最后一次，即于 2008 年 3 月 6 日提交的经修改的权利要求书如下：

"1. 一种含有病毒包膜的基因转移载体，在该包膜中，融合活性所需的病毒蛋白的比例维持在与野生型病毒相同的水平，其中所述病毒蛋白的比例是 F1/HN。

2. 权利要求 1 的基因转移载体，其中所述病毒衍生自野生型病毒或重组病毒。

3. 权利要求 1~2 的基因转移载体，其中所述病毒衍生自属于逆转录病毒科、披膜病毒科、冠状病毒科、黄病毒科、副粘病毒科、正粘病毒科、布尼亚病毒科、弹状病毒科、痘病毒科、疱疹病毒科、杆状病毒科和嗜肝 DNA 病毒科的病毒。

4. 权利要求 3 的基因转移载体，其中所述病毒是 HVJ。

5. 权利要求 1~4 中任一项的基因转移载体，其中所述基因转移载体利用含以下步骤的方法来制备：

将所述病毒与一种外源基因混合；和

将该混合液冷冻和解冻 2 次或更多次。

6. 权利要求 1~4 中任一项的基因转移载体，其中所述载体利用以下方法来制备，所述方法包括将该病毒与一种外源基因在有表面活性剂存在时进行混合的步骤。

7. 权利要求 5 或 6 的基因转移载体，其中所述方法进一步包括灭活所述病毒的步骤。

8. 权利要求 7 的基因转移载体，其中所述表面活性剂选自辛基葡糖苷、Triton-X100、CHAPS 和 NP-40。

9. 权利要求 8 的基因转移载体，其中所述表面活性剂是辛基葡糖苷。

10. 权利要求 1~9 中任一项的基因转移载体，其中所述方法进一步包括将硫酸鱼精蛋白添加至所述外源基因的步骤。

11. 权利要求 1~10 中任一项的基因转移载体，其用于将基因导入动物体内组织中。

12. 权利要求 11 的基因转移载体，其中所述组织选自：肝脏、骨骼肌、子宫、脑、眼、颈动脉、皮肤、血管、肺、心脏、肾脏、脾脏、癌组织、神经、B 淋巴细胞，以及呼吸系统的组织。

13. 一种用于基因治疗的药用组合物，其包含权利要求 1~12 的基因转移载体。

14. 一种用于筛选基因文库的试剂盒，其包含权利要求 1~12 的基因转移载体。

15. 一种制备基因转移载体的方法，所述载体括包含用于基因转移的病毒包膜，在该包膜中，融合活性所需的病毒蛋白的比例维持在与野生型病毒相同的水平，其中所述病毒蛋白的比例是 F1/HN，所述方法包括以下步骤：

将所述病毒与一种外源基因混合；和

将该混合液冷冻和解冻 2 次或更多次。

16. 一种制备基因转移载体的方法，所述载体括包含用于基因转移的病毒包膜，在该包膜中，融合活性所需的病毒蛋白的比例维持在与野生型病毒相同的水平，其中所述病毒蛋白的比例是 F1/HN，所述方法包括以下步骤：

将所述病毒与一种外源基因在有表面活性剂存在的情况下混合。

17. 权利要求 15 或 16 的方法，进一步包括灭活所述病毒的步骤。

18. 一种将基因导入分离的动物组织中的方法，该方法包括以下步骤：

制备如权利要求 1~12 中任一项所述的基因转移载体，该载体含有所需的外源基因；和

通过该基因转移载体将基因导入分离的动物组织。

19. 一种将外源基因导入悬浮细胞的方法，该方法包括以下步骤：

将所述悬浮细胞与权利要求1～12中任一项的基因转移载体在有硫酸鱼精蛋白存在的情况下混合；和

离心该混合液。"

至此，合议组认为本案事实清楚，可以作出审查决定。

二、决定的理由

1. 决定依据的文本

请求人在复审过程中仅对权利要求书进行了修改，其最后一次进行的修改是于2008年3月6日提交的权利要求书全文替换页（共19项），该修改符合专利法实施细则第60条第1款的规定。因此，本决定是在请求人于2008年3月6日提交的权利要求1～19以及驳回决定针对的说明书、说明书附图和说明书摘要及摘要附图的基础上作出的。

2. 关于专利法第33条

专利法第33条规定：申请人可以对其专利申请文件进行修改，但是，对发明和实用新型专利申请文件的修改不得超出原说明书和权利要求书记载的范围。

如果申请的内容通过增加、改变和/或删除其中的一部分，致使所属技术领域的技术人员看到的信息与原申请公开的信息不同，而且又不能从原申请公开的信息中直接地、毫无疑异地确定，那么，这种修改就是不允许的，反之，则是允许的。

就本案而言，与原始提交的申请文件相比，请求人在于2008年3月6日提交的权利要求书中仅对权利要求1、15、16进行了修改，在其均仅增加了"在该包膜中，融合活性所需的病毒蛋白的比例维持在与野生型病毒相同的水平，其中所述病毒蛋白的比例是F1/HN"的限定，除此以外未进行其他修改，根据说明书第1页第30～31行、第16页实施例9的记载可知，本申请的目的之一在于提供一种包膜组成在本质上与天然病毒包膜相同的载体，其采用的方案之一是将病毒包膜中F1/HN比例维持在与野生型相同的水平，因此，该信息可以由原申请记载的内容得出，这种修改可以接受。修改后的权利要求1、15删除了"天然"的表述，克服了《复审通知书》指出的不符合专利法第33条规定的缺陷。

3. 关于专利法第22条第2款

专利法第22条第2款规定，新颖性，是指在申请日以前没有同样的发明或者实用新型在国内外出版物上公开发表过，在国内公开使用过或者以其他方式为公众所知，也没有同样的发明或者实用新型由他人向国务院专利行政部门提出过申请并且记载在申请日以后公布的专利申请文件中。

根据该款的规定，如果权利要求所要保护的技术方案与现有技术的技术方案之间存在实质性区别，则认为该项权利要求符合专利法有关新颖性的规定。

就本案而言，请求人在于2008年3月6日提交的权利要求书中独立权利要求1、16中进一步限定"在该包膜中，融合活性所需的病毒蛋白的比例维持在与野生型病毒相同的水平，其中所述病毒蛋白的比例是F1/HN"，由于对比文件1中没有给出将所述包膜中F1/HN比率维持在与野生型相同的水平上的技术方案，权利要求1、16的方案与对比文件1的方案存在实质性区别，因此相对于对比文件1具有新颖性。在权利要求1、16相对于对比文件1具备新颖性的基础上，引用其的从属权利要求相对于对比文件1也具备新颖性，故权利要求1～9、11、12、16、17相对于对比文件1具备新颖性，符合专利法第22条第2款的规定。因此，《驳回决定》和《复审通知书》指出的相关权利要求不具备新颖性的缺陷已被克服。

4. 关于专利法第 22 条第 3 款

专利法第 22 条第 3 款规定，创造性，是指同申请日以前已有的技术相比，该发明有突出的实质性特点和显著的进步，该实用新型有实质性特点和进步。

就本案而言，请求人在于 2008 年 3 月 6 日提交的权利要求书中独立权利要求 15 进一步限定"在该包膜中，融合活性所需的病毒蛋白的比例维持在与野生型病毒相同的水平，其中所述病毒蛋白的比例是 F1/HN"，由于对比文件 2 中没有给出将所述包膜中 F1/HN 比率维持在与野生型相同的水平上的技术方案，上述特征构成权利要求 15 与对比文件 2 的区别技术特征，所述区别技术特征解决了融合活性降低的技术问题，对比文件 2 中没有给出将包膜中 F1/HN 比率维持在与野生型相同的水平以解决融合活性降低问题的技术启示，因此权利要求 15 的方案相对于对比文件 2 是非显而易见的，具有突出的实质性特点，故权利要求 15 不符合专利法第 22 条第 3 款规定的驳回理由不再成立。

驳回决定认为权利要求 9、10、13、14 的附加技术特征是公知常识或显而易见的，故在权利要求 1 没有新颖性的基础上认为权利要求 9、10、13、14 不具备创造性，因此，在修改后的权利要求 1 具备新颖性的情况下，驳回决定认为权利要求 9、10、13、14 不具备创造性的基础已经不再存在，故原来评价创造性的理由不再成立，因此，合议组对驳回决定基于其引用的权利要求不具备新颖性而认定权利要求 9、10、13、14 不具备创造性的驳回理由不予支持。基于相同的原因，《驳回决定》和《复审通知书》认为权利要求 18、19 不具备创造性的理由也不再成立。

根据以上事实和理由，本案合议组作出如下审查决定。

三、决定

撤销国家知识产权局于 2004 年 8 月 20 日对 01800567.5 号发明专利申请作出的驳回决定。由原审查部门在本决定所针对文本的基础上继续进行审查。

复审请求人对本决定不服的，可以根据专利法第 41 条第 2 款的规定，自收到本决定之日起三个月内向北京市第一中级人民法院起诉。

tau 蛋白

复审请求审查决定（第 13945 号）

决 定 号	第 13945 号
决 定 日	2008 年 6 月 18 日
发明创造名称	tau 蛋白
国际分类号	C07K 16/18，C12N 5/20，C07K 14/47，G01N33/577，G01N33/68，A61K 39/395
复审请求人	阿克松神经科学研究和发展股份有限公司
申 请 号	02805313.3
优 先 权 日	2001 年 2 月 2 日
申 请 日	2002 年 1 月 29 日
公 开 日	2004 年 4 月 28 日
合议组组长	王晓云
主 审 员	吴文英
参 审 员	卢 阳
法 律 依 据	专利法第 26 条第 4 款，第 25 条第 1 款

决 定 要 点

权利要求书应当以说明书为依据是指权利要求书应当得到说明书的支持，即权利要求书中的每一项权利要求所要求保护的技术方案应当是所属技术领域的技术人员能够从说明书充分公开的内容得到或者概括得出的技术方案，并且不得超出说明书公开的范围。

物质的医药用途如果是用于诊断或治疗疾病，则因属于专利法第 25 条第 1 款第（3）项规定的情形，不能被授予专利权。但是如果它们用于制造药品，则可依法被授予专利权。

一、案由

本复审请求涉及 2002 年 1 月 29 日申请，2004 年 4 月 28 日公开、名称为"tau 蛋白"的 02805313.3 号发明专利申请（下称本申请）。本申请的优先权日为 2001 年 2 月 2 日。本申请的申请人为阿克松神经科学研究和发展股份有限公司。

国家知识产权局于 2006 年 1 月 20 日以本申请的权利要求 1~12 得不到说明书的支持，不符合专利法第 26 条第 4 款的规定为由驳回了本申请。

驳回决定所针对的权利要求 1~12 如下：

"1. 对在 N-末端或 C-末端或两末端上被截短的人 tau 蛋白的截短形式具有特异性的抗体，所述的截短形式在构象上不同于正常人 tau，且所述的截短形式至少包括由 441 个氨基酸组成的最长人 tau

同种型中的第300位氨基酸到第400位氨基酸残基，所述的抗体对正常tau蛋白是非特异性的，所述的抗体与由在ECACC中保藏的具有保藏号00082215和00082216的杂交瘤细胞系DC-11或DC-11/I产生的抗体相比，它对所述人tau蛋白的截短形式具有至少50％的特异性。

2. 权利要求1的抗体，其中所述的抗体与由在ECACC中保藏的具有保藏号00082215和00082216的杂交瘤细胞系DC-11或DC-11/I产生的抗体相比，它对所述人tau蛋白的截短形式具有至少90％的特异性。

3. 产生权利要求1的抗体的杂交瘤细胞系。

4. 在N-末端或C-末端或两末端上被截短的人tau蛋白的截短形式，所述的截短形式在构象上不同于正常的人tau，且所述的截短形式至少包括由441个氨基酸组成的最长人tau同种型中的第300位氨基酸到第400位氨基酸残基，所述的人tau蛋白截短形式可由权利要求1的抗体特异性识别。

5. 用于检测或分离脑组织或体液样品中权利要求4的人tau蛋白的截短形式的试剂盒，该试剂盒包括权利要求1的抗体和用于装载所述样品的适宜容器。

6. 权利要求5的试剂盒，其特征在于它进一步含有用于检测所述抗体与所述人tau蛋白截短形式之间结合情况的工具。

7. 权利要求6的试剂盒，其中所述工具为次级抗体。

8. 权利要求7的试剂盒，其中所述次级抗体是特异性标记的次级抗体。

9. 权利要求5~8任一项的试剂盒，其特征在于它进一步含有用于对所述人tau蛋白截短形式定量的工具。

10. 权利要求5~8任一项的试剂盒，其特征在于进一步含有用于对所述人tau蛋白截短形式的标准制品定量的工具。

11. 患者脑组织或体液中权利要求4的人tau蛋白截短形式的体外检测方法，该方法包括下列步骤：将所述的体液与权利要求1的抗体混合、检测所述抗体与所述人tau蛋白截短形式之间存在的结合情况，且可选地测定与所述抗体结合的所述人tau蛋白截短形式的量。

12. 权利要求1的抗体在制备用于治疗阿尔茨海默病患者的药物中的应用。"

驳回决定中指出：（1）权利要求1中使用"至少包括"来概括范围，实际上还可以包括其他任意序列来构成所谓的"截短的tau"。由于这些权利要求概括的范围很大，远远超出了说明书中实质公开的内容，要达到本发明的目的（对正常tau是非特异性的，对截短的tau是特异性的），所属技术领域的技术人员尽管可以很容易的筛选一个抗原的抗体，但是由于"截短的tau"是正常tau的一部分，其上具有的表位也很可能位于正常tau上，因此要筛选对正常tau是非特异性的而对截短的tau是特异性的抗体需要进一步过多的实验或创造性劳动才能选择出能达到本发明目的的技术方案。因此，权利要求1得不到说明书的支持，不符合专利法第26条第4款的规定。（2）权利要求2~12是以权利要求1为基础的，本身并没有克服以上缺陷，因此也得不到说明书的支持，不符合专利法第26条第4款的规定。

申请人阿克松神经科学研究和发展股份有限公司（下称请求人）对上述驳回决定不服，于2006年4月27日向专利复审委员会提出复审请求，请求人在提出复审请求的同时提交了权利要求书替换页（共12项）。请求人将权利要求1中的"所述的截短形式至少包括由441个氨基酸组成的最长人tau同种型中的第300位氨基酸到第400位氨基酸残基"修改为"所述的截短形式长度为100~400氨基酸且至少由441个氨基酸所组成的最长人tau同种型中的第300位氨基酸到第400位氨基酸残基组成"。其他权利要求未作修改。

请求人指出：将权利要求1中的截短形式的tauon限定为"长度为100~400氨基酸且至少由441

个氨基酸所组成的最长人 tau 同种型中的第 300 位氨基酸到第 400 位氨基酸残基组成"后，根据本申请说明书公开的内容，结合本领域的常规技术，本领域的技术人员无需过多的试验或创造性劳动就能够获得权利要求 1 要求保护的抗体。因此权利要求 1 可以得到说明书的支持。

形式审查合格后，专利复审委员会受理了该复审请求，并于 2006 年 6 月 9 日向请求人发出《复审请求受理通知书》，同时将本申请案卷移交原审查部门进行前置审查。

原审查部门对本复审请求进行了前置审查，认为本发明的目的是提供一种对正常 tau 是非特异性的，对截短的 tau 是特异性的抗体，即获得这种抗体，而非抗原本身。然而该抗体所针对的抗原是截短的 tau，也就是正常 tau 的一部分，其具有截短的 tau 的全部氨基酸序列，其上具有的表位也很可能存在于正常 tau 上。在说明书中，申请人并没有指明截短的 tau 与正常 tau 之间的构象区别之所在，也没有提供两者有区别的表位。普通技术人员只能根据说明书中的实验方法进行过多的筛选实验或运用其他创造性劳动才能得到达到本发明目的的抗体。无论权利要求加上多少限定，目前的技术方案（抗体及其基础上的其他方案）都只能依赖于无法预料工作量的筛选而得到。因此驳回决定指出的关于本申请的权利要求得不到说明书支持的缺陷仍然存在，故坚持驳回决定。

专利复审委员会组成合议组，对本复审请求案进行了审理。于 2008 年 3 月 26 日向请求人发出《复审通知书》。《复审通知书》指出：

（1）权利要求 11 要求保护患者脑组织或体液中权利要求 4 的人 tau 蛋白截短形式的体外检测方法，属于专利法第 25 条第 1 款第（3）项的规定不能授予专利权的范畴。

（2）本申请的权利要求 1 中"所述截短形式长度为 100～400 氨基酸且至少由 441 个氨基酸所组成的最长人 tau 同种型的第 300 位氨基酸到第 400 位氨基酸残基组成"限定的抗原包括的范围很大，而且说明书中没有指明截短的 tau 与正常 tau 之间的构象（空间结构）区别之所在，也没有提供两者有区别的表位。说明书中仅证实了由 ECACC 中保藏的 00082216 号杂交瘤细胞系 DC-11 所产生的抗体能够实现本发明的目的，即针对正常 tau 蛋白是非特异性的，而针对截短的 tau 是特异性的。至于另外一个由 ECACC 中保藏的 00082215 号杂交瘤细胞系 DC-11/I 所产生的抗体，说明书中并没有提供任何实验数据来证明其能够实现本发明的目的。另外说明书也没有提供除抗体 DC-11 以外任何一个对正常 tau 是非特异性的，与由在 ECACC 中保藏的具有保藏号 00082215 和 00082216 的杂交瘤细胞系 DC-11 或 DC-11/I 产生的抗体相比，对所述人 tau 蛋白的截短形式具有至少 50％ 的特异性的抗体。况且由于"截短的 tau"是正常 tau 的一部分，其上具有的表位也很可能位于正常 tau 上，本领域技术人员要筛选出除抗体 DC-11 以外对正常 tau 是非特异性的而对截短的 tau 是特异性的抗体需要进一步过多的实验或创造性劳动，因此，权利要求 1 得不到说明书的支持。

（3）权利要求 2～12 是以权利要求 1 为基础的，本身并没有克服以上缺陷，因此也得不到说明书的支持，不符合专利法第 26 条第 4 款的规定。

针对《复审通知书》指出的问题，请求人于 2008 年 5 月 12 日提交了意见陈述书及经修改的权利要求书全文替换页（共 12 项）。请求人将权利要求 11 修改为制药方法类型的用途权利要求，将权利要求 1 具体限定为杂交瘤细胞系 DC-11 产生的抗体，并对其他权利要求作了相应修改。请求人认为修改后的权利要求书克服了复审通知书中所指出的缺陷。

修改后的权利要求书如下：

"1. 由在 ECACC 中保藏的具有保藏号 00082216 的杂交瘤细胞系 DC-11 产生的抗体。

2. 产生权利要求 1 的抗体的杂交瘤细胞系。

3. 权利要求 2 的杂交瘤细胞系，其为在 ECACC 中保藏的具有保藏号 00082216 的杂交瘤细胞系 DC-11。

4. 在N-末端或C-末端或两末端上被截短的人tau蛋白的截短形式，所述的截短形式在构象上不同于正常的人tau，且所述的截短形式至少包括由441个氨基酸组成的最长人tau同种型中的第300位氨基酸到第400位氨基酸残基，所述的人tau蛋白截短形式可由权利要求1的抗体特异性识别。

5. 用于检测或分离脑组织或体液样品中权利要求4的人tau蛋白的截短形式的试剂盒，该试剂盒包括权利要求1的抗体和用于装载所述样品的适宜容器。

6. 权利要求5的试剂盒，其特征在于它进一步含有用于检测所述抗体与所述人tau蛋白截短形式之间结合情况的工具。

7. 权利要求6的试剂盒，其中所述工具为次级抗体。

8. 权利要求7的试剂盒，其中所述次级抗体是特异性标记的次级抗体。

9. 权利要求5~8任一项的试剂盒，其特征在于它进一步含有用于对所述人tau蛋白截短形式定量的工具。

10. 权利要求5~8任一项的试剂盒，其特征在于进一步含有用于对所述人tau蛋白截短形式的标准制品定量的工具。

11. 权利要求1的抗体在制备用于检测权利要求4的人tau蛋白截短形式的诊断剂中的用途。

12. 权利要求1的抗体在制备用于治疗阿尔茨海默病患者的药物中的应用。"

在上述程序的基础上，合议组认为本案事实清楚，可以作出审查决定。

二、决定的理由

1. 决定所依据的文本

本决定所依据的文本为：请求人于2008年5月12日提交的权利要求1~12，于2003年8月21日进入中国国家阶段时递交的国际申请中文译本的说明书第1~28页、核苷酸和氨基酸序列表第1~17页、说明书附图第1~14页和说明书摘要。

2. 关于专利法第26条第4款

专利法第26条第4款规定：权利要求书应当以说明书为依据，说明要求专利保护的范围。

权利要求书应当以说明书为依据是指权利要求书应当得到说明书的支持，即权利要求书中的每一项权利要求所要求保护的技术方案应当是所属技术领域的技术人员能够从说明书充分公开的内容得到或者概括得出的技术方案，并且不得超出说明书公开的范围。

本案中，请求人于2006年4月27日递交的权利要求1中的"对长度为100~400氨基酸且至少由441个氨基酸所组成的最长人tau同种型的第300位氨基酸到第400位氨基酸残基组成的截短形式特异性的，对正常tau蛋白是非特异性的，与由在ECACC中保藏的具有保藏号00082215和00082216的杂交瘤细胞系DC-11或DC-11/I产生的抗体相比，对所述人tau蛋白的截短形式具有至少50%的特异性的抗体"涵盖了得不到说明书支持的内容，请求人在2008年5月12日提交的修改后的权利要求1中，将其修改为："由在ECACC中保藏的具有保藏号00082216的杂交瘤细胞系DC-11产生的抗体。"修改后的权利要求1所要求保护的仅限于说明书实施例中已证实能够实现本发明发明目的的抗体，这是所属领域技术人员能从本申请说明书中直接得到或概括得出的技术方案，因而克服了《驳回决定》和《复审通知书》所指出的权利要求1不符合专利法第26条第4款规定的缺陷。

相应地，在权利要求1得到说明书支持的情况下，《驳回决定》和《复审通知书》所判定权利要求2~12不符合专利法第26条第4款规定的理由也不成立。

3. 关于专利法第25条第1款

专利法第25条第1款第（3）项规定：疾病的诊断和治疗方法不授予专利权。

物质的医药用途如果是用于诊断或治疗疾病，则因属于专利法第25条第1款第（3）项规定的情形，不能被授予专利权。但是如果它们用于制造药品，则可依法被授予专利权。

请求人于2006年4月27日提交的权利要求书中的权利要求11要求保护患者脑组织或体液中权利要求4的人tau蛋白截短形式的体外检测方法，该方法包括下列步骤：将所述的体液与权利要求1的抗体混合、检测所述抗体与所述人tau蛋白截短形式之间存在的结合情况，且可选地测定所述抗体结合的所述人tau蛋白截短形式的量。该权利要求虽然从表述形式上看是以离体样品为对象的，但是以获得同一主体疾病诊断结果或健康状况为直接目的，而且根据现有技术中的医学知识和本申请公开的内容，只要知晓所说的检测信息，就能够直接获得疾病的诊断结果或健康状况，实质上属于疾病的诊断方法，因此该权利要求11属于专利法第25条第1款第（3）项的规定不能授予专利权的范畴。

请求人在2008年5月12日提交的权利要求书中已经将权利要求11修改为"权利要求1的抗体在制备用于检测权利要求4的人tau蛋白截短形式的诊断剂中的用途"，修改后的权利要求1属于制药方法类型的用途权利要求，因此《复审通知书》所指出的权利要求11不符合专利法第25条第1款规定的缺陷已被克服。

综上所述，请求人于2008年5月12日提交的权利要求书已经克服《驳回决定》和《复审通知书》指出的缺陷，权利要求1~12符合专利法第26条第4款的规定，权利要求11不属于专利法第25条第1款第（3）项不授予专利权的客体。

根据以上事实和理由，本案合议组作出如下审查决定。

三、决定

撤销国家知识产权局于2006年1月20日对02805313.3号发明专利申请作出的驳回决定。由原审查部门在本决定所依据的审查文本的基础上继续进行审查。

复审请求人对本决定不服的，可以根据专利法第41条第2款的规定，自收到本决定之日起三个月内向北京市第一中级人民法院起诉。

基因克隆的新方法

复审请求审查决定（第 13946 号）

决 定 号	第 13946 号
决 定 日	2008 年 6 月 26 日
发明创造名称	基因克隆的新方法
国际分类号	C12N 15/10，C12N 15/12，C12N 15/13，C12N 15/62 //C07K 19/00，C07K 16/00，C07K14/435
复审请求人	中外制药株式会社
申 请 号	99808906.0
优 先 权 日	1998 年 5 月 20 日，1998 年 10 月 1 日
申 请 日	1999 年 4 月 30 日
公 开 日	2001 年 8 月 29 日
合议组组长	叶 娟
主 审 员	张 雷
参 审 员	田 芳
法 律 依 据	专利法第 33 条

决 定 要 点

对于说明书允许的修改包括由所属技术领域的技术人员能够识别出的明显错误，即语法错误、文字错误和打印错误。如果所属技术领域的技术人员能够对于申请文本中的明显错误从说明书的整体及上下文看出唯一的正确答案，那么这种对于明显错误的修改是允许的，这种修改符合专利法第 33 条的规定。

一、案由

本复审请求涉及 1999 年 4 月 30 日申请、2001 年 8 月 29 日公开、名称为"基因克隆的新方法"的 99808906.0 号发明专利申请（下称本申请）。本申请的优先权日为 1998 年 5 月 20 日和 1998 年 10 月 1 日，申请人为中外制药株式会社。

申请人在 2001 年 1 月 19 日本申请进入中国国家阶段时根据 PCT 条约第 41 条对说明书第 11～13 页进行了修改，提交了的新的说明书第 11～13 页修改替换页。

国家知识产权局于 2006 年 3 月 3 日以说明书不符合专利法第 33 条的规定为由驳回了本申请。

驳回决定认为：申请人于 2001 年 1 月 19 日提交的修改文件中，说明书第 11 页第 11 行、第 12 页第 13 行和第 13 页第 4 行中的"ml"被修改为"μl"，上述新修改的内容既未明确地记载在原说明书和权利要求中，也不能由原说明书和权利要求书所记载的内容直接导出，因此超出了原说明书和权利要求书记载的范围，新提交的说明书不符合专利法第33条的规定。

申请人中外制药株式会社（下称请求人）对上述驳回决定不服，于2006年6月19日向专利复审委员会提出复审请求，请求人在提出复审请求时提交了说明书第11～13页的替换页，其内容与请求人于2001年1月19日提交的修改文本一致，以及附件1（《基因工程药物——基础与临床》，人民卫生出版社，吴梧桐等编著，1996年3月，封面、出版信息页、第82～88页复印件，共10页）。

请求人认为，PCR反应是本领域的常规反应，该反应中反应物的种类以及反应混合物的量是本领域普通技术人员极其熟悉的常规技术，本领域有多种记载PCR反应的教科书，如附件1中介绍了PCR扩增的方法学，并例举了各种PCR反应的反应物、步骤和反应混合物的总量。本领域技术人员在阅读本申请后能够非常容易地判断出上述PCR反应混合物的量应该是"100μl"或"98μl"而非"100ml"或"98ml"。所以上述修改属于明显错误的修改，没有超出原说明书和权利要求书的范围，符合专利法第33条规定。因此，国家知识产权局驳回的理由不成立。

形式审查合格后，专利复审委员会受理了该复审请求，并于2006年7月12日向请求人发出《复审请求受理通知书》，同时将本申请案卷移交原审查部门进行前置审查。

原审查部门对本复审请求进行了前置审查，认为请求人在提出复审请求时提交的附件1与本申请无关联，审查指南第二部分第八章第5.2.2.2节规定，对明显错误的修改必须是所属技术领域的技术人员能从说明书的整体及上下文看出的唯一正确答案，因此，本申请中说明书的修改并不属于明显错误；另外，附件1中涉及的PCR反应中用到"μl"的单位，但是该文件中也没有明确地指出PCR反应中用到的单位只能唯一的为"μl"。所以，坚持原驳回决定。

专利复审委员会组成合议组，对本复审请求案进行了审理。

至此，合议组认为本案事实已经清楚，可以作出审查决定。

二、决定的理由

1. 文本的确定

本复审决定所针对的文本为本申请进入中国国家阶段时提交的原始国际申请文件中文译文的说明书第1～10、14～68页，附图第1～7页及说明书摘要；2005年4月4日提交的权利要求1～30；以及2006年6月19日提交的说明书第11～13页。

2. 关于专利法第33条

专利法第33条规定，"申请人可以对其专利申请文件进行修改，但是，对发明和实用新型专利申请文件的修改不得超出原说明书和权利要求书记载的范围，对外观设计专利申请文件的修改不得超出原图片或者照片表示的范围"。

根据该条款，对于说明书允许的修改包括由所属技术领域的技术人员能够识别出的明显错误，即语法错误、文字错误和打印错误。如果所属技术领域的技术人员对于申请文本中的明显错误能够从说明书的整体及上下文看出唯一的正确答案，那么这种对于明显错误的修改是允许的，修改符合专利法第33条的规定。

本案中，请求人于2001年1月19日提交了说明书第11～13页修改替换页，其中将第11页第11行、第12页第13行和第13页第4行中"PCR反应混合物"的体积单位由"ml"改为"μl"。请求人于2006年6月19日提交复审请求书时又重新提交了说明书第11～13页的修改替换页，其内容与请求人于2001年1月19日提交的修改文本一致，并陈述了意见。

根据原始提交的国际申请文件中文译文说明书中的内容，说明书第11页第11行、第12页第13行和第13页第4行中的PCR反应混合物的体积分别为100ml、100ml和98ml，反应混合物中

AmpliTaq Gold 酶的含量均是 5 单位。所属技术领域的技术人员公知：聚合酶链式反应（PCR）是一种级联反复循环的 DNA 合成反应，常规的 PCR，Taq DNA 聚合酶是最常选用的酶，每个标准的 25～50µl 反应体系用 0.5～2.5 单位。如上所述，本申请原始提交的国际申请中文译文说明书中反应体系为 100ml 或 98ml，而 Taq DNA 聚合酶的含量却仅有 5 单位。所属技术领域的技术人员可以确定在本申请这样大的反应体系中仅 5 单位的 Taq DNA 聚合酶是无法完成正常的 PCR 循环的。另外，根据所属领域的公知常识可知，由于受到了热循环仪即 PCR 仪的规格限制，常规的 PCR 反应体系容量均是"µl"，一般在 25～100µl，而如果反应体系扩大了 3 个数量级变为 100ml 或 98ml 将无法适用于常规的 PCR 仪，根据常规的 PCR 反应条件，所属技术领域的技术人员由说明书中记载的 Taq DNA 聚合酶的 5 单位的量和本领域的公知常识可以清楚的确定本申请原始国际申请的中文译文说明书第 11 页第 11 行、第 12 页第 13 行和第 13 页第 4 行中的 PCR 反应体系的单位"ml"是一个明显的文字错误，其应当为"µl"。因此，请求人于 2001 年 1 月 19 日提交的将说明书第 11 页第 11 行、第 12 页第 13 行和第 13 页第 4 行中的"ml"改为"µl"是允许的。

综上所述，合议组认为：本申请将说明书第 11 页第 11 行、第 12 页第 13 行和第 13 页第 4 行中的"ml"改为"µl"是一种对由所属技术领域的技术人员能够识别出的明显错误的修改，属于允许的修改。因此，原驳回决定关于本申请的修改超出了原说明书和权利要求书记载的范围不符合专利法第 33 条规定的驳回理由不成立。

基于上述事实和理由，合议组作出如下决定。

三、决定

撤销国家知识产权局于 2006 年 3 月 3 日对 99808906.0 号发明专利申请作出的驳回决定。由原审查部门在本复审决定所针对的文本的基础上继续审查程序。

复审请求人对本决定不服的，可根据专利法第 41 条第 2 款的规定，自收到本决定之日起三个月内向北京市第一中级人民法院起诉。

阿立哌唑口服溶液

复审请求审查决定（第 13950 号）

决 定 号	第 13950 号
决 定 日	2008 年 7 月 3 日
发明创造名称	阿立哌唑口服溶液
国际分类号	A61K 31/497
复审请求人	布里斯托尔-迈尔斯斯奎布公司
申 请 号	02811214.8
申 请 日	2002 年 4 月 24 日
优 先 权 日	2001 年 4 月 25 日
公 开 日	2004 年 7 月 14 日
合议组组长	陈海平
主 审 员	郝兴辉
参 审 员	程 强

法 律 依 据 专利法第 22 条第 3 款

决 定 要 点

如果修改后的权利要求的技术方案与驳回决定所针对的权利要求均不相同，是一个新的技术方案，并且修改后的权利要求与原权利要求相比存在较多的区别技术特征，相对于驳回决定所针对的事实基础已经发生较大的变化。那么，驳回决定的理由已经不能适用于修改后的权利要求，可以撤销驳回决定。

一、案由

本复审请求涉及名称为"阿立哌唑口服溶液"、申请号为 02811214.8 的发明专利申请（下称本申请），申请人为布里斯托尔-迈尔斯斯奎布公司，申请日为 2002 年 4 月 24 日，优先权日为 2001 年 4 月 25 日，公开日为 2004 年 7 月 14 日。

针对申请人于 2005 年 11 月 2 日提交的权利要求 1～21 以及说明书第 2 页、2005 年 3 月 24 日提交的说明书第 1 页、进入中国国家阶段时提交的国际申请文件中文译文的说明书第 3～12 页及 2003 年 12 月 3 日提交的说明书摘要，国家知识产权局于 2006 年 3 月 10 日以权利要求 1、5～17、21 不符合专利法第 22 条第 3 款的规定为由驳回了本申请，驳回决定所针对的权利要求书如下：

"1. 一种适于口服给药的药物溶液，其包含阿立哌唑、适宜的药用溶剂系统、一种或多种味道增强剂/掩蔽剂和乳酸，其中所说的溶液具有 2.5～4.0 的 pH，所说的阿立哌唑以 0.05mg/ml～6mg/ml

的浓度范围存在，和所说的适宜的药用溶剂系统由一种或多种选自水、表面活性剂、水可混溶的溶剂和增溶剂的物质所组成。

2. 如权利要求 1 所述的药物溶液，其中所说的溶液具有 2.8～3.8 的 pH。

3. 如权利要求 2 所述的药物溶液，其中所说的溶液具有 3.0～3.6 的 pH。

4. 如权利要求 3 所述的药物溶液，其中所说的溶液具有 3.1～3.3 的 pH。

5. 权利要求 1 所述的药物溶液，其中所说的乳酸是以 0.7～18mg/ml 的浓度范围存在。

6. 权利要求 5 所述的药物溶液，其中所说的乳酸是以 3.5～14.5mg/ml 的浓度范围存在。

7. 权利要求 6 所述的药物溶液，其中所说的乳酸是以 5.4～9mg/ml 的浓度范围存在。

8. 如权利要求 1 所述的药物溶液，其中所说的水可混溶的溶剂选自乙醇、甘油、丙二醇、山梨醇、聚乙二醇、聚乙烯吡咯烷酮和苄醇。

9. 如权利要求 1 所述的药物溶液，其中所说的表面活性剂是具有等于或高于 15 的亲水-亲油平衡值的可药用的表面活性剂。

10. 如权利要求 1 所述的药物溶液，其中所说的药用增溶剂选自聚维酮和环糊精。

11. 如权利要求 1 所述的药物溶液，其中所说的适宜的药用溶剂系统由丙二醇、甘油和水所组成，各物质分别以 0.8～1.2∶2.4～3.6∶6.4～9.6w/w 的比例存在。

12. 如权利要求 1 所述的药物溶液，其中所说的适宜的药用溶剂系统由甘油、丙二醇和水所组成，各物质分别以 0.8～1.2∶2.4～3.6∶6.4～9.6w/w 的比例存在。

13. 如权利要求 1 所述的药物溶液，其中所说的适宜的药用溶剂系统由聚乙二醇和水所组成，各物质分别以 0.8～1.2∶3.2～4.8w/w 的比例存在。

14. 如权利要求 1 所述的药物溶液，其中所说的适宜的药用溶剂系统由聚乙二醇、丙二醇和水所组成，各物质分别以 1.6～2.4∶0.8～1.2∶6.4～8.6w/w 的比例存在。

15. 如权利要求 1 所述的药物溶液，其中所说的适宜的药用溶剂系统由聚乙二醇、甘油和水所组成，各物质分别以 1.6～2.4∶0.8～1.2∶6.4～8.6w/w 的比例存在。

16. 如权利要求 1 所述的药物溶液，其中所说的适宜的药用溶剂系统由存在比例分别为 0.8～1.2∶6.4～8.6w/w 的甘油和水所组成。

17. 如权利要求 1 所述的药物溶液，其中所说的适宜的药用溶剂系统由聚乙二醇和水所组成，各物质分别以 1.6～2.4∶6.4～8.6w/w 的比例存在。

18. 权利要求 1 所述的药物溶液，其中所说的阿立哌唑的浓度范围是 0.1～3mg/ml。

19. 权利要求 18 所述的药物溶液，其中所说的阿立哌唑的浓度范围是 0.25～2mg/ml。

20. 权利要求 19 所述的药物溶液，其中所说的阿立哌唑的浓度范围是 0.75～1.5mg/ml。

21. 一种适于口服给药的药物溶液，其包含：阿立哌唑；由一种或多种选自水、表面活性剂、水可混溶的溶剂和增溶剂的物质所组成的适宜的药用溶剂系统；一种或多种味道增强剂/掩蔽剂；和乳酸；其中所说的溶液具有 2.5～4.5 的 pH。"

驳回的理由为：权利要求 1 与对比文件 1（US5006528A，1991 年 4 月 9 日公开）的不同之处在于，权利要求 1 对药物溶液的 pH 值、阿立哌唑浓度以及辅料作了具体限定。但是根据对比文件 1 中披露的药物组合物中的含药量和给药剂量，确定阿立哌唑的浓度不需要本领域技术人员花费创造性劳动。药用溶剂系统中加入味道增强剂/掩蔽剂以抵消苦味是本领域的常规技术。根据活性成分的性质，调整溶液的 pH 值至一定范围确保活性成分的稳定性也是本领域普通技术人员所公知的，且乳酸是常规的 pH 调节剂。因此，权利要求 1 相对于对比文件 1 不具备突出的实质性特点和显著的进步，不符合专利法第 22 条第 3 款的规定。权利要求 5～17、21 也不符合专利法第 22 条第 3 款的规定。

申请人布里斯托尔-迈尔斯斯奎布公司（下称请求人）对上述驳回决定不服，于2006年5月26日向专利复审委员会提出复审请求，并提交了附件1即美国授权的权利要求，但未对申请文件进行修改。请求人认为本发明权利要求1是新的，是对比文件1没有公开过的，本发明是一个选择发明，pH的范围、阿立哌唑的浓度、适宜的药用溶剂系统以及具体的辅剂与对比文件不同，这种选择没有大量的试验作为基础和创造性劳动，根本不可能得到。权利要求1克服了现有技术不能克服的问题，就是适于长期给药并适于少儿和老年患者给药的溶剂来溶解该微溶的药物，同时还能抵消十分苦的味道并保持适当的稳定性，这是现有技术都没有达到的。权利要求2~17同样具有创造性。

形式审查合格后，专利复审委员会受理了该复审请求，于2006年6月21日向复审请求人发出《复审请求受理通知书》，并将案卷移交至原审查部门进行前置审查。

原审查部门对本复审请求进行了前置审查，认为请求人未对驳回决定所依据的申请文件作任何修改，而且请求人陈述的意见仍然不被审查员所接受，因而坚持驳回决定。

专利复审委员会组成合议组，对本复审请求案进行了审理。

合议组于2008年3月21日发出《复审通知书》，指出：（1）权利要求1要求保护一种适于口服给药的药物溶液。对比文件1（US5006528A，1991年4月9日公告授权）披露了用于治疗精神分裂症的药物组合物。该组合物的剂型可以是口服给药的溶液。其中通常含有占组合物总重量1%~70%，优选1%~30%的通式I的喹诺酮衍生物。通常给予每个体重量每天约0.1~10 mg/kg的作为活性成分的通式I的喹诺酮衍生物。通常，给药单位剂型中包含1~200 mg活性成分。其中的活性成分是7-[4-[4-(2,3-二氯苯基)-1-哌嗪]丁氧基]-3,4-二氢喹诺酮（即阿立哌唑）（参见对比文件1的说明书第9栏第9~40行，实施例1）。权利要求1与对比文件1的不同之处在于，权利要求1对药物溶液的阿立哌唑浓度、pH值以及辅料作了具体限定。但是，根据对比文件1中披露的药物组合物中的含药量和给药剂量，调整口服给药的药物溶液中阿立哌唑的浓度不需要本领域技术人员花费创造性劳动；药用溶剂系统中加入味道增强剂/掩蔽剂以抵消苦味是本领域的惯用技术；根据活性成分的性质，调整溶液的pH值确保活性成分的稳定性也是本领域普通技术人员所公知的，并且乳酸是本领域常规的pH调节剂。因此，根据对比文件1以及公知常识，权利要求1要求保护的技术方案是显而易见的，权利要求1不具备专利法第22条第3款规定的创造性。（2）权利要求2~21不具备创造性。权利要求2~20的附加技术特征分别限定了药物溶液的pH值、乳酸浓度、溶剂、表面活性剂、增溶剂、药用溶剂系统以及阿立哌唑的浓度范围。这些技术特征构成了以上权利要求与对比文件1的区别技术特征。但是，其中所限定的乳酸的浓度是常规的，药物溶液所用的溶剂、表面活性剂、增溶剂、药用溶剂系统是溶液剂中的常用辅料，调整溶液的pH值确保活性成分的稳定性也是本领域普通技术人员所公知的，根据对比文件1中披露的药物组合物中的含药量和给药剂量，调整口服给药的药物溶液中阿立哌唑的浓度不需要本领域技术人员花费创造性劳动。根据对比文件1以及公知常识，权利要求2~20要求保护的技术方案是显而易见的，权利要求2~20不具备专利法第22条第3款规定的创造性。（3）权利要求21要求保护一种适于口服的药物溶液。权利要求21与对比文件1的区别在于，权利要求21对药物溶液的pH值以及辅料作出了具体限定。但是，药用溶剂系统中加入味道增强剂/掩蔽剂以抵消苦味是本领域的惯用技术。根据活性成分的性质，调整溶液的pH值确保活性成分的稳定性也是本领域普通技术人员所公知的，并且乳酸是本领域常规的pH调节剂。因此，根据对比文件1以及公知常识，权利要求21要求保护的技术方案是显而易见的，权利要求21不具备专利法第22条第3款规定的创造性。

针对上述《复审通知书》，请求人于2008年5月5日提交了意见陈述书，并提交了权利要求全文替换页。请求人认为权利要求1所述的发明是新的发明，是对比文件1没有公开过的。权利要求1所述的口服液与对比文件1相比具有突出的实质性特征和显著的进步，对比文件1没有口服制剂的实例，阿立哌唑在水中的溶解度很小，并且有难接受的苦味，不适合直接制备口服制剂，对比文件没有公开或暗示解决这一技术难题的任何启示。本发明的发明者通过创造性的劳动和多次实验，通过一个含有特定成分和浓度的药用溶剂系统克服了现有技术不能克服的问题。权利要求1的口服液的溶剂系统是无毒和安全的，适于长期给药，特别适于少儿和老年患者长期给药。本发明的溶剂系统不仅能溶解包括阿立哌唑在内的那些难溶或微溶的活性药物，而且还能抵消或掩盖活性药物具有的难以接受的味道并能保持药物的稳定性。因此，权利要求1符合专利法第22条第3款的规定，权利要求2~8同样具有创造性。修改后的权利要求书的内容如下：

"1. 一种适于口服给药的药物溶液，其包含阿立哌唑、适宜的药用溶剂系统、一种或多种味道增强剂/掩蔽剂和乳酸，其中所说的溶液具有 3.1~3.3 的 pH；所说的阿立哌唑以 0.75~1.5mg/ml 的浓度范围存在；所说的乳酸是以 5.4~9mg/ml 的浓度范围存在；和所说的适宜的药用溶剂系统由一种或多种选自水、表面活性剂、水可混溶的溶剂和增溶剂的物质所组成，其中所说的表面活性剂是具有等于或高于15的亲水-亲油平衡值的可药用的表面活性剂，所说的水可混溶的溶剂选自乙醇、甘油、丙二醇、山梨醇、聚乙二醇、聚乙烯吡咯烷酮和苄醇，和所说的药用增溶剂选自聚维酮和环糊精。

2. 如权利要求1所述的药物溶液，其中所说的适宜的药用溶剂系统由丙二醇、甘油和水所组成，各物质分别以 0.8~1.2 : 2.4~3.6 : 6.4~9.6w/w 的比例存在。

3. 如权利要求1所述的药物溶液，其中所说的适宜的药用溶剂系统由甘油、丙二醇和水所组成，各物质分别以 0.8~1.2 : 2.4~3.6 : 6.4~9.6w/w 的比例存在。

4. 如权利要求1所述的药物溶液，其中所说的适宜的药用溶剂系统由聚乙二醇和水所组成，各物质分别以 0.8~1.2 : 3.2~4.8w/w 的比例存在。

5. 如权利要求1所述的药物溶液，其中所说的适宜的药用溶剂系统由聚乙二醇、丙二醇和水所组成，各物质分别以 1.6~2.4 : 0.8~1.2 : 6.4~8.6w/w 的比例存在。

6. 如权利要求1所述的药物溶液，其中所说的适宜的药用溶剂系统由聚乙二醇、甘油和水所组成，各物质分别以 1.6~2.4 : 0.8~1.2 : 6.4~8.6w/w 的比例存在。

7. 如权利要求1所述的药物溶液，其中所说的适宜的药用溶剂系统由存在比例分别为 0.8~1.2 : 6.4~8.6w/w 的甘油和水所组成。

8. 如权利要求1所述的药物溶液，其中所说的适宜的药用溶剂系统由聚乙二醇和水所组成，各物质分别以 1.6~2.4 : 6.4~8.6w/w 的比例存在。"

至此，合议组认为本案事实清楚，可以作出审查决定。

二、决定的理由

1. 审查文本

本复审决定依据的审查文本为申请人于2008年5月5日提交的权利要求1~8、2005年11月2日提交的说明书第2页、2005年3月24日提交的说明书第1页、进入中国国家阶段时提交的国际申请文件中文译文的说明书第3~12页及2003年12月3日提交的说明书摘要。

2. 关于专利法第22条第3款的规定

专利法第22条第3款规定，创造性是指同申请日以前已有的技术相比，该发明有突出的实质性特点和显著的进步，该实用新型有实质性特点和进步。

判断要求保护的发明相对于现有技术是否显而易见，需要确定最接近的现有技术，然后确定发明的区别特征和发明实际解决的技术问题，最后判断要求保护的发明对本领域的技术人员来说是否显而易见。

针对驳回决定和复审通知书所指出的缺陷，请求人于2008年5月5日提交了修改后的权利要求1~8。修改后的权利要求1的技术方案是将原权利要求4、7~10和20合并而形成的新的技术方案，该技术方案与驳回决定所针对的权利要求书中的任何一个技术方案都不相同。

权利要求1要求保护一种适于口服给药的药物溶液。对比文件1（US5006528A，1991年4月9日公告授权）公开了一种用于治疗精神分裂症的药物组合物。该组合物的剂型可以是口服给药的溶液。其中通常含有占组合物总重量1%~70%，优选1%~30%的通式I的喹诺酮衍生物。通常给予每个体重量每天约0.1~10 mg/kg的作为活性成分的通式I的喹诺酮衍生物。通常，给药单位剂型中包含1~200 mg活性成分。其中的活性成分是7-[4-[4-(2,3-二氯苯基)-1-哌嗪]丁氧基]-3,4-二氢喹诺酮（即阿立哌唑）（参见对比文件1的说明书第9栏第9~40行，实施例1）。权利要求1与对比文件1的区别在于，权利要求1限定了药物溶液的阿立哌唑浓度、一种或多种味道增强剂/掩蔽剂、乳酸及乳酸的浓度范围、药用溶剂系统（由一种或多种选自水、表面活性剂、水可混溶的溶剂和增溶剂的物质所组成）。本发明实际解决的技术问题是阿立哌唑口服溶液适于长期给药并适于给药于少儿和老年患者的溶剂来溶解该微溶的药物，并能抵消十分苦的味道并保持适当的稳定性。鉴于修改后的权利要求1的技术方案与驳回决定所针对的权利要求均不相同，是一个新的技术方案，并且修改后的权利要求1与原权利要求1相比存在较多的区别技术特征，相对于驳回决定所针对的事实基础已经发生较大的变化。因此，驳回决定的理由显然已经不能适用于修改后的权利要求1，同理权利要求2~8是权利要求1的从属权利要求，驳回决定的理由也已经不能适用于修改后的权利要求2~8。

基于上述理由，根据审查指南第四部分第二章第5.(2)的第(iv)项的规定，合议组作出如下决定。

三、决定

撤销国家知识产权局于2006年3月10日对申请号为02811214.8的发明专利申请作出的驳回决定。由原审查部门在本复审决定所针对文本的基础上继续审查程序。

复审请求人如对本决定不服的，可以根据专利法第41条第2款的规定，自收到本决定之日起三个月内向北京市第一中级人民法院起诉。

牡蛎壳中糖蛋白提取纯化方法

复审请求审查决定（第14009号）

决 定 号	第14009号
决 定 日	2008年7月2日
发明创造名称	牡蛎壳中糖蛋白提取纯化方法
国际分类号	C07K 14/435，C07K 1/36
复审请求人	集美大学
申 请 号	200410077580.0
申 请 日	2004年12月16日
公 开 日	2005年8月31日
合议组组长	许 磊
主 审 员	王 冬
参 审 员	张 鑫

法律依据 专利法第33条

决定要点

如果申请文件中存在所属技术领域的技术人员能够识别出的明显语法错误、文字错误和打印错误，且申请人在所做的修改是所属技术领域的技术人员能从说明书的整体及上下文看出的唯一正确答案的情况下，可以对其进行修改。

一、案由

本复审请求涉及申请日为2004年12月16日、公开日为2005年8月31日、名称为"牡蛎壳中糖蛋白提取纯化方法"的200410077580.0号发明专利申请（下称本申请），其申请人为集美大学。

针对申请人于2006年9月28日提交的权利要求书第1～9项、说明书第1～4页和于2004年12月16日提交的说明书摘要，国家知识产权局于2007年1月5日以申请人于2006年9月28日所提交的说明书的修改不符合专利法第33条为由驳回了本申请。

驳回决定指出：在于2006年9月28日提交的修改后的说明书中，申请人将原说明书第2页第13、15行两处"5～400C"修改为"5～40℃"，将实施例1中"400C"、"50C"修改为"40℃"、"5℃"，将实施例2中两处"250C"修改为"25℃"，将实施例3中"260C"、"200C"修改为"26℃"、"20℃"，将实施例4中"180C"、"380C"修改为"18℃"、"38℃"，将实施例5中"80C"、"100C"修改为"8℃"、"10℃"。修改后的内容不能由原说明书和权利要求书所记载的内容直接导出，因此超出了原说明书和权利要求书记载的范围，不符合专利法第33条的规定。

申请人集美大学（下称请求人）不服上述驳回决定，于2007年3月13日向专利复审委员会提出复审请求，请求人在提出复审请求时未对申请文件进行修改。

请求人指出，原说明书第2页第13、15行两处"5～400C"，实施例1中"400C"、"50C"，实施例2中两处"250C"，实施例3中"260C"、"200C"，实施例4中"180C"、"380C"，实施例5中"80C"、"100C"皆是由于所用字库出现问题，请求人对此未加注意所至，上述各个数据后两位数"0C"，应为温度标志，即"℃"，据此请求人将上述的"0C"修改为"℃"。

形式审查合格后，专利复审委员会受理了该复审请求，并于2007年5月8日向请求人发出《复审请求受理通知书》，同时将本申请案卷移交原审查部门进行前置审查。

原审查部门对本复审请求进行了前置审查，坚持原驳回决定。

至此，合议组认为本案事实清楚，可以作出审查决定。

二、决定的理由

1. 关于审查文本

鉴于请求人在提出复审请求时没有对申请文件进行修改，因此本决定是在驳回决定所针对的文本的基础上作出的。

2. 关于专利法第33条

专利法第33条规定，申请人可以对其专利申请文件进行修改，但是，对发明和实用新型专利申请文件的修改不得超出原说明书和权利要求书记载的范围。

根据该款规定，如果申请文件中存在所属技术领域的技术人员能够识别出的明显语法错误、文字错误和打印错误，且申请人在所做的修改是所属技术领域的技术人员能从说明书的整体及上下文看出的唯一正确答案的情况下，可以对其进行修改。

本案中，本申请被驳回的理由是请求人对说明书所做的修改即将原说明书中记载的"0C"修改为"℃"超出了原申请文件记载的范围，而请求人认为该修改属于对明显打字错误进行的修改，因此，本案焦点在于"0C"修改为"℃"是否属于对明显错误进行的修改。

通过阅读本申请全文可知，本申请的目的在于提供一种牡蛎壳中有机活性成分–糖蛋白的提取纯化方法，采用的技术方案为通过将牡蛎壳粉末进行酸消解、碱液处理、糖蛋白沉淀来获得牡蛎壳中的糖蛋白。在原说明书第2页第13、15行两处"5～400C"，实施例1中"400C"、"50C"，实施例2中两处"250C"，实施例3中"260C"、"200C"，实施例4中"180C"、"380C"，实施例5中"80C"、"100C"中的数值显然是温度值，其后所注单位显然是温度单位，但是"C"不是温度单位，上述数值表示方式中存在明显错误。本领域技术人员公知常用的温度单位是摄氏温度，用"℃"表示。对于有机活性成分糖蛋白的提取而言，本领域技术人员公知在提取蛋白质过程中，为了防止蛋白质降解，所采取的条件都要十分温和，提取时一般在低温（5℃以下）下操作，少数对温度耐受力较高的蛋白质和酶，可适当提高温度（例如可参见《实用蛋白质制备技术》第14页，迟玉杰、阎丽编著，哈尔滨工程大学出版社，1998年11月第1版第1次印刷），因此，本领域技术人员在提取蛋白时显然不会采取会破坏蛋白质的高温。对于本发明而言，根据本领域技术人员的公知常识，"400C"、"250C"、"200C"、"180C"、"380C"等显然不是指会对蛋白质产生破坏的"400℃"、"250℃"、"200℃"、"180℃"、"380℃"的高温，否则在糖蛋白提取过程中出现的高温会使糖蛋白发生变性降解，无法保持其所具有的活性，而且在这样的温度下，用于处理牡蛎壳粉末的酸、碱液也会由于可能存在的酸挥发、碱挥发、溶剂蒸发等原因而难以完全消解牡蛎壳粉末。而在将上述温度表示方式中的"0C"修改为"℃"后的温度值适合蛋白质提取对温度的要求。因此，上述"0C"是所属技术领域的技术人员能够从说明书的整体及上下文识别出的明显错误，将其修改为"℃"是唯一可能的选择。

综上，请求人在于 2006 年 9 月 28 日提交的说明书中所进行的修改属于对明显文字错误进行的修改，是可以允许的，符合专利法第 33 条的规定。

根据以上事实和理由，本案合议组作出如下审查决定。

三、决定

撤销国家知识产权局于 2007 年 1 月 5 日对 200410077580.0 号发明专利申请作出的驳回决定。由原审查部门在本决定所依据的文本的基础上继续进行审查。

复审请求人对本决定不服的，可以根据专利法第 41 条第 2 款的规定，自收到本决定之日起三个月内向北京市第一中级人民法院起诉。

标记的谷氨酰胺和赖氨酸类似物

复审请求审查决定（第 14010 号）

决 定 号	第 14010 号
决 定 日	2008 年 6 月 18 日
发明创造名称	标记的谷氨酰胺和赖氨酸类似物
国际分类号	C07K 14/00，C07K 14/81，C07K 14/78，A61K 51/08，G01N 33/60
复审请求人	通用电气健康护理有限公司
申 请 号	99808609.6
优 先 权 日	1998 年 5 月 15 日
申 请 日	1999 年 5 月 14 日
公 开 日	2001 年 8 月 22 日
合议组组长	许 磊
主 审 员	丁 海
参 审 员	卢 阳

法 律 依 据 专利法第 26 条第 4 款

决 定 要 点

权利要求书中的每一项权利要求所要求保护的技术方案应当是所属技术领域的技术人员能够从说明书充分公开的内容中得到或概括出的技术方案，并且不得超出说明书公开的内容。如果权利要求的概括包含申请人推测的内容而其效果又难以预先确定和评价，应当认为这种概括超出了说明书公开的范围。

一、案由

本复审请求涉及申请日为 1999 年 5 月 14 日、公开日 2001 年 8 月 22 日、优先权日为 1998 年 5 月 15 日、发明名称为"标记的谷氨酰胺和赖氨酸类似物"的 99808609.6 号发明专利申请（下称本申请），其申请人于 2002 年 7 月 12 日由尼科梅德阿默沙姆公开有限公司变更为阿默沙姆公开有限公司，其后，又于 2006 年 1 月 20 日变更为通用电气健康护理有限公司。

针对本申请于 2001 年 1 月 15 日进入中国国家阶段时提交的国际申请文件的中文译文说明书第 1~16、18、19、26 页、说明书附图第 1~2 页和说明书摘要，2001 年 2 月 22 日提交的说明书第 17、20~25 页和于 2004 年 8 月 17 日提交的权利要求 1~13，国家知识产权局于 2004 年 10 月 1 日以权利要求 1 不符合专利法第 26 条第 4 款的规定为由驳回了该申请。

驳回决定所针对的权利要求书如下：

"1. 下式（I）的化合物，

Y-（CH$_2$）$_n$-X-NHJ（I）

其中

X 是 C=O 或 CH$_2$；

n 是 1~6 整数；

Y 是 R^{1}R^{2}CR-，其中 R^1 和 R^2 之一是 -NH（B）$_p$Z^1，另一个是 -CO（B）$_q$Z^2，其中

p 和 q 是整数 0~20；

各 B 分别选自 Q 或氨基酸残基，其中 Q 是环肽；

Z^1 和 Z^2 是金属络合剂或保护基，所述保护基是抑制或压制肽的体内代谢的生物相容性基团；

J 和 R 选自 H，C$_{1-4}$烷基，C$_{1-4}$烯基，C$_{1-4}$炔基，C$_{1-4}$烷氧基烷基或 C$_{1-4}$羟基烷基；

条件是：

（i）R^1 和 R^2 基团中氨基酸残基的总数是 3~20；

（ii）如果 X 是 CH$_2$，则 Z^2 是金属络合剂；

（iii）至少 R^1 和 R^2 之一带有至少一种选自以下的可检测部分：适用于放射性药物成像的放射性同位素或放射性金属；

（iv）R^1 或 R^2 包括 α$_2$-抗纤溶酶的一个或多个肽片段，所说肽片段含有至少 3 个氨基酸残基。

2. 权利要求 1 化合物，其中在肽 N-末端的 2 位上的氨基酸是谷氨酰胺。

3. 权利要求 1 或 2 的化合物，其中 J 是 H。

4. 权利要求 3 的化合物，其为下式化合物：

Y-（CR$_2$）$_x$-（CH$_2$）$_2$CONH$_2$ 或 Y-（CR$_2$）$_y$-（CH$_2$）$_4$NH$_2$

其中 x 是 0~4 整数，y 是 0~3 整数。

5. 权利要求 1~4 任一项的化合物，其中至少 Z^1 和 Z^2 之一是金属络合剂。

6. 权利要求 5 化合物，其中 Z^2 是金属络合剂，而 Z^1 不是金属络合剂。

7. 权利要求 5 或 6 化合物的金属络合物。

8. 权利要求 7 的金属络合物，其中金属是放射性金属。

9. 权利要求 8 的放射性金属络合物，其中放射性金属是 ^{99m}Tc。

10. 一种人用制剂，其中含有权利要求 1~9 任一的化合物。

11. 含有权利要求 1~6 任一项化合物的试剂盒，用于制备权利要求 7~9 任一项的金属络合物。

12. 权利要求 1 定义的式（I）化合物在制备诊断血栓形成或栓塞部位的药物中的用途：

13. 权利要求 9 定义的化合物的放射性金属络合物在制备诊断血栓形成或栓塞部的药物中的用途，其中至少 Z^1 和 Z^2 之一是金属络合剂。"

驳回的具体理由为：（1）针对权利要求 1 涉及有关基因、DNA 片段的发明，应该给出能够支持所要求保护范围的充分的实验效果数据，才能够得到支持；（2）说明书得到支持的化合物中肽链的肽片段仅部分选自 α$_2$ 抗纤溶酶、酪蛋白等几种有限的直链肽片段，因为该肽链的选择将影响凝块溶解速率等方面；（3）权利要求 1 对于 R^1，R^2 的范围的限定包括 α$_2$ 抗纤溶酶的一个或多个肽片段，其含义为 α$_2$ 抗纤溶酶中的任意片段，只是长度为 3~20，该范围得不到说明书支持。

申请人（下称请求人）对上述驳回决定不服，于 2005 年 1 月 6 日向专利复审委员会提出复审请求，请求人在提出复审请求的同时提交了新的权利要求书全文替换页（共 2 页 13 项），修改后的权利要求书如下：

"1. 下式（I）的化合物，

Y－（CH$_2$）$_n$－X－NHJ　　　（I）

其中

X 是 C=O 或 CH$_2$；

n 是 1~6 整数；

Y 是 R^{1}R^{2}CH－，其中 R^1 和 R^2 之一是-NH（B）$_p$Z^1，另一个是-CO（B）$_q$Z^2，其中

p 和 q 是整数 0~20；

各 B 分别一个氨基酸残基；

Z^1 和 Z^2 是金属络合剂或保护基，所述保护基是抑制或压制肽的体内代谢的生物相容性基团；

J 是 H，C$_{1-4}$烷基，C$_{1-4}$烯基，C$_{1-4}$炔基，C$_{1-4}$烷氧基烷基或 C$_{1-4}$羟基烷基；

条件是：

(i) R^1 和 R^2 基团中氨基酸残基的总数是 3~20；

(ii) 如果 X 是 CH$_2$，则 Z^2 是金属络合剂；

(iii) 至少 R^1 和 R^2 之一带有至少一种选自以下的可检测部分：适用于放射性药物成像的放射性同位素或放射性金属；

(iv) R^1 或 R^2 包括 α$_2$-抗纤溶酶的一个肽片段，所说肽片段含有至少 3 个氨基酸残基。

2. 权利要求 1 化合物，其中在肽 N-末端的 2 位上的氨基酸是谷氨酰胺。

3. 权利要求 1 或 2 的化合物，其中 J 是 H。

4. 权利要求 3 的化合物，其为下式化合物：

Y－（CR$_2$）$_x$－（CH$_2$）$_2$CONH$_2$ 或 Y－（CR$_2$）$_y$－（CH$_2$）$_4$NH$_2$

其中 x 是 0~4 整数，y 是 0~3 整数。

5. 权利要求 1~4 任一项的化合物，其中至少 Z^1 和 Z^2 之一是金属络合剂。

6. 权利要求 5 化合物，其中 Z^2 是金属络合剂，而 Z^1 不是金属络合剂。

7. 权利要求 5 或 6 化合物的金属络合物。

8. 权利要求 7 的金属络合物，其中金属是放射性金属。

9. 权利要求 8 的放射性金属络合物，其中放射性金属是 99mTc。

10. 一种人用制剂，其中含有权利要求 1~9 任一的化合物。

11. 含有权利要求 1~6 任一项化合物的试剂盒，用于制备权利要求 7~9 任一项的金属络合物。

12. 权利要求 1 定义的式（I）化合物在制备诊断血栓形成或栓塞部位的药物中的用途。

13. 权利要求 9 定义的化合物的放射性金属络合物在制备诊断血栓形成或栓塞部位的药物中的用途，其中至少 Z^1 和 Z^2 之一是金属络合剂。"

请求人指出：(1) 将 R^{1}R^{2}CR 中的 R 定义为 R=H，从而克服可能为支链化合物的缺陷；在 B 的定义中删除 Q，从而克服可能为环肽的缺陷；删除（iv）中的"或多个"，从而 R^1 或 R^2 仅包括 α$_2$ 抗纤溶酶的一个肽片段，这种修改的支持在于说明书第 11 页所述含有抗纤溶酶的 3-肽片段的化合物 16。(2) 说明书第 4 页第 22~29 行指出抗纤溶酶序列可籍氨基酸的交换、添加、删除而改变，说明书第 11~12 页提供大量的例子，其中化合物 42 显示，在抗纤溶酶序列之外，氨基酸 AAAG 的添加也可保留生物活性，实施例 13、15~18 提供大量实验数据，显示本发明化合物具有所需的生物活性，说明书也公开了抗纤溶酶序列和生成标记肽的方法，因此，修改后的权利要求已经得到说明书的支持。

形式审查合格后，专利复审委员会受理了该复审请求，并于 2005 年 2 月 23 日向请求人发出《复审请求受理通知书》，随后将本申请案卷移交原审查部门进行前置审查。

原审查部门对本复审请求进行了前置审查，认为请求人虽然克服了由于包括支链化合物和/或环肽导致的得不到说明书支持的缺陷，但是修改后的权利要求1中对肽链的限定导致其仍然存在得不到说明书支持的缺陷，因而坚持原驳回决定。

专利复审委员会组成合议组，对本复审请求案进行了审理。于2007年7月3日向请求人发出《复审通知书》。该《复审通知书》指出：（1）首先，权利要求1只是泛泛的指出"R^1或R^2包括α_2-抗纤溶酶的一个肽片段，所说肽片段含有至少3个氨基酸残基"，这样的范围中包含了任意两个抗纤溶酶片段R^1或R^2组合形成的片段，这样组合形成的片段有无数个，因为能否作为因子XIIIa的底物取决于片段本身的结构和性质，因而并非全部这些片段都能作为因子XIIIa的底物；其次，权利要求1的化合物还需要作为靶向剂，要实现其靶向剂的功能，也与肽片段的结构有关，例如说明书第8页第2段记载"从化合物14所示的α_2-抗纤溶酶衍生系列的2位除去Gln残基将使这种示踪剂的摄入量大幅度下降，因此，我们强烈建议Gln-2是这类序列中的主要氨基酸（说明书第8页第2段起）"，由此至少说明示踪剂能否发挥作用、能否发挥好的作用还与抗纤溶酶序列结构有关，故无法预见任意抗纤溶酶肽片段（尽管已经限定了个数）可以实现本发明；再者，从本发明制备的化合物来看，证实的也仅是这些含有标记物的肽序列与血凝块结合的情况，而几个例外的化合物不是α_2-抗纤溶酶的片段，也不能说明任意α_2-抗纤溶酶的肽片段都能够用于实现本发明，因此，从本发明具体化合物的制备及效果情况分析，也不足以支持权利要求1的技术方案能够用于实现本发明，故权利要求1得不到说明书支持，不符合专利法第26条第4款规定。（2）说明书第4页第22～29行中所述抗纤溶酶序列并不是任意的，而是对于α_2-抗纤溶酶的N末端的具体氨基酸序列而言的，因此，不能证明任意α_2-抗纤溶酶片段的肽序列都可以用于实现本发明，请求人陈述的该理由也不能证明权利要求1符合专利法第26条第4款规定。

针对《复审通知书》指出的问题，请求人于2007年8月17日提交了意见陈述书及经修改的权利要求书，又于2007年11月13日提交了补正书，重新提交了新的权利要求书替换页（共2页12项），修改后的权利要求书如下：

"1. 下式（I）的化合物：

Y-（CH$_2$）$_n$-X-NHJ　　　（I）

其中

X是C=O或-CH$_2$-；

n是1～6整数；

Y是R^1R^2CH-，其中R^1和R^2之一是-NH（B）$_p$Z^1，另一个是-CO（B）$_q$Z^2，其中

p和q是整数0～20，

每一个B分别是一个氨基酸残基，

Z^1和Z^2是金属络合剂或其他的保护基团，它们是抑制或压制肽体内代谢的生物相容性基团；

J是H、C$_{1-4}$烷基、C$_{1-4}$烯基、C$_{1-4}$炔基、C$_{1-4}$烷氧基烷基或C$_{1-4}$羟基烷基；

条件是：

(i) R^1和R^2基团中氨基酸残基的总数是4～20；

(ii) 如果X是CH$_2$，则Z^2是金属络合剂；

(iii) 至少R^1和R^2之一带有至少一个可检测部分，其选自适用于放射性药物成像的放射性同位素或放射性金属；

(iv) R^1或R^2包括α_2-抗纤溶酶的一个肽片段，其选自

NH$_2$-Asn-Gln-Glu-Gln-Val-Ser-Pro-Leu-Thr-Leu-Thr-Leu-Leu-Lys-OH，

NH$_2$-Asn-Gln-Glu-Gln-Val-Ser-Pro-Leu-Thr-Leu-Thr-Leu-Leu-Lys-Gly-OH,

NH$_2$-Asn-Gln-Glu-Ala-Val-Ser-Pro-Leu-Thr-Leu-Thr-Leu-Leu-Lys-Gly－OH,

NH$_2$-Asn-Gln-Glu-Gln-Val-Gly-OH。

2. 权利要求1的化合物，其中J是H。

3. 权利要求2的化合物，其为下式化合物：

Y-(CH$_2$)$_x$-(CH$_2$)$_2$CONH$_2$ 或 Y-(CH$_2$)$_y$-(CH$_2$)$_4$NH$_2$

其中 x 是 0~4 整数和 y 是 0~3 整数。

4. 权利要求1~3任一项的化合物，其中至少 Z^1 和 Z^2 之一是金属络合剂。

5. 权利要求4化合物，其中 Z^2 是金属络合剂，而 Z^1 不是金属络合剂。

6. 权利要求4或5化合物的金属络合物。

7. 权利要求6的金属络合物，其中金属是放射性金属。

8. 权利要求7的放射性金属络合物，其中放射性金属是 ^{99m}Tc。

9. 一种人用制剂，其中含有权利要求1~8任一项的化合物。

10. 一种试剂盒，其中含有用于制备权利要求6~8任一项的金属络合物的权利要求1~5任一项的化合物。

11. 权利要求1定义的式（I）化合物在制备诊断血栓形成或栓塞部位的药物中的用途。

12. 权利要求8定义的化合物的放射性金属络合物在制备诊断血栓形成或栓塞部位的药物中的用途，其中至少 Z^1 和 Z^2 之一是金属络合剂。"

合议组于2008年3月5日向请求人发出《第二次复审通知书》。《第二次复审通知书》指出：根据说明书的记载，本发明的目的是提供一种能够用于"诊断动脉或静脉血栓形成、栓塞或感染部位的化合物"，然而，在验证化合物功能方面，本申请说明书中仅分析了化合物2~49的血浆稳定性、血块吸收能力以及放射性药物的成像能力（见本申请说明书实施例部分），化合物2~49虽然都衍生自 $α_2$-抗纤溶酶、$α_2$-抗纤溶酶合成类似物或酪蛋白的肽片段，但是其结构均不符合权利要求1中对式（I）化合物的具体限定，即本申请说明书中并未证实权利要求1所涵盖的化合物能够用于"诊断动脉或静脉血栓形成、栓塞或感染部位"。虽然权利要求1要求保护的化合物中 R^1 或 R^2 包括的4个肽片段与化合物2~49在结构上存在一定的相似性，但是结构相似并不表示其一定具有相同的功能，例如本申请说明书中记载的试验结果即显示化合物14、16、18、31、34、36、46和48血块吸收能力相对于其他结构类似的化合物显著降低；而且权利要求1中所采用的"R^1 和 R^2 之一是-NH（B）pZ^1，另一个是-CO（B）qZ^2"以及"R^1 和 R^2 包括……"的限定方式均导致其所要求保护的化合物除含有上述 $α_2$-抗纤溶酶肽片段外，两端还含有一定数量的任意序列，这些序列也可能影响多肽的空间结构进而改变其功能。由此可见，本领域技术人员根据说明书中的记载也无法确定权利要求1所涵盖的化合物能够用于"诊断动脉或静脉血栓形成、栓塞或感染部位"。

因此，权利要求1的概括超出了说明书公开的范围，不符合专利法第26条第4款的规定。

针对《第二次复审通知书》指出的问题，请求人于2008年4月18日提交了意见陈述书及经修改的权利要求书全文替换页（共1页4项），修改后的权利要求书如下：

"1. 下式（II）的金属络合物：

Y-(CH$_2$)$_x$-(CH$_2$)$_2$CONH$_2$ 或 Y-(CH$_2$)$_y$-(CH$_2$)$_4$NH$_2$ （II）

其中

其中 x 是 0~4 的整数；

y 是 0~3 的整数；

Y 是 R^1R^2CH-，其中 R^1 和 R^2 之一是 $-NH(B)_pZ^1$，另一个是 $-CO(B)_qZ^2$，其中 p 和 q 是整数 0～20，

每一个 B 分别是一个氨基酸残基，

Z^1 是保护基团，其是抑制或压制肽体内代谢的生物相容性基团；

Z^2 是金属络合剂（L）

条件是：

(i) R^1 和 R^2 基团中氨基酸残基的总数是 12～20；

(ii) 式 II 的化合物包含选自 NQEQVSPYTLLKG、NQEAVSPYTLLKG 和 NQQQVSPYTLLKG 的肽片段，

其中 Z^2 的金属络合剂与至少一个可检测部分形成金属络合物，其中该可检测部分是适用于放射性药物成像的放射性金属。

2. 权利要求 1 的金属络合物，其中放射性金属是 ^{99m}Tc。

3. 一种人用制剂，其中含有权利要求 1 或 2 的金属络合物。

4. 权利要求 1 定义的式（II）金属络合物在制备诊断血栓形成或栓塞部位的药物中的用途。"

请求人认为：要求保护的金属络合物对应于具有式 II 中赖氨酸－$(CH_2)_4NH_2$ 或谷氨酰胺－$(CH_2)_2CONH_2$ 残基侧链的肽，所述肽的剩余部分由 R^1 和 R^2 的 $-NH(B)_pZ^1$ 和 $-CO(B)_qZ^2$ 组成。因此，Z^1 连接到该肽的氨基末端，Z^2 连接到羧基末端。本发明的肽中氨基酸的范围已经被限定到至少为 12，此外，条件 (ii) 明确了至少 13 个氨基酸的序列，而式 II 的侧链有效提供一个氨基酸残基，因此，条件 (i) 和 (ii) 与式 II 的组合效果是所述肽必须是 13 聚体，因此，本发明的教导是清楚的，修改后权利要求的范围与实施例 17 中显示出有用血块成像性质的化合物更加明确相关，修改后的权利要求符合专利法第 26 条第 4 款规定。

至此，合议组认为本案事实清楚，可以作出审查决定。

二、决定的理由

1. 决定所依据的文本

鉴于请求人在本案复审过程中仅对权利要求书进行了修改，因此，本决定是在请求人于 2008 年 4 月 18 日提交的权利要求 1～4 和驳回决定所针对的说明书、说明书附图及说明书摘要的基础上作出的。

2. 关于专利法第 26 条第 4 款规定

专利法第 26 条第 4 款规定：权利要求书应当以说明书为依据，说明要求专利保护的范围。

根据该款规定，权利要求书中的每一项权利要求所要求保护的技术方案应当是所属技术领域的技术人员能够从说明书充分公开的内容中得到或概括出的技术方案，并且不得超出说明书公开的内容。如果权利要求的概括包含申请人推测的内容而其效果又难于预先确定和评价，应当认为这种概括超出了说明书公开的范围。

本案中，虽然修改后的权利要求 1 将式（II）的金属络合物限定为 Y－$(CH_2)_x$－$(CH_2)_2CONH_2$ 或 Y－$(CH_2)_y$－$(CH_2)_4NH_2$，并将其中 x 限定为 0～4 的整数；将 y 限定为 0～3 的整数；将 Y 限定为 R^1R^2CH- 和其中 R^1 和 R^2 之一是 $-NH(B)pZ^1$，另一个是 $-CO(B)_qZ_2$，并将 p 和 q 限定为整数 0～20，同时在条件 (i) 中将 R^1 和 R^2 基团中氨基酸残基的总数限定为 12～20 和其条件 (ii) 中将式 II 的化合物限定为包含选自 NQEQVSPYTLLKG、NQEAVSPYTLLKG、NQQQVSPYTLLKG 的肽片段。即条件 (i)、(ii) 与式（II）的组合效果是所述肽至少具有至少 13 个氨基酸，然而，由于条件 (ii) 中采用了"包含"的表述，其意味着在所述肽片段的两端再任意添加最多任意 7 个氨基酸，如前两

次复审通知书所指出的那样，从本申请说明书来看（参见本申请说明书第8页第2段、实施例），所要保护的金属络合物能否发挥作用与其肽序列有关，对于一个20个氨基酸的短肽而言，任何一个氨基酸的变化对其肽功能的影响都是不可预期的，因此，本领域技术人员不能预期20个氨基酸的短肽在7个氨基酸可任意变化的情况下仍然能够用于"诊断动脉或静脉血栓形成、栓塞或感染部位"。因此，权利要求1仍然包含了申请人推测的、效果难以预先确定和评价的内容，故仍然存在得不到说明书支持的缺陷。

本申请说明书中分析了化合物2～49的血浆稳定性、血块吸收能力以及放射性药物的成像能力（见本申请说明书实施例部分），但是，权利要求1所涵盖的范围并不仅限于上述实施例中显示能够实现发明目的的化合物，其采用"R^1和R^2之一是-NH（B）pZ^1，另一个是-CO（B）qZ^2"、"R^1和R^2基团中氨基酸残基的总数是12～20"以及"式II的化合物包含选自NQEQVSPYTLLKG、NQEAVSPYTLLKG和NQQQVSPYTLLKG的肽片段"的限定方式导致其所要求保护的金属络合物除含有选自上述具体序列构成的肽片段以外，两端还含有1～7个任意氨基酸，这些序列也可能影响多肽的空间结构进而改变其功能，本领域技术人员由该化合物2～49的结构特征及其相关的实验效果数据还分析不出倘若在这些序列两端任意添加1～7个氨基酸将会对这些化合物的效果产生何种确定的影响。由此可见，本领域技术人员根据说明书中的记载无法确定权利要求1所涵盖的化合物能够用于"诊断动脉或静脉血栓形成、栓塞或感染部位"。

综上所述，权利要求1不符合专利法第26条第4款的规定。

根据以上事实和理由，本案合议组作出如下审查决定。

三、决定

维持国家知识产权局于2004年10月1日对99808609.6号发明专利申请作出的驳回决定。由原审查部门在本决定所依据的文本的基础上继续进行审查。

复审请求人对本决定不服的，可以根据专利法第41条第2款的规定，自收到本决定之日起三个月内向北京市第一中级人民法院起诉。

干扰素眼膏

复审请求审查决定（第 14016 号）

决 定 号	第 14016 号
决 定 日	2008 年 7 月 1 日
发明创造名称	干扰素眼膏
国际分类号	A61K 38/21，A61K 9/02，A61P 27/02
复审请求人	深圳市海王英特龙生物技术股份有限公司
申 请 号	200410051553.6
申 请 日	2004 年 9 月 17 日
公 开 日	2005 年 5 月 18 日
合议组组长	李人久
主 审 员	潘 骏
参 审 员	魏春宝

法律依据 专利法第 33 条，专利法第 22 条第 3 款，专利法实施细则第 20 条第 1 款

决定要点

如果所属技术领域的技术人员看到的信息与原申请记载的信息相同，或能够从原申请记载的信息中直接地、毫无疑义地确定，则修改是允许的。

如果现有技术中不存在使本领域技术人员在面对所述技术问题时有动机去改进最接近的现有技术并获得要求保护的发明的启示，则不能认为发明是显而易见的，不能认为其不具有突出的实质性特点。

一、案由

本复审请求涉及 2004 年 9 月 17 日申请，2005 年 5 月 18 日公开，名称为"干扰素眼膏"的第 200410051553.6 号发明专利申请（下称本申请），申请人是深圳市海王英特龙生物技术股份有限公司。

针对申请人于申请日提交的说明书第 2~6 页、说明书摘要，于 2004 年 12 月 3 日提交的说明书第 1 页，于 2006 年 9 月 26 日提交的权利要求 1~10，国家知识产权局于 2006 年 12 月 1 日驳回了该申请，理由是权利要求 1~6 不具备专利法第 22 条第 3 款规定的创造性。

驳回决定所针对的权利要求书共有 10 项权利要求，其内容如下：

"1. 一种干扰素眼膏，含有药用活性成分干扰素的干扰素溶液和眼膏基质，所述的干扰素溶液中含有干扰素、人血白蛋白、磷酸二氢钠、磷酸二氢钠、氯化钠；所述的眼膏基质中含有黄凡士林、液

体石蜡、羊毛脂、乳化剂。

2. 如权利要求1所述的干扰素眼膏，其特征在于眼膏基质中采用聚山梨酯80作为乳化剂，占总重量比为0.02%~2.0%。

3. 如权利要求1所述的干扰素眼膏，其特征在于：所述的干扰素溶液，其组份中干扰素按生物活性体积比为1.0×10^5IU/ml~3.0×10^8IU/ml，其他按体积比为：人血白蛋白0.1%~2.0%、磷酸氢二钠0.5%~1.2%、磷酸二氢钠0.2%~0.8%、氯化钠0.1%~0.8%。

4. 如权利要求1所述的干扰素眼膏，其特征在于：所述的眼膏基质：按重量比，其组份：黄凡士林60%~90%，液体石蜡5%~20%，羊毛脂5%~20%。

5. 如权利要求1~4所述的干扰素眼膏，其特征在于干扰素眼膏的组份含量为：干扰素：眼膏基质=1.0×10^5IU~5.0×10^8IU：100g。

6. 如权利要求5所述的干扰素眼膏，其特征在于干扰素眼膏的组份含量为：干扰素：眼膏基质=2.0×10^5IU：1g。

7. 如权利要求1所述的干扰素眼膏，其特征在于所述的干扰素眼膏中的干扰素可以是天然的或基因重组的人干扰素，可以是三种的任一型别。

8. 如权利要求7所述的任一干扰素眼膏，其特征在于所述的干扰素眼膏的干扰素，是α、β三种的任一型别基因重组的人干扰素。

9. 如权利要求8所述的干扰素眼膏，其特征在于所述的干扰素眼膏中的干扰素为α2b亚型。

10. 权利要求1的干扰素眼膏的制备方法，包括下列工艺步骤：

A. 称取眼膏基质的各组分，并进行加热混合，将混合后的基质进行150℃干烤灭菌1小时，冷却后备用；

B. 按眼膏组分比例取干扰素原液、稳定剂、缓冲溶液，在无菌条件下制备干扰素溶液液，经0.22um滤膜除菌后备用；

C. 将干扰素溶液加入到眼膏基质中，即先将油相眼膏基质预热至40℃至56℃，再将按组分比例将水相干扰素溶液缓慢加入油相基质中，边加边搅拌，搅拌10分钟至30分钟后利用分装系统进行分装。"

驳回决定认为：

对比文件1（US5585354A，公开日为1996年12月17日）公开了一种干扰素眼膏，权利要求1所要求保护的技术方案与对比文件1所公开的内容相比，其区别仅在于眼膏基质材料略有不同，而这种区别是一种公知常识。因此，权利要求1的技术方案是本领域技术人员在现有技术的基础上通过合乎逻辑的分析、推理或者有限的试验就可以得到的，因而不具备创造性。虽然申请人在意见陈述中强调了所涉及的干扰素的具体种类不同、干扰素眼膏的用途不同以及眼膏基质中增加了无水羊毛脂对干扰素眼膏的吸收有重要作用体现了本发明的创造性，但是并未在权利要求1中进行限定，因此，其意见陈述的内容不能被接受。权利要求2~6也不具备创造性，不符合专利法第22条第3款的规定。除上述驳回理由外，驳回决定还指出了权利要求7中"可以是α、β三种的任一型别"和权利要求8中"是α、β三种的任一型别基因重组的人干扰素"存在明显错误，以及由于权利要求1没有限定各种成分的比例，所以引用了权利要求1的权利要求10中"称取眼膏基质的各组分"、"按眼膏组分比例取……"、"再按组分比例……"等步骤的具体操作过程本领域技术人员根本无法知晓，因此，权利要求10保护范围不清楚，不符合专利法实施细则第20条第1款的规定。

申请人（下称请求人）对上述驳回决定不服，于2007年3月7日向专利复审委员会提出复审请求。

请求人在提出复审请求的同时提交了新的权利要求书，共有4项权利要求，与驳回决定所针对的权利要求书相比，修改后的权利要求书将原权利要求1~5合并成新的权利要求1，其中对干扰素眼膏的各组成成分和配比进行了限定，删去原权利要求2~5，7和8，其他权利要求进行了适应性修改，即驳回决定针对的权利要求6，9和10分别成为修改后的权利要求书2，3和4，此次修改后的权利要求书内容如下：

"1. 一种用于治疗病毒感染所致的眼部疾患的干扰素眼膏，含有药用活性成分干扰素的干扰素溶液和眼膏基质，其中所述的干扰素溶液中含有α-干扰素、人血白蛋白、磷酸氢二钠、磷酸二氢钠和氯化钠；所述的眼膏基质中含有黄凡士林，液体石蜡，羊毛脂和乳化剂；各成分配比为：

干扰素溶液：其组份中干扰素按生物活性体积比为 $1.0\times10^5 IU/ml \sim 3.0\times10^8 IU/ml$，其他按重量体积比为：人血白蛋白 $0.1\%\sim2.0\%$、磷酸氢二钠 $0.5\%\sim1.2\%$、磷酸二氢钠 $0.2\%\sim0.8\%$、氯化钠 $0.1\%\sim0.8\%$；

眼膏基质：按重量比，其组成为：黄凡士林 $60\%\sim90\%$、液体石蜡 $5\%\sim20\%$、羊毛脂 $5\%\sim20\%$、乳化剂聚山梨酯800.02%~2.0%；并且

所述干扰素眼膏中，干扰素：眼膏基质= $1.0\times10^5 IU \sim 5.0\times10^8 IU : 100g$。

2. 如权利要求1所述的干扰素眼膏，其特征在于干扰素眼膏的组份含量为：干扰素：眼膏基质= $2.0\times10^5 IU : 1g$。

3. 如权利要求1所述的扰素眼膏，其特征在于所述的干扰素眼膏中的干扰素为α2b干扰素。

4. 权利要求1的干扰素眼膏的制备方法，包括下列工艺步骤：

A. 称取眼膏基质的各组分，并进行加热混合，将混合后的基质进行150℃的干烤灭菌1小时，冷却后备用；

B. 按眼膏组分比例在无菌条件下制备干扰素溶液液，经0.22um滤膜除菌后备用；

C. 将眼膏基质预热40℃至56℃，再将配制好的干扰素溶液缓慢加入眼膏基质中，边加边搅拌，搅拌10~30分钟后利用分装系统进行分装。"

请求人认为，修改后的权利要求1与对比文件1和本领域的公知常识相比具备创造性，具体理由如下：对比文件1公开的干扰素眼膏，含有γ-干扰素以及作为眼膏基质的白凡士林和液体石蜡（对比文件1说明书第4栏实施例2），其用途是抑制眼部手术后的角膜白翳形成，权利要求1与其区别在于，（1）干扰素眼膏的用途为治疗病毒感染所致的眼部疾患；（2）眼膏的成分为α-干扰素；（3）具体限定了眼膏各组分及其配比；（4）眼膏基质中另外含有羊毛脂和聚山梨酯80，第一，对比文件1既未明示也未暗示任何可用于治疗病毒感染所致的眼部疾患的干扰素眼膏，第二，本领域技术人员根据对比文件1公开的内容，不经过创造性劳动无法得出权利要求1中眼膏的具体成分和其配比，第三，对比文件1既未明示也未暗示在乳膏基质中添加羊毛脂和聚山梨酯80可以促进干扰素的吸收和药效成分的稳定。因此，权利要求1具备创造性，符合专利法第22条第3款的规定。修改后的权利要求2为权利要求1的从属权利要求，进一步限定了干扰素与眼膏基质的最佳配比，修改后的权利要求3为权利要求1的从属权利要求，进一步限定了α-干扰素的最佳型别为α2b，在权利要求1具备创造性的基础上，权利要求2~3也具备创造性。权利要求4请求保护权利要求1所述干扰素的制备方法，在权利要求1具备创造性的基础上，权利要求4也具备创造性。

形式审查合格后，专利复审委员会受理了该复审请求，并于2007年4月11日向请求人发出《复审请求受理通知书》，随后将本申请移交原审查部门进行前置审查。

原审查部门对本复审请求进行了前置审查，其在前置审查意见书中认为：请求人在提出复审请求时提交的申请文件的权利要求1有三处修改超范围，（1）主题名称中新增加的内容"用于治疗病毒

感染所致的眼部疾患的"，（2）将原申请文件中的"其他按体积比"修改为"其他按重量体积比"，（3）"乳化剂聚山梨酯80 0.02%~2.0%"中"0.02%"为新出现的点值，上述内容既未明确地记载在原说明书和权利要求书中，也不能由原说明书和权利要求书所记载的内容直接地、毫无疑义地确定，因此超出了原权利要求书和说明书记载的范围，不能被接受。因此，依据原驳回决定针对的文本坚持驳回决定，权利要求1~6不具备创造性不符合专利法第22条第3款的有关规定，具体理由请参见原驳回决定正文。

专利复审委员会组成合议组，对本案的复审请求进行了审理。合议组认为，本案事实已经清楚，可以作出审查决定。

二、决定的理由

1. 审查依据的文本

请求人在2007年3月7日提交了经修改的权利要求书，经审查，请求人所作修改均是为了克服驳回决定所指出的缺陷而作的修改，符合专利法实施细则第60条第1款的规定，因此，本复审请求审查决定所依据的文本为2007年3月7日提交的权利要求1~4，2004年12月3日提交的说明书第1页，以及申请日提交的说明书第2~6页、说明书摘要。

2. 关于专利法第33条

专利法第33条规定，申请人可以对其专利申请文件进行修改，但是，对发明和实用新型专利申请文件的修改不得超出原说明书和权利要求书记载的范围。

如果申请的内容通过增加、改变和/或删除其中的一部分，致使所属技术领域的技术人员看到的信息与原申请记载的信息不同，而且又不能从原申请记载的信息中直接地、毫无疑义地确定，那么，这种修改就是不允许的。反之，如果所属技术领域的技术人员看到的信息与原申请记载的信息相同，或能够从原申请记载的信息中直接地、毫无疑义地确定，则修改是允许的。

针对请求人于2007年3月7日提交的经修改的权利要求书，原审查部门在前置意见书中认为，权利要求1中有三处修改不符合专利法第33条的规定，（1）主题名称中新增加的内容"用于治疗病毒感染所致的眼部疾患的"，（2）将原申请文件中的"其他按体积比"修改为"其他按重量体积比"，（3）"乳化剂聚山梨酯80 0.02%~2.0%"中"0.02%"为新出现的点值。

对于第（1）处修改，合议组认为，原说明书"所属领域"部分记载了"本发明作为涉及一种干扰素眼膏及其制备方法，它是一种眼部抗病毒药物"（原说明书第1页第1行），原说明书"背景技术"部分记载了"干扰素作为广谱抗病毒、抗增殖和免疫调节药物已用于治疗二十余种疾病，如慢性乙肝、丙肝、丁肝、毛细胞白血病、慢性髓细胞性白血病、多发性骨髓瘤、淋巴瘤、黑色素瘤、卵巢癌、肝细胞癌、肾细胞癌、爱滋病相关综合症、流感及其他呼吸道病毒疾病、尖锐湿疣、病毒性肺炎、带状疱疹、水痘、流行性乙型脑炎、流行性出血热、病毒性角膜炎。局部用药也很广，尤其针对皮肤及黏膜用药，作为干扰素眼膏，它主要治疗眼睑单纯疱疹、单纯性结膜炎、单纯性虹膜炎、睫状体炎等眼疾"、"而液体的干扰素滴眼剂治疗病毒引起的眼部疾患的效果已被肯定"（参见原说明书第1页），原说明书"发明内容"部分记载了"使用重组人干扰素α2b眼膏可以治疗由病毒感染引起的眼科疾病"（说明书第2页倒数第2段），原说明书"药理学研究试验"部分记载了用本申请的干扰素眼膏治疗由单疱病毒引起的角膜炎的试验实施例。上述内容表明本申请涉及的干扰素眼膏是用于治疗病毒感染所致的眼部疾患。因此，权利要求1在主题名称中增加了"用于治疗病毒感染所致的眼部疾患的"可以从原说明书记载的内容中直接地、毫无疑义地确定，并没有超过原权利要求书和说明书记载的范围。

对于第（2）处修改，合议组认为，虽然原申请文件在权利要求3和说明书"发明内容"部分相应描述为"其他按体积比为",但考虑到人血白蛋白、Na_2HPO_4、NaH_2PO_4、$NaCl$ 为固体,H_2O 为液体,本领域技术人员在习惯上总是按照重量体积比进行称量,因此,本领域技术人员能够毫无疑义地确定上述固体的"体积比"应该为"重量体积比"。说明书实施例1中记载的干扰素溶液组分的配比为:

"干扰素溶液:IFNα2b:$2.0×10^7$ IU   人血白蛋白 5.0g

    Na_2HPO_4:4.2g NaH_2PO_4:2.3g

    $NaCl$:0.6g H_2O:至 500ml"

实施例2~5中干扰素溶液各组分间的配比也同样如此(参见说明书第3~4页),由此可见,其中组分按重量(g)或体积(ml)取用,除干扰素外其余组分间均为重量体积比。因此,本领域技术人员可以毫无疑义地确定,除干扰素外,其他各组分在干扰素溶液中的比例关系只能是重量体积比而不是其他比例关系。因此,将权利要求1中的"其他按体积比"修改为"其他按重量体积比"是本领域技术人员根据原权利要求书和说明书中记载的信息可以直接地、毫无疑义地确定的,没有超出原权利要求书和说明书记载的范围。

对于第(3)处修改,原始申请文件中的权利要求2记载了干扰素眼膏中聚山梨酯80作为乳化剂占总重量比为0.02%~2.0%。因此,在权利要求1中限定的"乳化剂聚山梨酯80 0.02%~2.0%"与原权利要求书和说明书记载的信息相同,可以直接地、毫无疑义地确定。

综上,合议组认为,新修改的权利要求1并无超范围之处,而新修改的权利要求2对应于原始申请文件的权利要求6,新修改的权利要求3对应于原始申请文件的权利要求9,新修改的权利要求4对应于原始申请文件的权利要求10,这些修改均能从原权利要求书和说明书中直接地、毫无疑义地确定,因此,请求人在提交复审请求时对权利要求书的修改没有超出原权利要求书和说明书记载的范围,符合专利法第33条的规定。

3. 关于专利法实施细则第20条第1款

专利法实施细则第20条第1款规定,权利要求书应当说明发明或者实用新型的技术特征,清楚、简要地表述请求保护的范围。

驳回决定指出权利要求7中"可以是α、β三种的任一型别"和权利要求8中"是α、β三种的任一型别基因重组的人干扰素"存在明显错误,以及由于权利要求1没有限定各种成分的比例,权利要求10中"称取眼膏基质的各组分"、"按眼膏组分比例取……"、"再按组分比例……"等步骤的具体操作过程本领域技术人员根本无法知晓,因此,权利要求10保护范围不清楚,不符合专利法实施细则第20条第1款的规定。

请求人在提交复审请求时提交的权利要求书中删除了上述权利要求7~8,并将权利要求10修改为新的权利要求4,而新的权利要求4引用了在前的权利要求1,新修改的权利要求1限定了各成分的比例,因此,请求人在提交复审请求时提交的权利要求1~4已经克服了驳回决定所指出的上述缺陷,符合专利法实施细则第20条第1款的规定。

4. 关于专利法第22条第3款

专利法第22条第3款规定,创造性,是指同申请日以前已有的技术相比,该发明有突出的实质性特点和显著的进步。

如果现有技术中不存在使本领域技术人员在面对所述技术问题时有动机去改进最接近的现有技术并获得要求保护的发明的启示,则不能认为发明是显而易见的,不能认为其不具有突出的实质性特点。

对比文件1(US5585354,公开日为1996年12月17日)公开的技术方案如下:

说明书"摘要"：该抑制剂含有γ干扰素或其变异体作为活性成分，其制剂形式适合于局部给药，通常为滴眼剂或眼膏，在制剂中添加例如渗透压调节剂、缓冲剂、稳定剂、抗菌剂、pH调节剂和眼膏基质。

说明书"发明详述"最后一段：典型的眼用制剂包括常用的滴眼剂，眼用悬浮剂和眼用溶液剂等在使用前溶解的剂型。也可以使用眼膏等其他能够局部给药剂型。为了制成一定的剂型，不仅要将活性成分，还应将其他眼用制剂中常用的添加剂（任选的）混合并按公知方法制剂。典型的添加剂包括：渗透压调节剂如氯化钠和氯化钾；缓冲剂如磷酸氢二钠和磷酸二氢钠；稳定剂如乙二胺四乙酸二钠；抗菌剂如对羟基苯甲酸乙酯，对羟基苯甲酸丁酯和苯扎氯铵，pH调节剂如氢氧化钠和稀盐酸；和眼膏基质如白凡士林和液体石蜡。

说明书实施例1公开了滴眼剂，其中处方1为：γ干扰素0.001g、氯化钠0.8g、无菌蒸馏水加至100ml，处方2为：γ干扰素0.01g、氯化钠0.8g、磷酸氢二钠0.1g、磷酸二氢钠足量、无菌蒸馏水加至100ml；活性成分浓度可调。

说明书实施例2公开了眼膏，其处方为：γ干扰素0.005g、白凡士林90g、液体石蜡加至100g。活性成分浓度的可调。

上述技术方案中，实施例1和2不仅公开了产品的剂型、组分，还公开了各组分的用量，因此，较之"摘要"和"发明内容"，实施例1和2公开了更多的与权利要求1相关的技术特征。而将实施例1和实施例2相比，实施例1公开了更多的辅料，实施例2在剂型上与权利要求1相同。在本案中，剂型体现了更为本质的发明信息，直接地影响辅料的选择，从技术领域上看，实施例2与权利要求1更为接近。因此，以对比文件1的实施例2作为最接近的现有技术进行比较。

将权利要求1所述产品与对比文件1实施例2所述公开的产品相比较，其区别在于：（1）以α-干扰素替换γ-干扰素；（2）基质中以黄凡士林替换白凡士林并增加了羊毛脂和聚山梨酯80；（3）在基质中加入添加了人血白蛋白、磷酸二氢钠、磷酸氢二钠和氯化钠四种添加剂制备而成干扰素溶液，而不是干扰素；（4）重新确立了各组分的用量配比。

本发明所实际解决的技术问题在于：提供一种制备工艺稳定，制品均一性好，生物活性稳定的药效持久和高治疗活性的干扰素眼膏产品（参见说明书第2页最后一段和药理学试验部分）。

对于区别技术特征（1）而言，α-干扰素较之γ-干扰素具有同样的药理活性且更易于吸收是公知常识（参见人民卫生出版社2002年11月第14版第29次印刷的《新编药物学》第528页），对于区别技术特征（2）而言，眼膏基质常用黄凡士林8份，液体石蜡、羊毛脂各一份混合而成，黄凡士林、液体石蜡和羊毛脂组成眼膏基质是公知常识（参见四川科学技术出版社1995年1月成都第一版第一次印刷的《药剂辅料大全》第646页），基质中加入具备吸水性和粘附性的羊毛脂因而有益于眼膏附着和药物穿透眼膜，也是公知常识（参见人民卫生出版社1999年7月第4版第24次印刷的《药剂学》第380页），聚山梨酯80作为常用的非离子型表面活性剂用于形成乳剂型基质也是公知的（参见人民卫生出版社1999年7月第4版第24次印刷的《药剂学》第375页）。

但是，对于区别技术特征（3）而言，添加人血白蛋白、磷酸二氢钠、磷酸氢二钠和氯化钠四种添加剂制备成干扰素溶液，然后用干扰素溶液取代干扰素与眼膏基质混合尚没有证据表明其属于公知常识，对于区别技术特征（4）而言，所涉及的具体的用量配比（包括干扰素溶液中各组分的用量配比）没有证据表明其属于公知常识。通过分析上述区别特征可以知道，已有的现有技术证据并未给出将上述区别技术特征（3）、（4）应用到对比文件1的技术方案中以解决所面对的技术问题的启示，因而，在缺乏其他证据证明现有技术中已给出足够教导的情况下，不能认定权利要求1是显而易见的，即，不能认定权利要求1的技术方案不具备突出的实质性特点。

权利要求1所述的眼膏剂最终形成了油包水型眼膏剂，使眼膏具有更好的粘着性、更小的刺激性以及更容易被眼部黏膜吸收，提高了干扰素的稳定性、增强了干扰素的生物利用度（参见说明书第2页最后两段），具有有益的技术效果，因而，也不能认为权利要求1不具备显著的进步。

综上，合议组认为，仅根据目前的现有技术证据，不足以认定权利要求1不具备专利法第22条第3款规定的创造性。而权利要求2~4是权利要求1的从属权利要求，基于同样的理由，根据目前的现有技术证据无法认定权利要求2~4不具备专利法第22条第3款规定的创造性。

根据以上事实和理由，本案合议组作出如下审查决定。

三、决定

撤销国家知识产权局于2006年12月1日对200410051553.6号发明专利申请作出的驳回决定。由原审查部门在本决定所依据的文本的基础上继续进行审查。

复审请求人对本决定不服的，可以根据专利法第41条第2款的规定，自收到本决定之日起三个月内向北京市第一中级人民法院起诉。

一种用于防治奶牛乳腺炎的杀菌制剂及其制备方法

复审请求审查决定（第 14025 号）

决 定 号	第 14025 号
决 定 日	2008 年 6 月 13 日
发明创造名称	一种用于防治奶牛乳腺炎的杀菌制剂及其制备方法
国际分类号	A61K 38/48，A61P 29/00，A61P 31/04，A61P 15/00
复审请求人	上海高科联合生物技术研发有限公司
申 请 号	03115388.7
申 请 日	2003 年 2 月 13 日
公 开 日	2004 年 8 月 18 日
合议组组长	王晓云
主 审 员	祝海燕
参 审 员	张秀丽

法 律 依 据 专利法第 33 条

决 定 要 点

如果申请的内容通过增加、改变和/或删除其中的一部分，致使所属技术领域的技术人员看到的信息与原申请记载的信息不同，而且又不能从原申请记载的信息中直接地、毫无疑义地确定，那么，这种修改就是不允许的。

一、案由

本复审请求涉及 2003 年 2 月 13 日申请、2004 年 8 月 18 日公开、名称为"一种用于防治奶牛乳腺炎的杀菌制剂及其制备方法"的 03115388.7 号发明专利申请（下称本申请）。本申请的申请人为上海高科联合生物技术研发有限公司。

国家知识产权局于 2005 年 11 月 11 日以说明书不符合专利法第 26 条第 3 款的规定为由驳回了本申请。

驳回决定所针对的权利要求书为：

"1. 一种杀菌制剂，其特征在于，包括一种或一种以上的抗菌肽 GK 和抗菌有效量的酶。

2. 根据权利要求 1 所述的杀菌制剂，其特征在于，所述及的酶包括溶菌酶或溶葡萄球菌酶中的一种或一种以上。

3. 根据权利要求 2 所述的杀菌制剂，其特征在于，所述及的溶葡萄球菌酶的含量以总量计为 0.0001~0.1wt%。

4. 根据权利要求3所述的杀菌制剂,其特征在于,所述及的抗菌肽的含量以总量计为0.0001~0.01wt%。

5. 根据权利要求1~4任一所述的杀菌制剂,其特征在于,所述的杀菌制剂还包括稳定剂。

6. 根据权利要求5所述的杀菌制剂,其特征在于,所述及的稳定剂是聚乙二醇或壳聚糖中的一种。

7. 根据权利要求6所述的杀菌制剂,其特征在于,所述及的稳定剂含量以总量计为1%~15%。

8. 一种杀菌制剂,其特征在于包括抗菌肽GK0.0001~0.01wt%,溶葡萄球菌酶0.0001~0.1wt%,稳定剂1~15wt%,水余量。

9. 一种杀菌制剂的制备方法,其特征在于包括如下步骤:
按比例称取酶、抗菌肽GK,稳定剂与水混合。

10. 根据权利要求9所述的杀菌制剂的制备方法,其特征在于,所述及的酶包括溶菌酶或溶葡萄球菌酶中的一种或一种以上。

11. 根据权利要求9所述的杀菌制剂的制备方法,其特征在于,所述及的稳定剂是聚乙二醇或壳聚糖中的一种。

12. 根据权利要求1~8任一所述的杀菌制剂在制备治疗奶牛乳腺炎的药物中的应用。

13. 根据权利要求10所述的杀菌制剂的应用,其特征在于,所述及的药物用于奶牛乳房内注射。

14. 根据权利要求10所述的杀菌制剂的应用,其特征在于,所述及的药物外用于奶牛乳区。"

驳回决定认为:本申请说明书中涉及抗菌肽GK,但本申请并未公开其具体结构特征。虽然本申请说明书中引用了申请号为02136766.3的发明专利申请对其进行说明,但该申请中仅涉及GK-1,GK-2,GK-3的蛋白质序列,该说明书也未对"抗菌肽GK"这一术语给出明确定义,因此本领域技术人员并不能从所引用的专利文件中明确"抗菌肽GK"的结构特征,因此按照说明书的记载,本领域技术人员无法实现本申请的技术方案。

申请人上海高科联合生物技术研发有限公司(下称请求人)对上述驳回决定不服,于2006年1月16日向专利复审委员会提出复审请求,请求人在提出复审请求时提交了新修改的说明书全文替换页,共38页。新提交的说明书中,请求人在原始申请说明书的基础上补充了引用文件02136766.3的说明书序列表,并在原说明书第三页中加入"抗菌肽GK为一种具有杀菌活性的人工合成小分子多肽,其序列见序列表"以及在原说明书第4~6,9页加入"其序列见序列表46"、"其序列见序列表39"的说明语句,通过这些说明语句明确GK-1、GK-2的序列对应于序列表46,GK-3的序列对应于序列表39。

请求人认为:虽然原始公开说明书中没有对"抗菌肽GK"的序列进行描述,但在本申请引用的专利02136766.3中描述了"抗菌肽GK"的信息;另外本申请实施例中限定的"抗菌肽GK-1"、"抗菌肽GK-2"、"抗菌肽GK-3"也在引证文件中有详细的描述;因此有关技术人员可参照引证文件的内容来实施本发明。另外,为了弥补说明书中的缺陷,将引用文件中的抗菌肽GK的序列补充到本申请的说明书中,上述补充的内容是可以根据原说明书的内容唯一导出的修改,因此,这种修改也是符合专利法第33条的规定的。综上所述,国家知识产权局驳回的理由不成立。

形式审查合格后,专利复审委员会受理了该复审请求,并于2006年3月2日向请求人发出《复审请求受理通知书》,同时将本申请案卷移交原审查部门进行前置审查。

原审查部门对本复审请求进行了前置审查,认为:(1)请求人对说明书的修改超出了原始申请文件记载的范围,不符合专利法第33条的规定;(2)本申请说明书中的"抗菌肽GK"结构不清楚,请求人的修改也未能克服公开不充分的缺陷,因此坚持驳回决定。

专利复审委员会组成合议组,对本复审请求案进行了审理。于2008年1月25日向请求人发出

《复审通知书》。《复审通知书》指出，（1）请求人提交的修改的说明书第3页第7~8行记载"抗菌肽GK为一种具有杀菌活性的人工合成多肽，其序列见序列表"，并将原说明书中引用的专利申请02136766.3说明书序列表中的54条氨基酸序列补入本申请说明书中。将修改后的说明书与本申请原始说明书、权利要求书及其引用的专利申请02136766.3申请文件公开的内容相比，上述文件中均未记载"抗菌肽GK的序列为序列表中所记载的序列"，本申请原始说明书中仅记载抗菌肽GK详见02136766.3专利申请，而专利申请02136766.3中也并未明确"抗菌肽GK"的具体结构是什么，仅给出了GK-1、GK-2、GK-3、GK-19、GK-20的序列。因此，无论是在原始申请文件中，还是在被引用的02136766.3专利申请中均未明确记载，也无法直接地、毫无疑义由上述文件导出"抗菌肽GK序列"完全对应于02136766.3专利申请序列表中公开的全部54条氨基酸序列。因而说明书的修改超出了原始申请文件记载的范围，不符合专利法第33条的规定，不予接受。（2）鉴于请求人提交的新的修改文本不能被接受，若请求人撤回新提交的说明书，退回到驳回决定所针对的文本，则原说明书仍然存在不符合专利法第26条第3款规定的缺陷。由于在驳回决定所针对的本申请说明书中并未给出抗菌肽GK的结构信息，仅说明其结构详见专利申请02136766.3，同时，在专利申请02136766.3中也仅仅给出了GK-1、GK-2、GK-3、GK-19、GK-20的序列，并未明确抗菌肽GK的具体结构是什么。因此，本领域技术人员从本申请的说明书及其引用的文献中均无法明确抗菌肽GK的结构，而抗菌肽GK的结构也不是本领域技术人员在申请日前已知的现有技术，从而在抗菌肽GK结构不清楚的情况下，本领域技术人员无法根据说明书的记载制备得到权利要求中要求保护的杀菌制剂，本发明的技术方案公开不充分，不符合专利第26条第3款的规定。

针对《复审通知书》指出的问题，请求人于2008年2月27日提交了意见陈述书及经修改的说明书和权利要求书。修改后的说明书相对于原说明书在第3页中加入"抗菌肽GK为一种具有杀菌活性的人工合成小分子多肽，其序列见序列表46的抗菌肽GK-2、序列表39的抗菌肽GK-3或序列表46的抗菌肽GK-1"的说明语句，修改后的权利要求1也作了相应的修改。

修改后的权利要求1如下：

"1. 一种杀菌制剂，其特征在于，包括一种或一种以上的抗菌肽GK和抗菌有效量的酶，抗菌肽GK序列为序列表46的抗菌肽GK-2、序列表39的抗菌肽GK-3或序列表46的抗菌肽GK-1。"

至此，合议组认为本案事实已经清楚，可以作出审查决定。

二、决定的理由

1. 审查针对的文本

本复审决定所针对的文本为请求人于2008年2月27日提交的权利要求1~13，说明书第3页；于2006年1月16日提交的说明书第1~2、4~10页，序列表第11~38页；于2003年2月13日提交的权利要求第14项和说明书摘要。

2. 关于专利法第33条

专利法第33条规定，申请人可以对其专利申请文件进行修改，但是，对发明和实用新型专利申请文件的修改不得超出原说明书和权利要求书记载的范围。

根据该款规定，如果申请的内容通过增加、改变和/或删除其中的一部分，致使所属技术领域的技术人员看到的信息与原申请记载的信息不同，而且又不能从原申请记载的信息中直接地、毫无疑义地确定，那么，这种修改就是不允许的。

针对复审通知书指出的修改超范围的问题，请求人于2008年2月27日再次提交了修改的说明书和权利要求书。相对于原说明书，修改后的说明书第3页中加入"抗菌肽GK为一种具有杀菌活性的人工合成小分子多肽，其序列见序列表46的抗菌肽GK-2、序列表39的抗菌肽GK-3或序列表46的抗菌肽 GK-1"的说明语句；相应地，权利要求 1 中也增加了"抗菌肽 GK 序列为序列表 46 的抗菌肽 GK-2，序列表 39 的抗菌肽 GK-3 或序列表 46 的抗菌肽 GK-1。"

根据本申请原始申请文件公开的内容，说明书中仅记载了"有关抗菌肽 GK，详见本发明人在 2002 年 9 月 2 日申报的发明专利，发明名称为一组合成抗菌肽，申请号为 02136766.3"（参见说明书第 3 页第 3 段）。但合议组经核实，引证文件 02136766.3 中并未明确记载"抗菌肽 GK"的具体结构为 GK-1、GK-2、GK-3，该文件中，GK-1、GK-2、GK-3 分别对应结构具体的序列（参见引证文件 02136766.3 的权利要求 1），并未记载 GK-1、GK-2 的序列对应于序列表 46，也未记载 GK-3 的序列对应于序列表 39。因此，无论是在原始申请文件中，还是在引证文件 02136766.3 中均未明确记载"抗菌肽 GK 序列见序列表 46 的抗菌肽 GK-2、序列表 39 的抗菌肽 GK-3 或序列表 46 的抗菌肽 GK-1"，也无法直接地、毫无疑义由上述文件导出"抗菌肽 GK 序列"完全对应于引证文件 02136766.3 中序列表 46 的抗菌肽 GK-2、序列表 39 的抗菌肽 GK-3 或序列表 46 的抗菌肽 GK-1。因此，修改后的说明书中补入的"抗菌肽 GK 序列见序列表 46 的抗菌肽 GK-2、序列表 39 的抗菌肽 GK-3 或序列表 46 的抗菌肽 GK-1"以及权利要求 1 中补充的相应内容，未在原申请文件中记载，而且也不能从原申请文件记载的信息中直接地、毫无疑义地确定，因而上述修改内容超出了原始申请文件记载的范围，修改后的说明书及权利要求 1 不符合专利法第 33 条的规定。

根据以上事实和理由，本案合议组作出如下审查决定。

三、决定

维持国家知识产权局于 2005 年 11 月 11 日对 03115388.7 号发明专利申请作出的驳回决定。

复审请求人对本决定不服的，可以根据专利法第 41 条第 2 款的规定，自收到本决定之日起三个月内向北京市第一中级人民法院起诉。

结核分枝杆菌之超氧化物歧化酶

复审请求审查决定（第 14026 号）

决 定 号	第 14026 号
决 定 日	2008 年 6 月 11 日
发明创造名称	结核分枝杆菌之超氧化物歧化酶
国际分类号	C12Q 1/26
复审请求人	永信药品工业股份有限公司
申 请 号	200410088392.8
优 先 权 日	1998 年 11 月 13 日
申 请 日	1999 年 11 月 9 日
公 开 日	2005 年 7 月 27 日
合议组组长	郭 婷
主 审 员	曹克浩
参 审 员	张 鑫

法 律 依 据 专利法第 26 条第 4 款

决 定 要 点

对于权利要求中所包含的功能性限定的技术特征，应当理解为覆盖了所有能够实现所述功能的实施方式。如果权利要求中限定的功能是以说明书实施例中记载的特定方式完成的，并且所属技术领域的技术人员不能明了此功能还可以采用说明书中未提到的其他替代方式来完成，或者所属技术领域的技术人员有理由怀疑该功能性限定所包含的一种或几种方式不能解决发明所要解决的技术问题，并达到相同的技术效果，则权利要求中不得采用覆盖了上述其他替代方式或者不能解决发明问题的方式的功能性限定。

一、案由

本复审请求涉及 1999 年 11 月 9 日申请、2005 年 7 月 27 日公开、名称为"结核分枝杆菌之超氧化物歧化酶"的 200410088392.8 号发明专利申请（下称本申请），本申请的优先权日为 1998 年 11 月 13 日，本申请的申请人为永信药品工业股份有限公司。本申请为 99815528.4 号专利申请的分案申请，分案提交日为 2004 年 11 月 4 日。

国家知识产权局于 2007 年 4 月 27 日以权利要求 1 不符合专利法第 26 条第 4 款的规定为由驳回了本申请。

驳回决定所针对的权利要求书为：

"1. 一种测试化合物是否抑制多肽之超氧化物歧化酶活性的方法,该方法包括:

将此化合物与一多肽接触,此多肽是铜/锌超氧化物歧化酶,并具有与 SEQ ID NO:2 至少 90% 相同性的氨基酸序列;

测量该多肽所表现之超氧化物歧化酶活性水平;以及

比较该化合物存在时与不存在时之超氧化物歧化酶活性水平;

其中,当该化合物存在时的超氧化物歧化酶活性水平比该化合物不存在时的超氧化物歧化酶活性水平低的时候,该化合物抑制该多肽的超氧化物歧化酶活性。

2. 如权利要求 1 所述之方法,其中该多肽结合至固体支持物。

3. 如权利要求 2 所述之方法,其中该固体支持物是塑料。

4. 如权利要求 2 所述之方法,其中该固体支持物是一阵列,而且该多肽结合至该阵列的每个组件上。

5. 如权利要求 1 所述之方法,其中该多肽是在细胞内。

6. 如权利要求 5 所述之方法,其中该细胞是细菌细胞。

7. 如权利要求 1 所述之方法,其中该氨基酸序列是 SEQ ID NO:2。

8. 如权利要求 7 所述之方法,其中该多肽结合至固体支持物。

9. 如权利要求 8 所述之方法,其中该固体支持物是塑料。

10. 如权利要求 8 所述之方法,其中该固体支持物是一阵列,而且该多肽结合至该阵列的每个组件上。

11. 如权利要求 7 所述之方法,其中该多肽是在细胞内。

12. 如权利要求 11 所述之方法,其中该细胞是细菌细胞。"

驳回决定认为:对于权利要求 1 所要求保护的技术方案来说,如果要达到测试化合物是否具有抑制超氧化物歧化酶活性的目的,则与之接触的多肽是否具有超氧化物歧化酶的活性将是解决技术问题并达到上述发明目的的关键。而对于与 SEQ ID NO:2 所示的氨基酸序列具有至少 90% 相同性的多肽来说,说明书并没有提供相应的实施例证明与 SEQ ID NO:2 所示的氨基酸序列具有至少 90% 相同性的多肽就一定具有预期的超氧化物歧化酶的活性;而且由于根据说明书的描述根本无法预知哪些位置的氨基酸或何种氨基酸对于超氧化物歧化酶活性是必须的,致使本领域技术人员也无法根据说明书的描述直接得出具有上述序列相同性且具有与之相同超氧化物歧化酶活性的多肽。因此权利要求 1 得不到说明书的支持,不符合专利法 26 条第 4 款的规定。

申请人永信药品工业股份有限公司(下称请求人)对上述驳回决定不服,于 2007 年 8 月 13 日向专利复审委员会提出复审请求,请求人在提出复审请求时没有提交新修改的专利申请文本。

请求人认为:权利要求 1 要求保护的是使用该多肽来测试化合物是否抑制该多肽的超氧化物歧化酶活性的方法,而不是该多肽本身。对于本领域技术人员来说,实施本发明的方法并不需要获得或者制备出所有具有铜/锌超氧化物歧化酶活性,并具有与 SEQ ID NO:2 至少 90% 相同性的氨基酸序列的多肽。只要本领域人员能够判断出一给定的多肽符合以下两个标准即可实施本发明的方法:(1)该多肽具有铜/锌超氧化物歧化酶活性;(2)该多肽具有与 SEQ ID NO:2 至少 90% 相同性的氨基酸序列。并且说明书第 9 页末段至第 11 页首段已经教导了如何确定一种多肽是否具有铜/锌超氧化物歧化酶活性的方法,而如何确定任一多肽是否与 SEQ ID NO:2 具有至少 90% 相同性的方法也是本领域技术人员已知的,因此本领域技术人员在没有具体实施例的情况下,其通过阅读说明书,一样能够仅仅通过进行常规的实验,便可容易地鉴别任何一种多肽是否符合权利要求 1 所述的该多肽的标准,即权利要求 1 能够得到说明书的支持,符合专利法第 26 条第 4 款的规定,因此国家知识产权局驳回的理由不成立。

形式审查合格后，专利复审委员会受理了该复审请求，并于 2007 年 9 月 11 日向请求人发出《复审请求受理通知书》，同时将本申请案卷移交原审查部门进行前置审查。

原审查部门对本复审请求进行了前置审查，坚持原驳回决定，具体理由是：（1）获得具有超氧化物歧化酶活性的多肽是达到测试与之接触的测试化合物是否具有抑制超氧化物歧化酶活性的关键，也就是说只有在确定了多肽具有超氧化物歧化酶活性的情况下，才能达到本发明目的，因此申请人在复审请求中所陈述的"实施本发明的方法并不需要获得或者制备出具有超氧化物歧化酶活性的具有 SEQ ID NO：2 至少 90％相同性的氨基酸序列的多肽"是不能成立的；（2）对于本领域技术人员来说，确定与 SEQ ID NO：2 所示多肽具有至少 90％相同性的多肽是否具有超氧化物歧化酶的活性，仅根据说明书所描述的检测酶活性的方法和确定相同性的方法是远远不够的，还需要付出创造性劳动才能实现。

专利复审委员会组成合议组，对本复审请求案进行了审理。于 2008 年 3 月 27 日向请求人发出《复审通知书》。《复审通知书》指出：（1）权利要求 1 涉及具有与 SEQ ID NO：2 至少 90％相同性的氨基酸序列的多肽的技术方案，而说明书并没有提供相应的实施例证明与 SEQ ID NO：2 氨基酸序列具有至少 90％的相同性的多肽就一定具有与 SEQ ID NO：2 相同的超氧化物歧化酶的活性，并且本领域技术人员无法根据说明书的描述直接获得具有上述相同性且具有与之相同铜/锌超氧化物歧化酶活性的多肽，因此权利要求 1 得不到说明书的支持，不符合专利法第 26 条第 4 款的规定；（2）从属权利要求 2～6 仍涉及无数的具有所述至少 90％相同性、并具有期望酶活性的多肽，因此基于与上述相同的理由，权利要求 2～6 也得不到说明书的支持，不符合专利法第 26 条第 4 款的规定。

针对《复审通知书》指出的问题，请求人于 2008 年 5 月 12 日提交了意见陈述书及经修改的权利要求书，请求人认为修改后的权利要求书已经克服了《复审通知书》中所指出的全部缺陷。

修改后的权利要求书如下：

"1. 一种测试化合物是否抑制多肽之超氧化物歧化酶活性的方法，该方法包括：

将此化合物与一多肽接触，此多肽是铜/锌超氧化物歧化酶，并具 SEQ ID NO：2 所示的氨基酸序列；

测量该多肽所表现之超氧化物歧化酶活性水平；以及

比较该化合物存在时与不存在时之超氧化物歧化酶活性水平；

其中，当该化合物存在时的超氧化物歧化酶活性水平比该化合物不存在时的超氧化物歧化酶活性水平低的时候，该化合物抑制该多肽的超氧化物歧化酶活性。

2. 如权利要求 1 所述之方法，其中该多肽结合至固体支持物。

3. 如权利要求 2 所述之方法，其中该固体支持物是塑料。

4. 如权利要求 2 所述之方法，其中该固体支持物是一阵列，而且该多肽结合至该阵列的每个组件上。

5. 如权利要求 1 所述之方法，其中该多肽是在细胞内。

6. 如权利要求 5 所述之方法，其中该细胞是细菌细胞。"

至此，合议组认为本案事实已经清楚，可以作出审查决定。

二、决定的理由

1. 文本认定

请求人于 2008 年 5 月 12 日提交的经修改的权利要求书符合专利法第 33 条和专利法实施细则第 60 条第 1 款的规定，因此本复审决定所针对的文本为请求人于 2008 年 5 月 12 日提交的权利要求 1～

6 和 2004 年 11 月 4 日提交的说明书第 1~18 页及说明书摘要。

2. 关于专利法第 26 条第 4 款

专利法第 26 条第 4 款规定：权利要求书应当以说明书为依据，说明要求专利保护的范围。

根据该条款的规定，对于权利要求中所包含的功能性限定的技术特征，应当理解为覆盖了所有能够实现所述功能的实施方式。如果权利要求中限定的功能是以说明书实施例中记载的特定方式完成的，并且所属技术领域的技术人员不能明了此功能还可以采用说明书中未提到的其他替代方式来完成，或者所属技术领域的技术人员有理由怀疑该功能性限定所包含的一种或几种方式不能解决发明所要解决的技术问题，并达到相同的技术效果，则权利要求中不得采用覆盖了上述其他替代方式或者不能解决发明问题的方式的功能性限定。

本案中，在《驳回决定》针对的权利要求 1 中，要求保护"一种测试化合物是否抑制多肽之超氧化物歧化酶活性的方法，该方法包括：

将此化合物与一多肽接触，此多肽是铜/锌超氧化物歧化酶，并具有与 SEQ ID NO：2 至少 90% 相同性的氨基酸序列；

测量该多肽所表现之超氧化物歧化酶活性水平；以及

比较该化合物存在时与不存在时之超氧化物歧化酶活性水平；

其中，当该化合物存在时的超氧化物歧化酶活性水平比该化合物不存在时的超氧化物歧化酶活性水平低的时候，该化合物抑制该多肽的超氧化物歧化酶活性。"

但是，说明书仅公开了氨基酸序列是 SEQ ID NO：2 的多肽具有铜/锌超氧化物歧化酶活性的实例，但对于与 SEQ ID NO：2 氨基酸序列具有至少 90% 相同性的多肽来说，说明书并没有提供相应的实例证明这些多肽就一定与氨基酸序列 SEQ ID NO：2 所示的多肽具有相同的铜/锌超氧化物歧化酶的活性，即"权利要求中限定的功能仅仅是以说明书实施例中记载的特定方式完成的"；并且，本领域技术人员无法根据说明书的描述直接获得具有上述序列相同性且具有与之相同铜/锌超氧化物歧化酶活性的多肽，即"所属技术领域的技术人员不能明了此功能还可以采用说明书中未提到的其他替代方式来完成"。

另外，对于请求人在复审请求书中陈述的意见，合议组认为：（1）由于本领域技术人员必须首先获得或筛选"具有与 SEQ ID NO：2 至少 90% 相同性的氨基酸序列的多肽"是否"具有铜/锌超氧化物歧化酶活性"，然后才能将其用于测试所述的化合物，从而实施发明的技术方案，因此获得或筛选具有所述超氧化物歧化酶活性的多肽显然是实施权利要求 1 的方法的前提。（2）由于本领域技术人员不清楚在所述多肽的结构中，能决定多肽具有期望功能的结构域或保守域是否就在至少 90% 相同性范围之内，并且说明书也没有公开至少 90% 相同性范围内是否包括结构域或保守域的实例，何况保守域或结构域即使被包括在 90% 相同性的范围内也不意味着具有这种结构的多肽就一定具有期望的功能，因此即使在说明书公开了筛选方法的情况下，在无数的具有所述至少 90% 相同性的氨基酸序列中，筛选出具有期望酶活性的多肽，对于本领域技术人员而言，也是超出常规的、大量的复杂性操作和创造性劳动。综上所述，请求人的意见陈述不具有说服力。

由于请求人在 2008 年 5 月 12 日提交的权利要求书中，删除了权利要求 1 中所涉及的序列相同性的表述，仅将其中的多肽限定为"具有 SEQ ID NO：2 所示的氨基酸序列"，并删除了权利要求 7~12。由于权利要求 1 不再存在所述序列相同性的表述，并且权利要求 2~6 均从属于权利要求 1，因此《驳回决定》及《复审通知书》所指出的权利要求 1~6 不符合专利法第 26 条第 4 款规定的缺陷已被克服。

根据以上事实和理由，本案合议组作出如下审查决定。

三、决定

撤销国家知识产权局于 2007 年 4 月 27 日对 200410088392.8 号发明专利申请作出的驳回决定。由原审查部门在本复审决定所针对的文本的基础上继续进行审查。

复审请求人对本决定不服的，可以根据专利法第 41 条第 2 款的规定，自收到本决定之日起三个月内向北京市第一中级人民法院起诉。

227

人绒毛膜促性腺激素在控制性超排卵中的应用

复审请求审查决定（第 14030 号）

决 定 号	第 14030 号
决 定 日	2008 年 7 月 2 日
发明创造名称	人绒毛膜促性腺激素在控制性超排卵中的应用
国际分类号	A61K 38/24，A61P 15/08//（A61K 38/24，31：138）
复审请求人	雪兰诺实验室有限公司
申 请 号	02817573.5
优 先 权 日	2001 年 9 月 12 日
申 请 日	2002 年 9 月 12 日
公 开 日	2004 年 12 月 8 日
合议组组长	李人久
主 审 员	田 芳
参 审 员	李梦楠

法 律 依 据　专利法第 22 条第 2 款、第 3 款

决 定 要 点

对一项专利申请而言，如果导致其被驳回的原因在于某项权利要求中的一个技术方案已经被现有技术所披露，从而使得该权利要求不具备专利法第 22 条第 2 款规定的新颖性，则当该项权利要求中的该技术方案被删除后，应认为导致其被驳回的缺陷已被克服。

一、案由

本复审请求案涉及发明名称为"人绒毛膜促性腺激素在控制性超排卵中的应用"的 02817573.5 号发明专利申请（下称本申请），申请人原为应用研究系统 ARS 股份公司，于 2008 年 5 月 16 日变更为雪兰诺实验室有限公司。本申请的申请日为 2002 年 9 月 12 日，优先权日为 2001 年 9 月 12 日，公开日为 2004 年 12 月 8 日。

针对申请人于 2004 年 3 月 9 日进入中国国家阶段时提交的原始国际申请文件中文译文的权利要求 1~25、说明书第 1~12 页和说明书摘要，国家知识产权局于 2005 年 12 月 23 日驳回了本申请。驳回的具体理由是：对比文件 1（"Early pregnancy wastage: the role of repetitive human chorionic gonadotropin supplementation during the first 8 weeks of gestation", FERTILITY AND STERILITY, Vol. 58, No. 1, 1992 年 7 月，第 19~23 页）公开了人绒毛膜促性腺激素在降低患者流产率方面的用途（参见摘要），因此权利要求 1 要求保护的药物制备用途已经被对比文件 1 公开，而权利要求 1 中的"结合

控制性超排卵（COH）供采用FSH或其类似物的人患者用"和"所述的药物在开始FSH治疗之后第10天之前开始给予"的描述是治疗方法的特征，而不是人绒毛膜促性腺激素药物制备用途本身的技术特征，不能给权利要求1的制备用途带来本质上的变化，对权利要求1要求保护的制备用途不起限定作用，因此权利要求1不符合专利法第22条第2款新颖性的规定。

驳回决定针对的权利要求书共25项权利要求，其中权利要求1~16如下：

"1. 人绒毛膜促性腺激素（hCG）或其类似物在制备结合控制性超排卵（COH）供采用FSH或其类似物的人患者用，以辅助着床和/或降低流产率的药物中的应用，所述的药物在开始FSH治疗之后第10天之前开始给予。

2. 如权利要求1所述的应用，其特征在于，所述的药物在开始FSH治疗之后第9天之前开始给予。

3. 如权利要求1或2所述的应用，其特征在于，所述的药物在开始FSH治疗之后至少3天才给予。

4. 如权利要求1、2或3所述的应用，其特征在于，所述的药物在开始FSH治疗之后第7或8天或者约第7或8天开始给予。

5. 如权利要求1~4中任何一项所述的应用，其特征在于，所述的药物以25~1000 IU hCG/天的剂量给予。

6. 如权利要求1~5中任何一项所述的应用，其特征在于，所述的药物以50~100 IU hCG/天的剂量给予。

7. 如权利要求1~6中任何一项所述的应用，其特征在于，所述的药物以单丸剂给予。

8. 如权利要求7所述的应用，其特征在于，所述的单丸剂在开始FSH治疗之后第7或8天或者约第7或8天给予，该丸剂含有100~500 IU hCG。

9. 如权利要求1~6中任何一项所述的应用，其特征在于，所述的药物每日给予，直至诱导排卵。

10. 如权利要求1~9中任何一项所述的应用，其特征在于，COH与体外受精或体内受精结合进行。

11. 如权利要求1~10中任何一项所述的应用，其特征在于，患者具有内源性黄体生成激素（LH）水平低的缺点。

12. 如权利要求1~11中任何一项所述的应用，其特征在于，患者以前仅用卵泡刺激素（FSH）无法怀孕或无法保持怀孕。

13. 如权利要求1~12中任何一项所述的应用，其特征在于，所述的hCG是重组hCG。

14. 如权利要求1~12中任何一项所述的应用，其特征在于，所述的hCG是尿hCG。

15. 如权利要求1~12中任何一项所述的应用，其特征在于，使用所述hCG的类似物，所述的类似物是单链hCG。

16. 人绒毛膜促性腺激素（hCG）或其类似物在制备促进人患者胚胎着床和/或降低胚胎流产率的药物中的应用，所述的药物在排卵或引发排卵之前给予。"

2006年3月23日，申请人（下称请求人）对上述驳回决定不服，向专利复审委员会提出复审请求，同时提交了权利要求书的全文替换页（共25项），修改内容为：（1）将权利要求1中的"辅助着床和/或降低流产率"限定为"在经历控制性超排卵的患者中辅助着床和/或降低流产率"，并将术语"制备结合控制性超排卵（COH）供采用FSH或其类似物的人患者用"修改为"制备供采用FSH或其类似物的人患者用"。（2）将权利要求16中的"和/或降低胚胎流产率"删除。

请求人认为：(1) 修改后的权利要求1明确限定了患者群体是"经历控制性超排卵的患者"，与对比文件1的"在诱导排卵或自然月经周期后怀孕的患者"不相同，由于患者类型不相同，所以两者所针对的是不同的适应症，修改后的权利要求1相对于对比文件1具有新颖性。(2) 由于"辅助着床"与"降低流产率"是不同的药物用途，对比文件1中仅涉及"降低流产率"，因此在权利要求16删除了"降低流产率"这一用途后，其相对于对比文件1具有新颖性。

经形式审查合格后，专利复审委员会受理了该请求，并于2006年5月17日向请求人发出了《复审请求受理通知书》，随后将本申请案卷移交原审查部门进行前置审查。

在《前置审查意见书》中，原审查部门认为：请求人对权利要求1的修改是形式上的，"供采用FSH或其类似物的人患者用以在经历控制性超排卵的患者"的特征并没有为人绒毛膜促性腺激素提供新的药物用途（适应症），因此坚持原驳回决定。

专利复审委员会组成合议组，对本复审请求案进行了审理。合议组于2008年4月8日发出了《复审通知书》，《复审通知书》指出：(1) 权利要求1不符合专利法第22条第2款的规定。权利要求1与对比文件1公开的方案相比，两者均涉及已知产品hCG的医药用途，所涉及的适应症均为流产，其区别在于权利要求1还限定了给药时间和给药对象。然而给药时间仅仅体现在用药过程中，既不是制备药物过程中的特征，也不属于药物用途本身的特征，不能使得权利要求1具备新颖性；另外请求人也没有提供证据表明，权利要求1所述的流产与对比文件1公开的流产有何不同，从而使得权利要求1中由所述给药对象限定的适应症没有体现出与对比文件1的区别，因此对要对象即患者群体也不能使得权利要求1具备新颖性。因此权利要求1相对于对比文件1不符合专利法第22条第2款的规定。基于同样理由，从属权利要求2~12限定的给药时间、给药剂量、给药对象等特征也不能使得其医药用途具备新颖性，因此权利要求2~12也不符合专利法第22条第2款的规定。(2) 权利要求13~15不符合专利法第22条第3款的规定。权利要求13~15是权利要求1的从属权利要求，其限定的附加技术特征是本领域技术人员根据专业常识的常规选择，因此在权利要求1不具备新颖性的情况下，权利要求13~15相对于对比文件1不具备创造性。

针对上述《复审通知书》，请求人于2008年5月8日提交了意见陈述书，随后于2008年5月16日提交了经修改的权利要求书（共25项）。在意见陈述书中请求人指出，修改后的权利要求1删除了其中的"和/或降低流产率"的技术特征，因此相对于对比文件1具有新颖性和创造性。对比文件1所记载的仅仅是"在孕早期反复施用hCG可减少黄体不足引起的流产"，并没有公开修改后的权利要求1的技术方案，权利要求1涉及hCG在制备用于"辅助着床"方面的药物用途，即在受精处理后进行着床，而对比文件1涉及在着床已经发生后维持怀孕状态。因此对比文件1没有揭示修改后的权利要求1的技术方案，本领域技术人员也不能根据对比文件1的教导不经过创造性劳动而显而易见地获得权利要求1的技术方案，因此权利要求1相对于对比文件1具有新颖性和创造性，在此情况下，其从属权利要求2~15也具有新颖性和创造性。修改后的权利要求书共25项权利要求，其中权利要求1~16如下：

"1. 人绒毛膜促性腺激素（hCG）或其类似物在制备供采用FSH或其类似物的人患者用，以在经历控制性超排卵的患者中辅助着床的药物中的应用，所述的药物在开始FSH治疗之后第10天之前开始给予。

2. 如权利要求1所述的应用，其特征在于，所述的药物在开始FSH治疗之后第9天之前开始给予。

3. 如权利要求1或2所述的应用，其特征在于，所述的药物在开始FSH治疗之后至少3天才给予。

4. 如权利要求1、2或3所述的应用,其特征在于,所述的药物在开始FSH治疗之后第7或8天或者约第7或8天开始给予。

5. 如权利要求1~4中任何一项所述的应用,其特征在于,所述的药物以25~1000 IU hCG/天的剂量给予。

6. 如权利要求1~5中任何一项所述的应用,其特征在于,所述的药物以50~100 IU hCG/天的剂量给予。

7. 如权利要求1~6中任何一项所述的应用,其特征在于,所述的药物以单丸剂给予。

8. 如权利要求7所述的应用,其特征在于,所述的单丸剂在开始FSH治疗之后第7或8天或者约第7或8天给予,该丸剂含有100~500 IU hCG。

9. 如权利要求1~6中任何一项所述的应用,其特征在于,所述的药物每日给予,直至诱导排卵。

10. 如权利要求1~9中任何一项所述的应用,其特征在于,COH与体外受精或体内受精结合进行。

11. 如权利要求1~10中任何一项所述的应用,其特征在于,患者具有内源性黄体生成激素(LH)水平低的缺点。

12. 如权利要求1~11中任何一项所述的应用,其特征在于,患者以前仅用卵泡刺激素(FSH)无法怀孕或无法保持怀孕。

13. 如权利要求1~12中任何一项所述的应用,其特征在于,所述的hCG是重组hCG。

14. 如权利要求1~12中任何一项所述的应用,其特征在于,所述的hCG是尿hCG。

15. 如权利要求1~12中任何一项所述的应用,其特征在于,使用所述hCG的类似物,所述的类似物是单链hCG。

16. 人绒毛膜促性腺激素(hCG)或其类似物在制备促进人患者胚胎着床的药物中的应用,所述的药物在排卵或引发排卵之前给予。"

至此,合议组认为本案事实已经清楚,可以作出审查决定。

二、决定的理由

1. 关于文本

本复审请求审查决定针对的文本是:2008年5月16日提交的权利要求1~25,进入中国国家阶段时提交的原始国际申请文件中文译文的说明书1~12和说明书摘要。

2. 关于专利法第22条第2款

专利法第22条第2款规定:新颖性,是指在申请日以前没有同样的发明或者实用新型在国内外出版物上公开发表过、在国内公开使用过或者以其他方式为公众所知,也没有同样的发明或者实用新型由他人向国务院专利行政部门提出过申请并且记载在申请日以后公布的专利申请文件中。

对一项专利申请而言,如果导致其被驳回的原因在于某项权利要求中的一个技术方案已经被现有技术所披露,从而使得该权利要求不具备专利法第22条第2款规定的新颖性,则当该项权利要求中的该技术方案被删除后,应认为导致其被驳回的缺陷已被克服。

本案中,在《驳回决定》和《复审通知书》中均指出:对比文件1("Early pregnancy wastage: the role of repetitive human chorionic gonadotropin supplementation during the first 8 weeks of gestation", FERTILITY AND STERILITY, Vol. 58, No. 1, 1992年7月, 第19~23页)公开了人绒毛膜促性腺激素在降低患者流产率方面的用途,因此权利要求1相对于对比文件1不具备新颖性。

在请求人于2008年5月16日提交的权利要求书中,权利要求1中删除了关于"降低流产率"的技术方案，仅保留了涉及"辅助着床"的医药用途，而对比文件1中只公开了"降低流产率"的医药用途。正如本申请说明书第2页第3段所述，胚胎的不适当着床会导致无法怀孕，服用"辅助着床"的药物可帮助患者的受精卵适当着床使得患者能够怀孕。而怀孕初期会发生自然早产，服用"降低流产率"的药物可减少患者怀孕后的流产，帮助患者维持怀孕的状态。可见，"辅助着床"与"降低流产率"所针对的适应症不同，"辅助着床"是在怀孕之前帮助受精卵着床，而"降低流产率"是在怀孕后使患者维持怀孕的状态，由于针对的适应症不同使得权利要求1的药物用途与对比文件1公开的药物用途存在实质性区别。因此修改后的权利要求1相对于对比文件1具备新颖性，克服了《驳回决定》和《复审通知书》中指出的权利要求1不符合专利法第22条第2款的规定的缺陷。

当权利要求1相对于对比文件1具备新颖性时，其从属权利要求2~12相对于对比文件1也具备新颖性，从而克服了《复审通知书》中指出的权利要求2~12不符合专利法第22条第2款规定的缺陷。

3. 关于专利法第22条第3款

在《复审通知书》中，合议组还指出：由于权利要求1相对于对比文件1不具备新颖性，而从属权利要求13~15限定的附加技术特征是本领域技术人员根据专业常识的常规选择，因此权利要求13~15相对于对比文件1不具备创造性。

由于修改后的权利要求1已经克服了不具备新颖性的缺陷，在此情况下，《复审通知书》中指出的权利要求13~15不具备创造性的前提已经不存在，故《复审通知书》中基于权利要求1不具备新颖性使得权利要求13~15不具备创造性的理由不再成立。

综上所述，修改后的权利要求书克服了《驳回决定》和《复审通知书》中指出的缺陷。

根据上述事实和理由，合议组作出如下审查决定。

三、决定

撤销国家知识产权局于2005年12月23日针对02817573.5号发明专利申请作出的驳回决定，由原审查部门在本复审决定所针对的文本的基础上继续进行审查。

复审请求人对本决定不服的，可以根据专利法第41条第2款的规定，自收到本决定之日起三个月内向北京市第一中级人民法院起诉。

利用芳香族硫醚配体分离的方法

复审请求审查决定（第 14078 号）

决 定 号	第 14078 号
决 定 日	2008 年 7 月 17 日
发明创造名称	利用芳香族硫醚配体分离的方法
国 际 分 类 号	C12N 15/10
复 审 请 求 人	通用电气健康护理生物科学股份公司
申 请 号	03804384.X
优 先 权 日	2002 年 2 月 21 日
申 请 日	2003 年 2 月 14 日
公 开 日	2005 年 7 月 13 日
合议组组长	李人久
主 审 员	吴文英
参 审 员	张雷

法 律 依 据 专利法第 22 条第 3 款

决 定 要 点

在判断发明是否具有突出的实质性特点时，可以将要求保护的发明与最接近的现有技术进行比较，找出区别技术特征并根据该区别特征所能达到的技术效果确定发明实际解决的技术问题，确定现有技术中是否给出将上述区别特征应用到该最接近的现有技术以解决其存在的技术问题的启示，如果现有技术不存在这种技术启示，则发明具有突出的实质性特点。发明提供了一种技术构思不同的技术方案，其技术效果能够基本上达到现有技术的水平，这种情况应当认为发明具有有益的技术效果，具有显著的进步。

一、案由

本复审请求涉及申请号为 03804384.X、名称为"利用芳香族硫醚配体分离的方法"的发明专利申请（下称本申请），2006 年 3 月 3 日其申请人由阿默森生物科学有限公司变更为通用电气健康护理生物科学股份公司。本申请的申请日为 2003 年 2 月 14 日，公开日为 2005 年 7 月 13 日，优先权日为 2002 年 2 月 21 日。

针对申请人于 2006 年 5 月 16 日提交的权利要求 1~9，2004 年 8 月 20 日进入中国国家阶段时递交的国际申请中文译本的说明书第 1~12 页，说明书附图第 1~14 页和说明书摘要，国家知识产权局于 2006 年 11 月 3 日以本申请权利要求 1~4、6、8~9 不符合专利法第 22 条第 3 款的规定为由驳回了本申请。驳回决定所针对的权利要求书如下：

"1. 一种分离溶液中的核酸分子与污染物的方法，其包括下列步骤：

（a）提供一种吸附水溶液，其含有核酸以及当溶解时形成感胶离子的盐；

（b）让所述溶液流经基质以使所要的核酸吸附到该基质上，所述基质含有一个芳环部分和至少一个硫醚部分；

（c）任选地洗涤基质；

（d）让水性洗脱液流经基质来脱附其中的核酸分子，该洗脱液除了包含形成感胶离子的盐之外，也含有来自于渐增的盐浓度渐增加的离子强度梯度，该盐在溶解时形成了比在吸附过程中呈现的离子的感胶性小的感胶离子；和

（e）分离含有所要的核酸分子的组分。

2. 根据权利要求1的方法，其中所分离的组分是质粒DNA，其基本上不含蛋白质组分和/或RNA和/或内毒素。

3. 根据权利要求1或2的方法，其中在步骤（a）和（d）中所引用的感胶的和较小感胶的离子是由各自的盐形成的阴离子。

4. 根据权利要求1或2的方法，其中步骤（a）中所述的盐为硫酸铵或硫酸钠。

5. 根据权利要求4的方法，其中在吸附溶液中的所述盐浓度低于大约3M。

6. 根据权利要求1或2的方法，其中溶于洗脱液中的所述盐为一种碱金属盐，诸如氯化钠或氯化钾。

7. 根据权利要求6的方法，其中在洗脱液中的所述盐的最大浓度为大约3M。

8. 根据权利要求1或2的方法，其中所述基质由已与一种芳香族硫醚配体偶合的载体组成，其中该配体的芳基基团选自由吡啶基、苯基、苯甲基、甲苯甲酰基、苯乙基、萘基、咪唑基、吡唑基、吡嗪基、嘧啶基、哒嗪基、哌啶基、吗啉基、哌嗪基、吲哚基、喹啉基和嘌呤基组成的组。

9. 根据权利要求8的方法，其中所述的配体已通过硫醚部分与载体偶合。"

驳回理由为：

（1）对比文件1（美国专利文献US5942463A，公开日为1999年8月24日）公开了一种用于分离和固定蛋白质、多肽和核酸的吸附剂及其相应的分离方法，并具体公开了（参见其第5栏第36行至第6栏第43行，第2栏第31行至第3栏第19行）以下的技术特征：使用碱金属盐溶液（即为一种感胶离子的溶液，参见其第3栏第9~16行），载体共价连接配体，配体含有芳环部分和硫醚部分。可见，该权利要求所要求保护的技术方案与该对比文件所公开的技术内容相比，其区别仅在于：洗脱液除了包含形成感胶离子的盐之外，也含有来自于渐增的盐浓度渐增加的离子强度梯度，该盐在溶解时形成了比在吸附过程中呈现的离子的感胶性小的感胶离子。该区别技术特征所要解决的技术问题是：有效地洗脱吸附在基质上的核酸分子。对比文件2（专利文献WO9636706A，公开日为1996年11月21日）公开了一种分离微生物发酵物溶液中的质粒DNA的方法，并具体公开了（参见其说明书第16页第13~17行，第16页第23~29行）：将待分离的质粒上样到阴离子交换柱上，用从0.7M到2.0M的NaCl梯度洗脱，超螺旋质粒组分在1.4M~2.0M NaCl中洗脱下来；将待分离的质粒上样到反相柱上，用1.2%IPA的碳酸氢铵溶液洗脱以清除不纯物，然后用从1.2%~11.2%的IPA梯度洗脱，超螺旋质粒组分在约4%IPA处洗脱下来。其中：质粒DNA是核酸的下位概念，从0.7M到2.0M的NaCl梯度、从1.2%~11.2%的IPA梯度都属于渐增加的离子强度梯度。可见，该区别特征已被对比文件2公开，而且该特征在对比文件2中所起的作用与其在该权利要求所要求保护的技术方案中为解决其技术问题所起的作用相同，都是用于：有效地洗脱吸附在基质上的核酸分子，也就是说对比文

件 2 给出了将该技术特征用于该对比文件 1 以解决其技术问题的启示。由此可知，为了有效地洗脱吸附在基质上的核酸分子，本领域的技术人员很容易想到在对比文件 1 的基础上结合对比文件 2 以获得权利要求 1 所要求保护的技术方案。而且对比文件 2 还公开了（参见其说明书第 16 页第 13~16 行）：用 NaCl 梯度洗脱可以清除大部分的大肠杆菌蛋白、RNA 和某些种类的内毒素。同时对比文件 3（专利文献 WO0073318A，公开日为 2000 年 12 月 7 日）公开了（参见其说明书第 24 页第 19~27 页第 14 行）：利用丁基疏水性相互作用从含有质粒 DNA 的水溶液中层析除去了内毒素。因此，难以认可申请人所述的本申请防止了超螺旋质粒 DNA 与内毒素共洗脱的技术效果是突出的或意料不到的。权利要求 1 不符合专利法第 22 条第 3 款有关创造性的规定。

（2）权利要求 2 将权利要求 1 的分离组分限定为"质粒 DNA，其基本上不含蛋白质组分和/或 RNA 和/或内毒素"，对比文件 2（参见其说明书第 16 页第 13~17 行，第 16 页第 23~29 行）公开了这一特征，因此在权利要求 1 不具有创造性的前提下，本领域技术人员结合对比文件 2 公开的内容获得权利要求 2 的技术方案是显而易见的，不符合专利法专利法第 22 条第 3 款有关创造性的规定。

（3）权利要求 3 引用了权利要求 1 或 2，进一步限定了在步骤（a）和（d）中所述的感胶的和较小感胶的离子是由各自的盐形成的阴离子；权利要求 4 引用了权利要求 1 或 2，进一步限定了在步骤（a）中所述的盐为硫酸铵或硫酸钠；感胶离子盐一般为硫酸、磷酸等的钠盐或铵盐等，其溶液中的硫酸根离子、磷酸根离子等阴离子即具有感胶性质，为感胶离子，即一般的感胶离子均是由各自的盐形成的阴离子，这是本领域技术人员的常识。因此在权利要求 1 或 2 不具有创造性的前提下，本领域技术人员结合本领域的公知常识获得权利要求 3 和 4 的技术方案是显而易见的，不符合专利法专利法第 22 条第 3 款有关创造性的规定。

（4）权利要求 6 引用了权利要求 1 或 2，进一步限定了其中溶于洗脱液中的所述盐为一种碱金属盐，诸如氯化钠或氯化钾，对比文件 2（参见其说明书第 16 页第 13~17 行，第 16 页第 23~29 行）公开了这一特征，因此在权利要求 1 或 2 不具有创造性的前提下，本领域技术人员结合对比文件 2 公开的内容获得权利要求 6 的技术方案是显而易见的，不符合专利法专利法第 22 条第 3 款有关创造性的规定。

（5）权利要求 8 引用了权利要求 1 或 2，进一步限定了所述基质的特征；权利要求 9 引用了权利要求 8，进一步限定了所述配体已通过硫醚部分与载体偶合；对比文件 1 公开了所述基质由已与一种配体偶合的载体组成（参见其第 2 栏第 54 行至第 3 栏第 9 行），配体的一般形式为：$-X-S-(CH_2)_n-R$，其中 X-S 键即为硫醚键，所述配体的芳香基团选自咪唑基。当把"载体-X"的整体认为是载体时，所述配体即已通过硫醚部分与载体偶合。可见权利要求 8 和 9 的附加技术特征已被对比文件 1 所公开，在所引用的权利要求 1 或 2 不具有创造性的前提下，本领域技术人员结合对比文件 1 公开的内容获得权利要求 8 或 9 的技术方案是显而易见的，不符合专利法专利法第 22 条第 3 款有关创造性的规定。

申请人通用电气健康护理生物科学股份公司（下称请求人）不服上述驳回决定，于 2007 年 2 月 14 日向专利复审委员会提出复审请求，请求人在提出复审请求的同时没有提交新的专利申请文本。而是提交了以下附件：

附件 1：Jerker P. & Makonnen B.，"'Thiophilic' interaction and the selective adsorption of proteins"，Trends in Biotechnology，1987.8，vol. 5，no. 8，pp. 225~229，复印件共 5 页。

请求人认为：（1）本发明的主题不同于对比文件 1 公开的主题，即本发明致力于核酸在基质上的吸附以及从基质上脱附，以便将它们从其他污染物中分离或纯化出来，而对比文件 1 公开了蛋白质在载体材料上的吸附以及从载体材料上脱附，以便将它们纯化或分离为不同的组分；而且本发明的洗脱剂也不同于对比文件 1 中所用的洗脱剂即本发明所用的洗脱剂是形成感胶离子的盐与来自于渐增的盐（该盐在溶解时形成了比在吸附过程中呈现的离子的感胶性效小的感胶离子）浓度的渐增加的离子强度梯度的组合；（2）对比文件2所用的洗脱剂是用于阴离子交换基质的渐增加的离子强度梯度和用于反相柱的逐渐减小的离子强度梯度；（3）对比文件1和2都没有提到、暗示、提示或教导使用形成感胶离子的盐与来自于渐增的盐（该盐在溶解时形成了比在吸附过程中呈现的离子的感胶性小的感胶离子）浓度的渐增加的离子强度梯度的组合；（4）对比文件3使用了丁基疏水性相互作用层析，附件1中比较了亲硫凝胶与疏水相互作用色谱的差别，因此对比文件3所采用的基质非常不同于本发明的具有一个芳香环部分和至少一个硫醚部分的基质，即对比文件3与本发明不是非常相关。

形式审查合格后，专利复审委员会受理了该复审请求，并于2007年4月17日向请求人发出《复审请求受理通知书》，同时将本申请案卷移交原审查部门进行前置审查。

原审查部门对本复审请求进行了前置审查，认为：（1）如驳回决定所述，区别特征"使用形成感胶离子的盐与来自于渐增的盐（该盐在溶解时形成了比在吸附过程中呈现的离子的感胶性效小的感胶离子）浓度的渐增加的离子强度梯度的组合"在对比文件2中所起的作用与其在该权利要求1所要求保护的技术方案中的作用相同，都是用于有效地洗脱吸附在基质上的核酸分子，也就是说对比文件2给出了将该技术特征用于该对比文件1以解决其技术问题的启示。由此可知，为了有效地洗脱吸附在基质上的核酸分子，本领域的技术人员很容易想到在对比文件1的基础上结合对比文件2以获得权利要求1所要求保护的技术方案。（2）引用对比文件2和3来说明本申请的相应权利要求的区别技术特征没有带来意料不到的技术效果，故坚持原驳回决定。

专利复审委员会依法组成合议组，对本案的复审请求进行了审理。合议组经审查后认为本案事实清楚，可以作出审查决定。

二、决定的理由

1. 决定所依据的文本

本复审决定所依据的文本是驳回决定所依据的文本，即2006年5月16日提交的权利要求1～9，2004年8月20日进入中国国家阶段时递交的国际申请中文译本的说明书第1～12页，说明书附图第1～14页和说明书摘要。

2. 关于专利法第22条第3款

专利法第22条第3款规定：创造性，是指同申请日以前已有的技术相比，该发明有突出的实质性特点和显著的进步。

在判断发明是否具有突出的实质性特点时，可以将要求保护的发明与最接近的现有技术进行比较，找出区别技术特征并根据该区别特征所能达到的技术效果确定发明实际解决的技术问题，确定现有技术中是否给出将上述区别特征应用到该最接近的现有技术以解决其存在的技术问题的启示，如果现有技术不存在这种技术启示，则发明具有突出的实质性特点。发明提供了一种技术构思不同的技术方案，其技术效果能够基本上达到现有技术的水平，这种情况应当认为发明具有有益的技术效果，具有显著的进步。

本案中，权利要求1请求保护一种分离溶液中的核酸分子与污染物的方法，其包括下列步骤：(a)提供一种吸附水溶液，其含有核酸以及当溶解时形成感胶离子的盐；(b)让所述溶液流经基质以使所要的核酸吸附到该基质上，所述基质含有一个芳环部分和至少一个硫醚部分；(c)任选地洗涤基质；(d)让水性洗脱液流经基质来脱附其中的核酸分子，该洗脱液除了包含形成感胶离子的盐之外，也含有来自于渐增的盐浓度渐增加的离子强度梯度，该盐在溶解时形成了比在吸附过程中呈现的离子的感胶性小的感胶离子；(e)分离含有所要的核酸分子的组分。

对比文件1（US5942463A）公开了一种用于分离和固定蛋白质、多肽和核酸的吸附剂及其相应的蛋白质分离方法，并具体公开了（参见其第2栏第31行至第3栏第19行，第4栏第61行至第5栏第7行，第5栏第36行至第6栏第43行，）以下的技术特征：使用碱金属盐溶液（即为一种感胶离子的溶液），其中吸附发生在存在高浓度的感胶盐的情况下，而脱附发生在采用不含盐的缓冲液时，载体共价连接配体，配体含有芳环部分和硫醚部分。

也就是说权利要求1要求保护的技术方案与对比文件1的区别在于：洗脱液除了包含形成感胶离子的盐之外，也含有来自于渐增的盐浓度渐增加的离子强度梯度，该盐在溶解时形成了比在吸附过程中呈现的离子的感胶性小的感胶离子。该区别技术特征所要解决的技术问题是：有效地洗脱吸附在基质上的核酸分子。

对比文件2（WO9636706A）公开了一种分离微生物发酵物溶液中的质粒DNA的方法，并具体公开了（参见其说明书第16页第13~17行，第16页第23~29行）：将待分离的质粒上样到阴离子交换柱上，用从0.7M~2.0M的NaCl梯度洗脱，超螺旋质粒组分在1.4M~2.0M NaCl中洗脱下来。其中：质粒DNA是核酸的下位概念，从0.7M~2.0M的NaCl梯度梯度属于渐增加的离子强度梯度。即对比文件2仅公开了在分离核酸的层析中采用渐增加的离子强度梯度洗脱。虽然其所起的作用也是有效地洗脱吸附在基质上的核酸分子，但是对比文件2并未公开、暗示或教导同时使用形成感胶离子的盐与来自于渐增的盐浓度渐增加的离子强度梯度的组合，并且对比文件2中洗脱过程中所使用的盐与吸附过程中形成感胶离子的盐相同，不可能如权利要求1所述洗脱时所使用的盐在溶解时形成了比在吸附过程中呈现的离子的感胶性小的感胶离子。对比文件3（WO0073318A）仅仅公开了采用丁基疏水相互作用色谱纯化质粒DNA的方法，并未公开、暗示或教导洗脱液除了包含形成感胶离子的盐之外，也含有来自于渐增的盐浓度渐增加的离子强度梯度，该盐在溶解时形成了比在吸附过程中呈现的离子的感胶性小的感胶离子。因此对比文件2和对比文件3均没有给出将上述区别特征（洗脱液除了包含形成感胶离子的盐之外，也含有来自于渐增的盐浓度渐增加的离子强度梯度，该盐在溶解时形成了比在吸附过程中呈现的离子的感胶性小的感胶离子）应用到对比文件1以解决其存在的技术问题的启示，所以发明具有突出的实质性特点。

如上所述，本发明洗脱方法与对比文件1、2和3均不同，但通过本发明的方法能够有效洗脱吸附在基质上的核酸分子，即能分离开环、超螺旋以及线性质粒以及几乎除去了所有的内毒素（参见本申请说明书附图3和附图9），其获得的技术效果是有益的。因此本发明提供了一种技术构思不同的技术方案，其技术效果能够基本上达到现有技术的水平，这种情况应当认为本发明具有有益的技术效果，具有显著的进步。

综上所述，权利要求1所要求保护的技术方案相对于对比文件1、2和3的组合具有突出的实质性特点和显著的进步，符合专利法第22条第3款的规定。

在独立权利要求1具有创造性的前提下，相应的从属权利要求2~4、6、8~9也具有创造性，符合专利法第22条第3款的规定。

根据以上事实和理由，本案合议组作出如下审查决定。

三、决定

撤销国家知识产权局于2006年11月3日针对03804384.X号发明专利申请作出的驳回决定。由原审查部门在本决定所针对文本的基础上继续进行审查。

复审请求人对本决定不服的，可以根据专利法第41条第2款的规定，自收到本决定之日起三个月内向北京市第一中级人民法院起诉。

229

人溶菌酶在制备治疗眼病的药物中的新用途

复审请求审查决定（第 14079 号）

决 定 号	第 14079 号
决 定 日	2008 年 7 月 22 日
发明创造名称	人溶菌酶在制备治疗眼病的药物中的新用途
国 际 分 类 号	A61K 38/48，A61P 27/02，A61P 31/04，A61P 31/12
复 审 请 求 人	张　华
申　请　号	200410020815.2
申　请　日	2004 年 6 月 21 日
公　开　日	2005 年 3 月 16 日
合 议 组 组 长	吴通义
主　审　员	潘　骏
参　审　员	刘洪尊
法 律 依 据	专利法第 26 条第 4 款

决 定 要 点

权利要求书应当以说明书为依据，是指权利要求应当得到说明书的支持。权利要求书中的每一项权利要求所要求保护的技术方案应当是所属技术领域的技术人员能够从说明书充分公开的内容中得到或概括得出的技术方案，并且不得超出说明书公开的范围。

一、案由

本复审请求涉及 2005 年 3 月 16 日公开、名称为"人溶菌酶在制备治疗眼病的药物中的新用途"的第 200410020815.2 号发明专利申请（下称本申请），本申请的申请日为 2004 年 6 月 21 日，申请人为张华。

国家知识产权局于 2006 年 5 月 19 日以权利要求 1、2、4～6 得不到说明书的支持不符合专利法第 26 条第 4 款的规定为由驳回了本申请，驳回决定认为：权利要求 1、2、4～6 概括了较宽的保护范围，但依据本申请文件记载的内容，所属技术领域的技术人员难于预见人溶菌酶除能够杀菌和对抗 I 型疱疹病毒感染引起的眼角膜炎之外还能治疗其他眼部疾病。

驳回决定所针对的权利要求书为：

"1. 人溶菌酶在制备治疗由细菌、衣原体、病毒导致的各种红眼病、眼炎、角膜炎、角膜溃疡疾病的药中的应用。

2. 人溶菌酶在制备治疗由沙门氏菌和衣原体引起的各种红眼病、眼炎、角膜炎、角膜溃疡疾病的药物中的应用。

3. 人溶菌酶在制备治疗由 I 型疱疹病毒引起的疱疹病导致的各种红眼病、眼炎、角膜炎、角膜溃疡疾病的药物中的应用。

4. 人溶菌酶在制备治疗由柯萨奇病毒引起的导致各种眼炎、角膜炎、角膜溃疡疾病的药物中的应用。

5. 人溶菌酶在制备治疗由线病毒引起的导致各种红眼病、眼炎、角膜炎、角膜溃疡疾病的药物中的应用。

6. 人溶菌酶在制备治疗由病原性念球菌引起的导致各种红眼病、眼炎、角膜炎、角膜溃疡疾病的药物中的应用。

7. 根据权利要求 1~6 之一所述人溶菌酶在制备治疗各种眼病的药物中的应用,其特征是:药物为滴眼液,含有活性 15000~60000U/mL 人溶菌酶。

8. 根据权利要求 1~6 之一所述的人溶菌酶在制备治疗各种眼病的药物中的应用,其特征是:人溶菌酶为基因工程表达的重组人溶菌酶、基因工程表达人溶菌酶的氨基端带有(谷氨酸-丙氨酸)$_2$ 或(谷氨酸-丙氨酸)$_3$ 修饰的人溶菌酶、基因工程表达或化学合成突变体重组人溶菌酶。"

申请人张华(下称请求人)对上述驳回决定不服,于 2006 年 9 月 1 日向专利复审委员会提出复审请求,同时提交了经修改的权利要求书,共 1 页 2 项。请求人认为,修改后的权利要求书符合专利法第 26 条第 4 款的规定。

修改后的权利要求书为:

"1. 人溶菌酶在制备治疗由细菌导致的各种红眼病、眼炎、角膜炎、角膜溃疡疾病的药物中的应用。

2. 人溶菌酶在制备治疗由 I 型疱疹病毒引起的疱疹病导致的各种红眼病、眼炎、角膜炎、角膜溃疡疾病的药物中的应用。"

形式审查合格后,专利复审委员会受理了该复审请求,并于 2006 年 11 月 17 日向请求人发出《复审请求受理通知书》,随后将本申请移交原审查部门进行前置审查。

原审查部门对本复审请求进行了前置审查,坚持原驳回决定。

专利复审委员会组成合议组,对本案的复审请求进行了审理。于 2008 年 5 月 20 日向请求人发出《复审通知书》。《复审通知书》指出,本申请说明书公开的内容包括人溶菌酶的最低抑菌浓度实验、人溶菌酶治疗小鼠腹腔感染的实验、人溶菌酶治疗小鼠皮肤烧伤感染模型的实验、人溶菌酶对大鼠的镇痛作用、人溶菌酶对巴豆油诱发小鼠耳廓肿胀的影响以及人溶菌酶滴眼液治疗豚鼠角膜炎试验模型的实验(参见说明书第 3~16 页),说明书公开的上述内容仅证实了由人溶菌酶制成的滴眼液能治疗由 I 型疱疹病毒所致的角膜炎以及人溶菌酶在体内和体表具有一定的抑菌、抗感染、镇痛和抗炎作用,但是说明书并未证实由人溶菌酶制成的药物能够治疗由细菌所致的各种红眼病、眼炎、角膜炎和角膜溃疡病,也没有证明人溶菌酶制成的药物能够治疗由 I 型疱疹病毒引起的疱疹病导致的除角膜炎外的其他疾病,而且考虑到眼部环境下给药的特殊性,即角膜上皮和基质层的屏障作用造成的渗透率低、泪液洗刷造成的吸收率低以及角膜中的各种肽酶、酯酶、蛋白水解酶和其他酶系易造成药物失活等因素,并不能由人溶菌酶在体内和体表应用的效果必然推导出人溶菌酶在眼内应用时也将产生相同的抑菌、抗感染、镇痛和抗炎作用,尤其在碰到非浅表性的眼内炎症时,更是难以预先确定和评价。因此,权利要求 1 和 2 包含了申请人推测的内容,而其效果又难于预先确定和评价,所以,权利要求 1 和 2 不符合专利法第 26 条第 4 款的规定。

针对《复审通知书》指出的问题,请求人于 2008 年 6 月 27 日提交了意见陈述书及经修改的权利要求书，共1页1项。

修改后的权利要求书为：

"1. 人溶菌酶在制备治疗由 I 型疱疹病毒引起的疱疹病导致的角膜炎疾病的药物中的应用。"

至此，合议组认为本案事实已经清楚，可以作出审查决定。

二、决定的理由

1. 关于审查文本

请求人在答复复审通知书时删除了原权利要求1、并删除了原权利要求2中的部分技术方案，符合专利法第33条和专利法实施细则第60条第1款的规定。本复审决定所针对的文本为：请求人于原始申请日2004年6月21日提交的说明书1~6、8~16页、说明书摘要，于2006年1月10日提交的说明书第7页，于2008年6月27日提交的权利要求1项。

2. 关于专利法第26条第4款

专利法第26条第4款规定，"权利要求书应当以说明书为依据，说明要求专利保护的范围。"。

审查指南第二部分第二章第3.2.1节规定，"权利要求书应当以说明书为依据，是指权利要求应当得到说明书的支持。权利要求书中的每一项权利要求所要求保护的技术方案应当是所属技术领域的技术人员能够从说明书充分公开的内容中得到或概括得出的技术方案，并且不得超出说明书公开的范围"。

权利要求1请求保护人溶菌酶在制备治疗由 I 型疱疹病毒引起的疱疹病导致的角膜炎疾病的药物中的应用。

说明书记载了"重组人溶菌酶滴眼液抗病毒抑制豚鼠角膜炎试验模型"（参见说明书第13~14页），其中记载了以 I 型疱疹病毒 $100~1000TCID_{50}$ 连续四天感染事先划伤的豚鼠眼角膜进行造模，造模后将豚鼠随机分成四组，分别设立高中低剂量三个给药组和一个不给药的对照组，给药组将重组人溶菌酶滴眼液按高中低剂量组连续六天给药。表4和表5记录了在给药过程中观察到的变化，表明了高、中剂量组显效较快，六天后，高、中、低剂量组全部恢复正常，而对照组角膜红肿，角膜炎症加重并出现溃疡。对于本领域技术人员来说，该动物试验符合药理学试验的基本要求，可以证明重组人溶菌酶滴眼液对抗 I 型疱疹病毒 $100~1000TCID_{50}$ 感染豚鼠的眼角膜炎，有很好的治疗效果，且其治疗效果与使用剂量有明显量效关系。

因而，权利要求1的技术方案是本领域技术人员能够从说明书充分公开的内容中得到或概括得出的技术方案，并且没有超出说明书公开的范围。所以，权利要求1得到了说明书的支持，符合专利法第26条第4款的规定。

根据以上事实和理由，本案合议组作出如下审查决定。

三、决定

撤销国家知识产权局于2006年5月19日对200410020815.2号发明专利申请作出的驳回决定。由原审查部门在本复审决定所针对的文本的基础上继续进行审查。

复审请求人对本决定不服的，可以根据专利法第41条第2款的规定，自收到本决定之日起三个月内向北京市第一中级人民法院起诉。

抗 IL-12 抗体、组合物、方法和用途

复审请求审查决定（第 14081 号）

决 定 号	第 14081 号
决 定 日	2008 年 7 月 21 日
发明创造名称	抗 IL-12 抗体、组合物、方法和用途
国际分类号	C12N 15/13，C07K 16/24，C12N 15/29，C12N 5/10，A61K 39/395，C07K 16/42，A61P 37/00，G01N 33/50，G01N 33/577
复审请求人	森托科尔公司
申 请 号	01816961.9
优 先 权 日	2000 年 8 月 7 日，2000 年 9 月 29 日，2001 年 8 月 1 日
申 请 日	2001 年 8 月 7 日
公 开 日	2004 年 1 月 14 日
合议组组长	叶 娟
主 审 员	张秀丽
参 审 员	葛永奇
法 律 依 据	专利法第 26 条第 4 款

决 定 要 点

权利要求书中的每一项权利要求所要求保护的技术方案应当是所属技术领域的技术人员能够从说明书中公开的内容中得到或者概括得出的技术方案，并且不得超出说明书公开的范围。

一、案由

本复审决定涉及申请号为 01816961.9，名称为"抗 IL-12 抗体、组合物、方法和用途"的发明专利申请（下称本申请），申请人为森托科尔公司，申请日为 2001 年 8 月 7 日，进入中国国家阶段日为 2003 年 4 月 7 日，公开日为 2004 年 1 月 14 日，优先权日为 2000 年 8 月 7 日、2000 年 9 月 29 日和 2001 年 8 月 1 日。

针对申请人于本申请进入中国国家阶段时提交的说明书第 1、3~13、16~37、39~46、48~50、55、58、60、61 页，说明书附图第 1~10 页以及摘要附图，2005 年 7 月 12 日提交的说明书第 2、14、15、38、47、51~54、56、57、59 页，权利要求 1~63，序列表第 1~6 页以及摘要，国家知识产权局于 2005 年 11 月 11 日以权利要求 1~11、18~31、38~51、58~60 不符合专利法第 26 条第 4 款的规定为由驳回了本申请。

驳回决定所针对的权利要求书为：

"1. 一种分离的抗 IL-12 抗体，包含含有 SEQ ID NO：7 和 8 的可变区。

2. 根据权利要求 1 的 IL-12 抗体，其中所述抗体与 IL-12 以选自至少 10^{-9} M、至少 10^{-10} M、至少 10^{-11} M 或至少 10^{-12} M 中的至少一种的亲和性结合。

3. 根据权利要求 1 的 IL-12 抗体，其中所述抗体基本中和至少一种 IL-12 蛋白的至少一种活性。

4. 一种编码分离的抗 IL-12 抗体的分离核酸分子，所述抗体具有包含 SEQ ID NO：7 和 8 的可变区。

5. 一种包含根据权利要求 4 的分离核酸分子的分离核酸载体。

6. 一种包含根据权利要求 5 的分离核酸分子的原核或真核宿主细胞。

7. 根据权利要求 6 的宿主细胞，其中所述宿主细胞为至少一种选自下组的细胞：COS-1，COS-7，HEK293，BHK21，CHO，BSC-1，Hep G2，653，SP2/0，293，HeLa，骨髓瘤，或淋巴瘤细胞，或其任意衍生、永生化或转化的细胞。

8. 一种产生抗 IL-12 抗体的方法，包括在体外、体内或原位条件下翻译权利要求 4 的核酸分子，使得 IL-12 抗体以可检测或可回收的量表达。

9. 一种包含分离的抗 IL-12 抗体和至少一种药学可接受载体或稀释剂的组合物，所述抗体具有包含 SEQ ID NO：7 和 8 的可变区。

10. 根据权利要求 9 的组合物，进一步包含至少一种包含有效量的选自下组的至少一种化合物或蛋白的组合物：至少一种可检测标记或报道分子、TNF 拮抗剂、抗风湿药物、肌肉松弛剂、麻醉药、非甾体类抗炎药（NSAID）、镇痛药、麻醉剂、镇静剂、局部麻醉剂、神经肌肉阻滞剂、抗微生物剂、抗牛皮癣药物、皮质类固醇、促蛋白合成类固醇、促红细胞生成素、疫苗、免疫球蛋白、免疫抑制剂、生长激素、激素替代药物、放射性药物、抗抑郁剂、抗精神病药物、刺激剂、抗哮喘药、β 激动剂、吸入性类固醇、肾上腺素或类似物、细胞因子和细胞因子拮抗剂。

11. 一种特异性结合分离的抗 IL-12 抗体的抗独特型抗体或片段，所述抗 IL-12 抗体具有包含 SEQ ID NO：7 和 8 的可变区。

12. 包含有效量的分离的抗 IL-12 抗体的组合物在制备用于诊断或治疗细胞、组织、器官、或动物中的 IL-12 相关状况的药物中的应用，其中所述抗体具有至少一个包含 SEQ ID NO：7 和 8 的可变区。

13. 根据权利要求 12 的应用，其中所述有效量为 0.001～50mg/kg 所述细胞、组织、器官、或动物。

14. 根据权利要求 12 的应用，其中所述药物呈以下给药剂型：肠胃外、皮下、肌内、静脉内、关节内、支气管内、腹内、囊内、软骨内、腔内、体腔内、小脑内、脑室内、结肠内、子宫颈内、胃内、肝内、心肌内、骨内、盆腔内、心包内、腹膜内、胸膜内、前列腺内、肺内、直肠内、肾内、视网膜内、脊柱内、滑膜内、胸内、子宫内、膀胱内、快速注射、阴道、直肠、颊、舌下、鼻内和经皮给药剂型。

15. 根据权利要求 12 的应用，其中所述药物是与至少一种包含有效量的选自下组的至少一种化合物或蛋白的组合物联合使用的药物：至少一种可检测标记或报道分子、TNF 拮抗剂、抗风湿药物、肌肉松弛剂、麻醉药、非甾体类抗炎药（NSAID）、镇痛药、麻醉剂、镇静剂、局部麻醉剂、神经肌肉阻滞剂、抗微生物剂、抗牛皮癣药物、皮质类固醇、促蛋白合成类固醇、促红细胞生成素、疫苗、免疫球蛋白、免疫抑制剂、生长激素、激素替代药物、放射性药物、抗抑郁剂、抗精神病药物、刺激剂、抗哮喘药、β 激动剂、吸入性类固醇、肾上腺素或类似物、细胞因子和细胞因子拮抗剂。

16. 根据权利要求 12 的应用，其中所述 IL-12 相关状况是牛皮癣。

17. 根据权利要求12的应用,其中所述IL-12相关状况是多发性硬化。

18. 一种医学设备,包含分离的抗IL-12抗体,所述抗体具有包含SEQ ID NO:7和8的可变区,其中所述设备适于所述抗IL-12抗体的接触或给药,该接触或给药是通过选自下组的至少一种方式进行的:肠胃外、皮下、肌内、静脉内、关节内、支气管内、腹内、囊内、软骨内、腔内、体腔内、小脑内、脑室内、结肠内、子宫颈内、胃内、肝内、心肌内、骨内、盆腔内、心包内、腹膜内、胸膜内、前列腺内、肺内、直肠内、肾内、视网膜内、脊柱内、滑膜内、胸内、子宫内、膀胱内、快速注射、阴道、直肠、颊、舌下、鼻内或经皮。

19. 一种产生分离的抗IL-12抗体的方法,所述抗体具有包含SEQ ID NO:7和8的可变区,该方法包括提供能够表达可回收量的所述抗体的宿主细胞或转基因动物或转基因植物或植物细胞。

20. 根据权利要求19的方法产生的抗IL-12抗体。

21. 分离的抗IL-12抗体,包含具有SEQ ID NOS:1,2,3,4,5和6的氨基酸序列的重链和轻链CDR。

22. 根据权利要求21的IL-12抗体,其中所述抗体与IL-12以选自至少 10^{-9} M、至少 10^{-10} M、至少 10^{-11} M或至少 10^{-12} M中的至少一种的亲和性结合。

23. 根据权利要求21的IL-12抗体,其中所述抗体基本中和至少一种IL-12蛋白的至少一种活性。

24. 一种编码分离的抗IL-12抗体的分离核酸分子,所述抗体含有具有SEQ ID NOS:1,2,3,4,5和6的氨基酸序列的重链和轻链CDR。

25. 一种包含根据权利要求24的分离核酸分子的分离核酸载体。

26. 一种包含根据权利要求25的分离核酸分子的原核或真核宿主细胞。

27. 根据权利要求26的宿主细胞,其中所述宿主细胞为至少一种选自下组的细胞:COS-1,COS-7,HEK293,BHK21,CHO,BSC-1,Hep G2,653,SP2/0,293,HeLa,骨髓瘤,或淋巴瘤细胞,或其任意衍生、永生化或转化的细胞。

28. 一种产生抗IL-12抗体的方法,包括在体外、体内或原位条件下翻译权利要求44的核酸分子,使得IL-12抗体以可检测或可回收的量表达。

29. 一种包含分离的抗IL-12抗体和至少一种药学可接受载体或稀释剂的组合物,所述抗体含有具有SEQ ID NOS:1,2,3,4,5和6的氨基酸序列的重链和轻链CDR。

30. 根据权利要求29的组合物,进一步包含至少一种包含有效量的选自下组的至少一种化合物或蛋白的组合物:至少一种可检测标记或报道分子、TNF拮抗剂、抗风湿药物、肌肉松弛剂、麻醉药、非甾体类抗炎药(NSAID)、镇痛药、麻醉剂、镇静剂、局部麻醉剂、神经肌肉阻滞剂、抗微生物剂、抗牛皮癣药物、皮质类固醇、促蛋白合成类固醇、促红细胞生成素、疫苗、免疫球蛋白、免疫抑制剂、生长激素、激素替代药物、放射性药物、抗抑郁剂、抗精神病药物、刺激剂、抗哮喘药、β激动剂、吸入性类固醇、肾上腺素或类似物、细胞因子或细胞因子拮抗剂。

31. 一种特异性结合分离的抗IL-12抗体的抗独特型抗体或片段,所述抗IL-12抗体含有具有SEQ ID NOS:1,2,3,4,5和6的氨基酸序列的重链和轻链CDR。

32. 包含有效量的分离的抗IL-12抗体的组合物在制备用于诊断或治疗细胞、组织、器官、或动物中的IL-12相关状况的药物中的应用,所述抗体含有具有SEQ ID NOS:1,2,3,4,5和6的氨基酸序列的重链和轻链CDR。

33. 根据权利要求32的应用,其中所述有效量为0.001~50mg/kg所述细胞、组织、器官、或动物。

34. 根据权利要求 32 的应用，其中所述药物呈以下给药剂型：肠胃外、皮下、肌内、静脉内、关节内、支气管内、腹内、囊内、软骨内、腔内、体腔内、小脑内、脑室内、结肠内、子宫颈内、胃内、肝内、心肌内、骨内、盆腔内、心包内、腹膜内、胸膜内、前列腺内、肺内、直肠内、肾内、视网膜内、脊柱内、滑膜内、胸内、子宫内、膀胱内、快速注射、阴道、直肠、颊、舌下、鼻内或经皮给药剂型。

35. 根据权利要求 32 的应用，其中所述药物是与至少一种包含有效量的选自下组的至少一种化合物或蛋白的组合物联合使用的药物：至少一种可检测标记或报道分子、TNF 拮抗剂、抗风湿药物、肌肉松弛剂、麻醉药、非甾体类抗炎药（NSAID）、镇痛药、麻醉剂、镇静剂、局部麻醉剂、神经肌肉阻滞剂、抗微生物剂、抗牛皮癣药物、皮质类固醇、促蛋白合成类固醇、促红细胞生成素、疫苗、免疫球蛋白、免疫抑制剂、生长激素、激素替代药物、放射性药物、抗抑郁剂、抗精神病药物、刺激剂、抗哮喘药、β 激动剂、吸入性类固醇、肾上腺素或类似物、细胞因子或细胞因子拮抗剂。

36. 根据权利要求 32 的方法，其中所述 IL-12 相关状况是牛皮癣。

37. 根据权利要求 32 的方法，其中所述 IL-12 相关状况是多发性硬化。

38. 一种医学设备，包含分离的抗 IL-12 抗体，所述抗体含有具有 SEQ ID NOS：1，2，3，4，5 和 6 的氨基酸序列的重链和轻链 CDR，其中所述设备适于所述抗 IL-12 抗体的接触或给药，该接触或给药是通过选自下组的至少一种方式进行的：肠胃外、皮下、肌内、静脉内、关节内、支气管内、腹内、囊内、软骨内、腔内、体腔内、小脑内、脑室内、结肠内、子宫颈内、胃内、肝内、心肌内、骨内、盆腔内、心包内、腹膜内、胸膜内、前列腺内、肺内、直肠内、肾内、视网膜内、脊柱内、滑膜内、胸内、子宫内、膀胱内、快速注射、阴道、直肠、颊、舌下、鼻内或经皮。

39. 一种产生分离的抗 IL-12 抗体的方法，所述抗体含有具有 SEQ ID NOS：1，2，3，4，5 和 6 的氨基酸序列的重链和轻链 CDR，该方法包括提供能够表达可回收量的所述抗体的宿主细胞或转基因动物或转基因植物或植物细胞。

40. 根据权利要求 39 的方法产生的抗 IL-12 抗体。

41. 分离的抗 IL-12 抗体，所述抗体与包含具有 SEQ ID NOS：1，2，3，4，5 或 6 的氨基酸序列的重链和轻链 CDR 的抗体结合 IL-12 蛋白的相同区域。

42. 根据权利要求 41 的 IL-12 抗体，其中所述抗体与 IL-12 以选自至少 10^{-9} M、至少 10^{-10} M、至少 10^{-11} M 或至少 10^{-12} M 中的至少一种的亲和性结合。

43. 根据权利要求 41 的 IL-12 抗体，其中所述抗体基本中和至少一种 IL-12 蛋白的至少一种活性。

44. 一种编码分离的抗 IL-12 抗体的分离核酸分子，所述抗体与包含具有 SEQ ID NOS：1，2，3，4，5 和 6 的氨基酸序列的重链和轻链 CDR 的抗体结合 IL-12 蛋白的相同区域。

45. 一种包含根据权利要求 44 的分离核酸分子的分离核酸载体。

46. 一种包含根据权利要求 45 的分离核酸分子的原核或真核宿主细胞。

47. 根据权利要求 46 的宿主细胞，其中所述宿主细胞为至少一种选自下组的细胞：COS-1，COS-7，HEK293，BHK21，CHO，BSC-1，Hep G2，653，SP2/0，293，HeLa，骨髓瘤，或淋巴瘤细胞，或其任意衍生、永生化或转化的细胞。

48. 一种产生抗 IL-12 抗体的方法，包括在体外、体内或原位条件下翻译权利要求 44 的核酸分子，使得 IL-12 抗体以可检测或可回收的量表达。

49. 一种包含分离的抗 IL-12 抗体和至少一种药学可接受载体或稀释剂的组合物，所述抗体与包含具有 SEQ ID NOS：1，2，3，4，5 和 6 的氨基酸序列的重链和轻链 CDR 的抗体结合 IL-12 蛋白的相同区域。

50. 根据权利要求 49 的组合物,进一步包含至少一种包含有效量的选自下组的至少一种化合物或蛋白的组合物:至少一种可检测标记或报道分子、TNF 拮抗剂、抗风湿药物、肌肉松弛剂、麻醉药、非甾体类抗炎药(NSAID)、镇痛药、麻醉剂、镇静剂、局部麻醉剂、神经肌肉阻滞剂、抗微生物剂、抗牛皮癣药物、皮质类固醇、促蛋白合成类固醇、促红细胞生成素、疫苗、免疫球蛋白、免疫抑制剂、生长激素、激素替代药物、放射性药物、抗抑郁剂、抗精神病药物、刺激剂、抗哮喘药、β激动剂、吸入性类固醇、肾上腺素或类似物、细胞因子或细胞因子拮抗剂。

51. 一种特异性结合分离的抗 IL-12 抗体的抗独特型抗体或片段,所述抗 IL-12 抗体与包含具有 SEQ ID NOS:1,2,3,4,5 和 6 的氨基酸序列的重链和轻链 CDR 的抗体结合 IL-12 蛋白的相同区域。

52. 包含有效量的分离的抗 IL-12 抗体的组合物在制备用于诊断或治疗细胞、组织、器官、或动物中的 IL-12 相关状况的药物中的应用,所述抗体与包含具有 SEQ ID NOS:1,2,3,4,5 和 6 的氨基酸序列的重链和轻链 CDR 的抗体结合 IL-12 蛋白的相同区域。

53. 根据权利要求 52 的应用,其中所述有效量为 0.001～50mg/kg 所述细胞、组织、器官、或动物。

54. 根据权利要求 52 的应用,其中所述药物呈以下给药剂型:肠胃外、皮下、肌内、静脉内、关节内、支气管内、腹内、囊内、软骨内、腔内、体腔内、小脑内、脑室内、结肠内、子宫颈内、胃内、肝内、心肌内、骨内、盆腔内、心包内、腹膜内、胸膜内、前列腺内、肺内、直肠内、肾内、视网膜内、脊柱内、滑膜内、胸内、子宫内、膀胱内、快速注射、阴道、直肠、颊、舌下、鼻内或经皮给药剂型。

55. 根据权利要求 52 的应用,其中所述药物是与至少一种包含有效量的选自下组的至少一种化合物或蛋白的组合物联合使用的药物:至少一种可检测标记或报道分子、TNF 拮抗剂、抗风湿药物、肌肉松弛剂、麻醉药、非甾体类抗炎药(NSAID)、镇痛药、麻醉剂、镇静剂、局部麻醉剂、神经肌肉阻滞剂、抗微生物剂、抗牛皮癣药物、皮质类固醇、促蛋白合成类固醇、促红细胞生成素、疫苗、免疫球蛋白、免疫抑制剂、生长激素、激素替代药物、放射性药物、抗抑郁剂、抗精神病药物、刺激剂、抗哮喘药、β激动剂、吸入性类固醇、肾上腺素或类似物、细胞因子或细胞因子拮抗剂。

56. 根据权利要求 52 的应用,其中所述 IL-12 相关状况是牛皮癣。

57. 根据权利要求 52 的方法,其中所述 IL-12 相关状况是多发性硬化。

58. 一种医学设备,包含分离的抗 IL-12 抗体,所述抗体与包含具有 SEQ ID NOS:1,2,3,4,5 和 6 的氨基酸序列的重链和轻链 CDR 的抗体结合 IL-12 蛋白的相同区域,其中所述设备适于所述抗 IL-12 抗体的接触或给药,该接触或给药是通过选自下组的至少一种方式进行的:肠胃外、皮下、肌内、静脉内、关节内、支气管内、腹内、囊内、软骨内、腔内、体腔内、小脑内、脑室内、结肠内、子宫颈内、胃内、肝内、心肌内、骨内、盆腔内、心包内、腹膜内、胸膜内、前列腺内、肺内、直肠内、肾内、视网膜内、脊柱内、滑膜内、胸内、子宫内、膀胱内、快速注射、阴道、直肠、颊、舌下、鼻内或经皮。

59. 一种产生分离的抗 IL-12 抗体的方法,所述抗体与包含具有 SEQ ID NOS:1,2,3,4,5 和 6 的氨基酸序列的重链和轻链 CDR 的抗体结合 IL-12 蛋白的相同区域,该方法包括提供能够表达可回收量的所述抗体的宿主细胞或转基因动物或转基因植物或植物细胞。

60. 根据权利要求 59 的方法产生的至少一种抗 IL-12 抗体。

61. 根据权利要求 12 的应用,其中所述 IL-12 相关状况是局限性回肠炎。

62. 根据权利要求 32 的应用，其中所述 IL-12 相关状况是局限性回肠炎。

63. 根据权利要求 52 的应用，其中所述 IL-12 相关状况是局限性回肠炎。"

驳回理由为：（1）权利要求 1~11、18~20 请求保护的技术方案涉及 SEQ ID NO：7 和 8 的可变区，然而说明书没有给出任何涉及 SEQ ID NO：7 或 8 的具体实施方式，本领域技术人员不能根据申请文件所记载的内容预见所述包含 SEQ ID NO：7 和 8 的可变区的抗体能够达到该发明的目的。因此，权利要求 1~11、18~20 得不到说明书的支持，不符合专利法第 26 条第 4 款的规定。（2）权利要求 21~31、38~51、58~60 请求保护的技术方案涉及 SEQ ID NO：1、2、3、4、5 或 6 的氨基酸序列的重链或轻链 CDR，然而说明书中没有给出任何涉及 SEQ ID NO：1~6 的具体实施方式，所以本领域技术人员依据申请文件记载的内容无法预见包含 SEQ ID NO：1、2、3、4、5 或 6 的氨基酸序列的重链或轻链 CDR 的抗体能够达到发明目的。因此，权利要求 21~31、38~51、58~60 得不到说明书的支持，不符合专利法第 26 条第 4 款的规定。

申请人森托科尔公司（下称请求人）对上述驳回决定不服，于 2006 年 2 月 27 日向专利复审委员会提出复审请求，请求人在提出复审请求时提交了说明书第 38、51 页的替换页以及新增加的说明书第 2a、38a、38b、38c、51a 和 51b 页。

请求人认为，本发明的目的是提供一种分离的抗 IL-12 抗体及其编码核酸分子，包含所述核酸分子的载体、宿主细胞，产生抗 IL-12 抗体的方法，包含抗 IL-12 抗体的组合物等技术方案。说明书以及实施例都是关于本发明 IL-12 抗体的，根据说明书和实施例所记载的内容可知，权利要求 1~11、18~31、38~51 和 58~60 的技术方案得到了说明书的支持。

形式审查合格后，专利复审委员会于 2006 年 4 月 26 日受理了本复审请求，并将本申请案卷转送至原审查部门进行前置审查。

原审查部门对本复审请求案进行了前置审查，坚持原驳回决定。原审查部门认为：首先，请求人在提出复审请求时提交的说明书的修改超范围，不符合专利法第 33 条的规定。其次，由于说明书中没有给出任何足以证明含有 SEQ ID NO：7 或 8 可变区的抗体能够识别 IL-12 的证据，因此，权利要求 1 的技术方案得不到说明书的支持。基于类似的理由，权利要求 2~11、18~31、38~51、58~60 也得不到说明书的支持，不符合专利法第 26 条第 4 款的规定。

专利复审委员会组成合议组，对本复审请求案进行了审理。于 2008 年 4 月 16 日向请求人发出了《复审通知书》。

《复审通知书》指出：（1）请求人在提交复审请求时提交的说明书的修改不是依据国际局传送的文本修改的，不属于改正译文错误。并且，修改的内容既未记载在原说明书及权利要求书中，也不能由原说明书和权利要求书记载的内容直接地、毫无疑义地确定。因此，说明书的修改不符合专利法第 33 条的规定。（2）由于说明书中没有给出任何实验证据证明 SEQ ID NO：1~8 的功能，本领域技术人员也无法推知 SEQ ID NO：1~8 的功能，从而导致权利要求 1~63 所述涉及 SEQ ID NO：1~8 的抗体的功能和/或用途无法预期和得到验证。因此，权利要求 1~63 的技术方案得不到说明书的支持，不符合专利法第 26 条第 4 款的规定。

针对《复审通知书》指出的问题，请求人于 2008 年 6 月 2 日提交了意见陈述书及权利要求书全文替换页（共 5 页 42 项）。请求人在意见陈述书中明确其放弃在提交复审请求时所提交的说明书替换页，请求合议组按照进入中国国家阶段时提交的国际申请文件的中文译文说明书第 1、3~13、16~37、39~46、48~50、55、58~60 和 61 页，以及 2005 年 7 月 12 日提交的说明书第 2、14、15、38、47、51~54、56、57 和 59 页的基础上审查。

修改后的权利要求书如下：

"1. 一种分离的抗-IL-12抗体，其包含含有SEQ ID NO：7的重链氨基酸序列和SEQ ID NO：8的轻链氨基酸序列的可变区。

2. 根据权利要求1的抗-IL-12抗体，其中所述抗体与IL-12以选自至少10^{-9} M、至少10^{-10} M、至少10^{-11} M或至少10^{-12} M中的至少一种的亲和性结合。

3. 根据权利要求1的抗-IL-12抗体，其中所述抗体基本中和至少一种IL-12蛋白的至少一种活性。

4. 一种编码至少一种分离的哺乳动物抗IL-12抗体的分离核酸分子，所述抗体包含SEQ ID NO：7的重链氨基酸序列和SEQ ID NO：8的轻链氨基酸序列。

5. 一种包含根据权利要求4的分离核酸分子的分离核酸载体。

6. 一种包含根据权利要求5的分离载体的分离原核或真核宿主细胞。

7. 根据权利要求6的宿主细胞，其中所述宿主细胞为至少一种选自下组的细胞：COS-1、COS-7、HEK293、BHK21、CHO、BSC-1、Hep G2、653、SP2/0、293、HeLa、骨髓瘤或淋巴瘤细胞，或其任意衍生、永生化或转化的细胞。

8. 一种产生抗-IL-12抗体的方法，所述方法包括在体外条件下翻译权利要求4的核酸分子，使得IL-12抗体以可检测或可回收的量表达。

9. 一种包含分离的哺乳动物抗-IL-12抗体和至少一种药学可接受载体或稀释剂的组合物，所述抗体包含SEQ ID NO：7的重链氨基酸序列和SEQ ID NO：8的轻链氨基酸序列。

10. 根据权利要求9的组合物，其进一步包含至少一种包含有效量的选自下组的至少一种化合物或蛋白的组合物：至少一种可检测标记或报道分子、TNF拮抗剂、抗风湿药物、肌肉松弛剂、麻醉药、非甾体类抗炎药（NSAID）、镇痛药、麻醉剂、镇静剂、局部麻醉剂、神经肌肉阻滞剂、抗微生物剂、抗牛皮癣药物、皮质类固醇、促蛋白合成类固醇、促红细胞生成素、疫苗、免疫球蛋白、免疫抑制剂、生长激素、激素替代药物、放射性药物、抗抑郁剂、抗精神病药物、刺激剂、抗哮喘药、β激动剂、吸入性类固醇、肾上腺素或类似物、细胞因子和细胞因子拮抗剂。

11. 一种特异性结合分离的哺乳动物抗-IL-12抗体的抗独特型抗体或片段，所述抗-IL-12抗体包含SEQ ID NO：7的重链氨基酸序列和SEQ ID NO：8的轻链氨基酸序列。

12. 分离的哺乳动物抗-IL-12抗体在制备用于治疗和/或预防或诊断IL-12相关状况的药物中的应用，其中所述抗体具包含SEQ ID NO：7的重链氨基酸序列和SEQ ID NO：8的轻链氨基酸序列。

13. 根据权利要求12的应用，其中使用包含0.001~50mg/kg细胞、组织、器官或动物的所述分离的哺乳动物抗-IL-12抗体的有效量。

14. 根据权利要求12的应用，其中所述药物能够通过至少一种选自下列的途径接触或给药：肠胃外、皮下、肌内、静脉内、关节内、支气管内、腹内、囊内、软骨内、腔内、体腔内、小脑内、脑室内、结肠内、子宫颈内、胃内、肝内、心肌内、骨内、盆腔内、心包内、腹膜内、胸膜内、前列腺内、肺内、直肠内、肾内、视网膜内、脊柱内、滑膜内、胸内、子宫内、膀胱内、快速注射、阴道、直肠、颊、舌下、鼻内和经皮给药。

15. 根据权利要求12的应用，其中所述药物是与至少一种包含有效量的选自下组的至少一种化合物或蛋白的组合物联合使用的药物：至少一种可检测标记或报道分子、TNF拮抗剂、抗风湿药物、肌肉松弛剂、麻醉药、非甾体类抗炎药（NSAID）、镇痛药、麻醉剂、镇静剂、局部麻醉剂、神经肌肉阻滞剂、抗微生物剂、抗牛皮癣药物、皮质类固醇、促蛋白合成类固醇、促红细胞生成素、疫苗、免疫球蛋白、免疫抑制剂、生长激素、激素替代药物、放射性药物、抗抑郁剂、抗精神病药物、刺激剂、抗哮喘药、β激动剂、吸入性类固醇、肾上腺素或类似物、细胞因子和细胞因子拮抗剂。

16. 根据权利要求 12 的应用,其中所述 IL-12 相关状况是牛皮癣。

17. 根据权利要求 12 的应用,其中所述 IL-12 相关状况是多发性硬化。

18. 根据权利要求 12 的应用,其中所述 IL-12 相关状况是局限性回肠炎。

19. 一种医学设备,其包含分离的哺乳动物抗-IL-12 抗体,所述抗体包含 SEQ ID NO:7 的重链氨基酸序列和 SEQ ID NO:8 的轻链氨基酸序列,其中所述设备适于所述抗 IL-12 抗体的接触或给药,该接触或给药是通过选自下组的至少一种方式进行的:肠胃外、皮下、肌内、静脉内、关节内、支气管内、腹内、囊内、软骨内、腔内、体腔内、小脑内、脑室内、结肠内、子宫颈内、胃内、肝内、心肌内、骨内、盆腔内、心包内、腹膜内、胸膜内、前列腺内、肺内、直肠内、肾内、视网膜内、脊柱内、滑膜内、胸内、子宫内、膀胱内、快速注射、阴道、直肠、颊、舌下、鼻内或经皮。

20. 一种产生分离的哺乳动物抗-IL-12 抗体的方法,所述抗体包含 SEQ ID NO:7 的重链氨基酸序列和 SEQ ID NO:8 的轻链氨基酸序列,该方法包括提供能够表达可回收量的所述抗体的宿主细胞或转基因非人类动物或转基因植物或植物细胞。

21. 根据权利要求 20 的方法产生的抗 IL-12 抗体。

22. 分离的哺乳动物抗-IL-12 抗体,其包含(i)SEQ ID NOS:1、2 和 3 的所有重链互补决定区(CDR)氨基酸序列;和(ii)SEQ ID NOS:4、5 和 6 的所有轻链 CDR 氨基酸序列。

23. 根据权利要求 22 的抗-IL-12 抗体,其中所述抗体与 IL-12 以选自至少 10^{-9} M、至少 10^{-10} M、至少 10^{-11} M 或至少 10^{-12} M 中的至少一种的亲和性结合。

24. 根据权利要求 23 的抗-IL-12 抗体,其中所述抗体基本中和至少一种 IL-12 蛋白的至少一种活性。

25. 一种编码分离的哺乳动物抗-IL-12 抗体的分离核酸分子,所述抗体具有(i)SEQ ID NOS:1、2 和 3 的所有重链 CDR 氨基酸序列;和(ii)SEQ ID NOS:4、5 和 6 的所有轻链 CDR 氨基酸序列。

26. 一种包含根据权利要求 25 的分离核酸分子的分离核酸载体。

27. 一种包含根据权利要求 26 的分离载体的原核或真核宿主细胞。

28. 根据权利要求 27 的宿主细胞,其中所述宿主细胞为至少一种选自下组的细胞:COS-1、COS-7、HEK293、BHK21、CHO、BSC-1、Hep G2、653、SP2/0、293、HeLa、骨髓瘤或淋巴瘤细胞,或其任意衍生、永生化或转化的细胞。

29. 一种产生抗-IL-12 抗体的方法,所述方法包括在体外条件下翻译权利要求 25 的核酸分子,使得抗-IL-12 抗体以可检测或可回收的量表达。

30. 一种包含分离的哺乳动物抗-IL-12 抗体和至少一种药学可接受载体或稀释剂的组合物,所述抗体具有(i)SEQ ID NOS:1、2 和 3 的所有重链 CDR 氨基酸序列;和(ii)SEQ ID NOS:4、5 和 6 的所有轻链 CDR 氨基酸序列。

31. 根据权利要求 30 的组合物,其进一步包含至少一种包含有效量的选自下组的至少一种化合物或蛋白的组合物:至少一种可检测标记或报道分子、TNF 拮抗剂、抗风湿药物、肌肉松弛剂、麻醉药、非甾体类抗炎药(NSAID)、镇痛药、麻醉剂、镇静剂、局部麻醉剂、神经肌肉阻滞剂、抗微生物剂、抗牛皮癣药物、皮质类固醇、促蛋白合成类固醇、促红细胞生成素、疫苗、免疫球蛋白、免疫抑制剂、生长激素、激素替代药物、放射性药物、抗抑郁剂、抗精神病药物、刺激剂、抗哮喘药、β激动剂、吸入性类固醇、肾上腺素或类似物、细胞因子或细胞因子拮抗剂。

32. 一种特异性结合分离的哺乳动物抗-IL-12 抗体的抗独特型抗体或片段,所述抗 IL-12 抗体具有(i)SEQ ID NOS:1、2 和 3 的所有重链 CDR 氨基酸序列;和(ii)SEQ ID NOS:4、5 和 6 的所有轻链CDR氨基酸序列。

33. 分离的哺乳动物抗-IL-12抗体在制备用于治疗和/或预防或诊断IL-12相关状况的药物中的应用，所述抗体具有（i）SEQ ID NOS：1、2和3的所有重链CDR氨基酸序列；和（ii）SEQ ID NOS：4、5和6的所有轻链CDR氨基酸序列。

34. 根据权利要求33的应用，其中使用包含0.001~50mg/kg细胞、组织、器官或动物的所述分离的哺乳动物抗-IL-12抗体的有效量。

35. 根据权利要求33的应用，其中所述药物能够通过至少一种选自下列的途径接触或给药：肠胃外、皮下、肌内、静脉内、关节内、支气管内、腹内、囊内、软骨内、腔内、体腔内、小脑内、脑室内、结肠内、子宫颈内、胃内、肝内、心肌内、骨内、盆腔内、心包内、腹膜内、胸膜内、前列腺内、肺内、直肠内、肾内、视网膜内、脊柱内、滑膜内、胸内、子宫内、膀胱内、快速注射、阴道、直肠、颊、舌下、鼻内或经皮给药剂型。

36. 根据权利要求33的应用，其中所述药物是与至少一种包含有效量的选自下组的至少一种化合物或蛋白的组合物联合使用的药物：至少一种可检测标记或报道分子、TNF拮抗剂、抗风湿药物、肌肉松弛剂、麻醉药、非甾体类抗炎药（NSAID）、镇痛药、麻醉剂、镇静剂、局部麻醉剂、神经肌肉阻滞剂、抗微生物剂、抗牛皮癣药物、皮质类固醇、促蛋白合成类固醇、促红细胞生成素、疫苗、免疫球蛋白、免疫抑制剂、生长激素、激素替代药物、放射性药物、抗抑郁剂、抗精神病药物、刺激剂、抗哮喘药、β激动剂、吸入性类固醇、肾上腺素或类似物、细胞因子或细胞因子拮抗剂。

37. 根据权利要求33的应用，其中所述IL-12相关状况是牛皮癣

38. 根据权利要求33的应用，其中所述IL-12相关状况是多发性硬化。

39. 根据权利要求33的应用，其中所述IL-12相关状况是局限性回肠炎。

40. 一种医学设备，其包含分离的哺乳动物抗-IL-12抗体，所述抗体具有（i）SEQ ID NOS：1、2和3的所有重链CDR氨基酸序列；和（ii）SEQ ID NOS：4、5和6的所有轻链CDR氨基酸序列，其中所述设备适于所述抗-IL-12抗体的接触或给药，该接触或给药是通过选自下组的至少一种方式进行的：肠胃外、皮下、肌内、静脉内、关节内、支气管内、腹内、囊内、软骨内、腔内、体腔内、小脑内、脑室内、结肠内、子宫颈内、胃内、肝内、心肌内、骨内、盆腔内、心包内、腹膜内、胸膜内、前列腺内、肺内、直肠内、肾内、视网膜内、脊柱内、滑膜内、胸内、子宫内、膀胱内、快速注射、阴道、直肠、颊、舌下、鼻内或经皮。

41. 一种产生分离的哺乳动物抗-IL-12抗体的方法，所述抗体具有（i）SEQ ID NOS：1、2和3的所有重链CDR氨基酸序列；和（ii）SEQ ID NOS：4、5和6的所有轻链CDR氨基酸序列，该方法包括提供能够表达可回收量的所述抗体的宿主细胞或转基因非人类动物或转基因植物或植物细胞。

42. 根据权利要求41的方法产生的抗IL-12抗体。"

请求人认为：说明书中已经公开了关于抗-IL-12抗体的SEQ ID NOS：1~6的CDR序列以及SEQ ID NOS：7和8的可变区序列，并且对应于在本申请中作为"C340"描述的抗体，本申请实施例、附图以及相应的说明书，表明了本发明的抗体结合IL-12并中和其活性。因此，修改后的权利要求书得到了说明书的支持。

至此，合议组认为本案事实已经清楚，可以作出审查决定。

二、决定的理由

1. 审查依据的文本

本复审决定所针对的文本是：请求人于本申请进入中国国家阶段时提交的说明书第1、3~13、16~37、39~46、48~50、55、58、60、61页、说明书附图第1~10页、摘要附图，2005年7月12

日提交的说明书第 2、14、15、38、47、51~54、56、57、59 页、序列表第 1~6 页、摘要以及 2008 年 6 月 2 日提交的权利要求 1~42。

2. 关于专利法第 26 条第 4 款

专利法第 26 条第 4 款规定，权利要求书应当以说明书为依据，说明要求专利保护的范围。

根据该款规定，权利要求书中的每一项权利要求所要求保护的技术方案应当是所属技术领域的技术人员能够从说明书中公开的内容中得到或者概括得出的技术方案，并且不得超出说明书公开的范围。

本申请权利要求 1~42 请求保护一种分离的抗-IL-12 抗体、编码所述抗体的核酸分子、包含所述核酸分子的载体以及宿主细胞、产生所述抗体的方法、特异性结合所述抗体的抗体或片段、包含抗 IL-12 抗体的组合物、所述抗体在制药中的应用、包含抗 IL-12 抗体的医学设备、产生抗 IL-12 抗体的方法和利用该方法产生的抗体。这些方案中涉及到 SEQ ID NO：1~8 的序列，对于这些序列，说明书中仅泛泛描述了其具有抗 IL-12 抗体的重链 CDR、轻链 CDR 或可变区序列的功能，给出了 SEQ ID NO：1~8 的序列信息，但说明书中没有给出任何实验证据证明所述功能，本领域技术人员也无法推知 SEQ ID NO：1~8 的功能，从而导致上述权利要求涉及的 SEQ ID NO：1~8 的功能和/或用途无法预期和得到验证。因此，权利要求 1~42 的技术方案得不到说明书的支持，不符合专利法第 26 条第 4 款的规定。

对于请求人所陈述的理由，合议组认为：（1）本申请实施例部分（说明书第 51~61 页）仅在说明书第 52 页第 3 段涉及 SEQ ID NO：1 和 SEQ ID NO：2，但由于请求人只是断言 SEQ ID NO：1 和 2 相应于 IL-12 抗体的 HC 区和 LC 区，而在实施例中并没有具体验证 SEQ ID NO：1 和 SEQ ID NO：2 的功能，在没有具体实验证据证明 SEQ ID NO：1 和 SEQ ID NO：2 的功能的基础上，本领域技术人员无法推知其必然具有所述抗 IL-12 抗体 HC 或 LC 区功能。（2）虽然说明书其他部分存在对 SEQ ID NO：1~8 的描述，但说明书中未给出任何证据用以证明 SEQ ID NO：1~8 序列或其片段分别是抗 IL-12 抗体的重链 CDR、轻链 CDR 或可变区序列，对于本领域技术人员来说，仅仅根据说明书中断言性的描述无法必然推知 SEQ ID NO：1~8 具有抗 IL-12 抗体的重链 CDR、轻链 CDR 或可变区序列的功能。（3）说明书实施例 2~5 描述了称为"C340"的抗 IL-12 抗体，其中，实施例 4 对该抗体的基因进行了克隆和鉴定，指出含有该抗体轻链基因和重链基因的载体 p1560 和 p1558 的序列见图 11A-11K 和图 13A-13J，但由于说明书附图中并不存在图 11A-11K 和图 13A-13J，因此，本领域技术人员无法获知称为"C340"的抗 IL-12 抗体的编码核酸序列，也无法判断 SEQ ID NO：1~8 的序列与称为"C340"的抗 IL-12 抗体的编码核酸序列是否相同，即根据说明书的记载，本领域技术人员无法判断 SEQ ID NO：1~8 与称为"C340"的抗 IL-12 抗体有何关联，从而无法基于 C340 确定 SEQ ID NO：1~8 的功能。基于上述分析，请求人认为本申请请求保护的技术方案已经得到说明书支持的理由无法成立。也即，由于本申请没有证实 SEQ ID NO：1~8 是抗 IL-12 抗体的重链 CDR、轻链 CDR 或可变区序列，因而涉及 SEQ ID NO：1~8 序列的权利要求 1~42 的技术方案得不到说明书的支持，不符合专利法第 26 条第 4 款的规定。

根据以上事实和理由，本案合议组作出如下审查决定。

三、决定

维持国家知识产权局于 2005 年 11 月 11 日对 01816961.9 号发明专利申请作出的驳回决定。

复审请求人对本决定不服的，可以根据专利法第 41 条第 2 款的规定，自收到本决定之日起三个月内向北京市第一中级人民法院起诉。

恶性疟原虫抗原多肽 SE36、其纯化方法，以及使用通过纯化得到的抗原的疫苗和诊断试剂

复审请求审查决定（第 14082 号）

决　定　号	第 14082 号
决　定　日	2008 年 7 月 21 日
发明创造名称	恶性疟原虫抗原多肽 SE36、其纯化方法，以及使用通过纯化得到的抗原的疫苗和诊断试剂
国际分类号	C12N 15/30，C07K 14/445，C07K 1/34，C12P 21/02，A61K 39/015，A61P 33/06，G01N 33/569
复审请求人	财团法人阪大微生物病研究会，堀井俊宏
申　请　号	02800162.1
优　先　权　日	2001 年 1 月 24 日
申　请　日	2002 年 1 月 24 日
公　开　日	2003 年 11 月 12 日
合议组组长	叶　娟
主　审　员	葛永奇
参　审　员	张秀丽
法　律　依　据	专利法实施细则第 20 条第 1 款
决　定　要　点	权利要求书中每一项权利要求都应当清楚。首先，每项权利要求的类型应当清楚；其次，每项权利要求所确定的保护范围应当清楚，权利要求的保护范围应当根据其所用词语的含义来理解。

一、案由

本复审请求涉及申请日为 2002 年 1 月 24 日、公开日为 2003 年 11 月 12 日、申请号为 02800162.1、名称为"恶性疟原虫抗原多肽 SE36、其纯化方法，以及使用通过纯化得到的抗原的疫苗和诊断试剂"的发明专利申请（下称本申请），申请人为财团法人阪大微生物病研究会、堀井俊宏。本申请的优先权日为 2001 年 1 月 24 日，于 2002 年 9 月 24 日进入中国国家阶段。

针对申请人于本申请进入中国国家阶段时提交的原始国际申请文件的中文译文说明书第 1~7、9~27 页，说明书附图第 1~8 页，序列表第 1~10 页，权利要求 1~15，说明书摘要，摘要附图，以及于 2004 年 11 月 29 日提交的说明书第 8 页，原审查部门于 2005 年 10 月 14 日以权利要求 10 不符合

专利法实施细则第 20 条第 1 款的规定为由驳回了本申请。具体驳回理由是：权利要求 10 要求保护一种多肽，对于该多肽结构特征的描述仅仅是丝氨酸重复区的聚合丝氨酸残基数处于 0～10 范围内，虽然该权利要求限定了该多肽的功能为具有与权利要求 1 记载的 SE36 之间的交叉抗原性，但是根据本领域技术人员的常规知识，存在大量的聚合丝氨酸残基数处于 0～10 范围内但不具有所述功能的多肽，确认具有所述交叉抗原性的多肽需要进行大量的试验，超出了本领域技术人员可预期的合理程度，因此权利要求 10 要求保护的范围不清楚，不符合专利法实施细则第 20 条第 1 款的规定。

驳回决定所针对的权利要求书 10 及与其相关的权利要求 1 为：

"1. 由序列 4 氨基酸序列全长构成的多肽 SE36。

10. 多肽，具有与权利要求 1 记载的多肽 SE36 之间交叉的抗原性，而且通过氨基酸同源性检索可检测到的丝氨酸重复区的聚合丝氨酸残基数处于 0～10 范围内。"

申请人财团法人阪大微生物病研究会、堀井俊宏（下称请求人）对上述驳回决定不服，于 2006 年 2 月 5 日向专利复审委员会提出复审请求。请求人认为，首先，原审查部门并未提供证据证实其所述"存在大量的聚合丝氨酸残基数处于 0～10 范围内但不具有所述功能的多肽"的观点；其次，权利要求 10 的多肽并非任何聚合氨基酸残基数处于 0～10 范围内的多肽，而是"具有与权利要求 1 记载的多肽 SE36 之间交叉的抗原性"，在此基础上，"丝氨酸重复区的聚合氨基酸残基数处于 0～10 范围内"；再次，根据例如说明书的叙述，判断一种给定的多肽是否具有与 SE36 交叉抗原性，对于本领域技术人员来说并无任何困难。也就是说，权利要求 10 的技术特征"与 SE36 的交叉抗原性"以及"丝氨酸重复区的聚合氨基酸残基数处于 0～10 范围内"都可以"通过说明书中充分规定的实验或者操作直接和肯定地验证"，因此权利要求 10 的保护范围是清楚的，符合专利法实施细则第 20 条第 1 款的规定。

形式审查合格后，专利复审委员会受理了本复审请求，并于 2006 年 4 月 4 日向请求人发出《复审请求受理通知书》，同时将本申请案卷移交原审查部门进行前置审查。

原审查部门对本复审请求进行了前置审查，坚持原驳回决定。原审查部门认为：即使已知判断一种给定的多肽是否具有与 SE36 交叉抗原性的方法，所属领域技术人员也无法通过合理的试验及公知常识判断出无数具有上述结构特征的多肽中，哪些具有所述的与 SE36 的交叉抗原性，因此权利要求 10 的保护范围不清楚，不符合专利法实施细则第 20 条第 1 款的规定。

专利复审委员会组成合议组，对本复审请求案进行了审理。于 2008 年 4 月 15 日针对驳回决定所依据的文本向请求人发出《复审通知书》。该《复审通知书》指出：权利要求 10 中所述"通过氨基酸同源性检索可检测到的丝氨酸重复区"语义不清楚，不能清楚地表述请求保护的范围，不符合专利法实施细则第 20 条第 1 款的规定。

针对《复审通知书》指出的问题，请求人于 2008 年 5 月 30 日提交了意见陈述书及经修改的权利要求书全文替换页（共 14 项权利要求），相对于驳回决定所针对的权利要求书，所作修改仅在于删除了权利要求 10，并对其后的权利要求的编号作了适应性调整。

至此，合议组认为本案事实清楚，可以作出审查决定。

二、决定的理由

1. 审查文本

请求人于 2008 年 5 月 30 日提交了经修改的权利要求书，其对权利要求书的修改为删除了权利要求 10，这种修改符合专利法第 33 条和专利法实施细则第 60 条第 1 款的规定。本复审决定所针对的申请文件为请求人于本申请进入中国国家阶段时提交的国际申请文件的中文译文说明书第 1～7、9～27 页，说明书附图第 1～8 页，序列表第 1～10，说明书摘要，摘要附图，2004 年 11 月 29 日提交的说明书第 8 页,以及 2008 年 5 月 30 日提交的权利要求 1~14。

2. 关于专利法实施细则第 20 条第 1 款

专利法实施细则第 20 条第 1 款规定,权利要求书应当说明发明或者实用新型的技术特征,清楚和简要地表述请求保护的范围。

权利要求书中每一项权利要求都应当清楚。首先,每项权利要求的类型应当清楚;其次,每项权利要求所确定的保护范围应当清楚,权利要求的保护范围应当根据其所用词语的含义来理解。

原审查部门在驳回决定中认为请求人于本申请进入中国国家阶段时提交的国际申请文件中文译文的权利要求 10 保护范围不清楚,不符合专利法实施细则第 20 条第 1 款的规定。《复审通知书》同样指出该权利要求 10 所述技术方案不清楚。请求人于 2008 年 5 月 30 日提交的权利要求书中删除了该项权利要求,因此驳回决定和《复审通知书》所指出的缺陷已经不存在。

根据以上事实和理由,本案合议组作出如下审查决定。

三、决定

撤销国家知识产权局于 2005 年 10 月 14 日对申请号为 02800162.1 的发明专利申请作出的驳回决定。由原审查部门在本复审决定所针对的审查文本的基础上继续进行审查。

复审请求人对本决定不服的,可以根据专利法第 41 条第 2 款的规定,自收到本决定之日起三个月内向北京市第一中级人民法院起诉。

用含有DP4+成分的液体麦芽糖醇制备的无糖硬包衣

复审请求审查决定（第14104号）

决 定 号	第14104号
决 定 日	2008年7月21日
发明创造名称	用含有DP4+成分的液体麦芽糖醇制备的无糖硬包衣
国际分类号	A23G 3/00，A23G 3/30
复审请求人	塞里斯塔控股有限公司
申 请 号	03809518.1
申 请 日	2003年4月25日
优 先 权 日	2002年4月27日
公 开 日	2005年8月3日
合议组组长	李 隽
主 审 员	郝兴辉
参 审 员	朱 茜

法 律 依 据 专利法第26条第3款

决 定 要 点

说明书给出的技术手段是含糊不清的，缺少实现发明所需的完整的具体实施方式，导致所属技术领域的技术人员不能实现该发明的技术方案，解决其技术问题，并且产生预期的技术效果，该说明书不符合专利法第26条第3款的规定。

一、案由

本复审请求涉及名称为"用含有DP4+成分的液体麦芽糖醇制备的无糖硬包衣"、申请号为03809518.1的发明专利申请（下称本申请），申请人为塞里斯塔控股有限公司，申请日为2003年4月25日，公开日为2005年8月3日，优先权日为2002年4月27日。

国家知识产权局于2007年7月6日驳回了本申请，理由是本申请不符合专利法第26条第3款的规定。驳回决定所针对的审查文本为申请人于2006年4月3日提交的说明书第3页，本申请进入中国国家阶段时提交的国际申请文件的中文文本的权利要求1~8，说明书第1~2、4~5页以及说明书附图第1页、说明书摘要。其中权利要求书具体内容如下：

"1. 一种无糖硬包衣食品，其由硬包衣和一种可食用的、可咀嚼的和/或可药用的芯组成，所述的硬包衣通过使用含有至少95%的麦芽糖醇的包衣糖浆制得，其特征在于

a) 糖浆的干物质含量是68%~72%，和

b) 糖浆的干物质包含0.7~1.5重量%的DP_{4+}。

2. 根据权利要求1的无糖硬包衣食品，其特征在于所述的麦芽糖醇糖浆由以下物质组成：

a) 按重量计算95%~97%的麦芽糖醇，

b) 按重量计算最多1.5%的DP_1，

c) 按重量计算0%~1.5%的DP_3，

d) 按重量计算0.7%~1.5%的DP_{4+}。

3. 根据权利要求1或2的无糖硬包衣食品，其芯选自药物片剂、口香糖、糖果、巧克力和坚果。

4. 根据权利要求3的无糖硬包衣食品，其特征在于其芯是口香糖，硬包衣是非粘性的，并且硬包衣的表面规则地形成并在加工处理期间保持完整。

5. 一种制备无糖硬包衣食品的方法，所述方法包括以下步骤：

a) 在涂覆装置的移动床中，将包含麦芽糖醇糖浆的包衣糖浆涂覆于食品的芯上，

b) 在被涂覆的芯上施加粉末形式的麦芽糖醇，

c) 用15~45℃、相对湿度最多为50%含湿的干燥空气来干燥被涂覆的芯，此方法的特征在于步骤a) 的麦芽糖醇糖浆的干物质含量是68%~72%，并且所述麦芽糖醇糖浆包含0.7~1.5重量%的DP_{4+}。

6. 根据权利要求5的方法，其特征在于步骤a) 的麦芽糖醇糖浆干物质由以下组分组成：

a) 按重量计算95%~97%的麦芽糖醇，

b) 按重量计算最多1.5%的DP_1，

c) 按重量计算0%~1.5%的DP_3，

d) 按重量计算0.7%~1.5%的DP_{4+}。

7. 按照干物质计算含有0.7~1.5重量%的DP_{4+}的麦芽糖醇糖浆在改善硬包衣食品的硬包衣方面的应用。

8. 权利要求7所述的应用，其特征在于所施加糖浆的干物质含量是68%~72%。"

驳回决定的具体理由是：本申请需要提供一种由麦芽糖醇液体糖浆制备的无糖硬包衣，该麦芽糖醇液体糖浆中含有一些特殊的成分，即本申请中所述的"$DP_{4+}/DP_3/DP_1$"。但是，"$DP_{4+}/DP_3/DP_1$"不是本领域的通用技术术语，而且在本申请中即没用公开其代表的是何种物质，也没有公开其是如何制得的。在本领域，通常采用"DP"表示物质的聚合程度，则本领域技术人员根据"$DP_{4+}/DP_3/DP_1$"的表示方式仅能推知上述物质的聚合度分别为4+/3/1，而不能得知其是什么物质相聚合得到的，也就无法确定"$DP_{4+}/DP_3/DP_1$"代表的是何种物质。所以本领域技术人员根据本申请说明书中的记载无法清楚地确定"$DP_{4+}/DP_3/DP_1$"分别代表的是什么物质，也就无法得到用于制备无糖包衣的麦芽糖醇液体糖浆，从而无法实施本发明。因此本申请的说明书未对发明作出清楚完整的说明，不符合专利法第26条第3款的规定。申请人在意见陈述书陈述DP_*是本领域常用的技术术语，其表示含有*个糖单元的糖，并提交了商品C☆Maltidex成分以及类似表述的例子。但是在本领域DP_*仅能表示物质的聚合程度，而根据本申请不能确定在麦芽糖醇液体糖浆中含有的就一定是聚合度为*的糖，其也可能是含有聚合度为*的其他物质。而尽管申请人提交的商品C☆Maltidex成分列表，但其中的物质成分与本申请实施例的各成分不能一一对应；而在申请人提交的US4675293中的表述方式是"DP为3或更高的糖"，即说明了其是何种物质，而也并没有"DP_*"的表述方式。所以申请人陈述的理由无法被接受。

申请人塞里斯塔控股有限公司（下称请求人）不服上述驳回决定，于2007年10月22日向专利

复审委员会提出复审请求，并提交了附件1和附件2，请求撤销上述驳回决定，具体理由是：

（1）本领域技术人员知道这种糖浆是由含一定量的葡萄糖、麦芽三糖等的麦芽糖糖浆进行氢化得到的，氢化得到的麦芽糖醇糖浆中除了麦芽糖醇外，还含有氢化的葡萄糖（＝山梨糖醇）、氢化的麦芽三糖（＝麦芽三糖醇），本发明的特定特征在于还存在（DP_{4+}＝麦芽四及以上糖醇）。说明书第3页的内容能够证明EP0201412文献的麦芽糖醇糖浆除了不含DP_{4+}外与本发明的麦芽糖醇糖浆类似，并且根据其各自含量本领域技术人员很容易得知本发明的DP_2对应于EP0201412中的麦芽糖醇，DP_1＝山梨糖醇，DP_3＝麦芽三糖醇，从而可以推断出DP_{4+}＝麦芽四及以上糖醇。

（2）答复第二次审查意见时提交的小册子摘要也说明了本申请实施例1中提及的商品名C☆Maltidex所代表的物质是由麦芽糖的氢化制备的麦芽糖醇。

（3）还有US4675293专利文献中也使用了和本申请相同的术语，即DP_3或DP_{4+}（DP of three or more），并且该专利已被授予专利权，证明在本领域使用该术语是很普遍的。

附件1：小册子摘要，复印件共2页；

附件2：US4675293专利文件，公开日为1987年6月23日，复印件共4页。

形式审查合格后，专利复审委员会受理了该复审请求，并于2007年11月14日向请求人发出《复审请求受理通知书》。同时，将本申请案卷移交原审查部门进行前置审查。

在前置审查意见书中，原审查部门坚持原驳回决定，其理由为：（1）根据本申请说明书的记载无法确定所谓的"DP_1、DP_3、DP_4"是表示由糖单元还是由其他单元聚合而成的物质。例如"PCR法检测对虾皮下和造血器官坏死杆状病毒"，夏春、黄捷，《微生物学报》，1999年2期中出现的DP_1、DP_2、DP_3、DP_4显然就不是指糖类聚合的物质；（2）申请人提交的小册子中的物质的各成分于本申请实施例1中的不能一一对应；（3）申请人提交的US4675293采用的表达方式与本申请不同，其为"hydrogenated saccharides having a DP of 3 or more"。

专利复审委员会针对本复审请求成立合议组，于2008年5月13日向请求人发出复审通知书，指出

（1）本申请的麦芽糖醇糖浆包含的成分"DP_{4+}"、"DP_3"、"DP_1"在说明书中没有记载其代表的具体物质，也没有说明其是如何制得的。"DP_{4+}"、"DP_3"、"DP_1"在本领域中不具有公认的确切含义，"DP"表示物质的聚合程度，本领域技术人员根据"DP_{4+}"、"DP_3"、"DP_1"的表示方式仅能推知物质的聚合度，而不能得知其是何种物质聚合得到的，从而无法确定"DP_{4+}"、"DP_3"、"DP_1"代表的是何种物质。因此，本领域技术人员根据本申请说明书中公开的内容以及现有技术无法确定"DP_{4+}"、"DP_3"、"DP_1"分别代表的物质，导致由麦芽糖醇的包衣糖浆制备无糖硬包衣食品的原料物质麦芽糖醇糖浆不清楚，无法实施本发明。因此本申请的说明书未对发明作出清楚、完整的说明，不符合专利法第26条第3款的规定。

（2）EP0201412文献的麦芽糖醇糖浆与本申请的麦芽糖醇糖浆从糖浆的组分以及含量来看都不相同，"DP_{4+}"、"DP_3"、"DP_1"是由何种物质聚合而成还存在其他的可能性，本领域的技术人员不能从EP0201412文献的麦芽糖醇糖浆中确定地推导出本申请的麦芽糖醇糖浆的具体组分；请求人提交的附件1记载的商品名C☆Maltidex所代表的物质与本申请实施例1中的各个成分也无法一一对应，无法证明"DP_{4+}"、"DP_3"、"DP_1"代表的具体物质；请求人提交的US4675293文献使用的"DP of 3 or more"表达方式与本申请的"DP_{4+}"、"DP_3"、"DP_1"明显不同，其仅能表示聚合度为3或更多，"DP of 3 or more"的表达方式本身并不代表任何具体物质。

请求人于2008年6月30日提交了意见陈述书，并提交了附件3 US4849023专利文件，公开日为1989年7月18日，复印件共5页，并指出如下具体理由：（1）美国专利US4849023公开了制备麦芽

糖醇糖浆的方法，其含有一定量的葡萄糖、麦芽糖、麦芽三糖以及 $DP_4 \sim DP_{10}$ 产品，然后用该基材制备富含麦芽糖醇的糖浆。在麦芽糖醇糖浆中，本领域普通技术人员知道 $DP_4 \sim DP_{10}$ 指的是什么产品，虽然在富含麦芽糖糖浆中也提及产品 $DP_4 \sim DP_{10}$，但本领域普通技术人员知道在富含麦芽糖糖浆中的产品 $DP_4 \sim DP_{10}$ 区别于麦芽糖醇糖浆中的产品 $DP_4 \sim DP_{10}$，并不会认为所述产品不清楚。此外，US4849023 还描述了产品 $DP_4 \sim DP_{10}$ 表述为 $DP \geq 4$，而其等同于 DP_{4+}。（2）EP0201412 区别于本发明现有技术，但其糖浆组分含量非常接近，从其糖浆组分含量范围、糖浆第一组分都是麦芽糖醇以及两者的区别"所述糖浆不含任何 DP_{4+} 成分"也能推断出其三种组分与本发明的前三种组分是一一对应的。（3）本领域技术人员根据其关于麦芽糖醇糖浆以及 DP 表示聚合度的基本知识，能够从本发明说明书的第 3 页以及 EP0201412 的对应内容推断出 "DP_1、DP_3、DP_{4+}" 的含义，即使有所疑问，在阅读 US4849023 后也能明确 "DP_1、DP_3、DP_{4+}" 的含义。因此结合现有技术，本领域普通技术人员毫无疑义地知道 "DP_1、DP_3、DP_{4+}" 是指何种类型的麦芽糖醇。

二、决定的理由

1. 审查文本

本复审决定依据的审查文本为驳回决定所针对的文本。

2. 关于专利法第 26 条第 3 款

专利法第 26 条第 3 款规定，说明书应当对发明或者实用新型作出清楚、完整的说明，以所属技术领域的技术人员能够实现为准。

审查指南第二部分第二章第 2.1.3 节中指出，如果说明书中给出了具体的技术方案，但未给出实验证据，而该方案又必须依赖实验结果加以证实才能成立，则该方案由于缺乏解决技术问题的技术手段而被认为无法实现。

审查指南第二部分第十章第 3.1 节中指出，对于化学产品发明，说明书中应当记载至少一种制备方法，说明实施所述方法所用的原料物质、工艺步骤和条件、专用设备等，使本领域的技术人员能够实施。

本申请要求保护一种由麦芽糖醇的包衣糖浆制得的无糖硬包衣食品。该麦芽糖醇糖浆包含成分 "DP_{4+}"、"DP_3"、"DP_1"，但是在说明书中没有记载其代表的具体物质，也没有说明其是如何制得的。"DP_{4+}"、"DP_3"、"DP_1" 在本领域中不具有公认的确切含义，"DP" 仅表示物质的聚合程度，本领域技术人员根据 "DP_{4+}"、"DP_3"、"DP_1" 的表示方式仅能推知物质的聚合度，而不能得知其是何种物质聚合得到的，从而无法确定 "DP_{4+}"、"DP_3"、"DP_1" 代表的是何种物质。因此，本领域技术人员根据本申请说明书中公开的内容以及现有技术无法确定 "DP_{4+}"、"DP_3"、"DP_1" 分别代表的物质，导致由麦芽糖醇的包衣糖浆制备无糖硬包衣食品的原料物质麦芽糖醇糖浆描述不清楚，导致本领域的技术人员无法实施本发明。因此本申请的说明书未对发明作出清楚、完整的说明，不符合专利法第 26 条第 3 款的规定。

针对请求人的意见，合议组认为，（1）EP0201412 文献的麦芽糖醇糖浆与本申请的麦芽糖醇糖浆从糖浆的组分以及含量来看都不相同，本申请的 "DP_{4+}"、"DP_3"、"DP_1" 是由何种物质聚合而成还存在其他的可能性，本领域的技术人员不能从 EP0201412 文献中记载的麦芽糖醇糖浆中确定地推导出本申请的麦芽糖醇糖浆的具体组分；（2）请求人提交的小册子摘要记载的商品名 C☆Maltidex 所代表的物质与本申请实施例 1 中的各个成分也无法一一对应，无法证明 "DP_{4+}"、"DP_3"、"DP_1" 代表的具体物质；（3）请求人提交的 US4675293 专利文件使用的 "DP of 3 or more" 表达方式与本申请的 "DP_{4+}"、"DP_3"、"DP_1" 明显不同，其仅能表示聚合度为 3 或更多，不能够表明本申请的 "DP_{4+}"、"DP_3"、"DP_1" 是由何种物质聚合而成，代表的是何种物质；（4）请求人提交的

US4849023专利文件使用的"DP_4 to DP_{10}"的表达方式与本申请的"DP_{4+}"、"DP_3"、"DP_1"明显不同，其仅能表示聚合度为4~10，不能够表明本申请的"DP_{4+}"、"DP_3"、"DP_1"是由何种物质聚合而成，代表的是何种物质。因此，请求人认为本申请符合专利法第26条第3款的理由不成立。

基于上述理由，合议组作出如下决定。

三、决定

维持国家知识产权局于2007年7月6日对03809518.1号发明专利申请作出的驳回决定。

复审请求人如对本决定不服的，可以根据专利法第41条第2款的规定，自收到本决定之日起三个月内向北京市第一中级人民法院起诉。

可育抗病植物体细胞杂种的制备方法

复审请求审查决定（第 14112 号）

决 定 号	第 14112 号
决 定 日	2008 年 7 月 23 日
发明创造名称	可育抗病植物体细胞杂种的制备方法
国际分类号	C12N 15/05，C12N 5/14
复审请求人	杨晓
申 请 号	02135102.3
申 请 日	2002 年 6 月 10 日
公 开 日	2003 年 12 月 31 日
合议组组长	许 磊
主 审 员	曹克浩
参 审 员	张 雷
法 律 依 据	专利法实施细则第 20 条第 1 款

决 定 要 点

权利要求的保护范围应当根据其所用词语的含义来理解。一般情况下，权利要求中的用词应当理解为相关技术领域通常具有的含义，但是，在特定情况下，如果说明书中指明了某词具有特定的含义，并且使用了该词的权利要求的保护范围由于说明书中对该词的说明而被限定得足够清楚，这种情况也是允许的。

一、案由

本复审请求涉及 2002 年 6 月 10 日申请、2003 年 12 月 31 日公开、名称为"可育抗病植物体细胞杂种的制备方法"的 02135102.3 号发明专利申请（下称本申请），本申请的申请人为杨晓。

针对申请人于 2006 年 4 月 11 日提交的权利要求 1、2002 年 6 月 10 日提交的说明书第 1~6 页、说明书附图第 1 页和说明书摘要及摘要附图、2002 年 8 月 12 日提交的说明书第 7~12 页和说明书附图第 2~7 页，国家知识产权局于 2006 年 5 月 26 日以权利要求 1 不符合专利法第 20 条第 1 款的规定为由驳回了本申请。

驳回决定所针对的权利要求书如下：

"1. 可育抗病植物体细胞杂种的制备方法，其特征在于采用紫外线照射对供体亲本 DNA 进行消减和通过植物不对称原生质体融合的方法将目的 2 基因从野生种转移到商用作物中，使受体和供体的原生质体融合率达 100%，使融合原生质体的植株再生能力提高，使体细胞杂种具有可育性和抗病性，通过紫外线对供体原生质体照射处理能避免未与受体原生质体融合的细胞的分裂以及细胞团的形成，制备步骤如下：

（1）原生质体的制备：取受体下胚轴和供体叶片，分别切碎，加入纤维素酶液，培养12小时，然后经多次离心，洗涤，制备出纯净的原生质体，然后用紫外线对叶肉原生质体进行照射处理备用；

（2）不对称原生质体的融合方法是：将下胚轴原生质体和叶肉原生质体以1∶1.2的比例混匀，用吸管将混合原生质体悬浮液滴附于5cm直径的培养皿底部，每个培养皿7滴，静置10分钟，对培养皿底部的每滴混合原生质体悬浮液加60μl 40％聚乙二醇溶液，静置5分钟，将培养皿中液体去掉，向培养皿中加入13.3％聚乙二醇溶液1.5ml，静置5分钟，去掉培养皿中液体，再向培养皿中加1.5ml 6.7％聚乙二醇溶液，静置5分钟，去掉液体备用；

（3）可育抗病植物体细胞杂种的培育：用1/2培养基洗涤已经融合的原生质体两次，然后再向培养皿中加2ml 1/2培养基，将培养皿放入25℃黑暗培养箱进行培养，经3~5天的培养，细胞壁恢复并开始第一次细胞分裂，此时加入400μl 2/2培养基，将培养皿置于0.65W/m2漫射光、25℃、16小时光周期的条件下培养，然后每隔3天加一次2/2培养基，大约经过15天培养，16个细胞或略大的细胞团形成，此时将培养物转入固体培养基3/10，将培养皿置于0.65W/m2荧光、25℃、16小时光周期的条件下培养，再经过约1个月的培养，小愈伤组织形成，此时将小愈伤组织移栽到4/1培养基中，7~10天后，将长大的愈伤组织移栽到5/1培养基中，经过约一个月的培养，再生小苗在5/1培养基上形成，将再生小苗移栽到不含荷尔蒙的MSO培养基上，使其长成正常苗，然后再移栽到MS+NAA培养基上使其生根，用5/1+培养基将再生植株制备成多个克隆苗。"

驳回决定认为：权利要求1涉及的"1/2培养基"、"2/2培养基"、"固体培养基3/10"、"4/1培养基"、"5/1培养基"、"5/1+培养基"的含义不确定，不符合专利法实施细则第20条第1款的规定。虽然请求人认为上述词语的含义是代表培养基的类型，是本专业人员的惯用的试验记录方式，不代表培养基的组成，而且每种培养基的具体组成在说明书中有详细记载，但是，权利要求的保护范围应当根据其所用词的词义来理解，"1/2培养基"、"2/2培养基"、"固体培养基3/10"、"4/1培养基"、"5/1培养基"、"5/1+培养基"仅是一组名称代号。由于权利要求1没有限定以上培养基的组分特征，导致本领域的专业人员无法从权利要求书及自身常识中得知以上培养基的确切组成，导致权利要求1的保护范围不清楚，不符合专利法实施细则第20条第1款的规定。

申请人杨晓（下称请求人）对上述驳回决定不服，于2006年6月5日向专利复审委员会提出复审请求，请求人在提出复审请求时提交了新修改的权利要求书全文替换页（共4项）和说明书第2~3页替换页，修改的权利要求书如下：

"1. 可育抗病植物体细胞杂种的制备方法，其特征在于采用紫外线照射对供体亲本DNA进行消减和通过植物不对称原生质体融合的方法将目的基因从野生种转移到商用作物中，使受体和供体的原生质体融合率达100％，使融合原生质体的植株再生能力提高，使体细胞杂种具有可育性和抗病性，通过紫外线对供体原生质体照射处理能避免未与受体原生质体融合的细胞的分裂以及细胞团的形成。

2. 根据权利要求1所述的可育抗病植物体细胞杂种的制备方法，其特征在于原生质体的制备方法是：取受体下胚轴和供体叶片，分别切碎，加入纤维素酶液，培养12小时，然后经多次离心，洗涤，制备出纯净的原生质体，然后用紫外线对叶肉原生质体进行照射处理备用。

3. 根据权利要求1所述的可育抗病植物体细胞杂种的制备方法，其特征在于不对称原生质体的融合方法是：将下胚轴原生质体和叶肉原生质体以1∶1.2的比例混匀。用吸管将混合原生质体悬浮液滴附于5cm直径的培养皿底部，每个培养皿7滴，静置10分钟，对培养皿底部的每滴混合原生质体悬浮液加60μl 40％聚乙二醇溶液，静置5分钟，将培养皿中液体去掉，向培养皿中加入13.3％聚乙二醇溶液1.5ml，静置5分钟，去掉培养皿中液体，再向培养皿中加1.5ml 6.7%聚乙二醇溶液，静置5分钟，去掉液体备用。

4. 根据权利要求1所述的可育抗病植物体细胞杂种的制备方法，其特征在于可育抗病植物体细胞杂种的培育方法是：用培养基a洗涤已经融合的原生质体两次，然后再向培养皿中加2ml培养基a，将培养皿放入25℃黑暗培养箱进行培养，经3~5天的培养，细胞壁恢复并开始第一次细胞分裂，此时加入400 μl培养基b，将培养皿置于0.65W/m² 漫射光、25℃、16小时光周期的条件下培养，然后每隔3天加一次培养基b，大约经过15天培养，16个细胞或略大的细胞团形成，此时将培养物转入固体培养基c，将培养皿置于0.65W/m² 荧光、25℃、16小时光周期的条件下培养。再经过约1个月的培养，小愈伤组织形成，此时将小愈伤组织移栽到培养基d中，7~10天后，将长大的愈伤组织移栽到培养基e中，经过约一个月的培养，再生小苗在培养基e上形成，将再生小苗移栽到不含荷尔蒙的MSO培养基上，使其长成正常苗，然后再移栽到MS+NAA培养基上使其生根，用培养基f将再生植株制备成多个克隆苗。"

请求人在说明书第2~3页替换页中对"1/2培养基"、"2/2培养基"、"固体培养基3/10"、"4/1培养基"、"5/1培养基"、"5/1+培养基"进行了与权利要求书相适应的修改。

请求人认为国家知识产权局驳回的理由不成立。

形式审查合格后，专利复审委员会受理了该复审请求，并于2006年7月20日向请求人发出《复审请求受理通知书》，同时将本申请案卷移交原审查部门进行前置审查。

原审查部门对本复审请求进行了前置审查，认为：（1）申请人将驳回决定所针对的权利要求1修改为权利要求1~4，并且修改后的权利要求1~3相对于驳回决定针对的权利要求扩大了保护范围，这种修改不符合专利法实施细则第60条第1款的规定；（2）在所提交的权利要求和说明书替换页中，请求人将"1/2培养基"、"2/2培养基"、"固体培养基3/10"、"4/1培养基"、"5/1培养基"、"5/1+培养基"分别修改为"培养基a"、"培养基b"、"固体培养基c"、"培养基d"、"培养基e"、"培养基f"，上述修改超出了原说明书和权利要求书记载的范围，不符合专利法第33条的规定。

专利复审委员会组成合议组，对本复审请求案进行了审理。

请求人认为提交复审请求时提交的权利要求书不适当，于2008年3月6日主动提交了权利要求书全文替换页（共1项），修改后的权利要求书如下：

"1. 可育抗病植物体细胞杂种的制备方法，其特征在于采用紫外线照射对供体亲本DNA进行消减和通过植物不对称原生质体融合的方法将目的基因从野生种转移到商用作物中，使受体和供体的原生质体融合率达100%，使融合原生质体的植株再生能力提高，使体细胞杂种具有可育性和抗病性，通过紫外线对供体原生质体照射处理能避免未与受体原生质体融合的细胞的分裂以及细胞团的形成，制备步骤如下：

（1）原生质体的制备：取受体下胚轴和供体叶片，分别切碎，加入纤维素酶液，培养12小时，然后经多次离心，洗涤，制备出纯净的原生质体，然后用紫外线对叶肉原生质体进行照射处理备用；

（2）不对称原生质体的融合方法是：将下胚轴原生质体和叶肉原生质体以1:1.2的比例混匀，用吸管将混合原生质体悬浮液滴附于5cm直径的培养皿底部，每个培养皿7滴，静置10分钟，对培养皿底部的每滴混合原生质体悬浮液加60 μl 40%聚乙二醇溶液，静置5分钟，将培养皿中液体去掉，向培养皿中加入13.3%聚乙二醇溶液1.5ml，静置5分钟，去掉培养皿中液体，再向培养皿中加1.5ml 6.7%聚乙二醇溶液，静置5分钟，去掉液体备用；

（3）可育抗病植物体细胞杂种的培育：用1/2培养基洗涤已经融合的原生质体两次，然后再向培养皿中加2ml 1/2培养基，将培养皿放入25℃黑暗培养箱进行培养，经3~5天的培养，细胞壁恢复并开始第一次细胞分裂，此时加入400 μl 2/2培养基，将培养皿置于0.65W/m² 漫射光、25℃、16

小时光周期的条件下培养，然后每隔3天加一次2/2培养基，大约经过15天培养，16个细胞或略大的细胞团形成，此时将培养物转入固体培养基3/l0，将培养皿置于0.65W/m²荧光、25℃、16小时光周期的条件下培养，再经过约1个月的培养，小愈伤组织形成，此时将小愈伤组织移栽到4/1培养基中，7～10天后，将长大的愈伤组织移栽到5/1培养基中，经过约一个月的培养，再生小苗在5/1培养基上形成，将再生小苗移栽到不含荷尔蒙的MSO培养基上，使其长成正常苗，然后再移栽到MS+NAA培养基上使其生根，用5/1+培养基将再生植株制备成多个克隆苗。"

另外，请求人认为提交复审请求时提交的说明书第2～3页替换页不适当，于2008年5月22日主动提交了说明书第2～3页替换页，其中将所述的"培养基a"、"培养基b"、"固体培养基c"、"培养基d"、"培养基e"、"培养基f"分别修改为"1/2培养基"、"2/2培养基"、"固体培养基3/10"、"4/1培养基"、"5/1培养基"、"5/1+培养基"。

至此，合议组认为本案事实已经清楚，可以作出审查决定。

二、决定的理由

1. 文本认定

在请求人2008年3月6日提交的权利要求书中，与原始提交的文本相比，请求人将原权利要求1～4合并修改为权利要求1，其余内容未作修改；同时，请求人于2008年5月22日提交的说明书第2～3页替换页与原始提交的文本完全相同，因此，上述文本符合专利法第33条的规定，故本复审决定是在请求人于2008年3月6日提交的权利要求1、2008年5月22日提交的说明书第2～3页，以及驳回决定所针对的其他部分文本的基础上作出的。

2. 关于专利法实施细则第20条第1款

专利法实施细则第20条第1款规定：权利要求书应当说明发明或者实用新型的技术特征，清楚、简要地表述请求保护的范围。

根据该款规定，权利要求的保护范围应当根据其所用词语的含义来理解。一般情况下，权利要求中的用词应当理解为相关技术领域通常具有的含义，但是，在特定情况下，如果说明书中指明了某词具有特定的含义，并且使用了该词的权利要求的保护范围由于说明书中对该词的说明而被限定得足够清楚，这种情况也是允许的。

本案争论的焦点在于权利要求1中采用的词语"1/2培养基"、"2/2培养基"、"固体培养基3/10"、"4/1培养基"、"5/1培养基"、"5/1+培养基"，是否会导致权利要求的保护范围不清楚。

从本申请说明书的描述来看，"1/2培养基"、"2/2培养基"、"固体培养基3/10"、"4/1培养基"、"5/1培养基"、"5/1+培养基"均是具有清楚特定组成的培养基（参见本申请说明书第3页～4页的（4）～（11）部分），"1/2培养基"等表述仅是一些具有特定组成培养基的简化用词，具有清楚的含义，因此，在说明书中对这些词语的含义进行了清楚说明的情况下，使用了这些词语并不会导致权利要求1的保护范围不清楚，故驳回决定认为权利要求1使用了词语"1/2培养基"、"2/2培养基"、"固体培养基3/10"、"4/1培养基"、"5/1培养基"、"5/1+培养基"而导致权利要求1保护范围不清楚的驳回理由不成立。

根据以上事实和理由，本案合议组作出如下审查决定。

三、决定

撤销国家知识产权局于2006年5月26日对02135102.3号发明专利申请作出的驳回决定。由原审查部门在本复审决定所针对的文本的基础上继续进行审查。

复审请求人对本决定不服的，可以根据专利法第41条第2款的规定，自收到本决定之日起三个月内向北京市第一中级人民法院起诉。

氟马西尼在用于酒依赖治疗药物制备中的应用

复审请求审查决定（第14113号）

决 定 号	第14113号
决 定 日	2008年7月23日
发明创造名称	氟马西尼在用于酒依赖治疗药物制备中的应用
国际分类号	A61P 25/32，A61K 31/5517
复审请求人	海萨姆有限公司
申 请 号	02803802.9
优 先 权 日	2001年1月17日
申 请 日	2002年1月10日
公 开 日	2004年3月31日
合议组组长	李人久
主 审 员	田 芳
参 审 员	李梦楠

法 律 依 据 专利法第22条第2款

决 定 要 点

对于涉及化学产品的医药用途发明，应当考虑给药对象、给药方式、途径、用量及时间间隔等与使用有关的特征是否对制药过程具有限定作用，仅仅体现在用药过程中的区别特征不能使该用途具有新颖性。

一、案由

本复审请求案涉及发明名称为"氟马西尼在用于酒依赖治疗药物制备中的应用"的02803802.9号发明专利申请（下称本申请），申请人原为胡安何塞·莱加尔达依瓦涅斯，于2003年12月12日变更为海萨姆有限公司。本申请的申请日为2002年1月10日，优先权日为2001年1月17日，公开日为2004年3月31日。

针对申请人于2005年4月29日提交的权利要求1~19，说明书第10、13、14页，进入中国国家阶段时提交的说明书第1~9、11、12页和说明书摘要，国家知识产权局于2005年10月14日驳回了本申请。驳回的具体理由是：对比文件1（Current Therapeutic Research，第50卷，第1期，第62~66页，1991年）公开了一种氟马西尼用于治疗酒戒断综合征的用途，而权利要求1中定义的给药剂量和给药方法体现的是医生的治病行为，既不是制备药物过程中体现的特征，也不属于用途种类的特征，因此不能构成制药用途的技术特征，因此该权利要求所要求保护的技术方案与对比文件1的方案区别在于：权利要求1限定"氟马西尼在制备药物组合物中的应用"，然而本领域技术人员公知氟马西尼可配制为药物组合物使用。因此在对比文件1的基础上结合上述公知常识以获得权利要求1的技术方案是显而易见的，因此权利要求1不符合专利法第22条第3款的规定。基于类似的理由，其从属权利要求2~19也不符合专利法第22条第3款的规定。

驳回决定针对的权利要求书如下：

"1. 氟马西尼在制备用于治疗酒依赖的药物组合物中的应用，其中所述药物组合物包括0.1~0.3mg之间的氟马尼西单位剂量，用于以1~15分钟之间的时间间隔连续给药直至给予对治疗酒依赖有效量的药物组合物。

2. 根据权利要求1所述的应用，其中治疗酒依赖的所述氟马西尼剂量为1.5~2.5mg/天之间的氟马尼。

3. 根据权利要求1或2所述的应用，其中所述药物组合物包含0.2mg的氟马西尼单位剂量。

4. 根据权利要求3所述的应用，其中所述单位剂量的连续给药是以3分钟的间隔进行的。

5. 根据权利要求1或2所述的应用，其中治疗酒依赖的所述氟马尼西剂量为2mg/天。

6. 根据权利要求3所述的应用，其中治疗酒依赖的所述氟马尼西剂量为2mg/天。

7. 根据权利要求4所述的应用，其中治疗酒依赖的所述氟马尼西剂量为2mg/天。

8. 根据权利要求1或2所述的应用，其中所述药物组合物是口服或胃肠道外给药剂型。

9. 根据权利要求3所述的应用，其中所述药物组合物是口服或胃肠道外给药剂型。

10. 根据权利要求4所述的应用，其中所述药物组合物是口服或胃肠道外给药剂型。

11. 根据权利要求5所述的应用，其中所述药物组合物是口服或胃肠道外给药剂型。

12. 根据权利要求6所述的应用，其中所述药物组合物是口服或胃肠道外给药剂型。

13. 根据权利要求7所述的应用，其中所述药物组合物是口服或胃肠道外给药剂型。

14. 根据权利要求8所述的应用，其中所述药物组合物是静脉给药剂型。

15. 根据权利要求9所述的应用，其中所述药物组合物是静脉给药剂型。

16. 根据权利要求10所述的应用，其中所述药物组合物是静脉给药剂型。

17. 根据权利要求11所述的应用，其中所述药物组合物是静脉给药剂型。

18. 根据权利要求12所述的应用，其中所述药物组合物是静脉给药剂型。

19. 根据权利要求13所述的应用，其中所述药物组合物是静脉给药剂型。"

2006年1月27日，申请人海萨姆有限公司（下称请求人）对上述驳回决定不服，向专利复审委员会提出复审请求，同时提交了权利要求书的全文替换页（共19项），提交的权利要求书如下：

"1. 氟马西尼在制备用于治疗酒依赖的包装药物中的应用，其中所述包装药物包括含单位剂量为0.1~0.3mg的氟马尼西的药物以及药物的使用说明书，该说明书记载了以1~15分钟之间的时间间隔连续给药，直至给予酒依赖的有效治疗剂量的氟马西尼。

2. 根据权利要求1所述的应用，其中所述酒依赖的有效治疗剂量为1.5~2.5mg/天的氟马西尼。

3. 根据权利要求1或2所述的应用，其中所述药物包含单位剂量为0.2mg的氟马西尼。

4. 根据权利要求3所述的应用，其中所述单位剂量的连续给药是以3分钟的间隔进行的。

5. 根据权利要求1或2所述的应用，其中酒依赖的有效治疗剂量为2mg/天的氟马尼西。

6. 根据权利要求3所述的应用，其中酒依赖的有效治疗剂量为2mg/天的氟马尼西。

7. 根据权利要求4所述的应用，其中酒依赖的有效治疗剂量为2mg/天的氟马尼西。

8. 根据权利要求1或2所述的应用，其中所述药物是口服或胃肠道外给药剂型。

9. 根据权利要求3所述的应用，其中所述药物是口服或胃肠道外给药剂型。

10. 根据权利要求 4 所述的应用，其中所述药物是口服或胃肠道外给药剂型。
11. 根据权利要求 5 所述的应用，其中所述药物是口服或胃肠道外给药剂型。
12. 根据权利要求 6 所述的应用，其中所述药物是口服或胃肠道外给药剂型。
13. 根据权利要求 7 所述的应用，其中所述药物是口服或胃肠道外给药剂型。
14. 根据权利要求 8 所述的应用，其中所述药物是静脉给药剂型。
15. 根据权利要求 9 所述的应用，其中所述药物是静脉给药剂型。
16. 根据权利要求 10 所述的应用，其中所述药物是静脉给药剂型。
17. 根据权利要求 11 所述的应用，其中所述药物是静脉给药剂型。
18. 根据权利要求 12 所述的应用，其中所述药物是静脉给药剂型。
19. 根据权利要求 13 所述的应用，其中所述药物是静脉给药剂型。"

请求人认为：修改后的权利要求 1 包括"药物使用说明书"的内容，其构成制备包装药物的技术特征，且该技术特征使得权利要求 1 相对于对比文件 1 具有创造性，符合专利法第 22 条第 3 款的规定。权利要求 2~19 是权利要求 1 的从属权利要求，因此也符合专利法第 22 条第 3 款的规定。

经形式审查合格后，专利复审委员会受理了该请求，并于 2006 年 3 月 9 日向海萨姆有限公司发出了《复审请求受理通知书》，随后将本申请案卷移交原审查部门进行前置审查。

在《前置审查意见书》中，原审查部门认为：请求人于 2006 年 1 月 27 日提交的权利要求 1~19，其修改超出原始申请文件记载的范围，不符合专利法第 33 条的规定。具体理由为：申请人认为根据说明书第 5 页第 3 段可以推出所生产的药物一定就是含有使用说明书的包装药物，否则就无法实现"该药物于短期间连续间隔给予小剂量的氟马西尼，直到给予治疗酒依赖的有效治疗剂量"的目的。但是给药剂量和给药方法体现的是医生的治病行为，即使是没有使用说明书，医生仍然可以实现该药物以"该量"给药，因此使用说明书并非是从原申请说明书和权利要求书所能直接明确认定/导出的技术特征，权利要求 1~19 的修改不符合专利法第 33 条的规定。针对驳回决定的文本，坚持原驳回决定。

专利复审委员会组成合议组，对本复审请求案进行了审理。合议组于 2007 年 12 月 27 日发出了《复审通知书》，《复审通知书》指出：（1）权利要求 1~19 不符合专利法第 33 条的规定。其中"包装药物"、"药物的使用说明书"以及"单位剂量为 0.1~0.3mg 的氟马尼西的药物"在原始说明书和权利要求书中没有记载，也无法从原说明书和权利要求书记载的内容中直接地、毫无疑义地确定，因此修改超出原说明书和权利要求书记载的范围。（2）如果请求人在克服不符合专利法第 33 条规定的缺陷后，将权利要求 1 修改为："氟马西尼在制备用于治疗酒依赖的药物组合物（或药物）中的应用，其中所述药物组合物用于以 1~15 分钟的时间间隔连续给予 0.1~0.3mg 之间的氟马西尼剂量，直到给予治疗酒依赖的有效治疗剂量的氟马西尼"，那么该方案相对于对比文件 1（Current Therapeutic Research，第 50 卷，第 1 期，第 62~66 页，1991 年）不符合专利法第 22 条第 2 款新颖性的规定。对比文件 1 公开了氟马西尼的盐水溶液用于治疗酒戒断综合征的用途，其实质上相当于公开了氟马西尼用于制备治疗酒依赖的药物组合物或药物的用途。而权利要求 1 限定的给药用量、给药时间间隔等特征仅仅体现在用药过程，对制药过程并没有起到限定作用，并不属于制药用途的技术特征，因此如果权利要求 1 修改为上述技术方案时，其相对于对比文件 1 不符合专利法第 22 条第 2 款新颖性的规定。

针对上述《复审通知书》，请求人于 2008 年 2 月 13 日提交了意见陈述书，随后于 2008 年 7 月 1 日又提交了补充意见陈述书和经修改的权利要求书全文替换页（共 19 项）。新修改的权利要求书如下：

"1. 氟马西尼在制备用于治疗酒依赖的药物组合物中的应用，其中所述药物组合物用于以1~15分钟的时间间隔连续给予0.1~0.3mg之间的氟马尼西剂量，直至给予治疗酒依赖的有效治疗剂量的氟马西尼。

2. 根据权利要求1所述的应用，其中所述治疗酒依赖的氟马西尼的有效治疗剂量为1.5~2.5mg/天的氟马西尼。

3. 根据权利要求1或2所述的应用，其中所述药物包含0.2mg的氟马西尼。

4. 根据权利要求3所述的应用，其中所述连续给药是以3分钟的间隔进行的。

5. 根据权利要求1或2所述的应用，其中酒依赖的有效治疗剂量为2mg/天的氟马尼西。

6. 根据权利要求3所述的应用，其中酒依赖的有效治疗剂量为2mg/天的氟马尼西。

7. 根据权利要求4所述的应用，其中酒依赖的有效治疗剂量为2mg/天的氟马尼西。

8. 根据权利要求1或2所述的应用，其中所述药物组合物是口服或胃肠道外给药剂型。

9. 根据权利要求3所述的应用，其中所述药物组合物是口服或胃肠道外给药剂型。

10. 根据权利要求4所述的应用，其中所述药物组合物是口服或胃肠道外给药剂型。

11. 根据权利要求5所述的应用，其中所述药物组合物是口服或胃肠道外给药剂型。

12. 根据权利要求6所述的应用，其中所述药物组合物是口服或胃肠道外给药剂型。

13. 根据权利要求7所述的应用，其中所述药物组合物是口服或胃肠道外给药剂型。

14. 根据权利要求8所述的应用，其中所述药物组合物是静脉给药剂型。

15. 根据权利要求9所述的应用，其中所述药物组合物是静脉给药剂型。

16. 根据权利要求10所述的应用，其中所述药物组合物是静脉给药剂型。

17. 根据权利要求11所述的应用，其中所述药物组合物是静脉给药剂型。

18. 根据权利要求12所述的应用，其中所述药物组合物是静脉给药剂型。

19. 根据权利要求13所述的应用，其中所述药物组合物是静脉给药剂型。"

请求人认为：（1）新提交的权利要求书中，删除了权利要求1中"包装药物"、"单位剂量"、"药物使用说明书"等术语，从而消除了权利要求1修改超范围的缺陷。此外，还删除了权利要求3中的"单位剂量"，使其与原始公开的描述相同。通过上述修改，克服了权利要求1~19不符合专利法第33条规定的缺陷。（2）在权利要求1修改为上述表达形式后相对于对比文件1具有新颖性。理由是，对比文件1公开的是氟马西尼在酒戒断综合征中的改善作用，而非治疗酒依赖中的作用，酒戒断与酒依赖属于不同的病症，因此权利要求1满足新颖性的规定。

至此，合议组认为本案事实已经清楚，可以作出审查决定。

二、决定的理由

1. 关于文本

本案中，请求人于2008年7月1日提交的权利要求书中，删除了权利要求1中"包装药物"、"单位剂"、"药物使用说明书"等术语，将权利要求1修改为与原始提交的权利要求1实质上相同的技术方案，因此修改后的权利要求1符合专利法第33条的规定。此外，其从属权利要求3也修改为与原始公开的一致，在权利要求1和3修改之后，其他权利要求修改超范围的缺陷也就不存在了。因此请求人于2008年7月1日提交的权利要求书符合专利法第33条的规定。

本复审请求审查决定针对的文本是：2008年7月1日提交的权利要求1~19，2005年4月29日提交的说明书第10、13和14页，进入中国国家阶段时提交的国际申请文件的中文译文说明书第1~9、11、12页和说明书摘要。

2. 关于专利法第 22 条第 2 款

专利法第 22 条第 2 款规定：新颖性，是指在申请日以前没有同样的发明或者实用新型在国内外出版物上公开发表过、在国内公开使用过或者以其他方式为公众所知，也没有同样的发明或者实用新型由他人向国务院专利行政部门提出过申请并且记载在申请日以后公布的专利申请文件中。

对于涉及化学产品的医药用途发明，应当考虑给药对象、给药方式、途径、用量及时间间隔等与使用有关的特征是否对制药过程具有限定作用，仅仅体现在用药过程中的区别特征不能使该用途具有新颖性。

请求人于 2008 年 7 月 1 日提交的权利要求书中，权利要求 1 要求保护氟马西尼在制备用于治疗酒依赖的药物组合物中的应用。对比文件 1（Current Therapeutic Research，第 50 卷，第 1 期，第 62~66 页，1991 年）在第 63 页公开了对 11 个患有酒戒断综合征的患者给予 2mg/天的氟马西尼，分四次（每次 0.5mg 在 500ml 盐水溶液中），静脉注射，每 6 小时一次持续 48 小时。在第 65 页指出，根据上述试验测得的数据表明氟马西尼对患者的酒戒断综合征有明显的改善作用。由此可见，对比文件 1 公开了氟马西尼的盐水溶液用于治疗酒戒断综合征的用途，其实质上相当于公开了氟马西尼用于制备治疗酒戒断综合征的药物组合物或药物的用途。

对比权利要求 1 与对比文件 1 的方案可知：(1) 权利要求 1 中的疾病是"酒依赖"，而对比文件 1 中是"酒戒断综合征"。在本申请说明书第 1 页第 2 段定义"酒依赖是一种当嗜酒者突然停止饮酒后形成的综合征，较轻的症状包括震颤、虚弱、出汗和恶心。最严重的情况包括惊厥和幻觉"。根据教科书的定义，酒戒断综合征是指对酒已形成躯体依赖，一旦断酒，即可出现一定的躯体和精神症状。震颤是酒依赖戒断的典型症状之一，早期症状有恶心、呕吐、出汗、幻觉症和痉挛等，酒精依赖者常见的临床表现之一为戒断综合征（参见《神经病学》，人民卫生出版社，沈渔邨主编，1997 年 5 月第 3 版，第 355~356 页）。另外，根据本申请说明书的记载，"酒依赖是……如果不治疗，酒戒断会引起震颤性谵妄"（说明书第 1 页第 2 段），"这些由 Gerra 等人和 Nutt 等人（上述引文中）进行的采用氟马西尼治疗酒依赖的试验没有提供代表性的结果"（说明书第 3 页最后一段），其中 Gerra 等人的引文即上述对比文件 1，"制定给予氟马西尼来治疗酒依赖的方案，该方案可以有效消除酒戒断症状"（说明书第 4 页第 2 段，第 5 页第 1~2 段），"本发明的一个目的在于……以在短时间内消除酒戒断症状"（说明书第 5 页第 1~2 段）。基于以上事实可知，酒戒断综合征是酒依赖的具体临床表现，本申请所述的酒依赖也主要是指酒戒断综合征。因此对比文件 1 公开的酒戒断综合征实质上披露了权利要求 1 限定的酒依赖。(2) 权利要求 1 中还进一步限定"所述药物组合物用于以 1~15 分钟的时间间隔连续给予 0.1~0.3mg 之间的氟马西尼剂量，直到给予治疗酒依赖的有效治疗剂量的氟马西尼"，即限定了给药用量和给药时间间隔，这些特征仅仅体现在用药过程，对制药过程并没有起到限定作用，而仅仅体现在用药过程中的区别特征不能使权利要求 1 的医药用途具有新颖性。基于以上分析可知，对比文件 1 实质上公开了与权利要求 1 相同的技术方案，权利要求 1 相对于对比文件 1 不具备新颖性，不符合专利法第 22 条第 2 款的规定。

根据上述事实和理由，合议组作出如下审查决定。

三、决定

维持国家知识产权局于 2005 年 10 月 14 日针对 02803802.9 号发明专利申请作出的驳回决定。

复审请求人对本决定不服的，可以根据专利法第 41 条第 2 款的规定，自收到本决定之日起三个月内向北京市第一中级人民法院起诉。

大规模昆虫培养的成本有效性培养基

复审请求审查决定（第 14115 号）

决 定 号	第 14115 号
决 定 日	2008 年 7 月 29 日
发明创造名称	大规模昆虫培养的成本有效性培养基
国际分类号	C12N 5/02
复审请求人	WYETH 公司
申 请 号	01812787.8
优 先 权 日	2000 年 6 月 23 日
申 请 日	2001 年 6 月 22 日
公 开 日	2004 年 5 月 19 日
合议组组长	陈海平
主 审 员	葛永奇
参 审 员	卢 阳

法 律 依 据 专利法第 26 条第 4 款

决 定 要 点

权利要求书应当以说明书为依据，是指权利要求应当得到说明书的支持。权利要求书中的每一项权利要求所要求保护的技术方案应当是所属技术领域的技术人员能够从说明书充分公开的内容中得到或概括得出的技术方案，并且不得超出说明书公开的范围。

一、案由

本复审请求涉及申请日为 2001 年 6 月 22 日、公开日为 2004 年 5 月 19 日、申请号为 01812787.8、名称为"大规模昆虫培养的成本有效性培养基"的发明专利申请（下称本申请），申请人为 WYETH 公司（2004 年 8 月 20 日由原申请人巴斯福股份公司变更为现申请人）。本申请的优先权日为 2000 年 6 月 23 日。

2005 年 11 月 11 日，国家知识产权局原审查部门针对申请人于本申请进入中国国家阶段时（2003 年 1 月 14 日）提交的说明书第 1~20 页、说明书附图第 1 页、说明书摘要和申请人于 2005 年 9 月 12 日提交的权利要求 1~3 作出驳回决定，驳回理由是：权利要求 1 的特征部分只对所述方法的各个步骤进行了描述，而对其中所加的各种组成的具体含量并没有描述，由于在脂质乳剂的生产过程中，虽然步骤很重要，步骤不同可能就得不到本发明所述的脂质乳剂，但是它对其组成即其中的各种组成及其含量同样是很敏感的，含量不同同样可能制备不到本发明所述的脂质乳剂，而且根据说明书尤其是实施例的记载，只是证明特定步骤和原料成分及其含量的方法能够生产得到本发明所述的脂质乳剂，达到本发明的目的，而其他组成和方法是否都能达到本发明的目的，没有实验证实，也无法推导出来。同样，权利要求2~3的技术方案也得不到说明书的支持。驳回决定所针对的权利要求书如下：

"1. 一种大规模生产用于细胞培养基的脂质乳剂的方法，该方法包括：
　　a) 将Tween 80、鳕鱼肝油脂肪酸甲酯、胆固醇和α-生育酚混合，
　　b) 加热所述混合物至50~60℃，
　　c) 用磁力搅拌棒持续搅拌所述混合物直至固体溶解并得到液相，
　　d) 继续加热并混合所述混合物，同时缓慢加入水，接着加入丙醇，
　　e) 将所述混合物冷却至室温，
　　f) 边混合边加入丙醇，再次得到液相，
　　g) 边混合边逐滴加入水或1% Pluronic F-68 水溶液，
　　h) 增加搅拌速率，再加入水或1% Pluronic F-68 水溶液，
　　i) 边搅拌边缓缓加热所述混合物，同时保持温度低于40℃，
　　j) 再加入水或1% Pluronic F-68 水溶液以增加混合物体积。
2. 依照权利要求1的方法，其中水相不含有乳化剂或表面活性剂。
3. 依照权利要求1生产的脂质乳剂。"

申请人WYETH公司（下称请求人）对上述驳回决定不服，于2006年2月24日向专利复审委员会提出复审请求，同时提交了经修改的权利要求书全文替换页，请求人认为修改后的权利要求完全克服了审查员在驳回决定中所指出的缺陷。修改后的权利要求书如下：

"1. 一种大规模生产用于细胞培养基的脂质乳剂的方法，该方法包括：
　　a) 将2.5 g/L的Tween 80、1.0 g/L的鳕鱼肝油脂肪酸甲酯、0.45 g/L的胆固醇和0.2 g/L的α-生育酚混合，
　　b) 加热所述混合物至50~60℃，
　　c) 用磁力搅拌棒持续搅拌所述混合物直至固体溶解并得到液相，
　　d) 继续加热并混合所述混合物，同时缓慢加入水，接着加入1.3 ml丙醇，
　　e) 将所述混合物冷却至室温，
　　f) 边混合边加入1.7 ml丙醇，再次得到液相，
　　g) 边混合边逐滴加入水或1% Pluronic F-68 水溶液，
　　h) 增加搅拌速率，再加入水或1% Pluronic F-68 水溶液，
　　i) 边搅拌边缓缓加热所述混合物，同时保持温度低于40℃，
　　j) 再加入水或1% Pluronic F-68 水溶液以增加混合物体积。
2. 依照权利要求1的方法，其中水相不含有乳化剂或表面活性剂。
3. 依照权利要求1生产的脂质乳剂。"

形式审查合格后，专利复审委员会受理了本复审请求，并于2006年4月6日向请求人发出《复审请求受理通知书》，同时将本申请案卷移交原审查部门进行前置审查。

原审查部门对本复审请求进行了前置审查，认为修改后的权利要求1中没有描述所加水的具体含量，含量不同可能制备不到本发明所述的脂质乳剂，因此，权利要求1的技术方案得不到说明书的支持，故坚持驳回决定。

2006年7月28日，请求人再次提交了意见陈述书和经修改的权利要求书。请求人认为修改后的

权利要求1的方法与实施例2中所实施的方法完全相同，能够得到说明书的支持。修改后的权利要求书如下：

"1. 一种大规模生产用于细胞培养基的脂质乳剂的方法，该方法包括：

a) 将 2.5 g/L 的 Tween 80、1.0 g/L 的鳕鱼肝油脂肪酸甲酯、0.45 g/L 的胆固醇和 0.2 g/L 的α-生育酚混合，

b) 加热所述混合物至 50～60℃，

c) 用磁力搅拌棒持续搅拌所述混合物直至固体溶解并得到液相，

d) 继续加热并混合所述混合物，同时缓慢加入 0.5 ml 水，接着加入 1.3 ml 丙醇，

e) 将所述混合物冷却至室温，

f) 边混合边加入 1.7 ml 丙醇，再次得到液相，

g) 边混合边逐滴加入 8.3 ml 水或 1% Pluronic F-68 水溶液，

h) 增加搅拌速率，再加入 0.8 ml 水或 1% Pluronic F-68 水溶液，

i) 边搅拌边缓缓加热所述混合物 15 分钟，同时保持温度低于 40℃，

j) 再加入水或 1% Pluronic F-68 水溶液以增加混合物体积至 1.0 L。

2. 依照权利要求1的方法，其中水相不含有乳化剂或表面活性剂。

3. 依照权利要求1生产的脂质乳剂。"

合议组认为本案事实已经清楚，可以作出审查决定。

二、决定的理由

1. 审查文本

请求人于 2006 年 7 月 28 日提交了经修改的权利要求书全文替换页（共 3 项权利要求），该修改符合专利法第 33 条的规定。本复审请求审查决定所依据的申请文本为请求人于本申请进入中国国家阶段时提交的国际申请文件的中文文本说明书第 1～20 页、说明书附图第 1 页和说明书摘要，以及于 2006 年 7 月 28 日提交的权利要求 1～3。

2. 关于专利法第 26 条第 4 款

专利法第 26 条第 4 款规定，权利要求书应当以说明书为依据，说明要求专利保护的范围。

权利要求书应当以说明书为依据，是指权利要求应当得到说明书的支持。权利要求书中的每一项权利要求所要求保护的技术方案应当是所属技术领域的技术人员能够从说明书充分公开的内容中得到或概括得出的技术方案，并且不得超出说明书公开的范围。

原审查部门在驳回决定中针对请求人于 2005 年 9 月 12 日提交的权利要求书指出：权利要求 1～3 中没有描述所加的各种组分的具体含量，而除了实施例给出的采用特定步骤和原料成分及其含量的方法能够生产得到本申请所述的脂质乳剂外，说明书未能证实其他的组成和方法都能够实现发明目的，因此权利要求 1～3 得不到说明书的支持，不符合专利法第 26 条第 4 款的规定。

请求人于 2006 年 7 月 28 日提交的经修改的权利要求 1～3 分别要求保护一种大规模生产用于细胞培养基的脂质乳剂的方法以及用该方法制备的脂质乳剂，根据说明书的记载，本申请所述的脂质乳剂提供了可观的成本的节省并且大大地简化了大规模培养基的制备，该脂质乳剂与现有技术制得的乳剂相比展示了极好的稳定性（参见说明书第 3 页）。说明书实施例 2 具体描述了一种制备脂质乳剂的方法，实施例 3 证实了由实施例 2 的方法制得的脂质乳剂的长期稳定性，实施例 4 则证明利用包含实施例 2 的方法制得的脂质乳剂的无血清培养基能够得到优于现有技术描述的无血清培养基配方的细胞密度（图1）。权利要求1的生产脂质乳剂的方法与实施例 2 描述的方法相比，区别仅在于权利要求 1 中步骤 h) 和 j) 将实施例 2 中相应步骤的 Pluronic 具体限定为 Pluronic F-68（新修改的权利要求 1 参

见前述)。由于本申请说明书已指出包含环氧丙烷和环氧乙烷的嵌段共聚物(聚环氧丙烷聚环氧乙烷缩合物)可以用作制备脂质乳剂的保护性成分,该嵌段共聚物更优选为 Pluromic 多元醇,例如得自 BASF Wyandotte Corp.(Parsippany, New Jersey, 美国)的 Pluronic F68 和 F88(参见说明书第 9 页第 3 段),因而在实施例 2 已证实使用 Pluronic 能够实现发明目的的情况下,本领域技术人员容易理解 Pluronic F68 这种具体的 Pluronic 多元醇是可以作为保护性成分用于制备所述脂质乳剂的,修改后的权利要求 1 的技术方案能够实现发明的目的,能够得到说明书的支持,因此克服了驳回决定所指出的权利要求 1 不符合专利法第 26 条第 4 款的规定的缺陷。

权利要求 2 是权利要求 1 的从属权利要求,进一步限定水相不含有乳化剂或表面活性剂。实施例 2 证明了使用不含乳化剂或表面活性剂的水相能够制得所需的脂质乳剂,因此权利要求 2 能够得到说明书的支持,符合专利法第 26 条第 4 款的规定。

权利要求 3 要求保护依照权利要求 1 生产的脂质乳剂。如前所述,实施例 2~4 公开的内容已证明利用权利要求 1 的方法能够制得脂质乳剂,且该脂质乳剂具有长期稳定性,将其用于细胞培养基具有优势,即本申请说明书的内容已证实这样的脂质乳剂能够达到预期的发明目的,因此权利要求 3 能够得到说明书的支持,符合专利法第 26 条第 4 款的规定。

综上所述,请求人于 2006 年 7 月 28 日提交的经修改的权利要求书克服了驳回决定所指出的权利要求 1~3 得不到说明书支持的缺陷。

根据以上事实和理由,本案合议组作出如下审查决定。

三、决定

撤销国家知识产权局于 2005 年 11 月 11 日对申请号为 01812787.8 的发明专利申请作出的驳回决定。由原审查部门在本复审决定所依据的申请文本的基础上继续进行审查。

复审请求人对本决定不服的,可以根据专利法第 41 条第 2 款的规定,自收到本决定之日起三个月内向北京市第一中级人民法院起诉。

特征在于检测 G-CSF 外显子 3 缺失的癌症诊断方法

复审请求审查决定（第 14118 号）

决 定 号	第 14118 号
决 定 日	2008 年 7 月 25 日
发明创造名称	特征在于检测 G-CSF 外显子 3 缺失的癌症诊断方法
国际分类号	C12N 15/12
复审请求人	医学基因公司
申 请 号	02819189.7
优 先 权 日	2001 年 9 月 28 日
申 请 日	2002 年 9 月 28 日
公 开 日	2005 年 1 月 5 日
合议组组长	许 磊
主 审 员	冯 怡
参 审 员	李梦楠

法 律 依 据 专利法第 33 条

决 定 要 点

如果申请的内容通过增加、改变和/或删除其中的一部分，致使所属技术领域的技术人员看到的信息与原申请记载的信息不同，又不能从原申请记载的信息中直接地、毫无疑义地确定，则这样的修改是不被允许的。反之，如果修改后的内容在原申请文件中有明确记载，或者能从原申请记载的信息中直接地、毫无疑义地确定，则这样的修改是允许的。

一、案由

本复审请求涉及申请号为 02819189.7，名称为"特征在于检测 G-CSF 外显子 3 缺失的癌症诊断方法"的发明专利申请（下称本申请），其申请日为 2002 年 9 月 28 日，优先权日为 2001 年 9 月 28 日，进入国家阶段日期为 2004 年 3 月 29 日，公开日为 2005 年 1 月 5 日，申请人为医学基因公司。

针对申请人于本申请进入中国国家阶段时提交的国际申请文件中文译文的说明书第 1~3、5~18、20~23 页，序列表第 1~7 页，说明书附图第 1~16 页，说明书摘要和摘要附图；2005 年 11 月 24 日提交的说明书第 4、19 页和权利要求第 8~12 项；2006 年 6 月 2 日提交的权利要求 1~7，说明书第 1~2 页，国家知识产权局于 2007 年 1 月 12 日以申请文件的修改超出了原说明书和权利要求书记载的范围，不符合专利法第 33 条的规定为由驳回了本申请。

驳回决定所针对的权利要求书如下：

"1. 一种用作癌症诊断标志物的通过缺失所述 G-CSF 基因的外显子 3 区域而获得的突变的 G-CSF mRNA 或 cDNA 片段。

2. 一种用作癌症诊断标志物的具有相应于外显子 3 区域的氨基酸序列缺失的突变的 G-CSF 蛋白。

3. 一种用于诊断癌症的微阵列，其包含（a）一个相应于 G-CSF 基因外显子 3 的 DNA，或它的包含至少 20 个来自 G-CSF 基因的外显子 3 的连续的核苷酸的片段和（b）至少一个相应于所述 G-CSF 基因的外显子 1、2、4 或 5 的 DNA，或至少一个包含至少 16 个来自所述 G-CSF 基因的外显子 1、2、4 或 5 的连续核苷酸的它们的片段。

4. 一种用于癌症的诊断试剂，其包含一种抗具有相应于所述 G-CSF 蛋白的外显子 3 区域的氨基酸序列缺失的突变 G-CSF 蛋白的抗体。

5. 一种用于癌症的诊断试剂盒，其包含一种抗具有相应于所述 G-CSF 蛋白的外显子 3 区域的氨基酸序列缺失的突变 G-CSF 蛋白的抗体。

6. 一种用于诊断癌症的微阵列，其包含一种抗具有相应于所述 G-CSF 蛋白的外显子 3 区域的氨基酸序列缺失的突变 G-CSF 蛋白的抗体。

7. 一种引物，其用于在获自哺乳动物组织或细胞的 G-CSF 核酸样品中扩增 G-CSF 基因，其中所述引物选自下述核苷酸序列对：

正义：5′-ACCCCCCTGGGCCCTGCC-3′（SEQ ID NO.1）和
反义：5′-TCAGGGCTGGGCAAGGTG-3′（SEQ ID NO.2）；

正义：5′-ACCCCCCTGGGCCCTGCC-3′（SEQ ID NO.1）和
反义：5′-CAGCTGCAGGGCCTGGCT-3′（SEQ ID NO.5）；

正义：5′-ACCCCCCTGGGCCCTGCC-3′（SEQ ID NO.1）和
反义：5′-CGCTATGGAGTTGGCTCAAGC-3′（SEQ ID NO.6）；

正义：5′-ACCCCCCTGGGCCCTGCC-3′（SEQ ID NO.1）和
反义：5′-CAGCTTCTCCTGGAGCGC-3′（SEQ ID NO.9）；

正义：5′-ATCCAGGGCGATGGCGCAGCG-3′（SEQ ID NO.3）和
反义：5′-TCAGGGCTGGGCAAGGTG-3′（SEQ ID NO.2）；

正义：5′-ATCCAGGGCGATGGCGCAGCG-3′（SEQ ID NO.3）和
反义：5′-CAGCTGCAGGGCCTGGCT-3′（SEQ ID NO.5）；

正义：5′-ATCCAGGGCGATGGCGCAGCG-3′（SEQ ID NO.3）和
反义：5′-CGCTATGGAGTTGGCTCAAGC-3′（SEQ ID NO.6）；

正义：5′-TGTGCCACCTACAAGCTGTGC-3′（SEQ ID NO.4）和
反义：5′-TCAGGGCTGGGCAAGGTG-3′（SEQ ID NO.2）；

正义：5′-TGTGCCACCTACAAGCTGTGC-3′（SEQ ID NO.4）和
反义：5′-CAGCTGCAGGGCCTGGCT-3′（SEQ ID NO.5）；和

正义：5′-TGTGCCACCTACAAGCTGTGC-3′（SEQ ID NO.4）和
反义：5′-CGCTATGGAGTTGGCTCAAGC-3′（SEQ ID NO.6）。

8. 一种与权利要求 2 的突变的 G-CSF 蛋白特异结合的抗体。

9. 权利要求 8 的抗体，其中所述抗体是一种多克隆抗体。

10. 权利要求 8 的抗体，其中所述抗体是一种单克隆抗体。

11. 通过缺失所述 G-CSF 基因的外显子 3 区域而获得的突变的 G-CSF mRNA 或 cDNA 片段在制备癌症诊断标记物中的应用。

12. 具有相应于外显子 3 区域的氨基酸序列缺失的突变的 G-CSF 蛋白在制备癌症诊断标记物中的应用。"

驳回决定认为：(1) 申请人于 2006 年 6 月 2 日提交的修改文件中的"或它的包含至少 20 个来自 G-CSF 基因的外显子 3 的连续的核苷酸的片段"和"或至少一个包含至少 16 个来自所述 G-CSF 基因的外显子 1、2、4 或 5 的连续的核苷酸的它们的片段"（见修改后的权利要求 3 和说明书第 2～1 页）既未明确地记载在原说明书和权利要求书中，也不能由原说明书和权利要求书所记载的内容直接地、毫无疑义地确定，因此超出了原说明书和权利要求书记载的范围，不符合专利法第 33 条的规定。(2) 尽管申请人认为上述修改是依据说明书第 8 页第 10～25 行列举的几个可用作探针的核苷酸片段，其中存在核苷酸数为 20 和 16 的片段，也存在超过 20 或 16 个的序列，并且说明书中还记载了"其中用作探针的核酸片段可以包括其相应外显子的部分或整个区域"，因此能够由此直接推导得出上述修改内容。但是，申请人所述的修改依据仅仅列举了几个可用作探针的具体核苷酸片段，原申请文件中并未概括出能够是任意的 20 个或 16 个核苷酸的片段，本领域技术人员并不能由此直接地、毫无疑义地确定任意的 20 个或 16 个核苷酸的片段，因此不能用作修改为 20 个或 16 个核苷酸的依据，更不要说超过 20 个或 16 个核苷酸的片段。至于原说明书中记载的"部分或整个区域"，"部分"本身就是不清楚的，"整个区域"则仅仅是外显子全部核苷酸的这一个片段，也不涉及任何的范围，显然也不能作为直接地、毫无疑义地确定至少 20 个或至少 16 个的依据。

申请人医学基因公司（下称请求人）对上述驳回决定不服，于 2007 年 3 月 20 日向专利复审委员会提出复审请求，请求人在提出复审请求的同时，提交了新修改的权利要求书全文替换页（共 13 项）和说明书附图第 1～15 页的替换页。在修改后的说明书附图中，请求人删除了附图 13；相对于驳回决定所针对的权利要求书而言，在修改后的权利要求书中，请求人修改了权利要求 3，增加了一项新的权利要求 4，并相应调整了权利要求的编号，除此以外，未作其他修改。修改后的权利要求 3 和新增加的权利要求 4 如下：

"3. 一种用于诊断癌症的微阵列，其包含 (a) 一个相应于 G-CSF 基因外显子 3 的 DNA，或它的包含相应于 G-CSF 基因的外显子 3 的 20 个连续核苷酸的片段和 (b) 至少一个相应于所述 G-CSF 基因的外显子 1、2、4 或 5 的 DNA，或它的包含相应于 G-CSF 基因的外显子 2 或 4 的 20 个连续核苷酸的片段。

4. 一种用于诊断癌症的微阵列，其包含 (a) 一个相应于 G-CSF 基因外显子 3 的 DNA，或包括选自如下序列的核苷酸的片段：SEQ ID NO：14, 15, 16 或 17；和 (b) 至少一个相应于所述 G-CSF 基因的外显子 1、2、4 或 5 的 DNA，或包括选自如下序列的核苷酸的至少一个片段：SEQ ID NO：10, 12, 13 或 18～20。"

请求人认为：本发明是基于癌症患者中 G-CSF 基因转录过程中外显子 3 发生缺失这一发现而完成的，所以，利用来自肿瘤细胞的总 RNA 制备的探针不与外显子 3 的片段相结合，而与外显子 1、2、4 或 5 的片段相结合，基于上述发现，根据外显子 3 的片段和外显子 1、2、4 或 5 的片段而制备的微阵列即可诊断癌症。如说明书实施例 4 中所述，四个相应于外显子 3 的、非重叠的、核苷酸数目为 20 的连续核苷酸序列和两个外显子 2 和 4 的、核苷酸数目为 20 的核苷酸序列能实现本发明目的。因此根据本发明内容，结合本发明原理，可认定"或它的包含相应于 G-CSF 基因的外显子 3 的 20 个连续核苷酸的片段"和"或它的包含相应于 G-CSF 基因的外显子 2 或 4 的 20 个连续核苷酸的片段"能够实现本发明的目的；同时新增的权利要求中相关的核苷酸片段被限定到实施例 4 中所述的特定序列，所以没有超出原始公开的范围。

形式审查合格后，专利复审委员会受理了该复审请求，并于 2007 年 4 月 19 日向请求人发出《复审请求受理通知书》，随后将本申请案卷移交原审查部门进行前置审查。

原审查部门对本复审请求进行了前置审查，认为修改后的权利要求3仅仅限定为相应外显子的"20个连续核苷酸的片段"，其请求保护的范围包括相应外显子所有的20个连续核苷酸片段，原申请文件中仅仅记载了若干个这样的片段，并未明确概括出包括所有的20个连续核苷酸的片段，本领域技术人员并不能由此直接地、毫无疑义地确定出这些片段是任意的20个连续核苷酸的片段，因此坚持原驳回决定。

专利复审委员会组成合议组，对本案的复审请求进行了审理，于2008年4月30日向请求人发出《复审通知书》。该《复审通知书》指出：修改后的权利要求3中出现的"或它的包含相应于G-CSF基因的外显子3的20个连续核苷酸的片段"和"或它的包含相应于G-CSF基因的外显子2或4的20个连续核苷酸的片段"（修改后的说明书第2~1页亦有涉及）在原申请文件中没有明确的记载。该表述包括了相应于G-CSF基因外显子3和外显子2或4所有的任意20个连续核苷酸的大量片段。虽然说明书实施例4中例举了4个相应于外显子3和一个相应于部分外显子4、数目为20个核苷酸的非重叠探针，同时也例举了相应于连续地从部分外显子2至部分外显子3、连续地从部分外显子3至部分外显子4和连续地从部分外显子2至部分外显子4、数目为16个核苷酸的探针，但是所例举的这些片段是有选择性的，并不等同于相应外显子所有的任意"20个连续核苷酸的片段"，说明书中也没有明确记载所述片段为"20个连续核苷酸的片段"的范围，请求人将所属领域技术人员不能由原说明书（包括附图）和权利要求书中直接地、毫无疑义地确定的信息补入了说明书和权利要求书，因此权利要求3和说明书相应部分的修改超出了原说明书和权利要求书记载的范围，不符合专利法第33条的规定。

针对《复审通知书》指出的问题，请求人于2008年6月12日提交了权利要求书第1页的替换页（共8项权利要求）。

2008年6月26日请求人再次主动提交了权利要求书全文替换页（共13项权利要求）和说明书第2、3页的替换页（共2页），声明放弃在答复《第二次审查意见通知书》时附加的说明书增加页第2~1页的内容。

2008年7月16日，请求人再次提交了意见陈述书和权利要求书全文替换页（共13项），以及说明书第2、3页的替换页（共2页），其中修改了权利要求3和4，并再次声明删除说明书第2~1页。

修改后的权利要求书如下：

"1. 一种用作癌症诊断标志物的通过缺失所述G-CSF基因的外显子3区域而获得的突变的G-CSF mRNA或cDNA片段。

2. 一种用作癌症诊断标志物的具有相应于外显子3区域的氨基酸序列缺失的突变的G-CSF蛋白。

3. 一种用于诊断癌症的微阵列，其包含（a）一个相应于G-CSF基因外显子3的DNA，和（b）至少一个相应于所述G-CSF基因的外显子1、2、4或5的DNA。

4. 一种用于诊断癌症的微阵列，其包含（a）选自如下序列的核苷酸的片段：SEQ ID NO：14，15，16或17；和（b）选自如下序列的核苷酸的至少一个片段：SEQ ID NO：10，12，13或18~20。

5. 一种用于癌症的诊断试剂，其包含一种抗具有相应于所述G-CSF蛋白的外显子3区域的氨基酸序列缺失的突变G-CSF蛋白的抗体。

6. 一种用于癌症的诊断试剂盒，其包含一种抗具有相应于所述G-CSF蛋白的外显子3区域的氨基酸序列缺失的突变G-CSF蛋白的抗体。

7. 一种用于诊断癌症的微阵列，其包含一种抗具有相应于所述G-CSF蛋白的外显子3区域的氨基酸序列缺失的突变G-CSF蛋白的抗体。

8. 一种引物，其用于在获自哺乳动物组织或细胞的G-CSF核酸样品中扩增G-CSF基因，其中所述引物选自下述核苷酸序列对：

正义：5′-ACCCCCTGGGCCCTGCC-3′（SEQ ID NO：1）和
反义：5′-TCAGGGCTGGGCAAGGTG-3′（SEQ ID NO：2）；

正义：5′-ACCCCCTGGGCCCTGCC-3′（SEQ ID NO：1）和
反义：5′-CAGCTGCAGGGCCTGGCT-3′（SEQ ID NO：5）；

正义：5′-ACCCCCTGGGCCCTGCC-3′（SEQ ID NO：1）和
反义：5′-CGCTATGGAGTTGGCTCAAGC-3′（SEQ ID NO：6）；

正义：5′-ACCCCCTGGGCCCTGCC-3′（SEQ ID NO：1）和
反义：5′-CAGCTTCTCCTGGAGCGC-3′（SEQ ID NO：9）；

正义：5′-ATCCAGGGCGATGGCGCAGCG-3′（SEQ ID NO：3）和
反义：5′-TCAGGGCTGGGCAAGGTG-3′（SEQ ID NO：2）；

正义：5′-ATCCAGGGCGATGGCGCAGCG-3′（SEQ ID NO：3）和
反义：5′-CAGCTGCAGGGCCTGGCT-3′（SEQ ID NO：5）；

正义：5′-ATCCAGGGCGATGGCGCAGCG-3′（SEQ ID NO：3）和
反义：5′-CGCTATGGAGTTGGCTCAAGC-3′（SEQ ID NO：6）；

正义：5′-TGTGCCACCTACAAGCTGTGC-3′（SEQ ID NO：4）和
反义：5′-TCAGGGCTGGGCAAGGTG-3′（SEQ ID NO：2）；

正义：5′-TGTGCCACCTACAAGCTGTGC-3′（SEQ ID NO：4）和
反义：5′-CAGCTGCAGGGCCTGGCT-3′（SEQ ID NO：5）；和

正义：5′-TGTGCCACCTACAAGCTGTGC-3′（SEQ ID NO：4）和
反义：5′-CGCTATGGAGTTGGCTCAAGC-3′（SEQ ID NO：6）。

9. 一种与权利要求2的突变的G-CSF蛋白特异结合的抗体。

10. 权利要求9的抗体，其中所述抗体是一种多克隆抗体。

11. 权利要求9的抗体，其中所述抗体是一种单克隆看体。

12. 通过缺失所述G-CSF基因的外显子3区域而获得的突变的G-CSF mRNA或cDNA片段在制备癌症诊断标记物中的应用。

13. 具有相应于外显子3区域的氨基酸序列缺失的突变的G-CSF蛋白在制备癌症诊断标记物中的应用。"

至此，合议组认为本案事实清楚，可以作出审查决定。

二、决定的理由

1. 决定针对的文本

鉴于请求人在复审过程中提交了权利要求书全文替换页（共13项）、说明书附图第1~15页的替换页以及说明书第2、3页的替换页（共2页），声明删除附图13和说明书第2~1页，因此本复审请求审查决定是在请求人于2008年7月16日提交的权利要求第1~13项和说明书第2、3页，2007年3月20日提交的说明书附图第1~15页以及2005年11月24日提交的说明书第4、19页，和2004年3月29日提交的说明书第1、5~18、20~23页，序列表第1~7页及说明书摘要和摘要附图的基础上作出的。

2. 关于专利法第33条

专利法第33条规定，申请人可以对其专利申请文件进行修改，但是，对发明和实用新型专利申请文件的修改不得超出原说明书和权利要求书记载的范围。

根据该款的规定，如果申请的内容通过增加、改变和/或删除其中的一部分，致使所属技术领域的技术人员看到的信息与原申请记载的信息不同，又不能从原申请记载的信息中直接地、毫无疑义地确定，则这样的修改是不被允许的。反之，如果修改后的内容在原申请文件中有明确记载，或者能从原申请记载的信息中直接地、毫无疑义地确定，则这样的修改是允许的。

相对于《驳回决定》所针对的权利要求书而言，请求人在于2008年7月16日提交的新修改的权利要求书中修改了权利要求3，删除了《驳回决定》中认为修改超范围的"或它的包含至少20个来自G-CSF基因的外显子3的连续的核苷酸的片段"和"或至少一个包含至少16个来自所述G-CSF基因的外显子1、2、4或5的连续的核苷酸的它们的片段"，同时《复审通知书》所指出的"或它的包含相应于G-CSF基因的外显子3的20个连续核苷酸的片段"和"或它的包含相应于G-CSF基因的外显子2或4的20个连续核苷酸的片段"的修改超范围的内容在修改后的权利要求3中也不再存在，因此，修改后的权利要求3克服了《驳回决定》和《复审通知书》中所指出的上述部分内容修改超范围的缺陷。

此外，请求人还删除了说明书第2-1页，从而也克服了《驳回决定》和《复审通知书》所指出的说明书第2-1页修改超范围的缺陷。

对于修改后的权利要求4而言，其要求保护"一种用于诊断癌症的微阵列，其包含（a）选自如下序列的核苷酸的片段：SEQ ID NO：14，15，16或17；和（b）选自如下序列的核苷酸的至少一个片段：SEQ ID NO：10，12，13或18~20"。本说明书实施例4记载了利用相应于G-CSF基因外显子3的连续核苷酸片段和相应于外显子2或4的连续核苷酸片段制备DNA芯片来检测G-CSF基因的外显子3的技术方案，并且表2中明确记载了SEQ ID NO：14、15、16或17是相应于G-CSF基因外显子3的连续核苷酸片段，SEQ ID NO：10、12、13、18、19或20是相应于G-CSF基因外显子2、2到3或2到4的连续核苷酸片段，由于本发明是基于发现癌症患者中G-CSF基因转录过程中外显子3发生缺失而作出的（参见本申请说明书第2页第15~16行），因此实施例4实际上记载了一种用于诊断癌症的DNA芯片，其利用选自SEQ ID NO：14、15、16或17的核苷酸片段和选自SEQ ID NO：10、12、13、18、19或20的核苷酸片段来作为探针，即权利要求4的技术方案可以从原申请记载的信息中直接地、毫无疑义地确定，其修改符合专利法第33条的规定。

另外，由于附图13与附图12完全相同，请求人删除了附图13，经审查，这种修改符合专利法第33条的规定。

根据以上事实和理由，本案合议组作出如下审查决定。

三、决定

撤销国家知识产权局于2007年1月12日对02819189.7号发明专利申请作出的驳回决定。由原审查部门在本复审决定所针对文本的基础上继续进行审查。

复审请求人对本决定不服的，可以根据专利法第41条第2款的规定，自收到本决定之日起三个月内向北京市第一中级人民法院起诉。

复方黄酮喷雾剂配制方法

复审请求审查决定（第 14122 号）

决 定 号	第 14122 号
决 定 日	2008 年 7 月 29 日
发明创造名称	复方黄酮喷雾剂配制方法
国际分类号	A61K 31/7048，A61K 35/78，A61K 9/12，A61P 9/10，A61P 17/14
复审请求人	郑向黎，霍秀兰
申 请 号	03112319.8
申 请 日	2003 年 4 月 16 日
公 开 日	2004 年 10 月 20 日
合议组组长	郭　婷
主 审 员	尹　昕
参 审 员	田　芳
法 律 依 据	专利法第 26 条第 3 款

决 定 要 点

如果一项专利申请的说明书中给出了技术手段，但对所属技术领域的技术人员来说，该手段是含糊不清的，根据说明书记载的内容无法具体实施，则该发明由于缺乏解决技术问题的技术手段而被认为无法实现。

对于化学方法发明，无论是物质的制备方法还是其他方法，均应当记载方法所用的原料物质、工艺步骤和工艺条件，使所属技术领域的技术人员按照说明书记载的方法去实施时能够解决该发明要解决的技术问题。对于方法所用的原料物质，应当说明其成分、性能、制备方法或者来源，使得本领域技术人员能够得到。

一、案由

本复审请求涉及 2003 年 4 月 16 日申请、2004 年 10 月 20 日公开、名称为"复方黄酮喷雾剂配制方法"的 03112319.8 号发明专利申请（下称本申请）。本申请的申请人为郑向黎，霍秀兰。

针对申请人于 2003 年 4 月 16 日提交的说明书第 1 页、权利要求第 1 项和说明书摘要，国家知识产权局于 2005 年 11 月 11 日以本申请权利要求 1 不符合专利法实施细则第 20 条第 1 款的规定为由驳回了本申请。

驳回决定所针对的权利要求书为：

"一种复方黄酮喷雾剂配制方法，其特征是采用复合配方，配方比例：荞麦黄酮 2-3g、人参提取物1~2g、95％乙醇85~95ml、1,2丙二醇7~9ml、聚山梨脂（-80）2~3ml，其制作工艺：

1. 醇溶：先用少量乙醇将荞麦黄酮和人参提取物分别溶解，再加乙醇稀释；
2. 混溶：搅拌乙醇混合液，待荞麦黄酮和人参提取物充分溶解后，加入1,2丙二醇、聚山梨醇脂-80、搅匀，垂熔漏斗过滤、装瓶（20ml或100ml）。"

驳回决定的具体理由为：本申请权利要求1中所述的"人参提取物"是一种不清楚的表述，由于人参含有多种有效成分，例如多糖、皂苷，等等，不同成分的药理学功效也各不相同，本领域技术人员不知道该提取物究竟是由何种方法提取得到的，也不知道具体得到的是什么提取物，因此，整个权利要求1的技术方案是不清楚的，不符合专利法实施细则第20条第1款的有关规定。

申请人郑向黎，霍秀兰（下称请求人）对上述驳回决定不服，于2006年2月23日向专利复审委员会提出复审请求，但没有对申请文件进行修改。

请求人在其复审请求的理由中指出：（1）本领域将鲜人参所榨人参汁或人参液统称为人参提取物，干品用酒精浸泡、提取或临界萃取的粉状物也称人参提取物、人参皂苷或人参粉，干品研磨成细粉同样称人参提取物；（2）本发明所指的人参提取物采用鲜人参榨取汁液或人参粉均可，而不是特指人参提取物中的某种成分，本领域技术人员只要看到人参提取物这一原料就会想到人参提取物是从人参中直接提取出来的人参汁或人参粉，至于人参提取物的获得方法也是本领域技术人员熟知的常规技术，不存在无法实施的技术问题；（3）本发明所采用的人参提取物是从人参中直接提取的物质，其中包含了人参的全部有效成分，它的几种主要药用成分只要不破坏即可，其他微量成分可以忽略不计，无特殊要求，这是人参的药用价值取向决定的，因为人参的所有有效成分在营养和药用价值上有共性而没有反性物质。综上所述，本发明说明书和权利要求1中的技术方案是清楚完整的，符合专利法及其实施细则的相关规定。

形式审查合格后，专利复审委员会受理了该复审请求，并于2006年3月30日向请求人发出《复审请求受理通知书》，同时将本申请案卷移交原审查部门进行前置审查。

原审查部门对本复审请求进行了前置审查，在前置审查意见书中，原审查部门指出：申请人在复审请求的理由中给出了人参提取物的概念和范围，但没有证据表明这是本领域技术人员公认的内容，因此对其不予认可。由于从人参中可提取出多种有效成分，由不同的提取方法得到的提取物包含的有效成分可能是不同的，其功效也不相同，并非只要是人参提取物就包含请求人所述的"主要药用成分"。因此，本申请权利要求1仍不符合专利法实施细则第20条第1款的规定，故坚持原驳回决定。

专利复审委员会组成合议组，对本复审请求案进行了审理，于2008年1月28日向请求人发出《复审通知书》。该《复审通知书》中指出：

本申请要求保护一种复方黄酮喷雾剂的配制方法。说明书中描述了该复方黄酮喷雾剂的复合配方和制作工艺，其中公开的配方组成为：荞麦黄酮2~3g、人参提取物1~2g、95％乙醇85~95ml、1,2丙二醇7~9ml、聚山梨醇脂（-80）2~3ml（参见说明书第1页发明内容部分第1自然段）；在其制作工艺中直接采用了"人参提取物"作为原料。根据本申请说明书的记载，该复方制剂具有预防和治疗心绞痛和治疗溢脂性脱发、斑秃、全秃等功效（参见说明书第1页发明内容部分第4自然段）。对于其中所述的原料"人参提取物"，说明书没有公开其来源或提取方法，也没有说明该提取物所含的具体成分和其性能。然而，本领域技术人员公知，人参含有多种化学成分，不同化学成分在植物的根茎、叶和果实中的含量各有不同，其药理学功效和生物学活性也存在差异，不同的提取工艺、纯化方法和质量控制办法均可以导致提取产物不同从而导致其最终的药理学功效和活性的差别，而且并非所有这些成分都有预防和治疗心绞痛和治疗溢脂性脱发、斑秃、全秃等功效。由此可见，在说明书没有对"人参提取物"进行清楚定义的情况下，说明书中所提供的这一技术手段含糊不清，因此本申请的说明书没有充分公开其要求保护的技术方案，不符合专利法第26条第3款的规定。

此外，针对请求人提出复审请求时的意见陈述指出：（1）请求人所述的是对"人参提取物"的举例说明，并未给出本领域技术人员一致认可的"人参提取物"的概念。（2）本申请说明书中并没有对"人参提取物"进行解释说明，因此本领域技术人员会按照本领域公知的含义来理解"人参提取物"，而并非如请求人所述的"只要看到人参提取物这一原料就会想到人参提取物是从人参中直接提取出来的人参汁或人参粉"。（3）本申请说明书中并没有限定"本发明所采用的人参提取物是从人参中直接提取的物质，其中包含了人参的全部有效成分"，而如上所述，根据本领域技术人员的公知常识，不同的提取方法，甚至采用不同工艺条件的同一提取方法均会导致获得的人参提取物的具体成分以及化学稳定性产生差异，而并非所有成分均具有说明书中所述的预防和治疗心绞痛以及治疗溢脂性脱发、斑秃、全秃等功效。事实上，目前市场上销售的人参提取物成品有多种型号和生产厂家，其中均需标明其具体成分以及纯化和质量控制工艺，以便消费者根据需要选择购买。综上所述，请求人的意见陈述不具有说服力。

本申请权利要求1要求保护"一种复方黄酮喷雾剂配制方法，其特征是采用复合配方，配方比例：荞麦黄酮2～3g、人参提取物1～2g、95％乙醇85～95ml、1,2丙二醇7～9ml、聚山梨脂（-80）2～3ml……"，如上述审查意见所指出的，该权利要求中的"人参提取物"可包含多种活性成分，其药理学功效和生物学活性也存在差异，而且不同的提取工艺、纯化方法和质量控制办法均可以导致提取产物不同从而导致其最终的药理学功效和活性的差别。然而说明书中没有公开"人参提取物"的来源或提取方法，也没有说明该提取物所含的具体成分和其性能，并且也未对其含义进行明确定义，因此这是一种不清楚的表述，导致该权利要求1的保护范围不清楚，不符合专利法实施细则第20条第1款的规定。

针对《复审通知书》指出的问题，请求人于2008年2月26日提交了意见陈述书和一封信件，其中陈述意见如下：（1）复方黄酮喷雾剂这项研究已通过专家鉴定："居国内领先水平"。（2）省级查新报告表明本申请的复方黄酮喷雾剂"国内未见同类报导"。（3）复方黄酮喷雾剂其中的成分"人参提取物"已列为药品生产原料，如"国药准字Z31020068"的麝香保心丸，其中的主要成分就有麝香、人参提取物。（4）请求人的另一申请"复方黄酮胶囊片剂的配制方法"其主要成分也是"荞麦黄酮和人参提取物"，已经被国家知识产权局授予专利权。（5）本申请关于人参提取物的描述对于本领域技术人员而言是显而易见的，而且说明书中明确指出"将人参提取物用少量乙醇溶解，加乙醇稀释"，这表明只要能醇溶的人参提取物均适合本发明的应用范围。综上所述，请求人认为本申请符合专利法及其实施细则的相关规定，应当授予专利权。

至此，合议组认为本案事实清楚，可以作出审查决定。

二、决定的理由

1. 决定针对的文本

鉴于请求人在复审过程中并未对申请文件进行修改，因此本复审请求审查决定是在驳回决定所针对的文本，即2003年4月16日提交的说明书第1页、权利要求第1项和说明书摘要的基础上作出的。

2. 关于专利法第26条第3款

专利法第26条第3款规定：说明书应当对发明或者实用新型作出清楚、完整的说明，以所属技术领域的技术人员能够实现为准。

所属技术领域的技术人员能够实现，是指所属技术领域的技术人员按照说明书记载的内容，就能够实现该发明或者实用新型的技术方案，解决其技术问题，并产生预期的技术效果。

如果一项专利申请的说明书中给出了技术手段，但对所属技术领域的技术人员来说，该手段是含糊不清的，根据说明书记载的内容无法具体实施，则该发明由于缺乏解决技术问题的技术手段而被认为无法实现。

对于化学方法发明，无论是物质的制备方法还是其他方法，均应当记载方法所用的原料物质、工艺步骤和工艺条件，使所属技术领域的技术人员按照说明书记载的方法去实施时能够解决该发明要解决的技术问题。对于方法所用的原料物质，应当说明其成分、性能、制备方法或者来源，使得本领域技术人员能够得到。

本申请要求保护一种复方黄酮喷雾剂的配制方法。说明书中描述了该复方黄酮喷雾剂的复合配方和制作工艺（参见说明书第1页第9～15行），其中公开的配方组成为：荞麦黄酮2～3g、人参提取物1～2g、95％乙醇85～95ml、1，2丙二醇7～9ml、聚山梨醇脂（-80）2～3ml；制作工艺为：先用少量乙醇将荞麦黄酮溶解，加乙醇稀释，另将人参提取物用少量乙醇溶解，再加乙醇稀释，然后将上述荞麦黄酮的乙醇溶液和人参提取物的乙醇溶液合并，搅拌该混合溶液，加入1，2丙二醇、聚山梨醇脂-80，搅匀过滤，质检装瓶，最后成品包装。在上述制作工艺中，直接采用"人参提取物"作为原料。根据本申请说明书的记载，该复方制剂具有预防和治疗心绞痛和治疗溢脂性脱发、斑秃、全秃等功效（参见说明书第1页发明内容部分第4自然段）。

对于其中所述的原料"人参提取物"，说明书没有公开其来源或提取方法，也没有说明该提取物所含的具体成分和其性能。然而，本领域技术人员公知，人参含有多种化学成分，主要有人参皂苷、人参多糖、多肽、人参炔醇、麦芽酚、腺嘌呤核苷以及某些氨基酸和微量元素等，其中人参皂苷主要分为二醇组皂苷、三醇组皂苷和齐墩果酸皂苷，二醇组皂苷又主要包括人参皂苷Ra1、Ra2、Rb1、Rb2、Rb3、Rc、Rd、Rg3，三醇组皂苷包括人参皂苷Re、Rf、Rg1、Rg2、Rh1等，不同化学成分在植物的根茎、叶和果实中的含量各有不同，其药理学功效和生物学活性也存在差异；虽然人参提取物的提取方法是本领域技术人员熟知的常规技术，但人参提取物的制备方法多种多样，本领域技术人员常用的包括煎煮法、浸渍法、渗漉法、乙醇回流提取法以及树脂纯化法等，采用不同的提取方法、纯化方法和质量控制办法，甚至同一提取方法采用不同工艺条件均会导致获得的人参提取物的具体成分和化学稳定性产生差异，从而最终导致获得具有不同药理学作用和生物活性的人参提取物，而且并非所有这些成分都有预防和治疗心绞痛和治疗溢脂性脱发、斑秃、全秃等功效。因此，本领域技术人员无法预期采用任意人参提取物制备本发明复方制剂时都能够达到所述预防和治疗心绞痛和治疗溢脂性脱发、斑秃、全秃等药效。由此可见，在说明书没有对原料"人参提取物"进行清楚说明的情况下，说明书中所提供的这一技术手段是含糊不清的，根据说明书记载的内容无法具体实施本发明，因此本申请的说明书没有充分公开其要求保护的技术方案，不符合专利法第26条第3款的规定。

针对请求人答复《复审通知书》时的意见陈述，合议组认为：（1）本申请的审查严格按照我国专利法及其实施细则、审查指南的相关规定进行，请求人所述的专家鉴定、省级查新报告、国药准字Z31020068的麝香保心丸的成分以及其他申请的审查结果均无法作为本案定案依据，无法证明本申请符合专利法第26条第3款的规定。（2）虽然说明书中指出"将人参提取物用少量乙醇溶解，加乙醇稀释"，然而如前所述，人参的化学成分多种多样，其中大多可溶于乙醇，并非所有这些成分都有预防和治疗心绞痛和治疗溢脂性脱发、斑秃、全秃等功效，因此，上述内容无法说明只要能醇溶的人参提取物均适合本发明的应用范围。综上所述，请求人的意见陈述不具有说服力。

根据以上事实和理由，本案合议组作出如下审查决定。

三、决定

维持国家知识产权局于2005年11月11日对03112319.8号发明专利申请作出的驳回决定。

复审请求人对本决定不服的，可以根据专利法第41条第2款的规定，自收到本决定之日起三个月内向北京市第一中级人民法院起诉。

基因重组伊卡因及其制备方法

复审请求审查决定（第 14163 号）

决 定 号	第 14163 号
决 定 日	2008 年 7 月 29 日
发明创造名称	基因重组伊卡因及其制备方法
国际分类号	C12N 15/12，C07K 14/435，C12P 21/02
复审请求人	财团法人化学及血清疗法研究所
申 请 号	02817502.6
优 先 权 日	2001 年 7 月 6 日
申 请 日	2002 年 7 月 4 日
公 开 日	2004 年 12 月 1 日
合议组组长	许 磊
主 审 员	冯 怡
参 审 员	卢 阳

法 律 依 据 专利法第 22 条第 2 款

决 定 要 点

判断权利要求的新颖性时，应当以对比文件公开的技术内容为准。该技术内容不仅包括明确记载在对比文件中的内容，而且包括对于所属技术领域的技术人员来说，隐含的且可直接地、毫无疑义地确定的技术内容。

一、案由

本复审请求涉及申请号为 02817502.6，名称为"基因重组伊卡因及其制备方法"的发明专利申请（下称本申请），其申请日为 2002 年 7 月 4 日，优先权日为 2001 年 7 月 6 日，进入国家阶段日期为 2004 年 3 月 8 日，公开日为 2004 年 12 月 1 日，申请人为财团法人化学及血清疗法研究所。

针对本申请进入中国国家阶段时提交的国际申请文件中文译文的说明书第 1~13 页、序列表第 1~4 页、说明书附图第 1~3 页及说明书摘要，以及申请人于 2006 年 7 月 21 日提交的权利要求第 1~11 项，国家知识产权局于 2006 年 9 月 8 日以权利要求 1 不具备新颖性，不符合专利法第 22 条第 2 款的规定为由驳回了本申请。

驳回决定所针对的权利要求 1 如下：

"1. 一种基因重组伊卡因，它可通过切割 Arg-Ile 位点将前凝血酶-2 转化为 α-凝血酶或将凝血酶原转化为间凝血酶，其中所述伊卡因的氨基酸序列如 SEQ ID NO：1 所示。"

驳回决定认为：对比文件1（S. Nishida 等，"cDNA Cloning and Deduced Amino Acid Sequence of Prothrombin Activator (Ecarin) from Kenyan Echis carinatus Venom". Biochemistry，第34卷，第5期，1995，第1771~1778页）已经公开了伊卡因的氨基酸序列，因此伊卡因蛋白是一种已知的蛋白质。且对比文件1中公开的肯亚锯鳞蝰毒液的凝血酶原激活物（伊卡因）的氨基酸序列与本发明的重组伊卡因的氨基酸序列有100%的同源性。作为由不同的制备方法定义的、具有相同氨基酸序列的本发明的重组蛋白（基因重组伊卡因）相对于对比文件1不具有新颖性，即权利要求1不符合专利法第22条第2款的规定。

申请人财团法人化学及血清疗法研究所（下称请求人）对上述驳回决定不服，于2006年12月22日向专利复审委员会提出复审请求，请求人在提出复审请求时没有对专利申请文本进行修改。请求人认为，对比文件1实际上得到的是伊卡因cDNA，其中所教导的伊卡因的推导的氨基酸序列仅仅提供了假设或信息，不能破坏权利要求1的新颖性。

形式审查合格后，专利复审委员会受理了该复审请求，并于2007年3月8日向请求人发出《复审请求受理通知书》，随后将本申请案卷移交原审查部门进行前置审查。

原审查部门对本复审请求进行了前置审查，坚持原驳回决定。

专利复审委员会组成合议组，对本案的复审请求进行了审理。于2008年3月7日向请求人发出《复审通知书》。该《复审通知书》指出，本案中，权利要求1要求保护一种氨基酸序列如SEQ ID NO：1所示的基因重组伊卡因。对比文件1公开了锯鳞蝰的伊卡因cDNA序列，进而推导得到伊卡因的616个氨基酸全序列（参见对比文件1第1774页图4序列表），所述的氨基酸序列与本发明的重组伊卡因氨基酸序列，即本发明的SEQ ID NO：1所示序列完全相同。因此，对比文件1中已经公开了伊卡因的氨基酸序列，对于所属技术领域的技术人员来说实质上已经通过基因重组手段揭示了伊卡因的氨基酸序列信息，同时也就表明了可直接地、毫无疑义地获得SEQ ID NO：1所示序列的伊卡因，因此权利要求1不具备新颖性，不符合专利法第22条第2款的规定。

针对《复审通知书》指出的问题，请求人于2008年6月23日提交了意见陈述书及经修改的权利要求书全文替换页（共10项），删除了权利要求1，将权利要求2修改为权利要求1，删除了《驳回决定》所针对的权利要求10中括号表述的内容，同时相应地修改了权利要求的编号，除此以外未进行其他修改。

修改后的权利要求书如下：

"1. 基因重组伊卡因的制备方法，该方法包括下列步骤：

（1）培养转化体微生物或动物细胞，所述细胞用启动子下游整合有编码伊卡因的基因的表达载体转化，使在培养上清液或所述转化体中产生和积累伊卡因，并回收产生的伊卡因；和

（2）纯化含有回收的伊卡因的溶液，获得纯化的伊卡因。

2. 权利要求1的基因重组伊卡因的制备方法，其中所述启动子选自SV40早期启动子、SV40晚期启动子、巨细胞病毒启动子和鸡β-肌动蛋白启动子。

3. 权利要求2的基因重组伊卡因的制备方法，其中所述启动子为鸡β-肌动蛋白启动子。

4. 权利要求1至3中任一项的基因重组伊卡因的制备方法，其中所述表达载体在编码伊卡因的基因的上游含有信号序列。

5. 权利要求4的基因重组伊卡因的制备方法，其中所述信号序列选自pel B信号、α因子信号、免疫球蛋白SG-1和C25信号。

6. 权利要求1或2的基因重组伊卡因的制备方法，其中所述表达载体还包含基因扩增基因，并且转化体在适于基因扩增的条件下培养。

7. 权利要求6的基因重组伊卡因的制备方法，其中所述基因扩增基因是编码二氢叶酸还原酶的基因。

8. 权利要求1或2的基因重组伊卡因的制备方法，其中所述编码伊卡因的基因是具有SEQ ID NO：2的核苷酸序列的基因片段，或编码包含所述伊卡因蛋白部分氨基酸序列的肽的基因片段。

9. 权利要求1或2的基因重组伊卡因的制备方法，其中所述转化体是选自中国仓鼠卵巢细胞、小鼠骨髓瘤细胞、BHK21细胞、293细胞和COS细胞的动物细胞。

10. 权利要求1的基因重组伊卡因的制备方法，其中伊卡因的纯化方法包括依次进行阳离子交换层析和凝胶过滤层析。"

至此，合议组认为本案事实清楚，可以作出审查决定。

二、决定的理由

1. 决定针对的文本

请求人于2008年6月23日提交了经修改的权利要求书，与原申请文本相比，其所作修改为删除了原始权利要求书中的权利要求1和2以及原始权利要求11中括号表述的内容，同时相应地修改了权利要求的编号，除此以外未进行其他修改。经审查，这种修改符合专利法第33条的规定。因此，本复审请求审查决定是在请求人于2008年6月23日提交的权利要求1~10和《驳回决定》所针对的说明书第1~13页、序列表第1~4页、说明书附图第1~3页及说明书摘要的基础上作出的。

2. 关于专利法第22条第2款

专利法第22条第2款规定，新颖性，是指在申请日以前没有同样的发明或者实用新型在国内外出版物上公开发表过、在国内公开使用过或者以其他方式为公众所知。

判断权利要求的新颖性时，应当以对比文件公开的技术内容为准。该技术内容不仅包括明确记载在对比文件中的内容，而且包括对于所属技术领域的技术人员来说，隐含的且可直接地、毫无疑义地确定的技术内容。

本案中，《驳回决定》和《复审通知书》指出权利要求1的技术方案已被对比文件1公开，故不符合专利法第22条第2款的规定。对此，请求人在于2008年6月23日答复《复审通知书》时提交的新修改的权利要求书中，删除了《驳回决定》所针对的权利要求1，从而克服了《驳回决定》及《复审通知书》指出的缺陷。

根据以上事实和理由，本案合议组作出如下审查决定。

三、决定

撤销国家知识产权局于2006年9月8日对02817502.6号发明专利申请作出的驳回决定。由原审查部门在本复审决定所针对文本的基础上继续进行审查。

复审请求人对本决定不服的，可以根据专利法第41条第2款的规定，自收到本决定之日起三个月内向北京市第一中级人民法院起诉。

富硒及其他微量元素虫草

复审请求审查决定（第 14170 号）

决 定 号	第 14170 号
决 定 日	2008 年 7 月 29 日
发明创造名称	富硒及其他微量元素虫草
国 际 分 类 号	C12N 1/14，A23L 1/28，A61K 35/70 //（C12N 1/14，C12R 1：645）
复 审 请 求 人	杨俊海
申 请 号	99111376.4
申 请 日	1999 年 8 月 12 日
公 开 日	2001 年 2 月 21 日
合 议 组 组 长	王晓云
主 审 员	李梦楠
参 审 员	吴文英
法 律 依 据	专利法第 26 条第 3 款

决 定 要 点

对于一项专利申请，如果说明书中给出了技术手段，但对所属技术领域的技术人员来说，该手段是含糊不清的，根据说明书记载的内容无法具体实施，则该申请由于缺乏解决技术问题的技术手段而被认为无法实现。

一、案由

本复审请求涉及 1999 年 8 月 12 日申请、2001 年 2 月 21 日公开、名称为"富硒及其他微量元素虫草"的 99111376.4 号发明专利申请（下称本申请）。本申请的申请人为杨俊海。

国家知识产权局于 2004 年 6 月 4 日以说明书不符合专利法第 26 条第 3 款的规定为由驳回了本申请。

驳回决定所针对的权利要求书为：

"1. 一种富硒及其他微量元素虫草，其特征在于培养步骤如下：

（1）将虫草菌培养在斜面固体培养基中，其成分为（%）：

20 土豆汁，2.0 葡萄糖，0.3KG2PO4，0.15MgSO4，0.1mg，维生素 B1，1.5～1.7 琼脂，pH6.0～7.0，25～28 度培养 7～10 天，4 度保存，

（2）从斜面挖取约 1.5 平方厘米的菌块接种在下列种子培养基中：（%）20 土豆汁，1.0 葡萄

糖，20蔗，0.3KG2PO$_4$，0.15MgSO$_4$，维生素B10.1mg，PH0.0~7.0，25~28度旋转摇床培养4~8天，0.24小时，100RPM，24小时后150~180RPM，500ml三角瓶装150~200ml培养基。

发酵：

固体培养–（1/3玉米粒+2/3大米）或大米：水–1：1.3~1.5，水中含（%），0.3KG2PO$_4$，0.15MgSO$_4$，0.1mgVB1。

用玻璃罐头瓶分装，盖以耐热透明塑料膜，灭菌接种入约每瓶2ml种子菌液，在向阳的室内25~28度培养45~60天，微量元素加量：100~300mg/ml。

液体培养–（%）1.0葡萄糖、3.0蔗糖、2.5黄豆饼粉，0.3KG2PO4，0.15MgSO4，VB1 0.1mg，接种量8%~10%，25~28度5~8天，0~24小时80RPM，24小时后100~150RPMPH6.0~6.5。

（3）当完成（2）后，分离菌体，液体培养经板框过滤并用水洗菌体。收集菌体烘干。

（4）将（3）所获产物进行检测微量元素含量。

（5）经（4）检测后微量元素含量分别为（微克/克干菌）：硒180，锌150，锰200，钴90，锡60。

（6）在（5）的水平适于应用于食品及药品，微量元素太低达不到要求，过高则服用时虫草量太少。"

驳回决定认为：说明书第2页第14行中仅仅公开了"微量元素加量：100~300 mg/ml"，而没有公开所添加的微量元素是哪几种元素，并且也没有公开每种微量元素各添加多少。由于没有公开培养基中所添加的微量元素的种类以及每种元素的量，导致本领域技术人员无法根据说明书的记载实施本发明。尽管申请人在针对第二次审查意见通知书的答复中认为"微量元素包括的种类已在文中有明确的列入：硒、锰、锌、钴、锡及铬；微量元素的浓度范围包括了上述6种元素，文中明确表示由于菌种的差异、地区条件的不同（如水质等），对加量有不同，但上述浓度范围适於这六种元素，文中因此强调了预先小试的必要性"。然而，申请人仅仅在说明书第2页倒数第3行中描述了"经（4）检测后微量元素含量分别为（微克/克干菌）：硒180，锌150，锰200，钴90，锡60"，没有铬元素；本领域技术人员认为，不能因为检测到5种微量元素就可以认定在培养基中所加的微量元素的种类，这5种微量元素也可能是虫草本身含有的微量元素。因此申请人不公开培养基中所添加的微量元素的种类以及每种元素的含量，本领域技术人员就无法达到本发明"提供一种富硒及其他微量元素虫草"的目的。

申请人杨俊海（下称请求人）对上述驳回决定不服，于2005年9月8日向专利复审委员会提出复审请求及以下附件：

附件1. 专利申请的项目材料，复印件共15页；

附件2. 中国专利信息，复印件共5页；

附件3. 发明专利申请公布通知书，第一、二次审查意见通知书及驳回决定，复印件共8页。

请求人认为，本申请中硒、锰的数据是详细的，不能因为其他微量元素公开不完整而全部否定本申请，因此驳回决定的理由不成立。

形式审查合格后，专利复审委员会受理了该复审请求，并于2006年7月24日向请求人发出《复审请求受理通知书》，同时将本申请案卷移交原审查部门进行前置审查。

原审查部门对本复审请求进行了前置审查，认为本申请说明书中没有公开培养基中所添加的微量元素的种类以及每种元素的量，导致本领域技术人员无法根据说明书的记载实施本发明。尽管说明书中描述了在最终的产物中检测到微量元素，但是不能因为检测到5种微量元素就可以认定在培养基中所加的微量元素的种类，因此，本申请说明书公开不充分，坚持驳回决定。

专利复审委员会组成合议组，对本复审请求案进行了审理。于2008年3月5日向请求人发出《复审通知书》。《复审通知书》指出，本案中，说明书的技术方案中对于培养本发明的虫草所需要的微量元素只给出了整体加入量为100~300mg/ml，但是对其具体的组成如具体添加哪几种微量元素及每一种的具体用量为多少都没有任何记载，本领域技术人员无法具体实施本发明的技术方案，解决本发明的技术问题，因此说明书不符合专利法第26条第3款的规定。

尽管说明书第2页倒数第3行公开了可以在虫草中检测到"微量元素的含量分别为（微克/克干菌），硒180，锌150，锰200，钴90，锡60"，然而，在终产物中检测到的微量元素并不能与培养基中添加的微量元素的种类及用量唯一对应，根据这些记载本领域技术人员仍无法具体实施本发明的技术方案。此外，对于请求人所提交的附件1及附件2既未记载在原始申请文件中，也并非公知的现有技术，因此不能用来证明说明书的公开充分问题，对于这些材料内容合议组不予考虑。

针对《复审通知书》指出的问题，请求人于2008年3月21日提交了意见陈述书并提交了附件4（意见陈述的附页，共1页）和附件5（申请文件材料，共4页）。请求人认为：（1）本申请的技术方案中存在浸泡和水洗产物两次的处理，且硒、锰均为水溶性无机盐，因此产物中混有未被利用的微量元素的可能性被排除；（2）各种天然或人工的水果或中草药中都含有硒、锰等微量元素，但是均没有达到日推荐量的程度。

至此，合议组认为本案事实已经清楚，可以作出审查决定。

二、决定的理由

1. 审查针对的文本

本复审决定所针对的文本为驳回决定所针对的文本，即1999年8月12日提交的权利要求第1项、说明书第1~3页以及说明书摘要。

2. 关于专利法第26条第3款

专利法第26条第3款规定，说明书应当对发明或实用新型作出清楚、完整的说明，以所属技术领域的技术人员能够实现为准。

对于一项专利申请，如果说明书中给出了技术手段，但对所属技术领域的技术人员来说，该手段是含糊不清的，根据说明书记载的内容无法具体实施，则该申请由于缺乏解决技术问题的技术手段而被认为无法实现。

本案中，说明书的技术方案中对于培养本发明的虫草所需要的微量元素只给出了整体加入量为100~300mg/ml，但是对其具体的组成如具体添加哪几种微量元素及每一种的具体用量为多少都没有任何记载，然而，本发明的目的就在于培养富含微量元素的虫草，因此微量元素种类及具体用量是解决本发明技术问题的关键，在说明书中没有具体公开微量元素组成的情况下，本领域技术人员无法具体实施本发明的技术方案，解决本发明的技术问题，因此说明书不符合专利法第26条第3款的规定。

说明书第2页倒数第3行公开了可以在虫草中检测到"微量元素的含量分别为（微克/克干菌），硒180，锌150，锰200，钴90，锡60"，然而，在终产物中检测到的微量元素并不能与培养基中添加的微量元素的种类及用量唯一对应。终产品中检测到的微量元素可能是虫草本身含有的，并非培养基中添加的，而且虫草培养是一个动态的过程，在其培养过程中完全可能出现某些添加在培养基中的微量元素没有被吸收或含量发生改变的情况，因此本领域技术人员无法根据终产品中微量元素的种类和含量来唯一推定培养基中所添加的微量元素的种类和用量，在说明书中没有具体公开微量元素的种类及用量的情况下，本领域技术人员无法实现本发明的技术方案。尽管请求人认为，本申请中硒、锰的数据是清楚的，是可以实现的，然而根据说明书的记载可以看出，本申请中所述的"微量元素"并不仅仅是硒和锰，而且说明书中也并没有清楚的记载硒和锰的具体用量，因此请求人上述观点是不成立的；此外，请求人认为本申请的技术方案中存在浸泡和水洗产物两次的处理，硒、锰均为水溶性无机盐，因此产物中混有未被利用的微量元素的可能性被排除；而且各种天然或人工的水果或中草药中所含有硒、锰等微量元素均没有达到日推荐量的程度。对此，合议组认为，水洗步骤是在菌体培养结束之后进行的，因此有无水洗步骤与微量元素是否完全被吸收或含量是否发生变化没有必然的联系；同样，天然中草药中所含微量元素是否达到日推荐量与本申请中具体添加的微量元素的种类及用量也没有必然联系，因此请求人的上述陈述依旧无法克服本申请说明书中没有具体公开微量元素组成及用量的缺陷。对于请求人提交的附件4和5的内容既未记载在原始申请文件中，也不是本申请申请日前的公知技术，无法用来克服本申请不符合专利法第26条第3款的缺陷。

综上所述，合议组认为，本申请由于没有具体公开所需添加的微量元素的组成和用量，致使本领域技术人员根据说明书的记载无法实现本发明的技术方案，本申请不符合专利法第26条第3款的规定。

根据以上事实和理由，本案合议组作出如下审查决定。

三、决定

维持国家知识产权局于2004年6月4日对99111376.4号发明专利申请作出的驳回决定。

复审请求人对本决定不服的，可以根据专利法第41条第2款的规定，自收到本决定之日起三个月内向北京市第一中级人民法院起诉。

含有因子 VIII 的稳定药物组合物

复审请求审查决定（第 14171 号）

决 定 号	第 14171 号
决 定 日	2008 年 7 月 19 日
发明创造名称	含有因子 VIII 的稳定药物组合物
国际分类号	A61K 38/37，A61K 9/19，A61K 47/26，A61K 47/18
复审请求人	科学研究和应用咨询公司
申 请 号	03806991.1
优 先 权 日	2002 年 3 月 26 日
申 请 日	2003 年 3 月 26 日
公 开 日	2005 年 7 月 20 日
合议组组长	张 霞
主 审 员	许 磊
参 审 员	武 磊

法 律 依 据 专利法第 22 条第 3 款

决 定 要 点

判断要求保护的发明相对于现有技术是否显而易见，通常首先确定最接近的现有技术，分析要求保护的发明与最接近的现有技术相比存在哪些区别特征，然后判断对于该发明所要解决的技术问题而言，现有技术中是否给出将上述区别特征应用到该最接近的现有技术以解决该发明所要解决技术问题的启示，如果现有技术不存在该种启示，则该发明的技术方案相对于该最接近的现有技术而言是非显而易见的，具有突出的实质性特点。

一、案由

本复审请求涉及申请日为 2003 年 3 月 26 日、公开日为 2005 年 7 月 20 日、名称为"含有因子 VIII 的稳定药物组合物"的 03806991.1 号发明专利申请（下称本申请），其申请人为科学研究和应用咨询公司，优先权日为 2002 年 3 月 26 日，进入中国国家阶段的日期是 2004 年 9 月 24 日。

针对本申请进入中国国家阶段时提交的国际申请文件中文译文的说明书第 1～13 页、说明书摘要、核苷酸和氨基酸序列表第 1～7 页以及申请人于 2006 年 4 月 5 日提交的权利要求 1～10，国家知识产权局于 2006 年 10 月 13 日以权利要求 1～10 不符合专利法第 22 条第 3 款的规定为由驳回了本申请，驳回决定所针对的权利要求书如下：

"1. 一种固体药物组合物，它可以通过冷冻干燥含有下述组分、不含有氨基酸的溶液得到：

(a) 因子Ⅷ；

(b) 表面活性剂；

(c) 氯化钙；

(d) 蔗糖；

(e) 氯化钠；

(f) 柠檬酸三钠；和

(g) 无氨基酸的缓冲液；

所述组合物在冷冻干燥以前和与注射用水重配以后具有pH6~8。

2. 根据权利要求1的固体药物组合物，其特征在于，所述的因子Ⅷ选自猪因子Ⅷ或重组猪因子Ⅷ。

3. 根据权利要求2的固体药物组合物，其特征在于，所述的因子Ⅷ是重组猪因子Ⅷ。

4. 根据权利要求2的固体药物组合物，其特征在于，所述的重组猪因子Ⅷ具有氨基酸序列SEQ. ID. NO：1。

5. 根据权利要求1~4中任意一项的固体药物组合物，其特征在于，所述的表面活性剂是聚山梨醇酯。

6. 根据权利要求5的固体药物组合物，其特征在于，所述的表面活性剂是聚山梨醇酯80。

7. 根据权利要求1~4中任意一项的固体药物组合物，其特征在于，所述的无氨基酸的缓冲液是三（羟甲基）甲基胺。

8. 根据权利要求1~4中任意一项的固体药物组合物，其在冷冻干燥以前和与注射用水重配以后具有pH6.5~7.5。

9. 根据权利要求1~4中任意一项的固体药物组合物，其可以通过冷冻干燥含有下述组分、不含有氨基酸的溶液得到：

(a) 50~10 000国际单位/ml的人或重组人因子Ⅷ，或50~10 000猪单位/ml的猪或重组猪因子Ⅷ；

(b) 从高于临界胶束浓度至1%v/v的表面活性剂；

(c) 0.5~10mM的氯化钙；

(d) 5~50mM的蔗糖；

(e) 0.15~0.5M的氯化钠；

(f) 1~50mM的柠檬酸三钠；和

(g) 1~50mM的无氨基酸的缓冲液。

10. 一种液体药物组合物，它可以通过用任选含有氯化钠的无菌水稀释权利要求1~9中任意一项的固体药物组合物得到。"

驳回的理由为：（1）对比文件1（"Development of a Freeze-Dried Albumin-Free Formulation of Recombinant Factor Ⅷ SQ"，Thomas sterberg等人，Pharmaceutical Research，第14卷，第7期，1997年，第892~898页）公开了一种不含白蛋白的冷冻干燥的含有因子Ⅷ的固体药物组合物，并具体公开了这种药物组合物含有因子Ⅷ、表面活性剂、氯化钙、蔗糖、氯化钠和L-组氨酸，以及所述组合物在冷冻干燥前具有pH6~8这些技术特征，其与权利要求1的区别仅在于对比文件1中记载的药物组合物不含有柠檬酸三钠以及含有L-组氨酸。然而，因为对比文件1中记载的药物组合物在7℃保存时，至少在两年内是稳定的；在25℃保存时，至少在1年内是稳定的，所以本申请选择柠檬酸三钠作为赋形剂没有产生更好的技术效果，而且本申请中不含有氨基酸也没有产生更好的技术效果，只能看作对比文件 1 中记载的药物组合物的简化，因此，在对比文件 1 的基础上结合本领域常规使用的技术手段，通过简单的试验选择所述药物组合物的具体组分，从而得到权利要求 1 的技术方案对于本领域技术人员而言是显而易见的，故权利要求 1 不具备创造性。（2）权利要求 2~4、5、6、8 的附加技术特征均已在对比文件 1 中被公开，故在对比文件 1 的基础上结合本领域常规使用的技术手段就可以获得这些权利要求的技术方案，这些权利要求也不具备创造性。（3）权利要求 7、9、10 所要保护的技术方案都是本领域技术人员在对比文件 1 的基础上结合本领域常规使用的技术手段通过简单试验选择可以得到的，因此对于本领域技术人员来说是显而易见的，故这些权利要求也不具备创造性。

申请人（下称请求人）对上述驳回决定不服，于 2007 年 1 月 29 日向专利复审委员会提出复审请求。请求人在提出复审请求时没有对申请文件进行修改。

请求人认为：（1）虽然对比文件 1 与本申请的目的都是提供一种稳定的因子 VIII 组合物，然而它们解决技术问题的技术手段并不相同。与对比文件 1 相比，本申请不含有包括 L-组氨酸在内的氨基酸，并且含有柠檬酸三钠。根据对比文件 1 的记载，L-组氨酸的重要作用之一是在冷冻干燥和贮存过程中保护因子 VIII，因此本领域技术人员在阅读对比文件 1 后会理所当然地认为 L-组氨酸是提供稳定的因子 VIII 组合物的重要手段之一，因此，当希望获得稳定的因子 VIII 组合物时，根据对比文件 1 的内容决不会考虑省略 L-组氨酸，故对比文件 1 没有给出从其公开的组合物中省略 L-组氨酸的技术启示。此外，对比文件 1 也未提示可以向该组合物中加入柠檬酸三钠作为稳定剂以得到稳定的因子 VIII 组合物，因此，本申请的技术方案相对于对比文件 1 而言是非显而易见的，具有突出的实质性特点。（2）如果将本申请看作对比文件 1 中记载的药物组合物的简化，则根据审查指南第 172 页有关"要素省略的发明"的规定，本申请更应当具备创造性。

经形式审查合格后，专利复审委员会受理了该复审请求，并于 2007 年 3 月 8 日向请求人发出《复审请求受理通知书》，同时向国家知识产权局实质审查部门发出前置审查意见通知书。

国家知识产权局实质审查部门对本复审请求进行了前置审查，在前置审查意见书中坚持原驳回决定的意见。

专利复审委员会组成合议组对本案进行了审查，经审查，合议组认为本案事实清楚，可以作出审查决定。

二、决定的理由

1. 决定所依据的文本

请求人在复审过程中未对申请文件进行过修改，因此，本决定是在驳回决定所针对文本的基础上作出的。

2. 关于专利法第 22 条第 3 款

专利法第 22 条第 3 款规定，创造性，是指同申请日以前的现有技术相比，该发明具有突出的实质性特点和显著的进步。

根据该款规定，判断要求保护的发明相对于现有技术是否显而易见，通常首先确定最接近的现有技术，分析要求保护的发明与最接近的现有技术相比存在哪些区别特征，然后判断对于该发明所要解决的技术问题而言，现有技术中是否给出将上述区别特征应用到该最接近的现有技术以解决该发明所要解决技术问题的启示，如果现有技术不存在这种启示，则该发明的技术方案相对于该最接近的现有技术而言是非显而易见的，具有突出的实质性特点。

本案中，权利要求 1 要求保护一种包含因子 VIII 的固体药物组合物，对比文件 1 公开了一种包含重组因子 VIII SQ 的冷冻干燥的固体药物组合物，从对比文件 1 的描述来看，重组因子 VIII SQ 是其中 B-区域已经被删除的人因子 VIII 的衍生物，其相当于因子 VIII 的最小活性形式，是一种存在于治疗因子 VIII 浓缩物中的通过金属离子相连的 80+90 kDa 的杂二聚体（见对比文件 1 标题、摘要、第 892 页左栏最后一段至右栏第 1 段）。权利要求 1 与对比文件 1 的区别在于两种组合物中的活性成分不同以及驳回决定中所指出的对比文件 1 的组合物中含有组氨酸并且不含柠檬酸三钠。从本申请说明书的描述来看，本申请的目的是要提供一种不含氨基酸的稳定的因子 VIII 的药物组合物，而从对比文件 1 的描述来看，对比文件 1 的目的是要研制一种不添加白蛋白的稳定的重组因子 VIII SQ 的药物组合物。

从对比文件 1 的描述来看，因为现有技术中普遍采用的使用白蛋白稳定因子 VIII 制剂的方案由于白蛋白用量高和白蛋白存在杂质而存在一些问题，因此希望寻找一种不含白蛋白的制剂。通过研究，对比文件 1 找到了一种组合物配方，其中通过将表面活性剂聚山梨醇酯 80 与无定形赋形剂 L-组氨酸和蔗糖联用来保护活性物质结构的完整性和阻止其发生表面吸附，并且组氨酸还发挥缓冲剂的功能（见对比文件 1 第 892 页摘要"结果"部分、第 898 页"结论"部分），因此，根据对比文件 1 的描述，L-组氨酸是一种可发挥稳定剂功能和缓冲剂功能的重要组分，故对于本领域技术人员而言，对比文件 1 给出的教导显然是 L-组氨酸是一种稳定因子 VIII 或其衍生物的重要组分，即对比文件 1 没有给出任何在制备稳定的 VIII 药物组合物时可以将 L-组氨酸组分省略的教导。就本申请而言，本申请采用的技术方案不仅不包含白蛋白，而且明确排除了氨基酸，并且在所采用的缓冲剂中也特别指明不含氨基酸，因此，虽然本申请与对比文件 1 都是要提供稳定的因子 VIII 组合物，但是，本申请与对比文件 1 的发明构思完全不同，对比文件 1 没有给出省略 L-组氨酸来解决本申请所要解决技术问题的启示，因此，权利要求 1 的技术方案相对于对比文件 1 而言是非显而易见的，具备突出的实质性特点，驳回决定认为本领域技术人员在权利要求 1 的基础上结合常规技术手段通过简单实验选择所述药物组合物的具体组分从而得到权利要求 1 的技术方案对于本领域技术人员而言显而易见的观点不成立。

鉴于独立权利要求 1 相对于对比文件 1 具备突出的实质性特点，直接或间接引用权利要求 1 的权利要求 2~10 相对于对比文件 1 也具备突出的实质性特点，驳回决定关于权利要求 2~10 不具备创造性的理由也不成立。

根据以上事实和理由，本案合议组作出如下审查决定。

三、决定

撤销国家知识产权局于 2006 年 10 月 13 日对 03806991.1 号发明专利申请作出的驳回决定。由国家知识产权局实质审查部门在驳回决定所针对文本的基础上继续进行审查。

请求人对本决定不服的，可以根据专利法第 41 条第 2 款的规定，自收到本决定之日起三个月内向北京市第一中级人民法院起诉。

铂衍生物药物制剂

复审请求审查决定（第 14172 号）

决 定 号	第 14172 号
决 定 日	2008 年 7 月 29 日
发明创造名称	铂衍生物药物制剂
国际分类号	A61K 31/505，A61K 47/12，A61P 35/00
复审请求人	法玛西雅意大利公司
申 请 号	02826843.1
申 请 日	2002 年 11 月 22 日
优 先 权 日	2001 年 12 月 6 日
公 开 日	2005 年 5 月 4 日
合议组组长	崔国振
主 审 员	郝兴辉
参 审 员	郭鹏鹏

法 律 依 据 专利法第 33 条，专利法实施细则第 21 条第 2 款

决 定 要 点

如果本领域的技术人员根据原申请文件的整体内容，能从原申请记载的信息中直接地、毫无疑义地确定修改后的技术内容，那么这种修改是允许的。

如果权利要求记载的技术方案足以解决发明需要解决的技术问题，并且与背景技术中的其他技术方案相区别，则该权利要求不缺少必要技术特征，符合专利法实施细则第 21 条第 2 款的规定。

一、案由

本复审请求涉及名称为"铂衍生物药物制剂"、申请号为 02826843.1 的发明专利申请（下称本申请），申请人为法玛西雅意大利公司，申请日为 2002 年 11 月 22 日，公开日为 2005 年 5 月 4 日，优先权日为 2001 年 12 月 6 日。

国家知识产权局于 2005 年 9 月 9 日发出第一次审查意见通知书，指出权利要求 1、2 不符合专利法实施细则第 21 条第 2 款的规定；权利要求 1~2、9~13、22、24 不符合专利法第 20 条第 1 款的规定；权利要求 23 不符合专利法第 25 条第 1 款的规定。该通知书所针对的权利要求书如下：

"1. 稳定的奥沙利铂溶液制剂，包含选自下组的制剂：

（a）奥沙利铂、有效稳定量的乳酸和药学上可接受的载体；

（b）奥沙利铂、有效稳定量的乳酸的药学上可接受的盐和药学上可接受的载体；和

(c) 奥沙利铂、有效稳定量的乳酸与乳酸的药学上可接受的盐和药学上可接受的载体。

2. 稳定的奥沙利铂溶液制剂，包含奥沙利铂、有效稳定量的乳酸和药学上可接受的载体。

3. 如权利要求1所要求保护的制剂，其中该乳酸的药学上可接受的盐是碱金属盐。

4. 如权利要求3所要求保护的制剂，其中该乳酸的碱金属盐是乳酸钠。

5. 根据权利要求1的制剂，其中该载体是水。

6. 根据权利要求2的制剂，其中该载体是水。

7. 根据权利要求3的制剂，其中该载体是水。

8. 根据权利要求4的制剂，其中该载体是水。

9. 如权利要求1所要求保护的制剂，其中乳酸和/或其药学上可接受的盐的摩尔浓度为$5.10^{-7}M \sim 1M$。

10. 如权利要求9所要求保护的制剂，其中该有效稳定量的乳酸和/或其药学上可接受的盐的摩尔浓度为$5.10^{-5} M \sim 5.10^{-3} M$。

11. 如权利要求2所要求保护的制剂，其中该有效稳定量的乳酸的摩尔浓度为$5.10^{-7} M \sim 1M$。

12. 如权利要求11所要求保护的制剂，其中该有效稳定量的乳酸的摩尔浓度为$5.10^{-5} M \sim 5.10^{-3} M$。

13. 如权利要求12所要求保护的制剂，其中该乳酸的有效稳定量是$4.10^{-4} M$。

14. 如权利要求1所要求保护的制剂，其中该溶液的pH范围为3~9。

15. 如权利要求12所要求保护的制剂，其中该溶液的pH范围为3~7。

16. 如权利要求14所要求保护的制剂，其中该溶液的pH范围为3~7。

17. 如权利要求2所要求保护的制剂，其中该溶液的pH范围为3~9。

18. 如权利要求16所要求保护的制剂，其中该溶液的pH范围为3~7。

19. 如权利要求1所要求保护的制剂，其中该奥沙利铂的含量范围为0.1mg/ml~10mg/ml。

20. 如权利要求18所要求保护的制剂，其中该奥沙利铂的含量范围为2mg/ml~5mg/ml。

21. 如权利要求2所要求保护的制剂，其中该奥沙利铂的含量范围为0.1mg/ml~10mg/ml。

22. 如权利要求20所要求保护的制剂，其中该奥沙利铂的含量范围为2mg/ml~5mg/ml。

23. 用于治疗癌症的如权利要求1所要求保护的制剂。

24. 治疗癌症的方法，该方法包含将如权利要求1所要求保护的制剂对需要它的患者给药。

25. 稳定化奥沙利铂制剂的方法，该方法包含向水性载体加入有效稳定量的乳酸或其药学上可接受的盐或二者，然后将奥沙利铂溶于所述载体。

26. 如权利要求1所要求保护的制剂，其中奥沙利铂是顺式-草酸合（反式-1-1,2-二氨基环己烷）铂（II）。

27. 如权利要求1所要求保护的制剂，其中奥沙利铂是高光学纯度的顺式-草酸合（反式-1-1,2-二氨基环己烷）铂（II）。

28. 如权利要求23所要求保护的制剂，其中该顺式-草酸合（反式-1-1,2-二氨基环己烷）铂（II）的熔点在198℃与292℃之间。

29. 如权利要求23所要求保护的制剂，其中该顺式-草酸合（反式-1-1,2-二氨基环己烷）铂（II）的光学纯度等于或高于99.94%。

30. 如权利要求25所要求保护的制剂，其中该顺式-草酸合（反式-1-1,2-二氨基环己烷）铂（II）的熔点在198.3℃与199.7℃之间。"

申请人于2006年3月13日提交提交了意见陈述书，并提交了权利要求书全文替换页。

国家知识产权局于2006年9月8日驳回了本申请，理由是本申请不符合专利法第33条、专利法实施细则第 21 条第 2 款的规定。驳回决定所针对的审查文本为申请人于 2006 年 3 月 13 日提交的权利要求 1~26、本申请进入中国国家阶段时提交的原始申请中文译文的说明书第 1~10 页以及说明书摘要,其中权利要求书具体内容如下:

"1. 稳定的奥沙利铂溶液制剂,包含选自下组的制剂:

(a) 奥沙利铂、$5×10^{-7}$ M~1M 的乳酸和药学上可接受的载体;

(b) 奥沙利铂、$5×10^{-7}$ M~1M 的乳酸的药学上可接受的盐和药学上可接受的载体;和

(c) 奥沙利铂、$5×10^{-7}$ M~1M 的乳酸与乳酸的药学上可接受的盐和药学上可接受的载体。

2. 稳定的奥沙利铂溶液制剂,包含奥沙利铂、$5×10^{-7}$ M~1M 的乳酸和药学上可接受的载体。

3. 如权利要求 1 所要求保护的制剂,其中该乳酸的药学上可接受的盐是碱金属盐。

4. 如权利要求 3 所要求保护的制剂,其中该乳酸的碱金属盐是乳酸钠。

5. 根据权利要求 1 的制剂,其中该载体是水。

6. 根据权利要求 2 的制剂,其中该载体是水。

7. 根据权利要求 3 的制剂,其中该载体是水。

8. 根据权利要求 4 的制剂,其中该载体是水。

9. 如权利要求 1 所要求保护的制剂,其中乳酸和/或其药学上可接受的盐的摩尔浓度为 $5×10^{-5}$ M~$5×10^{-3}$ M。

10. 如权利要求 2 所要求保护的制剂,其中乳酸的摩尔浓度为 $5×10^{-5}$ M~$5×10^{-3}$ M。

11. 如权利要求 10 所要求保护的制剂,其中该乳酸的摩尔浓度是 $4×10^{-4}$ M。

12. 如权利要求 1 所要求保护的制剂,其中该溶液的 pH 范围为 3~9。

13. 如权利要求 12 所要求保护的制剂,其中该溶液的 pH 范围为 3~7。

14. 如权利要求 2 所要求保护的制剂,其中该溶液的 pH 范围为 3~9。

15. 如权利要求 14 所要求保护的制剂,其中该溶液的 pH 范围为 3~7。

16. 如权利要求 1 所要求保护的制剂,其中该奥沙利铂的含量范围为 0.1mg/ml~10mg/ml。

17. 如权利要求 16 所要求保护的制剂,其中该奥沙利铂的含量范围为 2mg/ml~5mg/ml。

18. 如权利要求 2 所要求保护的制剂,其中该奥沙利铂的含量范围为 0.1mg/ml~10mg/ml。

19. 如权利要求 18 所要求保护的制剂,其中该奥沙利铂的含量范围为 2mg/ml~5mg/ml。

20. 如权利要求 1 所要求保护的制剂在制备治疗癌症的药物中的用途。

21. 稳定化奥沙利铂制剂的方法,该方法包含向水性载体加入 $5×10^{-7}$ M~1M 的乳酸或其药学上可接受的盐或二者,然后将奥沙利铂溶于所述载体。

22. 如权利要求 1 所要求保护的制剂,其中奥沙利铂是顺式-草酸合(反式-1-1,2-二氨基环己烷)铂(II)。

23. 如权利要求 1 所要求保护的制剂,其中奥沙利铂是高光学纯度的顺式-草酸合(反式-1-1,2-二氨基环己烷)铂(II)。

24. 如权利要求 23 所要求保护的制剂,其中该顺式-草酸合(反式-1-1,2-二氨基环己烷)铂(II)的熔点在 198℃ 与 292℃ 之间。

25. 如权利要求 23 所要求保护的制剂,其中该顺式-草酸合(反式-1-1,2-二氨基环己烷)铂(II)的光学纯度等于或高于 99.94%。

26. 如权利要求 25 所要求保护的制剂,其中该顺式-草酸合(反式-1-1,2-二氨基环己烷)铂(II)的熔点在 198.3℃ 与 199.7℃ 之间。"

驳回决定的具体理由是:

1. 根据本领域技术人员的公知常识，摩尔浓度的数值通常以科学计数法表示，应该注意的是 5×10^{-7} 与 5.10^{-7} 的含义是不同的，后者如用科学计数法表示是约 1.1143×10^{-5}。申请人不可以直接将 5.10^{-7} 修改为 5×10^{-7}，因为 5×10^{-7} 在 $5.10^{-7}\sim1$ 的范围之外，说明书中也没有记载这样的实施例，并且也不能从原申请公开的信息中直接地、毫无疑义地导出，因此这种修改是不允许的。上述其余几个数值因为包含在 $5.10^{-7}\sim1$ 的范围内，并且有具体实施例的支持，因此可以根据实施例进行修改，如将 5.10^{-5} 修改为 5×10^{-5}，将 4.10^{-4} 修改为 4×10^{-4}。因此，申请人于 2006 年 3 月 13 日提交的权利要求 1 和 2（即原权利要求 9 和 11）的修改超出了原始说明书和权利要求书记载的范围，不符合专利法第 33 条的规定。同样，申请人在权利要求 21 中补入了数值 5×10^{-7}，这种修改也是超出了原始说明书和权利要求书记载的范围，不符合专利法第 33 条的规定。

2. 本申请独立权利要求 1 和 2 缺少必要技术特征，请求保护的技术方案中仅将载体表述为"药学上可接受的"，这不足以说明技术方案为溶液制剂，更达不到使该溶液制剂稳定的目的，因此独立权利要求 1 和 2 不符合专利法实施细则第 21 条第 2 款的规定。本发明的目的在于提高奥沙利铂溶液制剂的稳定性，则应当对于载体特别是溶剂作以限定，这是实现本发明目的所必需的，然而本申请独立权利要求 1 和 2 中仅限定载体为"药物可接受的"，而没有限定载体中是否包含溶剂以及溶剂的种类、性质等具体特征，因此上述独立权利要求没有从整体上反映发明的技术方案，没有完整地记载解决技术问题的必要技术特征。因此，对本申请予以驳回。

申请人法玛西雅意大利公司（下称请求人）不服上述驳回决定，于 2006 年 12 月 11 日向专利复审委员会提出复审请求，请求撤销上述驳回决定，具体理由是：

1. 根据本领域的公知常识和本说明书公开的内容，本领域的技术人员不仅能意识到术语"5.10^{-7} M"、"5.10^{-5} M"、"5.10^{-3} M"和"4.10^{-4} M"是打字错误，而且能确定这些术语的正确形式分别为"$5\cdot10^{-7}$ M"、"$5\cdot10^{-5}$ M"、"$5\cdot10^{-3}$ M"和"$4\cdot10^{-4}$ M"。而且，说明书实施例中不同乳酸浓度如 0.005，0.0005，0.0005 等也支持权利要求中的浓度是 $5\cdot10^{-y}$ 而不是 5.10^{-y} M。因此，这些疏忽的打字错误，即位于底部的点应是基线以上半高位置的点。数量和单位的国际标准 ISO31 规定乘积可以写成 ab，a b，或 a×b 的形式，而乘积符号可以是十字差（×）也可以是半高位置点（·）。

2. 在化学治疗领域中长期需要得到一种现成使用形式的具有极好稳定性的奥沙利铂制剂，申请人惊人地发现在奥沙利铂溶液中引入乳酸和/或其可药用盐作为稳定剂实质上改善了奥沙利铂溶液的稳定性。在药物组合物中使用乳酸而不是一个载体，就是能达到本发明目的的必不可少的特征。因此，权利要求 1 和 2 具有实现本发明的必要技术特征。而且本领域技术人员理解"药学上可接受的载体"表示药物组合物中的非活性物质，它用作活性成分和/或必要组分的载体。

形式审查合格后，专利复审委员会受理了该复审请求，并于 2007 年 1 月 11 日向请求人发出《复审请求受理通知书》。同时，将本申请案卷移交原审查部门进行前置审查。

在前置审查意见书中，原审查部门坚持原驳回决定。

请求人于 2008 年 7 月 3 日提交了意见陈述书，并提交了权利要求书全文替换页。

"1. 稳定的奥沙利铂溶液制剂，它包含选自下组的制剂：

（a）奥沙利铂、5×10^{-5} M～1M 的乳酸和药学上可接受的载体；

（b）奥沙利铂、5×10^{-5} M～1M 的乳酸的药学上可接受的盐和药学上可接受的载体；和

（c）奥沙利铂、5×10^{-5} M～1M 的乳酸与乳酸的药学上可接受的盐和药学上可接受的载体。

2. 稳定的奥沙利铂溶液制剂，包含奥沙利铂、5×10^{-5} M～1M 的乳酸和药学上可接受的载体。

3. 如权利要求 1 所要求保护的制剂，其中该乳酸的药学上可接受的盐是碱金属盐。

4. 如权利要求 3 所要求保护的制剂，其中该乳酸的碱金属盐是乳酸钠。

5. 根据权利要求1的制剂，其中该载体是水。
6. 根据权利要求2的制剂，其中该载体是水。
7. 根据权利要求3的制剂，其中该载体是水。
8. 根据权利要求4的制剂，其中该载体是水。
9. 如权利要求1所要求保护的制剂，其中乳酸和/或其药学上可接受的盐的摩尔浓度为 5×10^{-5} M～5×10^{-3} M。
10. 如权利要求2所要求保护的制剂，其中乳酸的摩尔浓度为 5×10^{-5} M～5×10^{-3} M。
11. 如权利要求10所要求保护的制剂，其中该乳酸的摩尔浓度是 4×10^{-4} M。
12. 如权利要求1所要求保护的制剂，其中该溶液的pH范围为3～9。
13. 如权利要求12所要求保护的制剂，其中该溶液的pH范围为3～7。
14. 如权利要求2所要求保护的制剂，其中该溶液的pH范围为3～9。
15. 如权利要求14所要求保护的制剂，其中该溶液的pH范围为3～7。
16. 如权利要求1所要求保护的制剂，其中该奥沙利铂的含量范围为0.1mg/ml～10mg/ml。
17. 如权利要求16所要求保护的制剂，其中该奥沙利铂的含量范围为2mg/ml～5mg/ml。
18. 如权利要求2所要求保护的制剂，其中该奥沙利铂的含量范围为0.1mg/ml～10mg/ml。
19. 如权利要求18所要求保护的制剂，其中该奥沙利铂的含量范围为2mg/ml～5mg/ml。
20. 如权利要求1所要求保护的制剂在制备治疗癌症的药物中的用途。
21. 稳定化奥沙利铂制剂的方法，该方法包含向水性载体加入 5×10^{-5} M～1M 的乳酸或其药学上可接受的盐或二者，然后将奥沙利铂溶于所述载体。
22. 如权利要求1所要求保护的制剂，其中奥沙利铂是顺式–草酸根合（反式–1–1，2–二氨基环己烷）铂（Ⅱ）。
23. 如权利要求1所要求保护的制剂，其中奥沙利铂是高光学纯度的顺式–草酸根合（反式–1–1，2–二氨基环己烷）铂（Ⅱ）。
24. 如权利要求23所要求保护的制剂，其中该顺式–草酸根合（反式–1–1，2–二氨基环己烷）铂（Ⅱ）的熔点在198℃与292℃之间。
25. 如权利要求23所要求保护的制剂，其中该顺式–草酸根合（反式–1–1，2–二氨基环己烷）铂（Ⅱ）的光学纯度等于或高于99.94%。
26. 如权利要求25所要求保护的制剂，其中该顺式–草酸根合（反式–1–1，2–二氨基环己烷）铂（Ⅱ）的熔点在198.3℃与199.7℃之间。"

专利复审委员会针对本复审请求成立合议组，合议组审理后，认为本案事实清楚，可以作出审查决定。

二、决定的理由

1. 审查文本

本复审决定依据的审查文本为请求人于2008年7月3日提交的权利要求1～26、进入中国国家阶段时提交的国际申请文件的文本的说明书第1～10页以及说明书摘要。

2. 关于专利法第33条

专利法第33条规定，申请人可以对其专利申请文件进行修改，但是，对发明和实用新型专利申请文件的修改不得超出原说明书和权利要求书记载的范围。

如果本领域的技术人员根据原申请文件的整体内容，能从原申请记载的信息中直接地、毫无疑义地确定修改后的技术内容，那么这种修改是允许的。

请求人于 2008 年 7 月 3 日提交修改后的权利要求书中，将权利要求 1、2 和 21 中的 5×10^{-7} M 改为 5×10^{-5} M，该技术内容在说明书中有明确记载（参见说明书第 9 页表 3），从而消除了驳回决定中所指出的权利要求 1、2 和 21 中部分内容修改超范围的缺陷。修改后的权利要求 1、2 和 21 符合专利法第 33 条的规定。

3. 关于专利法实施细则第 21 条第 2 款

根据专利法实施细则第 21 条第 2 款的规定，独立权利要求应当从整体上反映发明或者实用新型的技术方案，记载解决技术问题的必要技术特征。必要技术特征是指，发明或者实用新型为解决其技术问题所不可缺少的技术特征，其总和是以构成发明或者实用新型的技术方案使之区别于背景技术中所述的其他技术方案。

权利要求 1 要求保护一种稳定的奥沙利铂溶液制剂。说明书中记载本发明要解决的技术问题是：在现有技术中，冻干奥沙利铂存在一些缺点，如果奥沙利铂的即时使用（RTU）溶液是可利用的话，那么与冻干制备物的制造和再生有关的危险将大为减少。为了满足对即时使用（RTU）形式的奥沙利铂溶液制剂的需求，目标是进一步提高稳定性，以及剂型能够被适当地长时间保存。说明书的发明背景部分提到即时使用（RTU）形式的奥沙利铂溶液制剂已经被公开，本发明相对于上述已知的 RTU 含水制备物而言，在奥沙利铂水溶液中引入乳酸和/或其药学上可接受的盐作为稳定剂，是一种制备制剂的新方法，具有优越的稳定性。

驳回决定认为权利要求 1 中仅将载体表述为"药学上可接受的"，不足以说明技术方案为溶液制剂，更达不到使该溶液制剂稳定的目的，应当对于载体特别是溶剂作以限定，这是实现本发明目的所必需的。但是，从说明书描述的整体内容来看，权利要求 1 要求保护的技术方案与背景技术所述的技术方案相比，其实质在于在奥沙利铂水溶液中引入乳酸和/或其药学上可接受的盐作为稳定剂。权利要求 1 限定了有效稳定量的乳酸和/或其药学上可接受的盐以及药学上可接受的载体，而该药学上可接受的载体在说明书中也提到，可以是水或者任何含有水、其他溶剂和其他赋形剂的溶液，该溶剂在水中是可溶的/可混溶的，载体优选是水，并且权利要求 1 的主题也限定为"溶液制剂"。根据本发明的说明书和权利要求书，本领域技术人员能够理解权利要求 1 的技术方案中的"药学上可接受的载体"是那些能够满足权利要求 1 主题中所限定的溶液制剂要求的并且为药学上可接受的载体，并且能够实施该技术方案，也就是说，权利要求 1 记载的技术方案足以解决制备稳定的奥沙利铂溶液制剂的技术问题，并且与背景技术中的其他技术方案相区别。因此本申请权利要求 1 符合专利法实施细则第 21 条第 2 款的规定。

基于上述理由，本案合议组作出如下决定。

三、决定

撤销国家知识产权局于 2006 年 9 月 8 日对申请号为 02826843.1 的发明专利申请作出的驳回决定。由原审查部门在本复审决定所针对文本的基础上继续审查程序。

复审请求人对本决定不服的，可以根据专利法第 41 条第 2 款的规定，自收到本决定之日起三个月内向北京市第一中级人民法院起诉。

病毒药物敏感性测试

复审请求审查决定（第 14173 号）

决 定 号	第 14173 号
决 定 日	2008 年 8 月 1 日
发明创造名称	病毒药物敏感性测试
分 类 号	C12Q 1/48，C12Q 1/70，C12N 7/02
复审请求人	卡维迪技术有限公司
专利申请号	02815597.1
申 请 日	2002 年 6 月 14 日
优 先 权 日	2001 年 6 月 14 日
公 开 日	2004 年 10 月 20 日
合议组组长	王晓云
主 审 员	王 冬
参 审 员	张秀丽

法 律 依 据 专利法第 25 条第 1 款第（3）项

决 定 要 点

请求人将涉及疾病的诊断和治疗方法的保护主题修改为用于测试该方法的试剂盒，修改后要求保护的主题属于可授予专利权的客体。

一、案由

本复审请求涉及 2002 年 6 月 14 日申请、2004 年 10 月 20 日公开、名称为"病毒药物敏感性测试"的第 02815597.1 号发明专利申请（下称本申请），其申请人为卡维迪技术有限公司，本申请的优先权日为 2001 年 6 月 14 日。

针对申请人于 2005 年 6 月 24 日提交的权利要求 1~8、2004 年 2 月 9 日进入中国国家阶段时提交的国际申请文件中文译文的说明书第 1~21 页、附图第 1~2 页以及说明书摘要，国家知识产权局于 2006 年 9 月 8 日以权利要求 1~7 属于专利法第 25 条第 1 款第（3）项所述的疾病的诊断和治疗方法的范围为由驳回了本申请。

驳回决定指出：（1）本申请权利要求 1 涉及体外测试方法，分析来自已知已诊断有病毒性疾病的个体的血液和血浆样本，是以有生命的人体或动物体为对象。虽从表述形式上看是以离体样品为对象的，但该发明是以获得同一主体疾病诊断结果为直接目的。获得所感染的病毒的相关信息，从而选择对该病毒的有效的药物来治疗疾病，其是与诊断疾病和治疗疾病直接密切联系的相关信息，通过该信息可判断应该为患者施用什么药物来治疗。因此，权利要求1属于专利法第25条第1款第（3）项所述的疾病的诊断和治疗方法的范围，不能被授予专利权。（2）基于相同的理由，权利要求2~7也属于专利法第25条第1款第（3）项所述的疾病的诊断和治疗方法的范围，不能被授予专利权。

驳回决定所针对的权利要求书为：

"1. 一种测试药物表型敏感性的方法，所述方法通过测试一种从所述个体的生物样品中回收的、包装到有包膜病毒中的酶，来测试药物在有包膜病毒感染的哺乳动物个体中的表型敏感性，所述方法包括下述步骤：

a）向所述样品中加入一种酶失活剂，以使存在于有包膜病毒体之外的聚合酶活性失活，

b）除去所述酶失活剂、酶活性封闭性抗体、内源酶活性抑制剂以及抗病毒药物，

c）裂解所述病毒颗粒以释放所述酶，

d）回收由c）产生的、经浓缩的纯化病毒酶，并且通过用灵敏的酶测定，根据所回收的酶来确定所述个体的药物敏感性分布型。

2. 权利要求1的方法，其中所述哺乳动物个体是人类。

3. 权利要求1或2的方法，其中所述生物样品为血液样品。

4. 权利要求3的方法，其中所述血液样品为血浆样品。

5. 权利要求4的方法，其中所述有包膜病毒为逆转录病毒。

6. 权利要求5的方法，其中所述逆转录病毒是人免疫缺陷病毒（HIV），而所述酶是HIV逆转录酶（RT）。

7. 权利要求1的方法，其中所述个体的药物敏感性分布型用来选择所述个体的药物疗法。

8. 一种试剂盒，其包括用于依照权利要求1~7中任一项测试药物在有包膜病毒感染的哺乳动物个体中的表型敏感性的书面说明或资料载体说明，和一种使聚合酶活性失活的酶灭活剂，

一种灵敏的酶测定，和

至少一种参照药物。"

申请人卡维迪技术有限公司（下称请求人）对上述驳回决定不服，于2006年12月22日向专利复审委员会提出复审请求，请求人在提出复审请求时提交了权利要求书的修改替换页，共5项权利要求，其中将权利要求1的主题修改为试剂盒，并且加入原权利要求8的内容，删除了原来的权利要求2、3、4、7、8，加入新权利要求2，新权利要求3、4分别以原权利要求5、6为基础，新权利要求5以原方法权利要求1为基础，修改后的权利要求书如下：

"1. 用于进行一种测试药物表型敏感性的方法的试剂盒，所述方法通过测试一种从有包膜病毒感染的哺乳动物个体的生物样品中回收的、包装到有包膜病毒中的酶，来测试药物在所述个体中的表型敏感性，所述试剂盒包括：

用于使聚合酶失活的一种酶失活剂，

一种灵敏的酶测定，和

至少一种参照药物。

2. 权利要求1的试剂盒，其中试剂盒包含用于测试药物在有包膜病毒感染的哺乳动物个体中的表型敏感性的书面或数据载体说明。

3. 权利要求1或2的试剂盒，其中所述有包膜病毒为逆转录病毒。

4. 权利要求3的试剂盒，其中所述逆转录病毒是人免疫缺陷病毒，而所述酶是HIV逆转录酶。

5. 权利要求1~4任一项的试剂盒在一种测试药物表型敏感性的方法中的用途，所述方法通过测试一种从有包膜病毒感染的哺乳动物个体的生物样品中回收的、包装到有包膜病毒中的酶，来测试药

物在所述个体中的表型敏感性，所述方法包括下述步骤：

a) 向所述样品中加入一种酶失活剂，以使存在于有包膜病毒体之外的聚合酶活性失活，

b) 除去所述酶失活剂、酶活性封闭性抗体、内源酶活性抑制剂以及抗病毒药物，

c) 裂解所述病毒颗粒以释放所述酶，

d) 回收由 c) 产生的、经浓缩的纯化病毒酶，并且通过用灵敏的酶测定，根据所回收的酶来确定所述个体的药物敏感性分布型。"

请求人认为：修改后的权利要求书不涉及不可授权的疾病的预防或治疗方法，克服了驳回决定所指出的缺陷。

形式审查合格后，专利复审委员会受理了此复审请求，并于 2007 年 3 月 30 日向请求人发出《复审请求受理通知书》，同时将本申请案卷移交原审查部门进行前置审查。

原审查部门对本复审请求进行了前置审查，指出：请求人在提出复审请求时提交的修改文件中，新修改的权利要求 1 改变了原权利要求 1 的类型，新增加了权利要求 2~6，这些修改不符合专利法实施细则第 60 条第 1 款的规定，不能被接受，因此，坚持驳回决定。

专利复审委员会组成合议组，对本案的复审请求进行了审理，并于 2008 年 4 月 22 日向请求人发出《复审通知书》。《复审通知书》指出：权利要求 5 请求保护试剂盒在测试药物表型敏感性的方法中的用途，虽然是以离体的"生物样品"为实施对象，但本发明说明书指出"可使用借助本发明方法得到的个体的药物敏感性分布型，选择用于个体的药物疗法。实际上，有包膜病毒感染的哺乳动物个体将在几个时间点经受药物敏感性分布型的测试，从而监控所述个体中该感染的发展以及病毒药物治疗"（参见本发明说明书第 4 页第 27 行至第 5 页第 2 行）。由此可见，本发明将所述试剂盒用于测试药物表型敏感性获得了所感染的病毒的相关信息，而这些信息是与同一主体的诊断疾病和治疗疾病直接密切联系的相关信息，通过这些信息本领域技术人员即可判断应该为患者施用什么药物来治疗疾病。因此，权利要求 5 请求保护试剂盒在测试药物表型敏感性的方法中的用途在实质上具有诊断性质，包括了识别、研究和确定有生命的人体或动物体病因或病灶状态的过程，属于专利法第 25 条第 1 款第（3）项规定的疾病的诊断和治疗方法的范畴，不能被授予专利权。

针对《复审通知书》，请求人于 2008 年 6 月 3 日提交了权利要求书的修改替换页，其中删除了权利要求 5，修改后的权利要求书如下：

"1. 用于进行一种测试药物表型敏感性的方法的试剂盒，所述方法通过测试一种从有包膜病毒感染的哺乳动物个体的生物样品中回收的、包装到有包膜病毒中的酶，来测试药物在所述个体中的表型敏感性，所述试剂盒包括：

用于使聚合酶失活的一种酶失活剂，

一种灵敏的酶测定，和

至少一种参照药物。

2. 权利要求 1 的试剂盒，其中试剂盒包含用于测试药物在有包膜病毒感染的哺乳动物个体中的表型敏感性的书面或数据载体说明。

3. 权利要求 1 或 2 的试剂盒，其中所述有包膜病毒为逆转录病毒。

4. 权利要求 3 的试剂盒，其中所述逆转录病毒是人免疫缺陷病毒，而所述酶是 HIV 逆转录酶。"

至此，合议组认为本案事实清楚，可以作出审查决定。

二、决定的理由

1. 关于审查文本

针对《驳回决定》以及《复审通知书》指出的缺陷，请求人在 2008 年 6 月 3 日提交的权利要求

书中，将权利要求1~4请求保护的主题修改为产品权利要求，其不再涉及疾病的诊断和治疗方法，并删除了《复审通知书》所涉及的权利要求5，请求人所做的修改是为了消除《驳回决定》和《复审通知书》所指出的缺陷，因此符合专利法实施细则第60条第1款的规定，同时经审查，所述修改也符合专利法第33条的规定。

因此，本决定是以请求人在2008年6月3日提交的权利要求书，2004年2月9日进入中国国家阶段时提交的国际申请文件中文译文的说明书第1~21页、附图第1~2页以及说明书摘要为基础作出的。

2. 关于专利法第25条第1款第（3）项

专利法第25条第1款第（3）项规定，对疾病的诊断和治疗方法不授予专利权。

请求人将涉及疾病的诊断和治疗方法的保护主题修改为用于测试该方法的试剂盒，修改后要求保护的主题属于可授予专利权的客体。

本案中，《驳回决定》指出在请求人于2005年6月24日所提交的权利要求书中，权利要求1~7项属于专利法第25条第1款第（3）项所述的疾病的诊断和治疗方法的范围，不能被授予专利权。《复审通知书》中指出在请求人提出复审请求时所提交的权利要求书中，权利要求5属于专利法第25条第1款第（3）项规定的疾病的诊断和治疗方法的范畴，不能被授予专利权。

在请求人于2008年6月3日提交的权利要求书中，请求人删除了《复审通知书》中指出的涉及疾病诊断方法的权利要求5，保留了权利要求1~4，其中权利要求1~4请求保护用于进行测试药物表型敏感性的方法的试剂盒，其类型为产品权利要求，并不涉及疾病的诊断和治疗方法，属于可授予专利权的客体，由此可见，请求人于2008年6月3日提交的权利要求书已经克服了《驳回决定》和《复审通知书》所指出的缺陷。

基于上述理由，合议组作出如下决定。

三、决定

撤销国家知识产权局于2006年9月8日对02815597.1号发明专利申请作出的驳回决定。由原审查部门在本决定所依据的文本的基础上进行审查。复审请求人对本决定不服的，可以根据专利法第41条第2款的规定，自收到本决定之日起三个月内向北京市第一中级人民法院起诉。

具有血栓溶解、抗炎和细胞保护性能的药物组合物

复审请求审查决定（第 14223 号）

决 定 号	第 14223 号
决 定 日	2008 年 8 月 5 日
发明创造名称	具有血栓溶解、抗炎和细胞保护性能的药物组合物
国际分类号	A61K 38/48，A61P 9/10，A61P 37/02，A61P 7/02，A61P 29/00
复审请求人	阿克塞丝封闭股份公司
申 请 号	02154290.2
申 请 日	2002 年 12 月 25 日
优 先 权 日	2001 年 12 月 26 日
公 开 日	2004 年 8 月 4 日
合议组组长	李金光
主 审 员	潘 骏
参 审 员	冯 怡
法 律 依 据	专利法第 22 条第 2 款

决定要点

在进行新颖性判断时，应当判断被审查的专利申请的技术方案与对比文件公开的技术方案是否实质上相同；当二者技术方案实质上不同时，该专利申请的技术方案相对于该对比文件公开的技术方案具备新颖性。

一、案由

本复审请求涉及 2002 年 12 月 25 日申请，2004 年 8 月 4 日公开，名称为"具有血栓溶解、抗炎和细胞保护性能的药物组合物"的 02154290.2 号发明专利申请（下称本申请），申请人是阿克塞丝封闭股份公司，其优先权日为 2001 年 12 月 26 日。

国家知识产权局于 2006 年 3 月 10 日驳回了本申请，理由是权利要求 1 不具备新颖性。

驳回决定所针对的权利要求 1 为：

"1. 具有溶栓、抗炎、解毒和细胞保护特性用于治疗伴有局部缺血、血栓形成、中毒、发炎疾病的组合物，所述组合物由固定在水溶性聚合物混合物上的活性蛋白酶组成。"

驳回决定认为：

对比文件 1（RU2137835C1，公开日为 1999 年 9 月 20 日）公开了一种可用于水解蛋白及溶栓的组合物，并具体公开了以下技术特征"通过 γ-射线照射将原枯草菌素固定在聚氧化乙烯混合物等载

体上"（参见该对比文件 1 的说明书第 1 页右栏~说明书第 4 页，表 1，2；权利要求书）。由此可见，对比文件 1 已经公开了权利要求 1 的全部技术特征，且对比文件 1 所公开的技术方案与该权利要求所要求保护的技术方案属于同一技术领域，并能产生相同的技术效果，因此，权利要求 1 不具备专利法第 22 条第 2 款规定的新颖性。

申请人阿克塞丝封闭股份公司（下称请求人）对上述驳回决定不服，于 2006 年 6 月 16 日向专利复审委员会提出复审请求，请求人提交了经修改的权利要求书全文替换页，共 17 项权利要求。其中权利要求 1 为：

"1. 具有溶栓、抗炎、解毒和细胞保护特性的组合物，所述组合物包含固定在水溶性聚合物混合物上的治疗有效量的活性蛋白酶以及药学上可接受的载体，所述的活性蛋白酶选自枯草溶菌素、胰蛋白酶、糜蛋白酶或番木瓜蛋白酶，所述的水溶性聚合物选自聚氧化乙烯、葡聚糖、聚乙烯醇或聚乙烯吡咯烷酮。"

形式审查合格后，专利复审委员会受理了该复审请求，并于 2006 年 7 月 25 日向请求人发出《复审请求受理通知书》，随后将本申请案卷移交原审查部门进行前置审查。

原审查部门对本复审请求进行了前置审查，坚持原驳回决定，理由如下：

（1）原说明书及权利要求书都没有记载固定在水溶性聚合物混合物上的物质除了活性蛋白酶还有"药学上可接受的载体"，因此，对权利要求 1 的修改超范围；

（2）即使删去"药学上可接受的载体"，权利要求 1 也不具备新颖性，因为对比文件 1 已经具体公开了"通过射线照射将原枯草菌素固定在聚氧化乙烯混合物等载体上"的技术方案。"水溶性聚合物混合物"可以理解为聚氧化乙烯和其他任意物质的混合物，而不仅是申请人在复审理由中强调的水溶性聚合物混合物含有至少两种水溶性聚合物。

专利复审委员会组成合议组，对本案的复审请求进行了审理。于 2008 年 5 月 21 日向请求人发出《复审通知书》。《复审通知书》指出：

（1）请求人在提交的复审请求时提交的修改后的权利要求 1 将组合物限定为包含"固定在水溶性聚合物混合物上的治疗有效量的活性蛋白酶以及药学上可接受的载体"，但本申请原始说明书和权利要求书均没有记载过包括"药学上可接受的载体"在内的组合物，因此，在组合物中增加了"药学上可接受的载体"这一技术特征后的技术方案与原申请记载的组合物的技术方案已经不同，而本领域技术人员根据原始说明书和权利要求书记载的内容，无法直接地、毫无疑义地确定本申请的组合物包含有"药学上可接受的载体"，因此，请求人在提交复审请求时对权利要求 1 的修改不符合专利法第 33 条的规定。

（2）请求人在复审理由中强调，在对比文件 1 中，蛋白酶是固定在一种水溶性聚合物上的，即固定在分子量为 1500 和 4000 的聚氧化乙烯上的，而本申请中，蛋白酶是固定在至少两种水溶性聚合物上的，即固定在聚氧化乙烯和葡聚糖上的。但是权利要求 1 在撰写中并没有记载这一技术特征。虽然权利要求 1 限定了"所述的水溶性聚合物选自聚氧化乙烯、葡聚糖、聚乙烯醇或聚乙烯吡咯烷酮"，但其中，不能排除所述的水溶性聚合物仅选自不同分子量的聚氧化乙烯的情况。因此，即使请求人通过删去权利要求 1 中记载的"药学上可用的载体"克服了其修改超范围的缺陷，权利要求 1 也不符合专利法第 22 条第 2 款有关新颖性的规定。

针对《复审通知书》指出的问题，请求人于 2008 年 7 月 2 日提交了意见陈述书，及经修改的权利要求书的全文替换页，共 16 项权利要求。修改后的权利要求 1 为：

"1. 具有溶栓、抗炎、解毒和细胞保护特性的组合物，所述组合物包含固定在水溶性聚合物混合物上的治疗有效量的活性蛋白酶，所述的活性蛋白酶选自枯草溶菌素、胰蛋白酶、糜蛋白酶或番木瓜蛋白酶，所述的水溶性聚合物混合物为聚氧化乙烯和葡聚糖的混合物。"

至此，合议组认为本案事实清楚，可以作出审查决定。

二、决定的理由

1. 关于审查文本

请求人于2008年7月2日在答复复审通知书时对权利要求书进行了修改，修改的内容为：将《复审通知书》所针对文本中的权利要求1中记载的"以及药学上可接受的载体"删除，并将水溶性聚合物具体限定为"聚氧化乙烯和葡聚糖的混合物"；删除了权利要求4；将权利要求14中的水溶性聚合物限定为"聚氧化乙烯和葡聚糖的混合物"；对权利要求的编号与引用关系进行了适应性修改。对上述混合物限定的内容在原始申请文本的权利要求6以及实施例中均有记载，上述修改符合专利法第33条和专利法实施细则第60条第1款的规定。

因此，本复审决定针对的文本为：请求人于申请日2002年12月25日提交的原始申请文件的说明书第1~15页、附图第1~4页、说明书摘要和2008年7月2日提交的权利要求1~16。

2. 关于专利法第22条第2款

专利法第22条第2款规定，新颖性，是指在申请日以前没有同样的发明或者实用新型在国内外出版物上公开发表过、在国内公开使用过或者以其他方式为公众所知，也没有同样的发明或者实用新型由他人向国务院专利行政部门提出过申请并且记载在申请日以后公布的专利申请文件中。

根据该款规定，在进行新颖性判断时，应当判断被审查的专利申请的技术方案与对比文件公开的技术方案是否实质上相同；当二者技术方案实质上不同时，该专利申请的技术方案相对于该对比文件公开的技术方案具备新颖性。

对比文件1公开的组合物包含固定在聚氧化乙烯上的蛋白酶，其组分包含蛋白酶和聚氧化乙烯（参见对比文件1的实施例1~4）。权利要求1请求保护的组合物包含固定在聚氧化乙烯和葡聚糖的混合物上的蛋白酶，其组分包含蛋白酶、聚氧化乙烯和葡聚糖。由此可见，权利要求1的组合物包含了对比文件1的组合物中所没有公开的组分"葡聚糖"，即权利要求1的技术方案公开了更多的技术特征，二者实质上的技术方案已明显不同，不属于同样的发明。相对于对比文件1，本申请的权利要求1具备新颖性。

综上，合议组认为，请求人于2008年7月2日提交的修改后的权利要求已经克服了《驳回决定》和《复审通知书》中所指出的缺陷。

根据以上事实和理由，本案合议组作出如下审查决定。

三、决定

撤销国家知识产权局于2006年3月10日对02154290.2号发明专利申请作出的驳回决定。由原审查部门在本复审决定针对的文本的基础上继续进行审查。

复审请求人对本决定不服的，可以根据专利法第41条第2款的规定，自收到本决定之日起三个月内向北京市第一中级人民法院起诉。

一种非蛋白氮饲料添加剂

复审请求审查决定（第14230号）

决 定 号	第14230号
决 定 日	2008年8月4日
发明创造名称	一种非蛋白氮饲料添加剂
国际分类号	A23K 1/22
复审请求人	唐 祯
申 请 号	01104156.0
申 请 日	2001年2月22日
公 开 日	2002年1月23日
合议组组长	周英姿
主 审 员	王 冬
参 审 员	葛永奇
法 律 依 据	专利法第33条

决 定 要 点

申请人在对专利申请文件进行修改时，如果本领域技术人员从新修改的申请文件中获得的信息与原说明书和权利要求书的记载不同，而这些信息又不能直接地、毫无疑义地由原说明书和权利要求书记载的内容中确定，则申请人对专利申请文件的修改不符合专利法第33条的规定。

一、案由

本复审请求涉及申请日为2001年2月22日、公开日为2002年1月23日、名称为"一种非蛋白氮饲料添加剂"的01104156.0号发明专利申请（下称本申请），其申请人为唐祯。

2005年11月18日，国家知识产权局针对申请人2004年12月23日提交的权利要求1~5、2001年9月4日提交的说明书第1页、申请日提交的说明书第2~5页以及摘要，以权利要求1不符合专利法第22条第2款的规定为由作出驳回决定。驳回决定所针对的权利要求1如下：

"1. 一种非蛋白氮饲料添加剂，其特征在于主要由味精生产行业中产生的谷氨酸母液组成，其中谷氨酸母液的PH值为3.2~7.8，谷氨酸母液的主要成分是水及形成固形物的谷氨酸、尿素（或氨）、糖、生物素、菌体、有机发酵代谢物、氯离子或硫酸根离子，固形物的含量为10%~98%，固形物中全糖的含量为1.5%~25%，全氮的含量为1%~35%，谷氨酸母液中谷氨酸的含量在0.5%~15%。"

驳回理由概括为：申请人在答复第一次审查意见通知书时，明确指出"本申请涉及的谷氨酸母液中各种成分的含量与说明书第2页所述味精生产行业中产生的谷氨酸母液的成分含量是一致的"。由此可知，权利要求1要求保护的是一种公知产品。公知产品的固有参数是其本身所固有的，对其固有参数的测定并不能将一种公知产品变成另一种新的产品。因此，权利要求1不符合专利法第22条第2款的有关规定。

申请人唐祯（下称请求人）对上述驳回决定不服，于2006年1月25日向专利复审委员会提出复审请求，并提交了权利要求书全文替换页（共6项），权利要求书内容如下：

"1. 一种非蛋白氮饲料添加剂，其特征在于：主要由等电点法味精生产废液-谷氨酸母液加碱、中和、回调酸碱度制成非蛋白氮饲料添加剂，其pH值为3.2～7.8，其固形物的含量为10%～98%，该固形物中全糖的含量为1.5%～25%，全氮的含量为1%～35%，谷氨酸的含量为0.5%～15%。

2. 根据权利要求1所述的非蛋白氮饲料添加剂，其特征在于：用于中和、回调谷氨酸母液的碱为NaOH或氨水。

3. 根据权利要求1所述的非蛋白氮饲料添加剂的用途，其特征在于：在所述非蛋白氮饲料添加剂中加入含量占2%～30%的尿素、含量占1%～8%的磷酸铵、含量占2%～50%的甘蔗糖蜜，制得糖蜜尿素。

4. 根据权利要求1所述的非蛋白氮饲料添加剂的用途，其特征在于：在所述非蛋白氮饲料添加剂中加入含量占2%～10%的尿素、含量占10%～50%的粗盐、含量占1%～10%的磷酸钙、含量占2%～5%的甘蔗糖蜜、含量占1%～3%的硫酸锌、含量占0.1%～0.8%的硫酸铜、含量占0.001%～0.01%的硫酸钴，制得尿素糖蜜舔砖。

5. 根据权利要求1所述的非蛋白氮饲料添加剂的用途，其特征在于：在所述非蛋白氮饲料添加剂中加入含量占40%～65%的玉米、含量占2%～15%的尿素、含量占2%～8%的膨润土，制得淀粉糊化尿素。

6. 根据权利要求1所述的非蛋白氮饲料添加剂的用途，其特征在于：在所述非蛋白氮饲料添加剂中加入含量占10%～90%的尿素，制得强化尿素。"

请求人的理由概括为：本申请的非蛋白氮饲料添加剂主要由等电点味精生产废液-谷氨酸母液加碱、中和、回调酸碱度制成。说明书第2页第11～21行、第3页度8行和第1页第16～18行记载了等电点法生产味精废液所产生的废弃物谷氨酸母液含有谷氨酸、尿素、糖、生物素、有机发酵代谢物等，其pH为3.2。而本发明的非蛋白氮饲料添加剂不同于等电点法生产味精所产生的谷氨酸母液，这些谷氨酸母液只是所述非蛋白氮饲料添加剂的主要成分，还需加碱中和回调，才能变成适于反刍动物的饲料添加剂。本申请提交修改的权利要求书以克服实质审查中所指出的有关缺陷。

形式审查合格后，专利复审委员会受理了此复审请求，并于2006年3月1日向请求人发出《复审请求受理通知书》，同时将本申请案卷移交原审查部门进行前置审查。

原审查部门对本复审请求进行了前置审查，认为：（1）请求人在2006年1月25日提交的修改文件中对权利要求1的修改不符合专利法第33条的规定。由原申请文件并不能直接地、毫无疑义地导出权利要求1中"主要由等电点法味精生产废液-谷氨酸母液加碱、中和、回调酸碱度制成非蛋白饲料添加剂"的技术方案。（2）即使上述修改符合专利法第33条的规定，但由于对比文件1公开了权利要求1的全部技术特征，包括请求人反复提及的pH值，并且请求人所认为的用途不同，在判断物质新颖性时是不予考虑的，用途不同不能给物质本身带来区别特征，因此权利要求1不符合专利法第22条第2款有关新颖性的规定。

专利复审委员会组成合议组，对本复审请求案进行了审理，并于2007年8月31日向请求人发出

《复审通知书》。《复审通知书》指出：(1) 请求人于 2006 年 1 月 25 日提交的权利要求书中，增加了在驳回决定所针对的权利要求书中不存在的权利要求 2，同时将原权利要求 2~5 由产品权利要求改变为用途权利要求 3~6。上述修改并不是为了消除驳回决定所指出的缺陷，不符合专利法实施细则第 60 条第 1 款的规定。(2) 权利要求 3 的撰写方式"根据权利要求 1 所述的非蛋白氮饲料添加剂的用途，其特征在于：在所述……制得糖密尿素"，没有清楚地表述所要求保护的非蛋白氮饲料添加剂的用途究竟是何种用途，另外，本领域中有"糖蜜"的说法，并不知道权利要求 3 中记载的"糖密"是何种物质，并且与本申请说明书记载的"糖蜜"不一致，因此权利要求 3 的保护范围不清楚，不符合专利法实施细则第 20 条第 1 款的规定。基于与权利要求 3 相同的理由，权利要求 4~6 也不符合专利法实施细则第 20 条第 1 款的规定。

针对上述《复审通知书》，请求人于 2007 年 10 月 10 日提交了意见陈述书，并提交了权利要求书第 1~5 项、说明书第 1~5 页和说明书摘要第 1 页的全文替换页，同时提交了附件 1：农业部农产品质量监督检验测试中心（郑州）出具的检验报告复印件（共 1 页），该附件用于证明提取谷氨酸结晶后的谷氨酸母液的 pH 在 3.2。此次修改后的权利要求书内容如下：

"1. 一种非蛋白氮饲料添加剂，其特征在于主要由味精生产行业中产生的谷氨酸母液组成，其中 pH 值为 3.2~7.8，固形物的含量为 10%~98%，固形物中全糖的含量为 1.5%~25%，全氮的含量为 1%~35%，谷氨酸的含量为 0.5%~15%。

2. 根据权利要求 1 所述的 NPN 饲料添加剂，其特征在于谷氨酸母液中加入了含量占 2%~30% 的尿素、含量占 1%~8% 的磷酸铵、含量占 2%~50% 的甘蔗糖蜜。

3. 根据权利要求 1 所述的非蛋白氮饲料添加剂，其特征在于谷氨酸母液中加入了含量占 2%~10% 的尿素、含量占 10%~50% 的粗盐、含量占 1%~10% 的磷酸钙、含量占 2%~5% 的甘蔗糖蜜、含量占 1%~3% 的硫酸锌、含量占 0.1%~0.8% 的硫酸铜、含量占 0.001%~0.01% 的硫酸钴。

4. 根据权利要求 1 所述的非蛋白氮饲料添加剂，其特征在于谷氨酸母液中加入了含量占 40%~65% 的玉米、含量占 2%~15% 的尿素、含量占 2%~8% 的膨润土。

5. 根据权利要求 1 所述的非蛋白氮饲料添加剂，其特征在于谷氨酸母液中加入了含量占 10%~90% 的尿素。"

请求人在意见陈述书中阐述了意见以及对权利要求书、说明书和摘要进行修改的理由，认为修改后的申请文件克服了驳回决定和《复审通知书》指出的缺陷，具体理由为：(1) 原始权利要求 1 中非蛋白氮饲料添加剂的 pH 值为 3.2~7.8，与味精生产行业中产生的谷氨酸母液的 pH3.2 有一重叠点，但是根据本申请说明书，将提取谷氨酸结晶后的 pH3.2 的谷氨酸母液，用 NaOH 或氨水回调母液的酸碱度大于 3.2~7.8 时，以上两者有极大范围的 pH 区域不重叠，这说明两者有极大范围的成分区域不重叠，使得权利要求 1 具备新颖性。另外，第二次审查意见通知书提到的对比文件 1（CN1021704C，授权公告日为 1993 年 7 月 28 日）中提取谷氨酸结晶后的 pH3.2 谷氨酸母液用氨中和至 pH6 做肥料，该肥料必须要处在 pH6，而本申请的非蛋白氮饲料添加剂在 pH3.2~7.8 的区域内任一点均适用，二者虽然在 pH6 有一个重叠点，但是两者 pH 区域不重叠的范围极大，对比文件 1 不能否定本申请权利要求 1 的新颖性。(2) 本申请原始权利要求 1 记载的为一种非蛋白氮饲料添加剂，其中又出现"谷氨酸母液的 pH 值为 3.2~7.8"、"谷氨酸母液中谷氨酸的含量在 0.5%~15%"，pH 值和谷氨酸含量的参数属于添加剂还是谷氨酸母液不清楚，去掉"谷氨酸母液"后，权利要求 1 的产品的技术特征就清楚了，已经用碱调、中和、处理过的 pH 值大于 3.2~7.8 的谷氨酸母液为另一产品，pH 值 3.2~7.8 并不是谷氨酸母液的固有参数。同时由于本申请产品主要成分不等同于谷氨酸母液的主要成分，因此驳回决定所针对的权利要求书中的权利要求 1 中的"谷氨酸母液的主要成分……

或硫酸根离子"也要去除。基于相同的理由,将原文摘要和在驳回决定针对的说明书中将"谷氨酸母液"去掉,具体修改位置为:第1页16、18行,第3页15、16行,第4页5、6、10、15行,第5页1、7行;原文摘要第2、4行。另外,在驳回决定针对的说明书中第3页第14行,第4页第4、6、14、20行,第5页第8行分别给谷氨酸母液写上了加NaOH和氨调节母液pH的内容。(3)根据《复审通知书》的意见,删除了提出复审请求时提交的权利要求书的权利要求1中增加的文字内容如"加碱、中和、浓缩等",将权利要求2删除,将权利要求2~5由用途权利要求恢复为产品权利要求,删除权利要求3~6中的"制得糖密尿素"、"制得尿素糖密舔砖"、"制得淀粉糊化尿素"、"制得强化尿素"。

2007年10月12日,请求人再次提交了权利要求书的全文替换页(共5项),其中将2007年10月10日提交的权利要求书的权利要求2中的"NPN"修改为"非蛋白氮",对于其他权利要求未作修改。

专利复审委员会针对请求人于2007年10月12日提交的权利要求书、2007年10月10日提交的说明书和说明书摘要进行了审理,于2008年2月19日再次发出《复审通知书》。该《复审通知书》指出:(1)在新修改的权利要求书中,请求人将原权利要求1中记载的"谷氨酸母液"删除,另外请求人将原说明书第1页第16~18行,第3页第16行,第4页第5~6、第16~17行,第5页第1、7、8行中记载的"谷氨酸母液的"、"谷氨酸母液中"删除,使得本领域技术人员分别将上述记载涉及的"谷氨酸母液的pH值"、"谷氨酸母液中谷氨酸的含量""谷氨酸母液的干浓缩物"、"谷氨酸母液中的固形物"的pH值、谷氨酸的含量、干浓缩物、固形物理解为非蛋白氮饲料添加剂本身或添加剂中其他成分的pH值、谷氨酸的含量、干浓缩物、固形物,这与上述记载的原意不同,上述修改超出了原申请文件的记载范围。(2)请求人将原说明书第3页第14行实施例1的"其中谷氨酸母液的pH为7"修改为"加NaOH调节谷氨酸母液的pH为7";将原说明书第4页第3~4行的"谷氨酸母液的pH为6.5"修改为"加氨调谷氨酸母液的pH为6.5",将原说明书第4页第6~7行记载的"取谷氨酸母液"修改为"取加氨调节的谷氨酸母液";将原说明书第4页第14行记载的"其中谷氨酸母液"修改为"加NaOH回调谷氨酸母液";将原说明书第4页第19~20行记载的"谷氨酸母液的pH为6.5"修改为"加氨回调谷氨酸母液的pH为6.5",但是在原说明书和权利要求书中并没有任何关于在所述具体技术方案中按如上所述加入NaOH或氨来调节谷氨酸母液pH的明确记载,而且本领域技术人员根据原说明书和权利要求书也无法得出在所述具体技术方案中各谷氨酸母液pH值的调节是按如上所述加入NaOH或氨来进行。因此,以上修改超出了申请日提交的原说明书和权利要求书记载的范围,不符合专利法第33条的规定。

针对此次《复审通知书》,请求人于2008年3月28日提交了意见陈述书及以下附件2~5来说明请求人在2007年10月12日提交的权利要求书、2007年10月10日提交的说明书和说明书摘要中所进行的修改没有超出原申请文件记载的范围,符合专利法第33条的规定:

附件2:《味精生产技术知识》,上海市食品工业公司编,1983年5月第1版,1986年12月第2次印刷,封面、出版信息页、第224~225页复印件共3页;

附件3:"串联式氨解脱离子交换法处理味精生产中的等电点废母液",李丽等,《江苏环境科技》,第14卷第2期第12页,2001年6月,复印件共1页;

附件4:中国发明专利说明书,授权公告号CN1021704C,公告日为1993年7月28日,复印件共2页;

附件5:备案号为QB/44000 65 3989-2003的"佛山市广广饲料研发有限公司企业标准",2003年8月18日发布,复印件共3页。

请求人的理由概括为：(1) 在本申请原说明书第 1 页第 15~18 行记载了"一种非蛋白氮饲料添加剂……由谷氨酸母液组成，其中谷氨酸母液的 pH 值为 3.2~7.8……谷氨酸母液中谷氨酸的含量在 0.5%~15%"，其中存在两处明显错误"谷氨酸母液的"和"谷氨酸母液中"，现将这两次明显错误去除。从附件 2 和 3 可判定非蛋白氮饲料添加剂的谷氨酸母液 pH 值为 3.2，原说明书第 2 页第 11 行记载了"……常用盐酸调节 pH 值至 3.2……剩下部分为谷氨酸母液"，由上述原始记载，本领域技术人员无法确定原说明书第 1 页第 15~18 行记载中出现的三次"谷氨酸母液"的 pH 值是否相同，也无法确定非蛋白氮饲料添加剂的 pH 值为 3.2 还是 3.2~7.8，从新修改说明书的这段内容可知，该非蛋白氮饲料添加剂的 pH 值为 3.2~7.8，添加剂谷氨酸母液的 pH 为 3.2 与原说明书第 2 页第 11 行相同。附件 4 的图例说明等电点 pH3.0~3.2 的母液加氨水中和至 pH6.2~6.8 后获得农肥，本申请原说明书第 2 页第 14 行和第 3 页第 8 行分别记载了"用 NaOH 或氨水回调的酸碱度"和"加碱中和"，本领域技术人员能直接地、毫无疑义地从新修改说明书中获知谷氨酸母液被人为地改变 pH 值，由 pH 值 3.2 变为 3.2~7.8，从而产生非蛋白氮饲料添加剂这个新的物质。删除"谷氨酸母液的"也是必要的。因此，原说明书第 1 页第 15~18 行出现的"谷氨酸母液的"、"谷氨酸母液中"属于两次明显的错误，将"其中的谷氨酸母液的 pH 值大于 3.2~7.8"的"谷氨酸母液的"、"谷氨酸母液中谷氨酸的含量"的"谷氨酸母液中"从原说明书删除属于对明显错误的修改，应该是允许的。基于同样的理由，对原说明书和权利要求书中其他涉及"谷氨酸母液的"、"谷氨酸母液中"的地方进行了修改，这些修改使权利要求和说明书的表述变得清楚，应该是允许的。(2) 在原说明书第 2 页第 14 行记载了"用 NaOH 和氨水回调谷氨酸母液的酸碱度"，因此在实施例 1~4 中分别具体写明使用 NaOH 或氨水调节 pH 值是有明确记载的。(3) 附件 5 用作支持"本发明修改"的例子，根据其记载的理化指标，可将"谷氨酸母液的 pH 值"修改为"pH 值"、将"谷氨酸母液中谷氨酸的含量"修改为"谷氨酸的含量"、将"谷氨酸母液的干浓缩物"修改为"干浓缩物"、将"谷氨酸母液中的固形物"修改为"固形物"，这些修改都有原说明书中第 2 页第 14 行明确记载的支持，这种修改没有超出申请日提交的原申请文件记载的范围，修改符合专利法第 33 条的规定。

至此，合议组认为本案事实清楚，可以作出审查决定。

二、决定的理由

1. 关于审查文本

请求人于 2007 年 10 月 12 日提交了权利要求书 1~5、2007 年 10 月 10 日提交了说明书第 1~5 页和说明书摘要，本复审请求审查决定是在上述文本基础上作出的。

2. 关于专利法第 33 条

专利法第 33 条规定：申请人可以对其专利申请文件进行修改，但是，对发明和实用新型专利申请文件的修改不得超出原说明书和权利要求书记载的范围。

申请人在对专利申请文件进行修改时，如果本领域技术人员从新修改的申请文件中获得的信息与原说明书和权利要求书的记载不同，而这些信息又不能直接地、毫无疑义地由原说明书和权利要求书记载的内容中确定，则申请人对专利申请文件的修改不符合专利法第 33 条的规定。

一方面，在请求人于 2007 年 10 月 10 日提交的说明书中，请求人将原说明书第 3 页第 14 行实施例 1 中的"其中谷氨酸母液的 pH 为 7"修改为"加 NaOH 调节谷氨酸母液的 pH 为 7"；将原说明书第 4 页第 3~4 行实施例 2 中的"谷氨酸母液的 pH 为 6.5"修改为"加氨调谷氨酸母液的 pH 为 6.5"，将第 4 页第 6~7 行记载的"取谷氨酸母液"修改为"取加氨调节的谷氨酸母液"；将原说明书第 4 页第 14 行实施例 3 中记载的"其中谷氨酸母液"修改为"加 NaOH 回调谷氨酸母液"；将原说明书第 4 页第 19~20 行实施例 4 中记载的"谷氨酸母液的 pH 为 6.5"修改为"加氨回调谷氨酸母液的pH为6.5"。也就是在上述对实施例1~4的修改中，请求人增加了用碱-NaOH或氨水调节谷氨酸母液的内容，请求人认为这样的修改能从原说明书第2页第14行的内容获得，但是在原说明书和权利要求书中并没有任何关于在所述实施例1~4的具体技术方案中加入NaOH或氨来调节谷氨酸母液pH的明确记载，而且请求人也没有证据证明在所述实施例1~4的具体技术方案中只能用NaOH或氨调节谷氨酸母液pH，仅仅根据说明书第2页第14行的内容对实施例1~4进行上述修改是将无法从原申请文件中直接地、毫无疑义地确定的技术特征引入了说明书，引入了原说明书和权利要求书中没有的新技术内容，本领域技术人员根据原说明书和权利要求书无法得出在所述具体技术方案中各谷氨酸母液pH值的调节是按如上所述加入NaOH或氨来进行。

另一方面，在请求人于2007年10月12日提交的新修改权利要求书中，请求人将原权利要求1中的"谷氨酸母液中谷氨酸的含量在0.5%~15%"修改为"谷氨酸的含量在0.5%~15%"；类似地，在2007年10月10日提交的说明书中，请求人将第1页第17-18行的"谷氨酸母液中谷氨酸的含量在0.5%~15%"修改为"谷氨酸的含量在0.5%~15%"；将第3页第16行的"谷氨酸母液中谷氨酸的含量在0.8%"修改为"谷氨酸的含量在0.8%"；将第4页第6行的"谷氨酸母液中谷氨酸的含量为3%"修改为"谷氨酸的含量为3%"；将第4页第16~17行的"谷氨酸母液中谷氨酸的含量在0.5%~15%"修改为"谷氨酸的含量在0.5%~15%"；将第5页第8行中的"谷氨酸母液中谷氨酸占3%"修改为"谷氨酸占3%"。根据以上所述可知，原申请文件中记载的"谷氨酸的含量"均为谷氨酸母液中谷氨酸的含量，经过上述修改后，权利要求书和说明书中记载的"谷氨酸含量"指的是由谷氨酸母液加工获得的非蛋白氮饲料添加剂中谷氨酸的含量，这与原申请文件记载的原意不同，并不能毫无疑义地确定，故上述修改超出了原申请文件的记载范围。

总之，本领域技术人员由上述修改后的申请文件获得的信息与原申请文件所记载的信息不同，而这些信息并不能直接地、毫无疑义地由原申请文件确定，这种修改超出了原说明书和权利要求书记载的范围，不符合专利法第33条的规定。

针对请求人在答复《复审通知书》的意见陈述书中所陈述的意见，合议组认为：（1）如上所述，虽然在原说明书第2页第14行记载了"用NaOH和氨水回调酸碱度"，但是在原说明书和权利要求书中并没有明确记载在所述实施例1~4的具体技术方案中是使用NaOH还是使用氨水来调节谷氨酸母液的pH，本领域技术人员根据原说明书和权利要求书无法得出在实施例1~4的具体技术方案中是使用NaOH还是使用氨水调节谷氨酸母液的pH。（2）对于谷氨酸母液中谷氨酸的含量，请求人首先承认：原申请文件记载的"一种非蛋白氮饲料添加剂……由谷氨酸母液组成，其中谷氨酸母液的pH值为3.2~7.8……谷氨酸母液中谷氨酸的含量在0.5%~15%"并没有清楚地表述"非蛋白氮饲料添加剂的谷氨酸量"与所述"谷氨酸母液中谷氨酸的含量"之间是否相同，"非蛋白氮饲料添加剂的pH为3.2谷氨酸母液中谷氨酸含量"与"pH为3.2~7.8……谷氨酸母液中谷氨酸的含量"是否相同。而本领域技术人员从新修改说明书的内容"一种非蛋白氮饲料添加剂……由谷氨酸母液组成，其中pH值为3.2~7.8……谷氨酸的含量在0.5%~15%"可获得"非蛋白氮饲料添加剂，pH值变化在3.2~7.8时谷氨酸的含量在0.5%~15%"（参见请求人于2008年3月28日提交的意见陈述的第3~4页）。根据请求人上述意见，通过比较原说明书和权利要求书与新修改的说明书的相应内容可知，由新修改的说明书相应内容获得的信息"非蛋白氮饲料添加剂的谷氨酸含量0.5%~15%"并不能从原说明书和权利要求书中直接认定，属于原说明书和权利要求书中没有的新内容。其次，请求人也承认，将"谷氨酸母液中谷氨酸的含量"修改为"谷氨酸的含量"可使得本领域技术人员从新修改的申请文件中获得的"谷氨酸的含量"信息从原说明书、原权利要求书记载信息完全不同，而且又不能直接地、毫无疑义地由原说明书和原权利要求书记载的"谷氨酸母液中谷氨酸的含量"信息中确定（参见请求人 2008 年 3 月 28 日提交的意见陈述书正文第 8~9 页）。（3）请求人提交的附件 2 只说明了调节谷氨酸的 pH 值 3.0~3.2 对产生谷氨酸晶体的影响，附件 3 只是记载了废母液（pH3.0）和加酸调节至谷氨酸等电点（pH=3.22）等味精生产处理步骤以提高味精产率减少环境污染，附件 4 只是说明了等电点 pH3.0~3.2 的母液加氨水中和至 pH6.2~6.8 后获得农肥，附件 1 用于说明谷氨酸母液的 pH 值处在 3.2，它们均未涉及将 pH3.0~3.2 的谷氨酸母液用来制备非蛋白氮饲料添加剂，也未说明如何处理以上谷氨酸母液来制备非蛋白氮饲料添加剂，无法用于证明原说明书第 1 页第 15~18 行中三次出现的"谷氨酸母液"之间的 pH 值不同以及其中出现的"谷氨酸母液的"、"谷氨酸母液中"属于明显的错误。附件 5 于 2003 年 8 月 18 日发布，为企业标准，其内容既没有记载在本申请原始申请文件中，也不能用作证明本发明申请日之前已公开的现有技术用于支持本发明的修改。因此，请求人提交的附件 1~5 并不能用来说明本领域技术人员能够直接地、毫无疑义地由原说明书和权利要求书记载的内容确定请求人上述所作修改，因此，请求人所陈述的理由不成立。

综上，请求人在 2007 年 10 月 12 日提交的权利要求书、2007 年 10 月 10 日提交的说明书中所作的修改超出了原说明书和权利要求书记载的范围，因此不符合专利法第 33 条的规定。

根据以上事实和理由，本案合议组作出如下审查决定。

三、决定

维持国家知识产权局于 2005 年 11 月 18 日对第 01104156.0 号发明专利申请作出的驳回决定。

复审请求人对本决定不服的，可以根据专利法第 41 条第 2 款的规定，自收到本决定之日起三个月内向北京市第一中级人民法院起诉。

北京市第一中级人民法院
行政判决书

(2009) 一中行初字第215号

原告唐祯，男，1947年10月14日出生，汉族，广东省佛山市新新叶面素厂厂长，住广东省佛山市佛平路51号706房（康大大厦）。

被告国家知识产权局专利复审委员会，住所地北京市海淀区北四环西路9号银谷大厦。

法定代表人廖涛，副主任。

委托代理人王冬，男，国家知识产权局专利复审委员会审查员。

委托代理人程强，男，国家知识产权局专利复审委员会审查员。

原告唐祯不服被告国家知识产权局专利复审委员会作出的第14230号复审请求审查决定（下称被诉决定），于2008年11月14日向本院提起行政诉讼。本院受理后，依法组成合议庭，于2009年2月20日公开开庭审理了本案。原告唐祯，被告的委托代理人王冬、程强到庭参加了诉讼。本案现已审理终结。

2008年8月4日，被告作出被诉决定，依据《中华人民共和国专利法》（以下简称《专利法》）第三十三条的规定，维持国家知识产权局于2005年11月18日对第01104156.0号发明专利申请（以下简称本申请）作出的驳回决定（以下简称驳回决定）。

在法定期限内，被告向本院提交了以下证据的复印件：1. 本申请公开文本（同原告已提交的诉讼附件4）；2. 原告于2007年10月12日提交的权利要求书、于2007年10月10日提交的说明书及其摘要（同原告诉讼附件5）；3. 原告于2008年3月28日提交的意见陈述书。以上证据用以证明被诉决定正确合法。原告诉称：

1. 原告对权利要求1、说明书的修改没有超出原申请文件的范围。

（1）原权利要求1存在的两处明显错误必须修改。

本申请权利要求1为："一种非蛋白氮饲料添加剂，其特征在于主要由味精生产行业中产生的谷氨酸母液组成，其中PH值为3.2～7.8，固形物的含量为10%～98%，固形物中全糖的含量为1.5%～25%，含氮的含量为1%～35%，谷氨酸的含量为0.5%～15%"。原申请文件中权利要求1为："一种非蛋白氮饲料添加剂，其特征在于主要由味精生产行业中产生的谷氨酸母液组成，其中谷氨酸母液的PH值为3.2～7.8，固形物的含量为10%～98%，固形物中全糖的含量为1.5%～25%，含氮的含量为1%～35%，谷氨酸母液中谷氨酸的含量为0.5%～15%"。

以上两记载相比，可以看出本案请求的权利要求1与原申请文件的技术方案没有不同，仅仅是在文字上删除了"谷氨酸母液"几个字，使该技术方案在表达上更能清楚、完整地说明本专利所需保护的范围。删除了"谷氨酸母液"几个字，原告认为属于对明显错误的修改。理由是：原权利要求1. 一种非蛋白氮饲料添加剂，其特征在于主要由味精生产行业中产生的谷氨酸母液组成，其中谷氨酸母液的PH值为3.2～7.8，试问PH值为3.2～7.8，是应该归属"谷氨酸母液的"还是归属"一种非蛋白氮饲料添加剂"就不清楚。同样，"谷氨酸的含量为0.5%～15%"应归属"谷氨酸母液的"呢？还是应该归属"一种非蛋白氮饲料添加剂"也是不清楚的。修改后很清晰，权利要求1. 一种非蛋白氮饲料添加剂，其特征在于主要由味精生产行业中产生的谷氨酸母液组成，其中PH值为3.2～7.8，谷氨酸的含量为0.5%～15%。这一修改符合《专利法》第三十三条的规定。根据《审查指南》

(2006）解释，"所谓明显错误，是指不正确的内容可以从原说明书、权利要求书的上下文中清楚地判断出来，没有作其他解释或者修改的可能"。

（2）权利要求书必须要有说明书支持，在说明书的正文与实施例也多次出现存在"谷氨酸母液的"与"谷氨酸母液中"的词组，属于相同明显错误，亦要删除。假如有一处修改的遗留都会影响权利要求、说明书正文、实施例、摘要之间的互相支持。

（3）原告对说明书的修改没有超出原申请文件的范围。原告对申请文件中说明书进行了修改，被告认为原告"将原说明书第 3 页第 14 行实施例 1 的其中谷氨酸母液的 PH 值修改为加 NaOH 调节谷氨酸母液的 PH 值为 7……但是在原说明书和权利要求书中并没有任何关于在所述具体技术方案中按如上所述加入 NaOH 或氨来调节谷氨酸母液 PH 的明确记载，而且本领域技术人员根据原说明书和权利要求书也无法得出在所述具体技术方案中各谷氨酸母液 PH 值的调节是按如上所述加入 NaOH 或氨来进行"。而在原告提交的原说明书第 2 页第 14 行中，就清楚地记载了现有技术中是"用 NaOH 或氨水回调谷氨酸母液的酸碱度"。在化学中，酸碱度用 PH 值来表示，也就是说，加入 NaOH 或氨来调节谷氨酸母液 PH 已在说明书中明确记载。另外，在实施例 1 中，尽管没有说明用 NaOH 或氨来调节谷氨酸母液 PH，但已表明谷氨酸母液 PH 值为 7。作为本领域的技术人员，完全可以从现有的信息中直接地、毫无疑义地导出如谷氨酸母液 PH 值该达到 7，必须加入碱性化合物来调节这一技术方案。在被诉决定第 7 页第 6~20 行所述的几个实施例修改都体现如此原则：原告对说明书几个实施例的修改仅仅是在进一步完整、清楚地说明，没有超出原说明书的范围。

2. 国家知识产权局作出的驳回决定缺乏《专利法》第三十三条的支持。

3. 原告请求被允许再次修改专利申请，被告继续审查原告的专利申请。

从驳回决定的产生看，它是从说明书取了一段内容插入原权利要求 1 而产生修改的权利要求 1，而且体现这样修改有合法性。假如这一段话再补充如下的内容"氯化钠，氯化氨（或硫酸氨）"，完整的内容是"主要成分是形成固形物的谷氨酸、尿素（或氨）、糖、生物素、菌体、有机发酵代谢物、氯离子（硫酸根离子）或氯化钠，（氯化氨，或硫酸氨）"。然后把这一段话插入了原权利要求 1，其修改内容如下："权利要求 1. 一种非蛋白氮饲料添加剂，其特征在于主要由味精生产行业中产生的谷氨酸母液组成，其中 PH 值为 3.2~7.8 主要成分是形成固形物的谷氨酸、尿素（或氨）、糖、生物素、菌体、有机发酵代谢物、氯离子（硫酸根离子）或氯化钠，（氯化氨，或硫酸氨），固形物的含量为 10%~98%，固形物中全糖的含量为 1.5%~25%，全氮的含量为 1%~35%，谷氨酸母液中谷氨酸的含量在 0.5~15%"。这一段话是有说明书支持的，在原申请说明书第 2 页第 12~15 行，有此表述如下："该母液的成份除了谷氨酸、尿素、糖外，还含有生物素、菌体、有机发酵代谢物、大量的氯离子或硫酸根离子，当用 NaOH 或氨水回调谷氨酸母液的酸碱度，使其接近中性时，谷氨酸母液中还含有大量的氯化钠，氯化氨（或硫酸氨）"。这一修改体现一种非蛋白氮饲料添加剂，PH 值为 3.2 时固形物含氯离子（硫酸根离子），PH 值为 7.8. 时固形物含氯化钠，（氯化氨，或硫酸氨），化学知识认可这一说法。由此可知，权利要求 1 要求保护的就不是一种公知产品，不是对其固有参数的测定，将一种公知产品变成另一种新的产品。对原权利要求 1 的这一修改，加入了所属技术领域的技术人员能从原说明书和权利要求书中直接地、毫无疑义地确定的内容。有法理支持它成立，也体现本申请权利要求 1 具备新颖性，符合《专利法》第二十二条第二款有关规定。

综上，原告请求撤销被诉决定。

原告在法定期限内向本院提交了下列证据的复印件：1. 被诉决定书；2. 驳回决定书；3. 本申请的原申请文件；4. 本申请申请书。上述证据用以证明本申请的原申请文件存在明显错误，需要修改。

在庭审过程中，原告又提交了以下新证据的复印件：1. 谷氨酸发酵母液对山羊饲用效果的研究报告，共8页；2. 营业执照，共2页；3. 广东省企业产品标准备案通知，共1页；4. 佛山市广广饲料研发有限公司企业标准，共3页；5. 国家知识产权局第一次审查意见通知书及权利要求书，共3页；6. 专利申请公开说明书，申请号200410003050.1，共4页；7. 原告国际优秀论文作品证书及获奖论文，共2页；8. 原告获奖征文，共5页；9. 中国十大书法家以及荣誉证书，共3页；10. 世界杰出华商协会会员证书，共4页。上述证据用以证明本申请没有得到应有的保护。

被告答辩称：

1. 对于原告关于权利要求1以及说明书的修改没有超出原申请文件范围的意见，被告认为：

（1）首先，被诉决定中并没有指出删除原权利要求1中记载的"谷氨酸母液的PH值为3.2～7.8"中的"谷氨酸母液的"导致对权利要求1的修改不符合《专利法》第三十三条的规定，原告的相关主张不能成立。其次，根据原申请文件的权利要求1可以毫无疑义地确定，其中所述的"谷氨酸母液中谷氨酸含量在0.5％～15％"的含义是指谷氨酸母液中的谷氨酸含量为0.5％～15％，原告在删除"谷氨酸母液中谷氨酸含量在0.5％～15％"中的"谷氨酸母液中"后，权利要求1记载的"谷氨酸含量在0.5％～15％"的含义变成了由谷氨酸母液加工获得的非蛋白氮饲料添加剂中谷氨酸的含量为0.5％～15％，这与原权利要求1中记载的含义明显不同。并且，原告也承认，将"谷氨酸母液中谷氨酸的含量"修改为"谷氨酸的含量"可使得本领域技术人员从新修改的申请文件中获得的"谷氨酸的含量"信息与原说明书、原权利要求书记载信息完全不同，而且又不能直接地、毫无疑义地由原说明书和原权利要求书记载的"谷氨酸母液中谷氨酸的含量"信息中确定（参见原告2008年3月28日提交的意见陈述书正文第8～9页）。因此，原告删除"谷氨酸母液中谷氨酸含量为0.5％～15％"中的"谷氨酸母液中"并不属于《审查指南》中规定的对明显错误的修改。原告对权利要求1进行的上述修改不符合《专利法》第三十三条的规定，原告的主张不能成立。同理，原告关于对说明书所进行的适应性修改符合《专利法》第三十三条规定的主张也不能成立。

（2）虽然原说明书第2页第14行记载了"用NaOH和氨水回调谷氨酸母液的酸碱度"，但是在原实施例1的具体技术方案中并没有记载是使用NaOH还是氨水来调节谷氨酸母液的PH。根据原说明书和权利要求书，本领域技术人员根本无法得出在原实施例1的具体技术方案中是使用NaOH还是使用氨水调节谷氨酸母液的PH，原告由在原实施例1中加入了"用NaOH调谷氨酸母液"而获得修改后的实施例1的具体技术方案在原申请中根本没有记载。并且，也没有证据能够证明原实施例1中谷氨酸母液的PH能够与"用NaOH调谷氨酸母液的PH"相联系。同时，原告在起诉状中也承认了在原实施例1中没有说明用NaOH或氨来调节谷氨酸母液PH。因此，原告对原实施例1的修改使得修改后的实施例1记载的信息与原申请记载的信息不同，而且也不能从原申请记载的信息中直接地、毫无疑义的确定，不符合《专利法》第三十三条的规定。同理，原告对原实施例2～4的修改也使得修改后的实施例2～4记载的信息与原申请记载的信息不同，而且也不能从原申请记载的信息中直接地、毫无疑义地确定，不符合《专利法》第三十三条的规定。因此，原告的主张不能成立。

2. 对于原告请求撤销驳回决定以及请求允许有机会再次修改专利申请的诉讼主张，被告认为：《专利法》第四十一条规定，被告对复审请求进行受理和审查。根据上述规定，原告对驳回决定不服以及请求允许有机会再次修改专利申请应向被告提出，原告的上述请求不属于专利行政诉讼审理的范围。因此，原告的主张不能成立。

综上所述，被告认为，被诉决定认定事实清楚、适用法律正确、审理程序合法，故请求法院驳回原告的诉讼请求，维持被诉决定。

经庭审质证，原告对被告证据的关联性、合法性和真实性均无异议，但不同意其证明作用。

被告对原告在法定期限内提交证据的关联性、合法性和真实性均无异议，但不同意其证明作用；对原告在本院庭审过程中提交的10份新证据，被告认为超出了法定举证期限，且与本案无关。

经庭审质证及合议庭评议，本院认为，被告、原告于本院开庭审理前提交的证据均与本案具有关联性，且符合形式上的合法性、真实性的要求，本院予以采纳。原告在本院庭审过程中提交的10份新证据超出了法定举证期限，且与本案不具关联性，本院不予采纳。

根据上述经本院采纳的证据以及各方当事人无争议的相关陈述，本院认定如下事实：

本案涉及申请日为2001年2月22日、公开日为2002年1月23日、名称为"一种非蛋白氮饲料添加剂"的第01104156.0号发明专利申请（即本申请），其申请人为原告唐祯。

2005年11月18日，国家知识产权局针对原告2004年12月23日提交的本申请权利要求第1～5项、2001年9月4日提交的说明书第1页、申请日提交的说明书第2～5页以及摘要，以权利要求1不符合《专利法》第二十二条第二款的规定为由作出驳回决定。驳回决定所针对的权利要求1如下：

"1. 一种非蛋白氮饲料添加剂，其特征在于主要由味精生产行业中产生的谷氨酸母液组成，其中谷氨酸母液的PH值为3.2～7.8，谷氨酸母液的主要成分是水及形成固形物的谷氨酸、尿素（或氨）、糖、生物素、菌体、有机发酵代谢物、氯离子或硫酸根离子，固形物的含量为10%-98%，固形物中全糖的含量为1.5%～25%，全氮的含量为1%～35%，谷氨酸母液中谷氨酸的含量在0.5%～15%。"

驳回理由概括为：原告在答复第一次审查意见通知书时，明确指出"本申请涉及的谷氨酸母液中各种成分的含量与说明书第2页所述味精生产行业中产生的谷氨酸母液的成分含量是一致的"。由此可知，权利要求1要求保护的是一种公知产品。公知产品的固有参数是其本身所固有的，对其固有参数的测定并不能将一种公知产品变成另一种新的产品。因此，权利要求1不符合《专利法》第二十二条第二款的有关规定。

原告对驳回决定不服，于2006年1月25日向被告提出复审请求，并提交了权利要求书全文替换页（共6项），权利要求书内容如下：

"1. 一种非蛋白氮饲料添加剂，其特征在于：主要由等电点法味精生产废液-谷氨酸母液加碱、中和、回调酸碱度制成非蛋白氮饲料添加剂，其PH值为3.2～7.8，其固形物的含量为10%～98%，该固形物中全糖的含量为1.5%～25%，全氮的含量为1%～35%，谷氨酸的含量为0.5%～15%。

2. 根据权利要求1所述的非蛋白氮饲料添加剂，其特征在于：用于中和、回调谷氨酸母液的碱为NaOH或氨水。

3. 根据权利要求1所述的非蛋白氮饲料添加剂的用途，其特征在于：在所述非蛋白氮饲料添加剂中加入含量占2%～30%的尿素、含量占1%～8%的磷酸铵、含量占2%～50%的甘蔗糖密，制得糖密尿素。

4. 根据权利要求1所述的非蛋白氮饲料添加剂的用途，其特征在于：在所述非蛋白氮饲料添加剂中加入含量占2%～10%的尿素、含量占10%～50%的粗盐、含量占1%～10%的磷酸钙、含量占2%～5%的甘蔗糖蜜、含量占1%～3%的硫酸锌、含量占0.1%～0.8%的硫酸铜、含量占0.001%～0.01%的硫酸钴，制得尿素糖蜜舔砖。

5. 根据权利要求1所述的非蛋白氮饲料添加剂的用途，其特征在于：在所述非蛋白氮饲料添加剂中加入含量占40%～65%的玉米、含量占2%～15%的尿素、含量占2%～8%的膨润土，制得淀粉糊化尿素。

6. 根据权利要求1所述的非蛋白氮饲料添加剂的用途，其特征在于：在所述非蛋白氮饲料添加剂中加入含量占10%～90%的尿素，制得强化尿素。"

原告的理由概括为：本申请的非蛋白氮饲料添加剂主要由等电点味精生产废液-谷氨酸母液加

碱、中和、回调酸碱度制成。说明书第2页第11~21行、第3页第8行和第1页第16~18行记载了等电点法生产味精废液所产生的废弃物谷氨酸母液含有谷氨酸、尿素、糖、生物素、有机发酵代谢物等，其PH为3.2。而本发明的非蛋白氮饲料添加剂不同于等电点法生产味精所产生的谷氨酸母液，这些谷氨酸母液只是所述非蛋白氮饲料添加剂的主要成分，还需加碱中和回调，才能变成适于反刍动物的饲料添加剂。本申请提交修改的权利要求书以克服实质审查中所指出的有关缺陷。

形式审查合格后，被告受理了此复审请求，并于2006年3月1日向原告发出复审请求受理通知书，同时将本申请案卷移交原审查部门进行前置审查。

原审查部门对本复审请求进行了前置审查，认为：（1）原告在2006年1月25日提交的修改文件中对权利要求1的修改不符合《专利法》第三十三条的规定。由原申请文件并不能直接地、毫无疑义地导出权利要求1中"主要由等电点法味精生产废液-谷氨酸母液加碱、中和、回调酸碱度制成非蛋白饲料添加剂"的技术方案。（2）即使上述修改符合《专利法》第三十三条的规定，但由于对比文件1公开了权利要求1的全部技术特征，包括原告反复提及的PH值，并且原告所认为的用途不同，在判断物质新颖性时是不予考虑的，用途不同不能给物质本身带来区别特征，因此权利要求1不符合《专利法》第二十二条第二款有关新颖性的规定。

被告组成合议组，对本复审请求案进行了审理，并于2007年8月31日向原告发出复审通知书。复审通知书指出：（1）原告于2006年1月25日提交的权利要求书中，增加了在驳回决定所针对的权利要求书中不存在的权利要求2，同时将原权利要求2~5由产品权利要求改变为用途权利要求3~6。上述修改并不是为了消除驳回决定所指出的缺陷，不符合《中华人民共和国专利法实施细则》（以下简称《专利法实施细则》）第六十条第一款的规定。（2）权利要求3的撰写方式"根据权利要求1所述的非蛋白氮饲料添加剂的用途，其特征在于：在所述……制得糖密尿素"，没有清楚地表述所要求保护非蛋白氮饲料添加剂的用途究竟是何种用途。另外，本领域中有"糖蜜"的说法，并不知道权利要求3中记载的"糖密"是何种物质，并且与本申请说明书记载的"糖蜜"不一致。因此，权利要求3的保护范围不清楚，不符合《专利法实施细则》第二十条第一款的规定。基于与权利要求3相同的理由，权利要求4~6也不符合《专利法实施细则》第二十条第一款的规定。

针对上述复审通知书，原告于2007年10月10日提交了意见陈述书，并提交了权利要求书第1~5项、说明书第1~5页和说明书摘要第1页的全文替换页，同时提交了附件1：农业部农产品质量监督检验测试中心（郑州）出具的检验报告复印件（共1页），该附件用于证明提取谷氨酸结晶后的谷氨酸母液的PH在3.2。此次修改后的权利要求书内容如下：

"1. 一种非蛋白氮饲料添加剂，其特征在于主要由味精生产行业中产生的谷氨酸母液组成，其中PH值为3.2~7.8，固形物的含量为10%~98%，固形物中全糖的含量为1.5%~25%，全氮的含量为1%~35%，谷氨酸的含量为0.5%~15%。

2. 根据权利要求1所述的NPN饲料添加剂，其特征在于谷氨酸母液中加入了含量占2%~30%的尿素、含量占1%~8%的磷酸铵、含量占2%~50%的甘蔗糖蜜。

3. 根据权利要求1所述的非蛋白氮饲料添加剂，其特征在于谷氨酸母液中加入了含量占2%~10%的尿素、含量占10%~50%的粗盐、含量占1%~10%的磷酸钙、含量占2%~5%的甘蔗糖蜜、含量占1%~3%的硫酸锌、含量占0.1%~0.8%的硫酸铜、含量0.001%~0.01%的硫酸钴。

4. 根据权利要求1所述的非蛋白氮饲料添加剂，其特征在于谷氨酸母液中加入了含量占40%~65%的玉米、含量占2%~15%的尿素、含量占2%~8%的膨润土。

5. 根据权利要求1所述的非蛋白氮饲料添加剂，其特征在于谷氨酸母液中加入了含量占10%~

90％的尿素。"

原告在意见陈述书中阐述了意见以及对权利要求书、说明书和摘要进行修改的理由，认为修改后的申请文件克服了驳回决定和复审通知书指出的缺陷，具体理由为：（1）原始权利要求1中非蛋白氮饲料添加剂的PH值为3.2~7.8，与味精生产行业中产生的谷氨酸母液的PH3.2有一重叠点，但是根据本申请说明书，将提取谷氨酸结晶后的PH3.2的谷氨酸母液，用NaOH或氨水回调母液的酸碱度大于3.2至7.8时，以上两者有极大范围的PH区域不重叠，这说明两者有极大范围的成分区域不重叠，使得权利要求1具备新颖性。另外，第二次审查意见通知书提到的对比文件1（CN1021704C，授权公告日为1993年7月28日）中提取谷氨酸结晶后的PH3.2谷氨酸母液用氨中和PH6做肥料，该肥料必须要处在PH6，而本申请的非蛋白氮饲料添加剂在PH3.2~7.8的区域内任一点均适用。二者虽然在PH6有一个重叠点，但是两者PH区域不重叠的范围极大，对比文件1不能否定本申请权利要求1的新颖性。（2）本申请原始权利要求1记载的为一种非蛋白氮饲料添加剂，其中又出现"谷氨酸母液的PH值为3.2~7.8"、"谷氨酸母液中谷氨酸的含量在0.5％~15％"，PH值和谷氨酸含量的参数属于添加剂还是谷氨酸母液不清楚，去掉"谷氨酸母液"后，权利要求1的产品的技术特征就清楚了，已经用碱调、中和、处理过的PH值大于3.2~7.8的谷氨酸母液为另一产品，PH值3.2~7.8并不是谷氨酸母液的固有参数。同时由于本申请产品主要成分不等同于谷氨酸母液的主要成分，因此驳回决定所针对的权利要求书中权利要求1的"谷氨酸母液的主要成分………或硫酸根离子"也要去除。基于相同的理由，将原文摘要和在驳回决定针对的说明书中将"谷氨酸母液"去掉，具体修改位置为：第1页16、18行，第3页15、16行，第4页5、6、10、15行，第5页1、7行；原文摘要第2、4行。另外，在驳回决定针对的说明书中第3页14行、第4页第4、6、14、20行、第5页第8行分别给谷氨酸母液写上了加NaOH和氨调节母液PH的内容。（3）根据复审通知书的意见，删除了提出复审请求时提交的权利要求书的权利要求1中增加的文字内容，如"加碱、中和、浓缩等"，将权利要求2删除，将权利要求2~5由用途权利要求恢复为产品权利要求，删除权利要求3~6中的"制得糖密尿素"、"制得尿素糖密舔砖"、"制得淀粉糊化尿素"、"制得强化尿素"。

2007年10月12日，原告再次提交了权利要求书的全文替换页（共5项），其中将2007年10月10日提交的权利要求书的权利要求2中的"NPN"修改为"非蛋白氮"，对于其他权利要求未作修改。

被告针对原告于2007年10月12日提交的权利要求书、2007年10月10日提交的说明书和说明书摘要进行了审理，于2008年2月19日再次发出复审通知书。该复审通知书指出：（1）在新修改的权利要求书中，原告将原权利要求1中记载的"谷氨酸母液"删除，另外原告将原说明书第1页第16-18行，第3页第16行，第4页第5~6行、第16~17行，第5页第1、7、8行中记载的"谷氨酸母液的"、"谷氨酸母液中"删除，使得本领域技术人员分别将上述记载涉及的"谷氨酸母液的PH值"、"谷氨酸母液中谷氨酸的含量"、"谷氨酸母液的干浓缩物"、"谷氨酸母液中的固形物"的PH值、谷氨酸的含量、干浓缩物、固形物理解为非蛋白氮饲料添加剂本身或添加剂中其他成分的PH值、谷氨酸的含量、干浓缩物、固形物，这与上述记载的原意不同，上述修改超出了原申请文件的记载范围。（2）原告将原说明书第3页第14行实施例1的"其中谷氨酸母液的PH为7"修改为"加NaOH调节谷氨酸母液的PH为7"；将原说明书第4页第3~4行的"谷氨酸母液的PH为6.5"修改为"加氨调谷氨酸母液的PH为6.5"，将原说明书第4页第6~7行记载的"取谷氨酸母液"修改为"取加氨调节的谷氨酸母液"；将原说明书第4页第14行记载的"其中谷氨酸母液"修改为"加NaOH回调谷氨酸母液"；将原说明书第4页第19~20行记载的"谷氨酸母液的PH为6.5"修改为"加氨回调谷氨酸母液的PH为6.5"。但是，在原说明书和权利要求书中并没有任何关于在所述具体技术方案中按如上所述加入NaOH或氨来调节谷氨酸母液PH的明确记载，而且本领域技术人员根据原说明书和权利要求书也无法得出在所述具体技术方案中各谷氨酸母液PH值的调节是按如上所述加入NaOH或氨来进行。因此，以上修改超出了申请日提交的原说明书和权利要求书记载的范围，不符合《专利法》第三十三条的规定。

针对此次复审通知书，原告于2008年3月28日提交了意见陈述书及以下附件2～5来说明原告在2007年10月12日提交的权利要求书、2007年10月10日提交的说明书和说明书摘要中所进行的修改没有超出原申请文件记载的范围，符合《专利法》第三十三条的规定：

附件2：《味精生产技术知识》，上海市食品工业公司编，1983年5月第1版，1986年12月第2次印刷，封面、出版信息页、第224～225页复印件共3页；

附件3："串联式氨解脱离子交换法处理味精生产中的等电点废母液"，李丽等，《江苏环境科技》，第14卷第2期第12页，2001年6月，复印件共1页；

附件4：中国发明专利说明书，授权公告号CN1021704C，公告日为1993年7月28日，复印件共2页；

附件5：备案号为QB/44000653989-2003的"佛山市广广饲料研发有限公司企业标准"，2003年8月18日发布，复印件共3页。

原告的理由概括为：（1）在本申请原说明书第1页第15～18行记载了"一种非蛋白氮饲料添加剂…由谷氨酸母液组成，其中谷氨酸母液的PH值为3.2～7.8……谷氨酸母液中谷氨酸的含量在0.5-15％"，其中存在两处明显错误"谷氨酸母液的"和"谷氨酸母液中"，现将这两次明显错误去除。从附件2和3可判定非蛋白氮饲料添加剂的谷氨酸母液PH值为3.2，原说明书第2页第11行记载了"……常用盐酸调节PH值至3.2……剩下部分为谷氨酸母液"，由上述原始记载，本领域技术人员无法确定原说明书第1页第15～18行记载中出现的三次"谷氨酸母液"的PH值是否相同，也无法确定非蛋白氮饲料添加剂的PH值为3.2还是3.2～7.8，从新修改说明书的这段内容可知，该非蛋白氮饲料添加剂的PH值为3.2～7.8，添加剂谷氨酸母液的PH为3.2与原说明书第2页第11行相同。附件4的图例说明等电点PH3.0～3.2的母液加氨水中和至PH6.2～6.8后获得农肥，本申请原说明书第2页第14行和第3页第8行分别记载了"用NaOH或氨水回调的酸碱度"和"加碱中和"，本领域技术人员能直接地、毫无疑义地从新修改说明书中获知谷氨酸母液被人为地改变PH值，由PH值3.2变为3.2～7.8，从而产生非蛋白氮饲料添加剂这个新的物质。删除"谷氨酸母液的"也是必要的。因此，原说明书第1页第15～18行出现的"谷氨酸母液的"、"谷氨酸母液中"属于两次明显的错误，将"其中的谷氨酸母液的PH值大于3.2～7.8"的"谷氨酸母液的"、"谷氨酸母液中谷氨酸的含量"的"谷氨酸母液中"从原说明书删除属于对明显错误的修改，应该是允许的。基于同样的理由，对原说明书和权利要求书中其他涉及"谷氨酸母液的"、"谷氨酸母液中"的地方进行了修改，这些修改使权利要求和说明书的表述变得清楚，应该是允许的。（2）在原说明书第2页第14行记载了"用NaOH和氨水回调谷氨酸母液的酸碱度"，因此在实施例1～4中分别具体写明使用NaOH或氨水调节PH值是有明确记载的。（3）附件5用作支持"本发明修改"的例子，根据其记载的理化指标，可将"谷氨酸母液的PH值"修改为"PH值"、将"谷氨酸母液中谷氨酸的含量"修改为"谷氨酸的含量"、将"谷氨酸母液的干浓缩物"修改为"干浓缩物"、将"谷氨酸母液中的固形物"修改为"固形物"，这些修改都有原说明书中第2页第14行明确记载的支持，这种修改没有超出申请日提交的原申请文件记载的范围，修改符合《专利法》第三十三条的规定。

至此，被告认为本案事实清楚，作出如下决定：

1. 关于审查文本。

原告于2007年10月12日提交了权利要求书第1～5项、2007年10月10日提交了说明书第1～5页和说明书摘要，被诉决定是在上述文本基础上作出的。

2. 关于《专利法》第三十三条。

《专利法》第三十三条规定：申请人可以对其专利申请文件进行修改，但是，对发明和实用新型专利申请文件的修改不得超出原说明书和权利要求书记载的范围。

申请人在对专利申请文件进行修改时，如果本领域技术人员从新修改的申请文件中获得的信息与原说明书和权利要求书的记载不同，而这些信息又不能直接地、毫无疑义地由原说明书和权利要求书记载的内容中确定，则申请人对专利申请文件的修改不符合《专利法》第三十三条的规定。

一方面，在原告于2007年10月10日提交的说明书中，原告将原说明书第3页第14行实施例1中的"其中谷氨酸母液的PH为7"修改为"加NaOH调节谷氨酸母液的PH为7"；将原说明书第4页第3～4行实施例2中的"谷氨酸母液的PH为6.5"修改为"加氨调谷氨酸母液的PH为6.5"，将第4页第6行-7行记载的"取谷氨酸母液"修改为"取加氨调节的谷氨酸母液"；将原说明书第4页第14行实施例3中记载的"其中谷氨酸母液"修改为"加NaOH回调谷氨酸母液"；将原说明书第4页第19～20行实施例4中记载的"谷氨酸母液的PH为6.5"修改为"加氨回调谷氨酸母液的PH为6.5"。也就是在上述对实施例1～4的修改中，原告增加了用碱-NaOH或氨水调节谷氨酸母液的内容，原告认为这样的修改能从原说明书第2页第14行的内容获得，但是在原说明书和权利要求书中并没有任何关于在所述实施例1～4的具体技术方案中加入NaOH或氨来调节谷氨酸母液PH的明确记载，而且原告也没有证据证明在所述实施例1～4的具体技术方案中只能用NaOH或氨调节谷氨酸母液PH，仅仅根据说明书第2页第14行的内容对实施例1～4进行上述修改是将无法从原申请文件中直接地、毫无疑义地确定的技术特征引入了说明书，引入了原说明书和权利要求书中没有的新技术内容，本领域技术人员根据原说明书和权利要求书无法得出在所述具体技术方案中各谷氨酸母液PH值的调节是按如上所述加入NaOH或氨来进行。

另一方面，在原告于2007年10月12日提交的新修改权利要求书中，将原权利要求1中的"谷氨酸母液中谷氨酸的含量在0.5%～15%"修改为"谷氨酸的含量在0.5%～15%"；类似地，在2007年10月10日提交的说明书中，原告将第1页第17-18行的"谷氨酸母液中谷氨酸的含量在0.5%～15%"修改为"谷氨酸的含量在0.5%～15%"；将第3页第16行的"谷氨酸母液中谷氨酸的含量在0.8%"修改为"谷氨酸的含量在0.8%"；将第4页第6行的"谷氨酸母液中谷氨酸的含量为3%"修改为"谷氨酸的含量为3%"；将第4页第16～17行的"谷氨酸母液中谷氨酸的含量在0.5%～15%"修改为"谷氨酸的含量在0.5%～15%"；将第5页第8行中的"谷氨酸母液中谷氨酸占3%"修改为"谷氨酸占3%"。根据以上所述可知，原申请文件中记载的"谷氨酸的含量"均为谷氨酸母液中谷氨酸的含量，经过上述修改后，权利要求书和说明书中记载的"谷氨酸含量"指的是由谷氨酸母液加工获得的非蛋白氮饲料添加剂中谷氨酸的含量，这与原申请文件记载的原意不同，且不能毫无疑义地确定，故上述修改超出了原申请文件的记载范围。

总之，本领域技术人员由上述修改后的申请文件获得的信息与原申请文件所记载的信息不同，而这些信息并不能直接地、毫无疑义地由原申请文件确定，这种修改超出了原说明书和权利要求书记载的范围，不符合《专利法》第三十三条的规定。

针对原告在答复复审通知书的意见陈述书中所陈述的意见，被告认为：（1）如上所述，虽然在原说明书第2页第14行记载了"用NaOH和氨水回调酸碱度"，但是在原说明书和权利要求书中并没有明确记载在所述实施例1～4的具体技术方案中是使用NaOH还是使用氨水来调节谷氨酸母液的

PH，本领域技术人员根据原说明书和权利要求书无法得出在实施例1～4的具体技术方案中是使用NaOH还是使用氨水调节谷氨酸母液的PH。（2）对于谷氨酸母液中谷氨酸的含量，原告首先承认：原申请文件记载的"一种非蛋白氮饲料添加剂……由谷氨酸母液组成，其中谷氨酸母液的PH值为3.2～7.8……谷氨酸母液中谷氨酸的含量在0.5%～15%"并没有清楚地表述"非蛋白氮饲料添加剂的谷氨酸量"与所述"谷氨酸母液中谷氨酸的含量"之间是否相同，"非蛋白氮饲料添加剂的PH值为3.2谷氨酸母液中谷氨酸含量"与"PH为3.2～7.8……谷氨酸母液中谷氨酸的含量"是否相同。而本领域技术人员从新修改说明书的内容"一种非蛋白氮饲料添加剂…由谷氨酸母液组成，其中PH值为3.2～7.8……谷氨酸的含量在0.5%～15%"可获得"非蛋白氮饲料添加剂，PH值变化在3.2～7.8时谷氨酸的含量在0.5%～15%"（参见原告于2008年3月28日提交的意见陈述的第3～4页）。根据原告上述意见，通过比较原说明书和权利要求书与新修改的说明书的相应内容可知，由新修改的说明书相应内容获得的信息"非蛋白氮饲料添加剂的谷氨酸含量在0.5%～15%"并不能从原说明书和权利要求书中直接认定，属于原说明书和权利要求书中没有的新内容。其次，原告也承认，将"谷氨酸母液中谷氨酸的含量"修改为"谷氨酸的含量"可使得本领域技术人员从新修改的申请文件中获得的"谷氨酸的含量"信息从原说明书、原权利要求书记载信息完全不同，而且又不能直接地、毫无疑义地由原说明书和原权利要求书记载的"谷氨酸母液中谷氨酸的含量"信息中确定（参见原告2008年3月28日提交的意见陈述书正文第8～9页）。（3）原告提交的附件2只说明了调节谷氨酸的PH值3.0～3.2对产生谷氨酸晶体的影响，附件3只是记载了废母液（PH值为3.0）和加酸调节至谷氨酸等电点（PH值为3.22）等味精生产处理步骤以提高味精产率减少环境污染，附件4只是说明了等电点PH3.0～3.2的母液加氨水中和PH6.2～6.8后获得农肥，附件1用于说明谷氨酸母液的PH值处在3.2，它们均未涉及将PH3.0～3.2的谷氨酸母液用来制备非蛋白氮饲料添加剂，也未说明如何处理以上谷氨酸母液来制备非蛋白氮饲料添加剂，无法用于证明原说明书第1页第15～18行中三次出现的"谷氨酸母液"之间的PH值不同以及其中出现的"谷氨酸母液的"、"谷氨酸母液中"属于明显的错误。附件5于2003年8月18日发布，为企业标准，其内容既没有记载在本申请原始申请文件中，也不能用作证明本发明申请日之前已公开的现有技术用于支持本发明的修改。因此，原告提交的附件1～5并不能用来说明本领域技术人员能够直接地、毫无疑义地由原说明书和权利要求书记载的内容确定原告上述所作修改。因此，原告所陈述的理由不成立。

综上，原告在2007年10月12日提交的权利要求书、2007年10月10日提交的说明书中所作的修改超出了原说明书和权利要求书记载的范围，因此不符合《专利法》第三十三条的规定。

据此，被告作出被诉决定。原告不服，诉至本院。

在庭审过程中，原告明确表示对被诉决定的作出程序及本案审查文本的确定无异议。

本院认为，经审查，被诉决定的作出程序合法，对审查文本的确定正确，各方当事人亦无异议，本院对此予以确认。据此，本院确定本案的审查重点在于原告对本申请的相关修改是否符合《专利法》第三十三条的规定。

《专利法》第三十三条规定："申请人可以对其专利申请文件进行修改，但是，对发明和实用新型专利申请文件的修改不得超出原说明书和权利要求书记载的范围，对外观设计专利申请文件的修改不得超出原图片或者照片表示的范围"。

根据原申请文件的权利要求1可以确定，其中所述的"谷氨酸母液中谷氨酸含量在0.5%～15%"的含义是指谷氨酸母液中的谷氨酸含量为0.5%～15%。原告在删除"谷氨酸母液中谷氨酸含量在0.5%～15%"中的"谷氨酸母液中"后，权利要求1记载的"谷氨酸含量在0.5%～15%"的含义变成了由谷氨酸母液加工获得的非蛋白氮饲料添加剂中谷氨酸的含量为0.5%～15%，这与原权利要求1中记载的含义明显不同。并且，原告也承认，将"谷氨酸母液中谷氨酸的含量"修改为"谷氨酸的含量"可使得本领域技术人员从新修改的申请文件中获得的"谷氨酸的含量"信息与原说明书、原权利要求书记载信息完全不同，而且又不能直接地、毫无疑义地由原说明书和原权利要求书记载的"谷氨酸母液中谷氨酸的含量"信息中确定。因此，原告删除"谷氨酸母液中谷氨酸含量为0.5％~15％"中的"谷氨酸母液中"不属于《审查指南》中规定的对明显错误的修改。被诉决定关于原告对权利要求1及说明书进行的相关修改不符合《专利法》第三十三条规定的认定正确，本院应予支持。

此外，原告对原实施例1~4的修改也使得修改后的实施例1-4记载的信息与原申请记载的信息不同，而且也不能从原申请记载的信息中直接地、毫无疑义地确定。被诉决定关于上述修改不符合《专利法》第三十三条规定的认定正确，本院应予支持。

原告关于国家知识产权局作出的驳回决定违法的诉讼主张不属本案审理范畴，本院不予支持。

综上，被诉决定认定事实清楚、适用法律正确、程序合法，本院应予维持。原告要求撤销被诉决定的诉讼请求缺乏事实和法律依据，本院不予支持。据此，依照《中华人民共和国行政诉讼法》第五十四条第（一）项之规定，判决如下：

维持被告国家知识产权局专利复审委员会于二〇〇八年八月四日作出的第14230号无效宣告请求审查决定。

案件受理费100元，由原告唐祯负担（已交纳）。

如不服本判决，各方当事人可在本判决书送达之日起15日内，向本院递交上诉状，并按对方当事人的人数提出副本，上诉于北京市高级人民法院。上诉人在上诉期满后7日内未预交上诉案件受理费又不提出缓交申请的，按自动撤回上诉处理。

审　判　长　强刚华
代理审判员　司品华
人民陪审员　孟玉珍
二〇〇八年七月十六日
书　记　员　张　琳

利用 B 细胞排除抗体和免疫调制抗体联合治疗 B 细胞恶性肿瘤的相关应用

复审请求审查决定（第 14289 号）

决 定 号	第 14289 号
决 定 日	2008 年 8 月 14 日
发明创造名称	利用 B 细胞排除抗体和免疫调制抗体联合治疗 B 细胞恶性肿瘤的相关应用
国际分类号	A61K 39/395，C07K 16/32
复审请求人	拜奥根 IDEC 公司
申 请 号	01814063.7
优 先 权 日	2000 年 7 月 12 日，2001 年 1 月 31 日
申 请 日	2001 年 5 月 16 日
公 开 日	2003 年 10 月 1 日
合议组组长	祁轶军
主 审 员	葛永奇
参 审 员	张晓飞
法 律 依 据	专利法第 38 条、第 33 条

决 定 要 点

审查员在作出驳回决定之前，应当将其经实质审查认定申请属于专利法实施细则第 53 条规定的应予驳回情形的事实、理由和证据通知申请人，并给申请人至少一次陈述意见和/或修改申请文件的机会。

一、案由

本复审请求涉及申请日为 2001 年 5 月 16 日、公开日为 2003 年 10 月 1 日、申请号为 01814063.7、名称为"利用 B 细胞排除抗体和免疫调制抗体联合治疗 B 细胞恶性肿瘤的相关应用"的发明专利申请（下称本申请），本申请的优先权日为 2000 年 7 月 12 日和 2001 年 1 月 31 日，于 2003 年 2 月 12 日进入中国国家阶段，申请人为拜奥根 IDEC 公司（2004 年 10 月 29 日由 IDEC 药物公司变更为现名称）。

国家知识产权局于 2004 年 4 月 16 日发出《第一次审查意见通知书》，指出权利要求 1~47 的保护主题为疾病的治疗方法，依据专利法第 25 条第 1 款第（3）项的规定不能被授予专利权。

申请人于 2004 年 11 月 1 日针对《第一次审查意见通知书》提交了意见陈述书和权利要求书全文

替换页（共 48 项权利要求）。

国家知识产权局于 2005 年 3 月 18 日发出《第二次审查意见通知书》，指出权利要求 1~48 不符合专利法第 26 条第 4 款和专利法实施细则第 20 条第 1 款的规定。

申请人于 2005 年 8 月 2 日提交了意见陈述书和权利要求书全文替换页（共 40 项权利要求），其中具体陈述了权利要求的修改依据。申请人认为修改后的权利要求 1~40 符合专利法实施细则第 20 条第 1 款的规定；针对专利法第 26 条第 4 款，申请人认为本发明的发明点在于抗 CD40L 抗体抑制恶性 B 细胞中 CD40/CD40L 信号的细胞保护性作用，如附图 2A 和 3A 所证实的，抑制 CD40/CD40L 信号可以增强细胞毒性剂的效力，根据说明书的教导和本领域的技术常识，本领域的技术人员可以很容易地理解本发明，并推断出所要求保护的技术方案可以实现本发明的技术效果，因此修改后权利要求可以得到说明书的支持。修改后的权利要求书如下：

"1. 抗-CD40L 抗体在制备用于和抗-CD20 抗体组合治疗 B 细胞恶性肿瘤患者的药物中的用途。

2. 权利要求 1 的用途，其中所述抗-CD40L 抗体和/或抗-CD20 抗体是嵌合的、双特异性的、人或人源化抗体。

3. 权利要求 1 的用途，其中所述抗 CD40L 抗体和/或抗-CD20 抗体是 Fab、Fab'、scFv 或 F(ab')2 抗体。

4. 权利要求 1 的用途，其中所述-CD40L 抗体是（a）ATCC 保藏号 HB11712 产生的抗体 24-31；或（b）IDEC131，抗体 24-31 的人源化抗体。

5. 权利要求 1 的用途其中所述抗-CD20 抗体是 RITUXAN®。

6. 权利要求 1 的用途，其中所述-CD40L 抗体、抗-CD20 抗体，或者二者与放射性标记连接。

7. 权利要求 6 的用途，其中所述放射性标记是钇。

8. 权利要求 7 的用途，其中所述放射性标记的抗-CD20 抗体是钇标记的 RITUXAN（或钇标记的 2B8 抗体。

9. 权利要求 6 的用途，其中所述放射性标记是 131-碘。

10. 权利要求 1 的用途，其中所述的药物适于与放射性标记的抗-CD20 抗体联用。

11. 权利要求 10 的用途，其中所述放射性标记是钇。

12. 权利要求 11 的用途，其中所述放射性标记的抗-CD20 抗体是钇标记的 RITUXAN（或钇标记的 2B8 抗体。

13. 权利要求 10 的用途，其中所述放射性标记是 131-碘。

14. 权利要求 1 的用途，其中所述 B 细胞恶性肿瘤是 B 细胞淋巴瘤或 B 细胞白血病。

15. 权利要求 14 的用途，其中所述 B-细胞淋巴瘤是何杰金氏病（HD）或非何杰金氏淋巴瘤（NHL）。

16. 权利要求 15 的用途，其中所述 NHL 是低级、中级或高级的。

17. 权利要求 15 的用途，其中所述 NHL 是选自下面的亚型：小淋巴细胞的、滤泡的和显著小裂解细胞、滤泡和混合的小的裂解的和大的细胞类型、滤泡和显著大细胞类型、扩散小裂解细胞、扩散混合的小和大细胞、扩散大细胞、大细胞成免疫细胞的、成淋巴细胞的、小的非裂解的伯基特氏和非伯基特氏型、AIDS-相关淋巴瘤、血管成免疫细胞淋巴结病、外套细胞淋巴瘤、单核细胞样 B 细胞性淋巴瘤。

18. 权利要求 14 的用途，其中所述 B 细胞白血病是慢性 B-细胞性白血病、急性 B 细胞谱系成淋巴细胞性白血病或慢性 B 细胞谱系淋巴细胞性白血病。

19. 权利要求 1 的用途，其中所述的药物适于与化学治疗或放射治疗联用。

20. 权利要求1的用途，其中所述的药物适于与对CD40L或B7特异性的非抗体拮抗剂联用。

21. 治疗有效量的结合CD40L并抑制CD40/CD40L相互作用或CD40信号的抗体或抗体片段在制备增强用于治疗CD40+ B细胞恶性肿瘤的抗癌剂的细胞毒性的药物中的用途。

22. 权利要求21的用途，其中所述抗-CD40L抗体是嵌合的、双特异性的、人或人源化抗体。

23. 权利要求21的用途，其中所述抗-CD40L抗体是Fab、Fab'、scFv或F（ab'）$_2$抗体。

24. 权利要求21的用途，其中所述的抗-CD40L抗体是（a）ATCC保藏号HB11712产生的抗体24-31；或（b）IDEC131，抗体24-31的人源化抗体。

25. 权利要求21的用途，其中所说抗-CD40L抗体与放射性标记连接。

26. 权利要求25的用途，其中所述放射性标记是钇。

27. 权利要求26的用途，其中所述放射性标记是131-碘。

28. 权利要求21的用途，其中所述CD40+恶性肿瘤是B细胞淋巴瘤或B细胞白血病。

29. 权利要求28的用途，其中所述B-细胞恶性淋巴瘤是何杰金氏病（HD）或非何杰金氏淋巴瘤（NHL）。

30. 权利要求29的用途，其中所述NHL是低级、中级或高级的。

31. 权利要求29的用途，其中所述NHL选自下面的亚型：小淋巴细胞的、滤泡的和显著小裂解细胞、滤泡和混合的小的裂解的和大的细胞类型、滤泡和显著大细胞类型、扩散小裂解细胞、扩散混合的小和大细胞、扩散大细胞、大细胞成免疫细胞的、成淋巴细胞的、小的非裂解的伯基特氏和非伯基特氏型、AIDS-相关淋巴瘤、血管成免疫细胞淋巴结病、外套细胞淋巴瘤、单核细胞样B细胞性淋巴瘤。

32. 权利要求28的用途，其中所述B细胞白血病是慢性B-细胞性白血病、急性B细胞谱系成淋巴细胞性白血病或慢性B细胞谱系淋巴细胞性白血病。

33. 权利要求21的用途，其中所述的药物适于与化学治疗或放射治疗联用。

34. 权利要求21的用途，其中所述的药物适于与对CD40L或B7特异性的非抗体拮抗剂联用。

35. 权利要求21的用途，其中所述的药物适于与放射性标记的抗-CD20抗体联用。

36. 权利要求35的用途，其中所述抗-CD20抗体是RITUXAN。

37. 权利要求35的用途，其中所述抗-CD20抗体是2B8。

38. 权利要求21的用途，其中所述抗-CD20抗体是放射性标记的。

39. 权利要求38的用途，其中所述放射性标记是钇。

40. 权利要求38的用途，其中所述放射性标记是131-碘。"

国家知识产权局于2006年7月21日发出《第三次审查意见通知书》，指出：（1）新提交的申请文件中重新组合、选择的权利要求（见修改后的权利要求1~40）既未明确地记载在原说明书和权利要求书中，也不能由原说明书和权利要求书所记载的内容直接导出，原文件仅仅提供了各种抗体在CD40配体存在或不存在情况下的细胞实验效果，不是这两种抗体制备成联合制剂引起的效果，甚至都无法概括出这样的范围，因此超出了原说明书和权利要求书记载的范围，不符合专利法第33条的规定。（2）权利要求1中出现的"组合"不清楚，因而权利要求1不符合专利法实施细则第20条第1款的规定，同理权利要求2~40也不符合专利法实施细则第20条第1款的规定。（3）即便克服上述缺陷，权利要求1~40还得不到说明书的支持，不符合专利法第26条第4款的规定。说明书中没有实质的证据能把这两种抗体制备成联合制剂以达到本发明的目的。说明书实施例仅仅提供了各种抗体在CD40配体存在或不存在情况下的细胞实验效果，不是这两种抗体制备成联合制剂引起的效果；而说明书其他部分（如实施例6~8）仅仅很笼统地说明了联合制剂的制备、功能，要达到本发明目的的技术方案，需要所属技术领域的技术人员进一步过多实验才能判断。事实上，说明书中甚至没有一个这两种抗体同时使用的药用效果的明确证据，更不用说制备联合制剂。说明书实质上仅公开了CD40配体的影响和使用特定的RITUXAN，仅仅使用了一种，由于协同作用的影响，远远概括不出如此大的保护范围。因此，权利要求1得不到说明书的支持，不符合专利法第26条第4款的规定，同理权利要求2~40也不符合专利法第26条第4款的规定。

申请人于2006年12月5日针对《第三次审查意见通知书》提交了意见陈述书和说明书第55、57~59页的替换页，没有修改权利要求书。申请人认为：（1）《第三次审查意见通知书》没有指出修改后的权利要求何处超出了原说明书和权利要求书记载的范围，没有指出修改超出了原说明书和权利要求书记载的范围的原因，也没有对申请人于2005年8月2日所陈述的有关修改依据的意见进行任何评述；原文件是否提供两种抗体制备联合制剂的实验效果与修改是否符合专利法第33条的规定无关，因为这些效果没有写入权利要求书；推测所要表达的意思可能是权利要求1的修改不符合专利法第33条的规定，而权利要求1的修改依据可见于说明书第10页倒数第4行到第11页第8行，由此可清楚地导出权利要求1的内容，因此权利要求1~40符合专利法第33条的规定。（2）"组合"一词是本领域众所周知的，是指两种物质可以混合在一起，也可以分开制备、包装，作为某产品（如试剂盒）的两个单独的成分，这种分开包装的单独成分可以分开、同时或顺序给药。说明书第52页第5~6行、第20页倒数第2段清楚地记载了这种含义。（3）尽管说明书没有给出两种抗体（抗CD40L抗体和抗CD20抗体）制备成联合制剂引起的效果，但是说明书通过实施例2和3等证明抗CD40L抗体可抑制CD40/CD40L信号在恶性B细胞中的细胞保护效果，由此增强细胞毒性剂（包括例如化疗剂和抗CD20抗体）的有效性，这使得本领域技术人员能够直接推导出抗CD40L抗体和RITUXAN（联合给药能够提高后者治疗B细胞淋巴瘤的有效性，而且抗体具有特定的结构和性质，化疗剂和抗CD20抗体是公知的细胞毒性剂，说明书也对其代表性例子等作了说明，因此权利要求1的联合给药方案得到了说明书的充分支持。（4）对说明书第55、57~59页的修改为将其中的"淋巴"修改为"淋巴瘤"，修改的依据为说明书第11页"附图简述"及国际公开文本实施例1~3。

2007年6月15日，国家知识产权局针对申请人于本申请进入中国国家阶段时提交的国际申请文件的中文译文说明书第1~54、56、60~63页、说明书附图第1~6页和说明书摘要，2005年8月2日提交的权利要求1~40，2006年12月5日提交的说明书第55、57~59页，以权利要求1~40的修改不符合专利法第33条的规定为由驳回了本申请。具体驳回理由是：新提交的申请文件中重新组合、选择的权利要求（见修改后的权利要求1~40）既未明确地记载在原说明书和权利要求书中，也不能由原说明书和权利要求书所记载的内容直接导出或确定，原文件仅仅提供了各种抗体在CD40配体存在或不存在情况下的细胞实验效果，不是这两种抗体制备成联合制剂引起的效果，甚至都无法概括出这样的范围。申请人所指出的说明书第10、11页的部分内容没有同时使用"这两种抗体制备成联合制剂"，不能直接导出或确定出目前"优选"的抗CD40L抗体和抗CD20抗体的组合的制药用途方法，即使能导出或确定也不是直接的。而且权利要求中用的"组合"一词与"组合物"、"试剂盒"等的概念是不同的。

申请人拜奥根IDEC公司（下称请求人）对上述驳回决定不服，于2007年9月29日向专利复审委员会提出复审请求，同时提交了经修改的权利要求书全文替换页（共40项权利要求），其中将权利要求5、8、12和36中的"RITUXAN（"修改为"rituximab"，未对权利要求书的其他内容进行修改。请求人认为：（1）驳回决定没有指出修改后的权利要求何处超出了原说明书和权利要求书记载的范围，没有指出修改超出了原说明书和权利要求书记载的范围的原因，也没有对申请人于2005年8月2日所陈述的意见进行任何评述，因此本申请的审查过程不符合听证原则。（2）以权利要求1为例，其修改的依据为说明书第10页倒数第4行到第11页第2行、说明书第12页第1~4行以及原始国际申请中文译文权利要求24、27和32，同时权利要求1并不具有"同时使用这两种抗体制备联合制剂"的内容，而且说明书文字记载了除权利要求1的技术内容之外的其他技术内容并不能构成权利要求修改超范围的理由，因此驳回决定认为说明书上述内容不能作为权利要求1的修改基础的理由不成立；权利要求2~40也得到了原说明书和权利要求书的支持，符合专利法第33条的规定。（3）原文件是否提供了某实验效果和所作修改是否符合专利法第33条没有任何联系，因为这些效果并不是修改后的权利要求的技术特征，这些效果并没有写在权利要求书中。（4）由本申请说明书记载的内容可以直接且毫无疑义地得知B细胞排除抗体和免疫调节抗体不必配制为单一制剂，这两种抗体可以在相同或不同的制剂中，可以分开或者同时以任何顺序施用。（5）尽管技术效果的公开与修改的技术方案是否超出原始说明书和权利要求书的范围没有关系，但对于该技术效果，申请人仍愿作如下阐述：本申请实施例3已经证实CD40/CD40L信号在防止由代表性抗CD20抗体RITUXAN（诱导的细胞凋亡中的细胞保护性作用，据此本领域技术人员将合理预期到可以联合使用抗CD40L抗体和抗CD20抗体以增强恶性B细胞的细胞凋亡，从而适于治疗B细胞恶性肿瘤。本领域技术人员基于本申请说明书的教导能够合理地概括出现权利要求的范围，修改后的权利要求不仅符合专利法第33条的规定，而且也得到了说明书的实质性支持。

形式审查合格后，专利复审委员会受理了本复审请求，并于2007年10月25日向请求人发出《复审请求受理通知书》，同时将本申请案卷移交原审查部门进行前置审查。

原审查部门对本复审请求进行了前置审查，仍然认为对权利要求书的修改超出了原说明书和权利要求书记载的范围，不符合专利法第33条的规定，故坚持原驳回决定。

专利复审委员会组成合议组对本复审请求案进行审理，经审查，合议组认为本案事实已经清楚，可以作出审查决定。

二、决定的理由

1. 审查文本

本复审决定所依据的申请文本为请求人于本申请进入中国国家阶段时提交的国际申请文件的中文译文说明书第1~54、56、60~63页、说明书附图第1~6页、说明书摘要，于2006年12月5日提交的说明书第55、57~59页，于2007年9月29日提交的权利要求书（共40项权利要求）。

2. 关于专利法第38条、第33条

专利法第33条规定，申请人可以对其专利申请文件进行修改，但是，对发明和实用新型专利申请文件的修改不得超出原说明书和权利要求书记载的范围。

专利法第38条规定，发明专利申请经申请人陈述意见或者进行修改后，国务院专利行政部门仍然认为不符合本法规定的，应当予以驳回。

根据专利法第38条的规定，审查员在作出驳回决定之前，应当将其经实质审查认定申请属于专利法实施细则第53条规定的应予驳回情形的事实、理由和证据通知申请人，并给申请人至少一次陈述意见和/或修改申请文件的机会。

本案中，对于请求人于2005年8月2日提交的权利要求书，原审查部门在《第三次审查意见通知书》和驳回决定中认为全部40项权利要求均超出了原申请文件记载的范围，对于请求人于2007年9月29日提出复审请求时提交的权利要求书，前置审查意见仍然认为全部40项权利要求的修改均不符合专利法第33条的规定，坚持原驳回决定。其中认为权利要求书修改超范围的理由均为：新提交的申请文件中重新组合、选择的权利要求既未明确地记载在原说明书和权利要求书中，也不能由原说明书和权利要求书所记载的内容直接导出，原文件仅仅提供了各种抗体在CD40配体存在或不存在情况下的细胞实验效果，不是这两种抗体制备成联合制剂引起的效果，甚至都无法概括出这样的范围。

合议组认为：

第一，请求人于2007年9月29日提交的权利要求书共包括40项权利要求，原审查部门明确其驳回理由是全部40项权利要求的修改均不符合专利法第33条的规定。然而40项权利要求的技术方案各不相同，例如，权利要求1涉及抗-CD40L抗体在制备用于和抗-CD20抗体组合治疗B细胞恶性肿瘤患者的药物中的用途，其为B细胞恶性肿瘤联合治疗方案，而权利要求21涉及治疗有效量的结合CD40L并抑制CD40/CD40L相互作用或CD40信号的抗体或抗体片段在制备增强用于治疗CD40$^+$ B细胞恶性肿瘤的抗癌剂的细胞毒性的药物中的用途，没有明确是与例如抗-CD20抗体组合使用的联合治疗方案，两者的技术方案存在本质区别。而驳回决定没有具体指出修改后的某项（或某些）权利要求的技术方案或其包含的哪些技术特征超出了原说明书和权利要求书记载的范围。驳回决定中指出的"明确地记载于原说明书和权利要求书中，或者能够由原说明书和权利要求书所记载的内容直接导出"是专利法第33条对修改申请文件的要求，在具体评述申请文件修改超范围时应当结合原申请公开的内容对上述内容作进一步的解释和说明。请求人于2005年8月2日提交经修改后的权利要求书的同时，通过文字描述和列表的方式具体指出了权利要求的修改依据，陈述了对权利要求书的修改未超出原申请文件记载的范围的理由，而除了权利要求1之外，驳回决定中没有对请求人所陈述的有关其他权利要求的修改依据的意见进行评述，没有解释请求人所具体列明的原申请文件的内容不能作为其他权利要求修改的依据的原因。

第二，对于"原文件仅仅提供了各种抗体在CD40配体存在或不存在情况下的细胞实验效果，不是这两种抗体制备成联合制剂引起的效果，甚至都无法概括出这样的范围"的驳回理由，首先，由于驳回决定中没有明确该理由所针对的是哪项（或哪些）权利要求，因而无法确定所述"两种抗体"是指说明书中描述的B细胞排除抗体和免疫调节抗体，还是指例如权利要求1中所涉及的抗-CD40L抗体和抗-CD20抗体；其次，权利要求1~40的技术方案中并没有出现将两种抗体制备成联合制剂的技术特征，只是在例如权利要求1中存在措辞"组合"，而"组合"治疗在本领域的含义并不必然是将两种以上的药物活性成分制备成单一的联合制剂，其也可以是将两种以上的药物活性成分制备于不同的制剂中，可以分开或者同时以任何顺序施用（也可参见本申请说明书第52页第2段）；再次，一个修改后的权利要求的技术方案是否能够实现发明目的并达到预期的技术效果，从而概括出其要求保护的范围，与修改是否超出原申请文件记载的范围没有必然联系，且所述效果也没有作为技术特征出现在权利要求的技术方案中，因此，只要该修改后的权利要求的技术方案已经记载于原说明书和/或权利要求书中，或者能够由原说明书和/或权利要求书记载的内容直接地、毫无疑义地确定，该权利要求的修改就符合专利法第33条的规定。

第三，即便将驳回理由中所述"这两种抗体"理解为权利要求1中所涉及的抗-CD40L抗体和抗-CD20抗体，对权利要求1的修改也是符合专利法第33条的规定的。权利要求1要求保护抗-CD40L抗体在制备用于和抗-CD20抗体组合治疗B细胞恶性肿瘤患者的药物中的用途。说明书第10页倒数第2段记载了"用于治疗B细胞恶性肿瘤的新的抗体疗法，包括施用至少一种优选选自抗-CD20、抗-CD19、抗-CD22或抗-CD37抗体的B细胞排除抗体和至少一种优选选自抗-B7、抗-CD23、抗-CD40、抗-CD40L或抗-CD4抗体的免疫调制或免疫调节抗体"。第10~11页连接段记载了通过施用CD20抗体和B7抗体或CD40L抗体治疗B细胞恶性肿瘤的新的治疗方法。同时，实施例6记载了"在RITUXAN®之前、之后或联合施用IDEC-131"，其中RITUXAN®是CD20抗体，IDEC-131是鼠单克隆抗-人CD40L抗体，24-31的人源化版本。说明书第52页（亦可参见原始权利要求57等）记载了"B细胞排除抗体和免疫调节抗体可以在相同或不同的制剂中。这些拮抗剂制剂可以分开或者同时以任何顺序施用"。由此可见，抗-CD40L抗体和CD20抗体一起施用而治疗B细胞恶性肿瘤的治疗方法是本申请说明书中明确记载的B细胞恶性肿瘤的两种治疗方法中的一种，且说明书中还记载了CD20抗体和CD40L抗体中的两种具体抗体一起施用的技术方案，因此，据此可以直接地、毫无疑义地确定抗-CD40L抗体和CD20抗体一起施用而治疗B细胞恶性肿瘤的技术方案，而对于某物质治疗疾病的技术方案写为该物质用于制备治疗该疾病的制药用途可以直接地、毫无疑义地确定，所以根据本申请说明书记载的内容可以直接地、毫无疑义地确定抗-CD40L抗体在制备用于和抗-CD20抗体组合治疗B细胞恶性肿瘤患者的药物中的用途的技术方案，而且所述的组合治疗可以是将这两种抗体制备成单一的联合制剂，也可以是将其制备于不同的制剂中，可以分开或者同时以任何顺序施用，而并不一定要求将"这两种抗体制备成联合制剂"。

综上，原审查部门在历次审查意见通知书和驳回决定中均没有针对某项（某些）权利要求具体指出修改超范围的部分及修改超范围的详细理由，对于请求人所陈述的有关权利要求的修改依据的意见，原审查部门也没有具体说明这些意见不能成立的理由，如此使得请求人在审查程序中无法对驳回决定所依据的事实、理由和证据作出有针对性的答复，因此驳回决定的作出不符合专利法第38条的规定。

根据以上事实和理由，本案合议组作出如下审查决定。

三、决定

撤销国家知识产权局于2007年6月15日对申请号为01814063.7的发明专利申请作出的驳回决定。由原审查部门在本复审决定所依据的文本的基础上继续进行审查。

复审请求人对本决定不服的，可以根据专利法第41条第2款的规定，自收到本决定之日起三个月内向北京市第一中级人民法院起诉。

内皮素受体三肽拮抗剂

复审请求审查决定（第 14309 号）

决 定 号	第 14309 号
决 定 日	2008 年 8 月 15 日
发明创造名称	内皮素受体三肽拮抗剂
国际分类号	C07K 5/08，C07K 5/10，C07D 223/6，C07D 403/12，A61K 38/06，A61K 38/07，A61P 13/08，A61P 9/10，A61P 9/12
复审请求人	中国人民解放军军事医学科学院毒物药物研究所
申 请 号	03145929.3
优 先 权 日	2002 年 11 月 28 日
申 请 日	2003 年 7 月 17 日
公 开 日	2004 年 6 月 16 日
合议组组长	吴通义
主 审 员	尹昕
参 审 员	张晓飞
法 律 依 据	专利法第 31 条第 1 款

决定要点

对于可选择要素是化合物的马库什权利要求，如果不满足下列标准，应当认为该马库什权利要求不具有单一性：

（1）所有可选择化合物具有共同的性能或作用；

（2）所有可选择化合物具有共同的结构，该共同结构能够构成它与现有技术的区别特征，并对通式化合物的共同性能或作用是必不可少的；或者在不能有共同结构的情况下，所有可选择要素应属于该发明所属领域中公认的同一化合物类别。

一、案由

本复审请求涉及申请日为 2003 年 7 月 17 日、公开日为 2004 年 6 月 16 日、名称为"内皮素受体三肽拮抗剂"的 03145929.3 号发明专利申请（下称本申请），其优先权日为 2002 年 11 月 28 日，申请人是中国人民解放军军事医学科学院毒物药物研究所。

国家知识产权局于 2005 年 10 月 28 日以本申请权利要求 1~5 不符合专利法第 31 条第 1 款的规定为由驳回了本申请。

驳回决定所针对的权利要求书如下：

"1. 式（I）肽类和非肽类衍生物或其立体异构体

R-CO-AA$_1$-AA$_2$-AA$_3$-OH 式（I）

其中，R 为双取代链烃亚胺基、六亚甲基亚胺基或以下基团

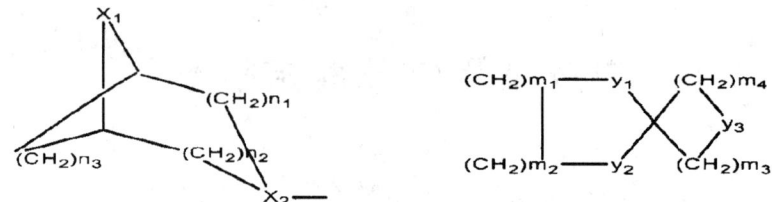

式中 n_1、n_2、n_3 为 0，1，2，3 整数，$n_3 \neq 0$，$0 \leq n_1+n_2 \leq 4$；X_1 为 NH、O、S、CH$_2$；X_2 为 N、CH；当 $n_1=n_2=1$，$n_3=2$，X_1 为 CH$_2$，X_2 为 N 原子时，R 缩写为 ABO。

m_1、m_2、m_3 和 m_4 为 0，1，2 整数，$0 \leq m_1+m_2 \leq 4$，$0 \leq m_3+m_4 \leq 4$；y_1、y_2 和 y_3 为 CH$_2$、O、S 和 NH，当它们为 NH 或 CH$_2$ 时，可作为 N 端结构 R，形式为 N 或 CH；当 $m_1=m_2=1$，$m_3=m_4=2$，y_1、y_2 为 O 原子，y_3 为 N 原子时，R 缩写为 DAD；当 $m_1=m_2=1$，$m_3=m_4=2$，y_3 为 CH$_2$，y_1 为 O 原子，y_2 为 N 原子时，R 缩写为 CSO。

AA$_1$ 为 L 或 D 型 Ala, Ile, Leu, MeVal, Pro, Val 或其他非天然脂肪族氨基酸，如 β-Ala，γ-氨基丁酸，或氨基异丁酸；

AA$_2$ 为非天然芳香性氨基酸、苯基甘氨酸或非氨基酸，其中芳香环中的苯基可在 2、3、4 或 5 位上被选自卤素，硝基，脲基，甲氧基，羧基或 C$_1$-C$_4$ 烷基单取代或二取代；

AA$_3$ 为非天然芳香性氨基酸、苯基甘氨酸或非氨基酸，其中芳香环中的苯基可在 2、3、4 或 5 位上被选自卤素，硝基，脲基，甲氧基，羧基或 C$_1$-C$_4$ 烷基单取代或二取代。

2. 权利要求 1 的肽类和非肽类衍生物或其立体异构体，其选自下面化合物：

1 ABO-CO-NH-CH$_2$-CH$_2$-CO-D-Trp-D-Trp-OH

2 ABO-CO-GABA-D-Trp-D-Trp-OH

3 ABO-CO-NH-C（CH$_3$）$_2$-CO-D-Trp-D-Trp-OH

4 ABO-CO-Leu-D-Trp-D-Phe（2-F）-OH

5 ABO-CO-Leu-D-Trp-D-Phe（3-F）-OH

6 ABO-CO-Leu-D-Trp-D-Phe（4-F）-OH

7 ABO-CO-Leu-D-Trp-D-Phe（2-Cl）-OH

8 ABO-CO-Leu-D-Trp-D-Phe（3-Cl）-OH

9 ABO-CO-Leu-D-Trp-D-Phe（4-Cl）-OH

10 ABO-CO-Leu-D-Trp-D-Phe（4-Br）-OH

11 ABO-CO-Leu-D-Trp-D-Phe（3-NO2）-OH

12 ABO-CO-Leu-D-Trp-D-Phe（3-COOH）-OH

13 ABO-CO-Leu-D-Trp-D-Phe（4-COOH）-OH

14 ABO-CO-Leu-D-Trp-D-Phe（3-Cl-4-F）-OH

15 ABO-CO-Leu-D-Trp-D-Phe（2,4-Cl$_2$）-OH

16 ABO-CO-Leu-D-Trp-D-Phe（2,5-Cl$_2$）-OH

17 ABO-CO-Leu-D-Trp-D-Phe（2-CH$_3$-3-Cl）-OH

18 ABO-CO-Leu-D-Trp-D-Mob-OH

19 ABO-CO-Leu-D-Trp-D-Phg（4-F）-OH

20 ABO-CO-Leu-D-Phe（2-F）-D-Trp-OH

21 ABO-CO-Leu-D-Phe（3-F）-D-Trp-OH

22 ABO-CO-Leu-D-Phe（4-F）-D-Trp-OH

23 ABO-CO-Leu-D-Phe（4-Br）-D-Trp-OH

24 ABO-CO-Leu-D-Phe（3-NO$_2$）-D-Trp-OH

25 ABO-CO-Leu-D-Phe（4-F-3-Cl）-D-Trp-OH

26 ABO-CO-Leu-D-Phe（3-CO-D-Trp-OH）-D-Trp-OH

27 ABO-CO-Leu-D-Phe（4-CO-D-Trp-OH）-D-Trp-OH

28 ABO-CO-Leu-D-Phe（2-CH$_3$-3-Cl）-D-Trp-OH

29 ABO-CO-Leu-D-Mob-D-Trp-OH

30 ABO-CO-Leu-D-Phg（4-F）-D-Trp-OH

31 ABO-CO-Leu-D-Trp-D-Trp-OH

32 HIM-CO-Leu-D-Trp-D-Mob-OH

33 HIM-CO-Leu-D-Mob-D-Trp-OH

34 HIM-CO-Leu-D-Trp-D-Phg（4-F）-OH

35 HIM-CO-Leu-D-Phg（4-F）-D-Trp-OH

36 DAD-CO-Leu-D-Trp-D-Phe（4-F）-OH

37 DAD-CO-Leu-D-Trp-D-Phe（3-Cl-4-F）-OH

38 DAD-CO-Leu-D-Trp-D-Mob-OH

39 CSO-CO-Leu-D-Trp-D-Phe（4-F）-OH

40 CSO-CO-Leu-D-Trp-D-Phe（3,4-Cl$_2$）-OH

41 CSO-CO-Leu-D-Trp-D-Mob-OH。

3. 药物组合物，其包括至少一种式（I）肽类和非肽类衍生物或其立体异构体及药用载体或赋形剂

R-CO-AA$_1$-AA$_2$-AA$_3$-OH 式（I）

其中，R为双取代链烃亚胺基、六亚甲基亚胺基或以下基团

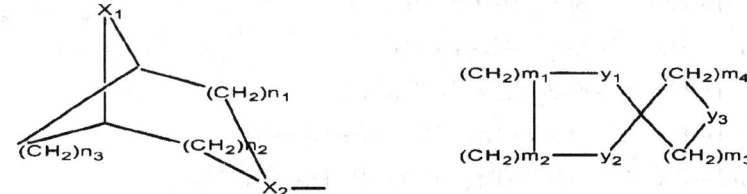

式中 n_1、n_2、n_3 为0，1，2，3整数，$n_3 \neq 0$，$0 \leq n_1+n_2 \leq 4$；X_1 为 NH、O、S、CH$_2$；X_2 为 N、CH；当 $n_1=n_2=1$，$n_3=2$，X_1 为 CH$_2$，X_2 为 N 原子时，R 缩写为 ABO。

m_1、m_2、m_3 和 m_4 为0，1，2整数，$0 \leq m_1+m_2 \leq 4$，$0 \leq m_3+m_4 \leq 4$；y_1、y_2 和 y_3 为 CH$_2$、O、S 和 NH，当它们为 NH 或 CH$_2$ 时，可作为N端结构R，形式为 N 或 CH；当 $m_1=m_2=1$，$m_3=m_4=2$，y_1、y_2 为 O 原子，y_3 为 N 原子时，R 缩写为 DAD；当 $m_1=m_2=1$，$m_3=m_4=2$，y_3 为 CH$_2$，y_1 为 O 原子，y_2 为 N 原子时，R 缩写为 CSO。

AA$_1$ 为 L 或 D 型 Ala，Ile，Leu，MeVal，Pro，Val 或其他非天然脂肪族氨基酸，如 β-Ala，γ-氨基丁酸，或氨基异丁酸；

AA$_2$ 为非天然芳香性氨基酸、苯基甘氨酸或非氨基酸，其中芳香环中的苯基可在2、3、4或5位上被选自卤素，硝基，脲基，甲氧基，羧基或 C$_1$-C$_4$ 烷基单取代或二取代；

AA$_3$ 为非天然芳香性氨基酸、苯基甘氨酸或非氨基酸，其中芳香环中的苯基可在2、3、4或5位

上被选自卤素，硝基，脲基，甲氧基，羧基或C_1-C_4烷基单取代或二取代。

4. 权利要求3的药物组合物，其中式（I）肽类和非肽类衍生物或其立体异构体选自：

1 ABO-CO-NH-CH$_2$-CH$_2$-CO-D-Trp-D-Trp-OH

2 ABO-CO-GABA-D-Trp-D-Trp-OH

3 ABO-CO-NH-C（CH$_3$）2-CO-D-Trp-D-Trp-OH

4 ABO-CO-Leu-D-Trp-D-Phe（2-F）-OH

5 ABO-CO-Leu-D-Trp-D-Phe（3-F）-OH

6 ABO-CO-Leu-D-Trp-D-Phe（4-F）-OH

7 ABO-CO-Leu-D-Trp-D-Phe（2-Cl）-OH

8 ABO-CO-Leu-D-Trp-D-Phe（3-Cl）-OH

9 ABO-CO-Leu-D-Trp-D-Phe（4-Cl）-OH

10 ABO-CO-Leu-D-Trp-D-Phe（4-Br）-OH

11 ABO-CO-Leu-D-Trp-D-Phe（3-NO$_2$）-OH

12 ABO-CO-Leu-D-Trp-D-Phe（3-COOH）-OH

13 ABO-CO-Leu-D-Trp-D-Phe（4-COOH）-OH

14 ABO-CO-Leu-D-Trp-D-Phe（3-Cl-4-F）-OH

15 ABO-CO-Leu-D-Trp-D-Phe（2,4-Cl$_2$）-OH

16 ABO-CO-Leu-D-Trp-D-Phe（2,5-Cl$_2$）-OH

17 ABO-CO-Leu-D-Trp-D-Phe（2-CH$_3$-3-Cl）-OH

18 ABO-CO-Leu-D-Trp-D-Mob-OH

19 ABO-CO-Leu-D-Trp-D-Phg（4-F）-OH

20 ABO-CO-Leu-D-Phe（2-F）-D-Trp-OH

21 ABO-CO-Leu-D-Phe（3-F）-D-Trp-OH

22 ABO-CO-Leu-D-Phe（4-F）-D-Trp-OH

23 ABO-CO-Leu-D-Phe（4-Br）-D-Trp-OH

24 ABO-CO-Leu-D-Phe（3-NO$_2$）-D-Trp-OH

25 ABO-CO-Leu-D-Phe（4-F-3-Cl）-D-Trp-OH

26 ABO-CO-Leu-D-Phe（3-CO-D-Trp-OH）-D-Trp-OH

27 ABO-CO-Leu-D-Phe（4-CO-D-Trp-OH）-D-Trp-OH

28 ABO-CO-Leu-D-Phe（2-CH$_3$-3-Cl）-D-Trp-OH

29 ABO-CO-Leu-D-Mob-D-Trp-OH

30 ABO-CO-Leu-D-Phg（4-F）-D-Trp-OH

31 ABO-CO-Leu-D-Trp-D-Trp-OH

32 HIM-C O-Leu-D-Trp-D-Mob-OH

33 HIM-CO-Leu-D-Mob-D-Trp-OH

34 HIM-CO-Leu-D-Trp-D-Phg（4-F）-OH

35 HIM-CO-Leu-D-Phg（4-F）-D-Trp-OH

36 DAD-CO-Leu-D-Trp-D-Phe（4-F）-OH

37 DAD-CO-Leu-D-Trp-D-Phe（3-Cl-4-F）-OH

38 DAD-CO-Leu-D-Trp-D-Mob-OH

39 CSO-CO-Leu-D-Trp-D-Phe（4-F）-OH

40 CSO-CO-Leu-D-Trp-D-Phe（3,4-Cl_2）-OH

41 CSO-CO-Leu-D-Trp-D-Mob-OH。

5. 式（I）肽类衍生物或其立体异构体衍生物的制备方法，其包括：

1）将化合物 R-CO-AA_1-OH 与 AA_2-OP 在 DMF-DCM，NMM，DCC-HOBt 中反应，生成 R-CO-AA_1-AA_2-OP，其中 R，AA_1，AA_2，如权利要求1中定义，P 为 C_{1-4} 烷基。

2）将1）中所得产物在 1M NaOH／甲醇溶液中皂化，然后用盐酸酸化，生成 R-CO-AA_1-AA_2-OH；

3）将2）中产物 R-CO-AA_1-AA_2-OH 与 AA_3-OP 在 DMF-DCM，NMM，DCC-HOBt 中反应，生成 R-CO-AA_1-AA_2-AA_3-OP，其中 P 为 C_{1-4} 烷基。所得产物在 1M NaOH／甲醇溶液中皂化，然后用盐酸酸化，生成式（I）R-CO-AA_1-AA_2-AA_3-OH。

4）将2）中产物 R-CO-AA_1-AA_2-OH 在 THF、NMM 中与氯甲酸异丁酯反应 5-10 分钟，再加入 AA_3-ONa，生成 R-CO-AA_1-AA_2-AA_3-ONa，然后用盐酸酸化，生成式（I）R-CO-AA_1-AA_2-AA_3-OH。"

驳回决定的主要理由为：权利要求1要求保护一种通式肽类衍生物或其立体异构体，通式中含有多个取代基，其中包括了大量的化合物，虽然这些化合物具有共同的活性，但是各化合物之间结构差异极大，当 R 和 AA_1、AA_2、AA_3 选自不同基团时，这些肽具有不同的结构单元，本领域技术人员也不能认可所有可选择化合物在现有技术中都属于同一类化合物，即，上述这些化合物之间不具有共同的主要结构单元，属于完全不同的物质，彼此之间在技术上互不关联，没有相同或相应的特定技术特征，不具备单一性，不符合专利法第31条的规定。同理，权利要求2～5也不符合专利法第31条第1款的规定。

针对上述驳回决定，申请人中国人民解放军军事医学科学院毒物药物研究所（下称请求人）于2006年2月9日向专利复审委员会提出复审请求，同时提交了修改后的权利要求书替换页（共5项），全文如下：

"1. 式（I）肽类和非肽类衍生物或其立体异构体

R-CO-AA_1-AA_2-AA_3-OH　　　　式（I）

其中，R 为双取代链烃亚胺基、六亚甲基亚胺基或以下基团

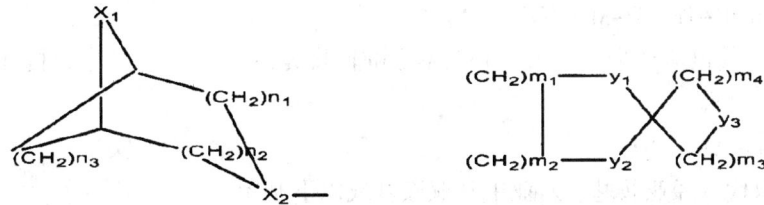

式中 n_1、n_2、n_3 为 0，1，2，3 整数，$n_3 \neq 0$，$0 \leq n_1+n_2 \leq 4$；X_1 为 NH、O、S、CH_2；X_2 为 N、CH；当 $n_1=n_2=1$，$n_3=2$，X_1 为 CH_2，X_2 为 N 原子时，R 缩写为 ABO；

m_1、m_2、m_3 和 m_4 为 0，1，2 整数，$0 \leq m_1+m_2 \leq 4$，$0 \leq m_3+m_4 \leq 4$；y_1、y_2 和 y_3 为 CH_2、O、S 和 NH，当它们为 NH 或 CH_2 时，可作为 N 端结构 R，形式为 N 或 CH；当 $m_1=m_2=1$，$m_3=m_4=2$，y_1、y_2 为 O 原子，y_3 为 N 原子时，R 缩写为 DAD；当 $m_1=m_2=1$，$m_3=m_4=2$，y_3 为 CH_2，y_1 为 O 原子，y_2 为 N 原子时，R 缩写为 CSO；

AA_1 为 L 或 D 型 Leu；

AA_2 为 D-Trp；

AA₃为非天然芳香性氨基酸或苯基甘氨酸,其中芳香环中的苯基可在2、3、4或5位上被选自卤素,硝基,脲基,甲氧基,羧基或C_1-C_4烷基单取代或二取代。

2. 权利要求1的肽类和非肽类衍生物或其立体异构体,其选自下面化合物:

1　ABO-CO-Leu-D-Trp-D-Phe（2-F）-OH
2　ABO-CO-Leu-D-Trp-D-Phe（3-F）-OH
3　ABO-CO-Leu-D-Trp-D-Phe（4-F）-OH
4　ABO-CO-Leu-D-Trp-D-Phe（2-Cl）-OH
5　ABO-CO-Leu-D-Trp-D-Phe（3-Cl）-OH
6　ABO-CO-Leu-D-Trp-D-Phe（4-Cl）-OH
7　ABO-CO-Leu-D-Trp-D-Phe（4-Br）-OH
8　ABO-CO-Leu-D-Trp-D-Phe（3-NO₂）-OH
9　ABO-CO-Leu-D-Trp-D-Phe（3-COOH）-OH
10　ABO-CO-Leu-D-Trp-D-Phe（4-COOH）-OH
11　ABO-CO-Leu-D-Trp-D-Phe（3-Cl-4-F）-OH
12　ABO-CO-Leu-D-Trp-D-Phe（2,4-Cl₂）-OH
13　ABO-CO-Leu-D-Trp-D-Phe（2,5-Cl₂）-OH
14　ABO-CO-Leu-D-Trp-D-Phe（2-CH₃-3-Cl）-OH
15　ABO-CO-Leu-D-Trp-D-Mob-OH
16　ABO-CO-Leu-D-Trp-D-Phg（4-F）-OH
17　ABO-CO-Leu-D-Trp-D-Trp-OH
18　HIM-CO-Leu-D-Trp-D-Mob-OH
19　HIM-CO-Leu-D-Trp-D-Phg（4-F）-OH
20　DAD-CO-Leu-D-Trp-D-Phe（4-F）-OH
21　DAD-CO-Leu-D-Trp-D-Phe（3-Cl-4-F）-OH
22　DAD-CO-Leu-D-Trp-D-Mob-OH
23　CSO-CO-Leu-D-Trp-D-Phe（4-F）-OH
24　CSO-CO-Leu-D-Trp-D-Phe（3,4-Cl₂）-OH
25　CSO-CO-Leu-D-Trp-D-Mob-OH。

3. 药物组合物,其包括至少一种式（I）肽类和非肽类衍生物或其立体异构体及药用载体或赋形剂

　　R-CO-AA₁-AA₂-AA₃-OH　　　　式（I）

其中,R为双取代链烃亚胺基、六亚甲基亚胺基或以下基团

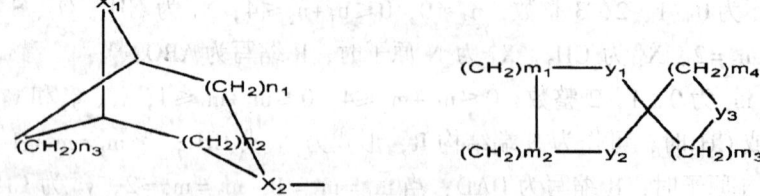

式中n_1、n_2、n_3为0,1,2,3整数,$n_3 \neq 0$,$0 \leq n_1+n_2 \leq 4$;X_1为NH、O、S、CH_2;X_2为N、CH;当$n_1=n_2=1$,$n_3=2$,X_1为CH_2,X_2为N原子时,R缩写为ABO;

m_1、m_2、m_3和m_4为0,1,2整数,$0 \leq m_1+m_2 \leq 4$,$0 \leq m_3+m_4 \leq 4$;y_1、y_2和y_3为CH_2、O、S

和 NH, 当它们为 NH 或 CH_2 时,可作为 N 端结构 R,形式为 N 或 CH;当 $m_1 = m_2 = 1$,$m_3 = m_4 = 2$,y_1、y_2 为 O 原子,y_3 为 N 原子时,R 缩写为 DAD;当 $m_1 = m_2 = 1$,$m_3 = m_4 = 2$,y_3 为 CH_2,y_1 为 O 原子,y_2 为 N 原子时,R 缩写为 CSO;

AA_1 为 L 或 D 型 Leu;

AA_2 为 D-Trp;

AA_3 为非天然芳香性氨基酸或苯基甘氨酸,其中芳香环中的苯基可在 2、3、4 或 5 位上被选自卤素,硝基,脲基,甲氧基,羧基或 C_1-C_4 烷基单取代或二取代。

4. 权利要求 3 的药物组合物,其中式(I)肽类和非肽类衍生物或其立体异构体选自:

1 ABO-CO-Leu-D-Trp-D-Phe (2-F) -OH

2 ABO-CO-Leu-D-Trp-D-Phe (3-F) -OH

3 ABO-CO-Leu-D-Trp-D-Phe (4-F) -OH

4 ABO-CO-Leu-D-Trp-D-Phe (2-Cl) -OH

5 ABO-CO-Leu-D-Trp-D-Phe (3-Cl) -OH

6 ABO-CO-Leu-D-Trp-D-Phe (4-Cl) -OH

7 ABO-CO-Leu-D-Trp-D-Phe (4-Br) -OH

8 ABO-CO-Leu-D-Trp-D-Phe (3-NO_2) -OH

9 ABO-CO-Leu-D-Trp-D-Phe (3-COOH) -OH

10 ABO-CO-Leu-D-Trp-D-Phe (4-COOH) -OH

11 ABO-CO-Leu-D-Trp-D-Phe (3-Cl-4-F) -OH

12 ABO-CO-Leu-D-Trp-D-Phe (2, 4-Cl_2) -OH

13 ABO-CO-Leu-D-Trp-D-Phe (2, 5-Cl_2) -OH

14 ABO-CO-Leu-D-Trp-D-Phe (2-CH_3-3-Cl) -OH

15 ABO-CO-Leu-D-Trp-D-Mob-OH

16 ABO-CO-Leu-D-Trp-D-Phg (4-F) -OH

17 ABO-CO-Leu-D-Trp-D-Trp-OH

18 HIM-C O-Leu-D-Trp-D-Mob-OH

19 HIM-CO-Leu-D-Trp-D-Phg (4-F) -OH

20 DAD-CO-Leu-D-Trp-D-Phe (4-F) -OH

21 DAD-CO-Leu-D-Trp-D-Phe (3-Cl-4-F) -OH

22 DAD-CO-Leu-D-Trp-D-Mob-OH

23 CSO-CO-Leu-D-Trp-D-Phe (4-F) -OH

24 CSO-CO-Leu-D-Trp-D-Phe (3, 4-Cl_2) -OH

25 CSO-CO-Leu-D-Trp-D-Mob-OH。

5. 式(I)肽类衍生物或其立体异构体衍生物的制备方法,其包括:

(1) 将化合物 R-CO-AA_1-OH 与 AA_2-OP 在 DMF-DCM, NMM, DCC-HOBt 中反应,生成 R-CO-AA_1-AA_2-OP,其中 R,AA_1,AA_2,如权利要求 1 中定义,P 为 C_{1-4} 烷基;

(2) 将(1)中所得产物在 1M NaOH/甲醇溶液中皂化,然后用盐酸酸化,生成 R-CO-AA_1-AA_2-OH;

(3) 将(2)中产物 R-CO-AA_1-AA_2-OH 与 AA_3-OP 在 DMF-DCM, NMM, DCC-HOBt 中反应,生成 R-CO-AA_1-AA_2-AA_3-OP,其中 P 为 C_{1-4} 烷基。所得产物在 1M NaOH/甲醇溶液中皂化,然后

用盐酸酸化，生成式（I）R–CO–AA$_1$–AA$_2$–AA$_3$–OH；

(4) 将（2）中产物 R–CO–AA$_1$–AA$_2$–OH 在 THF、NMM 中与氯甲酸异丁酯反应 5～10 分钟，再加入 AA$_3$–ONa，生成 R–CO–AA$_1$–AA$_2$–AA$_3$–ONa，然后用盐酸酸化，生成式（I）R–CO–AA$_1$–AA$_2$–AA$_3$–OH。"

请求人在提出复审请求时认为：修改后的权利要求 1 中将通式（I）中的 AA$_1$ 限定为 Leu，将 AA$_2$ 限定为 Trp，权利要求 1 目前仅保留两个变量，即 R 和 AA$_3$。同时权利要求 2～5 也作了相应修改，修改后的权利要求具有单一性，克服了驳回决定所指出的缺陷。

形式审查合格后，专利复审委员会受理了该复审请求，并于 2006 年 3 月 23 日向请求人发出《复审请求受理通知书》，同时将本申请案卷移交原审查部门进行前置审查。

原审查部门对本复审请求进行了前置审查，认为请求人虽然对通式（I）中的 AA$_1$ 和 AA$_2$ 进行了限定，但仅仅 AA$_1$ 和 AA$_2$ 并不能构成对通式化合物的共同性能或作用必不可少的共同结构，故当变量 R 和 AA$_3$ 在选自不同的基团时，所述的可选择化合物之间不具备相同或相应的特定技术特征，因此，修改后的权利要求 1～5 仍不符合专利法第 31 条第 1 款的规定，故坚持驳回决定。

专利复审委员会组成合议组，对本案的复审请求进行了审理，于 2008 年 3 月 18 日向请求人发出《复审通知书》。《复审通知书》指出：

本申请权利要求 1 请求保护一种通式为 R–CO–AA$_1$–AA$_2$–AA$_3$–OH（I）的肽类衍生物或其立体异构体，根据说明书的描述，通式（I）的化合物或其立体异构体具有良好的内皮素受体拮抗剂活性，但是，说明书中并没有公开通式（I）化合物的结构中哪些基团或部位对其生物活性是必不可少的，虽然通式（I）中化合物均存在"–CO–Leu–Trp–"这样一种结构，但是本申请说明书没有证明并且现有技术中也没有证据表明具有"–CO–Leu–Trp–"结构的三肽化合物就可产生内皮素受体拮抗活性，因此通式（I）化合物的共有结构"–CO–Leu–Trp–"并非对其共同性能或作用必不可少的所有可选择化合物的共同结构，因此本领域技术人员基于说明书的记载无法确定式（I）的化合物哪一部分构成它们的共同结构。另外，当取代基 R 和 AA$_3$ 选择所述的不同基团时，通式（I）所代表的化合物之间结构差异很大，本领域技术人员根据本领域的一般知识无法预期到这些化合物均可发挥内皮素受体拮抗剂的活性，通式（I）的化合物并不属于本领域中公认的同一化合物类别。因此，权利要求 1 所要求保护的化合物之间没有相同或相应的特定技术特征，不具备单一性，不符合专利法第 31 条第 1 款的规定。同理，权利要求 2 所要求保护的化合物、权利要求 3、4 所要求保护的药物组合物、权利要求 5 所要求保护的式（I）肽类衍生物或其立体异构体衍生物的制备方法也不符合专利法第 31 条第 1 款的规定。

针对《复审通知书》指出的问题，请求人于 2008 年 6 月 27 日提交了经修改的权利要求书替换页（共 5 项），修改后的权利要求书如下：

"1. 式（I）肽类和非肽类衍生物或其立体异构体

R–CO–AA$_1$–AA$_2$–AA$_3$–OH   式（I）

其中，R 为六亚甲基亚胺基或以下基团

式中当 $n_1 = n_2 = 1$，$n_3 = 2$，X_1 为 CH$_2$，X_2 为 N 原子时，R 缩写为 ABO；

当 $m_1 = m_2 = 1$，$m_3 = m_4 = 2$，y_1、y_2 为 O 原子，y_3 为 N 原子时，R 缩写为 DAD；当 $m_1 = m_2 = 1$，$m_3 = m_4 = 2$，y_3 为 CH_2，y_1 为 O 原子，y_2 为 N 原子时，R 缩写为 CSO；

AA_1 为 L 或 D 型 Leu；

AA_2 为 D-Trp；

AA_3 为苯丙氨酸，其中芳香环中的苯基可在 2、3、4 或 5 位上被选自卤素，硝基，脲基，甲氧基，羧基或 C_1-C_4 烷基单取代或二取代。

2. 权利要求 1 的肽类和非肽类衍生物或其立体异构体，其选自下面化合物：

1 ABO-CO-Leu-D-Trp-D-Phe（2-F）-OH

2 ABO-CO-Leu-D-Trp-D-Phe（3-F）-OH

3 ABO-CO-Leu-D-Trp-D-Phe（4-F）-OH

4 ABO-CO-Leu-D-Trp-D-Phe（2-Cl）-OH

5 ABO-CO-Leu-D-Trp-D-Phe（3-Cl）-OH

6 ABO-CO-Leu-D-Trp-D-Phe（4-Cl）-OH

7 ABO-CO-Leu-D-Trp-D-Phe（4-Br）-OH

8 ABO-CO-Leu-D-Trp-D-Phe（3-NO_2）-OH

9 ABO-CO-Leu-D-Trp-D-Phe（3-COOH）-OH

10 ABO-CO-Leu-D-Trp-D-Phe（4-COOH）-OH

11 ABO-CO-Leu-D-Trp-D-Phe（3-Cl-4-F）-OH

12 ABO-CO-Leu-D-Trp-D-Phe（2,4-Cl_2）-OH

13 ABO-CO-Leu-D-Trp-D-Phe（2,5-Cl_2）-OH

14 ABO-CO-Leu-D-Trp-D-Phe（2-CH_3-3-Cl）-OH

16 ABO-CO-Leu-D-Trp-D-Phg（4-F）-OH

17 ABO-CO-Leu-D-Trp-D-Trp-OH

19 HIM-CO-Leu-D-Trp-D-Phg（4-F）-OH

20 DAD-CO-Leu-D-Trp-D-Phe（4-F）-OH

21 DAD-CO-Leu-D-Trp-D-Phe（3-Cl-4-F）-OH

23 CSO-CO-Leu-D-Trp-D-Phe（4-F）-OH

24 CSO-CO-Leu-D-Trp-D-Phe（3,4-Cl_2）-OH

3. 药物组合物，其包括至少一种式（I）肽类和非肽类衍生物或其立体异构体及药用载体或赋形剂

$R-CO-AA_1-AA_2-AA_3-OH$ 式（I）

其中，R 为六亚甲基亚胺基或以下基团

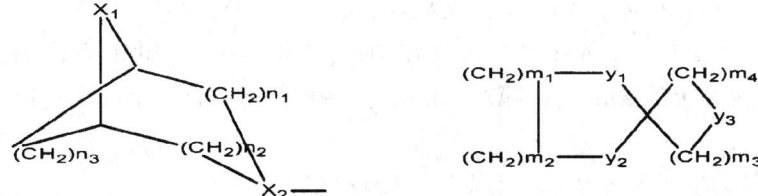

式中当 $n_1 = n_2 = 1$，$n_3 = 2$，X_1 为 CH_2，X_2 为 N 原子时，R 缩写为 ABO。

当 $m_1 = m_2 = 1$，$m_3 = m_4 = 2$，y_1、y_2 为 O 原子，y_3 为 N 原子时，R 缩写为 DAD；当 $m_1 = m_2 = 1$，$m_3 = m_4 = 2$，y_3 为 CH_2，y_1 为 O 原子，y_2 为 N 原子时，R 缩写为 CSO。

AA$_1$ 为 L 或 D 型 Leu；

AA$_2$ 为 D-Trp；

AA$_3$ 为苯丙氨酸，其中芳香环中的苯基可在 2、3、4 或 5 位上被选自卤素，硝基，脲基，甲氧基，羧基或 C$_1$-C$_4$ 烷基单取代或二取代。

4. 权利要求 3 的药物组合物，其中式（I）肽类和非肽类衍生物或其立体异构体选自：

1 ABO-CO-Leu-D-Trp-D-Phe（2-F）-OH

2 ABO-CO-Leu-D-Trp-D-Phe（3-F）-OH

3 ABO-CO-Leu-D-Trp-D-Phe（4-F）-OH

4 ABO-CO-Leu-D-Trp-D-Phe（2-Cl）-OH

5 ABO-CO-Leu-D-Trp-D-Phe（3-Cl）-OH

6 ABO-CO-Leu-D-Trp-D-Phe（4-Cl）-OH

7 ABO-CO-Leu-D-Trp-D-Phe（4-Br）-OH

8 ABO-CO-Leu-D-Trp-D-Phe（3-NO$_2$）-OH

9 ABO-CO-Leu-D-Trp-D-Phe（3-COOH）-OH

10 ABO-CO-Leu-D-Trp-D-Phe（4-COOH）-OH

11 ABO-CO-Leu-D-Trp-D-Phe（3-Cl-4-F）-OH

12 ABO-CO-Leu-D-Trp-D-Phe（2,4-Cl$_2$）-OH

13 ABO-CO-Leu-D-Trp-D-Phe（2,5-Cl$_2$）-OH

14 ABO-CO-Leu-D-Trp-D-Phe（2-CH$_3$-3-Cl）-OH

16 ABO-CO-Leu-D-Trp-D-Phg（4-F）-OH

17 ABO-CO-Leu-D-Trp-D-Trp-OH

19 HIM-CO-Leu-D-Trp-D-Phg（4-F）-OH

20 DAD-CO-Leu-D-Trp-D-Phe（4-F）-OH

21 DAD-CO-Leu-D-Trp-D-Phe（3-Cl-4-F）-OH

23 CSO-CO-Leu-D-Trp-D-Phe（4-F）-OH

24 CSO-CO-Leu-D-Trp-D-Phe（3,4-Cl$_2$）-OH

5. 式（I）肽类衍生物或其立体异构体衍生物的制备方法，其包括：

（1）将化合物 R-CO-AA$_1$-OH 与 AA$_2$-OP 在 DMF-DCM，NMM，DCC-HOBt 中反应，生成 R-CO-AA$_1$-AA$_2$-OP，其中 R，AA$_1$，AA$_2$，如权利要求 1 中定义，P 为 C$_{1-4}$ 烷基；

（2）将（1）中所得产物在 1M NaOH/甲醇溶液中皂化，然后用盐酸酸化，生成 R-CO-AA$_1$-AA$_2$-OH；

（3）将（2）中产物 R-CO-AA$_1$-AA$_2$-OH 与 AA$_3$-OP 在 DMF-DCM，NMM，DCC-HOBt 中反应，生成 R-CO-AA$_1$-AA$_2$-AA$_3$-OP，其中 P 为 C$_{1-4}$ 烷基。所得产物在 1M NaOH/甲醇溶液中皂化，然后用盐酸酸化，生成式（I）R-CO-AA$_1$-AA$_2$-AA$_3$-OH；

（4）将（2）中产物 R-CO-AA$_1$-AA$_2$-OH 在 THF、NMM 中与氯甲酸异丁酯反应 5-10 分钟，再加入 AA$_3$-ONa，生成 R-CO-AA$_1$-AA$_2$-AA$_3$-ONa，然后用盐酸酸化，生成式（I）R-CO-AA$_1$-AA$_2$-AA$_3$-OH。"

至此，合议组认为本案事实清楚，可以作出审查决定。

二、决定的理由

1. 审查文本

本复审决定依据的审查文本为请求人于 2008 年 6 月 27 日提交的权利要求 1~5 以及于 2003 年 7

月 17 日提交的说明书第 1~18 页和说明书摘要。

2. 关于专利法第 31 条

专利法第 31 条规定，一件发明或者实用新型专利申请应当限于一项发明或者实用新型。属于一个总的发明构思的两项以上的发明或者实用新型，可以作为一件申请提出。

对于可选择要素是化合物的马库什权利要求，如果不满足下列标准，应当认为该马库什权利要求不具有单一性：

（1）所有可选择化合物具有共同的性能或作用；和

（2）所有可选择化合物具有共同的结构，该共同结构能够构成它与现有技术的区别特征，并对通式化合物的共同性能或作用是必不可少的；或者在不能有共同结构的情况下，所有可选择要素应属于该发明所属领域中公认的同一化合物类别。

"公认的同一化合物类别"是指根据本领域的知识可以预期到该类的成员对于要求保护的发明来说其表现是相同的一类化合物。也就是说，每个成员都可以相互替代，而且可以预期所要达到的效果是相同的。

本案中，请求人于 2008 年 6 月 27 日提交的修改后的权利要求 1 要求保护一种通式为 R－CO－AA_1－AA_2－AA_3－OH（Ⅰ）的肽类衍生物或其立体异构体，根据说明书的描述，通式（Ⅰ）的化合物或其立体异构体具有良好的内皮素受体拮抗剂活性。但是，首先，说明书中并没有公开通式（Ⅰ）化合物的结构中哪些基团或部位对其生物活性是必不可少的。而且依据说明书的记载，说明书实施例 2、3 公开的序号 4～17、19、34、36、37 的化合物具有权利要求 1 中通式（Ⅰ）所限定的结构，但是仅有序号 4、15、36 和 37 的化合物表现为具有一定的内皮素受体拮抗活性。同时，一些具有内皮素受体拮抗活性的化合物并不具备权利要求 1 中通式（Ⅰ）所限定的结构（参见说明书第 15 页倒数第 1 行第 17 页第 14 行以及第 18 页的表格）。因此，本领域技术人员基于说明书的记载无法确定式（Ⅰ）化合物的哪一部分构成对它们的共同性能是必不可少的共同结构。其次，虽然通式（Ⅰ）中化合物均存在"－CO－Leu－Trp－Phe"（其中 Phe 可被修饰）的共有结构，但是本申请说明书没有证明而且现有技术中也没有证据表明具有这样结构的三肽化合物就可产生内皮素受体拮抗活性，本领域技术人员基于说明书的记载无法确定通式（Ⅰ）化合物的共有结构"－CO－Leu－Trp－Phe"对其共同性能或作用是必不可少的所有可选择化合物的共同结构。再次，当取代基 R 选择所述的不同基团和/或 n、m 代表不同的数值时，通式（Ⅰ）所代表的化合物之间结构差异很大，本领域技术人员根据本领域的一般知识无法预期到这些化合物均可发挥内皮素受体拮抗剂的活性从而可以相互替代，即无法预期这些化合物能达到相同的效果，通式（Ⅰ）的化合物并不属于本领域中公认的同一化合物类别。综上所述，尽管说明书中记载了通式（Ⅰ）的化合物或其立体异构体具有共同的内皮素受体拮抗剂的性能或作用，但其中所有可选择化合物之间并不具有共同的主要结构单元，本领域技术人员也不能认可所有可选择化合物在现有技术中都属于同一化合物类别，因此，权利要求 1 所要求保护的化合物之间没有相同或相应的特定技术特征，不具备单一性，不符合专利法第 31 条第 1 款的规定。同理，权利要求 2 所要求保护的化合物、权利要求 3、4 所要求保护的药物组合物、权利要求 5 所要求保护的式（Ⅰ）肽类衍生物或其立体异构体衍生物的制备方法也不符合专利法第 31 条第 1 款的规定。

根据以上事实和理由，本案合议组作出如下审查决定。

三、决定

维持国家知识产权局于 2005 年 10 月 28 日对 03145929.3 号发明专利申请作出的驳回决定。

复审请求人对本决定不服的，可以根据专利法第 41 条第 2 款的规定，自收到本决定之日起三个月内向北京市第一中级人民法院起诉。

新型人髓系分化标志物，其编码序列及用途

复审请求审查决定（第 14313 号）

决 定 号	第 14313 号
决 定 日	2008 年 7 月 18 日
发明创造名称	新型人髓系分化标志物，其编码序列及用途
国际分类号	C07K 14/435，C07K 14/47，C07K 16/18，C07H 21/00，C12N 15/12，C12N 15/63，C12N 15/64，C12P 21/02，A61K 38/17，A61P 35/00，
复审请求人	浙江大学免疫学研究所
申 请 号	02136523.7
申 请 日	2002 年 8 月 16 日
公 开 日	2004 年 2 月 18 日
合议组组长	李人久
主 审 员	王 冬
参 审 员	孙俊荣

法 律 依 据 专利法第 26 条第 3 款

决 定 要 点

所属技术领域的技术人员能够实现，是指所属技术领域的技术人员按照说明书记载的内容，就能够实现该发明或者实用新型的技术方案，解决其技术问题，并且产生预期的技术效果，如果本领域技术人员根据现有技术无法预测发明能够实现所述用途和/或使用效果，则说明书应当记载对于本领域技术人员来说足以证明发明的技术方案可以实现所述用途和/或达到预期效果的定性或者定量实验数据。

一、案由

本复审请求涉及于 2002 年 8 月 16 日申请、2004 年 2 月 18 日公开、名称为"新型人髓系分化标志物，其编码序列及用途"的 02136523.7 号发明专利申请（下称本申请），其申请人为浙江大学免疫学研究所。

针对申请人于 2006 年 4 月 24 日提交的权利要求 1～10，2002 年 8 月 16 日提交的说明书第 1～24 页、附图第 1～2 页以及说明书摘要，国家知识产权局于 2006 年 7 月 7 日以本申请说明书不符合专利法第 26 条第 3 款的规定为由驳回了本申请。

驳回决定所针对的权利要求书为：

"1. 一种分离的人髓系分化标志物 hMYADM 多肽，其特征在于，它是 SEQ ID NO: 2 氨基酸序列

的多肽、或其保守性变异多肽、或其活性衍生物。

2. 如权利要求1所述的多肽，其特征在于，该多肽选自下组：

（a）SEQ ID NO：2 氨基酸序列的多肽；

（b）将 SEQ ID NO：2 氨基酸序列经过一个或多个氨基酸残基的取代、缺失或添加而形成的，且对髓系细胞分化有促进功能的由（a）衍生的多肽。

3. 一种分离的多核苷酸，其特征在于，所述的多核苷酸选自下组：

（a）编码如权利要求1或2所述多肽的多核苷酸；

（b）与多核苷酸（a）完全互补的多核苷酸。

4. 如权利要求3所述的多核苷酸，其特征在于，该多核苷酸编码氨基酸序列如 SEQ ID NO：2 所示的多肽。

5. 如权利要求3所述的多核苷酸，其特征在于，该多核苷酸的序列选自下组的一种：（a）SEQ ID NO：1 中170～1135位的核苷酸序列；

（b）SEQ ID NO：1 中1～2080位的核苷酸序列。

6. 一种载体，其特征在于，它含有权利要求3所述的多核苷酸。

7. 一种遗传工程化的宿主细胞，其特征在于，它含有权利要求6所述的载体。

8. 一种权利要求1所述的人 hMYADM 多肽的制备方法，其特征在于，该方法包含：

（a）在适合表达人 hMYADM 多肽的条件下，培养权利要求7所述的宿主细胞；

（b）从培养物中分离出权利要求1所述的人 hMYADM 多肽。

9. 一种能与权利要求1所述的人 hMYADM 多肽特异性结合的抗体。

10. 一种权利要求1所述的多肽的用途，其特征在于，用于制备体外促进髓系细胞克隆形成的组合物。"

驳回决定指出：（1）根据本申请说明书公开的内容（如第13～17页）可知，本申请的 hMYADM 多肽的最终用途是用来诊断和治疗 hMYADM 蛋白相关的疾病。因此说明书必须要符合审查指南第二部分第十章第7.5.3节规定的"对于有关 DNA 片段、基因以及肽和蛋白质的发明，如果发明的技术方案是以疾病的诊断和治疗为目的的，应当提供对于本领域技术人员来说，足以证明发明的技术方案可以达到预期目的或效果的实验室试验（包括动物试验）或者临床试验的定性或定量数据；有效量和使用方法或者制剂方法等应当公开到该领域技术人员能够实施的程度。否则，该技术方案被认为是无法实现的"。而本申请说明书没有提供满足上述条件的试验数据。尽管本申请有实施例证明 hMYADM 多肽的反义序列可抑制髓系细胞克隆的形成，而且如申请人在意见陈述书中所述，反义核酸可用于医药用途，髓系细胞分化异常可导致某些疾病。但是这些都不是直接利用 hMYADM 多肽进行的试验，不能证明本申请的 hMYADM 多肽本身可以用来诊断和治疗疾病。因此本申请的说明书没有满足充分公开的要求，不符合专利法第26条第3款的规定。（2）对于化合物，本申请的实施例也仅是证明所述 hMYADM 的反义序列的功能试验，并不是 hMYADM 多肽的实际用途试验，更谈不上使用效果。因此，即使将本申请的多肽作为化学产品（化合物）来看，本申请说明书也不满足对化合物说明书充分公开的要求。

申请人浙江大学免疫学研究所（下称请求人）对上述驳回决定不服，于2006年10月16日向专利复审委员会提出复审请求，没有提交任何修改文件。

请求人认为：（1）《驳回决定》针对的权利要求的技术方案不涉及诊断或治疗，仅仅涉及蛋白、其核酸序列、载体、宿主细胞、促进髓系细胞形成的用途等主题，不应当要求说明书中有证明诊断或治疗用途的实验室数据。（2）实施例6证明了 hMYADM 多肽的反义序列具有抑制髓系细胞克隆形成的作用，基于 hMYADM 多肽与 hMYADM 反义序列的相互关系，足以证明本发明 hMYADM 多肽的功能（促进或参与髓系细胞克隆形成），其作为化学产品具有某种实际使用用途和使用效果。疾病的诊断和治疗用途虽然是一种实际用途，但是并不排除其他生物活性试验也可作为证明用途的试验。例如，酸碱中和反应中颜色变化所说明的酸性物质可使颜色变深，碱性物质会使颜色变浅的情况与本发明类似。因此，本申请说明书对《驳回决定》针对的权利要求所涉及的保留主题已经充分公开了其制法和用途（或效果），本领域技术人员只需简单重复就可再现这些技术方案，因此，本申请的说明书公开充分，符合专利法第 26 条第 3 款的规定。

形式审查合格后，专利复审委员会受理了此复审请求，并于 2006 年 12 月 4 日向请求人发出《复审请求受理通知书》，同时将本申请案卷移交原审查部门进行前置审查。

原审查部门对本复审请求进行了前置审查，指出：（1）本申请说明书第 11～15 页的记载表明本申请的肽是欲作为一种新的药物化合物。虽然说明书中记载该多肽来自骨髓基质细胞，而且与小鼠的髓系细胞分化标志基因有 86% 的同源性，其反义寡核苷酸可抑制髓系细胞克隆的形成，但是本领域技术人员还是不能预测该人 MYADM 多肽能够实现所述的医疗用途、药理作用。因此，按照审查指南第二部分第十章第 3.1 节的规定，说明书中应该记载足以证明发明的技术方案可以解决预期要解决的技术问题或达到预期目的的技术效果的实验室（包括动物试验）或者临床试验的定性或定量数据。（2）虽然请求人想以一般化学产品获得授权，但即使是化学产品也应公开其用途和/或使用效果。本申请尽管证明了 hMYADM 的反义序列具有抑制髓系细胞克隆形成的作用，但是没有从人 hMYADM 蛋白发挥其自身功能的角度提出一个具体的非医药的实际用途和/或使用效果，因此也不符合专利法第 26 条第 3 款的规定，因此坚持原驳回决定。

专利复审委员会组成合议组，对本案的复审请求进行了审理，并于 2007 年 4 月 24 日向请求人发出《复审通知书》。

《复审通知书》指出：本申请说明书没有提供实验室或临床试验数据证明 hMYADM 多肽及其多核苷酸的医药用途，而且虽然本发明权利要求的技术方案不涉及诊断或治疗，仅仅涉及蛋白、其核酸序列、载体、宿主细胞、促进髓系细胞形成的用途等主题，但对于 hMYADM 多肽促进髓系细胞形成的用途，本申请实施例 6 仅仅记载了 hMYADM 多肽反义寡核苷酸可抑制髓系细胞的克隆形成这一试验结果，而并没有记载任何定性或者定量实验数据，其并不能足以证明 hMYADM 是在髓系细胞分化发育中起重要作用的分子，也不能证明 hMYADM 多肽确实具有促进髓系细胞形成的作用。而且由于反义寡核苷酸是一类长度非常小的核苷酸片段，即使其确实具有干扰髓系细胞克隆的形成的功能，但在细胞中与其能够杂交的核苷酸片段很多，不一定只有 hMYADM，因此本领域技术人员无法推知其是否通过干扰所述 hMYADM 来抑制髓系克隆细胞的形成。因此，本发明的说明书没有满足充分公开的要求，不符合专利法第 26 条第 3 款的规定。

针对《复审通知书》，请求人于 2008 年 6 月 10 日提交了意见陈述书，请求人认为：

（1）在专利法或相关规定中并没有具体的规定怎样的描述才算定性结果，怎样的描述仅是结论而不是定性结果，将实施例 6 的结果认定为结论而非定性结果过于随意而缺乏法律依据。（2）仅以反义寡核苷酸是小分子就持有怀疑态度是不合理的，人类在科学研究中常用的推理方法包括求同法，如果多个 hMYADM 反义寡核苷酸都干扰髓系细胞克隆形成，那么基于求同法，应当推定或认定是通过干扰 hMYADM 来起作用，而不是没有理由地怀疑请求人的观点。（3）基于专利法第 26 条第 3 款的规定，一般科研人员看不出在专利申请说明书中包含实验结果与本领域技术人员能够实现该技术方案之间有何种必然联系，不能只要求化学或生物学发明申请在说明书中公开"无懈可击"的实验和实验数据，而对电子、物理或机械发明不提出在说明书中必须揭示实验结果的要求。

至此，合议组认为本案事实清楚，可以作出审查决定。

二、决定的理由

1. 关于审查文本

鉴于请求人在本案复审请求的审理过程中没有对申请文件进行修改，因此本决定是在驳回决定所针对的文本的基础上作出的。

2. 关于专利法第 26 条第 3 款

专利法第 26 条第 3 款规定，说明书应当对发明或者实用新型作出清楚、完整的说明，以所属技术领域的技术人员能够实现为准。

根据该款规定，所属技术领域的技术人员能够实现，是指所属技术领域的技术人员按照说明书记载的内容，就能够实现该发明或者实用新型的技术方案，解决其技术问题，并且产生预期的技术效果，如果本领域技术人员根据现有技术无法预测发明能够实现所述用途和/或使用效果，则说明书应当记载对于本领域技术人员来说足以证明发明的技术方案可以实现所述用途和/或达到预期效果的定性或者定量实验数据。

本案中，本发明涉及分离的人髓系分化标志物 hMYADM 多肽，编码所述多肽的分离的多核苷酸，含有所述多核苷酸的载体，含有所述载体的宿主细胞，制备所述多肽的方法；与所述多肽特异性结合的抗体，所述多肽用于制备体外促进髓系细胞克隆形成的组合物的用途。

本发明的目的是要提供一种能够促进髓系细胞克隆形成的多肽分子，其能否实现显然依赖于该多肽分子是否确实能够促进髓系细胞克隆形成，因此，本发明的技术方案属于必须依赖实验结果加以证实才能成立的情况。在本申请说明书中虽然给出了所述多肽及其制备方法的具体技术方案，但是在说明书中除对所述肽的功能进行泛泛描述外，并没有给出任何证据来证明所述多肽确实能够促进髓系细胞克隆形成，虽然实施例 6 对 hMYADM 多肽反义寡核苷酸抑制髓系细胞的克隆形成的作用进行了实验，但除"实验结果显示，hMYADM 的反义寡核苷酸可抑制髓系细胞的克隆形成，提示 hMYADM 是在髓系细胞分化发育中起重要作用的分子"这一断言性描述外，并没有提供任何定性或定量实验数据来证明这一断言的可信性。而且，由于反义寡核苷酸是一类长度非常小的的核苷酸片段（长度一般在 20 个核苷酸左右），即使其确实干扰髓系细胞克隆的形成，但在细胞中与如此小的寡核苷酸片段能够杂交的核苷酸片段很多，不一定只有 hMYADM，因此本领域技术人员无法推知其是否通过干扰所述 hMYADM 来抑制髓系克隆细胞的形成。因此，说明书实际上未提供任何实验数据来证明 hMYADM 多肽确实能够促进髓系细胞克隆形成，在本申请技术方案必须依赖实验结果加以证实才能成立，而说明书没有记载任何实验证据的情况下，本申请的说明书由于缺乏解决技术问题的技术手段而被认为无法实现，不符合专利法第 26 条第 3 款的规定。

对于请求人所陈述的意见，合议组认为：首先，根据专利法第 26 条第 3 款的规定，在发明技术方案的成立必须依赖于实验数据证明的情况下，只有在说明书中充分公开了足以证明所述技术方案可以解决预期要解决的技术问题或达到预期技术效果的定性或者定量实验数据，才能使本领域技术人员能够实施所述技术方案并预测发明能够实现所述用途和/或效果，否则在没有实验数据的情况下，即使本领域技术人员实施了发明的技术方案，也无法确定所述技术方案是否解决了预期要解决的技术问题或达到了预期的技术效果，这是对所有发明的要求，而并非仅仅针对生物、化学发明。其次，《复审通知书》中并未将实施例 6 的结果任意解释为结论而非定性结果，《复审通知书》中明确指出的是实施例 6 所描述的"实验结果显示，hMYADM 的反义寡核苷酸可抑制髓系细胞的克隆形成，提示 hMYADM 是在髓系细胞分化发育中起重要作用的分子"仅仅是一种断言，而并没有提供任何定性或定量的实验数据来证明 hMYADM 的反义寡核苷酸确实具有所述活性，致使本领域技术人员仅根据实施例 6 的断言性描述无法预测 hMYADM 的反义寡核苷酸是否可抑制髓系细胞的克隆形成，也就无法预测 hMYADM 多肽能否促进髓系细胞克隆的形成。再次，如上所述，由于细胞中能够与长度非常小的 hMYADM 反义寡核苷酸片段杂交的核苷酸片段很多，并不只有 hMYADM，因此本领域技术人员在缺乏实验数据证明的情况下根本无法推知所述反义寡核苷酸是否通过干扰 hMYADM 来抑制髓系克隆细胞的形成。另外，关于请求人的陈述"如果多个 hMYADM 反义寡核苷酸都干扰髓系细胞克隆形成，那么基于求同法，应当推定或认定是通过干扰 hMYADM 来起作用"，合议组认为，本申请说明书实施例 6 并没有清楚记载所述的"多个 hMYADM 反义寡核苷酸"，如其核苷酸序列，更没有记载将其用于干扰髓系细胞克隆形成的定性或定量实验数据，因此，请求人所述的基于求同法的所述推定或认定缺乏事实依据，因此，请求人所陈述的意见不能令人信服，无助于证明本申请的说明书已满足充分公开的要求。

综上所述，本发明的技术方案必须依赖实验数据加以证实才能成立，而说明书没有记载任何实验数据，因此，本申请的说明书由于缺乏解决技术问题的技术手段而被认为无法实现，不符合专利法第 26 条第 3 款的规定。

根据以上事实和理由，本案合议组作出如下审查决定。

三、决定

维持国家知识产权局于 2006 年 7 月 7 日对 02136523.7 号发明专利申请作出的驳回决定。

复审请求人对本决定不服的，可以根据专利法第 41 条第 2 款的规定，自收到本决定之日起三个月内向北京市第一中级人民法院起诉。

一种腺癌标志物及其应用

复审请求审查决定（第 14315 号）

决 定 号	第 14315 号
决 定 日	2008 年 8 月 18 日
发明创造名称	一种腺癌标志物及其应用
国 际 分 类 号	C12Q 1/25，G01N 33/535，A61K 47/42，A61K 47/46，A61P 35/00
复 审 请 求 人	山东省医药生物技术研究中心
申 请 号	200510044047.9
申 请 日	2005 年 7 月 18 日
公 开 日	2006 年 2 月 15 日
合议组组长	周英姿
主 审 员	曹克浩
参 审 员	田 芳
法 律 依 据	专利法第 26 条第 3 款

决 定 要 点

说明书中给出了具体的技术方案，但未给出实验证据，如果所属技术领域的技术人员无法根据现有技术预测发明能够实现所述用途和/或使用效果，则所述的技术方案必须依赖实验结果加以证实才能成立，致使发明缺乏解决技术问题的技术手段而被认为无法实现，不符合专利法第 26 条第 3 款的规定。

一、案由

本复审请求涉及 2005 年 7 月 18 日申请、2006 年 2 月 15 日公开、名称为"一种腺癌标志物及其应用"的 200510044047.9 号发明专利申请（下称本申请）。本申请的申请人为山东省医药生物技术研究中心。

针对申请人于 2005 年 7 月 18 日提交的申请文件，国家知识产权局于 2007 年 8 月 10 日以本申请说明书不符合专利法第 26 条第 3 款的规定为由驳回了本申请。

驳回决定所针对的权利要求书为：

"1. 一种腺癌标志物，由肽基精氨酸脱亚胺酶 4 组成。

2. 如权利要求 1 所述的腺癌标志物，其特征是，所述肽基精氨酸脱亚胺酶 4 特异表达在所有的腺癌组织或细胞中。

3. 如权利要求 1 或 2 所述的腺癌标志物，其特征是，所述肽基精氨酸脱亚胺酶 4 起始于 CD34 胚胎性干细胞并在癌细胞分化过程中持续表达。

4. 权利要求1所述腺癌标志物在制备肿瘤临床诊断试剂中的应用。

5. 权利要求1所述腺癌标志物在制备腺癌临床诊断试剂中的应用。

6. 权利要求5所述腺癌标志物在制备腺癌临床诊断试剂中的应用，其特征是，以常规方法制备抗肽基精氨酸脱亚胺酶4抗体，建立检测肽基精氨酸脱亚胺酶4的定性或定量方法及配套试剂盒。

7. 权利要求1所述腺癌标志物在制备治疗肿瘤药物中的应用。

8. 权利要求7所述腺癌标志物在制备治疗肿瘤药物中的应用，其特征是，以常规方法筛选对肽基精氨酸脱亚胺酶4有抑制作用的药物，制备抗肿瘤药物。

9. 权利要求7所述腺癌标志物在制备治疗肿瘤药物中的应用，其特征是，以常规方法制备抗肽基精氨酸脱亚胺酶4单克隆抗体，加载抗肿瘤药物，制备成抗肿瘤"生物导弹"药物。

10. 权利要求7所述腺癌标志物在制备治疗肿瘤药物中的应用，其特征是，针对PAD4酶设计、制备药物去阻止该酶对凝血酶，细胞角质蛋白和其他细胞蛋白的催化。"

驳回决定认为：PAD4并不是肿瘤的特异表达，其能否作为诊断腺癌的特异标志物，即能否作为腺癌标志物而得到临床上的应用，在该申请文件中没有得到有效地公开。同时本申请还要求保护利用PAD4制备抗肿瘤药物的技术方案，但说明书中没有公开所制备的药物在体内具有抑制肿瘤作用的实验证据。因此说明书未对发明作出清楚、完整地说明，致使本领域技术人员不能实现该发明，所以该说明书不符合专利法第26条第3款的规定。

申请人山东省医药生物技术研究中心（下称请求人）对上述驳回决定不服，于2007年11月15日向专利复审委员会提出复审请求，请求人在提出复审请求时提交了权利要求书全文替换页（共10项）、说明书全文替换页（共6页）、说明书附图全文替换页（共5页）、说明书摘要替换页以及摘要附图替换页，该文件与原始申请文件内容一致，并且请求人未说明此次提交的申请文件相对于驳回决定所针对的文本作出修改。

请求人认为：（1）尽管PAD4在类风湿性关节炎和肿瘤两种疾病中表达，但是临床上许多检测指标的特异性都不是绝对的，医生经常将几种检测指标结合临床表现作出最后诊断，因此这并不违反PAD4作为潜在肿瘤标志物的重要意义；（2）本申请是就PAD4可作为肿瘤标志物提出的，不涉及抗肿瘤药物药性的研究。请求人在答复第一次审查意见通知书时给出15篇文献的目录，这些证据已在申请文件中例举。作为蛋白标志物的PAD4，只要确定了标志物，通过抗原抗体特异性反应的原理就能完成建立测试反应，并且实施过程属于简单的常规方法，并不存在说明书公开不充分的问题；（3）国外的抗体公司abcam根据申请人的方案和发现制备了抗PADI4（即PAD4）抗体，且有国内外公司正与申请人商谈计划将该结果开发成产品，说明PAD4具有的良好市场前景，并非驳回决定书中所述的无实用性。因此，PAD4作为肿瘤诊断用途和抗肿瘤药物用途的技术方案应当是被说明书公开充分的，符合专利法第26条第3款的规定。

形式审查合格后，专利复审委员会受理了该复审请求，并于2007年12月13日向请求人发出《复审请求受理通知书》，同时将本申请案卷移交原审查部门进行前置审查。

原审查部门对本复审请求进行了前置审查，坚持原驳回决定，具体理由是：作为腺癌标志物，PAD4缺乏必要的特异度。同时，PAD4作为制备治疗肿瘤药物的应用，属于药物应用的范畴，因此说明书应当提供合理的实施例和实验数据，即说明书仍然不符合专利法第26条第3款的规定。

专利复审委员会组成合议组，对本复审请求案进行了审理，于2008年4月29日向请求人发出《复审通知书》。《复审通知书》中指出：权利要求7～10要求保护腺癌标志物PAD4在制备治疗肿瘤药物中的应用的技术方案，但是，（1）本申请说明书未记载通过所述方法能否筛选出PAD4酶抑制药物以及该药物是何种物质的试验结果,也未记载可证明本申请所述的PAD4抑制性药物治疗肿瘤的试验结果。(2)对于一种制备运载抗肿瘤药物的特异单克隆抗体(即所述的腺癌标志物)而言,由于其受到诸多体内复杂因素的制约,因此本领域技术人员并不能根据现有技术预测所述的腺癌标志物能引导药物进入肿瘤组织内部并发挥预期功效。在这种情况下,说明书也没有公开足以证明所述的腺癌标志物能引导药物或其他物质进入肿瘤组织的试验证据。(3)请求人所述抗PAD4具有的良好市场前景,只是用于说明该发明具有专利法第22条第4款规定的实用性,并不是针对驳回决定中所指出的"说明书公开不充分,不符合专利法第26条第3款的规定"。因此申请文件中仍然存在说明书公开不充分的缺陷,不符合专利法第26条第3款的规定。

针对《复审通知书》指出的问题,请求人于2008年5月23日提交了意见陈述书,表示基本同意合议组的审查意见,同时提交了经修改的权利要求书全文替换页(共6项),其中所做的修改为:保留了原权利要求1~6,删除了原权利要求7~10。

请求人于2008年5月27日再次提交意见陈述书和权利要求书替换页(共6项),其意见与2008年5月23日提交的相同。修改后的权利要求书如下:

"1. 一种腺癌标志物,由肽基精氨酸脱亚胺酶4组成。

2. 如权利要求1所述的腺癌标志物,其特征是,所述肽基精氨酸脱亚胺酶4特异表达在所有的腺癌组织或细胞中。

3. 如权利要求1或2所述的腺癌标志物,其特征是,所述肽基精氨酸脱亚胺酶4起始于CD34胚胎性干细胞并在癌细胞分化过程中持续表达。

4. 权利要求1所述腺癌标志物在制备肿瘤临床诊断试剂中的应用。

5. 权利要求1所述腺癌标志物在制备腺癌临床诊断试剂中的应用。

6. 权利要求5所述腺癌标志物在制备腺癌临床诊断试剂中的应用,其特征是,以常规方法制备抗肽基精氨酸脱亚胺酶4抗体,建立检测肽基精氨酸脱亚胺酶4的定性或定量方法及配套试剂盒。"

至此,合议组认为本案事实已经清楚,可以作出审查决定。

二、决定的理由

1. 文本认定

请求人于2008年5月27日提交的权利要求书中删除了原权利要求7~10,保留的权利要求1~6与原权利要求1~6相同,故请求人在复审阶段所作的修改符合专利法第33条和专利法实施细则第60条第1款的规定。本复审决定所针对的文本为请求人于2008年5月27日提交的权利要求1~6和2007年11月15日提交的说明书第1~6页、说明书附图第1~5页、说明书摘要以及摘要附图。

2. 关于专利法第26条第3款

专利法第26条第3款规定:说明书应当对发明或者实用新型作出清楚、完整的说明,以所属技术领域的技术人员能够实现为准。

根据该条款的规定,说明书中给出了具体的技术方案,但未给出实验证据,如果所属技术领域的技术人员无法根据现有技术预测发明能够实现所述用途和/或使用效果,则所述的技术方案必须依赖实验结果加以证实才能成立,致使发明缺乏解决技术问题的技术手段而被认为无法实现,不符合专利法第26条第3款的规定。

请求人于2008年5月27日提交的权利要求书中,权利要求1~3要求保护由肽基精氨酸脱亚胺酶4组成的腺癌标志物,权利要求4~6要求保护权利要求1的标志物制备肿瘤或腺癌诊断剂中的用途。

首先,根据本申请说明书第1页背景技术记载的内容,所述的肽基精氨酸脱亚胺酶4(即PAD4)本身已是现有技术中充分公开的蛋白质,已用于免疫学、细胞生物学等的研究中,并且驳回决定也未对权利要求 1～3 所述的标志物的技术方案是否充分公开提出过具体的质疑意见。

其次，本申请说明书（参见实施例 1～2，附图 2～3）记载了"PAD4 酶能在几乎所有的腺癌和一些非腺癌肿瘤的癌细胞有很强的高表达"。并且，本申请说明书（参见实施例 3，附图 4，说明书第 2 页第 3 段）记载了"PAD4 酶能在几乎所有的腺癌和一些非腺癌组织中与细胞角质蛋白共表达"。由于细胞角质蛋白是已知的癌细胞标志物，它主要出现在上皮细胞来源的癌细胞中。细胞角质蛋白与 PAD4 酶的共表达，可强有力地证实 PAD4 酶在癌组织的存在；说明书（参见第 2 页最后 1 段至第 3 页第 1 段）记载了目前还未有一个标志物能广泛并特异地标记所有的腺癌组织，例如细胞角质蛋白、CD34，而 PAD4 酶起始于 CD34 胚胎性干细胞并在癌细胞分化过程中持续表达，因此可作为癌细胞标志物，这进一步说明了 PAD4 酶标记癌细胞的特点。

再次，本领域技术人员利用现有技术中的抗原抗体特异性反应的原理，通过检测 PAD4 酶来判断是否存在癌细胞组织，并且该过程通常可在体外对待检组织进行测试，并不涉及测试剂在体内的运输、吸收以及是否发挥效果等因素，因此即使该申请文件没有公开 PAD4 酶作为腺癌标志物在临床上应用的实验证据，但本领域技术人员根据说明书公开的"PAD4 酶标记癌细胞的特点"和普通技术知识也可以得出 PAD4 酶作为肿瘤或腺癌标志物的用途。

最后，在现有技术中，PAD4 酶除了在类风湿关节炎关节滑膜组织中有广泛的表达外，并没有任何证据表明 PAD4 酶还可在其他多种免疫疾病中表达。尽管 PAD4 在类风湿性关节炎和肿瘤两种疾病中表达，但是临床检测指标的特异性的非绝对唯一并不能否定该检测指标作为诊断相关疾病的手段之一的可行性，例如医生经常将几种检测指标结合临床表现作出最后诊断，因此这并不能推定 PAD4 不能作为肿瘤标志物。由于类风湿性关节炎和癌症的临床表现相差较大，尽管 PAD4 酶具有非唯一的特异性，但将 PAD4 酶标志物结合其他检测指标及临床表现也足以用于检测肿瘤或腺癌，这也是目前临床上的常见方法。

综上所述，结合本申请说明书公开的内容、本领域技术人员的普通技术知识，在没有言之有据的合理理由质疑所述的技术方案不能实施的情况下，应当认为说明书已经充分公开了权利要求 1～6 的技术方案，因此说明书符合专利法第 26 条第 3 款的规定，驳回的理由不成立。

另外，驳回决定和复审通知书中指出：权利要求 7～10 要求保护腺癌标志物在制备治疗肿瘤药物中的应用的技术方案，但在说明书中，实施例 7 只是泛泛描述了对 PAD4 有抑制作用的药物筛选方法，并没有公开所筛选的药物及其实验数据；实施例 8 仅描述了利用 PAD4 单克隆抗体制备抗肿瘤"生物导弹"药物的一般方法，并描述可将抗肿瘤药物与抗 PAD4 单抗偶联并导入肿瘤，但也没有公开 PAD4 单抗引导药物或其他物质进入肿瘤组织的产生治疗效果的具体试验数据。同时，本领域技术人员根据现有技术也不能预测出所述的腺癌标志物用于制备治疗肿瘤药物的效果，因此说明书没有充分公开权利要求 7～10 要求保护腺癌标志物在制备治疗肿瘤药物中的应用的技术方案，不符合专利法第 26 条第 3 款的规定。

由于在新提交的权利要求书中，已经删除了原权利要求 7～10，因此在驳回决定和复审通知书中所指出的说明书未充分公开权利要求 7～10 涉及的技术方案，不符合专利法第 26 条第 3 款的规定的缺陷已不存在。

根据以上事实和理由，本案合议组作出如下审查决定。

三、决定

撤销国家知识产权局于 2007 年 8 月 10 日对 200510044047.9 号发明专利申请作出的驳回决定。由原审查部门在本复审决定所针对的文本基础上继续进行审查。

复审请求人对本决定不服的，可以根据专利法第 41 条第 2 款的规定，自收到本决定之日起三个月内向北京市第一中级人民法院起诉。

生长激素释放抑制因子-多巴胺嵌合类似物

复审请求审查决定（第 14321 号）

决 定 号	第 14321 号
决 定 日	2008 年 8 月 11 日
发明创造名称	生长激素释放抑制因子-多巴胺嵌合类似物
国 际 分 类 号	C07K 7/00
复 审 请 求 人	研究及应用科学协会股份有限公司
申 请 号	02811464.7
优 先 权 日	2001 年 6 月 8 日
申 请 日	2002 年 6 月 7 日
公 开 日	2004 年 7 月 21 日
合议组组长	许 磊
主 审 员	李瑛琦
参 审 员	王 冬
法 律 依 据	专利法第 26 条第 3 款

决定要点

所属技术领域的技术人员能够实现，是指所属技术领域的技术人员按照说明书记载的内容，就能够实现该发明或者实用新型的技术方案，解决其技术问题，并且产生预期的技术效果。如果说明书中给出了具体的技术方案，但未提供实验证据，而该方案又必须依赖实验结果加以证实才能成立，则该发明将由于缺乏解决技术问题的技术手段而被认为无法实现。

一、案由

本复审请求涉及申请号为 02811464.7、名称为"生长激素释放抑制因子-多巴胺嵌合类似物"的发明专利申请，申请人为研究及应用科学协会股份有限公司，其优先权日为 2001 年 6 月 8 日，申请日为 2002 年 6 月 7 日，公开日为 2004 年 7 月 21 日。本申请进入中国国家阶段的日期为 2003 年 12 月 8 日。

2005 年 10 月 28 日，针对本申请进入中国国家阶段时提交的国际申请文件中文译文的说明书第 1~3、77~110 页、说明书摘要以及申请人于 2005 年 3 月 7 日提交的说明书第 4~76 页、权利要求 1~30，国家知识产权局以本申请说明书不符合专利法第 26 条第 3 款的规定为由驳回了本申请。

驳回决定所针对的权利要求书中的独立权利要求如下：

"1. 式（I）化合物或其药学上可接受的盐，

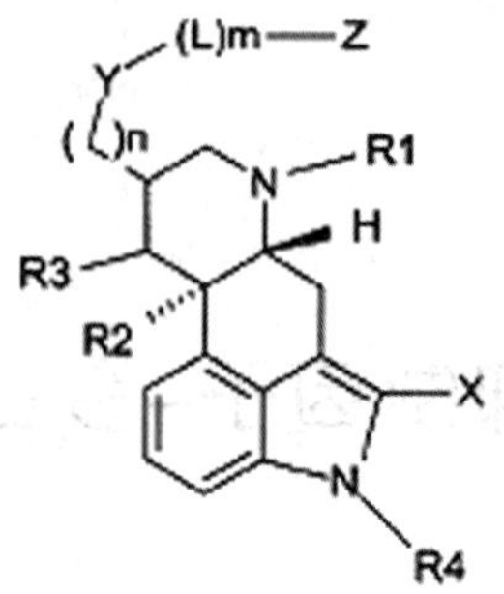

其中：

X 是 H，Cl，Br，I，F，-CN 或 C_{1-5} 烷基；

R_1 是 H，C_{1-4} 烷基，烯丙基，链烯基或 -CN；

R_2 和 R_3 分别独立地为 H 或不存在，条件是当 R_2 和 R_3 不存在时，它们所连接的碳原子之间有双键；

R4 是 H 或 -CH_3；

Y 是 -O-，-C(O)-，-S-，-S-(CH_2)s-C(O)-，-S(O)-，-S(O)$_2$-，-SC(O)-，-OC(O)-，-N(R5)-C(O)- 或 -N(R6)-；

R_5，R_6，R_7 和 R_8 分别独立地为 H 或 C_{1-5} 烷基；

R_6 是 H 或 C_{1-5} 烷基；

m 是 0 或 1；

n 是 0-10；

当 Y 是 -S-，-S(O)-，-S(O)$_2$-，-O- 或 -N(R6)- 时，L 是 -(CH_2)p-C(O)-；

当 Y 是 -N(R6)-，-O- 或 -S- 时；L 是 -C(O)-(CR7R8)q-C(O)-；

当 Y 是 -C(O)-，-SC(O)-，-OC(O)-，-S-(CH_2)s-C(O)- 或 -N(R5)-C(O)- 时，L 是 -(Doc)t-；

p 是 1-10；

q 是 2-4；

s 是 1-10；

t 是 1-10；且

Z 是生长激素释放因子类似物或含有 -H，-OH，(C_1-C_6) 烷氧基，芳基烷氧基，-NH_2 或 -NR_9R_{10}，其中 R_9 和 R_{10} 分别独立地为 H 或 C_{1-5} 烷基。"

"8. 式（II）化合物或其药学上可接受的盐，

其中：

X 是 H，Cl，Br，I，F，-CN 或 C_{1-5} 烷基；

R_1 是 C_{1-4} 烷基，H，烯丙基，链烯基或 -CN；

R2 和 R3 分别独立地为 H 或不存在，条件是当 R2 和 R3 不存在时，它们所连接的碳原子之间有双键；

R4 是 H 或 -CH_3；

R5 是 C_{1-5} 烷基基团，或式 -(CH_2)rN(CH_3)q 的基团；

Y 是 -O-，-C(O)-，-S-，-SC(O)-，-OC(O)-，-N(R6)-C(O)-，-N(R7)-，或 -N(R8)-(CH_2)s-C(O)-；

R6，R7，R8，R9 和 R10 分别独立地为 H 或 C_{1-5} 烷基；

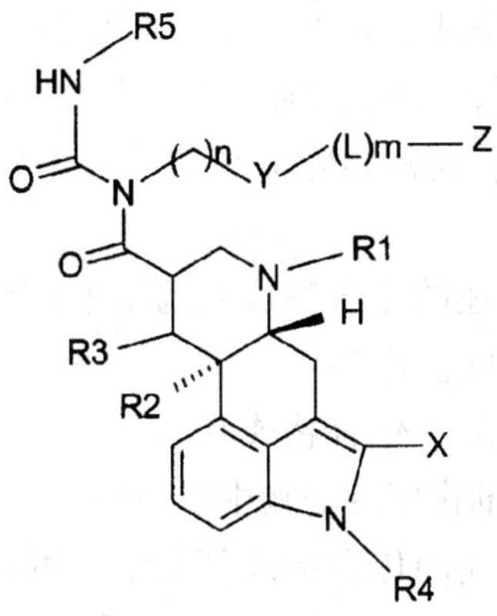

（结构式） (II)

当 Y 是 -S-，-O- 或 -N（R7）- 时，L 是 -（CH₂）p-C（O）-；

当 Y 是 -N（R7）-，-O- 或 -S- 时，L 是 -（CO）-（CR9R10）q-C（O）-；

当 Y 是 -C（O）-，-SC（O）-，-OC（O）-，-N（R8）-（CH2）s-C（O）-，或 -N（R6）-C（O）- 时，L 是 -（Doc）t-；

m 是 0 或 1；

n 是 2～10；

q 是 2～4；

p 是 1～10；

s 是 1～10；

t 是 1～10；和

Z 是生长激素释放因子类似物，或含有 -H，-OH，（C₁-C₆）烷氧基，芳基烷氧基，-NH₂ 或 -NR9R10 的基团。"

"14. 一种药物组合物，包括有效量的权利要求 1～7 中任一项所述的化合物或其药学上可接受的盐，以及药学上可接受的载体。"

"16. 一种药物组合物，包括有效量的权利要求 8～13 中任一项所述的化合物或其药学上可接受的盐，以及药学上可接受的载体。"

"17. 权利要求 1～7 中任一项所述的化合物或其药学上可接受的盐在制备能在需要的患者体内引起多巴胺受体激动剂作用的药物中的应用。"

"19. 权利要求 1～7 中任一项所述的化合物或其药学上可接受的盐在制备能在需要的患者体内引起生长激素释放抑制因子受体激动剂作用的药物中的应用。"

"21. 权利要求 1～7 中任一项所述的化合物或其药学上可接受的盐在制备能在需要的患者体内同时引起多巴胺受体激动剂作用和生长激素释放抑制因子受体激动剂作用的药物中的应用。"

"23. 权利要求 1～7 中任一项所述的化合物或其药学上可接受的盐在制备治疗下列疾病的药物中的应用，所述疾病选自：肺癌、神经胶质瘤、厌食症、甲状腺机能减退、醛固酮过多症、幽门螺旋杆菌增生、肢端肥大症、再狭窄、克朗氏病、系统性硬化症、外部和内部的胰腺假囊肿和腹水、舒血管肠肽瘤、胰岛细胞弥漫性增生、胰岛素分泌过多、胃泌素瘤、卓-艾二氏综合症、腹泻、与 AIDS 相关的腹泻、与化疗相关的腹泻、硬皮病、过敏性肠综合症、胰腺炎、小肠梗阻、胃食管回流、十二指肠胃回流、库兴氏综合症、促性腺素瘤、甲状旁腺机能亢进、格雷夫斯氏病、糖尿病性神经病、Paget 氏病、多囊卵巢病、甲状腺癌、肝细胞瘤、白血病、脑膜炎、癌性恶病质、直立低血压、餐后低血压、焦虑发作、GH 分泌腺瘤、肢端肥大症、TSH 分泌腺瘤、催乳素分泌腺瘤、胰岛腺瘤、高血糖素瘤、糖尿病、高脂血症、胰岛素麻木、X综合症、血管病、增生性视网膜炎、黎明现象、肾病、胃酸分泌、消化器官溃疡、肠皮肤瘘管、胰腺皮肤瘘管、倾倒综合症、含水腹泻综合症、胰腺炎、胃肠激素分泌肿瘤；血管生成、关节炎；同种异体抑制排斥、移植脉管出血、入口高血压、胃肠出血、肥胖、以及鸦片样物质过量。"

"26. 权利要求8~13中任一项所述的化合物或其药学上可接受的盐在制备能在需要的患者体内引起多巴胺受体激动剂作用的药物中的应用。"

"27. 权利要求8~13中任一项所述的化合物或其药学上可接受的盐在制备能在需要的患者体内引起生长激素释放抑制因子受体激动剂作用的药物中的应用。"

"28. 权利要求8~13中任一项所述的化合物或其药学上可接受的盐在制备能在需要的患者体内同时引起多巴胺受体激动剂作用和生长激素释放抑制因子受体激动剂作用的药物中的应用。"

"29. 权利要求8~13中任一项所述的化合物或其药学上可接受的盐在制备治疗下列疾病的药物中的应用，所述疾病选自：肺癌、神经胶质瘤、厌食症、甲状腺机能减退、醛固酮过多症、幽门螺旋杆菌增生、肢端肥大症、再狭窄、克朗氏病、系统性硬化症、外部和内部的胰腺假囊肿和腹水、舒血管肠肽瘤、胰岛细胞弥漫性增生、胰岛素分泌过多、胃泌素瘤、卓-艾二氏综合症、腹泻、与AIDS相关的腹泻、与化疗相关的腹泻、硬皮病、过敏性肠综合症、胰腺炎、小肠梗阻、胃食管回流、十二指肠胃回流、库兴氏综合症、促性腺素瘤、甲状旁腺机能亢进、格雷夫斯氏病、糖尿病性神经病、Paget氏病、多囊卵巢病、甲状腺癌、肝细胞瘤、白血病、脑膜炎、癌性恶病质、直立低血压、餐后低血压、焦虑发作、GH分泌腺瘤、肢端肥大症、TSH分泌腺瘤、催乳素分泌腺瘤、胰岛腺瘤、高血糖素瘤、糖尿病、高脂血症、胰岛素麻木、X综合症、血管病、增生性视网膜炎、黎明现象、肾病、胃酸分泌、消化器官溃疡、肠皮肤瘘管、胰腺皮肤瘘管、倾倒综合症、含水腹泻综合症、胰腺炎、胃肠激素分泌肿瘤；血管生成、关节炎；同种异体抑制排斥、移植脉管出血、入口高血压、胃肠出血、肥胖，以及鸦片样物质过量。"

驳回决定认为：本申请说明书中没有相应的试验证据证明所述化合物是生长激素释放抑制因子受体和多巴胺受体的激动剂，尽管多巴胺和生长激素释放抑制因子本身具有相应的功能，且多巴胺-生长激素释放抑制因子结合体在结构上既包含多巴胺配体部分，又含有生长激素释放抑制因子部分，但两种化合物结合后所构成的新的结合体有可能发生结构上和/或功能上的改变，其用途和效果是无法预期的，其是否能够既保留生长激素释放抑制因子的活性，又保留多巴胺的活性，是否能够结合生长激素释放抑制因子受体或多巴胺受体以及其具备受体抑制剂活性还是具备受体激动剂活性，都需要在说明书中提供相应的试验证据来证实，而本申请说明书中缺少这些试验证据，导致本申请被认为是无法实现的，不符合专利法第26条第3款的规定。请求人在答复第一次审查意见通知书时提交的附件1（涉及生长激素释放抑制因子受体特异性和选择性/多巴胺受体特异性和选择性分析试验的结果）和附件2（报道了附件1的表中所采用的化合物的质谱数据和HPLC数据）是超出原申请文件之外的内容，不能作为审查说明书是否充分公开的参考。

申请人研究及应用科学协会股份有限公司（下称请求人）对上述驳回决定不服，于2006年2月13日向专利复审委员会提出复审请求，请求人在提出复审请求时没有对申请文件进行修改。请求人认为：(1) 本申请中详细公开了用于测定所要求保护的类似物的特异性和选择性的分析试验方法，本领域技术人员可以按照说明书公开的试验方法进行测试以获得用途和效果试验数据，请求人在本案实质审查阶段提交的试验数据（见附件1）是按照原始公开的说明书所述的实验方法对原始说明书中所公开的化合物进行测试而获得的客观数据，其中并未引入新的内容，应当被接受以证明本发明化合物的用途和效果。(2) 本申请制备化合物的方法就是采用多巴胺激动剂和生长激素释放因子受体激动剂通过偶联和脱保护等步骤得到的，其中使用硫醚和/或羰基官能团来连接生长激素释放抑制因子配体和多巴胺配体，这种连接方式不会破坏生长激素释放因子配体结合生长激素释放抑制因子受体的能力，也不会破坏多巴胺配体结合多巴胺受体的能力，本申请背景技术部分清楚地表明了多巴胺受体和生长激素释放抑制因子受体在所述疾病或症状的发病机理中的作用，且这一因果关系申请日前在本领域是公知的，因此本领域技术人员可以预期本申请的新型多巴胺-生长激素释放抑制因子嵌合体具有与现有已知的生长激素释放抑制因子类似物和多巴胺类似物相同的效果。

形式审查合格后，专利复审委员会受理了该复审请求，并于2006年3月23日向请求人发出《复审请求受理通知书》，随后将本申请案卷移交原审查部门进行前置审查。

原审查部门对本复审请求进行了前置审查，认为请求人在复审请求中没有提供新的证据和理由，驳回理由涉及的缺陷仍然存在，因此坚持原驳回决定。

专利复审委员会组成合议组，对本复审请求案进行审理。合议组于2008年3月27日向请求人发出了《复审通知书》，指出：（1）虽然根据本领域技术人员所掌握的现有技术以及本申请说明书的背景技术可以看出，生长激素释放抑制因子和多巴胺是申请日前已有的物质，本申请发明点在于将这些已知化合物结合在一起形成新的化合物，使之保留生长激素释放抑制因子的活性，又保留多巴胺的活性，具备可用作生长激素释放抑制因子受体和多巴胺受体的激动剂这一有益技术效果，本申请说明书中记载了本发明化合物的制备方法以及制备实施例和其活性的验证方法，但是，没有一个实施例公开任何一种具体化合物的活性实验数据，也没有提及任何现有技术的可信理论充分证实其活性。说明书既没有证明所述的新化合物能结合生长激素释放抑制因子受体或多巴胺受体，也没有提供证明所述化合物能用作生长激素抑制释放因子受体或多巴胺受体的激动剂以及所述化合物能够治疗所述疾病的实验证据。故本领域技术人员根据说明书的描述和现有技术，无法预测发明能够实现所述用途并达到所述效果。（2）请求人于审查过程中提交的补充实验数据附件1和附件2既非本申请申请日前的现有技术，也非本申请申请文件中记载的内容，其记载的信息在申请日时本领域技术人员无法获知，故不能用于证明本申请说明书公开充分。（3）化学是一门实验学科，可预测性低，尽管多巴胺和生长激素释放抑制因子本身具有相应的功能，且多巴胺-生长激素释放抑制因子结合体在结构上既包含多巴胺配体部分，又含有生长激素释放抑制因子部分，但两种化合物结合后所构成的新的结合体有可能发生结构上和/或功能上的改变，其用途和效果是无法预期的，必需实验数据加以证实。因此本申请说明书公开不充分，不符合专利法第26条第3款的规定。

2008年4月24日，请求人提交了意见陈述书、经修改的权利要求书（共7项）以及下述附件（编号续前）。

附件3："Receptors for Dopamine and Somatostatin: Formation of Hetero-Oligomers with Enhanced Functional Activity"，Magalie Rocheville等人，SCIENCE，2000年4月7日第288卷，第154~157页的复印件共4页。

修改后的独立权利要求1要求保护选自Doc-D-Phe-环［Cys-Tyr-D-Try-Lys-Abu-Cys］-Thr-NH_2；AEPA-D-Phe-环-［Cys-Tyr-D-Trp-Lys-Abu-Cys］-Thr-NH_2；Aepa-D-Phe-环［Cys-（3-碘-Tyr）-D-Trp-Lys-Val-Cys］-Thr-NH_2；D-Phe-环［Cys-（3-碘-Tyr）-D-Trp-Lys-Val-Cys］-Thr-NH_2；D-Phe-环-［Cys-Tyr-D-Trp-Lys-Abu-Cys］-Thr-NH_2；Aepa-Aepa-Lys-D-Tyr-D-Tyr-环［Cys-Tyr-D-Trp-Lys-Abu-Cys］-Thr-NH_2；D-Phe-环［Cys-Tyr-D-Trp-Lys-Abu-Cys］-Thr-NH_2；D-Phe-环［Cys-Tyr-D-Trp-Lys-Abu-Cys］-Thr-NH_2；D-Phe-环［Cys-Tyr-D-Trp-Lys-Abu-Cys］-Thr-NH_2；Aepa-Lys-D-Tyr-D-Tyr-环［Cys-Tyr-D-Trp-Lys-Abu-Cys］-Thr-NH_2；Lys-D-Tyr-D-Tyr-环［Cys-Tyr-D-Trp-Lys-Abu-Cys］-Thr-NH_2；Doc-Lys-D-Tyr-D-Tyr-环［Cys-Tyr-D-

Trp-Lys-Abu-Cys〕-Thr-NH$_2$；Lys-D-Tyr-D-Tyr-环〔Cys-Tyr-D-Trp-Lys-Abu-Cys〕-Thr-NH$_2$；Aepa-Aepa-D-Phe-环〔Cys-Tyr-D-Trp-Lys-Abu-Cys〕-Thr-NH$_2$；Aepa-Aepa-D-Phe-环〔Cys-（3-碘）Tyr-D-Trp-Lys-Val-Cys〕-Thr-NH$_2$；Aepa-D-Phe-环〔Cys-Tyr-D-Trp-Lys-Abu-Cys〕-Thr-NH$_2$；Aepa-Aepa-D-Phe-环〔Cys-（3-碘）Tyr-D-Trp-Lys-Val-Cys〕-Thr-NH$_2$；Doc-D-Phe-环〔Cys-Tyr-D-Trp-Lys-Abu-Cys〕-Thr-NH$_2$；Doc-D-Phe-环〔Cys-（3-碘）Tyr-D-Trp-Lys-Val-Cys〕-Thr-NH$_2$；Doc-Doc-D-Phe-环〔Cys-Tyr-D-Trp-Lys-Abu-Cys〕-Thr-NH$_2$的化合物，其从属权利要求2~7分别相应于驳回决定所针对的权利要求14、17、19、21、23和24。

请求人认为：（1）所提交的附件3说明在本发明之前，本领域技术人员就已知生长激素释放抑制因子-多巴胺嵌合分子既具有生长激素释放抑制因子的活性，又具有多巴胺的活性，因此，在本申请的优先权日之前，本领域技术人员能够获知生长激素释放抑制因子-多巴胺嵌合类似物具有生长激素释放抑制因子和多巴胺活性，即本领域技术人员根据现有技术能够预测本发明的化合物中生长激素释放抑制因子部分和多巴胺配体部分的结构/功能将不会发生改变，会产生预期的技术效果。（2）修改后的权利要求1要求保护实施例中所示的20个具体化合物，在说明书中给出了这些具体化合物的制备方法、理化数据，并且本申请说明书第108~110页中详细描述了测定化合物的生长激素释放抑制因子受体和多巴胺受体活性的方法，本领域技术人员采用本申请公开的常规实验手段去测定这些具体化合物的活性，必然产生预期的技术效果，即不需要本领域技术人员再付出创造性的劳动，就能够再现该发明的技术方案，本领域技术人员根据现有技术能够预测本发明化合物具有两种化合物的活性，因此并非必须在说明书中记载所述实验数据。（3）第7624号复审决定认为，对于化学产品发明而言，说明书中缺少有关化学产品的确认、制备及用途中的部分技术内容并不必然导致专利申请的说明书公开不充分，判断时需要结合本领域现有技术来综合考量；第7622号复审决定认为，对于有益技术效果的说明，既可通过发明技术方案的理论分析加以阐明，也可以通过列出实验数据的方法予以说明；第1665号复审决定认为，如果申请化合物与已知化合物具有类似的活性，说明书中已经说明了申请化合物用途及试验方法或者试验数据，并且在没有证据证明申请化合物不具有所述药效学活性的情况下，可以确认说明书对化合物用途的公开是充分的，根据上述中国专利实践来判断，本申请也符合充分公开的规定。综上，本申请已经对发明作出了清楚、完整的说明，所属技术领域的技术人员根据本申请说明书公开的内容完全能够实现本发明，符合专利法第26条第3款的规定。

合议组经合议后认为，本案事实已经清楚，可以依法作出复审决定。

二、决定的理由

1. 决定所依据的文本

鉴于请求人在复审过程中仅对权利要求书进行了修改，因此本复审决定是在驳回决定所针对的说明书、说明书摘要及请求人于2008年4月24日提交的权利要求1~7的基础上作出的。

2. 关于专利法第26条第3款

专利法第26条第3款规定，说明书应当对发明或者实用新型作出清楚、完整的说明，以所属技术领域的技术人员能够实现为准。

所属技术领域的技术人员能够实现，是指所属技术领域的技术人员按照说明书记载的内容，就能够实现该发明或者实用新型的技术方案，解决其技术问题，并且产生预期的技术效果。如果说明书中给出了具体的技术方案，但未提供实验证据，而该方案又必须依赖实验结果加以证实才能成立，则该发明将由于缺乏解决技术问题的技术手段而被认为无法实现。

本申请要求保护选自Doc-D-Phe-环〔Cys-Tyr-D-Trp-Lys-Abu-Cys〕-Thr-NH$_2$；AEPA-D-Phe-环-〔Cys-Tyr-D-Trp-Lys-Abu-Cys〕-Thr-NH$_2$；Aepa-D-Phe-环〔Cys-（3-碘-Tyr）-D-Trp-Lys

-Val-Cys〕-Thr-NH$_2$；D-Phe-环〔Cys-（3-碘-Tyr）-D-Trp-Lys-Val-Cys〕-Thr-NH$_2$；D-Phe-环-〔Cys-Tyr-D-Trp-Lys-Abu-Cys〕-Thr-NH$_2$；Aepa-Aepa-Lys-D-Tyr-D-Tyr-环〔Cys-Tyr-D-Trp-Lys-Abu-Cys〕-Thr-NH$_2$；D-Phe-环〔Cys-Tyr-D-Trp-Lys-Abu-Cys〕-Thr-NH$_2$；D-Phe-环〔Cys-Tyr-D-Trp-Lys-Abu-Cys〕-Thr-NH$_2$；D-Phe-环〔Cys-Tyr-D-Trp-Lys-Abu-Cys〕-Thr-NH$_2$；Aepa-Lys-D-Tyr-D-Tyr-环〔Cys-Tyr-D-Trp-Lys-Abu-Cys〕-Thr-NH$_2$；Lys-D-Tyr-D-Tyr-环〔Cys-Tyr-D-Trp-Lys-Abu-Cys〕-Thr-NH$_2$；Doc-Lys-D-Tyr-D-Tyr-环〔Cys-Tyr-D-Trp-Lys-Abu-Cys〕-Thr-NH$_2$；Lys-D-Tyr-D-Tyr-环〔Cys-Tyr-D-Trp-Lys-Abu-Cys〕-Thr-NH$_2$；Aepa-Aepa-D-Phe-环〔Cys-Tyr-D-Trp-Lys-Abu-Cys〕-Thr-NH$_2$；Aepa-Aepa-D-Phe-环〔Cys-（3-碘）Tyr-D-Trp-Lys-Val-Cys〕-Thr-NH$_2$；Aepa-D-Phe-环〔Cys-Tyr-D-Trp-Lys-Abu-Cys〕-Thr-NH$_2$；Aepa-Aepa-D-Phe-环〔Cys-（3-碘）Tyr-D-Trp-Lys-Val-Cys〕-Thr-NH$_2$；Doc-D-Phe-环〔Cys-Tyr-D-Trp-Lys-Abu-Cys〕-Thr-NH$_2$；Doc-D-Phe-环〔Cys-（3-碘）Tyr-D-Trp-Lys-Val-Cys〕-Thr-NH$_2$；Doc-Doc-D-Phe-环〔Cys-Tyr-D-Trp-Lys-Abu-Cys〕-Thr-NH$_2$ 的 20 种生长激素释放抑制因子-多巴胺嵌合类似物、包含其的药物组合物，及其在制备能在患者体内引起多巴胺受体激动剂作用和/或生长激素释放抑制因子受体激动剂作用的药物中的应用。所要达到的技术效果是上述化合物既保留生长激素释放抑制因子的活性，又保留多巴胺的活性，可用作生长激素释放抑制因子受体和多巴胺受体的激动剂，用于治疗肺癌、神经胶质瘤、厌食症等疾病（见说明书第 75~76 页）。

本发明的新化合物是通过偶联和脱保护等步骤将生长激素释放抑制因子受体激动剂和多巴胺受体激动剂以一定的连接方式嵌合在一起得到的，尽管多巴胺和生长激素释放抑制因子本身具有相应的功能，且多巴胺-生长激素释放抑制因子结合体在结构上既包含多巴胺配体部分，又含有生长激素释放抑制因子部分，但两种化合物通过一定的连接方式构成的结合体已形成新的分子结构，其性质可能随之发生改变，因此本领域技术人员是无法通过现有技术预期其用途和效果的，本申请所要保护的技术方案都属于必须依赖实验结果证实才能成立的情形。然而，本申请说明书中记载了上述化合物的制备方法以及制备实施例和其活性的验证方法，但是没有记载任何证明所述化合物活性的实验数据，故本领域技术人员根据说明书的描述，无法确认发明能够实现所述用途并达到所述效果，本申请的发明由于缺乏解决技术问题的技术手段而被认为无法实现，本申请说明书公开不充分，不符合专利法第 26 条第 3 款的规定。

对于请求人于 2008 年 4 月 24 日提交的意见陈述书中的意见，合议组认为：

（1）请求人提交的附件 3 公开的是多巴胺受体和生长激素释放抑制因子受体形成的异型寡聚体如 D2R-SSTR5 寡聚体，其与本申请制备方法获得的嵌合化合物不同，并非如请求人所述该附件公开了生长激素释放抑制因子-多巴胺嵌合分子既具有生长激素释放抑制因子的活性又具有多巴胺的活性。本申请说明书中只公开了多巴胺和生长激素释放抑制因子各自在疾病或症状发病机理中的作用，并未公开嵌合分子在疾病发病机理中是否会保持多巴胺和生长激素释放抑制因子的各自作用，故请求人提交的附件 3 不足以证明本领域技术人员根据现有技术和本申请说明书的描述能够预测本发明化合物的效果。（2）虽然说明书中记载了所要保护的化合物的制备方法等内容并描述了测定这些化合物活性的方法，但是说明书中并未记载任何证明所要保护的化合物具有所需活性的实验数据，本申请涉及新的化学产品及其用途，根据审查指南第二部分第十章的规定，对于化学产品和化学产品的用途而言，如果本领域技术人员无法根据现有技术预测发明能够实现所述用途和/或使用效果，说明书中应当记载对本领域技术人员来说足以证明发明的技术方案可以实现所述用途和/或达到预期效果的定性或定量数据，因此，本申请说明书由于没有给出任何证实所述技术方案的技术效果的实验数据而被认为由于缺乏解决技术问题的技术手段而无法实现。虽然请求人在本案审查过程中提交了一些表明效果的实验数据（附件 1 和附件 2），但附件 1 和附件 2 既非本申请申请日前的现有技术，也不是说明书中记载的内容，根据审查指南第二部分第十章第 3.4 节的规定，判断说明书是否充分公开，以原说明书和权利要求书记载的内容为准，申请日之后补交的实施例和实验数据不予考虑，因此，附件 1 和附件 2 也不能证明本申请说明书符合专利法第 26 条第 3 款的规定。（3）请求人在意见陈述中提到的三个复审决定是针对不同案件作出的，不同案件的具体情况不同，本案与请求人所述复审案件不具备可比性。此外，专利审查的依据是专利法、专利法实施细则和审查指南，本案之前的复审决定不能作为审理本案的标准和依据，因此请求人提及的三个复审决定也不能证明本申请说明书符合专利法第 26 条第 3 款的规定。

综上所述，请求人陈述的意见和提供的证据也不能证明本申请的说明书符合专利法第 26 条第 3 款的规定。

根据以上事实和理由，本合议组作出如下审查决定。

三、决定

复审请求不成立，维持国家知识产权局于 2005 年 10 月 28 日针对 02811464.7 号发明专利申请作出的驳回决定。

复审请求人对本决定不服的，可以根据专利法第 41 条第 2 款的规定，自收到本决定之日起三个月内向北京市第一中级人民法院起诉。

北京市第一中级人民法院
行政判决书

(2009) 一中行初字第 404 号

原告研究及应用科学协会股份有限公司，住所地法兰西共和国巴黎布朗士博士街 42 号。

法定代表人安德烈·布古安，副总裁。

委托代理人黄革生，北京中咨律师事务所律师。

委托代理人隋晓平，女，北京中咨律师事务所专利代理人。

被告中华人民共和国国家知识产权局专利复审委员会，住所地中华人民共和国北京市海淀区北四环西路 9 号银谷大厦 10~12 层。

法定代表人廖涛，副主任。

委托代理人李瑛琦，女，中华人民共和国国家知识产权局专利复审委员会复审员。

委托代理人程强，男，中华人民共和国国家知识产权局专利复审委员会复审员。

原告研究及应用科学协会股份有限公司不服被告中华人民共和国国家知识产权局专利复审委员会作出的驳回复审审查决定，于 2008 年 11 月 25 日向本院提起诉讼。本院受理后，依法组成合议庭，于 2009 年 3 月 12 日公开开庭审理了本案。原告的委托代理人黄革生、隋晓平，被告的委托代理人李瑛琦、程强到庭参加了诉讼。本案现已审理终结。

2008 年 8 月 11 日，被告根据《中华人民共和国专利法》》（以下简称《（专利法)》）第二十六条第三款，作出第 14321 号复审请求审查决定（以下简称第 14321 号决定），维持中华人民共和国国家知识产权局（以下简称国家知识产权局）对第 02811464.7 号发明专利申请（以下简称本申请）作出的驳回决定。

被告在法定期限内向本院提交并经当庭质证的证据有：1. 行政程序中的附件 3；2. 本申请公开文本。上述证据用于证明第 14321 号决定认定事实清楚、适用法律正确、程序合法、审查结论正确。

原告诉称：（一）被告对本案事实的认定有误。1. 被告关于"本领域技术人员根据现有技术和本申请说明书的描述不能够预测本发明化合物的效果"的观点是错误的。本发明化合物的合成方式决定了本发明的化合物能够保留原有化合物各自的功能。本发明的化合物是通过两个化合物之间脱水（H_2O）后得到的，分子的主要结构未发生改变，与受体部分发生结合的部分未改变，所以仍然能够同各自的受体结合，发挥其原有的功能。由此，本领域技术人员根据本申请说明书公开的内容并结合现有技术知识能够预测其用途和使用效果。2. 被告的主张自相矛盾。被告首先承认：多巴胺和生长激素释放抑制因子本身具有响应的功能，以及多巴胺—生长激素释放抑制因子结合体在结构上包含多巴胺配体部分，又含有生长激素释放抑制因子部分。由此，所属领域的技术人员的合理预期是：所述结合体具有多巴胺和生长激素释放抑制因子的功能。被告随后又主张的"新的结合体有可能发生结构上和/或功能上的改变"，以及"其性质可能随之发生改变"，是一种推测，是一种没有证据证明的断言，被告应当承担举证不能的不利后果。如上所述，所属领域的技术人员的合理预期是本发明的结合体具有多巴胺和生长激素释放抑制因子的功能。在这种情况下，可以确认说明书对化合物用途的公开是充分的。

（二）第 14321 号决定适用专利法律法规有误。1. 被告关于"无法确认发明能够实现所述用途并达到所述效果"的主张没有法律依据。在《审查指南》中并没有要求"确认发明能够实现所述用途并达到所述效果"的描述。无论是《专利法》，还是《审查指南》，均规定所属技术领域的技术人员按照说明书记载的内容能够实现所述发明，并未要求所属技术领域的技术人员根据说明书的描述"确认"发明能够实现所属用途并达到所述效果。显然，被告提高了关于充分公开的审查标准，没有依法行政。2. 被告在第14321号决定中采用的审查标准与其此前就同一问题所采用的审查标准不一致。被告在其之前就充分公开问题作出的第15609号决定中认为"如果所属技术领域的技术人员根据现有技术能够预测本发明的用途和/或使用效果，则说明书中记载能够证明本发明技术方案可以实现所述用途和/或达到预期效果的定性或者定量实验数据并不是必须的。"在其就相同问题作出的另一个复审决定（第1665号）中，被告认为"如果申请化合物与已知化合物具有类似的活性，说明书中已经说明了申请化合物用途及试验方法或者试验数据，并且在没有证据证明化合物不具有所述药效学活性的情况下，可以确认说明书对化合物用途的公开是充分的"。在本申请说明书中，详细记载了本申请权利要求20个具体化合物的制备方法，记载了它们的用途，并且在说明书中给出了测定化合物对生长激素释放因子和多巴胺受体的活性的方法。并且，根据本申请说明书公开的内容并结合现有技术，所属技术领域的技术人员根据现有技术能够预测本发明的用途和使用效果。所以，本申请说明书已充分公开了本发明。在说明书中没有给出实验数据并不必然导致公开不充分，应当结合现有技术进行判断。

综上所述，第14321号决定事实认定不清、适用法律法规错误，恳请法院依法撤销第14321号决定、责令被告重新作出复审决定并承担本案的诉讼费用。

原告在本院庭审前向本院提交以下证据：1. 第1665号复审决定书；2. 第15609号复审决定书。以上证据证明本发明的公开符合中国专利审查实践中关于充分公开的判断标准。

被告辩称：原告的起诉理由与其答复《（复审意见书）》时陈述的理由完全相同，并无新的意见。第14321号决定中已就《专利法》第二十六条第三款的内涵及其在化学领域中的具体适用作了详细的解释，继而针对本申请的具体情况得出说明书公开不充分的结论，同时，被告对原告提交的附件3以及第1665号复审决定书等证据给予了充分的考虑，相关意见也已体现在第14321号决定中。总之，被告已在第14321号决定中针对原告的起诉理由提出了详细的反对意见，不再赘述。被告当庭进一步指出，作为审查员，对于两种物质结合成一种新的化合物后，有必要要求申请人来证明化合物的效果，被告并没有提高《审查指南》对新化合物或者新的药液化合物的标准。综上，第14321号决定的作出程序上合法，事实认定清楚，引用法律正确。原告的诉讼理由不能成立，请求法院在查明事实的基础上，依法驳回原告的诉讼请求，维持第14321号决定。

经庭审质证，原告对被告提交的证据真实性、合法性无异议，但是对证明作用有异议；被告认为原告提交的证据都与第14321号决定没有关联性，且在第14321号决定中已经进行了评述。

经审查，本院认为，被告提交的证据及原告提交的证据1与审查被诉第14321号决定的合法性有关，且合法、真实，能够证明本案的事实，本院予以接受；原告提交的证据2不是行政程序中的证据，且与审查被诉决定的合法性没有关联，本院不予采纳。

根据上述有效证据及各方当事人在庭审中无争议的陈述，本院确认如下事实：

本申请涉及申请号为02811464.7，名称为"生长激素释放抑制因子-多巴胺嵌合类似物"的发明专利申请，申请人为研究及应用科学协会股份有限公司，其优先权日为2001年6月8日，申请日为2002年6月7日，公开日为2004年7月21日。本申请进入中国国家阶段的日期为2003年12月8日。

2005年10月28日，针对本申请进入中国国家阶段时提交的国际申请文件中文译文的说明书第1~3、77~110页、说明书摘要以及原告于2005年3月7日提交的说明书第4~76页、权利要求第1

~30项，国家知识产权局以本申请说明书不符合《专利法》第二十六条第三款的规定为由驳回了本申请。

驳回决定所针对的权利要求书中的独立权利要求如下：

"1. 式（Ⅰ）化合物或其药学上可接受的盐（化学结构式附判决书后），

其中：X 是 H，Cl，Br，I，F，-CN 或 C_{1-5} 烷基；

R1 是 H，C_{1-4} 烷基，烯丙基，链烯基或-CN；

R2 和 R3 分别独立地为 H 或不存在，条件是当 R2 和 R3 不存在时，它们所连接的碳原子之间有双键；

R4 是 H 或-CH3；

Y 是-O-，-C（O）-，-S-，-S-（CH2）s-C（O）-，-S（O）-，-S（O）2-，-SC（O）-，-OC（O）-，-N（R5）-C（O）-或-N（R6）-；

R5，R6，R7 和 R8 分别独立地为 H 或 C_{1-5} 烷基；

R6 是 H 或 C_{1-5} 烷基；

m 是 0 或 1；

n 是 0～10；

当 Y 是-S-，-S（O）-，-S（O）2-，-O-或-N（R6）-时，L 是-（CH2）p-C（O）-；

当 Y 是-N（R6）-，-O-或-S-时；L 是-C（O）-（CR7R8）q-C（O）-；

当 Y 是-C（O）-，-SC（O）-，-OC（O）-，-S-（CH2）s-C（O）-或-N（R5）-C（O）-时，L 是-（Doc）t-；

p 是 1～10；

q 是 2～4；

s 是 1～10；

t 是 1～10；且

Z 是生长激素释放因子类似物或含有-H，-OH，（C1-C6）烷氧基，芳基烷氧基，-NH2 或-NR9R10，其中 R9 和 R10 分别独立地为 H 或 C_{1-5} 烷基。"

"8. 式（Ⅱ）化合物或其药学上可接受的盐，（化学结构式附判决书后）

其中：

X 是 H，Cl，Br，I，F，-CN 或 C_{1-5} 烷基；

R1 是 C_{1-4} 烷基，H，烯丙基，链烯基或-CN；

R2 和 R3 分别独立地为 H 或不存在，条件是当 R2 和 R3 不存在时，它们所连接的碳原子之间有双键；

R4 是 H 或-CH3；

R5 是 C1-5 烷基基团，或式-（CH2）rN（CH3）q 的基团；

Y 是-O-，-C（O）-，-S-，-SC（O）-，-OC（O）-，-N（R6）-CO-，-N（R7）-，或-N（R8）-（CH2）s-C（O）-；

R6，R7，R8，R9 和 R10 分别独立地为 H 或 C1-5 烷基；

当 Y 是-S-，-O-或-N（R7）-时，L 是-（CH2）p-C（O）-；

当 Y 是-N（R7）-，-O-或-S-时，L 是-（CO）-（CR9R10）q-C（O）-；

当 Y 是-C（O）-，-SC（O）-，-OC（O）-，-N（R8）-（CH2）s-C（O）-，或-N（R6）-C（O）-时，L 是-（Doc）t-；

m 是 0 或 1；

n 是 2～10；

q 是 2～4；

p 是 1～10；

s 是 1～10；

t 是 1～10；和

Z 是生长激素释放因子类似物，或含有-H，-OH，（C1-C6）烷氧基，芳基烷氧基，-NH2 或-NR9R10 的基团。"

"14. 一种药物组合物，包括有效量的权利要求 1～7 中任一项所述的化合物或其药学上可接受的盐，以及药学上可接受的载体。"

"17. 权利要求 1～7 中任一项所述的化合物或其药学上可接受的盐在制备能在需要的患者体内引起多巴胺受体激动剂作用的药物中的应用。"

"19. 权利要求 1～7 中任一项所述的化合物或其药学上可接受的盐在制备能在需要的患者体内引起生长激素释放抑制因子受体激动剂作用的药物中的应用。"

"21. 权利要求 1～7 中任一项所述的化合物或其药学上可接受的盐在制备能在需要的患者体内同时引起多巴胺受体激动剂作用和生长激素释放抑制因子受体激动剂作用的药物中的应用。"

"23. 权利要求 1～7 中任一项所述的化合物或其药学上可接受的盐在制备治疗下列疾病的药物中的应用，所述疾病选自：肺癌、神经胶质瘤、厌食症、甲状腺机能减退、醛固酮过多症、幽门螺旋杆菌增生、肢端肥大症、再狭窄、克朗氏病、系统性硬化症、外部和内部的胰腺假囊肿和腹水、舒血管肠肽瘤、胰岛细胞弥漫性增生、胰岛素分泌过多、胃泌素瘤、卓-艾二氏综合症、腹泻、与 AIDS 相关的腹泻、与化疗相关的腹泻、硬皮病、过敏性肠综合症、胰腺炎、小肠梗阻、胃食管回流、十二指肠胃回流、库兴氏综合症、促性腺素瘤、甲状旁腺机能亢进、格雷夫斯氏病、糖尿病性神经病、Paget 氏病、多囊卵巢病、甲状腺癌、肝细胞瘤、白血病、脑膜炎、癌性恶病质、直立低血压、餐后低血压、焦虑发作、GH 分泌腺瘤、肢端肥大症、TSH 分泌腺瘤、催乳素分泌腺瘤、胰岛腺瘤、高血糖素瘤、糖尿病、高脂血症、胰岛素麻木、X 综合症、血管病、增生性视网膜炎、黎明现象、肾病、胃酸分泌、消化器官溃疡、肠皮肤瘘管、胰腺皮肤瘘管、倾倒综合症、含水腹泻综合症、胰腺炎、胃肠激素分泌肿瘤；血管生成、关节炎；同种异体抑制排斥、移植脉管出血、入口高血压、胃肠出血、肥胖、以及鸦片样物质过量。"

其他项权利要求略。

驳回决定认为：本申请说明书中没有相应的试验证据证明所述化合物是生长激素释放抑制因子受体和多巴胺受体的激动剂，尽管多巴胺和生长激素释放抑制因子本身具有相应的功能，且多巴胺-生长激素释放抑制因子结合体在结构上既包含多巴胺配体部分，又含有生长激素释放抑制因子部分，但两种化合物结合后所构成的新的结合体有可能发生结构上和/或功能上的改变，其用途和效果是无法预期的，其是否能够既保留生长激素释放抑制因子的活性，又保留多巴胺的活性，是否能够结合生长激素释放抑制因子受体或多巴胺受体以及其具备受体抑制剂活性还是具备受体激动剂活性，都需要在说明书中提供相应的试验证据来证实，而本申请说明书中缺少这些试验证据，导致本申请被认为是无法实现的，不符合《专利法》）第二十六条第三款的规定。原告在答复第一次审查意见通知书时提交的附件 1（涉及生长激素释放抑制因子受体特异性和选择性/多巴胺受体特异性和选择性分析试验的结果）和附件 2（报道了附件 1 的表中所采用的化合物的质谱数据和 HPLC 数据）是超出原申请文件之外的内容，不能作为审查说明书是否充分公开的参考。

原告对上述驳回决定不服，于2006年2月13日向被告提出复审请求，原告在提出复审请求时没有对申请文件进行修改。原告认为：（1）本申请中详细公开了用于测定所要求保护的类似物的特异性和选择性的分析试验方法，本领域技术人员可以按照说明书公开的试验方法进行测试以获得用途和效果试验数据，原告在本案实质审查阶段提交的试验数据（见附件1）是按照原始公开的说明书所述的实验方法对原始说明书中所公开的化合物进行测试而获得的客观数据，其中并未引入新的内容，应当被接受以证明本发明化合物的用途和效果；（2）本申请制备化合物的方法就是采用多巴胺激动剂和生长激素释放因子受体激动剂通过偶联和脱保护等步骤得到的，其中使用硫醚和/或羰基官能团来连接生长激素释放抑制因子配体和多巴胺配体，这种连接方式不会破坏生长激素释放因子配体结合生长激素释放抑制因子受体的能力，也不会破坏多巴胺配体结合多巴胺受体的能力，本申请背景技术部分清楚地表明了多巴胺受体和生长激素释放抑制因子受体在所述疾病或症状的发病机理中的作用，且这一因果关系申请日前在本领域是公知的，因此本领域技术人员可以预期本申请的新型多巴胺-生长激素释放抑制因子嵌合体具有与现有已知的生长激素释放抑制因子类似物和多巴胺类似物相同的效果。

被告受理该复审请求后，向原告发出《复审请求受理通知书》，同时将本申请案卷移交原审查部门进行前置审查。

原审查部门对本复审请求进行了前置审查，认为原告在复审请求中没有提供新的证据和理由，驳回理由涉及的缺陷仍然存在，因此坚持原驳回决定。

被告对本复审请求案进行了审理，于2008年3月27日向原告发出《复审通知书》，指出：（1）虽然根据本领域技术人员所掌握的现有技术以及本申请说明书的背景技术可以看出，生长激素释放抑制因子和多巴胺是申请日前已有的物质，本申请发明点在于将这些已知化合物结合在一起形成新的化合物，使之保留生长激素释放抑制因子的活性，又保留多巴胺的活性，具备可用作生长激素释放抑制因子受体和多巴胺受体的激动剂这一有益技术效果，本申请说明书中记载了本发明化合物的制备方法以及制备实施例和其活性的验证方法，但是，没有一个实施例公开任何一种具体化合物的活性实验数据，也没有提及任何现有技术的可信理论充分证实其活性。说明书既没有证明所述的新化合物能结合生长激素释放抑制因子受体或多巴胺受体，也没有提供证明所述化合物能用作生长激素抑制释放因子受体或多巴胺受体的激动剂以及所述化合物能够治疗所述疾病的实验证据。故本领域技术人员根据说明书的描述和现有技术，无法预测发明能够实现所述用途并达到所述效果。（2）原告于审查过程中提交的补充实验数据附件1和附件2既非本申请申请日前的现有技术，也非本申请申请文件中记载的内容，其记载的信息在申请日时本领域技术人员无法获知，故不能用于证明本申请说明书公开充分。（3）化学是一门实验学科，可预测性低，尽管多巴胺和生长激素释放抑制因子本身具有相应的功能，且多巴胺-生长激素释放抑制因子结合体在结构上既包含多巴胺配体部分，又含有生长激素释放抑制因子部分，但两种化合物结合后所构成的新的结合体有可能发生结构上和/或功能上的改变，其用途和效果是无法预期的，必需实验数据加以证实。因此本申请说明书公开不充分，不符合《专利法》第二十六条第三款的规定。

2008年4月24日，原告提交了意见陈述书、经修改的权利要求书（共7项）以及下述附件（编号续前）。

附件3："Receptors for Dopamine andSomatostatin: Formation of Hetero-Oligomers with EnhancedFunctional Activity"，Magalie Rocheville等人，SCIENCE，2000年4月7日第288卷，第154-157页的复印件。

修改后的独立权利要求1要求保护选自Doc-D-Phe-环［Cys-Tyr-D-Try-Lys-Abu-Cys］-Thr-NH2；AEPA-D-Phe-环-［Cys-Tyr-D-Trp-Lys-Abu-Cys］-Thr-NH2；Aepa-D-Phe-环［Cys-（3-

碘-Tyr）-D-Trp-Lys-Val-Cys］-Thr-NH2；D-Phe-环［Cys-（3-碘-Tyr）-D-Trp-Lys-Val-Cys］-Thr-NH2；D-Phe-环-［Cys-Tyr-D-Trp-Lys-Abu-Cys］-Thr-NH2；Aepa-Aepa-Lys-D-Tyr-D-Tyr-环［Cys-Tyr-D-Trp-Lys-Abu-Cys］-Thr-NH2；D-Phe-环［Cys-Tyr-D-Trp-Lys-Abu-Cys］-Thr-NH2；D-Phe-环［Cys-Tyr-D-Trp-Lys-Abu-Cys］-Thr-NH2；D-Phe-环［Cys-Tyr-D-Trp-Lys-Abu-Cys］-Thr-NH2；Aepa-Lys-D-Tyr-D-Tyr-环［Cys-Tyr-D-Trp-Lys-Abu-Cys］-Thr-NH2；Lys-D-Tyr-D-Tyr-环［Cys-Tyr-D-Trp-Lys-Abu-Cys］-Thr-NH2；Doc-Lys-D-Tyr-D-Tyr-环［Cys-Tyr-D-Trp-Lys-Abu-Cys］-Thr-NH2；Lys-D-Tyr-D-Tyr-环［Cys-Tyr-D-Trp-Lys-Abu-Cys］-Thr-NH2；Aepa-Aepa-D-Phe-环［Cys-Tyr-D-Trp-Lys-Abu-Cys］-Thr-NH2；Aepa-Aepa-D-Phe-环［Cys-（3-碘）Tyr-D-Trp-Lys-Val-Cys］-Thr-NH2；Aepa-D-Phe-环［Cys-Tyr-D-Trp-Lys-Abu-Cys］-Thr-NH2；Aepa-Aepa-D-Phe-环［Cys-（3-碘）Tyr-D-Trp-Lys-Val-Cys］-Thr-NH2；Doc-D-Phe-环［Cys-Tyr-D-Trp-Lys-Abu-Cys］-Thr-NH2；Doc-D-Phe-环［Cys-（3-碘）Tyr-D-Trp-Lys-Val-Cys］-Thr-NH2；Doc-Doc-D-Phe-环［Cys-Tyr-D-Trp-Lys-Abu-Cys］-Thr-NH2 的化合物。

其从属权利要求 2~7 分别相应于驳回决定所针对的权利要求 14、17、19、21、23 和 24。

原告认为：（1）所提交的附件 3 说明在本发明之前，本领域技术人员就已知生长激素释放抑制因子-多巴胺嵌合分子既具有生长激素释放抑制因子的活性，又具有多巴胺的活性，因此，在本申请的优先权日之前，本领域技术人员能够获知生长激素释放抑制因子-多巴胺嵌合类似物具有生长激素释放抑制因子和多巴胺活性，即本领域技术人员根据现有技术能够预测本发明的化合物中生长激素释放抑制因子部分和多巴胺配体部分的结构/功能将不会发生改变，会产生预期的技术效果。（2）修改后的权利要求 1 要求保护实施例中所示的 20 个具体化合物，在说明书中给出了这些具体化合物的制备方法、理化数据，并且本申请说明书第 108~110 页中详细描述了测定化合物的生长激素释放抑制因子受体和多巴胺受体活性的方法，本领域技术人员采用本申请公开的常规实验手段去测定这些具体化合物的活性，必然产生预期的技术效果，即不需要本领域技术人员再付出创造性的劳动，就能够再现该发明的技术方案，本领域技术人员根据现有技术能够预测本发明化合物具有两种化合物的活性，因此并非必须在说明书中记载所述实验数据。（3）第 7624 号复审决定认为，对于化学产品发明而言，说明书中缺少有关化学产品的确认、制备及用途中的部分技术内容并不必然导致专利申请的说明书公开不充分，判断时需要结合本领域现有技术来综合考量；第 7622 号复审决定认为，对于有益技术效果的说明，既可通过发明技术方案的理论分析加以阐明，也可以通过列出实验数据的方法予以说明；第 1665 号复审决定认为，如果申请化合物与已知化合物具有类似的活性，说明书中已经说明了申请化合物用途及试验方法或者试验数据，并且在没有证据证明申请化合物不具有所述药效学活性的情况下，可以确认说明书对化合物用途的公开是充分的，根据上述中国专利实践来判断，本申请也符合充分公开的规定。

经审查，被告作出如下判断：

1. 关于审查文本，被告认为，鉴于原告在复审过程中仅对权利要求书进行了修改，因此本复审决定是在驳回决定所针对的说明书、说明书摘要及原告于 2008 年 4 月 24 日提交的权利要求第 1~7 项的基础上作出的。

2. 关于《专利法》第二十六条第三款。

本申请要求保护 20 种生长激素释放抑制因子-多巴胺嵌合类似物、包含其的药物组合物、及其在制备能在患者体内引起多巴胺受体激动剂作用和/或生长激素释放抑制因子受体激动剂作用的药物中的应用。所要达到的技术效果是上述化合物既保留生长激素释放抑制因子的活性，又保留多巴胺的活性，可用作生长激素释放抑制因子受体和多巴胺受体的激动剂，用于治疗肺癌、神经胶质瘤、厌食症等疾病（见说明书第75~76页）。

本发明的新化合物是通过偶联和脱保护等步骤将生长激素释放抑制因子受体激动剂和多巴胺受体激动剂以一定的连接方式嵌合在一起得到的，尽管多巴胺和生长激素释放抑制因子本身具有相应的功能，且多巴胺-生长激素释放抑制因子结合体在结构上既包含多巴胺配体部分，又含有生长激素释放抑制因子部分，但两种化合物通过一定的连接方式构成的结合体已形成新的分子结构，其性质可能随之发生改变，因此本领域技术人员是无法通过现有技术预期其用途和效果的，本申请所要保护的技术方案都属于必须依赖实验结果证实才能成立的情形。然而，本申请说明书中记载了上述化合物的制备方法以及制备实施例和其活性的验证方法，但是没有记载任何证明所述化合物活性的实验数据，故本领域技术人员根据说明书的描述，无法确认发明能够实现所述用途并达到所述效果，本申请的发明由于缺乏解决技术问题的技术手段而被认为无法实现，本申请说明书公开不充分，不符合专利法第26条第3款的规定。

对于原告于2008年4月24日提交的意见陈述书中的意见，被告认为：（1）原告提交的附件3公开的是多巴胺受体和生长激素释放抑制因子受体形成的异型寡聚体如D2R-SSTR5寡聚体，其与本申请制备方法获得的嵌合化合物不同，并非如原告所述该附件公开了生长激素释放抑制因子-多巴胺嵌合分子既具有生长激素释放抑制因子的活性又具有多巴胺的活性。本申请说明书中只公开了多巴胺和生长激素释放抑制因子各自在疾病或症状发病机理中的作用，并未公开嵌合分子在疾病发病机理中是否会保持多巴胺和生长激素释放抑制因子的各自作用，故原告提交的附件3不足以证明本领域技术人员根据现有技术和本申请说明书的描述能够预测本发明化合物的效果。（2）虽然说明书中记载了所要保护的化合物的制备方法等内容并描述了测定这些化合物活性的方法，但是说明书中并未记载任何证明所要保护的化合物具有所需活性的实验数据，本申请涉及新的化学产品及其用途，根据《审查指南》第二部分第十章的规定，对于化学产品和化学产品的用途而言，如果本领域技术人员无法根据现有技术预测发明能够实现所述用途和/或使用效果，说明书中应当记载对本领域技术人员来说足以证明发明的技术方案可以实现所述用途和/或达到预期效果的定性或定量数据，因此，本申请说明书由于没有给出任何证实所述技术方案的技术效果的实验数据而被认为由于缺乏解决技术问题的技术手段而无法实现。虽然原告在本案审查过程中提交了一些表明效果的实验数据（附件1和附件2），但附件1和附件2既非本申请申请日前的现有技术，也不是说明书中记载的内容，根据《审查指南》第二部分第十章第3.4节的规定，判断说明书是否充分公开，以原说明书和权利要求书记载的内容为准，申请日之后补交的实施例和实验数据不予考虑，因此，附件1和附件2也不能证明本申请说明书符合《专利法》第二十六条第三款的规定。（3）原告在意见陈述中提到的三个复审决定是针对不同案件作出的，不同案件的具体情况不同，本案与原告所述复审案件不具备可比性。此外，专利审查的依据是《专利法》、《专利法实施细则》和《审查指南》，本案之前的复审决定不能作为审理本案的标准和依据。因此，原告陈述的意见和提供的证据也不能证明本申请的说明书符合《专利法》第二十六条第三款的规定。

综上，被告作出第14321号决定，维持国家知识产权局于2005年10月28日针对第02811464.7号发明专利申请作出的驳回决定。原告不服，诉至本院。

另，经本院当庭核实，本专利权利要求24为：根据权利要求23所述的应用，其中，所述的疾病或症状是肢端肥大症。

本院认为：原告当庭对被告的行政职权及复审程序没有异议，原告同时对第14321号决定的案由部分记载的内容表示认可。本院将进行书面审查。

《专利法》第二十六条第三款规定,"说明书应当对发明或者实用新型作出清楚、完整的说明,以所属技术领域的技术人员能够实现为准"。

参照《审查指南》第二部分第二章第2.1.3节、第2.4节的规定,所属技术领域的技术人员能够实现,是指所属技术领域的技术人员按照说明书记载的内容,就能够实现该发明或者实用新型的技术方案,解决其技术问题,并且产生预期的技术效果。如果说明书中给出了具体的技术方案,但未提供实验证据,而该方案又必须依赖实验结果加以证实才能成立,则该发明将由于缺乏解决技术问题的技术手段而被认为无法实现。

本申请所要达到的技术效果是所述化合物既保留生长激素释放抑制因子的活性,又保留多巴胺的活性,可用作生长激素释放抑制因子受体和多巴胺受体的激动剂,用于治疗肺癌、神经胶质瘤、厌食症等疾病。

本申请的新化合物是通过偶联和脱保护等步骤将生长激素释放抑制因子受体激动剂和多巴胺受体激动剂以一定的连接方式嵌合在一起得到的,尽管多巴胺和生长激素释放抑制因子本身具有相应的功能,且多巴胺-生长激素释放抑制因子结合体在结构上既包含多巴胺配体部分,又含有生长激素释放抑制因子部分,但两种化合物通过一定的连接方式构成的结合体已形成新的分子结构,其性质可能随之发生改变,因此本领域技术人员是无法通过现有技术预期其用途和效果的,本申请所要保护的技术方案都属于必须依赖实验结果证实才能成立的情形。然而,本申请说明书中记载了上述化合物的制备方法以及制备实施例和其活性验证方法,但是没有记载任何证明所述化合物活性的实验数据,故本领域技术人员根据说明书的描述,无法确认发明能够实现所述用途并达到所述效果,本申请的发明由于缺乏解决技术问题的技术手段而被认为无法实现,本申请说明书公开不充分,不符合《专利法》第二十六条第三款的规定。本院同意被告对上述问题的判断及结论意见。

由于化学领域存在可预测性差的特点,需要依赖实验结果予以证实。本案中,被告认为"新的结合体有可能发生结构上和/或功能上的改变"而结合后是否仍能保持原有属性,确需发明人给予说明,必要时还需要用实验数据加以证实。虽然说明书中记载了所要保护的化合物的制备方法等内容并描述了测定这些化合物活性的方法,但是说明书中并未记载任何证明所要保护的化合物具有所需活性的实验数据。虽然原告在行政审查过程中提交了一些表明效果的实验数据(附件1和附件2),但附件1和附件2既非本申请申请日前的现有技术,也不是说明书中记载的内容。参照《审查指南》第二部分第十章3.4节的规定,判断说明书是否充分公开,以原说明书和权利要求书记载的内容为准,申请日之后补交的实施例和实验数据不予考虑,因此,附件1和附件2也不能证明本申请说明书符合《专利法》第二十六条第三款的规定。

原告提出的被告关于"无法确认发明能够实现所述用途并达到所述效果"的表述,不符合《专利法》、《审查指南》中关于所属技术领域的技术人员按照说明书记载的内容能够实现所述明的规定,属于提高了关于充分公开的审查标准的观点,缺乏实和法律依据。

原告提到的被告其他复审案件的案情与本案案情不同,被告的其他复审案件中所作出的判断与本案没有可比性,与本案没有关联。综上所述,被告维持国家知识产权局对本申请作出的驳回决定的结论正确,本院应予维持。原告的其他诉讼理由亦缺乏事实和法律依据,其诉讼请求本院不予支持。

综上,依照《中华人民共和国行政诉讼法》第五十四条第(一)项,判决如下:

维持中华人民共和国国家知识产权局专利复审委员会于二○○八年八月十一日作出的第14321号复审请求审查决定。

案件受理费人民币100元,由原告研究及应用科学协会股份有限公司负担(已交纳)。

如不服本判决,原告研究及应用科学协会股份有限公司可在判决书送达之日起30日内,被告中华人民共和国国家知识产权局专利复审委员会可在判决书送达之日起15日内，向本院递交上诉状，并按对方当事人的人数提出副本，预交上诉案件受理费人民币100元，上诉于中华人民共和国北京市高级人民法院。

审　判　长　饶亚东
审　判　员　刘景文
代理审判员　毛天鹏
二〇〇八年六月五日
书　记　员　盛　阳

附：权利要求1、8的分于结构式（Ⅰ）、（Ⅱ）

乙型肝炎病毒单克隆抗体可变区序列
以及含有所述可变区的基因工程抗体及其用途

复审请求审查决定（第 14329 号）

决 定 号	第 14329 号
决 定 日	2008 年 8 月 6 日
发明创造名称	乙型肝炎病毒单克隆抗体可变区序列以及含有所述可变区的基因工程抗体及其用途
国际分类号	C07K 16/18，C12N 15/62，C12N 15/63，A61K 39/395，A61P 1/16，A61P 31/12，G01N 33/577
复 审 请 求 人	厦门大学，北京万泰生物药业股份有限公司
申 请 号	200310101630.X
申 请 日	2003 年 10 月 23 日
公 开 日	2005 年 4 月 27 日
合议组组长	周英姿
主 审 员	冯 怡
参 审 员	吴文英

法 律 依 据 专利法第 22 条第 3 款

决 定 要 点

在进行创造性判断时，首先应当将权利要求所述技术方案与最接近的现有技术相比较，找出它们之间的区别技术特征，如果引入该区别技术特征的技术方案仍然是所属技术领域的技术人员在现有技术基础上通过逻辑分析或有限实验便能确定的，则该技术方案对于所属技术领域的技术人员来说是显而易见的。

一、案由

本复审请求涉及申请号为 200310101630.X，名称为"乙型肝炎病毒单克隆抗体可变区序列以及含有所述可变区的基因工程抗体及其用途"的发明专利申请（下称本申请），其申请日为 2003 年 10 月 23 日，公开日为 2005 年 4 月 27 日。2007 年 12 月 28 日，其申请人由厦门大学和养生堂有限公司变更为厦门大学和北京万泰生物药业有限公司，2008 年 6 月 13 日，又变更为厦门大学和北京万泰生物药业股份有限公司。

针对申请人于 2005 年 11 月 23 日提交的权利要求 1~8，申请日提交的说明书第 1~26 页，说明书附图第1~2页和说明书摘要,国家知识产权局于2006年3月10日以本申请全部权利要求不符合专利法第22条第3款的规定为由驳回了本申请。驳回决定所针对的权利要求书为:

"1. 可特异性结合乙型肝炎病毒preS1的鼠单克隆抗体的可变区序列,其中:(1)重链可变区氨基酸序列如SEQ ID NO:1所示,或者是该序列经一个或多个氨基酸添加、删除、替换、修饰保守性突变而获得的保守性变异体;(2)轻链可变区氨基酸序列如SEQ ID NO:2所示,或者是该序列经一个或多个氨基酸添加、删除、替换、修饰保守性突变而获得的保守性变异体。

2. 一种由权利要求1所述的可变区序列中重链可变区部分或其保守性变体,和/或轻链可变区部分的氨基酸序列或其保守性变异体组装成的基因工程抗体,其仍保留特异结合乙型肝炎病毒preS1的能力。

3. 权利要求2所述的基因工程抗体,其为包含权利要求1所述的可变区序列中重链可变区氨基酸序列或其保守性变异体,和/或轻链可变区氨基酸序列或其保守性变异体的单链抗体、嵌合单克隆抗体、改形单克隆抗体、或其他人源化形式的单克隆抗体,或所述抗体的片段,其仍保留特异结合乙型肝炎病毒preS1的能力。

4. 一种包含至少一种选自权利要求2所述基因工程抗体或所述抗体片段的融合蛋白,其仍保留特异结合乙型肝炎病毒preS1的能力。

4. 一种核酸分子,其编码权利要求1所述的可变区氨基酸序列之重链可变区,其具有如SEQ ID NO:3所示的核苷酸序列或其简并性序列;或者其编码权利要求1所述的可变区氨基酸序列之轻链可变区,其具有如SEQ ID NO:4所示的核苷酸序列或其简并性序列。

5. 一种包含权利要求4所述核酸分子的重组表达载体。

6. 一种经权利要求5所述重组表达载体转化的宿主细胞,其能够表达权利要求2所述的基因工程抗体或其保留特异结合乙型肝炎病毒preS1的能力的片段。

7. 权利要求2所述的基因工程抗体或其保留特异结合乙型肝炎病毒preS1的能力的片段用于制备诊断、预防和/或治疗乙型肝炎病毒的药物的用途。"

驳回决定认为:根据审查指南第二部分第十章第9.4.2.1节第(5)项的规定,如果抗原是已知的,并且很清楚该抗原具有免疫原性,那么该抗原的单克隆抗体的发明不具有创造性。对比文件1(CN1322762A,公开日为2001年11月21日,权利要求1~14和说明书第9~12页,实施例1~5)证明乙肝病毒preS1抗原是已知的且具有良好的免疫原性,本领域技术人员用GST-preS1作为抗原免疫小鼠,通过常规的杂交瘤技术得到单克隆抗体,测定该单克隆抗体的可变区氨基酸序列就可知晓其特异性单抗的序列。由于本发明没有分析所述抗体针对preS1抗原上的具体表位,因此虽然本发明的单抗可变区的氨基酸序列不同,但功能和活性没有明显区别,从本发明书的描述也看不出本发明的抗体具有预料不到的技术效果,权利要求1~3不具备创造性。相应的,当上述抗体不具有创造性时,与该抗体相关的融合蛋白、核酸分子、表达载体和宿主细胞也没有产生预料不到的技术效果,因此也不具有创造性,即权利要求4~7不具备创造性。同样对比文件1(参见权利要求15和说明书第1~2页)中公开了上述单抗可用于制备防止HBV感染或治疗慢性乙肝的药物,因此权利要求8也不具备创造性,权利要求1~8不符合专利法第22条第3款的规定。

申请人厦门大学北京万泰生物药业股份有限公司(下称请求人)对上述驳回决定不服,于2006年6月26日向专利复审委员会提出复审请求,请求人在提出复审请求的同时没有提交新修改的专利申请文本。请求人认为:(1)本发明的单抗与对比文件1所公开单抗的重链可变区和轻链可变区的氨基酸序列不同,因此,二者实际上是针对相同抗原的不同表位的单克隆抗体,不能不付出创造性劳动,自然而然获得本申请的单克隆抗体;(2)原审查部门并没有给出足够的证据证明通过本领域常规技术手段就一定能够获得本发明所要求保护的具体单克隆抗体；（3）本发明的单抗不是通过对比文件1的单克隆抗体的改造或修饰而获得的，本发明单抗的创造性成立并不依赖于其是否具有比对比文件1所述单抗更高的结合特异性。因此，本发明的权利要求1~8具备创造性。

形式审查合格后，专利复审委员会受理了该复审请求，并于2006年7月26日向请求人发出《复审请求受理通知书》，随后将本申请案卷移交原审查部门进行前置审查。

原审查部门对本复审请求进行了前置审查，认为本发明单抗与对比文件1单抗的氨基酸序列不同，只能说明本发明的单抗具有新颖性，而不能说明其具有创造性，因为本领域技术人员已知即使抗体的氨基酸序列不同，其也能结合相同的抗原表位，由于说明书没有对抗体所针对的具体表位作进一步限定，也没有证据表明其产生了预料不到的技术效果，因此，本发明的单抗不具有突出的实质性特点和显著进步，不具有创造性，坚持原驳回决定。

专利复审委员会组成合议组，对本案的复审请求进行了审理。于2008年3月31日向请求人发出《复审通知书》。《复审通知书》指出，本申请的权利要求1要求保护乙肝病毒（HBV）preS1的鼠单抗的可变区序列，对比文件1已经公开制备出针对HBV preS1的高亲和性鼠单克隆抗体KR127，同时还分离测定了该鼠单抗KR127的重链和轻链可变区的氨基酸序列及其编码基因序列。上述鼠单抗KR127的可变区氨基酸序列与本发明权利要求1所述技术方案的区别特征在于：对比文件1中公开的重链可变区序列和轻链可变区序列与本发明权利要求1所述的重链可变区序列和轻链可变区序列分别在相对应位置的氨基酸残基存在个别差异。然而本领域技术人员已知preS1是一种表面抗原，并且该抗原具有免疫原性，就可利用例如杂交瘤技术和基因工程等常规的免疫手段得到该抗原的鼠单抗并由此测定其可变区序列，也就是说，权利要求1的技术方案是本领域技术人员在现有技术的基础上仅仅通过常规的技术手段和有限的实验就可以得到的，是显而易见的；同时合议组注意到，对比文件1中使用了HBV preS1（氨基酸残基1~56）作为抗原来检测所述抗体的活性，本发明中使用了HBV preS1 21~47合成肽作为抗原来检测本发明抗体的活性，由于preS1 21~47包含在preS1 1~56中，因此也不能证明两种抗体所针对的具体表位不同，且由于检测试剂和条件的差异，也不能证明两者的结合活性或特异性有差异。

另一方面，当抗原已知，并且很清楚该抗原具有免疫原性时，本领域技术人员通过常规的技术手段，利用该已知抗原就可获得该抗原的单克隆抗体，并不需要对已知单抗进行改造或修饰。此时对所述单抗创造性的判断只能取决于该发明所能带来的技术效果，但请求人没有提供证据证明上述的区别特征，即可变区氨基酸序列的引入能够为本发明所述的鼠单抗相对于对比文件1所公开的鼠单抗带来更有益的技术效果，本发明与现有技术相比并不具备突出的实质性特点和显著的进步，不具备创造性，因此权利要求1不符合专利法第22条第3款的规定。

权利要求2和3要求保护由权利要求1所述的重链/轻链可变区序列组成的基因工程抗体，其特征部分"保留特异结合HBV preS1能力"是抗体本身固有的属性，但抗性的性能不能赋予产品权利要求2和3本身以组成或结构上的区别，并且基于权利要求1要求保护的可变区序列不具备创造性，权利要求2和3也不具备创造性。

相应地，基于权利要求1的可变区序列和权利要求2的抗体不具有创造性的相同理由，权利要求4~7要求保护的直接或间接包含该序列或抗体相关的融合蛋白、核酸分子、表达载体和宿主细胞也不具有创造性；此外，请求人在对权利要求编号时出现错误，权利要求书中出现两项权利要求4，上述权利要求4~7不具备创造性。

对比文件1中公开了上述单抗可用于制备防止HBV感染或治疗慢性乙肝的药物，因此权利要求8要求保护的基因工程及其片段用于制备诊断、预防或治疗乙型肝炎药物的用途已经被对比文件1公开，基于与权利要求1~3不具有创造性相同的理由，权利要求8也不具备创造性。

针对《复审通知书》指出的问题，请求人于2008年5月15日提交了意见陈述书和经修改的权利要求书全文替换页（共8项权利要求）及附件（《医学免疫学》，陈慰峰主编，人民卫生出版社，封面页和第23~25页，共4页）。

修改后的权利要求书为：

"1. 可特异性结合乙型肝炎病毒preS1的鼠单克隆抗体的可变区序列，其中：（1）重链可变区氨基酸序列如SEQ ID NO：1所示；（2）轻链可变区氨基酸序列如SEQ ID NO：2所示。

2. 一种由权利要求1所述的可变区序列中重链可变区部分和/或轻链可变区部分的氨基酸序列组装成的基因工程抗体。

3. 权利要求2所述的基因工程抗体，其为包含权利要求1所述的可变区序列中重链可变区氨基酸序列和/或轻链可变区氨基酸序列的单链抗体、嵌合单克隆抗体、改形单克隆抗体，或其他人源化形式的单克隆抗体。

4. 一种包含至少一种选自权利要求2所述基因工程抗体的融合蛋白，其仍保留特异结合乙型肝炎病毒preS1的能力。

5. 一种核酸分子，其编码权利要求1所述的可变氨基酸序列之重链可变区，其具有如SEQ ID NO：3所示的核苷酸序列或其简并性序列；或者其编码权利要求1所述的可变区氨基酸序列之轻链可变区，其具有如SEQ ID NO：4所示的核苷酸序列或其简并性序列。

6. 一种包含权利要求5所述核酸分子的重组表达载体。

7. 一种经权利要求6所述重组表达载体转化的宿主细胞，其能够表达权利要求2所述的基因工程抗体。

8. 权利要求2所述的基因工程抗体用于制备诊断、预防和/或治疗乙型肝炎病毒的药物的用途。"

请求人认为：对比文件1涉及的单抗的重链可变区氨基酸序列和轻链可变区氨基酸序列是针对相同抗原的不同表位的单克隆抗体，由附件2001年第三版《医学免疫学》第25页的内容可知，抗体的可变区序列长度基本相同，不同抗体其CDR序列不同，由此决定抗体的特异性。另外，通过两种抗体可变区CDR区氨基酸序列的比较可看出两者的氨基酸序列之间存在18%~75%的氨基酸序列差异率，因此本发明单抗与对比文件1的单抗结合的是preS1抗原上的不同表位；而且本领域技术人员显然不能根据对比文件1中所披露单抗的CDR区预见到针对所述抗原上不同表位之本发明所述抗体分子的CDR区域的序列。鉴于本发明所述单抗不是通过对比文件1的单抗的改造或修饰而获得的，本发明所述单抗创造性的成立并不依赖于其是否具有比对比文件1所述单抗更高的结合特异性。因此对比文件1不足以破坏本发明所述可变区序列的创造性。

至此，合议组认为本案事实清楚，可以作出审查决定。

二、决定的理由

1. 决定针对的文本

本复审请求审查决定是在请求人于2008年5月15日提交的权利要求1~8和2003年10月23日提交的说明书第1~26页、说明书附图第1~2页及说明书摘要的基础上作出的。

2. 关于专利法第22条第3款

专利法第22条第3款规定，创造性，是指同申请日以前已有的技术相比，该发明有突出的实质性特点和显著的进步。

在进行创造性判断时，首先应当将权利要求所述技术方案与最接近的现有技术相比较，找出它们之间的区别技术特征，如果引入该区别技术特征的技术方案仍然是所属技术领域的技术人员在现有技术基础上通过逻辑分析或有限实验便能确定的，则该技术方案对于所属技术领域的技术人员来说是显而易见的。

请求人于2008年5月15日提交的新修改的权利要求书中，权利要求1要求保护可特异性结合乙型肝炎病毒preS1的鼠单抗的可变区序列，其中：（1）重链可变区氨基酸序列如SEQ ID NO：1所示；（2）轻链可变区氨基酸序列如SEQ ID NO：2所示。

对比文件1（CN1322762A，公开日2001年11月21日）公开已经制备出针对HBV preS1的鼠单克隆抗体KR127，其显示出高的抗原亲和性并可大规模制备（说明书第2页第24~27行，实施例6，表1和图6a），同时还分离并测定了编码鼠单抗KR127的重链和轻链的可变区基因序列和氨基酸序列（SEQ ID NO：19和22，图1a和图1b），以进一步用来制备防止HBV感染以及治疗慢性乙型肝炎的人源化抗体。上述鼠单抗KR127的可变区氨基酸序列与本发明权利要求1所述技术方案的区别特征在于：对比文件1中公开的重链可变区序列（SEQ ID NO：19，115个氨基酸）与本发明权利要求1所述的重链可变区序列（SEQ ID NO：1，119个氨基酸）长度相差4个氨基酸，且相对应位置的若干氨基酸残基有差异，例如第28、30~33、52、55、98位氨基酸；同时，对比文件1中公开的轻链可变区序列（SEQ ID NO：22，113个氨基酸）与本发明权利要求1所述的轻链可变区序列（SEQ ID NO：2，113个氨基酸）相对应位置的若干氨基酸残基有差异，例如第30、35、55、94、96、99和101位氨基酸（参见请求人答复《复审通知书》时提交的意见陈述书中的表1）。

本领域技术人员已知preS1是组成HBV大蛋白颗粒的一种表面抗原，并且该抗原具有免疫原性，就可使用preS1肽片段（合成肽或融合蛋白）作为抗原，利用常规的免疫手段，例如通过杂交瘤技术得到该抗原的鼠单抗，再由此借助常规的基因工程方法测定上述单抗的可变区序列。本领域技术人员已知由于抗体可变区存在互补性决定区CDR1、CDR2和CDR3这3个氨基酸组成和排列顺序特别易发生变化的高变区，因此通过抗原（重组抗原GST-preS1）免疫和杂交瘤技术筛选获得的单独杂交瘤细胞株所分泌单抗（抗preS1）的重链或轻链可变区的氨基酸序列未必会完全相同，而极易在高变区发生变化，即来自相同抗原（preS1）免疫获得的不同杂交瘤细胞株的单抗，其重链或轻链可变区的氨基酸序列不一定会完全相同，针对相同抗原获得了抗体可变区氨基酸序列，只要通过直接测序即可检测出差异，故权利要求1与对比文件1的上述序列差异可通过测序获知。也就是说，权利要求1的技术方案是本领域技术人员在现有技术的基础上仅仅通过常规的技术手段和有限的实验就可以得到的，是显而易见的。因此权利要求1的技术方案与对比文件1相比，并不具备突出的实质性特点，不具备创造性。

请求人在复审理由中坚持认为上述重链或轻链可变区氨基酸序列的不同是由于针对的是preS1抗原上的不同表位，但是请求人既不能明确本申请所述单抗具体针对的是preS1抗原上的哪个表位，又不能揭示对比文件1中单抗所针对的具体表位，使得本领域技术人员无从判断两者所针对的表位有何不同。而且合议组注意到，对比文件1中使用了HBV preS1（氨基酸残基1~56）作为包被抗原来检测所述抗体的活性（参见对比文件1实施例6），而本发明中使用了HBV preS1 21~47合成肽作为包被抗原来检测本发明抗体的活性（参见本申请说明书实施例5），由于preS1 21~47包含在preS1 1~56之中，因此也不能证明两种抗体所针对的是preS1抗原上的不同表位。并且由于所使用的活性检测试剂和条件有差异，也不能证明两者的结合活性或特异性有何差异。

另一方面，请求人在复审理由中强调，鉴于本发明所述单抗不是通过改造或修饰对比文件1的单抗而获得的，本发明所述单抗创造性的成立并不依赖于其具有更高的结合特异性。然而，如上文所述，当抗原已知，并且很清楚该抗原具有免疫原性时，本领域技术人员通过常规的技术手段，利用该已知抗原就可以获得针对该抗原的单克隆抗体，并不需要对现有技术中已知的单抗进行改造或修饰。

而且通过上述方法获得的单抗由于高变区发生变化，决定了上述通过不同方法获得的单抗的特异性，此时对所述单抗创造性的判断将不再取决于该单抗与现有技术中已知单抗的高变区氨基酸序列的差异，而只能取决于该发明的单抗所能带来的技术效果。但由于请求人并没有提供证据证明本发明上述的区别特征，即可变区氨基酸序列差异的引入能够为本发明所述的鼠单抗相对于现有技术中所公开的鼠单抗带来更有益的技术效果，例如与HBV preS1抗原具有更特异或更强的亲和力或更高的生物活性。也就是说，本发明权利要求1的技术方案与对比文件1相比并不具备突出的实质性特点和显著的进步，不具备创造性，因此权利要求1不符合专利法第22条第3款的规定。请求人的意见陈述及附件也不足以表明权利要求1具有创造性。

权利要求2和3分别要求保护由权利要求1所述的重链/轻链可变区序列组装成的基因工程抗体，基于权利要求1要求保护的可变区序列不具备创造性，权利要求2和3也不具备创造性，不符合专利法第22条第3款的规定。

相应地，基于与权利要求1的可变区序列和权利要求2的抗体不具有创造性的相同理由，直接或间接包含该序列或抗体相关的融合蛋白、核酸分子、表达载体和宿主细胞也不具有创造性，即权利要求4~7不具备创造性。

对比文件1中（见对比文件1说明书第8页）公开了上述单抗可用于制备防止HBV感染或治疗慢性乙肝的药物，因此权利要求8要求保护的基因工程用于诊断、预防和/或治疗乙型肝炎病毒药物的用途已经被对比文件1公开，基于与权利要求1~3不具有创造性相同的理由，权利要求8也不具备创造性。

综上所述，与对比文件1相比，本申请的权利要求1~8不符合专利法第22条第3款的规定。

根据以上事实和理由，本案合议组作出如下审查决定。

三、决定

维持国家知识产权局于2006年3月10日对200310101630.X号发明专利申请作出的驳回决定。

复审请求人对本决定不服的，可以根据专利法第41条第2款的规定，自收到本决定之日起三个月内向北京市第一中级人民法院起诉。

从无源太空搭载系统中回收微载体上细胞的方法

复审请求审查决定（第 14342 号）

决 定 号	第 14342 号
决 定 日	2008 年 8 月 19 日
发明创造名称	从无源太空搭载系统中回收微载体上细胞的方法
国 际 分 类 号	C12N 5/00，C12N 5/06
复 审 请 求 人	中日友好医院
申 请 号	200410096865.9
申 请 日	2004 年 12 月 8 日
公 开 日	2006 年 6 月 14 日
合 议 组 组 长	冯 涛
主 审 员	葛永奇
参 审 员	卢 阳

法 律 依 据 专利法实施细则第 20 条第 1 款

决 定 要 点

权利要求的保护范围应当根据其所用词语的含义来理解。一般情况下，权利要求中的用词应当理解为相关技术领域通常具有的含义。在特定情况下，如果说明书中指明了某词具有特定的含义，并且使用了该词的权利要求的保护范围由于说明书中对该词的说明而被限定得足够清楚，这种情况也是允许的。

一、案由

本复审请求涉及申请日为 2004 年 12 月 8 日、公开日为 2006 年 6 月 14 日、申请号为 200410096865.9、名称为"从无源太空搭载系统中回收微载体上细胞的方法"的发明专利申请（下称本申请），申请人为中日友好医院。

2007 年 4 月 6 日，国家知识产权局原审查部门针对申请人于 2006 年 12 月 14 日提交的说明书第 1~3 页、权利要求 1~9 以及于 2004 年 12 月 8 日提交的说明书摘要，以权利要求 1 不符合专利法实施细则第 20 条第 1 款的规定为由驳回了本申请。具体驳回理由为：权利要求 1 中步骤（1）中所述的"微载体"和"太空完全培养基"在权利要求 1 中没有进行任何限定，本领域技术人员不清楚"微载体"具有怎样的结构，不清楚"微载体"和"太空完全培养基"是何种物质，并且申请人也没有提供证明申请日前公众可以在 MILLIPOIE 公司购买到微载体和在 JIBCO 公司购买到太空完全培养基的证据，因此导致权利要求 1 保护范围不清楚。驳回决定所针对的权利要求书为：

"1. 一种从无源太空搭载系统中回收微载体上细胞的方法,其特征在于:包括以下步骤:

(1) 从无源太空搭载系统中返回的装有微载体和哺乳类动物细胞的冻存管中抽出培养液,换上太空完全培养基,然后置于5%CO_2、37℃孵箱内孵育15~20个小时或在哺乳类动物细胞倍增期内孵育;

(2) 吸出冻存管中的太空完全培养基,然后加入2毫升无血清培养基清洗微载体;

(3) 待微载体完全沉降后吸出冻存管中的无血清培养基;

(4) 再向冻存管中加入1毫升的0.25%胰酶和0.2%EDTA的混合液,轻摇2~4分钟,来消化微载体上的细胞;

(5) 加入2毫升的含有20%血清培养基来中和步骤(4)中的混合液;

(6) 将冻存管中的溶液颠倒混合,放置冻存管,微载体在管中一边下降,一边从冻存管中吸出上清液,并且将该上清液置于离心管中;

(7) 再向冻存管中加入3毫升的含有20%血清培养基,颠倒摇动冻存管40~60次,微载体在管中一边下降,一边从冻存管中吸出上清液,并且将该上清液置于步骤(6)所述的离心管中;

(8) 重复步骤(2)~(7)2~3次,并且将得到的上清液置于步骤(6)所述的离心管中;

(9) 将上述离心管中的上清液进行离心处理5~8分钟,离心速度为1000~1200rpm,然后在室温下收集细胞沉淀;

(10) 将收集到的细胞沉淀中加入0.25毫升的含有20%血清培养基,混匀,取0.01毫升计数;

(11) 根据步骤(10)的计数结果,按照一块96孔板排放20~30个细胞的要求抽取细胞沉淀,并在该细胞沉淀中加入占总体积90%的太空完全培养基和占总体积10%的常规培养该细胞后留存的上清液来稀释后,铺板。

2. 如权利要求1所述的方法,其特征在于:所述的轻摇是以25~40次/分钟的速度进行摇动。

3. 如权利要求1或2所述的方法,其特征在于:所述的颠倒摇动为以80~120次/分钟的速度进行摇动。

4. 如权利要求3所述的方法,其特征在于:所述的离心管为50毫升的离心管。

5. 如权利要求3所述的方法,其特征在于:该方法还包括:将其余未铺板的细胞中加入3~5毫升太空完全培养基进行常规培养。

6. 如权利要求3所述的方法,其特征在于:该方法还包括:对步骤(11)处理后的微载体进行Gimesa染色,检测其消化情况。

7. 如权利要求5所述的方法,其特征在于:所述的太空完全培养基为每升中含有789.85毫升DMEM、200毫升进口胎牛血清、10毫升每毫升含有0.03克的谷氨酰胺和0.15毫升每毫升含有5毫克的氢化可的松的培养基。

8. 如权利要求5所述的方法,其特征在于:所述的微载体是选自纤维素、甲壳素或胶原的无毒高分子化合物,其上有直径为20~60微米的孔。

9. 如权利要求8所述的方法,其特征在于:所述的微载体本身是球状的,球形直径为100~500微米。"

申请人中日友好医院(下称请求人)对上述驳回决定不服,于2007年6月18日向专利复审委员会提出复审请求,并提交了如下附件:

附件1:周燕等人,皮肤成纤维细胞在生物反应器中的生长和扩增,中国修复重建外科杂志,2003年第17卷第2期,第89~92页;

附件2:张钰鹏等人,模拟微重力培养肝细胞的形态特点,中华实验外科杂志,2003年10月第

20 卷第 10 期，第 893~895 页；

附件 3：吴清法等人，微载体悬浮培养成人骨髓间充质干细胞，中国实验血液学杂志，2003 年第 11 卷第 1 期，第 15~21 页；

附件 4：Products for Life Sciences 2007, Bringing science to life, GE healthcare, 扉页和涉及 Microcarriers and Reagents 的一页；

附件 5：Amersham Biosciences 的产品 Cytopore™2 的标签；

附件 6：Invitrogen Corporation 的产品 RPMI Medium 1640（GIBCO™）的包装袋。

请求人认为：（1）公开于本申请申请日之前的附件 1~3 在相关领域中均用到了"微载体"，证明"微载体"在相关技术领域具有通常的含义；本申请在权利要求 8 和 9 以及说明书的发明内容和具体实施方式中对"微载体"进行了限定，因此权利要求 1 中的"微载体"是清楚的；附件 4 和 5 表明该"微载体"是一种商品，附件 4 和 5 可以作为辅助证据证明"微载体"是从生产厂家直接购买得到的。（2）正如权利要求 7、说明书的发明内容和具体实施方式中对"太空完全培养基"所作的定义那样，"太空完全培养基"是一种加有一些营养液的培养基，公众对"太空完全培养基"的概念是清楚的；附件 6 是本申请中使用的 DMEM 培养基的包装袋，表明该"培养基"是一种商品，并且证明这种"培养基"可以从生产厂家直接购买得到，本申请只是在该 DMEM 培养基的基础上加入了所述的一些营养成分，以使该培养基更好地适用于从无源太空搭载系统中回收微载体上细胞的方法的需要，这对本领域普通技术人员来说是公知常识，权利要求 7 只是作为一个最好的实施例而对权利要求 1 所作的进一步限定。因此权利要求 1 中的"微载体"和"太空完全培养基"是清楚的，权利要求 1 的技术方案是清楚的，驳回理由不成立。

形式审查合格后，专利复审委员会受理了本复审请求，并于 2007 年 7 月 25 日向请求人发出《复审请求受理通知书》，同时将本申请移交原审查部门进行前置审查。

原审查部门对本复审请求进行了前置审查，认可了请求人有关"微载体"的陈述，但认为权利要求 7 和说明书发明内容和具体实施方式中记载的具体组分和含量的"太空完全培养基"的内容是对太空完全培养基的进一步限定，而非定义，附件 6 并非太空完全培养基的包装袋，不能证明太空完全培养基对本领域技术人员来说含义是清楚的，因此权利要求 1 保护范围不清楚，故坚持驳回决定。

专利复审委员会组成合议组，对本复审请求案进行审理。

2008 年 6 月 20 日，请求人主动了提交了经修改的权利要求书全文替换页（共 8 项权利要求），其中将驳回决定所针对的权利要求 7 的特征部分写入权利要求 1，并删除了该权利要求 7，对其后的权利要求 8 和 9 的编号及引用关系作了适应性调整。其中修改后的权利要求 1 如下：

"1. 一种从无源太空搭载系统中回收微载体上细胞的方法，其特征在于：包括以下步骤：

（1）从无源太空搭载系统中返回的装有微载体和哺乳类动物细胞的冻存管中抽出培养液，换上太空完全培养基，太空完全培养基为每升中含有 789.85 毫升 DMEM、200 毫升进口胎牛血清、10 毫升每毫升含有 0.03 克的谷氨酰胺和 0.15 毫升每毫升含有 5 毫克的氢化可的松的培养基，然后置于 5% CO_2、37℃ 孵箱内孵育 15~20 个小时或在哺乳类动物细胞倍增期内孵育；

（2）吸出冻存管中的太空完全培养基，然后加入 2 毫升无血清培养基清洗微载体；

（3）待微载体完全沉降后吸出冻存管中的无血清培养基；

（4）再向冻存管中加入 1 毫升的 0.25% 胰酶和 0.2% EDTA 的混合液，轻摇 2~4 分钟，来消化微载体上的细胞；

（5）加入 2 毫升的含有 20% 血清培养基来中和步骤（4）中的混合液；

（6）将冻存管中的溶液颠倒混合，放置冻存管，微载体在管中一边下降，一边从冻存管中吸出上清液，并且将该上清液置于离心管中；

（7）再向冻存管中加入 3 毫升的含有 20％血清培养基，颠倒摇动冻存管 40～60 次，微载体在管中一边下降，一边从冻存管中吸出上清液，并且将该上清液置于步骤（6）所述的离心管中；

（8）重复步骤（2）～步骤（7）2～3 次，并且将得到的上清液置于步骤（6）所述的离心管中；

（9）将上述离心管中的上清液进行离心处理 5～8 分钟，离心速度为 1000～1200rpm，然后在室温下收集细胞沉淀；

（10）将收集到的细胞沉淀中加入 0.25 毫升的含有 20％血清培养基，混匀，取 0.01 毫升计数；

（11）根据步骤（10）的计数结果，按照一块 96 孔板排放 20～30 个细胞的要求抽取细胞沉淀，并在该细胞沉淀中加入占总体积 90％的太空完全培养基和占总体积 10％的常规培养该细胞后留存的上清液来稀释后，铺板。"

至此，合议组认为本案事实已经清楚，可以作出审查决定。

二、决定的理由

1. 审查文本

请求人于 2008 年 6 月 20 日提交了经修改的权利要求书，其对权利要求书的修改符合专利法第 33 条和专利法实施细则第 60 条第 1 款的规定。本复审决定所针对的申请文件为申请人于 2006 年 12 月 14 日提交的说明书第 1～3 页、于 2004 年 12 月 8 日提交的说明书摘要，以及于 2008 年 6 月 20 日提交的权利要求 1～8。

2. 关于专利法实施细则第 20 条第 1 款

专利法实施细则第 20 条第 1 款规定，权利要求书应当说明发明或者实用新型的技术特征，清楚和简要地表述请求保护的范围。

权利要求的保护范围应当根据其所用词语的含义来理解。一般情况下，权利要求中的用词应当理解为相关技术领域通常具有的含义。在特定情况下，如果说明书中指明了某词具有特定的含义，并且使用了该词的权利要求的保护范围由于说明书中对该词的说明而被限定得足够清楚，这种情况也是允许的。

《驳回决定》中认为权利要求 1 中步骤（1）中所述的"微载体"和"太空完全培养基"在权利要求 1 中没有进行任何限定，本领域技术人员不清楚"微载体"具有怎样的结构，不清楚"微载体"和"太空完全培养基"是何种物质。

对此，合议组认为：

（1）关于"微载体"。

公开于本申请申请日之前的附件 1～3 中分别涉及了"葡聚糖-明胶微载体（CT-3）"、"微载体 Cytodex-3"和"CultiSpher G 大孔微载体"，其直接使用了"微载体"这一名词，表明"微载体"具有相关技术领域公知的含义，相关技术领域的技术人员依据其所知晓的常识能够理解"微载体"所指代的物质具有什么样的结构和/或功能特征，不会产生歧义；况且本申请权利要求书和说明书中还具体列举了本申请所使用的"微载体"并限定了其大小和形状，例如，说明书第 2 页倒数第 2～3 段和说明书最后一段描述了本申请的微载体是选自纤维素、甲壳素或胶原的无毒高分子化合物，其上有直径为 20～60 微米的孔，微载体本身是球状的，球形直径为 100～500 微米，这使得本领域技术人员仅根据本申请说明书的内容也可理解"微载体"的含义，并且能够明了哪些"微载体"是适合用于本申请的"微载体"。因此权利要求 1 中所用术语"微载体"是清楚的。

（2）关于"太空完全培养基"。

请求人于 2008 年 6 月 20 日提交的权利要求 1 中明确了"太空完全培养基"的含义，即每升中含有789.85毫升DMEM、200毫升进口胎牛血清、10毫升每毫升含有0.03克的谷氨酰胺和0.15毫升每毫升含有5毫克的氢化可的松的培养基，从而克服了《驳回决定》中所指出的缺陷。

综上所述，本申请权利要求1中涉及的术语"微载体"在相关技术领域具有公知的特定含义，且本申请也描述了其含义；经修改的权利要求1中也指明了"太空完全培养基"所具有的特定含义。因此权利要求1中使用术语"微载体"和"太空完全培养基"并不会导致权利要求1的保护范围不清楚，原审查部门的驳回理由不成立。

根据以上事实和理由，本案合议组作出如下审查决定。

三、决定

撤销国家知识产权局于2007年4月6日对申请号为200410096865.9的发明专利申请作出的驳回决定。由原审查部门在本复审决定所针对的申请文本的基础上继续进行审查。

复审请求人对本决定不服的，可以根据专利法第41条第2款的规定，自收到本决定之日起三个月内向北京市第一中级人民法院起诉。

用于感染的酶疗法

复审请求审查决定（第14343号）

决 定 号	第14343号
决 定 日	2008年8月25日
发明创造名称	用于感染的酶疗法
国际分类号	A61K 38/46，A61K 38/47，A23K 1/165，A61P 31/00，A61P 33/00
复审请求人	坎姆根公司
申 请 号	00818851.3
优 先 权 日	1999年12月10日
申 请 日	2000年12月8日
公 开 日	2003年7月30日
合议组组长	叶 娟
主 审 员	闻 雷
参 审 员	潘 骏
法 律 依 据	专利法第22条第2款、第3款

决 定 要 点

若专利申请文件经复审请求人修改，克服了驳回决定和复审通知书所指出的缺陷，则在修改文本的基础上可以撤销驳回决定。

一、案由

本复审请求涉及申请日为2000年12月8日，公开日为2003年7月30日，名称为"用于感染的酶疗法"的00818851.3号发明专利申请（下称本申请），其申请人为坎姆根公司，本申请的优先权日为1999年12月10日。

国家知识产权局于2006年11月10日，针对本申请进入中国国家阶段时提交的原始国际申请文件中文译文的说明书第1~3、6~9、12~27、31、35~43页、附图第1页、说明书摘要，国际初步审查报告附件中的说明书第4、5、10、11、28~30、32~34页，及2006年8月10日提交的权利要求1~75，以权利要求39~42、44、46~49不符合专利法第22条第2款的规定，权利要求43、50~53不符合专利法第22条第3款的规定为由驳回了本申请。驳回决定所针对的权利要求书中权利要求39~53如下：

"39. 一种组合物，所述组合物包含（i）一种酶，所述酶为糖酶或脑苷脂酶，和（ii）一种所述酶的生理上可接受的载体，其中所述组合物适合于口服给药，并且所述组合物不含除所述酶以外的抗感染药。

40. 权利要求 39 的组合物，其中所述载体是一种在其中掺入所述酶的食料。

41. 权利要求 40 的组合物，其中所述食料是一种由谷类物料、蛋白质源、维生素、氨基酸和矿物质组成的动物饲料。

42. 权利要求 41 的组合物，其中所述谷类物料是玉米、高粱、小麦、大麦或燕麦。

43. 权利要求 41 的组合物，其中所述蛋白质源是菜豆或豌豆。

44. 权利要求 39 的组合物，其中所述组合物为固体制剂或液体制剂。

45. 权利要求 39 的组合物，其中所述酶包含在片剂或明胶胶囊壳内。

46. 权利要求 39 的组合物，其中所述酶是一种半纤维素酶。

47. 权利要求 46 的组合物，其中所述半纤维素酶是甘露聚糖酶。

48. 权利要求 47 的组合物，其中所述甘露聚糖酶是名为 ATCC 55045 的迟缓芽孢杆菌（*Bacillus lentus*）产生的内-1，4-β-D-甘露聚糖酶。

49. 权利要求 39 的组合物，其中所述酶选自切割影响细胞表面蛋白或糖类释放的键的脑苷脂酶和糖酶。

50. 权利要求 39 的组合物，其中所述组合物还包含一种稳定剂、一种糖载体或一种防腐剂。

51. 权利要求 50 的组合物，其中所述稳定剂是缓冲剂、糖类或甘醇。

52. 权利要求 50 的组合物，其中所述糖载体选自木糖、果糖、葡萄糖、山梨糖醇和麦芽三糖。

53. 权利要求 50 的组合物，其中所述防腐剂选自对羟基苯甲酸丙酯、山梨酸钠、山梨酸钾和棕榈酸抗坏血酸酯。"

驳回决定认为：（1）权利要求 39 的技术方案已经在对比文件 2（CN1169251A，公开日为 1998 年 1 月 7 日）中公开，不具备新颖性。虽然权利要求 39 明确排除了其他抗感染药，但对比文件 2 的饲料组合物并没有明确一定含有抗感染药，而包含抗感染药的实施例 2 是具体实施例，不能认为对比文件 2 的饲料组合物中必须含有所列全部物质；（2）权利要求 40~42、44、46~49 的附加技术特征均已在对比文件 2 中公开，这些权利要求不具有新颖性；（3）在权利要求 39 和 41 相对于对比文件 2 不具备新颖性的基础上，权利要求 43、50~53 相当于对比文件 2 不具备创造性。

申请人（下称请求人）对上述驳回决定不服，于 2007 年 2 月 23 日向专利复审委员会提出复审请求，请求人在提出复审请求的同时没有提交新修改的专利申请文本。

请求人认为：如对比文件 2 的实施例 2 所示，饲料组合物通常含有抗感染药，对比文件 2 没有暗示去除这样一种常规组分，也没有证据支持本领域技术人员在实施对比文件 2 的发明时会有任何理由制备缺少其他常规组分的饲料组合物。

形式审查合格后，专利复审委员会受理了该复审请求，并于 2007 年 7 月 3 日向请求人发出《复审请求受理通知书》，并将本申请案卷移交原审查部门进行前置审查。

原审查部门对本复审请求进行了前置审查，以与驳回决定所述相同的理由坚持原驳回决定。

专利复审委员会组成合议组，对本复审请求案进行了审理。于 2008 年 4 月 16 日向请求人发出《复审通知书》，其中指出：（1）权利要求 39~42、44、46~49 的技术特征已全部在对比文件 2 中公开，因此这些权利要求所请求保护的技术方案不具备专利法第 22 条第 2 款规定的新颖性。（2）在权利要求 39 不具备新颖性的基础上，用菜豆或豌豆蛋白质代替大豆粉、将有效成分制成片剂或胶囊剂、在组合物中添加常规的添加剂是本领域技术人员熟知的技术，而且依据说明书的记载没有产生预料不到的技术效果，因此，权利要求 43、45、50~53 不具备创造性。

针对《复审通知书》指出的问题，请求人于 2008 年 6 月 2 日提交了意见陈述书以及权利要求书全文替换页（共4页55项），所作修改为删除了驳回决定所针对权利要求书中的权利要求39~53、71~75，并对剩余权利要求的编号及引用编号作了适应性修改。

至此，合议组认为本案事实清楚，可以作出审查决定。

二、决定的理由

1. 审查文本的认定

经审查，合议组认为复审请求人针对复审通知书于2008年6月2日提交的权利要求书符合专利法第33条和专利法实施细则第60条第1款的规定。

本决定所针对的审查文本为：本申请进入中国国家阶段时提交的原始国际申请文件中文译文的说明书第1~3、6~9、12~27、31、35~43页、附图第1页、说明书摘要，国际初步审查报告附件中的说明书第4、5、10、11、28~30、32~34页，及请求人于2008年6月2日提交的权利要求第1~55项。

2. 关于专利法第22条第2、3款

专利法第22条第2款规定，新颖性是指在申请日以前没有同样的发明或者实用新型在国内外出版物上公开发表过、在国内公开使用过或者以其他方式为公众所知，也没有同样的发明或者实用新型由他人向专利局提出过申请并且记载在申请日以后公布的专利申请文件中。

专利法第22条第3款规定，创造性是指同申请日以前已有的技术相比，该发明有突出的实质性特点和显著的进步。

若专利申请文件经复审请求人修改，克服了驳回决定及《复审通知书》所指出的缺陷，则在修改文本的基础上可以撤销驳回决定。

本案中，驳回决定和《复审通知书》指出驳回决定所针对权利要求书中的权利要求39~42、44、46~49不具备新颖性，权利要求43、45、50~53不具备创造性，在请求人于2008年6月2日提交的权利要求书中，所述权利要求已被全部删除，因而已克服了驳回决定和《复审通知书》所指出的缺陷。

根据以上事实和理由，本案合议组作出如下审查决定。

三、决定

撤销国家知识产权局于2006年11月10日对00818851.3号发明专利申请作出的驳回决定。由原审查部门在本复审请求审查决定所针对的文本的基础上继续进行审查。

复审请求人对本决定不服的，可以根据专利法第41条第2款的规定，自收到本决定之日起三个月内向北京市第一中级人民法院起诉。

一种楝树杂交组织培养技术

复审请求审查决定（第 14344 号）

决 定 号	第 14344 号
决 定 日	2008 年 8 月 15 日
发明创造名称	一种楝树杂交组织培养技术
国际分类号	A01H 4/00
复审请求人	南京九康科技发展有限公司
申 请 号	200510041096.7
申 请 日	2005 年 7 月 19 日
公 开 日	2006 年 1 月 25 日
合议组组长	李金光
主 审 员	闻 雷
参 审 员	卢 阳
法 律 依 据	专利法第 26 条第 3 款

决 定 要 点

如果所属技术领域的技术人员依据申请的说明书记载以及所属领域中的公知常识能够实施所请求保护的技术方案，则该申请符合专利法第 26 条第 3 款的规定。

一、案由

本复审请求涉及 2005 年 7 月 19 日申请，2006 年 1 月 25 日公开，名称为"一种楝树杂交组织培养技术"的 200510041096.7 号发明专利申请（下称本申请），申请人是南京九康科技发展有限公司。

国家知识产权局于 2006 年 12 月 8 日，针对申请日提交的说明书第 1~4 页和说明书摘要以及 2006 年 8 月 1 日提交的权利要求 1~6，以本申请不符合专利法第 26 条第 3 款的规定为由驳回了本申请。

驳回决定认为：本发明所要解决的技术问题是培育杂交楝树新品种，但说明书并未公开可以实现上述发明目的的具体技术手段。（1）关于原生质体融合步骤，仅笼统地陈述了原生质体融合的过程，并未公开具体的可实施手段，例如叶皮的破碎和去表皮的手段、细胞壁的溶解手段、原生质体融合过程中适用的基质以及用 PEG 调节的方法等。（2）关于组织培养过程，说明书也未公开诱导培养基、增殖继代培养基的组分、含量以及相应步骤的培养条件。因此，本申请不符合专利法第 26 条第 3 款的规定。

驳回决定所针对的独立权利要求 1 如下：

"1. 杂交楝树的培养技术，其特征是将印楝树和苦楝树、川楝树三种叶片或茎芽，印楝树和苦楝树或印楝树和川楝树二种叶片的表面消毒→破碎并除去表皮→将破碎的叶片浸入含鸡蛋清溶菌酶的溶液或纤维素酶溶液、离析酶溶液中，pH值7~8和渗透压稳定剂的溶液中进行植物细胞的溶解破壁、过滤除酶、清洗、离心，将原生质体放入基质中，用PEG诱导，离心后在不含PEG的培养基中清洗、再离心，再将优良的原生质体移入同体积的MS和含琼脂糖的培养基溶液里培养，原生质体重新产生杂种细胞壁并分裂成细胞团后于琼脂糖培养基质中传代培养，诱导杂种细胞团分化成植物的根、茎。"

申请人（下称请求人）对上述驳回决定不服，于2007年2月2日向专利复审委员会提出复审请求，请求人在提出复审请求的同时提交了权利要求书全文替换页（共5项）。

请求人提交的新权利要求1如下：

"1. 杂交楝树的培养技术，其特征是将印楝树和苦楝树、川楝树三种叶片或茎芽，印楝树和苦楝树或印楝树和川楝树二种叶片的表面消毒→破碎并除去表皮→将破碎的叶片浸入含鸡蛋清溶菌酶的溶液、纤维素酶溶液或离析酶溶液中，pH值7~8和渗透压稳定剂的溶液中进行植物细胞的溶解破壁、过滤除酶、清洗、离心，将得到原生质体放入原生质基质中，用PEG诱导融合，离心后在不含PEG的培养基中清洗、再离心，再将优良的融合的原生质体移入同体积的MS和含琼脂糖的培养基溶液里培养，融合的原生质体重新产生杂种细胞壁并分裂成细胞团后于琼脂糖培养基质中传代培养，诱导杂种细胞团分化成植物的根、茎；对产生杂交植株苗连续自交，产生出后代的多样性和向纯型合子方向发展，对产生的小植株苗选择：选择出符合要求的纯型合子。"

请求人在提出复审请求的同时还提交了下述附件：

附件1：《植物生物技术导论》，化学工业出版社，2005年3月第1版第一次印刷，出版信息页、第80~85页、第92~94页、第96~100页，复印件15页。

请求人认为，根据上述附件1，原生质体的游离与融合、用纤维素酶和离析酶消化细胞壁、调节渗透压的溶质、原生质的培养、体细胞的杂交、原生质体融合的方法均属于现有技术，组织培养所用培养基MS也是通用的，本领域技术人员在现有植物细胞融合方法的基础上可以实施本发明。因此，本申请符合专利法第26条第3款的规定。

形式审查合格后，专利复审委员会受理了该复审请求，并于2007年6月14日向请求人发出《复审请求受理通知书》，随后将本申请案卷移交原审查部门进行前置审查。

原审查部门对本复审请求进行了前置审查。前置审查意见书认为：（1）附件1不能作为楝树细胞壁溶解和原生质体融合的现有技术；因为不同植物的细胞壁结构和组分不同，除了含有纤维素和半纤维素、果胶质等主要成分外，还因角质化、栓质化和木质化而异；不同植物其细胞壁溶解和原生质体融合的方法应不同。（2）附件1的内容仅仅是原生质体分离与融合的一般原理，不能作为楝树的细胞壁溶解和原生质体融合的技术手段。（3）复审请求书中所陈述的细胞壁溶解和原生质体融合技术手段不能从附件1的内容中直接获得。因此，坚持驳回决定。

专利复审委员会依法成立合议组，对本案进行了审理。合议组认为，本案事实清楚，可以作出审查决定。

二、决定的理由

1. 关于审查文本

经审查，合议组认为请求人于2007年2月2日提交的修改内容符合专利法第33条和专利法实施细则第60条第1款的规定。

本复审决定针对的文本是请求人于申请日提交的说明书第1~4页、说明书摘要以及2007年2月2日提交的权利要求1~5。

2. 关于专利法第 26 条第 3 款

专利法第 26 条第 3 款规定，说明书应当对发明或者实用新型作出清楚、完整的说明，以所述技术领域的技术人员能够实现为准。

如果所属技术领域的技术人员依据申请的说明书记载以及所属领域中的公知常识能够实施所请求保护的技术方案，则该申请符合专利法第 26 条第 3 款的规定。

本申请请求保护一种杂交楝树的培养技术，所采用的技术方案是，将不同品种楝树的原生质体融合，使融合的原生质体产生杂交细胞的细胞壁并分裂成细胞团，转入传代培养基中经传代培养，诱导生长成杂交植株，再经自交，选择纯合型。

本申请的说明书第 4 页第 27 行至第 5 页第 17 行具体描述了原生质体的融合，即通过将破碎的叶片浸入含鸡蛋清溶菌酶的溶液 pH 值 7~8（或纤维素酶溶液、离析酶溶液）和渗透压稳定剂的溶液中进行植物细胞的溶解破壁，并将原生质体放入基质中，加入少量 PEG，使原生质体的外膜不稳定，放置 10min，每隔 5min 加入原生质培养基稀释 PEG 以促进原生质体融合。说明书还记载了所使用的典型培养基为 MS+NAA1-0.3ppm+BA0.5-1ppm+3％蔗糖+9％甘露醇，传代培养所使用的培养基为琼脂糖培养基。由此可见，本申请说明书公开了原生质体的融合方法及其融合原生质体的培养方法。

驳回决定认为本申请未公开破碎叶皮、去表皮、溶解细胞壁的手段和融合基质及 PEG 调节方法；以及培养基组分、含量和相应培养条件。请求人认为附件 1 证明原生质体融合过程中对材料的各种处理是本领域的公知常识，组织培养所用培养基 MS 也是通用的。

对此，合议组认为，附件 1 是在申请日前出版的一本可作为教材使用的专业书籍，其中详细说明了植物细胞原生质体的分离与融合。根据该附件 1 的记载，用纤维素酶或离析酶消化细胞壁（第 82 页第 1~7 行）、使用 PEG 促进原生质体融合（第 99 页倒数第 9 行至第 100 页第 19 行）以及原生质体的培养方法和培养基（第 98 页）已经属于本领域的公知常识。本领域技术人员根据说明书的记载以及所属领域中关于原生质体分离、融合和 MS 培养基以及楝树本身的生物学习性等公知常识完全能够实现楝树的原生质体融合，获得杂交楝树。

由此可见，本领域技术人员依据说明书的记载以及所属领域中的公知常识能够实施本申请请求保护的技术方案。因此，驳回决定中关于本申请说明书未公开可以实现其发明目的具体技术手段导致不符合专利法第 26 条第 3 款规定的理由不成立。

针对原审查部门的前置意见，合议组认为，在没有证据充分表明楝树因其自身的特殊性导致其细胞壁不能用常规的酶消化，也不能适用附件 1 中记载的原生质体融合的常规方法的情况下，原审查部门没有理由怀疑本领域技术人员采用常规的原生质体融合和培养方法不能实现本发明的目的。因此，合议组对原审查部门在前置审查意见书中提出的理由不予支持。

根据以上事实和理由，本案合议组作出如下审查决定。

三、决定

撤销国家知识产权局于 2006 年 12 月 8 日对 200510041096.7 号发明专利申请作出的驳回决定。由原审查部门在复审请求人于申请日提交的说明书第 1~4 页、说明书摘要以及于 2007 年 2 月 2 日提交的权利要求 1~5 构成的文本的基础上继续进行审查。

复审请求人对本决定不服的，可以根据专利法第 41 条第 2 款的规定，自收到本决定之日起三个月内向北京市第一中级人民法院起诉。

254

治疗慢性疼痛的三单胺再摄取抑制剂

复审请求审查决定（第 14346 号）

决 定 号	第 14346 号
决 定 日	2008 年 8 月 21 日
发明创造名称	治疗慢性疼痛的三单胺再摄取抑制剂
国际分类号	A61K 31/46，A61P 25/04
复审请求人	神经研究公司
申 请 号	03812376.2
申 请 日	2003 年 5 月 27 日
优 先 权 日	2002 年 5 月 30 日
公 开 日	2005 年 8 月 17 日
合议组组长	白剑锋
主 审 员	郝兴辉
参 审 员	郭鹏鹏

法律依据 专利法第 26 条第 3 款

决定要点

如果说明书中给出了具体的技术方案，但未给出实验证据，而该方案又必须依赖实验结果加以证实才能成立，则该方案由于缺乏解决技术问题的技术手段而被认为无法实现。

一、案由

本复审请求涉及名称为"治疗慢性疼痛的三单胺再摄取抑制剂"、申请号为 03812376.2 的发明专利 PCT 申请（下称本申请），申请人为神经研究公司，申请日为 2003 年 5 月 27 日，公开日为 2005 年 8 月 17 日，优先权日为 2002 年 5 月 30 日。

国家知识产权局于 2007 年 3 月 23 日驳回了本申请，理由是本申请不符合专利法第 26 条第 3 款的规定。驳回决定所针对的审查文本为申请人于 2006 年 9 月 27 日提交的权利要求 1~3、本申请进入中国国家阶段时提交的国际申请文件的中文译文的说明书第 1~13 页以及说明书摘要，其中权利要求书具体内容如下：

"1. 三单胺再摄取抑制剂或其药学上可接受的盐在制备用于治疗、预防或缓解慢性疼痛的药物中的用途；

其中所述三单胺再摄取抑制剂为通式（I）的莨菪烷化合物

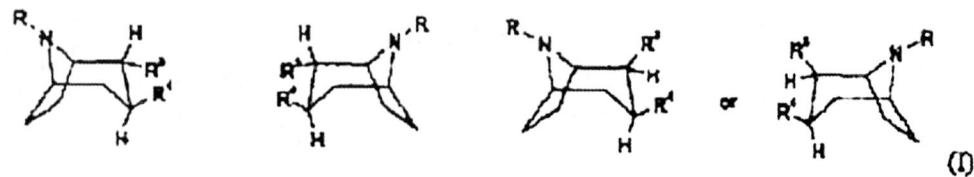

或其药学上可接受的加成盐或其N-氧化物,

其中

R为氢、烷基、链烯基、炔基、环烷基、环烷基烷基或2-羟基乙基;

R^3为CH_2-X-R′,

其中X为O、S或NR″;

其中R″为氢或烷基;且

R′为烷基、链烯基、炔基、环烷基、环烷基烷基、或-CO-烷基;

R^4为

· 3,4-亚甲二氧基苯基,或

· 苯基、苄基、萘基或杂芳基,各基团均可被选自卤素、CF_3、CN、烷氧基、环烷氧基、烷基、环烷基、链烯基、炔基、氨基、硝基、杂芳基和芳香基的取代基取代一次或多次;

其中所述慢性疼痛是炎性疼痛、神经性疼痛、纤维肌痛或紧张性头痛。

2. 权利要求1的用途,其中三单胺再摄取抑制剂为通式I的2,3-反式二取代的莨菪烷衍生物,其中

R为氢或甲基;

R^3为-CH_2-O-R′,其中R′为甲基、乙基、丙基或环丙基甲基;且

R^4为苯基,其可被卤素一次或多次取代。

3. 权利要求1的用途,其中莨菪烷化合物选自

(1R,2R,3S)-2-甲氧甲基-3-(3,4-二氯苯基)-莨菪烷;

(1R,2R,3S)-2-异丙氧基甲基-3-(3,4-二氯苯基)-莨菪烷;

(1R,2R,3S)-2-乙氧甲基-3-(3,4-二氯苯基)-莨菪烷;

(1R,2R,3S)-2-环丙基甲基氧甲基-3-(4-氯苯基)-莨菪烷;

(1R,2R,3S)-2-甲氧甲基-3-(3,4-二氯苯基)-莨菪烷;

(1R,2R,3S)-N-去甲基-2-甲氧甲基-3-(4-氯苯基)-莨菪烷;

(1R,2R,3S)-2-乙氧甲基-3-(4-氯苯基)-莨菪烷;

(1R,2R,3S)-N-去甲基-2-甲氧甲基-3-(3,4-二氯苯基)-莨菪烷;

(1R,2R,3S)-N-去甲基-2-乙氧甲基-3-(3,4-二氯苯基)-莨菪烷;

(1R,2R,3S)-N-去甲基-2-乙氧甲基-3-(4-氯苯基)-莨菪烷;

(1R,2R,3S)-N-去甲基-2-环丙基甲基氧甲基-3-(4-氯苯基)-莨菪烷;

(1R,2R,3S)-2-环丙基甲基氧甲基-3-(4-氯苯基)-莨菪烷;

(1R,2R,3S)-2-乙基硫甲基-3-(3,4-二氯苯基)-莨菪烷;

(1R,2R,3S)-2-羟甲基-3-(4-氟苯基)莨菪烷;

(1R,2R,3S)-2-羟甲基-3-(3,4-二氟苯基)莨菪烷;

(1R,2R,3S)-2-羟甲基-3-(4-氯苯基)莨菪烷;

或其药学上可接受的加成盐。"

驳回决定的具体理由是:

本申请请求保护的是三单胺再摄取抑制剂在制备治疗治疗慢性疼痛的药物中的用途，然而说明书中并没有任何能证明上述物质能有效的用于上述用途的药效学实验数据，因而本申请缺乏令人信服的实验数据来表明其发明目的，因此审查员认为本申请说明书并没有对化合物的用途和使用效果作出科学性和可信性的描述，其并没有提供对于本领域技术人员来说，足以证明发明的技术方案可以达到预期要解决的技术问题或效果的实验室试验或者临床试验的定性或定量数据。因此，本申请属于审查指南第二部分第二章第2.1.3节（5）"说明书中给出了具体的技术方案，但未提供试验证据，而该方案又必须依赖实验结果加以证实才能成立"的情况，不予准许。申请人在一通答复时对权利要求做了修改，其具体限定了通式化合物及疼痛病症并给出了相应的实验方法和实验数据，同时申请人认为根据说明书给出的组合物、制备方法、给药方式、剂量、剂型等技术信息即能解决本发明的技术问题。对于以上意见陈述，审查员认为：虽然申请人对权利要求进行了修改，但无法克服审查员所指出的说明书存在的实质性问题，而且申请人新提供的用于证明有益效果的实验方法和实验数据在原始文本中从未提及，因而并不能被认为是原始公开的内容，另外对于本申请的用途发明而言，本领域技术人员也无法根据现有说明书中给出的技术信息即能推断出化合物具备所述的新用途。

申请人神经研究公司（下称请求人）不服上述驳回决定，于2007年6月18日向专利复审委员会提出复审请求，请求撤销上述驳回决定，具体理由是：说明书详尽定义了通式化合物及其作用效果，说明书描述了化合物的立体异构体、适宜的药物组合物、制备方法、给药方式、剂量、剂型等技术信息，本领域的技术人员不需要任何创造性劳动可以再现发明。申请人在答复一通时提交的试验报告结果表明本发明代表性的化合物能够明显降低福尔马林诱导的疼痛，可以证明申请人在递交本申请时已经完成技术方案，符合专利法第26条第3款的规定。

形式审查合格后，专利复审委员会受理了该复审请求，并于2007年7月19日向请求人发出《复审请求受理通知书》。同时，将本申请案卷移交原审查部门进行前置审查。

在前置审查意见书中，原审查部门坚持原驳回决定。

专利复审委员会组成合议组，对本复审请求案进行了审理。

合议组于2008年6月12日发出《复审通知书》，指出：本发明申请保护一种三单胺再摄取抑制剂在制备治疗、预防或缓解慢性疼痛的药物中的用途。本发明申请声称所述三单胺再摄取抑制剂具有用于制备治疗、预防或缓解慢性疼痛的药物的用途，但本领域的技术人员根据现有技术无法预测这种用途，即本三单胺再摄取抑制剂具有上述作用需要依赖试验结果加以证实才能确定。本申请说明书中仅对本发明要求保护的化合物进行了定义，并描述了制备方法和制备成药剂的方法，但是对于化合物产品而言，本领域技术人员无法从该化合物的结构以及制备方法得知该化合物具有何种活性以及是否具有这种活性，这都需要相应的效果数据支持。本申请没有提供足以证明本三单胺再摄取抑制剂可以达到预期要解决的技术问题或效果的实验室试验或者临床试验的定性或定量数据。因此，本申请说明书中给出了具体的技术方案，但未提供试验证据，而该方案又必须依赖实验结果加以证实才能成立，所以，本领域技术人员根据本发明记载的内容无法实现本申请所述技术方案，本申请不符合专利法第26条第3款的规定。请求人在答复第一次审查意见通知书时所提交的实验数据既不是本申请说明书公开的内容，也无法从本申请的说明书中毫无疑义地得知上述内容，上述实验数据也不属于本申请申请日前的现有技术。因此该实验数据无法弥补本申请公开不充分的缺陷，不能用于证明本申请说明书已充分公开。

针对上述《复审通知书》，请求人于2008年7月28日提交了意见陈述书，并提交了权利要求全文替换页。请求人认为，本发明说明书详尽定义了通式化合物及其作用效果，说明书描述了化合物的立体异构体、药学上可接受的盐、适宜的药物组合物、制备方法、给药方式、治疗方法、优选剂量范围、适宜的剂型及其使用的赋形剂和具体制剂。因此，基于说明书所公开的上述技术信息本领域的技术人员只需简单地按照本发明的描述而不需要任何创造性劳动可以再现发明，将本发明所述化合物用于制备治疗或预防慢性疼痛，并预见本发明化合物的作用或可以通过常规试验获得有关活性数据。申请人在答复一通时提交的试验报告结果表明本发明代表性的化合物对疼痛的治疗效果。因此，申请人在递交本申请时已经完成本发明的技术方案，本申请的说明书符合专利法第26条第3款的规定。

修改后的权利要求书如下：

"1. 三单胺再摄取抑制剂或其药学上可接受的盐在制备用于治疗、预防或缓解慢性疼痛的药物中的用途；

其中所述三单胺再摄取抑制剂为通式（I）的莨菪烷化合物

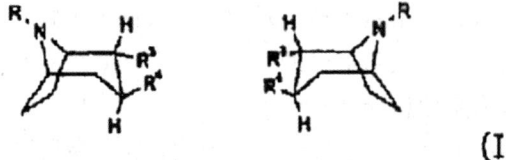

(I)

或其药学上可接受的加成盐或其 N-氧化物，

其中

R 为氢或甲基；

R^3 为 CH_2-X-R′，

其中 X 为 O；

R′为甲基或乙基；

R^4 为

· 3，4-二氯苯基。

2. 权利要求1的用途，其中莨菪烷衍生物选自

（1R，2R，3S）-2-甲氧甲基-3-（3，4-二氯苯基）-莨菪烷；

（1R，2R，3S）-2-乙氧甲基-3-（3，4-二氯苯基）-莨菪烷；

（1R，2R，3S）-N-去甲基-2-甲氧甲基-3-（3，4-二氯苯基）-莨菪烷；

（1R，2R，3S）-N-去甲基-2-乙氧甲基-3-（3，4-二氯苯基）-莨菪烷；

（1R，2R，3S）-2-羟甲基-3-（3，4-二氯苯基）莨菪烷；

或其药学上可接受的加成盐。"

至此，合议组认为本案事实清楚，可以作出审查决定。

二、决定的理由

1. 审查文本

本复审决定依据的审查文本为请求人于2008年7月28日提交的权利要求1~2、进入中国国家阶段时提交的国际申请文件的文本的说明书第1~13页以及说明书摘要。

请求人针对复审通知书于2008年7月28日提交了修改后的权利要求书，权利要求1~2的修改符合专利法实施细则第60条第1款的规定，并且修改后权利要求1~2的技术方案能够从原说明书和权利要求书记载的内容中直接地、毫无疑义地确定，符合专利法第33条的规定。

2. 关于专利法第26条第3款

专利法第26条第3款规定，说明书应当对发明或者实用新型作出清楚、完整的说明，以所属技术领域的技术人员能够实现为准。

如果说明书中给出了具体的技术方案，但未给出实验证据，而该方案又必须依赖实验结果加以证实才能成立，则该方案由于缺乏解决技术问题的技术手段而被认为无法实现。

对于化学产品用途发明，在说明书中应当记载化学产品所取得的效果，使得本领域技术人员能够实施该用途发明。如果本领域的技术人员无法根据现有技术预测该用途，则应当记载对于本领域技术人员来说，足以证明该物质可以用于所述用途并能解决所要解决的技术问题或者达到所述效果的实验数据。

本发明申请保护一种三单胺再摄取抑制剂在制备治疗、预防或缓解慢性疼痛的药物中的用途。本发明申请声称所述三单胺再摄取抑制剂具有用于制备治疗、预防或缓解慢性疼痛的药物的用途，但本领域的技术人员根据现有技术无法预测这种用途，即本三单胺再摄取抑制剂具有上述作用需要依赖试验结果加以证实才能确定。本申请说明书中仅对本发明要求保护的化合物进行了定义，并描述了制备方法和制备成药剂的方法，但是对于化合物产品而言，本领域技术人员无法从该化合物的结构以及制备方法得知该化合物具有何种活性以及是否具有这种活性，这都需要相应的效果数据支持。然而本申请并没有提供足以证明本三单胺再摄取抑制剂可以达到预期要解决的技术问题或效果的实验室试验或者临床试验的定性或定量数据。因此，本申请说明书中给出了具体的技术方案，但未提供试验证据，而该方案又必须依赖实验结果加以证实才能成立，所以，本领域技术人员根据本发明记载的内容无法实现本申请所述技术方案，本申请不符合专利法第26条第3款的规定。

请求人认为：本发明说明书详尽定义了通式化合物及其作用效果，说明书描述了化合物的立体异构体、药学上可接受的盐、适宜的药物组合物、制备方法、给药方式、治疗方法、优选剂量范围、适宜的剂型及其使用的赋形剂和具体制剂。因此，基于说明书所公开的上述技术信息本领域的技术人员只需简单地按照本发明的描述而不需要任何创造性劳动可以再现发明，将本发明所述化合物用于制备治疗或预防慢性疼痛，并预见本发明化合物的作用或可以通过常规试验获得有关活性数据。申请人在答复一通时提交的试验报告结果表明本发明代表性的化合物对疼痛的治疗效果。因此，申请人在递交本申请时已经完成本发明的技术方案，本申请的说明书符合专利法第26条第3款的规定。

对此，合议组认为：专利说明书公开的意义在于指导本领域技术人员去实施和再现本发明所请求保护的技术方案以解决所述技术问题，获得有益的技术效果，而不是在缺少证实所请求保护的技术方案的技术效果的实验数据的情况下，让本领域技术人员根据本申请的说明书所公开的的技术方案通过实验来验证本申请所请求保护的技术方案是否能够解决所述技术问题，获得所述技术效果。此外，请求人在答复第一次审查意见通知书时所提交的实验数据既不是本申请说明书公开的内容，也无法从本申请的说明书中毫无疑义地得知上述内容，上述实验数据也不属于本申请申请日前的现有技术。因此该实验数据无法弥补本申请公开不充分的缺陷，不能用于证明本申请说明书已充分公开。

基于上述理由，本案合议组作出如下决定。

三、决定

维持国家知识产权局于2007年3月23日对申请号为03812376.2的发明专利申请作出的驳回决定。

复审请求人对本决定不服的，可以根据专利法第41条第2款的规定，自收到本决定之日起三个月内向北京市第一中级人民法院起诉。

肌酐含量测定方法及肌酐诊断试剂盒

复审请求审查决定（第 14353 号）

决 定 号	第 14353 号
决 定 日	2008 年 8 月 15 日
发明创造名称	肌酐含量测定方法及肌酐诊断试剂盒
国 际 分 类 号	C12Q 1/32
复 审 请 求 人	王尔中
申 请 号	200410064891.3
申 请 日	2004 年 10 月 10 日
公 开 日	2006 年 4 月 12 日
合 议 组 组 长	吴通义
主 审 员	孙俊荣
参 审 员	刘洪尊
法 律 依 据	专利法第 26 条第 3 款

决 定 要 点

如果说明书记载的内容证明要求保护的技术方案能够解决本发明将要解决的某个或某些方面的技术问题并产生相应的技术效果，则应当认为该技术方案在说明书中充分公开。

一、案由

本复审请求涉及 2006 年 4 月 12 日公开、名称为"肌酐含量测定方法及肌酐诊断试剂盒"的 200410064891.3 号的发明专利申请（下称本申请），本申请的申请日为 2004 年 10 月 10 日，申请人为王尔中。

2007 年 7 月 6 日，针对申请人提交的原始申请文本，即 2004 年 10 月 10 日提交的说明书第 1～10 页、权利要求 1～9 以及说明书摘要，国家知识产权局以说明书不符合专利法第 26 条第 3 款的规定为由驳回了本申请。

驳回决定认为：根据说明书的记载，在本领域测定肌酐的多种现有技术中，化学测定法的特异性不高；HPLC 不适于大批量临床标本分析；毛细管电泳法需要使用特殊设备及进行血清标本的预处理；酶学测定法的缺点则是试剂测试的准确性较低，还有在测试前必须事先反应一段时间，造成时间上的拖延。而本申请则提供一种可以克服上述现有技术缺点的肌酐诊断试剂盒以及肌酐含量的测定方法，而且该诊断试剂盒及其方法不仅可在紫外/可见光分析仪或者半、全自动生化分析仪上进行肌酐含量测定，同时测定速度快、灵敏度高、精密度高，不受内、外源物质的污染。然而，尽管说明书给出了具体的技术方案,但该方案是否能够达到预期效果必须依赖实验结果加以证实才能成立,而说明书中未提供有关实施例以及实验数据足以证明发明的技术方案可以达到预期要解决的技术问题或效果,因此本申请说明书未对发明作出清楚、完整的发明,致使所属技术领域的技术人员不能实现该发明,不符合专利法第 26 条第 3 款的规定。另外,针对申请人的意见陈述,驳回决定认为,本申请说明书第 6 页第 8 行的描述是一种论断性的描述,没有清楚逐一地解释该技术方案能取得声称的技术效果的根本原因。因为生物实验的不可控性和不可预测性,完全可能使本申请的技术方案出现与现有技术相比完全倒退的技术效果,因此技术方案是否能够达到预期效果必须依赖实验结果加以证实才能成立。申请人所提供的经批准的产品标准、检测报告等材料是申请日之后才作出的,无法证明申请人在申请日之前就已经获得了一个可以达到其技术效果的技术方案。

申请人王尔中(下称请求人)对上述驳回决定不服,于 2007 年 10 月 19 日向专利复审委员会提出复审请求,在提出复审请求时请求人提交了如下的附件 1 和附件 2：

附件 1：由国家食品药品监督管理局北京医疗器械质量监督检验中心于 2003 年 9 月 22 日签发的对苏州艾杰生物科技有限公司的肌酐诊断试剂盒的试产注册检验报告,复印件共 3 页。

附件 2：由国家食品药品监督管理局于 2003 年 12 月 31 日颁发的国食药监械(试)字 2003 第 3050473 号注册证及其附件,复印件共 3 页；

请求人认为：(1) 在说明书第 6 页到第 10 页,记载了 4 个实施例,在上述实施例中均记载了经过验证的、可靠的实验参数数据,是完全可以证实本发明的可行性的；(2) 附件 1 和附件 2 足以证明请求人在申请日之前就已经获得了一个可以达到技术效果的技术方案。

形式审查合格后,专利复审委员会受理了该复审请求,并于 2008 年 2 月 25 日向请求人发出《复审请求受理通知书》,并将本申请案卷移交原审查部门进行前置审查。

原审查部门对本复审请求进行了前置审查,坚持驳回决定。

专利复审委员会组成合议组,对本复审请求案进行了审理。

至此,合议组认为本案事实已经清楚,可以作出审查决定。

二、决定的理由

1. 审查依据的文本

本复审决定针对的文本是：请求人于申请日提交的说明书第 1~10 页、权利要求 1~9 和说明书摘要。

2. 关于专利法第 26 条第 3 款

专利法第 26 条第 3 款规定,说明书应当对发明或者实用新型作出清楚、完整的说明,以所属技术领域的技术人员能够实现为准。

根据该款规定,如果本领域技术人员根据说明书的记载,并依据本领域普通技术知识能够实现发明的技术方案,解决其技术问题,并且产生预期的技术效果,则应当认为说明书公开充分,符合专利法第 26 条第 3 款的规定。

本案中,权利要求 1~4 要求保护一种肌酐含量测定方法,该方法是基于如下的反应原理提出的：肌酐+水+H^+ 肌酐脱亚胺酶 N-甲基海因+氨离子,氨离子+2-酮戊二酸酯+还原型辅酶 谷氨酸脱氢酶 谷氨酸+辅酶；权利要求 5~9 要求保护实现上述检测方法的肌酐诊断试剂盒。

首先,本申请说明书对权利要求 1~4 所要求保护的测定方法的技术方案以及权利要求 5~9 所要求保护的肌酐诊断试剂盒的技术方案,作出了清楚、完整的说明,具体如下：(1) 说明书第 3 页第 14~20 行描述了权利要求 1~4 所述测定方法所依据的反应原理,即：肌酐脱亚胺酶将肌酐脱氨产生氨,再通过偶联谷氨酸脱氢酶的作用,将还原型辅酶(如 NADH、NADPH)氧化成为氧化型辅酶

（如NAD^+、$NADP^+$），然后根据还原型辅酶在340nm处有吸收峰，而氧化型辅酶在340nm处没有吸收峰，从而通过测定还原型辅酶在340nm处吸收度的下降速（程）度，测算出肌酐的含量；(2) 说明书第3页第1～10行描述了权利要求1～4所述测定方法所采用的步骤，即：将样品与主要由2-酮戊二酸酯、还原型辅酶、肌酐脱亚胺酶、谷氨酸脱氢酶组成的试剂混合，使之发生反应；然后检测反应物在主波长340nm吸光度下降的速度，从而测算出肌酐含量的大小；(3) 说明书第3页21行到第5页23行描述了权利要求5～9所述肌酐诊断试剂盒中的组分构成、各个组分的浓度范围，以及可选择的缓冲剂、稳定剂的类型；(4) 说明书第6～10页提供了实施例1～4，描述了用本发明试剂盒按照本发明所提供的测定方法所进行的检测肌酐含量的过程。

其次，第一步反应：肌酐+水+H^+肌酐脱亚胺酶 N-甲基海因+氨离子，和第二步反应：氨离子+2-酮戊二酸酯+还原型辅酶 谷氨酸脱氢酶谷氨酸+辅酶，是本领域技术人员所公知的，参见《医用酶学与临床》1996年5月第一版第46页，和《英汉酶学名称词汇》1991年5月第一版第186页。本领域技术人员根据上述公知技术，应当可以预期基于将上述两个反应相偶联的原理的本发明所要求保护的技术方案完全能够实现检测肌酐含量的目的。此外，基于该原理的本申请的肌酐含量检测方法属于一种酶学方法，本身就具有酶学方法所特有的快速、准确、特异性高、适于大批量临床标本分析的预期技术效果，因而本申请要求保护的方法和试剂盒显然相对于背景技术部分的化学测定法，解决了其特异性不高的技术问题，相对于高效液相层析法，解决了其不适于大批量临床标本分析的技术问题。相对于背景技术部分所介绍的毛细管电泳法，解决了其需要高速离心机等特殊额外仪器的技术问题。同时，相对于背景技术中描述的酶学检测方法而言，因为减少了将氧化型烟酰胺辅酶还原为还原型烟酰胺辅酶的步骤，由此显而易见地具有了缩短检测时间的效果，从而解决了其缓不济急的技术问题。

因此，对于权利要求1～9所要求保护的技术方案，本申请说明书已经作出了清楚、完整的说明，同时本领域技术人员按照说明书记载的内容，并依据本领域普通技术知识能够实现上述技术方案，解决其技术问题，并且产生预期的技术效果，符合专利法第26条第3款关于充分公开的规定。

驳回决定认为本申请说明书没有提供实验数据证明本发明的检测方法可以克服现有技术中的缺点，以及没有证明本发明检测方法和试剂盒不仅可在紫外/可见光分析仪或者半、全自动生化分析仪上进行肌酐含量测定，同时测定速度快、灵敏度高、精确度高、不受内、外源物质的污染，因此，说明书公开不充分。

对此，合议组认为，专利申请文件对于发明能解决的技术问题和技术效果的描述带有很强的主观性，不乏宣称其中的发明创造解决了现有技术的所有问题的专利申请，但一项发明创造具体解决了何种问题，能产生哪些技术效果应当结合发明创造的技术内容、依据说明书的记载和现有技术来评价。如果说明书记载的内容证明要求保护的技术方案能够解决本发明将要解决的某个或某些方面的技术问题并产生相应的技术效果，则应当认为该技术方案在说明书中充分公开。本申请说明书在背景技术部分罗列了几种肌酐含量测定方法及其缺点，本申请说明书的技术方案部分宣称本发明的肌酐检测方法和相应的试剂盒可以克服以上现有技术的缺点，也就是说其实质上是指本发明的肌酐检测方法相对于上述不同检测方法能够分别解决不同方面的技术问题，并且产生相应的技术效果。从上述描述可知，本申请具有解决不同方面的技术问题并带来相应技术效果的发明目的。

而正如前面所论述的，本领域技术人员按照说明书记载的内容，并依据本领域普通技术知识能够实现权利要求1～9的技术方案，达到肌酐含量检测的目的，并且作为一种酶学检测方法，本身就具有酶学方法所特有的快速、准确、特异性高、适于大批量临床标本分析的预期技术效果，从而解决了化学测定方法特异性不高的技术问题以及高效液相层析法不适于大批量临床标本分析的技术问题。另外，由于氧化型和还原型辅酶所具有的吸收峰特性，使得本发明检测方法显而易见地具备可以在紫外

/可见光分析仪或者半/全自动生化分析仪上进行肌酐含量测定的预期技术效果，从而相对于背景技术部分所介绍的毛细管电泳法，解决了其需要高速离心机等特殊额外仪器的技术问题。此外，相对于背景技术中描述的酶学检测方法而言，因为减少了将氧化型烟酰胺辅酶还原为还原型辅酶的步骤，由此显而易见地解决了检测时间上的技术问题。也就是说，本领域技术人员根据本申请说明书记载的内容，并依据本领域的普通技术知识，能够实现发明的技术方案，解决本发明将要解决的某个或某些方面的技术问题并产生相应的预期技术效果，因此本申请说明书充分公开了权利要求1~9所要求保护的技术方案，达到了所属技术领域的技术人员能够实现的程度。

三、决定

撤销国家知识产权局于2007年7月6日对200410064891.3号发明专利申请作出的驳回决定。由原审查部门在本复审决定所针对的文本的基础上继续进行审查程序。

复审请求人对本决定不服的，可以根据专利法第41条第2款的规定，自收到本决定之日起三个月内向北京市第一中级人民法院起诉。

盐酸纳洛酮鼻粉剂

复审请求审查决定（第 14376 号）

决 定 号	第 14376 号
决 定 日	2008 年 8 月 20 日
发明创造名称	盐酸纳洛酮鼻粉剂
国 际 分 类 号	A61K 31/485，A61K 9/14，A61P 39/02
复 审 请 求 人	中国人民解放军军事医学科学院毒物药物研究所
申 请 号	03147839.5
申 请 日	2003 年 6 月 25 日
公 开 日	2005 年 1 月 19 日
合议组组长	翁晓君
主 审 员	郝兴辉
参 审 员	郭鹏鹏
法 律 依 据	专利法实施细则第 20 条第 1 款

决 定 要 点

权利要求书应当说明发明或实用新型的技术特征，清楚、简要地表述请求保护的范围。

一、案由

本复审请求涉及名称为"盐酸纳洛酮鼻粉剂"、申请号为 03147839.5 的发明专利申请（下称本申请），申请人为中国人民解放军军事医学科学院毒物药物研究所，申请日为 2003 年 6 月 25 日，公开日为 2005 年 1 月 19 日。

在实质审查过程中，针对申请人于 2006 年 11 月 27 日提交的权利要求 1~2 和说明书第 2 页，于 2003 年 6 月 25 日提交的说明书第 1 页以及说明书摘要，国家知识产权局实质审查部门于 2007 年 1 月 5 日以权利要求 2 不符合专利法实施细则第 20 条第 1 款的规定为由驳回了本申请，驳回决定所针对的权利要求书的内容如下：

"1. 一种鼻粉剂，其中所述鼻粉剂含 0.3~20.0 重量%的盐酸纳洛酮及 80.0~99.7 重量%的乳糖、甘露醇、羧甲基纤维素钠及氯化钠的混合物，所述鼻粉剂颗粒粒度为 5~200μm。

2. 权利要求 1 的鼻粉剂，其中所述鼻粉剂单次剂量含 0.4~6.0mg 盐酸纳洛酮。"

驳回决定的具体理由为：权利要求 2 请求保护的是一种鼻粉剂，特征部分包含"单次剂量含 0.4~6.0mg 盐酸纳洛酮"，这一附加技术特征是对给药过程中每次给药剂量的限定，属于医护人员在具体治疗疾病的过程中对剂量的选择，因而不属于产品本身的特征，不能对所引用的产品权利要求 1

构成限定，不符合专利法实施细则第 21 条第 3 款附加权利要求应当对从属权利要求做进一步限定的规定。从整体上造成权利要求不简明，不符合专利法实施细则第 20 条第 1 款的规定。

申请人（下称请求人）对上述驳回决定不服，于 2007 年 4 月 19 日向专利复审委员会提出复审请求，但未对申请文件进行修改。请求人认为，本领域普通技术人员由"单位剂量"都能理解到其也代表单位剂型，权利要求 2 所代表的技术特征可解释为"权利要求 1 的鼻粉剂的单位剂型，其含有 0.4~0.6mg 盐酸纳洛酮"。

经形式审查合格后，专利复审委员会受理了该复审请求，于 2007 年 6 月 1 日向请求人发出复审请求受理通知书，同时向国家知识产权局实质审查部门发出了前置审查通知书。

国家知识产权局实质审查部门对本复审请求进行了前置审查，认为请求人的复审请求理由不能被接受，坚持驳回决定。

专利复审委员会依法组成合议组，对本复审请求案进行了审理。

合议组于 2008 年 6 月 23 日发出复审通知书，指出：本申请权利要求 2 要求保护一种鼻粉剂，其特征部分记载了特征"单次剂量含 0.4~0.6mg 盐酸纳洛酮"。该特征可以被本领域的技术人员认为是每次给药剂量含 0.4~0.6mg 盐酸纳洛酮，这样的限定不属于产品本身的技术特征，使得权利要求 2 要求保护的范围不清楚，不符合专利法实施细则第 20 条第 1 款的规定。在复审请求中，请求人认为，本领域普通技术人员由"单位剂量"都能理解到其也代表单位剂型，权利要求 2 所代表的技术特征可解释为"权利要求 1 的鼻粉剂的单位剂型，其含有 0.4~0.6mg 盐酸纳洛酮"。对此，合议组认为，"单次剂量"的表达方式可以被本领域的技术人员理解为"每次给药剂量"，而不能清楚地被认为代表的是"单位剂量"。并且本申请的说明书第 2 页第 4~5 行中记载"本发明的鼻粉剂为单剂量及多剂量使用形式，每次给药量为 5~40mg"，从说明书记载的上述内容来看，"单次剂量"也不同于"单位剂量"，而只能理解为"每次给药剂量"，请求人的理由不充分。

针对上述复审通知书，请求人于 2008 年 8 月 6 日提交了意见陈述书，并提交了权利要求书全文替换页。请求人认为，修改后的权利要求书删去了原权利要求 2，克服了驳回决定中所指出的导致本申请驳回的所有缺陷，应当撤销驳回决定。修改后的权利要求书的内容如下：

"1. 一种鼻粉剂，其中所述鼻粉剂含 0.3~20.0 重量％的盐酸纳洛酮及 80.0~99.7 重量％的乳糖、甘露醇、羧甲基纤维素钠及氯化钠的混合物，所述鼻粉剂颗粒粒度为 5~200μm。"

至此，合议组认为本案事实清楚，可以依法作出审查决定。

二、决定的理由

1. 审查文本

合议组审查了请求人于 2008 年 8 月 6 日提交的权利要求全文替换页，未发现上述修改存在不符合专利法第 33 条和专利法实施细则第 60 条的规定之处，因此本复审决定所依据的审查文本为请求人于 2008 年 8 月 6 日提交的权利要求 1、于 2006 年 11 月 27 日提交的说明书第 2 页、于 2003 年 6 月 25 日提交的说明书第 1 页以及说明书摘要。

2. 关于专利法实施细则第 20 条第 1 款的规定

专利法实施细则第 20 条 1 款规定，权利要求书应当说明发明或实用新型的技术特征，清楚、简要地表述请求保护的范围。

请求人于 2008 年 8 月 6 日提交的修改后的权利要求书中删除了原权利要求 2，从而克服了驳回决定和复审通知书所指出的权利要求 2 不符合专利法实施细则第 20 条第 1 款规定的缺陷。

至于本申请中是否还存在其他的缺陷，有待于后续程序进一步审查。

基于上述理由，合议组作出如下决定。

三、决定

撤销国家知识产权局于 2007 年 1 月 5 日对申请号为 03147839.5 的发明专利申请作出的驳回决定。由原审查部门根据本复审决定所针对文本的基础上继续审查程序。

复审请求人如对本决定不服的，可以根据专利法第 41 条第 2 款的规定，自收到本决定之日起三个月内向北京市第一中级人民法院起诉。

一种治疗烧伤、烫伤的中草药制剂及制备工艺

复审请求审查决定（第 14380 号）

决 定 号	第 14380 号
决 定 日	2008 年 8 月 25 日
发明创造名称	一种治疗烧伤、烫伤的中草药制剂及制备工艺
国际分类号	A61K 36/00
复审请求人	郭季英
申 请 号	03146772.5
申 请 日	2003 年 6 月 25 日
公 开 日	2005 年 1 月 19 日
合议组组长	张 华
主 审 员	杨存吉
参 审 员	朱 茜
法 律 依 据	专利法第 26 条第 3 款

决 定 要 点

如果有证据证明说明书中某个术语的准确含义，则以所属技术领域的技术人员无法得知该术语为何种物质为由认为说明书公开不充分的驳回决定的理由不成立。

一、案由

本复审请求案涉及申请人为郭季英、申请日为 2003 年 6 月 25 日、申请号为 03146772.5、发明名称为"一种治疗烧伤、烫伤的中草药制剂及制备工艺"的发明专利申请（下称本申请）。

本申请于 2005 年 1 月 19 公开后，国家知识产权局实质审查部门针对申请日提交的说明书第 1~2 页、权利要求 1 和说明书摘要，依法对本申请进行实质审查，并于 2005 年 7 月 29 日发出第一次审查意见通知书，指出本申请不符合专利法第 26 条第 3 款的规定。该通知书指出：本申请说明书公开了请求保护的中药的具体组方，但所述"黄蜡"、"白蜡"、"槐条"、"酸筒根"在《中药大辞典》中没有记载，本领域技术人员无法得知其为何种物质；此外，本申请说明书中还提到所述中药的制备工艺，根据说明书的描述，"头发"没有经过特殊处理，直接用麻油在温火下熬制两小时是难以溶解的，本领域技术人员不清楚头发如何与其他原料药一起制成汤剂，如何发挥治疗效果。因此本申请说明书未对请求保护的技术方案作清楚、完整地说明，不符合专利法第 26 条第 3 款的规定。

针对第一次审查意见通知书，申请人于 2005 年 10 月 26 日提交了意见陈述书和《本草纲目》（人民卫生出版社，1991 年 12 月第一版）中有关虎杖、槐条、黄蜡、白蜡和头发部分内容的复印件。申

请人指出黄蜡是蜂巢通过熬制过滤后出来的一种黄色凝固体、白蜡是医药用的白蜡、槐条是槐树的枝条、酸筒根的别名是酸巴梗、千年健、虎杖；关于头发难溶解的问题，申请人指出将头发洗干净，放入麻油中用温火熬制两小时成固体黄色，把渣子捞出，质气在麻油中。

国家知识产权局形式审查部门于2005年12月2日发出补正通知书，指出申请人上述意见陈述书的表格填写中缺乏申请人的签名。

申请人于2006年1月2日提交了补正书和与上述意见陈述书内容相同的意见陈述书。

国家知识产权局实质审查部门针对申请日提交的说明书第1~2页、说明书摘要和权利要求第1项，于2006年5月19日作出驳回决定，驳回理由是本申请不符合专利法第26条第3款的规定。该驳回决定指出：本申请说明书公开了请求保护的中药的具体组方，但所述的"酸筒根"在《中药大辞典》中没有记载，无法得知其为何种物质，因此本申请说明书未对请求保护的技术方案作清楚、完整地说明，不符合专利法第26条第3款的规定。申请人在答复第一次审查意见通知书时提交的证据仅记载了关于"虎杖"的信息，并没有证据证明"酸筒根"就是"虎杖"。

申请人（下称复审请求人）对上述驳回决定不服，于2006年6月26日向专利复审委员会提出复审请求。专利复审委员会于2006年10月25日发出复审请求视为未提出通知书，理由是复审请求人未在指定期限内缴足复审费。

复审请求人于2006年12月1日向专利复审委员会提交复审请求书和恢复权利请求书。专利复审委员会于2007年3月20日发出复审请求视为未提出通知书，理由是复审请求人未在指定期限内缴足复审费。

复审请求人分别于2007年5月10日和2007年5月17日两次向专利复审委员会提交复审请求书和恢复权利请求书。

专利复审委员会于2007年10月12日向复审请求人发出复审请求受理通知书，同时向国家知识产权局实质审查部门发出前置审查通知书。

国家知识产权局实质审查部门在前置审查意见书中仍然坚持驳回决定。

专利复审委员会依法组成合议组对本复审请求进行了审查，并于2008年6月27日发出复审通知书，指出：本申请技术方案中的配方涉及一种名为"酸筒根"的中药，但是"酸筒根"并不是中药领域的技术术语或通用术语，以致本领域普通技术人员根据说明书记载的内容无法知道"酸筒根"为何种物质，无法实现本申请所公开的技术方案，故本申请的说明书不符合专利法第26条第3款的规定。复审请求人如果主张上述"酸筒根"就是"虎杖"，那么其应当提供证据对其主张加以证明，否则合议组将对其复审请求不予支持。

复审请求人于2008年7月5日提交了《中药大辞典》（科学技术出版社）封面页、第1329~1331页的复印件，并于2008年7月17日提交了《湖南农村常用中草药手册》（湖南人民出版社，1970年版）封面页、版权页、第326~327页等的复印件，其中在《湖南农村常用中草药手册》第326页中记载"酸筒根"的别名为"酸巴梗、千年健、虎杖"。

至此，合议组认为本案事实已经清楚，可以依法作出决定。

二、决定的理由

1. 关于审查文本

本复审请求审查决定所针对的文本为：申请日提交的说明书第1~2页、说明书摘要和权利要求1。

2. 关于专利法第26条第3款

专利法第26条第3款规定：说明书应当对发明或者实用新型作出清楚、完整的说明，以所属技

术领域的技术人员能够实现为准；必要的时候，应当有附图。摘要应当简要说明发明或者实用新型的技术要点。

本申请涉及一种中药制剂及其制备工艺，其中在说明书公开了请求保护的中药制剂的具体组方。驳回决定以"酸筒根"在《中药大辞典》中没有记载，本领域技术人员无法得知其为何种物质为由认为本申请不符合专利法第26条第3款的规定。对此，合议组认为：在评价某个技术方案是否能够实现时，应当考虑所属技术领域的普通技术知识。复审请求人在答复复审通知书时提交了湖南人民出版社1970年版的《湖南农村常用中草药手册》封面页、版权页、第326~327页等的复印件。由于该手册是1970年公开出版的技术手册，属于本领域的普通技术知识，故在评价本申请的技术方案能否实现时应该考虑该手册所公开的内容。鉴于该手册第326页中已经记载中草药"酸筒根"的别名是"虎杖"，因此"酸筒根"的含义对本领域技术人员而言是明确的，故驳回决定以本领域技术人员无法得知"酸筒根"为何种物质为由认为说明书不符合专利法第26条第3款的规定的理由不能成立。

基于上述理由，合议组作出如下决定。

三、决定

撤销国家知识产权局于2006年5月19日针对03146772.5号申请作出的驳回决定，由国家知识产权局实质审查部门以申请日提交的说明书第1~2页、说明书摘要和权利要求1为基础继续进行审查程序。

根据专利法第41条第2款的规定，对本决定不服的，复审请求人可以在收到本通知之日起三个月内向北京市第一中级人民法院起诉。

寡糖刺激 β–内啡肽产生的应用

复审请求审查决定（第 14384 号）

决 定 号	第 14384 号
决 定 日	2008 年 8 月 25 日
发明创造名称	寡糖刺激 β–内啡肽产生的应用
国际分类号	A61K 7/48，A61K 35/78，A61K 31/70
复审请求人	LVMH 里尔兹经济利益集团
申 请 号	01812430.5
优 先 权 日	2000 年 7 月 7 日
申 请 日	2001 年 7 月 5 日
公 开 日	2003 年 9 月 3 日
合议组组长	吴通义
主 审 员	卢 阳
参 审 员	葛永奇

法 律 依 据 专利法第 26 条第 3 款

决 定 要 点

对于化学产品用途发明，在说明书中应当记载所使用的化学产品、使用方法及所取得的效果，使得本领域技术人员能够实施该用途发明。如果本领域的技术人员无法根据现有技术预测该用途，则说明书中应当记载对于本领域技术人员来说，足以证明该物质可以用于所述用途并能解决所要解决的技术问题或者达到所述效果的实验数据。

一、案由

本复审请求涉及名称为"寡糖刺激 β–内啡肽产生的应用"的 01812430.5 号发明专利申请（下称本申请），申请人为 LVMH 里尔兹经济利益集团，申请日为 2001 年 7 月 5 日，公开日为 2003 年 9 月 3 日，优先权日为 2000 年 7 月 7 日。

经实质审查，国家知识产权局于 2004 年 3 月 19 日发出第一次审查意见通知书，指出本申请说明书不符合专利法第 26 条第 3 款的规定，权利要求 1~9 属于专利法第 25 条第 1 款规定的不能授予专利权的客体，权利要求 1、4、8~10 不符合专利法实施细则第 20 条第 1 款的规定，权利要求 5~9 不符合专利法实施细则第 23 条第 2 款的规定。

申请人于 2004 年 9 月 3 日针对第一次审查意见通知书提交了权利要求书全文替换页和意见陈述书，同时申请人还提交了以下附件用于证明本申请说明书符合专利法第 26 条第 3 款的规定：

附件1：CHRISTIAN DIOR 关于面膜的商业宣传单，复印件共2页；

附件2：得自 www.lorealparis.frv/catalog/product 的网页，复印件共1页；

国家知识产权局于2005年4月8日发出第二次审查意见通知书，指出：权利要求1、13不具备专利法第22条第2款规定的新颖性，权利要求2~11不具备专利法第22条第3款规定的创造性，权利要求10不符合专利法实施细则第20条第1款的规定，权利要求12不符合专利法实施细则第21条第3款的规定。

申请人于2005年8月23日提交了意见陈述书和权利要求书的全文替换页。

国家知识产权局于2005年10月14日以本申请权利要求1不符合专利法第22条第2款、权利要求2~11不符合专利法第22条第3款、说明书不符合专利法第26条第3款的规定为由驳回了本申请，驳回理由概括如下：

1. 权利要求1要求保护"至少一种寡糖或一种包含它的植物提取物在制备刺激皮肤中β-内啡肽的产生的化妆品或皮肤病组合物中的应用"，对比文件1（US5709864A，公开日为1998年1月20日）中公开了灰毛豆种子提取物在化妆品领域的抗衰老、抗炎等作用（参见摘要、说明书实施例1~2），因此，权利要求1不具备新颖性，不符合专利法第22条第2款的规定。

2. 权利要求2~11对寡糖的结构、来源、含量等进行了具体限定，由于对比文件1中还指出另外可含有化妆品可接受的赋形剂、载体、植物提取物在化妆品组合物中为0.01%~5%（说明书第2栏第19~24行），而选择同一种属的植物进行提取、加入化妆品领域常用的物质如维生素A，均属于本领域技术人员易于作出的常规选择，因此，权利要求2~11不具备创造性，不符合专利法第22条第3款的规定。

3. 本申请涉及至少一种寡糖或一种包含它们的植物提取物作为刺激β-内啡肽的产生的化妆品或皮肤病制剂的应用，其发明目的在于通过刺激β-内啡肽达到润滑皮肤、收敛作用、增强新陈代谢、止痛抗敏的功效，但是本申请说明书中仅证明了含有至少两个半乳糖单元的寡糖或含有它们的植物提取物能够增强皮肤内β-内啡肽，并未提供刺激β-内啡肽与产生所述发明效果之间直接相关的证据，因此，本申请说明书是不完整的，不符合专利法第26条第3款的规定。

驳回决定所针对的权利要求书如下：

"1. 至少一种寡糖或一种包含它的植物提取物在制备刺激皮肤中β-内啡肽的产生的化妆品或皮肤病组合物中的应用，所述寡糖包含2~6个糖和包含至少2个半乳糖单元。

2. 依照权利要求1的应用，其特征在于所述寡糖包含2个连位的半乳糖单元。

3. 依照权利要求1的应用，其特征在于所述寡糖包含位于糖链末端的两个连位的半乳糖单元。

4. 依照权利要求1的应用，其特征在于所述寡糖是水苏糖。

5. 依照权利要求1的应用，其特征在于所述寡糖是鹰嘴豆醇。

6. 依照权利要求1~3任一项的应用，其特征在于所述寡糖包含于一种植物提取物中，所述植物选自灰叶属，大豆，鹰嘴豆，羽扇豆属植物和小扁豆。

7. 依照权利要求6的应用，其特征在于所述寡糖包含于灰毛豆种的种子提取物中。

8. 依据权利要求1的应用，其特征在于基于所述组合物的总重量，所述寡糖或所述植物提取物，在这种情况下以干重表示，以0.0001%~10%化妆品或皮肤病组合物重量的浓度存在。

9. 依据权利要求1的应用，其特征在于基于所述组合物的总重量，所述寡糖或所述包含它的植物提取物，在这种情况下以干重表示，以0.01%~5%化妆品或皮肤病组合物重量的浓度存在。

10. 依据权利要求1的应用，其特征在于所述寡糖，或一种包含它的植物提取物结合以另一种化妆品或皮肤病可接受的活性物质，其选自维生素A及其酯；一种α-羟酸；一种酶PLA2的抑制剂；

一种具有抗炎活性的物质；一种具有免疫调节活性的物质；一种表面活性剂；一种生物碱；一种 PAF 抑制剂；和一种 PGE2 酶的抑制剂。

11. 依据权利要求 10 的应用，其特征在于所述活性物质选自维生素 A 棕榈酸酯，水杨酸，乳酸，羟基乙酸，苹果酸，黄柏植物的提取物，印苦楝糖苷植物的提取物，洋甘草植物的提取物，18β-甘草亭酸，聚糖，硫酸月桂酯，双苄基异喹啉，尖刺碱，顶花防己碱，或银杏 biloba 提取物。

12. 依据权利要求 1 的应用，其特征在于所述化妆品或皮肤病组合物被配制成适于皮肤局部施用的形式，并且以有效进行护理的浓度含有所述寡糖和包含它的植物提取物，所述护理选自对敏感皮肤的护理，缓解或消除不适反应的护理，抗刺激护理，光滑护理或发挥局部止痛作用的护理。

13. 美容护理的方法，所述护理选自对敏感皮肤的护理，缓解或消除不适反应的护理，抗刺激护理，光滑护理或发挥局部止痛作用的护理，其特征在于它包含对需要美容护理的皮肤的区域施用美容有效量的至少一种寡糖或一种包含它的植物提取物，任选以化妆品可接受的赋形剂形式，所述寡糖包含 2～6 个糖和含有至少两个半乳糖单元，所述寡糖或所述包含它的植物提取物如同权利要求 1～12 任一项中所限定的。"

申请人 LVMH 里尔兹经济利益集团（下称请求人）对上述驳回决定不服，于 2006 年 1 月 27 日向专利复审委员会提出复审请求，同时提交了权利要求书的全文替换页。修改后的权利要求书如下：

"1. 至少一种寡糖或一种植物提取物在制备化妆护理的化妆品或皮肤病组合物中的应用，其中所述寡糖选自水苏糖和鹰嘴豆醇，所述植物提取物基本上由包含所述水苏糖和鹰嘴豆醇的寡糖组成，所述化妆护理选自对敏感皮肤的护理，缓解或消除不适反应的护理，抗刺激护理，光滑护理或发挥局部止痛作用的护理。

2. 依照权利要求 1 的应用，其特征在于所述寡糖获自一种植物提取物中，所述植物选自灰叶属，大豆，鹰嘴豆，羽扇豆属植物和小扁豆。

3. 依照权利要求 2 的应用，其特征在于所述寡糖获自灰毛豆种的种子提取物中。

4. 依据权利要求 1 的应用，其特征在于基于所述组合物的总重量，所述寡糖或所述植物提取物，在这种情况下以干重表示，以 0.0001%～10% 化妆品或皮肤病组合物重量的浓度存在。

5. 依据权利要求 1 的应用，其特征在于基于所述组合物的总重量，所述寡糖或所述植物提取物，在这种情况下以干重表示，以 0.01%～5% 化妆品或皮肤病组合物重量的浓度存在。

6. 依据权利要求 1 的应用，其特征在于所述寡糖或植物提取物结合以另一种化妆品或皮肤病可接受的活性物质，其选自维生素 A 及其酯；一种 α-羟酸；一种酶 PLA2 的抑制剂；一种具有抗炎活性的物质；一种具有免疫调节活性的物质；一种表面活性剂；一种生物碱；一种 PAF 抑制剂；和一种 PGE2 酶的抑制剂。

7. 依据权利要求 6 的应用，其特征在于所述活性物质选自维生素 A 棕榈酸酯，水杨酸，乳酸，羟基乙酸，苹果酸，黄柏植物的提取物，印苦楝糖苷植物的提取物，洋甘草植物的提取物，18β-甘草亭酸，聚糖，硫酸月桂酯，双苄基异喹啉，尖刺碱，顶花防己碱，或银杏 biloba 提取物。"

请求人认为经修改后的权利要求 1～7 具备新颖性和创造性，说明书符合专利法第 26 条第 3 款的规定，理由概述如下：

（1）修改后的权利要求涉及的是纯的或基本上纯的形式的寡糖，与对比文件 1 的粗提物相比是完全不同的产品，而且对比文件 1 根本没有任何关于刺激 β-内啡肽生成的机理的教导。本领域技术人员根据对比文件 1 的教导，无法预见本发明的选自水苏糖和鹰嘴豆醇的寡糖或基本上由包含所述水苏糖和鹰嘴豆醇的寡糖组成的植物提取物能够刺激 β-内啡肽生成，具有化妆护理用途，特别是对敏感皮肤的护理、缓解或消除不适反应的护理、抗刺激护理、光滑护理或发挥局部止痛作用的护理，因此，权利要求 1 具备创造性。基于相同的理由，权利要求 1 的从属权利要求 2~7 也具备创造性。

（2）本申请说明书中提供的以白细胞介素-1β 和二丁酰基 cAMP 作为阳性对照的测试实验显示：本发明的纯的寡糖和白细胞介素-1β 和二丁酰基 cAMP 一样能够刺激 β-内啡肽的生成，由此可以进一步证明它们和白细胞介素-1β 和二丁酰基 cAMP 一样具有类似的用途（止痛抗敏等），而且实施例 6~11 中给出的皮肤病组合物的例证实现了要求保护的作用；此外，本申请说明书第 6 页第 12~29 行所列的文献也阐明了 β-内啡肽与本申请要求保护的应用之间的关系，特别是与止痛作用的关系，因此，本领域技术人员根据说明书的记载，再结合现有技术的知识，完全能够预见到本发明的技术方案能够达到本发明所述的技术效果，本申请说明书符合专利法第 26 条第 3 款的规定。

形式审查合格后，专利复审委员会受理了该复审请求，并于 2006 年 3 月 1 日向请求人发出《复审请求受理通知书》，随后将本申请移交原审查部门进行前置审查。

原审查部门对本复审请求进行了前置审查，认为修改后的权利要求 1~7 克服了新颖性的问题，但是请求人陈述的理由以及说明书第 6 页中记载的文献均不足以证明 β-内啡肽与止痛抗敏作用的必然、直接联系，本申请说明书仍然公开不充分，不符合专利法第 26 条第 3 款的规定，因而坚持原驳回决定。

专利复审委员会组成合议组，对本案的复审请求进行了审理，于 2008 年 3 月 20 日发出《复审通知书》，指出：本申请要求保护水苏糖、鹰嘴豆醇或基本上由包含所述水苏糖或鹰嘴豆醇的寡糖组成的植物提取物在制备用于护理敏感皮肤、缓解或消除不适反应、抗刺激或光滑护理的化妆品或皮肤病组合物中的应用，但是说明书中并未记载足以证明上述物质具有抗敏、抗刺激、润滑皮肤或缓解或消除不适反应的功效的实验证据，也没有证据表明本领域技术人员根据现有技术足以预测上述用途，因此，依据本申请说明书的描述，本领域技术人员无法实现本发明，本申请说明书不符合专利法第 26 条第 3 款的规定。

请求人于 2008 年 7 月 3 日提交了意见陈述书和以下附件（编号续前）：

附件 3："Role of Beta-Endorphin in the skin"，D. Schmid 和 F. Zülli，SOFW-journal，第 131 卷第 4 期，第 4~8 页，2005 年，英文，复印件共 4 页；

附件 4："The 'beauty' of skin neurobiology"，C Pincelli 和 F Bonté，Journal of Cosmetic Dermatology，第 2 期，第 195~198 页，2004 年，英文，复印件共 4 页；

附件 5：得自 http://www.impag.de/english/kosmetik/zsepawa04tephro.htm 的网页，复印件共 3 页。

请求人认为：附件 3 第 4 页第 2 栏和题为"β-内啡肽/mu-Opiate 受体系统在皮肤中的存在"的段落表明 β-内啡肽的作用不仅仅是假设；附件 4 中题为"内啡肽"的一段清楚的描述了"内啡肽发现于 19 世纪 70 年代，研究人员逐渐意识到它们在神经系统中起到多种作用"，该文献第 197 页的结论还清楚地显示了化妆皮肤病学与皮肤神经生物学之间的紧密联系，并强调"用于化妆目的的靶向神经因子不仅仅是假设，而是事实"；附件 5 涉及商品名为 Tephroline 的产品，该产品含有包含水苏糖和鹰嘴豆醇的灰叶属植物提取物，同时该文献强调了在角化细胞中 β-内啡肽合成的刺激作用以及所述刺激的结果（就保持良好状态和放松的感觉而言）；综上所述，本领域技术人员根据说明书的记载，再结合现有技术的知识，完全能够预见到本发明的技术方案能够达到本发明所述的技术效果，因此，本申请说明书符合专利法第 26 条第 3 款的规定。

至此，合议组认为本案事实已经清楚，可以作出审查决定。

二、决定的理由

1. 审查文本的认定

请求人于 2006 年 1 月 27 日提交的权利要求书中所作的修改符合专利法第 33 条和专利法实施细

则第 60 条第 1 款的规定，故本复审决定依据的文本为：请求人于 2006 年 1 月 27 日提交的权利要求 1~7，2003 年 1 月 7 日本申请进入中国国家阶段时提交的说明书第 1~12 页和说明书摘要。

2. 关于专利法第 26 条第 3 款

专利法第 26 条第 3 款规定，说明书应当对发明或者实用新型作出清楚、完整的说明，以所属技术领域的技术人员能够实现为准。

根据该款规定，对于化学产品用途发明，在说明书中应当记载所使用的化学产品、使用方法及所取得的效果，使得本领域技术人员能够实施该用途发明。如果本领域的技术人员无法根据现有技术预测该用途，则说明书中应当记载对于本领域技术人员来说，足以证明该物质可以用于所述用途并能解决所要解决的技术问题或者达到所述效果的实验数据。

本申请要求保护水苏糖、鹰嘴豆醇或基本上由包含所述水苏糖或鹰嘴豆醇的寡糖组成的植物提取物在制备用于护理敏感皮肤、缓解或消除不适反应、抗刺激或光滑护理的化妆品或皮肤病组合物中的应用（参见权利要求 1~7）。但是没有证据表明本领域技术人员根据现有技术足以预测上述物质具有抗敏、抗刺激、润滑皮肤或缓解或消除不适反应的功效，而说明书中也没有记载足以证明上述物质可用于上述用途的实验证据，因此，本申请说明书对发明的说明未达到足以使本领域技术人员能够实现本发明的程度。

请求人认为本申请说明书第 6 页第 12~29 行所列的文献阐明了 β-内啡肽与本申请要求保护的应用之间的关系。对此，合议组认为：在本申请说明书第 6 页第 12~29 行所列的文献中，J. Invest. Dermatol. 1996，106，673~678；J. Clin. Invest. 1994，93，2258~2262 中描述了人角质细胞能合成 β-内啡肽，该 β-内啡肽为 POMC 的衍生物；J. Invest. Dermatol. 1996，106，3~10；Biochim. Biophys. Acta 1997，1336，315~322 中指出 β-内啡肽可能在免疫调节现象和毛发周期中具有一定作用；J. Invest. Dermatol. 1996，106，673~678 中提出了角质细胞产生的 β-内啡肽可进入血清并遥控作用于中枢神经系统及循环的免疫细胞的假说，POMC 行使神经肽前体的作用，在紧张情况或紫外线辐射期间神经激素被释放入有机体并具有止痛作用；Exp. Dermatol. 1997，6，222~229，Nissen J. B. 中证实 β-内啡肽在角质细胞的分化中不具有作用。由此可见，上述文献均未证实 β-内啡肽具有抗敏、抗刺激、润滑皮肤或缓解或消除不适反应的作用。

请求人认为说明书实施例 5 提供了以白细胞介素-1β 和二丁酰基 cAMP 为阳性对照的测试实验，其结果表明本发明的寡糖与白细胞介素-1β 和二丁酰基 cAMP 一样能够刺激 β-内啡肽的生长，具有类似的用途。对此，合议组认为：实施例 5 所提供的实验结果只是证明了本发明所述的水苏糖和鹰嘴豆醇与阳性对照一样能够刺激 β-内啡肽的生成，虽然本领域已知 β-内啡肽具有镇痛作用，但是没有证据表明 β-内啡肽与抗敏、抗刺激、润滑皮肤、缓解或消除不适反应等效果存在必然联系，因此，实施例 5 的结果只能说明本发明的寡糖具有止痛的作用，并不足以证明本发明的寡糖具有抗敏、抗刺激、润滑皮肤、缓解或消除不适反应等功效。

请求人还指出实施例 6~11 中给出了皮肤病组合物的例证，实现了要求保护的作用。对此，合议组认为：实施例 6~11 中只是例示了各种组合物的原料配比并泛泛的描述了所述组合物的用途及效果，并未提供足以证明其能够实现所述用途或达到预期效果的定性或者定量实验数据。

此外，对于请求人于 2004 年 9 月 30 日提交的附件 1、2 以及于 2008 年 7 月 3 日提交的附件 3~5，合议组认为：（1）附件 1 为面膜的商品宣传单，附件 2、5 为网页复印件，请求人并未提供证据证明上述附件公开于本申请优先权日之前，而且上述附件中也没有证实本发明所述的水苏糖、鹰嘴豆醇、植物提取物或 β-内啡肽能够抗敏、抗刺激、润滑皮肤或缓解或消除不适反应，因此，附件 1、2、5 不能用于证明本申请说明书已公开充分。（2）附件 3、4 均为本申请优先权日之后公开的文献，而且其中也没有证实本发明所述的水苏糖、鹰嘴豆醇、植物提取物或β-内啡肽能够抗敏、抗刺激、润滑皮肤或缓解或消除不适反应，附件3中虽然表示"内啡肽发现于19世纪70年代，研究人员逐渐意识到它们在神经系统中起到多种作用"，但这只能说明内啡肽发现于19世纪70年代，并不表示β-内啡肽能够抗敏、抗刺激、润滑皮肤或缓解或消除不适反应在本申请优先权日之前已为公众所知，因此，上述附件3、4也不能证明本申请的说明书已公开充分。

综上所述，本领域技术人员根据说明书中记载的内容以及现有技术知识，无法确认本发明所述的水苏糖、鹰嘴豆醇或基本上由包含所述水苏糖或鹰嘴豆醇的寡糖组成的植物提取物能够用于护理敏感皮肤、缓解或消除不适反应、抗刺激或者光滑护理，因此，本申请说明书公开不充分，不符合专利法第26条第3款的规定。

根据以上事实和理由，本案合议组作出如下审查决定。

三、决定

维持国家知识产权局于2005年10月14日对01812430.5号发明专利申请作出的驳回决定。

复审请求人对本决定不服的，可以根据专利法第41条第2款的规定，自收到本决定之日起三个月内向北京市第一中级人民法院起诉。

改良安卡拉痘苗病毒变体

复审请求审查决定（第14398号）

决 定 号	第14398号
决 定 日	2008年8月20日
发明创造名称	改良安卡拉痘苗病毒变体
国际分类号	C12N 15/863，C12N 15/39，C12N7/04，C12N 5/10，A61K 39/285，A61K 48/00
复审请求人	巴法里安诺迪克有限公司
申 请 号	01819410.9
优 先 权 日	2000年11月23日
申 请 日	2001年11月22日
公 开 日	2004年2月18日
合议组组长	吴通义
主 审 员	卢 阳
参 审 员	葛永奇

法 律 依 据 专利法第26条第3款、第4款，专利法实施细则第20条第1款

决 定 要 点

说明书应当对发明或者实用新型作出清楚、完整的说明，以所属技术领域的技术人员能够实现为准。所属技术领域的技术人员能够实现，是指所属技术领域的技术人员按照说明书记载的内容，就能够实现该发明或者实用新型的技术方案，解决其技术问题，并且产生预期的技术效果。

权利要求的保护范围应当根据其所用的词语的含义来理解。一般情况下，权利要求中的用词应当理解为相关技术领域通常具有的含义。

权利要求书中的每一项权利要求所要求保护的技术方案应当是所属技术领域的技术人员能够从说明书充分公开的内容中得到或概括得出的技术方案，并且不得超出说明书公开的内容。

一、案由

本复审请求涉及名称为"改良安卡拉痘苗病毒变体"的01819410.9号发明专利申请（下称本申请），申请人为巴法里安诺迪克有限公司，优先权日为2000年11月23日，申请日为2001年11月22日，公开日为2004年2月18日。

经实质审查，国家知识产权局于2005年10月14日以本申请权利要求1、10、35不符合专利法实施细则第20条第1款；权利要求33涉及所述MVA作为佐剂的技术方案，而说明书中没有提供本申请所述MVA作为佐剂的相关实验数据，故说明书不符合专利法第26条第3款的规定为由驳回了本

申请。驳回决定所涉及的权利要求1、10、33、35如下：

"（1）改良安卡拉痘苗病毒（MVA），它是在欧洲细胞培养物保藏中心（ECACC），Salisbury（UK）保藏的编号为V00083008的MVA（MVA-BN）或者是它的衍生物，其中所述衍生物具有以下特征：

（i）能在鸡胚成纤维细胞（CEF）以及在幼年仓鼠肾细胞系BHK中进行繁殖性复制，但不能在人类细胞系中进行繁殖性复制，

（ii）不能在免疫严重受损的小鼠体内复制。

（10）基因组，为权利要求1~9之一所述MVA的基因组。

（33）权利要求1~9之一所述MVA，其作为佐剂。

（35）制备肽、蛋白和/或MVA的方法，包括

a）用权利要求1~9之一所述MVA感染宿主细胞，

b）在适当条件下培养已被感染的宿主细胞，和

c）分离和/或富集由所述宿主细胞产生的肽和/或蛋白和/或MVA。"

驳回理由概述如下：

1. 权利要求1中所述的"衍生物"、权利要求10中所述的"基因组"及权利要求35中所述的"肽、蛋白"，其具体结构、功能是不清楚的，由此导致上述权利要求所要求保护的技术方案不清楚，因此，权利要求1、10、35不符合专利法实施细则第20条第1款的规定。

2. 说明书中没有提供本申请所述MVA作为佐剂的相关实验数据，而修改后的权利要求33仍然涉及所述MVA作为佐剂的技术方案，本领域技术人员无法推测该技术方案的技术效果，因此，说明书没有充分公开所述MVA作为佐剂的技术方案，不符合专利法第26条第3款的规定。

申请人巴法里安诺迪克有限公司（下称请求人）对上述驳回决定不服，于2006年1月24日向专利复审委员会提出复审请求，同时提交了权利要求书全文替换页（共3页37项），其中删除了权利要求35，将权利要求1分为两个权利要求。修改后的权利要求1、2、11、34（对应于驳回决定所针对的权利要求1、10、33）如下：

"（1）改良安卡拉痘苗病毒（MVA），它是在欧洲细胞培养物保藏中心（ECACC），Salisbury（UK）保藏的编号为V00083008的MVA（MVA-BN）。

（2）MVA，它衍生自ECACC V00083008并具有以下特征：

（i）能在鸡胚成纤维细胞（CEF）以及在幼年仓鼠肾细胞系BHK中进行繁殖性复制，但不能在人类细胞系中进行繁殖性复制，

（ii）不能在免疫严重受损的小鼠体内复制。

（11）基因组，为权利要求1~10之一所述MVA的基因组。

（34）权利要求1~10之一所述MVA，其作为佐剂。"

请求人认为：

（1）修改后权利要求2的保护主题为病毒，并限定该病毒衍生自被保藏的病毒株和具有所述的复制特性，这种通过说明书中描述的试验可以验证的特征在审查指南中被认为是清楚的，并且是允许的。

（2）广西科学技术出版社1999年1月出版的《生物学大辞典》第337页将"基因组"解释为：决定已表达的和可表达的与一定生物的所有特征相关的全部基因。因此，不能认为"基因组序列的功能无法描述"。

（3）科学出版社1993年出版的《现代免疫学词典》第6页对"佐剂"的定义是：能非特异性地

增强对抗原免疫应答的物质。本申请实施例2.2.2中，MVA并不是起抗原的作用，而是促进小鼠对于非MVA的多种其他抗原表位的免疫效果，该实施例的结果充分表明，MVA非特异性地增强对多种不同抗原的免疫应答，因此，本申请说明书已经给出了本发明所述MVA作为佐剂的用途的相关实验及其结果，完全符合专利法第26条第3款的规定。

形式审查合格后，专利复审委员会受理了该复审请求，并于2006年3月1日向请求人发出《复审请求受理通知书》，随后将本申请移交原审查部门进行前置审查。

原审查部门对本复审请求进行了前置审查，坚持原驳回决定。

专利复审委员会组成合议组，对本复审请求案进行了审理，并于2008年3月20日向请求人发出《复审通知书》，指出：权利要求2要求保护一种衍生自ECACC V00083008的MVA，但说明书中仅记载了涉及ECACC V00083008的具体实施方式，并未提供任何衍生自ECACC V00083008的MVA的实例，由于衍生病毒株并不一定具有与原病毒株相同的生物学特征，因而，权利要求2所要求保护的衍生自ECACC V00083008的MVA所具有的生物学功能无法预先确定和评价，因此，权利要求2的概括超出了说明书公开的范围，不符合专利法第26条第4款的规定。

请求人于2008年5月4日提交了意见陈述书和权利要求书全文替换页（共33项），其中删除了《复审通知书》所针对的权利要求书中的权利要求2～5，并对其他权利要求的引用关系作了适应性修改。

在上述程序的基础上，合议组认为本案事实已经清楚，可以作出审查决定。

二、决定的理由

1. 审查文本的认定

请求人于2008年5月4日提交的权利要求书中所作的修改符合专利法第33条和专利法实施细则第60条第1款的规定，故本复审决定依据的审查文本为：请求人于2008年5月4日提交的权利要求1～33，2003年5月23日本申请进入中国国家阶段时提交的说明书第1～30页、附图第1～12页和说明书摘要。

2. 关于专利法第26条第3款

专利法第26条第3款规定，说明书应当对发明或者实用新型作出清楚、完整的说明，以所属技术领域的技术人员能够实现为准。

所属技术领域的技术人员能够实现，是指所属技术领域的技术人员按照说明书记载的内容，就能够实现该发明或者实用新型的技术方案，解决其技术问题，并且产生预期的技术效果。

本案中，驳回决定认为说明书没有提供该申请所述的MVA作为佐剂的相关实验数据，而驳回决定所针对的权利要求书中权利要求33涉及所述MVA作为佐剂的技术方案，因此，该申请说明书不符合专利法第26条第3款的规定。对此，合议组认为：本申请说明书实施例2.2.2（说明书第23～24页，附图3）中比较了"小鼠用编码鼠的多表位的MVA或DNA以不同的初次–加强免疫方案进行接种"的免疫效果，其中所检测的免疫效果都是针对不同CTL表位的效果，并不是针对MVA本身的免疫效果，即该实验所检测的是MVA对其他抗原免疫效果的促进作用，其实验结果显示以MVA-BN（MVA-BN编码的鼠的多表位构建体）免疫所诱导的CTL应答明显强于单独使用DNA疫苗的情况，这表明MVA能够非特异性地增强小鼠对其他抗原的免疫应答，由此可见，说明书中已经提供了证明该申请所述MVA具有佐剂作用的实验数据，因此，驳回决定中的上述理由不成立。

3. 关于专利法实施细则第20条第1款

专利法实施细则第20条第1款规定，权利要求书应当说明发明或者实用新型的技术特征，清楚、简要地表述请求保护的范围。

根据该款规定，每项权利要求所确定的保护范围应当清楚。权利要求的保护范围应当根据其所用的词语的含义来理解。一般情况下，权利要求中的用词应当理解为相关技术领域通常具有的含义。

驳回决定中认为驳回决定所针对的权利要求 10 中所述"基因组"的功能是不清楚的，由此导致该权利要求所要求保护的技术方案不清楚，不符合专利法实施细则第 20 条第 1 款的规定。对此，合议组认为：权利要求的保护范围应当根据其所用词语的含义来理解，"基因组"是本领域的常用术语，其所表征的产品对于本领域技术人员而言是清楚、明确的，并无歧义，因而不会导致权利要求所要求保护的技术方案不清楚，至于该"基因组"的功能是否清楚，并不影响本领域技术人员清楚的理解该权利要求的保护范围，因此，驳回决定中的上述理由不成立。

此外，驳回决定中指出权利要求 1 中所述的"衍生物"、权利要求 35 中所述的"肽、蛋白"分别导致权利要求 1 和权利要求 35 所要求保护的技术方案不清楚，不符合专利法实施细则第 20 条第 1 款的规定。为此，请求人于 2008 年 5 月 4 日提交了经修改的权利要求书，其中删除了涉及 MVA 衍生物的技术方案以及驳回决定所针对的权利要求 35，从而克服了驳回决定中所指出的上述缺陷。

4. 关于专利法第 26 条第 4 款

专利法第 26 条第 4 款规定，权利要求书应当以说明书为依据，说明要求专利保护的范围。

根据该款规定，权利要求书中的每一项权利要求所要求保护的技术方案应当是所属技术领域的技术人员能够从说明书充分公开的内容中得到或概括得出的技术方案，并且不得超出说明书公开的内容。

《复审通知书》中指出权利要求 2 的概括超出了说明书公开的范围，不符合专利法第 26 条第 4 款的规定。为此，请求人在于 2008 年 5 月 4 日提交的权利要求书中删除了《复审通知书》所针对的权利要求 2~5，克服了上述缺陷。

根据以上事实和理由，本案合议组作出如下审查决定。

三、决定

撤销国家知识产权局于 2005 年 10 月 14 日对 01819410.9 号发明专利申请作出的驳回决定。由原审查部门在本决定所依据文本的基础上继续进行审查。

复审请求人对本决定不服的，可以根据专利法第 41 条第 2 款的规定，自收到本决定之日起三个月内向北京市第一中级人民法院起诉。

编码类黄酮途径酶的遗传序列及其应用

复审请求审查决定（第14412号）

决 定 号	第14412号
决 定 日	2008年8月25日
发明创造名称	编码类黄酮途径酶的遗传序列及其应用
国际分类号	C12N 15/11，C12N 15/82，C12N 15/87，C12N 9/00，C07H 21/00，A01H 1/00
复审请求人	国际花卉开发有限公司
申 请 号	02159393.0
优 先 权 日	1991年7月11日，1992年2月17日
申 请 日	1992年7月11日
公 开 日	2004年4月28日
合议组组长	吴通义
主 审 员	尹 昕
参 审 员	张秀丽
法 律 依 据	专利法第25条

决 定 要 点

可以借助光合作用，以水、二氧化碳和无机盐等无机物合成碳水化合物、蛋白质来维系生存，并通常不发生移动的生物属于专利法意义上的植物，不能被授予专利权。

一、案由

本复审请求涉及申请日为1992年7月11日、公开日为2004年4月28日、名称为"编码类黄酮途径酶的遗传序列及其应用"的02159393.0号发明专利申请（下称本申请）。本申请的优先权日是1991年7月11日和1992年2月17日，申请人为国际花卉开发有限公司。

针对申请人于2002年12月26日提交的说明书第1~50页、附图第1~35页和说明书摘要，以及2005年9月26日提交的权利要求1~23，国家知识产权局于2005年11月11日以本申请的权利要求1和8得不到说明书的支持，不符合专利法第26条第4款的规定为由驳回了本申请。

驳回决定所针对的权利要求书如下：

"1. 一种核酸分离物，其中包含编码或互补于编码类黄酮3'，5'-羟化酶或其衍生物或部分的序列的核苷酸序列，所说的序列包含与图9或10中所示核苷酸序列至少具有40%同一性的核苷酸序列的基本上全部或部分，或者在低等严格条件下能够与图9或图10中所示核苷酸序列或其互补序列发生杂交，并且所述序列并不是图9或图10中所示的那些序列。

2. 根据权利要求1的核酸分离物,其中所说的核酸是DNA或cDNA。

3. 根据权利要求2的核酸分离物,其中所述酶来源于牵牛花、马鞭草、飞燕草、葡萄、鸢尾、小苍兰、绣球花、仙客来、马铃薯、三色紫罗兰或茄子。

4. 根据权利要求3的核酸分离物,其中所述酶是来源于牵牛花。

5. 根据权利要求1~4中任一项的核酸分离物,其中所说的分离物存在于转基因植物中。

6. 根据权利要求5的核酸分离物,其中所述转基因植物是玫瑰、牵牛花、菊花、荷兰石竹、非洲菊、天竺葵或alstroemeria。

7. 根据权利要求6的核酸分离物,其中所述转基因植物是玫瑰、牵牛花、荷兰石竹或非洲菊。

8. 一种重组类黄酮3',5'-羟化酶或其衍生物或其部分,它具有包含与图9或图10中所示序列有至少40%同一性的氨基酸的基本上全部或部分的氨基酸序列,其中所述序列并不是图9或图10中所示的那些序列。

9. 根据权利要求8的重组酶,其中所说的酶来源于牵牛花、马鞭草、飞燕草、葡萄、鸢尾、小苍兰、绣球花、仙客来、马铃薯、三色紫罗兰或茄子。

10. 根据权利要求9的重组酶,其中的酶来源于牵牛花。

11. 根据权利要求8~10中任一项的重组酶,它存在于转基因植物中。

12. 根据权利要求11的重组酶,其中所说的转基因植物是玫瑰、牵牛花、菊花、荷兰石竹或非洲菊。

13. 根据权利要求12的重组酶,其中所说的转基因植物是玫瑰或牵牛花。

14. 一种产生转基因植物的方法,该植物能够表达重组类黄酮3',5'-羟化酶,或指导与可翻译成类黄酮3',5'-羟化酶的mRNA分子的全部或部分实质性互补的核酸分子的转录,所说的方法包括在可允许所说核酸分离物最终表达的条件下向合适的植物细胞中导入权利要求1的核酸分离物,从所述细胞再生出转基因植物,和使所说的转基因植物在足以允许该核酸分离物表达的时间和条件下生长。

15. 根据权利要求14的方法,其中核酸分离物的表达是受发育调节的。

16. 根据权利要求14或15的方法,其中所说的重组酶来源于牵牛花、马鞭草、飞燕草、葡萄、鸢尾、小苍兰、绣球花、仙客来、马铃薯、三色紫罗兰或茄子。

17. 根据权利要求16的方法,其中所说的重组酶来源于牵牛花。

18. 根据权利要求14~17中任一项的方法,其中所说的转基因植物是玫瑰、牵牛花、菊花、荷兰石竹、非洲菊或烟草。

19. 根据权利要求18的方法,其中所说的转基因植物是玫瑰或牵牛花。

20. 一种转基因切花,其来自于携带稳定地导入的核酸分子的转基因植物,该核酸分子包含编码或互补于编码类黄酮3',5'-羟化酶或其衍生物或部分的序列的核苷酸序列,其中所述序列包含图9或图10所示核苷酸序列的基本上全部或部分序列或者与其有至少40%同一性,或者能在低严格条件下与图9或图10中所示核苷酸序列或其互补序列相杂交。

21. 根据权利要求20的转基因切花,其中所述切花是玫瑰、牵牛花、菊花、荷兰石竹、非洲菊、鸢尾、郁金香、百合、lisianthus、小苍兰、飞燕草、补血草或天竺葵。

22. 根据权利要求21的转基因切花,其中所述切花是荷兰石竹。

23. 根据权利要求21的转基因切花,其中所述切花是玫瑰。"

驳回决定中指出:(1)权利要求1要求保护一种核酸分离物,根据说明书尤其是实施例的记载,本申请只是证实了如图9或图10中所示核苷酸序列及其所编码的类黄酮3',5'-羟化酶能达到本发明的目的，而是否其衍生物或部分序列或包含与图 9 或图 10 所示的核苷酸序列至少具有 40％同一性的核苷酸序列的基本上全部或部分，或者在低等严格条件下能够与其或其互补序列杂交的核苷酸序列都能达到本发明的目的，没有实验证实，也无法推导出来。（2）本发明并没有鉴定出所述类黄酮 3'，5'-羟化酶的功能域，其衍生物或部分序列或与图 9 或图 10 至少具有 40％同一性的核苷酸序列的基本全部或部分，或在低等严格条件下能够与图 9 或图 10 中所示的核苷酸序列或其互补序列杂交的序列，也不是绝对包括其功能域，如果是与非功能域部分比较，同源性再高或能杂交也不具备本发明所述的编码类黄酮 3'，5'-羟化酶的功能，即使是与功能域进行比较，可能一个碱基的改变就会改变该编码的类黄酮 3'，5'-羟化酶的功能。综上所述，由于权利要求 1 概括了一个过大的范围，对于本领域的普通技术人员来说，不能直观的确定权利要求 1 的这些核苷酸序列中哪些具有本发明的编码类黄酮 3'，5'-羟化酶的功能，而要一个个地进行筛选，需要付出过多的劳动，因此权利要求 1 的技术方案得不到说明书的支持，不符合专利法第 26 条第 4 款的规定。同理，权利要求 8 的技术方案也不符合专利法第 26 条第 4 款的规定。

申请人国际花卉开发有限公司（下称请求人）对上述驳回决定不服，于 2006 年 2 月 27 日向专利复审委员会提出复审请求，同时提交了如下的权利要求书全文替换页（共 25 项）：

"1. 一种分离的核酸分子，其中包含编码类黄酮 3'，5'-羟化酶的序列的核苷酸序列或与该序列互补，所说的核苷酸序列在低等严格条件下能够与图 9 或图 10 中所示核苷酸序列或其互补序列发生杂交。

2. 权利要求 1 的核酸分子，其中所说的核苷酸序列在中等严格条件下能够与图 9 或图 10 中所示核苷酸序列或其互补序列发生杂交。

3. 权利要求 1 的核酸分子，其中所说的核苷酸序列在高度严格条件下能够与图 9 或图 10 中所示核苷酸序列或其互补序列发生杂交。

4. 根据权利要求 1 的核酸分子，其中所说的核酸是 DNA 或 cDNA。

5. 根据权利要求 4 的核酸分离物，其中所述酶来源于牵牛花、马鞭草、飞燕草、葡萄、鸢尾、小苍兰、绣球花、仙客来、马铃薯、三色紫罗兰或茄子。

6. 根据权利要求 5 的核酸分离物，其中所述酶是来源于牵牛花。

7. 根据权利要求 1～6 中任一项的核酸分离物，其中所说的分离物存在于转基因植物中。

8. 根据权利要求 7 的核酸分离物，其中所述转基因植物是玫瑰、牵牛花、菊花、荷兰石竹、非洲菊、天竺葵或 alstroemeria。

9. 根据权利要求 8 的核酸分离物，其中所述转基因植物是玫瑰、牵牛花、荷兰石竹或非洲菊。

10. 由权利要求 1～9 中任一项的核酸分子编码的类黄酮 3'，5'-羟化酶。

11. 根据权利要求 10 的类黄酮 3'，5'-羟化酶，其中所说的酶来源于牵牛花、马鞭草、飞燕草、葡萄、鸢尾、小苍兰、绣球花、仙客来、马铃薯、三色紫罗兰或茄子。

12. 根据权利要求 11 的类黄酮 3'，5'-羟化酶，其中的酶来源于牵牛花。

13. 根据权利要求 10～12 中任一项的类黄酮 3'，5'-羟化酶，它存在于转基因植物中。

14. 根据权利要求 13 的类黄酮 3'，5'-羟化酶，其中所说的转基因植物是玫瑰、牵牛花、菊花、荷兰石竹或非洲菊。

15. 根据权利要求 14 的类黄酮 3'，5'-羟化酶，其中所说的转基因植物是玫瑰或牵牛花。

16. 一种产生转基因植物的方法，该植物能够表达重组类黄酮 3'，5'-羟化酶，或指导与可翻译成类黄酮 3'，5'-羟化酶的 mRNA 分子的全部或部分实质性互补的核酸分子的转录，所说的方法包括在可允许所说核酸分子最终表达的条件下向合适的植物细胞中导入这样的核酸分子，其包含编码类黄酮3',5'-羟化酶的序列的核苷酸序列或与所述序列互补,所说的核苷酸序列在低等严格条件下能够与图9或图10中所示核苷酸序列或其互补序列发生杂交,或者与所述核酸分子的部分互补的序列,从所述细胞再生出转基因植物,和使所说的转基因植物在足以允许该核酸分子表达的时间和条件下生长。

17. 根据权利要求16的方法,其中核酸分子的表达是受发育调节的。

18. 根据权利要求16或17的方法,其中所说的类黄酮3',5'-羟化酶来源于牵牛花、马鞭草、飞燕草、葡萄、鸢尾、小苍兰、绣球花、仙客来、马铃薯、三色紫罗兰或茄子。

19. 根据权利要求18的方法,其中所说的类黄酮3',5'-羟化酶来源于牵牛花。

20. 根据权利要求16或17的方法,其中所说的转基因植物是玫瑰、牵牛花、菊花、荷兰石竹、非洲菊或烟草。

21. 根据权利要求20的方法,其中所说的转基因植物是玫瑰或牵牛花。

22. 一种转基因切花,其来自于携带稳定地导入的核酸分子的转基因植物,该核酸分子包含编码或互补于编码类黄酮3',5'-羟化酶或其衍生物或部分的序列的核苷酸序列,其中所述序列包含图9或图10所示核苷酸序列的基本上全部或部分序列或者与其有至少40%同一性,或者能在低严格条件下与图9或图10中所示核苷酸序列或其互补序列相杂交。

23. 根据权利要求22的转基因切花,其中所述切花是玫瑰、牵牛花、菊花、荷兰石竹、非洲菊、鸢尾、郁金香、百合、lisianthus、小苍兰、飞燕草、补血草或天竺葵。

24. 根据权利要求23的转基因切花,其中所述切花是荷兰石竹。

25. 根据权利要求23的转基因切花,其中所述切花是玫瑰。"

请求人认为:本申请说明书中已经证实了图9和图10所示的核苷酸序列编码的多肽具有类黄酮3'5-羟化酶的功能,本领域技术人员已知,并非多肽中的所有氨基酸残基位点对于其功能活性都是至关重要的,与亲本多肽同源的多肽常常也具有相同的生物学功能,本领域技术人员可以对亲本多肽的氨基酸序列进行修饰而不改变其功能,而且由于采用了功能性限定,缺乏目的活性的核酸/蛋白质自然不在本申请的保护范围内。尽管本申请中并未鉴定出类黄酮3'5-羟化酶的功能域,但本领域技术人员可借助常规实验排除缺乏目的活性的同源分子或可杂交分子,这不需过多的劳动。此外,本申请说明书第49页第15~23行中记载了以Hf1 cDNA为探针在不同严谨度条件下与从产生翠雀素的植物中分离的RNA和/或DNA杂交均检测到杂交带,并且在图16和17中给出了杂交结果,普通技术人员完全能够预见到,在严谨条件下与参照DNA可杂交的同源DNA同样应在本发明的保护范围内。因此本申请的权利要求可以得到说明书的支持。

形式审查合格后,专利复审委员会受理了该复审请求,并于2006年4月6日向请求人发出《复审请求受理通知书》,同时将本申请案卷移交原审查部门进行前置审查。

原审查部门对本复审请求进行了前置审查,认为驳回决定指出的本申请的权利要求得不到说明书支持的缺陷仍然存在(具体理由与驳回决定相同),故坚持原驳回决定。

专利复审委员会组成合议组,对本复审请求案进行了审理,并于2008年3月19日向请求人发出《复审通知书》。《复审通知书》指出:

(1)权利要求1、2均请求保护一种分离的核酸分子,其中采用了在低等或中等严格条件下与图9或图10中所示核苷酸序列或其互补序列杂交的限定方式。本申请说明书中仅仅证实了具有图9或图10所示核苷酸序列所编码的多肽具有类黄酮3'5-羟化酶的活性,并没有提供试验证据证明权利要求1、2中涉及的核酸分子的也具有预期的功能,本领域技术人员也无法从现有技术中合理地推导出来。另外,权利要求1中对其要求保护的核苷酸序列还采用了开放式的限定方式"包含",除了本申请所鉴定的图 9 和图 10 的活性片段本身外,"包含……的序列",还包括了无数的核酸序列,其中某些片段可能不具备所述的功能。因此本领域技术人员根据说明书的描述,无法预测在所述序列两端任意增加其他核苷酸序列而获得的产物也能实现本发明的目的。因此,权利要求 1、2 不符合专利法第 26 条第 4 款的规定。基于相同的理由,权利要求 16 也不符合专利法第 26 条第 4 款的规定。

(2) 从属权利要求 3 将权利要求 1 中的杂交条件进一步限定为"高度严格条件"。但是,本申请说明书中并未对所谓"严格条件"进行明确定义或给出具体试验参数、条件,同时也没有例举任何仍然能够编码活性类黄酮 3',5-羟化酶的在高度严格条件下与图 9 或图 10 中的核苷酸序列或其互补序列发生杂交的序列。因此,权利要求 3 同样得不到说明书的支持。

(3) 权利要求 22~25 要求保护的主题为一种转基因切花,具体包括玫瑰、荷兰石竹等。根据审查指南第二部分第一章 4.4 节的规定,专利法所称的植物,是指可以借助光合作用,以水、二氧化碳和无机盐等无机物合成碳水化合物、蛋白质来维系生存,并通常不发生移动的生物。权利要求 22~25 中所要求保护的转基因切花符合上述审查指南对植物的定义,因此属于专利法第 25 条第 1 款第(四)项规定的不能授予专利权的客体。

针对《复审通知书》指出的问题,请求人于 2008 年 7 月 3 日提交了意见陈述书及修改后的权利要求书全文替换页(共 23 项),修改后的权利要求如下:

"1. 一种分离的核酸分子,其核苷酸序列是编码类黄酮 3',5'-羟化酶的核苷酸序列或与该序列互补,所说的编码类黄酮 3',5'-羟化酶的核苷酸序列在高度严格条件下能够与图 9 或图 10 中所示核苷酸序列或其互补序列发生杂交,所述高度严格条件是:在 50%v/v 甲酰胺、6×SSC 和 1%w/v SDS 中在 42℃进行杂交 16 小时,在 2×SSC 和 1%w/v SDS 中在 65℃漂洗 15 分钟,2 次,然后在 0.2×SSC 和 1%w/v SDS 中 65℃漂洗 15 分钟,2 次。

2. 根据权利要求 1 的核酸分子,其中所说的核酸是 DNA 或 cDNA。

3. 根据权利要求 2 的核酸分子,其中所述酶来源于牵牛花、马鞭草、飞燕草、葡萄、鸢尾、小苍兰、绣球花、仙客来、马铃薯、三色紫罗兰或茄子。

4. 根据权利要求 3 的核酸分子,其中所述酶是来源于牵牛花。

5. 根据权利要求 1~4 中任一项的核酸分子,其中所说的分离物存在于转基因植物中。

6. 根据权利要求 5 的核酸分子,其中所述转基因植物是玫瑰、牵牛花、菊花、荷兰石竹、非洲菊、天竺葵或 alstroemeria。

7. 根据权利要求 6 的核酸分子,其中所述转基因植物是玫瑰、牵牛花、荷兰石竹或非洲菊。

8. 由权利要求 1~7 中任一项的核酸分子编码的类黄酮 3',5'-羟化酶。

9. 根据权利要求 8 的类黄酮 3',5'-羟化酶,其中所说的酶来源于牵牛花、马鞭草、飞燕草、葡萄、鸢尾、小苍兰、绣球花、仙客来、马铃薯、三色紫罗兰或茄子。

10. 根据权利要求 9 的类黄酮 3',5'-羟化酶,其中的酶来源于牵牛花。

11. 根据权利要求 8~10 中任一项的类黄酮 3',5'-羟化酶,它存在于转基因植物中。

12. 根据权利要求 11 的类黄酮 3',5'-羟化酶,其中所说的转基因植物是玫瑰、牵牛花、菊花、荷兰石竹或非洲菊。

13. 根据权利要求 12 的类黄酮 3',5'-羟化酶,其中所说的转基因植物是玫瑰或牵牛花。

14. 一种产生转基因植物的方法,该植物能够表达重组类黄酮 3',5'-羟化酶,或指导与可翻译成类黄酮 3',5'-羟化酶的 mRNA 分子的全部或部分实质性互补的核酸分子的转录,所说的方法包括在可允许所说核酸分子最终表达的条件下向合适的植物细胞中导入权利要求 1~7 任一项的核酸分子,从所述细胞再生出转基因植物,和使所说的转基因植物在足以允许该核酸分子表达的时间和条件下生长。

15. 根据权利要求 14 的方法，其中核酸分子的表达是受发育调节的。

16. 根据权利要求 14 或 15 的方法，其中所说的类黄酮 3',5'-羟化酶来源于牵牛花、马鞭草、飞燕草、葡萄、鸢尾、小苍兰、绣球花、仙客来、马铃薯、三色紫罗兰或茄子。

17. 根据权利要求 16 的方法，其中所说的类黄酮 3',5'-羟化酶来源于牵牛花。

18. 根据权利要求 14 或 15 的方法，其中所说的转基因植物是玫瑰、牵牛花、菊花、荷兰石竹、非洲菊或烟草。

19. 根据权利要求 18 的方法，其中所说的转基因植物是玫瑰或牵牛花。

20. 一种转基因切花，其来自于携带稳定地导入的权利要求 1~7 任一项的核酸分子的转基因植物。

21. 根据权利要求 20 的转基因切花，其中所述切花是玫瑰、牵牛花、菊花、荷兰石竹、非洲菊、鸢尾、郁金香、百合、lisianthus、小苍兰、飞燕草、补血草或天竺葵的切花。

22. 根据权利要求 21 的转基因切花，其中所述切花是荷兰石竹的切花。

23. 根据权利要求 21 的转基因切花，其中所述切花是玫瑰的切花。"

请求人认为修改后的权利要求 1 及其他相关权利要求符合专利法第 26 条第 4 款的规定。此外，请求人指出切花并不是整个植株，而且不能借助光合作用来维系生存，因此不属于植物品种。

至此，合议组认为本案事实清楚，可以作出审查决定。

二、决定的理由

1. 审查依据的文本

本复审决定所依据的文本为：请求人于 2008 年 7 月 3 日提交的权利要求 1~23 以及 2002 年 12 月 26 日提交的说明书第 1~50 页、说明书附图第 1~35 页和说明书摘要。

2. 关于专利法第 25 条

专利法第 25 条第 1 款规定：对下列各项，不授予专利权：（1）科学发现；（2）智力活动的规则和方法；（3）疾病的诊断和治疗方法；（4）动物和植物品种；（5）用原子核变换方法获得的物质。

根据该款规定，可以借助光合作用，以水、二氧化碳和无机盐等无机物合成碳水化合物、蛋白质来维系生存，并通常不发生移动的生物属于专利法意义上的植物，不能被授予专利权。

本案中，权利要求 20~23 要求保护一种转基因切花。根据本领域技术人员的公知常识可知，切花是从栽培花卉植株上，带茎叶剪切下来制作花束、花篮、花圈、花环、瓶花、盆花、壁花、胸饰花等观赏用品的鲜花，一般还包含观叶切花和观果切花（参见《切花栽培》，前言第 1~3 行，黄章智编，中国林业出版社出版，1986 年 8 月）。对于可以通过扦插繁殖的植物，例如菊花、玫瑰、荷兰石竹等，剪取其茎叶在合适的条件下即可生根，从而借助光合作用，以水、二氧化碳和无机盐等无机物合成碳水化合物、蛋白质来维系生存，成为独立的新植株。而且有些切花对培养条件要求较低，例如只要将富贵竹的切花插入清水中即可生根并生长，成为完整的植株。因此请求人认为切花并不是整个植株，不属于植物品种的理由不能成立，而基于上述分析可知，权利要求 20~23 中所要求保护的技术方案中包括了可发育成完整植株的转基因切花，属于专利法第 25 条第 1 款第（四）项规定的不能授予专利权的客体。

根据以上事实和理由，本案合议组作出如下审查决定。

三、决定

维持国家知识产权局于 2005 年 11 月 11 日对 02159393.0 号发明专利申请作出的驳回决定。

复审请求人对本决定不服的，可以根据专利法第 41 条第 2 款的规定，自收到本决定之日起三个月内向北京市第一中级人民法院起诉。

植物脂肪酸环氧化酶及其用途

复审请求审查决定（第 14417 号）

决 定 号	第 14417 号
决 定 日	2008 年 7 月 21 日
发明创造名称	植物脂肪酸环氧化酶及其用途
国 际 分 类 号	C12N 15/53，C12N 9/02
复 审 请 求 人	联邦科学和工业研究组织，巴斯福种植科学有限公司
申 请 号	98805470.1
优 先 权 日	1997 年 4 月 15 日，1997 年 4 月 16 日，1997 年 6 月 20 日
申 请 日	1998 年 4 月 9 日
公 开 日	2000 年 6 月 21 日
合 议 组 组 长	叶 娟
主 审 员	张秀丽
参 审 员	王 冬
法 律 依 据	专利法第 22 条第 2 款，第 26 条第 4 款

决 定 要 点

如果请求保护的发明与对比文件所公开的技术方案实质不相同，则该发明具备新颖性。

如果权利要求所要求保护的技术方案是所属技术领域的技术人员能够从说明书充分公开的内容中得到或概括出的技术方案，且未超出说明书公开的范围，则权利要求请求保护的技术方案得到了说明书的支持。

一、案由

本复审请求涉及申请号为 98805470.1，名称为"植物脂肪酸环氧化酶及其用途"的发明专利申请（下称本申请），其申请人为联邦科学和工业研究组织，共同申请人为巴斯福种植科学有限公司（2003 年 9 月 12 日由斯滕·斯蒂姆变更而来），申请日为 1998 年 4 月 9 日，进入中国国家阶段日期为 1999 年 11 月 25 日，公开日为 2000 年 6 月 21 日，优先权日为 1997 年 4 月 15 日、1997 年 4 月 16 日、1997 年 6 月 20 日。

针对本申请进入中国国家阶段时申请人提交的国际申请文件的中文说明书第 1~95 页、附图第 1~23 页以及摘要，2004 年 6 月 14 日提交的权利要求 1~46，国家知识产权局于 2005 年 8 月 5 日以权利要求 1~4 不符合专利法第 22 条第 2 款的规定，权利要求 5~8、11~13、18、19、29 不符合专利法第 26 条第 4 款的规定为由驳回了本申请。驳回决定所针对的权利要求书如下：

"1. 分离的核酸分子，其编码环氧化酶或互补于编码环氧化酶的分离的核酸分子，其中所述环氧化酶包含具有三个组氨酸-富集基序的氨基酸序列：

（i）His-（Xaa）$_{3-4}$-His；

（ii）His-（Xaa）$_{2-3}$-His-His；以及

（iii）His-（Xaa）$_{2-3}$-His-His；

其中的环氧化酶是能催化脂肪酸分子中碳键环氧化作用的混合功能单加氧酶。

2. 根据权利要求1所述的分离核酸分子，其中碳键是不饱和脂肪酸分子中的双键。

3. 根据权利要求1或2所述的分离核酸分子，其中环氧化酶是△6-环氧化酶、△9-环氧化酶、△12-环氧化酶或△15-环氧化酶。

4. 根据权利要求3所述的分离核酸分子，其中环氧化酶是△12-环氧化酶。

5. 根据权利要求1的分离核酸分子，来自能合成环氧脂肪酸的植物。

6. 根据权利要求5所述的分离核酸分子，其中植物选自包括还阳参属、大戟属、茼蒿属和斑鸠菊属的目录。

7. 根据权利要求5所述的分离核酸分子，其中植物产生高水平的斑鸠菊酸。

8. 根据权利要求6所述的分离核酸分子，其中植物是选自包括粗糙还阳参、金黄还阳参、Crepis conyzaefolia、Crepis intermedia、Crepis occidentalis、Crepis palaestina、膀胱还阳参和Crepis xacintha的还阳参属的目录。

9. 根据权利要求7或8所述的分离核酸分子，其中植物是Crepis palaestina。

10. 根据权利要求6所述的分离核酸分子，其中植物是Vernonia galamensis。

11. 根据权利要求1所述的分离核酸分子，包含与SEQ ID NO：1或3或5或其互补序列中的任一序列有至少约65%相同的核苷酸序列。

12. 根据权利要求1所述的分离核酸分子，其能在至少低严格条件下与包含在SEQ ID NO：1或3或5或其互补序列中的任一序列内的至少20个连续核苷酸杂交。

13. 编码脂肪酸环氧化酶多肽的分离核酸分子或与其互补的核酸分子，其中所述核酸分子包含与SEQ ID NO：1或3或5或其互补核苷酸序列中的任一序列有至少65%相同的核苷酸序列。

14. 根据权利要求13所述的分离核酸分子，包含SEQ ID NO：1中所示的核苷酸序列。

15. 根据权利要求13所述的分离核酸分子，包含SEQ ID NO：3中所示的核苷酸序列。

16. 根据权利要求13所述的分离核酸分子，包含SEQ ID NO：5中所示的核苷酸序列。

17. 遗传构建体包含与启动子序列可操作连接的根据权利要求1所述的分离核酸分子，其中所述核酸分子能以相对于天然存在的环氧化酶基因的体内转录方向正义或反义的方向得到转录。

18. 改变植物细胞、组织、器官或生物体中环氧脂肪酸水平的方法，该方法包含将包含根据权利要求1所述的分离的核酸分子的有义、反义、核酶或共抑制分子导入细胞、组织、器官或生物体中并在足以使上述有义、反义、核酶或共抑制分子产生表达的条件下培养上述细胞、组织、器官或生物体一段时间。

19. 根据权利要求18所述的方法，其中导入有义、反义、核酶或共抑制分子的步骤包含用有义、反义、核酶或共抑制分子稳定转化细胞、组织、器官或生物体。

20. 在细胞中生成重组具酶活性的环氧化酶多肽的方法，该方法包含在足以使所述核酸分子产生表达的条件下培养包含根据权利要求1所述的分离核酸分子的细胞一段时间。

21. 根据权利要求20所述的方法，包括用分离的核酸分子转化细胞的额外的第一步。

22. 在细胞中生成重组具酶活性的环氧化酶多肽的方法，该方法包含以下步骤：

(i) 制备包含可操作地置于能引起所述核酸分子在所述细胞中表达的启动子控制之下的根据权利要求1所述的分离核酸分子的遗传构建体；

(ii) 将上述遗传构建体转化入所述细胞中；并且

(iii) 选择以高水平表达由所述核酸分子编码的功能性环氧化酶的转化体。

23. 权利要求22的方法，其中所述的遗传构建体进一步包含表达增强元件。

24. 在转基因植物中产生重组具酶活性的环氧化酶多肽的方法，包含以下步骤：

(i) 制备包含可操作地置于种子特异性启动控制之下根据权利要求1所述的分离的核酸分子的遗传构建体，其中所述核酸分子也置于转录终止子序列的上游；

(ii) 将上述遗传构建体转化入所述植物的细胞或组织中；并且

(iii) 选择在种子中以高水平表达由所述核酸分子编码的功能性环氧化酶的转化体。

25. 权利要求24的方法，其中所述的遗传构建体进一步包含表达增强元件。

26. 根据权利要求24所述的方法，其中植物是通常产生高水平亚油酸的油料种子物种。

27. 根据权利要求23所述的方法，其中植物选自Linola®、亚麻、油籽油菜、向日葵、红花、大豆、亚麻籽、芝麻、棉籽、花生、橄榄或油棕。

28. 按照根据权利要求20~27中任意一项所述的方法制备的重组脂肪酸环氧化酶多肽。

29. 重组脂肪酸环氧化酶多肽，其由权利要求1中的核酸分子所编码，其中所述多肽包含与SEQ ID NO：2或4或6中任一项至少约50%相同的氨基酸序列。

30. 在细胞、组织、器官或生物体中产生环氧化脂肪酸的方法，该方法包含将表达根据权利要求28所述的重组多肽的细胞、组织、器官或生物体与脂肪酸底物一起在足以使上述底物的至少一个碳键转变为环氧基团的条件下培养一段时间。

31. 根据权利要求30所述的方法，其中脂肪酸底物是不饱和脂肪酸并且所述底物中被环氧化的碳键是碳双键。

32. 根据权利要求30或31所述的方法，其中脂肪酸底物选自包括棕榈油酸、油酸、亚油酸、亚麻酸、9,15-十八碳二烯酸和花生四烯酸的目录。

33. 根据权利要求30所述的方法，其中被环氧化的碳键是△6-碳键或△9-碳键或△12-碳键或△15-碳键。

34. 根据权利要求33所述的方法，其中被环氧化的碳键是△12-碳键。

35. 根据权利要求30所述的方法，其中产生的环氧化脂肪酸是斑鸠菊酸。

36. 根据权利要求30所述的方法，包含用编码重组环氧化酶的核酸分子转化或转染细胞、组织、器官或生物体的额外的第一步。

37. 根据权利要求30所述的方法，其中表达重组环氧化酶的细胞、器官、组织或生物体来自细菌、酵母、真菌、霉菌、昆虫、植物、鸟类或哺乳动物。

38. 根据权利要求37所述的方法，其中细胞、器官、组织或生物体来自酵母、植物、真菌或霉菌。

39. 根据权利要求38所述的方法，其中酵母、植物、真菌或霉菌是含油的酵母、植物、真菌或霉菌。

40. 根据权利要求39所述的方法，其中植物是通常不以高水平表达重组环氧化酶的油料种子植物。

41. 根据权利要求40所述的方法，其中油料种子植物选自Linola®、亚麻、油籽油菜、向日葵、红花、大豆、亚麻籽、芝麻、棉籽、花生、橄榄或油棕。

42. 用根据权利要求 1 所述的分离核酸分子转化的分离的植物细胞。

43. 分离的植物细胞，其能表达根据权利要求 26 所述的重组多肽。

44. 根据权利要求 42 所述的分离植物细胞，来自 Linola®、亚麻、油籽油菜、向日葵、红花、大豆、亚麻籽、芝麻、棉籽、花生、橄榄或油棕。

45. 根据权利要求 42 所述的分离植物细胞，来自拟南芥。

46. 根据权利要求 42 所述的分离植物细胞，来自亚麻。"

驳回决定认为：(1) 权利要求 1~4 的技术方案不具备新颖性，不符合专利法第 22 条第 2 款的规定：对比文件 1（Van de Loo F. J. 等人 "An oleate 12-hydroxylase from Ricinus communis L. is a fatty acyl desaturase homolog" Proc. Natl. Acad. Sci. USA，第 92 卷，第 6743~6747 页，1995 年 7 月，参见图 1）公开的从蓖麻中所获得的 FAD2 的核苷酸序列编码的多肽具有：H-ECG-H-H、H-RR-H-H、H-VA-HH 及 H-PSLP-H 的组氨酸-富集区，因此对比文件 1 公开了权利要求 1 所述的组氨酸基序的特征，并且得到了相关的核苷酸序列，即权利要求 1 所请求保护的技术方案包括了对比文件 1 所公开的核酸分子，因而不具备新颖性。权利要求 2~4 的附加技术特征仍不能将所述核酸分子与对比文件 1 公开的核酸分子区别开来，因此，权利要求 2~4 的技术方案也不具备新颖性。(2) 权利要求 5~8 不符合专利法第 26 条第 4 款的规定：权利要求 5~8 的附加技术特征均是对核苷酸分子的来源作进一步限定。本领域技术人员并不能推知所有植物或哪些植物会含有所述核酸分子，虽然本领域技术人员可以推知在权利要求 6~8 中所限定的植物中含有环氧化酶但不能知晓它们的核苷酸序列或编码的氨基酸序列是否具有权利要求 1 中所限定的特征。因此权利要求 5~8 未能得到说明书实质上的支持。(3) 权利要求 11、13、29 不符合专利法第 26 条第 4 款的规定：权利要求 11 中限定部分是"与 SEQ ID NO：1 或 3 或 5 或其互补序列有至少约 65% 相同的核苷酸序列"，其中同源性的限定使权利要求包含许多无法由本申请记载的内容来预见的大量物质，这些物质的获得、其特性等需要进一步的实验来完成，即权利要求 11 未能得到说明书的支持。基于类似的理由，权利要求 13、29 也存在同样缺陷。(4) 权利要求 12 不符合专利法第 26 条第 4 款的规定：权利要求 12 的附加技术特征从杂交的角度进行限定，由于与 SEQ ID NO：1、3、5 的至少 20 个连续核苷酸在低严格杂交条件下杂交的核酸分子极多，包括了非常多的不确定内容，不可能显而易见的将其中仍然编码具有权利要求 1 中所述活性的酶与没有编码所述活性的酶的核酸分子区分开来，因此权利要求 12 不能得到说明书的支持。(5) 权利要求 18、19 不符合专利法第 26 条第 4 款的规定：权利要求 18 的主题是"改变植物细胞、组织、器官或生物体中环氧脂肪酸水平的方法"，从本申请记载的内容不能显而易见的推知除申请中具体提及的植物种之外的其他植物中含有权利要求 1 所述的核酸分子，因此，权利要求 18 得不到说明书的支持。权利要求 19 的进一步限定仍然没有克服不能得到说明书支持的缺陷。

申请人（下称请求人）对上述驳回决定不服，于 2005 年 11 月 21 日向专利复审委员会提出了复审请求，请求人在提交复审请求的同时提交了权利要求书全文替换页（共 46 项），修改后的权利要求书如下：

"1. 分离的核酸分子，其编码环氧化酶或互补于编码环氧化酶的分离的核酸分子，其中所述环氧化酶包含具有三个组氨酸-富集基序的氨基酸序列：

(i) His-(Xaa)$_{3-4}$-His；

(ii) His-(Xaa)$_{2-3}$-His-His；以及

(iii) His-(Xaa)$_{2-3}$-His-His；

其中的环氧化酶是能催化脂肪酸分子中碳键环氧化作用的混合功能单加氧酶。

2. 根据权利要求 1 所述的分离核酸分子，其中碳键是不饱和脂肪酸分子中的双键。

3. 根据权利要求 1 或 2 所述的分离核酸分子，其中环氧化酶是 △6-环氧化酶、△9-环氧化酶、△12-环氧化酶或 △15-环氧化酶。

4. 根据权利要求 3 所述的分离核酸分子，其中环氧化酶是 △12-环氧化酶。

5. 根据权利要求 1 的分离核酸分子，来自能合成环氧脂肪酸的植物。

6. 根据权利要求 5 所述的分离核酸分子，其中植物选自包括还阳参属、大戟属、苘蒿属和斑鸠菊属的目录。

7. 根据权利要求 5 所述的分离核酸分子，其中植物产生高水平的斑鸠菊酸。

8. 根据权利要求 6 所述的分离核酸分子，其中植物是选自包括粗糙还阳参、金黄还阳参、Crepis conyzaefolia、Crepis intermedia、Crepis occidentalis、Crepis palaestina、膀胱还阳参和 Crepis xacintha 的还阳参属的目录。

9. 根据权利要求 7 或 8 所述的分离核酸分子，其中植物是 Crepis palaestina。

10. 根据权利要求 6 所述的分离核酸分子，其中植物是 Vernonia galamensis。

11. 根据权利要求 1 所述的分离核酸分子，包含与 SEQ ID NO：1 或 3 或 5 或其互补序列中的任一序列有至少约 65% 相同的核苷酸序列。

12. 根据权利要求 1 所述的分离核酸分子，其能在至少中等严格条件下与 SEQ ID NO：1 或 3 或 5 或其互补序列中的任一序列杂交。

13. 编码脂肪酸环氧化酶多肽的分离核酸分子或与其互补的核酸分子，其中所述核酸分子包含与 SEQ ID NO：1 或 3 或 5 或其互补核苷酸序列中的任一序列有至少 65% 相同的核苷酸序列。

14. 根据权利要求 13 所述的分离核酸分子，包含 SEQ ID NO：1 中所示的核苷酸序列。

15. 根据权利要求 13 所述的分离核酸分子，包含 SEQ ID NO：3 中所示的核苷酸序列。

16. 根据权利要求 13 所述的分离核酸分子，包含 SEQ ID NO：5 中所示的核苷酸序列。

17. 遗传构建体包含与启动子序列可操作连接的根据权利要求 1 所述的分离核酸分子，其中所述核酸分子能以相对于天然存在的环氧化酶基因的体内转录方向正义或反义的方向得到转录。

18. 改变能够合成环氧脂肪酸的植物细胞、组织、器官或生物体中环氧脂肪酸水平的方法，该方法包含将包含根据权利要求 1 所述的分离的核酸分子的有义、反义、核酶或共抑制分子导入细胞、组织、器官或生物体中并在足以使上述有义、反义、核酶或共抑制分子产生表达的条件下培养上述细胞、组织、器官或生物体一段时间。

19. 根据权利要求 18 所述的方法，其中导入有义、反义、核酶或共抑制分子的步骤包含用有义、反义、核酶或共抑制分子稳定转化细胞、组织、器官或生物体。

20. 在细胞中生成重组具酶活性的环氧化酶多肽的方法，该方法包含在足以使所述核酸分子产生表达的条件下培养包含根据权利要求 1 所述的分离核酸分子的细胞一段时间。

21. 根据权利要求 20 所述的方法，包括用分离的核酸分子转化细胞的额外的第一步。

22. 在细胞中生成重组具酶活性的环氧化酶多肽的方法，该方法包含以下步骤：

（i）制备包含可操作地置于能引起所述核酸分子在所述细胞中表达的启动子控制之下的根据权利要求 1 所述的分离核酸分子的遗传构建体；

（ii）将上述遗传构建体转化入所述细胞中；并且

（iii）选择以高水平表达由所述核酸分子编码的功能性环氧化酶的转化体。

23. 权利要求 22 的方法，其中所述的遗传构建体进一步包含表达增强元件。

24. 在转基因植物中产生重组具酶活性的环氧化酶多肽的方法，包含以下步骤：

（i）制备包含可操作地置于种子特异性启动子控制之下根据权利要求 1 所述的分离的核酸分子的

遗传构建体,其中所述核酸分子也置于转录终止子序列的上游;

(ii) 将上述遗传构建体转化入所述植物的细胞或组织中;并且

(iii) 选择在种子中以高水平表达由所述核酸分子编码的功能性环氧化酶的转化体。

25. 权利要求24的方法,其中所述的遗传构建体进一步包含表达增强元件。

26. 根据权利要求24所述的方法,其中植物是通常产生高水平亚油酸的油料种子物种。

27. 根据权利要求23所述的方法,其中植物选自Linola®、亚麻、油籽油菜、向日葵、红花、大豆、亚麻籽、芝麻、棉籽、花生、橄榄或油棕。

28. 按照根据权利要求20~27中任意一项所述的方法制备的重组脂肪酸环氧化酶多肽。

29. 重组脂肪酸环氧化酶多肽,其由权利要求1中的核酸分子所编码,其中所述多肽包含与SEQ ID NO: 2或4或6中任一项至少约50%相同的氨基酸序列。

30. 在细胞、组织、器官或生物体中产生环氧化脂肪酸的方法,该方法包含将表达根据权利要求28所述的重组多肽的细胞、组织、器官或生物体与脂肪酸底物一起在足以使上述底物的至少一个碳键转变为环氧基团的条件下培养一段时间。

31. 根据权利要求30所述的方法,其中脂肪酸底物是不饱和脂肪酸并且所述底物中被环氧化的碳键是碳双键。

32. 根据权利要求30或31所述的方法,其中脂肪酸底物选自包括棕榈油酸、油酸、亚油酸、亚麻酸、9,15-十八碳二烯酸和花生四烯酸的目录。

33. 根据权利要求30所述的方法,其中被环氧化的碳键是△6-碳键或△9-碳键或△12-碳键或△15-碳键。

34. 根据权利要求33所述的方法,其中被环氧化的碳键是△12-碳键。

35. 根据权利要求30所述的方法,其中产生的环氧化脂肪酸是斑鸠菊酸。

36. 根据权利要求30所述的方法,包含用编码重组环氧化酶的核酸分子转化或转染细胞、组织、器官或生物体的额外的第一步。

37. 根据权利要求30所述的方法,其中表达重组环氧化酶的细胞、器官、组织或生物体来自细菌、酵母、真菌、霉菌、昆虫、植物、鸟类或哺乳动物。

38. 根据权利要求37所述的方法,其中细胞、器官、组织或生物体来自酵母、植物、真菌或霉菌。

39. 根据权利要求38所述的方法,其中酵母、植物、真菌或霉菌是含油的酵母、植物、真菌或霉菌。

40. 根据权利要求39所述的方法,其中植物是通常不以高水平表达重组环氧化酶的油料种子植物。

41. 根据权利要求40所述的方法,其中油料种子植物选自Linola®、亚麻、油籽油菜、向日葵、红花、大豆、亚麻籽、芝麻、棉籽、花生、橄榄或油棕。

42. 用根据权利要求1所述的分离核酸分子转化的分离的植物细胞。

43. 分离的植物细胞,其能表达根据权利要求26所述的重组多肽。

44. 根据权利要求42所述的分离植物细胞,来自Linola®、亚麻、油籽油菜、向日葵、红花、大豆、亚麻籽、芝麻、棉籽、花生、橄榄或油棕。

45. 根据权利要求42所述的分离植物细胞,来自拟南芥。

46. 根据权利要求42所述的分离植物细胞,来自亚麻。"

请求人认为:(1) 对于一项缺少新颖性的发明,其权利要求中的每一技术特征都必须在现有技术中公开。本发明权利要求 1 采用结构特征结合功能性限定对核酸分子进行了限定，其结构上具有三个组氨酸富集基序，功能上其编码环氧化酶或互补于编码环氧化酶的核酸分子，所述环氧化酶是能催化脂肪酸分子中碳键还原化作用的混合功能单加氧酶。对比文件 1 公开的是油酸 12-羟化酶，尽管其可能具有本申请权利要求 1 中所述的基序，但该酶与环氧化酶的底物和催化反应的性质是完全不同的，显然是两种不同的酶，也就是说对比文件 1 公开的物质和权利要求 1 的核酸分子不是同一种物质，故本申请权利要求 1~4 相对于对比文件 1 具有新颖性。（2）说明书中从优选的种属和具体来源的生物体两方面（本申请说明书第 8 页）清楚的教导了使用能够合成环氧脂肪酸的植物，并且，实施例 11 公开了从不同的含有环氧酸的物种中克隆环氧化酶基因，因此为本领域技术人员提供了从所述其他物种鉴定所要保护核酸分子的基础，即权利要求 5~8 是能得到说明书支持的。（3）权利要求 11 引用了权利要求 1，故权利要求 1 的技术特征也限定了权利要求 11 的核酸分子，在这种情况下，权利要求 11 包含的核酸分子就不会很多，而不是审查员所述"包含了大量物质"。并且本申请说明书阐明不同物种间环氧化酶多肽之间存在一定的变异（参见图 2），因此本申请清楚说明了如何从举例说明的物种和能够合成环氧脂肪酸的植物的其他物种中克隆编码环氧化酶的核酸分子、如何确定所述核酸分子及其氨基酸序列、如何确定两个序列之间的同一性。因此，权利要求 11 能够得到说明书的支持。（4）请求人将权利要求 12 中杂交条件提高为"至少中等严格条件"并删去了"至少 20 个连续核苷酸"，严格了杂交条件，满足这些杂交条件的核酸分子编码环氧酶的几率是很大的。权利要求 12 包含权利要求 1 所述的基序，并且编码环氧化酶或互补于编码环氧化酶的核酸分子。因此，本领域技术人员能够很容易获得所述核酸分子，故权利要求 12 得到说明书的支持。（5）进一步限定权利要求 18、19 中的"植物细胞、组织、器官或生物体"能够合成环氧脂肪酸，使得修改后的权利要求 18、19 能够得到说明书的支持。

经形式审查合格后，专利复审委员会受理了该复审请求并且于 2005 年 12 月 22 日向请求人发出《复审请求受理通知书》，同时将本申请案卷转送至原审查部门进行前置审查。

原审查部门对本复审请求进行了前置审查，坚持原驳回决定，理由为：（1）关于权利要求 1~4 的新颖性问题和权利要求 5~8、11、13、29 得不到说明书支持的问题，由于复审请求人没有提出充分的理由，故坚持原驳回意见。（2）新修改的权利要求 12（其中将杂交条件提高为"至少中等严格杂交条件"并删去了"至少 20 个连续核苷酸"）仍然不符合专利法第 26 条第 4 款的规定。（3）权利要求 18、19 增加了"能够合成环氧脂肪酸"作为限定，但根据说明书记载不能得出所有满足该条件的植物种均能实施所述技术方案，因为没有表明在能够合成环氧脂肪酸的植物中可以通用。

专利复审委员会组成合议组，对本复审请求案进行了审理。

针对本申请进入中国国家阶段时请求人提交的国际申请文件的中文说明书第 1~95 页、附图第 1~23 页、摘要以及 2005 年 11 月 21 日提交的权利要求书 1~46，合议组于 2007 年 7 月 9 日向请求人发出《复审通知书》。

《复审通知书》指出：（1）权利要求 1 中的氨基酸序列包含的多肽是否都具有环氧化酶的活性、能否有效地合成环氧脂肪酸，本领域技术人员无法从现有技术中合理地推导出来；并且，本申请说明书也未能提供充足的实验证据证明，因此，权利要求 1 得不到说明书的支持，不符合专利法第 26 条第 4 款的规定。权利要求 2~4 由于其均未对核酸分子结构作进一步限定，因此权利要求 2~4 仍然包括了技术效果难以预先确定和判断的技术方案，得不到说明书的支持。基于与权利要求 2~4 相同的理由，权利要求 5~12、17~46 均得不到说明书的支持。（2）权利要求 5 进一步限定权利要求 1 分离的核酸分子，来自能合成环氧脂肪酸的植物。首先，本申请说明书只是根据从高斑鸠菊酸（环氧脂肪酸）的物种 Crepis palaestina 或 Vernonia galamensis 分离的核苷酸序列编码的氨基酸序列与 Cpa12

△12-环氧化酶序列在某些区段有较高的相同性的结构特点而推测这些核苷酸序列编码的即是环氧化酶。但说明书并没有给出实验证据来证实高环氧脂肪酸的植物必定包含环氧化酶。其次，由于生物个体的代谢途径的差异，本申请中能合成环氧脂肪酸（斑鸠菊酸）的植物不一定均是通过环氧化酶的存在而获得。综上所述，本领域技术人员无法判断由能合成环氧脂肪酸的植物必然能分离到环氧化酶，更无从判断含有的酶类是否包含上述三个组氨酸富集基序。因此权利要求5得不到说明书的支持，不符合专利法第26条第4款的规定。基于与评述权利要求1或5相同的理由，权利要求6~10得不到说明书的支持。（3）权利要求11进一步限定了分离的核酸分子包含与 SEQ ID NO：1 或 3 或 5 或其互补序列中的任一序列有至少约65％相同的核苷酸分子。首先，对于上述技术方案中 SEQ ID NO：3 或 5，说明书中并没有试验证据，本领域技术人员也无法从现有技术中合理地推导出 SEQ ID NO：3 或 5 编码的多肽具有环氧化酶活性。其次，对于"有至少约65％相同的核苷酸序列"这一方案，说明书中并没有试验证据，本领域技术人员也无法从现有技术中合理地推导出与 SEQ ID NO：1 或 3 或 5 有65％相同的核苷酸序列编码的多肽必然具有环氧化酶活性。因此，权利要求11得不到说明书的支持，不符合专利法第26条第4款的规定。基于与评述权利要求11相同的理由，权利要求13~16得不到说明书的支持。（4）权利要求12进一步限定了分离的核酸分子能在至少中等严格条件下与 SEQ ID NO：1 或 3 或 5 或其互补序列中的任一序列杂交。首先，基于与评述权利要求11相同的理由，本领域技术人员不能必然证明 SEQ ID NO：3 或 5 这些分离的核苷酸编码的多肽具有环氧化酶的功能。其次，由于与 SEQ ID NO：1 或 3 或 5 或其互补序列在中等严格条件下杂交的核酸，其序列组成存在大量的可能性，相应地，其所编码多肽也是存在各种可能，这些多肽是否具有环氧化酶活性，说明书中并没有实验证据证实，本领域技术人员也无法从现有技术中合理地推导出来。因此，权利要求12的技术方案得不到说明书的支持，不符合专利法第26条第4款的规定。（5）权利要求18要求保护一种改变能够合成环氧脂肪酸的植物细胞、组织、器官或生物体中环氧脂肪酸水平的方法，由于生物个体的代谢途径存在差异，当外源基因转入宿主细胞、组织、器官或生物体时，外源基因是否能编码环氧化酶，外源基因能否成功表达，表达后的酶能否正确折叠成为有活性的环氧化酶，有活性的环氧化酶是否能够参与宿主细胞、组织、器官或生物体的代谢过程而最终改变宿主细胞、组织、器官或生物体的生成环氧脂肪酸的能力，或者外源基因能否有效抑制环氧化酶的表达，这些都是不确定的，而这些不确定性使得本领域技术人员无法预期在权利要求1所述的分离的核酸分子的有义、反义、核酶或共抑制分子产生表达的条件下培养所述转化的细胞、组织、器官或生物体一段时间后能够改变环氧脂肪酸的水平。因此，权利要求18的技术方案得不到说明书的支持，不符合专利法第26条第4款的规定。基于相同理由，权利要求19也不符合专利法第26条第4款的规定。

针对《复审通知书》指出的问题，请求人于2007年10月24日提交了意见陈述书及权利要求书全文替换页（共3页28项）。

2007年12月19日请求人提交了补充意见陈述书及新的权利要求书全文替换页（共3页28项）。

2008年7月2日请求人再次提交了补充意见陈述书及新的权利要求书全文替换页（共3页28项）。请求人于2008年7月2日提交的权利要求书如下：

"1. 分离的核酸分子，其编码环氧化酶或互补于编码环氧化酶的分离的核酸分子，其中所述环氧化酶的氨基酸序列是 SEQ ID NO：2 所示的氨基酸序列。

2. 根据权利要求1所述的分离核酸分子，其来自 Crepis palaestina。

3. 根据权利要求1所述的分离核酸分子，其核苷酸序列是 SEQ ID NO：1 中所示的核苷酸序列。

4. 遗传构建体，包含与启动子序列可操作连接的根据权利要求1所述的分离核酸分子。

5. 在细胞中生成重组具酶活性的环氧化酶多肽的方法，该方法包含在足以使所述核酸分子产生表达的条件下培养包含根据权利要求1所述的分离核酸分子的细胞一段时间。

6. 根据权利要求5所述的方法，包括用所述分离的核酸分子转化细胞的额外的第一步。

7. 在细胞中生成重组具酶活性的环氧化酶多肽的方法，该方法包含以下步骤：

（i）制备包含可操作地置于能引起所述核酸分子在所述细胞中表达的启动子控制之下的根据权利要求1所述的分离核酸分子的遗传构建体；

（ii）将上述遗传构建体转化入所述细胞中；并且

（iii）选择以高水平表达由所述核酸分子编码的功能性环氧化酶的转化体。

8. 权利要求7的方法，其中所述的遗传构建体进一步包含表达增强元件。

9. 在转基因植物中产生重组具酶活性的环氧化酶多肽的方法，包含以下步骤：

（i）制备包含可操作地置于种子特异性启动子控制之下根据权利要求1所述的分离的核酸分子的遗传构建体，其中所述核酸分子也置于转录终止子序列的上游；

（ii）将上述遗传构建体转化入所述植物的细胞或组织中；并且

（iii）选择在种子中以高水平表达由所述核酸分子编码的功能性环氧化酶的转化体。

10. 权利要求9的方法，其中所述的遗传构建体进一步包含表达增强元件。

11. 根据权利要求9所述的方法，其中植物是通常产生高水平亚油酸的油料种子物种。

12. 根据权利要求9所述的方法，其中植物选自Linola®亚麻、油籽油菜、向日葵、红花、大豆、亚麻籽、芝麻、棉籽、花生、橄榄或油棕。

13. 按照根据权利要求5~12中任意一项所述的方法制备的重组脂肪酸环氧化酶多肽。

14. 重组脂肪酸环氧化酶多肽，其由权利要求1中的核酸分子所编码。

15. 在细胞中产生环氧化脂肪酸的方法，该方法包含将表达根据权利要求13所述的重组多肽的细胞与脂肪酸底物一起在足以使上述底物的至少一个碳键转变为环氧基团的条件下培养一段时间。

16. 根据权利要求15所述的方法，其中脂肪酸底物是不饱和脂肪酸并且所述底物中被环氧化的碳键是碳双键。

17. 根据权利要求15或16所述的方法，其中脂肪酸底物选自棕榈油酸、油酸、亚油酸、亚麻酸、9，15-十八碳二烯酸和花生四烯酸。

18 根据权利要求16所述的方法，其中被环氧化的碳键是△12-碳键。

19. 根据权利要求15所述的方法，其中产生的环氧化脂肪酸是斑鸠菊酸。

20. 根据权利要求15所述的方法，包含用编码重组环氧化酶的核酸分子转化或转染细胞的额外的第一步。

21. 根据权利要求15所述的方法，其中细胞是酵母、真菌或霉菌细胞。

22. 根据权利要求15所述的方法，其中所述细胞来自植物。

23. 根据权利要求22所述的方法，其中所述植物选自Linola®亚麻、油籽油菜、向日葵、红花、大豆、亚麻籽、芝麻、棉籽、花生、橄榄或油棕。

24. 用根据权利要求1所述的分离核酸分子转化的植物细胞。

25. 植物细胞，其能表达根据权利要求13所述的重组多肽。

26. 根据权利要求24或25所述的植物细胞，选自Linola®、亚麻细胞、油籽油菜细胞、向日葵细胞、红花细胞、大豆细胞、亚麻籽细胞、芝麻细胞、棉籽细胞、花生细胞、橄榄细胞或油棕细胞。

27. 根据权利要求24或25所述的植物细胞，其是拟南芥细胞。

28. 根据权利要求24或25所述的植物细胞，其是亚麻细胞。"

请求人认为修改后的权利要求均能得到说明书的支持。

至此，合议组认为本案事实已经清楚，可以作出审查决定。

二、决定的理由

1. 审查依据的文本

请求人于2008年7月2日提交了权利要求书全文替换页（共3页28项），经审查，其中相对于驳回决定所针对的权利要求书所作的修改符合专利法第33条和专利法实施细则第60条第1款的规定。本复审决定所针对的审查文本为：本申请进入中国国家阶段时申请人提交的国际申请文件的中文说明书第1~95页、附图第1~23页以及摘要，2008年7月2日提交的权利要求书第1~28项。

2. 关于专利法第22条第2款

专利法第22条第2款规定：新颖性，是指在申请日以前没有同样的发明或者实用新型在国内外出版物上公开发表过、在国内公开使用过或者以其他方式为公众所知，也没有同样的发明或者实用新型由他人向国务院专利行政部门提出过申请并且记载在申请日以后公布的专利申请文件中。

根据该款规定，如果请求保护的发明与对比文件所公开的技术内容实质上不相同，则该发明具备新颖性。

本案中，请求人于2008年7月2日提交的权利要求书中修改了权利要求1。修改后的权利要求1限定所述核酸分子或其互补序列编码的环氧化酶是SEQ ID NO：2所示的氨基酸序列。由于本申请的SEQ ID NO：2的氨基酸序列与对比文件1中的FAD2的核苷酸序列编码的氨基酸序列不相同，因而编码所述氨基酸分子的核苷酸序列也不相同。因此，本申请修改后的权利要求1相对于对比文件1具备新颖性。并且，请求人于2008年7月2日提交的权利要求书删除了驳回决定所针对文本的权利要求2~4。因此，请求人于2008年7月2日提交的权利要求书已经克服了驳回决定所指出的权利要求1~4不符合专利法第22条第2款规定的缺陷。

3. 关于专利法第26条第4款

专利法第26条第4款规定：权利要求书应当以说明书为依据，说明要求专利保护的范围。

根据该款规定，如果权利要求所要求保护的技术方案是所属技术领域的技术人员能够从说明书充分公开的内容中得到或概括出的技术方案，且未超出说明书公开的范围，则权利要求请求保护的技术方案得到了说明书的支持。

本案中，驳回决定和《复审通知书》均指出本申请权利要求因其中对核酸分子或其来源的限定过于宽泛、或请求保护改变植物细胞、组织、器官或生物体中环氧脂肪酸水平的方法无法实现，而导致这些技术方案不能得到说明书的支持（具体参见前述案由部分）。

请求人于2008年7月2日提交了权利要求书修改替换页，其中（1）修改后的权利要求1限定核酸分子或其互补序列所编码的环氧化酶的氨基酸序列是SEQ ID NO：2所示的氨基酸序列，说明书实施例中已经明确验证了来自Crepis palaestina，如SEQ ID NO：1所示序列的核酸分子编码序列为SEQ ID NO：2的多肽，该多肽具有环氧化酶活性，因此，修改后的权利要求1能够得到说明书支持；（2）由于权利要求2~28均引用了权利要求1，且权利要求2中具体限定的所述核酸分子的来源为Crepis palaestina，因而权利要求2~28也克服了因驳回决定和《复审通知书》中所具体指出的事实而导致其得不到说明书支持的缺陷；（3）修改的文本删除了驳回决定和《复审通知书》中所指出的无法实现的方案（权利要求18、19），因此请求人于2008年7月2日提交的修改文本已经克服了驳回决定和《复审通知书》指出的导致请求保护的技术方案得不到说明书支持的缺陷。

根据以上事实和理由，本案合议组作出如下审查决定。

三、决定

撤销国家知识产权局于 2005 年 8 月 5 日对 98805470.1 号发明专利申请作出的驳回决定。由原审查部门在本复审决定所针对的文本的基础上继续进行审查。

复审请求人对本决定不服的,可以根据专利法第 41 条第 2 款的规定,自收到本决定之日起三个月内向北京市第一中级人民法院起诉。

抗血管生成蛋白及其应用

复审请求审查决定（第 14418 号）

决 定 号	第 14418 号
决 定 日	2008 年 8 月 26 日
发明创造名称	抗血管生成蛋白及其应用
国 际 分 类 号	C07K 14/47，C12N 15/00，A61K 38/01
复 审 请 求 人	贝斯以色列护理医疗中心
申 请 号	99808686.X
优 先 权 日	1998 年 6 月 17 日，1999 年 3 月 25 日
申 请 日	1999 年 6 月 17 日
公 开 日	2001 年 8 月 22 日
合议组组长	叶 娟
主 审 员	张秀丽
参 审 员	王 冬

法 律 依 据 专利法第 22 条第 3 款，专利法实施细则第 20 条第 1 款

决 定 要 点

如果要求保护的技术方案相对于现有技术是非显而易见的，且该技术方案能够产生有益的技术效果，则该技术方案相对于该现有技术具备创造性。

权利要求的保护范围应当根据其所用词语的含义来理解，如果权利要求所用词语含义是清楚的，则其请求保护的范围清楚。

一、案由

本复审请求涉及申请号为 99808686.X，名称为"抗血管生成蛋白及其应用"的发明专利申请（下称本申请），其申请人为贝斯以色列护理医疗中心，申请日为 1999 年 6 月 17 日，公开日为 2001 年 8 月 22 日，优先权日为 1998 年 6 月 17 日、1999 年 3 月 25 日，进入中国国家阶段日为 2001 年 1 月 16 日。

针对申请人于本申请进入中国国家阶段时提交的国际申请文件的中文说明书第 1、2、4、7~20、23~45、47~50、52、54~56、58~61、64~71、74 页，说明书附图第 2~10、13~25 页和说明书摘要，国际初审报告附件的说明书译文第 3、5、6、21、22、46、51、53、57、62、63、72、73 页和说明书附图第 1、11、12 页，按照专利合作条约第 28 条或第 41 条修改的说明书第 75~83 页译文，2004 年 10 月 25 日提交的权利要求 1~16、23~44，2005 年 10 月 11 日提交的权利要求第 17~22 项，

国家知识产权局于 2005 年 11 月 25 日以权利要求 1～44 不符合专利法第 22 条第 3 款的规定为由驳回了本申请。驳回决定所针对的权利要求书如下：

"1. 一种分离的蛋白质，选自由如下成员构成的组：IV 型胶原的 α1 链的 NC1 区（SEQ ID NO：2），IV 型胶原的 α2 链的 NC1 区（SEQ ID NO：6），或者 IV 型胶原的 α3 链的 NC1 区（SEQ ID NO：10），或者它们的片段、类似物、衍生物，或者它们的突变体，其中，所述分离的蛋白质具有抗血管生成特性。

2. 权利要求 1 的分离的蛋白质，其中的蛋白质是一种单体。

3. 权利要求 2 的分离的蛋白质，其中的蛋白质是捕获肽（Arresten）。

4. 权利要求 2 的分离的蛋白质，其中的蛋白质是 Canstain。

5. 权利要求 2 的分离的蛋白质，其中的蛋白质是 Tumstatin。

6. 一种权利要求 1 的蛋白质的多聚体，或者它们的片段、类似物、衍生物，或者它们的突变体，其中的多聚体具有抗血管生成的特性。

7. 一种嵌合蛋白质，其包括一种或者多种权利要求 1 的蛋白质，或者它们的片段、类似物、衍生物，或者它们的突变体，其中的嵌合蛋白质具有抗血管生成的特性。

8. 利要求 7 的嵌合蛋白质，进一步含有选自至少下列之一的一种蛋白分子：endostatin 或其片段，angiostatin 或其片段，restin 或其片段，apomigren 或其片段，或者其他的抗血管生成蛋白质或其片段。

9. 一种组合物，作为一种生物活性成分，含有一种或者多种权利要求 1 的蛋白质。

10. 权利要求 9 的组合物，以及药理学上相容的填料。

11. 一种组合物，作为一种生物活性成分，含有一种或者多种权利要求 1 的蛋白质，还含有选自下列的至少一种蛋白质分子：endostatin 或其片段，angiostatin 或其片段，restin 或其片段，apomigren 或其片段，或者其他的抗血管生成蛋白质或其片段。

12. 一种组合物，作为一种生物活性成分，含有权利要求 6 的多聚体。

13. 一种组合物，作为一种生物活性成分，含有权利要求 7 的嵌合蛋白质。

14. 一种分离的多聚核苷酸，编码权利要求 1 的蛋白质，或者它们的片段、类似物、衍生物，或者它们的突变体，其中的嵌合蛋白质具有抗血管生成的特性。

15. 权利要求 14 的一种分离的多聚核苷酸，其中的多聚核苷酸可操作连接到表达控制序列上。

16. 用权利要求 15 的多聚核苷酸转化的宿主细胞。

17. 权利要求 16 的宿主细胞，其中的宿主细胞选自细菌，酵母，哺乳类，昆虫或者植物细胞。

18. 一种分离的多聚核苷酸，编码权利要求 3 的蛋白质。

19. 一种分离的多聚核苷酸，编码权利要求 4 的蛋白质。

20. 一种分离的多聚核苷酸，编码权利要求 5 的蛋白质。

21. 一种生产权利要求 14 的多聚核苷酸编码的蛋白质的方法，该方法包括：

（a）培养权利要求 14 的多聚核苷酸转化的宿主细胞，核甘酸的宿主细胞选自细菌，酵母，哺乳类，昆虫或者植物细胞；

（b）从培养物中纯化蛋白质；

由此生产出权利要求 14 的多聚核苷酸编码的蛋白质。

22. 一种分离的多聚核苷酸，根据如下工艺获得：

（a）制备一种或者更多的多聚核苷酸探针，该探针在中度严谨条件下可与权利要求 14 的多聚核苷酸杂交；

（b）用该探针与哺乳动物 DNA 杂交；

（c）分离用探针检测到的 DNA 多聚核苷酸；核甘酸分离的多聚核苷酸的核苷酸序列与权利要求 14 的多聚核苷酸的核苷酸序列一致。

23. 一种药物，所述药物通过与哺乳动物相接触而为所述哺乳动物提供抗血管生成蛋白质，所述药物包括权利要求 14 的多聚核苷酸，所述多聚核苷酸可以在所述哺乳动物体内的细胞中表达，产生出有效治疗剂量的抗血管生成蛋白质，该剂量足以抑制所述哺乳动物中的血管生成活性。

24. 权利要求 23 的药物，对抗血管生成蛋白质的表达是瞬时表达。

25. 权利要求 23 的药物，所述的哺乳动物细胞选自由如下成员构成的组：血液细胞，TIL 细胞，骨髓细胞，血管细胞，肿瘤细胞，肝细胞，肌肉细胞，纤维原细胞。

26. 权利要求 25 的药物，所述的多聚核苷酸通过病毒载体插入所述哺乳动物细胞中。

27. 特异性结合权利要求 1 的分离的蛋白质、类似物、衍生的同源物、或者它们的突变体的抗体。

28. 一种药物，所述药物通过与哺乳动物组织相接触而抑制所述哺乳动物组织中的血管生成活性，所述药物含有下列的一种或者几种：权利要求 1 的分离的蛋白质、或者它们的片段、类似物、衍生物、或者它们的突变体，权利要求 1 的蛋白质的多聚体，权利要求 1 的片段的多聚体，一种包括一种或者几种权利要求 1 的蛋白质的嵌合蛋白质，或者一种含有权利要求 1 的蛋白质片段的嵌合蛋白质。

29. 权利要求 28 的药物，所述的哺乳动物组织是患病组织，所述疾病选自由如下成员构成的组：血管生成依赖性肿瘤，良性瘤，风湿性关节炎，糖尿病视网膜病，银屑癣，视觉血管生成疾病，Osler-Webber 综合症，心肌性血管生成，片状血管生成，毛细血管扩张，血友病生节，血管纤维瘤，伤口肉芽，肠粘连，动脉硬化症，硬皮病，高尿酸血，猫抓热病，幽门螺旋菌溃疡，透析移植所致血管狭窄，避孕和肥胖症。

30. 权利要求 29 的药物，所述的疾病是肿瘤。

31. 权利要求 9 的药物，所述药物与放射治疗、化学治疗或免疫治疗结合使用，以抑制有血管增生活性症状的疾病。

32. 一种多肽，其包含 SEQ ID NO：10 的第 2 位到第 125 位氨基酸，该多肽具有抗血管生成活性。

33. 一种编码权利要求 32 的多肽的多聚核苷酸。

34. 一种多肽，其包含 SEQ ID NO：10 的第 125 位到第 245 位氨基酸，该多肽具有抗血管生成活性。

35. 一种编码权利要求 34 的多肽的多聚核苷酸。

36. 一种具有抗血管生成活性的 IV 型胶原的 α1 链的 NC1 区片段，该片段通过 PCR 克隆方法而获得。

37. 一种具有抗血管生成活性的 IV 型胶原的 α2 链的 NC1 区片段，该片段通过 PCR 克隆方法而获得。

38. 一种具有抗血管生成活性的 IV 型胶原的 α3 链的 NC1 区片段，该片段通过 PCR 克隆方法而获得。

39. 一种具有抗血管生成活性的 IV 型胶原的 α1 链的 NC1 区片段，该片段通过假单胞菌（Pseudomonas）弹性蛋白酶消化方法而获得。

40. 权利要求 39 的抗血管生成片段，该片段的大小为 12 kDa。

41. 权利要求 39 的抗血管生成片段，该片段的大小为 8 kDa。

42. 一种具有抗血管生成活性的 IV 型胶原的 α2 链的 NC1 区片段，该片段通过假单胞菌（Pseudomonas）弹性蛋白酶消化方法而获得。

43. 权利要求 42 的抗血管生成片段，该片段的大小为 10 kDa。

44. 一种具有抗血管生成活性的 IV 型胶原的 α3 链的 NC1 区片段，该片段通过假单胞菌（Pseudomonas）弹性蛋白酶消化方法而获得。"

驳回决定认为：（1）对比文件 1（PRESTAYKO A W 等人："Type IV Collagen domains inhibit adhesion and migration of tumor cells and block angiogenesis" PROCEEDINGS OF THE AMERICAN ASSOCIATION FOR CANCER RESEARCH. ANNUAL MEETING，39 卷，45 页，1998 年 3 月）公开了一种 IV 型胶原蛋白的 α（IV）NC1 结构域的蛋白质能够抑制肿瘤细胞的粘附和迁移并抑制血管生成，权利要求 1 与对比文件 1 的区别在于选择了一种具体的 IV 型胶原的 α 链的 NC1 区从而得到特定序列的 IV 型胶原蛋白片段。对比文件 2（US5114840A，1992 年 5 月 19 日公开）公开了几种 IV 型胶原的 α 链的氨基酸序列，并具体比较了 α5 链的 NC 结构域与 α1 链和 α2 链的 NC 结构域的相似性（参见对比文件 2 说明书第 8 栏第 2 段，附图 3 和附图 4），可见对比文件 2 给出了将具体的 IV 型胶原的 α 链的 NC 区结构域应用到对比文件 1 的启示，因此，权利要求 1 的技术方案相对于对比文件 1 和 2 不具备专利法第 22 条第 3 款规定的创造性。（2）权利要求 2～44 直接或间接引用了权利要求 1，由于其所限定的技术特征是本领域技术人员的公知常识或公知技术手段，因而当权利要求 1 不具备创造性时，权利要求 2～44 的技术方案也不具备专利法第 22 条第 3 款规定的创造性。

申请人（下称请求人）对上述驳回决定不服，于 2006 年 3 月 10 日向专利复审委员会提出了复审请求，请求人在提交复审请求的同时提交了权利要求书第 1 页的修改替换页，所作修改为在驳回的权利要求 1、2 之间新增一个权利要求（为便于评述，下称权利要求 2'）该修改替换页全部内容如下：

"1. 一种分离的蛋白质，选自由如下成员构成的组：IV 型胶原的 α1 链的 NC1 区（SEQ ID NO：2），IV 型胶原的 α2 链的 NC1 区（SEQ ID NO：6），或者 IV 型胶原的 α3 链的 NC1 区（SEQ ID NO：10），或者它们的片段、类似物、衍生物、或者它们的突变体，其中，所述分离的蛋白质具有抗血管生成特性。

2. 权利要求 1 的分离的蛋白质，其中所述蛋白质包括 SEQ ID NO：2 的 IV 型胶原的 α1 链的 NC1 区的片段，SEQ ID NO：6 的 IV 型胶原的 α2 链的 NC1 区的片段或者 IV 型胶原的 α3 链的 NC1 区的片段，或类似物、衍生物或所述片段的变体，所述的这些片段具有抗血管生成的活性。

2. 权利要求 1 的分离的蛋白质，其中的蛋白质是一种单体。

3. 权利要求 2 的分离的蛋白质，其中的蛋白质是捕获肽（Arresten）。

4. 权利要求 2 的分离的蛋白质，其中的蛋白质是 Canstain。

5. 权利要求 2 的分离的蛋白质，其中的蛋白质是 Tumstatin。

6. 一种权利要求 1 的蛋白质的多聚体，或者它们的片段、类似物、衍生物、或者它们的突变体，其中的多聚体具有抗血管生成的特性。

7. 一种嵌合蛋白质，其包括一种或者多种权利要求 1 的蛋白质，或者它们的片段、类似物、衍生物、或者它们的突变体，其中的嵌合蛋白质具有抗血管生成的特性。"

请求人认为：对比文件 1 仅仅从概括角度描述了一种未命名的 IV 型胶原的 α 链的 NC1 区具有毛细血管生成的抑制活性，但没有具体描述哪一个特定的 IV 型胶原的 α 链的 NC1 区具有血管生成抑制活性；对比文件 2 没有揭示或暗示 IV 型胶原的 α1、α2、α5 链的 NC 区具有抑制血管生成活性，仅仅描述了部分 α 链的氨基酸序列，根据这些序列不能推断任何 IV 型胶原的 α 链的 NC 区均具有抑制血管生成活性；对比文件 1 与对比文件 2 没有结合启示，本领域技术人员需付出创造性劳动来辨别具体哪一种 IV 型胶原的 α 链 NC1 区具有抗血管生成活性,并且根据本申请发明的技术方案可知,不能保证任何一种 IV 型胶原蛋白 α 链 NC1 区均有该活性,而本申请选择的几种 NC1 区具有抑制血管生成的活性,因此,本申请请求保护的全部技术方案均具备创造性。

经形式审查合格后,专利复审委员会受理了该复审请求,并于 2006 年 3 月 30 日向请求人发出《复审请求受理通知书》,同时将本申请案卷转送至原审查部门进行前置审查。

原审查部门对本复审请求进行了前置审查,坚持原驳回决定,理由为:在本发明完成以前,IV 型胶原的结构已经是公知的,在对比文件 1 公开其 NC1 区具有抗血管生成活性时,本领域技术人员自然会去确定各条 α 链 NC1 区的活性,而对比文件 2 提供了各条 α 链 NC1 区同源的启示,由此可以很容易确定各条 α 链的 NC1 区,从而确定各自的活性。首先,本发明仅仅是在已知的有限的几条链上进行,其结果是可以预料的,仅仅需要对结果进行验证;其次,本发明不是选择发明,请求人没有提出相对于现有技术,本发明具有更好抗血管生成的效果。因此,权利要求 1~44 不具备创造性。

专利复审委员会组成合议组,对本复审请求案进行了审理。针对驳回决定所针对的说明书、附图、摘要、权利要求 8~44 以及 2006 年 3 月 10 日提交的权利要求 1~7 (包括权利要求 2'),合议组于 2008 年 4 月 3 日向请求人发出《复审通知书》。《复审通知书》指出:(1) 权利要求 1 中的"它们"、权利要求 1 以及权利要求 2'、2、6~17、21~31、36~44 中的"片段"、"类似物"、"衍生物"、"突变体"不清楚,导致这些权利要求请求保护的技术方案不清楚,不符合专利法实施细则第 20 条第 1 款的规定。(2) 对比文件 1 公开了一种 IV 型胶原蛋白的 α (IV) NC1 结构域的蛋白质,其能够抑制肿瘤细胞的粘附和迁移并抑制血管生成。权利要求 1 与对比文件 1 的区别在于:权利要求 1 分离了具体的 IV 型胶原的 α 链的 NC1 区,而对比文件 1 没有公开具体的 IV 型胶原 α 链的 NC1 区氨基酸序列。对比文件 2 公开了 IV 型胶原的 α1、α2 链的氨基酸全长序列(参见附图 3),附图 3 框示的 α1 (IV) 的 NC 区与权利要求 1 中 SEQ ID NO:2 完全相同,框示的 α2 (IV) 的 NC 区基本包含在权利要求 1 中 SEQ ID NO.6 所示序列内。由此可见,对比文件 2 给出了将具体的 IV 型胶原的 α 链的 NC 区应用到对比文件 1 解决其技术问题的启示,可以预见对比文件 2 所公开的 α1、α2 链的 NC1 区具有抗肿瘤生长、抑制血管生成的活性。因此,本领域技术人员在对比文件 1 的基础上结合对比文件 2 的启示获得权利要求 1 的技术方案是显而易见的,而且权利要求 1 的技术方案不具备意料不到的技术效果,因而权利要求 1 不具备专利法第 22 条第 3 款规定的创造性。(3) 权利要求 2'、2~44 直接或间接引用了权利要求 1,由于其所限定的特征是本领域技术人员的常规技术手段,因而当权利要求 1 不具备创造性时,权利要求 2~44 的技术方案也不具备创造性。

针对《复审通知书》指出的问题,请求人于 2008 年 5 月 19 日提交了意见陈述书及权利要求书全文替换页(共 3 页 24 项)。

此后,请求人又于 2008 年 7 月 9 日再次提交了权利要求书全文替换页(共 3 页 24 项)。请求人于 2008 年 7 月 9 日提交的权利要求书如下:

"1. 一种分离的 IV 型胶原的 α3 链的 NC1 区,由 SEQ ID NO:10 组成,其中,所述分离的蛋白质具有抗血管生成特性。

2. 权利要求 1 的分离的蛋白质,其中的蛋白质是一种单体。

3. 一种权利要求 1 的蛋白质的多聚体,其中的多聚体具有抗血管生成的特性。

4. 一种包括权利要求 1 的蛋白质的嵌合蛋白质,其中的嵌合蛋白质具有抗血管生成的特性。

5. 权利要求 4 的嵌合蛋白质,进一步含有选自至少下列之一的一种蛋白分子:endostatin,angiostatin, restin, apomigren。

6. 一种组合物,包括作为生物活性成分的权利要求 1 的蛋白质。

7. 权利要求6的组合物,以及药理学上相容的填料。

8. 一种组合物,包括作为生物活性成分的权利要求1的蛋白质,还包括选自下列的至少一种蛋白质分子：endostatin, angiostatin, restin, apomigren。

9. 一种组合物,包括作为生物活性成分的权利要求3的多聚体。

10. 一种组合物,包括作为生物活性成分的权利要求4的嵌合蛋白质。

11. 一种分离的多聚核苷酸,编码权利要求1的蛋白质。

12. 权利要求11的一种分离的多聚核苷酸,其中的多聚核苷酸可操作连接到表达控制序列上。

13. 用权利要求12的多聚核苷酸转化的宿主细胞。

14. 一种药物,所述药物通过与哺乳动物组织相接触而抑制所述哺乳动物组织中的血管生成活性,所述药物包括权利要求1的分离的蛋白质。

15. 权利要求14的药物,所述的哺乳动物组织是患病组织,所述疾病选自由如下成员构成的组：血管生成依赖性肿瘤,良性瘤,风湿性关节炎,糖尿病视网膜病,银屑癣,视觉血管生成疾病,Osler-Webber综合症,心肌性血管生成,片状血管生成,毛细血管扩张,血友病生节,血管纤维瘤,伤口肉芽,肠粘连,动脉硬化症,硬皮病,高尿酸血,猫抓热病,幽门螺旋菌溃疡,透析移植所致血管狭窄,避孕和肥胖症。

16. 权利要求15的药物,所述的疾病是肿瘤。

17. 权利要求16的药物,所述药物与放射治疗、化学治疗或免疫治疗结合使用,以抑制有血管增生活性症状的疾病。

18. 一种多肽,由 SEQ ID NO：10 的第2位～第125位氨基酸组成,该多肽具有抗血管生成活性。

19. 一种编码权利要求18的多肽的多聚核苷酸。

20. 一种多肽,由 SEQ ID NO：10 的第125位～第245位氨基酸组成,该多肽具有抗血管生成活性。

21. 一种编码权利要求20的多肽的多聚核苷酸。

22. 一种药物,所述药物通过与哺乳动物组织相接触而抑制所述哺乳动物组织中的血管生成活性,该药物包括由 SEQ ID NO：10 的第2位～第125位氨基酸组成的 IV 型胶原的α3链的片段。

23. 一种药物,所述药物通过与哺乳动物组织相接触而抑制所述哺乳动物组织中的血管生成活性,该药物包括由 SEQ ID NO：10 的第125位～第245位氨基酸组成的 IV 型胶原的α3链的片段。

24. 一种多肽片段,由 SEQ ID NO：10 组成,或由 SEQ ID NO：10 的第2位～第125位氨基酸组成,或由 SEQ ID NO：10 的第125位～第245位氨基酸组成,该片段通过 PCR 克隆方法而获得。"

请求人认为修改后的权利要求克服了《复审通知书》指出的全部缺陷。

至此,合议组认为本案事实已经清楚,可以作出审查决定。

二、决定的理由

1. 审查依据的文本

经审查,请求人于2008年7月9日提交的权利要求书所作的修改符合专利法第33条和专利法实施细则第60条第1款的规定。本复审决定所针对的审查文本是：驳回决定所针对的说明书、说明书附图和说明书摘要,以及请求人于2008年7月9日提交的权利要求1~24。

2. 关于专利法实施细则第20条第1款

专利法实施细则第20条第1款规定：权利要求书应当说明发明或者实用新型的技术特征,清楚、简要地表述请求保护的范围。

根据该款规定，权利要求的保护范围应当根据其所用词语的含义来理解，如果权利要求所用词语含义是清楚的，则其请求保护的范围清楚。

本案中，请求人于2008年7月9日提交的权利要求书修改文本中删除了《复审通知书》所指出的权利要求1~2、6~17、21~31、36~44中含义不清楚的"片段"、"类似物"、"衍生物"、"突变体"。因此，修改后的权利要求书克服了《复审通知书》中指出的权利要求1~2、6~17、21~31、36~44不符合专利法实施细则第20条第1款规定的缺陷。

3. 关于专利法第22条第3款

专利法第22条第3款规定：创造性，是指同申请日以前已有的技术相比，该发明有突出的实质性特点和显著进步。

根据该款规定，如果要求保护的技术方案相对于现有技术是非显而易见的，且该技术方案能够产生有益的技术效果，则该技术方案相对于该现有技术具备创造性。

本案中，请求人于2008年7月9日提交的权利要求1不再要求保护有关IV型胶原α1、α2链NC1区的技术方案，而仅请求保护一种分离的IV型胶原的α3链的NC1区，其由SEQ ID NO: 10组成，其中，所述分离的蛋白质具有抗血管生成特性。对比文件1公开了IV型胶原蛋白的α（IV）NC1结构域能够抑制肿瘤细胞的粘附和迁移并抑制血管生成。权利要求1与对比文件1的区别在于：权利要求1分离了具体的SEQ ID NO: 10所示的IV型胶原的α3链的NC1区，而对比文件1没有公开具体的IV型胶原α3链的NC1区氨基酸序列。由此，权利要求1实际解决的技术问题是鉴定并分离了具体的α3链NC1区。对比文件2公开了IV型胶原的α3链的片段序列（参见图4）以及α5链的全长序列（参见图3），其中公开的α3链的片段序列位于NC区中，对比文件2比较该α3链NC区片段与相应的α5链NC区片段的同源性为43%（参见对比文件2说明书第8栏第2段以及图4）。对比文件2并未记载α3链的完整NC1区序列，并且由于其中与α5链比较的仅为α3链NC区片段，且同源性只有43%，因而本领域技术人员无法根据α5链的全长氨基酸序列推测出α3链的完整的NC1区序列。由此可见，对比文件2并未公开具体的SEQ ID NO: 10所示的α3链NC1区序列，从而使本领域技术人员有动机将其应用到对比文件1以获得具有抑制血管生成作用的蛋白质的技术方案，即权利要求1的技术方案相对于对比文件1和2是非显而易见的，并且具有显著的进步。因此，权利要求1相对于对比文件1和2具备创造性，符合专利法第22条第3款的规定。

由于权利要求2~24均直接或间接引用了权利要求1，因此，当权利要求1的技术方案相对于对比文件1和2具备创造性时，权利要求2~24的技术方案相对于对比文件1和2也具备创造性，符合专利法第22条第3款的规定。

根据以上事实和理由，本案合议组作出如下审查决定。

三、决定

撤销国家知识产权局于2005年11月25日对99808686.X号发明专利申请作出的驳回决定。由原审查部门在本复审决定所针对的文本的基础上继续进行审查。

复审请求人对本决定不服的，可以根据专利法第41条第2款的规定，自收到本决定之日起三个月内向北京市第一中级人民法院起诉。

液体内服剂

复审请求审查决定（第 14429 号）

决 定 号	第 14429 号
决 定 日	2008 年 8 月 6 日
发明创造名称	液体内服剂
国际分类号	A61K 35/78，A61P 1/04
复审请求人	SS 制药株式会社
申 请 号	02141424.6
优 先 权 日	2001 年 8 月 31 日
申 请 日	2002 年 8 月 30 日
公 开 日	2003 年 4 月 2 日
合议组组长	周英姿
主 审 员	田 芳
参 审 员	魏春宝
法 律 依 据	专利法第 26 条第 4 款

决 定 要 点

权利要求书应当以说明书为依据，是指权利要求应当得到说明书的支持。权利要求书中的每一项权利要求所要求保护的技术方案应当是所属技术领域的技术人员能够从说明书充分公开的内容中得到或概括得出的技术方案，并且不得超出说明书公开的范围。

一、案由

本复审请求案涉及发明名称为"液体内服剂"的 02141424.6 号发明专利申请（下称本申请），申请人为 SS 制药株式会社。本申请的优先权日为 2001 年 8 月 31 日，申请日为 2002 年 8 月 30 日，公开日为 2003 年 4 月 2 日。

2005 年 11 月 11 日，针对申请人于 2005 年 10 月 11 日提交的权利要求 1～2，于申请日提交的说明书第 1～7 页和说明书摘要，国家知识产权局以本申请权利要求 1～2 不符合专利法第 26 条第 4 款的规定为由驳回了本申请。驳回决定所针对的权利要求书如下：

"1. 一种液体内服剂，其是含有日本当药提取物、甜味剂，并将 pH 调整为 4～7。

2. 权利要求 1 记载的液体内服剂，其中将 pH 调整为 4.4～6.3。"

驳回的具体理由是：权利要求 1 是开放式权利要求，只要含有日本当药提取物和甜味剂，并且 pH 值为 4～7 的液体内服剂均在其要求保护的范围内。但是，说明书记载的实验内容只能证明：成分中含有日本当药提取液、氯化肉碱、精制白糖、D-山梨糖醇、聚氧烯硬化蓖麻子酯、苯甲酸钠和焦糖，而其他成分在"生姜浸膏、人参浸膏、姜黄浸膏、桂皮油、丁香油和/或茴香油"组成的组中选择的液体内服剂，pH 值为 4~7 时才能达到本发明的"使日本当药提取物长期稳定地保存"的发明目的。由于制剂中加入任意的其他药效成分和/或辅料后，有可能使上述的液体制剂达不到"使日本当药提取物长期稳定地保存"的效果。本领域的技术人员无法根据说明书记载的内容直接得到或者概括得出：只要含有日本当药提取物、甜味剂，并且 pH 值为 4~7 的任意液体内服剂，均能达到"使日本当药提取物长期稳定地保存"的结论，因此权利要求 1 得不到说明书的支持，不符合专利法第 26 条第 4 款的规定。基于同样理由，从属权利要求 2 也不符合专利法第 26 条第 4 款的规定。

2006 年 1 月 27 日，申请人 SS 制药株式会社（下称请求人）对上述驳回决定不服，向专利复审委员会提出复审请求。同时，请求人提交了如下权利要求书：

"1. 一种液体内服剂，其中含有日本当药提取液、甜味剂、着色剂、防腐剂以及助溶剂，还含有从健胃生药提取物、健胃剂、抗酸剂、消化剂、整肠剂、止泻剂、镇痛镇痉剂或黏膜修复成分中选出的对消化系统起作用的药效成分，并将 pH 调整为 4~7。

2. 权利要求 1 的液体内服剂，其中对消化系统起作用的药效成分选自生姜浸膏、人参浸膏、姜黄浸膏、桂皮油、丁香油、茴香油或氯化肉碱。

3. 权利要求 1 或者 2 记载的液体内服剂，其中甜味剂选自精制白糖或者山梨糖醇，助溶剂是聚氧乙烯固化蓖麻子油，防腐剂是苯甲酸钠，着色剂是焦糖，对消化系统起作用的药效成分选自生姜浸膏、人参浸膏、姜黄浸膏、桂皮油、丁香油、茴香油或氯化肉碱。

4. 权利要求 1 记载的液体内服剂，其中，pH 调整为 4.4~6.3。"

请求人认为：（1）修改后的权利要求 1 限定了内服剂的所含各成分，提供了可具体实施的技术方案，可以得到说明书的支持，同时也克服了保护范围太大的问题，符合专利法第 26 条第 4 款的规定；（2）另外，请求人根据说明书记载的具体内容，增加了从属权利要求 2 和 3，权利要求 2 和 3 进一步具体限定了权利要求 1 中的各成分，其所做修改完全可以得到说明书的支持，符合专利法第 26 条第 4 款的规定。

经形式审查合格后，专利复审委员会受理了该复审请求，并于 2006 年 3 月 9 日向请求人发出了《复审请求受理通知书》，随后将本申请案卷移交原审查部门进行前置审查。

在《前置审查意见书》中，原审查部门认为：说明书记载的实验内容无法证明修改后的权利要求 1 的技术方案均能够实现发明目的，因此坚持原驳回决定。

专利复审委员会依法组成合议组，对本复审请求案进行了审理，于 2007 年 12 月 4 日发出了《复审通知书》。《复审通知书》指出：（1）权利要求 2~3 并不是针对消除驳回决定中指出的"权利要求 1~2 不符合专利法第 26 条第 4 款规定"的缺陷所作的修改，因此不符合专利法实施细则第 60 条第 1 款的规定。（2）权利要求 1 的组合物采用"含有"这样一种开放式撰写方式，意味着组合物中除了明确限定的组分外还可含有其他任意组分，这些不明确的组分有可能使得组合物或日本当药提取物不稳定。另外，权利要求 1 中除日本当药提取液之外的其他组分都采用了功能性限定，而日本当药提取液是否长期稳定存在与其他组分的功能并没有必然联系，且上述功能性限定各自在现有技术中代表了大量的结构和化学性质各异的物质，而在本申请说明书中仅仅采用了有限的、确定的几种。基于上述理由，权利要求 1 和 4 得不到说明书的支持，不符合专利法第 26 条第 4 款的规定。

针对上述《复审通知书》，请求人于 2008 年 1 月 17 日提交了意见陈述书及权利要求书全文替换页，修改后的权利要求书如下：

"1. 一种液体内服剂，其中本质上含有日本当药提取液、精制白糖、山梨糖醇、焦糖、苯甲酸钠,以及聚氧乙烯硬化蓖麻子油,还含有从生姜浸膏、人参浸膏、姜黄浸膏、桂皮油、丁香油、茴香油或氯化肉碱中选出的对消化系统起作用的药效成分,并pH调整为4~7。

2. 权利要求1记载的液体内服剂,其中,pH调整为4.4~6.3。"

请求人认为:将原权利要求1的"含有"修改为"本质上含有",采用半开放式的写法,即液体内服剂本质上含有日本当药提取液以及具体列举的成分。采用半开放式权利要求的保护范围介于开放式和封闭式之间,使封闭式的权利要求只是向着那些对所指出的组分的基本特征或者新的特性没有实质上影响的组分,比如本发明中可以加入"精制水"等。另外,权利要求1进一步限定了采用功能性限定的各组分。经过上述修改后,克服了权利要求1得不到说明书支持的缺陷,符合专利法第26条第4款的规定。

至此,合议组认为本案事实已经清楚,可以作出审查决定。

二、决定的理由

1. 关于审查文本

请求人于2008年1月17日提交了权利要求书全文替换页,其中对权利要求1液体内服剂中的组分进行了限定,根据本申请说明书第4~6页中记载的内容,例如表1~2,所作修改可以由原说明书直接地、毫无疑义地确定,因此请求人修改的内容符合专利法第33条的规定。另外,请求人于2008年1月17日提交的权利要求书中,删除了《复审通知书》指出的不符合专利法实施细则第60条第1款规定的权利要求2~3,保留下的新权利要求1~2符合专利法实施细则第60条第1款的规定。故本复审请求审查决定所针对的文本是:2008年1月17日提交的权利要求1~2,2002年8月30日提交的说明书第1~7页和说明书摘要。

2. 关于专利法第26条第4款

专利法第26条第4款规定:权利要求书应当以说明书为依据,说明要求专利保护的范围。

权利要求书应当以说明书为依据,是指权利要求应当得到说明书的支持。权利要求书中的每一项权利要求所要求保护的技术方案应当是所属技术领域的技术人员能够从说明书充分公开的内容中得到或概括得出的技术方案,并且不得超出说明书公开的范围。

就本申请而言,权利要求1要求保护"一种液体内服剂,其中本质上含有日本当药提取液、精制白糖、山梨糖醇、焦糖、苯甲酸钠,以及聚氧乙烯硬化蓖麻子油,还含有从生姜浸膏、人参浸膏、姜黄浸膏、桂皮油、丁香油、茴香油或氯化肉碱中选出的对消化系统起作用的药效成分,并将pH调整为4~7"。其中的"本质上含有","还含有"表明权利要求1是开放式权利要求,这意味着所述制剂除了明确限定的上述组分外,还可以含有未指出的其他任意组分,例如药效成分和/或辅料。然而,在说明书提供的所有制剂中,药效成分"日本当药提取液",以及所有辅料"精制白糖、山梨糖醇、焦糖、苯甲酸钠,以及聚氧乙烯硬化蓖麻子油"都是固定不变的,而其他药效成分也仅仅是在生姜浸膏、人参浸膏、姜黄浸膏、桂皮油、丁香油、茴香油、氯化肉碱这几种物质中进行选择。从说明书实施例1~12与比较例1、2的对比结果可以看出,所述制剂仅仅是改变其pH条件而其中的组分仍是在上述辅助物质和药效成分中选择来达到稳定日本当药提取物的技术效果。基于说明书的描述,本申请要解决的技术问题是提供一种可长期稳定保持日本当药提取物及其中獐牙菜苦甙含量的液体内服剂,而说明书提供的上述制剂以及稳定性实验,仅能证明当液体内服剂的组分在上述几种确定组分中选择并调整pH值为4~7时,所述液体内服剂中的獐牙菜苦甙含量可稳定保存,却不能证明液体内服剂还含有除了上述组分外的其他任意药效成分和/或辅料,只要pH调整为4~7时所述獐牙菜苦甙含量都可稳定保存。这是因为组合物制剂或其中的组分是否稳定取决于组分所处的环境条件以及所共存的各种组分的理化性质,随着所处环境条件以及组分的改变,制剂组分可由稳定状态变为不稳定,由于权利要求1的制剂还可含有其他任意组分，任意的其他组分可以是使药物制剂不稳定或獐牙菜苦甙不稳定的化合物，而哪些化合物在pH为4~7时可促进或不改变獐牙菜苦甙的稳定性，哪些化合物在pH为4~7时会降低獐牙菜苦甙的稳定性或制剂中日本当药提取液或其他组分的稳定性，在说明书中没有任何描述，本领域技术人员无法预见权利要求1概括的技术方案均能达到所述技术效果。基于上述理由，权利要求1要求保护的范围包括了本领域技术人员不能从说明书公开的内容得到或概括得出的技术方案，其并不能达到"长期稳定保存"的技术效果，因此权利要求1得不到说明书的支持，不符合专利法第26条第4款的规定。

权利要求2引用权利要求1，进一步限定"pH调整为4.4~6.3"。但是，权利要求2仍然是开放式权利要求，因此，基于相同的理由，权利要求2也得不到说明书的支持，不符合专利法第26条第4款的规定。

请求人在答复《复审通知书》时认为：将原权利要求1的"含有"修改为"本质上含有"，采用半开放式的写法，即液体内服剂本质上含有日本当药提取液以及具体列举的成分。采用半开放式这种方式表达的权利要求的保护范围介于开放式和封闭式之间，使封闭式的权利要求只是向着那些对所指出的组分的基本特征或者新的特性没有实质上影响的组分，比如本发明中可以加入"精制水"等。对此，合议组认为：在审查指南第二部分第十章第4.2.1节明确规定，"含有"，"本质上含有"等都属于开放式表达方式，表示该组合物中还可以含有权利要求中所未指出的一些组分，即使其在含量上占较大的比例。因此请求人将原来的"含有"修改为"本质上含有"也未克服权利要求1得不到说明书支持的缺陷。另外，请求人指出组合物还可以含有"精制水"，但是这并不能证明所述组合物还可以含有其他任意的组分也同样能够达到"长期稳定保持日本当药提取物及其中獐牙菜苦甙含量"的效果。

根据上述事实和理由，合议组作出如下审查决定。

三、决定

维持国家知识产权局于2005年11月11日针对02141424.6号发明专利申请作出的驳回决定。

复审请求人对本决定不服的，可以根据专利法第41条第2款的规定，自收到本决定之日起三个月内向北京市第一中级人民法院起诉。

吡咯并 [2, 3d] 嘧啶组合物及其应用

复审请求审查决定（第 14430 号）

决 定 号	第 14430 号
决 定 日	2008 年 8 月 7 日
发明创造名称	吡咯并 [2, 3d] 嘧啶组合物及其应用
国 际 分 类 号	A61K 31/505, C07D 487/04
复 审 请 求 人	OSI 药物公司
申 请 号	99809302.5
优 先 权 日	1998 年 6 月 2 日, 1999 年 3 月 8 日, 1999 年 3 月 26 日
申 请 日	1999 年 6 月 1 日
公 开 日	2001 年 9 月 5 日
合 议 组 组 长	周英姿
主 审 员	张秀丽
参 审 员	葛永奇

法 律 依 据 专利法第 33 条

决 定 要 点

如果申请人对申请文件进行修改后的内容可以从原申请记载的信息中直接地、毫无疑义地确定，那么这种修改是允许的。

一、案由

本复审请求涉及申请号为 99809302.5，名称为"吡咯并 [2, 3d] 嘧啶组合物及其应用"的发明专利申请（下称本申请），申请人为 OSI 药物公司，申请日为 1999 年 6 月 1 日，进入中国国家阶段日为 2001 年 2 月 2 日，公开日为 2001 年 9 月 5 日，优先权日为 1998 年 6 月 2 日、1999 年 3 月 8 日和 1999 年 3 月 26 日。

针对本申请在进入中国国家阶段时提交的说明书第 3~5、7~15、17~19、22~39、42、44、45、47~53、55~59、62~68、70~75、78、80~89、91~102、105、106、108~113 页和说明书摘要，2001 年 2 月 2 日提交的按照专利合作条约第 41 条修改的说明书第 77~1、79、79~1 页，2004 年 1 月 9 日提交的说明书第 1、2、6、16、20、40、41、43、46、54、60、61、76、77、90、103、104、107、114 页，2004 年 11 月 10 日提交的说明书第 21、69 页，以及 2005 年 7 月 5 日提交的权利要求 1~103，国家知识产权局于 2005 年 9 月 23 日以权利要求 1 的修改不符合专利法第 33 条的规定为由驳回了本申请。

驳回决定所针对的权利要求 1 为：

"1. 一种具有式 I 结构的化合物：

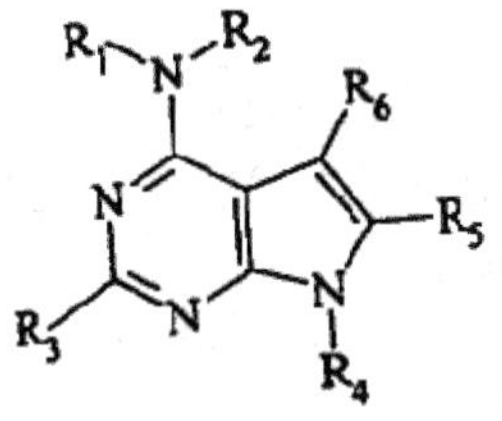

（I）

其中

R_1 为氢；

R_2 为

C_{1-4} 烷基，

其中所述烷基未被取代或被羟基、羧基、氨基、乙酰氧基、吡啶基、或叔丁氧基羰基取代；

B-CONH-C_{1-4} 亚烷基，

其中 B 为氢，C_{1-3} 烷基，环丙基，氨甲基，氨基乙基，羧乙基，氨基，甲基氨基，乙基氨基，乙酰基或叔丁氧基；

NH_2-CO-C_{1-3} 亚烷基，

其中氨基上的氢原子可以被甲基或环丙基甲基取代；

-$CH_2CH_2NHSO_2CH_3$；或

环己基或环戊基，

其中所述环己基或环戊基非必要地被羟基，乙酰基氨基，甲基磺酰基氨基，苯甲酰基氧基，2-氨基乙酰氧基，2-氨基甲基乙酰基氨基，或 2-N-叔丁氧基酰基氨基乙酰氧基；或

R_1 和 R_2 和其上连接有 R_1 和 R_2 的氮原子一起形成取代或未取代的吡咯或咪唑并吡啶环；

R_3 为苯基，吡啶基，呋喃基，或噻吩基，其中苯基是未被取代的或被一个或多个选自羟基、烷氧基、烷基和卤素的取代基取代；

R_4 为 H；

R_5 为氢原子或甲基，

其中所述甲基未被取代或被苯氧基，4-氟苯氧基，4-氯苯氧基，4-甲氧基苯氧基，吡啶-2-酮-1-基，吡啶-2-氧基，苯基氨基，N-甲基苯基氨基或 O-W 取代，其中 O 是 O 或 NR_7，其中 R_7 是氢或甲基、W 是未被取代的苯基或被一个或多个选自卤素、甲氧基或羟基的取代基取代的苯基；和

R_6 为 H 或甲基，

或它们药物可接受的盐。"

驳回理由为：权利要求 1 中 "R_1 和 R_2 和其上连接有 R_1 和 R_2 的氮原子一起形成取代或未取代的吡咯或咪唑并吡啶环"在原始的权利要求书和说明书中没有记载，且本领域技术人员也不能从原始的权利要求书和说明书中直接地、毫无疑义地推断得出。因此，权利要求 1 的修改超范围，不符合专利法第 33 条的规定。

申请人 OSI 药物公司（下称请求人）对上述驳回决定不服，于 2006 年 1 月 9 日向专利复审委员会提出复审请求，同时提交了权利要求书全文替换页（共 22 页 103 项），其中修改了权利要求 1，将"R_1 和 R_2 和其上连接有 R_1 和 R_2 的氮原子一起形成取代或未取代的吡咯或咪唑并吡啶环"修改为"R_1 R_2 和其上连接有 R_1 和 R_2 的氮原子一起形成取代或未取代的吡咯环或 3-乙酰氨基哌啶环"。

请求人认为：说明书第3页第24~26行、第6页第8~9行和第20页的内容支持修改后的权利要求1中的"吡咯环"；"3-乙酰氨基哌啶环"是由权利要求2中结合进权利要求1的。因此，权利要求1的修改没有超出原始申请公开的范围。

形式审查合格后，专利复审委员会受理了该复审请求，于2006年3月1日向请求人发出《复审请求受理通知书》并将该复审请求案卷转送至原审查部门进行前置审查。

原审查部门对本复审请求进行了前置审查，坚持原驳回决定。前置意见认为：原始权利要求书和说明书中只记载了R_1和R_2及其上连接有R_1和R_2的氮原子可以一起形成取代或未取代的吡咯烷基，由于吡咯烷基是饱和五元杂环，不同于为五元芳香环的吡咯环。因此，权利要求1中关于"吡咯环"的修改仍然不符合专利法第33条的规定。

请求人于2007年12月10日再次提交了权利要求书第22~23页（权利要求103~107），用以替换2006年1月9日提交的权利要求书第22页。

专利复审委员会组成合议组，对本复审请求案进行了审理。于2008年3月19日向请求人发出《复审通知书》。

《复审通知书》指出：（1）原说明书和权利要求书中均未记载"R_1和R_2和其上连接有R_1和R_2的氮原子一起形成取代或未取代的吡咯环"这一技术特征，本领域技术人员也无法由原说明书中记载的吡咯烷基取代直接地、毫无疑义地确定吡咯环取代也可以实现本发明的目的。因此，权利要求1的修改超出了原说明书和权利要求书记载的范围，不符合专利法第33条的规定。（2）由于权利要求第104~107项是请求人于2007年12月10日主动修改时增加的权利要求，而且驳回决定未涉及这些内容，因此，请求人增加权利要求104~107不符合专利法实施细则第60条第1款的规定。

针对《复审通知书》指出的问题，请求人于2008年4月24日提交了意见陈述书及经修改的权利要求书（共22页103项），其中修改了权利要求1并删除了权利要求104~107。

修改后的权利要求1如下：

"1. 一种具有式 I 结构的化合物：

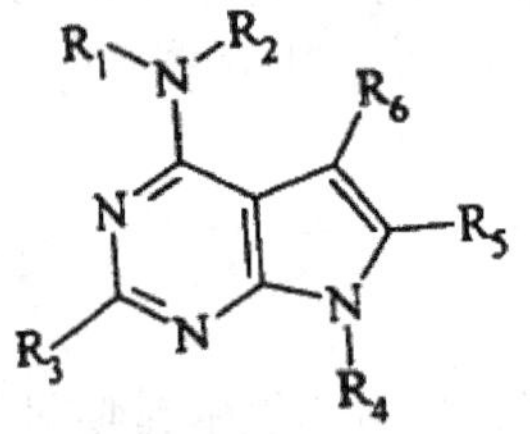

（I）

其中

R_1 为氢；

R_2 为

C_{1-4}烷基，

其中所述烷基未被取代或被羟基、羧基、氨基、乙酰氧基、吡啶基、或叔丁氧基羰基取代；

B-CONH-C_{1-4}亚烷基，

其中 B 为氢，C_{1-3}烷基，环丙基，氨甲基，氨基乙基，羧乙基，氨基，甲基氨基，乙基氨基，乙酰基或叔丁氧基；

NH_2-CO-C_{1-3}亚烷基，

其中氨基上的氢原子可以被甲基或环丙基甲基取代；

-$CH_2CH_2NHSO_2CH_3$；或

环己基或环戊基,

其中所述环己基或环戊基非必要地被羟基,乙酰基氨基,甲基磺酰基氨基,苯甲酰基氧基,2-氨基乙酰氧基,2-氨基甲基乙酰基氨基,或2-N-叔丁氧基酰基氨基乙酰氧基;或

R_1和R_2和其上连接有R_1、R_2的氮原子一起形成吡咯烷基或3-乙酰氨基哌啶环,其中所述吡咯烷基是未取代的或被一种或多种选自羟基、氨基、硫醇、羧基、卤素、CH_2OH、$CH_2NHC(=O)$烷基和$CH_2NHC(=O)NH$烷基的取代基取代;

R_3为苯基,吡啶基,呋喃基,或噻吩基,其中苯基是未被取代的或被一个或多个选自羟基、烷氧基、烷基和卤素的取代基取代;

R_4为H;

R_5为氢原子或甲基,

其中所述甲基未被取代或被苯氧基、4-氟苯氧基、4-氯苯氧基、4-甲氧基苯氧基、吡啶-2-酮-1-基、吡啶-2-氧基、苯基氨基、N-甲基苯基氨基或O-W取代,其中O是O或NR7,其中R7是氢或甲基、W是未被取代的苯基或被一个或多个选自卤素、甲氧基或羟基的取代基取代的苯基;和

R_6为H或甲基,

或它们药物可接受的盐。"

请求人认为:依据说明书第20页,此次修改的权利要求1没有超出原始权利要求和说明书公开的范围。同时删除了权利要求104~107,从而克服了不符合专利法实施细则第60条第1款的规定的缺陷。

至此,合议组认为本案事实已经清楚,可以作出审查决定。

二、决定的理由

1. 审查依据的文本

本复审决定所针对的文本是:进入中国国家阶段时提交的说明书第3~5、7~15、17~19、22~39、42、44、45、47~53、55~59、62~68、70~75、78、80~89、91~102、105、106、108~113页和说明书摘要,2001年2月2日提交的按照专利合作条约第41条修改的说明书第77~1、79、79~1页,2004年1月9日提交的说明书第1、2、6、16、20、40、41、43、46、54、60、61、76、77、90、103、104、107、114页,2004年11月10日提交的说明书第21、69页,以及2008年4月24日提交的权利要求1~103。

2. 关于专利法第33条

专利法第33条规定,申请人可以对其专利申请文件进行修改,但是,对发明和实用新型专利申请文件的修改不得超出原说明书和权利要求书记载的范围。

根据该条规定,如果申请人对申请文件进行修改后的内容可以从原申请记载的信息中直接地、毫无疑义地确定,那么这种修改是允许的。

在复审程序中,请求人先后两次对权利要求1进行了修改。在请求人于2008年4月24日最后提交的权利要求1中,将驳回决定所针对的权利要求1中"R_1和R_2和其上连接有R_1、R_2的氮原子一起形成取代或未取代的吡咯或咪唑并吡啶环"被修改为"R_1和R_2和其上连接有R_1、R_2的氮原子一起形成吡咯烷基或3-乙酰氨基哌啶环,其中所述吡咯烷基是未取代的或被一种或多种选自羟基、氨基、硫醇、羧基、卤素、CH_2OH、$CH_2NHC(=O)$烷基和$CH_2NHC(=O)NH$烷基的取代基取代"。由于说明书第20页记载了"R_1和R_2一起为

其中 n 为 1 或 2，其中环可以任选被一个或多个羟基，氨基，硫醇，羧基，卤素，CH_2OH，$CH_2NHC(=O)$烷基或$CH_2NHC(=O)NH$烷基取代"，因而，原说明书中记载了新修改的权利要求 1 所要求保护的技术方案，因此，修改后的权利要求 1 已经克服驳回决定指出的关于"吡咯或咪唑并吡啶环"的修改超范围以及《复审通知书》指出的关于"吡咯环"修改超范围的缺陷。

3. 关于专利法实施细则第 60 条第 1 款

专利法实施细则第 60 条第 1 款规定，请求人在提出复审请求或者在对专利复审委员会的复审通知书作出答复时，可以修改专利申请文件；但是，修改应当仅限于消除驳回决定或者复审通知书指出的缺陷。

本案中，由于请求人已经删除权利要求 104～107，因此，克服了《复审通知书》指出的增加权利要求 104～107 不符合专利法实施细则第 60 条第 1 款的规定的缺陷。

根据以上事实和理由，本案合议组作出如下审查决定。

三、决定

撤销国家知识产权局于 2005 年 9 月 23 日对 99809302.5 号发明专利申请作出的驳回决定。由原审查部门在本复审决定所针对的文本的基础上继续进行审查。

复审请求人对本决定不服的，可以根据专利法第 41 条第 2 款的规定，自收到本决定之日起三个月内向北京市第一中级人民法院起诉。

超微细民族药及其制备方法

复审请求审查决定（第 14432 号）

决 定 号	第 14432 号
决 定 日	2008 年 8 月 26 日
发明创造名称	超微细民族药及其制备方法
国际分类号	A61K 9/14
复审请求人	汪景山
申 请 号	01126045.9
申 请 日	2001 年 8 月 24 日
公 开 日	2003 年 4 月 2 日
合议组组长	高 雪
主 审 员	程 强
参 审 员	王 冬

法 律 依 据 专利法第 33 条

决 定 要 点

申请人可以修改专利申请文件，但是，如果申请的内容增加、改变和/或删除其中的一部分，致使所属技术领域的技术人员看到的信息与原申请公开的信息不同，而且又不能从原申请公开的信息中直接地、毫无疑义地确定，那么，这种修改就是不允许的。

一、案由

本复审请求涉及申请日是 2001 年 8 月 24 日，公开日是 2003 年 4 月 2 日，名称为"超微细民族药及其制备方法"的发明专利申请（下称本申请），其申请号是 01126045.9，申请人是汪景山。

国家知识产权局于 2005 年 5 月 27 日以本申请权利要求 1~2 不符合专利法第 22 条第 3 款的规定为由驳回了本申请，其主要理由是：（1）对比文件 1（《华中理工大学学报》，第 28 卷第 12 期，杨祥良等，《基于纳米技术的中药基础问题研究》，公开日：2000 年 12 月）提出了"纳米中药"的概念，其是指运用纳米技术制造的、粒径小于 100nm 的中药有效成分、有效部位、原药及其复方制剂，并且提到了纳米中药的特点有改善传统中药的治疗效果、提高生物利用度、减少用药量、节约有限的中药资源、降低中药的毒副作用等。本申请对比文件 1 与本申请权利要求 1 的区别仅在于，对比文件 1 提出的是一个概念，它是为中药的开发指出了一个方向，而对比文件 1 要求保护的是一种产品。在该文献给出了可以制造纳米中药及其纳米中药具有诸多优点的技术启示下，得到权利要求 1 所要求保护的由细胞破壁的微米、亚微米或纳米级的超微细粉体构成的超微细民族药对于本领域技术人员来说是显而易见的,并且在本申请说明书中所提及的效果如粒度小、表面积大、吸收好、利用度高、服用方便、节约原料药等对于本领域技术人员来说也是显而易见的。虽然申请人在意见陈述书中以蒙药为例,阐述了民族药与中药不能等同看待,但是也陈述了蒙药也有相当一部分品种与中药相同,因此,在对比文件1给出了可将中药制成纳米中药的技术启示下,将民族药制成由细胞破壁的微米、亚微米或纳米级的超微细粉体构成的超微细民族药,对于本领域普通技术人员来说也是显而易见的。并且在本申请权利要求1中也仅是笼统地提出"民族药",并没有限定任何具体的产品,以及该具体产品产生了哪些超出对比文件1公开的纳米中药的优点以外的意想不到的效果。因此,权利要求1相对于对比文件1不具备突出的实质性特点和显著的进步,不具备专利法第22条第3款规定的创造性。(2)权利要求2要求保护一种超微民族药的制备方法,在此超微民族药相对于对比文件1不具备创造性的基础上,再采用本领域常规设备和常规方法按处方将原料药加工成超微细粉体或将单味药加工成超微细粉体再按处方配药并将微粉加工成各种不同剂型的方法对于本领域技术人员来说也都是显而易见的,权利要求2相对于对比文件1和公知常识的结合也不具备突出的实质性特点和显著的进步,不具备专利法第22条第3款规定的创造性。

驳回决定所针对的独立权利要求1、2的内容如下:

"1. 一种超微细民族药,其特征是由细胞破壁的微米、亚微米或纳米级的超微细粉体构成。

2. 一种超微民族药的制备方法,其特征是按民族药的处方取原料药用现代超微细粉碎设备加工成微米、亚微米或纳米级的超微细粉体,或将单味原料药按上法加工成超微细粉后再按处方配药,并可将上述超微细粉加工成各种不同剂型。"

申请人汪景山(下称请求人)对上述驳回决定不服,于2005年8月27日向专利复审委员会提出复审请求,同时提交了附件——《微米中药及其制备技术》(《中草药》,2002年第33卷第10期,陈力等,第865~867页,复印件共3页)。请求人认为:(1)纳米中药的概念不能否定微米中药的新颖性;(2)民族药并非是中药,民族药有自己的理论体系和用药法规。不能用中药中纳米中药概念否定民族药中的纳米民族药,当然更不能否定民族药中的微米民族药;(3)请求人拟将权利要求1中的纳米部分放弃,仅要求保护微米、亚微米的超微民族药。具体修改等待复审意见。

形式审查合格后,专利复审委员会受理了该复审请求,并于2005年11月3日向请求人发出《复审请求受理通知书》,同时将本案转送至国家知识产权局原审查部门进行前置审查。

原审查部门经过前置审查,坚持原驳回决定。

专利复审委员会组成合议组,对本复审请求进行审理。

2008年3月31日,合议组向请求人发出《复审通知书》,同时附有《微米中药及其制备技术》全文(《中草药》,2002年第33卷第10期,陈力等,第865~868页,复印件共4页),合议组指出:(1)本申请权利要求1要求保护一种超微细民族药,其特征是由细胞破壁的微米、亚微米或纳米级的超微细粉体构成。对比文件1(《华中理工大学学报》第28卷,第12期,杨祥良等《基于纳米技术的中药基础问题研究》第104~105页,公开日:2000年12月)公开纳米中药,其是指运用纳米技术制造的、粒径小于100nm的中药有效成分、有效部位、原药及其复方制剂,并且提到了纳米中药的特点有改善传统中药的治疗效果、提高生物利用度、减少用药量、节约有限的中药资源、降低中药的毒副作用等。本申请对比文件1与本申请权利要求1的区别仅在于,对比文件1公开的是纳米级中药,而本申请权利要求1要求保护的是超微细民族药,包括微米、亚微米以及纳米级的民族药。对于纳米级的民族药,合议组认为:众所周知,中国历史悠久,地大物博,民族众多。传统医药既有中药,也有其他民族药,某些矿物和动植物既属中药,也是民族药。因此,在对比文件1公开了可将中药制成纳米中药的技术启示下,本领域技术人员很容易想到将民族药制成纳米民族药,并且纳米民族药相对于纳米中药没有产生预料不到的技术效果，因此权利要求1中关于纳米民族药的技术方案是显而易见的，不具有创造性。至于权利要求1中的微米、亚微米民族药，合议组认为：微米中药研究早在本专利申请日之前已经获得令人鼓舞的初步结果并已公开发表（参见请求人在复审请求时提交的《微米中药及其制备技术》的参考文献[2]～[5]），并且原生药材（不限于中药）超细微粉制剂的研究早在1999年已经见诸报端（参见请求人在复审请求时提交的《微米中药及其制备技术》及其后的参考文献[4]），由于微米中药和原生药材（不限于中药）超细微粉制剂的研究已经是现有技术，在此情况下得到权利要求1所要求保护的由细胞破壁的微米、亚微米级的超微细粉体构成的超微细民族药对于本领域技术人员来说是显而易见的，并且在本申请说明书中所提及的效果如粒度小、表面积大、吸收好、利用度高、服用方便、节约原料药等效果对于本领域技术人员来说也是可以预见的，没有带来预料不到的技术效果。因此，权利要求1不具备突出的实质性特点和显著的进步，不具备专利法第22条第3款规定的创造性。

（2）权利要求2要求保护一种超微民族药的制备方法，其特征是按民族药的处方取原料药用现代超微粉碎设备加工成微米、亚微米或纳米级的超微细粉体，或将单味原料药按上述方法加工成超微细粉后再按处方配药，并可将上述超微细粉加工成各种不同的剂型。由于采用现代超微粉碎设备加工成微米、亚微米或纳米级的超微细粉体已经是现有技术（参见请求人在复审请求时提交的《微米中药及其制备技术》及其后的参考文献[6]～[8]、[13]～[16]），因此，在超微细民族药不具备创造性的基础上，权利要求2的技术方案也不具备突出的实质性特点和显著的进步，不具备专利法第22条第3款规定的创造性。

2008年5月14日，请求人提交了意见陈述书，同时提交了修改后的说明书、说明书摘要和权利要求书的替换页。修改后的权利要求书的内容如下：

"1. 一种超微民族药，可为各种剂型，其特征是含下列细胞破壁的微米、亚微米民族原料药的单方或复方制剂：丁香、沉香、肉桂、小回香、小苦菜、肉苁蓉、昌蒲、高良姜、红花、紫草、丹参、胡黄连、小茯苓、甘草、大黄、香附子、五味子、黄精、天花粉、姜黄、嘎岗拉（译音，下同）、甘扎嘎日、嘎柳尔、敬固陆、甲子豆罗、翁布、阿仲、萨那合、徐达、兴额、兴察、裂洗、拉拉卜、叶兴巴、西红花、石膏、人工牛黄、蓝盆花、巴沙嘎、香青兰、五灵脂、沙棘、广木香、白葡萄干、栀子、金诃子、黑冰片、木鳖子（制）、全石榴。

2. 权利要求1所述的超微民族药复方制剂，其特征在于还包括藏药：超微珊瑚七十丸、超微二十五味珍珠丸、超微智托洁白丸、超微十五味黑药丸、超微十五味龙胆花丸、超微十一味金色丸、超微二十味沉香丸、超微石榴日轮丸、超微如意珍宝丸、超微二十五味驴血丸、超微二十八味槟榔丸、超微十六味杜鹃丸、超微十八味降香丸。

3. 一种超微民族药的制备方法，其特征是按民族药的处方取原料药用现代超微粉碎设备加工成微米、亚微米级的超微细粉体，或将单味原料药按上述方法加工成超微细粉后再按处方配药，并可将上述超微细粉加工成各种不同的剂型。"

请求人认为：（1）将超微民族药的保护范围缩小至仅在说明书上提及的具体的品种，解决了上位概念和下位概念的关系问题，这样现有技术即使有超微中药或超微民族药的提法，也不会影响本发明的新颖性和创造性。（2）将纳米民族药删去，仅保护细胞破壁的微米、亚微米民族药。（3）在民族药中，尤其是蒙药绝大部分都是散剂，不仅用量小，而且很多方剂具有独特的疗效。当引入超微技术之后，不仅可使服药量进一步减小，而且疗效也会进一步提高。如果在剂型再进行改革和创新，制成各种片剂，胶囊剂等，每次服用3～5粒胶囊或片剂就可以达到治疗目的，本发明正是这样做的。由于民族药都是天然药物，不仅疗效好，而且很少毒性、不产生抗药性、价格又便宜，必将受到崇尚自然的国内外消费者的青睐，超微民族药如此取得了突出的意想不到的结果。

专利复审委员会合议组于2008年7月1日发出第二次《复审通知书》，指出：（1）2008年3月31日发出的《复审通知书》认为权利要求1和2不具有创造性，并未涉及说明书及摘要，因此，请求人仅可以修改权利要求1和2，然而请求人不仅修改了权利要求1和2，还增加了一项从属权利要求即现在的权利要求2，甚至对说明书和摘要进行了修改。根据专利法实施细则第60条第1款，对请求人2008年5月14日提交的权利要求书、说明书和摘要的修改文本不予接受。（2）修改后的权利要求1中的"其特征是……西红花……全石榴"在原权利要求书中没有记载，原说明书中虽然提到上述原料药，但是这些原料药是出现在不同的实施例里的，从原说明书的内容看，并没有将这些来自不同实施例的原料药进行混合或交叉使用的技术方案；此外，原说明书实施例里面这些原料药都是有用量的限定的，不是所有的用量都可以的，而修改后的权利要求1没有用量的限定，因此，修改后的权利要求1的技术方案不能从原申请文件公开的信息中直接地、毫无疑义地导出，超出了原说明书和权利要求书记载的范围，不符合专利法第33条的规定。同理，修改后的说明书中的实施例1也超出了原说明书和权利要求书记载的范围，不符合专利法第33条的规定。原说明书中实施例2记载了处方的药物组成，而修改后的说明书删除了原实施例2的药物组成，致使所属技术领域的技术人员看到的信息与原申请公开的信息不同，而且又不能从原申请文件公开的信息中直接地、毫无疑义地导出。此外，请求人对说明书、说明书摘要与上述权利要求相关的内容还进行了其他多处修改，这些修改后的内容与原申请公开的信息不同，而且不能从原申请文件公开的信息中直接地、毫无疑义地导出，因此均不符合专利法第33条的规定。（3）独立权利要求3只是把原权利要求2中的"或将单味药按上法加工"修改为"按上述方法加工"，合议组认为，独立权利要求3不具有创造性，其理由同前次复审通知书中对原权利要求2的评述。

请求人于2008年7月16日再次提交了权利要求书的修改文本，但没有提交说明书修改文本。修改后的权利要求书的内容如下：

"一、一种超微民族药，可为各种剂型，其特征是：

1. 含下列微米、亚微米民族原料药的单方或复方制剂：丁香、沉香、肉桂、小回香、小苦菜、肉苁蓉、昌蒲、高良姜、红花、紫草、丹参、胡黄连、小茯苓、甘草、大黄、香附子、五味子、黄精、天花粉、姜黄、嘎岗拉（译音，下同）、甘扎嘎日、嘎柳尔、敬固陆、甲子豆罗、翁布、阿仲、萨那合、徐达、兴额、兴察、裂洗、拉拉卜、叶兴巴。

2. 由微米或亚微米级的原料药组成的下列民族成药：超微额力根．古日古木-7、超微沏其日甘-5、超微阿拉提．阿如拉-5、超微珊瑚七十丸、超微二十五味珍珠丸、超微智托洁白丸、超微十五味黑药丸、超微十五味龙胆花丸、超微十一味金色丸、超微二十味沉香丸、超微石榴日轮丸、超微如意珍宝丸、超微二十五味驴血丸、超微二十八味槟榔丸、超微十六味杜鹃丸、超微十八味降香丸。

二、如权利要求1所述的超微民族药的制备方法，其特征是按民族药的处方取原料药用现代超微粉碎技术加工成微米、亚微米级的超微细粉体，或将单味药按上述方法加工成超微细粉后再按处方配药，并可将上述超微细粉加工成各种不同的剂型。"

经审查，合议组认为本案事实清楚，可以作出审查决定。

二、决定的理由

1. 审查文本

针对合议组发出的第二次《复审通知书》，尽管请求人于2008年7月16日提交了权利要求书的修改文本，但没有提交说明书修改文本，也没有明确表示放弃2008年5月14日提交的说明书替换文本，因此，根据请求原则，合议组以请求人于2008年5月14日提交的说明书1～3页，说明书摘要以及2008年7月16日提交了权利要求书为基础进行审查。

2. 关于专利法第33条

专利法第33条规定：申请人可以对其专利申请文件进行修改，但是，对发明和实用新型专利申请文件的修改不得超出原说明书和权利要求书记载的范围。

根据专利法第33条的规定，申请人对专利申请文件的修改不能超出原说明书和权利要求书记载的范围，具体地说，如果申请人通过增加、改变和/或删除专利申请文件的内容，致使所属技术领域的技术人员看到的信息与原申请公开的信息不同，而且又不能从原申请文件公开的信息中直接地、毫无疑义地确定，那么，这种修改就是不允许的。

对于请求人2008年7月16日提交了权利要求书的修改文本，合议组认为：权利要求1中要求保护的民族成药超微额力根．古日古木-7，在本申请原始说明书中其处方为西红花10g，石膏10g，人工牛黄10g，蓝盆花5—，巴沙嘎5g，香青兰5g，五灵脂5g。然而上述处方原料的组分及其含量在权利要求1中均没有记载，而权利要求1中所记载的原料药均非本申请原始说明书中所述的超微额力根．古日古木-7的原料药，因此，权利要求1中要求保护的超微额力根．古日古木-7的组成信息和原始说明书不同，也不能从原始申请文件公开的信息中直接地、毫无疑义地确定。同理，权利要求1中要求保护的民族成药超微沏其日甘-5、超微阿拉提．阿如拉-5等的组成信息也和原始说明书不同，也不能从原始申请文件公开的信息中直接地、毫无疑义地确定。因此，权利要求1的内容超出了原申请文件公开的范围，不符合专利法第33条的规定。

对于请求人于2008年5月14日提交的说明书替换文本，合议组认为：原说明书中实施例2记载了处方的药物组成，而修改后的说明书删除了原实施例2的药物组成，致使所属技术领域的技术人员看到的信息与原申请公开的信息不同，而且又不能从原申请文件公开的信息中直接地、毫无疑义地确定。因此，请求人人对说明书的上述修改不符合专利法第33条的规定。此外，请求人对说明书、说明书摘要与修改后的权利要求相关的内容还进行了其他多处修改，这些修改后的内容与原申请公开的信息不同，而且不能从原申请文件公开的信息中直接地、毫无疑义地确定，因此均不符合专利法第33条的规定。

综上所述，请求人于2008年5月14日提交的说明书、说明书摘要修改文本及2008年7月16日提交的权利要求书修改文本均不符合专利法第33条的规定，请求人的复审请求不能成立。

三、决定

维持国家知识产权局于2005年5月27日对01126045.9号发明专利申请作出的驳回决定。

复审请求人对本决定不服的，可以根据专利法第41条第2款的规定，自收到本决定之日起三个月内向北京市第一中级人民法院起诉。

用于生产丁烯基-多杀菌素杀虫剂的生物合成基因

复审请求审查决定（第 14434 号）

决 定 号	第 14434 号
决 定 日	2008 年 8 月 28 日
发明创造名称	用于生产丁烯基-多杀菌素杀虫剂的生物合成基因
国际分类号	C12N 15/52，C12N 1/21，C12P 19/62
复审请求人	道农业科学公司
申 请 号	02809080.2
优 先 权 日	2001 年 3 月 30 日
申 请 日	2002 年 3 月 28 日
公 开 日	2004 年 6 月 23 日
合议组组长	吴通义
主 审 员	张秀丽
参 审 员	张晓飞

法 律 依 据 专利法第 26 条第 3 款

决 定 要 点

对于涉及基因的发明，除应当在说明书中明确记载其确认和制备方法外，还应在说明书中提供证据证明基因具有特定的功能，对于结构基因，应该证明所述基因编码的多肽或蛋白质具有特定的功能，否则，说明书对该基因公开不充分。

一、案由

本复审决定涉及申请号为 02809080.2，名称为"用于生产丁烯基-多杀菌素杀虫剂的生物合成基因"（下称本申请），申请人为道农业科学公司，申请日为 2002 年 3 月 28 日，进入中国国家阶段日为 2003 年 10 月 29 日，公开日为 2004 年 6 月 23 日，优先权日为 2001 年 3 月 30 日。

针对申请人于本申请进入中国国家阶段时提交的说明书第 1～46 页，序列表第 1～162 页，附图第 1～5 页和说明书摘要，以及 2005 年 10 月 11 日提交的权利要求 1～2，国家知识产权局于 2005 年 11 月 11 日以说明书不符合专利法第 26 条第 3 款的规定为由驳回了本申请。

驳回决定所针对的权利要求书为：

"1. 分离的 DNA 分子，其含有编码丁烯基-多杀菌素 PKS 结构域的 DNA 序列，该结构域选自于 KSi、ATi、ACPi、KSb、ATb、KRb、DHb、ACPb、KS1、AT1、KR1 和 ACP1，所述结构域分别由：SEQ ID NO：3 的氨基酸 7－423、528－853、895－977、998－1413、1495－1836、1846－2028、2306－1632

2518、2621-2710、2735-3160、3241-3604、3907-4086 以及 4181-4262 所描述。

2. 权利要求 1 的分离的 DNA 分子，其中 DNA 序列选自：SEQ ID NO：1 的碱基 16-1269、1582-2559、2683-2931、2992-4239、4483-5508、5538-6084、6916-7554、7861-8130、8203-9480、9721-10812、11719-12258 以及 12541-12786。"

驳回理由为：仅仅通过与已知序列 spnA 具有高同源性而推断出 busA 基因序列具有与已知序列 spnA 相同的生物学功能，这种推断是不可信的，必须通过相关的实验数据加以证实。并且，实施例 4 的互补实验是用粘类 8H3 对菌株 NRRL30421 中鼠李糖甲基化缺陷的互补，而所述的粘粒 8H3 包含多种 PKS 基因，因此，无法确定互补效果是否为 busA 基因的作用。实施例 5 中的基因敲除实验是涉及 busO 基因，而不是涉及 busA 基因，无法推断出 busA 基因的生物学功能。因此，说明书没有充分公开涉及 busA 基因的技术方案，不符合专利法第 26 条第 3 款的规定。

申请人道农业科学公司（下称请求人）对上述驳回决定不服，于 2006 年 2 月 23 日向专利复审委员会提出复审请求，请求人在提出复审请求时没有提交修改的申请文本。

请求人认为：实施例 4 和 5 证明了 SEQ ID NO：1 的基因簇负责丁烯多杀菌素的生产，而 busA 是该基因簇的一部分，因此，即使对 busA 的确切作用机制有些不清楚，但是 busA 是该基因簇的一部分这一事实本身就足以说明 busA 具有作用，鉴于 SEQ ID NO：1 基因簇已经被证明用于生产丁烯多杀菌素，并且该基因簇由与 WO019840 和 WO01016303 公开的多杀菌素基因簇类似的基因组成，因此，可以合理地得出结论：busA 在合成丁烯多杀菌素大环内酯中具有贡献，并且其贡献类似于 spnA 基因在生产多杀菌素中的贡献。由此可见，本领域技术人员能够根据说明书的记载推出 busA 的生物学功能，故本申请说明书是充分公开的。

形式审查合格后，专利复审委员会受理了该复审请求，并于 2006 年 4 月 4 日向请求人发出《复审请求受理通知书》，同时将本申请案卷移交原审查部门进行前置审查。

原审查部门对本复审请求进行了前置审查，坚持原驳回决定。原审查部门认为：SEQ ID NO：1 包含多种 PKS 基因，由实施例 4 和 5 并不能确定 busA 基因在生产丁烯多杀菌素中所起的作用，且基因敲除实验是涉及 busO 基因，并非 busA 基因，由此也不能推断出 busA 基因的生物学功能。另外，根据与已知序列具有高同源性而推断出要求保护的序列具有与已知序列相似的生物学功能，这种推断是不可信的，必须通过相关的实验数据加以证明，因此，本申请说明书不符合专利法第 26 条第 3 款的规定。

专利复审委员会组成合议组，对本复审请求案进行了审理，于 2008 年 4 月 24 日向请求人发出《复审通知书》。《复审通知书》指出：（1）在本申请说明书未记载任何用于证明 SEQ ID NO：1 编码多肽功能的实验及其结果的情况下，仅根据其包含了能与探针 spnF、spnS、spnE 阳性杂交的几个粘粒的核苷酸区段并且与聚酮化合物合成酶基因具有同源性不足以证实其必然是编码丁烯基-多杀菌素的基因簇。（2）本申请 busA（SEQ ID NO：3）多肽的功能也是建立在与 spnA 同源性比对的基础上的，因此，本申请在没有验证 busA 功能的具体实验证据的情况下，仅根据其与 spnA 具有同源性不足以证实其必然具有与 spnA 相似的功能，即不足以证明 busA 是一种 PKS 基因，具备编码 PKS 的功能。(3)在本申请说明书记载的内容尚且不能说明所述 SEQ ID NO：1 和 SEQ ID NO：3 的功能的情况下，包含 SEQ ID NO：1 中的部分序列片段或包括编码 SEQ ID NO：3 的部分片段的 DNA 的功能更不为说明书所充分公开。综上所述，本申请没有充分公开本发明 SEQ ID NO：1 核苷酸序列和 SEQ ID NO：3 氨基酸序列（busA）以及其部分序列片段的功能（如权利要求 1 和 2 中的 DNA 分子），本申请说明书不符合专利法第 26 条第 3 款的规定。对于请求人的意见陈述，合议组认为：（1）实施例 4 仅是验证了粘粒 8H3 对菌株中鼠李糖甲基化缺陷的互补，这只能证明粘粒 8H3 中包含鼠李糖甲基化相关基因，而粘粒8H3对应SEQ ID NO：1的第1-3，826和SEQ ID NO：2的第1-36，538，busA对应于SEQ ID NO：1的第1-13，032，即粘粒8H3只包含小部分的busA，因此，实施例4无法证明SEQ ID NO：1或busA（SEQ ID NO：3）的具体功能。（2）实施例5的具体实施对象是busO基因，busO结构与SEQ ID NO：1以及busA之间没有直接相关性，busO基因功能的验证无法证明SEQ ID NO：1以及busA的具体功能。（3）退一步来说，即使本申请SEQ ID NO：1和SEQ ID NO：3的功能能够得到确定，而由此整条或全长序列的功能也无法确定地推出其中包括的各种序列片段（如权利要求1和2中的DNA分子）的确切功能。综上，请求人认为本申请说明书已经充分公开的理由不能被接受。

针对《复审通知书》指出的问题，请求人于2008年8月6日提交了意见陈述书及附件1（HAHN D. R. 等人"Butenyl-spinosyns, a natural example of genetic engineering of antibiotic biosynthetic genes" J. IND MICROBIOL BIOTECHNOL, 2005年）。

请求人认为：（1）本申请实施例4和5给出了互补试验和基因敲除试验，这些试验证明了SEQ ID NO：1的基因簇负责丁烯多杀菌素的生产，并且目前该基因簇已经在科学杂志上发表，具体参见附件1。（2）busA不仅仅与多杀菌素基因同源，而且它是负责丁烯多杀菌素的合成的基因簇的一部分，这足以表明busA的功能。busA所在的基因簇由与WO/019840和WO01/016303公开的多杀菌素基因簇类似的基因组成，因此，可以合理地得出结论：busA在合成丁烯多杀菌素大环内酯中具有贡献，且其贡献类似于spnA基因在生产多杀菌素中的贡献，故而本领域技术人员根据说明书的记载能推测出busA的生物学功能，本发明公开充分。

至此，合议组认为本案事实已经清楚，可以作出审查决定。

二、决定的理由

1. 审查依据的文本

本复审决定针对的文本是：本申请进入中国国家阶段时提交的说明书第1~46页，序列表第1~162页，附图第1~5页和说明书摘要，以及2005年10月11日提交的权利要求1~2。

2. 关于专利法第26条第3款

专利法第26条第3款规定：说明书应当对发明或者实用新型作出清楚、完整的说明，以所属技术领域的技术人员能够实现为准。

如果说明书中给出了具体的技术方案，但未给出实验证据，而该方案又必须依赖实验结果加以证实才能成立，则该方案属于缺乏解决技术问题的技术手段而无法实现的情况，不符合专利法第26条第3款的规定。

对于涉及基因的发明，除应当在说明书中明确记载其确认和制备方法外，还应在说明书中提供证据证明基因具有特定的功能，对于结构基因，应该证明所述基因编码的多肽或蛋白质具有特定的功能，否则，说明书对该基因公开不充分。

本案中，权利要求1请求保护分离的DNA分子，其含有编码丁烯基-多杀菌素PKS结构域的DNA序列，该结构域选自于KSi、ATi、ACPi、KSb、ATb、KRb、DHb、ACPb、KS1、AT1、KR1和ACP1，所述结构域分别由：SEQ ID NO：3的氨基酸7-423、528-853、895-977、998-1413、1495-1836、1846-2028、2306-2518、2621-2710、2735-3160、3241-3604、3907-4086以及4181-4262所描述。权利要求2是权利要求1的从属权利要求，其进一步限定其中DNA序列选自：SEQ ID NO：1的碱基16-1269、1582-2559、2683-2931、2992-4239、4483-5508、5538-6084、6916-7554、7861-8130、8203-9480、9721-10812、11719-12258以及12541-12786。分析上述请求保护的内容可知，上述请求保护的DNA分子公开充分的基础是上述SEQ ID NO：3的片段已经充分公开，由于说明书中已经记载了上述SEQ ID NO：1、SEQ ID NO：3或其片段的确认和制备方法，因此，该氨基酸序列或

核苷酸序列的公开充分与否取决于上述氨基酸片段是否具有特定的功能。

关于本发明的 SEQ ID NO：1、SEQ ID NO：3 或其片段的功能，本申请说明书具有如下记载：说明书（参见说明书第 1 页第 14 行、第 2 页第 16~24 行、第 6 页第 1~2 行、实施例 1）公开刺糖多胞菌 NRRL18395 能产生 A83543 多杀菌素，刺糖多胞菌 NRRL30141 能生产丁烯基-多杀菌素，"编码指导 A83543 多杀菌素生物合成的酶的 DNA 序列已经……被公开。这些克隆基因和开放阅读框被命名为 spnA、spnB、…spnE、spnF…spnS…kre"，"尽管丁烯基-多杀菌素同 A83543 多杀菌素的结构存在差异，但可以推断出，它们的某些生物合成基因是相似的"。（1）为了从 NRRL30141 中分离这种相似的多杀菌素合成基因，本申请在实施例中分离了 NRRL30141 细胞的总 DNA、构建基因组粘粒文库，使用 NRRL18395 菌株中的 spnS、spnF、spnE 基因引物筛选粘粒文库，获得与探针 spnF、spnS、spnE 阳性杂交的几个粘粒克隆，其中的粘粒 8H3、9D3、9F4 和 10C1 经过序列分析，发现其跨越 111Kb，跨越了 SEQ ID NO：1 和 SEQ ID NO：2（参见表 3 和附图 2），经过同源性比对，发现 SEQ ID NO：1 与聚酮化合物合成酶 DNA 具有显著同源性，推测其是合成丁烯基-多杀菌素的基因簇；（2）SEQ ID NO：1 中包含 5 个开放阅读框，其分别为 busA、busB、busC、busD 和 busE，其中 busA 多肽序列为 SEQ ID NO：3，其对应于 SEQ ID NO：1 的第 1-13032 的碱基（参见表 4），busA 比 spnA 多 5244bp，busA 开头的 4245bp 和末尾的 3486bp 与 spnA 有很高的相似性，表 5 中列出了 SEQ ID NO：3（busA）中的多个结构域（参见表 5）。基于上述分析，本申请推测 busA 具有与 spnA 相似的功能，是一种聚酮化合物合成酶（PKS）基因。

对此，合议组认为：（1）本申请中对于 SEQ ID NO：1 序列信息是通过对与已知的探针 spnF、spnS、spnE 阳性杂交的几个粘粒中插入片段的测序获得的，通过同源性比对，确定 SEQ ID NO：1 是合成丁烯基-多杀菌素的基因簇，但说明书中没有记载验证该序列功能的具体实验证据。对于本领域技术人员来说，具备一定同源性的核苷酸序列编码的蛋白质序列一级结构具备一定的相似性，蛋白质的一级结构是其功能的基础，但蛋白质的功能最终取决于其空间构象，序列关键位置上发生的氨基酸增加、缺失或者替换都极有可能改变蛋白质的空间结构从而改变其活性或功能甚至使其丧失活性或功能，或者虽然两种蛋白具有相似的一级序列，但是由于某些氨基酸残基的不同，有可能导致氨基酸残基间的键合等关系发生改变，使得整个蛋白在三维水平上因此而重新构建出完全不同的结构域，从而使得两种蛋白质表现完全不同的功能，因此，即使蛋白质在一级序列上高度相似也并不必然导致这些蛋白质具有相同的功能。综上，序列同一性或相似性分析作为本领域的一种常用分析手段，其结果仅仅是得到一种有待证实的功能，它可以为进一步的功能研究指出方向，但并不意味着所述核酸或蛋白必定具有该推测的功能。对于实验科学而言，包括基于同源性或相似性推测功能在内的各种推测只有经过实验验证后才能使得推测的命题能够成立，就一份专利而言，其所保护的必须是确信能够成立的技术方案，而非推测的存疑技术方案，对于核酸序列的功能，说明书中应当对其编码的多肽给出实验数据加以验证。因此，在本申请未记载任何有关 SEQ ID NO：1 编码多肽功能的实验数据及其结果的情况下，仅根据其包含了能与探针 spnF、spnS、spnE 阳性杂交的几个粘粒的核苷酸区段并且与聚酮化合物合成酶基因具有同源性不足以证实其必然是编码丁烯基-多杀菌素的基因簇。（2）与 SEQ ID NO：1 序列相类似，本申请 busA（SEQ ID NO：3）多肽的功能也是建立在与 spnA 同源性比对的基础上的，因此，与上述评述相同的理由，在本申请没有提供验证 busA 功能的具体实验证据的情况下，仅根据 busA 与 spnA 具有同源性不足以证实其必然具有与 spnA 相似的功能，即不足以证明其是一种 PKS 基因，具备编码 PKS 的功能。综上所述，本申请没有充分公开本发明 SEQ ID NO：1 核苷酸序列和 SEQ ID NO：3 氨基酸序列（busA）的功能。（3）而权利要求 1 和 2 请求保护编码 SEQ ID NO：3 中部分片段的 DNA 或 SEQ ID NO：1 中的 DNA 片段，说明书中没有记载足以证实它们的用途和/或使用效果的实验数据。另外，由全长的SEQ ID NO：1和SEQ ID NO：3的功能和性质并不能确定包含于它们之中的部分序列片段所具有的功能和用途，况且本申请说明书记载的内容尚不能说明所述SEQ ID NO：1和SEQ ID NO：3的功能。因此，权利要求1和权利要求2的DNA片段未在说明书中充分公开，本申请说明书不符合专利法第26条第3款的规定。

对于请求人在答复《复审通知书》时的意见陈述，合议组认为：（1）实施例4仅是验证了粘粒8H3对菌株中鼠李糖甲基化缺陷的互补，这只能证明粘粒8H3中包含鼠李糖甲基化相关基因，根据附图2以及表3和表4可以看出，粘粒8H3对应SEQ ID NO：1的第1～3826和SEQ ID NO：2的第1～36538，而busA对应于SEQ ID NO：1的第1-13032，即粘粒8H3只包含小部分的busA，因此，实施例4无法证明SEQ ID NO：1或busA（SEQ ID NO：3）的具体功能。（2）实施例5的具体实施对象是busO基因，根据本申请说明书记载（参见表11和附图2），busO对应于SEQ ID NO：2的第10678～12135，其结构与SEQ ID NO：1以及busA之间没有直接相关性，busO基因功能的验证无法证明SEQ ID NO：1以及busA的具体功能。（3）由于请求人提供的附件1的公开日晚于本申请的申请日，其内容不能作为现有技术证明本申请中序列的功能已充分公开。（4）退一步来说，即使本申请SEQ ID NO：1和SEQ ID NO：3的功能能够得到确定，而由此整条或全长序列的功能也无法确定地推出其中包括的各种序列片段（如权利要求1和2中的DNA分子）的确切功能。综上，请求人认为本申请已经充分公开的理由不能被接受。

根据以上事实和理由，本案合议组作出如下审查决定。

三、决定

维持国家知识产权局于2005年11月11日对02809080.2号发明专利申请作出的驳回决定。

复审请求人对本决定不服的，可以根据专利法第41条第2款的规定，自收到本决定之日起三个月内向北京市第一中级人民法院起诉。

治疗原发性高血压的药物及制备方法

复审请求审查决定（第 14436 号）

决 定 号	第 14436 号
决 定 日	2008 年 8 月 27 日
发明创造名称	治疗原发性高血压的药物及制备方法
国际分类号	A61K 35/78，A61K 9/14，A61K 9/06，A61K 9/20，A61K 9/48，A61P 9/12
复审请求人	宋大文
申 请 号	200310121005.1
申 请 日	2003 年 12 月 30 日
公 开 日	2004 年 12 月 22 日
合议组组长	周英姿
主 审 员	卢 阳
参 审 员	田 芳
法 律 依 据	专利法第 33 条

决 定 要 点

如果申请人所作的修改是对所属技术领域的技术人员能够识别的明显错误的更正，且对这些明显错误的修改是所属技术领域的技术人员能从说明书的整体及上下文看出的唯一的正确答案，那么这种修改是允许的。

一、案由

本复审请求涉及申请日为 2003 年 12 月 30 日，公开日为 2004 年 12 月 22 日，名称为"治疗原发性高血压的药物及制备方法"的 200310121005.1 号发明专利申请（下称本申请），申请人为宋大文。

经实质审查，国家知识产权局于 2005 年 4 月 15 日发出第一次审查意见通知书，认为本申请说明书中的"粉葛根、黄苓、车防风、疗细辛"未见于本申请申请日前公开的出版物中，在说明书中，这四种"药名"的来源均没有被清楚的说明，因此，对于本领域技术人员而言，上述四种药名所表示的具体中药难以确定，由此导致说明书的技术方案难以实现，因此，本申请说明书不符合专利法第 26 条第 3 款的规定。

申请人于 2005 年 5 月 11 日针对第一次审查意见通知书修改了申请文件，将原申请文件中的黄苓、车防风、疗细辛分别修改为黄芩、东防风、辽细辛。同时提交了以下附件 1：

附件 1："中药大全"，崔树德，黑龙江科学技术出版社，1997 年 12 月第 1 版第 1 次印刷，封面、出版信息页、第 149~153、171~173、293~296 页，复印件共 14 页。

申请人认为：根据上述附件可知，黄苓、车防风、疗细辛分别为黄芩、东防风、辽细辛的笔误，而且粉葛根和黄芩、东防风、辽细辛在本申请申请日前公开的出版物中均有记载，是清楚的。

国家知识产权局于 2005 年 8 月 5 日发出第二次审查意见通知书，其中认为将黄苓、车防风、疗细辛修改为黄芩、东防风、辽细辛导致改变后反映的技术内容完全不同于原申请公开的内容或超出了原说明书和权利要求书记载的范围，因此，说明书和权利要求 1～3、6 的修改不符合专利法第 33 条的规定。

申请人于 2005 年 9 月 24 日针对第二次审查意见通知书修改了申请文件，删除了其中涉及黄苓、车防风、疗细辛的技术特征。同时提交意见陈述书，认为黄苓、车防风、疗细辛为非必要技术特征，删除后权利要求 1 仍可实现发明目的，而且删去非必要技术特征符合专利法第 33 条的规定。

国家知识产权局于 2005 年 12 月 2 日以本申请的修改不符合专利法第 33 条的规定为由驳回了本申请。具体理由为：申请人于 2005 年 9 月 24 日提交的权利要求书和说明书中删除了涉及黄苓、车防风、疗细辛的技术特征，修改后的技术方案没有记载于原始说明书和权利要求书中，也不能由原始申请文本直接地、毫无疑义地导出，因此不符合专利法第 33 条的规定。

驳回决定所针对的权利要求书如下：

"1. 治疗原发性高血压的药物，其特征在于：它是由下述重量份配比制成的药剂：

粉葛根	10～20	双钩藤	10～20	夏枯草	10～20
秦 艽	10～20	地 龙	8～16	绵茵陈	10～20
以及刺蒺藜	8～16	羌 活	6～12	生 地	6～12
苍 术	10～20 中的至少一种。				

2. 根据权利要求 1 所述的治疗原发性高血压的药物，其特征在于：本发明药物配方优选的重量配比是：

粉葛根	12～18	双钩藤	12～18	夏枯草	12～18
秦 艽	12～18	地 龙	10～14	绵茵陈	12～18
刺蒺藜	10～14	羌 活	8～10	生 地	8～10
苍 术	12～18				

3. 根据权利要求 2 所述的治疗原发性高血压的药物，其特征在于：本发明药物的最佳重量份配比是：

粉葛根	15	双钩藤	15	夏枯草	15
秦 艽	15	地 龙	12	绵茵陈	15
刺蒺藜	12	羌 活	9	生 地	9
苍 术	15				

4. 根据权利要求 1 或 2 或 3 所述的治疗原发性高血压的药物，其特征在于：所说的药剂是膏、丸、散、汤剂或胶囊。

5. 一种治疗原发性高血压的药物的制备方法，其特征在于：

（1）将粉葛根经炮制后切片生用；

（2）双钩藤经炮制后切片生用；

（3）夏枯草经炮制后生用；

（4）秦艽经炮制后生用；

（5）地龙酒浸后炒去腥味；

（6）绵茵陈经炮制后生用；

（7）刺蒺藜去刺，加盐水炒用；

（8）羌活经炮制后生用；

（9）生地炒炭后用；

（10）苍术经老黄土水炒用；

（11）将上述的全部药剂组份按所述比例混合后，在100～110℃进行熟化，灭菌处理10～30分钟，即可得治疗原发性高血压的散剂药品。"

申请人宋大文（下称请求人）对上述驳回决定不服，于2006年3月10日向专利复审委员会提出复审请求，同时提交了如下附件（编号续前）：

附件2：本申请的公开文本，复印件共9页；

附件3：公开日为2003年4月23日、公开号为CN1411829A的中国发明专利申请公开文本的摘要、权利要求书第1～2页、说明书第1～3页及其授予发明专利权通知书，复印件共7页；

附件4："发明目的与必要技术特征"，赵志远，复印件共2页；

附件5：国家知识产权局于2005年12月2日针对本申请发出的驳回决定，复印件共3页；

附件6：仅将本申请申请文件中黄苓、车防风、疗细辛修改为黄芩、东防风、辽细辛后的说明书、权利要求书和摘要，共8页；

附件7：删除本申请申请文件中涉及黄苓、车防风、疗细辛的技术特征后的说明书、权利要求书和摘要，共8页。

复审请求人认为：（1）本领域技术人员很容易理解黄苓、车防风、疗细辛是黄芩、东防风、辽细辛的笔误，不会产生其他歧解，附件3可用于说明允许这样的修改；（2）黄苓、车防风、疗细辛为非必要技术特征，删除后，本领域技术人员按权利要求1实施仍能实现发明目的，而删去非必要技术特征符合专利法第33条的规定，附件4中的观点支持上述意见。

形式审查合格后，专利复审委员会受理了该复审请求，并于2006年4月25日向请求人发出《复审请求受理通知书》，随后将本申请案卷移交原审查部门进行前置审查。

原审查部门对本复审请求进行了前置审查，坚持原驳回决定。

专利复审委员会组成合议组，对本复审请求案进行了审理，并于2008年3月3日发出《复审通知书》，指出请求人于2006年3月10日提交的附件5和附件6均为专利申请文件的全文替换页，但是内容存在明显差异，致使合议组无法确定审查所应依据的文本；同时，出于加快审查的目的，《复审通知书》中还指出请求人于2005年9月24日提交的驳回决定所针对的权利要求书和说明书中删除了涉及黄苓、车防风和疗细辛的内容，修改后的技术方案既没有记载于原说明书和权利要求书中，也无法从原申请记载的信息中直接地、毫无疑义地确定，因此，上述修改不符合专利法第33条的规定。

请求人于2008年4月14日提交了意见陈述书以及说明书、权利要求书和摘要的全文替换页，修改后的文本与原始申请文件相比，仅仅是将黄苓修改为黄芩、车防风修改为东防风、疗细辛修改为辽细辛，对于原始申请文件的其他部分没有修改。请求人认为上述修改仅仅是对错别字的更正，应当是允许的。

在上述程序的基础上，合议组认为本案事实已经清楚，可以作出审查决定。

二、决定的理由

1. 审查文本的认定

本复审决定依据的文本为请求人于2008年4月14日提交的权利要求1～7、说明书第1～5页和摘要。

2. 关于专利法第 33 条

专利法第 33 条规定，申请人可以对其专利申请文件进行修改，但是，对发明和实用新型专利申请文件的修改不得超出原说明书和权利要求书记载的范围。

根据该款规定，如果申请人所作的修改是对所属技术领域的技术人员能够识别的明显错误的更正，且对这些明显错误的修改是所属技术领域的技术人员能从说明书的整体及上下文看出的唯一的正确答案，那么这种修改是允许的。

本案中，请求人于 2008 年 4 月 14 日提交的权利要求书和说明书与原始提交的权利要求书和说明书相比，区别仅在于将黄苓修改为黄芩、车防风修改为东防风、疗细辛修改为辽细辛，其他部分未作修改。

由于现有技术中并不存在名为"黄苓"、"车防风"或是"疗细辛"的中药材，而"黄芩"、"东防风"和"辽细辛"均为常见的中药材，且"苓"与"芩"、"车"与"东"、"疗"与"辽"的字形或字音相近或相似，因此，本领域技术人员在看到"黄苓"、"车防风"和"疗细辛"时，能够想到其是"黄芩"、"东防风"和"辽细辛"的笔误，而且考虑到将"黄芩"写为"黄苓"是本领域常见的笔误，防风中除东防风外其他如"口防风"、"山防风"、"黄防风"、"青防风"、"川防风"、"云防风"和"新疆防风"等在字形和字音上均与"车防风"存在较大差异，细辛中除"辽细辛"外其他如"华细辛"、"大花细辛"等在字形和字音上也都与"疗细辛"存在较大差异，将"黄苓"、"车防风"和"疗细辛"解释为"黄芩"、"东防风"和"辽细辛"的笔误也是根据上下文唯一合理的解释，因此，请求人于 2008 年 4 月 14 日提交的权利要求书和说明书中所作的修改没有超出原说明书和权利要求书记载的范围，符合专利法第 33 条的规定。

根据以上事实和理由，本案合议组作出如下审查决定。

三、决定

撤销国家知识产权局于 2005 年 12 月 2 日对 200310121005.1 号发明专利申请作出的驳回决定。由原审查部门在本决定所针对文本的基础上继续进行审查。

复审请求人对本决定不服的，可以根据专利法第 41 条第 2 款的规定，自收到本决定之日起三个月内向北京市第一中级人民法院起诉。

脂肪来源的干细胞和网格

复审请求审查决定（第 14444 号）

决 定 号	第 14444 号
决 定 日	2008 年 8 月 20 日
发明创造名称	脂肪来源的干细胞和网格
国际分类号	C12N 5/00, C12N 5/06, C12N 5/08, C12N 5/10, C12N 15/63, C12N 15/85, A61K 35/55, A61K48/00, A61P 9/00, A61P 17/02
复审请求人	匹兹堡大学联邦制高等教育，加州大学评议会
申 请 号	00807461.5
优 先 权 日	1999 年 3 月 10 日，1999 年 10 月 29 日
申 请 日	2000 年 3 月 10 日
公 开 日	2002 年 6 月 5 日
合议组组长	许 磊
主 审 员	吴文英
参 审 员	孙俊荣
法 律 依 据	专利法第 5 条

决 定 要 点

社会公德，是指公众普遍认为是正当的，并被接受的伦理道德观念和行为准则。发明创造与社会公德不相违背的，可以授予专利权。

一、案由

本复审请求涉及申请号为 00807461.5、发明名称为"脂肪来源的干细胞和网格"的 PCT 发明专利申请（下称本申请），其申请日是 2000 年 3 月 10 日，优先权日为 1999 年 3 月 10 日和 1999 年 10 月 29 日，公开日是 2002 年 6 月 5 日，本申请进入中国国家阶段日为 2001 年 11 月 12 日，申请人是匹兹堡大学联邦制高等教育，加州大学评议会。

针对申请人于 2007 年 10 月 9 日提交的权利要求 1～152，进入中国国家阶段日提交的说明书第 1～22 页及说明书摘要，国家知识产权局于 2007 年 11 月 9 日以本申请属于专利法第 5 条规定的不授予专利权的范围为由驳回了本申请。

驳回决定认为：在说明书中，所述脂肪来源的干细胞是以人体为实验对象分离的。根据说明书实施例部分的描述，本发明是对活体的人进行激素处理，并抽取人体中特定部位的脂肪，而从人体中分离干细胞会对人体造成损害。作为社会主体的个人，其人体本身应当受到尊重，不应被用作工业或商业获益的工具。因此本申请的说明书中包含违反社会公德的内容，不符合专利法第5条的规定。申请人认为脂肪抽吸很普遍，并不存在违反社会公德的问题，但是，在本发明中，脂肪抽吸的目的是从活人体内分离生物活材料用于工业或商业目的，这与以美容或治疗疾病为目的所实施的个人抽脂行为有根本性的不同。

申请人匹兹堡大学联邦制高等教育和加州大学评议会（下称请求人）对上述驳回决定不服，于2008年2月25日向专利复审委员会提出复审请求，请求人在提出复审请求的同时没有对申请文件进行修改。

请求人指出：脂肪抽吸物可作为本发明细胞的一个优选来源，而脂肪抽吸物是先于本发明而存在的，这种物质并非因本发明或为实施本发明而出现，即由于脂肪抽吸手术广泛存在，即使没有本发明，脂肪抽吸物也会大量存在，其通常被认为是一种废弃物，因此将其作为产生本发明的细胞的一个优选来源并非是出于对人类的不尊重，也不存在违反社会公德的问题，因此本发明的技术方案不属于违反社会公德的发明创造。

形式审查合格后，专利复审委员会受理了该复审请求，并于2008年3月24日向请求人发出《复审请求受理通知书》，同时将本申请案卷移交原审查部门进行前置审查。

原审查部门对本复审请求进行了前置审查，认为虽然脂肪抽吸术在本发明之前，但其只是以美容或治疗疾病为目的所实施的个人行为，而本发明涉及抽取人体中的脂肪组织用于产业应用，且除了直接抽取人体脂肪组织外，申请人未给出其他获得细胞的途径，而这种脂肪抽吸过程会造成人体的损害，包含违反社会公德的内容，故坚持驳回决定。

在此基础上，合议组认为本案事实清楚，可以作出审查决定。

二、决定的理由

1. 决定所依据的文本

鉴于请求人在复审过程中未对申请文件进行修改，因此本决定是在驳回决定所依据文本的基础上作出的。

2. 关于专利法第5条

专利法第5条规定：对违反国家法律、社会公德或者妨碍公共利益的发明创造，不授予专利权。

社会公德，是指公众普遍认为是正当的、并被接受的伦理道德观念和行为准则。发明创造与社会公德不相违背的，可以授予专利权。

《驳回决定》和《前置审查意见书》中均认为在说明书中，所述脂肪来源的干细胞是以人体为实验对象分离的。根据说明书实施例部分的描述，本发明是对活体的人进行激素处理，并抽取人体中特定部位的脂肪，而从人体中分离干细胞会对人体造成损害。作为社会主体的个人，其人体本身应当受到尊重，不应被用作工业或商业获益的工具。因此本申请的说明书中包含违反社会公德的内容，不符合专利法第5条的规定。

对此，合议组认为：社会公德是公众普遍认为是正当的、并被接受的伦理道德观念和行为准则，本申请说明书第3页第23~29行记载了脂肪组织的获取使用广为接受的方案如手术或脂肪抽吸，由于脂肪抽吸很普遍，因此脂肪抽吸物是用于产生本发明细胞的一个特别优选来源，说明书实施例部分采用的脂肪组织也是脂肪抽吸获得的粗脂肪抽吸物。如审查员也认可的那样，脂肪抽吸术在世界上已广泛应用于美容等领域，是社会公众普遍认可并被接受的手术，接受者可自主选择，并不违反社会公德；其次，从自愿接受脂肪抽吸术的患者抽吸得到的脂肪抽吸物是一种离体的废弃物，将其作为产生本发明的细胞来源并非出于对人体本身的不尊重，也不存在违反社会公德的问题。因此《驳回决定》和《前置审查意见书》中认为本申请违反社会公德的理由不成立。

根据以上事实和理由，本案合议组作出如下审查决定。

三、决定

撤销国家知识产权局于 2007 年 11 月 9 日对 00807461.5 号发明专利申请作出的驳回决定。由原审查部门在本决定所依据的审查文本的基础上继续进行审查。

复审请求人对本决定不服的，可以根据专利法第 41 条第 2 款的规定，自收到本决定之日起三个月内向北京市第一中级人民法院起诉。

控制鞘翅目害虫的苏云金芽孢杆菌毒素和基因

复审请求审查决定（第14445号）

决 定 号	第14445号
决 定 日	2008年8月6日
发明创造名称	控制鞘翅目害虫的苏云金芽孢杆菌毒素和基因
国际分类号	C12N 15/32，C07K 14/325，A01N 63/00
复审请求人	麦考根公司
申 请 号	99807354.7
优 先 权 日	1998年5月12日
申 请 日	1999年5月10日
公 开 日	2001年7月25日
合议组组长	李金光
主 审 员	吴文英
参 审 员	卢 阳

法律依据　专利法第26条第4款

决 定 要 点

权利要求书应当以说明书为依据是指权利要求书应当得到说明书的支持，即权利要求书中的每一项权利要求所要求保护的技术方案应当是所属技术领域的技术人员能够从说明书充分公开的内容得到或者概括得出的技术方案，并且不得超出说明书公开的范围。

一、案由

本复审请求涉及1999年5月10日申请、2001年7月25日公开、名称为"控制鞘翅目害虫的苏云金芽孢杆菌毒素和基因"的99807354.7号发明专利申请（下称本申请）。本申请的优先权日为1998年5月12日。本申请的申请人为麦考根公司。本申请进入中国国家阶段日为2000年12月13日。

针对申请人于2007年7月3日提交的权利要求1~39，进入中国国家阶段日提交的说明书第1~53页及说明书摘要，国家知识产权局于2007年9月14日以本申请的权利要求1~4、8~10、26、30、31、34、35、37得不到说明书的支持，不符合专利法第26条第4款的规定为由驳回了本申请。

驳回决定所针对的权利要求1~39如下：

"1. 一种编码杀虫蛋白的分离的多核苷酸，其中所述多核苷酸能与编码选自SEQ ID NO：3、SEQ ID NO：5和SEQ ID NO：7的氨基酸序列中的杀虫活性片段的核苷酸序列或者其互补序列在中等或高度严谨条件下相杂交。

2. 权利要求1的多核苷酸，其中所述蛋白质包含SEQ ID NO：3的氨基酸序列或者其杀虫活性片段。

3. 权利要求1的多核苷酸，其中所述蛋白质包含SEQ ID NO：5的氨基酸序列或其杀虫活性片段。

4. 权利要求1的多核苷酸，其中所述蛋白质包含SEQ ID NO：7的氨基酸序列或其杀虫活性片段。

5. 权利要求1的多核苷酸，其中所述蛋白质包含SEQ ID NO：3的氨基酸序列。

6. 权利要求1的多核苷酸，其中所述蛋白质包含SEQ ID NO：5的氨基酸序列。

7. 权利要求1的多核苷酸，其中所述蛋白质包含SEQ ID NO：7的氨基酸序列。

8. 权利要求1的多核苷酸，其中所述多核苷酸包含SEQ ID NO：2或其中足够编码杀虫蛋白的片段。

9. 权利要求1的多核苷酸，其中所述多核苷酸包含SEQ ID NO：4或其中足够编码杀虫蛋白的片段。

10. 权利要求1的多核苷酸，其中所述多核苷酸包含SEQ ID NO：6或其中足够编码杀虫蛋白的片段。

11. 权利要求1的多核苷酸，其中所述多核苷酸包含SEQ ID NO：2。

12. 权利要求1的多核苷酸，其中所述多核苷酸包含SEQ ID NO：4。

13. 权利要求1的多核苷酸，其中所述多核苷酸包含SEQ ID NO：6。

14. 权利要求1的多核苷酸，其中所述蛋白质包含SEQ ID NO：8的氨基酸序列。

15. 权利要求1的多核苷酸，其中所述蛋白质包含SEQ ID NO：9的氨基酸序列。

16. 权利要求1的多核苷酸，其中所述蛋白质包含SEQ ID NO：10的氨基酸序列。

17. 权利要求1的多核苷酸，其中所述蛋白质包含SEQ ID NO：11的氨基酸序列。

18. 权利要求1的多核苷酸，其中所述蛋白质包含SEQ ID NO：12的氨基酸序列。

19. 权利要求1的多核苷酸，其中所述蛋白质包含SEQ ID NO：13的氨基酸序列。

20. 权利要求1的多核苷酸，其中所述蛋白质包含SEQ ID NO：14的氨基酸序列。

21. 权利要求1的多核苷酸，其中所述蛋白质包含SEQ ID NO：15的氨基酸序列。

22. 权利要求1的多核苷酸，其中所述蛋白质包含SEQ ID NO：16的氨基酸序列。

23. 权利要求1的多核苷酸，其中所述蛋白质包含SEQ ID NO：17的氨基酸序列。

24. 权利要求1的多核苷酸，其中所述蛋白质包含SEQ ID NO：18的氨基酸序列。

25. 权利要求1的多核苷酸，其中所述蛋白质包含SEQ ID NO：19的氨基酸序列。

26. 权利要求1的多核苷酸，其中所述蛋白质与毒素的抗体能发生免疫反应，该毒素包含选自由SEQ ID NO：3的杀虫活性片段组成之组中、SEQ ID NO：5的杀虫活性片段组成之组中以及SEQ ID NO：7的杀虫活性片段组成之组中的氨基酸序列。

27. 权利要求26的多核苷酸，其中所述毒素包含SEQ ID NO：3的氨基酸序列。

28. 权利要求26的多核苷酸，其中所述毒素包含SEQ ID NO：5的氨基酸序列。

29. 权利要求26的多核苷酸，其中所述毒素包含SEQ ID NO：7的氨基酸序列。

30. 一种多核苷酸编码的分离的杀虫蛋白质，其中选自由SEQ ID NO：1、SEQ ID NO：2中足够编码活性毒素的片段、SEQ ID NO：4中足够编码活性毒素的片段以及SEQ ID NO：6中足够编码活性毒素的片段组成之组的核苷酸序列能与编码所述蛋白质的核苷酸序列或其互补序列在中等或高度严谨条件下杂交。

31. 一种分离的杀虫蛋白质，其对鞘翅目害虫有毒性，并且所述蛋白质包含选自由SEQ ID NO：3、SEQ ID NO：5和SEQ ID NO：7组成之组的氨基酸序列中的至少一个杀虫活性片段。

32. 权利要求31的蛋白质，其中所述鞘翅目害虫是菜跳甲属（Phyllotreta）昆虫。

33. 权利要求31的蛋白质，其中所述蛋白质包含选自由下述组成之组的氨基酸序列：SEQ ID NO：3、SEQ ID NO：5、SEQ ID NO：7、SEQ ID NO：8、SEQ ID NO：9、SEQ ID NO：10、SEQ ID NO：11、SEQ ID NO：12、SEQ ID NO：13、SEQ ID NO：14、SEQ ID NO：15、SEQ ID NO：16、SEQ ID NO：17、SEQ ID NO：18和SEQ ID NO：19。

34. 权利要求31的蛋白质，其中所述蛋白质与毒素的抗体能发生免疫反应，该毒素包含选自由下述组成之组的氨基酸序列：SEQ ID NO：3的杀虫活性片段、SEQ ID NO：5的杀虫活性片段以及SEQ ID NO：7的杀虫活性片段。

35. 一种包含编码杀虫蛋白的多核苷酸的重组宿主细胞，其中选自由SEQ ID NO：1、SEQ ID NO：2中足够编码活性毒素的片段、SEQ ID NO：4中足够编码活性毒素的片段以及SEQ ID NO：6中足够编码活性毒素的片段组成之组的核苷酸序列能与编码所述蛋白质的核苷酸序列或其互补序列在中等或高度严谨条件下杂交。

36. 权利要求35的宿主细胞，其中所述宿主细胞是植物细胞。

37. 一种控制害虫的方法，该方法包括使所述害虫与多核苷酸编码的杀虫蛋白接触，其中选自由SEQ ID NO：1、SEQ ID NO：2中足够编码活性毒素的片段、SEQ ID NO：4中足够编码活性毒素的片段以及SEQ ID NO：6中足够编码活性毒素的片段组成之组的核苷酸序列能与编码所述蛋白质的核苷酸序列或其互补序列杂交。

38. 权利要求37的方法，其中所述害虫是鞘翅目昆虫。

39. 权利要求37的方法，其中所述害虫属于菜跳甲属。"

驳回决定中指出：（1）权利要求1~4、8~10、26、30、31、34、35、37中的术语"片段"包括的范围很大，包含了申请人推测的内容，其效果难以预先确定或评价，得不到说明书的支持，不符合专利法第26条第4款的规定。（2）权利要求1、30、35中的"与……杂交"的表述方式得不到说明书的支持，不符合专利法第26条第4款的规定；原因是本申请的说明书中并未提供能够与SEQ ID NO：5杂交的例证。

申请人麦考根公司（下称请求人）对上述驳回决定不服，于2007年12月28日向专利复审委员会提出复审请求，请求人在提出复审请求的同时提交了权利要求书替换页（共18项）。请求人在保留的权利要求中将驳回决定所指出的"杀虫活性片段"删去，并将驳回决定所针对权利要求中记载的"中等或高等严谨条件"明确限定为"1×SSPE和65℃的条件"。

提交的权利要求书（共18项）如下：

"1. 一种编码杀虫蛋白的分离的多核苷酸，其中所述多核苷酸能与编码选自SEQ ID NO：3、SEQ ID NO：5和SEQ ID NO：7的氨基酸序列的核苷酸序列或者其互补序列在1×SSPE和65℃的条件下相杂交。

2. 权利要求1的多核苷酸，其中所述氨基酸序列包含SEQ ID NO：3。

3. 权利要求1的多核苷酸，其中所述氨基酸序列包含SEQ ID NO：5。

4. 权利要求1的多核苷酸，其中所述氨基酸序列包含SEQ ID NO：7。

5. 权利要求1的多核苷酸，其中所述多核苷酸包含SEQ ID NO：2。

6. 权利要求1的多核苷酸，其中所述多核苷酸包含SEQ ID NO：4。

7. 权利要求1的多核苷酸，其中所述多核苷酸包含SEQ ID NO：6。

8. 权利要求1的多核苷酸，其中所述蛋白质包含SEQ ID NO：3的氨基酸序列。

9. 权利要求1的多核苷酸，其中所述蛋白质包含SEQ ID NO：5的氨基酸序列。

10. 权利要求1的多核苷酸，其中所述蛋白质包含SEQ ID NO：7的氨基酸序列。

11. 一种多核苷酸编码的分离的杀虫蛋白质，其中选自由SEQ ID NO：2、SEQ ID NO：4以及SEQ ID NO：6组成之组的核苷酸序列能与编码所述蛋白质的核苷酸序列或其互补序列在1×SSPE和65℃的条件下杂交。

12. 一种分离的杀虫蛋白质，其对鞘翅目害虫有毒性，并且所述蛋白质包含选自由SEQ ID NO：3、SEQ ID NO：5和SEQ ID NO：7组成之组的氨基酸序列。

13. 权利要求12的蛋白质，其中所述鞘翅目害虫是菜跳甲属（Phyllotreta）昆虫。

14. 一种包含权利要求1的多核苷酸的重组宿主细胞。

15. 权利要求14的宿主细胞，其中所述宿主细胞是植物细胞。

16. 一种控制害虫的方法，该方法包括使所述害虫与权利要求11的杀虫蛋白接触。

17. 权利要求16的方法，其中所述害虫是鞘翅目昆虫。

18. 权利要求16的方法，其中所述害虫属于菜跳甲属。"

请求人指出：说明书给出了SEQ ID NO：8~19，其是SEQ ID NO：5的截短方式，本领域普通技术人员很容易就能意识到它们能与SEQ ID NO：5杂交。即说明书实际给出了与SEQ ID NO：5杂交的例证，因此符合指南的相关规定，能够得到说明书的支持，符合专利法第26条第4款的规定。

形式审查合格后，专利复审委员会受理了该复审请求，并于2008年2月13日向请求人发出《复审请求受理通知书》，同时将本申请案卷移交原审查部门进行前置审查。

原审查部门对本复审请求进行了前置审查，认为说明书没有提供与SEQ ID NO：5杂交的例证，因此权利要求1和11仍然得不到说明书的支持，故坚持驳回决定。

在此基础上，合议组认为本案事实清楚，可以作出审查决定。

二、决定的理由

1. 决定所依据的文本

请求人于2007年12月28日提交的权利要求1~18分别对应于驳回决定所针对申请文本中的权利要求1、5、6、7、11、12、13、27~32、35~39。请求人将驳回决定所指出的"杀虫活性片段"删去，并将驳回决定所针对权利要求中记载的"中等或高等严谨条件"明确限定为"1×SSPE和65℃的条件"，所述具体的条件记载在说明书第18页的第2~3行，因此所述的修改符合专利法第33条和专利法实施细则第60条第1款的规定。

本决定所依据的文本为：请求人于2007年12月28日提交的权利要求1~18，于2000年12月13日进入中国国家阶段时递交的国际申请中文译本的说明书第1~53页和说明书摘要。

2. 关于专利法第26条第4款

专利法第26条第4款规定：权利要求书应当以说明书为依据，说明要求专利保护的范围。

权利要求书应当以说明书为依据是指权利要求书应当得到说明书的支持，即权利要求书中的每一项权利要求所要求保护的技术方案应当是所属技术领域的技术人员能够从说明书充分公开的内容得到或者概括得出的技术方案，并且不得超出说明书公开的范围。

《驳回决定》中认为请求人于2007年7月3日提交的权利要求1~4、8~10、26、30、31、34、35、37中的术语"片段"包括的范围过大，导致上述权利要求不符合专利法第26条第4款，对此，请求人于2007年12月28日递交了经修改的权利要求书，其中删除了所有涉及"片段"的技术方案，因而克服了《驳回决定》所指出的上述缺陷。

《驳回决定》中认为权利要求1、30和35中采用"与……杂交"的表述方式,由于说明书中并未提供能够与SEQ ID NO:5杂交的例证,因此得不到说明书的支持。前置审查意见中认为说明书没有提供与SEQ ID NO:5(其相应的核苷酸序列为SEQ ID NO:4)杂交的例证,因此请求人于2007年12月28日递交的权利要求书中的权利要求1和11仍然得不到说明书的支持,故坚持驳回决定。其中请求人于2007年12月28日递交的权利要求1、11、14分别对应于2007年7月3日提交的权利要求1、30、35。对此,合议组认为,对于具有某一特定功能的基因,当说明书中详述了"严格条件"并例举了相应的DNA分子时,可采用在严格条件下"杂交",并于功能相结合的方式进行限定。本案中,请求人于2007年12月28日递交的权利要求1和11中均已明确了杂交的条件,而且说明书第5~7页列出的SEQ ID NO:8~19是SEQ ID NO:5优选的截短形式,所以,编码SEQ ID NO:8~19的核苷酸序列如SEQ ID NO:4的相应截短形式能与SEQ ID NO:4杂交。即说明书给出了与SEQ ID NO:5或4杂交的例子,因此驳回决定与前置审查意见中关于杂交方式限定得不到说明书支持的理由不成立。

根据以上事实和理由,本案合议组作出如下审查决定。

三、决定

撤销国家知识产权局于2007年9月14日对99807354.7号发明专利申请作出的驳回决定。由原审查部门在本决定所依据的审查文本的基础上继续进行审查。

复审请求人对本决定不服的,可以根据专利法第41条第2款的规定,自收到本决定之日起三个月内向北京市第一中级人民法院起诉。

神经营养因子在骨盆神经丛外周神经功能障碍的治疗中的应用

复审请求审查决定（第14446号）

决 定 号	第14446号
决 定 日	2008年9月2日
发明创造名称	神经营养因子在骨盆神经丛外周神经功能障碍的治疗中的应用
国际分类号	A61K 38/18
复审请求人	莱森西亚有限公司
申 请 号	00810917.6
优 先 权 日	1999年5月27日
申 请 日	2000年5月26日
公 开 日	2002年8月21日
合议组组长	叶 娟
主 审 员	刘洪尊
参 审 员	卢 阳
法 律 依 据	专利法第26条第4款

决定要点

权利要求书应当以说明书为依据，是指权利要求应当得到说明书的支持。权利要求书中的每一项权利要求所要求保护的技术方案应当是所属技术领域的技术人员能够从说明书中充分公开的内容中得到或概括得出的技术方案，并且不得超出说明书公开的范围。

一、案由

本复审请求涉及申请人莱森西亚有限公司于2000年5月26日申请，2002年8月21日公开，名称为"神经营养因子在骨盆神经丛外周神经功能障碍的治疗中的应用"的00810917.6号发明专利申请（下称本申请）。

国家知识产权局实质审查部门于2006年6月9日驳回了本申请，理由是权利要求1~14不符合专利法第26条第4款的规定。

驳回决定所针对的权利要求书为：

"1. 神经营养因子在制造药用产品中的应用，上述神经营养因子包括神经胶质细胞系源的神经营养因子（GDNF）家族相关的化合物或神经营养蛋白（NTF）或编码所述因子的核苷酸序列或它们的保守取代变体，其特征在于该GDNF家族相关的化合物是选自神经胶质细胞源的神经营养因子（GDNF）、neurturin（NRTN）、artemin（ARTN）和persephin（PSPN），以及该神经营养蛋白选自神经生长因子（NGF）、脑源的神经营养因子（BDNF）、神经营养蛋白-3（NT-3）和神经营养蛋白4/5（NT-4/5），上述神经营养因子单独或结合使用，上述药用产品用于治疗患有阴茎勃起功能障碍的病人，上述阴茎勃起功能障碍源自分布于骨盆区域的靶器官的神经。

2. 根据权利要求1的应用，其特征在于神经胶质细胞源的神经营养因子（GDNF）家族相关的化合物是neurturin（NRTN）。

3. 根据权利要求1的应用，其特征在于神经胶质细胞源的神经营养因子（GDNF）家族相关的化合物是神经胶质细胞系源的神经营养因子（GDNF）。

4. 根据权利要求1的应用，其特征在于神经胶质细胞源的神经营养因子（GDNF）家族相关的化合物是artemin（ARTN）。

5. 根据权利要求1的应用，其特征在于神经胶质细胞源的神经营养因子（GDNF）家族相关的化合物是persephin（PSPN）。

6. 根据权利要求1的应用，其特征在于神经营养蛋白（NTF）是神经生长因子（NGF）。

7. 根据权利要求1的应用，其特征在于神经营养蛋白（NTF）是脑源的神经营养因子（BDNF）。

8. 根据权利要求1的应用，其特征在于神经营养蛋白（NTF）是神经营养蛋白-3（NT-3）。

9. 根据权利要求1的应用，其特征在于神经营养蛋白（NTF）是神经营养蛋白4/5（NT-4/5）。

10. 根据权利要求1的应用，其特征在于神经营养蛋白（NTF）包括未植入的神经生长因子（NGF）。

11. 根据权利要求1的应用，其特征在于上述阴茎勃起功能障碍是由急性阴茎损伤，阴茎外科手术，前列腺外科手术，膀胱外科手术或任何其他骨盆外科手术导致的。

12. 根据权利要求1的应用，其特征在于药用产品是作为通过肠道途径或胃肠外途径给药的组合物提供的。

13. 根据权利要求12中的应用，其特征在于药用产品以用于被植入到海绵体或阴茎干的形式提供，其中细胞被转化有能够表达上述神经营养因子的核苷酸序列的细胞转化。

14. 根据权利要求13的应用，其特征在于细胞被包在半透膜中制成胶囊。"

驳回决定认为：

第一，权利要求1得不到说明书的实质支持，不符合专利法第26条第4款的规定。理由如下：（1）该权利要求中使用的"保守取代变体"，要求一个较宽的保护范围。而"保守取代变体"本身的结构并不能明确反映其生物学活性，因此所属技术领域的技术人员难于预见采用该范围内的所有物质均能达到本发明的目的；（2）该权利要求中使用的"编码所述因子的核苷酸序列"为功能性限定，不通过对物质结构的明确限定或进行进一步的创造性实验筛选，所属技术领域的技术人员难于实现该范围内的技术方案；（3）即使将说明书中关于"保守取代变体"和"编码所述因子的核苷酸序列"的描述限定到权利要求1中，该权利要求仍然要求一个较宽的保护范围，得不到说明书的实质支持。

第二，当权利要求2~14以权利要求1为基础时，权利要求2~14也得不到说明书的实质支持，不符合专利法第26条第4款的规定。

申请人莱森西亚有限公司（下称请求人）对上述驳回决定不服，于2006年9月20日向专利复审委员会提出复审请求。请求人认为，权利要求1~14能够得到说明书的支持，国家知识产权局驳回的理由不成立，具体是：说明书第4页第21行起始的那段限定了术语"保守取代变体"的定义，其中变体被定义为与人类的所述神经营养因子具有至少80%相似性的多肽。说明书第5页第2段更具体地限定了"保守取代变体"的定义。术语"取代"意指一个或更多氨基酸残基可被取代。所述多肽可以是截短的或复合的形式，也可以被如甲基或乙基等小分子取代。这些变化以及达致这些变化的方法，都是本领域的普通技术人员所熟悉的，唯一的前设是这些取代不会影响变体的特性和功能（生物活性）。术语"保守"意指保持特定特性完整或不变。所说的完整的特性是指神经营养因子的功能，尤其指神经轴突的生长。说明书第5页第2段列举出剪接变体、同功型等作为保守取代变体的例子。"保守取代变体"是例子，包括带有放射性碘的化合物。

请求人没有在提出复审请求的同时提交新的专利申请文本。

形式审查合格后，专利复审委员会受理了该复审请求，并于2006年11月17日向请求人发出《复审请求受理通知书》，随后将本申请移交原审查部门进行前置审查。

原审查部门对本复审请求进行了前置审查，坚持原驳回决定。

专利复审委员会组成合议组，对本复审请求案进行了审理，于2008年3月21日向请求人发出复审通知书。复审通知书指出：权利要求1中要求保护"神经营养因子在制造药用产品中的应用，上述神经营养因子包括神经胶质细胞系源的神经营养因子（GDNF）家族相关的化合物或神经营养蛋白（NTF）或编码所述因子的核苷酸序列或它们的保守取代变体……"。首先，将权利要求1中要求保护的神经生长因子的"保守取代变体"与说明书中公开的内容相比，说明书并没有提供具体实施方案加以描述如何得到权利要求1中要求保护的神经生长因子的"保守取代变体"。其次，在说明书未记载具体效果判断实施例的情况下，本领域技术人员根据现有技术也无法判断与"神经营养因子具有至少80％相似性的多肽"是否具有与神经营养因子相同的功能。因此权利要求1要求保护的"保守取代变体"包含了申请人推测的内容，而且效果也难于预先确定和评价。因此"保守取代变体"的这种概括超出了说明书公开的范围。另外，说明书中没有对在该神经生长因子的氨基酸序列中哪些位点进行何种改变和进行多少个氨基酸的改变可得到基本结构域保持不变且活性保持不变的变体进行描述；同时现有技术中也没有可供本领域技术人员利用的技术资料来得到权利要求1所述的"保守取代变体"，因而本领域技术人员在作出所述改变时，在改变位点、改变类型和改变数目的选择上需要花费过多的劳动，在试验中需要经历大量的错误，且其结果是不可预料的，因此上述术语"保守取代变体"所概括的范围包含了本领域的普通技术人员不付出创造性劳动就无法预见的技术方案。因此，权利要求1要求保护的技术方案得不到说明书的支持，即，权利要求1没有以说明书为依据，说明要求专利保护的范围，不符合专利法第26条第4款的规定。

2008年6月26日，合议组向请求人发出合议组成员通知书，告知请求人合议组成员发生了部分变更。

针对复审通知书指出的问题，请求人于2008年7月7日提交了意见陈述书及经修改的权利要求书（共2页14项），所做修改仅为删除了权利要求1中的"或它们的保守取代变体"。

至此，合议组认为本案事实已经清楚，可以作出审查决定。

二、决定的理由

1. 关于文本

请求人于2008年7月7日提交的权利要求书符合专利法第33条和专利法实施细则第60条第1款的规定，予以接受。据此，确定本决定依据的审查文本基础是：本申请进入中国国家阶段时提交的原始说明书中文译文第1～39页、说明书附图第1～14页、说明书摘要，2002年3月19日提交的说明书附图第15～16页以及2008年7月7日提交的权利要求1～14。

2. 关于专利法第26条第4款

专利法第26条第4款规定：权利要求书应当以说明书为依据，说明要求专利保护的范围。

权利要求书应当以说明书为依据，是指权利要求应当得到说明书的支持。权利要求书中的每一项权利要求所要求保护的技术方案应当是所属技术领域的技术人员能够从说明书中充分公开的内容中得到或概括得出的技术方案，并且不得超出说明书公开的范围。

（1）关于权利要求1。

①关于"保守取代变体"。

驳回决定和复审通知书均认为权利要求1中的"保守取代变体"使权利要求1得不到说明书的支持，不符合专利法第26条第4款的规定。请求人在答复复审通知书时已经将权利要求1中的"保守取代变体"删除。因此上述缺陷已不存在。

②关于"编码所述因子的核苷酸序列"

驳回决定认为权利要求1中使用的"编码所述因子的核苷酸序列"为功能性限定，不通过对物质结构的明确限定或进行进一步的创造性实验筛选，所属技术领域的技术人员难于实现该范围内的技术方案，因此权利要求1得不到说明书的支持，不符合专利法第26条第4款的规定。

本申请权利要求1请求保护神经营养因子的应用，所述神经营养因子包括"神经胶质细胞系源的神经营养因子（GDNF）家族相关的化合物"或"神经营养蛋白"或"编码所述因子的核苷酸序列"，权利要求1中还将"神经胶质细胞系源的神经营养因子（GDNF）家族相关的化合物"具体限定为选自"GDNF、NRTN、ARTN 和 PSPN"，以及将"神经营养蛋白"具体限定为选自"NGF、BDNF、NT-3 和 NT-4/5"。

合议组认为，首先，权利要求1中所述"编码所述因子的核苷酸序列"中的"所述因子"即指选自"GDNF、NRTN、ARTN 和 PSPN"或"NGF、BDNF、NT-3 和 NT-4/5"的"神经营养因子"。相应地，权利要求1所述"编码所述因子的核苷酸序列"中的"核苷酸序列"所指即为上述具体蛋白质的具体的碱基序列。因此，权利要求1中的"编码所述因子的核苷酸序列"是一个语义表述清楚的结构特征，而非功能性限定。

其次，根据本申请说明书的描述（参见本申请说明书第11页第1段，第12页第1段），"GDNF、NRTN、ARTN 和 PSPN"和"NGF、BDNF、NT-3 和 NT-4/5"均为现有技术中的已知蛋白质。本领域普通技术人员通过常规技术可容易地获知其氨基酸序列，进而根据遗传密码推知编码这些因子的核苷酸序列不需要创造性的劳动，而原审查部门对"GDNF、NRTN、ARTN 和 PSPN"和"NGF、BDNF、NT-3 和 NT-4/5"为已知蛋白质亦从未表示过质疑，故合议组认为原审查部门在此基础上质疑权利要求1中"编码所述因子的核苷酸序列"的结构从而认为权利要求1得不到说明书的支持的理由不能成立。

综上，驳回决定中认为权利要求1中使用"编码所述因子的核苷酸序列"从而导致权利要求1不符合专利法第26条第4款的理由不成立。

（2）关于权利要求2~14。

由于驳回决定关于权利要求2~14得不到说明书的支持，不符合专利法第26条第4款的规定的理由是权利要求1得不到说明书的支持，因此在前述已得出关于权利要求1的驳回理由不能成立的情况下，驳回决定关于权利要求2~14得不到说明书的支持的理由亦不能成立。

根据以上事实和理由，本案合议组作出如下审查决定。

三、决定

撤销国家知识产权局实质审查部门于2006年6月9日对00810917.6号发明专利申请作出的驳回决定。由原审查部门在本复审决定所针对的文本的基础上继续进行审查程序。

复审请求人对本决定不服的，可以根据专利法第41条第2款的规定，自收到本决定之日起三个月内向北京市第一中级人民法院起诉。

一种快速检测丙型肝炎病毒及其基因型的方法

复审请求审查决定（第 14447 号）

决 定 号	第 14447 号
决 定 日	2008 年 9 月 1 日
发明创造名称	一种快速检测丙型肝炎病毒及其基因型的方法
国际分类号	C12Q 1/68
复审请求人	中国科学院上海微系统与信息技术研究所
申 请 号	03141631.4
申 请 日	2003 年 7 月 16 日
公 开 日	2004 年 2 月 25 日
合议组组长	李金光
主 审 员	卢 阳
参 审 员	尹 昕
法 律 依 据	专利法第 22 条第 3 款

决 定 要 点

在创造性判断过程中，当所要求保护的发明与最接近现有技术的区别特征为常用技术时，通常认为现有技术中存在将上述区别特征应用到最接近现有技术以解决其存在的技术问题的技术启示，发明是显而易见的，不具备突出的实质性特点。

一、案由

本复审请求涉及申请日为 2003 年 7 月 16 日，公开日为 2004 年 2 月 25 日，名称为"一种快速检测丙型肝炎病毒及其基因型的方法"的 03141631.4 号发明专利申请（下称本申请），申请人为中国科学院上海微系统与信息技术研究所。

经实质审查，国家知识产权局于 2005 年 11 月 11 日以本申请权利要求 1、2 不符合专利法第 22 条第 3 款的规定为由驳回了本申请。具体理由为：对比文件 1（CN1392268A，公开日为 2003 年 1 月 22 日）公开了一种检测多种肝炎（并具体指出可以用于丙型肝炎）及其基因型的芯片及其使用检测方法，并具体公开了以下技术特征：将寡核苷酸探针固定在经戊二醇修饰处理的玻片上，地高辛或生物素标记的 PCR 产物与之特异性结合后，用纳米金标记的抗地高辛抗体或亲和素标记的酶标抗体与带地高辛或生物素的杂交产物结合，在相应的型特异性探针位置上显色，从而快速诊断肝炎类型及其基因型（参见对比文件 1 的权利要求 1~7 以及说明书第 5~15 页）；权利要求 1 和 2 与对比文件 1 的区别在于：本发明采用了碱性磷酸酶标记的抗地高辛抗体或亲和素标记的酶标抗体与带地高辛或生物素的杂交产物结合，但该区别特征已经被对比文件2（"PCR-ELISA检测HBV DNA方法学建立及初步临床应用"，陶志华等，临床检验杂志，第18卷第3期，2000年，第142~144页）公开，而且该特征在对比文件2中所起的作用与其在本发明中为解决其技术问题所起的作用相同，都是用于使相应的杂交物显色，即对比文件2中给出了将该技术特征用于对比文件1以解决其技术问题的启示。因此，权利要求1、2不具备创造性，不符合专利法第22条第3款的规定。

驳回决定所针对的权利要求书如下：

"1. 一种快速检测丙型肝炎病毒及其基因型的方法，先将寡核苷酸探针固定在经过处理的玻片上，地高辛或生物素标记的PCR产物与之特异性结合后，其特征在于然后采用加碱性磷酸酶标记的抗地高辛抗体或亲和素标记的酶标抗体，使之与带地高辛或生物素的杂交产物结合，在相应的型特异性探针位置上出现蓝色点，从而快速确定HCV阳性以及基因型。

2. 按权利书要求所述快速检测丙型肝炎病毒及其基因型的方法，其特征在于所述的玻片表面是经过醛基修饰处理的。

3. 一种用于快速检测丙型肝炎病毒及其基因型的芯片制备方法，其特征在于：

（1）探针的5'末端需加16个长度T的连接臂和氨基修饰；

（2）探针合成后，用去离子水将探针稀释，并与点样液spoting solution等体积混合，使终浓度为75pmols/μl，然后点阵于醛基修饰的载玻片表面，置于70％湿度，室温条件下48~72小时进行固定。"

申请人中国科学院上海微系统与信息技术研究所（下称请求人）对上述驳回决定不服，于2006年3月9日向专利复审委员会提出复审请求，同时提交了权利要求书全文替换页（共2项）和说明书第8页的替换页。修改后的权利要求书如下：

"1. 一种快速检测丙型肝炎病毒及其基因型的方法，先将寡核苷酸探针固定在经过处理的玻片上，地高辛或生物素标记的PCR产物与之特异性结合后，其特征在于

（1）然后采用加碱性磷酸酶标记的抗地高辛抗体或亲和素标记的酶标抗体，使之与带地高辛或生物素的杂交产物结合，在相应的型特异性探针位置上出现蓝色点，从而快速确定HCV阳性以及基因型；

（2）信号检测使用普通光学扫描仪进行扫描，最后用丙型肝炎病毒基因分型检测芯片分析软件进行扫描后的图像分析和数据整理，从而得出检测结果。

2. 制备按权利要求所述的一种用于快速检测丙型肝炎病毒及其基因型的芯片方法，其特征在于：

（1）探针的5'末端需加16个长度T的连接臂和氨基修饰；

（2）探针合成后，用去离子水将探针稀释，并与点样液spoting solution等体积混合，使终浓度为75pmols/μl，然后点阵于醛基修饰的载玻片表面，置于70％湿度，室温条件下48~72小时进行固定。"

请求人认为：本申请的创造性体现在（1）利用显色法进行信号检测，不需要昂贵的实验设备（说明书第4页第11~14行）；（2）探针的5'末端需加16各长度T的连接臂和氨基修饰（说明书第5页第12~13行）；（3）针对丙型肝炎患者的滴度较低，摸索了相应的样品处理方法（说明书第6页倒数第5行至第7页第11行）。此外，说明书第8页所述"最后扫描并分析结果是用GenePix Pro芯片信号分析系统GenePi4000B"实际上是"最后用"丙型肝炎病毒基因分型检测芯片分析软件"（Array Analyzer）进行扫描后的图像分析和数据整理，得出正确检测结果"，因此请求人对此进行了修改。

形式审查合格后，专利复审委员会受理了该复审请求，并于2006年4月11日向请求人发出《复

审请求受理通知书》，随后将本申请案卷移交原审查部门进行前置审查。

原审查部门对本复审请求进行了前置审查，坚持原驳回决定，具体理由与驳回决定相同。

专利复审委员会组成合议组，对本复审请求案进行了审理，并于2008年3月21日发出《复审通知书》，指出：请求人于2006年3月9日提交的经修改的权利要求书和说明书第8页中，在权利要求1中增加了技术特征"最后用丙型肝炎病毒基因分型检测芯片分析软件进行扫描后的图像分析和数据整理"，并将说明书第8页第4~5行中的"用GenePix Pro芯片信号分析系统GenePi4000B扫描并分析结果"修改为"用"丙型肝炎病毒基因分型检测芯片分析软件"（Array Analyzer）进行扫描后的图像分析和数据整理"，由于所述"丙型肝炎病毒基因分型检测芯片分析软件"并未记载在原说明书和权利要求书中，也无法根据原说明书和权利要求书文字记载内容以及说明书附图记载的内容直接地、毫无疑义地确定，因此，上述修改均超出了原说明书和权利要求书记载的范围，不符合专利法第33条的规定。同时，《复审通知书》中还指出，由于本申请实际可请求保护的技术方案与对比文件1中公开的肝炎检测方法相比，区别仅在于用于检测地高辛或生物素标记的试剂有所不同以及本申请中进一步采用GenePix Pro芯片信号分析系统GenePi 4000B扫描并分析结果，而这些区别技术特征均属于本领域的常用技术（例如参见《分子克隆实验指南》（第三版），J.萨姆布鲁克等，第961~964、1743~1744、1763~1764、1769~1770页，科学出版社，2002年8月第1版，2003年1月第2次印刷；《生物芯片》，马立人等，第201~202页，化学工业出版社，2002年10月第2版第5次印刷），因此，即使请求人修改申请文件使其符合专利法第33条的规定，其实际可要求保护的技术方案仍然存在不符合专利法第22条第3款规定的缺陷。此外，针对请求人提出复审请求时的意见陈述，《复审通知书》指出：（1）通过显色法进行信号检测和通过电脑软件进行图像分析和数据整理工作都是本领域常用的技术手段，而且这些技术手段的优点，诸如请求人所述的不需要昂贵的实验设备和利于推广等也都是本领域技术人员所公知的，并非意想不到的技术效果；（2）对比文件1的技术方案中采用的也是氨基修饰的寡核苷酸探针（参见对比文件1的说明书第9页），而通过加入poly dT以减少空间位阻也是本领域的常用技术手段；（3）本申请说明书中记载的样品处理方法均为本领域常用的技术手段，并非如请求人所述的是针对丙型肝炎患者滴度较低的问题采用了特定的技术手段，而且该技术方案也没有因为这些常规选择而产生任何意想不到的技术效果，因此，本申请可请求保护的技术方案仍不具备创造性。

请求人于2008年5月4日提交了意见陈述书以及权利要求书的全文替换页（共3项）和说明书第8页的替换页，其中新提交的权利要求书与驳回决定所针对的权利要求书完全相同，新提交的说明书第8页与原始申请文本中说明书第8页完全相同。请求人在意见陈述书中认为：（1）虽然偶联碱性磷酸酶的抗地高辛抗体检测地高辛标记在现有技术中已有报道，但是用于芯片检测从而替代昂贵的荧光扫描仪在本申请之前尚未有报道，这种显色技术必须经过技术改造并经临床实验后才可用于芯片检测中；（2）本申请的丙型肝炎基因分型主要根据HCV基因5'非编码区的序列进行探针的设计，而对比文件1没有具体关于丙型肝炎基因分型的芯片序列特征说明；（3）本发明提供的方法灵敏度高，且可分辨出单个碱基差别，如实施例4所示，检测结果与测序结果的符合率为100%，特异性为100%；因此，本申请具备创造性。

至此，合议组认为本案事实已经清楚，可以作出审查决定。

二、决定的理由

1. 审查文本的认定

请求人于2008年5月4日提交的权利要求书和说明书第8页中所作的修改符合专利法第33条和专利法实施细则第60条第1款的规定，因此，本复审决定依据的文本为请求人于2008年5月4日提交的权利要求 1~3、说明书第 8 页，2003 年 7 月 16 日提交的说明书第 1~7、9~12 页、说明书附图第 1 页和说明书摘要。

2. 关于专利法第 22 条第 3 款

专利法第 22 条第 3 款规定，创造性是指同申请日以前已有的技术相比，该发明有突出的实质性特点和显著的进步。

在创造性判断过程中，当所要求保护的发明与最接近现有技术的区别特征为常用技术时，通常认为现有技术中存在将上述区别特征应用到最接近现有技术以解决其存在的技术问题的技术启示，发明是显而易见的，不具备突出的实质性特点。

本案中，权利要求 1 要求保护一种快速检测丙型肝炎病毒及其基因型的方法，而对比文件 1（CN1392268A，公开日期为 2003 年 1 月 22 日）已经公开了一种检测多种肝炎的基因芯片以及相应的检测方法，其中寡核酸探针固定在固相基片上形成探针阵列，采用地高辛或生物素标记的基因扩增产物进行杂交，杂交后的检测方法为使用纳米金标记的地高辛抗体或纳米金标记的亲和素与地高辛或生物素结合，然后用普通扫描仪进行扫描，同时该对比文件中还表示所述固相基片可以为经过处理的玻片，并且该方法可用于检测丙型肝炎（参见对比文件 1 的权利要求 1~10、说明书第 5~15 页和附图 2），由此可见，权利要求 1 所要求保护的技术方案与对比文件 1 中公开的技术方案相比，区别仅在用于检测地高辛或生物素标记的试剂有所不同：对比文件 1 中采用的是纳米金标记的地高辛抗体或纳米金标记的亲和素，而本申请中为碱性磷酸酶标记的抗地高辛抗体或亲和素标记的酶标抗体。

然而，采用偶联着碱性磷酸酶的抗地高辛抗体检测地高辛标记以及采用连接着报道酶的亲和素，例如亲和素-碱性磷酸酶检测生物素标记均属于本领域的常用技术（例如参见《分子克隆实验指南》（第三版），J. 萨姆布鲁克等，第 961~964、1743~1744、1763~1764、1769~1770 页，科学出版社，2002 年 8 月第 1 版，2003 年 1 月第 2 次印刷），在对比文件 1 的基础上结合上述常用技术获得权利要求 1 所要求保护的技术方案，对于所属技术领域的技术人员而言是显而易见的，而且该技术方案也没有产生任何意想不到的技术效果，因此，权利要求 1 不具备创造性。

对于请求人在答复复审通知书时提出的意见，合议组认为：（1）采用偶连碱性磷酸酶的抗地高辛抗体检测地高辛标记和采用连接着报道酶的亲和素检测生物素标记均为本领域的常规技术，无论是在基因芯片亦或在其他实验过程中，其原理和技术流程都是一致的，因此，将其用于芯片中检测地高辛标记或生物素标记对于本领域技术人员而言是显而易见的，无需付出创造性劳动，此外，本申请说明书中也没有任何对这种检测技术进行改造并经临床试验后使其更适合芯片检测的具体描述；（2）本申请权利要求 1 的技术方案中并未对探针设计所根据的具体序列进行限定，因此，这一特征不是权利要求 1 与对比文件 1 的区别技术特征；（3）高灵敏度、特异性以及可分辨单个碱基差别均属于本领域公知的诊断芯片技术本身所具备的特点，并非意想不到的技术效果；说明书实施例 4 中的实验结果也不足以说明权利要求 1 中采用碱性磷酸酶标记的抗地高辛抗体或亲和素标记的酶标抗体的技术方案与对比文件 1 中采用纳米金标记的地高辛抗体或纳米金标记的亲和素的技术方案相比，敏感性或特异性发生了意想不到的变化。因此，请求人的意见不足以说明权利要求 1 具有创造性。

综上所述，权利要求 1 不具备创造性，不符合专利法第 22 条第 3 款的规定。

权利要求 2 是权利要求 1 的从属权利要求，其附加技术特征部分进一步限定所述玻片表面是经过醛基修饰处理的，然而该技术特征也已被对比文件 1 公开（参见对比文件 1 说明书第 7 页第 2 段和权利要求 3、6），因此，在权利要求 1 不具备创造性的情况下，权利要求 2 也不具备创造性，不符合专利法第 22 条第 3 款的规定。

根据以上事实和理由，本案合议组作出如下审查决定。

三、决定

维持国家知识产权局于 2005 年 11 月 11 日对 03141631.4 号发明专利申请作出的驳回决定。

复审请求人对本决定不服的,可以根据专利法第 41 条第 2 款的规定,自收到本决定之日起三个月内向北京市第一中级人民法院起诉。

分子构建和用于检测生化反应的方法

复审请求审查决定（第 14449 号）

决　定　号	第 14449 号
决　定　日	2008 年 9 月 2 日
发明创造名称	分子构建和用于检测生化反应的方法
国际分类号	C12Q 1/25，C12Q 1/48，C12Q 1/42，C12Q 1/68，G01N 33/50
复审请求人	生物阵列技术有限公司
申　请　号	03155824.0
优　先　权　日	2002 年 8 月 22 日
申　请　日	2003 年 8 月 22 日
公　开　日	2004 年 5 月 12 日
合议组组长	王晓云
主　审　员	孙俊荣
参　审　员	尹　昕

法 律 依 据 专利法第 33 条

决 定 要 点

原说明书和权利要求书记载的范围包括原说明书和权利要求书文字记载的内容和根据原说明书和权利要求书文字记载的内容以及说明书附图能直接地、毫无疑义地确定的内容。对于在原说明书和权利要求书中没有文字记载的修改内容，如果能够根据原说明书和权利要求书文字记载的内容以及说明书附图直接地、毫无疑义地确定，也应当认为这种修改没有超出原申请文件记载的范围，符合专利法第 33 条的规定。

一、案由

本复审请求涉及申请日为 2003 年 8 月 22 日、优先权日为 2002 年 8 月 22 日、公开日为 2004 年 5 月 12 日、申请号为 03155824.0、名称为"分子构建和用于检测生化反应的方法"的发明专利申请（下称本申请），申请人为生物阵列技术有限公司。

2007 年 2 月 16 日，国家知识产权局以本申请权利要求 1～17 不符合专利法第 33 条的规定为由作出驳回决定。

驳回决定所针对的权利要求书为：

"1. 一种检测剪切酶活性的试剂盒，其包括：

PNA-底物嵌合体，该嵌合体具有 PNA 捕获部位和酶的底物，其中不同类型的嵌合体具有能够和

不同酶反应的不同底物，但每种类型具有独特的底物和挑选的 PNA 序列捕获部位；和

位于不同编码微粒上的不同类型的寡核苷酸，其中所述不同类型的寡核苷酸能够退火到不同的挑选的 PNA 序列捕获部位。

2. 权利要求 1 所述的试剂盒，其中，底物部位包括蛋白质。

3. 权利要求 3 所述的试剂盒，其中，底物蛋白质包括肽。

4. 权利要求 1 所述的试剂盒，其中，底物部位用标记修饰。

5. 权利要求 5 所述的试剂盒，其中，标记从六组氨酸残基、荧光部分、磷酸盐基团以及糖基中选择。

6. 权利要求 5 所述的试剂盒，其中，标记包括可探测的部分。

7. 权利要求 1 所述的试剂盒，其中，底物部位包括 caspase 或其活性肽的底物。

8. 权利要求 1 所述的试剂盒，其中，底物部位包括磷酸酶或其活性肽的底物。

9. 权利要求 1 所述的试剂盒，其中，捕获部位包括双-PNA。

10. 权利要求 1 所述的试剂盒，进一步包括连接物。

11. 一种在试样中探测多种酶活性的方法，其包括：

（a）将多种类型的 PNA-底物嵌合体加到样品中，所述的 PNA-底物嵌合体具有 PNA 捕获部位和酶的底物，其中，不同类型类型的嵌合体具有能够和不同酶反应的不同底物，但每种类型具有独特的底物和挑选的 PNA 序列捕获部位；

（b）使酶和嵌合体群的底物部位反应；

（c）用不同类型的寡核苷酸捕获反应的 PNA-底物嵌合体，其中所述的不同类型的寡核苷酸位于不同编码微粒上，并且所述捕获是通过寡核苷酸退火到挑选的 PNA 序列捕获部分上而进行的；以及，

（d）探测捕获的反应的 PNA-底物嵌合体探测捕获的反应的 PNA-底物嵌合体的底物所发生的变化；

（e）解码编码微粒以鉴定发生反应的底物，进而鉴定特定酶存在于样品中。

12. 权利要求 11 所述的方法，其中，微粒子是彩色编码的。

13. 权利要求 11 所述的方法，其中，PNA-底物嵌合体含有两个标记。

14. 权利要求 13 所述的方法，其中，标记为荧光部分。

15. 权利要求 11 所述的方法，其中，PNA-底物嵌合体的底物部位是 caspase 的底物。

16. 权利要求 11 所述的方法，其中，PNA-底物嵌合体的底物部分是磷酸酶的底物。

17. 权利要求 11 所述的方法，其中，PNA-底物嵌合体的捕获部位是双-PNA。"

驳回决定认为：权利要求 1～17 既未明确地记载在原说明书和权利要求中，也不能由原说明书和权利要求书所记载的内容直接导出，即使根据原申请文本的说明书实施例 4～23、说明书第 9～10 页以及附图 32 也难以直接推导出权利要求 1～17 的技术方案，例如"检测剪切酶活性的试剂盒"、"不同类型的嵌合体具有……序列捕获部位"、"位于不同编码微粒上的不同类型的寡核苷酸"、"不同类型的寡核苷酸能够退火到……"等技术特征，因此，权利要求 1～17 的修改超出了原说明书和权利要求书记载的范围，不符合专利法第 33 条的规定。

申请人生物阵列技术有限公司（下称请求人）对上述驳回决定不服，于 2007 年 5 月 29 日向专利复审委员会提出复审请求，请求人在提交复审请求时未提交修改文本。请求人认为：（1）本发明提出了一种可应用于多元生化测定的 PNA-底物嵌合体及捕获该嵌合体的微粒，并通过对编码微粒进行解码分析，从而鉴定发生反应的特定底物、特定酶及酶的活性。其中，PNA-底物嵌合体可具有不同酶反应的不同底物，同时具有用于捕获的不同的 PNA 序列；另一方面，编码微粒上也具有与 PNA-底

物嵌合体上的PNA捕获序列互补的寡核苷酸，这样与不同酶反应的PNA-底物嵌合体通过其特定的PNA捕获序列与位于编码微粒上的互补寡核苷酸杂交，从而实现多元生化测定的目的。（2）试剂盒是本领域技术人员公知的概念，虽然原说明书没有提出将PNA-嵌合体和位于不同编码微粒上的寡核苷酸组合成一个试剂盒使用，但是本领域技术人员很容易想到将上述两种组分组合起来作为试剂盒的主要成分以用于解决酶的多元化测定问题，因此权利要求1要求保护的试剂盒可以从原说明书中毫无疑义的得到。（3）权利要求1中的其他技术特征以及权利要求11要求保护的技术方案均可从原始公开的说明书中直接得出。在此基础上，从属权利要求2~10以及12~17也均未超出原始公开的范围，符合专利法第33条的规定。

形式审查合格后，专利复审委员会受理了该复审请求，并于2007年8月21日向请求人发出《复审请求受理通知书》，随后将本申请案卷移交原实审部门进行前置审查。

原实审部门对本复审请求进行了前置审查，坚持驳回决定。

专利复审委员会组成合议组，对本复审请求案进行了审理。于2008年5月21日向请求人发出《复审通知书》。《复审通知书》指出：（1）权利要求1~10要求保护一种检测剪切酶活性的试剂盒，其中所述的"剪切酶"和"试剂盒"并未记载在原说明书和权利要求书中，也不能从原申请记载的信息中直接地、毫无疑义地确定。首先，虽然本领域技术人员可以根据原说明书的相关描述看出本申请说明书中所述的磷酸化酶、caspase酶是剪切酶中的一种，但是本领域技术人员均知，剪切酶是一个宽泛的上位概念，涵盖了所有的具有剪切功能的酶，其中所述的剪切不仅仅包括本申请说明书记载的对底物的剪切，也包括了本申请说明书未记载的剪切形式，如自剪切，而且从酶的类型上来讲，不仅仅包括蛋白类剪切酶，也包括未在说明书中记载的具有剪切功能的核酸类剪切酶等，所以权利要求1~10中关于"剪切酶"的修改超出了原说明书和权利要求书记载的范围。其次，本申请原说明书和权利要求书中并没有记载包含PNA-底物嵌合体和位于不同编码微粒上的不同类型的寡核苷酸的特定成分的试剂盒的技术方案，也没有明示或暗示将上述两种特定成分进行组合的任何信息，虽然"试剂盒"是本领域公知的概念，且在本发明所公开的多元生化测定方法的基础上，将其中所用到的PNA-嵌合体和位于不同编码微粒上的寡核苷酸组分组合从而得出检测试剂盒的技术方案，对于本领域技术人员来说是容易想到的，但是判断修改是否超范围并不能根据技术方案的得出是否显而易见来认定，由于原始申请文件自始至终均未提到将上述两种组分进行组合制成试剂盒的任何信息，本领域技术人员从中也无法直接地、毫无疑义地确定权利要求1~10请求保护的试剂盒的技术方案，因此权利要求1~10中关于"试剂盒"的修改同样超出了原说明书和权利要求书记载的范围。（2）基于与评述权利要求1~10相同的理由，说明书第2页第29行~第3页第5行的相应修改内容同样超出了原说明书和权利要求书记载的范围，不符合专利法第33条的规定。

针对上述《复审通知书》，请求人于2008年6月12日提交了意见陈述书和修改后的权利要求书，以及说明书第2~3页的替换页，在修改后的权利要求书中请求人删除了驳回决定和复审通知书所针对的权利要求1~10，将权利要求11~17的序号调整为1~7，具体内容未作修改，同时删除了说明书中相应的内容。请求人认为修改后的权利要求书和说明书已克服了《复审通知书》所指出的缺陷。

修改后的权利要求书如下：

"1. 一种在试样中探测多种酶活性的方法，其包括：

（a）将多种类型的PNA-底物嵌合体加到样品中，所述的PNA-底物嵌合体具有PNA捕获部位和酶的底物，其中，不同类型类型的嵌合体具有能够和不同酶反应的不同底物，但每种类型具有独特的底物和挑选的PNA序列捕获部位；

（b）使酶和嵌合体群的底物部位反应；

（c）用不同类型的寡核苷酸捕获反应的 PNA-底物嵌合体，其中所述的不同类型的寡核苷酸位于不同编码微粒上，并且所述捕获是通过寡核苷酸退火到挑选的 PNA 序列捕获部分上而进行的；以及，

（d）探测捕获的反应的 PNA-底物嵌合体探测捕获的反应的 PNA-底物嵌合体的底物所发生的变化；

（e）解码编码微粒以鉴定发生反应的底物，进而鉴定特定酶存在于样品中。

2. 权利要求 1 所述的方法，其中，微粒子是彩色编码的。

3. 权利要求 1 所述的方法，其中，PNA-底物嵌合体含有两个标记。

4. 权利要求 3 所述的方法，其中，标记为荧光部分。

5. 权利要求 1 所述的方法，其中，PNA-底物嵌合体的底物部位是 caspase 的底物。

6. 权利要求 1 所述的方法，其中，PNA-底物嵌合体的底物部分是磷酸酶的底物。

7. 权利要求 1 所述的方法，其中，PNA-底物嵌合体的捕获部位是双-PNA。"

至此，合议组认为本案事实已经清楚，可以据此作出审查决定。

二、决定的理由

1. 文本认定

请求人于 2008 年 6 月 12 日提交的修改文本中删除了《复审通知书》所指出的不符合专利法第 33 条的内容，克服了《复审通知书》所指出的缺陷。

本复审决定针对的文本是请求人于申请日 2003 年 8 月 22 日提交的说明书第 39~42 页、说明书附图第 1~14 和第 16~41 页以及说明书摘要，2003 年 9 月 5 日提交的说明书附图第 15 页，2006 年 9 月 7 日提交的说明书第 1、4~39 页，以及 2008 年 6 月 12 日提交的权利要求书（共 7 项）、说明书第 2~3 页。

2. 关于专利法第 33 条

专利法第 33 条规定，申请人可以对其专利申请文件进行修改，但是，对发明专利申请文件的修改不得超出原说明书和权利要求书记载的范围。

根据该条规定，原说明书和权利要求书记载的范围包括原说明书和权利要求书文字记载的内容和根据原说明书和权利要求书文字记载的内容以及说明书附图能直接地、毫无疑义地确定的内容。对于在原说明书和权利要求书中没有文字记载的修改内容，如果能够根据原说明书和权利要求书文字记载的内容以及说明书附图直接地、毫无疑义地确定，也应当认为这种修改没有超出原申请文件记载的范围，符合专利法第 33 条的规定。

本案中，原审查部门以驳回决定所针对的权利要求 1~17 不符合专利法第 33 条为由驳回了本申请，在请求人于 2008 年 6 月 12 日提交的修改后的权利要求书中已将权利要求 1~10 删除，因此，驳回决定中指出的权利要求 1~10 不符合专利法第 33 条规定的缺陷已不存在。

驳回决定认为修改后的权利要求 1~7（即驳回决定所针对的权利要求 11~17）所请求保护的一种在试样中探测多种酶活性的方法及其技术特征超出了原申请文件记载的范围，不符合专利法第 33 条的规定。

对此，合议组认为：首先，原始申请文件的权利要求 31、34、35，说明书第 6 页 13 行和说明书第 13 页第 17 行至第 14 页第 1 行的描述为上述权利要求 1 的修改提供了依据。

具体如下：权利要求 31 要求保护"一种在单个试样中探测多种酶活性的方法，其包括：（1）将多个 PNA-底物嵌合体群加到样品中，所述的 PNA-底物嵌合体具有捕获部位和底物部位，其中每个群具有用于选择的 PNA 序列的单一底物，以使酶与嵌合体群的底物部位反应；（2）从取样中分离反应的 PNA 底物嵌合体群；（3）将反应 PNA-底物嵌合体群捕获到多个基质上，其中，每个基质在其

上含有寡核苷酸，该核苷酸杂交到反应的 PNA-底物嵌合的选择群的捕获部位；以及（4）探测捕获的反应的 PNA-底物嵌合体群，其中，对多个群的探测是对多个酶活性的测量"；权利要求 34 要求保护"权利要求 31 所述的方法，其中，多个基质包括微粒子"；权利要求 35 要求保护"权利要求 34 所述的方法，其中，微粒子是彩色编码的"。

从上述技术方案的描述结合说明书记载的内容可知，该方法中采用了不同编码的微粒作为基质，其上具有不同类型的寡核苷酸，每种不同类型的寡核苷酸对应着嵌合体的挑选 PNA 捕获部位，并在捕获时相互杂交，同时嵌合体的底物部位分别对应着不同的酶，以及对应着不同的挑选 PNA 捕获部位，在探测多个不同酶的活性时，试样中不同类型的酶与不同嵌合体群（即与酶的种类相对应的不同类型的 PNA-底物嵌合体）上的不同的底物反应，之后通过不同嵌合体群上所具有的不同 PNA 捕获部分与带有不同编码的微粒上所具有的不同类型寡核苷酸之间的相互杂交，实现将反应后的不同嵌合体群捕获到带有不同编码的微粒基质上，然后对不同的嵌合体群进行探测从而达到对试样中所存在的多个不同的酶的活性的测量的目的。在这个测定中，给定嵌合体群的捕获部位优选对应于单个类型的底物部位（参见说明书第 10 页倒数第 1~2 行）。因此，合议组认为，修改后的权利要求 1 与上述技术方案相比较，在实质上并没有差别，区别主要体现在文字表述上。

其次，说明书实施例 21 以及说明书附图 30A、32A、32B、32C 也可以帮助本领域技术人员理解和判断权利要求 1 的修改是否超范围。具体来说，实施例 21 具体描述了同时检测 caspase3、6、8 三种酶活性的实例，其中采用了微粒阵列，其上有四种类型的彩色编码珠，在其中三种类型的珠上具有确定碱基序列的寡核苷酸（第四类珠用作对照），上述三种类型分别以序列特异性的形式与 PNA-肽嵌合体 I（含有对应于 caspase3 的酶解底物）、II（含有对应于 caspase6 的酶解底物）和 III（含有对应于 caspase8 的酶解底物）结合，其中虽然没有明确提出嵌合体的 PNA 部位是特定对应于上述酶解底物的，但根据 PNA 在检测中所起的作用，即通过与固定在不同类型的编码珠上的不同类型的寡核苷酸以序列特异性的形式结合，从而将带有不同类型底物酶解位点的嵌合体捕获到阵列上，可知，上述 PNA 一方面是对应于不同底物的，另一方面也是对应于不同寡核苷酸的，另外，结合说明书的其他部分，如说明书第 10 页第 15 行"可合成 PNA-底物嵌合体文库，用于多元生化测定，在 PNA-底物嵌合体文库中，每种肽都可以结合到特殊的 PNA 寡聚物上"，也可以确定，实施例 21 中不同的酶解底物嵌合不同的 PNA 寡聚物。同时，说明书附图 30A、32A、32B 和 32C 分别用图表的形式解释了本发明中应用所述的分子构建（即 PNA-底物嵌合体）检测试样中配体、酶等待测物质的原理，以及应用上述原理进行多元生化测定的示意图（如多元底物致活酶测定、多元底物 Caspase 测定等）。因此，上述说明书实施例和附图也为权利要求 1 的修改提供了依据。

至于修改后的权利要求 1 中的"退火"一词，合议组认为，在本领域，对于核酸序列（包括 DNA、RNA、PNA）之间的"杂交"，有时也称为"退火"，两个概念之间没有本质上的差异，是本领域技术人员的通用术语，因此上述修改没有超出原申请文件记载的内容。

综上所述，权利要求 1 所要求保护的技术方案虽然未明确记载在原说明书和权利要求书的文字中，但根据原说明书和权利要求书记载的内容能够直接地、毫无疑义地确定，因此权利要求 1 没有超出原说明书和权利要求书的记载范围，符合专利法第 33 条的规定。

权利要求 2~5 和 7 是权利要求 1 的从属权利要求，其附加技术特征已经记载在原权利要求 35~38 中，在其引用的权利要求 1 没有超出原申请文件记载范围的情况下，增加了上述附加技术特征的权利要求 2~5 和 7 也符合专利法第 33 条的规定。

权利要求 6 要求保护"权利要求 1 所述的方法，其中，PNA-底物嵌合体的底物部分是磷酸酶的底物"，该权利要求的附加技术特征虽在原权利要求书中没有文字记载，但根据说明书第 9 页第 28~

29 行 "一类特别适合于本发明的多元形式的优选的酶为相关酶族中的一部分，例如，致活酶、caspases、磷酸（酯）酶、转移酶、核酸酶等" 的描述，本领域技术人员能够直接地、毫无疑义地确定在探测多种酶活性的多元生化测定方法中，当所要探测的多个酶中包含磷酸酶，则相应的，所对应的底物部分应当是磷酸酶的底物，因此权利要求6同样没有超出原申请文件记载的范围，符合专利法第33条的规定。

综上所述，本申请权利要求1~7符合专利法第33条的规定。

根据以上事实和理由，本案合议组作出如下审查决定。

三、决定

撤销国家知识产权局于2007年2月16日对03155824.0号发明专利申请作出的驳回决定，由原审查部门在本复审决定所针对的文本的基础上继续进行审查。

复审请求人对本决定不服的，可以根据专利法第41条第2款的规定，自收到本决定之日起三个月内向北京市第一中级人民法院起诉。

二肽基肽酶 IV 的新效应物

复审请求审查决定（第 14545 号）

决 定 号	第 14545 号
决 定 日	2008 年 9 月 4 日
发明创造名称	二肽基肽酶 IV 的新效应物
国际分类号	A61K 38/43，A61K 39/395，A61K 31/425，A61P 3/10
复审请求人	普罗西迪恩有限公司
专利申请号	200410083306.4
申 请 日	1999 年 5 月 28 日
优 先 权 日	1998 年 5 月 28 日
公 开 日	2005 年 7 月 13 日
合议组组长	郭 婷
主 审 员	王 冬
参 审 员	张 鑫
法 律 依 据	专利法第 26 条第 3 款

决 定 要 点

如果说明书清楚地记载了发明的技术方案，完整地公开了实现发明必不可少的技术内容，达到所属技术领域的技术人员能够实现该发明的程度，则说明书符合专利法第 26 条第 3 款的规定。

一、案由

本复审请求涉及于 1999 年 5 月 28 日申请、2005 年 7 月 13 日公开、名称为"二肽基肽酶 IV 的新效应物"的第 200410083306.4 号发明专利申请（下称本申请），其申请人先为前体生物药物股份公司，后于 2005 年 3 月 25 日变更为普罗西迪恩有限公司，其优先权日为 1998 年 5 月 28 日，本申请为第 99806723.7 号发明专利申请的分案申请。

针对申请人于 2006 年 10 月 24 日提交的权利要求 1~16、2004 年 9 月 29 日提交的说明书第 1~2 页、2005 年 3 月 7 日提交的说明书第 3~17 页、附图第 1~3 页以及 2004 年 9 月 29 日提交的说明书摘要，国家知识产权局于 2006 年 11 月 24 日以本申请说明书不符合专利法第 26 条第 3 款的规定为由驳回了本申请。

驳回决定所针对的权利要求书中有三项独立权利要求，分别如下：

"1. 组合物，其包含选自 L-苏型-异亮氨酰吡咯烷、L-苏型-异亮氨酰噻唑烷、L-别-异亮氨酰噻唑烷、L-别-异亮氨酰吡咯烷、谷氨酰吡咯烷、谷氨酰噻唑烷、丙氨酰噻唑烷、丙氨酰吡咯烷、缬氨酰噻唑烷及缬氨酰吡咯烷的二肽基肽酶 IV 的效应物和进一步的抗糖尿病药,或其药学可接受的盐。

2. 药物组合物,其包含选自 L-苏型-异亮氨酰吡咯烷、L-苏型-异亮氨酰噻唑烷、L-别-异亮氨酰噻唑烷、L-别-异亮氨酰吡咯烷、谷氨酰吡咯烷、谷氨酰噻唑烷、丙氨酰噻唑烷、丙氨酰吡咯烷、缬氨酰噻唑烷及缬氨酰吡咯烷的二肽基肽酶 IV 的效应物和进一步的抗糖尿病药或其药学可接受的盐,以及一种或多种药学可接受的载体和/或溶剂。

……

9. 前述权利要求之任一项的组合物或药物组合物在制备治疗哺乳动物代谢疾病的药物中的应用。
……"

驳回决定指出:本申请在说明书中仅仅简单笼统地提及了所述组合物或药物组合物包含二肽基肽酶 IV 的效应物及其盐和进一步的抗糖尿病药,以及所述组合物或药物组合物可以应用于制备治疗糖尿病的药物,虽然说明书中给出了一些单一化合物对二肽基肽酶 IV 的有益作用,以及含有 L-别-异亮氨酰噻唑烷盐酸盐的药物组合物的制备方法,但却没有给出任何有关的具体描述和实施例说明如何制备所述组合物或药物组合物,也没有具体给出所述组合物或药物组合物中二肽基肽酶 IV 的效应物及其盐与抗糖尿病药的组分含量或者组分比例,更没有给出任何有关的实验数据来证明所述组合物或药物组合物的有益效果。由此可见,依据本申请文件所记载的内容,所属技术领域的普通技术人员需要付出创造性的劳动才有可能再现本发明的技术方案,从而产生预期的技术效果。因此,本申请的说明书不符合专利法第 26 条第 3 款的规定。

申请人普罗西迪恩有限公司(下称请求人)对上述驳回决定不服,于 2007 年 3 月 8 日向专利复审委员会提出复审请求,没有提交任何修改文件。

请求人认为:虽然本申请说明书中没有提供实施例例示所述组合物或药物组合物的制备和效果,但是本领域技术人员当阅读说明书时将理解,所述组合物或药物组合物中的主要活性成分二肽基肽酶 IV 的效应物是本申请所请求保护的发明的发明点。(1)本申请的说明书提供了实验数据证明具体的效应物 L-别-异亮氨酰噻唑烷具有降低血糖的效果(参见说明书第 10 页倒数第 2~3 段以及第 11 页表3)。基于此,本领域技术人员能够合理地预期本申请所请求保护的组合物或药物组合物将具有相同的效果。(2)本申请说明书已经教导了如何获得本申请的二肽基肽酶 IV 的效应物(参见说明书第 3 页倒数第 1 段至第 4 页第 2 段),而所述组合物或药物组合物中的另一活性成分,即进一步的抗糖尿病药是本领域中已知的。在这种情况下,本领域技术人员经常规的技术就可以容易地制备所述组合物或药物组合物,并不需要在说明书中特别地提示。(3)关于本申请的组合物或药物组合物的组分含量或组分比例,并不是本发明的实质,其可以由本领域技术人员根据简单实验来确定,无需在说明书中详细例示。因此,本申请的说明书并没有公开不充分的缺陷。

形式审查合格后,专利复审委员会受理了此复审请求,并于 2007 年 4 月 11 日向请求人发出《复审请求受理通知书》,同时将本申请案卷移交原审查部门进行前置审查。

原审查部门对本复审请求进行了前置审查,坚持原驳回决定,并进一步针对复审请求书中的意见指出:虽然请求人提出"本申请说明书提供了实验数据,证明了具体的效应物 L-别-异亮氨酰噻唑烷具有降低血糖的效果",但是仅基于此,本领域技术人员无法合理预期本申请所请求保护的所有组合物或药物组合物将具有相同的效果。

至此,合议组认为本案事实清楚,可以作出审查决定。

二、决定的理由

1. 关于审查文本

鉴于请求人在提出复审请求时没有对申请文件进行修改,因此本复审决定是在驳回决定所针对的文本的基础上作出的。

2. 关于专利法第 26 条第 3 款

专利法第 26 条第 3 款规定：说明书应当对发明作出清楚、完整的说明，以所属技术领域的技术人员能够实现为准。

根据该款规定，如果说明书清楚地记载了发明的技术方案，完整地公开了实现发明必不可少的技术内容，达到所属技术领域的技术人员能够实现该发明的程度，则说明书符合专利法第 26 条第 3 款的规定。

本案中，权利要求 1~8 请求保护包含具体种类二肽基肽酶 IV 的效应物或其盐和进一步的抗糖尿病药的组合物或包含具体种类二肽基肽酶 IV 的效应物或其盐、进一步的抗糖尿病药和一种或多种药学可接受的载体和/或溶剂的药物组合物，权利要求 9~16 请求保护权利要求 1~8 所述组合物或药物组合物在制备治疗哺乳动物代谢疾病的药物中的应用。

原审查部门认为本申请说明书公开不充分，不符合专利法第 26 条第 3 款的规定，驳回的理由为：(1) 本申请没有给出实验数据来证明所述组合物或药物组合物的有益效果，(2) 本申请没有记载如何制备所述组合物或药物组合物，(3) 本申请没有给出所述组合物或药物组合物中二肽基肽酶 IV 的效应物或其盐与抗糖尿病药的组分含量或者组分比例。

对此，合议组认为：

根据说明书的记载，本发明的目的是对哺乳动物葡萄糖耐受不良，糖尿，高脂血症，代谢性酸中毒，糖尿病，糖尿病性神经病和肾病及糖尿病后遗症的治疗提供一种新的二肽基肽酶 IV 效应物，以及治疗这些疾病的方法。所述效应物为由一种氨基酸及一种噻唑烷或吡咯烷基团形成的二肽化合物或二肽类似物及其盐，其通过降低二肽基肽酶 IV 的活性来调节血糖水平（参见说明书第 2 页倒数第 1 段至第 3 页第 7 段）。关于本发明二肽基肽酶 IV 的效应物或其盐与进一步的抗糖尿病药的组合物或药物组合物，说明书中的相应记载有"药物组合物可包括一种或多种具有低血糖作用的活性成分，其可以是已知的活性成分"（参见说明书第 6 页倒数第 5 段）以及"为了加强各种抗糖尿病药的降血糖作用，通常是混合使用不同的口服有效抗糖尿病药。虽然本发明中效应物的抗糖尿病作用是不依赖其他已知口服抗糖尿病药，为了达到理想的正常血糖效果，本发明的活性成分类似地可以合适制剂的形式可适用于组合治疗"（参见说明书第 10 页倒数第 2 段）。

首先，关于本申请所述组合物或药物组合物的有益效果，本申请说明书记载了通过降低二肽基肽酶 IV 的活性来调节血糖水平的机制（参见说明书第 3 页第 3~6 段），同时还记载了能够证明具体的效应物 L-别-异亮氨酸噻唑烷能够通过降低二肽基肽酶 IV 的活性来降低血糖水平的实验数据，具体为：表 2 记载了在给健康的 Wistar 大鼠口服 L-别-异亮氨酸噻唑烷后，血清二肽基肽酶 IV 的活性降低；表 3 记载了在糖尿病动物模型中，口服 L-别-异亮氨酸-噻唑烷并同步口服糖刺激物后，观察到血糖浓度降低。另外，表 1 还记载了其他具体效应物，例如 H-谷氨酸-吡咯烷、H-谷氨酸-噻唑烷、H-异亮氨酸-吡咯烷、H-异亮氨酸-噻唑烷、H-L-别-异亮氨酸-噻唑烷、H-缬氨酸-吡咯烷、H-缬氨酸-噻唑烷等能够降低二肽基肽酶 IV 的活性。结合本申请说明书的以上记载，本领域技术人员可以合理地推知本申请所述组合物或药物组合物所包括的具体二肽基肽酶 IV 效应物或其盐能够通过抑制二肽基肽酶 IV 的活性而降低血糖浓度，从而可用于治疗与糖代谢有关的疾病。进一步地，由于本申请所述组合物或药物组合物中另一种成分为已知的抗糖尿病药，将多种治疗糖尿病等糖代谢疾病的药物联用是本领域常用的技术手段，而且根据本申请说明书第 10 页倒数第 2 段的记载，本发明中效应物的抗糖尿病作用不依赖其他已知口服抗糖尿病药，仅是为了达到理想的正常血糖效果，才将本发明效应物与进一步的抗糖尿病药组合。因此，根据本申请说明书的记载和现有技术，本领域技术人员能够合理地预期包括所述具体种类二肽基肽酶IV效应物或其盐和已知抗糖尿病药的本申请的组合物或药物组合物能够降低血糖，用于治疗与糖代谢有关的疾病，无需实验数据加以证实。

其次，关于本申请所述组合物或药物组合物的制备，本申请说明书记载了所述组合物或药物组合物可包括本发明所述的化合物或其盐、药学可接受的载体以及一种或多种具有低血糖作用的已知活性成分，所述组合物或药物组合物可以是包括适于口服给药的载体的口服配方的形式，说明书中也记载了可将本发明所使用的化合物配制成传统配方，例如片剂、胶囊等剂型，并对配制中所使用的辅助成分进行了描述（参见说明书第10页倒数第1段至第12页第1段）。在本申请说明书的以上记载中，本申请所涉及的组合物或药物组合物的配方形式例如片剂、胶囊剂，其配制方法，配制中使用的辅助成分例如乙醇、聚乙烯吡咯烷酮都是本领域技术人员所公知的，同时本申请说明书还提供了含有L-别-异亮氨酰噻唑烷盐酸盐的药物组合物的制备实施例。因此，根据本申请说明书的记载，本领域技术人员完全能够知晓如何制备本申请所述组合物或药物组合物。

最后，关于本申请所述组合物或药物组合物中二肽基肽酶IV的效应物及其盐与抗糖尿病药的组分含量或者组分比例，本申请说明书已经给出了在配方中本发明二肽基肽酶IV的效应物的浓度为约0.1%～80%重量、优选1%～50%重量（参见说明书第10页倒数第1～2行），同时还给出了静脉给药和肠道给药时本发明化合物的给药剂量（参见说明书第12页第2段），而且本申请所述组合物或药物组合物中另一种成分为已知的抗糖尿病药，其用药量对于本领域技术人员来说是已知的。因此，根据本申请说明书记载的二肽基肽酶IV的效应物的浓度及给药剂量和已知抗糖尿病药的用药量，本领域技术人员完全能够通过简单实验来确定所述组合物或药物组合物中二肽基肽酶IV的效应物及其盐与抗糖尿病药的组分含量或者组分比例。

综上所述，原审查部门提出的本申请说明书不符合专利法第26条第3款的理由均不成立。

根据以上事实和理由，本案合议组作出如下审查决定。

三、决定

撤销国家知识产权局于2006年11月24日对第200410083306.4号发明专利申请作出的驳回决定。由原审查部门在本决定所依据的文本的基础上继续进行审查。

复审请求人对本决定不服的，可以根据专利法第41条第2款的规定，自收到本决定之日起三个月内向北京市第一中级人民法院起诉。

新的脂解酶

复审请求审查决定（第 14547 号）

决 定 号	第 14547 号
决 定 日	2008 年 7 月 7 日
发明创造名称	新的脂解酶
国际分类号	C12N 9/20，C11D 3/386
复审请求人	诺沃奇梅兹有限公司
申 请 号	96196233.X
申 请 日	1996 年 8 月 12 日
公 开 日	1998 年 9 月 9 日
合议组组长	张 霞
主 审 员	冯 怡
参 审 员	雷连虹
法 律 依 据	专利法第 26 条第 3 款

决定要点

如果申请中所涉及的生物材料不是完成发明必须使用的，则该生物材料不需要按专利法实施细则第 25 条的规定进行保藏，即能满足专利法第 26 条第 3 款的要求。

一、案由

本复审请求涉及申请号为 96196233.X，名称为"新的脂解酶"的发明专利 PCT 申请（下称本申请），其申请日为 1996 年 8 月 12 日，最早优先权日为 1995 年 8 月 11 日，进入国家阶段日期为 1998 年 2 月 11 日，公开日为 1998 年 9 月 9 日。2001 年 6 月 1 日，申请人由诺沃挪第克公司变更为诺沃奇梅兹有限公司。

针对申请人在进入中国国家阶段时提交的国际申请文件中文译文的说明书第 1～32、34～235 页，说明书附图第 1～15 页和说明书摘要以及于 1998 年 8 月 10 日提交的说明书第 33 页和权利要求 1～64，国家知识产权局实质审查部门于 2006 年 3 月 17 日以说明书不符合专利法第 26 条第 3 款的规定为由驳回了本申请。

驳回决定所针对权利要求书中的独立权利要求如下：

"1. 一种脂解酶，当该脂解酶存在于本文定义的去垢剂组合物 A 和/或 B 中时，在一个周期的洗涤测定中能够从猪脂沾污的布样除去比没有该酶的相同去垢剂组合物至少多 15％的猪脂，该一个周期的洗涤测定包括使每烧杯 7 个猪脂沾污棉花布样（9×9cm）在恒温箱 Terg-O-to-Meter（TOM）中进行一个周期的洗涤,每个烧杯包含1000ml的水,在水中包含3.2mM Ca^{2+}/Mg^{2+}(以5∶1的比率)以及5g/l所说的去垢剂组合物,pH 10,还包含12500LU/l的脂解酶,在30℃的温度下进行20分钟的洗涤处理,其后在流动自来水下冲洗15分钟并于室温下在绳子上晾干(linedrying)过夜,随后通过Soxhlet提取来提取并定量测定在布样上的脂肪物质。"

"34. 一种脂解酶,该脂解酶是源于Humicola lanuginosa菌株DSM 4109的亲本脂解酶的变体,包含下列突变之一:

a) SPIRPRP+D57G+N94K+D96L+Q249R;

b) SPPRRP+I90F+D96L+E99K+D137G+V187A;

c) SPIRPRP+N94K+D96L+L97M+Q249R;

d) SPPPRPRP+N94K+D96L+L97M+Q249R;

SPIRPRP+D57G+N94K+D96L+L97M+Q249R;

e) SPPRRP+I90F+D96L+E99K+V187A;

f) SPIRPRP+D137G+D167G+E21V+W221L;

g) E1SPIRPRP+I90F+D96L+E99K+V187A;

h) E1SRKRKRK+I90F+D96L+E99K+V187A;

i) E1SPRIKPRIK+I90F+D96L+E99K+V187A;

j) E1SPPRRP+D62R+I90F+D96L+E99K+V187A;

k) E1SPPRRP+I90F+D96L+E99K+V187A+N200R+R209A;

l) E1SPPRRP+I90F+D96L+E99K+V187A+T199R+N200R+R209A;

m) E1SPIRPRP+D57G+D62R+N94K+D96L+Q249R;

n) E1SPIRPRP+D57G+N94K+D96L+N200R+R209A+Q249R;

o) E1SPIRPRP+D57G+N94K+D96L+T199R+N200R+Q249R;

p) E1SPPRRP+I90F+D96L+E99K+V187A+T199R;

q) E1SPIRPRP+D57G+N94K+D96L+T199R+R209A+Q249R;

r) E1SPIRPRP+I90F+D96L+E99K+V187A+Q249R;

s) E1SPPRRP+I90F+D96L+E99K+V187A+P253R;

t) E1SPPRRP+I90F+D96L+E99K+D137G+D167G+V187A+Q249R;

u) E1SPPRRP+I90F+D96L+E99K+D137G+V187A+Q249R;

v) E1SPPRRP+D96L+E99K+V187A+Q249R;

w) E1SPPRPR+V2P+N94K+D96L+Q249R;

x) E1SPPWWP+V2W+S3R+N94K+D96L+Q249R;

y) E1SPPWRP+V2R+S3R+N94K+D96L+Q249R;

z) E1SPPRWP+V2R+S3R+N94K+D96L+Q249R;

aa) E1SPPWWP+V2R+S3W+N94K+D96L+Q249R;

bb) E1SPPRWP+V2W+S3R+N94K+D96L+Q249R;

cc) E1SPPRWP+V2R+S3W+N94K+D96L+Q249R;

dd) E1SPPRWP+N94K+D96L+Q249R;

ee) E1SPPRRP+N94K+D96L+Q249R;

ff) E1APPPRPRPRPRP+V2G+S3T+D57G+N94K+D96L+L97M+Q249R;

gg) E1APPPRTRPRPRS+V2G+S3T+Q4P+D5E+D57G+N94K+D96L+L97M+Q249R;或

hh) E1APPPKASPRQRP+V2G+D5Q+L6M+D57G+N94K+D96L+L97M+Q249R；

ii) SCIRR+N94K+D96L+E239C+Q249R；

jj) E1SPPRRP+D57G+N94K+D96L+Y53C+K127C+Q249R；

kk) E1SPPRRPR+V2R+S3P+N94K+D96L+Q249R；

ll) E1SPPWPRP+V2R+S3P+N94K+D96L+Q249R；

mm) E1SPPRRP+N94K+D96L+E99K；

nn) E1SPPRRP+N94K+D96L+E99K+Q249R；

oo) E1SPPCGRRP+N94K+D96L+E239C+Q249R；

pp) E1SPCRPP+N94K+D96L+E39C+Q249R；

qq) SPPCRRRP+N94K+D96L+E239C+Q249R；或

rr) E1SPPRRP+D57G+N94K+D96L +Q249R。

35. 一种制备突变的脂解酶的方法，该方法至少包括下列步骤：

（a）使编码亲本脂解酶的 DNA 序列进行诱变以形成各种突变的 DNA 序列；

（b）在宿主细胞中表达突变的 DNA 序列；

（c）筛选表达突变的脂解酶的宿主细胞，该突变的脂解酶与亲本脂解酶相比，对钙的依赖性降低和/或对去垢剂或去垢剂组分的耐受性提高；

（d）在从步骤（c）中形成的脂解酶中选择突变的脂解酶，该突变的脂解酶当存在于去垢剂组合物 A 或 B 中时，在一个周期的洗涤测定中，能够比没有该酶的去垢剂组合物从猪脂沾污的布样多除去至少 15% 的猪脂，洗涤测定包括：

使每烧杯 7 个猪脂沾污棉花布样（9×9cm）在恒温箱 TOM 中进行一个周期的洗涤，每个烧杯包含 1000ml 的水，在水中包含 $3.2mMCa^{2+}/Mg^{2+}$（以 5:1 的比率）以及 5g/l 所说的去垢剂组合物，调至 pH 10，还包含 12500LU/l 的脂解酶，在 30℃ 的温度下进行 20 分钟的洗涤处理，其后在流动自来水下冲洗 15 分钟并于室温下在绳子上晾干（linedrying）过夜，随后通过 Soxhlet 提取来提取并定量测定所得布样中的脂肪物质。"

"38. 一种制备突变的脂解酶的方法，该方法至少包括下列步骤：

（a）通过组合下列组分构建突变的 DNA 序列：i）编码第一亲本脂解酶的 DNA 序列或所说的 DNA 序列的部分，ii）编码第二亲本脂解酶的 DNA 序列或所说的 DNA 序列的部分，任选的 iii）编码第三（任选的）亲本脂解酶的 DNA 序列或所说的 DNA 序列的部分，要组合的 DNA 序列具有足够的同源性以使序列之间可以发生同源重组，

（b）在宿主细胞中表达形成的突变的 DNA 序列，以及

（c）在从步骤（b）中形成的脂解酶中选择突变的脂解酶，该突变的脂解酶当存在于去垢剂组合物 A 和/或 B 中时，在一个周期的洗涤测定中，能够比没有该酶的去垢剂组合物从猪脂沾污的布样多除去至少 15% 的猪脂，洗涤测定包括：

使每烧杯 7 个猪脂沾污棉花布样（9×9cm）在恒温箱 TOM 中进行一个周期的洗涤，每个烧杯包含 1000ml 的水，在水中包含 $3.2mMCa^{2+}/Mg^{2+}$（以 5:1 的比率）以及 5g/l 所说的去垢剂组合物，调至 pH 10，还包含 12500LU/l 的脂解酶，在 30℃ 的温度下进行 20 分钟的洗涤处理，其后在流动自来水下冲洗 15 分钟并于室温下在绳子上晾干（linedrying）过夜，随后通过 Soxhlet 提取来提取并定量测定所得布样中的脂肪物质。"

"45. 第一洗涤脂解酶，该脂解酶通过按照权利要求 38～44 任一项的方法构建或产生。

46. 一种 DNA 构建体，该构建体包含编码按照权利要求 1～34 或 45 任一项的脂解酶的 DNA

序列。

47. 一种DNA，该DNA包含编码按照权利要求1~34或45任一项的脂解酶的DNA序列，该DNA序列分离自在按照权利要求38~44任一项的方法中筛选的宿主细胞。

48. 一种DNA构建体，该DNA构建体编码按照权利要求26~34任一项的H. lanuginosa脂解酶变体。

49. 一种载体，该载体携带按照权利要求46~48任一项的DNA构建体。"

"52. 一种宿主细胞，该宿主细胞携带按照权利要求46~48任一项的DNA构建体或按照权利要求49~51任一项的载体。"

"57. 一种产生按照权利要求1~34任一项的脂解酶的方法，该方法包括按照权利要求38~44任一项的方法制备变体脂解酶，并从在步骤（c）中筛选的宿主细胞回收脂解酶变体。

58. 一种产生按照权利要求1~34任一项的脂解酶的方法，该方法包括在适合的条件下培养按照权利要求52~56任一项的宿主细胞以表达该酶，并从培养物回收表达的酶。

59. 一种脂解酶，该脂解酶通过按照权利要求57或58的方法产生。

60. 一种呈无尘粒剂、稳定的液体或保护酶的形式的去垢剂添加剂，该去垢剂添加剂包含按照权利要求1~34任一项的脂解酶。"

"63. 一种去垢剂组合物，该去垢剂组合物包含表面活性剂和按照权利要求1~34任一项的脂解酶。"

驳回的具体理由是：本申请中，没有任何有关在规定期限内将本申请所采用的表达亲本酯酶或修饰的酯解酶的啤酒糖酵母YNG318和质粒pBaNe6保藏并证明其存活的描述，致使所属技术领域的技术人员无法根据说明书实施本发明，不符合专利法第26条第3款的规定。虽然说明书中描述了酿酒酵母YNG318的基因型为"MATa Dpep4［cir+］ura3-52. leu2-D2, his 4-539"，但所属技术领域的技术人员应能理解在不花费过度劳动的情况下，仅根据说明书所提供的酵母基因型和某些基因或抗生素抗性可作为选择标记的描述（说明书第57页第5~6行）或利用公知方法，无法确定获得满足上述基因型并能用于产生本申请所述新的脂解酶的所述酵母；另外，申请人在意见陈述书中提供的实例ATCC 44774的基因型为his3-△1 leu2-3 leu2-112 ura3-52 trp1-289，与本申请所述酿酒酵母YNG318的基因型显著不同。因此申请人所述"所属技术领域的技术人员能够轻易地找到一个类似的酿酒酵母菌株"的意见陈述不能被接受。申请人所述公开本申请所用质粒pBaNe6的文献WO9704102A的公开日为1997年2月6日，而本申请的申请日是1996年8月12日，因此申请人关于质粒pBaNe6的陈述不能克服"该生物材料是公众不能得到"的缺陷。所以，由于上述酿酒酵母YNG318和质粒pBaNe6的未保藏，致使所属技术领域的技术人员无法根据说明书实施本申请的技术方案来获得所述的新的脂解酶。因此，本申请说明书不符合专利法第26条第3款的规定。

申请人诺沃奇梅兹有限公司（下称请求人）对上述驳回决定不服，于2006年7月3日向专利复审委员会提出复审请求。请求人在提出复审请求时没有对专利申请文件进行修改，同时提交了如下附件作为证据：

附件1：Wolf AM. 等, "Vacuolar and Extracelluar Maturation of *Saccharomyces cerevisiae* Proteinase A", Yeast, 第12卷, 第823~832页, 1996年, 复印件共10页。

附件2：Cannon JF. 等, "Characterization of *Saccharomyces cerevisiae* Genes Encoding Subunits of Cyclic AMP-Dependent Protein Kinase", Molecular and Cellular Biology, 第7卷, 第8期, 第2653~2663页, 1987年8月, 复印件共11页。

附件3：Corrick CM. 等, "The nucleotide sequence of the amdS gene of *Aspergillus nidulans* and the molecular characterization of 5'mutations",Gene,第 53 期，第 63~65、69~71 页，1987 年，复印件共 7 页。

请求人认为：酿酒酵母 YNG318 的来源菌株和构建可以结合附件 1 和 2 加以公开，所属技术领域的技术人员在不需要付出创造性劳动的情况下就能轻易构建 YNG318，因此该菌株不需要保藏。质粒 pBaNe6 对本申请来说不是关键性的，可以使用在本申请之时可获得的、含有特定基因和复制起点的其他载体，例如附件 3 中公开的 pToC90 载体。

形式审查合格后，专利复审委员会受理了该复审请求，并于 2006 年 8 月 7 日向请求人发出复审请求受理通知书，随后将本申请案卷移交实质审查部门进行前置审查。

实质审查部门对本复审请求进行了前置审查，认为申请人提供的附件均是非专利文献，而根据审查指南的规定，对于申请日前在非专利文献中公开的生物材料需要申请人提供自申请日起 20 年向公众发放该生物材料的证明，而本申请文件中没有相关证明，因此该非专利文献中公开的生物材料不是专利法意义上的已知生物材料，无法以其证明本发明涉及的酿酒酵母 YNG318 和 pBaNe6 属于所属技术领域的技术人员可以获得的生物材料，坚持驳回决定。

针对该复审请求，专利复审委员会组成合议组，对本案进行审理。经审查，合议组认为本案事实清楚，可以作出审查决定。

二、决定的理由

1. 关于审查文本

鉴于请求人在提交复审请求时没有修改申请文件，本复审请求审查决定是在驳回决定所针对文本的基础上作出的。

2. 关于专利法第 26 条第 3 款

专利法第 26 条第 3 款规定，说明书应当对发明作出清楚、完整的说明，以所属技术领域的技术人员能够实现为准。

在生物技术这一特定的领域中，如果申请涉及的完成发明必须使用的生物材料是公众不能得到的，并且对该生物材料的说明不足以使所属技术领域的技术人员实施其发明的，为了满足专利法第 26 条第 3 款的规定，申请人应该按专利法实施细则第 25 条的规定进行保藏。

但是，如果申请中所涉及的生物材料不是完成发明必须使用的，则该生物材料不需要按专利法实施细则第 25 条的规定进行保藏，即能满足专利法第 26 条第 3 款的要求。

对于本案，该申请涉及一种脂解酶、其制备方法及包含该脂解酶的去垢组合物。根据说明书的记载（说明书第 123 页，实施例 1），该脂解酶是通过重组 DNA 技术对来自于 Humicola Lanuginosa (DSM 4109) 的亲本脂酶的 DNA 序列进行诱变，筛选对钙的依赖性降低和/或对去垢剂组分耐受性提高的脂解酶变体而制备得到的。其所要解决的技术问题是获得具有上述改善的脂解性能的脂解酶来用于制备具有更好洗涤性能的去垢组合物。

驳回决定中关于本申请说明书不符合专利法第 26 条第 3 款规定的理由是：说明书中描述的酿酒酵母 YNG318 和质粒 pBaNe6 的未保藏，致使所属技术领域的技术人员无法根据说明书实施本发明的技术方案来获得所述的新的脂解酶。因此，本申请说明书不符合专利法第 26 条第 3 款的规定。

对此，合议组认为：专利法所规定的申请专利的发明涉及的生物材料必须保藏，除了该生物材料是公众不能得到的生物材料之外，还应是完成发明必须使用的生物材料，因此并不是说明书中提到的所有生物材料均需要保藏。就本案而言，(1) 说明书中所涉及的酿酒酵母 YNG318 是用来表达获得所述脂解酶变体的中间宿主，不是该亲本脂酶的来源菌株。本申请所请求保护的技术方案涉及的是上述获得的脂解酶终产物，不是特定的中间宿主菌株，也未涉及使用所述的酿酒酵母 YNG318 这一生物材料。本申请说明书实施例（实施例1~3、9和10，说明书第159页和第166页）记载获得所述脂解酶变体的过程中，所使用的生物材料不仅包括酿酒酵母YNG318作为宿主，同时还使用了米曲霉JaL125、米曲霉A1560-T40、反射犁头霉ATCC 44896、酵母YPH499和一系列大肠杆菌等菌株作为宿主菌来诱变筛选获得所需要的脂解酶变体，也就是说，在本申请中，酿酒酵母YNG318不是用于表达制备上述脂解酶的宿主的唯一选择，其他的特定菌株同样能够用于诱变、转化、筛选和表达制备该脂解酶。因此，酿酒酵母YNG318不是完成本申请必须使用的生物材料。

（2）本申请说明书中所使用到的质粒pBaNe6（说明书第177~178页）是构建在禾本科镰孢中制备脂酶用到的质粒pDM177（附图7）而使用的中间质粒，本申请的权利要求所请求保护的技术方案中并未涉及该质粒。从附图7和说明书相应部分记载的内容来看，质粒pBaNe6只是提供质粒构建中例如构巢曲霉amdS基因的常规组件，对于上述脂酶DNA序列诱变，特定脂酶变体的筛选均不会产生任何特别的影响，所属技术领域的技术人员根据说明书的记载完全能够从其他类似质粒选择所需要的质粒构建常规组件来实施本申请的技术方案，即质粒pBaNe6也不是制备获得所述脂酶变体过程中必不可少的中间材料，不是完成本申请必须使用的生物材料。

综上，本申请说明书中涉及的作为脂酶生产过程中的中间宿主菌株的酿酒酵母YNG318和中间质粒pBaNe6均不是完成本申请所必须使用的生物材料，并不属于专利法规定的必须保藏的生物材料。所属技术领域的技术人员完全可以使用本申请说明书中涉及的其他生物材料来制备所述的脂解酶，驳回决定认定，将"由于说明书中描述的酿酒酵母YNG318和质粒pBaNe6的未保藏，致使所属技术领域的技术人员无法根据说明书实施本发明的技术方案来获得所述的新的脂解酶"作为本申请说明书公开不充分，导致本申请不能被实现，不符合专利法第26条第3款规定的驳回理由不能成立。

基于上述事实和理由，合议组作出如下决定。

三、决定

撤销国家知识产权局于2006年3月17日对96196233.X号发明专利申请作出的驳回决定。由实质审查部门在本复审决定所针对文本的基础上继续进行审查。

复审请求人对本决定不服的，可以根据专利法第41条第2款的规定，自收到本决定之日起三个月内向北京市第一中级人民法院起诉。

一种具有脂解活性的修饰酶

复审请求审查决定（第 14548 号）

决 定 号	第 14548 号
决 定 日	2008 年 8 月 11 日
发明创造名称	一种具有脂解活性的修饰酶
国际分类号	C12N 9/20，C12N 9/18，C11D 3/386
复审请求人	诺沃奇梅兹有限公司
申 请 号	96196371.9
申 请 日	1996 年 7 月 12 日
公 开 日	1998 年 9 月 16 日
合议组组长	张 霞
主 审 员	冯 怡
参 审 员	雷连虹

法 律 依 据 专利法第 26 条第 3 款

决 定 要 点

如果申请中所涉及的生物材料不是完成发明必须使用的，则该生物材料不需要按专利法实施细则第 25 条的规定进行保藏，即能满足专利法第 26 条第 3 款的要求。

一、案由

本复审请求涉及申请号为 96196371.9，名称为"一种具有脂解活性的修饰酶"的发明专利 PCT 申请（下称本申请），其申请日为 1996 年 7 月 12 日，最早优先权日为 1995 年 7 月 14 日，进入国家阶段日期为 1998 年 2 月 19 日，公开日为 1998 年 9 月 16 日。2001 年 6 月 1 日，申请人由诺沃挪第克公司变更为诺沃奇梅兹有限公司。

针对申请人在进入中国国家阶段时提交的国际申请文件中文译文的说明书第 1～169 页、说明书附图第 1～9 页和说明书摘要以及国际初步审查报告附件中文译文的权利要求 1～55，国家知识产权局于 2006 年 4 月 7 日，以说明书不符合专利法第 26 条第 3 款的规定为由驳回了本申请。

驳回的具体理由是：本申请中，没有任何有关在规定期限内将本申请所采用的表达亲本酯酶或修饰的酯解酶的啤酒糖酵母 YNG318 菌株保藏并证明其存活的描述，致使所属技术领域的普通技术人员无法根据说明书实施本发明，不符合专利法第 26 条第 3 款的规定。虽然说明书中描述了酿酒酵母 YNG318 的基因型为 "MATa D pep4［cir⁺］ura3-52. leu2-D2，his 4-539"，但所属技术领域的技术人员应能理解在不花费过度劳动的情况下，仅根据说明书所提供的酵母基因型和某些基因或抗生素抗性可作为选择标记的描述（说明书第26页倒数第2~1行）或利用公知方法，无法确定获得满足上述基因型并能用于产生本申请所述新的脂解酶的所述酵母；另外，申请人在意见陈述书中提供的实例ATCC 44774的基因型为his3-△1 leu2-3 leu2-112 ura3-52 trp1-289，与本申请所述酿酒酵母YNG318的基因型显著不同。因此申请人所述"所属技术领域技术人员能够轻易地找到一个类似的酿酒酵母菌株"的意见陈述不能被接受。由此可见，由于上述酿酒酵母YNG318的未保藏，致使所属技术领域普通技术人员无法根据说明书实施本发明的技术方案来获得所述的新的脂解酶。

申请人诺沃奇梅兹有限公司（下称请求人）对上述驳回决定不服，于2006年7月13日向专利复审委员会提出复审请求。请求人在提出复审请求时没有对专利申请文件进行修改，提交了如下附件作为证据：

附件1：Wolf AM 等，"Vacuolar and Extracelluar Maturation of Saccharomyces cerevisiae Proteinase A"，Yeast，第12卷，第823~832页，1996年，复印件共10页；

附件2：Cannon JF 等，"Characterization of Saccharomyces cerevisiae Genes Encoding Subunits of Cyclic AMP-Dependent Protein Kinase"，Molecular and Cellular Biology，第7卷，第8期，第2653~2663页，1987年8月，复印件共11页。

请求人认为：酿酒酵母YNG318的来源菌株和构建可以结合附件1和2加以公开，所属技术领域的技术人员在不需要付出创造性劳动的情况下就能轻易构建YNG318，因此该菌株不需要保藏。

形式审查合格后，专利复审委员会受理了该复审请求，并于2006年8月28日向请求人发出复审请求受理通知书，随后将本申请案卷移交实质审查部门进行前置审查。

实质审查部门对本复审请求进行了前置审查，认为申请人提供的文献（附件1）的公开日期在本申请的优先权日之后，因此该文献不能证明YNG318的构建已经公开，坚持原驳回决定。

针对本复审请求，专利复审委员会组成合议组，对本案进行审理。经审查，合议组认为本案事实清楚，可以作出审查决定。

二、决定的理由

1. 关于审查文本

本复审请求审查决定针对的文本是：请求人在进入中国国家阶段时提交的国际申请文件中文译文的说明书第1~91页和93~169页，说明书附图第1~9页和说明书摘要，于2003年11月26日提交的说明书第92页，以及国际初步审查报告附件中文译文的权利要求1~55。

2. 关于专利法第26条第3款

专利法第26条第3款规定，说明书应当对发明作出清楚、完整的说明，以所属技术领域的技术人员能够实现为准。

在生物技术这一特定的领域中，如果申请涉及的完成发明必须使用的生物材料是公众不能得到的，并且对该生物材料的说明不足以使所属技术领域的技术人员实施其发明的，为了满足专利法第26条第3款的规定，申请人应该按专利法实施细则第25条的规定进行保藏。但是，如果申请中所涉及的生物材料不是完成发明必须使用的，则该生物材料不需要按专利法实施细则第25条的规定进行保藏，即能满足专利法第26条第3款的要求。

对于本案，该申请涉及一种具有脂解活性的分离的修饰酶及包含该修饰酶的去垢组合物。根据说明书的记载（说明书第3~4和93页），该修饰酶是在来自于Humicola Lanuginosa（DSM 4109和DSM 1800）的亲本脂酶的N-或C-端，通过添加不同的肽添加物，筛选具有脂解活性的变体而制备得到的。其所要解决的技术问题是将上述修饰酶用于制备具有更好洗涤性能的去垢组合物。

驳回决定中关于本申请说明书不符合专利法第26条第3款规定的理由是：说明书中描述的酿酒

酵母 YNG318 的未保藏，致使所属技术领域的技术人员无法根据说明书实施本发明的技术方案。

对此，合议组认为：专利法所规定的申请专利的发明涉及的生物材料必须保藏，除了该生物材料是公众不能得到的生物材料之外，还应是完成发明必须使用的生物材料，因此并不是说明书中提到的所有生物材料均需要保藏。就本案而言，说明书中所涉及的酿酒酵母 YNG318 是用来表达获得所述修饰酶变体的中间宿主，不是该亲本脂酶的来源菌株。本申请所请求保护的技术方案涉及的是上述获得的修饰酶终产物，不是特定的中间宿主菌株，也未涉及使用上述酿酒酵母 YNG318 这一生物材料。本申请说明书实施例记载获得所述修饰酶变体的过程中（说明书第 92~93 页，实施例 6 和 10~14），所使用的生物材料不仅包括酿酒酵母 YNG318 作为宿主，同时还使用了米曲霉 JaL 125、洋葱伯克霍尔德氏菌（DSM 3959）和一系列大肠杆菌等菌株作为宿主菌来诱变筛选获得所需要的修饰的脂酶变体，也就是说，在本申请中，酿酒酵母 YNG318 并不是用于表达制备上述修饰酶的宿主的唯一选择，其他的特定菌株同样能够用于诱变、转化和表达制备该修饰酶。因此，酿酒酵母 YNG318 不是完成本申请必须使用的生物材料。

综上，本申请说明书中涉及的作为修饰脂酶生产过程中的中间宿主菌株的酿酒酵母 YNG318 不是完成本发明所必须使用的生物材料，因此酿酒酵母 YNG318 并不属于专利法规定的必须保藏的生物材料。所属技术领域的技术人员完全可以使用本申请说明书中涉及的其他生物材料来制备具有脂解活性的修饰酶，驳回决定中认定，将"由于说明书中描述的酿酒酵母 YNG318 的未保藏，致使所属领域的技术人员无法根据说明书实施本发明的技术方案来获得所述的新的脂解酶"作为本申请说明书公开不充分，导致本发明不能被实现，不符合专利法第 26 条第 3 款规定的驳回理由不能成立。

基于上述事实和理由，合议组作出如下决定。

三、决定

撤销国家知识产权局于 2006 年 4 月 7 日对 96196371.9 号发明专利申请作出的驳回决定。由实质审查部门在本复审决定所针对文本的基础上继续进行审查。

复审请求人对本决定不服的，可以根据专利法第 41 条第 2 款的规定，自收到本决定之日起三个月内向北京市第一中级人民法院起诉。

276

全长人甲状旁腺激素的新用途

复审请求审查决定（第 14552 号）

决 定 号	第 14552 号
决 定 日	2008 年 9 月 3 日
发明创造名称	全长人甲状旁腺激素的新用途
国际分类号	A61K 38/29，A61K 9/08，A61K 9/14，A61K 9/12，A61K 9/06，A61P 19/08
复审请求人	中国人民解放军军事医学科学院生物工程研究所
申 请 号	200410049634.2
申 请 日	2004 年 6 月 22 日
公 开 日	2005 年 12 月 28 日
合议组组长	王晓云
主 审 员	王 冬
参 审 员	曹克浩

法 律 依 据 专利法第 22 条第 2 款

决 定 要 点

如果专利申请与对比文件公开的内容相比，其权利要求所限定的技术方案与对比文件公开的技术方案实质上相同，所属技术领域的技术人员根据两者的技术方案可以确定两者能够适用于相同的技术领域，解决相同的技术问题，并具有相同的技术效果，则两者为同样的发明或者实用新型。

一、案由

本复审请求涉及 2004 年 6 月 22 日申请、2005 年 12 月 28 日公开、名称为"全长人甲状旁腺激素的新用途"的 200410049634.2 号发明专利申请（下称本申请），其申请人为中国人民解放军军事医学科学院生物工程研究所。

针对申请人于 2004 年 6 月 22 日提交的权利要求 1~5、说明书第 1~6 页以及说明书摘要，国家知识产权局于 2007 年 8 月 24 日以本申请权利要求 1~5 不符合专利法第 22 条第 2 款为由驳回了本申请。驳回决定所针对的权利要求书为：

"1. 全长人甲状旁腺激素在制备促进骨折愈合药物中的应用。

2. 根据权利要求 1 所述的应用，其特征在于所述骨折为外伤性骨折。

3. 根据权利要求 1 所述的应用，其特征在于所述骨折为骨质疏松性骨折。

4. 根据权利要求 1 或 2 或 3 所述的应用，其特征在于：所述骨折部位包括髋部、股骨颈部、腕部、椎骨、脊柱、肋骨、胸骨、桡骨、尺骨、胫骨、膝盖骨、锁骨、骨盆、肱骨、手指、脚趾、面部和踝部的骨折。

5. 根据权利要求1或2或3所述的应用,其特征在于:所述药物的剂型为注射液、粉剂、喷雾剂、滴鼻剂、膏剂或霜剂。"

驳回决定认为:(1)权利要求1要求保护全长人甲状旁腺激素在制备促进骨折愈合药物中的应用,对比文件1(CN1308545A,公开日为2001年8月15日,说明书第3页第5~13行,第7页第23~26行)公开了人的甲状旁腺激素(PTH,1~84)可用于治疗脊椎骨折和/或非脊椎骨折,即已经公开了权利要求1的全部技术特征,而且两者的技术方案属于同一技术领域,并能产生相同的技术效果,因此权利要求1不具备专利法第22条第2款规定的新颖性。从属权利要求2~5对骨折类型、骨折部位和药物剂型作了限定,这些附加技术特征也已经被对比文件1公开,因此从属权利要求2~5也不具备专利法第22条第2款规定的新颖性;(2)虽然申请人认为对比文件1和本发明使用甲状旁腺激素的目的是不同的,且本发明和对比文件1所说的"甲状旁腺激素"的含义是不同的,但是评价新颖性时不是看对比文件的目的是什么,而要看对比文件公开了哪些内容,对比文件1的说明书第3页第5~13行公开了"本发明的方法可用于降低这些骨折的危险或治疗这些骨折",且对比文件1中的甲状旁腺激素包括甲状旁腺激素的全长PTH(1~84)型或其具有PTH活性的片段或者片段的变体,而PTH(1~34)只是其中一个优选的技术方案,因此,申请人的理由不能成立。

申请人中国人民解放军军事医学科学院生物工程研究所(下称请求人)不服上述驳回决定,于2007年11月26日向专利复审委员会提出复审请求,请求人在提出复审请求时没有提交申请文件的修改文本。

请求人认为:(1)对比文件1的说明书第3页第9~11行记载的"在一个实施方式中,本发明的方法可减少脊椎骨折或非脊椎骨折的发生。本发明的方法可用于降低这些骨折的危险性或治疗这些骨折"中的"或"是指对比文件1的方法或许可用于治疗骨折,属于缺乏逻辑依据和实验的推测,没有实质性的内容,可以推定对比文件1是把预防和降低骨折等同于治疗骨折,这是对比文件1的发明人的一种见解,见解本身不能作为现有技术的一部分,引用对比文件判断发明的新颖性,应以对比文件明确记载的内容为准;(2)进行新颖性比较时,要对技术领域、所解决的技术问题、技术方案和预期效果一一进行比较,如果上述内容实质上相同,才能认为是相同的发明创造,发明目的不同的两个技术方案,其实质内容不会相同,如果对比文献只记载了只言片语而没有记载具体完整的技术方案,则不能破坏他人发明的新颖性;(3)本发明中应用和研究的是全长的,由84个氨基酸残基组成的甲状旁腺激素,而对比文件1中研究和应用的是由34个氨基酸残基组成的甲状旁腺激素片段,它们之间的功能不同,具有本质的区别。因此本申请的权利要求1~5具有新颖性,符合专利法第22条第2款的规定。

经形式审查合格后,专利复审委员会受理了此复审请求,并于2007年12月26日向请求人发出《复审请求受理通知书》,同时将本申请案卷移交原审查部门进行前置审查。

原审查部门对本复审请求进行了前置审查,坚持原驳回决定。

专利复审委员会组成合议组,对本案的复审请求进行了审理,于2008年5月7日向请求人发出《复审通知书》。《复审通知书》指出:(1)对比文件1的权利要求1和2公开了用甲状旁腺激素增强骨韧性或劲度来治疗骨折的方法,并记载了(参见对比文件1说明书第1页15~30行,第7页23行至第8页13行)甲状旁腺激素包括全长PTH(1~84)与PTH(PTH(1~34))的N末端34氨基酸对骨质具有相似的生物作用。其中实施例2表明使用PTH(1~34)对切除卵巢的猴子进行治疗能够增加骨矿物质密度、骨矿物质含量和强度,促进骨合成代谢,提高了治疗期间和治疗后的骨质量;实施例3证明PTH(1~34)可使已经存在的骨折治愈或者好转,使所述患者的骨折减少。由此可见,基于甲状旁腺激素 PTH（1~84）与 PTH（1~34）之间的关系，对比文件 1 实质上已经公开了全长 PTH（1~84）可促进骨折愈合的技术方案，同时权利要求 1 的技术方案用于表征 PTH（1~84）能够促进骨折愈合的实验指标（骨重量、骨密度和生物力学指标）与对比文件 1 所使用的实验指标（骨矿物质含量、骨矿物质密度、骨强度的生物力学指标等）相同，并且均获得了相同的实验结果（参见对比文件 1 说明书第 4 页第 2 段至第 5 页第 1 段，第 6 页第 3 段至第 7 页第 4 段，实施例 1~3）。因此，权利要求 1 的技术方案与对比文件 1 的技术方案相比，二者的技术领域、所解决的技术问题和预期效果实质上相同，权利要求 1 相对于对比文件 1 不具备专利法第 22 条第 2 款所规定的新颖性。(2) 权利要求 2~5 的附加技术特征已经分别被对比文件 1（参见对比文件 1 权利要求 1~2、5~6、8~10，说明书第 5 页第 5 行至第 6 页第 15 行，第 8 页第 5 行至第 10 页第 2 行）公开了，在其所引用的权利要求 1 相对于对比文件 1 不具备新颖性的情况下，权利要求 2~5 相对于对比文件 1 也不具备专利法第 22 条第 2 款所规定的新颖性。

针对《复审通知书》指出的问题，请求人于 2008 年 6 月 23 日提交了意见陈述书，并提交了如下的附件，但未提交申请文件的修改文本。

附件 1：Receptors for the Carboxyl-Terminal Region of PTH（1~84）Are Highly Expressed in Osteocytic Cells *，P. DIVIETI 等人，Endocrinology，2001 年第 142 卷第 2 期，第 916~925 页的复印件，共 10 页；

附件 2：Human PTH-（7~84）Inhibits Bone Resorption in Vitro Via Actions Independent of the Type 1 PTH/PTHrP Receptor，P. DIVIETI 等人，Endocrinology，2002 年第 143 卷第 1 期，第 171~176 页的复印件，共 6 页。

请求人认为：(1) 在对比文件 1 实施例 3 中，与安慰剂组病人比较并不能说明用 PTH（1~34）使已经存在的骨折治愈或者好转，对比文件 1 记载的"本发明的方法可用于治疗这些骨折"属于缺乏逻辑依据和实验证据的推测；(2) 附件 1 和 2 证实了 PTH（1~84）和 PTH（1~34）发挥功能所结合的受体不同，导致二者之间有很大区别，由 PTH（1~34）的结果并不能直接获得 PTH（1~84）的结果。因此，对比文件 1 不能破坏本申请的新颖性和创造性。

至此，合议组认为本案事实清楚，可以作出审查决定。

二、决定的理由

1. 决定所依据的文本

本复审决定所依据的文本为驳回决定所针对的文本。

2. 关于专利法第 22 条第 2 款

专利法第 22 条第 2 款规定：新颖性，是指在申请日以前没有同样的发明或者实用新型在国内外出版物上公开发表过、在国内公开使用过或者以其他方式为公众所知，也没有同样的发明或者实用新型由他人向国务院专利行政部门提出过申请并且记载在申请日以后公布的专利申请文件中。

根据该款规定，如果专利申请与对比文件公开的内容相比，其权利要求所限定的技术方案与对比文件公开的技术方案实质上相同，所属技术领域的技术人员根据两者的技术方案可以确定两者能够适用于相同的技术领域，解决相同的技术问题，并具有相同的技术效果，则两者为同样的发明或者实用新型。

本案中，权利要求 1 请求保护全长甲状旁腺激素［即 PTH（1~84）］在制备促进骨折愈合药物中的应用。对比文件 1 公开了用甲状旁腺激素增强骨韧性或劲度来治疗骨折的方法，并公开了甲状旁腺素激为人 PTH（1~84）（参见权利要求 1 和 2）。对比文件 1 的说明书（参见说明书第 1 页 15~30 行，第 7 页 23 行至第 8 页 13 行）具体记载了甲状旁腺激素包括全长 PTH（1~84）与 PTH 的 N 末端

34氨基酸[PTH（1~34）]，二者在生物学上等价，它们对骨质具有相似的生物作用，已经证实了各种形式的PTH对骨的合成代谢具有显著作用，包括刺激骨形成，可增加骨质和骨强度；实施例2记载了通过对骨矿物质密度、骨矿物质含量以及脊柱强度、股骨干和股骨颈强度的生物力学等指标进行测定，表明使用PTH（1~34）对切除卵巢的猴子进行治疗能够增加骨矿物质密度、骨矿物质含量和强度，促进骨合成代谢，提高了治疗期间和治疗后的骨质量；实施例3记载了使用PTH（1~34）对30~85岁、绝经后最少5年、最少有一处中度脊椎骨折或两处轻度不致外伤的脊椎骨折的妇女进行治疗，增加了患者腰棘、股骨和髋关节、腕、以及患者全身的骨矿物质含量以及腰棘、股骨和髋关节的骨矿物质密度，增加了患者身体中骨质的数量和质量，降低了患者脊椎骨折的数量和严重性，减少了髋关节、桡骨、踝、肱骨、肋骨、脚和骨盆的骨折总数，用PTH（1~34）治疗的患者的骨折减少，并且很多患者不再患有新的骨折。基于以上记载和本领域技术人员公知的PTH（1~84）与PTH（1~34）具有完全的生物活性的常识，在对比文件1以PTH（1~34）作为其具体实施方式来说明PTH（1~34）可使已经存在的骨折治愈或者好转，使所述患者的骨折减少的前提下，本领域技术人员能够确信PTH（1~84）也可用于治疗骨折，促进骨折愈合，因此，对比文件1实质上已经公开了将全长PTH（1~84）用于治疗骨折的技术方案，同时权利要求1的技术方案用于表征PTH（1~84）能够促进骨折愈合的实验指标（骨重量、骨密度和生物力学指标）与对比文件1所使用的实验指标（骨矿物质含量、骨矿物质密度、骨强度的生物力学指标等）相同，并且权利要求1的技术方案与对比文件1的技术方案均获得了相同的实验结果，即均增加了骨重量、骨密度和骨的生物力学指标（参见说明书第4页第2段至第5页第1段，第6页第3段至第7页第4段，实施例1~3）。因此，权利要求1的技术方案与对比文件1的技术方案在技术领域、所解决的技术问题和预期效果上实质相同，二者属于相同的发明，权利要求1相对于对比文件1不具备专利法第22条第2款所规定的新颖性。

权利要求2~4的附加技术特征对骨折的种类、发生骨折的部位做了进一步限定，但是对比文件1（参见权利要求1~2、5~6、8~10，说明书第5页第5行至第6页第15行）公开了其所涉及的骨折包括运动、骨质疏松而导致的骨折，发生骨折的部位包括脊椎骨、肱骨、腕骨、桡骨等。由此可见，权利要求2~4的附加技术特征已经被对比文件1公开了，因此在其所引用的权利要求1相对于对比文件1不具备新颖性的情况下，权利要求2~4相对于对比文件1也不具备专利法第22条第2款所规定的新颖性。

权利要求5的附加技术特征对药物的剂型做了进一步的限定，但是对比文件1（参见说明书第8页第5行至第10页第2行）公开了甲状旁腺激素的剂型可为冻干粉末、栓剂等。由此可见，权利要求5的附加技术特征已经被对比文件1公开了，因此在其所引用的权利要求1相对于对比文件1不具备新颖性的情况下，权利要求5相对于对比文件1也不具备专利法第22条第2款所规定的新颖性。

另外，请求人于2008年6月23日提交的针对《复审通知书》的意见陈述中认为：（1）在对比文件1实施例3中，与安慰剂组病人比较并不能说明用PTH（1~34）使已经存在的骨折治愈或者好转，对比文件1记载的"本发明的方法可用于治疗这些骨折"属于缺乏逻辑依据和实验证据的推测；（2）附件1和2证实了PTH（1~84）和PTH（1~34）发挥功能所结合的受体不同，导致二者之间有很大区别，由PTH（1~34）的结果并不能直接获得PTH（1~84）的结果。

对此，合议组认为：（1）将治疗组与安慰剂对照组或者空白对照组进行比较来证明某种药物的治疗作用或治疗效果是本领域的常规技术，通过与无治疗作用的安慰剂或空白进行比较，本领域技术人员能够获知该药物的治疗作用或治疗的效果。对比文件1实施例3的实验数据所证明的治疗效果，即相对于安慰剂组用PTH（1~34）治疗的患者骨折减少，特别是使66%以上先前患有脊椎骨折的不再患新的脊椎骨折，也使78%以上先前患有脊椎骨折的患者不再患新的多发性脊椎骨折，先前患有骨折的患者的髋关节、脊柱和全身的骨矿物质含量显著增加，明确表明PTH（1~34）能够使已存在的骨折治愈或者好转（参见对比文件1说明书第41页第4~9行），这是因为如果PTH（1~34）没有使已存在的骨折治愈或者好转，则用PTH（1~34）进行治疗的患者应与安慰剂组的患者一样，他们的骨折症状均会加重或者没有改善，而不可能使治疗组相对于安慰剂组出现骨折减少以及髋关节、脊柱和全身的骨矿物质含量显著增加的情况。而且本发明中PTH（1~84）促进骨折愈合的治疗效果也是通过将治疗组与没有进行治疗的空白对照组（与对比文件1的安慰剂组作用相同）进行比较来体现的，而并非如请求人所述是通过比较骨折大鼠治疗前和治疗后的病症情况来体现。因此，请求人对于此点意见的陈述不具有说服力，合议组对此不予支持。（2）虽然附件1和附件2说明PTH（1~84）和PTH（1~34）所结合的受体可能存在不同，但是正如请求人所认可的（参见2008年6月23日请求人意见陈述正文第3页倒数第2段1~4行），PTH（1~84）和PTH（1~34）具有完全的生物活性，均能够促进骨质合成，提高骨密度，这是本领域技术人员的公知常识，PTH（1~84）和PTH（1~34）在促进骨折愈合中的不同仅仅是发挥作用的途径不同，二者所针对的仍然是骨折，其作用的结果均是提高骨密度。基于以上所述，在对比文件1以PTH（1~34）作为其具体实施方式来说明PTH（1~34）可使已经存在的骨折治愈或者好转，使所述患者的骨折减少的前提下，本领域技术人员完全能够确定对比文件1中公开的PTH（1~84）也能够治疗骨折，促进骨折愈合，对比文件1的技术方案与本申请的技术方案实质上是相同的。因此，请求人对于此点意见的陈述亦不具有说服力，合议组对此不予支持。

根据以上事实和理由，本案合议组作出如下审查决定。

三、决定

维持国家知识产权局于2007年8月24日对第200410049634.2号发明专利申请作出的驳回决定。

复审请求人对本决定不服的，可以根据专利法第41条第2款的规定，自收到本决定之日起三个月内向北京市第一中级人民法院起诉。

合成（2S，3aS，7aS）-1-[（S）-丙氨酰基]-八氢-1H-吲哚-2-甲酸衍生物的新方法及其在合成哌林多普利中的用途

复审请求审查决定（第14562号）

决 定 号	第14562号
决 定 日	2008年8月26日
发明创造名称	合成（2S，3aS，7aS）-1-[（S）-丙氨酰基]-八氢-1H-吲哚-2-甲酸衍生物的新方法及其在合成哌林多普利中的用途
国际分类号	C07K 5/02
复审请求人	瑟维尔实验室
申 请 号	02814609.3
优 先 权 日	2001年7月24日
申 请 日	2002年7月23日
公 开 日	2004年9月29日
合议组组长	叶 娟
主 审 员	周英姿
参 审 员	王 冬

法 律 依 据 专利法第22条第3款

决 定 要 点

在判断一项发明所要求保护的技术方案是否具有创造性时，如果该发明与最接近的现有技术相比存在区别技术特征，但该区别技术特征的引入仅是申请人对现有技术技术方案作出的对所属技术领域的技术人员而言显而易见的调整，而且该发明的技术方案也没有产生任何预料不到的技术效果，则该发明不具备创造性。

一、案由

本复审请求涉及2002年7月23日申请、2004年9月29日公开、名称为"合成（2S，3aS，7aS）-1-[（S）-丙氨酰基]-八氢-1H-吲哚-2-甲酸衍生物的新方法及其在合成哌林多普利中的用途"的第02814609.3号发明专利申请（下称本申请），其优先权日为2001年7月24日。本申请的申请人为瑟维尔实验室。

针对申请人于2005年7月5日提交的权利要求1~5，2004年1月19日本申请进入中国国家阶段时提交的国际申请文件中文译文的说明书第1~5页和说明书摘要，国家知识产权局于2005年9月9

日以权利要求1～5不符合专利法第22条第3款的规定为由驳回了本申请。驳回决定所针对的权利要求书为：

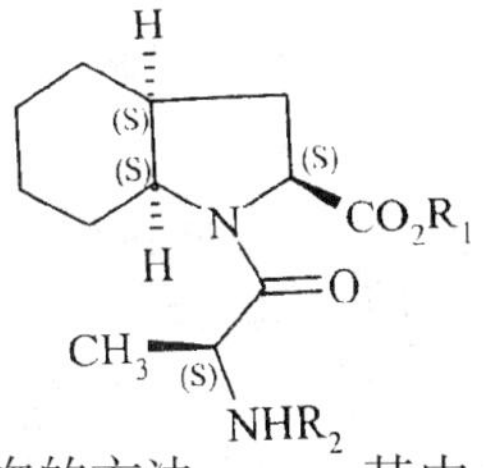

$$\text{(I)}$$

"1. 一种工业合成式（I）化合物的方法：其中 R_1 代表氢原子、线性或支化 C_1-C_6 烷基或苄基，且 R_2 代表保护氨基官能团的基团，

其特征在于使式（V）的酯：

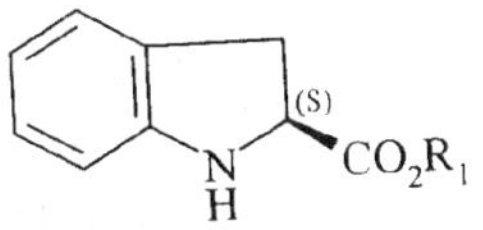

$$\text{(V)}$$

其中 R_1 如对式（I）所定义，

与式（VI）的丙氨酸化合物反应：

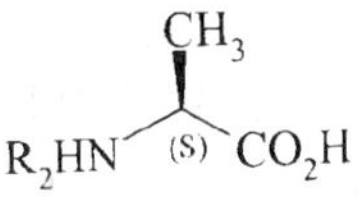

$$\text{(VI)}$$

其中 R_2 如对式（I）所定义，

该反应在选自如四氢呋喃和乙酸乙酯中的有机溶剂中、在无1-羟基苯并三唑存在下或在存在低于0.6mol 1-羟基苯并三唑/mol 所用式（V）化合物下、在1～1.2mol 二环己基碳二亚胺/mol 所用式（V）化合物和1～1.2mol 三乙基胺/mol 所用式（V）化合物存在下于20℃～50℃的温度下进行，

在分离和随后重结晶后，得到式（VII）化合物：

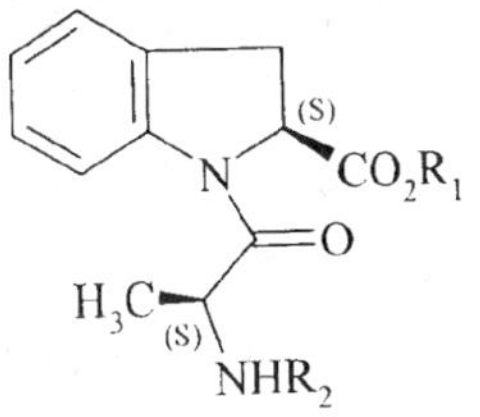

$$\text{(VII)}$$

其中 R_1 和 R_2 如上所定义，

将式（VII）化合物在选自 Pd/C、Rh/C、Pt/C、Ni/C 或 PtO_2 中的催化剂存在下于1～40巴的氢气压力和30℃～70℃的温度下氢化，得到式（I）化合物。

2. 根据权利要求1的合成式（I）化合物的方法，其特征在于在氢化步骤中所用的催化剂为碳载铑。

3. 根据权利要求1的合成式（I）化合物的方法，其特征在于在氢化步骤中所用的催化剂为二氧化铂。

4. 根据权利要求1～3中任一项的合成式（I）化合物的方法，其特征在于 R_1 代表甲基。

5. 一种由式（I）化合物开始合成哌林多普利或其可药用盐的方法，其特征在于式（I）化合物通过根据权利要求1～4中任一项的合成方法得到。"

驳回决定认为：由于对比文件1（US 4644008A，公开日为1987年2月17日）公开了一种八氢吲哚-2-甲酸衍生物的合成法，并具体公开了以下技术特征：将（2S）-2-甲酸二氢吲哚氢化，并对其羧基以乙酯基进行保护生成（2S）-2-乙氧甲酰八氢吲哚，将3g该化合物在DMF、三乙胺、1-羟基苯并三唑和二环己基碳二亚胺存在的情况下与2.42g的L-Boc-丙氨酸进行缩合反应，生成（2S）

-N-〔(S)-t-Boc-丙氨酰〕-2-乙氢甲酰八氢吲哚,将该化合物除去氨基端和羟基端的保护基团生成(2S)-N-〔(S)-丙氨酰〕-2-甲酸八氢吲哚,将其与不同的基团进行还原性烷基化可生成一系列八氢吲哚-2-甲酸衍生物;对比文件2(US 4914214A,公开日为1990年4月3日)公开了一种哌林多普利的合成方法,并具体公开了以下技术特征:利用2-乙氧甲酰吲哚通过2-乙氧甲酰二氢吲哚生成2-甲酸二氢吲哚,并在60℃、氢气压力为30巴、催化剂为碳载铑的条件下进一步对其进行氢化,生成(2S,3aS,7aS)-2-甲酸八氢吲哚,将(2S,3aS,7aS)-2甲酸八氢吲哚的苄酯在三乙胺、乙酸乙酯、1-羟基苯并三唑和二环己基二亚胺的存在下与N-〔(S)-1-乙氧甲酰丁基〕-(S)-丙氨酸反应生成(2S,3aS,7aS)-1-{2-〔1-乙氧甲酰-(S)-丁基氨基〕-(S)-丙氨酰}八氢吲哚-2-甲酸苄酯。由此可见权利要求1所保护的技术方案与对比文件1和2的结合相比较其区别仅在于氢化与缩合反应的顺序以及缩合反应中的1-羟基苯并三唑的使用量。但本领域技术人员知道氢化和缩合反应是两个独立的反应,反应顺序的不同不会对产物造成影响,而1-羟基苯并三唑的用量是本领域技术人员在生产过程中根据反映情况所容易调节的,因此在对比文件1和2的基础上结合上述公知常识,权利要求1所要求保护的技术方案不具备突出的实质性特点和显著的进步,不具备专利法第22条第3款所规定的创造性。基于相同的理由权利要求1的从属权利要求2也不具备专利法第22条第3款所规定的创造性。(2)权利要求3为权利要求1的从属权利要求,其附加技术特征为氢化步骤中使用的催化剂为二氧化铂,但对比文件2已公开氢化催化剂可为铂,作为催化剂的二氧化铂与铂之间的区别属于本领域的公知常识,当权利要求1相对与对比文件1、2与公知常识的结合不具备创造性时,其从属权利要求3相对于对比文件1、2与公知常识的结合也不具备专利法第22条第3款所规定的创造性。权利要求4为权利要求1的从属权利要求,其附加技术特征为R_1代表甲基,但对比文件2的实施例中该羧基的保护基团为乙基和苄基,甲基与乙基和苄基之间的区别属于本领域的公知常识,当权利要求1相对于对比文件1、2与公知常识的结合不具备创造性时,其从属权利要求4相对于对比文件1、2与公知常识的结合也不具备专利法第22条第3款所规定的创造性。权利要求5要求保护一种由式(I)化合物开始合成哌林多普利或其可药用盐的方法,由于对比文件1已经公开了一种由(2S)-N-〔(S)-丙氨酰〕-2-甲酸八氢吲哚(R_1为氢原子时的式(I)化合物)与不同的基团进行还原性烷基化生成一系列八氢吲哚-2-甲酸衍生物,包括哌林多普利的方法,当权利要求1~4所要求保护的方法相对于对比文件1、2与公知常识的结合不具备创造性时,对其进行引用的权利要求5相对于对比文件1、2与公知常识的结合也不具备专利法第22条第3款所规定的创造性。

申请人瑟维尔实验室(下称请求人)对上述驳回决定不服,于2005年12月19日向专利复审委员会提交了复审请求。请求人在提出复审请求时未对权利要求书和说明书进行修改。请求人提出的复审理由为:本申请的权利要求1的方法与对比文件1和2方法的区别总体而言在于反应顺序,本申请方法先进行缩合反应然后进行氢化反应,而对比文件1方法先进行氢化然后进行缩合反应。本申请所要解决的技术问题是避免在式(I)的八氢吲哚衍生物中含有显著量的式(III)和(IV)化合物杂质,从而提高式(I)化合物的纯度。本申请方法以易于提纯的结晶形式得到产物并且纯度高,不含所述杂质。对比文件1解决的技术问题是工业合成式(I)的八氢吲哚衍生物,得到粘稠的油形式产物,并且对于纯度没有描述。对比文件2的方法与对比文件1方法基本类似,在纯度和提纯这两方面上本申请方法优于对比文件2。本申请方法得到结晶形式的中间产物(VII)从而避免包含偶合杂质。另外,对比文件1和2没有给出先缩合后再氢化的技术启示,另外由于环氮原子反应性的差别,本领域普通技术人员不会在氢化反应之前在反应性差得多的底物上进行缩合反应。本申请方法提高了产物的纯度,由此带来了有益的技术效果,权利要求1~5相对于对比文件1和2具备创造性,符合专利法第22条第3款的规定。

形式审查合格后,专利复审委员会受理了该复审请求,并于2006年1月19日向请求人发出《复审请求受理通知书》,同时将本申请案卷移交原审查部门进行前置审查。

原审查部门对本复审请求进行了前置审查,认为(1)说明书中没有给出数据证明式(I)化合物的物理形态是结晶形式;(2)没有实验数据证明式(I)化合物不含式(III)和(VI)化合物的杂质;(3)本申请缩合反应后包括一个可使化合物达到高纯度的纯化步骤,通过结晶和重结晶提高纯度是本领域的公知常识;(4)对比文件1的化合物是权利要求式(I)化合物的下位概念,其油状形式也可经过纯化步骤提高纯度,因此权利要求1~5仍然不符合专利法第22条第3款的规定,故仍然坚持原驳回决定。

专利复审委员会组成合议组,对本复审请求案进行了审理。于2007年9月5日向请求人发出《复审通知书》。《复审通知书》指出:(1)在合成式(I)化合物的方法中,氢化反应发生在吲哚环的苯环上,缩合反应是在吲哚环上的氮与丙氨酸化合物之间进行偶联,这两个反应相互之间没有依赖或彼此影响的关系,并且合成式(I)化合物的缩合反应和氢化反应是本技术领域中成熟的合成方法,权利要求1的方法无需花费创造性的劳动。在合成路线中增加重结晶的纯化处理步骤是本领域技术人员的常规选择,故在需要减少哌林多普利中杂质含量的需求下向合成过程引入纯化步骤且由此提纯后的效果对于本领域技术人员而言均是显而易见的。由于本申请调整了已知的缩合反应和氢化反应的顺序,对其中所用试剂的比例和反应条件的选择也是本领域技术人员的惯用技术手段,同时请求人没有提供在不增加该提纯步骤的情况下改变反应顺序仍然可以提高式(I)化合物的纯度并得到式(I)化合物晶体的证据,则本领域技术人员可以认为增加的纯化处理必然可以提高产物纯度,并且改善产物的物理状态,因此与对比文件1和2的结合相比,权利要求1的技术方案是显而易见的,并且没有产生预料不到的技术效果,因此,权利要求1不具有突出的实质性特点,不符合专利法第22条第3款规定的创造性。(2)权利要求2~4的附加技术特征已被对比文件1和/或2公开,或为本领域的常规选择,因此权利要求2~4也不具有创造性,不符合专利法第22条第3款的规定。由于权利要求1~4不具有创造性,引用权利要求1~4的从属权利要求5也不具有创造性。

针对《复审通知书》指出的问题,请求人于2008年1月4日提交了意见陈述书,并提交了附件1,即"ADVANCED ORGANIC CHEMISTRY",第4版,Jerry March, A Wiley-Interscience Publication,封面页和第273~274页(复印件共3页)。请求人认为:首先,不同的反应顺序会对反应性产生影响,从理论上分析本领域技术人员认为本申请的缩合反应将比对比文件1的缩合反应的反应性要低,因而权利要求1的方法采用先缩合后氢化的反应顺序与本领域的公知常识背道而驰,也即本申请采用公知常识认为不利的反应顺序并结合重结晶提纯步骤但却顺利获得了式(I)化合物,因此权利要求1方法是非显而易见的。其次如本申请实施例2和3所示,本申请缩合反应后经结晶操作显著提高氢化产物的纯度是非显而易见的。另外,对比文件1实施例3步骤D与本申请实施例1的缩合反应相比,反应时间相差10倍,本申请方法的总合成时间明显短于对比文件1方法的总合成时间。本申请相对于对比文件2也具有多种优点,因此,权利要求1相对于对比文件1和2具有突出的实质性特点和显著的进步,具备创造性,符合专利法第22条第3款的规定。

至此,合议组认为本案事实已经清楚,可以作出审查决定。

二、决定的理由

1. 审查依据的文本

请求人在复审阶段没有对其申请文件进行修改,因此本复审决定所针对的文本与驳回决定所针对的文本相同。

2. 关于创造性

专利法第22条第3款规定，创造性是指同申请日以前已有的技术相比，该发明有突出的实质性特点和显著的进步。

在判断一项发明所要求保护的技术方案是否具有创造性时，如果该发明与最接近的现有技术相比存在区别技术特征，但该区别技术特征的引入仅是申请人对现有技术技术方案作出的对所属技术领域的技术人员而言显而易见的调整，而且该发明的技术方案也没有产生任何预料不到的技术效果，则该发明不具备创造性。

本案中，权利要求1要求保护一种工业合成式（I）化合物的方法，该方法通过缩合反应使式（V）的（2S）-二氢吲哚-2-甲酸或其烷基酯或苄基酯与式（VI）的（2S）-丙氨酸化合物偶联生成式（VII）的缩合产物，随后进行分离和重结晶，进而在权利要求1所述条件下将该缩合产物氢化，得到式（I）化合物。根据说明书尤其是实施例的记载，经过上述缩合、分离和重结晶、氢化反应后产物的纯度均为98%。正如请求人在其意见陈述中所述的，本申请实质上解决的技术问题是不需要费力的提纯就可得到纯度与药物用途相容的哌林多普利，减少其中的偶联杂质。

对比文件1中公开了一种合成式（I）化合物类的方法，该方法是将（2S）-2-甲酸二氢吲哚氢化、随后与保护的丙氨酸化合物缩合得到式（I）的化合物（参见对比文件1实施例3步骤A-D），在其缩合步骤中3g（0.0128mol）的（2S）-2-乙氧基羰基八氢吲哚使用1.8ml（0.0130mol）三乙胺、1.7g（0.0128mol）N-羟基苯并三唑和2.64g（0.0128mol）二环己基碳二亚胺，反应温度为25℃，氢化步骤采用碳载钯作为催化剂并在45℃和50kg/cm^{2}的氢气压力下进行。对比文件1的缩合和氢化步骤中对产物的处理采用过滤、干燥等方式而未经过结晶或重结晶方式（参见对比文件1实施例3步骤C和D）。

对比文件2公开了哌林多普利的合成方法，该方法同样公开了式（I）化合物的合成过程，其反应顺序为先将2-甲酸二氢吲哚经过氢化、随后缩合（参见对比文件2第6~8栏）。在其氢化步骤中，采用Rh作为催化剂并在60℃和30巴的氢气压力下进行（参见对比文件2实施例步骤1E）。缩合反应加入三乙胺、二环己基碳二亚胺和1-羟基苯并三唑，并且用乙酸乙酯作为溶剂（参见对比文件2实施例步骤3）。

权利要求1的技术方案与对比文件1相比，其区别在于：（1）本申请权利要求1的方法中缩合反应在先、氢化反应在后，这与对比文件1的反应顺序正相反；（2）权利要求1的方法在缩合和氢化步骤之间采用重结晶方法进行提纯，而对比文件1在缩合反应和氢化反应之后均未采用重结晶的提纯方式；（3）权利要求1的缩合反应在四氢呋喃或乙酸乙酯中进行，并且1-羟基苯并三唑（即N-羟基苯并三唑）和三乙胺的摩尔比和氢气压力有所不同。

由于对比文件1、2均涉及式（I）类化合物的制备方法，故本领域技术人员在制备此类化合物时有动机考虑结合对比文件1、2中的反应步骤、条件，即现有技术给出将对比文件1和2相结合的技术启示。进一步地分析，由于对比文件2也是一篇描述式（I）化合物合成方法的现有技术，其中公开了乙酸乙酯可作为缩合溶剂并且氢气压力可以是30巴，因此与对比文件1和2的结合相比，权利要求1所述的技术方案与现有技术的主要区别在于将反应顺序调整为缩合反应在先、氢化反应在后，并在缩合和氢化步骤之间采用重结晶进行提纯。请求人在答复复审通知书时对于合议组认定的上述两个区别技术特征未表示异议，并认为反应顺序变化和缩合后重结晶使式（I）化合物的纯度提高。

对于上述（1）和（2）两个区别技术特征，合议组认为：

首先，在合成式（I）化合物的方法中，氢化反应发生在吲哚环的苯环上，而缩合反应是吲哚环上的环氮原子与丙氨酸化合物之间进行缩合，这在对比文件1中已经被公开，即对比文件1已经描述了吲哚环上苯环的氢化反应和吲哚环上环氮原子的缩合反应，而且合成式（I）化合物的缩合反应和氢化反应此两类反应也是本技术领域中成熟的合成方法，本领域技术人员可以根据实际生产中所面临的产率、工艺和/或纯度等常见问题对合成路线中相对独立的反应进行调整和选择，这也合乎所属技术领域的逻辑分析和推理，并且可以通过有限的试验得到权利要求 1 的方法而无需花费创造性劳动。请求人主张并提交附件 1 来说明由公知常识可知本申请中间体式（V）化合物的电子云密度低于对比文件 1 实施例 3 步骤 C 的化合物（参见请求人答复意见第 2 页化合物结构式）的，就此认为本申请中间体式（V）化合物的反应性要比对比文件 1 化合物的反应性低。对此，合议组认为，化合物的反应性并不仅仅由电子云密度决定，这在附件 1 第 273 页第 2 段中也明确说明场效应、共振和位阻效应都可影响反应性，而且请求人始终没有在其申请文件中表示过或提交证据证明本申请中间体式（V）化合物的反应性确实不同于对比文件 1 中缩合产物的反应性及孰高孰低，故基于对比文件 1 对制备式（I）化合物的缩合反应和氢化反应的记载，本领域技术人员并不能得出将缩合反应和氢化反应调整顺序在本领域存在难以逾越的技术偏见。

其次，虽然请求人认为本申请所述的方法可以得到结晶状态的式（I）化合物，提高产物的纯度，本申请方法可以改进纯度，这与现有技术"高纯度"的技术含义明显不同，但是，权利要求 1 所述方法在缩合反应和氢化反应之间增加了分离和重结晶的纯化步骤，那么，本领域技术人员可以确定反应过程中增加的分离重结晶步骤必然会使产物的纯度得以改进，减少下面氢化反应原料中的杂质含量，由此减少最终产物中杂质含量。在合成路线中增加重结晶的纯化处理步骤是本领域技术人员的常规选择，故在需要减少哌林多普利中杂质含量的需求下向合成过程引入纯化步骤且由此提纯后的效果对于本领域技术人员而言均是显而易见的。并且，请求人没有提供在不增加该提纯步骤的情况下改变反应顺序仍然可以提高式（I）化合物的纯度并得到式（I）化合物晶体的证据，则本领域技术人员可以确信增加的纯化处理必然可以改进产物的纯度，并且改善产物的物理状态，因此，在没有提供仅比较缩合、氢化工艺顺序不同导致实验效果差异的实验数据的情况下，权利要求 1 的方法仍然是显而易见的。

再次，由于本申请调整了已知的缩合反应和氢化反应的顺序，对其中所用试剂的比例和反应条件的选择也是本领域技术人员的惯用技术手段，请求人也没有主张这些试剂的比例和条件的改变对解决所述技术问题产生了影响，也未提供相关证据资料。基于上述理由，与对比文件 1 和 2 的结合相比，权利要求 1 的技术方案是显而易见的，并且没有产生预料不到的技术效果，因此，权利要求 1 不具有突出的实质性特点和显著的进步，不符合专利法第 22 条第 3 款规定的创造性。

最后，请求人主张对比文件 1 实施例 3 步骤 D 中反应时间长达 65 小时，而本申请实施例 1 的缩合反应仅仅需要 6 小时，由此本申请方法在动力学上的反应速率远远优于现有技术的缩合方法的速率，由此认为本申请方法的总反应时间明显短于对比文件 1 的反应时间。对此，合议组认为，对于权利要求 1 所述方法可以达到缩短反应时间的技术效果在本申请中从未主张过；因此，合议组对请求人据此主张权利要求 1 的技术方案具有创造性的理由不予支持。

权利要求 2 和 3 是权利要求 1 的从属权利要求，权利要求 2 限定的氢化催化剂为碳载铑的附加技术特征已被对比文件 2 公开，对比文件 2 中还公开了氢化反应可以使用铂作为催化剂（参见对比文件 2 第 4 栏 22～38 行），因此，本领域技术人员基于对比文件 2 的内容、根据具体需要选择碳载铑、二氧化铂作为氢化催化剂并不需要花费创造性劳动，在它们所引用的权利要求 1 不具有创造性的情况下，权利要求 2 和 3 同样不具有突出的实质性特点和显著的进步，不具有专利法第 22 条第 3 款规定的创造性。

权利要求 4 是权利要求 1～3 的从属权利要求，其特征在于 R_1 是甲基，对比文件 1 和 2 中均公开

R_1 可以是乙基并且选自直链或支链低级烷基的内容，根据上述现有技术的教导，本领域技术人员很容易得到权利要求 4 的技术方案，并且也没有产生预料不到的技术效果，因此，权利要求 4 不具有突出的实质性特点和显著的进步，不符合专利法第 22 条第 3 款规定的创造性。

权利要求 5 要求保护一种制备哌林多普利或其可药用盐的方法，其特征仅在于所用原料式（I）化合物是通过权利要求 1~4 的方法获得的，对比文件 2 已公开了用式（I）化合物制备哌林多普利的方法，而前述已认定权利要求 1~4 不具有创造性，因此权利要求 5 的方法也不具有创造性，不符合专利法第 22 条第 3 款的规定。

根据以上事实和理由，本案合议组作出如下审查决定。

三、决定

维持国家知识产权局于 2005 年 9 月 9 日对第 02814609.3 号发明专利申请作出的驳回决定。

复审请求人对本决定不服的，可以根据专利法第 41 条第 2 款的规定，自收到本决定之日起三个月内向北京市第一中级人民法院起诉。

用于治疗血栓形成的抗凝血剂

复审请求审查决定（第 14574 号）

决 定 号	第 14574 号
决 定 日	2008 年 9 月 25 日
发明创造名称	用于治疗血栓形成的抗凝血剂
国际分类号	A61K 39/395，C12N 5/12
复审请求人	史密丝克莱恩比彻姆公司
申 请 号	97192981.5
申 请 日	1997 年 1 月 17 日
优 先 权 日	1996 年 1 月 17 日，1996 年 10 月 24 日
公 开 日	1999 年 4 月 7 日
合议组组长	许 磊
主 审 员	李瑛琦
参 审 员	王 冬

法 律 依 据 专利法实施细则第 20 条第 1 款、第 21 条第 2 款，专利法第 31 条第 1 款

决 定 要 点

权利要求的保护范围应当根据其所用词语的含义来理解。一般情况下，权利要求中的用词应当理解为相关技术领域通常具有的含义。如果说明书中指明了某词具有特定的含义，则此时申请人应尽可能修改权利要求，使得根据权利要求的表述可明确其含义。

独立权利要求应当从整体上反映发明或者实用新型的技术方案，记载解决技术问题的必要技术特征。

判断一件发明专利申请中要求保护的两项以上发明是否具备单一性，就是要看权利要求中记载的技术方案之间是否属于一个总的发明构思，即判断这些权利要求的技术方案中是否包含使它们在技术上相互关联的一个或多个相同或者相应的特定技术特征，如果这些权利要求的技术方案包含了一个或多个相同或者相应的特定技术特征，则它们属于一个总的发明构思，具备单一性。

一、案由

本复审请求涉及申请号为 97192981.5，名称为"用于治疗血栓形成的抗凝血剂"的发明专利申请（下称本申请）。本申请的申请人为史密丝克莱恩比彻姆公司，申请日为 1997 年 1 月 17 日，优先权日为 1996 年 1 月 17 日和 1996 年 10 月 24 日，公开日为 1999 年 4 月 7 日，本申请进入中国国家阶段的日期为 1998 年 9 月 11 日。

国家知识产权局于 2005 年 10 月 14 日针对本申请进入中国国家阶段时提交的国际申请文件译文说明书第 43～140 页、说明书附图第 1～9 页、说明书摘要以及申请人于 2004 年 9 月 27 日提交的说明书第 1～42 页替换页、权利要求 1～34 驳回了本申请，驳回的具体理由是：（1）权利要求 11、12 中没有清楚记载分泌所述单克隆抗体的杂交瘤保藏号，导致权利要求的保护范围不清楚，不符合专利法实施细则第 20 条第 1 款的规定；（2）权利要求 13～16、17～20、31～32 与权利要求 21～30 所请求保护的技术方案之间没有相同或相应的特定技术特征，不具有单一性，不符合专利法第 31 条的规定；（3）权利要求 21 请求保护一种改变抗体，所述抗体轻链和重链的互补决定区的具体氨基酸序列是必不可少的技术特征，应当在该权利要求中记载具体的氨基酸序列，否则不符合专利法实施细则第 21 条第 2 款的规定。

驳回决定所针对的权利要求书如下：

"1. 具有自限制中和活性的抗凝血因子单克隆抗体在制备在动物中抑制血栓形成的药物中的用途。

2. 权利要求 1 的用途，还包括结合所述抗凝血因子单克隆抗体使用乙酰水杨酸。

3. 权利要求 1 或 2 的用途，其中所述凝血因子来自特性或共同凝血途径。

4. 权利要求 3 的用途，其中所述抗凝血因子单克隆抗体是抗因子Ⅸ、抗因子Ⅸa、抗因子Ⅹ、抗因子Ⅹa、抗因子Ⅺ、抗因子Ⅺa、抗因子Ⅷ、抗因子Ⅷa、抗因子Ⅴ、抗因子Ⅴa、抗因子Ⅶ、抗因子Ⅶa 或抗凝血酶。

5. 权利要求 3 的用途，其中所述抗凝血因子单克隆抗体是抗因子Ⅸ。

6. 权利要求 5 的用途，其中所述抗凝血因子Ⅸ单克隆抗体具有 SB 249413、SB 249415、SB 249416、SB 249417、SB 257731 和 SB 257732 的鉴别特征。

7. 权利要求 5 的用途，其中所述抗凝血因子Ⅸ单克隆抗体具有 SB 249417 的鉴别特征。

8. 权利要求 1 或 2 的用途，其中延长 aPTT，而没有明显延长 PT。

9. 权利要求 4 的用途，其中 aPTT 为大约 35 秒至大约 100 秒。

10. 权利要求 1 或 2 的用途，其中所述血栓形成与心肌梗塞、不稳定的心绞痛、心房纤维性颤动、中风、肾损伤、肺栓塞、深静脉血栓形成、经皮经管腔冠状血管成形术、播散性血管内凝血、脓毒症、人造器官、吻合（shunt）或假体有关。

11. 单克隆抗体，其选自：SB 249413、SB 249415、SB 249416、SB 249417、SB 257731、SB 257732、9E4（2）F4 和 11G4（1）B9。

12. 权利要求 11 的单克隆抗体，其为 SB 249417。

13. 具有细胞系 9E4（2）F4 或 11G4（1）B9 的鉴别特征的杂交瘤。

14. 中和 Fab 片段或其 F（ab'）2 片段，它通过缺失权利要求 11 的单克隆抗体的 Fc 区产生。

15. 中和 Fab 片段或其 F（ab'）2 片段，它通过链改组产生，由此在鼠轻链丝状噬菌体 Fab 呈现文库中表达权利要求 11 的单克隆抗体的 Fd 重链。

16. 中和 Fab 片段或其 F（ab'）2 片段，它通过链改组产生，由此在鼠重链丝状噬菌体 Fab 呈现文库中表达权利要求 11 的单克隆抗体的轻链。

17. 免疫球蛋白重链互补决定区，其氨基酸序列选自 SEQ ID NO：8、9 和 10。

18. 编码权利要求 17 的免疫球蛋白互补决定区的核酸分子。

19. 免疫球蛋白轻链互补决定区，其氨基酸序列选自 SEQ ID NO：12、13 和 14。

20. 编码权利要求 19 的免疫球蛋白互补决定区的核酸分子。

21. 包含一条重链和一条轻链的改变抗体，其中所述重链和轻链的框架区从至少一个选定抗体获得，并且每个所述链的互补决定区的氨基酸序列从权利要求11的单克隆抗体获得。

22. 权利要求21的改变抗体，它是人源化的。

23. 权利要求22的人源化抗体，其中所述重链具有在SEQ ID NO：31、52或89提出的氨基酸序列。

24. 权利要求22的人化抗体，其中所述轻链具有在SEQ ID NO：44、57、62、74、78或99提出的氨基酸序列。

25. 权利要求22的人源化抗体，其中所述重链具有在SEQ ID NO：31提出的氨基酸序列，而所述轻链具有在SEQ ID NO：44提出的氨基酸序列。

26. 权利要求22的人源化抗体，其中所述重链具有在SEQ ID NO：52提出的氨基酸序列，并且所述轻链具有在SEQ ID NO：57提出的氨基酸序列。

27. 权利要求22的人源化抗体，其中所述重链具有在SEQ ID NO：52提出的氨基酸序列，并且所述轻链具有在SEQ ID NO：62提出的氨基酸序列。

28. 权利要求22的人源化抗体，其中所述重链具有在SEQ ID NO：52提出的氨基酸序列，并且所述轻链具有在SEQ ID NO：74提出的氨基酸序列。

29. 权利要求22的人源化抗体，其中所述重链具有在SEQ ID NO：52提出的氨基酸序列，并且所述轻链具有在SEQ ID NO：78提出的氨基酸序列。

30. 权利要求22的人源化抗体，其中所述重链具有在SEQ ID NO：89提出的氨基酸序列，并且所述轻链具有在SEQ ID NO：99提出的氨基酸序列。

31. 包含一条重链和一条轻链的嵌合抗体，所述抗体的特征在于以自限制方式抑制特性或共同途径凝血因子的功能，其中抑制血栓形成并且产生凝血的有限调节，其中所述重链和轻链的恒定区从至少一个选定抗体获得，并且每个所述链可变区的氨基酸序列得自权利要求11的单克隆抗体。

32. 按照权利要求31的抗体，其中所述恒定区选自人免疫球蛋白。

33. 药用组合物，包含权利要求22或31的改变抗体和一种药学上可接受的载体。

34. 权利要求33的药用组合物，还包含乙酰水杨酸。"

申请人史密丝克莱恩比彻姆公司（下称请求人）对上述驳回决定不服，于2006年1月27日向专利复审委员会提出复审请求，同时提交了权利要求书全文替换页（共3页39项）。修改后的权利要求书如下：

"1. 人源化单克隆抗体在制备在动物中抑制血栓形成的药物中的用途，所述人源化单克隆抗体选自SB 249413、SB 249415、SB 249416、SB 249417、SB 257731和SB 257732。

2. 权利要求1的用途，还包括结合所述人源化单克隆抗体使用乙酰水杨酸。

3. 权利要求1或2的用途，其中所述人源化单克隆抗体为SB 249417。

4. 权利要求1或2的用途，其中所述人源化单克隆抗体为SB 249413。

5. 权利要求1或2的用途，其中所述人源化单克隆抗体为SB 249415。

6. 权利要求1或2的用途，其中所述人源化单克隆抗体为SB 249416。

7. 权利要求1或2的用途，其中所述人源化单克隆抗体为SB 257731。

8. 权利要求1或2的用途，其中所述人源化单克隆抗体为SB 257732。

9. 权利要求1或2的用途，其中延长aPTT，而没有明显延长PT。

10. 权利要求1或2的用途，其中aPTT为大约35秒至大约100秒。

11. 权利要求1或2的用途，其中所述血栓形成与心肌梗塞、不稳定的心绞痛、心房纤维性颤动、中风、肾损伤、肺栓塞、深静脉血栓形成、经皮经管腔冠状血管成形术、播散性血管内凝血、脓毒症、人造器官、吻合（shunt）或假体有关。

12. 人源化单克隆抗体，其选自：SB 249413、SB 249415、SB 249416、SB 249417、SB 257731 和 SB 257732。

13. 权利要求 12 的人源化单克隆抗体，其为 SB 249417。

14. 权利要求 12 的人源化单克隆抗体，其为 SB 249413。

15. 权利要求 12 的人源化单克隆抗体，其为 SB 249415。

16. 权利要求 12 的人源化单克隆抗体，其为 SB 249416。

17. 权利要求 12 的人源化单克隆抗体，其为 SB 257731。

18. 权利要求 12 的人源化单克隆抗体，其为 SB 257732。

19. 中和 Fab 片段或其 F（ab'）$_2$ 片段，它通过缺失权利要求 12 的人源化单克隆抗体的 Fc 区产生。

20. 中和 Fab 片段或其 F（ab'）$_2$ 片段，它通过链改组产生，其在鼠轻链丝状噬菌体 Fab 呈现文库中表达权利要求 12 的人源化单克隆抗体的 Fd 重链。

21. 中和 Fab 片段或其 F（ab'）$_2$ 片段，它通过链改组产生，其在鼠重链丝状噬菌体 Fab 呈现文库中表达权利要求 12 的人源化单克隆抗体的轻链。

22. 免疫球蛋白重链互补决定区，其氨基酸序列选自 SEQ ID NO：8、9 和 10。

23. 编码权利要求 22 的免疫球蛋白互补决定区的核酸分子。

24. 免疫球蛋白轻链互补决定区，其氨基酸序列选自 SEQ ID NO：12、13 和 14。

25. 编码权利要求 24 的免疫球蛋白互补决定区的核酸分子。

26. 包含一条重链和一条轻链的改变抗体，其中所述重链和轻链的框架区从至少一个选定抗体获得，并且每个所述链的互补决定区的氨基酸序列从权利要求 12 的人源化单克隆抗体获得，其中重链 CDR1、2 和 3 的序列分别为 SEQ ID NO：8、9 和 10，轻链 CDR1、2 和 3 的序列分别为 SEQ ID NO：12、13 和 14。

27. 权利要求 26 的改变抗体，它是人源化的。

28. 权利要求 27 的人源化抗体，其中所述重链具有在 SEQ ID NO：31、52 或 89 提出的氨基酸序列。

29. 权利要求 27 的人化抗体，其中所述轻链具有在 SEQ ID NO：44、57、62、74、78 或 99 提出的氨基酸序列。

30. 权利要求 27 的人源化抗体，其中所述重链具有在 SEQ ID NO：31 提出的氨基酸序列，而所述轻链具有在 SEQ ID NO：44 提出的氨基酸序列。

31. 权利要求 27 的人源化抗体，其中所述重链具有在 SEQ ID NO：52 提出的氨基酸序列，并且所述轻链具有在 SEQ ID NO：57 提出的氨基酸序列。

32. 权利要求 27 的人源化抗体，其中所述重链具有在 SEQ ID NO：52 提出的氨基酸序列，并且所述轻链具有在 SEQ ID NO：62 提出的氨基酸序列。

33. 权利要求 27 的人源化抗体，其中所述重链具有在 SEQ ID NO：52 提出的氨基酸序列，并且所述轻链具有在 SEQ ID NO：74 提出的氨基酸序列。

34. 权利要求 27 的人源化抗体，其中所述重链具有在 SEQ ID NO：52 提出的氨基酸序列，并且所述轻链具有在 SEQ ID NO：78 提出的氨基酸序列。

35. 权利要求 27 的人源化抗体，其中所述重链具有在 SEQ ID NO：89 提出的氨基酸序列，并且所述轻链具有在 SEQ ID NO：99 提出的氨基酸序列。

36. 包含一条重链和一条轻链的嵌合抗体，所述抗体的特征在于以自限制方式抑制特性或共同途径凝血因子的功能，其中抑制血栓形成并且产生凝血的有限调节，其中所述重链和轻链的恒定区从至少一个选定抗体获得，并且每个所述链可变区的氨基酸序列得自权利要求12的人源化单克隆抗体。

37. 按照权利要求36的抗体，其中所述恒定区选自人免疫球蛋白。

38. 药用组合物，包含权利要求27或36的改变抗体和一种药学上可接受的载体。

39. 权利要求38的药用组合物，还包含乙酰水杨酸。"

请求人认为：(1) 权利要求11的主题修改为"人源化单克隆抗体"，而且具体限定为SB 249413、SB 249415、SB 249416、SB 249417、SB 257731和SB 257732，这些抗体是可以通过DNA克隆和蛋白表达等常规的生物技术方法制备出来的，不必要通过杂交瘤分泌的途径，说明书（实施例6、说明书第30~36页）中清楚地描述了这些人源化抗体的序列和其制备过程和方法，本领域技术人员完全清楚这些抗体的结构，因此新提交的权利要求12和13能够清楚地表述要求保护的范围，符合专利法实施细则第20条第1款的规定。(2) 原权利要求14~16涉及原权利要求11要求保护的人源化单克隆抗体的Fab片段、原权利要求17~20涉及原权利要求11要求保护的人源化单克隆抗体的氨基酸序列和编码其的DNA序列、原权利要求21~30涉及从原权利要求11要求保护的人源化单克隆抗体中获得互补决定区氨基酸序列的改变抗体、原权利要求31~32涉及具有与原权利要求11要求保护的人源化单克隆抗体相同可变区序列的嵌合抗体，原权利要求14~32与权利要求11具有相同或相应特定技术特征，即都涉及人源化抗体SB 249413、SB 249415、SB 249416、SB 249417、SB 257731和SB 257732，这些人源化抗体具有相同的重链CDR（SEQ ID NO：8、9和10）和轻链CDR（SEQ ID NO：12、13和14），其彼此之间具备单一性，符合专利法第31条的规定。(3) 权利要求21要求保护从权利要求11要求保护的人源化单克隆抗体中互补决定区氨基酸序列的改变抗体，修改后原权利要求11的技术方案是清楚的，其要求保护的人源化单克隆抗体的氨基酸序列是明确的，因此原权利要求21具备了必要技术特征，并且修改后的权利要求21中增加了"其中重链CDR1、2和3的序列分别为SEQ ID NO：8、9和10，轻链CDR1、2和3的序列分别为SEQ ID NO：12、13和14"的技术特征，因此修改后原权利要求21具备必要技术特征，符合专利法实施细则第21条第2款的规定。

形式审查合格后，专利复审委员会受理了该复审请求，于2006年3月15日向请求人发出《复审请求受理通知书》，同时将本申请案卷移交原审查部门进行前置审查。

原审查部门对本复审请求进行了前置审查，认为：(1) 原权利要求11（新权利要求12）的主题由"单克隆抗体"修改为"人源化单克隆抗体"，如果不用重链和轻链的氨基酸序列（或核苷酸序列）进行限定，则本领域技术人员无从知晓什么样特征的"人源化单克隆抗体"能够实现该权利要求的技术方案，因此修改后的权利要求12的请求保护的范围仍不清楚，同理，新权利要求13~18也没有清楚地表述请求保护的范围，上述权利要求不符合专利法实施细则第20条第1款的规定；(2) 权利要求36~37与权利要求26~35所请求保护的技术方案之间没有相同或相应的特定技术特征，不具有单一性，不符合专利法第31条的规定。

专利复审委员会依法成立合议组，对本案进行了审查，并于2008年3月28日向请求人发出《复审通知书》。该《复审通知书》指出：请求人将驳回决定针对的权利要求11修改为权利要求12，并将其中的"单克隆抗体"修改为"人源化单克隆抗体"，并在复审请求书中陈述所述人源化抗体不必通过杂交瘤分泌的途径，通过DNA克隆和蛋白表达这些常规的生物技术就能制得，如此所述抗体就应该用其重链和轻链的氨基酸序列（或核苷酸序列）进行限定，否则本领域技术人员不清楚什么样特征的"人源化单克隆抗体"能够实现该权利要求的技术方案，从而造成权利要求的技术方案和其保护范围不清楚，不符合专利法实施细则第20条第1款的规定；基于同样的理由，权利要求1~11、

13～18、19～21、36～39也存在同样的缺陷，不符合专利法实施细则第20条第1款的规定。

2008年6月18日，复审委员会向请求人发出《合议组成员告知通知书》，将本案合议组成员的变更情况告知请求人，请求人在指定期限内未提出异议。

针对上述复审通知书，请求人于2008年7月7日提交了意见陈述书和修改的权利要求书（共39项），在独立权利要求1、12和36中分别增加了"其中重链CDR1、2和3的序列分别为SEQ ID NO：8、9和10，轻链CDR1、2和3的序列分别为SEQ ID NO：12、13和14"，对其他权利要求未作修改，请求人认为，经过上述修改使所述抗体得到了氨基酸序列的限定，本领域技术人员能够清楚地理解本申请要求保护的抗体，从而符合专利法的规定。修改后的独立权利要求1、12和36分别如下：

"1. 人源化单克隆抗体在制备在动物中抑制血栓形成的药物中的用途，所述人源化单克隆抗体选自SB 249413、SB 249415、SB 249416、SB 249417、SB 257731和SB 257732，其中重链CDR1、2和3的序列分别为SEQ ID NO：8、9和10，轻链CDR1、2和3的序列分别为SEQ ID NO：12、13和14。"

"12. 人源化单克隆抗体，其选自：SB 249413、SB 249415、SB 249416、SB 249417、SB 257731和SB 257732，其中重链CDR1、2和3的序列分别为SEQ ID NO：8、9和10，轻链CDR1、2和3的序列分别为SEQ ID NO：12、13和14。"

"36. 包含一条重链和一条轻链的嵌合抗体，所述抗体的特征在于以自限制方式抑制特性或共同途径凝血因子的功能，其中抑制血栓形成并且产生凝血的有限调节，其中所述重链和轻链的恒定区从至少一个选定抗体获得，并且每个所述链可变区的氨基酸序列得自权利要求12的人源化单克隆抗体，其中重链CDR1、2和3的序列分别为SEQ ID NO：8、9、10，轻链CDR1、2和3的序列分别为SEQ ID NO：12、13和14。"

2008年8月21日，请求人又提交一份补充意见陈述和经修改的权利要求书（共39项），将权利要求1和12中关于重链和轻链的CDR特征删去，并加入了人源化单克隆抗体SB 249413、SB 249415、SB 249416、SB 249417、SB 257731和SB 257732的重链和轻链氨基酸序列的特征，对其余的权利要求未作修改。修改后的权利要求1和12如下：

"1. 人源化单克隆抗体在制备动物中抑制血栓形成的药物中的用途，所述人源化单克隆抗体选自SB 249413、SB 249415、SB 249416、SB 249417、SB 257731和SB 257732，其中所述SB 249413其重链具有SEQ ID NO：31中提出的氨基酸序列，其轻链具有如SEQ ID NO：44中列出的氨基酸序列；所述SB 249415其重链具有SEQ ID NO：52中提出的氨基酸序列，其轻链具有如SEQ ID NO：57中提出的氨基酸序列；所述SB 249416其重链具有SEQ ID NO：52中提出的氨基酸序列，其轻链具有如SEQ ID NO：62中提出的氨基酸序列；所述SB 249417其重链具有SEQ ID NO：52中提出的氨基酸序列，其轻链具有如SEQ ID NO：74中提出的氨基酸序列；所述SB 257731其重链具有SEQ ID NO：52中提出的氨基酸序列，其轻链具有如SEQ ID NO：78中提出的氨基酸序列；所述SB 257732其重链具有SEQ ID NO：89中提出的氨基酸序列，其轻链具有如SEQ ID NO：99中提出的氨基酸序列。"

"12. 人源化单克隆抗体，其选自：SB 249413、SB 249415、SB 249416、SB 249417、SB 257731和SB 257732，其中所述SB 249413其重链具有SEQ ID NO：31中提出的氨基酸序列，其轻链具有如SEQ ID NO：44中列出的氨基酸序列；所述SB 249415其重链具有SEQ ID NO：52中提出的氨基酸序列，其轻链具有如SEQ ID NO：57中提出的氨基酸序列；所述SB 249416其重链具有SEQ ID NO：52中提出的氨基酸序列，其轻链具有如SEQ ID NO：62中提出的氨基酸序列；所述SB 249417其重链具有SEQ ID NO：52中提出的氨基酸序列，其轻链具有如SEQ ID NO：74中提出的氨基酸序列；所述SB 257731其重链具有SEQ ID NO：52中提出的氨基酸序列，其轻链具有如SEQ ID NO：78中提出的氨基酸序列；所述SB 257732其重链具有SEQ ID NO：89中提出的氨基酸序列，其轻链具有如SEQ

ID NO: 99 中提出的氨基酸序列。"

2008 年 8 月 29 日，请求人再次提交一份补充意见陈述和经修改的权利要求书（共 39 项）。经核实，此次提交的权利要求书与请求人于 2008 年 8 月 21 日提交的权利要求书完全一致。

至此，合议组经审查认为本案事实已经清楚，可以作出审查决定。

二、决定的理由

1. 关于审查文本

请求人在复审过程中仅对权利要求书进行了修改，经审查，合议组认为复审请求人于 2008 年 8 月 29 日提交的修改文本符合专利法第 33 条和专利法实施细则第 60 条的规定，因此，本复审请求审查决定所针对的文本是请求人于 2008 年 8 月 29 日提交的权利要求 1~39 和驳回决定所针对的说明书、说明书附图和说明书摘要（即本申请进入中国国家阶段时提交的国际申请文件中文译文说明书第 43~140 页、说明书附图第 1~9 页、说明书摘要以及请求人于 2004 年 9 月 27 日提交的说明书第 1~42 页替换页）。

2. 关于专利法实施细则第 20 条第 1 款

专利法实施细则第 20 条第 1 款规定：权利要求书应当说明发明或者实用新型的技术特征，清楚、简要地表述请求保护的范围。

权利要求的保护范围应当根据其所用词语的含义来理解。一般情况下，权利要求中的用词应当理解为相关技术领域通常具有的含义。如果说明书中指明了某词具有特定的含义，则此时申请人应尽可能修改权利要求，使得根据权利要求的表述即可明确其含义。

本案中的人源化单克隆抗体 SB 249413、SB 249415、SB 249416、SB 249417、SB 257731 和 SB 257732 是发明人针对所发明的单克隆抗体而自定义的符号（见说明书第 15 页倒数第 3 行至第 16 页第 12 行），上述符号具有特定的含义，请求人按照说明书的记载，在涉及上述抗体的权利要求 1、12 中分别限定了每种抗体的重链和轻链的氨基酸序列特征，使得本领域技术人员根据权利要求的表述即可明确其含义，因此修改后的权利要求 1、12 保护范围清楚，符合专利法实施细则第 20 条第 1 款的规定。基于此，《驳回决定》指出的本申请不符合专利法实施细则第 20 条第 1 款规定的缺陷已被克服。

由于修改后权利要求 1、12 用氨基酸序列具体限定了所述的人源化单克隆抗体，因此《复审通知书》中指出的权利要求 2~11、13~18 以及 19~21、36~39 保护范围不清楚的缺陷同时被克服。

3. 关于专利法实施细则第 21 条第 2 款

专利法实施细则第 21 条第 2 款规定，独立权利要求应当从整体上反映发明或者实用新型的技术方案，记载解决技术问题的必要技术特征。

驳回决定认为，对于权利要求 21 而言，"所述轻链和重链互补决定区的具体氨基酸序列"是必不可少的技术特征。请求人在修改后的权利要求 26（对应于驳回决定所针对的权利要求 21）中增加了所请求保护抗体的轻链和重链互补决定区的具体氨基酸序列，即"其中重链 CDR1、2 和 3 的序列分别为 SEQ ID NO: 8、9 和 10，轻链 CDR1、2 和 3 的序列分别为 SEQ ID NO: 12、13 和 14"，因此驳回决定所指出的权利要求 21 缺少必要技术特征的缺陷已被克服。

4. 关于专利法第 31 条第 1 款

专利法第 31 条第 1 款规定，一件发明或者实用新型专利申请应当限于一项发明或者实用新型。属于一个总的发明构思的两项以上的发明或者实用新型，可以作为一件申请提出。

判断一件发明专利申请中要求保护的两项以上发明是否具备单一性，就是要看权利要求中记载的技术方案之间是否属于一个总的发明构思，即判断这些权利要求的技术方案中是否包含使它们在技术上相互关联的一个或多个相同或者相应的特定技术特征，如果这些权利要求的技术方案包含了一个或多个相同或者相应的特定技术特征,则它们属于一个总的发明构思,具备单一性。

原审查部门在《前置审查意见》中坚持认为权利要求36~37与权利要求26~35所请求保护的技术方案不具有单一性,然而合议组认为,修改后的独立权利要求26和36请求保护的技术方案中包含了相同的技术特征,即"所述重链和轻链的恒定区从至少一个选定抗体获得,并且每个所述链的互补决定区的氨基酸序列从权利要求12的人源化单克隆抗体获得,其中重链CDR1、2和3的序列分别为SEQ ID NO:8、9和10,轻链CDR1、2和3的序列分别为SEQ ID NO:12、13和14",在没有证据否定上述相同技术特征是使本发明申请相对于现有技术具有新颖性和创造性的技术特征的情况下,尚不能否认该特征为权利要求26和权利要求36的特定技术特征,相应地,它们的从属权利要求亦具备上述相同的特定技术特征,符合专利法第31条对单一性的规定。

此外,由于修改后的权利要求12的保护范围是清楚的,因此驳回决定中认为由于权利要求11(新权利要求12)不清楚而导致几组权利要求不具有单一性的理由已不成立。

根据以上事实和理由,本合议组作出如下审查决定。

三、决定

撤销国家知识产权局于2005年10月14日针对第97192981.5号申请作出的驳回决定,由原审查部门在本复审请求审查决定所针对文本的基础上继续进行审查。

复审请求人对本决定不服的,可以根据专利法第41条第2款的规定,自收到本决定之日起三个月内向北京市第一中级人民法院起诉。

胸腺素 α1 肽的给药方法

复审请求审查决定（第 14577 号）

决 定 号	第 14577 号
决 定 日	2008 年 9 月 10 日
发明创造名称	胸腺素 α1 肽的给药方法
国 际 分 类 号	A61K 38/22，A61K 38/04，C07K 14/575
复 审 请 求 人	赛克隆制药公司
申 请 号	02821871.X
申 请 日	2002 年 11 月 1 日
优 先 权 日	2001 年 11 月 1 日
公 开 日	2005 年 2 月 16 日
合 议 组 组 长	叶 娟
主 审 员	李瑛琦
参 审 员	张秀丽
法 律 依 据	专利法第 33 条

决 定 要 点

如果申请的内容通过增加、改变和/或删除其中的一部分，致使所属技术领域的技术人员看到的信息与原申请记载的信息不同，而且又不能从原申请记载的信息中直接地、毫无疑义地确定，那么，这种修改就是不允许的。

一、案由

本复审请求涉及申请号为 02821871.X、名称为"胸腺素 α1 肽的给药方法"的发明专利申请。申请人为赛克隆制药公司，申请日为 2002 年 11 月 1 日，进入中国国家阶段日期为 2004 年 4 月 30 日，优先权日为 2001 年 11 月 1 日，公开日为 2005 年 2 月 16 日。

针对申请人于本申请进入中国国家阶段时提交的国际申请文件中文译文说明书第 2~6 页、说明书摘要以及依据专利合作条约第 41 条修改的说明书第 1 页和申请人于 2006 年 12 月 7 日提交的经修改的权利要求 1~20，国家知识产权局于 2007 年 9 月 7 日以说明书第 1 页增加的内容和全部权利要求的修改超出了原说明书和权利要求书记载的范围，不符合专利法第 33 条规定为由驳回了本申请。

驳回决定所针对的权利要求书为：

"1. 胸腺素 α1 肽在制备一种药学上可接受的液体的应用，其中所述胸腺素 α1 肽以至少约 6 小时的治疗周期中基本上连续地维持患者体内免疫刺激有效量的胸腺素 α1 肽的剂量存在。

2. 权利要求 1 的应用，其中所述治疗周期为至少 8 小时。

3. 权利要求 1 的应用，其中所述治疗周期为至少 10 小时。

4. 权利要求 1 的应用，其中所述治疗周期为至少 12 小时。

5. 权利要求 1 的应用，其中所述治疗周期为至少 1 天。

6. 权利要求 1 的应用，其中所述治疗周期包括数天。

7. 权利要求 1 的应用，其中所述胸腺素 α1 为 TA1。

8. 权利要求 1 所述的应用，其中所述 TA1 肽以可以基本上连续地注入的剂量存在于所述药学上可接受的液体中。

9. 权利要求 8 的应用，其中所述治疗周期为至少 8 小时。

10. 权利要求 8 的应用，其中所述治疗周期为至少 10 小时。

11. 权利要求 8 的应用，其中所述治疗周期为至少 12 小时。

12. 权利要求 8 的应用，其中所述治疗周期为至少 1 天。

13. 权利要求 8 的应用，其中所述治疗周期包括数天。

14. 权利要求 8 的应用，其中所述胸腺素 α1 肽为 TA1。

15. 权利要求 8 的应用，其中所述剂量型式中胸腺素 α1 肽的剂量范围为 0.0001～0.1mg/小时/公斤体重。

16. 权利要求 15 的应用，其中所述范围为 0.0003～0.03mg/小时/公斤体重。

17. 胸腺素 α1 肽在制备一种药学上可接受的液体的应用，其中所述胸腺素 α1 肽以在至少 1 小时的周期中在患者体内基本上连续地注入免疫刺激有效量的所述胸腺素 α1 肽的剂量存在。

18. 权利要求 17 的应用，其中所述胸腺素 α1 肽以可在至少 6 小时的治疗周期中基本上连续地注入的剂量存在。

19. 权利要求 17 的应用，其中所述胸腺素 α1 肽额以可在至少一天的治疗周期中基本上连续地注入的剂量存在。

20. 权利要求 17 的应用，其中所述胸腺素 α1 肽以可在至少数天的治疗周期中基本上连续地注入的剂量存在。"

驳回决定认为：请求人将原权利要求请求保护的"给药于需要免疫刺激的患者胸腺素 α1 肽的方法"，修改为"胸腺素 α1 肽在制备一种药学上可接受的液体的应用"，然而新修改的权利要求中胸腺素 α1 肽制备药物的应用及其具体技术特征即"制成……的剂量型式或剂量单位"，以及说明书"技术领域"和"发明概述"中增加的内容，在原申请文件中并没有直接的书面文字记载，也不能从原申请记载的信息中直接地、毫无疑义地确定，因此说明书及全部权利要求的修改均超出原说明书和权利要求书记载的范围，不符合专利法第 33 条的规定。

申请人赛克隆制药公司（下称请求人）对上述驳回决定不服，于 2007 年 11 月 27 日向专利复审委员会提出复审请求，请求人在提出复审请求时修改了申请文件，修改方式是：删去说明书"发明概述"部分中增加的内容，同时修改了独立权利要求 1 和 17。修改后的权利要求 1 和 17 如下：

"1. 胸腺素 α1 肽在制备一种用于免疫刺激的药学上可接受的液体的应用，其中所述胸腺素 α1 肽以至少约 6 小时的治疗周期中基本上连续地维持者体内免疫刺激有效量的胸腺素 α1 肽的剂量存在。

17. 胸腺素 α1 肽在制备一种用于免疫刺激的药学上可接受的液体的应用，其中所述胸腺素 α1 肽以在至少 1 小时的周期中在患者体内基本上连续地注入免疫刺激有效量的所述胸腺素 α1 肽的剂量存在。"

请求人认为：（1）本申请修改的动机是由于中国专利法不保护疾病的治疗方法，但是制药类型用途的权利要求可以得到保护，因此将给药方法相应地转换成第二药用形式的权利要求不应当被认为是超出原说明书和权利要求书记载的范围的；（2）修改后的权利要求1和17的内容在说明书中有直接的文字记载（见说明书第2页第27～28行，第6页第11～12行），"在优选的实施方式中，TA肽存在于一药学上可接受的液体载体中，例如注射用水、生理盐水或类似的液体中"，由上述记载并结合本申请是关于给药于需要免疫刺激的患者胸腺素α1肽的方法，本领域技术人员可以直接地、毫无疑义地得出胸腺素可以用于制备用于免疫刺激的药学上可接受的液体，从而得出修改后的权利要求1和17的技术方案，相应地，从属权利要求进一步限定胸腺素α1肽的剂量存在形式，上述内容在说明书中也进行了描述（见说明书第2页第8～9行，20～23行，以及实施例），因此权利要求的修改没有超出原说明书和权利要求书记载的范围，符合专利法第33条的规定。

形式审查合格后，专利复审委员会受理了该复审请求，并于2007年12月26日向请求人发出《复审请求受理通知书》，随后将本申请案卷移交原审查部门进行前置审查。

原审查部门对本复审请求进行了前置审查，认为原始文件中并没有修改后的权利要求1中所涉及的"以至少约6小时的治疗周期……的剂量存在"的记载，因为原始文件的说明书以及实施例中主要公开的内容是治疗疾病的具体用药方法，其中记载的"剂量"或者"有效量"是指医生根据受试者的体重所用的量，即这样的剂量是根据医生的判断来确定，并非权利要求中所涉及的"剂量存在"，请求人在提交复审请求时虽修改了权利要求，在主题中加入"用于免疫刺激"，但是并没有克服驳回决定所指出的修改超范围的事实，因此坚持原驳回决定。

专利复审委员会组成合议组，对本复审请求案进行审理。合议组于2008年6月24日向请求人发出《复审通知书》，指出：由于原说明书和权利要求是对给药方法中给药剂量的具体描述，而修改后的权利要求中"剂量存在"限定的是制备的单位药物制剂中胸腺素α1的含量。本领域技术人员公知，给药剂量是医师在行医过程中根据患者的病情、年龄、体重、健康状况以及使用的药物和给药途径等作出的选择，这种"剂量"因人而异、因时而异，它无法反映药品本身的结构和组成，不能等同于药物单位制剂的含量，并且与单位制剂含量之间的关系具有不确定性，因此请求人在原申请中未记载单位制剂中胸腺素α1含量的情况下将给药剂量修改为制剂含量，导致所属领域技术人员看到的信息与原申请记载的信息不同，而且又不能从原申请记载的信息中直接地、毫无疑义地确定，这种修改是不允许的。此外，修改后的说明书第1页第5行"技术领域"部分增加了"本发明还涉及一种含有胸腺素α1肽的药盒"，然而原申请中并未记载有关药盒的技术方案，该信息并不能由所属领域技术人员由原申请记载的信息直接地、毫无疑义地确定，因此这种修改是不允许的。综上所述，请求人对说明书以及全部权利要求的修改均超出了原申请记载的范围，不符合专利法第33条的规定。

针对《复审通知书》指出的问题，请求人于2008年8月11日提交了意见陈述书和经修改的说明书第1页替换页，对说明书第1页所作的修改仅为删除了复通所指修改超范围的内容。请求人认为：本申请是基于这样的发现：在一定的治疗周期中在患者的循环系统中保持免疫刺激量的TA1肽对TA1肽的免疫刺激效应提供了实质上的改善，与通常以间断方式使用TA1进行免疫刺激相比，在一定的周期内以将TA1连续注入循环系统以维持患者体内TA1的量的方式来使用TA1可以取得更好的免疫刺激效果。本申请说明书中给出了确定"在一定治疗周期中基本上连续维持患者体内免疫刺激有效量的胸腺素α1肽的剂量"的方法，本申请的原说明书第2页第19～28行记载，"通过给予患者在大约0.0001～0.1mg/小时/公斤体重的速率范围内的TA1肽可以在患者的循环系统中基本上连续地维持免疫刺激有效量的TA1肽。优选的给药速率范围是大约0.0003～0.03mg/小时/公斤体重"，连续注入的持续时间为1、6、8、10或12小时或者一天或者一个星期以上，由此可知，本申请TA1注射剂的注入速度和持续时间之间的关系已明确且清楚地记载在说明书中，并且本领域技术人员知道，在制备药物制剂时，单位制剂含量是针对一般患者而言而并非针对某一特定患者，在确定的时间周期内基本上连续地维持具有平均体重（通常70kg）的一般患者体内免疫刺激有效量的胸腺素α1肽的剂量是确定的，本领域技术人员在阅读本申请的说明书后能够直接地、毫无疑义地确定一种TA1的单位剂量或者单位制剂，其对应于在规定时间内对一般患者（平均70公斤）的注入速度，例如，对一般人以0.1mg/hr/kg的速度注入6小时需要包含42mg（$0.1\times6\times70=42$）TA1的制剂。如上所述，本领域技术人员能够从原说明书中记载直接地、毫无疑义地确定得到修改后的权利要求书中的"剂量"，本申请对权利要求书的修改并未超出原始公开的范围，符合专利法第33条的规定。

合议组经合议后认为本案事实已经清楚，可以依法作出复审决定。

二、决定的理由

1. 关于文本的认定

本复审请求审查决定依据的文本是本申请进入中国国家阶段时提交的国际申请文件中文译文说明书第2~6页、说明书摘要，请求人于2007年11月27日提交的权利要求1~20以及于2008年8月11日提交的说明书第1页。

2. 关于专利法第33条

专利法第33条规定，申请人可以对其专利申请文件进行修改，但是，对发明和实用新型专利申请文件的修改不得超出原说明书和权利要求书记载的范围。

根据该款的规定，如果申请的内容通过增加、改变和/或删除其中的一部分，致使所属技术领域的技术人员看到的信息与原申请记载的信息不同，而且又不能从原申请记载的信息中直接地、毫无疑义地确定，那么，这种修改就是不允许的。

对于本案而言，请求人将原权利要求请求保护的主题由"给药于需要免疫刺激的患者胸腺素α1肽的方法"修改为"胸腺素α1肽在制备一种用于免疫刺激的药学上可接受的液体的应用"（见修改后的权利要求1~20），将独立权利要求的特征部分"包括给予所述患者所述胸腺素α1肽，以在至少约6小时的治疗周期中基本上连续地维持患者体内免疫刺激有效量的TA1肽"、"包括在至少约1小时的周期中在所述患者体内基本上连续地注入免疫刺激有效量的所述胸腺素α1肽"相应地修改为"其中所述胸腺素α1肽以至少约6小时的治疗周期中基本上连续地维持患者体内免疫刺激有效量的胸腺素α1肽的剂量存在"、"其中所述胸腺素α1肽以在至少1小时的周期中在患者体内基本上连续地注入免疫刺激有效量的所述胸腺素α1肽的剂量存在"（见修改后的权利要求1、17）。

根据说明书的记载，本发明是基于发现"与通常以间断方式使用TA1进行免疫刺激相比，在一定的周期内以将TA1连续注入循环系统以维持患者体内TA1的量的方式来使用TA1可以取得更好的免疫刺激效果"而作出的，因此原说明书和权利要求书记载的内容是对给药方法包括给药剂量的具体描述，然而修改后的制药用途权利要求中"剂量存在"限定的则是制备的单位药物制剂中胸腺素α1的含量。本领域技术人员公知，给药剂量是医师在行医过程中根据患者的病情、年龄、体重、健康状况以及使用的药物和给药途径等作出的选择，这种"剂量"因人而异、因时而异，它无法反映药品本身的结构和组成，不能等同于药物单位制剂的含量，并且与单位制剂含量之间的关系具有不确定性，因此在原申请中未记载单位制剂中胸腺素α1含量的情况下将给药剂量修改为制剂中的药物含量，导致所属领域技术人员看到的信息与原申请记载的信息不同，而且又不能从原申请记载的信息中直接地、毫无疑义地确定，这种修改是不允许的。

对于请求人在意见陈述中申辩的理由合议组不能予以认同，理由是：根据原说明书和权利要求书的记载可以确定给药速率、持续给药时间和患者平均体重三者相乘计算得到的"剂量"，然而该剂量为"给药剂量"，其与权利要求中所限定的"单位制剂含量"并不相同，"给药剂量"体现医生的治病行为，但是医生在行医过程中无法决定药品制造者所提供的单位药物制剂中有效成分的含量，因此即使给药剂量清楚、明确，也不能由此确定单位制剂中的药物含量。

综上所述，请求人对申请文件的修改不能克服修改超范围的缺陷，本申请不符合专利法第 33 条规定的情形依然存在。

根据以上事实和理由，本合议组作出如下审查决定。

三、决定

维持国家知识产权局于 2007 年 9 月 7 日针对第 02821871.X 号发明专利申请作出的驳回决定。

复审请求人对本决定不服的，可以根据专利法第 41 条第 2 款的规定，自收到本决定之日起三个月内向北京市第一中级人民法院起诉。

糖基化血红蛋白的选择性测定方法

复审请求审查决定（第 14664 号）

决 定 号	第 14664 号
决 定 日	2008 年 9 月 17 日
发明创造名称	糖基化血红蛋白的选择性测定方法
国际分类号	C12Q 1/37，C12Q 1/26，G01N 33/66，G01N 33/72
复审请求人	爱科来株式会社
申 请 号	01815413.1
优 先 权 日	2000 年 7 月 14 日
申 请 日	2001 年 7 月 12 日
公 开 日	2005 年 5 月 25 日
合议组组长	许 磊
主 审 员	曹克浩
参 审 员	吴文英

法律依据 专利法第 31 条第 1 款

决定要点

可以作为一件专利申请提出的属于一个总的发明构思的两项以上的发明或者实用新型，应当在技术上相互关联，包含一个或者多个相同或者相应的特定技术特征，其中，特定技术特征是体现发明对现有技术作出贡献的技术特征，也就是使发明相对于现有技术具有新颖性和创造性的技术特征，并且应当从每一项要求保护的发明的整体上考虑后加以确定。

一、案由

本复审请求涉及 2001 年 7 月 12 日申请、2005 年 5 月 25 日公开、名称为"糖基化血红蛋白的选择性测定方法"的第 01815413.1 号发明专利申请（下称本申请）。本申请优先权日为 2000 年 7 月 14 日，进入中国国家阶段日为 2003 年 3 月 10 日，申请人为爱科来株式会社。

针对申请人于 2007 年 3 月 7 日提交的权利要求 1~24、进入中国国家阶段日提交的国际申请文件中文文本的说明书第 1~20 页、附图第 1~2 页、说明书摘要以及摘要附图，国家知识产权局于 2007 年 8 月 10 日以权利要求 1~24 不符合专利法第 31 条第 1 款的规定为由驳回了本申请。

驳回决定所针对的权利要求书如下：

"1. 选择性地分解糖基化血红蛋白的蛋白酶在制备通过选择性地分解全血中的糖基化血红蛋白、使该糖基化血红蛋白分解物的糖基化部分与糖基化氨基酸氧化还原酶反应、通过测定该氧化还原反应来测定血红蛋白糖基化量的试剂盒中的用途，其中所述蛋白酶是选自菠萝蛋白酶、来源于猪胰脏的胰蛋白酶、金属蛋白酶、来源于枯草芽孢杆菌（Bacillus subtilis）的蛋白酶的至少一种蛋白酶。

2. 选择性地分解糖基化血红蛋白的蛋白酶在制备通过选择性地分解经溶血处理的全血中的糖基化血红蛋白、使该糖基化血红蛋白分解物的糖基化部分与糖基化氨基酸氧化还原酶反应、通过测定该氧化还原反应来测定血红蛋白糖基化量的试剂盒中的用途，其中所述蛋白酶是选自菠萝蛋白酶、木瓜蛋白酶、来源于猪胰脏的胰蛋白酶、金属蛋白酶、来源于枯草芽孢杆菌（Bacillus. subtilis）的蛋白酶的至少一种蛋白酶。

3. 权利要求 1 或 2 的用途，其中所述与糖基化氨基酸氧化还原酶反应的糖基化血红蛋白分解物的糖基化部分是氨基酸残基侧链的糖基化氨基。

4. 权利要求 3 的用途，其中所述氨基酸残基侧链的糖基化氨基是赖氨酸残基以及精氨酸残基的至少一方的侧链的糖基化氨基。

5. 权利要求 1 或 2 的用途，其中所述氧化还原反应的测定是测定所述反应产生的过氧化氢量，或测定所消耗的酶量。

6. 权利要求 5 的用途，其中所述试剂盒还包含过氧化物酶和因氧化而发色的底物。

7. 权利要求 6 的用途，其中所述因氧化而发色的底物是 N-（羧甲基氨基羰基）-4, 4-双（二甲氨基）联苯胺钠。

8. 权利要求 1 或 2 的用途，其中所述蛋白酶的用量为相对于 1 mL 全血 1,000～10,000,000U。

9. 权利要求 1 或 2 的用途，其中所述糖基化氨基酸氧化还原酶是以选自糖基化蛋白、糖基化肽以及糖基化氨基酸的至少一种糖基化胺为底物，作用于所述糖基化胺的 α-氨基糖基化部分和侧链氨基糖基化部分的至少一方，生成过氧化氢的反应的酶。

10. 权利要求 1 或 2 的用途，其中所述试剂盒含有糖基化氨基酸氧化还原酶，其用量为相对于 1 mL 全血 500～40,000U。

11. 选择性地分解糖基化血红蛋白的蛋白酶在制备通过准备选择性地分解糖基化血红蛋白的蛋白酶在制备通过选择性地分解全血中的糖基化血红蛋白、使该糖基化血红蛋白分解物的糖基化部分与糖基化氨基酸氧化还原酶反应、通过测定该氧化还原反应所得的血红蛋白糖基化量与 HbAlc 量之间的相互关系作出的校准曲线来测定全血样品中的 HbAl c 量的试剂盒中的用途，其中所述蛋白酶是选自菠萝蛋白酶、木瓜蛋白酶、来源于猪胰脏的胰蛋白酶、金属蛋白酶、来源于枯草芽孢杆菌（Bacillus subtilis）的蛋白酶的至少一种蛋白酶。

12. 权利要求 11 的用途，其中所述校准曲线是由标准样品的已知 HbAlc 量与通过用所述蛋白酶所测定的所述标准样品的血红蛋白糖基化量之间的相互关系作出的。

13. 用于测定血红蛋白糖基化量的测定试剂盒，它包含区别于其他蛋白和肽而选择性分解糖基化血红蛋白的蛋白酶，其中所述蛋白酶是选自菠萝蛋白酶、来源于猪胰脏的胰蛋白酶、金属蛋白酶、来源于枯草芽孢杆菌的蛋白酶的至少一种蛋白酶。

14. 用于测定经溶血处理的全血中的血红蛋白糖基化量的测定试剂盒，它包含区别于其他蛋白和肽而选择性分解糖基化血红蛋白的蛋白酶，其中所述蛋白酶是选自菠萝蛋白酶、木瓜蛋白酶、来源于猪胰脏的胰蛋白酶、金属蛋白酶、来源于枯草芽孢杆菌的蛋白酶的至少一种蛋白酶。

15. 权利要求 13 或 14 的测定试剂盒，它还包含糖基化氨基酸氧化还原酶。

16. 权利要求 15 的测定试剂盒，其中所述糖基化氨基酸氧化还原酶是以选自糖基化蛋白、糖基化肽以及糖基化氨基酸的至少一种糖基化胺为底物，作用于所述糖基化胺的 α-氨基糖基化部分和侧链氨基糖基化部分的至少一方，催化生成过氧化氢的反应的酶。

17. 权利要求 16 的测定试剂盒，它还包含过氧化物酶和因氧化而发色的底物。

18. 权利要求 17 的测定试剂盒，其中所述因氧化而发色的底物是 N-（羧甲基氨基羰基）-4,4-双（二甲氨基）联苯胺钠。

19. 用于测定血红蛋白糖基化量的测定试剂，它包含区别于其他蛋白和肽而选择性分解糖基化血红蛋白的蛋白酶，其中所述蛋白酶是选自菠萝蛋白酶、来源于猪胰脏的胰蛋白酶、金属蛋白酶、来源于枯草芽孢杆菌的蛋白酶的至少一种蛋白酶。

20. 用于测定经溶血处理的全血中的血红蛋白糖基化量的测定试剂，它包含区别于其他蛋白和肽而选择性分解糖基化血红蛋白的蛋白酶，其中所述蛋白酶是选自菠萝蛋白酶、木瓜蛋白酶、来源于猪胰脏的胰蛋白酶、金属蛋白酶、来源于枯草芽孢杆菌的蛋白酶的至少一种蛋白酶。

21. 权利要求 19 或 20 的测定试剂，它还包含糖基化氨基酸氧化还原酶。

22. 权利要求 21 的测定试剂，其中所述糖基化氨基酸氧化还原酶是以选自糖基化蛋白、糖基化肽以及糖基化氨基酸的至少一种糖基化胺为底物，作用于所述糖基化氨基的 α-氨基糖基化部分和侧链氨基糖基化部分的至少一方，催化生成过氧化氢的反应的酶。

23. 权利要求 22 的测定试剂，它还包含过氧化物酶和因氧化而发色的底物。

24. 权利要求 23 的测定试剂，其中所述因氧化而发色的底物是 N-（羧甲基氨基羰基）-4,4-双（二甲氨基）联苯胺钠。"

驳回决定认为：权利要求 1~24 包含了多组技术方案，每组技术方案涉及不同的蛋白酶。由于这些蛋白酶仅仅具有相同的功能，没有对共同性能必不可少并区别于现有技术的共同结构，而且在本领域也不被认为是同一化合物类别，因此，权利要求 1~24 包含了多个没有相同或相应特定技术特征的技术方案，不具备专利法第 31 条第 1 款规定的单一性。

申请人爱科来株式会社（下称请求人）对上述驳回决定不服，于 2007 年 12 月 6 日向专利复审委员会提出复审请求，请求人在提出复审请求时提交了新修改的权利要求书全文替换页（共 24 项），其中将权利要求 1 和 2 中的"通过选择性地分解全血中的糖基化血红蛋白"修改为"通过用所述蛋白酶选择性地分解全血中的糖基化血红蛋白"，对其他权利要求未作修改。

修改后的权利要求 1 和 2 如下：

"1. 选择性地分解糖基化血红蛋白的蛋白酶在制备通过用所述蛋白酶选择性地分解全血中的糖基化血红蛋白、使该糖基化血红蛋白分解物的糖基化部分与糖基化氨基酸氧化还原酶反应、通过测定该氧化还原反应来测定血红蛋白糖基化量的试剂盒中的用途，其中所述蛋白酶是选自菠萝蛋白酶、来源于猪胰脏的胰蛋白酶、金属蛋白酶、来源于枯草芽孢杆菌（Bacillus subtilis）的蛋白酶的至少一种蛋白酶。

2. 选择性地分解糖基化血红蛋白的蛋白酶在制备通过用所述蛋白酶选择性地分解经溶血处理的全血中的糖基化血红蛋白、使该糖基化血红蛋白分解物的糖基化部分与糖基化氨基酸氧化还原酶反应、通过测定该氧化还原反应来测定血红蛋白糖基化量的试剂盒中的用途，其中所述蛋白酶是选自菠萝蛋白酶、木瓜蛋白酶、来源于猪胰脏的胰蛋白酶、金属蛋白酶、来源于枯草芽孢杆菌（Bacillus. subtilis）的蛋白酶的至少一种蛋白酶。"

请求人认为：(1) 权利要求 1 的特定技术特征是使用具有某种性能（即选择性地分解糖基化血红蛋白）的蛋白酶来选择性地分解（全血中的）糖基化血红蛋白，从而测定（全血）样品中的血红蛋白糖基化量，而并非是所涉及的具体蛋白酶，因此权利要求 1 及其从属权利要求 2~10 都具有单一性，基于同样的理由，权利要求 11~12 也具有单一性；(2) 对于权利要求 13 和权利要求 19 及其从属权利要求的特定技术特征，应当从整体考虑，它们都包含选择性分解糖基化血红蛋白的蛋白酶这一特定技术特征,因此产品权利要求13和权利要求19及其从属权利要求也具备单一性。

形式审查合格后,专利复审委员会受理了该复审请求,并于2007年12月26日向请求人发出《复审请求受理通知书》,同时将本申请案卷移交原审查部门进行前置审查。

原审查部门对本复审请求进行了前置审查,坚持原驳回决定,具体理由是:权利要求1~24的多个并列技术方案的选择要素仍然是特定的蛋白酶,由于这些蛋白酶没有相同结构,不能被本领域公认是同一化合物类别,致使权利要求1~24不具备相同或相应的特定技术特征,不符合专利法第31条第1款的规定。

专利复审委员会组成合议组,对本复审请求案进行了审理,并于2008年4月25日向请求人发出《复审通知书》。该《复审通知书》指出:权利要求1~24中相对于现有技术作出贡献的特定技术特征是选择性分解糖基化血红蛋白的具体蛋白酶,由于这些蛋白酶既不具有共同的结构,也不属于同一化合物类别,因此权利要求中并列的各技术方案之间并不具有相同或相应的特定技术特征,致使权利要求1~24的各个并列技术方案之间不具有单一性,不符合专利法第31条第1款的规定。

针对《复审通知书》指出的问题,请求人于2008年7月31日提交了意见陈述书,表示接受合议组的审查意见,同时提交了经修改的权利要求书全文替换页(共24项),其中将权利要求1~24中所述的蛋白酶具体限定为金属蛋白酶。

修改后的权利要求书如下:

"1. 选择性地分解糖基化血红蛋白的蛋白酶在制备通过用所述蛋白酶选择性地分解全血中的糖基化血红蛋白、使该糖基化血红蛋白分解物的糖基化部分与糖基化氨基酸氧化还原酶反应、通过测定该氧化还原反应来测定血红蛋白糖基化量的试剂盒中的用途,其中所述蛋白酶是金属蛋白酶。

2. 选择性地分解糖基化血红蛋白的蛋白酶在制备通过用所述蛋白酶选择性地分解经溶血处理的全血中的糖基化血红蛋白、使该糖基化血红蛋白分解物的糖基化部分与糖基化氨基酸氧化还原酶反应、通过测定该氧化还原反应来测定血红蛋白糖基化量的试剂盒中的用途,其中所述蛋白酶是金属蛋白酶。

3. 权利要求1或2的用途,其中所述与糖基化氨基酸氧化还原酶反应的糖基化血红蛋白分解物的糖基化部分是氨基酸残基侧链的糖基化氨基。

4. 权利要求3的用途,其中所述氨基酸残基侧链的糖基化氨基是赖氨酸残基以及精氨酸残基的至少一方的侧链的糖基化氨基。

5. 权利要求1或2的用途,其中所述氧化还原反应的测定是测定所述反应产生的过氧化氢量,或测定所消耗的酶量。

6. 权利要求5的用途,其中所述试剂盒还包含过氧化物酶和因氧化而发色的底物。

7. 权利要求6的用途,其中所述因氧化而发色的底物是N-(羧甲基氨基羰基)-4,4-双(二甲氨基)联苯胺钠。

8. 权利要求1或2的用途,其中所述蛋白酶的用量为相对于1 mL全血1,000~10,000,000U。

9. 权利要求1或2的用途,其中所述糖基化氨基酸氧化还原酶是以选自糖基化蛋白、糖基化肽以及糖基化氨基酸的至少一种糖基化胺为底物,作用于所述糖基化胺的α-氨基糖基化部分和侧链氨基糖基化部分的至少一方,生成过氧化氢的反应的酶。

10. 权利要求1或2的用途,其中所述试剂盒含有糖基化氨基酸氧化还原酶,其用量为相对于1mL全血500~40000U。

11. 选择性地分解糖基化血红蛋白的蛋白酶在制备通过准备选择性地分解糖基化血红蛋白的蛋白酶在制备通过选择性地分解全血中的糖基化血红蛋白、使该糖基化血红蛋白分解物的糖基化部分与糖基化氨基酸氧化还原酶反应、通过测定该氧化还原反应所得的血红蛋白糖基化量与 HbAlc 量之间的相互关系作出的校准曲线来测定全血样品中的 HbAlc 量的试剂盒中的用途，其中所述蛋白酶是金属蛋白酶。

12. 权利要求 11 的用途，其中所述校准曲线是由标准样品的已知 HbAlc 量与通过用所述蛋白酶所测定的所述标准样品的血红蛋白糖基化量之间的相互关系作出的。

13. 用于测定血红蛋白糖基化量的测定试剂盒，它包含区别于其他蛋白和肽而选择性分解糖基化血红蛋白的蛋白酶，其中所述蛋白酶是金属蛋白酶。

14. 用于测定经溶血处理的全血中的血红蛋白糖基化量的测定试剂盒，它包含区别于其他蛋白和肽而选择性分解糖基化血红蛋白的蛋白酶，其中所述蛋白酶是金属蛋白酶。

15. 权利要求 13 或 14 的测定试剂盒，它还包含糖基化氨基酸氧化还原酶。

16. 权利要求 15 的测定试剂盒，其中所述糖基化氨基酸氧化还原酶是以选自糖基化蛋白、糖基化肽以及糖基化氨基酸的至少一种糖基化胺为底物，作用于所述糖基化胺的 α-氨基糖基化部分和侧链氨基糖基化部分的至少一方，催化生成过氧化氢的反应的酶。

17. 权利要求 16 的测定试剂盒，它还包含过氧化物酶和因氧化而发色的底物。

18. 权利要求 17 的测定试剂盒，其中所述因氧化而发色的底物是 N-（羧甲基氨基羰基）-4,4-双（二甲氨基）联苯胺钠。

19. 用于测定血红蛋白糖基化量的测定试剂，它包含区别于其他蛋白和肽而选择性分解糖基化血红蛋白的蛋白酶，其中所述蛋白酶是金属蛋白酶。

20. 用于测定经溶血处理的全血中的血红蛋白糖基化量的测定试剂，它包含区别于其他蛋白和肽而选择性分解糖基化血红蛋白的蛋白酶，其中所述蛋白酶是金属蛋白酶。

21. 权利要求 19 或 20 的测定试剂，它还包含糖基化氨基酸氧化还原酶。

22. 权利要求 21 的测定试剂，其中所述糖基化氨基酸氧化还原酶是以选自糖基化蛋白、糖基化肽以及糖基化氨基酸的至少一种糖基化胺为底物，作用于所述糖基化氨基的 α-氨基糖基化部分和侧链氨基糖基化部分的至少一方，催化生成过氧化氢的反应的酶。

23. 权利要求 22 的测定试剂，它还包含过氧化物酶和因氧化而发色的底物。

24. 权利要求 23 的测定试剂，其中所述因氧化而发色的底物是 N-（羧甲基氨基羰基）-4,4-双（二甲氨基）联苯胺钠。"

至此，合议组认为本案事实已经清楚，可以作出审查决定。

二、决定的理由

1. 文本认定

请求人在于 2008 年 7 月 31 日提交的修改后的权利要求 1、2、11、13、14、19、20 中，将蛋白酶具体限定为金属蛋白酶，除此之外未作其他修改。请求人所作的这种修改，符合专利法第 33 条和专利法实施细则第 60 条第 1 款的规定。请求人在复审请求时仅对权利要求书进行了修改，因此本复审决定所针对的文本为请求人于 2008 年 7 月 31 日提交的权利要求 1~24 和驳回决定所针对的说明书、说明书附图、摘要及摘要附图。

2. 关于专利法第 31 条第 1 款

专利法第 31 条第 1 款规定：一件发明申请或实用新型专利申请应当限于一项发明或实用新型。属于一个总的发明构思的两项以上的发明或者实用新型，可以作为一件申请提出。

根据该款规定，可以作为一件专利申请提出的属于一个总的发明构思的两项以上的发明或者实用新型，应当在技术上相互关联，包含一个或者多个相同或者相应的特定技术特征，其中，特定技术特征是体现发明对现有技术作出贡献的技术特征，也就是使发明相对于现有技术具有新颖性和创造性的技术特征，并且应当从每一项要求保护的发明的整体上考虑后加以确定。

本案中，在请求人于2008年7月31日提交的权利要求书中，权利要求1~24中所述的多种蛋白酶已被具体限定为金属蛋白酶。根据说明书的描述，本发明的发明点在于发现了"金属蛋白酶具有选择性分解糖基化血红蛋白的功能"，权利要求1~24所利用的即为"金属蛋白酶具有选择性分解糖基化血红蛋白的功能"，也即权利要求1~24具备"利用金属蛋白酶的选择性分解糖基化血红蛋白的功能"这一共有技术特征。在没有证据表明现有技术中的已知金属蛋白酶具有所述的功能、进而导致该特征并不能为权利要求1~24作出贡献并使得权利要求1~24具备创造性情况下，权利要求1~24并不明显缺乏单一性，因此，《驳回决定》和《复审通知书》中所指出的权利要求1~24不符合专利法第31条第1款的理由均不再成立。

根据以上事实和理由，本案合议组作出如下审查决定。

三、决定

撤销国家知识产权局于2007年8月10日对第01815413.1号发明专利申请作出的驳回决定。由原审查部门在本复审决定所针对的文本基础上继续进行审查。

复审请求人对本决定不服的，可以根据专利法第41条第2款的规定，自收到本决定之日起三个月内向北京市第一中级人民法院起诉。

单胺氧化酶活性测定方法及单胺氧化酶诊断试剂盒

复审请求审查决定（第 14668 号）

决 定 号	第 14668 号
决 定 日	2008 年 9 月 18 日
发明创造名称	单胺氧化酶活性测定方法及单胺氧化酶诊断试剂盒
国 际 分 类 号	C12Q 1/28
复 审 请 求 人	苏州艾杰生物科技有限公司
申 请 号	200410066193.7
申 请 日	2004 年 12 月 13 日
公 开 日	2006 年 6 月 21 日
合 议 组 组 长	李金光
主 审 员	刘洪尊
参 审 员	卢 阳
法 律 依 据	专利法第 22 条第 3 款

决 定 要 点

发明有突出的实质性特点，是指对所属技术领域的技术人员来说，发明相对于现有技术是非显而易见的。发明有显著的进步，是指发明与现有技术相比能够产生有益的技术效果。

一、案由

本复审请求涉及 2004 年 12 月 13 日申请、2006 年 6 月 21 日公开、名称为"单胺氧化酶活性测定方法及单胺氧化酶诊断试剂盒"的第 200410066193.7 号发明专利申请（下称本申请）。本申请的申请人为苏州艾杰生物科技有限公司。

针对申请人于申请日提交的权利要求 1~10、说明书第 1~11 页及摘要，国家知识产权局原审查部门于 2007 年 11 月 9 日以权利要求 1 不符合专利法 22 条第 3 款的规定为由驳回了本申请。

驳回决定所针对的权利要求 1 为：

"1. 一种测定单胺氧化酶活性的方法，包括以下步骤：

①将待测样品与含有胺类化合物、过氧化物酶和还原型色原体组合的试剂混匀，使之发生以下反应：

胺类化合物 + 2 水 + 氧 $\xrightarrow{\text{单胺氧化酶}}$ 相应醛类产物 + 铵离子 + 过氧化氢 + 2 OH$^-$

过氧化氢 + 还原型色原体组合 $\xrightarrow{\text{过氧化物酶}}$ 吲哚胺色或醌亚胺色原 + 水

②将反应混合物置于紫外/可见光分析仪或者半自动/全自动生化分析仪下,检测主波长400~600nm的吸光度的上升速度,测算出样品中单胺氧化酶的活性大小。"

驳回决定认为:权利要求1要求保护一种测定单胺氧化酶活性的方法,包括将待测样品与含有胺类化合物、过氧化物酶和还原型色原体组合物的试剂混合,使之发生反应,然后将反应混合物置于分析仪下,检测吸光度,从而测算出样品中单胺氧化酶的活性大小。对比文件1("Colorimetricassayformonoamineoxidaseintissuesusingperoxidaseand2,2′-azinodi(3-ethylbenzthiazoline-6-sulfonicacid)aschromogen",ANDRZEJ等,ANALYTICALBIOCHEMISTRY,第138卷,第86~94页,公开日1984年)公开了一种测定样品中单胺氧化酶活性的方法,该方法的原理同样是用过氧化物酶-色素法测定产生的过氧化氢的量,该方法以酪胺作为单胺氧化酶的反应底物,过氧化物酶为辣根过氧化物酶,色原体采用的是2,2′-azinodi(3-ethylbenzthiazoline-6-sulfonicacid(ABTS)(参见摘要,以及材料与方法部分)。权利要求1所要求保护的技术方案与对比文件1相比,区别在于权利要求1采用色原体组合来检测所生成的过氧化氢。对比文件2("酶法测定血清镁的技术进展",浦林等,国外医学临床生物化学与检验学分册,第19卷第1期,第7~9页,公开日1998年)公开了一种测定过氧化氢的方法以及在此方法中使用的色原体组合,即4-氨基安替比林(等同于本申请中的4-氨基抗吡啉,APP)和2-羟-3,5-二氯苯磺酸钠构成的色原组合,其中过氧化氢与上述色原体组合在过氧化物酶的作用下,生成可检测的红色化合物,在510nm处监测红色化合物的吸光度,或者采用ABA-200自动生化分析仪检测,主波长为500nm(参见8页甘油激酶、磷酸甘油氧化酶和过氧化物酶偶联法部分)。在对比文件1已经公开以胺类化合物为反应底物,通过测定生成的过氧化氢的量来测算样品中单胺氧化酶的活性的情况下,结合对比文件2所公开的采用色原体组合来测定生成的过氧化氢的量,从而得出权利要求1所要求保护的技术方案,对于本领域技术人员来说是不需要付出创造性劳动的,权利要求1不具备突出的实质性特点和显著的进步,不符合专利法22条第3款关于创造性的规定。

申请人苏州艾杰生物科技有限公司(下称请求人)对上述驳回决定不服,于2008年2月3日向专利复审委员会提出复审请求,请求人在提出复审请求时提交了权利要求书的全文替换页(共9项权利要求)。请求人对权利要求书所做修改为删除原从属于权利要求1、2、3的权利要求4,将原权利要求4的部分特征补入原权利要求1,形成新的权利要求1,其余权利要求仅进行了编号和引用关系的适应性修改。

修改后的权利要求1为:

"1. 一种测定单胺氧化酶活性的方法,其特征在于该方法的步骤如下:

①将待测样品与含有胺类化合物、过氧化物酶和还原型色原体组合的试剂进行混匀,在待测样品与所述试剂按照体积比1:10至1:500、反应温度20℃~50℃、反应时间2~30分钟的条件下进行下述反应:

胺类化合物+2水+氧 $\xrightarrow{\text{单胺氧化酶}}$ 相应醛类产物+铵离子+过氧化氢+2 OH$^-$

过氧化氢+还原型色原体组合 $\xrightarrow{\text{过氧化物酶}}$ 吲哚胺色或醌亚胺色原+水

②将上述反应混合物置于紫外/可见光分析仪或者半自动/全自动生化分析仪下,检测在主波长400~600nm的吸光度的上升速度,从而测算出待测样品中的单胺氧化酶活性。"

请求人认为,修改后的权利要求1与对比文件1和2不同,而且也不是由对比文件1和2的技术方案组合而成的,也不能从这些对比文件中得到启示,因此是一种新的技术方案,是非显而易见的,具有突出的实质性特点和显著的进步。因此权利要求1满足专利法第22条第3款的规定,国家知识产权局原审查部门驳回的理由不成立。

形式审查合格后,专利复审委员会受理了该复审请求,并于2008年3月11日向请求人发出《复审请求受理通知书》,随后将本申请移交原审查部门进行前置审查。

原审查部门对本复审请求进行了前置审查，坚持原驳回决定，具体理由是：新提交的权利要求1是将原权利要求4的内容加入到原权利要求1中得到的，只是加入了反应时间和温度，所述的特征仅仅是常规选择，因此该权利要求没有创造性。

请求人于2008年7月28日再次提交了经过修改的权利要求书全文替换页（共6项权利要求）。其中删除了其提出复审请求时提交的权利要求书中的权利要求1~3，将其提出复审请求时提交的权利要求书中的权利要求4~9修改为1~6。请求人认为，修改后的权利要求1请求保护试剂盒，其包括还原性色原体组合和稳定剂，对比文件1、2均未公开试剂盒，且未教导试剂盒所使用的稳定剂，故权利要求1相对于对比文件1、2具有创造性。由于权利要求2~6是权利要求1的从属权利要求，所以权利要求2~6也具有创造性。

请求人于2008年7月28日提交的修改的权利要求书为：

"1. 一种单胺氧化酶诊断试剂盒，其特征在于该盒的试剂如下：

pH6.0~11.0缓冲液	40~200mmol/l，
胺类化合物	0.5~20mmol/l，
过氧化物酶	5000~50000U/l，
还原型色原体组合	0.1~20mmol/l，
稳定剂/试剂总体积	10%~80%。

2. 根据权利要求1所述的单胺氧化酶诊断试剂盒，其特征在于所述胺类化合物选自苄胺、对苯甲胺-β-偶氮萘酚、丁基胺、戊基胺、β-苯乙基胺、酪胺、5-羟色胺以及它们的衍生物的化合物。

3. 根据权利要求1或2所述的单胺氧化酶诊断试剂盒，其特征在于：

所述还原型色原体组合是由还原型色原体A与组分B组成的，A和B的浓度均为0.1~20mmol/l；

还原型色原体A是3-甲基-2-苯噻唑酮腙或者4-氨基抗砒呤；

组分B选自石碳酸、N-乙基-N-（3-硫丙基）-m-噻啶胺、N,N-双乙基-m-甲苯胺、2,4-双氯石碳酸、2,4,6-仨溴-3-羟基-苯磺酸、3,5-双氯石碳酸磺酸、3,5-双氯-2-羟基-苯磺酸、N-乙基-N-（2-羟基-3-硫丙基）-m-甲苯胺钠盐、仨溴羟基苯甲酸、双甲基苯胺、N-乙基-N-（2-羟基-3-硫丙基）-m-甲苯胺、2,2'-联氮-双（3-乙基苯并噻唑啉-6-磺酸）二铵盐、2,2'-连氮基-双（3-乙基苯并噻吡咯啉-6-磺酸）、4-羟基-3-甲氧基苯甲酸或3-甲基-乙基-羟基苯胺。

4. 根据权利要求1或2所述的单胺氧化酶诊断试剂盒，其特征在于所述缓冲液选自三羟甲基氨基甲烷-盐酸缓冲液、三乙醇胺缓冲液、2-氨基-2-甲基-1-丙醇缓冲液、咪唑-盐酸缓冲液、双甘肽缓冲液、柠檬酸-柠檬酸钠缓冲液、巴比妥钠-盐酸缓冲液、碳酸钠-碳酸氢钠缓冲液、硼酸-硼砂缓冲液、甘氨酸-氢氧化钠缓冲液、硼砂-氢氧化钠缓冲液、磷酸缓冲液或磷酸盐缓冲液。

5. 根据权利要求1或2所述的单胺氧化酶诊断试剂盒，其特征在于所述稳定剂是一种或多种选自乙二醇、丙二醇、甘油、硫酸铵、硫基乙醇、葡萄糖、腺苷二磷酸、牛血清白蛋白、碳酸盐、胆酸盐、葡聚糖、乙二胺四乙酸、黄素腺嘌呤二核苷酸、黄素单核苷酸、谷氨酸盐、还原型谷胱甘肽、乳糖、甘露醇、丁二酸盐或者氯化钠的稳定剂。

6. 权利要求2~6中任意一种单胺氧化酶诊断试剂盒，其特征在于所述试剂配成单剂、双剂或者三剂。"

专利复审委员会组成合议组，对本复审请求案进行了审理。经审查，合议组认为本案事实已经清楚，可以作出复审决定。

二、决定的理由

1. 关于文本

请求人于2008年7月28日提交了修改的权利要求书，其中所做的修改在原说明书和权利要求书中有明确记载,符合专利法第33条的规定,可以被接受。

本复审决定所针对的文本为请求人于2008年7月28日提交的权利要求1~6,于2004年12月13日提交的说明书第1~11页和说明书摘要。

2. 关于专利法第22条第3款

专利法第22条第3款规定:"创造性,是指同申请日以前已有的技术相比,该发明有突出的实质性特点和显著的进步,该实用新型有实质性特点和进步。"

根据该款规定,发明有突出的实质性特点,是指对所属技术领域的技术人员来说,发明相对于现有技术是非显而易见的。发明有显著的进步,是指发明与现有技术相比能够产生有益的技术效果。

本案中驳回决定认为,请求人于申请日提交的权利要求书中的权利要求1相对于对比文件1的区别在于权利要求1采用色原体组合来检测过氧化氢,对比文件2教导4-氨基安替比林(等同于本申请中的4-氨基抗吡咛,APP)和2-羟-3,5-二氯苯磺酸钠构成的色原组合,其中过氧化氢与上述色原体组合在过氧化物酶的作用下,生成可检测的红色化合物。所以该权利要求1相对于对比文件1和对比文件2的结合不具备突出的实质性特点和显著的进步,不具备创造性,不符合专利法第22条第3款的规定。

2008年7月28日,请求人提交经过修改的权利要求书,其中删除了驳回决定所针对的权利要求1,也删除了从属于该权利要求的从属权利要求,从而克服了驳回决定和前置意见所指出的缺陷。

根据以上事实和理由,本案合议组作出如下审查决定。

三、决定

撤销国家知识产权局于2007年11月9日对第200410066193.7号发明专利申请作出的驳回决定。由原审查部门在本复审决定所针对的文本的基础上继续进行审查程序。

复审请求人对本决定不服的,可以根据专利法第41条第2款的规定,自收到本决定之日起三个月内向北京市第一中级人民法院起诉。

用于心脏病的抗人线粒体腺苷酸激酶同工酶抗体，诊断制剂和诊断试剂盒

复审请求审查决定（第 14673 号）

决 定 号	第 14673 号
决 定 日	2008 年 9 月 10 日
发明创造名称	用于心脏病的抗人线粒体腺苷酸激酶同工酶抗体，诊断制剂和诊断试剂盒
国际分类号	A61K 39/395
复审请求人	金晓骏
申 请 号	00805979.9
优 先 权 日	2000 年 2 月 8 日
申 请 日	2000 年 8 月 10 日
公 开 日	2002 年 9 月 11 日
合议组组长	李金光
主 审 员	王 冬
参 审 员	冯 怡
法 律 依 据	专利法第 25 条第 1 款第（3）项，第 26 条第 3 款
决 定 要 点	

化学产品的制备用途不涉及疾病的诊断和治疗方法，属于可授予专利权的客体。

如果说明书清楚地记载了发明或者实用新型的技术方案，详细地描述了实现发明或者实用新型的具体实施方式，完整地公开了对于理解和实现发明或者实用新型必不可少的技术内容，达到所属技术领域的技术人员能够实现该发明或者实用新型的程度，则说明书达到了充分公开的要求。

一、案由

本复审请求涉及于 2000 年 8 月 10 日申请、2002 年 9 月 11 日公开、名称为"用于心脏病的抗人线粒体腺苷酸激酶同工酶抗体，诊断制剂和诊断试剂盒"的第 00805979.9 号发明专利申请（下称本申请），其申请人为金晓骏，其优先权日为 2000 年 2 月 8 日。

针对申请人于 2005 年 5 月 19 日提交的权利要求 1～10、2001 年 10 月 8 日本申请进入中国国家阶段时提交的国际申请文件中文译文说明书第 1～25 页、附图第 1～9 页以及说明书摘要，国家知识产权局于 2005 年 12 月 9 日以本申请说明书不符合专利法第 26 条第 3 款的规定为由驳回了本申请。

驳回决定所针对的权利要求书为：

"1. 一种用于诊断心脏病的免疫制剂，含有与人线粒体腺苷酸激酶同工酶3（AK3）结合的抗体或其一部分。

2. 根据权利要求1的免疫制剂，其中所述的抗体或其一部分与检测标记物结合。

3. 根据权利要求2的免疫制剂，其中检测标记物选自放射性同位素、酶、化学发光化合物、荧光素、藻胆蛋白、稀土螯合剂、若丹明（rodamine）、辅酶、链霉抗生物素蛋白和生物素。

4. 一种用于诊断心脏病的诊断试剂盒，含有与人线粒体腺苷酸激酶同工酶3（AK3）结合并与检测标记物结合的抗体或其一部分，以及可药用载体。

5. 根据权利要求4的诊断试剂盒，其中检测标记物选自放射性同位素、酶、化学发光化合物、荧光素、藻胆蛋白、稀土螯合剂、若丹明、辅酶、链霉抗生物素蛋白和生物素。

6. 根据权利要求4的诊断试剂盒，其进一步含有对照样品。

7. 一种用于诊断心脏病的方法，包括：

（i）通过将与人线粒体腺苷酸激酶同工酶3（AK3）结合的抗体或其一部分分别与生物样品对照样品接触而产生免疫复合物；

（ii）检测在步骤（i）中得到的免疫复合物；和

（iii）比较检测结果。

8. 根据权利要求7的诊断方法，其中生物样品选自尿、血液、血清和血浆。

9. 人线粒体腺苷酸激酶同工酶3（AK3）作为心脏病诊断的标记物的应用。

10. 与人线粒体腺苷酸激酶同工酶3（AK3）结合的抗体或其一部分在心脏病诊断中的应用。"

驳回决定指出：（1）由于hAK3可以在肝、心肌、肾等脏器组织表达，因此hAK3可能在肝脏、肾脏疾病时表达释放入血液，然而说明书实施例部分没有记载检测到的血液AK3浓度在心脏病人与肝脏、肾脏疾病患者之间是否有明显差异，所以本领域技术人员不能判断对不同疾病患者，尤其是在心脏病和肝脏、肾脏疾病患者之间检测AK3是否可以达到预期要解决的技术问题或效果，即AK3是否可以作为心脏病的特异性临床标记。（2）申请人在2005年5月19日提交的意见陈述书和经过修改的权利要求书仍然不能说明AK3是否可以作为心脏病的特异性临床标记。申请人在意见陈述书中指出的实施例6，7无法说明AK3浓度在心脏病人与肝脏、肾脏疾病患者之间是否有区别，同时意见陈述书中提到的参考资料没有任何出处和时间，因而没有任何参考意义。所以，本申请的说明书未对发明作出清楚、完整的说明，致使所属技术领域的技术人员不能实现该发明，不符合专利法第26条第3款的规定。

申请人金晓骏（下称请求人）对上述驳回决定不服，于2006年3月24日向专利复审委员会提出复审请求，没有提交任何修改文件。

请求人认为：世界卫生组织（WHO）提出的心肌梗死的诊断标准是：（1）传统胸痛，（2）ECG的Q波异常，（3）生化标记物应超过参考范围（参见说明书第2页第26～29行）。如果一个患者符合至少上述两项标准，则应将其最终确诊为心肌梗死患者。换言之，生化指标并不单独用来确诊心肌梗死，hAK3限制性地在人体心脏，肝脏和肾脏中表达，但在骨骼中并不表达，其与上述心肌梗死的其他诊断标准结合，本领域技术人员完全能够排除由于肝和肾病引起的hAK3表达，从而用作心脏病的特异性临床标记。正如本发明实施例6和7证实，hAK3已显示比CK-MB更准确地诊断心肌梗死。因此，本申请说明书公开充分，符合专利法第26条第3款的规定。

形式审查合格后，专利复审委员会受理了此复审请求，并于2006年11月1日向请求人发出《复审请求受理通知书》，同时将本申请案卷移交原审查部门进行前置审查。

原审查部门对本复审请求进行了前置审查，坚持原驳回决定。

专利复审委员会组成合议组,对本案的复审请求进行了审理。2008年7月7日,专利复审委员会向请求人发出《复审通知书》。《复审通知书》指出:权利要求7~8请求保护用于诊断心脏病的方法,权利要求9~10分别请求保护人线粒体腺苷酸激酶同工酶3(AK3)、其抗体或其一部分在心脏病诊断中的应用,属于专利法第25条第1款第(3)项规定的疾病诊断和治疗方法的范畴,不能被授予专利权。

针对《复审通知书》指出的问题,请求人于2008年8月11日提交了权利要求书全文替换页(共8项),其中请求人删除了权利要求7~8,将权利要求9和10修改成Swiss用途形式,还删除了权利要求1、3~4和9~10中不必要的括号,并对权利要求的编号作了适应性修改。修改后的权利要求书如下:

"1. 一种用于诊断心脏病的免疫制剂,含有与人线粒体腺苷酸激酶同工酶3结合的抗体或其一部分。

2. 根据权利要求1的免疫制剂,其中所述的抗体或其一部分与检测标记物结合。

3. 根据权利要求2的免疫制剂,其中检测标记物选自放射性同位素、酶、化学发光化合物、荧光素、藻胆蛋白、稀土螯合剂、若丹明、辅酶、链霉抗生物素蛋白和生物素。

4. 一种用于诊断心脏病的诊断试剂盒,含有与人线粒体腺苷酸激酶同工酶3结合并与检测标记物结合的抗体或其一部分,以及可药用载体。

5. 根据权利要求4的诊断试剂盒,其中检测标记物选自放射性同位素、酶、化学发光化合物、荧光素、藻胆蛋白、稀土螯合剂、若丹明、辅酶、链霉抗生物素蛋白和生物素。

6. 根据权利要求4的诊断试剂盒,其进一步含有对照样品。

7. 人线粒体腺苷酸激酶同工酶3在制备用于心脏病诊断的标记物中的应用。

8. 与人线粒体腺苷酸激酶同工酶3结合的抗体或其一部分在制备用于心脏病诊断的免疫制剂中的应用。"

至此,合议组认为本案事实清楚,可以作出审查决定。

二、决定的理由

1. 关于审查文本

请求人在2008年8月11日提交了权利要求书的修改替换页,其修改没有超出原申请文件记载的范围,符合专利法第33条和专利法实施细则第60条第1款的规定,因此本决定是在请求人提交的上述权利要求1~8、2001年10月8日本申请进入中国国家阶段时提交的国际申请文件中文译文说明书第1~24页、序列表第1~2页、附图第1~9页以及说明书摘要和摘要附图的基础上作出的。

2. 关于专利法第25条第1款第(3)项

专利法第25条第1款第(3)项规定,对疾病的诊断和治疗方法不授予专利权。

化学产品的制备用途不涉及疾病的诊断和治疗方法,属于可授予专利权的客体。

本案中,《复审通知书》指出在请求人于2005年5月19日所提交的权利要求书中,权利要求7~10属于专利法第25条第1款第(3)项所述的疾病的诊断和治疗方法的范围,不能被授予专利权。

在请求人于2008年8月1日提交的权利要求书中,将原权利要求7~8删除,将原权利要求9~10,即修改后的权利要求7~8请求保护的主题修改为制备应用,不涉及诊断和治疗方法,所以修改后要求保护的主题属于可授予专利权的客体,由此可见,请求人于2008年8月11日提交的权利要求书已经克服了《复审通知书》所指出的上述缺陷。

3. 关于专利法第26条第3款

专利法第26条第3款规定:说明书应当对发明作出清楚、完整的说明,以所属技术领域的技术人员能够实现为准。

如果说明书清楚地记载了发明或者实用新型的技术方案,详细地描述了实现发明或者实用新型的具体实施方式,完整地公开了对于理解和实现发明或者实用新型必不可少的技术内容,达到所属技术领域的技术人员能够实现该发明或者实用新型的程度,则说明书达到了充分公开的要求。

本案中,权利要求1~6请求保护用于诊断心脏病的免疫制剂和诊断试剂盒,权利要求7~8分别请求保护人线粒体腺苷酸激酶同工酶3、其抗体或其一部分在制备用于心脏病诊断的标记物和免疫制剂中的应用。

《驳回决定》曾经指出由于hAK3可以在肝、心肌、肾等脏器组织表达,因此hAK3可能在肝脏、肾脏疾病时表达释放入血液,然而说明书实施例部分没有记载检测到的血液AK3浓度在心脏病人与肝脏、肾脏疾病患者之间是否有明显差异,所以本领域技术人员不能判断对不同疾病患者,尤其是在心脏病和肝脏、肾脏疾病患者之间检测AK3是否可以达到预期要解决的技术问题或效果,即AK3是否可以作为心脏病的特异性临床标记。因此,本申请的说明书未对发明作出清楚、完整的说明,不符合专利法第26条第3款的规定。

对此,合议组认为:首先,根据说明书记载可知,本发明的目的是提供用于心脏病的免疫制剂和诊断试剂盒,人线粒体腺苷酸激酶同工酶3、其抗体或其一部分在制备用于心脏病诊断的标记物和免疫制剂中的应用,其特征在于利用具有心肌特异性表达的人线粒体腺苷酸激酶同工酶AK3作为包括心肌梗死、心绞痛等在内的心脏病的诊断标记,使用本发明的免疫制剂和诊断试剂盒能够比现有技术中存在的诊断方法如CK-MB,更正确和容易地诊断心脏病。本申请的说明书中并未记载本发明的目的如《驳回决定》所述是要将AK3作为将心脏病患者与肝脏、肾脏疾病的患者区分开来的特异性临床标记。在本申请背景技术部分记载了世界卫生组织(WHO)提出的心肌梗死的诊断标准是:(1)传统胸痛,(2)ECG的Q波异常,(3)生化标记物应超过参考范围。如果一个患者符合至少上述两项标准,则应将其最终确诊为心肌梗死患者(参见本申请说明书第2页第26~29行)。由以上所述可知,在心肌梗死的诊断中,检测生物化学标记物例如AK3只是其中的一项诊断标准,在此基础上,本领域技术人员还需要根据患者是否存在传统的胸痛以及ECG的Q波异常来判断患者是否患有心肌梗死疾病。同时由于肝脏疾病如乙肝、肾脏疾病如肾结石,与心脏病有着明显不同的发病机理和临床表现,它们的诊断方法与心脏病的诊断方法也存在不同,本领域技术人员在诊断患者的疾病为心脏病、肝脏还是肾脏疾病时,并不会仅仅依靠检测AK3,还需要借助其他检测技术才能确诊患者的疾病。由以上所述可知,本领域技术人员完全能够通过检测AK3,并将其与现有技术已知的心脏病的诊断标准相结合来判断患者是否患有心脏病,从而完全能够将心脏病患者与肝脏、肾脏疾病患者区分开来。

其次,就本发明的目的而言,本申请说明书记载了AK3在肝、心肌、肾和肺中表达,在骨骼肌中并不表达表明AK3具有心脏特异性,这使得AK3能够作为用于心细胞损伤的临床标记(参见说明书第8页第22行至第9页第2行,实施例4),同时还记载了能够证明AK3可作为诊断标记用于诊断心脏病的实验数据,具体为:实施例6记载了从综合性医院急诊室门诊病人收集的血液样品完成AK3作为心肌梗死诊断指标的实验,检测了各血清的CKMB单位和AK3,最终在心肌梗死的患者中检测到AK3,其他疾病患者,例如进行脑出血手术的患者只是检测到CKMB单位,而未检测到AK3(参见表2~4);实施例7记载了从韩国大学附属的Guro综合性医院循环内科住院并最终被诊断为心肌梗死的患者收集待测血清,测定CKMB浓度和AK3,最终检测AK3的准确率为100%,检测CKMB出现了假阴性,如第487号和第607号样品(参见表5)。实施例6和7的结果表明使用包括抗AK3抗体的免疫制剂和诊断试剂盒检测AK3能够比CK-MB更准确和容易地诊断心脏病。由以上所述可知,本申请说明书已对通过检测 AK3 诊断心脏病进行了详细描述，所记载的实验数据也已经证实了通过用抗 AK3 抗体检测 AK3 要比现有技术中的 CK-MB 更正确和容易地诊断心脏病，因此，本领域技术人员根据本申请说明书的描述完全能够实施本申请的技术方案并预期本发明能够实现所述技术方案和效果。

综上，本申请说明书已经对本发明的技术方案、有益效果做了详细地描述，本领域技术人员根据本申请说明书的描述完全能够理解和实施本发明的技术方案并预期其能够实现本发明预期的有益效果，本申请说明书达到了充分公开的要求，符合专利法第 26 条第 3 款的规定。

基于以上所述，合议组认为，驳回决定认定本申请的说明书公开不充分，不符合专利法第 26 条第 3 款的理由不成立，应予撤销。

根据以上事实和理由，本案合议组作出如下审查决定。

三、决定

撤销国家知识产权局于 2005 年 12 月 9 日对第 00805979.9 号发明专利申请作出的驳回决定。由原审查部门在本决定所依据的文本的基础上继续进行审查。复审请求人对本决定不服的，可以根据专利法第 41 条第 2 款的规定，自收到本决定之日起三个月内向北京市第一中级人民法院起诉。

只存在于病原性分枝杆菌并选择表达于吞噬体 pH 值下的分泌型酸性磷酸酶（SAPM）

复审请求审查决定（第 14728 号）

决 定 号	第 14728 号
决 定 日	2008 年 9 月 17 日
发明创造名称	只存在于病原性分枝杆菌并选择表达于吞噬体 pH 值下的分泌型酸性磷酸酶（SAPM）
国际分类号	C12N 9/16，C12N 15/55，C12N 15/67，C12N 5/10，C07K 16/12，G01N 33/50，A61K 39/04
复审请求人	成都永安制药有限公司，刘军
申 请 号	200380100130.2
优 先 权 日	2002 年 10 月 9 日
申 请 日	2003 年 10 月 9 日
公 开 日	2005 年 10 月 19 日
合议组组长	王晓云
主 审 员	王 冬
参 审 员	孙俊荣

法 律 依 据 专利法第 25 条第 1 款第（3）项，第 26 条第 3 款

决 定 要 点

如果修改后的权利要求请求保护的主题不涉及疾病的诊断和治疗方法，则修改后要求保护的主题不再属于专利法第 25 条第 1 款第（3）项不能被授予专利权的客体。

如果本领域技术人员根据说明书的记载，并依据本领域普通技术知识，能够实现发明的技术方案，解决其技术问题，并且产生预期的技术效果，则应当认为说明书公开充分，符合专利法第 26 条第 3 款的规定。

一、案由

本复审请求涉及申请日为 2003 年 10 月 9 日、优先权日为 2002 年 10 月 9 日、公开日为 2005 年 10 月 19 日、名称为"只存在于病原体分枝杆菌并选择表达于吞噬体 pH 值下的分泌型酸性磷酸酶（SAPM）"的第 200380100130.2 号发明专利申请（下称本申请），其申请人为成都永安制药有限公司，共同申请人为刘军。

2006年12月8日，国家知识产权局针对申请人于2004年7月20日进入中国国家阶段时提交的权利要求第1~8、16~30项，说明书第1~40页，说明书附图第1~9页，序列表第1~25页以及摘要，于2006年7月6日提交的权利要求9~15，以本申请说明书不符合专利法第26条第3款的规定为由作出驳回决定。驳回决定所针对的权利要求书中独立权利要求1如下：

"1. 一种分离的DNA序列，包括分枝杆菌的分泌型酸性磷酸酶基因的启动子或启动子片段，其中所述启动子或启动子片段足以调控目的核苷酸序列的表达，并且在低pH条件下是可诱导的。"

驳回理由概括为：（1）本申请在说明书第12页最后一段记载，本申请提供的启动子序列为SEQ ID NO：1、SEQ ID NO：2、SEQ ID NO：3、SEQ ID NO：4所示的核苷酸序列，这些序列为500bp的序列，但是在说明书第31页验证sapM启动子诱导表达的实验中，却记载的是560bp的启动子片段，本领域技术人员不能由此得出SEQ ID NO：1、SEQ ID NO：2、SEQ ID NO：3、SEQ ID NO：4与560bp的启动子片段之间具有怎样的关系，上述情形将导致本领域技术人员无法实施本发明或不能预期其技术效果。（2）说明书第5页虽然记载了针对SEQ ID NO：10、SEQ ID NO：12、SEQ ID NO：14、SEQ ID NO：16可以产生特异性抗体，但是在说明书第32~33页针对sapM基因的特异性抗原验证实验中却没有公开具有识别特异抗体功能的sapM基因的具体序列是什么，这将导致本申请虽然公开了sapM基因序列SEQ ID NO：10、SEQ ID NO：12、SEQ ID NO：14、SEQ ID NO：16，但是没有对其进行可用于特异性结合病原性分枝杆菌的功能验证，虽然公开了"sapM基因"可用于特异性结合病原性分枝杆菌的功能验证，但是没有公开该"sapM基因"具体指的是哪种分枝杆菌的sapM基因，并且由于上述四条sapM基因序列结构并不相同，要证实这四条序列都具有所述功能，应该分别进行验证或予以说明，上述情形将导致本领域技术人员无法实施本发明或不能预期其技术效果。因此，本发明存在未充分公开的缺陷，不符合专利法第26条第3款的规定。（3）申请人针对《第二次审查意见通知书》的陈述尽管澄清了说明书具有实验效果数据的示例针对的是具体哪些序列而进行的，但也同时进一步证实了前次审查意见通知书和本次审查决定的上述观点，本发明说明书公开的程度导致公众对一些基本信息的理解尚存在困难，更不必说再现本发明并且预期本发明的技术效果了。因此，本发明存在未充分公开的缺陷。至于认为可以由公开的某个序列的实验结果可以不必花费创造性劳动就能够推知其他几条序列功能效果的问题，涉及的是所要求的保护范围能否得到说明书支持的问题，应该是在解决了专利法第26条第3款缺陷之后解决的问题。

申请人成都永安制药有限公司、刘军（下称请求人）对上述驳回决定不服，于2007年3月14日向专利复审委员会提出复审请求，并提交了权利要求书全文替换页（共21项），权利要求书内容如下：

"1. 一种诊断受试者病原性分枝杆菌感染的方法，包括：

（a）从受试者获得生物学样本；和

（b）分析该样本中针对分枝杆菌分泌型酸性磷酸酶的特异性抗体的存在，其中检测到针对分枝杆菌分泌型酸性磷酸酶的特异性抗体就表示存在病原性分枝杆菌感染。

2. 权利要求1中的方法，其中所述的分枝杆菌分泌型酸性磷酸酶选自：结核杆菌SapM[SEQ ID NO：10]、牛型结核杆菌SapM[SEQ ID NO：12]、鸟结核分枝杆菌SapM[SEQ ID NO：14]和海鱼分枝杆菌SapM[SEQ ID NO：16]。

3. 一种诊断受试者病原性分枝杆菌感染的方法，包括：

（a）从受试者获得核酸样本；和

（b）分析样本中编码分枝杆菌分泌型酸性磷酸酶的核酸的存在，其中检测到编码分枝杆菌分泌型酸性磷酸酶的核酸就表示存在病原性分枝杆菌感染。

特定技术特征,因此产品权利要求13和权利要求19及其从属权利要求也具备单一性。

形式审查合格后,专利复审委员会受理了该复审请求,并于2007年12月26日向请求人发出《复审请求受理通知书》,同时将本申请案卷移交原审查部门进行前置审查。

原审查部门对本复审请求进行了前置审查,坚持原驳回决定,具体理由是:权利要求1~24的多个并列技术方案的选择要素仍然是特定的蛋白酶,由于这些蛋白酶没有相同结构,不能被本领域公认是同一化合物类别,致使权利要求1~24不具备相同或相应的特定技术特征,不符合专利法第31条第1款的规定。

专利复审委员会组成合议组,对本复审请求案进行了审理,并于2008年4月25日向请求人发出《复审通知书》。该《复审通知书》指出:权利要求1~24中相对于现有技术作出贡献的特定技术特征是选择性分解糖基化血红蛋白的具体蛋白酶,由于这些蛋白酶既不具有共同的结构,也不属于同一化合物类别,因此权利要求中并列的各技术方案之间并不具有相同或相应的特定技术特征,致使权利要求1~24的各个并列技术方案之间不具有单一性,不符合专利法第31条第1款的规定。

针对《复审通知书》指出的问题,请求人于2008年7月31日提交了意见陈述书,表示接受合议组的审查意见,同时提交了经修改的权利要求书全文替换页(共24项),其中将权利要求1~24中所述的蛋白酶具体限定为金属蛋白酶。

修改后的权利要求书如下:

"1. 选择性地分解糖基化血红蛋白的蛋白酶在制备通过用所述蛋白酶选择性地分解全血中的糖基化血红蛋白、使该糖基化血红蛋白分解物的糖基化部分与糖基化氨基酸氧化还原酶反应、通过测定该氧化还原反应来测定血红蛋白糖基化量的试剂盒中的用途,其中所述蛋白酶是金属蛋白酶。

2. 选择性地分解糖基化血红蛋白的蛋白酶在制备通过用所述蛋白酶选择性地分解经溶血处理的全血中的糖基化血红蛋白、使该糖基化血红蛋白分解物的糖基化部分与糖基化氨基酸氧化还原酶反应、通过测定该氧化还原反应来测定血红蛋白糖基化量的试剂盒中的用途,其中所述蛋白酶是金属蛋白酶。

3. 权利要求1或2的用途,其中所述与糖基化氨基酸氧化还原酶反应的糖基化血红蛋白分解物的糖基化部分是氨基酸残基侧链的糖基化氨基。

4. 权利要求3的用途,其中所述氨基酸残基侧链的糖基化氨基是赖氨酸残基以及精氨酸残基的至少一方的侧链的糖基化氨基。

5. 权利要求1或2的用途,其中所述氧化还原反应的测定是测定所述反应产生的过氧化氢量,或测定所消耗的酶量。

6. 权利要求5的用途,其中所述试剂盒还包含过氧化物酶和因氧化而发色的底物。

7. 权利要求6的用途,其中所述因氧化而发色的底物是N-(羧甲基氨基羰基)-4,4-双(二甲氨基)联苯胺钠。

8. 权利要求1或2的用途,其中所述蛋白酶的用量为相对于1 mL全血1,000~10,000,000U。

9. 权利要求1或2的用途,其中所述糖基化氨基酸氧化还原酶是以选自糖基化蛋白、糖基化肽以及糖基化氨基酸的至少一种糖基化胺为底物,作用于所述糖基化胺的α-氨基糖基化部分和侧链氨基糖基化部分的至少一方,生成过氧化氢的反应的酶。

10. 权利要求1或2的用途,其中所述试剂盒含有糖基化氨基酸氧化还原酶,其用量为相对于1mL全血500~40000U。

11. 选择性地分解糖基化血红蛋白的蛋白酶在制备通过准备选择性地分解糖基化血红蛋白的蛋白酶在制备通过选择性地分解全血中的糖基化血红蛋白、使该糖基化血红蛋白分解物的糖基化部分与糖基化氨基酸氧化还原酶反应、通过测定该氧化还原反应所得的血红蛋白糖基化量与HbAlc量之间的相互关系作出的校准曲线来测定全血样品中的HbAlc量的试剂盒中的用途，其中所述蛋白酶是金属蛋白酶。

12. 权利要求11的用途，其中所述校准曲线是由标准样品的已知HbAlc量与通过用所述蛋白酶所测定的所述标准样品的血红蛋白糖基化量之间的相互关系作出的。

13. 用于测定血红蛋白糖基化量的测定试剂盒，它包含区别于其他蛋白和肽而选择性分解糖基化血红蛋白的蛋白酶，其中所述蛋白酶是金属蛋白酶。

14. 用于测定经溶血处理的全血中的血红蛋白糖基化量的测定试剂盒，它包含区别于其他蛋白和肽而选择性分解糖基化血红蛋白的蛋白酶，其中所述蛋白酶是金属蛋白酶。

15. 权利要求13或14的测定试剂盒，它还包含糖基化氨基酸氧化还原酶。

16. 权利要求15的测定试剂盒，其中所述糖基化氨基酸氧化还原酶是以选自糖基化蛋白、糖基化肽以及糖基化氨基酸的至少一种糖基化胺为底物，作用于所述糖基化胺的α-氨基糖基化部分和侧链氨基糖基化部分的至少一方，催化生成过氧化氢的反应的酶。

17. 权利要求16的测定试剂盒，它还包含过氧化物酶和因氧化而发色的底物。

18. 权利要求17的测定试剂盒，其中所述因氧化而发色的底物是N-（羧甲基氨基羰基）-4,4-双（二甲氨基）联苯胺钠。

19. 用于测定血红蛋白糖基化量的测定试剂，它包含区别于其他蛋白和肽而选择性分解糖基化血红蛋白的蛋白酶，其中所述蛋白酶是金属蛋白酶。

20. 用于测定经溶血处理的全血中的血红蛋白糖基化量的测定试剂，它包含区别于其他蛋白和肽而选择性分解糖基化血红蛋白的蛋白酶，其中所述蛋白酶是金属蛋白酶。

21. 权利要求19或20的测定试剂，它还包含糖基化氨基酸氧化还原酶。

22. 权利要求21的测定试剂，其中所述糖基化氨基酸氧化还原酶是以选自糖基化蛋白、糖基化肽以及糖基化氨基酸的至少一种糖基化胺为底物，作用于所述糖基化氨基的α-氨基糖基化部分和侧链氨基糖基化部分的至少一方，催化生成过氧化氢的反应的酶。

23. 权利要求22的测定试剂，它还包含过氧化物酶和因氧化而发色的底物。

24. 权利要求23的测定试剂，其中所述因氧化而发色的底物是N-（羧甲基氨基羰基）-4,4-双（二甲氨基）联苯胺钠。"

至此，合议组认为本案事实已经清楚，可以作出审查决定。

二、决定的理由

1. 文本认定

请求人在于2008年7月31日提交的修改后的权利要求1、2、11、13、14、19、20中，将蛋白酶具体限定为金属蛋白酶，除此之外未作其他修改。请求人所作的这种修改，符合专利法第33条和专利法实施细则第60条第1款的规定。请求人在复审请求时仅对权利要求书进行了修改，因此本复审决定所针对的文本为请求人于2008年7月31日提交的权利要求1~24和驳回决定所针对的说明书、说明书附图、摘要及摘要附图。

2. 关于专利法第31条第1款

专利法第31条第1款规定：一件发明申请或实用新型专利申请应当限于一项发明或实用新型。属于一个总的发明构思的两项以上的发明或者实用新型，可以作为一件申请提出。

根据该款规定，可以作为一件专利申请提出的属于一个总的发明构思的两项以上的发明或者实用新型，应当在技术上相互关联，包含一个或者多个相同或者相应的特定技术特征，其中，特定技术特征是体现发明对现有技术作出贡献的技术特征，也就是使发明相对于现有技术具有新颖性和创造性的技术特征，并且应当从每一项要求保护的发明的整体上考虑后加以确定。

本案中，在请求人于2008年7月31日提交的权利要求书中，权利要求1~24中所述的多种蛋白酶已被具体限定为金属蛋白酶。根据说明书的描述，本发明的发明点在于发现了"金属蛋白酶具有选择性分解糖基化血红蛋白的功能"，权利要求1~24所利用的即为"金属蛋白酶具有选择性分解糖基化血红蛋白的功能"，也即权利要求1~24具备"利用金属蛋白酶的选择性分解糖基化血红蛋白的功能"这一共有技术特征。在没有证据表明现有技术中的已知金属蛋白酶具有所述的功能、进而导致该特征并不能为权利要求1~24作出贡献并使得权利要求1~24具备创造性情况下，权利要求1~24并不明显缺乏单一性，因此，《驳回决定》和《复审通知书》中所指出的权利要求1~24不符合专利法第31条第1款的理由均不再成立。

根据以上事实和理由，本案合议组作出如下审查决定。

三、决定

撤销国家知识产权局于2007年8月10日对第01815413.1号发明专利申请作出的驳回决定。由原审查部门在本复审决定所针对的文本基础上继续进行审查。

复审请求人对本决定不服的，可以根据专利法第41条第2款的规定，自收到本决定之日起三个月内向北京市第一中级人民法院起诉。

单胺氧化酶活性测定方法及单胺氧化酶诊断试剂盒

复审请求审查决定（第 14668 号）

决 定 号	第 14668 号
决 定 日	2008 年 9 月 18 日
发明创造名称	单胺氧化酶活性测定方法及单胺氧化酶诊断试剂盒
国 际 分 类 号	C12Q 1/28
复 审 请 求 人	苏州艾杰生物科技有限公司
申 请 号	200410066193.7
申 请 日	2004 年 12 月 13 日
公 开 日	2006 年 6 月 21 日
合议组组长	李金光
主 审 员	刘洪尊
参 审 员	卢 阳
法 律 依 据	专利法第 22 条第 3 款

决 定 要 点

发明有突出的实质性特点，是指对所属技术领域的技术人员来说，发明相对于现有技术是非显而易见的。发明有显著的进步，是指发明与现有技术相比能够产生有益的技术效果。

一、案由

本复审请求涉及 2004 年 12 月 13 日申请、2006 年 6 月 21 日公开、名称为"单胺氧化酶活性测定方法及单胺氧化酶诊断试剂盒"的第 200410066193.7 号发明专利申请（下称本申请）。本申请的申请人为苏州艾杰生物科技有限公司。

针对申请人于申请日提交的权利要求 1~10、说明书第 1~11 页及摘要，国家知识产权局原审查部门于 2007 年 11 月 9 日以权利要求 1 不符合专利法 22 条第 3 款的规定为由驳回了本申请。

驳回决定所针对的权利要求 1 为：

"1. 一种测定单胺氧化酶活性的方法，包括以下步骤：

①将待测样品与含有胺类化合物、过氧化物酶和还原型色原体组合的试剂混匀，使之发生以下反应：

胺类化合物 + 2 水 + 氧 $\xrightarrow{\text{单胺氧化酶}}$ 相应醛类产物 + 铵离子 + 过氧化氢 + 2 OH⁻

过氧化氢 + 还原型色原体组合 $\xrightarrow{\text{过氧化物酶}}$ 吲嗒胺色或醌亚胺色原 + 水

②将反应混合物置于紫外/可见光分析仪或者半自动/全自动生化分析仪下，检测主波长 400～600nm 的吸光度的上升速度，测算出样品中单胺氧化酶的活性大小。"

驳回决定认为：权利要求 1 要求保护一种测定单胺氧化酶活性的方法，包括将待测样品与含有胺类化合物、过氧化物酶和还原型色原体组合物的试剂混合，使之发生反应，然后将反应混合物置于分析仪下，检测吸光度，从而测算出样品中单胺氧化酶的活性大小。对比文件 1（"Colorimetricassayformonoamineoxidaseintissuesusingperoxidaseand2，2′-azinodi（3-ethylbenzthiazoline-6-sulfonicacid）aschromogen"，ANDRZEJ 等，ANALYTICALBIOCHEMISTRY，第 138 卷，第 86～94 页，公开日 1984 年）公开了一种测定样品中单胺氧化酶活性的方法，该方法的原理同样是用过氧化物酶-色素法测定产生的过氧化氢的量，该方法以酪胺作为单胺氧化酶的反应底物，过氧化物酶为辣根过氧化物酶，色原体采用的是 2，2′-azinodi（3-ethylbenzthiazoline-6-sulfonicacid（ABTS）（参见摘要，以及材料与方法部分）。权利要求 1 所要求保护的技术方案与对比文件 1 相比，区别在于权利要求 1 采用色原体组合来检测所生成的过氧化氢。对比文件 2（"酶法测定血清镁的技术进展"，浦林等，国外医学临床生物化学与检验学分册，第 19 卷第 1 期，第 7～9 页，公开日 1998 年）公开了一种测定过氧化氢的方法以及在此方法中使用的色原体组合，即 4-氨基安替比林（等同于本申请中的 4-氨基抗吡啉，APP）和 2-羟-3，5-二氯苯磺酸钠构成的色原组合，其中过氧化氢与上述色原体组合在过氧化物酶的作用下，生成可检测的红色化合物，在 510nm 处监测红色化合物的吸光度，或者采用 ABA-200 自动生化分析仪检测，主波长为 500nm（参见 8 页甘油激酶、磷酸甘油氧化酶和过氧化物酶偶联法部分）。在对比文件 1 已经公开以胺类化合物为反应底物，通过测定生成的过氧化氢的量来测算样品中单胺氧化酶的活性的情况下，结合对比文件 2 所公开的采用色原体组合来测定生成的过氧化氢的量，从而得出权利要求 1 所要求保护的技术方案，对于本领域技术人员来说是不需要付出创造性劳动的，权利要求 1 不具备突出的实质性特点和显著的进步，不符合专利法 22 条第 3 款关于创造性的规定。

申请人苏州艾杰生物科技有限公司（下称请求人）对上述驳回决定不服，于 2008 年 2 月 3 日向专利复审委员会提出复审请求，请求人在提出复审请求时提交了权利要求书的全文替换页（共 9 项权利要求）。请求人对权利要求书所做修改为删除原从属于权利要求 1、2、3 的权利要求 4，将原权利要求 4 的部分特征补入原权利要求 1，形成新的权利要求 1，其余权利要求仅进行了编号和引用关系的适应性修改。

修改后的权利要求 1 为：

"1. 一种测定单胺氧化酶活性的方法，其特征在于该方法的步骤如下：

①将待测样品与含有胺类化合物、过氧化物酶和还原型色原体组合的试剂进行混匀，在待测样品与所述试剂按照体积比 1∶10 至 1∶500、反应温度 20℃～50℃、反应时间 2～30 分钟的条件下进行下述反应：

胺类化合物+2 水+氧 $\xrightarrow{\text{单胺氧化酶}}$ 相应醛类产物+铵离子+过氧化氢+2 OH$^-$

过氧化氢+还原型色原体组合 $\xrightarrow{\text{过氧化物酶}}$ 吲嗒胺色或醌亚胺色原+水

②将上述反应混合物置于紫外/可见光分析仪或者半自动/全自动生化分析仪下，检测在主波长 400～600nm 的吸光度的上升速度，从而测算出待测样品中的单胺氧化酶活性。"

请求人认为，修改后的权利要求 1 与对比文件 1 和 2 不同，而且也不是由对比文件 1 和 2 的技术方案组合而成的，也不能从这些对比文件中得到启示，因此是一种新的技术方案，是非显而易见的，具有突出的实质性特点和显著的进步。因此权利要求 1 满足专利法第 22 条第 3 款的规定，国家知识产权局原审查部门驳回的理由不成立。

形式审查合格后，专利复审委员会受理了该复审请求，并于 2008 年 3 月 11 日向请求人发出《复审请求受理通知书》，随后将本申请移交原审查部门进行前置审查。

原审查部门对本复审请求进行了前置审查，坚持原驳回决定，具体理由是：新提交的权利要求1是将原权利要求4的内容加入到原权利要求1中得到的，只是加入了反应时间和温度，所述的特征仅仅是常规选择，因此该权利要求没有创造性。

请求人于2008年7月28日再次提交了经过修改的权利要求书全文替换页（共6项权利要求）。其中删除了其提出复审请求时提交的权利要求书中的权利要求1~3，将其提出复审请求时提交的权利要求书中的权利要求4~9修改为1~6。请求人认为，修改后的权利要求1请求保护试剂盒，其包括还原性色原体组合和稳定剂，对比文件1、2均未公开试剂盒，且未教导试剂盒所使用的稳定剂，故权利要求1相对于对比文件1、2具有创造性。由于权利要求2~6是权利要求1的从属权利要求，所以权利要求2~6也具有创造性。

请求人于2008年7月28日提交的修改的权利要求书为：

"1. 一种单胺氧化酶诊断试剂盒，其特征在于该盒的试剂如下：

pH6.0~11.0缓冲液　　　　　　40~200mmol/l，

胺类化合物　　　　　　　　　0.5~20mmol/l，

过氧化物酶　　　　　　　　　5000~50000U/l，

还原型色原体组合　　　　　　0.1~20mmol/l，

稳定剂/试剂总体积　　　　　　10%~80%。

2. 根据权利要求1所述的单胺氧化酶诊断试剂盒，其特征在于所述胺类化合物选自苄胺、对苯甲胺-β-偶氮萘酚、丁基胺、戊基胺、β-苯乙基胺、酪胺、5-羟色胺以及它们的衍生物的化合物。

3. 根据权利要求1或2所述的单胺氧化酶诊断试剂盒，其特征在于：

所述还原型色原体组合是由还原型色原体A与组分B组成的，A和B的浓度均为0.1~20mmol/l；

还原型色原体A是3-甲基-2-苯噻唑酮腙或者4-氨基抗砒吖；

组分B选自石碳酸、N-乙基-N-（3-硫丙基）-m-噻啶胺、N,N-双乙基-m-甲苯胺、2,4-双氯石碳酸、2,4,6-仨溴-3-羟基-苯磺酸、3,5-双氯石碳酸磺酸、3,5-双氯-2-羟基-苯磺酸、N-乙基-N-（2-羟基-3-硫丙基）-m-甲苯胺钠盐、仨溴羟基苯甲酸、双甲基苯胺、N-乙基-N-（2-羟基-3-硫丙基）-m-甲苯胺、2,2'-联氮-双（3-乙基苯并噻唑啉-6-磺酸）二铵盐、2,2'-连氮基-双（3-乙基苯并噻吡咯啉-6-磺酸）、4-羟基-3-甲氧基苯甲酸或3-甲基-乙基-羟基苯胺。

4. 根据权利要求1或2所述的单胺氧化酶诊断试剂盒，其特征在于所述缓冲液选自三羟甲基氨基甲烷-盐酸缓冲液、三乙醇胺缓冲液、2-氨基-2-甲基-1-丙醇缓冲液、咪唑-盐酸缓冲液、双甘氨肽缓冲液、柠檬酸-柠檬酸钠缓冲液、巴比妥钠-盐酸缓冲液、碳酸钠-碳酸氢钠缓冲液、硼酸-硼砂缓冲液、甘氨酸-氢氧化钠缓冲液、硼砂-氢氧化钠缓冲液、磷酸缓冲液或磷酸盐缓冲液。

5. 根据权利要求1或2所述的单胺氧化酶诊断试剂盒，其特征在于所述稳定剂是一种或多种选自乙二醇、丙二醇、甘油、硫酸铵、硫基乙醇、葡萄糖、腺苷二磷酸、牛血清白蛋白、碳酸盐、胆酸盐、葡聚糖、乙二胺四乙酸、黄素腺嘌呤二核苷酸、黄素单核苷酸、谷氨酸盐、还原型谷胱甘肽、乳糖、甘露醇、丁二酸盐或者氯化钠的稳定剂。

6. 权利要求2~6中任意一种单胺氧化酶诊断试剂盒，其特征在于所述试剂配成单剂、双剂或者三剂。"

专利复审委员会组成合议组，对本复审请求案进行了审理。经审查，合议组认为本案事实已经清楚，可以作出复审决定。

二、决定的理由

1. 关于文本

请求人于2008年7月28日提交了修改的权利要求书，其中所做的修改在原说明书和权利要求书中有明确记载，符合专利法第 33 条的规定，可以被接受。

本复审决定所针对的文本为请求人于 2008 年 7 月 28 日提交的权利要求 1~6，于 2004 年 12 月 13 日提交的说明书第 1~11 页和说明书摘要。

2. 关于专利法第 22 条第 3 款

专利法第 22 条第 3 款规定："创造性，是指同申请日以前已有的技术相比，该发明有突出的实质性特点和显著的进步，该实用新型有实质性特点和进步。"

根据该款规定，发明有突出的实质性特点，是指对所属技术领域的技术人员来说，发明相对于现有技术是非显而易见的。发明有显著的进步，是指发明与现有技术相比能够产生有益的技术效果。

本案中驳回决定认为，请求人于申请日提交的权利要求书中的权利要求 1 相对于对比文件 1 的区别在于权利要求 1 采用色原体组合来检测过氧化氢，对比文件 2 教导 4-氨基安替比林（等同于本申请中的 4-氨基抗吡咛，APP）和 2-羟-3，5-二氯苯磺酸钠构成的色原组合，其中过氧化氢与上述色原体组合在过氧化物酶的作用下，生成可检测的红色化合物。所以该权利要求 1 相对于对比文件 1 和对比文件 2 的结合不具备突出的实质性特点和显著的进步，不具备创造性，不符合专利法第 22 条第 3 款的规定。

2008 年 7 月 28 日，请求人提交经过修改的权利要求书，其中删除了驳回决定所针对的权利要求 1，也删除了从属于该权利要求的从属权利要求，从而克服了驳回决定和前置意见所指出的缺陷。

根据以上事实和理由，本案合议组作出如下审查决定。

三、决定

撤销国家知识产权局于 2007 年 11 月 9 日对第 200410066193.7 号发明专利申请作出的驳回决定。由原审查部门在本复审决定所针对的文本的基础上继续进行审查程序。

复审请求人对本决定不服的，可以根据专利法第 41 条第 2 款的规定，自收到本决定之日起三个月内向北京市第一中级人民法院起诉。

用于心脏病的抗人线粒体腺苷酸激酶同工酶抗体，诊断制剂和诊断试剂盒

复审请求审查决定（第 14673 号）

决 定 号	第 14673 号
决 定 日	2008 年 9 月 10 日
发明创造名称	用于心脏病的抗人线粒体腺苷酸激酶同工酶抗体，诊断制剂和诊断试剂盒
国际分类号	A61K 39/395
复审请求人	金晓骏
申 请 号	00805979.9
优 先 权 日	2000 年 2 月 8 日
申 请 日	2000 年 8 月 10 日
公 开 日	2002 年 9 月 11 日
合议组组长	李金光
主 审 员	王 冬
参 审 员	冯 怡

法律依据 专利法第 25 条第 1 款第（3）项，第 26 条第 3 款

决定要点

化学产品的制备用途不涉及疾病的诊断和治疗方法，属于可授予专利权的客体。

如果说明书清楚地记载了发明或者实用新型的技术方案，详细地描述了实现发明或者实用新型的具体实施方式，完整地公开了对于理解和实现发明或者实用新型必不可少的技术内容，达到所属技术领域的技术人员能够实现该发明或者实用新型的程度，则说明书达到了充分公开的要求。

一、案由

本复审请求涉及于 2000 年 8 月 10 日申请、2002 年 9 月 11 日公开、名称为"用于心脏病的抗人线粒体腺苷酸激酶同工酶抗体，诊断制剂和诊断试剂盒"的第 00805979.9 号发明专利申请（下称本申请），其申请人为金晓骏，其优先权日为 2000 年 2 月 8 日。

针对申请人于 2005 年 5 月 19 日提交的权利要求 1~10、2001 年 10 月 8 日本申请进入中国国家阶段时提交的国际申请文件中文译文说明书第 1~25 页、附图第 1~9 页以及说明书摘要，国家知识产权局于 2005 年 12 月 9 日以本申请说明书不符合专利法第 26 条第 3 款的规定为由驳回了本申请。

驳回决定所针对的权利要求书为：

"1. 一种用于诊断心脏病的免疫制剂，含有与人线粒体腺苷酸激酶同工酶3（AK3）结合的抗体或其一部分。

2. 根据权利要求1的免疫制剂，其中所述的抗体或其一部分与检测标记物结合。

3. 根据权利要求2的免疫制剂，其中检测标记物选自放射性同位素、酶、化学发光化合物、荧光素、藻胆蛋白、稀土螯合剂、若丹明（rodamine）、辅酶、链霉抗生物素蛋白和生物素。

4. 一种用于诊断心脏病的诊断试剂盒，含有与人线粒体腺苷酸激酶同工酶3（AK3）结合并与检测标记物结合的抗体或其一部分，以及可药用载体。

5. 根据权利要求4的诊断试剂盒，其中检测标记物选自放射性同位素、酶、化学发光化合物、荧胆蛋白、藻胆蛋白、稀土螯合剂、若丹明、辅酶、链霉抗生物素蛋白和生物素。

6. 根据权利要求4的诊断试剂盒，其进一步含有对照样品。

7. 一种用于诊断心脏病的方法，包括：

（i）通过将与人线粒体腺苷酸激酶同工酶3（AK3）结合的抗体或其一部分分别与生物样品对照样品接触而产生免疫复合物；

（ii）检测在步骤（i）中得到的免疫复合物；和

（iii）比较检测结果。

8. 根据权利要求7的诊断方法，其中生物样品选自尿、血液、血清和血浆。

9. 人线粒体腺苷酸激酶同工酶3（AK3）作为心脏病诊断的标记物的应用。

10. 与人线粒体腺苷酸激酶同工酶3（AK3）结合的抗体或其一部分在心脏病诊断中的应用。"

驳回决定指出：（1）由于hAK3可以在肝、心肌、肾等脏器组织表达，因此hAK3可能在肝脏、肾脏疾病时表达释放入血液，然而说明书实施例部分没有记载检测到的血液AK3浓度在心脏病人与肝脏、肾脏疾病患者之间是否有明显差异，所以本领域技术人员不能判断对不同疾病患者，尤其是在心脏病和肝脏、肾脏疾病患者之间检测AK3是否可以达到预期要解决的技术问题或效果，即AK3是否可以作为心脏病的特异性临床标记。（2）申请人在2005年5月19日提交的意见陈述书和经过修改的权利要求书仍然不能说明AK3是否可以作为心脏病的特异性临床标记。申请人在意见陈述书中指出的实施例6，7无法说明AK3浓度在心脏病人与肝脏、肾脏疾病患者之间是否有区别，同时意见陈述书中提到的参考资料没有任何出处和时间，因而没有任何参考意义。所以，本申请的说明书未对发明作出清楚、完整的说明，致使所属技术领域的技术人员不能实现该发明，不符合专利法第26条第3款的规定。

申请人金晓骏（下称请求人）对上述驳回决定不服，于2006年3月24日向专利复审委员会提出复审请求，没有提交任何修改文件。

请求人认为：世界卫生组织（WHO）提出的心肌梗死的诊断标准是：（1）传统胸痛，（2）ECG的Q波异常，（3）生化标记物应超过参考范围（参见说明书第2页第26～29行）。如果一个患者符合至少上述两项标准，则应将其最终确诊为心肌梗死患者。换言之，生化指标并不单独用来确诊心肌梗死，hAK3限制性地在人体心脏，肝脏和肾脏中表达，但在骨骼中并不表达，其与上述心肌梗死的其他诊断标准结合，本领域技术人员完全能够排除由于肝和肾病引起的hAK3表达，从而用作心脏病的特异性临床标记。正如本发明实施例6和7证实，hAK3已显示比CK-MB更准确地诊断心肌梗死。因此，本申请说明书公开充分，符合专利法第26条第3款的规定。

形式审查合格后，专利复审委员会受理了此复审请求，并于2006年11月1日向请求人发出《复审请求受理通知书》，同时将本申请案卷移交原审查部门进行前置审查。

原审查部门对本复审请求进行了前置审查，坚持原驳回决定。

专利复审委员会组成合议组，对本案的复审请求进行了审理。2008年7月7日，专利复审委员会向请求人发出《复审通知书》。《复审通知书》指出：权利要求7~8请求保护用于诊断心脏病的方法，权利要求9~10分别请求保护人线粒体腺苷酸激酶同工酶3（AK3）、其抗体或其一部分在心脏病诊断中的应用，属于专利法第25条第1款第（3）项规定的疾病诊断和治疗方法的范畴，不能被授予专利权。

针对《复审通知书》指出的问题，请求人于2008年8月11日提交了权利要求书全文替换页（共8项），其中请求人删除了权利要求7~8，将权利要求9和10修改成Swiss用途形式，还删除了权利要求1、3~4和9~10中不必要的括号，并对权利要求的编号作了适应性修改。修改后的权利要求书如下：

"1. 一种用于诊断心脏病的免疫制剂，含有与人线粒体腺苷酸激酶同工酶3结合的抗体或其一部分。

2. 根据权利要求1的免疫制剂，其中所述的抗体或其一部分与检测标记物结合。

3. 根据权利要求2的免疫制剂，其中检测标记物选自放射性同位素、酶、化学发光化合物、荧光素、藻胆蛋白、稀土螯合剂、若丹明、辅酶、链霉抗生物素蛋白和生物素。

4. 一种用于诊断心脏病的诊断试剂盒，含有与人线粒体腺苷酸激酶同工酶3结合并与检测标记物结合的抗体或其一部分，以及可药用载体。

5. 根据权利要求4的诊断试剂盒，其中检测标记物选自放射性同位素、酶、化学发光化合物、荧光素、藻胆蛋白、稀土螯合剂、若丹明、辅酶、链霉抗生物素蛋白和生物素。

6. 根据权利要求4的诊断试剂盒，其进一步含有对照样品。

7. 人线粒体腺苷酸激酶同工酶3在制备用于心脏病诊断的标记物中的应用。

8. 与人线粒体腺苷酸激酶同工酶3结合的抗体或其一部分在制备用于心脏病诊断的免疫制剂中的应用。"

至此，合议组认为本案事实清楚，可以作出审查决定。

二、决定的理由

1. 关于审查文本

请求人在2008年8月11日提交了权利要求书的修改替换页，其修改没有超出原申请文件记载的范围，符合专利法第33条和专利法实施细则第60条第1款的规定，因此本决定是在请求人提交的上述权利要求1~8、2001年10月8日本申请进入中国国家阶段时提交的国际申请文件中文译文说明书第1~24页、序列表第1~2页、附图第1~9页以及说明书摘要和摘要附图的基础上作出的。

2. 关于专利法第25条第1款第（3）项

专利法第25条第1款第（3）项规定，对疾病的诊断和治疗方法不授予专利权。

化学产品的制备用途不涉及疾病的诊断和治疗方法，属于可授予专利权的客体。

本案中，《复审通知书》指出在请求人于2005年5月19日所提交的权利要求书中，权利要求7~10属于专利法第25条第1款第（3）项所述的疾病的诊断和治疗方法的范围，不能被授予专利权。在请求人于2008年8月1日提交的权利要求书中，将原权利要求7~8删除，将原权利要求9~10，即修改后的权利要求7~8请求保护的主题修改为制备应用，不涉及诊断和治疗方法，所以修改后要求保护的主题属于可授予专利权的客体，由此可见，请求人于2008年8月11日提交的权利要求书已经克服了《复审通知书》所指出的上述缺陷。

3. 关于专利法第26条第3款

专利法第26条第3款规定：说明书应当对发明作出清楚、完整的说明，以所属技术领域的技术人员能够实现为准。

如果说明书清楚地记载了发明或者实用新型的技术方案，详细地描述了实现发明或者实用新型的具体实施方式，完整地公开了对于理解和实现发明或者实用新型必不可少的技术内容，达到所属技术领域的技术人员能够实现该发明或者实用新型的程度，则说明书达到了充分公开的要求。

本案中，权利要求1～6请求保护用于诊断心脏病的免疫制剂和诊断试剂盒，权利要求7～8分别请求保护人线粒体腺苷酸激酶同工酶3、其抗体或其一部分在制备用于心脏病诊断的标记物和免疫制剂中的应用。

《驳回决定》曾经指出由于hAK3可以在肝、心肌、肾等脏器组织表达，因此hAK3可能在肝脏、肾脏疾病时表达释放入血液，然而说明书实施例部分没有记载检测到的血液AK3浓度在心脏病人与肝脏、肾脏疾病患者之间是否有明显差异，所以本领域技术人员不能判断对不同疾病患者，尤其是在心脏病和肝脏、肾脏疾病患者之间检测AK3是否可以达到预期要解决的技术问题或效果，即AK3是否可以作为心脏病的特异性临床标记。因此，本申请的说明书未对发明作出清楚、完整的说明，不符合专利法第26条第3款的规定。

对此，合议组认为：首先，根据说明书记载可知，本发明的目的是提供用于心脏病的免疫制剂和诊断试剂盒，人线粒体腺苷酸激酶同工酶3、其抗体或其一部分在制备用于心脏病诊断的标记物和免疫制剂中的应用，其特征在于利用具有心肌特异性表达的人线粒体腺苷酸激酶同工酶AK3作为包括心肌梗死、心绞痛等在内的心脏病的诊断标记，使用本发明的免疫制剂和诊断试剂盒能够比现有技术中存在的诊断方法如CK-MB，更正确和容易地诊断心脏病。本申请的说明书中并未记载本发明的目的如《驳回决定》所述是要将AK3作为将心脏病患者与肝脏、肾脏疾病的患者区分开来的特异性临床标记。在本申请背景技术部分记载了世界卫生组织（WHO）提出的心肌梗死的诊断标准是：（1）传统胸痛，（2）ECG的Q波异常，（3）生化标记物应超过参考范围。如果一个患者符合至少上述两项标准，则应将其最终确诊为心肌梗死患者（参见本申请说明书第2页第26～29行）。由以上所述可知，在心肌梗死的诊断中，检测生物化学标记物例如AK3只是其中的一项诊断标准，在此基础上，本领域技术人员还需要根据患者是否存在传统的胸痛以及ECG的Q波异常来判断患者是否患有心肌梗死疾病。同时由于肝脏疾病如乙肝、肾脏疾病如肾结石，与心脏病有着明显不同的发病机理和临床表现，它们的诊断方法与心脏病的诊断方法也存在不同，本领域技术人员在诊断患者的疾病为心脏病、肝脏还是肾脏疾病时，并不会仅仅依靠检测AK3，还需要借助其他检测技术才能确诊患者的疾病。由以上所述可知，本领域技术人员完全能够通过检测AK3，并将其与现有技术已知的心脏病的诊断标准相结合来判断患者是否患有心脏病，从而完全能够将心脏病患者与肝脏、肾脏疾病患者区分开来。

其次，就本发明的目的而言，本申请说明书记载了AK3在肝、心肌、肾和肺中表达，在骨骼肌中并不表达表明AK3具有心脏特异性，这使得AK3能够作为用于心细胞损伤的临床标记（参见说明书第8页第22行至第9页第2行，实施例4），同时还记载了能够证明AK3可作为诊断标记用于诊断心脏病的实验数据，具体为：实施例6记载了从综合性医院急诊室门诊病人收集的血液样品完成AK3作为心肌梗死诊断指标的实验，检测了各血清的CKMB单位和AK3，最终在心肌梗死的患者中检测到AK3，其他疾病患者，例如进行脑出血手术的患者只是检测到CKMB单位，而未检测到AK3（参见表2～4）；实施例7记载了从韩国大学附属的Guro综合性医院循环内科住院并最终被诊断为心肌梗死的患者收集待测血清，测定CKMB浓度和AK3，最终检测AK3的准确率为100%，检测CKMB出现了假阴性，如第487号和第607号样品（参见表5）。实施例6和7的结果表明使用包括抗AK3抗体的免疫制剂和诊断试剂盒检测AK3能够比CK-MB更准确和容易地诊断心脏病。由以上所述可知，本申请说明书已对通过检测AK3诊断心脏病进行了详细描述,所记载的实验数据也已经证实了通过用抗AK3抗体检测AK3要比现有技术中的CK-MB更正确和容易地诊断心脏病,因此,本领域技术人员根据本申请说明书的描述完全能够实施本申请的技术方案并预期本发明能够实现所述技术方案和效果。

综上,本申请说明书已经对本发明的技术方案、有益效果做了详细地描述,本领域技术人员根据本申请说明书的描述完全能够理解和实施本发明的技术方案并预期其能够实现本发明预期的有益效果,本申请说明书达到了充分公开的要求,符合专利法第26条第3款的规定。

基于以上所述,合议组认为,驳回决定认定本申请的说明书公开不充分,不符合专利法第26条第3款的理由不成立,应予撤销。

根据以上事实和理由,本案合议组作出如下审查决定。

三、决定

撤销国家知识产权局于2005年12月9日对第00805979.9号发明专利申请作出的驳回决定。由原审查部门在本决定所依据的文本的基础上继续进行审查。复审请求人对本决定不服的,可以根据专利法第41条第2款的规定,自收到本决定之日起三个月内向北京市第一中级人民法院起诉。

只存在于病原性分枝杆菌并选择表达于吞噬体 pH 值下的分泌型酸性磷酸酶（SAPM）

复审请求审查决定（第 14728 号）

决 定 号	第 14728 号
决 定 日	2008 年 9 月 17 日
发明创造名称	只存在于病原性分枝杆菌并选择表达于吞噬体 pH 值下的分泌型酸性磷酸酶（SAPM）
国际分类号	C12N 9/16，C12N 15/55，C12N 15/67，C12N 5/10，C07K 16/12，G01N 33/50，A61K 39/04
复审请求人	成都永安制药有限公司，刘军
申 请 号	200380100130.2
优 先 权 日	2002 年 10 月 9 日
申 请 日	2003 年 10 月 9 日
公 开 日	2005 年 10 月 19 日
合议组组长	王晓云
主 审 员	王 冬
参 审 员	孙俊荣
法 律 依 据	专利法第 25 条第 1 款第（3）项，第 26 条第 3 款

决定要点

如果修改后的权利要求请求保护的主题不涉及疾病的诊断和治疗方法，则修改后要求保护的主题不再属于专利法第 25 条第 1 款第（3）项不能被授予专利权的客体。

如果本领域技术人员根据说明书的记载，并依据本领域普通技术知识，能够实现发明的技术方案，解决其技术问题，并且产生预期的技术效果，则应当认为说明书公开充分，符合专利法第 26 条第 3 款的规定。

一、案由

本复审请求涉及申请日为 2003 年 10 月 9 日、优先权日为 2002 年 10 月 9 日、公开日为 2005 年 10 月 19 日、名称为"只存在于病原体分枝杆菌并选择表达于吞噬体 pH 值下的分泌型酸性磷酸酶（SAPM）"的第 200380100130.2 号发明专利申请（下称本申请），其申请人为成都永安制药有限公司，共同申请人为刘军。

2006年12月8日，国家知识产权局针对申请人于2004年7月20日进入中国国家阶段时提交的权利要求第1~8、16~30项，说明书第1~40页，说明书附图第1~9页，序列表第1~25页以及摘要，于2006年7月6日提交的权利要求9~15，以本申请说明书不符合专利法第26条第3款的规定为由作出驳回决定。驳回决定所针对的权利要求书中独立权利要求1如下：

"1. 一种分离的DNA序列，包括分枝杆菌的分泌型酸性磷酸酶基因的启动子或启动子片段，其中所述启动子或启动子片段足以调控目的核苷酸序列的表达，并且在低pH条件下是可诱导的。"

驳回理由概括为：（1）本申请在说明书第12页最后一段记载，本申请提供的启动子序列为SEQ ID NO：1、SEQ ID NO：2、SEQ ID NO：3、SEQ ID NO：4所示的核苷酸序列，这些序列为500bp的序列，但是在说明书第31页验证sapM启动子诱导表达的实验中，却记载的是560bp的启动子片段，本领域技术人员不能由此得出SEQ ID NO：1、SEQ ID NO：2、SEQ ID NO：3、SEQ ID NO：4与560bp的启动子片段之间具有怎样的关系，上述情形将导致本领域技术人员无法实施本发明或不能预期其技术效果。（2）说明书第5页虽然记载了针对SEQ ID NO：10、SEQ ID NO：12、SEQ ID NO：14、SEQ ID NO：16可以产生特异性抗体，但是在说明书第32~33页针对sapM基因的特异性抗原验证实验中却没有公开具有识别特异抗体功能的sapM基因的具体序列是什么，这将导致本申请虽然公开了sapM基因序列SEQ ID NO：10、SEQ ID NO：12、SEQ ID NO：14、SEQ ID NO：16，但是没有对其进行可用于特异性结合病原性分枝杆菌的功能验证，虽然公开了"sapM基因"可用于特异性结合病原性分枝杆菌的功能验证，但是没有公开该"sapM基因"具体指的是哪种分枝杆菌的sapM基因，并且由于上述四条sapM基因序列结构并不相同，要证实这四条序列都具有所述功能，应该分别进行验证或予以说明，上述情形将导致本领域技术人员无法实施本发明或不能预期其技术效果。因此，本发明存在未充分公开的缺陷，不符合专利法第26条第3款的规定。（3）申请人针对《第二次审查意见通知书》的陈述尽管澄清了说明书具有实验效果数据的示例针对的是具体哪些序列而进行的，但也同时进一步证实了前次审查意见通知书和本次审查决定的上述观点，本发明说明书公开的程度导致公众对一些基本信息的理解尚存在困难，更不必说再现本发明并且预期本发明的技术效果了。因此，本发明存在未充分公开的缺陷。至于认为可以由公开的某个序列的实验结果可以不必花费创造性劳动就能够推知其他几条序列功能效果的问题，涉及的是所要求的保护范围能否得到说明书支持的问题，应该是在解决了专利法第26条第3款缺陷之后解决的问题。

申请人成都永安制药有限公司、刘军（下称请求人）对上述驳回决定不服，于2007年3月14日向专利复审委员会提出复审请求，并提交了权利要求书全文替换页（共21项），权利要求书内容如下：

"1. 一种诊断受试者病原性分枝杆菌感染的方法，包括：

（a）从受试者获得生物学样本；和

（b）分析该样本中针对分枝杆菌分泌型酸性磷酸酶的特异性抗体的存在，其中检测到针对分枝杆菌分泌型酸性磷酸酶的特异性抗体就表示存在病原性分枝杆菌感染。

2. 权利要求1中的方法，其中所述的分枝杆菌分泌型酸性磷酸酶选自：结核杆菌SapM［SEQ ID NO：10］、牛型结核杆菌SapM［SEQ ID NO：12］、鸟结核分枝杆菌SapM［SEQ ID NO：14］和海鱼分枝杆菌SapM［SEQ ID NO：16］。

3. 一种诊断受试者病原性分枝杆菌感染的方法，包括：

（a）从受试者获得核酸样本；和

（b）分析样本中编码分枝杆菌分泌型酸性磷酸酶的核酸的存在，其中检测到编码分枝杆菌分泌型酸性磷酸酶的核酸就表示存在病原性分枝杆菌感染。

4. 权利要求3中的方法,其中所述的编码分枝杆菌分泌型酸性磷酸酶的核酸选自:结核杆菌 sapM、牛型结核杆菌 sapM、鸟结核分枝杆菌 sapM 和海鱼分枝杆菌 sapM。

5. 一种诊断受试者病原性分枝杆菌感染的方法,包括:

(a) 从受试者获得生物学样本;和

(b) 分析样本中分枝杆菌分泌型酸性磷酸酶活性的存在,其中检测到分枝杆菌分泌型酸性磷酸酶活性就表示存在病原性分枝杆菌感染。

6. 权利要求5中的方法,其中所述的分枝杆菌分泌型酸性磷酸酶活性选自:结核杆菌 SapM 活性、牛型结核杆菌 SapM 活性、鸟结核分枝杆菌 SapM 活性和海鱼分枝杆菌 SapM 活性。

7. 一种筛选能够调控分枝杆菌分泌型酸性磷酸酶生成的化合物的方法,包括:

(a) 提供一种含有分枝杆菌分泌型酸性磷酸酶启动子或启动子片段的核酸构建体,其中所述启动子或启动子片段可操作地连接于一个能产生可测量信号的报道基因;

(b) 提供一种待测化合物;

(c) 将所述核酸构建体暴露于上述待测化合物中;和

(d) 测量报道基因产生的信号,其中当存在待测化合物时产生的信号与没有该待测化合物时产生信号相比发生了变化,则说明所述待测化合物能够调控分枝杆菌分泌型酸性磷酸酶的生成。

8. 权利要求7中的方法,其中所述的分枝杆菌分泌型酸性磷酸酶启动子或启动子片段选自:结核杆菌 sapM 启动子或启动子片段、牛型结核杆菌 sapM 启动子或启动子片段、鸟结核分枝杆菌 sapM 启动子或启动子片段和海鱼分枝杆菌 sapM 启动子或启动子片段。

9. 一种筛选能够调控分枝杆菌分泌型酸性磷酸酶分泌的化合物的方法,包括:

(a) 将分枝杆菌细胞暴露于待测化合物中,其中所述分枝杆菌细胞分泌分枝杆菌分泌型酸性磷酸酶;和

(b) 测定分枝杆菌细胞分泌的分枝杆菌分泌型酸性磷酸酶的量,其中当存在待测化合物时分枝杆菌分泌型酸性磷酸酶的分泌与没有该待测化合物时相比发生了变化,则说明所述待测化合物能够调节分泌型酸性磷酸酶的分泌。

10. 权利要求9中的方法,其中所述的分枝杆菌分泌型酸性磷酸酶选自:结核杆菌 SapM、牛型结核杆菌 SapM、鸟结核分枝杆菌 SapM 和海鱼分枝杆菌 SapM。

11. 一种检测病原性分枝杆菌疾病或感染的试剂盒,包括:

(a) 分枝杆菌分泌型酸性磷酸酶;

(b) 至少一种针对分枝杆菌分泌型酸性磷酸酶的特异性抗体;和

(c) 一种或多种检测上述抗体所需的试剂。

12. 权利要求11中的试剂盒,其中所述的分枝杆菌分泌型酸性磷酸酶选自:结核杆菌 SapM、牛型结核杆菌 SapM、鸟结核分枝杆菌 SapM 和海鱼分枝杆菌 SapM。

13. 一种检测病原性分枝杆菌疾病或感染的试剂盒,包括:

(a) 一种寡核苷酸,包括与下述核酸序列互补的核酸序列相邻接的核苷酸:[SEQ ID NO:1]~[SEQ ID NO:4],或[SEQ ID NO:9]、[SEQ ID NO:11]、[SEQ ID NO:13]、[SEQ ID NO:15],并且能与互补的核苷酸序列特异性杂交;和

(b) 所述寡核苷酸与互补核酸序列杂交所需的试剂。

14. 一种抗体,该抗体能与分枝杆菌分泌型酸性磷酸酶或其多肽片段特异性结合。

15. 权利要求14中的抗体,其中所述的分枝杆菌分泌型酸性磷酸酶选自:结核杆菌 SapM、牛型结核杆菌 SapM、鸟结核分枝杆菌 SapM 和海鱼分枝杆菌 SapM。

16. 一种用于治疗或预防哺乳动物免受分枝杆菌侵害的疫苗或致免疫的组合物，其中包括权利要求 15 所述的抗体。

17. 一种用于治疗或预防哺乳动物免受分枝杆菌侵害的疫苗或致免疫的组合物，其中包括一种分离的 DNA 序列，该 DNA 序列包括分枝杆菌的分泌型酸性磷酸酶基因的启动子或启动子片段，其中所述启动子或启动子片段足以调控目的核苷酸序列的表达，并且在低 pH 条件下是可诱导的。

18. 根据权利要求 17 所述的疫苗或致免疫的组合物，其中所述的启动子或启动子片段选自：结核杆菌 sapM 启动子或启动子片段、牛型结核杆菌 sapM 启动子或启动子片段、鸟结核分枝杆菌 sapM 启动子或启动子片段和海鱼分枝杆菌 sapM 启动子或启动子片段。

19. 根据权利要求 17 所述的疫苗或致免疫的组合物，其中所述启动子或启动子片段能够在高严谨的条件下与选自下列的 sapM 启动子杂交：结核杆菌 sapM 启动子 [SEQ ID NO：1]、牛型结核杆菌 sapM 启动子 [SEQ ID NO：2]、鸟结核分枝杆菌 sapM 启动子 [SEQ ID NO：3] 和海鱼分枝杆菌 sapM 启动子 [SEQ ID NO：4]。

20. 一种用于治疗或预防哺乳动物免受分枝杆菌侵害的疫苗或致免疫的组合物，其中包括分枝杆菌分泌型酸性磷酸酶，该酶选自：结核杆菌 SapM、牛型结核杆菌 SapM、鸟结核分枝杆菌 SapM 和海鱼分枝杆菌 SapM 或其多肽片段。

21. 一种用于检测受试者病原性分枝杆菌疾病或感染的抗原组合物，包括一种 SapM 多肽，并且实质上不含固有的混合存在于病原性分枝杆菌培养物中的其他蛋白质或糖蛋白。"

请求人的理由概括为：(1) 说明书第 31~32 页以及图 5 记载了对本发明的启动子的功能进行了验证，其中在构建 pSAPM-GFP 和 pSAPC-GFP 过程中经过了 EcoR V 酶切、Bgl II 酶切，这两个质粒 DNA 都含有 sapM 编码区域上游的 560bp。本领域已知在构建一个载体时往往需要在各个必须元件（如启动子、编码区等）上连接一段序列形成多克隆位点或酶切位点，而这些酶切位点不会产生连接各个元件以外的作用。由于结核杆菌 sapM 基因是已知的，图 5 中又公开了从该基因上游区域获得启动子片段所用到的酶，本领域的普通技术人员能够很容易理解说明书 31 页所述的 560bp sapM 启动子片段是由权利要求所要求保护的 500bp 片段以及为方便分子克隆的一段酶切位点组成。(2) 说明书中具体公开了结核杆菌 sapM（SEQ ID NO：10）的免疫原性的验证实验。已知结核杆菌、牛型结核杆菌、鸟结核杆菌和海鱼结核杆菌是属于同样种属（分枝杆菌，即 Mycobacterium）的微生物。它们各自的 sapM 具有相同的功能，并且都是受 pH 值调控的。通过序列比对可知，其 sapM 的同源性相当高（见附图 6A）。因此，通过验证结核杆菌的启动子功能，本领域的普通技术人员可以推及其他三种菌的启动子具有同样的功能。并且根据免疫学的抗体—抗原反应原理可知，要确定是哪种病源性分枝杆菌感染，就可以用该病源性分枝杆菌的 sapM 作为抗原进行检测。因此，通过验证结核杆菌 sapM 的免疫原性，本领域技术人员可容易地推及其他三种菌的 sapM 可用于检测相应的病原性分枝杆菌感染，其检测效果也是可预期的。

形式审查合格后，专利复审委员会受理了此复审请求，并于 2007 年 4 月 24 日向请求人发出《复审请求受理通知书》，同时将本申请案卷移交原审查部门进行前置审查。

原审查部门对本复审请求进行了前置审查，坚持驳回理由，并认为：说明书第 31~32 页除记载序列为 560bp 的启动子外，既没有提供该序列的具体结构，也没有说明它与说明书记载的其他序列之间的关系，本申请的序列没有记载为 560bp 的序列，无法将其与本申请涉及的序列对应，也无法准确估计酶切位点应该有多长，无法认定 "560bp 启动子片段" 是由 500bp 的序列及其他酶切位点序列组成。

专利复审委员会组成合议组，对本复审请求案进行了审理，并于 2008 年 6 月 24 日向请求人发出

《复审通知书》。《复审通知书》指出：(1) 本案中，权利要求1~6请求保护一种诊断受试者病原性分枝杆菌感染的方法，属于专利法第25条第1款第(3)项规定的疾病的诊断方法的范畴，不能被授予专利权。(2) 权利要求7~8请求保护一种筛选能够调控分枝杆菌分泌型酸性磷酸酶化合物的方法，所述技术方案是基于本申请说明书提供的结核杆菌、牛型结核杆菌、鸟结核分枝杆菌和海鱼分枝杆菌启动子片段得出的。本申请说明书序列表所提供的结核杆菌、牛型结合杆菌、鸟结合分枝杆菌和海鱼分枝杆菌sapM启动子片段序列分别为SEQ ID NO：1~4，其长度为500bp，但是在说明书第31~32页的"结核杆菌sapM基因在巨噬细胞中选择性表达"实验中描述的启动子片段长度却为560bp，一方面在本申请说明书中并没有记载所述560bp片段的具体核酸序列，另一方面，从说明书附图5中也看不出该560bp片段中包含了60个作为酶切位点的氨基酸，因此，本领域技术人员由此无法得出序列表中SEQ ID NO：1~4所示的片段与实验中所述560bp的片段之间具有何种关系，导致本领域技术人员无法实现权利要求7~8所要求保护的技术方案。权利要求16~20分别请求保护一种用于治疗或预防哺乳动物免受分枝杆菌侵害的疫苗或致免疫的组合物，其中所述的启动子或启动子片段的分离的DNA序列、分泌型酸性磷酸酶或其抗体能否治疗或预防哺乳动物免受分枝杆菌侵害，显然依赖于分泌型酸性磷酸酶是否在分枝杆菌致病性中发挥重要作用。根据本申请说明书的记载（参见本申请说明书第2页第15~17行、第2页第18~24行、第12页第4~6行）可知，只有当sapM的表达和分泌确实能够调节环境的pH，抑制吞噬体的酸化，才有可能对病原性分枝杆菌在细胞内的存活有意义，但是本申请并没有提供任何证据来证明这一点。因此，本领域技术人员根据本申请说明书无法判断分泌型酸性磷酸酶是否在分枝杆菌致病性中发挥重要作用，导致无法实施本申请权利要求16~20所述技术方案。因此，本发明的说明书存在未充分公开的缺陷，不符合专利法第26条第3款的规定。

针对上述《复审通知书》，请求人于2008年7月24日提交了意见陈述书，并提交了权利要求书的全文替换页（共8项），此次修改后的权利要求书内容如下：

"1. 一种筛选能够调控分枝杆菌分泌型酸性磷酸酶分泌的化合物的方法，包括：

(a) 将分枝杆菌细胞暴露于待测化合物中，其中所述分枝杆菌细胞分泌分枝杆菌分泌型酸性磷酸酶；和

(b) 测定分枝杆菌细胞分泌的分枝杆菌分泌型酸性磷酸酶的量，其中当存在待测化合物时分枝杆菌分泌型酸性磷酸酶的分泌与没有该待测化合物时相比发生了变化，则说明所述待测化合物能够调节分泌型酸性磷酸酶的分泌。

2. 权利要求1中的方法，其中所述的分枝杆菌分泌型酸性磷酸酶选自：结核杆菌SapM、牛型结核杆菌SapM、鸟结核分枝杆菌SapM和海鱼分枝杆菌SapM。

3. 一种检测病原性分枝杆菌疾病或感染的试剂盒，包括：

(a) 分枝杆菌分泌型酸性磷酸酶；

(b) 至少一种针对分枝杆菌分泌型酸性磷酸酶的特异性抗体；和

(c) 一种或多种检测上述抗体所需的试剂。

4. 权利要求3中的试剂盒，其中所述的分枝杆菌分泌型酸性磷酸酶选自：结核杆菌SapM、牛型结核杆菌SapM、鸟结核分枝杆菌SapM和海鱼分枝杆菌SapM。

5. 一种检测病原性分枝杆菌疾病或感染的试剂盒，包括：

(a) 一种寡核苷酸，包括与下述核酸序列互补的核酸序列相邻接的核苷酸：[SEQ ID NO：1] ~ [SEQ ID NO：4]，或 [SEQ ID NO：9]、[SEQ ID NO：11]、[SEQ ID NO：13]、[SEQ ID NO：15]，并且能与互补的核苷酸序列特异性杂交；和

(b) 所述寡核苷酸与互补核酸序列杂交所需的试剂。

6. 一种抗体，该抗体能与分枝杆菌分泌型酸性磷酸酶或其多肽片段特异性结合。

7. 权利要求6中的抗体，其中所述的分枝杆菌分泌型酸性磷酸酶选自：结核杆菌SapM、牛型结核杆菌SapM、鸟结核分枝杆菌SapM和海鱼分枝杆菌SapM。

8. 一种用于检测受试者病原性分枝杆菌疾病或感染的抗原组合物，包括一种SapM多肽，并且实质上不含固有的混合存在于病原性分枝杆菌培养物中的其他蛋白质或糖蛋白。"

至此，合议组认为本案事实清楚，可以作出审查决定。

二、决定的理由

1. 关于审查文本

请求人于2008年7月24日提交了权利要求书全文替换页，其中删除了复审通知书所针对的权利要求1~6、7~8、16~20，对其他权利要求的内容未作修改，仅进行了重新编号，该修改文本符合专利法第33条的规定，予以接受。因此，本决定是在请求人于2008年7月24日提交的权利要求1~8，2004年7月20日进入中国国家阶段时提交的说明书第1~40页、说明书附图第1~9页、序列表第1~25页以及摘要的基础上作出的。

2. 关于专利法第25条第1款

专利法第25条第1款规定，疾病的诊断和治疗方法，不授予专利权。

根据该款规定，如果修改后的权利要求请求保护的主题不涉及疾病的诊断和治疗方法，则修改后要求保护的主题不再属于专利法第25条第1款第（3）项不能被授予专利权的客体。

本案中，《复审通知书》指出在请求人提出复审请求时所提交的权利要求书中，权利要求1~6属于专利法第25条第1款第（3）项规定的疾病的诊断和治疗方法的范畴，不能被授予专利权。

在请求人于2008年7月24日提交的权利要求书中，请求人删除了《复审通知书》中指出的涉及疾病诊断方法的权利要求1~6，保留的权利要求保护的主题分别为筛选化合物的方法、试剂盒、抗体和抗原组合物，并不涉及疾病的诊断和治疗方法，属于可授予专利权的客体。因此，请求人于2008年7月24日提交的权利要求1~8已经克服了《复审通知书》所指出的上述缺陷。

3. 关于专利法第26条第3款

专利法第26条第3款规定，说明书应当对发明作出清楚、完整的说明，以所属技术领域的技术人员能够实现为准。

如果本领域技术人员根据说明书的记载，并依据本领域普通技术知识，能够实现发明的技术方案，解决其技术问题，并且产生预期的技术效果，则应当认为说明书公开充分，符合专利法第26条第3款的规定。

（1）《驳回决定》指出：①本申请说明书没有清楚说明SEQ ID NO：1~4与说明书第31页记载的560bp启动子片段之间的关系；②本申请说明书第31~32页所记载的免疫原性试验中没有清楚说明产生特异性抗体的抗原的具体序列，上述缺陷导致本领域技术人员无法实施本发明或不能预期其技术效果。因此，本发明不符合专利法第26条第3款的规定。

《复审通知书》指出：①根据说明书的记载，本领域技术人员无法得出SEQ ID NO：1~4所示的片段与说明书第31页实验中所述560bp的片段的之间具有何种关系，导致本领域技术人员无法实现权利要求7~8所要求保护的技术方案；②权利要求16~20技术方案所涉及的启动子或启动子片段的分离的DNA序列、分泌型酸性磷酸酶或其抗体能否治疗或预防哺乳动物免受分枝杆菌侵害，显然依赖于分泌型酸性磷酸酶是否在分枝杆菌致病性中发挥重要作用。根据本申请说明书的记载（参见本申请说明书第2页第15~17行、第2页第18~24行、第12页第4~6行）可知，只有当sapM的表达和分泌确实能够调节环境的pH，抑制吞噬体的酸化，才有可能对病原性分枝杆菌在细胞内的存活有意义，但是本申请并没有提供任何证据来证明这一点，导致本申请权利要求16~20所述技术方案无法实施。因此，本发明说明书不符合专利法第26条第3款的规定。

在请求人于2008年7月24日提交的权利要求书中，请求人删除了上述复审通知书所针对的权利要求7~8、16~20，不再请求保护在本申请说明书中没有得到清楚、完整说明的上述技术方案，相应地克服了《复审通知书》所指出的基于上述事实而导致本申请说明书不符合专利法第26条第3款规定的缺陷。同时修改后的权利要求1~8所要求保护的技术方案的实施不依赖于说明书是否清楚说明了SEQ ID NO：1~4与说明书第31页记载的560bp启动子片段之间的关系，以及本申请说明书第31~32页所记载的免疫原性试验中产生特异性抗体的抗原的具体序列，从而不存在《驳回决定》所指出的由于本申请说明书没有对上述内容作出清楚说明而导致的公开不充分的缺陷。

（2）请求人于2008年7月24日提交的修改后的权利要求书中的权利要求1~2要求保护筛选能够调控分枝杆菌分泌型酸性磷酸酶分泌的化合物的方法，上述技术方案的实施依赖于分枝杆菌分泌型酸性磷酸酶的分泌是否受到培养基中外源化合物的调控（如诱导表达）。对此，本申请说明书第28~29页提供了"在生长于氯化铵上的牛型结核杆菌BCC中的诱导表达sapM"的实施例，该实施例表明在生长于以氯化铵为氮源的培养基中，检测到了高水平的酸性磷酸酶活性，也就是说结核杆菌分泌型酸性磷酸酶sapM的表达受到培养基中氯化铵的调控，基于此，本领域技术人员能够推断出外源化合物能够影响分枝杆菌分泌型酸性磷酸酶的分泌；另外，权利要求1中所述的筛选步骤，如将分枝杆菌细胞暴露于待测化合物、测定细胞分泌的酸性磷酸酶的量、然后将存在待测化合物和不存在待测化合物下所测定的酸性磷酸酶的量进行比较、最后筛选出调节其分泌的待测化合物，是本领域技术人员在筛选能够调节分泌型蛋白分泌的待测化合物时的常规方法，因此在本申请说明书记载了上述内容的情况下，本领域技术人员结合本领域的常规知识，能够实施权利要求1~2所述的技术方案，解决其技术问题，并达到预期的技术效果，本申请说明书对上述技术方案的公开已经达到了所属技术领域的技术人员能够实现的程度。

权利要求3~4要求保护检测病原性分枝杆菌疾病或感染的试剂盒，其包括分枝杆菌分泌型酸性磷酸酶、上述酶的特异性抗体、和检测上述抗体的试剂；权利要求6~7要求保护能与分枝杆菌分泌型酸性磷酸酶特异性结合的抗体；权利要求8要求保护用于检测受试者病原性分枝杆菌疾病或感染的抗原组合物，其包括SapM多肽。根据说明书第12页第4~18行、第32页第8~23行，以及图6B的记载可知，结核杆菌、牛型结核杆菌、鸟结核分枝杆菌和海鱼分枝杆菌均为致病性病原性分枝杆菌，其中的分枝杆菌分泌型磷酸酶（即sapM）基因只存在于上述病原性分枝杆菌中，而在非病原性分枝杆菌，如包皮垢分枝杆菌和龟分枝杆菌中既没有检测到sapM基因，也检测不到SapM蛋白的分泌，在此基础上，本申请说明书还提供了上述病原性分枝杆菌sapM基因的编码核苷酸序列（即SEQ ID NO：9、SEQ ID NO：11、SEQ ID NO：13和SEQ ID NO：15）以及所编码蛋白的氨基酸序列（即SEQ ID NO：10、SEQ ID NO：12、SEQ ID NO：14和SEQ ID NO：16），另外，说明书第32页第25行至第33页第23行以结核杆菌SapM蛋白为例验证了上述病原性分枝杆菌所分泌的分枝杆菌分泌型酸性磷酸酶具有抗原性，能够产生与之结合的特异性抗体。对于本领域技术人员来说，在本申请说明书公开上述内容的基础上，能够得出权利要求6~7所要求保护的抗体的技术方案，以及在进一步结合本领域公知的免疫原理、以及抗原-抗体检测原理的基础上，能够得出并实施权利要求3~4、8所要求保护的用于检测受试者病原性分枝杆菌疾病或感染的试剂盒或抗原组合物的技术方案，并且达到检测受试者病原性分枝杆菌疾病或感染的本发明目的，因此本申请说明书对上述技术方案的公开已经达到了所属技术领域的技术人员能够实现的程度。

权利要求5要求保护检测病原性分枝杆菌疾病或感染的试剂盒，其包括与SEQ ID NO：1~4、SEQ ID NO：9、SEQ ID NO：11、SEQ ID NO：13、SEQ ID NO：15互补杂交的寡核苷酸。根据本申请说明书的记载，SEQ ID NO：9、SEQ ID NO：11、SEQ ID NO：13和SEQ ID NO：15分别是结核杆菌、牛型结核杆菌、鸟结核分枝杆菌和海鱼分枝杆菌sapM基因的编码区核苷酸序列，SEQ ID NO：1~4是上述基因编码区域起始位点上游的5'端侧翼区域。根据说明书第12页第4~18行、第32页第8~23行，以及图6B的记载可知，结核杆菌、牛型结核杆菌、鸟结核分枝杆菌和海鱼分枝杆菌均为致病性病原性分枝杆菌，上述sapM基因只存在于上述病原性分枝杆菌中，而在非病原性分枝杆菌，如包皮垢分枝杆菌和龟分枝杆菌中既没有检测到sapM基因，也检测不到SapM蛋白的分泌。因此，本领域技术人员能够根据本申请说明书记载的上述内容，以及本领域所公知的寡核苷酸探针互补杂交的原理，得出权利要求5所要求保护的技术方案，并通过检测上述基因编码区域或与其相连的侧翼区域，而实现检测病原性分枝杆菌疾病或感染，因此本申请说明书对于上述技术方案的公开同样已经达到了所属技术领域的技术人员能够实现的程度。

综上，本申请说明书已对权利要求1~8请求保护的技术方案作出了清楚、完整的说明，本领域技术人员根据本申请说明书记载的内容，能够实现权利要求1~8请求保护的技术方案，解决其技术问题，并且产生了预期的技术效果，本申请符合专利法第26条第3款的规定。

根据以上事实和理由，本案合议组作出如下审查决定。

三、决定

撤销国家知识产权局于2006年12月8日对第200380100130.2号发明专利申请作出的驳回决定。由原审查部门在本决定所依据的文本的基础上进行审查。

复审请求人对本决定不服的，可以根据专利法第41条第2款的规定，自收到本决定之日起三个月内向北京市第一中级人民法院起诉。

单核细胞特异性微粒运送载体

复审请求审查决定（第14732号）

决 定 号	第14732号
决 定 日	2008年10月13日
发明创造名称	单核细胞特异性微粒运送载体
国际分类号	A61K 39/00，A61K 48/00，A61P 35/00
复审请求人	格林维尔医院系统公司
申 请 号	02811102.8
优 先 权 日	2001年3月30日
申 请 日	2002年4月1日
公 开 日	2004年7月14日
合议组组长	王晓云
主 审 员	王 冬
参 审 员	曹克浩

法 律 依 据 专利法第26条第4款

决 定 要 点

请求人删除了驳回决定和复审通知书中指出的不符合专利法第26条第4款规定的权利要求，克服了驳回决定和复审通知书中指出的缺陷。

一、案由

本复审请求涉及于2002年4月1日申请、2004年7月14日公开、名称为"单核细胞特异性微粒运送载体"的第02811102.8号发明专利申请（下称本申请），其申请人为格林维尔医院系统公司，其优先权日为2001年3月30日。

针对申请人于2006年11月23日提交的权利要求1~55、2003年12月1日本申请进入中国国家阶段时提交的国际申请文件中文译文说明书第1~16页、附图第1~2页、说明书摘要及摘要附图，国家知识产权局于2007年2月9日以权利要求1、29~31、36~37、39、44、47不符合专利法第26条第4款的规定为由驳回了本申请。

驳回决定所针对的权利要求为：

"1. 一种用于定向进入单核细胞的组合物，包括（i）编码抗原或治疗性蛋白质的核酸（ii）溶酶体逃避组分及（iii）可被吞噬的微粒，其中可被吞噬的微粒的粒径为0.5~2.5微米，其中，所述的溶酶体逃避组分是非感染性病毒、病毒的非感染性组分或仿生聚合物。

......

29. 一种用于定向进入单核细胞的组合物,包括(i)编码治疗性蛋白质的核酸,(ii)溶酶体逃避组分及(iii)可被吞噬的珠载体微粒,其中,所述的溶酶体逃避组分是非感染性病毒、病毒的非感染性组分或仿生聚合物。

30. 权利要求1的组合物,其中所述溶酶体逃避组分是仿生聚合物。

31. 权利要求29的组合物,其中所述溶酶体逃避组分选自仿生聚合物和蛋白质。

......

36. 一种药物组合物,包含(i)编码抗原或治疗性蛋白质的核酸,(ii)溶酶体逃避组分及(iii)可被吞噬的微粒,其中可被吞噬的微粒的粒径为0.5~2.5微米,其中,所述的溶酶体逃避组分是非感染性病毒、病毒的非感染性组分或仿生聚合物。

37. 一种用于定向进入单核细胞的组合物,基本由(i)编码抗原或治疗性蛋白质的核酸(ii)溶酶体逃避组分及(iii)可被吞噬的微粒组成,其中可被吞噬的微粒的粒径为0.5~2.5微米,其中,所述的溶酶体逃避组分是非感染性病毒、病毒的非感染性组分或仿生聚合物。

......

39. 一种用于定向进入单核细胞的组合物,基本由(i)蛋白质(ii)溶酶体逃避组分及(iii)可被吞噬的微粒组成,其中所述溶酶体逃避组分是仿生聚合物,其中可被吞噬的微粒的粒径为0.5~2.5微米。

......

44. 包含(i)核酸组分(ii)溶酶体逃避组分及(iii)可被吞噬的微粒的组合物在制备诱导免疫应答的制剂中的用途,其中所述的溶酶体逃避组分是非感染性病毒、病毒的非感染性组分或仿生聚合物,所述可被吞噬的微粒的粒径为0.5~2.5微米。

......

47. 权利要求44的用途,其中所述溶酶体逃避组分选自仿生聚合物和蛋白质。

......"

《驳回决定》指出:权利要求1、29~31、36~37、39、44、47中的技术特征"仿生聚合物"在说明书中只是泛泛描述,而没有在实施例中记载,说明书仅仅提供了采用腺病毒的实施例,根据腺病毒的实施例,所属领域技术人员无法预测将腺病毒换成仿生聚合物后的技术方案仍能够实现所述用途和/或使用效果。在这种情况下,本申请说明书只是在第6页最后一段说明聚(2-丙基丙烯酸)属于仿生聚合物,却没有给出实施例证明采用仿生聚合物的技术方案能够实现本发明的用途和/或使用效果,致使上述权利要求中涉及仿生聚合物的技术方案得不到说明书的支持,不符合专利法第26条第4款的规定。

申请人格林维尔医院系统公司(下称请求人)对上述驳回决定不服,于2007年5月24日向专利复审委员会提出复审请求,但没有提交修改文件。

请求人认为:说明书的实施例部分已清楚地表明无论应用哪种溶酶体逃逸组分,单核细胞在体内和体外均可以成功地摄取本发明的组合物。实施例5所公开的内容表明在缺乏溶酶体逃逸组分的系统中不能获得所述的效果。尽管说明书的实施例部分没有利用仿生聚合物本身,但其的确提供了除腺病毒以外、仿生聚合物等也可用作本发明的溶酶体逃逸组分的教导,例如请参见说明书第6页15~16行,此外,该页最后一段也给出了仿生聚合物的具体实例,而且很多可适用于本发明的仿生聚合物是本领域所公知的。本领域的技术人员通过本说明书所公开的内容可以了解并再现本发明的技术方案。

形式审查合格后,专利复审委员会受理了此复审请求,并于2007年7月9日向请求人发出《复审请求受理通知书》，同时将本申请案卷移交原审查部门进行前置审查。

原审查部门对本复审请求进行了前置审查，坚持原驳回决定。

专利复审委员会组成合议组，对本案的复审请求进行了审理。2008年8月11日，专利复审委员会向请求人发出《复审通知书》。《复审通知书》指出：本发明要解决的技术问题是将溶酶体逃避组分、编码抗原或治疗性蛋白质的核酸结合到可被吞噬的微粒载体上，在单核细胞吞噬微粒后，通过溶酶体对溶酶体逃避组分的消化而使得所述核酸避免被溶酶体中的物质消化，从而进入单核细胞的细胞质中发挥作用（参见本发明说明书第2页第4段至第6页第2段）。权利要求1和权利要求11中的仿生聚合物和蛋白质分别包括了大量不同性质的聚合物和不同性质的蛋白质，而说明书中并没有记载任何证据来证实何种仿生聚合物或蛋白质可以作为溶酶体逃避组分而使编码抗原或治疗性蛋白质的核酸能够逃避溶酶体中物质的消化，并且由于仿生聚合物、以及不同的蛋白质与本发明实施例记载的溶酶体逃避组分—腺病毒的生理或药理作用具有明显的差异，本领域技术人员由实施例记载所证实的腺病毒作为溶酶体逃避组分的效果仅能推导出非感染性病毒或病毒的非感染性组分能作为溶酶体逃避组分来实现期望的功能，并不能合理推知何种仿生聚合物或蛋白质能够作为溶酶体逃避组分而使编码抗原或治疗性蛋白质的核酸逃避溶酶体中物质的消化。因此，权利要求1和权利要求11没有以说明书为依据，说明要求专利保护的范围，不符合专利法第26条第4款的规定。基于同样的理由，权利要求2~7、12~16、29~31、36~39、42、44、47~54也不符合专利法第26条第4款的规定。

请求人于2008年9月18日提交了意见陈述书及权利要求书全文替换页（共49项），其中删除了复审通知书所针对的权利要求1、29、36~37、42和44中的技术特征"仿生聚合物"，同时删除了涉及将溶酶体逃避组分限定为蛋白质的相关技术方案，即复审通知书所针对的权利要求11、30、31、39、47和53，并相应于上述修改，调整了权利要求的编号。请求人认为通过上述修改之后，驳回决定和复审通知书中所指出的缺陷已得以克服。修改后的权利要求书如下：

"1. 一种用于定向进入单核细胞的组合物，包括（i）编码抗原或治疗性蛋白质的核酸（ii）溶酶体逃避组分及（iii）可被吞噬的微粒，其中可被吞噬的微粒的粒径为0.5~2.5微米，其中，所述的溶酶体逃避组分是非感染性病毒或病毒的非感染性组分。

2. 权利要求1的组合物，其中所述核酸选自DNA和RNA。

3. 权利要求1的组合物，其中所述核酸被编码于表达载体中。

4. 权利要求3的组合物，其中所述表达载体含有核启动子。

5. 权利要求4的组合物，其中所述启动子为CMV启动子。

6. 权利要求1的组合物，其中所述核酸被编码于细胞质载体中。

7. 权利要求6的组合物，其中所述细胞质载体为T7载体体系。

8. 权利要求1的组合物，其中所述溶酶体逃避组分为非感染性病毒。

9. 权利要求1的组合物，其中所述溶酶体逃避组分为病毒的非感染性组分。

10. 权利要求8或9的组合物，其中所述病毒为腺病毒。

11. 权利要求1的组合物，进一步含有核酸保护组分。

12. 权利要求11的组合物，其中所述组分选自鱼精蛋白、聚精氨酸、聚赖氨酸、组蛋白、组蛋白样蛋白质、合成聚阳离子聚合物或具有合适包装序列的逆转录病毒的核心蛋白，所述包装序列包括在RNA序列中。

13. 权利要求1的组合物，其中所述核酸和所述溶酶体逃避组分是通过抗体结合被附着到微粒上的。

14. 权利要求1的组合物，其中所述核酸和所述溶酶体逃避组分是通过抗生物素蛋白与生物素之间的相互作用被附着到微粒上的。

15. 权利要求1的组合物，其中所述核酸充当了多重结合媒介物。

16. 权利要求1的组合物，其中所述溶酶体逃避组分为腺病毒五邻体蛋白质。

17. 一种在体外将生物材料定向运送进单核细胞的方法，包括单核细胞与权利要求1的组合物接触。

18. 权利要求17的方法，其中所述单核细胞为树突细胞或巨噬细胞。

19. 权利要求1的组合物在制备用于基因治疗的试剂中的用途，其中所述核酸编码治疗性蛋白质。

20. 权利要求19的用途，其中所述治疗性蛋白质为抗肿瘤蛋白质。

21. 权利要求1的组合物在制备用作基因疫苗的试剂中的用途，其中所述核酸编码抗原。

22. 权利要求21的用途，其中所述抗原选自过敏原、病毒抗原、细菌抗原和源自寄生虫的抗原。

23. 权利要求1的组合物在制备用于治疗癌症的试剂中的用途，其中所述核酸为抗肿瘤基因。

24. 权利要求23的用途，其中所述抗肿瘤基因编码选自抗血管生成因子、免疫调节剂和抗炎因子的蛋白。

25. 一种制备权利要求13的组合物的方法，包括（i）采用抗腺病毒纤维蛋白质抗体AB-4包被可被吞噬的微粒，及（ii）将腺病毒颗粒与可被吞噬的微粒结合，其中待被吞噬的微粒是珠体。

26. 一种用于定向进入单核细胞的组合物，包括（i）可裂解溶酶体的病毒的重组非复制形式，该病毒包括编码抗原或治疗性基因的核酸，及（ii）待被吞噬的微粒，其中可被吞噬的微粒的粒径为0.5~2.5微米。

27. 权利要求26的组合物，其中所述病毒为腺病毒。

28. 一种用于定向进入单核细胞的组合物，包括（i）编码治疗性蛋白质的核酸，（ii）溶酶体逃避组分及（iii）可被吞噬的珠载体微粒，其中，所述的溶酶体逃避组分是非感染性病毒或病毒的非感染性组分。

29. 权利要求1的组合物，其中所述溶酶体逃避组分是非感染性病毒或病毒的非感染性组分。

30. 权利要求28的组合物，其中所述溶酶体逃避组分是非感染性病毒或病毒的非感染性组分。

31. 权利要求29的组合物，其中所述非感染性病毒或病毒的非感染性组分是非复制性的。

32. 权利要求30的组合物，其中所述非感染性病毒或病毒的非感染性组分是非复制性的。

33. 一种药物组合物，包含（i）编码抗原或治疗性蛋白质的核酸，（ii）溶酶体逃避组分及（iii）可被吞噬的微粒，其中可被吞噬的微粒的粒径为0.5~2.5微米，其中，所述的溶酶体逃避组分是非感染性病毒或病毒的非感染性组分。

34. 一种用于定向进入单核细胞的组合物，基本由（i）编码抗原或治疗性蛋白质的核酸（ii）溶酶体逃避组分及（iii）可被吞噬的微粒组成，其中可被吞噬的微粒的粒径为0.5~2.5微米，其中，所述的溶酶体逃避组分是非感染性病毒或病毒的非感染性组分。

35. 权利要求1的组合物，其中所述组合物是包含药物可接受赋形剂的药物组合物。

36. 权利要求34的药物组合物，其中所述非感染性病毒或病毒的非感染性组分是非复制性的。

37. 权利要求35的组合物，其中所述非感染性病毒或病毒的非感染性组分是非复制性的。

38. 一种在体外将生物材料定向运送进单核细胞的方法，包括使单核细胞与一种组合物接触，所述组合物包含（i）核酸组分（ii）溶酶体逃避组分及（iii）可被吞噬的微粒，其中所述溶酶体逃避组分是非感染性病毒或病毒的非感染性组分，其中可被吞噬的微粒的粒径为0.5~2.5微米。

39. 权利要求38的方法，其中所述非感染性病毒或病毒的非感染性组分是非复制性的。

40. 包含（i）核酸组分（ii）溶酶体逃避组分及（iii）可被吞噬的微粒的组合物在制备用于诱导免疫应答的制剂中的用途，其中所述的溶酶体逃避组分是非感染性病毒或病毒的非感染性组分，所述可被吞噬的微粒的粒径为0.5~2.5微米。

41. 权利要求40的用途，其中所述溶酶体逃避组分是非感染性病毒或病毒的非感染性组分。

42. 权利要求41的用途，其中所述非感染性病毒或病毒的非感染性组分是非复制性的。

43. 权利要求1的组合物，其中所述蛋白质是抗原。

44. 权利要求1的组合物，其中所述蛋白质是治疗性蛋白质。

45. 权利要求33的药物组合物，其中所述蛋白质是抗原。

46. 权利要求34的组合物，其中所述蛋白质是治疗性蛋白质。

47. 权利要求35的药物组合物，其中所述蛋白质是抗原。

48. 权利要求28的组合物，其中所述组合物是包含药物可接受赋形剂的药物组合物。

49. 一种用于定向进入单核细胞的组合物，其包含（i）编码蛋白质的核酸（ii）溶酶体逃避组分及（iii）可被吞噬的珠载体微粒，其中所述溶酶体逃避组分是非感染性病毒或病毒的非感染性组分。"

至此，合议组认为本案事实清楚，可以作出审查决定。

二、决定的理由

1. 关于审查文本

请求人在2008年9月18日提交了权利要求书的修改替换页，所做的修改为删除了复审通知书所针对的权利要求1、29、36、37、42和44中的技术特征"仿生聚合物"，同时删除了涉及将溶酶体逃避组分限定为蛋白质的相关技术方案，即复审通知书所针对的权利要求11、30、31、39、47和53，并相应于上述修改，调整了权利要求的编号。经审查，请求人对权利要求书的修改没有超出原申请文件记载的范围，符合专利法第33条和专利法实施细则第60条第1款的规定，因此本复审决定所依据的文本为：请求人提交的上述权利要求1~49、2003年12月1日本申请进入中国国家阶段时提交的国际申请文件中文译文说明书第1~16页、附图第1~2页以及说明书摘要和摘要附图。

2. 关于专利法第26条第4款

专利法第26条第4款规定：权利要求书应当以说明书为依据，说明要求专利保护的范围。

请求人删除了驳回决定和复审通知书中指出的不符合专利法第26条第4款规定的权利要求，克服了驳回决定和复审通知书中指出的缺陷。

本案中，《驳回决定》指出权利要求1、29~31、36~37、39、44、47中的技术特征"仿生聚合物"在说明书中只是泛泛描述，根据腺病毒的实施例，所属领域技术人员无法预测将腺病毒换成仿生聚合物后的技术方案仍能够实现所述用途和/或使用效果，因此，权利要求1、29~31、36~37、39、44、47的技术方案得不到说明书支持，不符合专利法第26条第4款的规定。《复审通知书》中指出权利要求1和权利要求11中的仿生聚合物和蛋白质分别包括了大量不同性质的聚合物和不同性质的蛋白质，而说明书中并没有记载任何证据来证实何种仿生聚合物或蛋白质可以作为溶酶体逃避组分而使编码抗原或治疗性蛋白质的核酸能够逃避溶酶体中物质的消化，本领域技术人员由实施例记载所证实的腺病毒作为溶酶体逃避组分的效果不能合理推知何种仿生聚合物或蛋白质能够作为溶酶体逃避组分而使编码抗原或治疗性蛋白质的核酸逃避溶酶体中物质的消化。因此，权利要求1和权利要求11没有以说明书为依据，说明要求专利保护的范围，不符合专利法第26条第4款的规定。基于同样的理由，权利要求2~7、12~16、29~31、36~39、42、44、47~54也不符合专利法第26条第4款的规定。

在请求人于2008年9月18日提交的权利要求书中，请求人删除了《驳回决定》和《复审通知书》所针对的权利要求1、29、36、37、42和44中的技术特征"仿生聚合物",同时删除了涉及将溶酶体逃避组分限定为蛋白质的相关技术方案,即权利要求11、30、31、39、47和53,并对权利要求进行了重新编号。由于请求人于2008年9月18日提交的权利要求1~49中所记载的技术方案中的溶酶体逃避组分已不再涉及"仿生聚合物"和"蛋白质",因此,请求人提交的上述权利要求书已经克服了《驳回决定》和《复审通知书》所指出的缺陷。

基于上述理由,本案合议组作出如下审查决定。

三、决定

撤销国家知识产权局于2007年2月9日对第02811102.8号发明专利申请作出的驳回决定。由原审查部门在本决定所依据的文本的基础上继续进行审查。

复审请求人对本决定不服的,可以根据专利法第41条第2款的规定,自收到本决定之日起三个月内向北京市第一中级人民法院起诉。

用于治疗炎性失调及炎性相关失调的化合物、组合物和方法

复审请求审查决定（第 14769 号）

决 定 号	第 14769 号
决 定 日	2008 年 9 月 27 日
发明创造名称	用于治疗炎性失调及炎性相关失调的化合物、组合物和方法
国际分类号	C12N 15/11
复审请求人	生物细胞实验室
申 请 号	01809095.8
优 先 权 日	2000 年 3 月 24 日
申 请 日	2001 年 3 月 26 日
公 开 日	2003 年 10 月 22 日
合议组组长	吴通义
主 审 员	孙 俐
参 审 员	潘 骏

法 律 依 据 专利法第 33 条

决 定 要 点

对权利要求的主题名称或类型进行修改并不必然导致超出原说明书和权利要求书记载的范围，如果修改后的技术方案能够从原说明书和权利要求书中所记载的信息直接地、毫无疑义地确定，则该修改符合专利法第 33 条的规定。

一、案由

本复审请求涉及 2001 年 3 月 26 日申请、2003 年 10 月 22 日公开、名称为"用于治疗炎性失调及炎性相关失调的化合物、组合物和方法"的第 01809095.8 号发明专利申请（下称本申请），本申请的优先权日为 2000 年 3 月 24 日。本申请的申请人为生物细胞实验室。

国家知识产权局于 2005 年 4 月 8 日发出《第一次审查意见通知书》，指出本申请权利要求 1~28 不符合专利法第 25 条第 1 款第（3）项的规定，权利要求 29 和权利要求 32~33 不符合专利法第 22 条第 2 款的规定，以及权利要求 30~31 不符合专利法第 22 条第 3 款的规定。

申请人于 2005 年 8 月 23 日提交了意见陈述书及经修改的权利要求书替换页。

国家知识产权局于 2006 年 8 月 18 日发出《第二次审查意见通知书》，指出本申请权利要求 1~36 不符合专利法第 33 条的规定，主要理由是将原权利要求 1~28 的主题由治疗方法修改为组合物，而原说明书和权利要求书中没有记载权利要求 1~28 所述的组合物，该改变后的方案也不能由原说明

书和权利要求书所记载的内容直接地、毫无疑义地确定,权利要求29~36也以权利要求1~28为基础,因此权利要求1~36超出了原说明书和权利要求书记载的范围。

申请人于2006年11月1日提交了意见陈述并提交了修改的权利要求书替换页。申请人认为权利要求1~28中纯化核糖核酸的量从原始公开的独立权利要求1可以得知,因此权利要求1~28没有超出原始公开的范围;依据说明书第18页第16~20行修改了权利要求30和33,依据说明书第26页的表1修改了权利要求32和36;权利要求31可得到说明书第26页第8行的充分支持。此外,删除了权利要求34和35。

国家知识产权局于2006年12月8日以修改后的权利要求2~11超出了原说明书和权利要求书记载的范围,不符合专利法第33条的规定为由驳回了本申请。

驳回决定所针对的权利要求1~11为:

"1. 通过稳定细胞膜来预防或治疗炎症或炎性相关失调的药物组合物,其特征在于所述组合物包括一定量的纯化核糖核酸和可药用媒介物、载体或稀释剂,所述纯化核糖核酸的量可有效缓解炎症或炎性相关失调的症状。

2. 根据权利要求1的组合物,其特征在于所述纯化核糖核酸的量可有效稳定受损细胞膜。

3. 根据权利要求1的组合物,其特征在于所述纯化核糖核酸的量可有效抑制哺乳动物细胞膜成分的氧化。

4. 根据权利要求1的组合物,其特征在于所述纯化核糖核酸的量可有效使哺乳动物中的NO合成酶活性正常化。

5. 根据权利要求1的组合物,其特征在于所述纯化核糖核酸的量可有效抑制血小板凝集。

6. 根据权利要求1的组合物,其特征在于所述纯化核糖核酸的量可有效预防或治疗血液血细胞减少症。

7. 根据权利要求1的组合物,其特征在于所述纯化核糖核酸的量可有效提高至少一种核糖核酸血液指示剂的水平。

8. 根据权利要求7的组合物,其特征在于所述血液指示剂选自白细胞、红细胞、血小板、血红蛋白、嗜中性粒细胞以及血细胞比容的各自水平。

9. 根据权利要求6的药物组合物,其特征在于所述纯化核糖核酸的量可有效预防或治疗贫血症。

10. 根据权利要求6的药物组合物,其特征在于所述纯化核糖核酸的量可有效预防或治疗血小板减少症。

11. 根据权利要求6的药物组合物,其特征在于所述纯化核糖核酸的量可有效预防或治疗嗜中性粒细胞减少症。"

驳回决定认为:权利要求2~11请求保护的组合物,是在原权利要求2~11的治疗方法基础上得到的,使用药物的治疗方法与组合物是不同的主题,是完全不同的技术方案,原说明书和权利要求中没有记载权利要求2~11所述的组合物,改变后的内容不能由原说明书和权利要求书所记载的内容直接地、毫无疑义地确定;作为活性成分的核糖核酸的用量不同导致权利要求2~11的技术方案不同于权利要求1的技术方案;原始权利要求29~33请求保护的是用于治疗或预防炎症或炎性相关失调的药物组合物;由原权利要求29~33所记载的内容并不能直接地、毫无疑义地得到权利要求2~11的技术方案,因此权利要求2~11不符合专利法第33条的规定。

申请人生物细胞实验室(下称请求人)对上述驳回决定不服,于2007年2月13日向专利复审委员会提出复审请求。请求人认为,国家知识产权局驳回决定的理由不能成立的理由是:组合物中纯化核糖核酸的量实际上就是方法中的给药量,尽管组合物权利要求2~11和原始提交的方法权利要求

2~11在保护主题上不同,但所述修改可以从说明书记载的内容中毫无疑义地得出。

形式审查合格后,专利复审委员会受理了该复审请求,并于2007年5月8日向请求人发出《复审请求受理通知书》,同时将本申请案卷移交原审查部门进行前置审查。

原审查部门对本复审请求进行了前置审查,基于驳回决定正文的理由,坚持原驳回决定。

专利复审委员会组成合议组,对本复审请求案进行了审理。

通过审理,合议组认为本案事实清楚,可以作出审查决定。

二、决定的理由

1. 关于审查文本

本复审审查决定针对驳回决定所依据的文本作出,即在进入中国国家阶段时提交的国际申请的中文译本的说明书第1~59页和说明书摘要,以及2006年11月1日提交的权利要求1~34的基础上作出。

2. 关于专利法第33条

专利法第33条规定,申请人可以对其专利申请文件进行修改,但是,对发明和实用新型专利申请文件的修改不得超出原说明书和权利要求书记载的范围,对外观设计专利申请文件的修改不得超出原图片或者照片表示的范围。

根据该条规定,对权利要求的主题名称或类型进行修改并不必然导致超出原说明书和权利要求书记载的范围,如果修改后的技术方案能够从原说明书和权利要求书中所记载的信息直接地、毫无疑义地确定,则该修改符合专利法第33条的规定。

本案中,权利要求2~11要求保护预防或治疗炎症或炎性相关失调的药物组合物。虽然权利要求2~11由原来相应的有关治疗方法修改而成,并且与原权利要求29~33的组合物技术方案在描述上有所不同,但是,合议组认为,权利要求2~11是为克服原相应权利要求属于疾病的治疗方法不符合专利法第25条第1款的规定而进行的修改,并且修改后的权利要求2~11的技术方案可以由原说明书和权利要求书所记载的内容直接地、毫无疑义地确定,具体理由如下:

本申请原始说明书第16页第8~9行记载了"本发明提供了用于治疗或预防和伴随炎性过程的疾病的化合物、药物组合物和方法";说明书第18页第22~23行还记载到,"本发明提供用于治疗或预防炎症或炎性相关失调的药物的组合物,其包括核糖核酸和可药用媒介物、载体或稀释剂";说明书第17页第10~12行记载了"本发明提供治疗炎症或炎性相关失调的方法,其包括给需要这种治疗的哺乳动物施用一定量的核糖核酸和可药用媒介物、载体或稀释剂,所述量能够有效缓解炎症或炎性相关失调的症状"。随后,说明书第17页第13行至第18页第5行先后记载了,本发明提供治疗炎症或炎性相关失调的方法,其包括给需要这种治疗的哺乳动物施用一定量的核糖核酸和可药用媒介物、载体或稀释剂,所述量能有效使所述受损细胞膜稳定;进一步地,所述量能有效使哺乳动物中的NO合成酶的能力正常化;更进一步地,所述量能有效抑制哺乳动物细胞膜成分的氧化;更进一步地,所述量可有效抑制血小板凝集;更进一步地,所述量能有效提高血液指示剂水平,血液指示剂是白细胞、红细胞、血小板、血红蛋白、嗜中性粒细胞和血细胞比容各个水平中的任一个。说明书第18页第7~10行还记载到,"本发明提供预防或治疗血细胞减少症、贫血症、血小板减少症和嗜中性粒细胞减少症的任一种的方法,其包括给需要这种治疗的哺乳动物施用治疗有效量的核糖核酸和可药用媒介物、载体或稀释剂"。

根据本申请原说明书的上述记载,本申请同时提供了用于治疗或预防炎症或炎性相关失调的药物的组合物和用于治疗炎症或炎性相关失调的方法。所述治疗方法中使用了"一定量的核糖核酸和可药用媒介物、载体或稀释剂",即包括了达到相关治疗或预防目的的药物组成信息;本发明提供的药物组合物包括了"核糖核酸和可药用媒介物、载体或稀释剂",由于本发明所提供的药物组合物与本发明治疗方法具有相同的预期技术效果,因此不言而喻,本领域技术人员在实施本发明的治疗炎症或炎性相关失调的方法时,显然知晓是通过施用包括上述组成信息的药物组合物来达到所述治疗或预防目的的,或者说,毫无疑问,所属技术领域的技术人员都清楚,正是通过本发明的治疗方法使用本发明的药物组合物,从而实施和实现了本发明。对于期望达到相同治疗或预防目的的本发明治疗方法与药物组合物而言,所述方法中使用的核糖核酸的量与药物组合物中包含的核糖核酸量理应是具有相同效果的量。因此,修改后的权利要求2~11的技术方案可以由原说明书和权利要求书记载的内容直接、毫无疑义地确定,符合专利法第33条的规定。

因此,驳回决定认定权利要求2~11不符合专利法第33条规定的理由不能成立。

根据以上事实和理由,本案合议组作出如下审查决定。

三、决定

撤销国家知识产权局于2006年12月8日对申请号为01809095.8的发明专利申请作出的驳回决定。由原审查部门在本复审决定所针对的文本的基础上继续进行审查。

新型前体脂质体制剂及其生产方法和使用方法

复审请求审查决定（第 14785 号）

决 定 号	第 14785 号
决 定 日	2008 年 10 月 10 日
发明创造名称	新型前体脂质体制剂及其生产方法和使用方法
国际分类号	A61K 9/27
复审请求人	新疆维吾尔自治区包虫病临床研究所，新疆医科大学第一附属医院，新疆医科大学药学院
申 请 号	200410045430.1
申 请 日	2004 年 5 月 19 日
公 开 日	2005 年 11 月 23 日
合议组组长	马 昊
主 审 员	王 冬
参 审 员	刘丽伟

法 律 依 据 专利法第 25 条第 1 款第（3）项，第 22 条第 3 款

决 定 要 点

请求人将涉及疾病的诊断和治疗方法的保护主题修改为制备方法，修改后要求保护的主题属于可授予专利权的客体。

当要求保护的权利要求的技术方案中某一技术特征在现有技术中没有记载，现有技术也没有给出任何技术启示时，该权利要求的技术方案相对于现有技术是非显而易见的，具有突出的实质性特点。

一、案由

本复审请求涉及申请日为 2004 年 5 月 19 日、公开日为 2005 年 11 月 23 日、名称为"新型前体脂质体制剂及其生产方法和使用方法"的第 200410045430.1 号发明专利申请（下称本申请），其申请人为新疆维吾尔自治区包虫病临床研究所，共同申请人为新疆医科大学第一附属医院、新疆医科大学药学院。

针对申请人于 2004 年 5 月 19 日提交的权利要求 1~8、说明书第 1~4 页和说明书摘要，国家知识产权局于 2007 年 1 月 26 日发出第一次审查意见通知书，指出：（1）本申请说明书虽然说明了前体脂质体制剂的生产方法，给出了与其所解决的技术问题相关的组合物各组分的选择方案，但是并未提供任何制备的方法。在本申请文件的其他部分也没有关于制备的方法或专用设备方面的指示或指导。因此本申请不符合专利法第 26 第 3 款的规定。（2）对比文件 1（CN1393268A，公开日为 2003 年 1 月

29日）公开了一种前体脂质体，其在实施例1中具体公开了以下技术方案："替加氟前体脂质体的制备：称取0.8g磷脂、0.4g胆固醇及泊洛沙姆……另取0.8g替加氟，2.4g甘露醇……得替加氟前体脂质体"（参见对比文件1的实施例1）；该权利要求与对比文件1的区别在于：前体脂质体还含有亲水性非水溶剂，但该区别特征已被对比文件2（CN1088777A，公开日为1994年7月6日）公开，对比文件2公开了："脂质体制剂的制备方法：将药物在水相中加入缓冲剂、油相、脂质材料等，制备脂质体溶液。其中的油相可选用豚脂、植物油、苄甲酸苄酯、油酸乙酯、氯仿等。该脂质体溶液可制备为缓释脂质体溶液或脂质体微粒"（参见对比文件2的说明书第2~3页），对比文件2给出了将该技术特征用于该对比文件1以解决其技术问题的启示，在对比文件1的基础上结合对比文件2得到权利要求1请求保护的技术方案是显而易见的，因此，权利要求1不具备专利法第22条第3款规定的创造性。权利要求2~4限定部分附加技术特征已在对比文件1~2中公开或为公知常识，在其引用的权利要求不具备创造性的情况下，权利要求2~4也不具备专利法第22条第3款规定的创造性。对比文件1、2已经公开了权利要求1~4的全部技术特征，并且对比文件2公开了"若将此脂质体溶液与高粘度聚合物溶液充分混合均匀，即可得用于癌病灶直接给药注射用缓释脂质体溶液"（对比文件2说明书第3页），而且根据具体需要，选择水合溶液制备不同特性的脂质体是本领域的公知常识，因此，在对比文件1的基础上结合对比文件2以及本领域的公知常识，得出权利要求7~8的技术方案是显而易见的，权利要求7~8不具备专利法第22条第3款规定的创造性。（3）权利要求3中的"面活性剂"不清楚，不符合专利法实施细则第20条第1款的规定，本申请的发明名称与中含有宣传性用语"新型"，且说明书的发明名称与申请的请求书不一致，不符合专利法实施细则第18条第1款的规定。

2007年6月7日，申请人提交了意见陈述书和权利要求书修改替换页（共8项），修改后的权利要求书内容如下：

"1. 一种新型前体脂质体制剂，其特征在于包含有药物、溶剂、磷脂和附加剂，其中，溶剂为具有亲水性的非水溶剂，附加剂为表面活性剂。

2. 根据权利要求1所述的新型前体脂质体制剂，其特征在于溶剂为对药物、磷脂和附加剂具有较好的溶解性的具有亲水性的非水溶剂；或/和，表面活性剂为阴离子或非离子表面活性剂。

3. 根据权利要求2所述的新型前体脂质体制剂，其特征在于溶剂为乳酸、油酸、丙酸、丙二醇、聚乙二醇中的一种或一种以上；或/和，表面活性剂为油酸钠、去氧胆酸钠、脂肪酸山梨坦、聚山梨酯、泊洛沙姆中的一种或一种以上；或/和，磷脂为磷脂酰胆碱、磷脂酰乙醇胺、磷脂酰丝氨酸、磷脂酰甘油、磷脂酸、磷脂酰肌醇中的一种或一种以上；或/和，药物为替加氟或环磷酰胺。

4. 根据权利要求1或2或3所述的新型前体脂质体制剂，其特征在于按重量百分比含有1%~30%的药物、10%~30%的磷脂、1%~15%的表面活性剂和余量的溶剂。

5. 一种根据权利要求1或2或3所述的新型前体脂质体制剂生产方法，其特征在于按下述步骤进行：首先用溶剂溶解药物，然后将磷脂和附加剂加入，充分溶解而得到新型前体脂质体制剂。

6. 一种根据权利要求4所述的新型前体脂质体制剂生产方法，其特征在于按下述步骤进行：首先用溶剂溶解药物，然后将磷脂和附加剂加入，充分溶解而得到新型前体脂质体制剂。

7. 一种根据权利要求1或2或3所述的新型前体脂质体制剂的使用方法，其特征在于：该新型前体脂质体制剂服用前加水稀释，接触水分时水合，载体材料溶解，自动形成脂质体。

8. 一种根据权利要求4所述的新型前体脂质体制剂的使用方法，其特征在于：该新型前体脂质体制剂服用前加水稀释，接触水分时水合，载体材料溶解，自动形成脂质体。"

申请人的意见为：（1）本发明新型前体脂质体制剂的生产方法在权利要求书和说明书中均有明

确的表述，制备过程只需要溶解操作即可制得本发明的新型前体脂质体制剂，只需要一些常规仪器，无需任何专用设备，也无需任何专门或复杂的操作。（2）权利要求1的溶剂为亲水性非水溶剂，对比文件2公开的脂质体制备方法所描述的溶剂为只能溶解水溶性药物的酸性缓冲剂、碱性缓冲剂或只能溶解脂溶性药物的油相，通过将含药缓冲液溶于油相，制备复乳从而制得脂质体，这与本申请所述的能同时溶解药物、磷脂和附加剂且又能与水混溶的亲水性溶剂，其与亲水性溶剂在本发明中的作用不同，本发明所属技术领域的技术人员无法由对比文件1和2的启示得到权利要求1的技术方案，权利要求1具备创造性。（3）权利要求2~4限定部分的附加技术特征虽在对比文件1~2中公开，但其在对比文件中的作用与其在本发明中的作用不同，因此权利要求2~4具备创造性。对比文件2给出的是先形成脂质体，然后再与水合溶液混合，本申请权利要求7~8给出的是在水合溶液中自发形成脂质体，二者明显不同，而且后者也并未本领域的公知常识，是本发明所属技术领域的技术人员预先难以想到的，因此，本申请权利要求7~8具备创造性。

针对申请人于2007年6月7日提交的权利要求1~8、2004年5月19日提交的说明书第1~4页和说明书摘要，国家知识产权局于2007年8月3日以权利要求1~4不符合专利法第22条第3款的规定为由驳回了本申请。

驳回决定指出：（1）对比文件1公开了一种前体脂质体，在实施例1中具体公开了："替加氟前体脂质体的制备：称取0.8g磷脂、0.4g胆固醇及泊洛沙姆……另取0.8g替加氟，2.4g甘露醇……得替加氟前体脂质体"（参见对比文件1的实施例1）；权利要求1与对比文件1的区别在于：前体脂质体还含有亲水性非水溶剂，但该区别特征已被对比文件2公开了，对比文件2公开了："脂质体制剂的制备方法：将药物在水相中加入缓冲剂、油相、脂质材料等，制备脂质体溶液。其中的油相可选用豚脂、植物油、苄甲酸苄酯、油酸乙酯、氯仿等。该脂质体溶液可制备为缓释脂质体溶液或脂质体微粒"（参见对比文件2的说明书第2~3页），而且该特征在对比文件2中所起的作用与其在本发明中为解决其技术问题所起的作用相同，都是用于提供一种前体脂质体，对比文件2给出了将该技术特征用于该对比文件1以解决其技术问题的启示。因此，权利要求1所要求保护的技术方案不具有突出的实质性特点和显著的进步，因而不具备创造性。（2）权利要求2~4限定部分附加技术特征已在对比文件1~2中公开或为所述技术领域中的公知常识，在其引用的权利要求不具备创造性的情况下，权利要求2~4也不具备专利法第22条第3款规定的创造性。

申请人新疆维吾尔自治区包虫病临床研究所、新疆医科大学第一附属医院、新疆医科大学药学院（下称请求人）不服上述驳回决定，于2007年11月15日向专利复审委员会提出复审请求，请求人在提出复审请求时未对申请文件进行修改。

请求人认为：（1）在请求人答复第一次审查意见通知书后就作出驳回决定，不符合审查指南第二部分第八章第6.1.1节的规定，驳回决定仅对本申请的权利要求1~4做了简单的驳回分析，对本申请的权利要求5~8没有作出任何决定并进行分析，不符合审查指南第二部分第八章第6.1.4.2节的规定。（2）关于创造性，本发明的前体脂质体为无水状态的澄明液体，为动力学稳定体系，不含水，不含通常制备脂质体使用的有机溶剂，不需要挥干溶剂，不是先制成脂质体经脱水或脱溶剂后形成的前体脂质体。对比文件1中脂质体的制法是薄膜沉积法，使用了氯仿等有机溶剂，存在挥干有机溶剂的工艺过程，使用不同的挥干设备。对比文件2的制备方法是形成复乳再制成脂质体，对比文件2脂质体制备方法中所描述的溶剂为溶解水溶性药物的酸性缓冲剂、碱性缓冲剂，这种缓冲剂是水溶液，同时必须有油相"油相豚脂、植物油、苄甲酸苄酯、氯仿等"，通过将含药缓冲液溶于油相，制备复乳从而制得脂质体，这与本申请所述的能同时溶解药物、磷脂和附加剂且又能与水混溶的亲水溶剂的种类和作用完全不同。本发明的前体脂质体制备方法与对比文件1和2不同，本发明只需将进行溶解操作,无需任何专用设备和复杂的操作,本发明使用的为药用无毒亲水非水溶剂,可以服用,不需除去。因此权利要求1具备专利法第22条第3款规定的创造性。权利要求2~4限定部分的附加技术特征虽在对比文件1~2中公开,但其在对比文件的作用与其在本发明中的作用不同,因此,权利要求2~4具备专利法第22条第3款规定的创造性。(3)对比文件2给出的是先形成脂质体,然后再与水合溶液混合,本申请权利要求7~8给出的是在水合溶液中自发形成脂质体,二者明显不同,而且利用本申请设计的方案,使药物、磷脂和附加剂的均匀溶液在水合后自发形成脂质体的特性并非本领域常见,是本发明所属技术领域的技术人员预先难以想到的,因此,本申请权利要求7~8具备专利法第22条第3款规定的创造性。

形式审查合格后,专利复审委员会受理了该复审请求,并于2007年12月18日向请求人发出复审请求受理通知书,同时将本申请案卷移交原审查部门进行前置审查。

原审查部门对本复审请求进行了前置审查,认为:请求人在复审请求书中认为本发明的前体脂质体与对比文件1和2的制备方法完全不同,但是这与权利要求1~4所要求的以组分为特征的保护范围无关,因此,坚持原驳回决定。

专利复审委员会组成合议组,对本案的复审请求进行了审理,于2008年6月24日向请求人发出复审请求口头审理通知书,定于2008年7月23日对本复审请求进行口头审理,对本复审请求的事实和理由进行调查。请求人提交的回执中表明其参加7月23日的口头审理,因故,口头审理改在2008年7月21日进行,请求人出席了口头审理。在口头审理中,请求人对合议组成员无回避请求;请求人就驳回决定的听证原则以及权利要求1~4是否符合专利法第22条第3款的规定发表了意见;合议组依职权告知请求人权利要求7~8属于专利法第25条第1款第(3)项规定的疾病的诊断和治疗方法的范畴,请求人表示将对权利要求7~8进行修改,并于口头审理后15日内提交权利要求书的修改替换页。

请求人于2008年8月1日提交了权利要求书全文替换页(共8项),其中将权利要求7~8修改为形成脂质体的方法。修改后的权利要求书内容如下:

"1. 一种新型前体脂质体制剂,其特征在于包含有药物、溶剂、磷脂和附加剂,其中,溶剂为具有亲水性的非水溶剂,附加剂为表面活性剂。

2. 根据权利要求1所述的新型前体脂质体制剂,其特征在于溶剂为对药物、磷脂和附加剂具有较好的溶解性的具有亲水性的非水溶剂;或/和,表面活性剂为阴离子或非离子表面活性剂。

3. 根据权利要求2所述的新型前体脂质体制剂,其特征在于溶剂为乳酸、油酸、丙酸、丙二醇、聚乙二醇中的一种或一种以上;或/和,表面活性剂为油酸钠、去氧胆酸钠、脂肪酸山梨坦、聚山梨酯、泊洛沙姆中的一种或一种以上;或/和,磷脂为磷脂酰胆碱、磷脂酰乙醇胺、磷脂酰丝氨酸、磷脂酰甘油、磷脂酸、磷脂酰肌醇中的一种或一种以上;或/和,药物为替加氟或环磷酰胺。

4. 根据权利要求1或2或3所述的新型前体脂质体制剂,其特征在于按重量百分比含有1%~30%的药物、10%~30%的磷脂、1%~15%的表面活性剂和余量的溶剂。

5. 一种根据权利要求1或2或3所述的新型前体脂质体制剂生产方法,其特征在于按下述步骤进行:首先用溶剂溶解药物,然后将磷脂和附加剂加入,充分溶解而得到新型前体脂质体制剂。

6. 一种根据权利要求4所述的新型前体脂质体制剂生产方法,其特征在于按下述步骤进行:首先用溶剂溶解药物,然后将磷脂和附加剂加入,充分溶解而得到新型前体脂质体制剂。

7. 一种根据权利要求1或2或3所述的新型前体脂质体制剂的形成脂质体的方法,其特征在于:该新型前体脂质体制剂加水稀释,接触水分时水合,载体材料溶解,自动形成脂质体。

8. 一种根据权利要求4所述的新型前体脂质体制剂的形成脂质体的方法,其特征在于:该新型前体脂质体制剂加水稀释，接触水分时水合，载体材料溶解，自动形成脂质体。"

至此，合议组认为本案事实清楚，可以依法作出审查决定。

二、决定的理由

1. 关于审查文本

请求人在2008年8月1日提交的经修改的权利要求书中，将权利要求7~8修改为形成脂质体的方法，上述修改可由原说明书第3页第2~6行得出，因此上述修改未超出原始说明书和权利要求书记载的范围，符合专利法第33条的规定，也符合专利法实施细则第60条第1款的规定。

因此，本复审请求审查决定所依据的文本是请求人于2008年8月1日提交的权利要求1~8、2004年5月19日提交的说明书第1~4页以及说明书摘要。

2. 关于专利法第25条第1款第（3）项

专利法第25条第1款第（3）项规定，对疾病的诊断和治疗方法不授予专利权。

根据该款规定，请求人将涉及疾病的诊断和治疗方法的保护主题修改为制备方法，修改后要求保护的主题属于可授予专利权的客体。

在2008年7月21日的本案口头审理过程中，合议组告知请求人驳回决定所针对的权利要求书中权利要求7~8属于专利法第25条第1款第（3）项所述的疾病的诊断和治疗方法的范围，不能被授予专利权。

在请求人于2008年8月1日提交的权利要求书中，将权利要求7~8请求保护的主题修改为形成脂质体的方法，修改后要求保护的主题以及所保护的技术方案涉及由前体脂质体制剂形成脂质体的方法，其属于可授予专利权的客体，由此可见，请求人于2008年8月1日提交的权利要求书已经克服了本案口头审理中所指出的权利要求7~8属于专利法第25条第1款第（3）项所述的疾病的诊断和治疗方法的范围，因而导致不能被授予专利权的缺陷。

3. 关于专利法第22条第3款

专利法第22条第3款规定：创造性，是指同申请日以前已有的技术相比，该发明具有突出的实质性特点和显著的进步。

根据该款规定，当要求保护的权利要求的技术方案中某一技术特征在现有技术中没有记载，现有技术也没有给出任何技术启示时，该权利要求的技术方案相对于现有技术是非显而易见的，具有突出的实质性特点。

本案中，权利要求1请求保护一种新型前体脂质体制剂，其特征在于包含有药物、溶剂、磷脂和附加剂，其中，溶剂为具有亲水性的非水溶剂，附加剂为表面活性剂。根据说明书记载可知，将该产品与水接触水合时，载体材料溶解，自动形成脂质体。

对比文件1公开了一种前体脂质体，在实施例1中具体公开了以下技术方案："替加氟前体脂质体的制备：称取0.8g磷脂、0.4g胆固醇及泊洛沙姆，用10ml氯仿溶解，制成脂质溶液备用；另取0.8g替加氟，2.4g甘露醇……挥干有机溶剂，得替加氟前体脂质体"（参见对比文件1的实施例1）。由对比文件1公开的内容可知，对比文件1所公开的前体脂质体包括磷脂、胆固醇、泊洛沙姆和药物，对比文件1的前体脂质体是在制备获得脂质体溶液后，挥干有机溶剂而获得。

将权利要求1请求保护的技术方案与对比文件1的技术方案相比较可以发现，二者的区别特征为：权利要求1的产品是含有亲水性非水溶剂的液体形式，而对比文件1的前体脂质体是在首先制备得到脂质体后挥干有机溶剂而获得，不含有亲水性非水溶剂。基于上述区别技术特征，本发明所要实际解决的技术问题是提供一种含有药物、亲水性非水溶剂、磷脂和表面活性剂的产品，通过将该产品与水接触时水合，由载体材料溶解自动形成脂质体（参见本申请说明书第2页倒数第9段至第3页第

3段)。对比文件2公开了一种包括化疗制剂的脂质体制剂,该脂质体制剂的制备方法为通过首先制备W/O乳剂,然后将W/O乳剂与外水相混合制备W/O/W型复乳,蒸发除去有机溶剂来获得脂质体溶液,该脂质体溶液可用于制备缓释脂质体溶液或脂质体微粒,对比文件2中记载了水相为经过调节pH的含水缓冲液,油相可选用豚脂、植物油、苄甲酸苄酯、油酸乙酯、氯仿等(参见对比文件2说明书第2页至第3页,实施例1和2)。根据对比文件2以上公开的内容可知,对比文件2中并未有任何关于在其所述脂质体制备中使用亲水性非水溶剂,例如乙醇、丙二醇、聚乙二醇来溶解药物、磷脂和附加剂的记载,而且对比文件2中水相溶剂水、油相溶剂豚脂、植物油、苄甲酸苄酯、油酸乙酯、氯仿等与权利要求1中亲水性非水溶剂作用是不同的,对比文件2中的水相溶剂是用于溶解阳离子型和阴离子型药物构成水相,然后与由油相溶剂溶解脂质材料的油相混合,通过形成W/O/W型复乳后挥发溶剂而获得脂质体;权利要求1中的亲水性非水溶剂是用于溶解药物、磷脂、表面活性剂形成液体,然后将其与水接触水合,由载体材料溶解自动形成脂质体。由此可见,权利要求1的技术方案与对比文件1技术方案的区别技术特征并未在对比文件2中公开或暗示,本领域技术人员基于对比文件1和2无法得到用亲水性非水溶剂溶解药物、磷脂和表面活性剂,然后通过与水接触水合,能够由载体材料溶解自动形成脂质体的技术启示,权利要求1相对于对比文件1和2的结合是非显而易见的,具备突出的实质性特点,对比文件1和2的结合不能否定权利要求1的创造性。

权利要求2~4从属于权利要求1,在对比文件1和2结合不能破坏权利要求1创造性的前提下,与对比文件1和2的结合相比,权利要求2~4也是非显而易见的,具备突出的实质性特点,对比文件1和2的结合不能否定权利要求2~4的创造性。

根据以上事实和理由,本案合议组作出如下审查决定。

三、决定

撤销国家知识产权局于2007年8月3日对第200410045430.1号发明专利申请作出的驳回决定。由原审查部门在本决定所依据的文本的基础上继续进行审查。

复审请求人对本决定不服的,可以根据专利法第41条第2款的规定,自收到本决定之日起三个月内向北京市第一中级人民法院起诉。

287

有效治疗肿瘤和其他需要除去或破坏细胞的疾病的肽

复审请求审查决定（第 14788 号）

决 定 号	第 14788 号
决 定 日	2008 年 10 月 10 日
发明创造名称	有效治疗肿瘤和其他需要除去或破坏细胞的疾病的肽
国际分类号	C07K 14/47，A61K 38/17，C12N 15/12，C07K 19/00，A61K 31/7088，A61P 35/00，A61P 37/00
复审请求人	尼莫克斯股份有限公司
申 请 号	02814977.7
申 请 日	2002 年 5 月 24 日
优 先 权 日	2001 年 5 月 25 日
公 开 日	2005 年 2 月 16 日
合议组组长	王晓云
主 审 员	孙俊荣
参 审 员	李梦楠

法 律 依 据 专利法第 31 条第 1 款，专利法第 26 条第 4 款，专利法实施细则第 20 条第 1 款

决 定 要 点

判断一件专利申请中要求保护的两项以上发明是否满足发明单一性的要求，就是要看权利要求中记载的各技术方案的实质性内容是否属于一个总的发明构思，即判断这些技术方案中是否包含使它们在技术上相互关联的一个或者多个相同或者相应的特定技术特征。

一、案由

本复审请求涉及申请日为 2002 年 5 月 24 日、优先权日为 2001 年 5 月 25 日、进入国家阶段日期为 2004 年 1 月 29 日、公开日为 2005 年 2 月 16 日，申请号为 02814977.7，名称为"有效治疗肿瘤和其他需要除去或破坏细胞的疾病的肽"的发明专利申请（下称本申请），申请人是尼莫克斯股份有限公司。

2006 年 10 月 13 日，国家知识产权局针对进入中国国家阶段时提交的说明书第 2～5 页、7～39 页，说明书附图第 1～9 页和说明书摘要；2006 年 3 月 2 日提交的说明书第 1、6 页；以及 2006 年 8 月 10 日提交的权利要求 1～27，以本申请权利要求 1 不符合专利法第 31 条第 1 款的规定为由驳回了本申请。被驳回的权利要求 1 如下：

"1. 一种 NTP 肽，其特征在于，所述肽的氨基酸序列如至少一种选自 SEQ ID NO. 10-52 的氨基

酸序列所示。"

驳回决定认为，对于权利要求1所要求保护的NTP肽产品而言，其特定技术特征应当是它的氨基酸序列，肽之所以具有细胞毒性也是由其产品本身具有的特殊的氨基酸序列结构所决定的，因此，细胞毒性并不是特定技术特征。对于权利要求1所要求保护40余种的NTP肽来说，它们的氨基酸序列并不完全相同，甚至有的氨基酸序列之间没有任何共同的部分，因此权利要求1所要求保护的这些NTP肽之间没有相同或相应的特定技术特征，不符合专利法第31条第1款的规定。

申请人尼莫克斯股份有限公司（下称请求人）对上述驳回决定不服，于2007年1月24日向专利复审委员会提出复审请求，同时提交了权利要求书替换页，增加了权利要求2。请求人认为：（1）本发明的特点在于本发明者首次发现了NTP本身对细胞具有毒性，随后发现了NTP的片段即NTP肽对细胞也具有毒性，本发明所要求保护的各种NTP片段都是基于上述这一相同的发明构思而获得的，因此，尽管权利要求1的各氨基酸序列并不相同，但它们在技术上是相关联的，即具有相应的特定技术特征，所以权利要求1具有单一性。（2）新的权利要求2要求保护的肽序列具有类似的结构特征，即WDYR和FILFFL，因而符合专利法第31条第1款规定。

请求人所提交的权利要求书中部分权利要求如下：

"1. 一种NTP肽，其特征在于，所述肽的氨基酸序列如至少一种选自SEQ ID NO. 10-52的氨基酸序列所示。

2. 一种NTP肽，其特征在于，所述肽的氨基酸序列选自SEQ ID NO：23~29、34~38、40、41、48~52。

4. 一种肽，其特征在于，所述肽包括权利要求1所述的NTP肽的同源物、衍生物、片段或变体。

6. 一种肽，其特征在于，所述肽包括权利要求1所述的NTP肽，所述肽3'或5'末端侧翼上有1~25个额外的氨基酸修饰。

9. 一种如权利要求1所述的NTP肽的模拟物。

13. 权利要求1所述的NTP肽在制备用于治疗需要除去或破坏哺乳的动物细胞的疾病的药物中的用途。

28. 如权利要求13所述的用途，其特征在于，所述NTP肽是部分单个新克隆的重组分子，所述重组分子由肽、权利要求9所述的模拟物或权利要求11所述的核酸和选自抗体、抗体片段和抗体样结合分子的分子组成，其中所述分子结合肿瘤或其他靶的亲和性高于结合其他细胞。"

形式审查合格后，专利复审委员会受理了该复审请求，并于2007年4月6日向请求人发出《复审请求受理通知书》，随后将本申请案卷移交原审查部门进行前置审查。

原审查部门对本复审请求进行了前置审查，坚持驳回决定。

专利复审委员会组成合议组，对本复审请求案进行了审理。合议组于2008年6月26日发出《复审通知书》，通知书指出：（1）权利要求1和2所要求保护的是多个彼此独立的NTP肽，它们之间并不具备对其共同性能（即对于细胞有毒性）来说是必不可少的共同结构，如功能结构域，因而不符合专利法第31条第1款的规定。（2）权利要求4、6、9不符合专利法第26条第4款的规定，理由是，对于权利要求4所要求保护的具有细胞毒性的同源物、衍生物、片段和变体，以及权利要求9所要求保护的权利要求1所述NTP肽的模拟物来说，尽管说明书中给出了上述术语的具体含义和制备方法，以及在说明书实施例中记载了测定细胞毒性的实验方法，但本领域技术人员在本申请说明书给出的信息不充分、缺少足够的教导或启示的情况下，仅根据说明书的上述记载尚不能直接得到仍然具有NTP肽细胞毒性功能的同源物、衍生物、片段或变体，以及模拟了NTP肽的生物活性（即细胞毒性）但化学性质上已经不再是肽的肽模拟物；对于权利要求6所要求保护的在权利要求1所述的NTP

肽的3'或5'末端侧翼上有1~25个额外的氨基酸修饰的肽来说，尽管本领域技术人员可以很容易地在NTP肽序列的3'或5'末端加上额外氨基酸，但却无法直接地毫无疑义地确定加上何种氨基酸或加上何种数量的氨基酸将不会影响到NTP肽的功能，在本申请说明书给出的信息不充分的情况下，本领域的技术人员尚不足以把说明书记载的内容扩展到权利要求6所要求保护的范围。（3）用途权利要求28作为权利要求13的从属权利要求，对其中所述的肽进行了重复限定，导致在一项权利要求中限定出了不同的保护范围，不符合专利法细则第20条第1款的规定。

请求人于2008年8月7日提交了意见陈述书和经修改的权利要求书，其中删除了上述权利要求2、4、6、9；将权利要求1限定为"选自SEQ ID NO. 23~26的氨基酸序列"；将权利要求28修改为独立权利要求，重新编号为权利要求24。

修改后的权利要求1和权利要求24为：

"1. 一种NTP肽，其特征在于，所述肽的氨基酸序列如至少一种选自SEQ ID NO. 23~26的氨基酸序列所示。

24. NTP肽在制备用于治疗需要除去或破坏哺乳的动物细胞的疾病的药物中的用途，所述NTP肽是部分单个新克隆的重组分子，所述重组分子由权利要求1所述的肽或权利要求7所述的核酸和选自抗体、抗体片段和抗体样结合分子的分子组成，其中所述分子结合肿瘤或其他靶的亲和性高于结合其他细胞。"

至此，合议组认为本案事实已经清楚，可以作出审查决定。

二、决定的理由

1. 关于文本

请求人于2008年8月7日提交了修改后的权利要求书（共24项），其中删除了《复审通知书》针对的权利要求2、4、6和9，并对权利要求1和28进行了修改，经审查，上述修改符合专利法第33条和专利法实施细则第60条第1款的规定，予以接受。据此，本复审决定依据的文本是：本申请进入中国国家阶段时提交的说明书第2~5页、第7~39页、说明书附图第1~9页及摘要，2006年3月2日提交的说明书第1、6页，以及2008年8月7日提交的权利要求1~24。

2. 关于专利法第31条第1款

专利法第31条第1款规定，一件发明或实用新型专利申请应当限于一项发明或者实用

新型，属于一个总的发明构思的两项以上的发明或者实用新型，可以作为一件申请提出。

根据该款规定，判断一件专利申请中要求保护的两项以上发明是否满足发明单一性的要求，就是要看权利要求中记载的各技术方案的实质性内容是否属于一个总的发明构思，即判断这些技术方案中是否包含使它们在技术上相互关联的一个或者多个相同或者相应的特定技术特征。

本案中，修改后的权利要求1请求保护"一种NTP肽，其特征在于，所述肽的氨基酸序列如至少一种选自SEQ ID NO. 23-26的氨基酸序列所示"。根据本申请说明书的记载，SEQ ID NO. 23-26分别对应于AD7C-NTP的126~138位、126~144位、126~149位和126~163位（编号为NTP肽#14-#17），具体氨基酸序列分别是KCWDYRRAAVPGL、KCWDYRRAAVPGLFILFFL、KCWDYRRAAVPGLFILFFLRHRCP和KCWDYRRAAVPGLFILFFLRHRCPTLTQDEVQWCDHSS（参见说明书第11~12页）。另外，说明书实施例2、5~7提供了上述NTP肽#14-#17对培养细胞的细胞毒性实验，结果表明注射上述肽后，在注射位置产生细胞死亡和组织坏死，由此证明上述肽具有细胞毒性功能。从上述记载可知，权利要求1所要求保护的四种NTP肽之间不仅具有相同的共同氨基酸序列结构，即SEQ ID NO. 23所示的氨基酸序列KCWDYRRAAVPGL，同时从实施例2、5~7还可以看出上述NTP肽#14-#17均具有共同的细胞毒性性能，因此权利要求1所要求保护的四种肽之间存在着与其共同性能相对

应的共同的氨基酸序列功能结构域，从而使得各个不同技术方案间具有了在技术上相互关联的相同或相应的特定技术特征，因此上述技术方案在实质性内容上属于一个总的发明构思，符合专利法第31条第1款关于单一性的规定。

修改后的权利要求书中删除了《复审通知书》针对的权利要求2，因此《复审通知书》中指出的权利要求2不符合专利法第31条第1款规定的缺陷已不存在。

3. 关于专利法实施细则第20条第1款

专利法实施细则第20条第1款规定，权利要求书应当说明发明或者实用新型的技术特征，清楚、简要地表述请求保护的范围。

根据该款规定，每项权利要求所确定的保护范围应当是清楚的，不能在一项权利要求中限定出不同的保护范围。

请求人在2008年8月7日提交的权利要求书中将《复审通知书》针对的权利要求28修改为了独立权利要求24，其中将NTP肽限定为一种由权利要求1所述的肽或权利要求7所述的核酸和选自抗体、抗体片段和抗体样结合分子组成的重组分子，上述权利要求对NTP肽的限定是清楚的，克服了《复审通知书》中所指出的因引用关系导致的在一项权利要求中对NTP肽限定出不同的保护范围的缺陷，因此修改后的权利要求24符合专利法实施细则第20条第1款的规定。

4. 关于专利法第26条第4款

专利法第26条第4款规定，权利要求书应当以说明书为依据，说明要求专利保护的范围。

根据该款规定，如果权利要求书所要求保护的技术方案不是所属技术领域的技术人员能够从说明书充分公开的内容中得到的技术方案，换而言之，当说明书中给出的信息不充分，所属技术领域的技术人员用常规的实验或者分析方法不足以把说明书记载的内容扩展到权利要求所述的保护范围时，则这样的技术方案得不到说明书的支持。

请求人在2008年8月7日提交的权利要求书中已经删除了《复审通知书》针对的权利要求4、6和9，因此《复审通知书》中所指出的这些权利要求不符合专利法第26条第4款规定的缺陷已不存在。

综上所述，请求人于2008年8月7日提交的权利要求书已经克服了《驳回决定》和《复审通知书》所指出的缺陷。

根据以上事实和理由，本案合议组作出如下审查决定。

三、决定

撤销国家知识产权局于2006年10月13日对02814977.7号发明专利申请作出的驳回决定。由原审查部门在本复审决定所依据的文本的基础上继续进行审查。

复审请求人对本决定不服的，可以根据专利法第41条第2款的规定，自收到本决定之日起三个月内向北京市第一中级人民法院起诉。

用于基因治疗的疱疹病毒毒株

复审请求审查决定（第14792号）

决 定 号	第14792号
决 定 日	2008年9月28日
发明创造名称	用于基因治疗的疱疹病毒毒株
国 际 分 类 号	C12N 15/869，C12N 7/01，A61K 48/00
复 审 请 求 人	拜奥维克斯有限公司
专 利 申 请 号	01806743.3
申 请 日	2001年1月22日
优 先 权 日	2000年1月21日，2000年2月8日，2001年1月5日，2001年1月6日
公 开 日	2003年5月14日
合议组组长	叶 娟
主 审 员	刘玉玲
参 审 员	王 冬

法 律 依 据 专利法第26条第3款

决 定 要 点

所属技术领域的技术人员能够实现，是指所属技术领域的技术人员按照说明书记载的内容，就能够再现该发明或者实用新型的技术方案，解决其技术问题，并且产生预期的技术效果。如果说明书中给出了具体的技术方案，但未给出实验证据，而该方案又必须依赖实验结果加以证实才能成立，则该技术方案被认为由于缺乏解决技术问题的技术手段而无法实现。

一、案由

本复审请求涉及2001年1月22日申请、2003年5月14日公开、名称为"用于基因治疗的疱疹病毒毒株"的第01806743.3号发明专利申请（下称本申请），本申请的优先权日为2000年1月21日、2000年2月8日、2001年1月5日和2001年1月6日。本申请的申请人为拜奥维克斯有限公司。

国家知识产权局于2004年10月1日发出《第二次审查意见通知书》，指出本申请说明书不符合专利法第26条第3款的规定。

申请人于2004年12月16日对《第二次审查意见通知书》作出答复，并提供如下附件：

附件1："Genetic Manipulation of the Nervous System"，R. S. Coffin 和 D. S. Latchman，Academic Press Limited，1996年，第99~114，复印件，共16页；

附件2："ICP34.5 deleted herpes simplex virus with enhanced oncolytic, immune stimulating, and antitumor properties",BL Liu 等人,Gene Therapy,2003 年,第 10 期,第 292～303 页,复印件,共 12 页。

申请人认为:本申请的目的在于提供一种病毒,所述病毒能够溶瘤性破坏肿瘤细胞,并具有抗肿瘤免疫作用,此问题的解决方案是提供携带编码免疫调节蛋白基因,并缺少功能性 ICP34.5 和 ICP47 编码基因的病毒;附件 1 表明缺失 ICP47 编码基因不能阻止病毒复制,因而不能预期缺失 ICP47 编码基因会抑制 ICP34.5 病毒的裂解能力;附件 2 表明缺失 ICP47 提高了 ICP34.5-病毒的体内抗肿瘤作用,本申请说明书描述了 ICP47 编码基因的突变会阻止宿主对肿瘤天然免疫应答的抑制(见说明书第 2 页第 5～11 行和第 3 页第 23～25 行),因此,结合本申请的实施例和现有技术,本申请的病毒能够实现所述发明目的。

国家知识产权局于 2005 年 4 月 1 日以说明书不符合专利法第 26 条第 3 款的规定为由驳回了本申请。驳回决定所针对的权利要求书中的独立权利要求为:

"1. 一种疱疹病毒,所述病毒包含一种编码免疫调节蛋白的基因,并且缺乏功能性 ICP34.5 编码基因和功能性 ICP47 编码基因,以及在肿瘤细胞内有复制能力。

15. 前述任一项权利要求的病毒的用途,所述病毒用于生产癌症的治疗药物。

17. 一种药用组合物,所述药用组合物包含作为有效成分的权利要求 1～13 中任一项的病毒和一种药学上可接受的载体或稀释剂。

18. 一种用于治疗癌症的药物,所述药物包含一种疱疹病毒,所述疱疹病毒含有一种编码免疫调节性细胞因子的基因、并且缺乏功能性 ICP34.5 编码基因和功能性 ICP47 编码基因、以及在肿瘤细胞内有复制能力。

19. HSV1 毒株 JSI 或由其衍生的 HSV1 毒株,HSV1 毒株 JSI 保藏于欧洲细胞培养物保藏中心(ECACC),临时保藏号为 01010209。"

驳回决定认为:(1)本申请的目的是提供体内裂解性破坏肿瘤细胞能力改进的病毒,其技术方案为使病毒包括一个编码免疫调节蛋白的基因、并缺乏功能性 ICP34.5 和 ICP47 编码基因。由于病毒体内裂解性破坏肿瘤细胞的能力无法从理论上推测,所以必须提供实验证据来证实,而本申请的实施例没有提供这方面的试验数据,在实施例"病毒的裂解能力"中只是提到了 JSI/ICP34.5-病毒的裂解能力,没有提及同时缺失 ICP34.5 和 ICP47 编码基因的病毒的裂解能力,最为关键的是此实施例没有提供 JSI/ICP34.5-病毒的裂解能力试验数据和同时缺失 ICP34.5 和 ICP47 编码基因的病毒的裂解能力试验数据,因此无法判断本申请的技术方案能否具有效果,就是说无法判断疱疹病毒在同时缺失 ICP34.5 和 ICP47 编码基因的条件下能否溶瘤性破坏肿瘤细胞,如果能破坏效果又是如何。所以在本申请没有提供试验数据的情况下,本领域技术人员无法相信本申请的技术方案能够达到本申请的目的。所以本申请的说明书未对发明作出清楚、完整的说明。(2)虽然申请人认为在本申请说明书的实施例中描述了 JSI/ICP34.5-/ICP47-病毒的抗肿瘤活性已被证明,同时说明由于免疫调节蛋白粒细胞巨噬细胞集落刺激因子(GM-CSF)具有抗肿瘤免疫作用,而且在附件 2 也清楚地显示 ICP34.5-/ICP47-GM-CSF 疱疹病毒比对照病毒有更好的抗肿瘤活性,并认为通过"JSI/ICP34.5-/ICP47-病毒的抗肿瘤活性"与"免疫调节蛋白粒细胞巨噬细胞集落刺激因子(GM-CSF)具有抗肿瘤免疫作用"这两点结合可以预见缺少 ICP34.5 和 ICP47、并且包含免疫调节基因的疱疹病毒能够抗肿瘤。但是,申请人的解释只是预测本申请的技术方案能达到目的,并不能证明本申请的技术方案实际上能够达到本申请的目的。而申请人所提供的附件 2 的公开日期是在本申请的申请日之后,不能作为解释本申请的技术方案能够达到发明目的的证据。所以经过申请人陈述意见后,本申请仍然没有克服说明书中缺少试验数据而导致的说明书公开不充分的缺陷,本申请的说明书未对发明作出清楚、完整的说明,致使所属技术领域的技术人员不能实现该发明,仍然不符合专利法第26条第3款的规定。

申请人拜奥维克斯有限公司(下称请求人)对上述驳回决定不服,于2005年7月18日向专利复审委员会提出复审请求,请求人在提出复审请求时提交了新修改的权利要求书(共15项)及如下附件(编号续前):

附件3:"Use of Carrier Cells to Deliver a Replication-selective Herpes Simplex Virus-1 Mutant for the Intraperitoneal Therapy of Epithelial Ovarian Cancer",George Coukos等人,Clinical Cancer Research,1999年6月,第5卷,第1523~1537页,复印件,共15页;

附件4:"Granulocyte-macrophage colony-stimulating factor (GM-CSF) secreted by cDNA-transfected tumor cells induces a more potent antitumor response than exogenous GM-CSF",Fu-Shun Shi等人,Cancer Gene Therapy,1999年,第6卷第1期,第81~88页,复印件,共8页;

附件5:公开号为WO0109361A1的PCT专利申请公开文本,公开日为2001年2月8日,复印件,共81页;

附件6:公开号为WO9851809A1的PCT专利申请公开文本,公开日为1998年11月19日,复印件,共76页。

请求人此次提交的权利要求书中的独立权利要求为:

"1. 一种疱疹病毒,所述病毒包含一种编码免疫调节蛋白的基因,并且缺乏功能性ICP34.5编码基因和功能性ICP47编码基因,以及在肿瘤细胞内有复制能力。

12. 前述任一项权利要求的病毒的用途,所述病毒用于生产癌症的治疗药物。

14. 一种药用组合物,所述药用组合物包含作为有效成分的权利要求1~10中任一项的病毒和一种药学上可接受的载体或稀释剂。

15. 一种用于治疗癌症的药物,所述药物包含一种疱疹病毒,所述疱疹病毒含有一种编码免疫调节性细胞因子的基因、并且缺乏功能性ICP34.5编码基因和功能性ICP47编码基因、以及在肿瘤细胞内有复制能力。"

请求人认为,国家知识产权局驳回的理由不成立,理由如下:本申请的目的不是审查员认定的"提供体内裂解性破坏肿瘤细胞能力改进的病毒",而是"提供一种HSV,其具有免疫刺激特性和溶瘤性特性"。附件3说明ICP34.5缺失的HSV能够裂解性破坏肿瘤细胞(参见附件3摘要第7~9行)。附件5说明缺失ICP47的HSV也能够裂解破坏肿瘤细胞(参见附件5第5页第23行至第6页第11行),因此本申请的实施例无需表明ICP34.5和ICP47病毒是溶瘤的。本申请说明书实施例3表明溶瘤性病毒,即能够在肿瘤细胞中复制、并裂解破坏肿瘤细胞的病毒,可用于表达免疫调节性蛋白。附件6说明,从不具有复制能力的HSV载体表达免疫调节蛋白是本领域已知的技术。附件4以及本申请说明书第2页第13~15行说明,通过非病毒载体向肿瘤细胞递送免疫调节基因表明了其具有抗肿瘤免疫作用,因而本申请无需进一步表明免疫调节基因具有抗肿瘤免疫作用。总之,现有技术和本申请的实施例相结合已表明本申请要求保护的病毒既具有溶瘤性,同时又能够表达免疫调节基因,这样的病毒提供了改进的抗肿瘤活性,因为它们将两种不同的抗肿瘤作用在单一的病毒中组合起来,因此,说明书是公开充分的。

形式审查合格后,专利复审委员会受理了该复审请求,并于2005年9月5日向请求人发出《复审请求受理通知书》,同时将本申请案卷移交原审查部门进行前置审查。

原审查部门对本复审请求进行了前置审查,认为:即使本申请的发明目的是"提供一种HSV,其具有免疫刺激特性和溶瘤性特性",其说明书也仍然公开不充分,因而坚持原驳回决定。

请求人于2007年6月29日提交了附件1,指出由于在答复《第二次审查意见通知书》时提交的附件1不清晰，因而此次提交清晰的附件1。

专利复审委员会组成合议组，对本复审请求案进行了审理。于2007年12月28日向请求人发出《复审通知书》。《复审通知书》指出，本申请说明书中记载了包含一种编码免疫调节蛋白的基因，并且缺乏功能性ICP34.5编码基因和功能性ICP47编码基因，以及在肿瘤细胞内有复制能力的病毒，该病毒与原先已知毒株相比在抗肿瘤活性上有所改进。但说明书中未记载同时缺失ICP34.5和ICP47编码基因的病毒的裂解能力，以及同时缺失ICP34.5和ICP47编码基因和包括免疫调节蛋白基因的病毒的抗肿瘤活性。由于病毒是一种复杂的有机体，ICP34.5、ICP47和免疫调节蛋白基因之间的关系也不清楚和确定，本领域技术人员在获知单独缺失ICP34.5编码基因的病毒具有溶瘤作用的基础上并不能推知同时缺失ICP34.5和ICP47编码基因的病毒必然具有相同或者更好的溶瘤作用；在包含GM-CSF编码基因和单独缺失ICP34.5编码基因的HSV-1病毒能表达GM-CSF的基础上也并不能推知在包含GM-CSF编码基因和同时缺失ICP34.5和ICP47编码基因的HSV-1病毒必然能表达GM-CSF，因此，也无法推定同时缺失ICP34.5和ICP47编码基因和包括免疫调节蛋白基因的病毒与原先已知毒株相比在抗肿瘤活性上有所改进，鉴于此，本申请的说明书没有清楚、完整地公开本发明，致使所属领域的技术人员不能理解、实现本发明，因此本申请不符合专利法第26条第3款的规定。根据附件1公开的内容仅仅只能认为ICP47基因缺失并不完全抑制HSV病毒的复制能力（参见附件1第104页第1段），上述"并不完全抑制"的表述说明ICP47基因可能抑制病毒的复制能力，但该抑制作用不是"完全抑制"，即，由附件1的上述内容并不能认为ICP47基因缺失并不影响HSV病毒的复制能力。由于ICP47基因缺失对HSV病毒复制能力的抑制作用的程度并不清楚，因而，本领域技术人员并不能在仅仅验证了单独缺失ICP34.5的HSV-1毒株具有在肿瘤细胞中裂解能力增强的技术效果情况下，预期同时缺失ICP34.5和ICP47编码基因的病毒在肿瘤细胞中必然具有相同或者更好的裂解能力，达到相同或者更好的溶瘤效果，也不能预期同时缺失ICP34.5和ICP47编码基因和包括免疫调节蛋白基因的病毒具有与原先已知毒株相比改进的抗肿瘤活性。因此，请求人的意见和提交的附件不具有说服力，不能证明本申请说明书符合专利法第26条第3款的规定。

针对《复审通知书》指出的问题，请求人于2008年4月14日提交了意见陈述书、权利要求书的替换页（共12项）以及如下附件（编号续前）：

附件7："Infected Cell Protein (ICP) 47 Enhances Herpes Simplex Virus Neurovirulence by Blocking the CD8$^+$ T Cell Response"，Kim Goldsmith等人，J. Exp. Med，1998年2月2日，第187卷，第3期，第341~348页，复印件，共8页；

附件8："The γ1 34.5 gene of herpes simplex virus 1 precludes neuroblastoma cells from triggering total shutoff of protein synthesis characteristic of programed cell death in neuronal cells"，Joany Chou等人，Proc. Natl. Acad. Sci. USA，1992年4月，第89卷，第3266~3270页，复印件，共5页；

附件9："A Phase I Study of OncoVEX^{GM-CSF}, a Second-Generation Oncolytic Herpes Simplex Virus Expressing Granulocyte Macrophage Colony-Stimulating Factor"，Jennifer C. C. Hu等人，Clin Cancer Res. 2006，2006年11月15日，12 (22)，第6737~6747页，复印件，共11页；

附件10：附件1~9相关部分的中文译文，其中，第1、2~20、21、22、23、24~26、27、28、29~30页分别对应于所述附件的相应中文译文，共30页。

请求人认为：（1）本申请的目的是提供一种既具有溶瘤活性又具有抗肿瘤免疫效应的病毒，本申请说明书的实施例部分验证了缺失ICP34.5的HSV具有溶瘤活性，溶瘤疱疹病毒可以表达GM-CSF，本领域技术人员根据说明书可获得该病毒并且预期该病毒具有所述效果；（2）为了获得裂解能力，同时缺失ICP34.5和ICP47的HSV须能在感染细胞中复制，附件7说明ICP47-型HSV可以在上皮组织中正常复制，而且附件1也说明ICP47的缺失并不完全阻止病毒复制，附件8公开了一种ICP34.5-型病毒可在非神经元来源的细胞系或细胞株中复制，因此，ICP34.5和ICP47具有基本上相同的性质，本领域技术人员没有理由怀疑同时缺失ICP34.5和ICP47的病毒会具有溶瘤能力；（3）附件6说明缺失ICP47的HSV可以表达外源基因，例如hGM-CSF，本领域技术人员基于本申请ICP34.5-型疱疹病毒可表达刺激免疫应答的GM-CSF这一事实，结合该现有技术的教导，也没有理由怀疑同时缺失ICP34.5和ICP47的病毒能够表达GM-CSF。因此，根据本申请公开的内容和上述现有技术，说明书是公开充分的。

请求人此次提交的权利要求书中的独立权利要求为：

"1. 一种疱疹病毒，所述病毒包含一种编码GM-CSF的基因，并且缺乏功能性ICP34.5编码基因和功能性ICP47编码基因，以及在肿瘤细胞内有复制能力。

9. 前述任一项权利要求的病毒的用途，所述病毒用于生产癌症的治疗药物。

11. 一种药物组合物，所述药物组合物包含作为有效成分的权利要求1～7中任一项的病毒和一种药学上可接受的载体或稀释剂。

12. 一种用于治疗癌症的药物，所述药物包含一种疱疹病毒，所述疱疹病毒含有一种编码GM-CSF的基因、并且缺乏功能性ICP34.5编码基因和功能性ICP47编码基因、以及在肿瘤细胞内有复制能力。"

至此，合议组认为本案事实已经清楚，可以作出审查决定。

二、决定的理由

1. 审查依据的文本

请求人于2008年4月14日提交了权利要求书全文替换页。经审查，该修改符合专利法第33条和专利法实施细则第60条第1款的规定。

因此，本复审决定所针对的文本为请求人于2008年4月14日提交的权利要求1～12，于2002年9月17日本申请进入中国国家阶段时提交的原始国际申请中文译文的说明书第1、3～5、7～9、11、12、14页、说明书附图第1页和说明书摘要以及于2003年1月18日提交的说明书第2、6、10、13页。

2. 关于证据

附件2、5、9的公开日在本申请的申请日之后，不属于本申请的现有技术。附件1、3、4、6～8都是公开出版物，且其公开日都在本申请的最早优先权日之前，上述附件都可以作为本申请的现有技术。其中，附件1公开了除了ICP4和ICP27以外，其他IE基因的缺失（包括编码基因ICP47）并不完全抑制病毒复制（参见附件第104页第1段）；附件3公开了缺失编码基因ICP34.5的HSV病毒对上皮卵巢癌细胞具有溶瘤作用，缺失编码基因ICP34.5的HSV病毒突变体在肿瘤细胞中能很好的复制，引起直接的溶瘤效应（参见附件3第1523页摘要、"材料和方法"第一段，第1524页左栏第1段，结果部分）；附件4公开了和外源性的GM-CSF相比，在肿瘤细胞中表达的GM-CSF具有更好的抗肿瘤免疫刺激（参见附件4第81页摘要部分）；附件6公开了缺失编码基因ICP47的HSV可以表达外源基因，例如hGM-CSF（参见附件6说明书第35页第19行至第36页第36行）；附件7公开了编码基因ICP47-型HSV可以在上皮组织中正常复制（参见附件7摘要第5～6行）。附件8公开了缺失γ134.5的突变体表达早期蛋白、病毒DNA和晚期基因的mRNA，该突变体病毒和野生型病毒在非神经细胞来源的细胞系或细胞株中可以复制但不分化（参见附件8摘要第5～12行）。

3. 关于专利法第26条第3款

专利法第26条第3款规定：说明书应当对发明或者实用新型作出清楚、完整的说明，以所属技

术领域的技术人员能够实现为准。

所属技术领域的技术人员能够实现,是指所属技术领域的技术人员按照说明书记载的内容,就能够再现该发明或者实用新型的技术方案,解决其技术问题,并且产生预期的技术效果。如果说明书中给出了具体的技术方案,但未给出实验证据,而该方案又必须依赖实验结果加以证实才能成立,则该技术方案被认为由于缺乏解决技术问题的技术手段而无法实现。

本申请提供一种病毒,其中,所述病毒"包含一种编码 GM-CSF 的基因,并且缺乏功能性 ICP34.5 编码基因和功能性 ICP47 编码基因,以及在肿瘤细胞内有复制能力",根据说明书的记载,本申请的病毒与原先已知毒株相比在抗肿瘤活性上有所改进。

合议组认为:

(1) 说明书中记载了包含一种编码 GM-CSF 的基因,并且缺乏功能性 ICP34.5 编码基因和功能性 ICP47 编码基因的疱疹病毒的构建方法;指出 HSV-1 毒株 JS1/ICP34.5-病毒在包括结肠直肠腺癌等肿瘤细胞中裂解能力增强(参见说明书第 12 页第 27 行至第 14 页第 2 行),编码基因 ICP34.5 缺失型的 HSV1 病毒可以表达人类或者鼠的 GM-CSF(参见说明书第 14 页第 3~4 行)。但说明书并未记载同时缺失 ICP34.5 和 ICP47 编码基因的病毒的裂解能力,以及同时缺失 ICP34.5 和 ICP47 编码基因和包括免疫调节蛋白基因的病毒的抗肿瘤活性。由于病毒是一种复杂的有机体,其基因的表达受多种因素的控制,不同基因之间可能存在相互抑制或者协同作用,由于 ICP34.5、ICP47 和免疫调节蛋白基因之间的关系并不清楚和确定,本领域技术人员在获知单独缺失 ICP34.5 编码基因的病毒具有溶瘤作用的基础上并不能推知同时缺失 ICP34.5 和 ICP47 编码基因的病毒必然具有相同或者更好的溶瘤作用;在包含 GM-CSF 编码基因和单独缺失 ICP34.5 编码基因的 HSV-1 病毒能表达 GM-CSF 的基础上也并不能推知在包含 GM-CSF 编码基因和同时缺失 ICP34.5 和 ICP47 编码基因的 HSV-1 病毒必然能表达 GM-CSF,由于上述两种推断不能成立,当然也无法推定同时缺失 ICP34.5 和 ICP47 编码基因和包括免疫调节蛋白 GM-CSF 基因的病毒与原先已知毒株相比在抗肿瘤活性上有所改进,即所属领域技术人员根据说明书的内容不能够确定所述的技术方案可以解决所述的技术问题,并达到预期的技术效果,从而无法实现本发明。鉴于此,本申请的说明书没有清楚、完整地公开本发明,致使所属领域的技术人员不能理解、实现本发明,因此本申请不符合专利法第 26 条第 3 款的规定。

(2) 对于请求人提供的证据,合议组认为:①根据附件 1 公开的内容仅仅只能认为 ICP47 基因缺失并不完全抑制 HSV 病毒的复制能力(参见附件 1 第 104 页第 1 段),上述"并不完全抑制"的表述说明 ICP47 基因可能抑制病毒的复制能力,但该抑制作用不是"完全抑制",即,由附件 1 的上述内容并不能认为 ICP47 基因缺失并不影响 HSV 病毒的复制能力。②根据附件 7 可知,单独缺失基因 ICP47 的 HSV 可以在上皮组织中正常复制。由于病毒是一种复杂的有机体,其基因的表达受多种因素的控制,不同基因之间可能存在相互抑制或者协同作用,由单独 ICP47 基因缺失不影响病毒复制并不能推定 ICP47 和 ICP34.5 基因同时缺失也不影响 HSV 的复制,进而不影响病毒的溶瘤能力。由于 ICP47 和 ICP34.5 基因共同缺失对 HSV 病毒复制能力的抑制作用的程度并不清楚,因而,本领域技术人员并不能在仅仅验证了单独缺失 ICP34.5 的 HSV-1 毒株具有在肿瘤细胞中裂解能力增强的技术效果情况下,预期同时缺失 ICP34.5 和 ICP47 编码基因的病毒在肿瘤细胞中必然具有相同或者更好的裂解能力,达到相同或者更好的溶瘤效果。③根据附件 6 可知,缺失编码基因 ICP47 的 HSV 可以表达外源基因,例如 hGM-CSF(参见附件 6 说明书第 35 页第 19 行至第 36 页第 36 行)。基于前述相似的理由,由于 ICP34.5、ICP47 和 GM-CSF 基因之间的关系不清楚,根据单个基因缺失的技术效果并不能预期同时缺失多个基因后的技术效果,即根据单独缺失 ICP34.5 或 ICP47 的 HSV 能表达 hGM-CSF 并不能预期同时缺失 ICP34.5 和 ICP47 的 HSV 也能表达相同数量的 hGM-CSF,并产生相同的免疫调节技术效果。④附件3记载了缺失编码基因ICP34.5的HSV病毒对上皮卵巢癌细胞具有溶瘤作用（参见附件3第1523页摘要、"材料和方法"第一段，结果部分），缺失编码基因ICP34.5的HSV病毒突变体在肿瘤细胞中能很好的复制，引起直接的溶瘤效应（参见附件3第1524页左栏第1段）；附件4记载了和外源性的GM-CSF相比，在肿瘤细胞中表达的GM-CSF具有更好的抗肿瘤免疫刺激（参见附件4第81页摘要部分）；附件8记载了缺失γ134.5的突变体表达早期蛋白、病毒DNA和晚期基因的mRNA，该突变体病毒和野生型病毒在非神经细胞来源的细胞系或细胞株中可以复制但不分化（参见附件8摘要第5~12行）。上述附件记载的内容和ICP47编码基因无关，并不能证明同时缺失ICP34.5和ICP47基因的HSV溶瘤能力和表达GM-CSF的技术效果。因此，请求人的意见和提交的附件不具有说服力，不能证明本申请说明书符合专利法第26条第3款的规定。根据以上事实和理由，本案合议组作出如下审查决定。

三、决定

维持国家知识产权局于2005年4月1日对第01806743.3号发明专利申请作出的驳回决定。由原审查部门在本复审决定所针对的文本的基础上继续进行审查。

复审请求人对本决定不服的，可以根据专利法第41条第2款的规定，自收到本决定之日起三个月内向北京市第一中级人民法院起诉。

北京市第一中级人民法院
行政判决书

(2009) 一中行初字第826号

原告拜奥维克斯有限公司，住所地大不列颠及北爱尔兰联合王国伦敦EC2V 7QJ诺布尔街10号奥尔德城堡5层。

授权代表罗伯特·科芬，授权董事。

委托代理人姜建成，男，北京北翔知识产权代理有限公司专利代理人。

委托代理人唐铁军，女，北京北翔知识产权代理有限公司专利代理人。

被告中华人民共和国国家知识产权局专利复审委员会，住所地中华人民共和国北京市海淀区北四环西路9号银谷大厦10~12层。

法定代表人廖涛，副主任。

委托代理人郭鹏鹏，男，中华人民共和国国家知识产权局专利复审委员会审查员。

委托代理人王冬，男，中华人民共和国国家知识产权局专利复审委员会审查员。

原告拜奥维克斯有限公司不服被告中华人民共和国国家知识产权局专利复审委员会作出的第14792号专利复审请求审查决定（以下简称被诉复审决定），向本院提起行政诉讼。本院受理后，依法组成合议庭，于2009年4月14日公开开庭进行了审理，原告的委托代理人姜建成，被告的委托代理人郭鹏鹏、王冬到庭参加了诉讼。现本案已审理终结。

被告根据原告的申请，对中华人民共和国国家知识产权局（以下简称国家知识产权局）作出的驳回决定进行复审，认定原告的第01806743.3号名称为"用于基因治疗的疱疹病毒毒株"的发明专利申请（以下简称本申请）的说明书不符合《中华人民共和国专利法》（以下简称《专利法》）第二十六条第三款的规定，于2008年10月28日作出被诉复审决定：维持国家知识产权局作出的驳回决定，由原审查部门在本复审决定所针对的文本的基础上继续进行审查。

在法定期限内，被告为证明被诉复审决定合法，向本院提交了以下证据：

1. 附件1（即"Genetic Manipulation of the NervousSystem"，R. S. Coffin和D. S. Latchman，Academic PressLimited，1996年，第99~114，复印件，共16页）；

2. 附件3（即"Use of Carrier Cells to Deliver a Replication-selective Herpes Simplex Virus-1 Mutant for the Intraperitoneal Therapy of Epithelial Ovarian Cancer"，George Coukos等人，Clinical Cancer Research，1999年6月，第5卷，第1523~1537页，复印件，共15页）；

3. 附件4（即"Granulocyte-macrophage colony-stimulating factor (GM-CSF) secreted by cDNA-transfected tumor cells induces a more potentantitumor response than exogenous GM-CSF"，Fu-Shun Shi等人，Cancer Gene Therapy，1999年，第6卷第1期，第81~88页，复印件，共8页）；

4. 附件6（即公开号为WO9851809A1的PCT专利申请公开文本，公开日为1998年11月19日，复印件，共76页）；

5. 附件7（即"Infected Cell Protein (ICP) 47 EnhancesHerpes Simplex Virus Neuroyirulence by Blocking the CD8+T Cell Response"，Kim Goldsmith等人，J. Exp. Med.，1998年2月2日，第187卷，第3期，第341~348页，复印件，共8页）；

6. 附件8（即"The γ1 34.5 gene of herpes simplex virus1 precludes neuroblastoma cells from

triggering totalshutoff of protein synthesis characteristic of programedcell death in neuronal cells", Joany Chou 等人, Proc. Natl. Acad. Sci. USA, 1992年4月, 第89卷, 第3266~3270页, 复印件, 共5页);

7. 附件2 (即 "ICP34.5 deleted herpes simplex viruswith enhanced oncolytic, immune stimulating, and anti-tumor properties", BL Liu 等人, Gene Therapy, 2003年, 第10期, 第292~303页, 复印件, 共12页);

8. 附件9 (即 "A Phase I Study of OncoVEXGM-CSF, a Second-Generation Oncolytic Herpes Simplex Virus Expressing Granulocyte Macrophage Colony-Stimulating Factor", Jennifer C. C. Hu 等人, Clin Cancer Res. 2006, 2006年11月15日, 12 (22), 第6737~6747页, 复印件, 共11页);

9. 被诉复审决定中的附件7的中文译文;

10. 附件10 (即上述证据1~8相关部分的中文译文);

11. 本申请的公开说明书;

12. 原告于2003年1月18日提交的说明书替换页第2、6、10、13页;

13. 原告于2008年4月14日提交的权利要求替换页。

原告诉称:

1. 被诉复审决定认定事实错误。

本申请给出了具体的技术方案, 并且该技术方案已得到实验证据的支持, 因而本申请的技术方案不需要进一步的实验结果加以证实。

本申请提供了一种疱疹病毒, 所述病毒包含一种编码 GM-CSF 的基因, 并且缺乏功能性 ICP34.5 编码基因和功能性 ICP47 编码基因, 以及在肿瘤细胞内有复制能力。该病毒因兼具溶瘤活性和免疫刺激活性而具有改进的抗肿瘤活性。

现有技术中记载的实验数据和本申请说明书中记载的实验结果共同提供了实验证据表明, 本发明的病毒具有抗肿瘤效果, 这种效果是由于该病毒具有裂解肿瘤细胞的能力和在肿瘤细胞内表达 GM-CSF 从而刺激抗肿瘤免疫应答的能力而产生。本申请说明书也证实了, ICP34.5 缺失型 HSV-1 病毒可以表达人或小鼠 GM-CSF。附件1教导了只有 ICP4 或 ICP27 可完全阻止复制, 但不能证明 ICP47 不完全抑制复制。事实上, 附件7已表明 ICP47 缺失型 HSV 可在上皮组织中正常复制。在感染细胞中复制后, HSV 裂解感染细胞, 从而可使其自身感染新的细胞。因此, 现有技术已证明缺失 ICP47 编码基因不会减弱 HSV 的溶瘤活性。

本申请说明书中已证明单独缺失 ICP34.5 也不影响病毒复制。此外, 现有技术中已进行了多个实验来考察病毒基因缺失对 HSV 复制的影响。这些实验表明 HSV 复制只有在缺失 ICP4 或 ICP27 编码基因时才可能被完全抑制。因此, 根据该实验证据, 本领域技术人员没有理由怀疑同时缺失 ICP47 和 ICP34.5 编码基因的病毒能够在感染的肿瘤细胞中复制并将其裂解。

本发明的病毒并不是仅仅通过溶瘤活性来实现其技术效果。该病毒是由于同时具有溶瘤效果和抗肿瘤免疫效果而得到改进。因此, 本发明只需要证明本发明的病毒能够在肿瘤细胞中复制, 从而具有溶瘤效果。而可从现有技术中获得的实验证据和本申请说明书中记载的实验证据已共同证明了这一事实。

关于被告认定的本申请说明书没有记载同时缺失 ICP34.5 和 ICP47 编码基因的病毒能够表达 GM-CSF 的问题, 所有现有证据均指出缺失 ICP34.5 和 ICP47 编码基因的病毒能够表达 GM-CSF。

本申请说明书已证明缺失 ICP34.5 编码基因的 HSV-1 病毒能够表达 GM-CSF。此外, 从附件6可知, 缺失 ICP47 的 HSV 也可表达外源基因, 例如 GM-CSF。鉴于该实验结果, 本领域技术人员没有理由怀疑同时缺失 ICP47 和 ICP34.5 编码基因的 HSV 能够表达 GM-CSF。

被告认定的 ICP34.5、ICP47 和 GM-CSF 基因之间关系并不清楚，在获知缺失单个基因的效果的基础上无法预测缺失多个基因的效果，然而在本申请优先权日前，缺失多个基因不会损害一种异源基因的表达在本领域是公知的。

在本领域中，还没有关于多个 HSV 基因（每个基因的单独表达能够使得该异源基因表达）缺失的组合会阻止异源基因表达的记载。例如，附件6记载了许多具有多个基因缺失的 HSV 载体。由于在本领域中尚没有关于多个基因缺失会影响异源基因表达的先例，同时基于现有技术中已经证实 ICP47 缺失型病毒能表达 GM-CSF 的事实以及本申请说明书中已证实 ICP34.5 缺失型病毒能表达 GM-CSF 的事实，本领域技术人员不会怀疑同时缺失 ICP34.5 和 ICP47 编码基因的病毒能够表达 GM-CSF。

本领域现有技术已知，与外源 GM-CSF 相比，肿瘤细胞表达的 GM-CSF 是更佳的抗肿瘤免疫刺激剂（参见附件4第81页摘要），HSV 病毒是一种已知的在细胞内传递和表达基因的载体（参见本申请说明书第1页第10~13行）。因此，本领域技术人员没有理由怀疑，感染了本发明的病毒的肿瘤细胞中 GM-CSF 的表达产生了除溶瘤活性之外的抗肿瘤免疫效果。

综上，结合本领域现有技术中的实验证据，本申请说明书提供的实验证据能够证明本领域技术人员能够实现说明书中记载的具体技术方案。因此本领域技术人员根据说明书公开的内容可确定，本发明的技术方案能够解决其技术问题并实现预期的技术效果，因此所述领域技术人员能够实现本发明。

因此，本申请符合《专利法》第二十六条第三款的规定。

2. 被诉复审决定适用法律不当。

本申请给出了具体的技术方案，并且该技术方案已得到实验证据的支持，因而本申请的技术方案不需要进一步的实验结果加以证实。所以，被告以本申请的技术方案未得到实验证据的支持为由而驳回本申请，是明显的法律适用不当。

3. 被诉复审决定有重大程序缺陷。

原告在复审程序中提交了附件2和附件9作为证据。被告对这两份证据的合法性和真实性都未予质疑，但由于其公开日在本申请的申请日之后，不属于本申请的现有技术，而未被被告考虑。然而，这两个附件可证明在本申请的申请日时本领域技术人员的能力。这些附件表明，遵循本申请说明书的教导并实现预期的技术效果在所属领域技术人员的正常能力范围内。因此，这些附件符合证据的合法性、真实性和关联性的要求，应当被考虑。被告未考虑该二份证据是重大的程序缺陷。

综上所述，被诉复审决定认定事实错误，适用法律不当，且存在重大程序缺陷，从而导致了错误的行政决定。因此，请求法院依法撤销被诉复审决定，并责令被告重新作出复审决定。

在开庭审理前，原告向本院提交了附件2和附件9（同被告的证据7、8）。

被告辩称：原告的诉讼理由不成立，具体理由如下：

1. 根据说明书的记载可知，本申请所提供的疱疹病毒与已知毒株相比在抗肿瘤活性上有所改进，所述病毒体内裂解性破坏肿瘤细胞能力得到改进，抗瘤免疫效应最大化。

根据附件1，ICP47 基因缺失并不完全抑制 HSV 病毒的复制，其中"并不完全抑制"的表述说明 ICP47 基因缺失可能抑制 HSV 病毒的复制，而不是对 HSV 病毒的复制毫无影响。根据附件7可知，单独缺失 ICP47 基因的 HSV 病毒可以在上皮组织中复制。附件1和附件7所记载的内容说明的是单独缺失 ICP47 基因对 HSV 病毒复制的影响情况，其中并没有关于缺失 ICP34.5 基因的记载，更没有关于同时缺失 ICP47 和 ICP34.5 基因会对 HSV 病毒的复制情况产生何种影响的记载。众所周知，病毒是一种复杂的有机体，其基因的表达受多种因素的控制，不同基因之间可能存在相互抑制或者协同作用，同时缺失多个基因会对病毒的表达产生何种影响是本领域技术人员难于预期的，本领域技术人员根据单个基因缺失的效果并不能预期同时缺失多个基因后的技术效果。本领域技术人员根据附件

1、附件7和本申请说明书的内容由单独缺失 ICP47 或 ICP34.5 基因对 HSV 病毒复制的影响难于推定同时缺失 ICP47 和 ICP34.5 这两个基因会对 HSV 的复制产生何种影响，也无法预期同时所述病毒在肿瘤细胞中的裂解能力和溶瘤效果的情况如何，是否得到改进。

附件6记载了缺失 ICP4、ICP27、ICP22、ICP47、gC 和 UL41 基因的 HX862 可以表达 hGM-CSF，其所记载的内容说明了包括 ICP47 基因缺失在内的具有多个基因缺失的 HX86Z 可以表达 hGM-CSF 这一实验现象，而无法说明是由于单独缺失 ICP47 基因的作用而没有阻止 hGM-CSF 的表达，还是由于同时缺失多个基因 ICP4、ICP27、ICP22、ICP47、gC 和 UL41 的共同作用而没有阻止 GM-CSF 的表达，附件6中也没有关于缺失 ICP34.7 基因的记载，更没有关于同时缺失 ICP47 和 ICP34.5 基因的 HSV 病毒是否可表达 GM-CSF 的记载。而且如上所述，同时缺失多个基因会对病毒的表达产生何种影响是本领域技术人员所难于预期的，本领域技术人员根据单个基因缺失的效果并不能预期同时缺失多个基因后的技术效果，ICP34.5、ICP47 和 GM-CSF 之间的关系是不清楚的，本领域技术人员根据附件6的"包括 ICP47 基因缺失在内的具有多个基因缺失的 HSV 病毒可表达外源基因"和本申请说明书的"单独缺失 ICP34.5 基因的 HSV 病毒可表达 GM-CSF"难于推定同时缺失 ICP47 和 ICP34.5 这两个基因而包含 GM-CSF 编码基因的 HSV 是否会表达 CM-CSF，也就无法确定所述病毒是否会产生抗肿瘤免疫效果。

由以上所述可知，本申请的说明书并未清楚、完整地公开本发明，本领域技术人员根据本申请说明书提供的实验证据结合现有技术无法确定所述的技术方案可以解决所述的技术问题，并达到预期的技术效果。因此，被诉决定对事实的认定是正确的，法律适用也无不当之处，原告的主张不能成立。

2. 所属技术领域的技术人员在判断专利申请的说明书是否充分公开所述发明的技术方案时，应当考虑该申请说明书内容和现有技术的内容。《审查指南》第二部分第三章第2.1节规定了，现有技术是指申请日前（有优先权的，指优先权日）前在国内外出版物上公开发表、在国内公开使用或者以其他方式为公众所知的技术。根据上述规定可知，所属技术领域的技术人员在评价专利申请说明书是否充分公开时所考虑的现有技术应当是申请日前或优先权日前的现有技术。原告在复审程序中提供的附件2的公开日（在2003年）和附件9的公开日（2006年11月15日）均在本申请的优先权日及申请日之后，它们并不属于本申请的优先权日或申请日之前的现有技术，本领域技术人员无法将其与本申请说明书内容结合来评价本申请说明书是否充分公开本发明的技术方案，被诉决定对附件2和附件9不予考虑符合《专利法》以及《中华人民共和国专利法实施细则》和《审查指南》的有关规定，不存在程序性缺陷，原告的主张不能成立。

综上所述，被告作出的被诉复审决定认定事实清楚，适用法律正确，审理程序合法，请求法院依法驳回原告的诉讼请求，维持被诉复审决定。

上述证据经庭审质证，原告对被告的证据没有争议；被告认可原告在行政程序中提交了附件2和9，但认为不能证明原告的主张。经审查，上述证据均属于行政程序中的有效证据，能够作为认定本案事实的有效证据。

根据上述有效证据，本院确认事实如下：

本发明专利的申请日为2001年1月22日，于2003年5月14日公开，优先权日为2000年1月21日、2000年2月8日、2001年1月5日和2001年1月6日。

2004年10月1日，国家知识产权局在"第二次审查意见通知书"中指出本申请说明书不符合《专利法》第二十六条第三款的规定。为此，原告于2004年12月16日作出答复，并提供了附件1和2。其理由如下：

本申请的目的在于提供一种病毒，所述病毒能够溶瘤性破坏肿瘤细胞，并具有抗肿瘤免疫作用，此问题的解决方案是提供携带编码免疫调节蛋白基因,并缺少功能性 ICP34.5 和 ICP47 编码基因的病毒;附件1 表明缺失 ICP47 编码基因不能阻止病毒复制,因而不能预期缺失 ICP47 编码基因会抑制 ICP34.5 病毒的裂解能力;附件2 表明缺失 ICP47 提高了 ICP34.5-病毒的体内抗肿瘤作用,本申请说明书描述了 ICP47 编码基因的突变会阻止宿主对肿瘤天然免疫应答的抑制(见说明书第2页第5~11行和第3页第23~25行),因此,结合本申请的实施例和现有技术,本申请的病毒能够实现所述发明目的。

2005年4月1日,国家知识产权局以本申请的说明书不符合《专利法》第二十六条第三款的规定为由驳回了本申请。驳回决定所针对的权利要求书中的独立权利要求为:

"1. 一种疱疹病毒,所述病毒包含一种编码免疫调节蛋白的基因,并且缺乏功能性 ICP34,5 编码基因和功能性 ICP47 编码基因,以及在肿瘤细胞内有复制能力。

15. 前述任一项权利要求的病毒的用途,所述病毒用于生产癌症的治疗药物。

17. 一种药用组合物,所述药用组合物包含作为有效成分的权利要求 1~13 中任一项的病毒和一种药学上可接受的载体或稀释剂。

18. 一种用于治疗癌症的药物,所述药物包含一种疱疹病毒,所述疱疹病毒含有一种编码免疫调节性细胞因子的基因、并且缺乏功能性 ICP34.5 编码基因和功能性 ICP47 编码基因、以及在肿瘤细胞内有复制能力。

19. HSV1 毒株 JS1 或由其衍生的 HSV1 毒株,HSV1 毒株 JS1 保藏于欧洲细胞培养物保藏中心(ECACC),临时保藏号为 01010209。"

驳回决定认为:

1. 本申请的目的是提供体内裂解性破坏肿瘤细胞能力改进的病毒,其技术方案为使病毒包括一个编码免疫调节蛋白的基因、并缺乏功能性 ICP34.5 和 ICP47 编码基因。由于病毒体内裂解性破坏肿瘤细胞的能力无法从理论上推测,所以必须提供实验证据来证实,而本申请的实施例没有提供这方面的试验数据,在实施例"病毒的裂解能力"中只是提到了 JS1/ICP34.5-病毒的裂解能力,没有提及同时缺失 ICP34.5 和 ICP47 编码基因的病毒的裂解能力,最为关键的是此实施例没有提供 JS1/ICP34.5-病毒的裂解能力试验数据和同时缺失 ICP34.5 和 ICP47 编码基因的病毒的裂解能力试验数据,因此无法判断本申请的技术方案能否具有效果,就是说无法判断疱疹病毒在同时缺失 ICP34.5 和 ICP47 编码基因的条件下能否溶瘤性破坏肿瘤细胞,如果能破坏效果又是如何。所以在本申请没有提供试验数据的情况下,本领域技术人员无法相信本申请的技术方案能够达到本申请的目的。所以本申请的说明书未对发明作出清楚、完整的说明。

2. 虽然申请人认为在本申请说明书的实施例中描述了 JS1/ICP34.5-/ICP47-病毒的抗肿瘤活性已被证明,同时说明由于免疫调节蛋白粒细胞巨噬细胞集落刺激因子(GM-CSF)具有抗肿瘤免疫作用,而且在附件2也清楚地显示 ICP34.5-/ICP47-GM-CSF 疱疹病毒比对照病毒有更好的抗肿瘤活性,并认为通过"JS1/ICP 34.5-/ICP47-病毒的抗肿瘤活性"与"免疫调节蛋白粒细胞巨噬细胞集落刺激因子(GM-CSF)具有抗肿瘤免疫作用"这两点结合可以预见缺少 ICP34.5 和 ICP47、并且包含免疫调节基因的疱疹病毒能够抗肿瘤。但是,申请人的解释只是预测本申请的技术方案能达到目的,并不能证明本申请的技术方案实际上能够达到本申请的目的。而申请人所提供的附件2的公开日期是在本申请的申请日之后,不能作为解释本申请的技术方案能够达到发明目的的证据。所以经过申请人陈述意见后,本申请仍然没有克服说明书中缺少试验数据而导致的说明书公开不充分的缺陷,本申请的说明书未对发明作出清楚、完整的说明,致使所属技术领域的技术人员不能实现该发明,仍然不符合专利法第26条第3款的规定。

原告不服，于 2005 年 7 月 18 日向被告提出复审请求，同时提交了新修改的权利要求书（共 15 项）及如下附件 3 ~ 6。

原告此次提交的权利要求书中的独立权利要求为：

"1. 一种疱疹病毒，所述病毒包含一种编码免疫调节蛋白的基因，并且缺乏功能性 ICP34.5 编码基因和功能性 ICP47 编码基因，以及在肿瘤细胞内有复制能力。

12. 前述任一项权利要求的病毒的用途，所述病毒用于生产癌症的治疗药物。

14. 一种药用组合物，所述药用组合物包含作为有效成分的权利要求 1-10 中任一项的病毒和一种药学上可接受的载体或稀释剂。

15. 一种用于治疗癌症的药物，所述药物包含一种疱疹病毒，所述疱疹病毒含有一种编码免疫调节性细胞因子的基因、并且缺乏功能性 ICP34.5 编码基因和功能性 ICP47 编码基因、以及在肿瘤细胞内有复制能力。"

原告认为驳回决定的理由不成立，具体内容：本申请的目的不是审查员认定的"提供体内裂解性破坏肿瘤细胞能力改进的病毒"，而是"提供一种 HSV，其具有免疫刺激特性和溶瘤性特性"。附件 3 说明 ICP34.5 缺失的 HSV 能够裂解性破坏肿瘤细胞。附件 5 说明缺失 ICP47 的 HSV 也能够裂解破坏肿瘤细胞，因此本申请的实施例无需表明 ICP34.5 和 ICP47 病毒是溶瘤的。本申请说明书实施例 3 表明溶瘤性病毒，即能够在肿瘤细胞中复制、并裂解破坏肿瘤细胞的病毒，可用于表达免疫调节性蛋白。附件 6 说明，从不具有复制能力的 HSV 载体表达免疫调节蛋白是本领域已知的技术。附件 4 以及本申请说明书第 2 页第 13 ~ 15 行说明，通过非病毒载体向肿瘤细胞递送免疫调节基因表明了其具有抗肿瘤免疫作用，因而本申请无需进一步表明免疫调节基因具有抗肿瘤免疫作用。总之，现有技术和本申请的实施例相结合已表明本申请要求保护的病毒既具有溶瘤性，同时又能够表达免疫调节基因，这样的病毒提供了改进的抗肿瘤活性，因为它们将两种不同的抗肿瘤作用在单一的病毒中组合起来，因此，说明书是公开充分的。

被告经形式审查合格，于 2005 年 9 月 5 日受理，同时将本申请案卷移交原审查部门进行前置审查。

原审查部门对本复审请求进行了前置审查，认为：即使本申请的发明目的是"提供一种 HSV，其具有免疫刺激特性和溶瘤性特性"，其说明书也仍然公开不充分，因而坚持原驳回决定。

原告于 2007 年 6 月 29 日向被告提交了附件 1，指出由于在答复"第二次审查意见通知书"时提交的附件 1 不清晰，因而此次提交清晰的附件 1。

被告组成合议组进行了审理，于 2007 年 12 月 28 日向原告发出复审通知书，指出：本申请说明书中记载了包含一种编码免疫调节蛋白的基因，并且缺乏功能性 ICP34.5 编码基因和功能性 ICP47 编码基因，以及在肿瘤细胞内有复制能力的病毒，该病毒与原先已知毒株相比在抗肿瘤活性上有所改进。但说明书中未记载同时缺失 ICP34.5 和 ICP47 编码基因的病毒的裂解能力，以及同时缺失 ICP34.5 和 ICP47 编码基因和包括免疫调节蛋白基因的病毒的抗肿瘤活性。由于病毒是一种复杂的有机体，ICP34.5、ICP47 和免疫调节蛋白基因之间的关系也不清楚和确定，本领域技术人员在获知单独缺失 ICP34.5 编码基因的病毒具有溶瘤作用的基础上并不能推知同时缺失 ICP34.5 和 ICP47 编码基因的病毒必然具有相同或者更好的溶瘤作用；在包含 GM-CSF 编码基因和单独缺失 ICP34.5 编码基因的 HSV-1 病毒能表达 GM-CSF 的基础上也并不能推知在包含 GM-CSF 编码基因和同时缺失 ICP34.5 和 ICP47 编码基因的 HSV-1 病毒必然能表达 GM-CSF，因此，也无法推定同时缺失 ICP34.5 和 ICP47 编码基因和包括免疫调节蛋白基因的病毒与原先已知毒株相比在抗肿瘤活性上有所改进，鉴于此，本申请的说明书没有清楚、完整地公开本发明，致使所属领域的技术人员不能理解、实现本发明，因此本申请不符合《专利法》第二十六条第三款的规定。根据附件1公开的内容仅仅只能认为ICP47基因缺失并不完全抑制HSV病毒的复制能力，上述"并不完全抑制"的表述说明ICP47基因可能抑制病毒的复制能力，但该抑制作用不是"完全抑制"，即由附件1的上述内容并不能认为ICP47基因缺失并不影响HSV病毒的复制能力。由于ICP47基因缺失对HSV病毒复制能力的抑制作用的程度并不清楚，因而，本领域技术人员并不能在仅仅验证了单独缺失ICP34.5的HSV-1毒株具有在肿瘤细胞中裂解能力增强的技术效果情况下，预期同时缺失ICP34.5和ICP47编码基因的病毒在肿瘤细胞中必然具有相同或者更好的裂解能力，达到相同或者更好的溶瘤效果，也不能预期同时缺失ICP34.5和ICP47编码基因和包括免疫调节蛋白基因的病毒具有与原先已知毒株相比改进的抗肿瘤活性。因此，请求人的意见和提交的附件不具有说服力，不能证明本申请说明书符合《专利法》第二十六条第三款的规定。

为此，原告于2008年4月14日向被告提交了意见陈述书、权利要求书的替换页（共12项）以及如下附件7~10。其理由如下：

1. 本申请的目的是提供一种既具有溶瘤活性又具有抗肿瘤免疫效应的病毒，本申请说明书的实施例部分验证了缺失ICP34.5的HSV具有溶瘤活性，溶瘤疱疹病毒可以表达GM-CSF，本领域技术人员根据说明书可获得该病毒并且预期该病毒具有所述效果；

2. 为了获得裂解能力，同时缺失ICP34.5和ICP47的HSV须能在感染细胞中复制，附件7说明ICP47-型HSV可以在上皮组织中正常复制，而且附件1也说明ICP47的缺失并不完全阻止病毒复制，附件8公开了一种ICP34.5-型病毒可在非神经元来源的细胞系或细胞株中复制，因此，ICP34.5和ICP47具有基本上相同的性质，本领域技术人员没有理由怀疑同时缺失ICP34.5和ICP47的病毒会具有溶瘤能力；

3. 附件6说明缺失ICP47的HSV可以表达外源基因，例如hGM-CSF，本领域技术人员基于本申请ICP34.5-型疱疹病毒可表达刺激免疫应答的GM-CSF这一事实，结合该现有技术的教导，也没有理由怀疑同时缺失ICP34.5和ICP47的病毒能够表达GM-CSF。因此，根据本申请公开的内容和上述现有技术，说明书是公开充分的。

同时，其提交的权利要求书中的独立权利要求为：

"1. 一种疱疹病毒，所述病毒包含一种编码GM-CSF的基因，并且缺乏功能性ICP34.5编码基因和功能性ICP47编码基因，以及在肿瘤细胞内有复制能力。

9. 前述任一项权利要求的病毒的用途，所述病毒用于生产癌症的治疗药物。

11. 一种药物组合物，所述药物组合物包含作为有效成分的权利要求1-7中任一项的病毒和一种药学上可接受的载体或稀释剂。

12. 一种用于治疗癌症的药物，所述药物包含一种疱疹病毒，所述疱疹病毒含有一种编码GM-CSF的基因、并且缺乏功能性ICP34.5编码基因和功能性ICP47编码基因、以及在肿瘤细胞内有复制能力。"

至此，被告认定：

1. 原告于2008年4月14日提交了权利要求书全文替换页的修改符合《专利法》第三十三条和《专利法实施细则》第六十条第一款的规定。本复审决定审查的文本为该文本的权利要求第1~12项，于2002年9月17日本申请进入中国国家阶段时提交的原始国际申请中文译文的说明书第1、3~5、7~9、11、12、14页、说明书附图第1页和说明书摘要以及于2003年1月18日提交的说明书第2、6、10、13页。

2. 关于证据。

附件2、5、9的公开日在本申请的申请日之后，不属于本申请的现有技术。附件1、3、4、6~8都是公开出版物，且其公开日都在本申请的最早优先权日之前，上述附件都可以作为本申请的现有技术。其中，附件1公开了除了ICP4和ICP27以外，其他ⅠE基因的缺失（包括编码基因ICP47）并不完全抑制病毒复制（参见附件第104页第1段）；附件3公开了缺失编码基因ICP34.5的HSV病毒对上皮卵巢癌细胞具有溶瘤作用，缺失编码基因ICP34.5的HSV病毒突变体在肿瘤细胞中能很好的复制，引起直接的溶瘤效应（参见附件3第1523页摘要、"材料和方法"第一段，第1524页左栏第1段，结果部分）；附件4公开了和外源性的GM-CSF相比，在肿瘤细胞中表达的GM-CSF具有更好的抗肿瘤免疫刺激（参见附件4第81页摘要部分）；附件6公开了缺失编码基因ICP47的HSV可以表达外源基因，例如hGM-CSF（参见附件6说明书第35页第19行-第36页第36行）；附件7公开了编码基因ICP47-型HSV可以在上皮组织中正常复制（参见附件7摘要第5~6行）。附件8公开了缺失γ134.5的突变体表达早期蛋白、病毒DNA和晚期基因的mRNA，该突变体病毒和野生型病毒在非神经细胞来源的细胞系或细胞株中可以复制但不分化（参见附件8摘要第5~12行）。

3. 关于《专利法》第二十六条第三款。

本申请提供一种病毒，其中，所述病毒"包含一种编码GM-CSF的基因，并且缺乏功能性ICP34.5编码基因和功能性ICP47编码基因，以及在肿瘤细胞内有复制能力"，根据说明书的记载，本申请的病毒与原先已知毒株相比在抗肿瘤活性上有所改进。

（1）说明书中记载了包含一种编码GM-CSF的基因，并且缺乏功能性ICP34.5编码基因和功能性ICP47编码基因的疱疹病毒的构建方法；指出HSV-I毒株JS1/ICP34.5-病毒在包括结肠直肠腺癌等肿瘤细胞中裂解能力增强（参见说明书第12页第27行至第14页第2行），编码基因ICP34.5缺失型的HSV1病毒可以表达人类或者鼠的GM-CSF（参见说明书第14页第3~4行）。但说明书并未记载同时缺失ICP34.5和ICP47编码基因的病毒的裂解能力，以及同时缺失ICP34.5和ICP47编码基因和包括免疫调节蛋白基因的病毒的抗肿瘤活性。由于病毒是一种复杂的有机体，其基因的表达受多种因素的控制，不同基因之间可能存在相互抑制或者协同作用，由于ICP34.5、ICP47和免疫调节蛋白基因之间的关系并不清楚和确定，本领域技术人员在获知单独缺失ICP34.5编码基因的病毒具有溶瘤作用的基础上并不能推知同时缺失ICP34.5和ICP47编码基因的病毒必然具有相同或者更好的溶瘤作用；在包含GM-CSF编码基因和单独缺失ICP34.5编码基因的HSV-1病毒能表达GM-CSF的基础上也并不能推知在包含GM-CSF编码基因和同时缺失ICP34.5和ICP47编码基因的HSV-1病毒必然能表达GM-CSF，由于上述两种推断不能成立，当然也无法推定同时缺失ICP34.5和ICP47编码基因和包括免疫调节蛋白GM-CSF基因的病毒与原先已知毒株相比在抗肿瘤活性上有所改进，即所属领域技术人员根据说明书的内容不能够确定所述的技术方案可以解决所述的技术问题，并达到预期的技术效果，从而无法实现本发明。鉴于此，本申请的说明书没有清楚、完整地公开本发明，致使所属领域的技术人员不能理解、实现本发明，因此本申请不符合专利法第26条第3款的规定。

（2）对于原告提供的证据，合议组认为：①根据附件1公开的内容仅仅只能认为ICP47基因缺失并不完全抑制HSV病毒的复制能力（参见附件1第104页第1段），上述"并不完全抑制"的表述说明ICP47基因可能抑制病毒的复制能力，但该抑制作用不是"完全抑制"，即，由附件1的上述内容并不能认为ICP47基因缺失并不影响HSV病毒的复制能力。②根据附件7可知，单独缺失基因ICP47的HSV可以在上皮组织中正常复制。由于病毒是一种复杂的有机体，其基因的表达受多种因素的控制，不同基因之间可能存在相互抑制或者协同作用，由单独ICP47基因缺失不影响病毒复制并不能推定ICP47和ICP34.5基因同时缺失也不影响HSV的复制，进而不影响病毒的溶瘤能力。由于ICP47和ICP34.5基因共同缺失对HSV病毒复制能力的抑制作用的程度并不清楚，因而，本领域技术人员并不能在仅仅验证了单独缺失 ICP34.5 的 HSV-1 毒株具有在肿瘤细胞中裂解能力增强的技术效果情况下，预期同时缺失 ICP34.5 和 ICP47 编码基因的病毒在肿瘤细胞中必然具有相同或者更好的裂解能力，达到相同或者更好的溶瘤效果。③根据附件 6 可知，缺失编码基因 ICP47 的 HSV 可以表达外源基因，例如 hGM-CSF（参见附件 6 说明书第 35 页第 19 行-第 36 页第 36 行）。基于前述相似的理由，由于 ICP34.5、ICP47 和 GM-CSF 基因之间的关系不清楚，根据单个基因缺失的技术效果并不能预期同时缺失多个基因后的技术效果，即根据单独缺失 ICP34.5 或 ICP47 的 HSV 能表达 hGM-CSF 并不能预期同时缺失 ICP34.5 和 ICP47 的 HSV 也能表达相同数量的 hGM-CSF，并产生相同的免疫调节技术效果。④附件 3 记载了缺失编码基因 ICP34.5 的 HSV 病毒对上皮卵巢癌细胞具有溶瘤作用（参见附件 3 第 1523 页摘要、"材料和方法"第一段，结果部分），缺失编码基因 ICP34.5 的 HSV 病毒突变体在肿瘤细胞中能很好的复制，引起直接的溶瘤效应（参见附件 3 第 1524 页左栏第 1 段）；附件 4 记载了和外源性的 GM-CSF 相比，在肿瘤细胞中表达的 GM-CSF 具有更好的抗肿瘤免疫刺激（参见附件 4 第 81 页摘要部分）；附件 8 记载了缺失 γ134.5 的突变体表达早期蛋白、病毒 DNA 和晚期基因的 mRNA，该突变体病毒和野生型病毒在非神经细胞来源的细胞系或细胞株中可以复制但不分化（参见附件 8 摘要第 5-12 行）。上述附件记载的内容和 ICP47 编码基因无关，并不能证明同时缺失 ICP34.5 和 ICP47 基因的 HSV 溶瘤能力和表达 GM-CSF 的技术效果。因此，请求人的意见和提交的附件不具有说服力，不能证明本申请说明书符合《专利法》第二十六条第三款的规定。

根据以上事实和理由，被告于 2008 年 9 月 28 日作出被诉复审决定，于同年 10 月 28 日向原告邮寄送达。原告不服，于 2009 年 2 月 1 日向本院起诉。

在开庭审理中，原告对以下内容没有争议：1. 被告的行政审查程序；2. 被诉复审决定中的"案由"部分记载的内容；3. 被告确定的审查文本。

本院认为：根据当事人无争议的陈述，本院经书面审查，对上述无争议的事实予以确认。在此基础上，本院将围绕原告争议的焦点问题对被诉复审决定进行合法性审查。

《专利法》第二十六条第三款规定，说明书应当对发明或者实用新型作出清楚、完整的说明，以所属技术领域的技术人员能够实现为准。

本申请涉及一种"包含一种编码 GM-CSF 的基因，并且缺乏功能性 ICP34.5 编码基因和功能性 ICP47 编码基因，以及在肿瘤细胞内有复制能力"的疱疹病毒，说明书中明确指出所述病毒与原先已知毒株相比在抗肿瘤活性上有所改进。

本申请说明书第 12 页第 27 行至第 14 页第 2 行记载了插入 GM-CSF 并缺失 ICP34.5 编码基因和 ICP47 编码基因的病毒构建方法，以及 HSV-1 毒株 JS1/ICP34.5-病毒在结肠直肠腺癌等肿瘤细胞中的裂解能力增强的内容。另外，该说明书第 14 页第 3-4 行记载了编码基因 ICP34.5 缺失型的 HSV1 病毒可以表达人类或者鼠的 GM-CSF。但本申请说明书并未记载 ICP34.5 和 ICP47 编码基因同时缺失的病毒的裂解能力如何变化，也未公开同时缺失 ICP34.5 和 ICP47 且包含免疫调节蛋白基因的病毒的抗肿瘤活性。

由于本领域技术人员对于编码基因 ICP34.5、ICP47 和免疫调节蛋白基因之间的关系并不清楚和确定，不同基因之间可能存在相互抑制或者协同的作用，故基于单独缺失 ICP34.5 的病毒具有溶瘤作用的情况下并不能推定同时缺失 ICP34.5 和 ICP47 基因的病毒必然具有相同或者更好的溶瘤作用。在包含 GM-CSF 基因和单独缺失 ICP34.5 基因的 HSV-1 病毒能表达 GM-CSF 的基础上也并不能推定在包含 GM-CSF 基因和同时缺失 ICP34.5 和 ICP47 基因的 HSV-1 病毒必然能表达 GM-CSF。因此，所属领域技术人员从本申请说明书所公开的相关内容无法推定同时缺失 ICP34.5 和 ICP47 基因和包括免疫调节蛋白 GM-CSF 基因的病毒与原先已知毒株相比在抗肿瘤活性上有所改进，即根据说明书公开的内容不能够确定所述的技术方案可以解决所述的技术问题，并达到预期的技术效果，从而无法实现本发明。

因此，被告认定本申请的专利说明书公开不充分，不符合《专利法》第二十六条第三款规定的主要证据充分。

原告主张说明书已证明缺失 ICP34.5 编码基因的病毒能够达到所述技术效果，并且附件 6 等证据载明缺失编码基因 ICP47 的 HSV 可以表达外源基因如 hGM-CSF，本领域也没有关于多个 HSV 基因缺失的组合会影响异源基因表达的记载，由于 ICP34.5、ICP47 和 GM-CSF 基因之间的关系不清楚，根据单独缺失 ICP34.5 或 ICP47 的 HSV 能表达 hGM-CSF 并不能预期同时缺失 ICP34.5 和 ICP47 的 HSV 溶瘤能力和表达 GM-CSF 的技术效果。所以，原告的上述主张缺乏证据，本院不予支持。

综上，被诉决定认定事实清楚，适用法律正确，行政程序合法，本院应予维持。故，依照《中华人民共和国行政诉讼法》第五十四条第（一）项之规定，判决如下：

维持中华人民共和国国家知识产权局专利复审委员会于二〇〇八年十月二十八日作出的第 14792 号专利复审请求审查决定。

案件受理费 100 元，由原告拜奥维克斯有限公司负担（已交纳）。

如不服本判决，原告拜奥维克斯有限公司可在可在本判决书送达之日起 30 日内，被告中华人民共和国国家知识产权局专利复审委员会可在本判决书送达之日起 15 日内，向本院递交上诉状，并按照对方当事人的人数提出副本，及预交上诉案件受理费人民币 100 元，上诉于中华人民共和国北京市高级人民法院。

审　判　长　　饶亚东
审　判　员　　刘景文
代理审判员　　毛天鹏
二〇〇九年十月二十二日
书　记　员　　蒋利玮

鉴定与涉及异常细胞增殖的疾病相关的多肽抗原的方法和用于治疗此种疾病的组合物

复审请求审查决定（第14803号）

决 定 号	第14803号
决 定 日	2008年10月16日
发明创造名称	鉴定与涉及异常细胞增殖的疾病相关的多肽抗原的方法和用于治疗此种疾病的组合物
国际分类号	A61K 39/395，C07K 16/00，C12P 21/08，C12Q 1/68，G01N 33/53，G01N 33/574
复审请求人	杰南技术公司
申 请 号	02821529.X
申 请 日	2002年9月4日
优 先 权 日	2001年9月5日
公 开 日	2005年2月9日
合议组组长	李金光
主 审 员	李瑛琦
参 审 员	曹克浩
法 律 依 据	专利法第26条第3款

决 定 要 点

说明书应当对发明或者实用新型作出清楚、完整的说明，以所属技术领域的技术人员能够实现为准。所属技术领域的技术人员能够实现，是指所属技术领域的技术人员按照说明书记载的内容能够实施该发明或者实用新型的技术方案，解决其技术问题并产生预期的技术效果。如果说明书中给出了技术手段，但对所属技术领域的技术人员而言，该手段是含糊不清的，根据说明书的内容无法具体实施，则认为说明书公开不充分，不符合专利法第26条第3款的规定。

一、案由

本复审请求涉及申请号为02821529.X、名称为"鉴定与涉及异常细胞增殖的疾病相关的多肽抗原的方法和用于治疗此种疾病的组合物"的发明专利申请。申请人为杰南技术公司，申请日为2002年9月4日，进入中国国家阶段日期为2004年4月28日，优先权日为2001年9月5日，公开日为2005年2月9日。

针对申请人于本申请进入中国国家阶段时提交的国际申请文件中文译文说明书第1~63页、附图第 1~6 页、说明书摘要以及申请人于 2006 年 4 月 28 日提交的经修改的权利要求 1~29，国家知识产权局于 2006 年 10 月 13 日以说明书公开不充分，不符合专利法第 26 条第 3 款的规定为由驳回了本申请。

驳回决定所针对的权利要求书为：

"1. 鉴定可作为癌症治疗靶点的细胞表面多肽抗原的方法，包括鉴定在增殖的癌细胞表面的表达水平高于在增殖的非癌细胞表面的表达水平的多肽抗原，从而鉴定所述多肽抗原。

2. 权利要求 1 的方法，其中所述多肽抗原在所述增殖的癌细胞表面的表达比在多数增殖的非癌细胞表面的表达更高。

3. 权利要求 1 的方法，其中所述多肽抗原在所述增殖的癌细胞表面的表达比在所有增殖的非癌细胞表面的表达更高。

4. 权利要求 1 的方法，其中所述多肽抗原在非增殖或缓慢增殖的非癌细胞表面的表达比在增殖的非癌细胞表面的表达更高。

5. 权利要求 1 的方法，其中所述多肽抗原在多数非增殖或缓慢增殖的非癌细胞表面上的表达比在多数增殖的非癌细胞表面的表达更高。

6. 权利要求 1 的方法，其中所述多肽抗原在多数非增殖或缓慢增殖的非癌细胞表面上的表达比在所有增殖的非癌细胞表面的表达更高。

7. 权利要求 1 的方法，其中所述多肽抗原在所述增殖的癌细胞表面的表达与在非增殖或缓慢增殖的细胞表面的表达大体相同。

8. 权利要求 1 的方法，其中所述多肽抗原在非增殖或缓慢增殖的非癌细胞表面上的表达比在所述增殖的癌细胞表面上的表达更高。

9. 权利要求 1 的方法，其中鉴定在增殖的癌细胞表面上的表达比在增殖的非癌细胞表面的表达更高的多肽抗原的步骤包括使用微阵列分析。

10. 产生用于治疗癌症的细胞毒性化合物的方法，所述方法包括：

（a）鉴定多肽抗原，它在增殖的癌细胞表面的表达比在增殖的非癌细胞表面的表达更高；

（b）产生结合所述多肽抗原的抗体；和

（c）将至少一种抗有丝分裂化合物连接于所述抗体，从而产生所述细胞毒化合物。

11. 权利要求 10 的方法，其中所述多肽抗原在非增殖或缓慢增殖的非癌细胞表面的表达比在所述增殖的非癌细胞表面的表达更高。

12. 权利要求 10 的方法，其中所述至少一种抗有丝分裂化合物是美登木素生物碱。

13. 权利要求 10 的方法，其中所述抗体是抗体片段，单克隆抗体，人抗体或人源化抗体。

14. 权利要求 10 的方法，其中所述抗体特异结合所述多肽抗原。

15. 权利要求 10 的方法，其中所述抗体基本不能诱导抗体依赖细胞介导的细胞毒（ADCC）或补体介导的细胞毒（CDC）。

16. 抑制癌细胞增殖的方法，包括：

（a）鉴定多肽抗原，它在所述癌细胞表面的表达比在增殖的非癌细胞表面的表达更高；

（b）产生与所述多肽抗原结合的抗体；

（c）将至少一种抗有丝分裂化合物连接于所述抗体以提供细胞毒化合物，并；

（d）将所述癌细胞与所述细胞毒性化合物接触，从而抑制其增殖。

17. 权利要求 16 的方法，其中所述多肽抗原在非增殖或缓慢增殖的非癌细胞表面的表达比在所述增殖的非癌细胞表面的表达更高。

18. 权利要求16的方法，其中所述至少一种抗有丝分裂化合物是美登木素生物碱。

19. 权利要求16的方法，其中所述抗体是抗体片段，单克隆抗体，人抗体或人源化抗体。

20. 权利要求16的方法，其中所述抗体特异结合所述多肽抗原。

21. 权利要求16的方法，其中所述抗体基本不能诱导抗体依赖细胞介导的细胞毒（ADCC）或补体介导的细胞毒（CDC）。

22. 治疗有效量的细胞毒性化合物在制备有效治疗哺乳动物中癌症的药物中的用途，其中该细胞毒性化合物包括：（i）结合多肽抗原的抗体，该抗原在癌细胞表面的表达比在增殖的非癌细胞表面的表达更高，和（ii）至少一种连接于所述抗体的抗有丝分裂化合物。

23. 权利要求22的用途，所述药物包括另外的化疗剂。

24. 权利要求22的用途，其中所述哺乳动物是人。

25. 权利要求22的用途，其中所述多肽抗原在非增殖或缓慢增殖的非癌细胞表面的表达比在所述增殖的非癌细胞表面的表达更高。

26. 权利要求22的用途，其中所述至少一种抗有丝分裂化合物是美登木素生物碱。

27. 权利要求22的用途，其中所述抗体是抗体片段，单克隆抗体，人抗体或人源化抗体。

28. 权利要求22的用途，其中所述抗体特异结合所述多肽抗原。

29. 权利要求22的用途，其中所述抗体基本不能诱导抗体依赖细胞介导的细胞毒（ADCC）或补体介导的细胞毒（CDC）。"

驳回决定认为：本发明首先要鉴定出在增殖的癌细胞上的表达比在非癌细胞上的表达要高的多肽抗原，由此制备抗体，将抗体与抗有丝分裂的化合物偶联，获得治疗癌症的细胞毒性化合物。虽然本申请利用了大量的篇幅例举了多种筛选细胞表面多肽的技术，如微阵列分析（说明书第48~55页），但是这些内容并非一个具体的操作技术，只能算是为实现本发明上述技术设想而提供的一些可以采用的技术方法和途径。而说明书提供的实施例中涉及的单克隆抗体HERCEPTIN和美登木素生物碱（DM1）也不是通过本申请所述的方法得到的，无法用来证明本申请说明书公开的所谓技术方案能够解决技术问题，并产生预期的技术效果。由于本申请说明书没有公开一个具体的实施方案，本领域的技术人员要想实现本发明的目的，即使根据说明书提供的信息，还必需花费大量的创造性劳动才能得到具体的、能够实施的技术方案，所以本申请说明书没有满足充分公开的要求，不符合专利法第26条第3款的规定。

申请人杰南技术公司（下称请求人）对上述驳回决定不服，于2007年1月29日向专利复审委员会提出复审请求，请求人在提出复审请求时提交了如下经修改的权利要求书：

"1. 产生用于治疗癌症的细胞毒性化合物的方法，所述方法包括：

（a）鉴定多肽抗原，它在增殖的癌细胞表面的表达比在增殖的非癌细胞表面的表达更高；

（b）产生结合所述多肽抗原的抗体；和

（c）将至少一种抗有丝分裂化合物连接于所述抗体，从而产生所述细胞毒化合物。

2. 权利要求1的方法，其中所述多肽抗原在非增殖或缓慢增殖的非癌细胞表面的表达比在所述增殖的非癌细胞表面的表达更高。

3. 权利要求1的方法，其中所述至少一种抗有丝分裂化合物是美登木素生物碱。

4. 权利要求1的方法，其中所述抗体是抗体片段，单克隆抗体，人抗体或人源化抗体。

5. 权利要求1的方法，其中所述抗体特异结合所述多肽抗原。

6. 权利要求1的方法，其中所述抗体基本不能诱导抗体依赖细胞介导的细胞毒（ADCC）或补体介导的细胞毒（CDC）。

7. 权利要求1~6任一项的方法，其中所述细胞毒性化合物是HERCEPTIN-DM1。

8. 权利要求7的方法，其中所述癌细胞是乳腺肿瘤细胞。

9. 治疗有效量的细胞毒性化合物在制备有效治疗哺乳动物中癌症的药物中的用途，其中该细胞毒性化合物包括：（i）结合多肽抗原的抗体，该抗原在癌细胞表面的表达比在增殖的非癌细胞表面的表达更高，和（ii）至少一种连接于所述抗体的抗有丝分裂化合物。

10. 权利要求9的用途，所述药物包括另外的化疗剂。

11. 权利要求9的用途，其中所述哺乳动物是人。

12. 权利要求9的用途，其中所述多肽抗原在非增殖或缓慢增殖的非癌细胞表面的表达比在所述增殖的非癌细胞表面的表达更高。

13. 权利要求9的用途，其中所述至少一种抗有丝分裂化合物是美登木素生物碱。

14. 权利要求9的用途，其中所述抗体是抗体片段，单克隆抗体，人抗体或人源化抗体。

15. 权利要求9的用途，其中所述抗体特异结合所述多肽抗原。

16. 权利要求9的用途，其中所述抗体基本不能诱导抗体依赖细胞介导的细胞毒（ADCC）或补体介导的细胞毒（CDC）。

17. 权利要求9~16任一项的用途，其中所述细胞毒性化合物是HERCEPTIN-DM1。

18. 权利要求17的用途，其中所述癌细胞是乳腺肿瘤细胞。"

请求人认为：（1）本发明的说明书第48~55、21~29、35~39页描述了如何鉴定在增殖的癌细胞表面的表达比在增殖的非癌细胞表面表达更高的抗原的方法和如何制备针对所述抗原的抗体，以及如何将所述抗体与有丝分裂化合物偶联的方法，所以本领域技术人员按照说明书的记载可以鉴定出所述抗原、制备所述抗体和偶联物。（2）本申请具体提供了本发明偶联物的实施例，并且证明了其在治疗哺乳动物癌症中的用途，例如说明书实施例中证明了HERCEPTIN-DM1偶联物对于SK-BR-3乳腺癌细胞增殖具有抑制作用，而对于正常人乳腺上皮细胞或生长停滞细胞无相应毒性。因此，本申请说明书已经对发明作出了清楚、完整的说明，本领域技术人员按照说明书记载的内容不需要花费创造性劳动就能再现本发明的技术方案，解决其技术问题，产生预期的技术效果，因而符合专利法第26条第3款的规定。

形式审查合格后，专利复审委员会受理了该复审请求，并于2007年4月6日向请求人发出《复审请求受理通知书》，随后将本申请案卷移交原审查部门进行前置审查。

原审查部门对本复审请求进行了前置审查，认为虽然请求人对权利要求书进行了修改，但是并未提出充分的理由说明本申请的说明书符合专利法第26条第3款的规定，故坚持原驳回决定。

专利复审委员会组成合议组，对本复审请求案进行审理。合议组于2008年7月28日向请求人发出《复审通知书》，指出：本申请所要保护的技术方案中，"鉴定在增殖的癌细胞表面的表达比在增殖的非癌细胞的表达更高的多肽抗原"是整个发明的基础，而本申请说明书中仅对筛选细胞表面多肽抗原的方法作了泛泛地描述，却没有记载将其中任何一种本领域公知的技术应用到制备本发明的细胞毒性化合物的具体操作方法，本领域技术人员根据说明书的记载无法鉴定出在增殖的癌细胞上的表达较增殖的非癌细胞上的表达更高的多肽抗原，从而无法制备所述细胞毒性化合物。虽然说明书实施例中记载了HERCEPTIN-DM1偶联物的制备方法及其效果试验数据，但是该化学产品并非用本发明所述的方法制备得到的，而是应用现有技术中已知的抗体HERCEPTIN与已知的抗有丝分裂抑制剂耦合得到，不能用于说明本申请请求保护的技术方案能够得以实施。因此，说明书公开不充分，不符合专利法第26条第3款的规定。

针对《复审通知书》指出的问题，请求人于2008年9月12日提交了意见陈述书。请求人认为，本发明实施例以HERCEPTIN-DM1为例，证明了本发明权利要求的方法可以产生用于治疗癌症的细胞毒性化合物，HER2即是HERCEPTIN所结合的抗原，该抗原是在多种正常组织上表达的酪氨酸生长因子受体，在某些类型的肿瘤如乳腺癌中相对于正常组织过表达，即HER2是在增殖的癌细胞表面的表达比在增殖的非癌细胞表面的表达更高的一个例子。通过本发明说明书的描述，本领域技术人员可以鉴定在增殖的癌细胞表面的表达比在增殖的非癌细胞表明的表达更高的抗原，针对该抗原制备抗体，并以抗体-药物偶联物的形式实现有效治疗哺乳动物癌症的目的。

合议组经合议后认为本案事实已经清楚，可以依法作出复审决定。

二、决定的理由

1. 关于文本的认定

经审查，请求人于2007年1月29日提交的经修改的权利要求书符合专利法第33条和专利法实施细则第60条第1款的规定。

本复审请求审查决定依据的文本是驳回决定所针对的说明书、说明书摘要、附图（即本申请进入中国国家阶段时提交的国际申请文件中文译文说明书第1~63页、附图第1~6页、说明书摘要）以及请求人于2007年1月29日提交的经修改的权利要求1~18。

2. 关于专利法第26条第3款

专利法第26条第3款规定，说明书应当对发明或者实用新型作出清楚、完整的说明，以所属技术领域的技术人员能够实现为准。

根据该款规定，所属技术领域的技术人员能够实现，是指所属技术领域的技术人员按照说明书记载的内容能够实施该发明或者实用新型的技术方案，解决其技术问题并产生预期的技术效果。如果说明书中给出了技术手段，但对所属技术领域的技术人员而言，该手段是含糊不清的，根据说明书的内容无法具体实施，则认为说明书公开不充分，不符合专利法第26条第3款的规定。

本申请请求保护产生用于治疗癌症的细胞毒性化合物的方法以及治疗有效量的细胞毒性化合物在制备有效治疗哺乳动物中癌症的药物中的用途。要解决的技术问题是突破癌症治疗只仅在肿瘤细胞上表达的多肽抗原为靶点的局限，提供一种对病人的正常、非癌症细胞或组织具有有限总毒性的抗体-有丝分裂抑制剂偶联物以有效治疗癌症的方法和组合物，所述抗体基本上不能诱导抗体依赖的细胞介导的细胞毒性（ADCC）和/或补体依赖的细胞毒性（CDC）（参见说明书第5页第4~10行）。为解决上述技术问题而采用的技术方案是制备抗体-抗有丝分裂化合物偶联物，其具体步骤为：（1）首先鉴定出在增殖的癌症细胞上的表达比在非癌细胞上的表达要高的多肽抗原；（2）产生结合上述多肽抗原的抗体；（3）将该抗体与抗有丝分裂的化合物偶联，获得治疗癌症的细胞毒性化合物。由此可见，在所述的技术方案中，"鉴定在增殖的癌细胞表面的表达比在增殖的非癌细胞的表达更高的多肽抗原"是该技术方案的发明基础，其决定了本发明的技术方案能否克服技术偏见并解决本发明所要解决的技术问题。

本申请说明书中对筛选细胞表面多肽抗原可能应用的常规方法和理论作了泛泛地描述（见说明书第5页第23~24行，第48页第1行至第55页第9行），如说明书第48页第5~10行记载"这些技术可被用来鉴定在增殖的癌细胞表面比在增殖的非癌细胞表面的表达更高的多肽抗原。此种技术的实例包括，但不限于，微阵列分析，Northerns，Westerns，以PCR为基础的策略，TAQMAN，基因扩增和筛选基因表达数据库，包括例如公共数据库（例如Genbank）和/或私有数据库（LIFESEQ，Incyte Pharmaceuticals, Inc, Palo Alto, CA；和GENEEXPRESS, GeneLogic, Inc. Gaithersberg, MD）"，但是未记载如何将这些方法和理论应用到筛选在增殖癌细胞表面比增殖的非癌细胞表面表达更高的多肽抗原的具体技术方案。

由于免疫学属于生命科学的范畴，生命科学的复杂性决定了在具体实施中存在诸多不可预料的因素，即使是可能使用的常规技术在应用到具体问题中也需要针对具体问题进行具体的选择和调整，如果仅仅概括出理论或含糊不清的技术，而不充分公开具体原料、设备、步骤、检测方法等以及实验条件中的参数，则在将这些常规技术应用到具体问题时，也是无法确保成功实施的。对于本申请请求保护的制备细胞毒化合物的技术方案而言，说明书中记载的由微阵列分析等方法鉴定在增殖的癌细胞表面的表达比在增殖的非癌细胞表面的表达更高的多肽抗原仅是一种实验理论，在没有公开足以确保该实验理论得以实施的具体技术手段（如具体原料、设备、步骤、检测方法和实验结果）的情况下，本领域技术人员根据说明书的记载无法具体实施该技术方案，并且不能清楚地确认本发明能够实现发明的目的，即鉴定出在癌细胞和非癌细胞表面表达不同的抗原以寻找其特异性结合的抗体进而制备抗体–抗有丝分裂化合物的偶联物。

基于同样的理由，对于本申请请求保护的细胞毒性化合物的制药用途技术方案而言，由于说明书中没有充分公开作为药效成分的细胞毒性化合物的制备方法，因此本领域技术人员根据说明书的记载无法在制药领域具体实施该技术方案，并取得预期的技术效果。

请求人认为：说明书实施例中记载了HERCEPTIN® –DM1偶联物的制备方法及该偶联物对于SK-BR3人乳腺癌细胞具有抑制作用而对正常人乳腺上皮细胞、肝细胞、表皮角质细胞、小气道上皮细胞无相应毒性的效果试验数据，该实施例证明了本发明权利要求的方法可以产生用于治疗癌症的细胞毒性化合物，HER2即是HERCEPTIN®所结合的抗原，该抗原是在增殖的癌细胞表面的表达比在增殖的非癌细胞表面的表达更高的一个例子。因此，通过本发明说明书的描述，本领域技术人员可以鉴定在增殖的癌细胞表面的表达比在增殖的非癌细胞表面的表达更高的抗原，进而实现本发明的发明目的。

对此，合议组认为：实施例中的HERCEPTIN® –DM1偶联物并非根据所要求保护的技术方案制备得到的，而是将已知的抗体HERCEPTIN®与已知的抗有丝分裂抑制剂DM1直接耦合得到，因此这并不能证明本发明的"产生用于治疗癌症的细胞毒化合物"的技术方案能够得以实施。此外，说明书中未记载、同时请求人也未提供任何现有技术的证据证明HER2即是HERCEPTIN®所结合的抗原，以及该抗原在增殖的癌细胞表面和在增殖的非癌细胞表面都表达、且在癌细胞表面的表达比在增殖的非癌细胞表面的表达更高，因此，即使HERCEPTIN® –DM1偶联物确实对于某些增殖的癌细胞具有抑制作用，也无法以此证明细胞毒化合物中包括的抗体属于能够结合在癌细胞表面的表达比在增殖的非癌细胞表面的表达更高的抗原的抗体。至于涉及HERCEPTIN® –DM1偶联物的实施例3（参见说明书第60页第28行至第61页第7行）的实验结果，仅能说明在动物实验中未发现与HERCEPTIN® –DM1相关的毒副反应，并不能证实与HERCEPTIN®所结合的抗原具有在增殖的癌细胞表面的表达比在增殖的非癌细胞表面的表达更高的性质，故与本发明的化合物的制备方法无关。因此请求人的上述理由不能成立。

综上所述，本申请说明书给出的技术手段，即鉴定出在增殖的癌细胞上的表达较增殖的非癌细胞上的表达更高的多肽抗原、制备与上述抗原特异性结合的抗体以及抗体–抗有丝分裂化合物的偶联物，并将所述细胞毒性化合物用于癌症的治疗，对于所属技术领域的技术人员来说是含糊不清的，因此本申请说明书公开不充分，不符合专利法第26条第3款的规定。

根据以上事实和理由，本合议组作出如下审查决定。

三、决定

维持国家知识产权局于2006年10月13日针对第02821529.X号发明专利申请作出的驳回决定。

复审请求人对本决定不服的，可以根据专利法第41条第2款的规定，自收到本决定之日起三个月内向北京市第一中级人民法院起诉。

含有洛索丙芬的外用制剂

复审请求审查决定（第14807号）

决 定 号	第14807号
决 定 日	2008年10月7日
发明创造名称	含有洛索丙芬的外用制剂
国际分类号	C12P 7/52，A61K 31/19，A61K 47/06，A61K 9/06，A61K 9/08，A61K 9/12
复审请求人	三共株式会社，立德化学株式会社
申 请 号	97198272.4
优 先 权 日	1996年8月26日
申 请 日	1997年8月25日
公 开 日	1999年10月13日
合议组组长	李金光
主 审 员	闻 雷
参 审 员	卢 阳

法 律 依 据 专利法第33条

决 定 要 点

如果修改的内容既未明确记载在原说明书和权利要求书中，也不能根据原说明书和权利要求书记载的内容以及说明书附图直接地、毫无疑义地确定，则修改超出了原说明书和权利要求书的范围。

一、案由

本复审请求涉及申请日为1997年8月25日，公开日为1999年10月13日，名称为"含有洛索丙芬的外用制剂"的第97198272.4号发明专利申请（下称本申请），其申请人为三共株式会社和立德化学株式会社，本申请的优先权日为1996年8月26日。

国家知识产权局于2005年8月12日，针对本申请进入中国国家阶段时（1999年3月26日）提交的说明书第1~22页和说明书摘要以及2005年6月13日提交的权利要求1~36，以权利要求1~5、14、15、18~23、32、33、36不符合专利法第22条第2款的规定，权利要求6~13、16、17、24~31、34、35不符合专利法第22条第3款的规定为由驳回了本申请。驳回决定所针对的权利要求书为：

"1. 一种抗炎止痛外用制剂，其中含有洛索丙芬或其药学上可接受的盐，还含有克罗他米通，其特征在于该外用制剂在皮肤上用药后，利用存在于皮肤中的酮还原酶将洛索丙芬或其药学上可接受的盐转变为它的反式-OH体，使该反式-OH体在用药部位皮肤真皮层中的浓度高于血浆中浓度。

2. 根据权利要求1的抗炎止痛外用制剂,其中克罗他米通的含量为制剂总重量的0.5~5重量%。

3. 根据权利要求1的抗炎止痛外用制剂,其中克罗他米通的含量为制剂总重量的1~2重量%。

4. 根据权利要求1~3中任一项的抗炎止痛外用制剂,其中洛索丙芬或其药学上可接受的盐的含量为制剂总重量的0.1~5重量%。

5. 根据权利要求1~3中任一项的抗炎止痛外用制剂,其中洛索丙芬或其药学上可接受的盐的含量为制剂总重量的0.15~2重量%。

6. 根据权利要求1~3中任一项的抗炎止痛外用制剂,其中洛索丙芬或其药学上可接受的盐的含量为制剂总重量的0.5~2重量%。

7. 根据权利要求1~3中任一项的抗炎止痛外用制剂,含有0.5~80重量%的溶剂和/或皮肤吸收助剂,以制剂的总重量计。

8. 根据权利要求1~3中任一项的抗炎止痛外用制剂,含有3~30重量%的水性高分子化合物,以制剂的总重量计。

9. 根据权利要求1~3中任一项的抗炎止痛外用制剂,含有相对于制剂总重量的5~20%重量的水性高分子化合物。

10. 根据权利要求1~3中任一项的抗炎止痛外用制剂,含有5~95重量%的脂溶性高分子化合物,以制剂的总重量计。

11. 根据权利要求1~3中任一项的抗炎止痛外用制剂,含有10~80重量%的脂溶性高分子化合物,以制剂的总重量计。

12. 根据权利要求1~3中任一项的抗炎止痛外用制剂,含有5~60重量%的保湿剂,以制剂的总重量计。

13. 根据权利要求1~3中任一项的抗炎止痛外用制剂,含有10~45重量%的保湿剂,以制剂的总重量计。

14. 根据权利要求1~3中任一项的抗炎止痛外用制剂,其中该抗炎止痛外用制剂是一种硬膏剂。

15. 根据权利要求1~3中任一项的抗炎止痛外用制剂,其中该抗炎止痛外用制剂是一种软膏剂。

16. 根据权利要求1~3中任一项的抗炎止痛外用制剂,其中该抗炎止痛外用制剂是一种乳膏剂。

17. 根据权利要求1~3中任一项的抗炎止痛外用制剂,其中该抗炎止痛外用制剂是一种洗剂。

18. 根据权利要求1~3中任一项的抗炎止痛外用制剂,其中该抗炎止痛外用制剂是一种气雾剂。

19. 一种抗炎止痛的外用制剂,该制剂含有洛索丙芬或其药学上可接受的盐和克罗他米通,通过用存在于皮肤中的酮还原酶将洛索丙芬或其药学上可接受的盐转化为反式-OH体,用于生成洛索丙芬或其药学上可接受的盐的反式-OH体。

20. 根据权利要求19的抗炎止痛外用制剂,其中克罗他米通的含量为0.5~5重量%,以制剂的总重量计。

21. 根据权利要求19的抗炎止痛外用制剂,其中克罗他米通的含量为1~2重量%,以制剂的总重量计。

22. 根据权利要求19~21中任一项的抗炎止痛外用制剂,其中洛索丙芬或其药学上可接受的盐的含量为0.1~5重量%,以制剂的总重量计。

23. 根据权利要求19~21中任一项的抗炎止痛外用制剂,其中洛索丙芬或其药学上可接受的盐的含量为0.15~2重量%,以制剂的总重量计。

24. 根据权利要求19~21中任一项的抗炎止痛外用制剂,其中洛索丙芬或其药学上可接受的盐的含量为0.5~2重量%,以制剂的总重量计。

25. 根据权利要求 19~21 中任一项的抗炎止痛外用制剂，含有 0.5~80 重量％的溶剂和/或皮肤吸收助剂，以制剂的总重量计。

26. 根据权利要求 19~21 中任一项的抗炎止痛外用制剂，含有 3~30 重量％的水性高分子化合物，以制剂的总重量计。

27. 根据权利要求 19~21 中任一项的抗炎止痛外用制剂，含有 5~20 重量％的水性高分子化合物，以制剂的总重量计。

28. 根据权利要求 19~21 中任一项的抗炎止痛外用制剂，含有 5~95 重量％的脂溶性高分子化合物，以制剂的总重量计。

29. 根据权利要求 19~21 中任一项的抗炎止痛外用制剂，含有 10~80 重量％的脂溶性高分子化合物，以制剂的总重量计。

30. 根据权利要求 19~21 中任一项的抗炎止痛外用制剂，含有 5~60 重量％的保湿剂，以制剂的总重量计。

31. 根据权利要求 19~21 中任一项的抗炎止痛外用制剂，含有 10~45 重量％的保湿剂，以制剂的总重量计。

32. 根据权利要求 19~21 中任一项的抗炎止痛外用制剂，其中该抗炎止痛外用制剂是一种硬膏剂。

33. 根据权利要求 19~21 中任一项的抗炎止痛外用制剂，其中该抗炎止痛外用制剂是一种软膏剂。

34. 根据权利要求 19~21 中任一项的抗炎止痛外用制剂，其中该抗炎止痛外用制剂是一种乳膏剂。

35. 根据权利要求 19~21 中任一项的抗炎止痛外用制剂，其中该抗炎止痛外用制剂是一种洗剂。

36. 根据权利要求 19~21 中任一项的抗炎止痛外用制剂，其中该抗炎止痛外用制剂是一种气雾剂。"

驳回决定认为：（1）对比文件 1（JP3-72433A，公开日为 1991 年 3 月 27 日）公开了含有洛索丙芬和克罗他米通的气溶胶制剂，对比文件 2（JP4-321624A，公开日为 1992 年 11 月 11 日）公开了含有洛索丙芬和克罗他米通的膏药。因此，权利要求 1~5、14、15、18~23、32、33、36 相对于对比文件 1 或对比文件 2 不符合专利法第 22 条第 2 款的规定。（2）权利要求 6~13、16、17、24~31、34、35 所要求保护的技术方案与对比文件 2 相比，虽然存在区别，但是这些技术方案对于本领域技术人员来说是显而易见的，而且没有产生预料不到的技术效果，不符合专利法第 22 条第 3 款的规定。

申请人（下称请求人）对上述驳回决定不服，于 2005 年 11 月 28 日向专利复审委员会提出复审请求，请求人在提出复审请求的同时提交了权利要求书全文替换页（共 3 项），修改后的权利要求书如下：

"1. 一种抗炎止痛膏剂，其含有作为外用制剂组分的如下组分：洛索丙芬或其药学上可接受的盐、克罗他米通、包含水和皮肤吸收助剂的溶剂、水性高分子化合物、和保湿剂；

其中所述膏剂含有有效量的洛索丙芬或其药学上可接受的盐使得洛索丙芬或其药学上可接受的盐在施用到皮肤上时在皮肤中被代谢为它的反式-OH 体，以使该反式-OH 体在用药部位皮肤真皮层中的浓度高血浆中浓度。

2. 权利要求 1 的抗炎止痛膏剂，其含有 0.5~2.0 重量％的洛索丙芬钠、1~2 重量％的克罗他米通、0.5~80 重量％的溶剂和皮肤吸收助剂、5~20 重量％的水性高分子化合物、和 10~45 重量％的保湿剂，其中所述膏剂含有作为溶剂的 20~80 重量％的水；上述含量均基于所述外用制剂的总重量。

3. 权利要求1的抗炎止痛膏剂，其中膏剂由外用制剂、载体和剥离膜组成，其中所述外用制剂铺展到载体上并且在外用制剂与载体相反的那一面上施用剥离膜。"

请求人认为：(1) 本申请首次公开了含有洛索丙芬和克罗他米通的外用制剂的医学效果，而对比文件1和对比文件2都没有公开其医学效果。(2) 对比文件1和对比文件2都没有公开洛索丙芬在皮肤中被代谢且代谢产物在用药部位皮肤真皮层中的浓度高于血浆中浓度。因此，修改后的权利要求具备新颖性和创造性。

形式审查合格后，专利复审委员会受理了该复审请求，并于2006年2月7日向请求人发出《复审请求受理通知书》，并将本申请案卷移交原审查部门进行前置审查。

原审查部门对本复审请求进行了前置审查。前置意见认为：修改后的权利要求中分别记载的"膏剂"、"包含水和皮肤吸收助剂的溶剂"、"含有有效量的洛索丙芬及其药学上可接受的盐使得洛索丙芬及其药学上可接受的盐在施用到皮肤上时在皮肤中被代谢为它的反式-OH体，以使该反式-OH体在用药部位皮肤中的浓度高于血浆中浓度的有效量"既未明确地记载在原说明书和权利要求书中，也不能由原说明书和权利要求书所记载的内容直接导出，修改超出了原说明书和权利要求书记载的范围，不符合专利法第33条的规定，因此坚持原驳回决定。

专利复审委员会组成合议组，对本案的复审请求进行了审理。于2008年3月21日向请求人发出《复审通知书》。该《复审通知书》指出：(1) 权利要求1~3中的"消炎止痛膏剂"、权利要求1中的"包含水和皮肤吸收助剂的溶剂"和"含有有效量的洛索丙芬或其药学上可接受的盐使得洛索丙芬及其药学上可接受的盐在施用到皮肤上时在皮肤中被代谢为它的反式-OH体，以使该反式-OH体在用药部位皮肤中的浓度高于血浆中浓度的有效量"既未明确地记载在原说明书和权利要求书中，也不能由原说明书和权利要求书所记载的内容直接导出，修改超出了原说明书和权利要求书记载的范围，不符合专利法第33条的规定。(2) 即使请求人为克服修改超范围的缺陷，对权利要求书进行修改，本申请也不具备专利法第22条第3款规定的创造性。对比文件2公开了一种消炎镇痛贴剂，该贴剂中含有消炎镇痛化合物洛索丙芬、吸收促进剂克罗他米通及各种添加剂。本申请原说明书和权利要求书的实质内容涉及的技术方案与对比文件2相比，区别仅在于两者所使用的添加剂不同。但是，在对比文件2公开的技术方案的基础上，用本领域惯用的添加剂代替对比文件2中的添加剂对于所属领域技术人员来说是显而易见的，而且根据说明书的记载并未产生预料不到的技术效果。因此，本申请原说明书和权利要求书的实质内容涉及的技术方案相对于对比文件2不具备创造性。即使请求人对本申请外用制剂中的组分量进一步限定或将外用制剂限定为具体剂型，本申请也不能克服不具备创造性的缺陷。(3) 如果请求人不能提出本申请符合专利法及专利法实施细则规定的充分理由，合议组将作出维持驳回决定的复审决定。

针对《复审通知书》指出的问题，请求人于2008年5月5日提交了意见陈述书以及权利要求书全文替换页（共2项），修改后的权利要求书如下：

"1. 一种含水抗炎止痛硬膏剂，其含有作为外用制剂组分的至少如下组分：洛索丙芬钠、克罗他米通、作为溶剂的水和皮肤吸收助剂、水性高分子化合物、保湿剂和pH调节剂；并且基于所述外用制剂的总重量，含有0.5~2.0重量%的洛索丙芬钠、1~2重量%的克罗他米通、0.5~80重量%的水、0.5~80重量%的皮肤吸收助剂、5~20重量%的水性高分子化合物、10~45重量%的保湿剂和0.5~10重量%的pH调节剂。

2. 一种含水抗炎止痛硬膏剂，是将含水外用制剂涂在无纺布上、并将聚乙烯膜贴到所述外用制剂上制备的，基于所述外用制剂的总重量，所述含水外用制剂含有至少0.5~2.0重量%的洛索丙芬钠、1~2重量%的克罗他米通、0.5~80重量%的作为溶剂的水、0.5~80重量%的皮肤吸收助剂、

5~20重量％的作为水性高分子化合物的聚丙烯酸钠、10~45重量％的保湿剂、0.5~10重量％的作为pH调节剂的酒石酸、和氢氧化铝凝胶。"

请求人认为：(1) 修改后的权利要求没有超出原始公开的范围，克服了关于专利法第33条的缺陷。(2) 对比文件2中使用的制剂是基本上不含有水的制剂，而本发明的硬膏剂中含有约50％的水。在包含于制剂中的药物稳定性方面，含水制剂与不含水制剂差别很大，从仅仅公开了基本不含水的贴剂的对比文件2，不经过创造性劳动并不能得到本发明的含水制剂。因此，修改后的权利要求具备创造性。

至此，合议组认为本案事实清楚，可以作出审查决定。

二、决定的理由

1. 决定所依据的文本

本复审决定依据的文本为：请求人于2008年5月5日提交的权利要求1~2、1999年3月26日本申请进入中国国家阶段时提交的说明书第1~22页和说明书摘要。

2. 关于专利法第33条

专利法第33条规定：申请人可以对其专利申请文件进行修改，但是，对发明和实用新型专利申请文件的修改不得超出原说明书和权利要求书记载的范围。

如果修改的内容既未明确记载在原说明书和权利要求书中，也不能根据原说明书和权利要求书记载的内容以及说明书附图直接地、毫无疑义地确定，则修改超出了原说明书和权利要求书的范围。

本案中，权利要求1和2请求保护的技术方案中均记载有"0.5~80重量％的水"和"0.5~80重量％的皮肤吸收助剂"，但是原说明书和权利要求书中没有这样的明确记载。请求人认为权利要求1、2的修改依据于说明书第8页最后1段、第9页第4段、第10页倒数第2段至第11页第4段，但实际上，原说明书第8页最后一段记载的是水性高分子化合物的种类及用量；第9页第4段记载的是表面活性剂、pH调节剂及其他添加剂的种类及用量；第10页倒数第2段至第11页第4段记载的是制备本申请所述制剂的方法；这些部分均未记载本申请所述制剂中含有"0.5~80重量％的水"和"0.5~80重量％的皮肤吸收助剂"。从原说明书和权利要求书中可以看出，本申请仅仅在原始申请文件中记载了所述制剂可以含有"0.5~80重量％的溶剂和/或皮肤吸收助剂"(参见原说明书第9页倒数第1~7行、第10页第6~7行)，这表明溶剂和/或皮肤吸收助剂的总含量为"0.5~80重量％"，而同时含有"0.5~80重量％的水"和"0.5~80重量％的皮肤吸收助剂"明显与此含义不同。所属领域技术人员根据原说明书和权利要求书记载的内容无法直接地、毫无疑义地确定本申请的"硬膏剂"中同时含有"0.5~80重量％的水"和"0.5~80重量％的皮肤吸收助剂"。因此，权利要求1和2的修改超出了原说明书和权利要求书的记载范围，不符合专利法第33条的规定。

根据以上事实和理由，本案合议组作出如下审查决定。

三、决定

维持国家知识产权局于2005年8月12日对第97198272.4号发明专利申请作出的驳回决定。

复审请求人对本决定不服的，可以根据专利法第41条第2款的规定，自收到本决定之日起三个月内向北京市第一中级人民法院起诉。